王国刚 著

资本市场导论

（第二版）

(The Second Edition)

上

社会科学文献出版社
SOCIAL SCIENCES ACADEMIC PRESS (CHINA)

目 录
CONTENTS

第三篇 股票市场

·下册·

第四篇 证券类衍生产品市场

序

　　1998 年，为了阐述资本市场原理、反映中国资本市场发展状况，李扬和我共同主编了《资本市场导论》一书。随着资本市场的进一步发展，我们很快发现它已不能充分反映实践的变化和理论研究的进展，由此，曾在 2002 年和 2006 年两次启动了修改工作，但因各项工作繁忙难以抽出充足时间进行修改，也因各位作者对资本市场理论和实践的理解不尽相同，在写作内容、方法和格式等方面差异甚大，所以，一拖再拖。为情势所迫，2011 年以后，我在安排好其他各项工作的同时，尽可能挤时间从事此书的重写修改。几易其稿，历经两年多的时间，方才完成。

　　与第一版相比，第二版在理念、内容和章节上做了重写性修改，补充了第一版未涉及的许多内容和章节，同时，也删去了第一版中的一些内容和章节。进行如此大幅的修改，主要基于如下考虑：

　　第一，逻辑的一致性。现实生活存在实践逻辑、理论逻辑和技术逻辑等三个逻辑。其中，实践逻辑是第一位的。当遇到理论逻辑与实践逻辑不相符时，在绝大多数条件下，应是理论逻辑发生了偏差，需要修正完善的是理论逻辑；当遇到技术逻辑与实践逻辑、理论逻辑不相符时，那么，一定是技术逻辑错了。历史逻辑属于实践逻辑的范畴。从历史角度看，金融内生于实体经济，是从实体经济内部产生，以专业化方式服务于实体经济的产业。资本市场作为金融体系的一个组成部分，也不例外。从理论逻辑看，宏观经济的两部门模型揭示实体经济由实体企业和家庭（居民）构成，其中，家庭（居民）是资金的盈余部门，实体企业是资金的赤字部门，家庭（居民）将资金供给实体企业，推进了资本市场从而金融市场的产生和发展。这是最基本的金融关系，也是资本市场的由来和理论渊源。所谓资本市场，是"交易和配置资本性资源的市场"，它的涵盖面远大于证券市场，其功能最终落脚于推进资本性资源的有效配置。有鉴于此，本书从宏、微观经济出发，最后落脚到公司并购，以阐明资本市场根植于实体经济运行和发展中的基本关系。显然，资本市场属于国民经济体系的范畴，它并非在实体经济之外。

　　第二，市场的划分和界定。在国民经济中，产业依市场而划分，市场又依产品而划分。在商品市场中，各种市场是由产品界定的。不同种产品之间不存在竞争关系，风险状况差异甚大，定价规则不尽相同，彼此间基本不存在优胜劣汰的关系。因此，市场从来就是同种产品在性能、风险和价格等方面的竞争关系。与此同理，资本市场中的各个子市场也依产品不同而分界，相关的市场参与者、市场监管、各种投资技术等都依市场分界而不同。有鉴于此，本书将重心放在分析资本市场中各种子市场的内涵、特点、功能、定价及相关问题上，由此，改变了第一版中将市场参与者、市场监管者、市场风险、财务分析和投资运作技术等做专章分析的架构。

第三，理论、实务和操作联为一体。以往有关资本市场的理论研究论著大多着力于从学术角度分析问题。金融学属于应用经济学的范畴，"致用"是其中的基本要求。如果在实务和操作等方面分析得不透彻、不细致，资本市场的理论性和可用性就将大大降低。本书在承接第一版风格的基础上，进一步增强了理论性、实务性和操作性的结合。以理论为指导，着力分析探讨理论的基本含义、内在机理和实现条件，同时，从实务角度出发，探讨这些理论在实践过程中的变化和操作层面的表现，努力做到"言之有物"，学而可用。

第四，普遍性与特殊性相结合。世间万物依普遍性而相互联系，又依特殊性而相互区别。中国资本市场贯彻着各国和地区资本市场的一般性原理，但它的实践又是在特殊历史条件下展开的，因此，既具有普遍性也具有特殊性。本书既阐释了资本市场乃至它的各个子市场的一般性原理，也着重分析了中国资本市场乃至它的各个子市场的特殊性。在这些特殊性中，有些将是长期存在的，有些将随着改革深化而发生改变。根据中国国情所推进的资本市场发展，虽有其特殊性，但也蕴涵着发展中国家推进资本市场形成的实践经验。

第五，既注重阐释又注重研究。资本市场是一个尚在发展过程中的市场。即便在资本市场较为成熟的发达国家中，随着经济进一步发展和金融创新的深入展开，资本市场也将在广度和深度上进一步展开。对中国资本市场而言，在体制机制转轨过程中需要探讨的理论和实践问题繁多。在发达国家的历史发展中以一种自然进程已经完成的一些实践问题，在中国则需要从体制机制改革角度寻求理论上的解释。有鉴于此，本书在一些重要章节进行了带有研究性质的分析。2008年爆发的美国金融危机给全球经济以深重影响，其中的一些内在机理尚有待从理论层面深化研究。此轮美国金融危机主要从资本市场展开，因此，本书在相关部分也对此轮危机的内在成因做了原理性方面的研究探讨。

本书是为了适应中国社会科学院研究生院金融系的硕士研究生学习而编写的，可作为高等院校金融专业研究生的教材。在有选择的条件下，也可用于金融专业的本科生教学。

本书在写作过程中，参考了中国社会科学院金融研究所近年来的一些相关研究成果；在资料整理和模型验证等方面得到了胡滨、刘煜辉、余维斌、张跃文、何海峰、王增武、蔡真、周莉萍、王唯翔、张小燕、张扬、陈经伟、杨涛、尹中立、安国俊、尹振涛、程炼、费兆奇、徐义国、黄国平、罗滢、钱学予、宣晓影、周茂清和刘戈平等人的帮助，在此一并致以谢意。鑫桥联合融资租赁有限公司为本书提供了极富价值的经营模式素材及验证案例，在此，向鑫桥租赁公司及中国社会科学院融资租赁研究基地常务副理事长施锦珊博士和副理事长兼秘书长李然博士表示衷心感谢！

本书在写作过程中，参考了众多杂志、报刊和互联网上的资料和观点，受篇幅所限，未能一一予以注明，敬请相关作者谅解。

此外，在本书校对过程中，正值中共中央十八届三中全会"关于全面深化改革若干重大问题的决定"公开发表，所以，在相关章节补入了该决定的有关内容。

由于本人水平有限，对资本市场的理解尚为粗浅，同时，资本市场也还在不断发展之中，因此，本书难免存在这样或那样的不足之处（甚至硬伤），对此，我真诚地希望读者提出宝贵的批评性意见或建设性意见，以便日后进一步修改完善。

王国刚

2013 年 11 月于北京

第一篇
经济运行中的资本市场

资本市场存在于国民经济之中。按照总量和个量关系，国民经济可分为宏观经济和微观经济两大部分。那么，在国民经济运行和发展中会有为什么需要资本市场，资本市场与金融系统的关系是什么，资本市场由哪些内容构成、具有哪些基本功能和特点、由哪些基本主体构成等问题，这些是在分述资本市场各部分具体内容之前必须予以探讨和回答的。

第一章　宏观经济活动中的资本市场

由经济发展的要求和生活水平提高的要求所决定，在现代社会中扩大再生产成为社会再生产的本质特征，由此，早期社会再生产的"生产→交换→分配→消费→再生产"四环节循环自然地转变为现代社会再生产的"生产→交换→分配→消费→投资→再生产"五环节循环。在这种五环节循环中，投资的状况（包括投资规模、投资质量、投资结构、投资效率等）不仅直接影响经济增长、物价走势、就业水平、国际收支状况等宏观经济运行态势，而且直接影响社会再生产状况，进而间接影响经济发展走势[①]。

在实践中，就金融面而言，投资需要解决两个基本问题，即资金集中和资金使用。在宏观经济中，资金集中表现为"储蓄"，资金使用表现为"投资"，国民收入分配的恒等式揭示出宏观经济平衡的关键在于"储蓄 = 投资"。要有效地实现宏观经济平衡，需要切实解决好三个相互关联的机制问题：一是有效地将分散在各个经济主体手中的资金集中起来；二是有效地实现储蓄向投资的转化；三是有效地实现投资。在市场经济条件下，这三个机制主要通过金融体系形成并通过金融体系的效能发挥得以保障。具体情形分述如下。

第一节　国民经济中的储蓄与投资

一　国民经济中的储蓄

从国民经济的金融面来看，储蓄研究的是投资资金的来源问题。

在一个封闭型的国民经济结构中，活动主体可划分为居民部门、企业部门和政府部门；这就是宏观经济分析中的三部门模型。在一个开放型的国民经济结构中，活动主体可划分为居民部门、企业部门、政府部门和国外部门；这就是宏观经济分析中的四部门模型。

---

① 参见王国刚《社会再生产理论不应忽视投资环节》，《经济学家》1998 年第 3 期。

在三部门模型中，当年国民收入（或国内生产总值，即 GDP)[1] 减去用于消费的余额，形成当年的储蓄。在四部门模型中，当年国民收入减去用于消费的余额加上对外贸易的差额，形成当年的储蓄。其中，不论是消费还是储蓄，价值概念和实物概念都是相互对应的。由此，将活动主体代入，国民经济中的总储蓄则可细分为居民部门的储蓄、企业部门的储蓄、政府部门的储蓄和国外部门的储蓄。

1. 居民部门的储蓄

居民部门的储蓄，简称居民储蓄，是指居民可支配收入减去居民消费后的剩余部分。在经济发达（或市场经济比较成熟）的国家中，居民储蓄是国民经济总储蓄中的最主要构成部分。与此相比，在经济不发达（或市场经济不成熟）的国家中，由于居民收入水平（尤其是人均收入水平）较低，在满足了基本消费后，可用于储蓄的部分相当有限，由此，居民储蓄占总储蓄的比重也较低。在经济发展过程中，随着收入水平的提高，在满足基本消费后，居民可支配收入中可用于储蓄的部分逐步扩大，同时，随着市场经济的发展，居民越来越重视通过储蓄机制来解决住房改善、医疗保障、子女就学、婚姻和养老生活等问题，由此，居民储蓄在社会总储蓄中的地位逐步上升。

在理解居民储蓄中，有三个问题需要理清：

第一，居民可支配收入，并非仅指居民的劳动收入，也非仅指居民的货币收入，它包括居民的劳动收入、财产收入和转移收入等。其中，劳动收入主要是居民的工资、奖金及其他劳动报酬性收入；从国民收入分配的角度看，它构成了居民收入的主要部分。财产收入主要指居民的投资收入、财产使用收入（如房屋出租收入等）和财产出售收入等；在金融市场比较成熟的条件下，这些收入可能成为一部分居民的主要收入来源。转移收入主要是指居民通过遗产继承、亲友馈赠和政府转移支付等途径获得的收入。

居民的实物收入是居民收入的构成部分。实物收入从给付性质上看可分别划入劳动收入、财产收入和转移收入的范畴。例如，福利性住房可划入劳动收入的范畴，职务消费所形成的收入在一定程度上可划入劳动收入的范畴，义务教育所节省的子女教育支出可划入转移收入的范畴，廉租房所节省的支出可划入转移收入的范畴，等等。

第二，宏观经济中的"居民储蓄"与日常生活中的"居民储蓄存款"是两个不同的概念。社会总储蓄中的"居民储蓄"，是指居民当年可支配收入减去当年消费后的余额；"居民储蓄存款"中的"储蓄"，是指居民以储蓄方式存入银行等金融机构中的资金，它只是"居民储蓄"中的一部分，居民以实业投资、金融投资（包括购买保险等）和手持现金等非"储蓄存款"方式进行的储蓄也属于"居民储蓄"。

---

[1] 参见〔美〕斯蒂格利茨《经济学》，中国人民大学出版社，1997，第 84 页。

第三，居民储蓄状况主要受两个因素影响：居民收入水平和居民消费水平。在居民消费水平相对稳定的条件下，居民收入占国民收入的比重越高，则居民储蓄占国民收入的比重也越高；反之则反是。在居民收入水平相对稳定的条件下，居民消费占居民收入的比重越高，则居民储蓄占居民收入的比重越低，居民储蓄占国民收入的比重也越低；反之则反是。因此，在国民收入分配格局大调整的条件下，或者在居民消费结构大调整的条件下，居民储蓄占社会总储蓄的比重将随之发生较大的变化。

2. 企业部门的储蓄

企业部门的储蓄，简称企业储蓄，一般是指企业税后利润中扣除向其所有者支付股息后的剩余部分[①]。在企业财务上，它主要由"资本公积金""盈余公积金""未分配利润"等构成。在 2005 年之前，中国股份有限公司财务制度中列有"公益金"，它也属于企业储蓄的范畴。此外，在资产评估过程中，企业净资产增值的部分同样属于企业储蓄的范畴。

在理解企业储蓄中，有三个问题需要理清：

第一，企业储蓄虽然表现为当年国民收入中一部分未消费的价值（或实物）在企业中的留存，但这些价值（或实物）的所有权并非属于企业，它们实际上只是企业的所有者未从企业中提走的投资收益部分。如果企业的所有者是个人，则这部分储蓄实质上属于居民储蓄的一部分；如果企业的所有者是政府，则这部分储蓄实质上属于政府储蓄的一部分。因此，在 1985 年以后一段时间内（延续到1995 年），国内一些人从"企业储蓄"中推论企业所有权（甚至企业所有制），是不符合基本原理的。

第二，既然企业储蓄是在税后利润分配中发生的，那么，一切影响企业税后利润的因素（如价格、成本、销售额、投资收益和税收等）都将影响企业储蓄的水平；另外，企业税后利润的分配制度也是影响企业储蓄的重要因素。一般来讲，在企业税后利润数量已定的条件下，企业储蓄水平由税后利润分配制度决定；在税后利润分配制度已定的条件下，企业储蓄水平由企业税后利润状况决定。

第三，在特殊情况下，企业储蓄也可能来源于税后利润之外的因素，例如资产评估增值、政府财政补贴等，因此，不能完全将"企业储蓄"局限于税后利润的范畴。此外，在特殊情况下，一些企业也可能发生负储蓄，例如企业经营亏损、企业利润超分配和固定资产折旧金全额上缴等，因此，不能认为所有企业的储蓄均为正数。

3. 政府部门的储蓄

政府部门的储蓄，简称政府储蓄，是指政府部门财政收入减去行政、国防、教育和转移支付等经常项目支出后的剩余部分。在具体运作时，政府储蓄通常表

---

① 在财务关系上，企业税后利润应减去经营亏损后才形成可分配利润。

现为政府部门的各种投资和储备①。

在理解政府储蓄中，有五个问题需要理清：

第一，政府储蓄是政府财政收入的一部分，因此，影响政府财政收入的各种因素都有可能影响政府储蓄的水平。一般来说，在政府财政收入已定的条件下，政府储蓄的水平取决于政府财政支出结构；在政府财政支出结构已定的条件下，政府储蓄水平取决于政府财政收入水平。

第二，税收是政府财政收入的主要来源，也是构成政府储蓄的主要来源。不仅如此，税收状况还直接制约全社会总储蓄的规模和结构。税收通过收入效应、替代效应和财富效应等，可能广泛影响国民经济的总产出水平和其他部门的储蓄水平与投资水平。

第三，政府财政收入的主要来源由税收、规费收入和债务收入（如发行政府债券）等构成，由此，在政府储蓄中有两个问题值得注意。一是政府储蓄中的一部分可能是由居民储蓄、企业储蓄乃至国外储蓄转移而来的。例如，在发行政府债券的场合中，从经济统计角度来看，政府债券所募集的资金在用于投资的条件下，可视为政府储蓄，但这部分资金来源于购买政府债券的经济主体，因此，实际上是这些经济主体的储蓄转移到了政府部门。二是政府储蓄中的一部分也可能不表现为政府储蓄，而表现为居民储蓄或企业储蓄。例如，在转移支付条件下，获得政府财政救济的居民家庭，如果在当年没有将救济资金全部用于消费，由此形成的居民储蓄实际上应是政府储蓄的一部分（即政府储蓄转移到了居民部门）；又如，国有独资企业未上缴给政府财政部门的利润，名义上属企业储蓄，实质上应是政府储蓄的一部分。

第四，自20世纪70年代末中国经济改革以来，随着经济发展和国民收入分配格局的调整，政府财政收入在国民收入中的比重呈下降趋势，与此对应，政府储蓄在全社会总储蓄中所占的比重明显降低。这种状况透视出了发展中国家在经济发展过程中政府对国民经济直接控制程度的降低和市场经济成长的走势，但不能由此否定政府在某些年份通过发行政府债券等机制来提高政府储蓄的可能性。

第五，为了支持经济改革和其他方面的改革，为了健全社会保障体系，为了支持经济结构调整和企业产权结构调整，在拥有巨额国有资产的条件下，政府部门出售一定数量的国有资产，并将由此得到的收入用于投资或补充社会保障资金，这也表现为政府储蓄。从这个意义上说，政府储蓄的来源还应包括出售国有资产（或其他政府资产）所获得的收入。

4. 国外部门的储蓄

国外部门的储蓄，简称国外储蓄，是指一国的进出口贸易差额。从实物概念

---

① 此处讨论仅局限于财政预算内的收支关系范畴。因为在中国目前的条件下，政府部门的收入大于财政预算的范畴，它包括财政预算内收入、政府基金收入（如土地出让金等）、国有资产收入（如国有控股或参股公司的利润分配）和其他收入。

上看，当进口大于出口（即出现贸易逆差）时，国外储蓄为正数，即本国使用了在贸易对象国的储蓄资源；反之，当出口大于进口（即出现贸易顺差）时，国外储蓄为负数，即本国中的一部分储蓄转化为贸易对象国的储蓄。

在四部门模型中，国外储蓄的主要作用在于消解国内储蓄的过剩或者国内储蓄的缺口。当国内总储蓄大于国内总投资时，国内存在储蓄过剩现象，在这种场合中，就需要通过对外贸易机制，使出口大于进口，在对外贸易顺差中使国内的一部分储蓄资源流到国外，由此，该国的"国外储蓄"表现为负数，即对国外的净债权增加。当国内总储蓄小于国内总投资时，国内存在储蓄缺口，在这种场合，需要通过对外贸易机制，使进口大于出口，在对外贸易逆差中使贸易对象国的一部分储蓄资源流入本国，由此，该国的"国外储蓄"表现为正数，而流入的国外资源起到了弥补本国储蓄不足的作用。

在理解国外储蓄中，有三个问题需要理清：

第一，"国外储蓄"与世界银行使用的"资金余额"是对应的概念。世界银行在反映各国经济结构的统计中，将"资金余额"定义为货物和劳务的进出口差额[①]，这一差额实际上就是国内储蓄减去国内投资的差额。所不同的是，"国外储蓄"在数值上为"资金余额"的相反数。

第二，国际收支表中的"资本和金融"账户下的资本流动并不一定反映一国总储蓄的变动。从资本流入来看，当资本流入不伴有进口量扩大时，流入的国外资本实际上在利用本国储蓄资源进行投资，因此，本国的总储蓄并不由此而扩大；只有在流入的国外资本促进了进口量扩大的条件下，本国的总储蓄才处于扩大的态势中。从资本流出来看，当资本流出不伴有出口量扩大时，流出的资本实际上并不减少本国的总储蓄；只有在流出的资本带动了本国出口量增加的条件下，本国的总储蓄才处于减少的态势中。在国际金融交易中，资本的国际流动并不直接影响相关国家的总储蓄变动的情形尤为明显。

值得注意的是，国际资本流动虽可能不直接影响一国或相关国家的总储蓄，但巨额的国际资本流动不论是对流入国还是对流出国的经济运行态势和金融运行态势都有重要影响，因此，国际资本流动在经济活动和金融监管中应得到高度的重视。

第三，在世界经济中，据世界银行统计资料显示，发展中国家"国外储蓄"大多为正数，而发达国家的"国外储蓄"大多为负数[②]。但中国的情形则比较特殊。在20世纪80年代以前，"国外储蓄"占国内生产总值的比重微乎其微，几乎可以忽略不计；从20世纪80年代中期至90年代初期，"国外储蓄"基本呈现正数态势并有所增长；但1992年以后，尽管引进外资的数额快速增加，与此对应，外

---

① 参见世界银行《世界发展报告（1996）》，中国财政经济出版社，第234页。
② 参见世界银行《世界发展报告（1996）》，中国财政经济出版社，第215页。

资占社会总投资的比重也在提高，但在进出口贸易中，中国一直保持顺差且顺差额明显扩大。2005 年 7 月，中国启动了人民币汇率改革，在人民币与美元的比值持续上行过程中，中国的贸易顺差持续扩大。到 2011 年年底，中国的外汇储备已达 3.2 万亿美元。因此，中国的"国外储蓄"已持续 20 年左右出现负数，这对中国经济的影响是值得深入研究的。

二 国民经济中的投资

投资是资金的使用过程，是新的生产能力（和服务能力）的形成过程。在国民经济运行中，全社会储蓄起来的资源（生产资料和生活资料）通过投资而形成新增的扩大再生产能力。

在三部门模型中，投资主体由居民、企业和政府这三部门构成；在四部门模型中，投资主体由居民、企业、政府和国外这四部门构成。值得注意的是，虽然投资主体与储蓄主体相对应，但投资资金并不因此而与储蓄资金呈一一对应关系，即居民部门的储蓄并不对应于居民部门的投资、企业部门的储蓄并不对应于企业部门的投资，如此等等。

1. 企业部门的投资

在市场经济中，企业部门是最主要的投资主体。这是因为，企业是从事财富创造、提供经营服务的经济主体，企业的投资状况如何不仅直接反映了经济运行态势，而且直接决定了经济发展的状况。

就实物角度来看，企业投资大致可分为四类：一是一般的固定资产投资，这主要包括企业在建造厂房、购买（或制造）设备等方面的投资；二是新技术、新产品开发方面的投资，这主要指企业为开发新技术和新产品进行的投资，其中一部分投资的结果可能表现为固定资产；三是住房性固定资产投资，这主要指为建设新的住房进行的投资；四是存货投资，它包括产成品、在产品以及投入品价值的增值部分。

在理解企业投资时，有三个问题需要理清：

第一，企业投资的资金来源并不与企业储蓄完全相等。它一部分来自于企业储蓄，大部分则来自于居民部门、政府部门和国外部门的储蓄。在市场经济条件下，企业部门的投资资金主要来自于居民部门的储蓄，由此，协调把这些部门的储蓄转化为企业投资的机制，就成为推进经济发展的一个根本性措施。

第二，企业是生产能力的组织者，在完整意义上，企业投资不仅包括固定资产投资等实物类投资，而且应包括人力投资、组织（或管理）投资、知识产权投资和市场开发投资等，因此，应在从生产要素有效配置到生产能力形成的全部过程中理解"企业投资"。

第三，"存货"虽然在统计上被视为"企业投资"，但它的经济意义有明确的"度"。在正常的生产经营中，企业为了保证生产经营活动的连续性，留存一定数量的原料、产成品、零部件和待销品等，是必要的。但如果"存货"过多（或比例呈明显上升走势），这不仅意味着产品积压和企业经营效应的降低，而且意味着经济资源的严重浪费，还意味着国民经济运行进入了高风险区域。"存货"的度，在经济发展的不同时期是不同的，对"度"的把握，主要依据统计规律和经验数据。

2. 居民部门的投资

居民投资，是指居民部门的资本性项目支出，在具体形式中，主要指居民用于住房等固定资产的投资支出。

在理解居民投资时，有三个问题需要理清：

第一，宏观经济中的"投资"指的是实物投资，因此，居民部门的投资也指的是居民部门的实物投资，据此，居民部门中各种非实物投资不属于"投资"的范畴。具体来看，居民投资入股企业的资金、居民购买的各种证券、居民储蓄存款和居民购买的保险等均不属于"居民部门的投资"的范畴，在这些过程中，居民将消费剩余的资金转交给了企业部门或政府部门，当企业部门或政府部门运用这些资金进行实物投资（主要是固定资产投资）后，由此形成的投资会被计入"企业部门的投资"或"政府部门的投资"的范畴。因此，不能将宏观经济中的"投资"概念与日常生活中的"金融投资"概念相混。

第二，居民部门的投资是实物投资，但居民购买耐用消费品的行为并不属于投资行为。主要原因有两个。一是耐用消费品的边界不易界定，例如，不论以使用期限还是以购买价格为据，都很难明确家用电器与高档服装何为耐用消费品。二是耐用消费品在一般情况下一旦进入居民家庭就失去了价值增值的可能。与此不同，虽然住房也属居民家庭的消费品，但在发达国家中，居民购买的住房在相当多的场合中是连同土地所有权一起购买的，而随着经济发展，土地的价格一般呈现增值趋势，这样，在若干年后，当出售住房（连同土地所有权）时，销售价格可能高于购买价格。因此，购买住房的行为属于"居民部门的投资"的范畴。

第三，在一些场合中，居民家庭的生产经营性投资与生活消费性开支不易区分，例如个体户的服装销售、农民的农业投资、街头的夫妻小店等，对此，各国根据具体情况分别将其统计为"居民部门的投资"或"企业部门的投资"。

3. 政府部门的投资

政府部门的投资，是指政府财政性投资。它既包括中央财政的投资行为，也包括各级地方政府财政的投资行为。

政府投资行为与企业投资行为有明显的差异，主要表现在：

第一，政府投资主要是扩大（或增加）公共品的生产能力，它一般追求的是社会效益的最大化，而不是追求投资的经济效益的最大化，因此，政府投资通常选择那些具有较强的收益外部化的投资项目。在这些场合中，政府投资具有弥补或克服市场缺陷的功能。

第二，在某些场合，政府部门也投资于一些有较高经济效益的项目，但这些项目通常具有以下几个特征：一是创始的投资量巨大，由企业进行投资比较困难，如大型水利设施、高速公路等；二是经济效益不明确而经济发展又急需的投资项目，如资源勘探、围海造田、南水北调等；三是虽有明显经济效益但因缺乏外部经济而企业不愿投资的项目，如某些矿产开发、环境治理等；四是政府部门从经济社会综合效益考虑认为需要由政府垄断经营从而投资的项目，如中国的烟草业、某些高新技术开发等。在这些场合中，政府投资大多具有弥补企业投资不足的功能，因此在较大程度上发挥着"开发性投资"或"先行投资"的作用。

第三，政府投资的决策过程和运作机制比较复杂。这不仅因为社会效益很难有一个清晰的统一标准进行衡量，而且因为政府是一个庞大的系统，一些重要的投资项目从议案提出到付诸实施往往需要经过复杂的行政审批程序（甚至法律程序）才能完成。

第四，政府投资的规模、取向和内容受到经济体制的严重制约。在计划经济体制中，政府部门几乎揽括了国民经济中的一切投资项目，由此，政府投资成为经济发展中具有决定性意义的投资。在计划经济向市场经济转轨过程中，政府投资占全社会投资的比重呈下降趋势。在市场经济比较发达的国家中，政府投资所占的比重明显低于企业投资。

第五，政府投资的具体内容随着经济发展水平和市场经济的成熟程度而发生变化。在经济发展水平较低而市场机制相当不完善的条件下，只有政府部门具有集中全社会资金和投资资源的能力，因此，政府投资发挥着主导性作用；在经济发展水平较高且市场机制比较完善的条件下，企业部门可以通过市场实现资金集中和投资资源的集中，由此，政府投资的具体内容就明显减少。另外，在市场经济发展中，一些公共品可能转化为私人品，由此，原先由政府投资的项目也随之转变为由企业进行投资。

4. 国外部门的投资

国外部门的投资，是指国外企业和国外居民对本国的直接投资。一般来说，国外投资与国内企业投资相同，都以追求利润最大化为基本目标。

在理解国外投资时，有四个问题需要理清：

第一，对一国而言，国外投资的数额、比重和产业领域受到该国法律法规等制度制约。其中，高污染产业、高耗能产业、低技术项目、不符合社会道德和本国文化理念、影响国家安全的国外投资，一般在严重限制甚至禁止之列；同时，在对国民经济具有明显控制力的产业中，国外投资的比重也通常受到限制。

第二，对发展中国家来说，引进外资的主要目的在于引进国际上先进的（或适用的）技术、管理经验和国际市场；对转轨经济国家来说，引进外资还有利于推进经济体制的转变和市场经济的成长；对发达国家来说，国外投资具有促进市场竞争、支持经济增长、增加就业等作用。

第三，国外投资数额受到汇率的强烈影响。在本币汇价走高的条件下，同一数额的国外投资表现为较少数额的本币投资，反之则反是；不仅如此，国外投资还会因本币的汇价低估而大幅增加，或因本币的汇价高估而明显减少。因此，在汇价波动的条件下，国外投资占总投资的比重也将发生变动。

第四，对大多数国家来说，引进外资只是推进经济发展的一项措施。本国的经济发展最终还要依靠本国投资，同时，维护经济主权也是推进经济发展的基本点，因此，在经济发展的长期过程中，国外投资在总投资中所占比重不应过高。

第二节 储蓄转化为投资的金融机制

一 储蓄转化为投资的不对称性

实现"储蓄 = 投资"是国民收入平衡的核心问题，也是宏观调控的一个根本性问题。但实际上，在经济运行过程中，不论就主体关系而言还是就数量关系而言，储蓄与投资在各个具体场合通常是既不对应也不对等的，即"储蓄 ≠ 投资"是经济运行过程中的常态现象，由此，提出了一个需要建立哪些机制来促进或保障"储蓄 = 投资"趋于实现的问题。

在四部门模型中，储蓄主体和投资主体均由居民、企业、政府和国外四个部门构成，但这并不意味着，在经济运行中，居民部门的储蓄将直接转变为居民部门的投资、企业部门的储蓄将直接转变为企业部门的投资，如此等等。一个突出的现象是，居民部门的储蓄是由彼此分散的众多居民家庭提供的，受消费剩余资金的数额有限、从事实业投资的技能不足及其他因素制约，这些居民中绝大多数人不可能直接将储蓄资金转变为投资资金，由此，储蓄与投资之间就必然出现不对称现象。

这种不对称，既表现为经济主体的不对应，也表现为数量关系的不对应。从各国实践来看，普遍的情形如下：

第一，居民部门的储蓄数额通常大大高于该部门的投资数额，由此，它成为最大的资金盈余部门。这些资金主要提供给了企业部门和政府部门，一部分可能转入国外部门。

第二，企业部门的储蓄数额通常大大少于该部门的投资数额，由此，它成为最大的资金不足部门。这些资金缺口主要由居民部门的储蓄给予弥补，一部分由政府部门和国外部门给予弥补。另外，当企业部门投资于国外时，这部分投资又成为被投资国的"国外储蓄"。

第三，政府部门的储蓄在大多数情形下不足以支持该部门的投资，由此，它往往也是资金不足部门。这些资金缺口主要由居民部门的储蓄给予弥补，一部分可能由国外部门和企业部门给予弥补。

第四，国外部门的情况相对复杂。比较普遍的现象是，在发达国家中，国外部门的投资常常为负，这比较突出地反映了它们作为资本输出国的特征①；在发展中国家中，国外投资通常为正，这比较突出地反映出它们为发展本国经济而积极引进外资的努力。另外，外资在进行项目投资或经营发展中可能遇到投资资金不足的情形，这部分缺口又由被投资国的国内储蓄予以弥补。

储蓄与投资之间的不对称性，给宏观经济调控提出了三个具有重要政策含义的问题：

第一，虽然从经济统计角度说，"储蓄＝投资"是一个恒等式，但这一恒等式有两个特征：其一，它只是一种"事后"的结果，并非在经济运行过程中的每一环节、每一时点都成立。换言之，在经济运行过程中，绝大多数情形是"储蓄≠投资"，由此，如何保障或实现"储蓄＝投资"就成为宏观调控的主要任务。其二，"储蓄＝投资"作为一种"事后"的统计结果，是在对相关统计科目进行调整后得出的，这种调整很可能掩盖储蓄与投资在事实上的不对等。例如，企业新产出的"库存产品"，在国民收入的供给中被归入"储蓄"的范畴，而在国民收入的使用中又被归入"存货投资"的范畴，由此，在经济统计中，"存货"的双重存在就很容易导致如下情形：当储蓄大于投资时，未转化为投资的储蓄部分表现为"库存产品"的增加；当投资大于储蓄时，超过储蓄部分的投资表现为"库存投资"的增加。结果虽然是"储蓄"与"投资"在经济统计上平衡了，但它与实践过程中的状况并不一致。

第二，在经济实践中，"储蓄"与"投资"不对等可能引致什么后果？在储蓄＞投资的时候，不仅意味着已产出的一部分产品未能通过投资发挥效能（因此，与此对应的资源可能被浪费），而且将抑制后继的生产经营活动的正常展开（从而影响经济发展态势），还将引致市场竞争加剧、物价下落甚至可能使经济运行步入"紧缩"区间；在投资＞储蓄的时候，随着投资需求旺盛而储蓄难以充分供给对应的资源，通货膨胀现象就可能发生，由此，经济运行就可能进入"膨胀"甚至"过热"区间。

宏观调控的意义不在于取得最终统计结果的平衡，而在于在经济运行过程中使"储蓄"与"投资"趋向平衡，各种调控措施的实施目的也在于此。

第三，为了保障经济运行过程中的"储蓄"与"投资"相对接，实现两者的平衡，就需要有相关的机制，使资金盈余部门的储蓄能够顺利地转移到资金不足部门，并形成后者的投资。这些机制称为"储蓄转化为投资的机制"。

储蓄转化为投资的机制是复杂多样的。从转化方式来看，它可划分为直接转化模式和间接转化模式；从中介特性来看，它可划分为直接金融机制和间接金融机制；从体制特征来看，它可划分为计划经济体制和市场经济体制。

---

① 从数据上看，这种情形在年度之间是非连续的。

二　直接转化模式和间接转化模式

直接转化模式，是指储蓄主体直接将其储蓄资源用于投资的情形。它既可以不借助商品交换直接展开，也可以由商品交换介入其中。前者的典型例子是，农民将自己生产的种子用于粮食种植；后者的典型例子是，铁匠、木匠将产品用于交换扩大生产规模所需的各种生产资料。但在市场经济条件下，这种情形越来越少，占主导地位的现象是间接转化模式。

间接转化模式，是指储蓄者的储蓄资源并不直接用于自己的投资项目而是通过资金转移和资源转移等途径将储蓄资源转移给投资者并由投资者最终完成投资行为的情形。与直接转化模式相比，间接转化模式有四个特点：

第一，主体分离。在直接转化模式中，储蓄主体与投资主体是同一的；在间接转化模式中，储蓄与投资由不同的经济主体承担，因此，储蓄者并非投资者。

第二，目的分离。在直接转化模式中，由于储蓄者与投资者是同一经济主体，所以，储蓄目的与投资目的比较容易合一；在间接转化模式中，储蓄者的目的是多种多样的，投资者的目的也是多种多样的，由于储蓄者与投资者相分离，因此，他们的不同目的很难达成一致，这导致他们彼此间的目的分离。

第三，行为分离。在直接转化模式中，储蓄与投资的主体合一关系决定了储蓄行为往往就是投资行为，例如，当农民在留种子时，很难判别这是储蓄行为还是为投资准备条件的行为；在间接转化模式中，储蓄者的储蓄行为与投资者的投资行为分离为两个过程，由此，储蓄行为和投资行为不仅在时间和目的上不一致，而且在行为机理、行为方式和行为结果上也不一致。

第四，机制分离。在直接转化模式中，储蓄机制与投资机制通常是直接相连的，即便在商品交换的场合中，将储蓄产品用于交换的直接目的也在于换得投资产品；在间接转化模式中，储蓄机制与投资机制分离为两个不同的机制，由此，要求形成连接储蓄机制与投资机制的中介机制。这种中介机制既需要满足储蓄者的要求又需要满足投资者的要求，成为实现"储蓄＝投资"的关键机制，也是间接转化模式中具有根本性意义的机制。

在市场经济中，间接转化模式是实现储蓄转化为投资的主要模式。这种模式的最基本功能是能够将分散在各个储蓄者手中的储蓄资源有效地聚集起来，根据彼此分散的投资者的投资需求进行资源分配，由此，它至少具有三方面积极意义：一是有利于减少储蓄资源的闲置，充分动员储蓄资源，提高全社会的储蓄和投资的总水平，积极支持投资，扩大投资总规模；二是有利于根据经济效益原则，将聚集起来的储蓄资源分配给经济效率较高的投资项目，从而实现储蓄资源在投资项目中的有效配置和优化配置；三是有利于聚集储蓄资源进行一些需要巨额投资的项目建设，保障国民经济的可持续发展。

三 资金机制与间接转换模式

在间接转换模式中，要实现储蓄资源有效聚集并按投资者需求进行有效分配，必须借助资金机制。

就自然属性而言，商品的实物面在统计性、交易性和流动性等方面存在一系列局限性。一方面由于各种实物在自然形态上是不同质的，极难相互比较，所以无法对它们进行统计上的折算加总。例如，1吨钢铁与3吨蔬菜，就使用价值而言，无论怎样统计都不可能折算为2吨钢铁或6吨蔬菜。另一方面，受实物的自然特性制约，拥有特定种类产品的储蓄者，要通过以物易物方式来实现产品交换是极为困难的，由此，要实现储蓄资源的聚集和投资资源的分配（且不说，资源的有效配置）也是极为困难的。不仅如此，在大多数场合中，即便忽略产品流动中的成本问题，受实物的自然形态制约（如不可分割性、不易分割性、易质变性、高重量性、不可移动性等），要通过长距离运输将产品运达市场以实现交换也几乎是不可能的。要解决这些困难，就需要一个能够克服这些自然形态制约的机制，这个机制就是资金。

资金是货币资产，它以货币方式表现和代表着商品价值。在市场经济条件下，不论是储蓄资源还是投资资源，都既具有实物面又具有价值面。这些价值面的货币表现就是"资金"，因此，在国民经济中，每一件实物都有它对应的资金，而每一元资金也都有它对应的实物。这种资金与实物相对应的关系决定了，拥有资金也就直接意味着拥有对应实物，所以，储蓄首先表现为资金的聚集和集中，投资也首先表现为资金的分配和使用。

资金作为货币资产有两方面基本功能：其一，货币功能。货币是一切商品的等价物，它可与各种商品进行交换，由这一功能决定，资金也可与各种商品交换。其二，资产功能。不论是对居民部门、企业部门还是对政府部门而言，资金都属于资产的范畴，都属于他们经济权益的构成部分，资金运用是它们为满足或实现其经济利益而展开资产运作的具体方式，因此，资金是一种经济权益关系。

在市场经济中，商品交易、资源配置通过资金机制而实现。一方面资金是商品交换的媒介，因此存在"商品→货币→商品"的交换关系。资金克服了由商品的自然属性给商品交换造成的种种局限，改变了商品交换在时间和空间上的概念，由此，即便不发生空间上的变动，商品也能实现交换；即便先买后卖或先卖后买，商品交易也能成立。另一方面，资金关切着对应经济主体的利益，由此，通过市场机制，它不断推进资源的有效配置。具体来看：

第一，资金流向引导着资源配置的流向。在市场经济条件下，不论是消费还是投资，一切购买行为均以资金支付为前提，拥有资金也就意味着拥有购买需求和购买能力，由此，一个经济主体（或一个经济区域）拥有的资金数量越大，其获得资源的能力越强，配置资源的能力也就越强，各种资源必然向这些经济主体（或经济区域）流动。由于资金流向引导着储蓄向投资转换的流向和投资资源的配置流向，因此，在宏观经济中，调控资金流向成为调控资源配置流向的主要方式。

第二，资金流量制约着资源配置的流量。既然各种资源只有与资金进行交易，才能实现交换，那么，资金的数量就直接制约着进入配置中的资源数量。一般来说，投入交易的资金量越大，则流入和流出交易环节的资源量也越大，反之则反是。另外，当投入交易的资金量大于进入交易环节的资源量时，购买需求将大于实物的供给数量，受货币规律制约，这将导致物价上涨乃至通货膨胀；反之，当投入交易的资金量小于进入交易环节的资源量时，购买需求将小于实物的供给数量，受货币规律制约，这将导致物价下落乃至通货紧缩。因此，在宏观经济中，调控资金流量成为调控资源流量并调控物价水平的一个重要方面。

第三，资金结构直接制约着资源配置结构。资金可从不同角度进行划分，例如，按用途可分为消费性资金和生产性资金，按时间可分为长期投资资金和短期流动资金，等等。在资金总量不变的条件下，如果消费性资金较大而生产性资金较小，或者短期流动资金数量较多而长期投资资金数量较少，那么，在当期经济运行中，消费品、原辅材料等将因消费性资金和短期流动资金较为充裕而呈现购销旺盛的良好态势，但投资品将因长期投资资金较少而购销不旺，其结果将明显影响经济发展的后劲；反之，在当期经济运行中，投资品将因长期投资资金充裕而购销两旺，而消费品、原辅材料等将因消费性资金和短期流动资金不足呈现购销不旺的态势，其结果将明显影响经济运行走势。如果将资金结构与产业部门结构相连结，则资金结构制约资源配置结构的状况将更加明显。2005 年之前，中国经济运行中发生的电力紧张状况与 1998 年以后电力建设的资金投入不足直接相关；钢铁、有色金属、建材等产业的固定资产投资高增长则与投入这些产业中资金较多直接相关。因此，在宏观经济中，调控资金结构成为调控资源配置结构的一个重要方面。

可以说，间接转换模式是建立在资金机制基础上的。由于获得了资金也就意味着获得了选择和购买资源的权利，因此资金是经济活动的第一推动力[①]，从而在经济实践中，对绝大多数行为主体而言，能否获得资金成为成败之关键。

四　直接金融机制和间接金融机制

在经济运行中，储蓄资金不可能自然地转化为投资资金。一个简单的事实是，

---

① 马克思曾经指出："商品生产，——无论是社会地考察还是个别地考察，——要求货币形式的资本或货币资本作为每一个新开办的企业的第一推动力和持续的动力。"（见马克思《资本论》，人民出版社，1975，第 393 页。

既然资金属于经济权益的范畴，储蓄者就不可能毫无代价地将它赠送给投资者①。为此，需要有一个机制来实现储蓄资金向投资资金的转变，这个机制就是金融转化机制。

金融转化机制，是指以金融产品交易为核心促成储蓄转化为投资的机制。它主要由金融产品、金融机构和金融市场这三个基本因素构成，即储蓄资源在金融机构的支持下通过金融市场中的金融产品交易转移到投资者手中，由此实现储蓄向投资的转化。根据金融产品、金融机构和金融市场三者关系的不同，金融转化机制大致上可分为"直接金融"机制、"间接金融"机制和"直接金融 - 间接金融"相连接机制三种情况。

直接金融机制，是指储蓄者通过在金融市场上购买金融产品而直接将储蓄资源转移给投资者的情形。例如储蓄者购买公司债券、政府债券和股票等。

间接金融机制，是指储蓄者通过购买金融产品而将储蓄资源转移给金融机构，然后由金融机构通过签订金融契约将这些储蓄资源转移给投资者的情形。例如，居民将资金存入商业银行，然后，商业银行再将这些资金贷放给企业。

直接金融与间接金融的主要区别有三个方面。一是投资者的信息状况不同。在直接金融中，储蓄者直接将储蓄资源（如资金）转移给投资者，因此，通常能够直接获得投资者的身份、情况和资金用途等信息；在间接金融中，储蓄者在直接关系上只是将储蓄资源转移给了金融机构，因此，通常难以知晓投资者的具体情况和相关信息。二是储蓄者承担的风险不同。在直接金融中，既然储蓄者通过金融产品直接与投资者订立了储蓄资源转移的契约，那么，他就必须承担由这一契约规定的种种风险，其中包括投资者的投资风险和资金运作风险等；在间接金融的场合中，储蓄者只是将资金转移给了金融机构，由此，储蓄者通常不承担投资者的投资风险和资金运作风险。三是储蓄者可能的收益状况不同。在直接金融中，储蓄者既然承担了一部分投资风险和资金运作风险，那么，他就应在对等的程度上参与投资收益和资金运作收益的分配，因此，储蓄者从直接金融中获得的收益可能较高；在间接金融场合，储蓄者不承担投资风险和资金运作风险（这些风险是由投资者和相关金融机构承担的），也就无权参与投资收益和资金运作收益的分配，因此，在一般情况下，储蓄者从间接金融中获得的收益低于直接金融。直接金融机制与间接金融机制的基本架构，可见图 1 - 1 所示。

直接金融 - 间接金融相连接机制，是金融发展过程中形成的一种既有别于直接金融机制又有别于间接金融机制的特殊机制。它具有直接金融的某些特征又具

---

① 虽然就个案而言，也可找到储蓄者将资金赠送给投资者的例子，如中国政府的扶贫资金、某些慈善机构的活动和中国对非洲发展中国家的无偿援助等，但它们在经济运行中所占比重极低，不是普遍性现象。

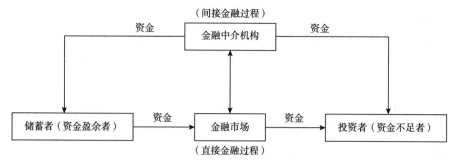

图 1 - 1　"储蓄 - 投资"的金融转化机制

有间接金融的某些特征。如信托计划、证券投资基金证券和金融机构理财产品等，它们有的具有明显的直接金融特征（甚至可划入直接金融的范畴），有的具有明显的间接金融特征（甚至可划入间接金融的范畴）。从储蓄者运用资金购买金融产品上看，最初的运作通常都具有直接金融的特点，但从相关金融机构将资金转移给投资者看，有的与直接金融相似，有的则与间接金融相似。

在市场经济条件下，金融机制是实现储蓄转化为投资的主体性机制，因此，在实现"储蓄 = 投资"的过程中发挥着根本性作用。此外，在某些场合中，财政机制、赠予机制等也在一定程度上具有促进储蓄转化为投资的作用。

第三节　金融体系与金融机制

一　金融的定义和内涵

什么是"金融"？这是金融学术界的一个难题，国内外理论界和实务界迄今没有就其准确定义达成共识。

在中国的各类辞典等工具书中，"金融"与"Finance"对应。英语中的"Finance"一词源于古法语的"Finer"，意为"End"（结束）或"Debt - settle"（债务清算）等；同时，也有人认为"Finance"一词源于拉丁语"Finare"，意为结束。

中国古代文字中有"金"字也有"融"字，但没有"金融"连在一起的词汇。《康熙字典》以及在它之前的工具书均无"金"与"融"连用的词。实际上"金融"的中文词源自日语，意指资金融通，包括货币、信用及相关活动等。根据日本三省堂出版的《新辞林》（1998 年），"金融"的解释为：资金的融通，资金的需求和供给关系，资金的流动。另外，日语中将"金融交易"定义为使用金钱进行的交易（商品或服务与金钱的交换），将对金融交易提供便利的经济主体（进行经济活动的实体）称为"金融机构"。

在中国，"金融"在《辞海》（1936）中的解释是："谓资金融通之形态也，旧称银根。金融市场利率之升降，与普通市场物价之涨落，同一原理，俱视供求之关系而定。即供给少需要多，则利率上腾，此种形态谓之金融紧迫，亦曰银根短绌；供给多需要少，则利率下降，此种形态谓之金融缓慢，亦曰银根松动。"

在西方，《新帕尔格雷夫经济学大辞典》（1992）的解释是：金融"其基本的中心点是资本市场的运营、资本资产的供给和定价"。美国的兹维·博迪和罗伯特·C.莫顿（2000）在"金融的定义"标题下认为："金融学是研究人们在不确定的环境中如何进行资源的时间配置的科学。"[1]

黄达（1991）指出："中文'金融'所涵盖的范围有广义和狭义之分：广义金融——指与物价有紧密联系的货币供给，银行与非银行金融机构体系，短期资金拆借市场，证券市场，保险系统，以及通常以国际金融概括的这诸多方面在国际之间的存在，等等。狭义'金融'——指有价证券及其衍生物的市场，指资本市场。洋人对 Finance 一词的用法也并非一种，而有最宽的、最窄的和介于两者中间的三种。"[2] 从这些界定中可以看出，"金融"，就概念而言，使用范围相当广泛，已是现代经济学和市场经济中最为普遍的范畴之一，但就内涵而言，不尽相同且差别甚大。

1. 金融并非资金融通

"资金融通"是中国教科书和相关词典中对"金融"的最常见解释，这既可能与"资金融通"的字面中有"金"和"融"二字有关，也与实践中企业、政府等经济主体普遍感到资金不足因而有强烈的融入资金需求（以致将"金融"简单界定为"融资"）有关。但是，金融并非"资金融通"，主要理由有三：

第一，"资金融通"在每一具体场合都突出地反映资金需求者单方面的意向，它并不必然包含资金供给者的意向和行为，也不包含市场机制在资源配置方面的基础功能。与此不同，任何金融活动都必然是交易双方意向和行为的结果。在交易中，通过等价交换，资金需求者融入了资金，而资金供给者获得了某种金融产品（并非简单的资金融出）。这一过程所包含的复杂内容和本质特征，是"资金融通"一词很难充分概括的，更不是资金需求者单方面所能决定的。

第二，市场经济贯彻的是等价交换原则[3]。商品供给者将商品卖出获得资金，与金融产品供给者将金融产品卖出获得资金相比，就获得资金而言，二者并没有多少差别（即都融入了资金），那么，为什么前者称为"商品交换"，后者称为"金融交易"？如果这是因为"商品"是有形实物，那么，"劳务""租赁"等的交易中也有资金支付现象，它们为什么不称为"金融交易"？

---

[1] 〔美〕兹维·博迪、罗伯特·C.莫顿：《金融学》，中国人民大学出版社，2000，第4页。
[2] 参见黄达《黄达文集》，中国人民大学出版社，1999。
[3] 等价交换是市场经济的一个基本原则。这一原则得以确立和贯彻的一个基础是，在时空关系上确定的"时点"，即任何等价交换都在当时确定的地点发生。离开了由"时"和"点"的确定性形成的价格关系，就谈不上"等价交换"。参见王国刚、张跃文《国有商业银行股权"贱卖论"辨析》，《新金融》2008年第8期。

第三，在实物投资、股权置换、债转股或股转债等场合中，虽然没有资金的直接介入，但依然属于金融的范畴。既然"金融"中并非一定存在资金融通的现象，那么，资金融通就不能充分反映和概括金融活动。

2. 金融并非货币

金融并非货币，这是一目了然的。突出的现象有三种。一是相当多的金融产品（如债券、股票、保单等）的交易需要以货币为媒介和计价。其反证推论是，如果货币与金融是等价概念，则金融交易是货币与货币交易，这缺乏应有的经济意义。二是各种金融产品都具有明确的产权关系，例如，存贷款、债券、保单等中包含债权债务关系，股份、股票中包含股权关系，信托凭证中包含委托受托关系，等等。但货币中不包含这些关系。三是各种金融产品都有对应的逐利性，因此有明确的收益要求。既然金融并非货币，那么，金融政策与货币政策就不是等价的概念，因此，将"货币供给"划入"金融"的范畴、或者将"金融"划入"货币"的范畴就是不恰当的。

另外，诸如存款、贷款等金融产品，既具有一般金融产品的特征，又是货币机能的载体，由此，这不仅使金融与货币的关系复杂化，而且使二者的边界在一定程度上模糊了。在以间接金融为主的格局中，调整商业银行等金融机构通过存贷款机制创造派生货币的能力，对实现货币政策目标甚为重要，由此，中央银行更倾向于将存贷款列入货币的范畴予以调控，这进一步模糊了货币政策与金融政策的边界。尽管如此，诸如债券、股票、保险、理财产品、共同基金、信托凭证和资产证券化证券等不属于货币的范畴，还是明确的。

3. 资本市场不足以覆盖金融

资本市场属于直接金融的范畴。20世纪70年代末，美国迈出了金融创新的步伐，其中一个主要特点是，直接金融产品及各种衍生产品快速发展，在一定范围内，形成了由直接金融取代间接金融的趋势。在这个过程中，货币市场、金融市场的概念逐步淡化，资本市场的概念得到强化。但30多年来，资本市场并未真正（也不可能）取代银行、保险和信托等金融机制。在实践中，以商业银行为主体的金融格局瓦解了，形成的是以资本市场为基础、以商业银行为主导的新型金融体系。在这种新型金融体系中，虽然资本市场发挥着至关重要的作用，但商业银行、保险公司和信托机构的功能依然不可取代。不仅如此，如果没有商业银行积极有效地深入资本市场的各方面创新，资本市场的发展步伐和基础作用也将受到严重制约。①

显而易见的事实是，金融包含银行、证券、信托和保险等产业，但资本市场

---

① 在始自2007年8月的美国的金融危机中，随着美林公司被美国银行收购，雷曼兄弟公司破产，高盛公司和摩根士丹利公司转为银行控股公司，投资银行作为一个独立的金融产业瓦解了，由此，以资本市场为重心的金融构架受到严重挑战。

并不完全涵盖银行、信托和保险等产业的一切活动，由此，简单以"资本市场"来界定金融的边界是很难将金融的丰富内容概括在其中的。资本资产定价、资源的时间配置等在资本市场中是重要的，在金融运行中的效用也是无可厚非的，但它们依然不能概括金融的全部内容。金融是与实体经济相对应的一个产业门类，资本资产定价、资源的时间配置等并不能确切地表明金融产业与实体经济的本质区别，因此，不能准确反映金融的本质规定。

4. 金融机构不足以概括金融本质

金融机构的类型众多，也可从不同角度进行划分。随着金融发展的进一步推进和金融运作的专业程度深化，金融机构的类型还将增加。金融机构是金融运作的组织方式，"金融职能比金融机构更为稳定"，"机构的形式随职能而变化"①。从逻辑上讲，金融机构的特性是由金融本质和金融内涵界定的；从市场发展来看，金融机构的类型是由金融市场的专业化竞争程度和科技发展水平决定的，因此，以"金融机构"来界定"金融"是不科学的。

5. 金融本质是资产权益的交易

金融，在本质上，是在资产权益基础上以获得这些权力的未来收益为标的而进行的交易过程和这些交易关系的总和。其中"资产权益"，是指依附于资产上的各种权力和对应的收益。当这些资产权益还只依附于资产之上而尚未分离出来成为相对独立的交易对象时，与其对应的金融活动是不存在的。只有当资产权益从资产实体中分离出来并以交易对象的形式形成了一个独立的运行过程时，对应的金融活动才可能存在和发展。尽管金融现象林林总总、纷繁复杂甚至扑朔迷离，但寻源追本，总可以找到它们与资产权益的种种内在联系。"以获得这些权力的未来收益为标的"，是指金融交易的目的。各种金融交易的目的不仅在于简单地获得对应的资产权力，更重要的还在于获得对应资产的收益。由于这些资产的未来收益受到诸多不确定因素的影响，同时，这些未来收益的大小直接关系着交易是否贯彻等价交换原则和交易各方的利益得失，所以，时间（即对"未来"的界定）和风险（即对"不确定性"的衡量）就成为衡量资产价值（从而资产定价）的主要因素。"交易过程"，由从资产权益买卖各方的表示交易意向到实现交易的各种活动、程序、手续和结果等构成。不同类型的资产权益交易在交易内容、交易程序、交易手续和交易结果等方面差异甚大，这决定了它们有不同的交易过程。"这些交易关系的总和"，是由资产权益交易过程中的各种机构、规则、机制和行为等构成的。不同类型的资产权益交易，参与的机构类型不同、遵循不同的规则、运用不同的机制、有不同的行为特点，这决定了它们彼此间的交易关系不尽相同。

从金融的本质可以看出金融具有如下几个特点：

第一，金融与实体经济的异同点。在市场经济中，不论是实体经济还是金融

① 引自〔美〕兹维·博迪、罗伯特·C.莫顿《金融学》，中国人民大学出版社，2000，第23～24页。

经济都以交易为中心，为此，市场机制的一般原理和规则既适用于实体经济也适用于金融经济[①]；另外，金融经济与实体经济的区别主要在于交易对象和交易目的的不同。实体经济中的交易对象是商品，获得商品的目的在于其使用价值；金融的交易对象是资产权益，获得资产权益的目的在于其未来收益，由此引致金融经济一系列特征的形成和扩展。

第二，金融围绕资产权益而展开。金融交易的基础、目的和对象都离不开资产权益，由此，认识、界定、开发、评估、组合和管理资产权益就成为金融活动的主要内容。资产权益，在性质上，可分为股权性资产、债权债务性资产和信托性资产等；在权能上，又可分为所有权、控制权、使用权、收益权等。通过对资产权益的开发和组合，可以形成不同的金融产品。从资金需求者的角度看，通过出售一段确定时间内的收益权并承诺到期归还本金，对政府部门、企业来说，可获得债务性资金；通过出售未来的利润分配权，对企业来说，可发股融入资本性资金。从资金供给者的角度看，通过购买这些金融产品，在不直接从事资产运作的条件下，可获得对应的资产收益。在原生产品的基础上，通过对权益（包括权能、时间和风险）的进一步分解和重新组合，人们开发出了新的权益产品，由此产生了共同基金、可转换债券、股权证、各种资产证券化证券等证券类衍生产品和互换、远期交割、期货、期权等交易类衍生产品。就直接关系而言，相当多的衍生产品似乎已远离实体经济的资产关系，但寻根溯源，依然可找到它们之间的内在联系。在美国等西方国家中，始于20世纪70年代末的金融创新，以金融产品创新为中心，其他方面的创新是以此为基础并服务于此的。

第三，金融机构的职能在于经营和服务于金融产品交易。金融机构是从事金融产品经营和金融服务的专业性机构。从经营角度说，相当多的金融产品是由金融机构开发、经营和发展的。例如，商业银行经营存贷款金融产品、保险公司经营保险类金融产品、资产管理机构经营资产管理类金融产品、投资基金公司经营基金单位等。从服务角度说，一些金融机构为各类企业（包括金融类企业）提供专业化的金融服务。例如，证券公司提供公司债券、股票和其他证券类金融产品的承销服务，提供财务顾问、证券投资、股权投资、项目融资、公司并购、资产重组等方面的专业服务。

商业银行并非经营货币的金融机构，而是经营存贷款等金融产品的法人机构。货币作为一种经济机能，并无逐利的内涵，不可能成为经营对象；与此相比，金融产品作为资产权益的载体，有获得未来收益的可能，才有作为经营对象的经济

[①] 一些人认为，福利经济学的第一定理不适用于一般的金融体系。这实际上是一个误解。这一定理的成立有三个假设前提，即充分竞争、信息完全对称和没有外部性。这些假设前提，从实践角度看，不仅在金融体系中不存在，就是在实体经济部门中也几乎不存在。但这并不否定市场机制的一般原理和规则既适用于实体经济也适用于金融经济。

意义。

第四，资产定价、风险防范服务于金融产品交易。金融交易中贯彻着等价交换原则。与一般商品交换不同的是，在实践过程中，商品价值大致可以通过财务方法在计算成本的基础上进行模拟，但金融产品的价值很难运用同样的方法模拟计算。例如，一笔 1000 万元一年期贷款的价值是多少？一张面额 100 元的十年期公司债券的价值是多少？1 元/股的股份价值是多少？恐怕没人能给出确切答案。在几乎所有的场合中，金融产品的"价值"范畴与"价格"范畴的内涵是完全相同的①。对存贷款、债券等金融产品来说，只有"利率"概念，并无价值范畴的利率和价格范畴的利率之分；对股票等证券来说，票面价值和票面价格、账面价值和账面价格、市场价值和市场价格等是相互替换使用的概念。在这一背景下，要贯彻等价交换，理论上和实践中都要求弄清楚何为"等价"，由此，资产定价理论应运而生。但金融产品的定价，既取决于对应资产的未来收益水平，又受到具有替代性的金融产品收益水平的严重影响，还受到相关金融市场状况的制约，这其中存在诸多未知变量且很难分清因果关系。在此背景下，再考虑"未来"一词并无确切的"时间"边界，各种复杂变量的数量关系就更加难以弄清了。这种复杂的机制关系决定了资产定价理论在实践中的运用迄今依然是雾里看花。

在实践中，资产定价的过程同时是分散风险的过程。商业银行通过贷款的可预期风险来确定贷款利率水准，保险公司通过估算不可预期风险的概率来确定保费水平，证券公司则通过历史比较和路演来探寻发股价格，有鉴于此，资产定价又称风险定价。30 多年来发展的证券类衍生产品（包括信用衍生产品）、交易类衍生产品更是通过资产定价来分散对应的风险。价格是市场发挥基础性作用的基本机制，从这个意义上说，似乎将资产定价（或风险定价）界定为金融的本质规定是有理的，但在与实体经济的对比中，这种界定难以揭示"资产权益的交易"这一金融独有的特点。实际上，资产定价是伴随资产权益交易而产生并服务于资产权益交易的，因此，不能本末倒置。

金融交易以获得对应权益的未来收益为标的，金融产品的价格在本质上是由这些未来收益决定的。资产权益的未来收益水平取决于实体经济部门的经营效益水平和投资收益水平，因此，金融产品的价格在深层关系上是由实体经济部门的经营效益和投资收益决定的。就各种金融产品本身的价格而言，每种金融产品的价格在均衡关系上是由各种金融产品的价格体系决定的。如果一种金融产品的价格明显高于风险定价的水准，在没有制度障碍的条件下，其需求竞争将引致价格回落到由均衡关系决定的价格体系范畴；反之则相反。这种由均衡价格体系决定各种金融产品价格的机制关系，一方面决定了一旦某种金融产品的价格偏离了均

---

① 由此来看，以金融资产价格高于金融资产价值为理由，提出所谓的金融泡沫这一概念，是缺乏理论根据的。

衡价格体系，就给市场投资者提供了某种程度上的套利机会；另一方面意味着在国与国之间简单进行金融产品的价格比较常常容易发生判断上的失误，除非对比的各国处于经济和金融完全开放状态，且金融交易不存在制度上障碍、币种转换中的成本增加和程序上的费用提高。

第五，资产权益的分解和组合。在实体经济中，实物资产受经济技术规则和自然规则制约不可能无限分解和组合。与此不同，这些资产的权益在金融面上不仅可以不断分解组合，而且通过对已有金融产品在权力、收益、时间、数量和程序等方面的再分解组合，还将创造出新的金融产品。始于 20 世纪 70 年代末的金融创新，主要就是这种金融产品的再创造过程。从极限角度看，金融产品和金融交易可以覆盖国民经济各个层次和各个方面的各种权益，同时，通过近乎无限地分解组合资产权益来不断地再创造新的金融产品和交易方式，由此这可以推进金融活动的日益深化，服务于实体经济的发展。

第六，风险与收益的非对称性。资产定价理论和风险管理理论常常强调风险与收益的对称性[①]，但在实践中，金融市场的参与者常常遇到的情形则是风险与收益的非对称性。二者的差别主要在于"起点"与"过程"。如果说以债券发行价格为起点，存在风险与收益的对称情形，那么，随着这一债券的交易过程的展开，就将产生风险与收益的非对称情形；根据其每日的交易价格水平，既可能存在"风险＞收益"的情形，也可能存在"风险＜收益"的情形。从上市公司的股票来看，在发行市场上购入股票有可能是"风险＜收益"，而在交易市场中购入股票的风险与收益的关系则取决于市场行情的动态，"风险＞收益""风险＜收益""风险＝收益"的情形都可能发生。一般来说，股市行情越高，则越容易发生"风险＞收益"的情形，反之则反是。

每种金融产品都具有分散对应风险的功能，但它同时也具有积累风险和扩大风险的功能。为了避免或消解风险，金融市场和金融机构的运作过程中存在一系列止损机制和市场结清机制。以债券为例，利率水平是价格风险的止损机制，时间期限是市场结清的时点机制，还本付息是市场结清的退出机制。2007 年 8 月以后爆发的美国次贷危机（在 2008 年 9 月以后演化成全球金融危机），从金融运行的深层成因上说，是因为在住房抵押贷款的证券化过程中，通过真实销售、破产隔离、有限追索和多级证券化等机制的设立，使住房抵押贷款的风险止损机制丧失，金融市场的结清机制被严重弱化，以致金融风险在不断积累和持续扩大中到了不得不通过爆发一场危机来解决的地步。[②]

---

① "风险与收益的对称性"这一命题在严格意义上是不准确的。现代资产组合理论强调，对金融资产的选择需要同时考虑其平均收益与风险特征，并根据已有资产和外部环境来加以权衡，因此，同一种资产可能对风险偏好类型或者禀赋资产的风险特征不同的交易者而言具有不同的效用。

② 参见王国刚：《止损机制缺失：美国次贷危机生成机理的金融分析》，《经济学动态》2009 年第 4 期。

二 资金的定义和内涵

资金，是指具有货币机能的资产。在政府、企业和居民家庭的资产中总有一部分"货币资产"，即资金。资金具有三个主要特征。其一，资产权力。资金是相关主体总资产的一部分，因此有所有权（或产权）的严格界定并受法律保护。任何主体在未经对方同意的条件下，不能获得、占有和使用对方的资金。其二，金融资产。对任何主体而言，资金都是非实物资产，不能直接用于消费、投资和经营，要实现这些目的，资金必须转化为实物资产。就此而言，资金只是代表了一种资产权益，属于金融资产的范畴。金融资产具有逐利性特征，与此相对应，资金也有明确的获利要求。其三，货币机能。资金是各类资产中唯一具有货币机能的资产，它能够直接购买（或支付）主体所需的各种实物、劳务和金融资产。资金的数量多少意味着经济主体的购买力强弱，同时，资金对于防范财务危机也甚为重要。就此而言，资金又属于货币范畴。资金既具有货币机能又属于金融资产范畴，因此，是连接货币和金融的基本机制（也是导致"货币"和"金融"的边界出现模糊的原因）。

在货币理论史上，"货币"常常被当作"资金"的代用词，因此有两种基本的提法：其一，从商品与货币分为两个相对独立的运行形态出发，认为货币是商品价值的表现形式，其对应面是具有使用价值的实物，甚至有人使用"货币资金"的概念（似乎在"货币资金"之外，还有"实物资金"）。其二，将资金与货币混为一谈，甚至视为等价概念。从西方古典经济学到现代经济学的200多年时间内，这种混淆比比皆是。只需稍举几个例子就足以说明这类混乱。杜阁认为："货币有两种不同的评价：一种是表达我们为了取得各种商品所付出的货币数量，另一种是表达一笔货币与它根据商业行为而得到的利息之间的关系。"[1] 米尔顿·弗里德曼认为："对于经济中最终的财富所有者来说，货币是一种资产，是持有财富的一种形式。对于生产性企业来说，货币是一种资本商品，是生产性服务的一个来源，这些生产性服务与其他生产性服务结合起来共同生产出企业所出售的产品。""在货币与其他资产之间并不存在任何严格的界线，且就某些目的来说，对'货币'的不同形式（如对现金和存款）加以区分可能是十分合意的。货币的这些形式中的某一些可能支付利息或可能涉及服务费用，这一正或负收益成为决定货币持有在各种形式间的划分的有关变量。"[2] 斯蒂芬·罗西斯说道："从更大的范围来说，货币还有另外一个特征，即它使货币债务成为可能。"[3] 约翰·G.格利认为："人们之所以需要货币，是因为它的内在边际收益等于或超过消费和投资的边际收益。

---

[1] 〔法〕杜阁：《关于财富的形成和分配的考察》，商务印书馆，1961，第69页。
[2] 〔美〕米尔顿·弗里德曼：《弗里德曼文萃》，北京经济学院出版社，1991，第362、382页。
[3] 〔美〕斯蒂芬·罗西斯：《后凯恩斯主义货币经济学》，中国社会科学出版社，1991，第27页。

货币的边际收益取决于预期的价格减缩、预算盈亏轮转的益处，以及实际投资的风险。"① 从这几段话中可以看到，这些经济学家将财富、资产、所有权、债务、利息、收益和盈亏等与货币相连接，从不同角度强调，这些特性是货币的一个特性或功能，但他们实际上将货币与资金混淆了。

1. 资金与货币

资金的存在方式大致包括现钞、活期存款、定活期两便存款等几种类型。它的货币机能和金融机能依这些存在方式的变化而变化。从货币机能来看，对居民来说，在电子技术尚不发达的条件下，现钞的货币机能高于活期存款，活期存款的货币机能高于定期存款；但如果有个人支票介入其中，那么在一些场合中，个人支票（活期存款）的货币机能并不低于现钞。在电子技术比较发达的条件下，活期存款的支付功能明显提高，其货币机能在某些场合甚至高于现钞。对厂商和政府部门来说，在大多数场合中，活期存款的货币机能明显高于现钞。这种货币机能随着电子技术的发展进一步强化。从金融机能来看，现金与现金的交易通常是毫无经济意义（也不可能发生）的②，持有现金的直接目的在于满足购物的需要，所以，它并无直接的获利要求。与此不同，活期存款和定活两便存款是金融交易的产物，有获利性要求，由此在交易中形成了利率（虽然，具体的利率水平依各种复杂的具体条件而定，在某些国家或某些场合中，甚至为零利率）。资金的逐利性是货币政策得以影响厂商利益、资金供给者利益从而令他们对货币政策做出反应的基本原因③。

资金作为金融资产，似乎具有自身的价值，可一旦细究，这种价值又不太容易说清。例如，100 元现金的价值是多少（与此对应的，它的价格又是多少）？从票面价值看，资金的价值更多地由其购买力界定。当物价上升时，资金的购买力降低，由此其价值较小；当物价下落时，资金购买力提高，由此其价值较大。这种与购买力相关联的价值表明了资金（作为金融资产）的价值内生于实体经济。在金融面上，资金还有一种以利率表现的"价值"。在此场合，利率究竟是资金的价值还是资金的价格，无法确切分离，但实践中，二者几乎是等价的概念（尽管在与物价变动的联系中存在名义利率和实际利率之分）。资金的价格水平乃至各种金融产品的价格水平，既在各种金融资产的风险和收益均衡中形成，也在与实体经济部门的投资效益协调整合中形成（说到底，金融产品的收益是由实体经济的收益决定的），因此，简单地截取某一数据很难判别资金价格水平是否适当合理。在货币理论史上，利率的直接成因有多种解释，其中包括节欲论、时间价值论、

---

① 〔美〕约翰·G. 格利：《金融理论中的货币》，上海三联书店，1994，第 29～30 页。
② 在一些特殊场合中，现金与现金的交易具有经济意义。例如，大额现金与硬币之间的交易，在美国甚至有人专门设立公司专营硬币与纸钞的交易。
③ 西方经济学家在"货币"名义下研讨的货币供求与利率高低之间的关系，实际上是"资金"供求与利率水平的关系。

风险定价论等，但从本质上说，它是所有权（或产权）的产物，即在经济活动中任何资金所有者（或拥有者或供给者）都不会毫无代价地将资金交给他人使用。在物价变动的条件下，资金价值的数量变动直接影响着资金持有者的权益大小，这既是实施货币政策的重要成因，也是货币政策调控目标得以实现的重要机制。

资金可通过存贷款金融机构的存贷款活动而不断地被创造。这一过程，与其称为"货币创造"（从而"货币乘数"），不如称为"资金创造"（从而"资金乘数"）①。二者的主要区别在于，"货币创造"和"货币乘数"过于强调了资金中的货币机能，忽视了资金中的金融机能（尤其是权益关系的效应），由此，可能的实践结果是，政府可能为了满足货币政策的要求而影响金融机构的权益要求和金融市场发挥基础性功能的要求。在中国，近年来一个突出的现象是，货币当局屡屡提高法定存款准备金率（2010 年 4 月已高达 20.5%），这有利于限制存贷款金融机构的"货币创造"程度，降低"货币乘数"，贯彻货币政策的意图。但在贷款依然是存贷款金融机构经营获利的主要方式、金融监管要求存贷比不得超过 75%、一年期存贷款利率明显高于法定存款准备金利率、金融市场中金融工具种类和规模相当有限等条件下，如此提高法定存款准备金率，不仅严重影响存贷款金融机构经营活动中的资金安排和资金配置，从而影响了他们的经营权益，也给存贷款利率市场化设置了障碍。另外也需注意，不能仅仅从金融资产的角度理解资金的创造过程，否则可能发生为满足金融机构的运作要求而忽视资金数量对宏观经济运行的影响。

资金作为金融资产，具有贮藏价值。在以贵金属为资金载体的条件下，资金持有者可根据自己的利益需要，选择将贵金属资金投入经济运行或不投入经济运行（即贮藏）；在纸币和电子货币的条件下，资金持有者贮藏资金的方式包括手持现金、银行存款等。但以银行存款（不论活期、定期）方式存在的资金，究竟是一种金融投资还是简单的资金贮藏就不容易区分了，也许只有在零利率条件下才能够较为清晰地看清贮藏特点。资金的贮藏引致了经济运行中的资金分为两类，即流动中的资金和停滞的资金，由此进一步引致了货币口径的差异、货币统计的复杂性和货币政策调控的难度。

2. 资金与金融

对于经济运行中的各类主体，持有多少资金是至关重要的。首先，在市场经济中，持有资金是诸多经济活动的起点。马克思曾经说过："商品生产，——无论是社会地考察还是个别地考察，——要求货币形式的资本或货币资本作为每一个新开办的企业的第一推动力和持续的推动力。"② 其次，持有资金是各类经济主体

---

① 在实践中，银行通过信贷机制投放的资金常常被称为"信用"，由此，在日文中有"信用乘数"一词。

② 引自马克思《资本论》第二卷，人民出版社，1975，第 393 页。

持续从事经济活动和扩展经济规模的基本条件。不论是对家庭（个人）、厂商、金融机构还是对政府部门来说，可支配的资金不足都可能引致财务风险，甚至陷入经济活动的困境，因此一定要保持现金流的充足。最后，各种支出、收入和结余等都表现为资金数量上的变化，因此资金是进行经济核算的基本对象。

资金是连接金融与实体经济的基本机制。在国民经济中，金融系统存在的实质意义在于推进和服务于实体经济的发展，其基本职能是通过资金配置促进资源的有效配置，同时化解实体经济运行过程中的各种风险。这些金融职能的发挥以资金为基础。首先，金融通过将实体经济中的资产权益（及对应的权益收益）分离出来并形成相对独立的交易过程，激励社会各界资金持有者向实体经济部门提供源源不断的资金，由此从资金面保障和支持实体经济的发展。其次，金融产品的交易在价格比较和波动中能激励资金供给者（即投资者）对金融产品发行主体资信状况、运作走向和市场行为等相关信息的关注，由此推进资产结构优化、公司资信评价、信息公开披露、财务制度完善和治理结构提高等一系列问题的解决[1]，这同时也是降低实体经济运作风险、提高资金使用效率的过程。再次，金融不仅为权衡实体经济部门运作的机会成本提供市场标尺，而且为实体经济运行过程中出现的诸多问题提供解决方案，其中包括资本预算、项目融资、公司并购、资产重组和资产证券化等。最后，金融成为推进实体经济中资源的有效配置（和再配置）的一个主要机制。一个突出的现象是，资金总是向经济效益好、运作效率高和具有良好发展前景的地区、产业和企业集中。

资金是各种金融产品和金融交易的共同基础。首先，资金是金融产品的原生形式。当资金以现金方式存在时，它的金融性质是尚未完全确定的。如果以股权投资方式使用，资金就转化为股权性资产；如果以借贷方式（包括购买债券、票据和租赁等）使用，资金就转化为债权性资产；如果以信托方式使用，资金就转化为信托性资产；如果以保险方式使用，资金就转化为保险性资产。其次，资金是金融产品的最基础形式。以现金和活期存款方式存在的资金在价格上是最低的（其利率为零或近乎为零），其他各种金融产品以其性质、风险和期限的不同而在价格上高于现金和活期存款。再次，资金既是各种金融产品的起点也是它们的终点。各种金融产品的流动性高低由其转换为资金的速度和程度来界定。流动性高的金融产品，利率相对较低，反之则较高。最后，资金既决定了各种金融产品的同质性明显高于各种实物商品，也决定了各种金融产品之间的替代性和互补性明显高于实物商品。资金的这些金融功能，是货币政策得以影响金融市场各种活动的基础性机制。但现代金融理论常常不注意资金（以及与此对应的货币、信用等）的金融效应（甚至不将资金作为一个基本的金融现象进行分析），由此导致套利均

---

[1]　在历史上，这些问题是在金融交易中提出并在金融交易推动下解决的。参见〔美〕约翰·S. 戈登《伟大的博弈——华尔街金融帝国的崛起》，中信出版社，2005。

衡定价模型难以解释资产价格水平的整体波动（尤其是资产价格在明显偏离由预期收益水平决定的高位波动），在一定程度上为金融市场中的投机行为提供了理论上的"依据"。

资金作为货币资产，维系着由各种金融交易形成的金融链条。资金充裕，既可推进金融产品规模的扩大和交易价格的提高，也可激励金融产品创新并推进金融交易链条的延伸；反之，资金紧缺，既可抑制金融产品规模、引致交易价格下落，又可抑制金融产品创新和金融交易链条的延伸。金融产品的价格下落，将直接引致持有这一金融产品的金融机构（和非金融机构）的财务损失，甚至使其陷入财务危机。如果这种金融产品在金融市场中所占比重较大且价格持续下降，就将引致金融产品价格体系的整体下落，从而引致众多金融机构的财务亏损和多米诺骨牌效应，甚至引发金融危机。西方国家在2008年发生的金融危机，从金融市场面来看，先是在2007年8月以后普遍地发生了资金链断裂，尽管美联储、欧盟央行和相关国家的央行不断向市场注入巨额资金，但依然不能有效缓解资金链断裂问题，随后，在金融产品价格体系整体下落的背景下，众多金融机构相继发生严重的财务亏损，陷入破产境地，由此，2008年9月以后次贷危机转变为全球性的金融危机。如果前一阶段的措施是以降低利率、投放资金为特征，来维系金融交易价格和金融链条，那么，后一阶段的措施则是以股权收购、政府担保（存款兑付）和国际协调为特征，来避免因主要金融机构破产、存款人资金转移和危机进一步深化。但这些措施是否真能有效防范金融危机的再次发生，有待于今后的实践验证。

三 资金和金融市场

资金作为一种以货币方式呈现的商品价值，它根植于商品世界，但又独立于商品世界。就后者而言，资金有其独立的运行体系。其中，资金有别于商品世界的突出现象至少有四：

第一，借贷关系。资金形成以后，借贷资金就成为经济实践中的经常现象，以至于离开了资金借贷，经济运行和经济发展就将发生严重困难。资金借贷的具体情形主要有三种：一是在间接金融中，通过订立金融契约，储蓄者将资金存入（即借给）商业银行等金融机构，商业银行等金融机构将资金借贷给工商企业及其他机构；二是在直接金融中，通过发行债券等金融产品，政府部门、工商企业和金融机构直接从储蓄者手中借入资金；三是在商务往来中，一些工商企业直接从往来客户手中借入资金，如预付款、应付款等。

通过借贷关系，在资金基础上，借贷者之间形成了债权债务关系，其中，资金借出者成为债权人，资金借入者成为债务人。这种债权债务关系，不仅发生在对应的借贷者之间，而且通过复杂的债权债务连锁链条，覆盖到了国民经济活动的方方面面，形成了一张庞大的债权债务网络。此外，在债权债务关系的基础上，还发展出了租赁关系、典当关系及其他经济关系。

第二，投资关系。如果说在农业社会中投资主要表现为实物投资的话，那么，在工业社会中资金投资就是投资的典型方式。通过资金投资，形成了资本关系，其中，投资者是资本的所有者，用资者是资本所有者的聘用者。资本结构和投资者的意愿决定了企业的基本组织制度，由此产生了独资公司、有限责任公司、股份有限公司、合伙制法人机构、有限合伙制公司等不同类型的企业。

第三，收益关系。不论是资金借贷还是资金投资，资金的供给者都以获得资金收益为基本目的。其内在机理是，资金是其供给者的资产，而资产是以获得收益为基本目的而运用的财产。由此，资金有了与商品使用价值不同的另一类使用价值——获得收益。资金获得的收益主要有利息收益和利润收益这两种类型，其他收益类型是由此派生的。

对资金收益的成因可以有不同的解释，例如，认为资金收益源自剩余价值的让渡、节俭的报酬、时间的价值和风险的收益等等，但有一点是已经达成共识的，不论是借贷关系还是投资关系，资金在运用过程中存在各种各样的风险。这些风险一旦发生，不仅资金收益可能难以获得，就是资金本金也可能面临损失。这种收益与风险并存的关系在商品世界中是不存在的，这也再一次反映出了资金运行的独特性质。

第四，交易关系。在商品世界中，商品经过交易到达使用者手中后也就退出了市场，使用者如何使用这些商品，完全是其私事。与此不同，在资金运行中，不仅资金的获得者可能将资金的一部分或全部再次投入交易，例如，商业银行将资金用于借贷、工商企业将借入的资金存入商业银行账户等等，而且资金的供给者也可能将资金契约凭证用于交易，以再次获得资金。在此类场合中，交易目的不是商品的使用价值，也不是获得资金本身，甚至可能不是资金收益，而是资金运作的差价收益（包括利差收益）。

经过二百多年的发展，同业拆借、票据交易、票据贴现、债券回购等交易市场不断完善，债券、股票等基础证券的交易市场也日臻成熟，在此过程中，大额存单、基金证券、资产证券化债券、信用衍生产品、期货、期权等新交易品种和新交易方式的产生，大大丰富和推进了以资金为基础的金融产品交易的发展，不仅形成了与商品市场不同的金融市场体系，而且使金融市场成为在经济中占据支配地位的市场体系。正所谓"金融是现代经济的核心"。

四　金融系统

金融系统是形成金融活动的各种要素的总和，是综合反映这些要素的概念[①]。

[①]　美国学者兹维·博迪和罗伯特·C. 莫顿认为："金融系统包括市场、中介、服务公司和其他用于实现家庭、企业及政府的金融决策的机构。"参见由其所著《金融学》，中国人民大学出版社，2000，第 21 页。

在 20 世纪 70 年代末之前，金融系统的理论表述主要由金融产品、金融市场和金融机构三部分构成。有关金融结构的分析也主要建立在这一框架内。在 20 世纪 70 年代末以后，随着美国金融产品创新的展开，金融系统范畴扩展到了"金融制度"和"金融监管"方面。在 20 世纪 80 年代以后，随着中国改革开放的展开，金融系统范畴进一步扩展到了"金融体制机制"方面。因此，目前关于金融系统的内容主要由金融产品、金融市场、金融机构、金融制度、金融体制机制、金融监管等六方面构成。此外，在金融系统中实际上也还有各种满足经营活动和交易活动需要的各种实物（如办公场所、设备、通信设施和网络设施等等）和各种技术，但这些实物和技术并不构成金融体系的特征。不论是理论上还是实践中，对金融现象和金融规律的讨论基本都在金融体系包含的这些方面展开。

经过三十多年的改革开放，中国已初步建立了比较完整的金融系统。第一，中国在 1995 年之后连续制定和出台了各类金融法律，涉及央行、商业银行、证券、保险、信托、基金、票据、合同和金融监管等方面。另外，以这些法律为基础，中国制定和出台了一系列法规性文件和部门规章性文件，由此构成了中国金融系统的制度框架。第二，从 1979 年起，在改革开放的背景下，中国金融迈开了以市场机制为取向的改革步伐；1992 年以后，在建立社会主义市场经济新体制的过程中，中国更是加快和深化了体制改革进程。2001 年 12 月 11 日，中国正式加入世界贸易组织，金融体制机制在改革开放中更加市场化和国际化。如今，中国金融系统的体制机制已大部分实现了与国际接轨，中国金融正迈入国际市场。第三，中国已建立了以中国人民银行、中国银行业监督管理委员会、中国证券监督管理委员会和中国保险监督管理委员会（即"一行三会"）为主体，由国家发展改革委员会、财政部等部门协同，由律师事务所、会计师事务所、资信评级机构和媒体等支持的金融监管框架。第四，中国已发展了存贷款、商业票据、公司债券、政府债券、股票、投资基金证券、资产证券化证券、保险凭证、信托计划和其他品种繁多的金融产品，基本上满足了城乡居民、工商企业和政府部门的金融需求。第五，中国建立了货币市场和资本市场，其中包括金融机构间拆借市场、国债发行和交易市场、公司债券发行和交易市场、债券回购市场、股票市场、期货市场、外汇交易市场、产权交易市场和黄金市场等等，这些市场的交易规模已经超过了一些发达国家和地区的规模，一些交易市场的交易量已经位于世界前列。第六，中国已经形成了由商业银行等存贷款金融机构、政策性银行、外资银行、证券公司、基金管理公司、证券交易所、期货交易所、国债登记结算公司、证券登记结算公司、保险公司、保险经纪公司、信托公司、金融租赁公司、财务公司、金融公司、货币经纪公司和担保公司等构成的门类比较齐全的金融机构框架。

在金融研究中，也有一些学者从某一金融特征出发，划分不同国家和地区的金融系统，以强调不同金融体系间的差别。例如，从占主体地位出发，将美、英等国家的金融系统称为市场主导型金融系统，将德、日等国家的金融系统称为银行主导型金融系统①。按此划分，中国目前还属于银行主导型金融系统。

五　金融系统的功能

金融系统的功能，简称金融功能，是指在经济运行中金融系统所发挥的各项服务于实体经济部门和城乡居民、政府部门等主体活动的功能。只要能够充分发挥金融系统的各项功能，满足经济运行中各方面的金融需求，金融机构的类别和数量有时是不重要的。一个突出的现象是，随着金融领域竞争的展开，在优胜劣汰过程中一些金融机构趋于大型化，但这不仅没有影响金融系统的功能发挥，而且使金融系统的功能更加多元化。另外，金融机构的类别将随着金融系统的功能变化而变化。例如，在有了金融期权期货以后，就有了与此对应的金融机构。

金融系统的功能可按照不同的方法予以概括。美国金融学家兹维·博迪和罗伯特·C. 莫顿认为，金融系统的功能主要有六项：①在不同的时间、地区和行业之间提供经济资源转移的途径；②提供管理风险的方法；③提供清算和结算支付的途径以完成交易；④为储备资源和在不同的企业中分割所有权提供有关机制；⑤提供价格信息，帮助协调不同经济部门的决策；⑥当交易中的一方拥有另一方没有的信息，或一方为另一方的代理人时，提供解决激励问题的方法②。

金融系统以服务于实体经济发展为己任。它源于实体经济运行和发展的需要，是实体经济发展到一定阶段的产物；同时，随着实体经济发展的变化而变化。一个显而易见的现象是，如果没有现代电子技术和网络技术的发展，就不可能有电子货币、信用卡和网上银行等的出现，也不可能有同城通兑、证券交易中的自动撮合等的出现。在服务于实体经济发展时，金融系统主要发挥如下功能：

第一，分离权益。首先，金融实现了实体经济部门中各种资产权益的外化，即资产权益与实物资产相分离，成为独立的交易对象，由此，这减轻了投资者对资金流动性缺失的担心，从而激励了他们向实体经济部门的投资，由此保障了实体经济部门发展的资金需求和投资需求。其次，通过将未来权益预先销售，企业可获得股权性或债务性资金，以实现资金向实体经济部门集中和扩大再生产；通过购买其他企业的权益，可实现公司并购、资产重组，提高实体经济部门的资源配置效率。最后，通过权益分配和组合，金融为实体经济部门提供了一整套激励机制和约束机制，这有利于推进公司治理结构完善，调动人

---

① 市场主导型又称"市场基础型"，银行主导型又称"银行基础型"。

② 〔美〕兹维·博迪、罗伯特·C. 莫顿：《金融学》，中国人民大学出版社，2000，第 24 页。陈志武在《金融的逻辑》中说道："按照我的定义，金融的核心是跨时间、跨空间的价值交换，所有涉及价值或者收入在不同时间、不同空间之间进行配置的交易都是金融交易，金融学就是研究跨时间、跨空间的价值交换为什么会出现、如何发生、怎样发生，等等。"（见陈志武《金融的逻辑》，国际文化出版公司，2009，第 2~3 页）他实际上只讲到了金融系统功能的一个方面，这并非完整的"金融功能"，更非"金融"的定义。

力资本的积极性和创造性。

第二，跨时空配置经济资源。一方面实现资金盈余者的经济资源供给与资金短缺者对经济资源需求的有效衔接，推进资源的有效配置，提高储蓄转为投资的效率；另一方面，满足实体经济部门和城乡居民跨时空的购买和消费需求。

第三，分散风险。风险作为未来的不确定性和实践中发生损失的可能性，存在于每一项乃至每一次经济活动中，因此，任何经济活动总存在风险。金融系统通过将经济活动中的权益分离和权益交易，为界定风险、识别风险、评估风险、分散（或组合）风险和管理风险提供了一整套解决方案（其中包括各种产品、机制、程序和技术），因此，保障了实体经济的健康运行，促进了实体经济发展。

第四，信息服务。金融活动本质上是一种以资产权益为基础的信息服务。它通过连接、筛选、处理和挖掘信息，给实体经济部门的资产管理、经营发展、投资决策、技术开发和市场开拓等提供了各种可比较的选择方案，有利于实体经济部门在防范和化解风险的背景下，提高经济效率。

第五，支付清算。支付清算是金融系统的一个独特功能，它便利了实体经济部门和城乡居民跨时空地展开资金调拨、商品交易和币种兑换等等。

金融系统的各项功能不仅覆盖了国民经济的各个方面和各个过程，而且覆盖了金融系统本身，在金融机构中也发生了资产权益交易与实物资产、业务运作的分离。

第四节　金融市场和资本市场

一　金融市场

金融市场是借助金融工具实现金融交易的各种机制、过程和场所的关系总和。按照金融交易的程序、对象和时间等特征，金融市场可做不同的划分。从交易对象进入市场的程序来看，金融市场可分为发行市场和流通市场。其中，发行市场，又称一级市场、初级市场等，是指一种金融产品最初由发行人发行进入金融市场的过程和各种关系的总和；流通市场，又称二级市场、交易市场等，是指交易已发行过的金融产品的各种关系的总和。从交易对象来看，金融市场可分为同业拆借市场、存贷款市场、大额可转让存单市场、票据市场、贴现市场、外汇市场、债券市场、股票市场、保险市场、信托市场和租赁市场等等。从交易的时间来看，金融市场可分为现货市场、期货市场和期权市场等等。从交易场所的特征来看，金融市场可分为有形市场和无形市场。其中，有形市场是指有物理性的固定交易场所的金融市场，无形市场是指没有物理性的固定交易场所的市场。

按照交易对象的期限特征，金融市场可分为货币市场和资本市场。货币市场，又称为资金市场、短期资金市场等，是以交易期限在 1 年以内的金融产品为对象的市场。这些金融产品的最短期限可能只有数小时乃至 1 天（如隔夜资金拆借），也可能只有 30 天、60 天乃至 90 天，最长的也只有 270 天或 1 年。货币市场主要满足各类主体在短期资金方面的供求，这类金融产品的交易具有流动性强、偿还期限短和风险较小等特点。由于这些金融产品在一定程度上与货币资金有相似之处，所以，它被称为货币市场。资本市场，是以交易期限在 1 年以上的金融产品为对象的市场。这些金融产品的期限最短在 1 年以上、常常达到 3～5 年，也有的为无限期。资本市场主要满足各类主体进行长期投资的资金供求。在电子技术和交易类金融衍生产品出现之前，这些金融产品具有流动性弱、偿还期限长和风险较大等特点。

二　资本市场的内涵和基本构成

从功能上说，资本市场是交易和配置资本性资源的市场。资本性资源可从实物面和价值面两个角度进行分析，这引致了经济学不同学科的学者，从不同角度出发，对资本市场进行不同的界定。其主要定义有三种：

第一，从实物面来看，资本性资源主要由设备、技术、厂房等资本品构成，因此，一些经济学家将资本市场看作与劳动力市场、产品市场相对应的市场[①]。他们认为："资本品投资包括范围广泛的对商品劳务的总支出，因此资本市场的变化影响总需求曲线。"[②]

第二，从价值面来看，资本性资源主要表现为可供长期使用的资金，因此，一些经济学家和金融学家认为，资本市场是融通 1 年期以上资金的市场活动关系的总和。他们认为："货币市场是短期债务工具（期限为 1 年以下）交易的金融市场；而资本市场则是长期债务工具（期限在 1 年和 1 年以上）和股权工具交易的市场。"[③] 或者 "短期金融资产的市场称为货币市场（Money Market），长期金融资产的市场称为资本市场（Capital Market），传统上短期与长期的界限为 1 年，即期限为 1 年或 1 年以下的金融资产被视为短期，是货币市场的一部分；期限长于 1 年的金融资产是资本市场的一部分"[④]。

第三，在现实经济活动中，经济主体并不以单一的实物方式或单一的价值方式持有资本性资源。通常的情形是，一部分资本性资源以价值方式持有，另一部分资本性资源以实物方式持有，因此，一些经济学家认为"资本市场是交易货币、

---

①　例如，在斯蒂格利茨所著的《经济学》第 26 章中，将资本市场与劳动市场、产品市场并列为"节"。参见〔美〕斯蒂格利茨《经济学》，中国人民大学出版社，1997。

②　引自〔美〕斯蒂格利茨《经济学》下册，中国人民大学出版社，1997，第 54 页。

③　〔美〕米什金：《货币金融学》，中国人民大学出版社，1998，第 23 页。

④　〔美〕弗兰克·J. 法博齐、弗朗哥·莫迪利亚尼：《资本市场：机构与工具》，经济科学出版社，1998，第 11 页。

债券、股票、住宅及其他形式财富的市场"①。

尽管资本市场的具体定义可以根据研究角度的不同而具体得出，但有一点是有共识的，即资本市场总是关于资本性资源交易（从而配置）的市场。

早期金融理论认为，金融市场主要由货币市场和资本市场构成。但随着金融创新的高歌猛进，20 世纪 90 年代以后，这种按期限划分的方式遇到了严重挑战。一个突出的现象是，在金融交易中，尤其是在掉期、期货、期权等交易方式产生以后，金融产品自身的期限已很难限制相关各方的交易活动，人们也已很难根据金融产品的期限来判断某一金融行为的性质，更难简单根据金融产品的期限来界定金融活动与实体经济活动之间的对应关系。一个富有代表性的例子是：一个购买了 10 年期债券的投资者可能在 1 个月后将该债券卖出，而一个购买 3 个月期债券的投资者则可能将债券持有到偿付本息的日期，在这一场合，单纯凭债券期限很难判断谁是长期投资者；同理，一个发股公司可能将募股资金的一部分（甚至绝大部分）存放于银行账户只有 1 个月时间（或投入金融产品交易），而一个发行 6 个月期短债的公司可能在 3 个月内还未将发债资金全部投入运作，在这一场合，单纯凭证券特性也很难判断谁是长期资金的需求者。

有鉴于此，联合国在 1993 年新修订的《国民经济核算体系（SNA）》中对"金融交易"的分类添加了如下一段表述："本分类淡化期限作为基本分类标准的重要性。金融市场创新和资产负债管理方面更激进的做法——短期融资手段到期后的转期；在长期手段，如票据发行手段下，通过短期手段借款，长期资产的可调整利率，（这实际上使它们成为一系列短期安排）；可提前偿还的负债的较早偿还——已经使短期与长期的简单界限不那么有用了。……由于以上原因，当有关编制者或国家编制者决定期限分类是否必要时，期限区分被认为是次要分类标准。短期界定为 1 年或不超过 1 年，最多不超过 2 年，以适应各国的惯例，而长期界定为 1 年以上，或 2 年以上，以适应各国的惯例。"② 这意味着，随着金融发展，货币市场、资本市场乃至银行信贷市场等边界的严格划分都将失去实践意义。

基于以上这些变化，90 年代以后，相当多的西方学者已不太用"货币市场"的概念，而用"资本市场"来替代金融市场，甚至将资本市场扩展到信贷市场。由此有了资本市场的宽口径和窄口径之分。但中国还是按照货币市场和资本市场的结构来理解和把握金融市场。

总的来看，"资本市场"是由证券市场和非证券市场构成的。

其中，证券市场由三个层面的内容构成：

一是基础性证券（或称原生证券），它包括公司债券市场、政府债券市场和股票市场。

---

① 〔美〕多恩布什、费希尔：《宏观经济学》，中国人民大学出版社，1997，第 83 页。
② 联合国等编《国民经济核算体系（1993）》，中国统计出版社，1995，第 265 页。

二是证券类衍生产品，即由基础性证券的某些特征组合或基础性证券与其他金融工具的某些特征组合而形成的新的证券，如基金证券、可转换债券、资产证券化债券、信用衍生产品等等。

三是交易类衍生产品，即在证券交易环节由一些新的交易方式形成的交易对象，如互换、远期、期货和期权等，它们通常被称为金融衍生产品市场。

非证券市场主要包括由财务顾问、投资顾问、股权投资、资产管理、对冲基金、产权交易、信托计划、项目融资、融资租赁、公司并购、股权置换、资产重组和中长期信贷等金融交易活动形成的市场。

资本市场大致有四种基本载体，即证券类载体、贷款类载体、衍生类载体和实物类载体，与此相应，资本市场也可分为四类市场：第一，证券类市场，如政府债券市场、公司债市场、股票市场、基金证券市场和各种证券类衍生产品市场；第二，贷款类市场，如中长期抵押贷款市场；第三，交易衍生类市场，如证券期货市场、证券期权市场；第四，实物类市场，如企业并购市场。

显而易见，资本市场与其他市场有明显区别。第一，资本市场不等于证券市场。证券市场只是资本市场的一部分，非证券类的资本市场活动也属于资本市场的范畴。第二，资本市场不等于贷款市场。同业拆借市场、短期贷款市场等不属于资本市场的范畴。第三，资本市场不等于衍生品市场。衍生品市场只是资本市场的一部分，证券市场和非证券市场也是资本市场的构成部分。第四，不等于实物市场。商品市场、资本品市场等不属于资本市场的范畴。

三　资本市场的地位和作用

在国民经济和金融体系中，资本市场占据基础性地位。这种基础性地位可从资本在经济运行中具有的基本功能中得到理解：

第一，资本是保障固定资产投资稳步展开的基础条件。在经济活动中，每个产业部门为其特定的经济技术条件所决定，每一项固定资产投资都有最低程度的资金需求和建设工期；各个产业部门由它们彼此之间的经济技术关联所决定，也有固定资产投资相互匹配的内在规律。由于固定资产投资（尤其是重化工业的固定资产投资）通常有资金投入大、建设工期长等特点，因此，客观上要求有长期性资金予以保障。

长期性资金的来源主要有三：资本、长期债券和长期贷款。大量运用长期贷款进行固定资产投资有一系列严重的缺陷：首先，长期贷款通常是依工期进度按年发放的，在宏观经济运行比较协调的时期内，这些贷款能够正常发放，此时固定资产投资不会受到影响；但在宏观紧缩时期，这些贷款的发放就容易受到银根收紧的影响，从而使建设工期延缓，甚至可能使前期投资面临重大损失。其次，大量运用贷款进行固定资产投资，在货币乘数的作用下，货币投放量将面临被放大的危险，由此很容易引致通货膨胀。在 20 世纪 80 年代以后的一段时间，中国经济建设中屡屡发生"固定资产投资规模扩大→通货膨胀→压缩固定资产投资→物价回落→固定资产投资规模再扩大→……"的循环，一个主要原因就在于此。再次，由于贷款资金不是用款人的自有资金，在缺乏足够净资产抵押的条件下，很容易使用款人"拿他人财产冒险"，从而使固定资产投资的效率降低，风险加大。最后，国民经济的长期稳定发展，需要有长期性资产予以支持。大量使用贷款资金进行固定资产投资，在按期偿付巨额本息的条件下，借款人很容易选择那些短期内能够获得经济效益的投资项目，由此，在投资行为短期化的推进下，"一哄而上"的现象在所难免，其结果，不仅使经济进入短期化运行轨道，给经济发展带来严重隐患，而且使大量资金在烂尾工程中受到损失。

运用资本和长期债券资金进行固定资产投资，有利于克服大量运用长期贷款的上述缺陷。首先，资本是投资者自有的资金，在通常情况下，这些资金的使用不会直接受到银根紧缩的严重影响，因此，如果资本数量能够满足固定资产投资需要，建设工期的展开也就能够得到保障。其次，资本投资不具有货币乘数效应，同时，固定资产投资规模必然受到投资者自有资金数量的限制，因此，不会引致固定资产投资规模扩展过快和通货膨胀。再次，资本是投资者的自有资金，他们必然要关心这些资金的使用效益，由此，固定资产投资效率持续降低的现象不易发生。最后，资本是投资者无需还本付息的资金，同时，投资者从关心自身利益出发必然要充分审时度势地选择那些最有利于自我发展的投资项目，由此，"一哄而上"的现象不易发生，这有利于经济运行的稳定和可持续发展。

第二，资本是保障工商企业之间正常商业信用秩序的基础条件。在经济运行中，工商企业间的商务往来存在大量的资金借贷关系，其中既包括先付款后供货的"预付款"，也包括先供货后付款的"应付款"。在能够如期偿还债务的条件下，企业间的正常商务往来秩序能够得到维系和持续，一旦一些企业不能及时清偿债务甚至有意拖逃债务，就需要有一个基本的经济机制予以制约，这就是破产。所谓破产，首先指的是"破"资本性资产。只有在资本性资产不足以清偿债务的条件下，才可能发生债务无法全额清偿的现象。可以设想：如果没有资本，没有破产机制，市场经济条件下复杂的商务外来关系如何建立，经济运行从而经济发展又如何展开？正是因为资本是维护商业信用的物质条件，所以，在市场经济条件下，需要实行注册资本制度、资产负债表制度等。

20世纪90年代初的一段时间，在中国经济运行中，企业间相互拖欠债务形成的"三角债"现象严重发生。其一个主要原因就在于，绝大多数企业严重缺乏足够的资本，以致无产可破。因此，要有效维护市场经济的正常秩序，补充（或增加）资本就成为一项基础性工作。

第三，资本是保障金融信用秩序的基础条件。在经营活动中，各类企业都存在借助短期贷款、公司债券、商业票据和金融租赁等金融工具从银行等金融机构或通过金融市场融入债务资金的需求。在这些场合，为了保障债务资金的偿还，借入资金的企业（债务人）一般需要将其资本性资产作为抵押资产；在缺乏足够抵押资产的条件下，则需要由拥有资本性资产的企业为债务人提供担保。资产抵押（和担保）的金融含义是，债务人一旦不能按时偿还到期债务，债权人可以将抵押（和担保）资产进行处置，以清偿债务。可以设想：若资金借入者严重缺乏资本性资金，资金供给者在还本付息无保障的条件下，如何敢于将资金借出，金融信用关系又如何形成？

1995 年以后，在中国经济运行中存在资金相对过剩和资金相对紧缺并存的现象。一方面，银行等金融机构中有大量的存差资金（即存款余额大于贷款余额的部分），其数额从 1995 年的 3324 亿元增加到 2013 年 6 月底的 328285 亿元；另一方面，相当多的工商企业又苦于缺乏足够的资金来满足经营运作、技术开发、产品创新、项目投资、公司并购和资产重组等需要。这种现象严重存在的一个基本原因是，相当多的企业资产负债率居高不下，以致已经没有新的资本性资产可供作为获得新资金的抵押品。从这个意义上说，这些工商企业缺乏的不是债务资金，而是资本性资金。

资本性资金不可能通过银行的贷款机制形成。银行贷款永远都只能是债务资金。要有效解决企业资本性资金不足的问题，只能充分利用和发展资本市场。

从资本的上述功能中可以看出，在缺乏资本机制的条件下，不仅国民经济发展将面临严重困难，也不仅经济运行和金融运行将发生严重问题，而且市场机制和市场经济也难以有效形成（更不用说充分发挥作用了）。可以说，市场经济是以资本为产权基础的经济。

在直接关系上，资本市场是服务于实体经济部门资本运行的市场。为此，资本市场的基本功能主要有四：推进资本形成、评估资本价值、优化资本配置和实现资本价值。资本市场的其他功能都是从这四个功能中派生的。

第一，推进资本形成的功能。在金融领域中，资金可分为资本性资金和债务性资金，但资金在居民或政府手中而尚未投入经济运行时，其性质并不确定。如果这些资金以存款方式存入商业银行等金融机构，它们就转化为债务性资金；如果这些资金以投资方式直接进入企业，它们就转化为资本性资金。在现代经济运行中存在一个突出的矛盾：一方面，居民部门每年消费剩余的大量资金分散在个人（或家庭）手中，难以直接形成实业投资所需的资本性资金；另一方面，企业部门又需要有巨额的资本性资金以满足实业投资的需求。居民部门将消费剩余资金以存款方式存入银行等金融机构，虽能实现现金集中，却不能有效形成资本性资金；在企业严重缺乏资本性资金的条件下，银行等金融机构也难以通过贷款途径将资金充分放出。这一矛盾若不能化解，经济运行中势必发生严重的债务性资金相对过剩和资本性资金相对紧缺的现象，其结果是，在资金效能严重浪费的同时，经济活动的实绩也明显降低。要解决这一矛盾，就需要有一个既能够实现资金集中又能够将这些资金转化为资本性资金的机制，这一机制就是资本市场机制。

在现实经济活动中，企业部门通过发行债券、股票及其他证券，在从投资者手中融入资金的同时，既实现了这些资金的集中，也实现了这些资金转化为资本性资金的目的。

在 20 世纪 90 年代以后，中国城乡居民每年消费剩余的资金呈加速度方式增加。以每年新增的储蓄存款为例，从图 1－2 中可见，每年新增储蓄存款突破 1000 亿元是在 1989 年，从 1949 年算起，用了 40 年时间；每年新增储蓄存款突破 1 万亿元是在 2002 年，从 1989 年算起，用了 13 年时间；每年新增储蓄存款突破 2 万亿元是在 2005 年，从 2002 年算起，仅用了 3 年时间；每年新增储蓄存款突破 4 万亿元是在 2008 年，从 2005 年算起，也仅用了 3 年时间。如此多的消费剩余资金以存款方式存入商业银行等金融机构，使得储蓄存款余额的规模快速增加，到 2013 年 6 月底中国城乡居民储蓄存款余额已达 436697.07 亿元，但同时企业部门始终感到经营运作资金严重紧缺。造成这种现象的主要原因就在于资本市场的发展规模过小。在 20 世纪 90 年代中期以后，每年发行股票筹集的资金仅数千亿元、发行公司债券所筹集的资金也只有几千亿元，发股发债公司数量仅有几百家，这显然无法满足数以百万家计的企业对资本和准资本的需求。

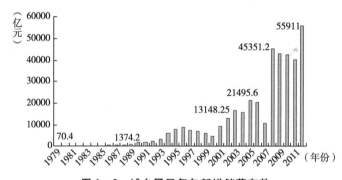

图 1－2　城乡居民每年新增储蓄存款

资料来源：中国人民银行网站。

值得注意的是，资本市场具有"推进资本形成"的功能，这并不意味着，资本只能通过资本市场才能形成。居民部门、政府部门和企业部门将资金直接投资于实业，也是形成资本的重要路径。另外，"推进"并非"形成"本身，如果通过资本市场筹集到的资本性资金，在企业运作过程中，被浪费或无效益地耗费了，则这些资金依然未能有效形成资本，因此，不能认为企业只要募集到了资本性资金就一定能够充分形成经营运作的资本。自 20 世纪 90 年代以来，中国一些上市公司在发股募资之后，经营效益逐年降低，甚至落入长期亏损的境地，就是一个突出实例。

第二，评估资本价值的功能。资本性资金进入生产经营领域之后，转化为各种生产经营要素。在现代经济中，生产经营要素主要由资本品、劳动力、技术、管理（或组织）和信息等五类资源构成。这些要素的配置状况和功能发挥状况直接决定了资本效能的高低，由此决定了实际发挥作用的资本价值的高低。在实际经济生活中可以看到，既便在同一产业部门中投入同等数量的资本来生产经营同种产品，各个企业的生产经营状况也不尽相同，其中的主要原因是，这五类资源的配置状况存在明显差别。

资源配置状况的差别决定了资本价值不能仅仅以账面价值计算，而应以其发挥作用的效能状况计算。例如，在以税后利润（假定同一产业部门中的税收是相同的）评估资本价值的背景下，如果存在两家各自投入资本 1 亿元的企业，其中，一家企业的税后利润为 2000 万元，另一家企业的税后利润为 500 万元，这样，在该产业部门的平均利润率为 10% 的条件下，前一家企业的实际资本效能相当于 2 亿元资本发挥作用的结果，后一家企业的实际资本效能仅相当于 5000 万元资本发挥作用的结果，由此，前一家企业资本价值评估结果就相当于 2 亿元，而后一家企业资本价值评估的结果仅相当于 5000 万元。

资本市场评估资本价值的功能主要通过证券交易中的市场机制实现。一个突出的表现是，股票价值通常不是由其面值决定的，在交易中，股票的交易价格明显高于其票面价值，不仅不同产业部门中各家上市公司的股票交易价格大相径庭，而且同一产业部门中不同上市公司的股票交易价格也差别甚大。对投资者而言，这些股票交易价格成为其投资购股的基本价格；对上市公司而言，这些股票交易价格成为其配股、增发新股的主要参考依据。

资本市场通过市场机制来评估资本价值。市场机制是一只"看不见的手"，而实践中的资本价值评估又必须具体可计算，因此在 20 世纪 60 年代以后，西方经济学家对如何计算资本价值进行了持续深入的探讨，提出了各种资本资产定价模型（CAPM），以期揭开资本价值评估之谜，服务于资本市场实践。在现实中，资本价值的评估更多选择的是资产评估方法，其中包括净资产计算法、资产折旧法、重置成本法、利润折算法、现金流量法等。

第三，优化资本配置的功能。在经济运行和经济发展过程中，资本配置总是在企业中发生的。对企业而言，资本配置大致有三种情形：企业设立时的资本配置、企业增资中的资本配置和企业资产重组中的资本配置。

在大多数情况下，企业设立时的资本配置不直接涉及资本市场机制，它主要由投资者通过直接投资（或投资入股）完成。但在两种情况下，企业设立时的资本配置与资本市场机制相关：一是在企业设立时，投资者考虑到在不远的将来该企业可能运用资本市场机制来发行证券，从而按照有关法律法规的要求进行资本配置；二是公司设立选择发股募集资本的方式，由此，公司设立就是直接运用资本市场机制的产物。

在企业增资过程中，资本市场的优化资本配置功能发挥着重要作用。其内在机理是，相当多的企业仅仅依靠自身积累常常不能满足生产经营发展对资本增长的需求，而投资者彼此分散又难以通过一对一谈判的方式来向企业提供资本，由此，利用资本市场机制，向投资者集中募集资本成为企业增资的主要选择方式。对投资者来说，既然有诸多企业需要募集资本，各家企业的生产经营状况和发展前景又有很大差别，他们理所当然地要选择那些具有良好经营效益或发展前景的企业进行投资，由此推进了资本配置的优化。

资产重组是企业发展中经常发生的现象。资产重组大致可分为两种情形：企业内部的资产重组和企业之间的资产重组。企业内部的资产重组，在涉及需要增加资本投入的场合，常常需要利用资本市场机制募集增量资金，由此，资本市场推进了这些企业的资本结构优化。企业之间的资产重组，常常通过股权置换、股权收购、公司合并等方式实现，在这些场合，资本市场机制发挥着积极重要的作用。

此外，资本市场还通过以下机制推进优化资本配置的功能：

其一，通过引入非国有资本，推进国有企业的资本结构优化。在中国，国有企业改革是经济体制改革的基础性环节。要改革国有企业，首先需要改革国有企业的产权结构，变国有独资为有限责任公司或股份有限公司。在这一产权结构改革中，利用资本市场机制引入非国有资本，是一个关键步骤。从 1992 年起，中国的国有企业产权制度改革，就沿着这一线索而展开；从 2004 年起，国有商业银行的股份制改革也主要沿着这一路径展开。

其二，通过证券交易（尤其是股票交易），推进上市公司的资本（从而资产）结构优化。股票交易在较高程度上展示了上市公司的资本价值，当上市公司经营状况不佳时，对应股票的价格就下落，反之则上升。在国际股市中，通过收购上市股票来收购上市公司的案例不胜枚举。由此，股票市场一方面通过股票价格涨落来迫使上市公司努力优化资本（资产）结构，提高资本效益；另一方面通过股权收购，迫使上市公司努力优化资本配置，改善经营状况。

其三，通过资产证券化，推进相关金融机构和工商企业的资产结构优化。资产证券化有各种各样的具体方式。在资产证券化过程中，相关金融机构和工商企业通过调整资产结构，提高了资产的流动性，降低了资产的运作风险。

第四，实现资本价值的功能。投资者将资本投入企业的主要目的在于获得资本的回报。资本回报的方式主要有二：一是通过利润分配获得收益，二是通过资本增值获得收益。由于企业在经营活动中面临多种风险，投资者的投资机会也不断发生变化，同时，投资者通过利润分配获得投资收益常常需要较长的时间，由此，投资者可以通过出售资本投资的凭证，在转让资本未来收益的基础上，获得资本增值的收益。投资者的这种选择是通过资本市场中的证券交易实现的。

实现资本价值并不仅仅发生在获得资本回报的场合，在投资者需要提高资本的流动性、转移投资方向和收回资本残值的场合，同样需要实现资本价值。第一种情形是，投资者在手中资金紧缺的时候，需要卖出证券以获得现金；第二种情形是，投资者已改变投资意向，需要放弃原投资的企业或投资对象，转而投资其他企业或投资对象，因此需要卖出证券以获得现金；第三种情形是，在企业严重亏损甚至面临破产的场合，投资者需要收回资本残值，因此需要卖出证券。在所有这些场合中，资本市场可以通过提供证券交易机制来有效保障相关投资者的资本价值实现。

　　在实践中，正是因为资本市场能够有效保障资本价值的实现，所以，资金供给者才勇于将现金通过投资转变为资本。从这个意义上说，实现资本价值的功能是推进资本形成的保障机制。

第二章 企业运行中的资本和资本市场

经济运行中的资金，不论其如何流动，最终只有落实到企业，才能转化为创造国民财富的资金。在现实生活中，企业可分为工业企业、商业企业、金融企业等，它们运作的资金，从性质上看，总是由资本性资金和债务性资金构成的。企业运行中的资本关系，是资本市场得以存在和发展的基础；同时，从根本上说，资本市场也是服务于企业运行和发展的。为此，要把握资本市场，就必须充分了解企业运行与资本及资本市场的具体关系。

第一节 资本、资本特点与资本功能

一 资本、负债和资产

在企业运行中，通过各个渠道筹集的资金，按其经济性质，可分为资本性资金和债务性资金。

资本，又称资本金，是企业设立或扩展运营规模时，由投资者投入并在工商行政管理部门登记注册的，能够保障企业经营活动最基本需要和担保债务偿还的基础性资金。资本的具体形态，既可以是货币资金，也可以是实物、工业产权等无形资产；在某些特殊条件下，还包括人力资本等。

从资本的定义中可以看出：第一，资本是由投资者以投资方式投入企业的，因此，那些以借贷方式进入企业的资金，如企业借入的资金、租赁设备等不属于资本；第二，投资者投入企业的资金，必须经工商登记注册，才能成为企业的资本，因此，不经过工商登记注册的资金，不属于资本范畴；第三，资本有两个最基本的功能，即保障企业经营活动的最基本需要和担保债务偿还，这既决定了投资者投入企业的最低资金数量，也限定了企业运行中可借入资金的数量；第四，资本只是企业经营活动的基础性资金，不是企业运作的全部资金。

在运营过程中，通过法定公积金、盈余公积金、资产增值等途径，企业实际运用的资本性资金数量大于资本数量，这部分资金的权益归投资者（因此，它与资本一同形成"所有者权益"），具有资本的性质，但由于这部分资金的权益未经过工商登记注册，所以它不属于资本范畴，只是资本性资金。资本性资金是企业运营中的资本和其他资本性资金的总和。

由于种种原因，资本性资金常常不能完全满足企业运营的需要，为此，为了保障正常的经营活动，企业通过各种途径借入资金。这种借入的资金属于债务性资金。

负债金，又称债务性资金，是企业在运营过程中借入的必须按期还本付息的资金。负债金的这一定义有三层含义：第一，负债金是企业借入的，不是由投资者投入的；第二，负债金是企业在运营过程中发生的，不是在企业创办时形成的；第三，负债金是必须按期还本付息的，不是企业可以永久性使用的。

企业获取负债金的途径主要有四个方面：第一，通过资产抵押、信用借贷等向银行等金融机构借取货币资金；第二，通过预收账款、应付账款等从业务客户方面借取货款资金；第三，通过发行公司债券及其他债务类证券从社会公众及其他机构募集债务资金；第四，通过暂欠税款、工资和分红资金等从相关政府部门、员工和股东方面借取资金。

在负债金利率低于资金利润率的条件下，借入债务资金，既有利于扩大经营规模，增强市场竞争力，又有利于提高资本利润率，所以，适当地增加负债金就成为企业资金运作的重要手段。但是，第一，在负债金利率高于资金利润率的条件下，负债金的增加对企业资本利润率的提高是不利的；第二，在资金周转不顺畅的条件下，若负债金的增加无益于还本付息，则对企业的正常经营和市场竞争力的提高也是不利的。

对企业的经营活动来说，长期负债（尤其是 5 年期以上的债务）资金具有准资本的性质和功能，并且，期限越长，资本的性质越高。其内在机理有三个方面。其一，资金的流动性风险是企业的主要财务风险，5 年期以上的长期负债是企业在5 年后才需要还本的资金，它不太可能引发 5 年内前 4 年的流动性风险，因此，企业可以将这部分资金用于投资或其他长期运作安排。其二，既然 5 年期以上的债务不太可能引发前 4 年的流动性风险，企业就可以以这些债务为基础，从银行等金融机构中借入短期贷款，由此，这些长期债务就具有了一定的抵押功能。其三，一般来说，在企业资金利润率高于债务利率的条件下，通过 5 年的经营运作，企业不仅经营利润可能提高，而且积累的盈余公积金也将增加，因此，由 5 年期债务资金带来的收益将有效促使资本性资金增加。根据巴赛尔协议 I 的规定，商业银行通过发行次级债券所募集的长期资金，可作为次级资本而计入资本充足率范畴，就是国际实践中的一个范例。也因为长期债务具有准资本的特点，所以，在企业资产负债表的右栏中，"长期负债"位于"流动负债"和"所有者权益"之间。

企业的资产，是企业资本性资金和债务性资金投入使用后的转化形式。资产的这一定义有三层含义：第一，企业资产，是资本性资金和债务性资金的使用形式；第二，在企业资产中，资本性资金和债务性资金融为一体，从任何一个具体的资产形态上都难以区分；第三，企业资产数量的总和等于资本性资金与债务性资金的总和，因此，它们之间有如下恒等关系：

$$资产 = 资本性资金 + 债务性资金 \tag{2.1}$$
$$资产 = 资本 + 其他资本性资金 + 长期负债 + 流动负债 \tag{2.2}$$

企业资产，从存在形态上说，既包括现金、存款、存货、有价证券、厂房、设备等有形财产，也包括诸如专利、商誉、商品供销网络等无形财产；从权益关系上说，既包括所有权、股权、使用权和收益权等，也包括债权、知识产权和其他权利。

在企业的资本、负债和资产关系中，资本具有根本性意义。这是因为，资本是企业运营的基本资金，债务性资金的取得以资本的存在为基础，资产的形成以资本的运作为前提，离开了资本，债务性资金和资产形成就失去了基本的经济根据。

二 资本的主要特点

资本作为投资者投入企业运营的资金，具有如下特点：

第一，资本有明确的权益所有者。资本，不论其来源如何，总是由投资者投入企业的。所谓投入，既不是赠送和赞助，也不是借贷和租赁，而是投资者以资本所有者的身份，通过将资本投入企业并成为企业的权益所有者的过程。既然在投资过程中，投资者不可能放弃对资本的所有权，那么，资本就必然有明确的权益所有者；另外，既然通过投资，资本成为企业的财产范畴，那么，投资者对资本的所有权也就自然转化为对企业的所有权。

第二，资本只能以投入方式形成。这是因为，若资本采用"借入"方式形成，则一方面这部分资金没有权益所有者，这样，企业的运营从投资开始就将处于无人承担后果和分享收益的状态，受此影响，企业运营将处于无人负责的状态；另一方面一旦企业不能按期清偿到期债务，则该如何处理？若破产，由于企业自己无产，那么，"破"谁的"产"？如果可以不"破产"，那么，市场经济中的信用关系又如何维护？无数的实践教训告诉人们，以借款方式形成资本有极大的危害。因此，包括中国在内的世界各国《公司法》都明确规定，资本应以"投入"方式进入企业。

第三，资本是永久性归企业使用的基本资金。资本金一旦投入企业，经登记注册后，投资者就不能再直接从企业中抽回（除非企业核减注册资本金或企业解散）。这是因为，一方面资本作为企业法人产权的基本财产，在投入企业时，以满足企业经营活动的最低需要为基点。这些投资一旦进入企业，就转化为生产资料（厂房、设备、原材料等）、劳动力、技术、管理、信息等生产要素和存货。如果允许投资者随意抽回资本，企业的正常经营活动秩序就会被打断，甚至将威胁企业的生存。在企业有若干个投资者的场合，一个投资者从企业抽回投资，还将造成其他投资者的权益受到侵害的结果，这一结果又将严重影响新企业的设立和运行。因此，《公司法》规定，投入企业的资本，由企业依法长期使用；在企业经营期间内，投资者除依法转让外，不得以任何理由抽回。

第四，资本是投资者分享利润的法定依据。投资者按其出资比例或者章程规定，分享企业的利润。如果投资者只有一人，那么，利润就归他个人所有；如果有多个投资者，就需要按每个人的投资比例分配利润。

三　资本的经济功能

企业是经营资本并追求资本增值的经济组织。在企业运营中，资本具有一系列重要的经济功能：

第一，资本制度是建立现代企业的基础性制度。一方面，资本决定了企业能否设立。现代企业制度，说到底，是法人企业制度。企业能否设立，以其是否拥有能够确立为民事主体、行使民事主体权力、履行民事主体义务和承担民事主体责任的财产为基本根据。这种财产不能是借入的，只能是自有的，即企业法人的财产。企业法人财产是企业所掌握和控制的财产，它最初总是由注册资本的数量构成的，因此，没有资本，企业不能作为法人设立，也就不能存在；资本是企业生存的基础。另一方面，资本结构决定了企业的组织性质。现代商业企业的组织制度，可分为独资制、合作制、合伙制、有限责任公司制和股份有限公司制等等。这些不同的组织制度都是依据资本的来源、性质、结构和各投资者的权益—责任关系界定的，因此，资本的内部关系决定了企业的组织制度。

第二，资本决定了企业运行的基本机制。在企业运营中，"自主经营、自负盈亏、自我约束、自我发展"等机制都围绕资本而展开。所谓"自主经营"，实际上是自主经营资本，而具体的生产资料、产品或项目只是资本运动和资本循环的实物载体；所谓"自负盈亏"，实质上是自负资本的盈和亏，"盈"意味着资本的增值，"亏"意味着资本的价值损失；所谓"自我约束"，讲到底，是自我控制资本的运行过程，降低资本运营的风险，使其符合价值增值的永久性要求；所谓"自我发展"，最终将落实到资本的增加或扩展，并以资本性资金的增长量来计量。

第三，资本决定了企业运营的基本目标。投资者投资于企业，从根本上说，是为了获得收益，这就要求企业必须以争取利润的增长为基本运营目标。由于资本永久性地保存在企业中，需要通过企业的长期经营才能得到充分的回报，所以，投资者的投资收益要求，不是短期的而是长期的。受此制约，企业在运营中，一方面需要以提高经济效益为中心，实现效益型增长；另一方面，需要处理好短期效益与长期效益的关系，保障投资者的长期利益。

第四，资本是企业承担运营风险的财产基础。企业的运营风险最终表现在亏损和不能清偿债务两方面。在亏损的场合，损失的是谁的财产？不能是"他人的财产"，只能是资本及其收益形成的财产，因此，企业有无资本及资本的充足程度，直接决定了它是否具有承担亏损风险的能力。在不能清偿到期债务的场合，企业应实行破产。破产，"破"谁的财产？同样，不能是"他人的财产"，只能是资本及其收益形成的财产，因此，企业有无资本及资本的充足程度，直接决定了它是否具有承担清偿债务风险的能力。这两方面能力是否充分完整，在企业运营中，直接关系着正常的商业往来和信用关系能否建立，从而影响着企业的经营状况。

第五，资本是维护市场经济运行秩序和信用关系的财产机制。在市场经济中，对不正当竞争的处罚、对债务关系的最终处理、对受害者的赔偿等，最后都将落实到资本（及其增值量）上；破产，说到底，"破"的是资本性财产。受这一机制制约，在市场活动中，企业就必须端正自己的市场行为，维护市场秩序和信用秩序。

资本属于微观经济范畴，但在现实经济运行中，它同时具有产业经济的意义：

第一，对某一具体产业部门来说，资本是否充足意味着这一产业部门的投资是否充分，关系着这一产业部门提供的产品是否达到了供求平衡所需的数量，也关系着这一产业部门发展速度和发展前景。

第二，对产业组织调整来说，资本是否充足直接关系着产业组织是否拥有设备更新、技术开发、经营方式调整和市场开拓等方面的能力，关系着该产业是否具有资产重组的能力以及该产业中的企业是否具有组织规模重组的能力。正如马克思所讲的，经济危机中的固定资产更新和企业组织规模调整以产业资本充足和资产重组为基本条件。在现实生活中，一个债台高筑的企业不可能具有收购另一个高负债企业的能力，两个高负债企业的合并常常导致"差的未转好而好的被拖垮"的结局。

第三，对产业结构优化来说，资本是否充足直接关系着部门间、区域间的产业竞争能否有效地展开，并使产业结构在利润率平均化的基础上优化。马克思曾指出，市场竞争，一方面是同一产业部门内的商品竞争，另一方面是不同产业部门间的资本竞争①。在现代高科技快速发展中，部门间、区域间的资本流动和资本竞争特别重要，但这种流动和竞争，在缺乏资本的条件下，极难有效地发生和开展。

第二节　产权、企业法人产权与资本关系

一　产权的含义

产权，即财产权利，是用于描述经济运行中的财产权益关系的经济概念。

---

① 参见马克思《资本论》第3卷，人民出版社，1975，第201页。

何谓产权？西方文献有不同的解释。《牛津法律大辞典》认为，产权"亦称财产所有权，是指存在于任何客体之中或之上的完全权利，它包括占有权、使用权、出借权、转让权、用尽权、消费权和其他与财产有关的权利"[1]。德姆塞茨（H. Demsetz）说："所谓产权，意指使自己或他人收益或受损的权利"；"交易一旦在市场上达成，两组产权就发生了交换。虽然一组产权常附着于一项物品或劳务，但交换物或劳务的价值却是由产权的价值决定的"[2]。菲吕博腾（E. Furubotn）和配杰威齐（S. Pejovich）指出："要注意的中心点是，产权不是指人与物之间的关系，而是指由物的存在及关于它们的使用所引起的人们之间相互认可的行为关系。产权安排确定了每个人相应于物时的行为规范，每个人都必须遵守他与其他人之间的相互关系，或承担不遵守这种关系的成本。"[3] 巴塞尔（Y. Barzel）则认为："人们对不同财产的各种产权包括财产的使用权、收益权和转让权，……通常，法律的权利会强化经济权利，但是前者并不必然是后者存在的充分条件。"[4]

从国外学者的这些解释中，可以看出，"产权"有如下含义：

第一，产权是人们对财产问题的权利关系。这种关系的对象物是财产，但本质上是人与人之间的经济权利关系。因此，它发生于不同主体对同一财产的行为中。

第二，产权是一种权利的行为关系。在没有经济行为或经济活动的场合，尽管也有某一主体对某一财产的权利关系，但由于不发生这一主体与其他主体之间对财产的行为关系，所以，也就不发生产权问题。

第三，产权不是一种权利，而是一组权利，它的范围相当广泛，既包括所有权、占有权和支配权等，也包括使用权、收益权和转让权等。

第四，产权的界定机制和维护机制，既包括法律，也包括道德、惯例、行政等非法律的社会机制。

根据这些含义，我们将"产权"定义为：在经济运行中，由社会机制界定并维护的两个以上主体对同一财产的一组权利行为关系。

其中，"在经济运行中"强调，各经济主体和财产权利关系所处的经济活动层次；"社会机制"强调，界定主体对财产权利关系的机制，既包括法律机制，也包括其他社会机制（如道德机制、行政机制等）。"两个以上主体对同一财产"，既强调产权关系发生于不同主体对同一财产的关系中，也强调在主体不同或财产关系不同的场合，产权关系是不同的；"一组权利行为关系"，既强调产权关系是一组权利关系，又强调这组权利关系只有在经济行为或经济活动中才能存在和展开。

产权关系与所有制和所有权关系是不同的。第一，所有制是指一个经济主体

---

[1]　参见《牛津法律大辞典》，光明日报出版社，1988，第729页。

[2]　参见 H. 德姆塞茨《关于产权的理论》，《美国经济评论》1967年第57期，第347页。

[3]　参见 R. 林斯、A. 阿尔钦、D. 诺斯《财产权利与制度变迁》，上海三联书店，1991，第204页。

[4]　Barzel, Y., *Economic Analysis of Property Rights*, Cambridge Universiity Press, 1989.

对一笔财产的关系，而产权关系是指两个以上主体对同一笔财产的关系。例如，国家所有制中没有一分钱是集体所有制或个人所有制的，同样，个人所有制中也没有一分钱是集体所有制或国家所有制的。因此，并不存在所谓的"混合所有制"。第二，在所有制中，所有者与使用者之间的关系常常是不平等的，但在产权关系中各经济主体的法律地位是平等的。例如，在计划经济时代，强调财产所有者处于支配地位，财产使用者处于被支配地位。但在产权关系中，相关各主体对同一笔财产的权益依法律（或具有法律效力的文件，如合同）界定而形成，这些权益在平等谈判或协商中由当事人共同决定。第三，所有制关系主要涉及一国或地区的经济制度，产权关系主要在经济运行层面展开。因此，产权关系要比所有制关系复杂得多也细致得多。

2013 年 11 月 12 日，中共中央十八届三中全会通过的《关于全面深化改革若干重大问题的决定》中明确指出："产权是所有制的核心。健全归属清晰、权责明确、保护严格、流转顺畅的现代产权制度。"这精辟地概括了产权与所有制的关系，同时，也指出了中国产权制度改革的方向。

二　企业法人产权

企业法人产权，又称企业法人财产权，是企业运行中由法律机制（或具有法律效力的机制）界定并维护的企业与其他主体对同一财产的一组权利行为关系。它包括：企业与投资者之间对资本投入、资本运作、资本增长、资本回报和资本损失等的权利行为关系；企业与银行等债权人之间对债务资金的运用、利息偿付、收益处理、本金偿还和资金拖欠等的权利行为关系；企业与客户之间对产品质量、产品数量、交货时间、交货条件、货款支付和后期服务等的权利行为关系；企业与员工之间对工作时间、工作定额、工作报酬、劳保福利和辞退条件等的权利行为关系；企业与其他主体之间的其他权利行为关系。

企业法人财产权是通过市场机制形成的。在这个过程中，任何主体的行为都是在自主的条件下展开的，它不同于在行政机制下运用强制手段形成财产关系的现象。在企业运行中，投资者收回投资，必须通过市场交易进行转让；企业增加资本，必须通过市场过程进行募集；债权债务关系的形成同样需要通过市场。正是由于企业法人产权是通过市场过程形成并由市场机制维系的，所以，它的权利行为关系具有如下特点：

第一，平等性。在企业法人产权所涉及的范围内，企业与其他主体的行为关系在权利上是平等的。在资本关系场合，投资者不能随意从企业中抽回资金、直接干预企业的运营活动，企业也不能侵害投资者的法定权益；在资金借贷场合，债权人不能违反合同，随意改变资金贷放条件，企业也不能随意延期支付利息或偿还本金。由此，这改变了在行政关系中各个主体依其身份不同而在地位、权益和责任等方面存在的不平等关系。

第二，自主性。在企业法人产权中，权利行为关系的形成是各主体自主选择的结果，任何一方都有行使自己合法权利、谋求其合法利益的自由。这种自由受法律保护，不可为其他主体所侵害或剥夺。在投资者直接从企业中抽回投资的场合，企业可以依法起诉，状告投资者"抽逃资本"；在债务人拖欠本息的场合，债权人可以依法起诉，状告债务人侵害其权益，甚至要求对债务人实施破产处理。

第三，确定性。在企业运营中，企业法人产权涉及的财产关系相当广泛也十分复杂，但它们都通过法律法规或具有法律效力的文件（如章程、协议、合同等），从各个方面对相关各方的权力、利益、责任和义务给予了明确的界定。在股份投资的场合，《公司法》和《公司章程》规定了股东的权益和行使股东权力的方式，规定了公司对股东的责任和义务；在债券关系中，《证券法》和有关法规规定了债券持有人和企业各自的权益。

第四，责任自负性。各主体既然有依法行使权力的自由，就必须对自己的行为后果负责。在有限责任制的场合，公司运营中发生的债务由公司负责清偿；在无限责任制的场合，这些债务由合伙人连带无限清偿；若股东违法，给公司财产造成损失，股东必须自己赔偿；若公司的董事、监事或高级职员与此事相牵连，则他们应与股东一起负连带赔偿责任。通过这类自我负责机制，企业法人产权关系解决了行政机制中行为后果（尤其是财产损失）无人负责的问题。

三　资本关系与企业法人产权

资本关系，是指企业与股东之间对资本投入、资本运作、资本增长、资本回报和资本损失等的权利行为关系。在企业法人产权的各种权利关系中，资本关系是基本的，具有的根本意义。这是因为：一方面资本关系是企业得以设立的前提，没有资本就不能创办企业，没有企业也就谈不上企业法人产权；另一方面，资本关系是企业法人产权中其他权利行为关系得以形成的基础，不论是形成资金（货款）借贷中的权利行为关系，还是形成企业与员工之间的权利行为关系，或是形成企业与客户之间的权利行为关系，均以资本关系为物质基础和物质保证。

在企业运行中，资本关系对企业法人产权的界定主要表现在以下几个方面。

第一，资本关系决定了企业经营活动的独立自主原则，从而决定了企业法人产权关系的独立存在。企业经营实质上是资本经营，收益最终归投资者所有，损失最终由投资者承担。受资本的"投资－收益"关系制约，从投资选择开始投资者就要求通过明确企业法人产权关系，保障企业的独立运行、自主经营，防止其他主体对企业运行的随意干预，防止其他主体对企业权益的侵害。因此，企业法人产权关系是伴随着企业资本关系的独立而独立存在的，其基本功能在于保障资本经营的自主运行、顺利循环和有效展开，通过维护企业的权益来维护投资者的权益。

第二，资本关系决定了企业的经营对象，从而决定了形成企业法人产权的具体内涵。任何企业总属于一定的产业部门，经营特定的业务，与特定的员工、客户发生权益关系。在创办企业的场合，投资者总是在认真分析了市场中存在的各种商业机会之后，才决定投资设立某一具体企业，所以，在企业设立前，投资者实际上已经决定了企业的主要经营方向；在企业募集新的资本过程中，新的投资者也总要对企业的主要经营业务进行认真的分析，只有认为其符合自己的目的要求，才进行投资。投资者的这类投资选择在事实上决定了企业与员工的具体权益关系、企业与业务客户的具体权益关系等，从而决定了企业法人产权的产业内涵和业务内涵。

第三，资本关系决定了企业的经营规模，从而决定了企业法人产权的数量界限。企业第一笔运营资金来自投资者投入的资本，其运营过程中所取得的债务性资金必须限制在资本所能承受的限度内（银行等金融机构也主要根据企业的资产负债状况，考虑对企业的贷款数量），由此，投资者投入企业的资本数量在实际意义上规定了企业经营规模的扩展界限。对一个资本仅有 5000 万元的企业来说，其经营规模要通过负债而扩展到 2 亿元以上是极其困难的；而对一个资本达 10 亿元的企业来说，其经营规模要通过负债而达到 20 亿元是比较容易的。企业法人产权最终必然落实到经济利益关系上，而经济利益总存在数量关系，资本关系决定了企业的经营规模并由此决定了经济利益的数量边界，其结果也就界定了企业法人产权的扩展限度。

第四，资本关系决定了企业的运营目标，从而决定了企业法人产权的基本取向。投资者将资金投入企业的主要目的，不在于创办企业，而在于通过企业的经营活动来获得资本收益，由此决定了企业运营必须以利润为基本目标。在企业运行中，若最低限度的资本收益要求得不到保障，股东可以通过调整企业制度和运行秩序、撤换企业领导人等途径来保障其权益的实现，在情形严重时，甚至采取股权转让、企业解散、申请破产及其他手段，终止企业的存在、收回投资。为此，企业法人产权围绕资本收益关系而展开，以是否有利于资本收益的持续增长为基点。

第三节　资本关系与企业组织制度

一　企业组织制度

制度，是指由界定和调整人们（或机构）的行为原则、行为标准和行为规则的法律文件和具有法律效力的文件等所形成的体系。企业组织制度，又称企业制度，是根据资源配置要求和经济目标要求来设立企业及其机构、组织企业运营的机制原则系统。企业组织制度的内容相当广泛，它涉及企业运行的各个方面，主要包括：企业的财产制度、组织性质、运营宗旨、财务制度、人事制度、内部管理制度、分配激励制度和责任制度等等。企业组织制度不是企业运营的一般机制，而是企业运营机制的原则体系，它决定了选择何种机制系统并在多大程度上运用这种机制系统来展开企业的运营。可以说，有什么样的企业组织制度，就有什么样的企业运行机制。

理解企业组织制度，需要注意把握好以下几个方面的内容：

1. 企业的财产制度

企业组织制度首先是由企业财产制度决定的。所谓企业的财产制度，实际上就是企业的资本制度。在改革开放之前的 30 年间，中国的企业财产制度根据所有制关系决定，由此，无论是理论上还是实践中企业都被严格划分为国有企业、集体企业和个体企业等，国有企业中不能有任何非国有资产、集体企业中也不能有任何非集体资产。在这种背景下，政府部门可以运用行政机制直接决定各家国有企业的财产状况（如划拨、抽调、调整和并转等），同时，禁止国有企业吸收非国有的财产来扩大生产、发展经营。在 20 世纪 80 年代（尤其是 1992 年）以后，随着市场经济的发展和企业改革的展开，按照所有制关系界定企业财产的制度被突破，取而代之的是企业法人财产制度，在此背景下，不同所有制的财产可以通过投资入股而在一家企业中形成法人财产，由此，有了有限责任公司、股份有限公司等类型的企业组织制度。

需要特别指出的是，在所有制关系中，财产是不能相互混合的。虽然理论上仅用一个概念统称"集体所有制""个人所有制"，但事实上，分归不同集体的财产，其所有制边界是不同的；分归不同个人的财产，其所有制边界也是不同的。张三所拥有的个人财产没有一分钱是李四的，李四所拥有的个人财产中也没有一分钱是张三的。在一个国家中可能只有一个国家所有制，但集体所有制并不只有一个，个人所有制的数量至少等于这个国家的公民数量。因此，不能因为概念只有一个，就认为集体所有制、个人所有制在数量上也只有一个。在产权关系（尤其是企业法人财产权）中，分属不同所有制的财产可以通过投资入股的关系合为企业的法人财产。一个突出的实例是，在有限责任公司、股份有限公司中，来源于国有制、不同的集体所有制和不同个人的财产可以混合为公司的法人财产。因此，产权可以混合，而所有制不能混合，那种从产权混合推导出"混合所有制"的看法是不科学的。

2. 企业的组织性质

在财产关系（包括资本数额、股权结构等）已明确的条件下，企业的组织性质直接决定了一家企业具体的组织制度。制约企业组织性质的因素包括法律制度、投资者（尤其是发起人）特性及意向、产业特点、金融环境和经营发展预期等。主要的企业组织形式包括：

（1）独资企业。从企业设立的交易成本来看，在各种性质的企业中，独资企业是最低的。独资制企业是指由一个投资者投资创办的企业。独资制企业主要有两种情形：一是由政府部门独自投资创办的企业，这类企业被称为国有独资企业；二是由单个个人（或家庭）投资创办的企业，这类企业被称为个体业主企业。

从经营发展来看，个体业主企业存在四方面不足：一是在绝大多数场合，个人（或家庭）的投资量较小，因此，要创办需要较大投资量（如重化工业等）的企业比较困难；二是个体业主企业一般实行无限责任制，因此，要通过获得债务资金来扩展经营规模比较困难；三是个体业主企业的存续期常常受制于个体业主本人的身体健康状况和生命周期；四是个体业主企业的内部管理制度比较不健全，甚至缺乏基本的财务管理制度。

借助政府的财政优势，国有独资企业可以克服个体业主企业的这些不足，但它也容易发生三个问题：一是国有企业的经营运作容易受到政府行政机制的管制和影响，甚至按照行政规则展开经营活动；二是国有企业的经营运作容易产生财务预算的软约束，在由政府财政"统收统支"的场合，这种预算软约束的情形更加严重；三是国有企业的经营运作容易得到政府政策的特殊支持，从而使国有企业在竞争性市场中处于优势地位（甚至垄断地位），引致市场竞争的不公平。

中国2006年《公司法》第2章第3节关于"一人有限责任公司的特别规定"中，准许设立独资的有限责任公司；第59条规定："一人有限责任公司的注册资本最低限额为人民币十万元。股东应当一次足额缴纳公司章程规定的出资额。"第64条规定："一人有限责任公司的股东不能证明公司财产独立于股东自己财产的，应当对公司债务承担连带责任。"同时，这一《公司法》也对国有独资企业进行了界定。第65条规定："本法所称国有独资公司，是指国家单独出资、由国务院或者地方人民政府委托本级人民政府国有资产监督管理机构履行出资人职责的有限责任公司。"第67条规定："国有独资公司不设股东会，由国有资产监督管理机构行使股东会职权。国有资产监督管理机构可以授权公司董事会行使股东会的部分职权，决定公司的重大事项，但公司的合并、分立、解散、增减注册资本和发行公司债券，必须由国有资产监督管理机构决定；其中，重要的国有独资公司合并、分立、解散、申请破产的，应当由国有资产监督管理机构审核后，报本级人民政府批准。"[①]

（2）合伙制企业。合伙制企业是由两个（包括两个）以上自然人共同投资创办的企业。它可分为一般合伙制和有限合伙制两种。

在一般合伙制企业（又称"人合公司"）中，所有的合伙人共同投资并分享经营收益、分担经营亏损。这类企业具有三个特点：一是实行无限责任，即所有的合伙人以其个人（和家庭）的全部财产共同为企业的债务（包括未缴税款、未付员工薪酬、赔偿和罚款等形成的债务）承担连带无限清偿责任；二是企业经营运作中的各项重大事项必须由全部合伙人一致表决通过，只要有一个合伙人不同意，相关决议就难以形成；三是企业不能以公开发行债券、股票等方式进行融资，私募、信贷等也受到诸多限制。受这些特点制约，大多数一般合伙制企业的经营规模不大，它们大多存在于会计师事务所、律师事务所、咨询业等产业中。但也存在一些通过多层合伙而大规模展开业务活动的合伙企业，如普华永道、毕马威、

①　引自《中华人民共和国公司法》。

德勤和安永等国际四大会计师事务所。

有限合伙制企业（又称"两合公司"）是由合伙人和有限责任股东共同投资创办的企业。它的主要特点有四个：一是在这类企业中至少有一人属于一般合伙人；二是有限责任股东（即有限合伙人）仅以其出资额承担公司债务清偿的责任，而一般合伙人（即无限责任股东）则以其个人（或家庭）的全部资产承担公司债务清偿责任；三是有限合伙人通常不参与企业的经营管理活动，这些工作基本由一般合伙人承担；四是与一般合伙制企业相比，这类企业比较容易通过增加一般合伙人而获得新的资金，在特殊条件下，也可能通过公开发行证券的渠道获得融资。在股权投资基金领域中，有限合伙制企业比较普遍。

（3）合作企业。合作制企业，又称人合企业，是由两个（包括两个）以上投资者按照一人一票、收益共享、风险共担等原则而创办的企业。这类企业的主要特点有三个：一是在大多数场合，企业的资本是由合作者按照对等原则投入的，在特殊条件下，虽可能不按照对等原则投入，但也是要经过协商的；二是会员（或社员）大会是企业的最高决策机构，其投票按照一人一票的原则进行，在非对等投资的条件下，也按照一人一票的原则进行投票；三是企业的经营收益和经营风险依然按人"分摊"。这类企业较多地存在于农村和农业经营中，如农村供销合作社、农村信用合作社等，但在城市住宅建设中也有选择这种组织方式的，如英国的住宅合作社。

合作性企业是借鉴合作制的某些机制为实现投资者的某种特定目的而创办的。它的主要类型有二个：一是以合作方式共同经营的企业，如中外合作企业、两家以上企业共同投资创办的合作企业等；二是互助性企业，如欧洲19世纪的相互保险公司（这类公司迄今还存在）、中国民间金融中的一些"会"等。这些企业中的一部分可能不是由自然人创办的，也可能不实行一人一票的投票决策制度，但都带有一定程度的合作性质。

（4）有限责任制企业。有限责任制企业是指投资者（股东）仅以其投资入股资金为限承担债务清偿责任的企业。其具体形式包括有限责任公司和股份有限公司两种。

有限责任公司是由两个以上投资者发起设立且股东仅以其出资额为限承担公司债务清偿责任的公司，其主要特点有三个。一是公司股东人数在大多数国家的公司法中都有明确的规定，一般为35人以内，经特许可以达到50人。但在有些国家如德国，有限责任公司的股东人数不受限制。二是受股东人数限制所约束，公司的资本规模、资产规模、经营规模等受到比较明显的限制，但在由政府投资、大型企业集团（如控股公司、跨国公司）等投资入股的条件下，公司的资本规模、资产规模和经营规模也可能相当大。三是这种公司不能公开发行股票，但在符合相关法律规定的条件下可以发行公司债券。在中国，为了实行有限责任公司制度，推进国有企业改革，1994年《公司法》规定，国有独资企业可以改制为有限责任公司，由此出现了由单一投资者建立的有限责任公司。2006年《公司法》修改后，又进一步确立了"一人有限责任公司"。

股份有限公司是由两个以上投资者发起设立的、全部资本分为等额股份且股东以其所持股份为限承担公司债务清偿责任的公司，其主要特点有四个：一是公司的股东人数设有最高限制，因此可能发生股东人数众多而股权比较分散的情形（但2006年《证券法》第10条中规定："向累计超过二百人的特定对象发行证券"① 视为公开发行，应依法报经国务院证券监督管理机构或者国务院授权的部门核准）；二是公司可以通过公开发行股票也可公开发行公司债券及其他证券来募集资本和增加新股东，公开发行的公司债券、股票等证券可以进入证券交易场所（如证券交易所、场外交易市场等）公开交易；三是公司应按照有关法律法规的规定公开披露相关信息，以维护投资者的合法权益；四是由于股东比较分散，所以，公司治理结构的完善成为一个复杂而备受投资者关注的基本问题。

3. 企业人事制度

一般来说，企业人事制度属企业内部管理的事务，它由财产制度、组织性质确定，因此不是决定企业组织制度的根本性因素。但是，如果政府部门运用行政机制直接干预（甚至管制）企业的人事制度（尤其是领导制度），那么，即便企业实行的是有限责任公司制度或股份有限公司制度（甚至属于上市公司范畴），企业的组织制度依然可能带有明显的行政性特点。

在中国，一些国有企业虽已改制为股份有限公司（甚至已成为上市公司），但受国有控股制约，它们的运行机制并没有多少实质性转换，依然带有很强的行政特点，有关政府部门在相当多方面也依然按照原先管理国有企业的方式管理这些股份有限公司。另外，大多数已实行有限责任公司制度和股份有限公司制度的金融机构（包括商业银行、证券公司、保险公司和信托公司等），虽已不再实行国有独资、国有控股（甚至国有股不是第一大股东）等财产制度，有些已发股上市，但有关政府部门依然运用行政机制直接管理这些金融机构的主要领导，规定了他们的行政等级、行政职责和行政待遇，因此，这些金融机构的经营活动在很大程度上继续受到政府行政机制的直接控制。

4. 企业的财务制度

企业的经营活动不仅应履行生产、销售、服务等经济职能，而且应计算经营成本、经营收益。财务制度是企业管理其资金筹集、项目投资、经营活动和收益分配等过程中资金收支的各项制度的总称。财务预算约束的软硬，是企业财务制度的基本点。所谓软预算约束，是指企业在经营活动中可以不负盈亏的财务状况；所谓硬预算约束，是指企业在经营活动中必须自负盈亏的财务状况。

在中国60多年的实践中，国有企业的财务制度可分为三种情形。一是"统负盈亏"的软约束制度。在20世纪80年代以前和改革开放以后的一段时间，国有企业基

---

① 引自《中华人民共和国证券法》。

本上实行的是利润全额上缴、亏损由政府财政统一弥补的财务制度。在这种背景下，企业经营活动缺乏基本的自主性和积极性，资源配置极不合理，财务活动局限于经济核算上，绝大多数企业很少从关心切身利益的角度关心经营活动的未来发展，破产几乎不可能，因此，也不存在优胜劣汰的竞争关系。二是"负盈不负亏"的准软约束制度。20世纪80年代中期以后，随着企业自主权的增强，自负盈亏逐步成为企业财务制度的基本原则。但在从最初的利润分成、经营承包责任制到20世纪90年代以后的利税分离过程中，相当多的国有企业实际上实行的是一种只负盈不负亏的财务制度，即经营利润可通过与政府财政的分成而转化为职工的收入，而一旦企业经营亏损，依然要由政府财政予以弥补。引致这种现象发生的原因，除财产关系属国有制外，一个主要原因是，政府财政对国有企业的职工"欠账"太多，以致一旦企业停产倒闭，政府财政就需要继续"养"这些国有企业的职工。三是基本自负盈亏的硬约束制度。20世纪90年代中期以后，随着现代企业制度的实施，大多数国有企业都改制实行了有限责任公司或股份有限公司，由此，只负盈不负亏的现象大大改变，自负盈亏成为国有企业的基本财务准则，由此，财务预算约束逐步硬化。但也还有两个主要现象存在：其一，大多数大中型国有企业一旦发生亏损，政府部门还在想方设法通过各种途径予以"解困"；其二，虽有一些国有大中型企业停产倒闭或并购重组，但迄今几乎没有一家国有大中型企业因不能清偿到期债务而破产。有鉴于此，国有企业的硬预算约束只能说是"基本"，即尚不"完全"。

硬预算约束，不仅要求企业自负盈亏，而且要求企业承担按期清偿债务的法律责任。一旦企业不能按时清偿到期债务，经调解无效，就应实行破产。其内在机理是，在财务制度上，预算约束并不只是一个盈亏的问题，还是一个资本负债的关系问题。如果企业有盈利而不能清偿到期债务，就将危及市场经济中正常商务往来的信用基础。从这个意义上说，硬预算约束更强调保障到期债务的清偿。

二　资本关系与公司治理

公司治理，是在股份有限公司中股东对经营者进行监督和制衡以保障股东利益最大化的各种机制的总称。实行公司治理的经济学理论主要由两方面构成：

第一，早期的资本关系理论。在20世纪60年代以前的100多年，经济学理论认为，资本的本性是追求利润最大化的[①]。资本是公司设立和运行的财产基础，公

---

① 这一判断是片面的。马克思在《资本论》第一卷的脚注中曾经引述了托·约·登宁在《评论家季刊》上的一段话："资本逃避动乱和纷争，它的本性是胆怯的。这是真的，但还不是全部真理。资本害怕没有利润或利润太少，就像自然界害怕真空一样。一旦有适当的利润，资本就胆大起来。如果有10%的利润，它就保证到处被使用；有20%的利润，它就活跃起来；有50%的利润，它就铤而走险；为了100%的利润，它就敢践踏一切人间法律；有300%的利润，它就敢犯任何罪行，甚至冒绞首的危险。如果动乱和纷争能带来利润，它就会鼓励动乱和纷争。走私和贩卖奴隶就是证明。"（引自马克思《资本论》第一卷，人民出版社，1975，第829页）从这段话中可出，资本的本性具有"胆怯"和"追逐利润"的两面性，是一个矛盾的集合体。

司不过是资本的组织载体；股东投资设立公司或投资于公司的基本目的在于获得投资收益，因此，公司的各种经营运作必须紧紧围绕为股东谋取最大化利益而展开。随着股份有限公司的发展，两种关系突出发生：一是大股东与中小股东之间的关系，即大股东可能侵害中小股东的权益。但一般认为，大股东在公司中投入较多的资本，对应承担了较多的公司经营运作风险。受股权平等"荣辱与共"的机制所制约，在由大股东操掌公司经营运作大权的条件下，从关心切身利益出发，大股东不至于侵害中小股东的利益。二是股东与经营者的关系，即经营者是否可能侵害股东权益。股份有限公司比较彻底地实现了所有权与经营权相分离，公司的经营运作基本上由经营者负责，由此可能引发经营者为追求自己的目标而侵害股东权益的现象。但这些经济学理论认为，经营者与股东之间属雇佣关系，如果股东发现经营者侵害了他们的权益，就可以辞退经营者，另选高明，因此，经营者侵害股东权益的现象是可以解决的。

第二，公司治理理论。20 世纪 60 年代以后，在实践面上，上市公司的股权分散的状况进一步强化，经营者掌控股东大会、董事会、监事会等公司决策机构的现象不断加重，经营者在追求自身利益的同时侵害股东权益等现象也更加突出。在这种背景下，一些经济学家对这些上市公司实践中的这些问题进行了持续深入的探讨，逐步形成了有关公司治理结构的理论。

公司治理理论主要由四方面内容构成：其一，委托 - 代理理论。这一理论认为，在股份有限公司中，股东是委托人，经营者是代理人，股东将资本及相关权利委托给经营者，使得经营者能够从事经营管理活动，受这种委托 - 代理的契约关系所制约，经营者理所当然应以股东利益最大化为经营运作的第一目的。但是，经营者的利益与股东的利益往往是不一致的，例如，股东强调资本收益的最大化而经营者强调资产规模的最大化、股东希望资本经常地获得最大收益而经营者则希望公司能够在谨慎运作中稳健发展，如此等等，这样，经营者的经营管理活动就可能不完全符合股东的要求。因此，公司治理的核心问题是如何有效协调股东与经营者的权益关系，以保障股东权益及其利益最大化的实现。其二，信息不对称理论。这一理论认为，经营者直接进行公司的经营管理工作，拥有公司内部几乎全部的重要信息，而股东不直接参加公司的经营管理活动，在相当大程度上只能通过经营者获得有关公司内部经营运作情况的信息，这样，经营者就很容易利用其信息优势，对信息进行取舍或整理，从而支配或误导股东在股东大会上的投票行为，使股东大会的决议有利于经营者。为此，解决信息不对称，使股东能够在充分拥有信息的基础上做出决策，应成为公司治理的一项主要内容。其三，逆向选择理论。这一理论认为，在具体的委托 - 代理关系形成前，经营者可能利用信息不对称的优势，诱使（甚至迫使）股东接受相对有利于经营者的委托条件。例如，在经营者的奖金从利润提成中获得的条件下，经营者可能故意强调经营发展的困难，压低股东大会要求的年度利润指标，为自己日后的业绩提成、奖金收入乃至股票期权激励打下基础；在确定经营者年薪时，经营者也可能简单强调自己的能力和公司经营的难度，以争取获得一个较高的年薪。由此，如何防止经营者的逆向选择就成为公司治理的一个重要方面。其四，道德风险理论。这一理论认为，利用信息不对称，在既定的条件下，经营者可能做出与股东要求相反的选择。例如，股东大会确定了年薪收入以后，经营者就可能通过增加在职消费来提高自己的实际收入水平；股东大会要求控制经营成本，经营者就可能不努力工作甚至降低营业收入和股东的回报水平，以减轻自己的负担并为后期的"讨价还价"准备条件。因此，在处理股东与经营者的利益关系中，要防止这种道德风险现象的发生。

20世纪80年代以后，公司治理的理论在实践中得到广泛运用，同时，又突破了上述理论范畴，扩展到了股份有限公司的其他许多方面，由此，形成了"狭义的公司治理"和"广义的公司治理"两个范畴。其中，狭义的公司治理主要指上述公司治理理论的四个方面内容，广义的公司治理还包括一系列新的扩展。这些新扩展的内容主要有五个方面：

第一，公司治理的内容扩展。公司治理理论原先涉及的内容集中在股份有限公司中的"三会"关系，即股东大会、董事会、监事会与经营者的关系，但20世纪90年代以后，这一内容扩展到了信息管理、公司财务、人力资源、机构设置、业务模式和市场营销等方方面面，同时，将公司治理的利益相关者从股东、经营者扩展到了员工、债权人、供应商、客户和社区等，以致出现了一种"泛公司治理"的现象。

第二，公司治理的对象扩展。公司治理理论原先涉及的是股份有限公司（尤其是上市公司）的内部治理结构问题，但20世纪90年代以后，一些国家（包括中国）将这一对象扩展到了有限责任公司（甚至是国有独资的有限责任公司）和其他类型的企业，似乎在各类企业中都存在委托－代理的契约关以及由此引致的相关问题。

第三，公司治理的范围扩展。公司治理理论原先涉及的是公司内部治理问题，但20世纪90年代以后，它扩展到了公司外部，由此形成了公司外部治理结构的一套新认识，从而使公司治理理论更加复杂。

第四，公司治理的角度扩展。公司治理理论原先强调的是维护股东权益但片面强调维护股东权益可能伤害经营者的积极性和创造性，由此，20世纪90年代以后，强调企业家的地位和作用，主张维护经营者（尤其是人力资本）的权益，运用各种方法（如股权激励等）来激励经营者的工作热情，成为公司治理理论中的一个重要内容。

第五，公司治理的制度扩展。公司治理原先是股份有限公司（尤其是上市公司）的内部事务，因此，有关公司治理的制度也作为相关公司的内部制度。但20世纪90年代以后，公司治理问题得到有关监管部门（或类似部门）的高度重视，由此，美国、英国、日本、韩国等国家先后出台了"公司治理原则"，中国证监会、中国银监会、中国保监会和国有资产管理委员会等也先后出台了有关上市公司、金融机构和国有企业的公司治理指引。

公司治理理论的深化研究也提出了一系列值得进一步探讨的问题，其中包括：

第一，资本关系。已有的公司治理理论大多立足于资金资本的要求，实际上贯彻着股权治理至上的取向。它强调经营者应按照股东的意志、以维护股东权益为重心展开经营运作，但这一理论受到人力资本理论的严重挑战。一个基本问题是，经营者在实现资源有效配置中是否占据举足轻重的地位，其人力资本是否也属于资本范畴，应予以有效维护？如果答案是肯定的，那么，在完善公司治理中如何体现和保障这一资本的要求？

第二，信息不对称。已有的公司治理理论强调经营者与股东之间的信息不对称，认为经营者拥有较为充分的公司运作信息，因此，经营者可能发生逆向选择、道德风险等。但这一认识受到实践的挑战。一个突出的现象是，股东在出售股权前，往往并不告知经营者，以致从 20 世纪 80 年代末开始的第四次美国并购浪潮中，经营者时常处于被动地位。这提出了一个股东是否在出售股权过程中拥有信息优势的问题。若经营者处于信息劣势地位，则股东是否也存在逆向选择、道德风险等问题？有鉴于此，在完善公司治理中，是否也应要求股东将其拥有的股权变动信息以某种适当的方式告知经营者？

第三，公司治理的适用对象。公司治理理论是针对股份有限公司（尤其是上市公司）而提出的，但 20 世纪 90 年代以后，在一些国家（包括中国）将其扩展到其他类型的企业中时，似乎各类企业都存在类似于股份有限公司的问题，由此提出了公司治理是仅适用于股份有限公司还是适用于一切企业这个问题。例如，在合伙制企业中是否也存在经营者与股东之间利益相矛盾的问题？在有限责任公司（包括国有独资的有限责任公司）中是否都需要设立股东大会、董事会，以解决公司治理问题？即便是股份有限公司，当其股东人数有限（如仅有 5 人①）且股东与董事会成员合一，是否也需要分设股东大会、董事会和监事会？

换句话说，如果各类企业都存在治理问题，那么，是否应实行按照股份有限公司设计的统一标准？如果不是，那么，是否存在不同的企业治理原则和标准？

第四，公司治理的内容。公司治理内容的扩展给公司治理理论提出了一个突出的问题，究竟公司治理内容的边界在哪里？如果说将公司运作中的方方面面都纳入公司治理范畴，且不说其复杂程度大大提高，就是公司治理的成本也将大幅增加，其结果对股东究竟有多少益处？

公司运作是一个复杂的系统。公司规模越大、经营范围越广、营业收入越多，

---

① 2006 年新修改的《中华人民共和国公司法》第 79 条规定："设立股份有限公司，应当有二人以上二百人以下为发起人，其中须有半数以上的发起人在中国境内有住所。"

则这个系统越复杂。在这个复杂系统中，可以说，每一个构成因素都是重要的，它与其他构成因素之间存在千丝万缕的联系。在这种背景下，如果无限扩展公司治理的内容，就将使经营者乃至股东、董事、监事和其他相关人员将大量的精力投入这方面，影响公司的正常经营运作。

第五，公司治理的外化。公司治理本来是一个公司的内部事务，但20世纪90年代以后，相关监管部门（或类似机构）出台了一系列公司治理原则，由此提出了公司治理究竟是公司内部事务还是外部强制事务的问题。强调后者的可以提出，公司运作（尤其是上市公司运作）影响到各方利益（包括股市投资者的利益），因此，按照监管部门认同的标准进行公司治理是必要的。但强调前者的也可以提出一个简单的问题，完善公司治理需要大量成本，而这些成本并不由监管部门支付，那么，如何防止监管部门滥用这种外化权力，从而发生监管部门"出单"而股份有限公司（尤其是上市公司）"付款"的现象？

三 资本功能与公司价值

公司资产由资本金和负债金构成。由于股东关心股权收益而经营者关心资产规模，在股权资本不增加的条件下，扩展资产规模就只能借入资金，由此，在公司运作过程中，资本负债结构的变化是否会影响公司价值，就成为股东和经营者十分关注问题。

1958年，莫迪利艾尼（F. Modigliani）与米勒（M. H. Miler）在《美国经济评论》上联名发表了《资本成本、公司财务与投资管理》，从理论角度探讨了资产结构与公司价值的关系，由此奠定了 M - M 定理的基础。

M - M 定理认为，在无摩擦环境的条件下，公司价值是由其实际资产的数额决定的，与公司为融入资金所发行的证券的组合方式无关，所以，一个公司不可能通过改变其资产结构而改变其市场价值。其中，无摩擦环境由四个因素决定，即没有收入所得税、没有发行股票或债券的交易成本、投资者获得借款的条件与公司获得借款的条件没有差别、公司各个股东之间可以无成本地解决彼此之间的利益冲突。在这些假设条件下，无债公司与部分负债公司的差别，除资产结构不同外，在预期盈利水平、未来现金流、违约风险及其他方面完全相同[①]，由此，两家资产总额均为1亿元的公司（其中，一家股本为1亿元，另一家股本和负债分别为5000万元，从而资产总额均为1亿元），它们的市场价值是相等的。

20世纪60年代以后，通过放松 M - M 定理的假定条件，莫迪利艾尼、米勒和一些西方经济学家（如罗斯、迈尔斯、麦吉勒夫等）进一步发展了 M - M 定理，使这一理论成为研究分析公司金融的重要基础理论。

将 M - M 定理运用于中国实践，至少有 8 个问题是值得注意的：

① 参见〔美〕兹维·博迪、罗伯特·C. 莫顿《金融学》，中国人民大学出版社，2000，第6篇。

第一，M-M定理研究的对象是公司融资决策对公司资产价值的影响，不是资本在公司设立、经营运作和营业发展中的地位和功能，因此，不能从M-M定理中推导出资本与债务在公司运作中处于同等重要地位的结论。实际上，不论在哪个国家，资本都是公司设立的前提、承担债务的基础、保障信用的物质条件。换句话说，在没有资本的条件下，公司不能设立，也就谈不上公司通过资本抵押来获得债务。因此，在公司设立和运作中，与债务相比，资本不能不占第一位。

第二，M-M定理中有一系列假定条件，而在现实经济活动中，这些假定条件是不存在的，因此，不能简单将这些假定条件直接套用到经济实践中。例如，M-M定理假定公司不存在所得税、股本融资与债券融资的交易成本没有差别，但在经济实践中，公司盈利通常是需要缴纳所得税的，股本融资的成本明显高于债券融资的成本。

第三，M-M定理认为，在资产规模不变的条件下，公司资产结构不会影响公司的市场价值。但在经济实践中，公司的资产结构严重影响着公司的市场价值。几个简单的实例是：资产负债率越高的公司，财务的流动性风险就越大，在其他条件不变时，市场评价就越低；在资产盈利率高于银行贷款利率的条件下，无债务意味着公司资本效率没有得到充分利用，因此，市场评价也较低；在资本数额不变的条件下，通过增加债务来增大资产的一个重要目的在于扩展市场份额、获得更多的盈利，因此，与高负债公司相比，无债务公司的发展潜能更大。

第四，M-M定理以公司可以顺利地利用资本市场机制来发行股票、债券及其他证券为前提，但在经济实践中，且不说发展中国家的资本市场发展程度不足，绝大多数公司难以有效利用资本市场来发行股票、债券等证券，从而融资选择程度相当有限；就是在发达国家中，发行股票、债券及其他证券也有种种条件的限制，并不是所有公司都能够利用资本市场机制来实现融资的愿望。即便对同一家上市公司来说，在一段确定的时间内，受种种条件制约，能够拥有发股、发债及发行其他证券的充分选择权也是比较少见的。另外，如果公司拥有较充足的资本数额且资产负债率较低，那么，获得银行贷款的概率要明显高于发股发债，交易成本也要明显低于发股发债，因此，融资未必只能通过发股发债来实现。

第五，M-M定理舍去了不同类型企业之间的差别，但这些差别对具体企业的融资方式、融资结构甚至资产价值而言，常常是至关重要的。例如，对创业公司来说，由于资产规模较小、技术尚不成熟、产品难以批量生产和市场竞争力还未展示，要从商业银行等金融机构获得贷款极其困难，发行债券也几乎不可能，融资的渠道主要集中于股权方面，由此，天使投资、股权投资基金等就成为它们的主要资金供给者。又如，对相当多的小型、微型企业来说，它们的所有者并不愿意使股权向家族之外扩展，而这些企业的资产规模太小又使其难以获得商业银行等金融机构的贷款或发债，只能通过将利润转为投资进行内源性融资，或借助政策支持来扩大规模。在这些场合中，股权资本的价值均大于负债资金的价值。

第六，M－M定理在讨论公司资产价值中舍去了资产结构对资产效率的影响，似乎资产数额相同的公司，资产结构也相同，其效率是无差异的。这并不符合实践情形。

第七，M－M定理忽视了资产规模对公司市场竞争力从而对资产价值的影响。在同一产业中，公司资产规模越大，不仅意味着公司的市场占有率越高和竞争力越强，而且还意味着公司抵御经营风险和市场风险的能力越强，市场机遇的选择性也越强。中国有句老话，"瘦死的骆驼比马大"，这个哲理在这里就得到了很好的体现。

第八，M－M定理忽视了公司治理结构对公司资产价值的影响，似乎公司治理水平差别甚大的企业，只要资产数额相等，其价值就是一样的。

上述这些问题的存在，表明M－M定理与资本市场中的相关各方对公司价值或公司资产价值的评估和判断是不一致的。

四　资本制度与深化国有企业改革

中国的国有企业改革的目的，从直接关系上说，是要实现"政企分开"，转换企业运行的机制，使其真正成为"自主经营、自负盈亏、自我约束、自我发展"的法人实体，能够按照市场经济的要求，有效地配置资源，提高经济效益。要实现"政企分开"，转换企业运行的机制，首先必须改革企业运行机制的原则系统，即企业组织制度，为此，必须按照现代企业制度的要求，落实符合资本关系要求的各项制度，即资本制度。

深化国有企业改革，涉及一系列相当复杂且相互关联的问题，但落实资本制度是至关重要的。这是因为：

第一，只有落实资本制度，才能明确产权关系，改变企业产权的模糊状态。企业产权模糊是指企业所运用的财产关系不清楚的现象；它主要有两种情形。其一，财产的权益主体关系不清楚。其典型状态是，在企业所运用的财产中，哪些是投资者投入的、哪些是债权人借给的、哪些是投资者留存于企业中的不清楚，从而资本、负债和资产的关系不清晰。其二，财产的数量关系不清楚。其典型状态是，投资者、企业、工商管理部门及其他相关主体都不知道究竟企业运用的资产数量有多少，资产中的资本有多少，负债又有多少等等。

长期以来，在计划经济体制中，一方面只有"资金"的概念，没有"资本""负债"的概念，由此，在"资金"之下，"资本""负债"关系不见了，资产内部的权益主体关系模糊了；另一方面企业由政府投资创办，企业运行实行原料统一供给、产品计划调拨、"资金平衡"、"统收统支"、利润和折旧金上缴等制度，又使企业资产数量关系随时间延续逐步模糊，不论是政府部门还是企业自己都不知道企业的资金来源性质结构和可运作的资产数量。20世纪80年代实行"投改贷"（即在固定资产投资中，政府的财政投资改为贷款投资）和"拨改贷"（即企业流动资金的政府财政拨款改为银行贷款）制度后，企业的资产关系进一步混乱；如果说，在计划经济体制中，从投资关系上还能找到企业财产的投资者的话，那么，在"投改贷"之后，连企业资产的最初投资者都难以明确了。

在资产的产权模糊状态中，任何深化企业改革的措施，既难以切实地展开也难以落到实处。建立产权清晰的资产关系，是深化企业改革的基础性措施。它主要包括：通过资产评估（或清产核资），确定企业的资产数量；通过理清资产来源关系，分离经营性资产和非经营性资产，确定企业的经营性资产数量、资本数量及其权益主体、负债数量及其权益主体；通过建立"资产负债"关系，实现国有企业的资产明晰化，维护各个经济主体的合法权益。

第二，只有落实资本制度，才能明确并落实企业的责任关系，改变企业责任不清的状况。在市场经济中，企业承担的责任有两个主要特点：首先，这种责任是横向的。企业的责任，从理论上说，大致上有五类：其一，对股东的责任，即企业应对资本的保值增值负责；其二，对债权人的责任，即企业应按期偿还到期债务；其三，对客户的责任，即企业应严格履行合同的要求，向客户提供符合质量要求的产品；其四，对职工的责任，保障职工的合法权益；其五，对政府的责任，主要表现为依法纳税。然而，从法律角度说，由于企业在运营中存在众多的风险（包括不可抗力风险），这些风险理应由股东承担，所以，"资本的保值增值"并不是企业必须承担的法定责任。在市场经济中，企业的法律责任，主要是后四类；它们的共同特点是强调企业对商务往来主体的横向责任，而且这些责任有明确的财产担保。例如，企业若想获取债务资金，就要以企业的资本及其他资本性资产为财产担保，并以这些资产数量的担保能力为限；若企业违反合同要求，侵害客户权益，则用其资本及其他资本性资产进行赔偿，等等。

在计划经济体制中，中国国有企业所承担的责任也有两个基本特征。其一，通过行政机制，建立纵向责任。在计划经济运行中，企业承担的各种责任主要以经济指标的形式，由政府部门下达给各个企业，这些指标包括产值、产量、质量、品种、利润、物耗、劳动生产率等；而与企业商务往来直接相关的横向责任，却缺乏基本的制约机制。其二，企业承担的责任缺乏财产担保机制。在计划经济运行中，若企业不能完成上级政府部门规定的经济指标，企业领导人可能被降职免职，但企业的财产不受任何损害；在违反还款合同的场合，企业不仅不必赔偿客户的损失，企业领导人甚至可能得到奖励和提升。从20世纪80年代至90年代中期，企业间相互拖欠货款所引发的"三角债"现象、企业拖欠银行等金融机构贷款所造成的不良贷款现象大量发生，一个主要的原因在于，在企业运行中，计划经济的机制仍在发挥着重要的作用，而落实市场经济的要求，既缺乏必要的法律保障，也缺乏必要的财产条件，因此，企业的责任关系事实上处于不清楚的状态。

要明确企业的责任关系，必须在资本制度的基础上，以法律为依据、以资本为担保，改变计划经济中的无财产基础的纵向责任关系，落实由资本担保的横向责任关系，使企业关心资本的完整、增值和增长，重视其经营行为的资本效应，规范经营活动。

第三，只有落实资本制度，才能科学合理地构建企业内部组织，改变企业内部机构设置不符合经济原则的状况。企业的内部组织机构，大致上可分为三个层次，即最高决策层（它通常由股东会、董事会构成）、经营管理层（它通常指经理机构）和经营操作层（它通常指各科室、车间等）。企业是经营资本的经济组织，其内部组织机构的设立，应符合资本对经济效率的要求，为此，不论是经营性机构还是非经营性机构，只要是不利于保障正常的运营效率或有碍于运营效率的提高，就不应设立。

在计划经济体制下，国有企业的内部组织机构，一方面缺乏最高决策层，企业经营的大政方针通常由上级行政主管部门决定，因此，企业事实上只是政府部门落实其经济目标的生产经营单位；另一方面，企业经营操作层的机构设置，通常与政府部门的机构设置相对应（如计划科与计划委员会、保卫科与公安局、人事科与人事局、计划生育科与计划生育委员会等），以便于具体地与政府机构衔接并落实其要求，这使得企业操作层的非经营性机构大大增加，不仅费用明显上升而且经营性机构的运转效率也受到影响。时至今日，这种由政府部门决定企业内部组织机构的状况，也未完全改变。

企业内部的组织机构设置，直接关系到资本运作的效率和收益，因此，应改变由政府行政部门决定企业机构设置的状况，实行按资本原则和《公司法》等法律规定，由企业自主设置内部机构的制度。其中，企业的最高决策层应由投资者（股东）及他们的代理人（如董事会）组成，经营管理层的设置和人选应由股东会或董事会决定。

第四，只有落实资本制度，才能明确企业的权益关系，改变企业权益不清的状况。缺乏资本制度，是导致计划经济下企业的权益关系不清的一个基本原因。要改变这种状况，必须根据资本关系的要求，运用法律机制，明确界定企业与投资者、债权人、员工及其他主体之间的各种权益关系，并运用法律机制维护这些权益关系。

第四节　企业的资本充实原则与资本市场发展

一　企业的资本充实性原则

企业的资本充实性原则，是指企业运营中的资本性资金数量不应少于注册资本数量并能够有效保证清偿到期债务需要的原则。它有以下三层含义。第一，投资者投入企业的资本数量不得少于注册资本数量。若投资者投入企业的资本数量少于注册资本数量，则意味着企业缺乏足够的能力来履行由注册资本数量所决定的民事主体义务，因而此时企业处于违法状态中。第二，企业运营中的资本性资金数量，不得少于注册资本数量。在运营中，由于经营亏损等原因，企业运用的资本数量可能减少。在资本数量减少的条件下，企业实际上所能承担的责任能力已经降低，若企业继续按注册资本来承担债务，则其无力偿还债务甚至进行商业欺骗的状况都可能发生，因而，此时企业也处于违法状态中。第三，企业运营中的资本性资金数量，应能够保证到期债务的清偿。若不能清偿到期债务，轻则严重影响企业的正常运行，重则企业将被迫破产。

为了维护资本充实性原则，包括我国在内的各国《公司法》都规定：第一，企业的注册资本数量必须真实可靠；第二，资本一经注册，投资者就不能随意抽回；第三，企业的税后利润，首先应用于补偿上一年亏损，然后，才能进入分配程序；第四，在企业每年的利润分配中，应首先提取一定数量的法定公积金（我国《公司法》规定，应提取10%的利润列入法定公积金）直至法定公积金达到注册资本的50%；第五，在有条件的情况下，企业可以根据经营发展的需要，从利润中提取盈余公积金以增加资本性资金。

在授权资本制度条件下，虽然在一个确定的时间内，企业的实际运营资本可以少于注册资本，但这既不意味着企业运营资本可以长期低于注册资本，也不意味着在运营资本少于注册资本的条件下，企业可以按照其注册资本来承担对应的债务。为了防止企业资本虚置，在授权资本制度中，相关监管部门更要求企业按照预先的承诺，严格履行资本充实的义务，使运营资本至少达到注册资本的数额。

资本充实性原则不仅是维护企业正常运行和民事主体权益的重要机制，而且是提高企业履行法人责任能力的重要机制，还是保障市场经济运行秩序、维护商务信用关系的重要机制，因此，这个原则对企业、市场和社会都是非常重要的。

二　资本不足的经济后果

1992年以前，中国的经济实践中不重视资本关系和资本充实性原则的要求，政府在国有企业设立、固定资产投资等方面，大量运用贷款资金，使企业运营中的资本严重短缺。资本短缺的直接后果是企业的资产负债率快速上升。资产负债率的上升，一方面导致企业利息负担加重，从而造成经济效益下降，另一方面导致企业还本付息能力降低，从而造成企业间"三角债"现象严重，银行等金融机构的不良资产增加，经济运行中的商务信用和银行信用关系受到严重影响。

20世纪90年代中期以后，在推进现代企业制度建设的背景下，资本充足问题得到了企业、金融机构和政府部门的重视。1995年，随着《贷款通则》的实施，企业申请贷款必须以其拥有的净资产为抵押，使得缺乏资本（从而缺乏净资产）的企业获得银行贷款的可能性大大减弱；1996年，国务院出台了有关固定资产投资项目的资本金规定，根据产业部门的差别，要求资本金占固定资产投资项目总额的比重分别达到20%、25%、30%和35%（2003年要求，在开发项目中，房地产开发商的资本金所占比重不低于35%；2004年进一步要求，在钢铁等行业中的固定资产投资项目中，资本金所占比重不低于40%）；工商行政管理部门也加强了对企业的注册资本到位和资本充足状况的监督检查，缺乏资本的企业通过年检的可能性越来越小。

但是，资本匮乏依然是中国大多数企业面临的严重问题。造成这一问题的主要原因有三个方面：一是中国经济没有经历过资本原始积累阶段，在20世纪90年代以前的40多年实践中，不论在制度上还是在实践中都没有明确要求企业应具备充足的资本，因此，一旦实行现代企业制度，要求企业具有充足资本，大多数企业就会因缺乏积累资本所需的充分时间而难以达到要求；二是在资本市场发展不足的条件下，企业缺乏通过市场机制获得资本的途径，而要通过财政投资或私募机制来获得资本又相当困难，因此，缺乏资本就成为众多企业遇到的普遍问题；三是在经济快速发展过程中，企业的经营规模和资产规模也在快速扩展，但资本数额的增加远低于资产规模的扩大，由此，一些资本较为充足的企业在进一步发展中又陷入了资本匮乏的困境。

2010年年底，全国规模以上工业企业的资产总额达到592881.89亿元，所有者权益仅为251160.35亿元，资产负债率达57.64%，远高于国际水平。如果要将资本负债率降低至50%，在负债数额不增加的条件下，就需要补充资本性资金90561.19亿元；在资产规模不变的条件下，需要增加资本（并对应减少负债）45280.6亿元。另外，从2011~2020年的10年间，全社会固定资产投资累计总额将达到350万亿元以上，按照资本所占比重30%计算，需要105万亿元以上的资本，而通过财政投资、企业利润和折旧金转投资、外商投资和民营企业投资等所能解决的资本金不足60万亿元，缺口达45万亿元以上。同时，这些按照30%资本占比建设的项目，一旦竣工，其资产负债率依然高达70%，也还要面临进一步充实资本的问题。

如果在企业经营过程中普遍发生资本的长期不足，那么这将引致一系列严重后果。这些后果主要表现在：

第一，企业发展将受到严重制约。资本是企业发展的基础性资产。在缺乏资本的条件下，企业难以获得更多的债务资金，由此，更新改造技术、添置新的设备、完善管理体系、扩展经营规模、开发新产品和拓展新市场等都将面临资金短缺的困难。自2006年年底，中国加入世界贸易组织的过渡期结束以后，中国的国内市场已完全转变为国际市场。企业发展遇到的资金短缺困难，势必严重削弱其市场竞争力，使其在国内市场中处于劣势，更不用说打入他国的市场了。

第二，信用状况将进一步恶化。企业长期缺乏资本，意味着它们缺乏承担商业信用和银行信用的财产基础，由此，必然严重影响商务往来过程中的信用关系。几个突出的实例是，自1992年以后，企业之间较为普遍发生的"三角债"现象，就主要方面而言，与企业缺乏资本从而无产可破直接相关；中资银行中存在的大量不良贷款难以处置的一个主要原因也在于工商企业的资本数额不足。在信用状况恶化的条件下，正常的市场秩序尚难以为继，建立市场经济新体制就更加困难。

第三，固定资产投资将陷入困境。经济发展快慢在很大程度上是由前期固定资产投资从而新增生产能力决定的，人民生活水平的提高也主要取决于新的投资项目竣工后能够不断地运用新技术、新材料、新设备等生产新产品。固定资产投资需要大量资金，在缺乏资本的条件下，如果这些资金主要由银行贷款提供，那么，由于银行贷款具有创造货币的能力，这样就有可能引致通货膨胀；同时，由于投资资金不是投资项目经营者的资金，受逆向选择和道德风险影响，就很可能发生"拿他人财产冒险"的现象，使相当多的银行贷款转化为银行的不良资产。如果抑制投资增长，由于缺乏足够的资本支持，时间一长就可能严重影响经济增长、充分就业、物价平稳，从而影响宏观经济的正常运行。

三 发展资本市场与充实企业的资本数量

充实企业的资本数量，主要靠投资者的直接投资和间接投资。所谓直接投资，是指投资者不通过证券市场而将资本性资金直接投入企业运行的投资方式。它的主要形式有二：其一，在企业设立时或企业增加资本时，投资者将资本投入企业中；其二，在企业运行中，股东将利润留存于企业中从而将其转为企业运用的资本性资金。所谓间接投资，是指投资者通过证券市场的证券工具将资本投入企业运行的投资方式。这些投资工具包括公司债券、股票及其他证券。

改革开放以后，尤其是 20 世纪 90 年代以来，随着国民收入分配格局的变化，资金的主要供给者已从政府财政转向了城乡居民。政府财政可用于生产性投资的资金占全社会固定资产投资的比重逐步降低，使直接投资所能形成的资本数量，既难以满足新增投资项目的需要，也无力缓解企业的资本短缺。到 2011 年年底，城乡居民储蓄存款余额已超过 34 万亿元，金融资产总量已超过 50 万亿元，每年消费剩余的资金还在以 4 万亿元以上的速度增加。从资金供给角度看，居民手中的资金是缓解企业资本短缺的主要资金来源。

居民的资金具有彼此分散的特点。绝大多数人受各自持有的资金数量、就业和知识结构因素等限制，不可能进行直接投资，而储蓄存款通过银行贷款，在直接关系上只能形成企业的债务资金，不可能直接形成企业的资本，这样，要集中居民的资金来充实企业的资本数量，推进企业的发展，就必须充分运用资本市场的机制。因此，发展资本市场，已成为企业发展和整个国民经济发展的基础。

第三章　经济发展中的多层次资本市场体系

中国共产党十七届五中全会《关于制定国民经济和社会发展第十二个五年规划的建议》中指出："以加快转变经济发展方式为主线，是推动科学发展的必由之路，符合我国基本国情和发展阶段性新特征。加快转变经济发展方式是我国经济社会领域的一场深刻变革，必须贯穿经济社会发展全过程和各领域，提高发展的全面性、协调性、可持续性，坚持在发展中促转变、在转变中谋发展，实现经济社会又好又快发展。"这段话有三个要点值得关注。第一，它提出了"十二五"时期乃至更长时间内，中国经济发展和改革的主线应围绕"加快经济发展方式转变"而展开。第二，经济发展方式转变是经济社会领域中的一场深刻变革。从历史上看，上次提出类似的表述是在"十一届三中全会"决议中①。在 30 多年的经济体制改革过程中，中国经济发生了翻天覆地的变化，人们的思想方式、生产方式、生活方式和行为方式都发生了实质性变化。由此可知，经济发展方式转变将给未来 30 年中国经济社会带来深刻变化。第三，转变经济发展方式的目的，是实现发展的全面性、协调性和可持续性，因此，要在这些方面下大力气。

2012 年 11 月，中共十八大报告指出："要多谋民生之利，多解民生之忧，解决好人民最关心最直接最现实的利益问题，在学有所教、劳有所得、病有所医、老有所养、住有所居上持续取得新进展，努力让人民过上更好生活。"这段话在十八届二中全会公报中进一步表述为："不断在实现全体人民学有所教、劳有所得、病有所医、老有所养、住有所居目标上取得实实在在的进展。"中国在实现经济发展方式转变中，必须着力解决这些最基本的民生之需。

转变经济发展方式是一篇大文章，其中包含纷繁复杂的内容。从金融发展的角度看，中国各地区经济社会发展水平差别甚大，不论是企业、投资者还是金融机构都存在多层次的状况，要适应经济发展方式转变同时服务于经济社会又好又快地发展，就必须建立多层次金融市场体系，其中，建立多层次资本市场体系是

---

① 1978 年 12 月 22 日通过的《中国共产党第十一届中央委员会第三次全体会议公报》中指出："实现四个现代化，要求大幅度地提高生产力，也就必然要求多方面地改变同生产力发展不适应的生产关系和上层建筑，改变一切不适应的管理方式、活动方式和思想方式，因而是一场广泛、深刻的革命。"

一个不可或缺的构成部分。

1992 年以后，发展资本市场成为中国金融发展和金融改革的重要构成部分。在建立市场经济新体制的过程中，建立一个什么样的资本市场，是中国资本市场发展中的一个基本问题。经过多年探讨，2003 年 11 月，中央明确提出了"建立多层次资本市场体系"的基本取向。这不仅明确了中国资本市场发展的目标模式是建立多层次的资本市场体系，由此使改变单一市场格局在未来一段时间成为资本市场在发展中深化改革的一项基本任务，而且在深层次上提出了资本市场发展应充分服务于经济社会发展要求的内在机理。

第一节　扩大内需与发展方式转变的重心

一　消费率持续下降之谜

一国的国内生产总值（GDP）是由消费、投资和对外贸易等三个机制共同创造的。从宏观经济的恒等式看：消费＋储蓄＝消费＋投资。由于等式左右的"消费"是完全等价的概念，所以，有"储蓄＝投资"一说。在储蓄＜投资的条件下，储蓄缺口需要通过对外贸易逆差予以弥补，因此会有"储蓄＋逆差＝投资"；在储蓄＞投资的条件下，投资＜储蓄的部分需要通过对外贸易顺差予以平衡，因此会有"储蓄＝投资＋顺差"。从表 3－1 中可以看出，自 1978 年以来，国内的"消费＋投资"就始终是推进中国 GDP 增长的主要机制。其中，"净出口"贡献率超过 50% 的年份只有 1990 年。进入 21 世纪以后，只有 2005 年的"净出口"贡献率超过了 20%，其余各年"净出口"贡献率或者低于 20% 或者为负数[①]。由此可见，中国的经济发展实际上始终沿着"扩大内需"（即扩大"消费"和"投资"）的路径展开的。

中国是一个有 13 亿人口的发展中国家[②]，"扩大内需"始终应是一项基本国策。因为虽然就比例数而言，5% 或 10% 可能不是一个很高的比例，但对中国来说，如果有 10% 人口的需求得不到满足，就意味着 1.3 亿人的需求得不到满足，这是一个很大的数字（它相当于几个中等人口规模的国家人口总数）。这些人的需求很难通过国际市场的贸易予以解决（且不说，国际市场的价格走势和运输成本

---

① 值得注意的是，一些人强调，在中国的 GDP 中对外贸易的贡献率超过了 60% 或 30%。这是一种混淆概念的结果。"外贸依存度"是以每年的进出口总额与 GDP 进行比较得出的。中国的外贸依存度超过 60%，并不意味着外贸中"净出口"对 GDP 的贡献率达到了 60%。外贸依存度实际上说明的是一国经济介入国际经济的广度和深度。另外，中国外贸（即进出口总额）增长率自 2003 年以后时常超过 30%，它是同比的结果，说明了中国经济介入国际经济的速度，但并不说明"净出口"对 GDP 的贡献率也超过了 30%。因此，不能将不同的经济概念不加区分地混为一谈。否则，这将得出不合实际的理论结论和政策建议。

② 据《2010 年第六次全国人口普查主要数据公报（第 1 号）》，全国总人口为 1370536875 人。

等），因此，那种认为中国可以将一部分基本需求寄托于国际市场的设想是靠不住的。

表 3 – 1　三大需求对 GDP 的贡献率

单位：%

年　份	最终消费	资本形成	净出口	年　份	最终消费	资本形成	净出口
1978	39.4	66.0	– 5.4	1995	44.7	55.0	0.3
1979	87.3	15.4	– 2.7	1996	60.1	34.3	5.6
1980	71.8	26.5	1.8	1997	37.0	18.6	44.4
1981	93.4	– 4.3	10.9	1998	57.1	26.4	16.5
1982	64.7	23.8	11.5	1999	74.7	23.7	1.6
1983	74.1	40.4	– 14.5	2000	65.1	22.4	12.5
1984	69.3	40.5	– 9.8	2001	50.2	49.9	– 0.1
1985	85.5	80.9	– 66.4	2002	43.9	48.5	7.6
1986	45.0	23.2	31.8	2003	35.8	63.2	1.0
1987	50.3	23.5	26.2	2004	39.5	54.5	6.0
1988	49.6	39.4	11.0	2005	37.9	39.0	23.1
1989	39.6	16.4	44.0	2006	40.4	43.6	16.0
1990	47.8	1.8	50.4	2007	39.6	42.5	17.9
1991	65.1	24.3	10.6	2008	44.1	46.9	9.0
1992	72.5	34.2	– 6.8	2009	49.8	87.6	– 37.4
1993	59.5	78.6	– 38.1	2010	43.1	52.9	4.0
1994	30.2	43.8	26.0	2011	55.5	48.8	– 4.3

资料来源：《中国统计年鉴（2012）》。

自从中华人民共和国成立之后，"独立自主、自力更生"就成为中国的一项基本国策。1997 年，在东南亚金融危机的背景下，"扩大内需"被明确提出。2008年 11 月以后，在抵御国际金融危机冲击的背景下，中国政府迅速以"扩大内需、刺激经济"为宏观经济政策的基本取向，有效保障了 2009 年国民经济的止跌回升。

任何一个国家（或地区，下同）的内需总是分为投资需求和消费需求两方面，由此，扩大内需应以扩大消费为重心还是应以扩大投资为重心，自然就成为相关研讨和政策选择的核心问题。从表 3 – 2 中可见，1978 年以后的 30 多年，消费占GDP 的比重大致经历了两个阶段：第一阶段为 1978～1998 年的 21 年。消费占 GDP比重从 1978 年的 62.1% 逐步上升到 1985 年的 66%；但从 1986 年起，该比重则呈下降趋势。经历了 1986～1998 年长达 13 年的下行，消费占 GDP 比重降低到

59.6%。第二阶段为 1999 ~ 2011 年。1999 年这一比重开始再次呈现上升走势，到 2000 年达到了 62.3%，但此后持续下降。到 2011 已降低到 49.1%。这是因为在这一时期内没有实施扩大消费需求的政策吗？答案是否定的。2000 年之后，为了扩大消费需求，我们采取了多方面政策措施。第一，改善农村居民消费条件，扩大他们的消费需求能力。其中包括实施了村村通路工程、村村通电工程、村村通彩电工程和村村通电话工程等措施。第二，多方面强化了社会保障。其中包括：实行了城镇居民的医保制度和新的农村合作医疗（简称"新农合"）制度[①]、职工养老金保险制度[②]和新型农村养老保险制度（简称"新农保"）[③]。第三，提高低收入群体的最低工资标准和低保收入水平。例如，北京市的最低月工资标准，1999 年 9 月 1 日起为 400 元，2011 年 1 月 1 日已提高到 1160 元，2012 年 1 月 1 日起又调整为 1260 元。2000 年 7 月 1 日，北京开始实施《城市居民最低生活保障条例》，居民最低生活保障标准由家庭月人均收入 273 元调整到 280 元；2011 年 1 月 1 日，这一标准已调整到 480 元。第四，刺激消费。2009 年和 2010 年，为了抵御全球金融危机的冲击，扩大内需，我们实行了家电下乡、汽车以旧换新等措施，销售额高达数千亿元（财政补贴高达数百亿元）。第五，加大消费品的创新。2000 年之后，各种家电、服装和其他家庭用品不断创新，百户家庭汽车拥有量从 2000 年的 0.5 台增加到 2010 年的 13.07 台、移动电话从 2000 年的 19.5 部上升到 2010 年的

---

① 2002 年 10 月，国务院出台了《关于进一步加强农村卫生工作的决定》，要求"逐步建立以大病统筹为主的新型农村合作医疗制度"，"到 2010 年，新型农村合作医疗制度要基本覆盖农村居民"。此后，中央和地方财政为解决农民的基本医疗卫生问题进行了大规模的投入。2006 年开始的"十一五规划"要求，新型农村合作医疗到 2010 年的覆盖面应达到农村的 80% 以上。2011 年 2 月 13 日，国务院办公厅出台了《关于印发医药卫生体制五项重点改革 2011 年度主要工作安排的通知》（国办发〔2011〕8 号），明确要求职工基本医疗保险、城镇居民基本医疗保险参保人数达到 4.4 亿，参保率均提高到 90% 以上。2011 年，各级政府财政对新农合和城镇居民医保补助标准均由 2010 年的每人每年 120 元提高到了 200 元；城镇居民医保、新农合政策范围内住院费用支付比例达到了 70%。2012 年起，各级财政对新农合的补助标准从每人每年 200 元再次提高到每人每年 240 元。其中，原有 200 元部分，中央财政继续按照原有补助标准给予补助，新增 40 元部分，中央财政对西部地区补助 80%，对中部地区补助 60%，对东部地区按一定比例补助。

② 2005 年 12 月 3 日，国务院出台了《关于完善企业职工基本养老金保险制度的决定》（国发〔2005〕38 号），该决定指出这一制度的"主要任务是：确保基本养老金按时足额发放，保障离退休人员基本生活；逐步做实个人账户，完善社会统筹与个人账户相结合的基本制度；统一城镇个体工商户和灵活就业人员参保缴费政策，扩大覆盖范围；改革基本养老金计发办法，建立参保缴费的激励约束机制；根据经济发展水平和各方面承受能力，合理确定基本养老金水平；建立多层次养老保险体系，划清中央与地方、政府与企业及个人的责任；加强基本养老保险基金征缴和监管，完善多渠道筹资机制；进一步做好退休人员社会化管理工作，提高服务水平"。要求确保基本养老金按时足额发放、扩大基本养老保险覆盖范围、逐步做实个人账户和发展企业年金。

③ 2009 年 9 月 1 日，国务院出台了《关于开展新型农村社会养老保险试点的指导意见》（国发〔2009〕32 号），指出新农保的目标是"探索建立个人缴费、集体补助、政府补贴相结合的新农保制度，实行社会统筹与个人账户相结合，与家庭养老、土地保障、社会救助等其他社会保障政策措施相配套，保障农村居民老年基本生活。2009 年试点覆盖面为全国 10% 的县（市、区、旗），以后逐步扩大试点，在全国普遍实施，2020 年之前基本实现对农村适龄居民的全覆盖"。

188.86 部。尽管有这一系列变化，但从表 3－2 的数据中看，消费占 GDP 的比重依然快速下降（几乎每年降低一个百分点）。造成这一现象的内在机理是什么？

表 3－2　中国 GDP 中的消费率、储蓄率和投资率

单位：%

年　份	消费率	储蓄率	投资率	年　份	消费率	储蓄率	投资率
1978	62.1	37.9	36.1	1995	58.1	41.9	40.3
1979	64.4	35.6	34.8	1996	59.2	40.8	38.8
1980	65.5	34.5	32.5	1997	59.0	41.0	36.7
1981	67.1	32.9	31.9	1998	59.6	40.4	36.2
1982	66.5	33.5	32.8	1999	61.1	38.9	36.2
1983	66.4	33.6	34.2	2000	62.3	37.7	35.3
1984	65.8	34.2	38.1	2001	61.4	38.6	36.5
1985	66.0	34.0	37.5	2002	59.6	40.4	37.8
1986	64.9	35.1	36.3	2003	56.9	43.1	40.9
1987	63.6	36.4	37.0	2004	54.4	45.6	43.0
1988	63.9	36.1	36.6	2005	52.9	47.1	41.6
1989	64.5	35.5	34.9	2006	50.8	49.2	41.7
1990	62.5	37.5	34.8	2007	49.6	50.4	41.6
1991	62.4	38.6	36.6	2008	48.6	51.4	43.8
1992	62.4	38.6	42.6	2009	48.5	51.5	47.2
1993	59.3	41.7	36.1	2010	48.2	51.8	48.1
1994	58.2	41.8	40.5	2011	49.1	50.9	48.3

资料来源：《中国统计年鉴（2012）》。

　　最终消费可分为居民消费和政府消费。从图 3－1 中可见，1978～2010 年的 32 年，政府消费在最终消费中的占比从 21.4% 上升到了 28.7%，与此对应，居民消费占比从 78.6% 下降到了 71.3%，由此可以得出一个基本判断：引致消费率下降的主要原因不在于政府消费不足。另外，从图 3－2 中可见，1998 年以后各年的财政收入和财政支出的增幅都明显高于 GDP 的增长率，由此可得出判断：2000 年以后 GDP 中消费率的持续降低不是由政府消费减少引致的。与此对应，消费率持续降低的主要原因就在于居民消费不足。

　　在直观上，城乡居民消费通常用"社会消费品零售增长率"指标衡量。从表 3－3 中可见，1998～2011 年，除个别年份外，"社会消费品销售增长率"（扣除 CPI 增长率以后）在大多数年份均明显高于 GDP 的增长率，但社会消费品销售总额占 GDP 的比重不升反降（从 1998 年的 39.55% 降低到 2011 年的

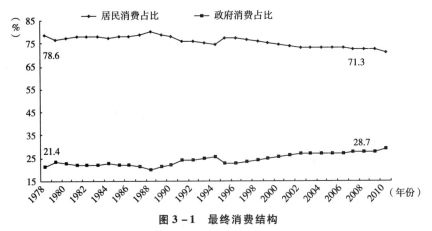

图 3-1 最终消费结构

资料来源：《中国统计年鉴（2011）》。

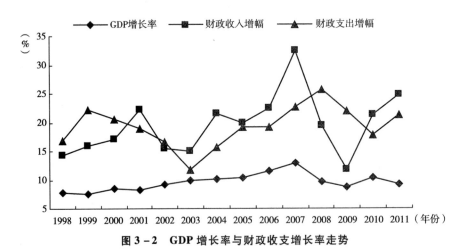

图 3-2 GDP 增长率与财政收支增长率走势

资料来源：《中国统计年鉴（2011）》等。

38.43%）。尽管如此，社会消费品零售总额占 GDP 的比重在 13 年间的降低幅度仅为 1.12 个百分点，远低于表 3-2 中消费率同期降低 12 个百分点以上的幅度。由此可以得出判断，消费率降低的主要原因不在于社会消费品销售增长率太低（或者说，不在于以"社会消费品销售"反映的城乡居民消费不足）。一旦将表 3-3 的数据与表 3-4 进行对比，就不难发现，虽然"社会消费品销售增长率"在大多数年份均超过了 GDP 增长率，但扣除了 CPI 增长率之后的居民消费增长率在大多数年份低于 GDP 增长率。在此出现了一个谜团，即在由政府消费增长率和社会消费品销售增长率构成的消费增长率明显高于 GDP 增长率的背景下，GDP 中的消费率怎么会一路下行？换句话说，在社会消费品零售商品总额增长率高于 GDP 增长率的条件下，居民消费增长率（扣除了 CPI 增长率以后）怎么会低于 GDP 增长率？

表 3 - 3　社会消费品销售增长率

单位：%

年　份	GDP 增长率	扣除 CPI 后的社会消费品销售增长率	社会消费品零售总额／GDP 总额
1998	7.8	7.6	39.55
1999	7.6	8.2	39.75
2000	8.4	9.3	39.42
2001	8.3	9.4	39.26
2002	9.1	12.6	40.00
2003	10.0	7.9	38.67
2004	10.1	9.4	37.22
2005	11.3	11.1	36.66
2006	12.7	12.3	36.06
2007	14.2	12.8	34.67
2008	9.6	15.7	36.08
2009	9.2	16.0	38.97
2010	10.4	15.0	39.13
2011	9.2	11.6	38.43

资料来源：根据国家统计局数据整理。

表 3 - 4　居民消费增长率

单位：%

年　份	GDP 增长率	居民消费增长率	扣除 CPI 增长率后的居民消费增长率
1997	9.3	8.73	5.93
1998	7.8	6.25	7.05
1999	7.6	6.86	8.08
2000	8.4	9.38	8.98
2001	8.3	7.81	7.11
2002	9.1	7.32	8.12
2003	10.0	16.62	15.42
2004	10.1	13.13	9.23
2005	11.3	11.39	9.59
2006	12.7	13.01	11.51
2007	14.2	16.45	11.65
2008	9.6	15.67	9.77
2009	9.2	9.53	10.23
2010	10.4	10.04	6.74

资料来源：《中国统计年鉴（2011）》。

　　破解这一谜团的思路有两种：一是从居民收入入手，强调由居民收入不足引致消费不足；二是继续从"消费"入手，探寻"政府消费"和"社会消费品销售"背后的因素。

　　一些人将 GDP 中消费率降低的原因归结为有效消费需求不足，据此提出了提高居民收入以促进扩大消费的政策主张。但表 3 - 3 中社会消费品零售增长率快速上升的趋势并不支持这种认识。"有效消费需求不足"概念是凯恩斯在 20 世纪 30 年代美国经济危机后出现经济萧条时提出的。当时，经过了 1929～1932 年的大危机之后，美国广大的劳动者处于极度贫困状况：一方面在危机前存入商业银行等金融机构的消费结余资金，因这些金融机构倒闭（在危机中，美国倒闭的商业银行达到 6000 多家）而血本无归；另一方面，由于失业率居高不下（失业率高达 30%），许多人无就业也就无收入。因此，美国出现了居民购买力严重不足的情形。"有效消费需求不足"是刻画这一状况的概念。简单地说，"有效消费需求不足"就是指城乡居民缺乏有货币支付能力的购买力。但这一状况在中国并不存在。从图 3 - 3 中可见，城乡居民储蓄存款余额从 1996 年年底的 36373.4 亿元增加到 2011 年年底的 343635.89 亿元，年净增额从 1998 年的 7199 亿元增加到 2008 年的 45351.14 亿元；在这些年中，城乡居民储蓄存款增长率除个别年份（如 2000 年和 2007 年[①]）略低于 GDP 增长率外，大多数年份都明显高于 GDP 增长率。截至 2013 年 6 月，中国的城乡居民储蓄存款余额已达到 436697.07 亿元，按照人民币与美元的汇价（6.15：1）计算，达到 71008 亿美元，远远超过了美国和欧元区的居民存款余额。从这些事实中可得出的直接结论是，城乡居民整体的消费增长率和收入增长率均没有低于 GDP 的增长率，因此，将消费率降低的原因归结于有效消费需求不足是缺乏实践根据的，同理，依此而提出的"只有提高居民收入，才能提高消费率"政策主张也是不得要领的。

　　也许有人说，城乡居民储蓄存款余额中存在"20% 的存款人拥有 80% 的存款"的现象，以此证明大多数人属于"穷人"范畴，依然处于收入不足从而有效消费需求不足的境地。但这种说法是缺乏根据的。第一，持有这种认识的人如何得知"20% 的存款人拥有 80% 的存款"？中国实行的存款人保密制度，连央行都不能随意地调取储户信息进行储户存款的全面调查，那么，这些人又是如何知道"20% 的存款人拥有 80% 的存款"的呢？是通过社会调查获得的这些信息吗？一份社会调查问卷需要 100 元左右的调查费用，要对数亿储户进行调查，且不说储户是否会将真实存款情况填入调查表，仅调查费用就需数百亿元，他们花费了这些调查资金进行了调查了吗？另外，2：8 属黄金分割率。为什么城乡居民储蓄存款中正好出现"20% 的存款人拥有 80% 的存款"的格局，而不是 15% 的人

[①]　2000 年和 2007 年城乡居民储蓄存款余额增长率的降低与当时的股市快速上行使大量存款资金进入股市投资直接相关，它并不意味着城乡居民消费结余资金的减少。

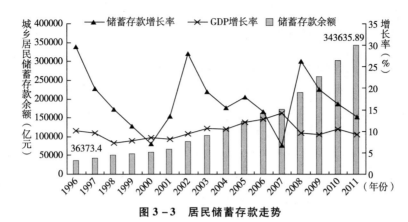

图 3 - 3　居民储蓄存款走势

资料来源：中国人民银行网站。

拥有 90% 的存款、20% 的人拥有 70% 的存款？第二，果真以"20% 的存款人拥有 80% 的存款"能够区分出所谓的"富人"和"穷人"关系吗？中国境内 133972.49 万人的 20% 为 26794.498 万人，2013 年 6 月底的城乡居民储蓄存款余额 436697.07 亿元的 80% 为 349357.656 亿元，（以 349357.656 除以 26794.498）结果是人均 13.0384 万元。有 13 万元存款的人就是"富人"？这恐怕在中国绝大多数城市都很难说得通[①]。第三，在中国，真正有钱的人并不将大量资金以储蓄存款的方式存入商业银行等金融机构，在这些金融机构中也很难看到储户账上存款达到几亿元的现象。他们的资金主要用于开厂办店，创造财富、解决就业和缴纳税收。一个突出的实例是，每年胡润的富人评选中，所列财富中几乎没有"储蓄存款"。

值得一提的是，以"富人"和"穷人"来进行所谓的人群划分是不合理的，也是不利于创造和谐社会。"贫"和"富"是一组相对而言的范畴。在任何一个城镇，以最低生活保障水平为底线、以每人每月的消费支出差额 100 元为划分标准，居民收入至少可分为 50 个档次。例如，2011 年北京的最低生活保障是每人每月 480 元，50 个档次意味着最高的消费支出为每人每月达到 5480 元。在这 50 个档次中，除了最低档和最高档，处于中间的各档，对上为"贫"、对下为"富"，那么究竟是"贫"还是"富"，能够说得清楚吗？从历史角度看，我们曾经有"穷则思变""穷则造反"和"造反有理"之说，也曾有"为富不仁""均贫富"之说，如果在建立社会主义市场经济新体制、在实现第二个 20 年发展的战略目标中，继续纠缠于"贫"和"富"之争，是不利于贯彻邓小平关于"劳动致富"和"共同富裕"的思想的，也是不利于落实党的十六大以来关于扩大中等收入群体的精神的。

---

① 即便将储蓄存款的人数减少到人口数的 1/2，也不会改变这一状况。

二 破解消费率下降之谜

要解开中国消费率下行之谜，就必须探究"社会消费品销售"与城乡居民消费结构的差距，为此，必须进一步细分城乡居民的消费内容、结构和趋势。

中国有句俗语："吃穿住行。"它不仅概括地反映了城乡居民消费的主要内容，而且反映了在满足消费方面的先后顺序。据此，可以从消费内容的特点出发，将城乡居民的消费分为"吃、穿、用"和"住、行、学"两大类6个部分。

不论是经济理论还是中国实践数据都证明了，随着居民收入的增加，"吃、穿、用"等项支出在居民各项支出中所占比重会呈下降趋势。恩格尔系数反映的是"吃"在居民支出中的比重，从表3-5中可见，1990~2011年，中国城镇居民家庭和农村居民家庭的恩格尔系数分别从54.2%和58.8%下降到36.3%和40.4%；"穿"和"用"支出占居民各项支出的比重，在1990~2011年分别从13.36%（1993年为14.24%）和10.14%降低到11.05%和6.75%（2005年为5.62%）。中国在2000年实现了温饱型小康，这意味着对全国绝大多数家庭来说已达到吃穿不愁的生活水平，要持续扩大这些方面的消费以支持消费率的提高和经济的持续平稳增长是相当困难的。2009~2010年，为了抵御国际金融危机的冲击，在扩大内需、刺激经济政策的实施过程中，中国推出了家电下乡、汽车以旧换新等扩大消费的措施，取得了一些成效，但这些措施的实施不仅以巨额财政补贴为代价，而且只是将随后几年的这些方面消费能力提前到这两年体现，因此很难持久，也很难依此来支撑和保障国民经济的长期可持续发展。

表3-5 城乡居民"吃、穿、用"占比

单位：%

年 份	恩格尔系数		衣 着	家庭设备用品及服务
	城镇居民家庭	农村居民家庭		
1990	54.2	58.8	13.36	10.14
1993	50.3	58.1	14.24	8.76
1994	50.5	58.9	13.69	8.82
1995	50.1	58.6	13.55	7.44
1996	48.8	56.3	13.47	7.61
1997	46.6	55.1	12.47	7.57
1998	44.7	53.4	11.10	8.24
1999	42.1	52.6	10.45	8.57
2000	39.4	49.1	10.01	7.49
2001	38.2	47.7	10.05	8.27
2002	37.7	46.2	9.80	6.45

年 份	恩格尔系数		衣 着	家庭设备用品及服务
	城镇居民家庭	农村居民家庭		
2003	37.1	45.6	9.79	6.30
2004	37.7	47.2	9.56	5.67
2005	36.7	45.5	10.08	5.62
2006	35.8	43.0	10.37	5.73
2007	36.3	43.1	10.42	6.02
2008	37.9	43.7	10.37	6.15
2009	36.5	41.0	10.47	6.42
2010	35.7	41.1	10.72	6.74
2011	36.3	40.4	11.05	6.75

资料来源:《中国统计年鉴(2012)》。

在城乡居民消费中,随着收入提高和支出增加,既然"吃、穿、用"的占比呈下降趋势,那么,一定会有些消费的占比呈上升趋势。从表3-6中可见,1990~2011年的22年,在城乡居民消费支出中,"医疗保健"占比从2.01%上升到6.39%、"交通通信"从1.2%上升到14.18%、"教育文化娱乐服务"从11.12%上升到12.21%、"居住"从6.98%上升到9.27%。我们将这些消费对象概括为"住、行、学"。

表3-6 城乡居民"住、行、学"占比

单位:%

年 份	医疗保健	交通通信	教育文化娱乐服务	居 住
1990	2.01	1.2	11.12	6.98
1993	2.70	3.82	9.19	6.63
1994	2.91	4.65	8.79	6.77
1995	3.11	5.18	9.36	8.02
1996	3.66	5.08	9.57	7.68
1997	4.29	5.56	10.71	8.57
1998	4.74	5.94	11.53	9.43
1999	5.32	6.73	12.29	9.84
2000	6.36	8.54	13.40	11.31
2001	6.47	8.61	13.00	10.32
2002	7.13	10.38	14.96	10.35
2003	7.31	11.08	14.35	10.74

续表

年　份	医疗保健	交通通信	教育文化娱乐服务	居　住
2004	7.35	11.75	14.38	10.21
2005	7.56	12.55	13.82	10.18
2006	7.14	13.19	13.83	10.4
2007	6.99	13.58	13.29	9.83
2008	6.99	12.6	12.08	10.19
2009	6.98	13.72	12.01	10.02
2010	6.47	14.73	12.08	9.89
2011	6.39	14.18	12.21	9.27

资料来源：根据《中国统计年鉴（2012）》整理。

"住"指的是住房以及由居住条件改善而形成的各种新消费（例如，种花种树、养鱼养鸟等）；"行"指的是医疗保健、道路和通信等方面的消费；"学"指的是各类教育、文化、体育和娱乐等方面的消费。在经济发展和收入水平提高过程中，城乡居民在"住、行、学"方面的消费支出占消费支出的比重呈上升趋势，这是消费结构改善的主要内容，也是消费水平提高的主要表现。

表 3 - 7 显示了 1994 ~ 2010 年城镇居民消费中"吃、穿、用"和"住、行、学"各自的增长率与 GDP 增长率的变化状况。从中可以看出，在这 17 年间，城镇居民消费支出中的"吃、穿、用"的增长率在大多数年份（有 12 个年份）低于 GDP 增长率，与此不同，"住、行、学"的增长率则在大多数年份（有 14 个年份）高于 GDP 增长率，这与表 3 - 5 和表 3 - 6 反映的城镇居民消费结构趋势是一致的。但是，在 GDP 占比中，城镇居民在"住、行、学"方面的消费比重增加并不足以抵消在"吃、穿、用"方面的消费比重降低的程度。

表 3 - 7　居民消费支出分类增长率

单位：%

年　份	GDP 增长率	"吃、穿、用"增长率	"住、行、学"增长率
1994	13.08	33.72	39.86
1995	10.93	21.81	37.70
1996	10.01	8.60	12.12
1997	9.30	1.82	19.78
1998	7.83	-0.40	12.34
1999	7.62	1.45	15.12
2000	8.43	1.29	25.53
2001	8.30	3.22	10.25

年　份	GDP 增长率	"吃、穿、用"增长率	"住、行、学"增长率
2002	9.08	10.66	18.23
2003	10.03	6.58	9.61
2004	10.09	9.78	10.85
2005	10.43	9.40	9.44
2006	11.60	8.43	30.75
2007	13.00	16.84	11.33
2008	9.60	16.04	6.79
2009	9.20	7.06	11.34
2010	10.40	9.27	10.96

资料来源：根据《中国统计年鉴（2011）》整理。

由于在城乡居民收入提高的过程中"吃、穿、用"在消费支出中所占比重呈现下落趋势是一个规律性现象，所以，与 GDP 增长率相比，这一时期城镇居民消费支出不足的主要原因不能归结于"吃、穿、用"占比的降低，只能归因于"住、行、学"方面的消费支出额增加过慢。由此来看，表 3 - 1 中所反映的消费占 GDP比重下降趋势谜团的正解是，居民消费中用于"住、行、学"方面的支出增长过慢。

中国要在 2020 年实现全面小康（或更高水平的小康），就居民消费构成来说，主要表现在"住、行、学"方面。换句话说，"全面小康"比"温饱型小康"增加了些什么？主要表现在增加了城乡居民的"住、行、学"等方面的内容。另外，从目前中国城乡居民的消费情况看，真正处于严重短缺的消费对象几乎全部集中在"住、行、学"方面，这决定了，要有效扩大居民的消费，就必须着力解决"住、行、学"的供给问题。1998 年以后中国实现了买方市场，就消费品而言，这种买方市场主要表现在"吃、穿、用"方面，但在"住、行、学"方面依然处于严重供不应求的卖方市场格局。就此而言，中国经济运行中存在的不是有效消费需求不足，恰恰相反，是有效消费供给不足，即"住、行、学"等方面的供给量严重不足，使广大城乡居民处于缺乏充分选择权的境地之中。

三　消费和投资的次序

如果说城乡居民"吃、穿、用"的绝大多数产品来源于工业生产，是工业化的产物，那么，"住、行、学"中的主要产品（如住宅、学校、医院和道路等）就不可能直接在工业生产线上生产出来，只能通过投资来形成，即通过投资将工业经济中提供的各种建材、设备和技术等集成为满足"住、行、学"消费所需要的消费对象和消费条件。消费性投资是指为形成消费对象和消费条件所进行的投资，与"非生产性投资"相近①。

长期以来，在以工业化推进经济发展过程中，我们对生产性投资比较重视，一旦涉及"固定资产投资"范畴，大多从"生产性投资"的角度进行理解和把握，由此，每当压缩固定资产投资规模时总是以压缩消费性投资为重心，使消费性投资的增长率长期低于城乡居民消费增长的需要。即便不说计划经济时期的欠账，也不说20世纪80年代和90年代的投资不足，从表3-8中可见，仅仅2004年以来，与制造业的投资增长率相比，"住、行、学"方面的每年投资增长率通常低5个至20个百分点；制造业投资的增长率（除2009年外）均高于全社会固定资产投资增长率，但"住、行、学"方面的消费性投资只有个别部门在个别年份（如2009年）高于全社会固定资产投资增长率。这一投资的严重不足，是引致"住、行、学"市场严重供不应求的根本原因。

表3-8　分部门的投资增长率

单位：%

年份	固定资产	制造业	交通通信	文化教育	卫生、社会保障	公共事业	房地产
2004	27.6	33.33	17.03	27.04	27.33	13.17	26.90
2005	27.2	35.69	20.34	9.58	28.08	20.08	16.95
2006	24.5	28.27	25.18	5.20	16.34	2.18	25.73
2007	25.8	30.55	14.19	12.20	15.09	5.87	32.27
2008	25.9	27.41	19.90	13.67	30.58	18.40	24.67
2009	30.0	24.53	46.70	43.54	60.83	26.34	22.05
2010	23.8	25.50	20.42	18.43	14.01	19.86	31.17

资料来源：根据《中国统计年鉴（2011）》整理。

---

① 需要指出的是，我们使用"消费性投资"而没有使用"基础设施建设投资"的主要原因是，消费性投资与基础设施建设投资不是对等的概念。基础设施（Infrastructure）是一个内容复杂庞大的概念。《牛津高阶英汉双解词典》对其的解释是"国家的固定基本设备，如公路、铁路、发电站、供水装置等"。在中国实践中，"基础设施"泛指为生产、消费及社会活动等提供公共服务的物质工程设施和机构。按照城乡关系划分，它可分为农村基础设施和城镇基础设施两大部分。其中，城镇基础设施从不同角度可做出不同类型的划分。例如，从直接用途角度，城镇基础设施可分为三大类：其一，生产性基础设施。它大致包括服务于生产部门的供水、供电、道路和交通设施、仓储设备、邮电通信设施、排污、绿化等环境保护和灾害防治设施。其二，生活性基础设施。它大致包括服务于城镇居民生活的各种机构和设施，如各种商业、住宿和餐饮业，金融保险机构，各类住宅，公用事业、公共交通、运输和通信机构，医疗保健，教育文化和体育的机构和设施等。其三，公共性基础设施。它大致包括服务于维护社会运行稳定安全的机构和设施，如公安、消防、政法和城市建设规划与管理部门等。由此来看，"消费性投资"只是基础设施投资范畴的一部分。本文使用这一概念的目的在于突出基础设施投资中用于增加"消费供给"（以改善这方面消费需求严重不足状况）的部分，避免将消费性投资淹没在基础设施投资的大范畴之中。更何况，基础设施建设投资中包含生产性基础设施建设投资，而"消费性投资"是直接针对"生产性投资"提出的，增加此类投资并不会引起生产能力的增加。

毛泽东在《论十大关系》中曾提出过一个"真想"与"假想"的辩证关系。他认为，对新中国的经济建设来说，"重工业是我国建设的重点。必须优先发展生产资料的生产，这是已经定了的"；"为了平衡工业发展的布局，内地工业必须大力发展"，这是毫无疑义的，但如何发展重工业、内地工业？他强调"如果是真想，不是假想，就必须更多地利用和发展沿海工业，特别是轻工业"[①]。同样，面对"住、行、学"严重短缺的格局，也有一个"真想"与"假想"的辩证关系问题。要真想解决这一短缺，就必须加大消费性投资的力度，即通过消费性投资的增加来增加"住、行、学"所需的消费对象和消费条件的供给。与此对应的政策取向应当是：分离生产性投资和消费性投资，有效调控生产性投资，适度放松对消费性投资的调控力度，努力使各项消费性投资增长率至少不低于全社会固定资产投资增长率。

毫无疑问，就长远发展而言，扩大内需的重心在于提高消费在 GDP 中所占比重的上升。但就目前中国的消费格局而言，要提高消费率，就必须先提高消费性投资的增长率。这决定了，在"住、行、学"短缺格局未改变之前，中国经济运行中扩大内需的重心还在于扩大投资，因此，投资率上行是必然的。与以往不同的是，这种投资扩大的重心不是生产性投资，而是消费性投资。由于"住、行、学"短缺格局的改变不可能一蹴而就，需要有较长的时间（如 20 年以上），因此，投资率居高的趋势还将延续相当长的时间（在这段时间内，投资率的走势将沿着先逐步上行、然后再高位下行、最后下行至消费率之下的轨迹展开）。这一时间的长短与消费性投资的增长走势直接相关。

四　经济结构调整中的消费导向

2011 年，中国出台了"十二五"规划。中共十八大的召开标志着中国经济发展又到了一个转变方式的关键时期，如何认识和把握这一契机，对理清思路，选择对策，保持国民经济稳步较快地健康发展、提高城乡居民的生活水平、实现全面小康等至关重要。

自 1996 年算起，中国已三次提出了转变经济发展方式。"九五"时期中国曾提出过实现经济增长方式的转变，其主要含义是，在工业经济范畴内实现粗放式经营向集约式经营的转变，以节约资源、提高效率。2002 年前后，在形成第二个20 年发展战略目标过程中中国提出了实现经济发展方式转变的战略任务，其主要含义是，在推进工业经济结构优化，改变工业经济中"高耗能、高污染、高投资、低效率"（即"三高一低"）的状况，实现低耗能、环保型的经济发展。与这两次的经济发展方式转变相比较，如今第三次提出"实现经济发展方式转变"的内涵和重心是什么？

---

① 引自《毛泽东选集》第五卷，人民出版社，1977，第 268~271 页。

　　转变经济发展方式必然要求调整经济结构。从前两次经济发展方式转变中可以看到，经济结构调整的主要战场在工业经济内部，那么，第三次经济发展方式转变是否依然局限于工业经济范畴之内？

　　经济结构调整是一个艰巨复杂且持续时间较长的过程，不可能一蹴而就，但要调整经济结构，首先需要弄清楚经济结构向什么方向调整。如果取向不清，不符合经济社会发展的内在要求和基本趋势，经济结构的调整不仅将形成大量的资源浪费和时间浪费，而且可能发生南辕北辙、前功尽弃的情形，严重影响经济社会的稳步健康和可持续发展。因此，弄清楚此次"经济发展方式转变"的取向、重心和内容等问题有根本性意义。

　　在工业经济范畴内，不论在中外理论上还是在产业关联上，何种经济结构为合理，并没有一个确切或共识的标准。能够达成共识的相对原理是经济技术规律。但这一规律，在存在多种替代品的条件下已很难在实践中成立。由于不能找到经济结构合理的最优解，在实际分析中，人们只能通过对比的方法来寻求经济结构合理的次优解。例如，假定发达国家的经济结构相对合理，然后，以此为价值取向和实践标准，寻找中国经济结构与发达国家之间的差距（由此确定中国经济结构不合理的程度），选择对策积极予以修正。美国乃至全球金融危机提出了一个值得深思的问题：中国是否应当按照美国金融泡沫所推高的第三产业占比数据为依据来确立发展中国第三产业的目标？毋庸赘述，经济结构是否合理很难有清晰明确的尺度。但最终产品是所有生产（和服务，下同）的最终"出口"，任何的生产和供给都必须满足消费需求，因此，经济结构是否合理、应否升级和优化应以满足消费结构的调整、升级和优化为标准。这是不以人的意志为转移的客观规律。经济发展必须以满足人民群众日益增长的物质和文化需要为目的，为此，在经济结构调整中需要密切关注消费结构的变化，按照消费结构的变化展开经济结构的调整。从这个意义上说，解决"住、行、学"供给短缺，是在目前条件下调整中国经济结构的主要方向和主要内容。只要这类的消费需求未能得到充分满足，中国的经济结构调整就尚未到位。

　　经济发展方式转变要求在经济增长的基础上实现经济结构、生活水平和社会发展的"质"的飞跃，它不应当也不可能在经济低增长（或经济增长率大幅降低）的条件下展开，由此，提出了一个基本问题：经济增长的空间在本质上是由什么决定的？西方经济增长理论将决定经济增长的主要原因集中于供给角度，通过生产函数分析，强调的是资本、劳动和技术等因素的作用。这在工业经济发展过程中是有意义的。但仅仅如此是不够的、有缺陷的。对任何一种产品的生产（从而由所有产品生产所构成的一国生产能力）来说，制约生产潜力（从而制约经济增长的可能性）大小的因素，不仅在于生产能力（它由一定价格水平条件下资本、劳动和技术所形成的生产可能性决定）方面，更重要的还在于对产品的需求能力方面。从供求关系上看，一种产品供不应求的规模和程度决定了这种产品生产扩大的可能空间。供不应求的规模越大、空间越大，则这种产品生产能力扩大的可能空间就越大。在产品供求平衡或供大于求的条件下，这种产品生产增长的空间趋于零，其生产能力继续扩大的可能性也就很小。在此条件下，要使生产能力能够继续扩大，就必须借助新的技术生产新产品（以替代原有产品）和出口（扩大产品的需求空间）等来实现。

自1998年以后，中国在"吃、穿、用"方面的绝大多数工业品已进入供过于求的买方市场格局，这意味着在这些方面的生产增长潜力已受到需求的严重制约，继续依靠这些产业的发展来支持国民经济持久较快发展是比较困难的。与此相比，在"住、行、学"方面，中国依然存在严重的供不应求，同时，在消费结构调整过程中，城乡居民在"住、行、学"方面的支出不论是绝对额还是比重都将远远大于"吃、穿、用"。就消费需求而言，如果说自20世纪80年代以来的中国经济以接近两位数的高速增长主要是通过"吃、穿、用"拉动的话，那么，在今后的30~50年，"住、行、学"短缺状况的解决将成为支持中国经济持久较快发展的主要因素。另外，满足人民群众日益增长的物质文化需要是社会主义的生产目的，也是中国各项经济政策的重心。如果说为了提高城乡居民生活水平在过去的60年侧重于"吃、穿、用"方面的话，那么，在实现了温饱型小康之后，在推进全面小康过程中，积极解决"住、行、学"的短缺问题就成为基本的政策取向。

五　城镇化的内涵和层次

通过扩大消费性投资的路径解决"住、行、学"等供给不足的过程，同时就是城镇化建设的过程。如果说1950~2000年的50年间中国主要是通过工业化来推进经济社会发展的话，那么，在此后的时间内，在积极改进"住、行、学"短缺格局的过程中，中国将更多地通过城镇化来推进经济社会的发展。从这个意义上说，经济发展方式的转变并不仅仅表现在工业经济中的技术升级、结构优化和节能减排等方面，更重要的还在于增加了城镇化的内容。从这一角度出发，可以将此轮经济发展方式的转变表述为：从以工业经济为主要推动力的经济发展方式转变为以城镇经济为主要拉动力的经济发展方式。在这个过程中，工业经济的发展将以推进城镇经济发展为取向并根据城镇经济的发展要求展开。

解决"住、行、学"的短缺，既是城镇化的内容，也是推进城镇化建设的动力，还是带动工业化升级的主要因素。工业化有独自的经济结构，城镇化也有独特的经济结构，二者虽有关联，但不可相互替代，可选择的对策是互补互动。如果说在2002年之前中国经济发展主要依靠工业化推进的话，那么，2003年以后城镇化对经济发展的贡献率就越来越大了（在近年的全社会固定资产投资中，涉及城镇化的投资占比为50%左右）。这决定了中国经济结构的调整不能仅仅以工业化要求为标准，还必须以城镇化要求为标准和内容。只有通过以城镇化带动工业化、以工业化促进城镇化，才能有效保障经济社会持续稳步地较快发展，实现消费结构快速升级和全面小康。

中国幅员广大，各地区差异甚大，城镇化将在五个层面上展开：第一层面为北京、上海等超大型城市，通过 20 年左右的发展，这些城市的基本定位将是全球性城市；第二层面为南京、杭州等长三角中心城市，广州、深圳等珠三角中心城市，天津等渤海湾中心城市，武汉、重庆、成都和西安等区域性中心城市，这些城市通过发展将成为以区域性为主要特点的大型中心城市；第三层面为各省、自治区的首府城市，它们在发展中将形成辐射本省区并对周边省区有重要影响的中心城市；第四层面为各省区辖内的非首府城市，它们将发展成为本地市的经济中心；第五层面为各县镇乡，它们是城镇化的基础性层面，对解决农村人口向城镇转移有至关重要的作用。在这五个层面中，对中西部的大部分地区和东部的一部分地区而言，今后相当一段时间内可能还将以工业化为经济发展的主要推动力，对它们来说，城镇化是经济发展的一个重要推动力；但对东部地区的主要中心城市而言，城市化将成为经济发展的主要推动力。诸如北京、上海、广州、天津、南京、武汉、重庆、成都和西安等城市将逐步地以教育经济、文化（包括影视、娱乐等）经济、医疗保健经济、养老经济、旅游经济、总部经济、设计研发经济、房地产经济、物流航运经济、金融经济、商业经济、会展经济、航海经济和航空经济等为经济发展的主要内容，经济结构也将依此而调整。在这个过程中，将逐步形成以北京、上海、广州、天津、南京、武汉、重庆、成都和西安等为中心的区域性都市经济圈。从全国的总体角度看，与 20 世纪相比，此轮经济发展和经济结构调整的主要特点在于加入了城镇化的内容。

城镇化作为国民经济新的增长点，带动着上百个产业部门几万种产品，因此具有主导性地位。城镇化中的主要新产业集中于第三产业部门，具有低碳、低能耗等特点，这对于改善中国经济发展质量有至关重要的影响。另外，城镇化又是民生工程，既有利于协调城乡关系，加速社会主义新农村建设，又有利于推进城乡居民消费结构的升级，也有利于促进城乡居民的安居、就业，提高他们的生活质量、健康水平与文明水平。

城市化是一个有丰富内涵的概念。A. 塞尔达（1867）在其《城市化概论》中最初提出了“城市化（Urbanization）”一词。有关城市化的海外研究主要沿两条线索展开。其一，人口在城乡之间的分布状况变化。刘易斯最早提出了在劳动力无限供给条件下的二元经济模型[①]，随后，费和拉尼斯在考虑了工农业两个部门平衡增长的基础上，修正了刘易斯模型中的假设，形成了古典经济学的 Lewis – Fei –

---

① Lewis W. A. , Economic development with unlimited supplies of labor, *Manchester School of Economics and Social Studies*, 1954（22）：139 – 191.

Ranis 二元经济模型[1]。托达罗模型进一步指出农村劳动力向城市的迁移量取决于城乡工资差距、城市失业率及潜在的移民对机会的响应程度[2]。卢卡斯将人力资本理论引入城市化研究，对"二战"以后的低收入国家城乡移民状况进行了分析，在此基础上构建了劳动力从传统的土地技术密集型部门向人力资本密集型部门转移的城乡二元模型[3]。其二，城市化与经济增长的动态关系。鉴于城市"规模外部效应"和"集聚效应"的显著存在，多数学者肯定了城市化的演进对经济增长的促进作用。但也有人持不同看法。Duranton 和 Pugals 认为，城市化带来集聚效应的同时也带来交通拥挤、环境污染等不良影响[4]。Ravallion、Chen 和 Sangraula 指出，虽然城市化确实对消除总体的绝对贫困起到了作用，但它对城市"贫困"状况的改善只是杯水车薪，在诸如拉丁美洲、非洲和东亚等国家和地区中，情况更严重[5]。Poelhekke（2008）对非洲和拉丁美洲等国家自 1980 年以来的数据进行分析后认为，城市化演进与经济增长呈负相关关系，城市化并没有为这些国家带来经济和就业的增长[6]。

在中国，城市化的研究在沿上述线索展开的同时，又增加了一个内容——中国城市化水平是否滞后于经济增长？在分析中，有的选用了钱纳里标准模型[7]和周一星[8]的对数曲线相关模型，有的选用了中国工业发展与城市发展的比较，有的选用了国际对比，结论大致有三种：辜胜阻[9]、余新[10]、周一星[11]、耿海青[12]和黄毅[13]等认为，中国城市化水平明显落后于经济增长（或工业化）；刘连根[14]、郭克莎[15]、李金昌和程开明[16]等认为，中国城市化水平与经济增长大体一致，不存在城市化严重滞后的现

[1] Fei J. C. H., Ranis G., A theory of economic development, *American Economic Review*, 1961 (57): 65 - 70.

[2] Todaro M. P., A model of labor migration and urban unemployment in less developed countries, *American Economic Review*, 1969 (59): 138 – 148.

[3] Lucas Robert E., Life earnings and rural urban migration. *Journal of Political Economy*, 2004 (112): 2.

[4] Duranton, G., D. Puga, Micro – foundations of urban agglomeration economies, *Handbook of Regional and Urban Economics*, North – Holland, 2004: 2301.

[5] Ravallion, M., Shaohua Chen & P. Sangraula, New evidence on the urbanization of global poverty, Word Bank Policy Research Working Paper, 2007: 4199.

[6] Poelhekke, S., Urban growth: uninsured risk and the rural origins of aggregate volatility, EUI Working Paper ECO 2008: 26.

[7] 霍利斯·钱纳里、莫伊思·塞尔昆：《发展的型式：1950—1970》，李新华译，经济科学出版社，1988。

[8] 周一星：《城市地理学》，商务印书馆，1995。

[9] 辜胜阻：《非农化与城镇化研究》，浙江人民出版社，1991。

[10] 余新：《排除认识障碍，加快城镇化发展》，《人口研究》1994 年第 1 期。

[11] 周一星、曹广忠：《改革开放 20 年来的中国城市化进程》，《城市规划》1999 年第 12 期。

[12] 耿海青：《我国城市化水平滞后的原因分析及未来展望》，《地理科学进展》2003 年第 1 期。

[13] 黄毅：《城镇化进程与经济增长相关性分析》，《西南民族大学学报》（人文社科版）2006 年第 4 期。

[14] 刘连银：《中国城镇化道路的选择》，《中南民族学院学报》（人文社会科学版）1997 年第 1 期。

[15] 郭克莎：《城市化与工业化关系之我见》，《光明日报》2001 年 8 月 21 日。

[16] 李金昌、程开明：《中国城市化与经济增长的动态计量分析》，《财经研究》2006 年第 9 期。

象；陈阿江[①]、董黎明[②]和李强[③]等认为，中国存在过度城市化现象。值得一提的是，海外学者的研究集中在"城市化"方面，但中国的特点将是"城镇化"。这是中国根据国情并总结他国经验后做出的选择。另外，中国学者虽然从国情出发对城镇化和城市化进行了分析探讨，但从经济发展方式转变的角度进行研究的不多，尤其是没有论及在进一步扩大内需中"消费"与"投资"何者为先何者为重、在收入水平（从而支出水平）提高过程中城乡居民消费重心和消费结构应如何调整、经济结构调整如何受到居民消费结构的制约以及发展城镇经济与实现全面小康有什么关系等问题。

对长期在工业化进程中发展的中国来说，发展城镇经济是一个全新的课题，有一系列新的问题需要研究，其中包括：

第一，衡量城市经济发展的中心指标。在工业化时期，GDP 增长率作为一个综合经济指标，对考核和衡量一个省份的经济增长水平具有重要意义，因此，不论是中央政府还是地方政府对 GDP 增长率的走势都特别关注。但在转向以城市经济为重心的过程中，随着每年新增工业项目（尤其是大型工业项目）的减少和工业的区域推移，一些中心城市（特别是东南沿海地区的中心城市）的 GDP 增长率将明显降低。从数据上看，2003 年之后上海、浙江、广东、江苏和山东等地的每年工业增加值增长率就先后呈下落趋势；2009 年北京、上海、浙江、广东和海南等的工业增加值增长率均位列全国后位，江苏、山东等省也明显低于全国平均数。在此背景下，以城市经济为发展重心的地区要继续维持 GDP 的高位增长，不仅是困难的，而且是不可能的。对这些地区和城市来说，需要改变对 GDP 增长率的路径依赖，转变观念，调整经济发展的基本考核指标，探寻适合城市经济发展的中心指标和指标体系。

第二，加大消费性投资的价格效应。要加快发展城镇经济，就必然要加大消费性投资，由此提出了一个问题：消费性投资的增加是否必然引致通货膨胀？从表 3-9 中可以看出，在 1996~2011 年的 16 年，尽管中国经济运行中固定资产投资增长率处于高位运行（尤其是 2003 年以后在 20% 以上），但同期的 CPI 和 PPI 都没有因此而随之上行，这说明固定资产投资增长率与物价增长率之间并不必然存在一一对应的关系。消费性投资的直接结果是创造"住、行、学"等方面的消费对象和消费条件，它不会直接改变"吃、穿、用"等方面供过于求的格局，因此，在正常情况下，加大消费性投资不至于明显推高 CPI 的增长率。但加大消费性投资不可避免地会增加对资源类产品的需求，由此可能引致 PPI 增长率的上行。PPI 上行是否将引致 CPI 上行，在很大程度上，取决于"穿"和"用"市场的供

---

① 陈阿江：《中国城镇化道路的检讨与战略选择》，《南京师大学报》（社会科学版）1997 年第 3 期。

② 董黎明：《90 年代中国城市超前发展战略透视》，《城市》1999 年第 3 期。

③ 李强：《如何看待我国城市化现象》，《人民日报》2006 年 12 月 8 日。

求格局。在这些产品依然处于比较明显的供大于求的条件下，PPI 的上行主要通过处于"穿"和"用"产业中的企业消化，由此，CPI 不致明显上行。

表 3 - 9　投资增长率与物价

单位：%

年　份	固定资产投资	GDP	CPI	PPI
1996	14. 46	10. 2	8. 3	2. 9
1997	8. 85	9. 6	2. 8	- 0. 3
1998	13. 89	7. 3	- 0. 8	- 4. 1
1999	5. 10	8. 0	- 1. 4	- 2. 4
2000	10. 26	8. 6	0. 4	2. 8
2001	13. 05	8. 1	0. 7	- 1. 3
2002	16. 89	9. 6	- 0. 8	- 2. 2
2003	27. 74	10. 6	1. 2	2. 3
2004	26. 83	10. 4	3. 9	6. 1
2005	25. 96	11. 2	1. 8	4. 9
2006	23. 91	11. 1	1. 5	3. 0
2007	24. 80	13. 3	4. 8	3. 1
2008	25. 90	9. 6	5. 9	6. 9
2009	30. 10	9. 2	- 0. 7	- 5. 4
2010	23. 80	10. 4	3. 3	5. 5
2011	23. 80	9. 2	5. 4	6. 0

资料来源：根据国家统计局数据整理。

第三，加大消费性投资的产能效应。一谈到加大投资，有关产能过剩的问题就将被提出。在仅仅将投资局限于"生产性投资"的思维中，很容易将扩大投资与增加生产能力联系在一起。但消费性投资并非生产性投资，这些投资完成后，形成的只是消费对象和消费条件，所以，它的增加不仅不会加剧生产能力过剩，而且有利于缓解产能过剩的压力。

在经济运行中，产能过剩大致可分为八种情形。其一，正常的产能过剩。市场经济以竞争为基本机制。要展开竞争，在供求关系上就要求供大于求，以达到一方面使消费者在市场上有较为充分的选择权，另一方面，在优胜劣汰条件下能够继续保持供给满足需求的态势。从图 3 - 4 中可以看出，2000 年以来，美国的产能利用率一直没有超过 85%。其二，短边性产能过剩。在经济学中有一个"短边规则"，在中国计划经济时期有一个"短线"概念，其含义都是说，由于在相互关联的产业中，某一产业的生产能力不足引致其他相关产业的生产能力不能得到充分发挥。其三，地域性产能过剩。这突出地表现为，某种或某些产品的生产能力就本国或地区的需求数量而言可能过大，但就出口到其他国家或地区而言这些产能并不过剩，因此，如果仅仅局限于本国或地区的需求数量进行考量，就容易得出产能过剩的判断。其四，政策性产能过剩。这有多种表现，当实行节能减排的政策标准时，不达标的产能就将进入过剩范畴；当实行限制出口的政策时，一部分原先生产出口产品的产能就可能进入过剩范畴；当实行宏观紧缩政策时，一部分产能可能因此而成为过剩产能；如此等等。其五，经济周期性的产能过剩。在经济高涨时期，产能充分发挥，同时，新的产能不断建设和投入使用；在经济衰退时期，这些产能中的一部分停止使用，成为过剩产能。其六，产品生命周期性产能过剩。在产品从研发、批量生产到成熟的过程中，对应产能逐步扩大；在产品达到市场饱和且被新的产品替代过程中，已有产能开始逐步显示过剩，当这种产品进入全面淘汰时期，产能过剩全面发生。其七，季节性产能过剩。受原料的季节性制约，一些产品的生产具有比较明显的季节性特点（榨糖、水果罐头等），在原料淡季，产能处于过剩的闲置状态。其八，绝对性产能过剩。在产业升级过程中，一些落后产能（包括高耗能、高污染、低效能等）处于行将被淘汰的过剩状态，这些产能属于绝对过剩。

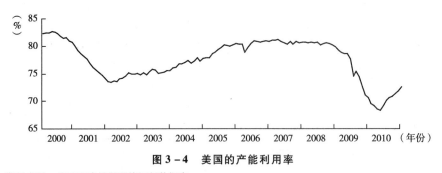

图 3 - 4　美国的产能利用率

资料来源：美国圣路易斯联储银行数据库。

1998 年以后，中国的产能过剩主要属于前四种情形，其中，"穿"和"用"方面供大于求的产能过剩还将延续，这是市场竞争、优胜劣汰和技术创新所必需的；短边性产能过剩、地域性产能过剩和政策性产能过剩可以通过加大消费性投资得到缓解。

第四，加大消费性投资与城市政府的财力关系。在扩大消费性投资过程中，众多公共性基础设施的建设将展开，由此，自然涉及城市政府可用于投资的财力。其中至少有三个问题需要认真探讨。其一，在城市化建设中，城市政府的财力并不仅仅局限于财政收入，也可通过多种方式筹集建设所需资金，其中包括在深化体制改革和机制创新背景下的筹集资金方式的创新。其二，在城市化建设过程中，城市政府的确需要投入大量的财力以支持各种公共性基础设施建设，但这种情形不是一种永久性的投入。在城市化的基础设施建设总体完成以后，城市政府的财政投入将主要集中在维护和修整方面，因此已无必要再在城市化建设中花费如此大的财力。那种强调地方政府在城市化建设中将无止境地进行财力投入的认识，是不符合实践进程的。其三，城市化建设中相当多的项目具有商业潜力，并不一定需要城市政府的财力投入，而是可以通过社会力量（包括引进外资）来解决投资问题。在这方面最重要的不是投资的资金筹措，而是相关制度的建设和体制机制创新，以划清有关边界、界定行为，促使社会各方面投资者形成投资预期，保障他们的权益。

第五，城市化发展程度的经济标准。通常用于衡量城镇化水平的指标是城镇人口占总人口的比重。从图 3-5 中可以看出，改革开放以来，中国人口城镇化的速度明显加快。1978～2011 年，城镇人口占总人口的比重从 17.92% 上升到 51.27%。尤其是 2000 年以后，人口城镇化率以每年增加 1 个以上百分点的速度提高。照此速度，到 2025 年前后，人口城镇化率可能达到 60%。但是，人口城镇化率只是度量了一国范围内的城镇化水平的一个指标，对北京、上海等众多中心城市来说，用这一指标衡量和判定城市化发展程度就不太适用了，同样，用这一指标衡量和判定上述五个层次的城镇化差别也不太适用，因此，需要探讨新的更加适用的经济指标。从实践角度出发，也许可以选择城市经济产业创造的 GDP 数量及其在 GDP 总量中的贡献率（或占比）作为衡量指标，由此，一方面根据城市经济产业创造的 GDP 数量来衡量不同城镇之间的城市化经济发展程度的差别，另一方面，根据城市经济产业对 GDP 的贡献率来衡量同一城市的经济发展程度。也许还可以利用中等收入群体的收入水平及其在城市人口中的占比作为衡量指标，由此，一方面根据中等收入群体的收入水平差别衡量不同城镇之间的城市化发展程度的经济差别，另一方面，根据中等收入群体在城市人口中的占比衡量同一城市的经济发展程度。在中国城镇化发展中，还可能创造和总结出更加适合的经济指标。

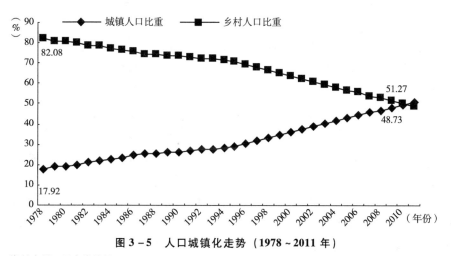

图 3-5　人口城镇化走势（1978～2011 年）

资料来源：国家统计局。

六　城镇化发展中的体制机制改革

在 30 多年的改革开放历程中，通过走中国特色社会主义道路，发挥市场经济在配置资源方面的基础性作用，中国经济社会持续快速地发展，经济实力和居民生活水平都有了举世瞩目的提高，创造了经济发展上的奇迹。但从城乡居民小康生活的角度看，这些成就还主要集中在解决"吃、穿、用"等方面，是工业经济发展的产物。与此相比，城镇经济发展将是一场更深刻的变革，必然引致思想观念、生活方式和行为方式等一系列的转变，它的复杂性、艰巨性和可能遇到的困难程度丝毫不低于前 30 年，为此，需要更加有力地深化体制机制创新。

在发展城镇经济的过程中，诸如教育、文化、媒体、医疗、保健、住房和体育等一系列领域将遇到思想观念的严重碰撞和冲突。一个富有挑战性的问题是：这些领域提供的产品和服务是公共品还是私人品？在几十年的中国实践中，这些领域中提供的大多数产品和服务带有明显的福利性质，广大居民对此不仅已经习以为常而且形成了路径依赖，同时，发达国家实施的各种福利政策也似乎证明了这些领域提供的产品和服务具有公共品性质。但如果这些产品和服务均为公共品，它就只能依赖政府部门提供，既没有发挥市场机制配置资源的空间，也缺乏运用市场机制推进城镇经济发展的可能，在此背景下，仅仅依靠政府财政的投入，势必造成短缺状况的持久延续和愈加严重。事实上，教育、文化、医疗、保健、住房和体育等不论在供给层面还是在需求层面都是多层次分类型的，不可一概而论。以教育为例，在中国，从小学到初中的九年义务教育制度是一种公共品，为了保障低收入家庭的子女能够享受大学本科等教育机会，也可以对一部分大学实行公立制度，但另一部分大学本科教育、职业教育和各种类型硕士（包括学术硕士、专业硕士等）教育、博士教育以及成人继续教育等均有运用市场机制动员社会资本投入来改变目前严重供不应求状况的可能性。在这后一部分教育资源的配置中，市场机制发挥着基础性作用，教育产业化就可能成为一种体制创新的选择。即便是从小学到初中阶段的教育，也还有诸如美术、音乐、舞蹈、外语、文化、历史、体育和 IT 等可以运用市场机制发挥社会力量进行补充的空间。"产业"并非只是对一类经济活动的概括，它源于市场竞争，有三个重要特征：一是在产业市场中，价格既不是由卖方单方面决定的，也不是由买方单方面决定的，而是在买卖各方的竞争中形成；二是在市场竞争中贯彻着优胜劣汰的原则；三是在产业间存在由资本流动引致的资本竞争。在中国目前的条件下，教育、文化、媒体、医疗、保健、住房和体育等均有经济活动，但由市场机制导向的产业竞争并未充分展开，产业化的形成依然任重道远。产业化的推进有待于体制创新来解决，这一创新的要点在于通过制度规范划定公共品与私人品之间的边界，推进私人品的产业化。

大量农村人口向城镇转移和城镇间的人口流动，给城市经济建设和展开提出了一个重要的问题：应运用何种机制处理空间范围有限与流入人口近乎不受限制的矛盾？换句话说，在户籍制度功能弱化的条件下，各中心城市应当运用什么机制来制约和协调人口的不断流入，以避免人口数量严重超过城市承载能力？从已有的实践看，运用制度机制和主观机制来限制农村人口向城镇转移或低层次城镇人口向高层次城市转移是比较困难的。一个必然的客观机制是，通过消费成本高低的差别促使每个人（乃至每个家庭）根据自己的收入水平和消费支付能力在人口流动中选择适合各自定位的城镇。在这个过程中，随着居民收入水平（包括财产性收入）的提高，收入水平较高的居民向中心城市迁徙必然拉高这些城市的消费价格水平，与此对应，一些原先居住于中心城市的居民可能由于消费支付能力的相对不足而选择转向城市周边或下一层次的城市生活，由此，农村人口向城镇流动和城镇人口在不同层次的城市之间的流动将是不可避免的。这种人口流动不仅将引致人们思想观念、行为方式和生活方式的一系列变化，而且将引致城市管理的体制机制、行政区划关系和经济区域关系、相关政策制度等的进一步调整。发展中心城市的经济圈是一个有利于协调各种矛盾的重要机制，它的关键在于通过交通便利（尤其是城市轨道交通）打造"一小时经济区"，以便捷的方式满足工薪阶层的上下班需求和"住、行、学"等方面的需求。一个中心城市的经济圈由若干个功能区构成，每个功能区都具有专业化特点，由此，经济圈成为由各个专业功能区相辅相成形成的一个城市经济群。但要形成这种城市经济群，从制定规划伊始就必须突破由行政区划所界定的体制机制关系和与此关联的各种权益关系，而是放眼于经济圈内经济社会的整体发展和可持续发展来实施规划。

　　要在2020年实现全面小康，未来10年左右时间内，城市经济产业的展开大约需要200万亿元的消费性投资。如此巨额的投资，仅仅依靠政府财政投资和国有经济部门的投资是远远不够的。中国改革开放30年在体制创新方面之所以取得了巨大成就，一个基本原因是有效地推进了多种经济成分的发展，与此对应，发展城市经济产业也需要多种经济成分的共同推动。在发展重化工业中，单一项目所需的资金投入量常常达到几百亿元乃至上千亿元，由民营经济实体独自承担一个项目的投资建设会显得势单力薄，因此，大多数民营企业难以迈入产业门槛；与此相比，大多数城市经济产业的单个项目资金投入量相对较低，只要制度有保障，民营经济是比较容易进入的，因此，城市经济产业的发展给民营经济提供了一个新的广阔的发展空间。另外，对中国而言，发展城市经济产业是一个崭新的课题，如何适应多层次城镇发展的各自特点要求，如何建立满足"住、行、学"的多层次、多元化、多样化服务体系，在体制方面需要进行一系列复杂且灵活的探索和创新。这种探索和创新，囿于国有经济部门是既难以充分解决，也很难细化的，因此，需要发挥民营经济灵活运用市场机制解决相关难题的作用。城市经济产业的发展将使对外开放进入一个新时期和新阶段。如果说20世纪80年代以后的对外开放主要是引进海外的资金、设备、技术和管理等来支持中国的工业经济发展的话，那么，在城市经济发展中，引进海外先进的城市管理体制、城市经济发展的理念和经验、城市产业发展方略和技术等将成为对外开放的一个重要方面。在这个过程中，不论是在教育经济、文化经济和媒体经济方面，还是在医疗保健经济、养老经济、娱乐经济和体育经济方面，在借鉴吸收海外先进经验的同时，创造有中国特色的城市经济是一个必然趋势，为此，在对外开放方面需要探寻新思路和新措施，突破已有的政策框架，深化体制创新。

金融是推进城镇经济发展的重要力量。在支持工业经济发展中，金融服务的主要特点是，通过存贷款、资本市场和货币市场等机制将社会各方面暂时闲置资金集中起来转移给相关实体经济部门的企业使用，由此推进这些产业的发展。在城市经济发展中，金融服务的这些功能还将继续发挥，但随着城市经济的发展和居民收入的提高，直接服务于居民理财（或财富管理）的金融产品和金融服务将明显增加。在这个过程中，金融服务的对象将从"机构"转向"个人"，因此要更加突出地体现"以人为本"的特性。另外，由于城镇经济的发展具有多层次特点，各个层次各个城市在发展重心、发展规模、发展水平和发展速率等方面不尽相同，这决定了需要有不同的金融产品和金融服务来满足它们的需要，因此，金融产品和金融服务的差异化将成为金融创新的重心。与此对应，金融监管的理念、方式和手段也需要做相应创新，以适应这种差异化的发展。

城镇经济的发展是一个不以人的意志为转移的客观趋势。积极探索和认识这一发展中的规律和机制，深化各方面的体制创新，推进这一进程，将加快中国的城镇化建设，从而有效保障经济社会的持续较快发展；反之，将使城镇化建设付出额外的代价和时间延后，给经济社会生活带来较多的摩擦、矛盾甚至冲突，使经济社会出现起伏。毫无疑问，从理性出发，前一种选择是应积极争取的，后一种状态则应努力避免。

第二节　发展资本市场的经济机理

一　资金相对过剩的界定

1995 年以后，在中国经济运行中，就金融面而言，逐步形成了资金相对过剩和资金相对紧缺并存的格局。随着时间的延续，这一格局出现越来越严重的趋势。2006 年下半年以后，"流动性过剩"成为一个被普遍使用的概念，一些人将中国经济运行中出现的物价上升、股价上涨、房价上行乃至信贷、投资和经济增长偏快等现象归咎于流动性过剩，似乎流动性过剩成了"万恶之源"。另外，在中国经济运行中何谓流动性过剩、如何度量、主要成因是什么、有何政策效应、可供选择的解决方案有哪些等一系列相关问题，却一直未达成最起码的共识。

流动性是货币金融活动中的一个基本范畴。不论从理论上看还是从实务上看，

"流动性"一词大致有三个层面的含义：一是针对货币和货币资产，如凯恩斯的"流动性偏好"理论；二是资产的变现难易程度和变现能力，如商业银行经营中的流动性分析、上市公司的流动比率分析等；三是市场的资金充裕程度。在通常条件下，对"流动性"的数量分析集中于"多"和"少"，由此产生了"流动性充裕""流动性紧缺"等表述。但是，"流动性过剩"的实质问题不在于"流动性"，而在于"过剩"。在经济运行中"过剩"现象带有比较明显的贬义，意指"闲置""缺乏用途""效率降低"和"资源浪费"等，因此，研讨"流动性过剩"中的核心问题在于"过剩"（包括"过剩"的界定、成因、效应和对策等），而不在于单纯地界定什么是"流动性"。

要缓解流动性过剩，就需要弄清楚"流动性过剩"中的"流动性"是何含义并如何度量，由此引致了对"流动性"的界定和度量问题。具有代表性的观点认为：流动性过剩是指货币当局货币发行过多、货币供应量持续走高，从而引致银行存贷差的持续扩大，社会可用资金的大量过剩；因此，可用 M_2 或 M_1 的增长率与GDP增长率的幅差计算出流动性过剩的数量，或者用存贷款金融机构的存差资金数量计算出流动性过剩的数量。[①] 但这一认识值得商讨。

第一，用 M_2 或 M_1 增长率与GDP增长率的幅差很难直接度量流动性过剩的数量和走势。强调以货币供应增长率与GDP增长率的幅差来计算流动性过剩的内在根据是：假定GDP增长率为8%，在货币流通速度不变的条件下，货币供应量也应增长8%；如果 M_2 增长率为15%，则多出来7个百分点增长率的货币会缺乏用途，因而处于"过剩"状态（前几年，有人将这一现象称为"货币的迷失"）。但是，问题也就由此出现了：

首先，从表3-10中可以看出，在1988年以来的中国经济增长过程中，以 M_2 为代表的广义货币增长率始终高于GDP增长率，那么， M_2 的增长率提高是否意味着GDP增长率的提高？在中国的货币统计中， M_0 为流通中的现金， M_0 +（企业）活期存款为 M_1 ， M_1 +准货币为 M_2 ，其中准货币由企业定期存款、城乡居民储蓄存款和其他存款（如财政存款、证券公司的客户保证金等）构成。如果仅仅停留在"货币"概念，就可能推论出存在由于货币过多而推进信贷高速增长从而投资过热和经济过热的潜在危险，存在由于货币过多而引致通货膨胀的危险，如此等等。但是，如果具体地分析 M_2 的结构及其效应，得出的结论就可能截然不同。以2011年年底为例， M_2 的数额为851590.9亿元、 M_1 的数额为289847.7亿元，两者的差额达到56.17万亿元，其中，城乡居民储蓄存款达到343635.89亿元，占两者差额的61%。由此提出一个问题，城乡居民将大量资金存入银行是否直接推动了GDP增长率的提高？例如，2008~2012年的5年间，城乡居民储蓄存款余额分别增加

---

① 参见夏斌、陈道富《中国流动性报告》，《证券时报》2007年7月9日；唐双宁：《关于解决流动性过剩问题的初步思考》，《经济研究》2007年第9期。

了45351.2亿元、42886.3亿元、42530.8亿元、40333.4亿元和55911.0亿元，与这些资金用于消费相比，它们是抑制了GDP的增长率还是推动了GDP增长率的提高？毋庸赘述，M_2增长率的提高并不具有直接推动GDP增长的内在效应，也不具有推高物价上行的内在功能。

表3－10　GDP增长率与货币供应量增长率

单位：%

年　份	GDP增长率	M_2增长率	M_1增长率
1988	11.3	21.0	12.2
1989	4.2	18.3	5.7
1990	4.1	28.0	19.7
1991	9.1	26.5	24.2
1992	14.1	31.3	35.9
1993	13.7	24.0	24.5
1994	13.1	34.5	26.2
1995	9.3	29.5	16.8
1996	10.2	25.3	18.9
1997	9.6	17.3	16.5
1998	7.3	14.8	11.9
1999	7.9	14.7	17.7
2000	8.6	12.3	16.0
2001	8.3	14.4	12.7
2002	9.1	16.8	16.8
2003	10.0	19.6	18.7
2004	10.1	14.7	13.6
2005	11.3	17.6	11.8
2006	12.7	17.0	17.5
2007	14.2	16.7	21.1
2008	9.6	17.8	9.1
2009	9.2	27.7	32.4
2010	10.4	19.7	21.2
2011	9.2	13.6	7.9
2012	7.7	13.8	6.5

资料来源：中国人民银行。

其次，M_2或M_1是否属于"货币供应量"的范畴？从M_0、M_1和M_2的关系来看，除M_0属于央行发行的货币外，M_1和M_2中大于M_0的部分不是央行发行的货币，因此，它们不列入央行的资产负债表，也不属于央行的货币供应量范畴。当然，这些资金如果通过存贷款金融机构的贷款等运作进入经济运行过程，就具有货币效能，但这同时也意味着，它们如果没有流出存贷款金融机构，则不具有货币效能。如果企业存款、城乡居民储蓄存款和其他存款流入银行体系却没有流出银行体系，则意味着这些资金沉淀在银行体系，形成了过剩的资金，但仅仅从存款角度考察货币动向是不能完全确定这种状况的，因此，仅仅根据 M_1、M_2 的增幅无法判定资金是否过剩。实际上，对央行来说，M_1 和 M_2 只是货币统计的口径，它们具有监测货币供应可能状况的意义，并不一定就是经济运行过程中的货币供应量。

表 3-11 金融机构存差

单位：亿元

年 份	各项存款余额	各项贷款余额	存 差
1993	29627.0	32943.1	-3316.1
1994	40472.5	40810.1	-337.6
1995	53862.2	50538.0	3324.2
1996	68571.2	61152.8	7418.4
1997	82390.3	74914.1	7476.2
1998	95697.9	86524.1	9173.8
1999	108778.9	93734.3	15044.6
2000	123804.4	99371.1	24433.3
2001	143617.2	112314.7	31302.5
2002	170917.4	131293.9	39623.5
2003	208055.6	158996.2	49059.4
2004	240525.07	177363.49	63161.58
2005	287169.52	194690.39	92479.13
2006	335434.10	225285.28	110148.80
2007	389371.15	261690.88	127680.27
2008	466203.32	303394.64	162808.70
2009	597741.10	399684.82	198056.28
2010	718237.93	478976.47	239261.46
2011	809368.33	547946.69	261422.13
2012	917554.77	629909.64	287645.13

资料来源：中国人民银行。

第二，存差不足以成为度量流动性过剩状况的直接指标。存差是指存贷款金融机构中存款余额大于贷款余额的现象。这一指标既反映了资金流入银行体系的情况，也在一定程度上反映了资金流出银行体系的情况，因此，相较于 M_2（或 M_1）增长率与 GDP 增长率的幅差，其客观程度较高。从表 3-11 中可见，在 1995

年之前，中国的存贷款金融机构的存贷款余额一直处于贷差（即贷款余额大于存款余额）状态中，此后16年来存差数额处于持续扩大的状态，到2012年年底，存差数额已达28.77万亿元。如果说在2000年之前，"存差"尚且能够在一定程度上反映银行体系中资金相对过剩状况的话，那么，如今这一指标已不再能够用于这一分析了。主要理由是：

首先，2000年以后，随着资产结构的调整和资本市场发展，商业银行等金融机构的资产中"有价证券及投资"类资产大幅增加；同时，随着资本市场进一步发展和"金融脱媒"现象的进一步展开，商业银行等金融机构资产结构中的"有价证券及投资"资产比重还将继续提高，由此，"存差"现象更加突出。"有价证券及投资"类资产的增加，同样是商业银行等金融机构资金运用的结果，这决定了"存差"的存在及其数额大小并不能反映银行体系中资金相对过剩的实际情形。例如，2011年12月底商业银行体系中的存差资金高达28.77万亿元，但同期这些金融机构中的"有价证券"达到111680.87亿元、"股权及其他投资"达到21633.05亿元。

其次，在实行法定存款准备金制度的条件下，商业银行等金融机构必须按照法定存款准备金率的规定向央行上存资金，由此使可用资金减少，必然发生存差现象。例如，2012年年底法定存款准备金率为20%，基于此，商业银行等金融机构纳入广义货币的各类存款余额达到917554.77亿元，应缴纳的法定存款准备金数额达到18万亿元。

最后，在存贷款金融机构的正常经营运作中总需要留有一定数量的备付金，以满足存款人的随时提款，这些备付金也以存款方式进入了存贷款金融机构，但在未支付给存款人之前滞留于存贷款金融机构之中，它们并不属于"过剩资金"。

虽然通过上述各项计算和扣除，可以大致得出银行体系中资金过剩的具体数额，但经过这些扣除后的余额已不是"存差"概念所能解释的了。

第三，针对上述观点，刘锡良等人[1]提出了一个比较复杂的计算公式，即银行体系过剩的流动性 = 银行持有的流动性 - 法定存款准备金 - 交易性储备需求 - 预防性储备需求 - 正常的投机性储备需求。提出这一公式的意图在于将计算流动性过剩简化，以利于把握过剩流动性的数额，但结果正好相反，它使问题更加复杂了。

首先，银行体系内的流动性是一个非常复杂的现象。它既包括银行体系内的货币资产，也包括银行体系内的各种证券类资产，还包括存贷款金融机构在央行的各种债权，即它大致等于"银行体系资产总量 - 银行体系的各种固定资产和待摊资产"的余额，因此，以"银行持有的流动性"为总量来研讨流动性过剩的数额从一开始就陷入了计算银行体系流动性总量的复杂过程中，这不利于便捷地计

① 刘锡良等：《商业银行流动性过剩问题的再认识》，《财经科学》2007年第2期。

算从而把握过剩流动性的数额。

其次，"交易性储备需求""预防性储备需求"和"正常的投机性储备需求"等概念不论在理论上还是实践中都是很难确切界定从而计算的。例如，对任何一家商业银行来说，其资产中的"货币资产""库存现金""证券类资产"等哪项属于"交易性储备需求"、哪项属于"预防性储备需求"、哪项又属于"正常的投机性储备需求"？恐怕没人说得清楚，更不用说什么是"正常的投机性需求"，什么是"非正常的投机性需求"了。通过对这些难以确切界定的概念进行逐项扣减，恐怕很难弄清"银行体系过剩的流动性"是什么。

最后，"银行体系过剩的流动性"实际上是一个含糊不清的命题。在任何时候任何场合，对银行体系来说，恐怕都不存在过剩的证券类资产（如果真存在过剩的证券类资产，只需要将这些证券卖出转换为货币资产，它就不过剩了），也不存在过剩的库存现金。虽然就极端而言，银行体系中可能存在过剩的固定资产（如闲置的办公楼或其他设备），但它们不属于流动性范畴。因此，对银行体系而言，所谓的过剩流动性，其真实含义应当是过剩的货币资产（即资金）。既然如此，就没有必要将问题扯到"交易性储备需求""预防性储备需求""正常的投机性储备需求"乃至"证券类资产"等，只需要直接指出这种资金过剩的可度量的指标。

过剩流动性是流入银行体系而又没有流出银行体系的资金，由于银行体系的资金主要来源于存款，因此，过剩流动性必然与存款有直接关联。从各项存款指标来看，只有"超额存款准备金"能够贴切地反映过剩资金，因此是把握和度量过剩资金的主要概念。以超额存款准备金为对象来把握和度量过剩资金的内在机理主要有三个方面。

其一，与超额存款准备金对应的概念是法定存款准备金。对存贷款金融机构来说，向央行缴纳存款准备金并非一种自愿行为，也非正常的经营活动，因此，央行需要实行强制机制从存贷款金融机构手中获得存款准备金，这是为什么存款准备金之前需要加上"法定"的缘由（"法定"即强制，如果存贷款金融机构不按规定缴纳法定存款准备金，央行就可以以"违法"为由对其强制征纳并进行罚款）。2011年年底，法定存款准备金的利率为1.62%，1年期存款利率为3.5%，1年期贷款利率为6.56%，这些利率之间的关系直接表明商业银行等存贷款金融机构并不愿意将吸收的存款以法定存款准备金方式缴纳给央行，因为向央行缴纳法定存款准备金直接意味着利率的损失。但是，如果商业银行等存贷款金融机构不仅向央行缴纳了法定存款准备金而且在央行账上还存入了另一笔巨额资金（即超额存款准备金），那么，就可大致判定，这笔资金实际上属于无直接用途的资金，属于过剩的资金。表3-12反映了2001~2011年中国商业银行等存贷款金融机构的超额存款准备金变动状况，从中可以看出，2003年以后，虽然法定存款准备金率从6%上升到20%，但到2011年12月超额存款准备金率数额依然高达6918.01亿元。这些资金长期存放在央行账上，并没有真正投入经济运行之中，且属于商业银行等存贷款金融机构非意愿的存款，因此，属于过剩性资金的范畴。

表 3 - 12　超额存款准备金

单位：亿元，%

年　份	法定存款准备金率	各类存款余额	法定存款准备金	金融性公司存款	超额准备金
2001. 12	6. 0	138403. 89	8304. 23	17089. 13	8784. 90
2002. 12	6. 0	165968. 51	9958. 11	19138. 35	9180. 24
2003. 12	7. 0	199480. 58	13963. 64	22558. 04	8594. 40
2004. 12	7. 5	229334. 30	17200. 07	35672. 79	18472. 72
2005. 12	7. 5	272008. 46	20400. 64	38391. 25	17990. 61
2006. 12	9. 0	318505. 29	28665. 48	48459. 26	19793. 78
2007. 12	14. 5	373066. 98	54094. 71	68415. 86	14321. 15
2008. 12	15. 5	440947. 64	68346. 88	92106. 57	23759. 69
2009. 12	15. 5	571977. 55	88656. 52	102429. 20	13772. 68
2010. 12	18. 5	681223. 62	126026. 37	136665. 06	10638. 69
2011. 12	20. 0	809368. 33	1618736. 66	168791. 68	6918. 01

注：2008 年 10 月 15 日之后，中国人民银行开始实施差别化存款准备金率，中小金融机构缴纳的法定存款准备金率低于大型金融机构，但因中小金融机构吸收的存款比重较低，所以，我们按照大型金融机构的法定存款准备金率计算。

资料来源：根据中国人民银行的数据计算。

其二，超额存款准备金的直接存在形态就是资金，这比较容易把握和度量，有利于避免陷入上述以"流动性"为对象的复杂计算之中[①]。

其三，从后文的分析中可以明显看出，2003 年以后，中国货币政策实践中存在的提高法定存款准备金率、发行央行票据等政策的紧缩效应未能充分显示，是与超额存款准备金的存在密切相关的，由此，抓住了超额存款准备金，也就容易弄清货币政策着力点的"抓手"。

但也有人对用超额存款准备金来度量过剩资金提出疑义，认为："以商业银行的超额准备金来刻画银行流动性过剩，或者以它来衡量经济体系的总体流动性过剩程度……这种看法就更不准确了。商业银行持有超额准备金，包括持有的库存现金和在中央银行（法定准备金之外的）存款，是为了应对存款者取款需要和保证清算的正常运营而持有的必要最低收益资产。尽管商业银行的超额准备金需求

_____

① 余永定认为："流动性过剩（Excess Liquidity）的准确翻译应该是'过剩流动性资产'。其传统上的定义为：商业银行所拥有的超过法定要求的存放于中央银行的准备金和库存现金。从这个定义出发，容易看出所谓的'过剩流动性资产'就是商业银行所拥有的超额准备金。商业银行所拥有的超额准备金越多，金融体系中的过剩流动性资产就越多。"引自余永定：《理解流动性过剩》，《国际经济评论》，2007 年第 7 ~ 8 期。

因各种因素而变化，无论如何，商业银行的最低准备金都不可能达到或接近于零……"① 这里提出了两个值得进一步研究的问题：

其一，商业银行持有的库存现金是否属于超额准备金范畴？为了满足存款人提款或资金汇划的需要，商业银行必须将一部分存款以库存现金的方式保留在账上，这属正常经营的范畴。但是，这些库存现金并不存入央行，不是商业银行在央行账上的准备金，因此，也不属于超额存款准备金范畴。从表 3-13 中可见，在除央行之外的"其他存款性公司资产负债表"中，"储备资产"由"准备金存款"和"库存现金"两部分构成，其中，"准备金存款"是商业银行等金融机构在央行的存款，它包括法定存款准备金和超额存款准备金，因此，"库存现金"不是这些金融机构在央行的存款，不属于超额存款准备金范畴。商业银行等金融机构在央行的"准备金存款"数额可能随贷款及其他用款（如购买证券类资产等）而变化，但只要这些资金还以"准备金存款"方式存放在央行账上，就不构成这些金融机构正常经营运作中的资金。

表 3-13　其他存款性公司资产负债表（2006~2011）

单位：亿元

报表项目	2006 年	2007 年	2008 年	2009 年	2010 年	2011 年
国外资产	21335.48	19912.16	22303.06	17807.23	18524.81	24211.74
储备资产	50230.92	70503.51	93915.32	104575.53	136834.97	173004.06
准备金存款	48164.85	67907.16	91018.52	101266.70	132817.12	167902.49
库存现金	2066.07	2596.35	2896.80	3308.83	4017.85	5101.57
对政府债权	22704.55	29011.18	30202.44	38052.80	43460.46	49697.85
其中：中央政府	22704.55	29011.18	30202.44	38052.80	43460.46	49697.85
央行债券	31749.33	38633.40	42682.96	54632.29	40274.18	22323.96
对其他存款性公司债权	41680.31	56316.51	75741.12	97914.51	134452.50	179466.04
对其他金融机构债权	11902.23	12755.16	12450.53	16977.72	19735.50	34329.18
对非金融机构债权	215738.69	234912.88	268459.83	349884.36	409539.12	465395.19
对其他居民部门债权	23730.47	50747.47	57136.94	83655.67	112094.36	135214.36
其他资产	22230.57	28410.74	38609.49	46317.91	46692.41	54224.67
总资产	441302.55	541203.01	641501.69	809818.02	961608.63	1137867.06

资料来源：中国人民银行网站。

其二，超额存款准备金是否可能达到或低于零？超额存款准备金并非中国特有的现象，在发达国家中，商业银行等存贷款金融机构也需要将一部分资金以超额存款准备金的方式存放在该国央行账上，这主要是因为"超额准备金作为一个

---

① 彭兴韵：《流动性、流动性过剩与货币政策》，《经济研究》2007 年第 11 期。

缓冲物帮助存款机构避免其准备金账户中出现持有期准备金不足或隔夜透支，这两种情况都要受到罚款"。① 由于超额准备金的使用效率很低，所以，在美国"大银行投入好多精力管理准备金和存款流量以达到最终不持有超额准备金而又能保持日常业务运转的目的"。② 这意味着，对这些大银行来说，超额准备金是有可能为零的。超额准备金存在的另一种解释是满足每日资金清算的需要。在美国，"为了实现资金清算，存款机构通常需要持有超额储备，称为'必要清算余额'，……大多数情况下，存款机构都不愿意建立这一必要清算余额，因为这要求更加关注准备金管理。必要清算余额不计入总准备金或超额准备金"③。由此来看，满足资金清算并非一定是超额准备金的真实用途。

从中国实践来看，如表3－11所示，存差现象是在1995年以后发生的。在此之前，存贷款金融机构体系中存在的是贷差，贷款余额大于存款余额的资金通过央行再贷款机制解决。在此条件下，存贷款金融机构吸收的存款资金尚不难以满足贷款的资金需求，更谈不上有富余资金以超额准备金方式存放在央行账上了，因此，超额存款准备金为零的现象是存在的。既然没有超额准备金，各家存贷款金融机构之间每日资金清算也就不可能通过这一账户展开，那么，它们之间的每日资金清算是运用哪个账户进行的？另外，随着电子技术的应用，各家存贷款金融机构之间的每日资金清算利用电话、电传和电子系统只需在几秒钟之内就能完成头寸资金的汇划，也就没有理由（如表3－12所示）在央行账上存放大量资金以满足资金清算所需。

在经济运行中，不论是政府部门、企业部门、居民部门还是金融市场都不可能发生流动性过剩，可能发生的只是流动性充裕或流动性紧缺等现象，或者在实物面上发生某种产品、生产能力等的过剩。在中国，始于1995年的流动性过剩实际上是银行体系内的资金相对过剩，它的直接度量指标就是超额存款准备金。资金相对过剩，不是资金的绝对过剩。它不意味着这些资金已完全没有用途，只是表明，这些资金相对于其使用条件来说是"过剩"的，或者说，这些资金受条件约束而难以投入应有的用途。④

二 资金相对紧缺

尽管在金融面上存在资金相对过剩，但工商企业等实体经济部门时常感到资金相对紧缺。引致资金相对紧缺的直接原因主要有四个。

① 〔美〕安·玛丽亚·缪兰德克：《美国货币政策与金融市场》，中国金融出版社，1995，第146页。
② 〔美〕安·玛丽亚·缪兰德克：《美国货币政策与金融市场》，中国金融出版社，1995，第159页。
③ 〔美〕安·玛丽亚·缪兰德克：《美国货币政策与金融市场》，中国金融出版社，1995，第160页。
④ 有关资金相对过剩的成因、效应和对策的分析，参见王国刚《中国银行体系中资金过剩的界定和成因分析》，《财贸经济》2008年第5期；《中国银行体系中资金过剩的效应分析》，《财贸经济》2008年第6期；《中国银行体系中资金过剩的对策分析》，《财贸经济》2009年第3期。

第一，企业经营运作中的资金紧缺。1996 年以后，在中国经济运行中，消费品的市场格局由原先的供不应求转向了供过于求，由此，卖方市场转向买方市场。1998 年以后，95% 以上的消费品（除了一些农产品外）都进入了买方市场格局。在买方市场背景下，降低商品销价成为绝大多数企业市场机制中的首选对策。在商品销价降低的条件下，要努力保障自己的市场份额不降低或盈利水平不降低，避免在竞争中被淘汰的命运，企业必须努力降低生产成本，使成本的降低幅度大于销价降低幅度，或者努力提高商品质量、生产新产品，为此，各家企业均有调整资源配置、提高经营效率的内在要求。具体措施主要有五：一是努力扩展生产规模，通过实现规模经济来降低单位产品成本；二是积极开发和应用新技术和新工艺，努力提高产品的性能、质量和适用性，以提高市场竞争力；三是积极开发新产品，以改变在竞争中的被动局面；四是努力改善经营管理，强化信息管理，积极提高管理的科学水平，降低管理成本；五是提高服务质量，增设服务网点，增强服务竞争力。所有这些措施对提高企业的市场竞争力都是积极重要的，但它们有一个共同的特点，即都需要有足够的资金投入给予支持，由此，在近乎同一时间段内众多企业各自选择这些对策，就汇集成了对资金的集中需求。

进入 21 世纪以后，在加入世界贸易组织的背景下，实体经济部门的竞争更加激烈。一方面中国境内市场转变为国际市场，市场竞争更加具有国际特点，而资产规模的大小成为制约能否进入产业竞争的一个重要门槛。一个突出的现象是，如果是在 20 世纪 90 年代中期，资产规模上亿元的企业可称为大型企业的话，那么，2005 年以后，这一标准已提高到 10 亿元以上（在重化产业部门，大型企业的资产规模已提高到几百亿元）。另一方面，在努力"做大做强"的背景下，有条件的企业都在争取扩大资产规模。在金融面上，这些要求不可避免地转变为对资金数量的要求。

第二，经济结构调整。1996 年，中国经济发展进入了"九五"时期。实现经济增长方式转变和经济体制转变（即"两个转变"），是"九五"时期经济工作的具体任务。所谓实现经济增长方式转变，就是要改变原先的粗放式经营，实现集约式经营，由此，需要进行两个层面九个方面的调整。在产业层面上，需要进行四个方面的调整，即实现产业部门结构、产业区域结构、产业组织结构和产业技术结构的调整；在企业层面上，需要进行五个方面的调整，即企业的资本结构、资产负债结构、资产技术结构、资产的产业结构和资产规模结构的调整。在深化经济体制改革、建立市场经济新体制的背景下，要继续运用行政机制来实现这些方面的调整，是十分困难的。运用市场机制，通过公司并购、资产重组等过程来实现这九个方面的调整，客观上需要有长期性资金的支持。

一个突出的现象是，本来企业资产结构并不存在资产的产业结构问题，但自20 世纪 80 年代开始的经济发展是在商品严重供不应求的背景下展开的。在卖方市场中，消费者更关心的是商品数量，而对商品质量的关心则退至次要，这决定了企业几乎生产什么就能卖出什么。在多元化经营战略的支持下，相当多的企业资金有限却涉足多个没有产业关联和技术关联的产业部门，由此形成了企业间的产业同构现象。例如，原先生产机械的企业，涉足房地产、制药、商场、宾馆等产业，而原先生产药品的企业，也涉足机械、房地产、商场、宾馆等产业。市场竞争是一种专业化竞争，电视机与冰箱无法直接竞争，服装与食品也不可能相互竞争。在资产有限的条件，企业实行多元化经营必然引致规模不经济和市场竞争力的弱化。为此，在买方市场条件下，相当多的企业都有调整资产的产业结构、突出主营业务的内在要求，由此，进行资产重组或出售非主营业务的资产就是一个不可避免的选择。

2002 年以后，在改变原先存在的"高耗能、高污染、高投资和低效率"生产条件，实现节能减排、提高经营效率的过程中，相当多企业需要大量资金引入先进设备和技术、环保设备和技术；2009 年推出的"十大产业"振兴规划（见表3-14）和2010 年推出的"七大战略性新兴产业"发展规划[①]，在客观上也都要求企业具有足够的资金投入。

表 3-14   "十大产业"振兴规划

序 号	推出时间	名 称
1	2009 年 1 月 14 日	汽车产业调整和振兴规划
2	2009 年 1 月 14 日	钢铁产业调整和振兴规划
3	2009 年 2 月 4 日	纺织产业调整和振兴规划
4	2009 年 2 月 4 日	装备制造业调整和振兴规划
5	2009 年 2 月 11 日	船舶产业调整和振兴规划
6	2009 年 2 月 18 日	电子信息产业调整和振兴规划
7	2009 年 2 月 19 日	石化产业调整和振兴规划
8	2009 年 2 月 19 日	轻工业调整和振兴规划
9	2009 年 2 月 25 日	有色金属产业调整和振兴规划
10	2009 年 2 月 25 日	物流业调整和振兴规划

资料来源：根据相关资料整理。

第三，高新技术开发及其产业化。在现代市场竞争中，高新技术占据举足轻重的地位。20 世纪 80 年代以后的 10 多年间，中国通过从国外购买新设备、新技术等方式有力地推进了中国企业的技术进步，缩小了中国企业与国外厂商在技术

[①] "七大战略性新兴产业"指的是信息技术、节能环保、新能源、生物、高端装备制造、新材料、新能源汽车等产业。

方面的差距，显示了"后发优势"。但在国内市场逐步成为国际市场的条件下，继续依靠从国外进口新设备新技术来生产新产品、提高市场竞争力就出现明显不足了，而对于一个有13亿人口的发展中大国来说，这种不足尤为突出。一个显而易见的事实是，国外厂商通常不会将最新技术或设备卖给自己的竞争对手，由此，如果中国企业在技术方面还严重依赖进口，那么"后发优势"将转变为"后发劣势"。要摆脱这一困境，基本的出路是开发具有自主知识产权且达到国际先进水平的商业性高新技术。在国际技术竞争日益激烈的背景下，研制开发具有国际水平的高新技术，不仅需要冒很大的风险，而且需要有持续不断的高投资，另外，高新技术的产业化并非靠直接将高新技术运用于规模生产就能解决，其中既涉及一系列设备、工艺等问题，也需要有大量的长期投资。对于运营资金本来就相当紧缺的中国企业来说，要充分开展高新技术的研制开发和产业化，资金更是显得捉襟见肘。

第四，固定资产投资。从投入产出关系上讲，经济增长和经济发展是靠持续不断的固定资产投资支持的，每一时期的新增生产能力总是前一时期固定资产投资的产物，因此，要保障经济的可持续发展，就需要有持续不断的固定资产投资；不仅如此，随着基数的增大，要维持原有的增长幅度，客观上需要有逐年扩大的固定资产投资规模。固定资产投资是长期性投资，因此需要有长期资金与其相对应。对众多运营资金尚且紧缺的企业来说，要运用大量长期资金来展开固定资产投资就更加困难。但如果企业缺乏足够的固定资产投资能力，政府又难以长期通过巨额财政投资来支持经济增长，那么，经济增长势必呈现下落趋势，经济的可持续发展也将受到严重威胁。

表3-15显示了1996~2010年的15年里固定资产投资规模和增长率的走势，从中可以看出以下几个重点。其一，2000年以后各年固定资产投资规模的各项指标增长率几乎都保持在2位数以上，尤其是2003年以后更是在20%以上。这与20世纪90年代相比有明显的不同。其二，固定资产投资各项指标的总规模快速扩大。与1996年相比，"全社会投资规模"扩展了11.14倍、"建设总规模"扩展了9.9倍、"在建总规模"扩展了9.24倍和"在建净规模"扩展了9.02倍。这些规模的扩展，一方面反映了工业化推进和城镇化推进并行过程中的建设规模变化，另一方面也反映了对资金的需求在快速扩大。其三，这种固定资产投资规模扩大和增长率维持在高位的状况还将延续相当一段时间。

资金相对紧缺，并非资金绝对紧缺。它并不意味着已经没有可供给的资金，只是表明，相对于这些资金的需求状况来说，资金是"紧缺"的，或者说，受条件约束而有相当多的资金需求难以得到满足。

表 3 – 15　固定资产投资总规模和增长率

单位：亿元，%

年 份	全社会投资规模		建设总规模		在建总规模		在建净规模	
	总 额	增长率	总 额	增长率	总 额	增长率	总 额	增长率
1996	22913.5	14.46	75188.0	19.39	61930.7	19.04	31876.7	21.48
1997	24941.1	8.85	81764.4	8.75	67126.6	8.39	33289.8	4.43
1998	28406.2	13.89	90449.9	10.62	74138.2	10.45	36186.6	8.70
1999	29854.7	5.10	96183.1	6.34	77120.2	4.02	36704.3	1.43
2000	32917.7	10.26	102129.2	6.18	79951.1	3.67	37288.4	1.59
2001	37213.5	13.05	118302.6	15.84	95244.0	19.13	49400.7	32.83
2002	43499.9	16.89	135312.8	14.38	108684.1	14.11	57505.9	16.41
2003	55566.6	27.74	163347.6	20.72	131733.0	21.21	69740.9	21.28
2004	70477.43	26.83	212275.1	29.95	175652.6	33.34	92728.5	32.96
2005	88773.61	25.96	270926.7	27.63	215349.7	22.60	116320.9	25.44
2006	109998.2	23.91	326297.6	20.44	254062.3	17.98	124872.6	7.35
2007	137323.9	24.8	396409.0	21.49	310890.3	22.37	150463.0	20.49
2008	172828.4	25.9	498441.0	25.74	388122.0	24.84	184516.6	22.63
2009	224598.8	30.1	647024.1	29.81	500444.4	28.94	246082.2	33.37
2010	278121.9	23.8	819579.8	26.67	634643.2	26.82	309461.0	25.76

资料来源：根据国家统计局的相关数据整理。

三　发展资本市场的重要性

在金融运行中，资金性质可分为资本性资金和债务性资金。在中国经济运行中，在企业层面发生的资金相对紧缺实际上不是债务性资金的紧缺。这一看法的主要根据是很多企业的资产负债率长期居高不下，而这产生两方面效应：一是资产负债率较高，这意味着这些企业已无新的净资产可供抵押以从商业银行中获得新的贷款，因此失去了申请新增贷款的资格；二是由于相当多的企业都处于高资产负债率的状况，因此，商业银行苦于发放贷款的困难，只能接受存差资金大量增加的现实。多年来，尽管根据企业生产经营的实际状况，商业银行对那些资产负债率较高可依然有较好盈利水平（或盈利前景）的企业继续给予新增贷款，但这并不能解决大多数企业资金紧缺的问题，所以，相当多企业还是缺乏足够的资金来满足生产经营的发展需要、市场竞争的需要和固定资产投资的需要。

资产负债率较高意味着企业真正缺乏的是资本性资金。一个突出的事例是，一家公司一旦发股募资，多家商业银行就蜂拥而上，争相给其提供贷款方便。其内在机理在于，公司发股所募集的资金属资本性资金，由于资本性资金增加，资产负债率就明显降低，由此，这家公司就有了新的资本性资金可作为获得新的贷款资金的抵押资产。

由上来看，在金融运行中，"资金相对过剩"的实际含义应是"债务性资金相对过剩"，"资金相对紧缺"的实际含义则是"资本性资金相对紧缺"。由于商业银行等金融机构通过贷款途径所发放的资金只能是债务性资金，这些资金不仅不可能直接形成资本性资金，而且要求以企业所拥有的资本性资金为基础（以满足抵押或担保的需要），所以，解开"资金相对过剩和资金相对紧缺并存"这一难题的基本路径不可能是增加银行贷款。

资本市场既是形成资本性资金的基本路径也是实现资本性资源有效配置的基本机制。要解决众多企业资本性资金严重短缺的问题，就必须大力发展资本市场。值得特别注意的是，自20世纪80年代中期实行"拨改贷""投改贷"以后，中国绝大多数企业就一直依赖银行贷款来解决生产经营发展所需资金，由此引致了三类现象的严重发生：一是受银行贷款的期限约束，相当多的企业难以展开长期性经营行为，经常陷入"找米下锅"的境地；二是银行贷款资产随着企业经营状况恶化而转变为不良贷款，甚至实施了企业破产也难以收回本金；三是国民经济运行缺乏长期性资产支持，因此，经济走势随着银根放松和紧缩而大起大落。这些现象若不着力改变，势必将严重影响经济结构调整目标的实现和经济的可持续发展。要改变这些现象，基本的选择就是快速增加企业的资本性资金，使企业经营发展从而国民经济发展建立在由长期性资产支持的基础上，使银行贷款建立在由资本性资金支持的基础上，由此，加速资本市场发展就成为解决企业发展乃至经济发展中资金（和资产）问题的一项具有根本性意义的政策选择。

第三节　建立多层次资本市场体系的经济机理

一　体制转轨背景下的资本市场

中国的资本市场萌芽于20世纪80年代初，起步于1992年，此后20多年来，它的快速发展令世人瞩目。每年的国债发行量从1990年的不足200亿元增加到2011年的1.54万亿元，公司债券（短期融资券、中期票据等）在2011年的发行规模达到24472.5亿元，证券市场在2011年的融资额达到6780.4亿元（其中，股票融资5073亿元，上市公司债券融资1707.4亿元），上市公司数量从1990年的15家增加到2011年的2342家（含A股公司和B股公司），此外，金融债券、基金证券和企业债券也快速发展。就规模而言，在短短的20多年时间，中国资本市场走完了某些发达国家和地区100多年走过的路程，成就显著。资本市场的快速发展有力地支持了实体经济的发展，几个突出的实例是：1998年以后，在内需不旺的条件下，建设国债的发行有效地拉动了投资需求和消费需求，支持了经济增长；股票市场不仅积极推进了企业的股份制建设、财务制度改革、公司治理完善和相关法律法规体系的形成，而且促进了资源配置效率的提高，支持了一大批有发展前景的大中型企业的发展；公司债券和金融债券的发行，不仅支持了一大批重点建设项目，而且支持了商业银行等金融机构的股份制改制、资产结构调整和顺利地渡过加入世贸组织以后的过渡期。基于资本市场在国民经济中发挥着越来越重要的作用，中国的金融政策取向从"以间接金融为主"转变为"深化商业银行改革，大力发展资本市场"；近年来，中国更是明确提出了"积极推进资本市场的改革开放和稳定发展，扩大直接融资"的政策方针。

但中国的资本市场还是一个新兴加转轨的市场。所谓"新兴"，是指资本市场的发展历史还很短，还带有明显的"发展中"特点，例如，许多适合国情的资本市场规则尚待在探索中形成，资本市场的层次结构、品种结构、机构结构等还相当不完善，资本市场的总体规模依然较小，同时也还存在较多的功能性缺陷等；所谓"转轨"，是指计划经济的影响依然存在，在某些方面甚至还相当严重，因此，消除计划机制的影响仍然是资本市场发展中的一项重要而艰巨的任务，其中包括改革审批制、改变运用行政机制"调控"市场运行、放松对产品创新的管制和市场准入的管制等。

中央集权的单一市场是中国资本市场的基本体制特征。所谓中央集权，是指资本市场中的体制机制、金融产品、金融机构、市场设立、交易机制和各项主要制度等均由中央政府部门审核批准或决策；所谓单一市场，是指层次单一、品种单调、运作机制单向的资本市场格局。在这种体制背景下，资本市场的运行突出地呈现四类现象。

第一，运用行政机制管理资本市场。中国是一个有几十年计划经济历史的国家，政府部门已比较习惯运用行政机制管理经济活动。与发达国家相比，中国资本市场的一个重要现象是，政府部门（或政府授权部门）屡屡运用行政机制直接管制[1]资本市场从发行到交易、从产品到机构的各项大小事务，并时常运用政策影响市场走势，以至于中国资本市场有"政策市"之称。典型的实例是：证券交易机构的设立、证券新品种的出台、期货新品种的出台以及相关的证券管理制度的出台等均需由国务院批准；甚至一个证券交易机构恢复某种证券上市（如恢复新股上市）也需要由国务院批准。这种状况与商品交易相比，反差甚大。

第二，市场层次单一。"大一统"是计划经济的一个突出现象，在中国资本市场建设过程中，由行政机制所决定，这一现象再度发生。

从股票市场看，1984年"小飞乐""延中"等几家股份有限公司对社会公众

---

[1] 早些年，证券监管部门不承认中国资本市场中存在"行政管制"现象，但2012年6月16日，中国证监会在"《非上市公众公司监督管理办法（征求意见稿）》起草说明"中指出："放松行政管制，简化许可程序"是监管制度安排的一项主要原则。

发行股票以后，股票的私下交易就逐渐展开；1987 年上海建立了第一个柜台交易点，1989 年深圳的柜台交易也快速开展，交易的股票有 10 多只。但在柜台交易市场建立后，政府就立即宣布私下交易为违法行为，予以取缔。1990 年 12 月 19 日上海证券交易所开业，1991 年 7 月 1 日深圳证券交易所开业，在此过程中，政府又宣布柜台交易为违法行为。1992～1998 年，各地方先后建立了 26 家证券交易中心，在防范金融风险的背景下，政府于 1998 年运用行政机制强制将这些证券交易中心撤销。1998 年年底通过的《证券法》明确规定："经依法核准的上市交易的股票、公司债券及其他证券，应当在证券交易所挂牌交易"，[①] 由此确立了股票市场的单一格局。

从国债市场看，20 世纪 80 年代初恢复发行国债以后，国债的私下交易市场就已开始展开，随后，国债的柜台交易通过在银行柜台上的提前兑付和随时购买方式也实际上开展了；90 年代中期以前，可交易国债的市场包括证券交易所、各地方的证券交易中心和银行柜台等，各类金融机构和非金融机构都可以入市交易。但在 1998 年以后，为了防范非银行金融机构通过证券交易所的国债交易（尤其是国债回购交易）从商业银行融入资金，政府部门决定将国债交易市场分解为银行间国债交易市场和证券交易所国债交易市场，其中，银行间国债交易市场只准许经批准的商业银行等金融机构进入，同时，随着各地方证券交易中心的撤销，国债交易被集中到了银行间国债交易市场和证券交易所，由此形成了国债交易的单一市场格局。

第三，产品单调且运作机制单向。20 世纪 90 年代以后，随着国民收入分配格局的变化，城乡居民成为经济发展的主要资金供给者，与此对应，资本市场发展应以集中城乡居民资金支持企业发展为重心，但在各类证券中，可供城乡居民购买和交易的品种、数量相当有限。进入 21 世纪以后，虽然资本市场快速发展，国债、公司债券、股票和基金证券的数量大幅增加，但与城乡居民每年消费剩余资金的数量相比依然过少，远远不能满足城乡居民金融投资的需求，由此引致城乡居民每年不得不将大量资金（2008 年以后，以每年新增 4 万多亿元的规模）以储蓄存款的方式存入商业银行等金融机构。到 2012 年 6 月，城乡居民储蓄存款余额已突破 38 万亿元。

第四，资本市场服务于国民经济的程度降低。在众多企业严重缺乏资本性资金的背景下，资本市场的一个主要功能是将分散在城乡居民手中的资金有效地转化为企业发展所需的资本性资金。但在 20 多年的发展过程中，尽管中国的 GDP 从 1992 年的 2.66 万亿元增长到 2012 年的 518942 亿元，商业银行等金融机构的金融资产从 1992 年的 2.67 万亿元增长到 2012 年的 150 多万亿元（其中，商业银行的

---

① 《中华人民共和国证券法》第 32 条，见国务院法制办公室编《新编中华人民共和国常用法律法规全书》，中国法制出版社，2000，第 553 页。

资产总额达到 1336224 亿元），但以服务于企业为重心的债券市场、股票市场等每年的融资量依然在中国各项金融产品中处于低比重地位。从表 3-16 中可见，在债权债务类金融产品中，"金融债券""公司债券""企业债券""短期融资券"和"中期票据"等尽管名目繁多，但其余额总量到 2012 年年底依然远低于"各类贷款"。在股票市场中，每年的发股融资额快速增加，但受市场走势的严重影响，发股融资额在最高年份也仅为 7000 多亿元。这些数据反映了，资本市场在缓解企业资本性资金严重不足、支持企业发展等方面的作用依然不充分。

表 3-16　2001～2012 年中国债权债务类金融产品规模

单位：亿元

年份	各类存款余额	各类贷款余额	国债余额	央行债券余额	金融债券余额	公司债券余额	企业债券余额	短期融资券余额	中期票据余额
2001	143617.17	112314.70	10973.18	—	8418.63	—	336.10	—	—
2002	170917.40	131293.93	16326.93	1487.50	9875.14	—	643.00	—	—
2003	208055.59	158996.23	21034.60	3376.80	11789.69	—	917.00	—	—
2004	240525.07	177363.49	24176.74	11707.94	14507.97	—	1232.50	—	—
2005	287169.52	194690.39	26702.57	22627.84	19686.44	—	1801.50	1380.50	—
2006	335434.10	225285.28	29048.17	32299.65	25387.92	—	2831.50	2667.10	—
2007	389371.15	261690.88	46502.61	36586.95	32269.75	52.0	4422.10	3203.10	—
2008	466203.32	303394.64	48753.36	48120.95	40968.34	400.0	6803.45	4203.10	1672.00
2009	597741.10	399684.82	55411.38	42326.11	50952.26	1038.4	10970.67	4561.05	8634.65
2010	718237.93	479195.55	62628.29	40908.83	59355.94	1641.4	14511.10	6530.35	13591.12
2011	817651.51	547946.69	73839.07	21289.72	76652.55	2896.6	16799.49	5023.50	19742.70
2012	943943.14	629909.64	80735.93	13439.72	95197.93	5491.4	23012.23	—	24922.00

注：国债包括记账式国债和储蓄国债（电子式）；金融债券包括政策性银行债、政府支持机构债券、商业银行债和非银行金融机构债券；企业债券包括中央企业债券、地方企业债券和集合企业债券。

资料来源：各类存贷款余额数据来自中国人民银行网站；国债、央行票据、金融债券和企业债券数据来自中国债券信息网；公司债券数据来自 Wind 资讯。

二　建立多层次资本市场体系的经济根据

中国是一个发展中大国，根据经济发展需要和与国际接轨的要求，资本市场发展的总体目标应是建立多层次的现代资本市场体系。其中，"多层次"是指资本市场应由交易所市场、场外市场、柜台市场和无形市场等多个层次构成。

第一，建立多层次资本市场体系，是多层次经济发展格局的内在要求。中国幅员广大、人口众多，作为一个发展中国家，不仅东部地区、中部地区和西部地区彼此间的经济发展水平差别很大，而且同一地区内部的经济资源状况、经济技术水平、市场发展水平等也相差甚远，与此对应，各地区、各省份的企业状况、投资者状况等也不尽相同。欧美经济学家曾经对一些中小发展中国家的经济结构进行考察分析，得出了二元经济结构的结论，而中国的区域经济结构差异性远远超过了二元经济范畴，即便概括为五元、六元也不过分。在这种条件下，采取全国统一标准建立单一层次的全国性资本市场，至少将引致两种情形发生：如果全国统一标准以东部地区的经济发展水平界定，那么，中部地区和西部地区的经济运作和经济发展就很难得到资本市场的支持；反之，如果全国统一标准以西部地区的经济发展水平界定，那么，资本市场不仅将在低水平上扩展而且将因"僧多粥少"效应严重限制东部地区和中部地区的经济发展。显然，这些情形都不利于发挥资本市场支持经济发展的功能。

早在1978年，党的十一届三中全会就曾提出，鉴于中国存在多层次生产力的状况，选择单一的生产关系是不能适应其发展要求的，因此，需要进行经济体制改革，发展多种经济成分。经过30多年的改革开放，中国在商品市场、资本市场、技术市场、劳动力市场和信息市场等方面均已打破了建立单一的全国性市场的思维方式和政策取向，基本形成了多层次的市场体系，其中，既有辐射全国和辐射区域的市场，也有省内、市内、县内的市场，还有专门为某一街区、社区服务的市场；既有全国性的连锁店、大型商场，也有超市、中小型商场，还有街头小店。资本市场虽不可能像商场那样遍布大街小巷，但适应多层次经济发展水平的要求，建立多层次的资本市场体系也是必然的。

第二，建立多层次资本市场体系，是由多层次的产业组织结构决定的。资本市场的各项功能最终将落实到为实体经济服务。中国有上千万家企业，由产业特点决定，各类企业在资产规模、技术水平、市场条件、销售收入、盈利能力和发展潜力等方面的差别相当复杂，即便划分为大、中、小和微型企业依然显得过于简单，更不用说，每家企业在经营发展的不同时期对资本市场也有不同的要求。在这种条件下，若以大中型企业为对象建立单一层次的全国性资本市场，必然使众多中小型企业的直接融资需求得不到满足；若以中小型企业为对象建立单一层次的全国性资本市场，又必然使相当多的大中型企业在"排队"效应的制约下难以利用资本市场实现直接融资。由产业关联关系所决定，各类企业的发展是相互制约相互依存的，小微型企业得不到有效发展，大中型企业的发展也将受到严重限制，由此，如果资本市场不能通过多层次体系分别满足各类企业的直接融资需求，那么，随着企业结构的失衡，经济的可持续发展就将面临困难。

在国际社会中，发达国家的经济发展水平明显高于中国，但它们的资本市场却是一个多层次的体系。以股票市场为例，美国不仅有规则不同的7家证券交易所（即7个层次的证券交易所），而且有由州证券法（又称"蓝天法"）调整的地方性柜台交易市场、私下交易市场等；日本既有东京证券交易所（内分2个层次）和大阪、名古屋等7家证券交易所，也有Jasdaq场外交易市场；欧洲的资本市场更是多种多样，既有伦敦、巴黎、法兰克福等国际化的证券交易所，也有 EAS-DAQ、AIM 等市场；就是中国香港、中国台湾等地，资本市场体系也不是单一层次的。

这种多层次资本市场体系的建立，就微观角度而言，主要是为了满足各类企业不同层次的直接融资需求。与发达国家和地区相比，中国企业的状况要复杂得多，为此，如果资本市场不能有效地为各类企业提供多层次的直接金融服务，其功能发挥就必然受到严重的限制。中国股市发展中长期存在上市新股的价格走势与二级市场股票的价格走势之间的矛盾，存在上市公司实质性退市的难题，究其内在机制，缺乏多层次股票市场体系是一个主要原因。

第三，建立多层次资本市场体系，是由投资者的复杂需求决定的。20 世纪 90 年代以后，城乡居民已成为经济运行和经济发展的主要资金供给者，由此，金融投资成为他们经济活动的一项重要行为；同时，随着金融改革的深化和金融运作的多元化，诸多企业和社会团体也有了从事金融投资的要求。但是，不同个人和机构在地理区位、资金数额、信息处理能力、投资心理、投资取向和资金期限等方面不尽相同，由此，他们的金融投资选择相当复杂。在这种条件下，若仅存在单一的全国性资本市场，就势必使很多投资者的金融投资需求难以得到满足。1996 年以后在连续 8 次降息（并征收利息税）和 2000 年以来多次存款负利率的背景下，城乡居民每年新增储蓄存款数额非但没有减少反而大幅增加，这突出反映了可供他们进行金融投资选择的资本市场产品数量严重短缺，这同时也说明，要满足广大投资者的金融投资需求，就必须建立符合居民分散特点的多层次资本市场体系。

投资是扩大社会再生产的基本机制。在市场经济中，通过资本市场机制将居民手中彼此分散的资金向企业集中，是保障企业获得扩大再生产所需的长期性资金的主要过程。若不能满足投资者的多层次金融投资的需求，就必然发生某种程度的强制储蓄存款现象，而这一现象的另一种表现就是，相当多的企业缺乏经营发展所需的长期性资金。中国众多企业长期严重缺乏资本性资金的主要原因，不在于可供给的资金数量不足，而在于缺乏能够将这些资金以资本性资金方式供给企业的体制机制，缺乏多层次资本市场体系以有效地将城乡居民手中彼此分散的资金集中起来转换为企业发展所需的长期性资金。

三 建立多层次资本市场体系与防范金融风险

金融风险是在经济运行和金融活动中存在的可能引致某种损失的不确定性。20 世纪 90 年代中期以后，在买方市场形成的背景下，中国加速了经济结构调整，不论是实体经济面还是金融面都凸显金融风险，由此，防范和化解金融风险就成为保障经济安全和经济可持续发展的一个重要机制。金融风险是客观存在的，要有效防范和化解金融风险就必须建立多层次的资本市场体系。

　　金融风险主要表现在处置商业银行等金融机构的不良贷款方面。1999年四大国有商业银行①等金融机构曾剥离14000多亿元的不良贷款，2004年以后这些国有商业银行在改制中又剥离了上万亿元的不良贷款。引致这种状况发生的一个重要原因是缺乏多层次资本市场体系。其内在机理是，通过存款途径进入商业银行等存贷款机构的资金本来可以有两个投放渠道，即贷款和投资证券。但在资本市场结构单一且规模较小的条件下，众多存贷款机构难以通过投资证券放出资金，一般只能通过贷款投放资金，由此，在工商企业严重缺乏资本性资产且资产负债率居高不下的条件下，由贷款途径投放的资金在固化为工商企业的实物资产后就很容易转变为不良贷款。20世纪80年代以后，在美国金融创新过程中，一些金融专家通过分析商业银行业务运作特点后认为，商业银行的贷款实际上处于"软约束"状态，即一旦款项贷出并固化为工商企业的实物资产后，工商企业经营运作中的各种风险就很可能通过工商企业的资产损失而使这些贷款转变为不良贷款，对此，商业银行并无太多的解决方案。要改变这种被动状况，商业银行等存贷款机构的相当一部分资金就必须通过证券（如公司债券、商业票据等）投资投放给工商企业，在增加工商企业资本性资金的同时，提高商业银行等存贷款机构的资产流动性和业务运作的选择能力。目前，中国的存贷款金融机构由国有控股商业银行、政策性银行、股份制商业银行、城市商业银行、财务公司、农村信用合作社、村镇银行和小额贷款公司等构成，它们的资产规模、地理区位、业务内容、技术条件和发展取向不尽相同，在此条件下，单一结构的资本市场，即便规模较大，能够满足大型商业银行的证券投资需求，也很难满足众多中小存贷款机构的证券投资需求，由此，不良贷款的形成机制依然难以有效消除。显然，要有效防范和化解由不良贷款带来的金融风险，就要建立多层次资本市场体系，以满足各类存贷款金融机构的证券投资需求。

　　金融风险虽表现为金融机构和金融市场的风险，但从深层关系来看，绝大多数金融风险是由实体经济部门中的企业引致的。工商企业引致金融风险的主要机制是过度依赖商业银行等金融机构的贷款来推进经营发展和其他经济活动。所谓"过度"，是指工商企业在资本性资产严重不足的条件下，主要通过贷款资金来支持新技术和新产品的开发、固定资产的投资、经营规模的扩展、市场占有份额的提高和公司并购等。由于这些运作都存在较大的风险，同时，贷款资金又有明确的付息还本期限，这样，在经营运作收益不足以支持付息还本的条件下，工商企业由贷款资金所形成的资产也就转变成了不良资产。另外，商业银行等金融机构的贷款状况受到货币政策的明显制约，是引致金融风险的另一个机制。每当实行

---

　　①　四大国有商业银行指的是中国工商银行、中国建设银行、中国银行和中国农业银行。从2004年起，这些国有商业银行陆续改为股份有限公司，因此，现在称为"国有控股商业银行"。从2011年起，又将交通银行并入，所以，现在通常称为"五大"。

宽松的货币政策时，贷款资金就比较充裕，反之，每当实行紧缩的货币政策时，银根就随之收紧。在主要依赖贷款资金从事经营发展的条件下，工商企业的新技术和新产品开发、固定资产投资、经营规模扩展等经营活动就将受到货币政策变化的严重影响，一旦银根收紧，前期投入的借贷资金就很可能因后续资金衔接不上而大幅损失。为了防范因工商企业过度依赖贷款资金而导致的金融风险，众多国家和地区都通过《公司法》等法律规定，要求企业应明确其注册资本数额并提取对应的资本公积金，同时，众多商业银行等金融机构也明确规定了企业申请贷款的资产抵押制度（和担保制度），严格监督贷款对象的资产负债率变化。工商企业经营发展所需的资本性资金主要通过运用资本市场机制而募集。在资本市场层次过于单一的条件下，即便证券规模较大，受规则限定，也必然有相当多的中小公司难以通过发债发股来获得经营发展所需的长期性资金，这样，在对贷款的依赖程度不可能降低的条件下，由这些企业经营风险所积累的金融风险还将加大。这一机理决定了，要满足各类企业融入资本性资金的需求，防范和化解由实体经济所引致的金融风险，就必须发展多层次资本市场体系。

金融系统在本质上具有识别风险、评价风险、分散风险和管理风险的功能，但要发挥这些功能，资本市场的多层次性、金融产品的多元性和金融机构的多样性就应处于比较完善、比较协调的发展格局中。在资本市场多层次展开且比较发达的条件下，商业银行等存贷款机构可在识别、评价各类金融业务风险的基础上将资金分别投放于贷款、证券和相关表外业务，从而通过组合运用资金来分散和管理金融风险；商业银行等金融机构的贷款（包括不良贷款）风险可在识别、评价和细分的基础上，运用各种资产证券化机制或各种结构性金融机制予以分类、分解、重组和管理；工商企业运营资产（包括不良资产）风险可在识别、评价的基础上予以分解、组合和分散并通过资产组合、资产重组、资产证券化等途径进行管理；资本市场投资者的投资风险也可在识别、评价和细分各种金融产品风险的基础上通过投资组合、品种调换、交易方式调整等途径予以分散、回避和管理。但是，在资本市场层次单一且品种单调的条件下，金融系统的这些功能很难有效发挥，在一些场合，不仅难以有效识别风险、评价风险、分散风险和管理风险，甚至可能引致金融风险的放大、积累和突发。在公司债券市场不发展且多层次结构无法形成的条件下，商业银行等存贷款机构的信贷资产风险要通过资产证券化路径和结构性金融路径予以识别、评价、分散和管理就近乎不可能，金融资产管理公司要利用资产证券化、结构性金融等机制来处置不良资产也举步维艰；在资本市场品种单调（如仅有股票）且层次单一（如只有证券交易所）的条件下，各类工商企业要利用资本市场机制来改善财务状况、调整资产结构、进行资产重组等就相当困难，机构投资者要通过投资组合来分散风险也难乎其难。

防范金融风险可以有两类机制，即行政机制和市场机制。运用行政机制可以在一定时间内抑制金融风险，避免其转变为金融动荡，但这种抑制通常是以牺牲经济发展和金融发展为代价的，并且这种抑制会积累金融风险，并最终将以运用财政资金对冲金融不良资产为结果。20世纪90年代中期以来，中国有关部门运用行政机制试图从各方面抑制金融风险，并运用财政资金消解商业银行等存贷款机构的不良贷款，这一措施虽有一定成效，但未能形成有效的防范和化解金融风险的机制系统，同时，又抑制了金融改革和金融发展的正常进程，给实体经济发展带来了不小的负面影响。运用市场机制防范金融风险，实际上是通过运用各层次资本市场、各种金融工具彼此间的替代、互补、对冲和组合机制，一方面通过将金融风险分散为由各个微观主体分别承担而避免因其集中发生给经济社会生活带来动荡，另一方面通过各个微观主体分别的市场选择和市场运作而化解这些金融风险。从这个意义上，建立多层次资本市场体系，就是要推进防范和化解金融风险的市场机制系统的形成，改变继续运用行政机制来抑制金融风险的倾向和行为。

四 应避免的几种倾向

中国经济依然深受计划机制影响。在此背景下，多层次资本市场体系的建设，直接意味着需要对计划经济体制进行突破，因此，这必然是一项艰巨复杂而循序渐进的系统工程。从20多年的实践经验来看，在多层次资本市场体系建设中，应注意避免如下几种倾向的发生：

第一，避免单纯追求建立全国统一市场。"大一统"是计划经济的突出表现之一。20世纪90年代以来，在发展资本市场的过程中，运用行政机制建立由中央行政部门直接控制的全国性市场的政策屡屡被付诸实施，有鉴于此，继续运用行政机制来建立多层次的全国性资本市场体系的倾向依然存在。但1978年以来改革实践的结果，总是市场选择取代行政选择。一个令人瞩目的现象是，20世纪80年代由中央部委运用行政机制所建立的各主要实体经济产业的全国性市场，经过90年代的改革基本上被消解，取而代之的，是通过市场机制所形成的具有全国性辐射力或区域性辐射力的多层次市场。这一历史沿革实际上预示着，由行政机制安排的全国性资本市场体系在进一步发展中必然要被由市场选择的多层次资本市场体系所替代。因此，须顺应市场机制的选择，推进多层次资本市场体系的形成，降低这种"替代"过程中的经济社会成本。

要避免运用行政机制建立多层次的全国性资本市场的现象发生，根据经济发展、企业经营和投资者的需求，按照市场机制的原则，建立全国性市场和区域性市场结构布局合理、有形市场和无形市场功能互补的多层次资本市场体系，需要注意解决三个问题：其一，应避免运用财政资金（或由行政机制安排的资金）投资建立证券交易市场，鼓励会员机构和民间资金投资建立证券交易市场；其二，应避免从方便行政管理出发将证券交易市场的组织机构行政化，尤其是不应安排它们的行政级别、将它们纳入行政管理系统和运用行政机制管理它们的人、财、物；其三，应避免从"有形化"的行政思维出发，只建立有形市场，禁止或取缔无形市场。

第二，避免运用行政标准规范多层次资本市场体系的发展。建立多层次资本市场体系需要规范化，但在目前中国条件下，实际上存在三类不同的"规范"，由此，如果不弄清这些规范的内涵，很容易在"规范化"的过程中发生越来越不规范的现象。

其一，行政规范和市场规范。这是两类性质、取向和标准完全不同的规范。在行政规范看来，市场经济的一切都是不规范的；在市场经济看来，行政机制的强制常常是不符合市场机制要求的。中国经济在处于体制转换过程中，计划经济的实质是运用行政机制强制介入经济运行，这意味着行政机制和行政规范的影响依然相当深刻。由于两方面原因，行政机制的规范比较容易为行政部门所接受：一是行政机制强调运用行政权力来"管理"经济活动中的各方面事务，确立行政部门无所不能的"权威"和指挥全国的地位；二是行政机制不主张由社会机制（或市场力量）来监督和约束行政部门的行为，要求社会各界唯行政决策的马首是瞻，保障行政部门的令行禁止。在此背景下，如果不重视"规范化"的内涵和标准，很容易发生运用行政机制来规范市场行为的现象，结果是计划经济体制的复归。20世纪90年代中期以后，中国资本市场在"规范化"中发生的许多现象实际上是行政机制的产物。资本市场属于市场经济范畴，只能用市场机制的标准予以规范，因此，不能用行政机制的标准来规范多层次资本市场体系的建立。

其二，制度规范和机理规范。在中国，成文的制度大致有法律和法规两类。在依法治国的环境下，遵守法律法规的规定当然是"规范化"的基本含义。但是，在资本市场中，90年代以后制定的法律法规存在三种缺陷。一是在《公司法》《证券法》等法律中相当多的条款受行政机制影响和当时的历史条件制约明显不符合市场机制要求，一些条款在国有经济和非国有经济中实行不公平待遇，一些条款明显带有行政权力法律化的色彩。二是在出台法规与执行法规的人员同属于一个行政部门的条件下，相当一些法规条款反映的不是市场机制要求，而是这些行政部门的行政要求（甚至是部门利益）。三是一些对市场主体具有行政强制性的文件本身以"通知""指引"甚至"评论员文章"等不符合法律法规规范的方式出台，给制度规范带来了可由行政部门任意增减的随意性。中国的经济体制尚处于深化改革过程中，这意味着随着市场经济的成长和相关条件的变化，法律法规的进一步修改完善将是不可避免的，但由于有关法律的修改完善常常滞后于实践，同时，相当一些新的实践活动又缺乏现有法律的规定，由此出现了一个重要问题：是强求于已有的制度规范，以至于"只要法律法规上没有规定可以做的事都不能做"，还是遵循市场机理，凡是符合市场要求的事"只要法律法规上没有明确禁止的都可以做"？换句话说，在运用现有法律法规来规范市场主体活动的过程中，是强调市场机理的要求还是刻板地强调制度条款？从发展角度看，凡是不符合市场机理的制度条款最终将被修改，所不同的是，如果继续贯彻带有明显行政机制性质的制度，不仅要继续付出严重的经济成本，而且将严重延缓市场创新的开展。

其三，单一市场规范和多层次市场规范。不同层次的资本市场依不同的发行标准、上市条件和交易规则而划分，由此，多层次的资本市场直接意味着具有多层次的发行标准、上市条件和交易规则。在这个系统中，用任一层次的市场规则来看待另一层次的市场规则，都可以得出"对方是不规范的"结论，由此提出了一个问题：是运用单一市场规则来规范多层次资本市场活动，还是运用多层次市场规则来分别规范对应层次的资本市场活动？如果运用单一市场规则来规范多层次资本市场活动，实际上就没有多层次资本市场，只有一个层次的资本市场。

第三，避免由行政部门承揽市场微观主体的非系统性风险。发展多层次资本市场体系必然存在各层次资本市场的风险。对市场主体来说，风险可分为系统性风险和非系统性风险。系统性风险具有影响各个微观主体的效应，非系统性风险则是单个或部分微观主体所面临的风险。对监管部门来说，防范和化解市场风险的重心在于防范和化解系统性风险，而不在于防范和化解包括非系统性风险在内的一切市场风险，与此对应的，非系统性风险应由各个微观主体各自承担。在承揽非系统性风险的条件下，行政监管部门难免陷入处理各种不分巨细的繁杂事务中，无法集中精力建设多层次的资本市场体系，或者出于担心包括非系统性风险在内的各种风险发生，不敢大胆地开展多层次资本市场体系的建设。

微观主体较为普遍面临的问题并非都是系统性风险，在相当多的场合中，这些风险实际上只是非系统性风险，在深化体制改革和经济结构调整过程中，这种情形尤为明显。以中国的 A 股市场为例，在多年实践中，上市公司浪费募股资金、财务造假和信息造假、母公司调用上市公司资金、庄家操纵股价、内幕交易、证券公司挪用客户保证金等现象受到投资者的普遍指责，但这些因素所形成的风险基本都是非系统性风险。对此，监管部门的选择应是依法坚决打击各种违法违规活动，纠正各种不符合法律法规要求的行为，而不应是通过强化股票发行的审批制，承揽非系统性风险。另外，资本市场中的一些风险是可通过市场组织者承担和防范的，不必由监管部门直接运用行政机制和政策手段进行干预，也不应由监管部门评头论足地发表看法。例如，在 A 股市场中股市走势的异常波动、股价异常变动、上市公司披露信息不及时不准确等。如果这些现象的发生与市场组织者（如证券交易所）直接相关，监管部门的选择也应是加强对市场组织者的行为监管，而不是将市场组织者的职能承揽于自身。

总之，应将非系统性风险交给各个微观主体各自去防范和化解，不应由监管部门代行其责。只有在这种条件下，监管部门才可能将重心放在多层次资本市场体系的建设和依法打击违法违规活动方面。

五　深化改革和积极创新

推进多层次资本市场体系的建设，既需要进行体制创新和机制创新，也需要进行市场创新和运作方式创新，还需要进行产品创新和机构创新。创新的过程，同时就是深化改革的过程，为此，按照市场机制的要求，展开综合改革势在必行。

从体制创新来看，资本市场的现行体制是一个高度中央集权分部门管理的行政体制。在建设多层次资本市场体系过程中，改革高度中央集权体制，需要着力解决三个方面问题：一是调整分部门管理的行政体制，实行资本市场归口监管，以消解由"政出多门"所引致的各种问题；二是变机构监管为业务监管、市场监管和行为监管，取消对非证券类金融机构及其他机构进入资本市场的限制；三是在证券发行、机构设立等方面，取消审批制，实行登记制，变"管制"为监管，将监管重心放在积极推进多层次资本市场体系建设和打击违法违规行为方面。

从市场创新来看，仅靠单一规则的证券交易所市场是不可能满足各类企业和投资者需求的，因此，需要突破由证券交易所单一市场构成的资本市场体系。在股票市场上，不仅要有主板市场，而且应有场外交易市场、柜台市场等；在债券市场上，不仅要有证券交易所市场，而且应有场外交易市场、柜台市场和无形市场。

在市场创新中需要解决好五个方面问题：其一，制定有关设立各层次资本市场等制度，明确设立的条件、申请程序、批准程序、组织方式、运行规则和风险防范制度，在此条件下，鼓励各类金融机构和非金融机构申请设立相关资本市场，只要符合制度规范的就予以批准设立；其二，避免运用行政机制设立各层次资本市场，各地方政府不应直接插手于设立资本市场的事务，不应用财政资金或运用行政机制安排资金来设立资本市场组织，也不应安排行政人员担任资本市场组织中的任何职务，与此对应，资本市场组织不应有任何行政级别，也不应享受任何行政待遇；其三，避免市场垄断，鼓励市场组织之间的有效竞争，每一层次的资本市场组织都不应是一家而应是多家，在此基础上，经过一定的发展，鼓励市场组织通过竞争实现整合、并购和重组，同时建立市场组织的退出机制（包括破产机制）；其四，分离行政监管部门与市场组织之间的职能，改变二者合为一家的格局，行政监管部门的监管对象应为包括市场组织在内的所有市场参与者，市场组织应在法律法规规定的范围内独立履行职能；其五，建立多层次资本市场体系中的递进机制和递退机制，在较低层次交易的证券一旦条件成熟可申请进入较高层次交易，同时，在较高层次交易的证券一旦不再符合条件应退至较低层次市场进行交易。

从运作方式创新来看，必须改变直接运用行政机制来运作资本市场的方式，顺应市场机理的要求和市场供求的变化，适时开展创新活动，其中至少包括四方面内容：其一，取消证券发行的审批制和具有审批性质的核准制，实行证券发行的登记制，强化承销商等中介机构的法律责任和竞争能力，防范由证券发行市场给证券交易市场带来的风险，培育相对独立的证券发行市场；其二，改变证券发行、证券上市和证券交易联为一体的市场格局，实现证券发行与证券上市的分立，形成一些证券发行后可能并不上市交易、一些证券可能并无新的发行而直接进入交易市场（如存量股份直接进入场外市场交易）、一些证券发行后可申请上市交易或进入其他交易市场交易的新格局，由此，分散因证券集中在交易所上市交易而带来的各种风险；其三，调整单纯做多的机制，实行做多与做空并行的机制，保障投资者的做空行为，给投资者更多的选择机会，以防范由证券市场单边走势所引致的各种风险；其四，完善退市机制，使不符合条件的证券及时退出交易市场，以保障证券交易市场的质量和运行秩序，同时化解可能积累的风险。

从产品创新来看，应取消证券新产品的行政审批制，贯彻"只要法律法规上没有明令禁止的产品或行为，创新都不属于违法"的监管理念，积极鼓励各类市场参与者进行产品创新。在积极发展国债、次级债券、股票、基金证券等证券品种的同时，如下一些产品创新应予以充分重视：其一，积极发展公司债券，扩大公司债券发行规模，使公司债券成为三大基本证券（即公司债券、政府债券和股票）的主体性证券品种，为后续的产品创新提供基础性条件；其二，积极推进资产证券化进程，发行以银行等存贷款机构的相关资产为基础的证券、以相关保险资产为基础的证券、以企业相关资产为基础的证券，同时，运用资产证券化机制，积极化解不良资产，提高金融业和实体经济部门的整体资产质量；其三，积极推进商业票据、短期融资债券、理财产品和信用衍生产品等的发展，提高工商企业从资本市场中融入短期资金的能力，提高商业银行等存贷款机构信贷资产的流动性，有效发挥金融机制分散和化解金融风险的功能；其四，积极发展金融衍生产品，在公司债券、政府债券、股票、外汇等现货市场发展的基础上，有步骤地适时推进各类远期交割、期货、期权、互换等创新性产品的发展，完善资本市场品种结构、丰富资本市场产品，提高资本市场防范和化解金融风险的能力，提高资本市场服务于实体经济发展的能力。

从机构创新来看，发展多层次资本市场体系应突破仅仅由证券公司、基金管理公司等少数类型金融机构可以从事资本市场业务的格局，着重解决四个问题：其一，在推进金融专业化经营的过程中，应准许商业银行等存贷款机构、保险公司、金融公司、财务公司等非证券类金融机构有条件地从事财务顾问、投资顾问、证券承销、证券交易代理、证券投资、资产管理和证券咨询等业务活动，由此促进资本市场中的业务竞争、服务竞争和创新竞争，有效提升各类金融机构服务于实体经济部门的能力和质量；其二，积极培育专业经纪人，不仅证券公司等金融机构可以承担证券经纪人之职，而且有条件的自然人也可以获得证券经纪人的资格并从事对应的业务活动，以满足不同投资者的各类需求；其三，积极发展专业化资产管理机构，基金管理公司应突破单纯管理基金的格局，将业务范围逐步扩大到各类证券投资资产的管理方面，同时，应积极发展具有资产管理功能的投资顾问公司（或投资咨询公司），提高资产管理领域中的市场竞争力度和资产管理水平；其四，突破由国有资本独资或控股的金融机构股权结构，积极鼓励民营资本和外资加盟中资金融机构，完善这些金融机构的内部治理结构，实现它们的运行机制转换，提高其市场竞争力和市场创新力。

第二篇
债券市场

证券市场是资本市场的基础性构成部分。政府债券、公司债券和股票是证券市场的三大基础性证券。就基础性证券而言，在美国等西方国家的每年融资额中，债券所占比重远远超过了股票①。另外，证券市场的收益率曲线也以债券市场为起点，在成熟市场经济条件下，债券收益率明显制约着股票收益率和股票价格走势。有鉴于此，我们以收益率曲线为序安排基础性证券的各章顺序。要了解资本市场，首先需要弄清政府债券和公司债券等市场的性质、特征、功能和风险–收益关系等问题。本篇会集中探讨这些问题。

---

① 〔美〕米什金认为："在美国，作为融资的源泉，发行债券远比发行股票重要得多（29.8%比2.1%）。"（引自米什金《货币金融学》，中国人民大学出版社，1998，第183页。）

第四章 政府债券市场

政府债券是证券市场的基础性证券之一。在各国（或地区）每年发行和交易的证券中，政府债券占重要的地位，政府债券利率（尤其是中央政府债券利率）通常是市场利率体系中的基准利率。本章的主要内容是探讨政府债券的内涵、特征、分类以及发行、交易等问题。

第一节 政府债券的特征与分类

一 政府债券的内涵

政府债券，是政府财政部门以政府信用为担保所发行的并承诺在规定期限内还本付息的债务凭证。这一定义中有三个主要含义：其一，政府债券是由政府财政部门发行的债务凭证，因此，政府机构中非财政部门不能发行政府债券；其二，政府债券是以政府信用为担保的，这种信用担保的物质基础在于政府财政收入和政府资产收益；其三，政府债券以承诺在规定期限内还本付息为基本条件。

政府债券是政府债务的一个组成部分。政府债务，在广义上，是指政府财政部门所承担的所有债务[①]，它主要包括政府部门从国外部门借入的款项、财政借款、政府债券未清偿额、国有独资企业（包括国有独资金融机构)[②] 承担的债务、政府财政承担的应支付而未支付的社会保障资金以及其他政府债务等；在狭义上，它指本级政府财政部门直接承担的债务，主要包括本级财政部门直接借入的各种款项、尚未清偿的本级政府债券等。

政府债券，又称公债，它与公司债券等私债有两个重要差别。其一，政府债券由于以政府信用为担保并通常以税收为最终还款来源，所以，在一般情况下不存在违约风险，因此，被投资者誉为"金边债券"；与此相比，公司债券等私债则存在违约风险。但值得注意的是，这种"金边债券"只是在一国范围内且经济运

---

① 参见陈共等《财政学》，四川人民出版社，1991，第363页。

② 在实行无限责任制的条件下，国有独资企业的债务由政府财政承担无限清偿责任；但中国《公司法》规定，国有独资企业实行有限责任制，由此，国有企业的债务以其资本数额承担清偿责任。

行处于正常状态的条件下才成立。在国别之间和国际金融市场上，政府债券依然存在风险，甚至有时这种风险相当严重。例如，始于 2010 年的欧洲主权债务危机，最初发生在希腊，随后扩展到爱尔兰、西班牙、意大利等国。在这一主权债务危机期间，这些国家的政府债券的违约风险明显高于公司债券。其二，政府债券是中央银行进行公开市场业务操作的主要对象，由此，中央银行买卖政府债券的规模会直接影响到货币供应量的大小，并引致商业银行信贷的扩张和收缩；与此相比，公司债券等私债的发行规模，虽然在改变社会资金的流向与结构方面有一定作用，但一般不会改变中央银行的货币发行量和整个社会的资金总量。需要指出的是，政府债券在交易市场中同样存在由利率变动、通货膨胀和交易价格等所带来的风险，就此而言，政府债券并非在任何条件下均属无风险债券。

政府部门发行债券的直接目的有二：一是弥补财政收支中发生的赤字，以支持政府部门每年正常的支出需要；二是支持政府投资。1998 年以后，中国中央政府连续多年发行了每年 1000 多亿元的特种国债，主要用于各种固定资产投资（包括环境保护等）。但鉴于政府债券是中央银行进行公开市场业务操作的主要对象，一些人认为，应当从财政政策与货币政策配合协调的角度考虑政府债券的发行。一个实例是，1998 年，美国联邦政府曾购回发行在外的未到期的政府债券，由此，引起了金融市场上的流动性降低以及投资者对金融市场上将会缺失定价标准的担忧等多种问题。这说明，不能仅仅从财政角度认识政府债券，也不能仅仅从证券市场角度看待政府债券，还必须从货币政策和货币市场角度把握政府债券的功能。

政府债券的本息偿付主要以税收为基础。但在某些条件下，也可以将出售国有资产所得的收入、国有独资企业的利润、国有控股企业的分红等作为偿付债券本息的基础。

政府债券的发行数量和发债资金的用途，反映了财政政策的取向和调控力度，贯彻着政府介入经济社会发展的意图。一般来说，在其他条件不变的场合，政府债券发行规模加大、政府投资扩大，意味着政府部门实施了较为宽松的财政政策；反之，政府债券发行规模减小、政府投资减少，则意味着政府实施了从紧的财政政策。

二　政府债券的类型

从不同的角度，政府债券可分为不同的类型：

（1）按照发行主体的不同，政府债券可分为中央政府债券、地方政府债券和政府机构债券等。中央政府债券，是指由中央财政部门代表中央政府所发行的债券；地方政府债券，是指由地方财政部门代表地方政府所发行的债券（如美国的州政府债券）；政府机构债券，是指由政府直属机构（如国有企业等）发行的债券。

（2）按照发行债券的市场不同，政府债券可分为国内债券和国外债券。国内债券，简称内债，是指政府在国内金融市场上发行的以本币计价的债券。一般来说，国内债券构成政府债券的主体部分。国外债券，简称外债，是指本国政府在国际金融市场上发行的政府债券。对发展中国家来说，国外债券通常以外币为计价单位；但中国在海外市场发行了以人民币计价的熊猫债券。国外债券的持有者一般是国外的投资机构、企业、政府和居民。

（3）按照发债资金的用途不同，政府债券可分为赤字债券、建设债券和战争债券等。赤字债券，是指以弥补政府财政收支不平衡为目的而发行的政府债券。在出现财政赤字的情况下，政府可通过发行赤字债券，增加财政收入，促成财政收支的平衡①。建设债券，是指政府为了满足重点项目（如交通、能源、通信、公用事业等）建设需要而发行的债券。中国财政部门曾发行的"国家建设债券"和"基本建设债券"就属建设债券范畴。战争债券，是指在战争时期政府为满足军费开支需要而发行的债券。战争债券是政府债券中最早出现的现象。在 17 世纪，欧洲大陆的一些国家为了满足战争对资金的需求，就屡屡发行战争债券；在两次世界大战期间，主要交战国也曾发行过战争债券。

（4）按照债券约定的还本期限长短，政府债券可分为短期债券、中期债券和长期债券。各个国家确定短、中、长期的年限略有不同。短期债券，通常指的是期限在一年以内的政府债券。在中国，期限长度通常以月为单位，如 3 个月、6 个月、9 个月和 12 个月等。在美国等西方国家，期限长度通常以天为单位，如 60 天、90 天、120 天、180 天等。短期债券，有时又称"国库券"，是货币市场上的重要工具，同时也是资本市场投资者调节头寸的重要工具。美国的中期债券期限为 1~10 年，日本的中期债券期限为 2~5 年，中国则通常把期限为 3~5 年的债券称为中期债券。美国的长期债券期限为 10 年以上，中国则将期限在 5 年以上的政府债券称为长期债券。

此外，政府债券还有其他许多种类的划分，如实物政府债券、折实政府债券、可流通政府债券、不可流通政府债券、无纸化政府债券、实物券政府债券、凭证式政府债券、记账式政府债券和电子式储蓄政府债券等等。

实物政府债券，又称商品国债，是指以货币计值、按事先约定的商品折价并用实物偿还本金的政府债券。

折实政府债券，又称商品挂钩国债，是指在发行和还本付息时均以实物作为折算标准的政府债券；即在购买时，用实物折合的金额购买，在还本付息时按实物折合的金额以货币支付。这种债券实际上将还本付息与特定商品价格联系起来，是在通货膨胀率很高，货币贬值幅度较大的情况下为增加政府债券的吸引力而发行的。新中国成立初期发行的"人民胜利折实公债"即是典型的折实政府债券。

---

① 在 2008 年爆发国际金融危机后，美国等西方国家大量发行政府债券，收购不良资产，以弥补巨额财政赤字。

无纸化政府债券，又称电子政府债券，是指运用现代电子技术登记、发行、交易和清算的政府债券。其好处是大大减少了政府债券发行、防伪、保管、交易和清算中的各种成本。

有纸化政府债券，是指以纸张为载体并以此为债权凭证的政府债券。有纸化政府债券的类型包括实物券政府债券、凭证式政府债券和记账式政府债券等。实物券政府债券，是指以纸张为载体并在纸面上标明面值的政府债券。与此相比，凭证式政府债券和记账式政府债券，虽也以纸张为载体，但纸面上只记载购买者的购买金额及时间，不标明面值。

电子式储蓄政府债券，是将政府债券与储蓄存款的某些特点相结合形成的一种新型政府债券。2006 年 6 月 20 日，中国的国家财政部参照国际经验推出了这种政府债券新品种。它的具体规定是，由财政部在中国境内发行、以人民币计价、以电子方式记录债权债务关系的不可流通的政府债券。它的发行只面向中国境内中国公民个人，企事业单位、行政机关等机构投资者不可认购。这种债券在发行时以 100 元为一个单位，设置了个人账户的最低购买额和最高购买额的限制。它具有居民储蓄的特点，但又不同于居民储蓄。这种债券到期后，由承办银行自动将债券持有者应收回的本金和利息转入其资金账户。

第二节 中央政府债券

一 国债的功能

中央政府债券，是中央政府发行的以国家信用为担保的债务凭证。中央政府债券一般由财政部以国家的名义而发行，因此，又称国债。在美国，联邦政府发行的债券称为"联邦债券"，州政府发行的债券称为"州政府债券"。在中国，中央财政发行的债券称为"国债"。

从历史上看，国债发行的最初目的是为了弥补财政收支入不敷出（即赤字）的需要。但随着经济发展，尤其是金融市场的发展，国债的金融功能不断展现：

第一，资金融通的抵押（担保）品功能。相对于其他金融资产而言，国债由于以国家的信誉为担保，信誉最好，无违约性风险，因此，在金融市场上，市场参与者常常以国债作为融通资金的抵押（担保）品。国债作为抵押品的最典型运用情形是国债回购市场。

第二，为金融市场提供基准性利率。在金融市场中，国债具有两个基本特点：一是安全性最高、风险最小，因此，国债收益属无风险无套利的收益；二是国债的交易量大、交易速度快、交易成本也低，因此，国债的流动性相当强。由这两个特点所决定，国债的票面利率通常是同期各类金融产品中最低的，同时，它在交易市场中的收益率走势也最能及时地反映金融市场中的资金需求状况，因而，能够在利率体系中作为对应金融品种的基准利率。

在金融实践中，其他金融产品的利率（或收益率）一般是以同期的国债利率（或收益率）为基准，然后，根据具体金融产品的风险状况，加上一个上浮的幅度。因此，存款利率、公司债券利率及其他金融产品的利率一般都高于国债利率。

第三，规避金融风险的基础性工具。进行金融投资，需要有效分散风险。由于除国债以外的其他金融产品都具有程度不同的风险，因此，购买并持有国债就成为投资组合中规避金融风险的基本机制。也是基于国债的这方面功能，一些国家（包括中国）对一些特定机构发行一些不可转让的国债，如养老保险机构等。因为这些机构在金融投资中，由金融风险过高引致的损失，可能给相关利益者带来严重的后果甚至影响到社会生活秩序的稳定，因此，保障资金的安全以及在此基础上的适当增值，是这类资金运作的第一原则。

第四，进行宏观调控目标的重要工具。现代市场经济，离不开政府的宏观调控。在宏观调控过程中，财政政策的放松，要求政府投资增大，而政府投资增大的一个重要机制是扩大建设国债的发行数额；反之，建设国债的发行数额减少，则意味着财政政策的收紧。另外，货币政策在实施中离不开中央银行公开市场业务的操作。中央银行买入国债，意味着放松资金；卖出国债则意味着收紧资金。因此，国债的规模变化成为宏观调控政策的风向标和重要的实现机制。

但需要注意的是，在中国，由于城乡居民的储蓄存款有政府信用的担保，且流动性高于国债，由此，出现了国债利率高于同期城乡居民储蓄存款的现象。在对储蓄存款利息收取利息税的场合，国债利率大致等于同期城乡居民储蓄存款的税前利率；在免收利息税的场合，国债利率大致高于同期储蓄存款利率的 0.5 个百分点。由于这一特点，在金融运行过程中，储蓄存款利率实际上成了金融市场的基准利率。这种状况，随着人民币存款利率市场化改革的深化将逐步改变。

二　国债市场的构成

国债市场，是发行国债和交易国债的市场，它通常指国债现货市场。

国债发行市场，又称国债一级市场或国债初级市场，是由中央政府发行国债和投资者购买国债所形成的市场；它既可以是一个有形的市场，也可以是一个无形的市场。在中国，通过证券交易场所和商业银行等金融机构柜台发售的国债，是有形市场；由中央财政部门直接向商业银行、保险公司等金融机构发售的国债，是无形市场。

国债交易市场，又称国债二级市场或国债次级市场，是已发行的国债在债券持有者与投资者之间交易转让的市场。根据是否在证券交易所内交易，国债交易市场可分为场内交易市场、场外交易市场和无形交易市场。场内交易市场，一般是指在证券交易所内进行交易而形成的国债交易市场。在中国，这指的是在上海证券交易所和深圳证券交易所内的国债交易。场外交易市场，一般是指在证券交易所之外交易而形成的国债交易市场。在中国，这指的是银行间国债交易市场和1998 年以前各地方证券交易中心的国债交易市场。国债柜台交易市场，是指证券商之间或证券商与客户之间直接进行的证券买卖市场。在中国，这指的是 2002 年设立的商业银行系统的国债柜台交易市场；国债的无形交易市场，是两个（或两个以上）交易主体不通过有形市场而直接交易国债所形成的市场。

国债市场，除现货交易外，在广义上还包括由国债交易所产生的各种衍生产品市场，如国债回购市场、国债期货市场、国债期权市场和本息拆离国债收据市场等。

国债期货，是指交易双方在交易所内达成的在未来某一特定时间交割国债的标准合约；国债期货市场，是指交易这种国债的标准合约而形成的市场。国债期货交易只能在证券交易所、期货交易所内进行，场外交易市场中一般不选择期货交易方式。在国债市场发达的国家中，一般都存在国债期货交易市场。中国的国债期货于 1993 年 10 月 25 日在上海证券交易所正式推出，后因种种原因，于 1995 年 5 月 17 日暂停。

国债回购，是指卖出一种国债的同时，附加一定的条件，并约定在一定期间内以预定的价格或收益率，由最初出售者再将该种国债购回的交易方式。如果做一个与上述程序相反的交易，则称为反回购交易（逆回购）。由国债回购交易形成的市场称为国债回购市场。回购交易是各国国债市场中普遍选择的交易方式。中国的国债回购交易于 1993 年 12 月 13 日在上海证券交易所展开。

国债期权，是指赋予期权购买者在约定期限内按照约定的价格买进或卖出一定数量国债的合约。国债期权市场，是指交易这种合约所形成的市场。在一些发达国家中，国债期权市场是国债交易市场的重要组成部分。但在中国，受各种条件制约，国债期权交易尚未展开。

国债本息拆离创造的国债收据也是一种国债衍生品。它是一种把附息国债转化为无息国债的形式。本息拆离的推出，对于降低国债发行成本，丰富国债市场品种，完善国债收益率曲线等具有积极的意义。

三　国债的发行

国债发行，是指中央财政部门根据法律和中央政府预算的规定，在明确了国债发行对象、发行数量、发行种类、发行方式、利率水平和期限结构等发行条件的基础上，经法定机构批准后，发行国债的行为。

国债是中央财政承担的一种债务，到期必须还本付息，因此，国债发行在规模上必然存在一个受财政负担能力限制的数量问题。在确定其适度规模时，国债与私债之间存在明显的差别。公司债券等私债的发行规模，一般应与其还款能力相适应，由此，需要充分考虑发行人的资产负债率、净资产规模、盈利水平、未来的现金流量和市场前景等一系列财务状况，还要充分考虑发行人的信用记录、担保人状况（如果有的话）及其他因素，但国债发行规模不需考虑这些事项。它需要考虑的是，中央财政的资金缺口（赤字规模）、已承担的债务规模、偿付债务本息的能力（如未来的税收规模和税收增长水平、国有资产变现能力等）以及国债发行规模对国民经济走势、宏观经济态势等的影响。

各国和地区基本都规定，国债发行应纳入财政预算范畴。在美国等发达国家，国债发行的规模通常由财政部门在每年财政预算内列出，然后提交国会议决。在特殊条件下（如2008年以后的美国金融危机期间），如果需要增加发行国债议案，也需要经国会议决。在中国，国债发行的规模实行年度额度管理制度（即下一年度国债发行计划，通常在上一年第四季度编制并列入下一年度的财政预算范畴。其中，对国家财政预算收支情况的测算，是编制国债发行计划的主要依据）。这一国债发行计划作为国家财政预算的一部分与财政预算一同上报国务院，经相关部门协调后，由国务院在下一年三月份的全国人民代表大会上提请全国人民代表审议。一旦全国人民代表大会表决通过，国债发行计划就具有了法律效力。在特殊条件下（例如，国际国内经济形势有了重要变化、一些特殊事件发生等），如果中央财政部门需要追加或削减国债数额，就必须再次通过法定程序，由财政部门提出议案交国务院协调和审议通过后，再提交全国人民代表大会常务委员会审议批准。

衡量国债发行规模主要有两类指标：一是债务（包括国债）规模与财政收支状况的对比，如债务依存度和国债的偿债率；二是债务（包括国债）规模与宏观经济总量的对比，如财政债务（包括国债）占GDP的比重、社会应债能力以及国债利率与GDP增长率的对比等。

国债的发行，需要确定以下事项：

1. 国债发行人及其发行权限

在世界各国中，国债的发行人一般由中央政府的财政部门承担。但中央政府的财政部门只是发债主体，一般不拥有发行国债的全部权力，在通常情况下，批准国债的发行权力归国家的最高立法机构持有。中央财政部门只是掌握和运作政府财政资金的机构，而中央政府预算必须经国家最高权力机构审核和批准，为此，国债作为政府预算的组成部分，自然要得到国家最高权力机构的认可和约束。从中国的情况来看，中国的国债发行主体是国家财政部，财政部负责确定国债发行的具体内容（如发行方式、发行时机、发行价格、利率水平、期限结构等），但财政部发行国债的额度及其他有关重要事宜则须在国家预算中报经全国人民代表大会（或者全国人民代表大会常务委员会）审查批准。

2. 国债发行对象

国债发行对象，是指对国债认购者（即投资者）的身份界定。从世界各国来看，国债的发行对象通常不受专门限制，认购者可以是金融机构、工商公司、社会居民、社会团体以及其他政府部门，甚至可以是外国（和地区）的非居民投资者。对认购者身份的限制，主要表现在两个方面。其一，一些国家规定，本国国债只允许本国的机构和居民购买，不允许外国（和地区）的非居民机构（包括在本国设立的机构）和非居民个人购买。其二，一些国家在发行特种国债时规定了认购者的身份。例如，中国在 20 世纪 80 年代以后发行的国债中，专门规定了供机构购买的国债和供社会居民购买的国债，迄今依然延续这一规则。从发达国家的情况看，购买国债的投资者主要是各类金融机构。它们持有的国债数量常常高达国债余额的 70％。

3. 国债发行数量

这有三方面含义：其一，指按年度计算的发行国债的票面金额累计总量；其二，指按年度计算的发行国债的票面金额余额新增量；其三，指按一次发行计算的国债票面金额量。一般来讲，国家财政预算或决算中的"国债发行数量"，是指前两种含义；国债发行过程中的发行数量，是指后一种含义。在国债发行过程中，中央财政部门通常要明确每次发行的国债面值数量，这样做既便于投资者选择，又便于统计和计算发债速度和募集资金的数量。每次发行的国债数量，取决于政府财政对债务收入的需求状况、政府财政部门在当前和债券偿还期的债务负担和债务结构、政府宏观经济政策等因素。

在国家最高权力机构（如中国的全国人民代表大会、西方国家的议会等）批准发行的年度国债数量中，有两个概念是需要注意区分的：发行总额和发行余额。在国债管理中，这又称为"总量管理"和"余额管理"。"发行总额"，是指经批准的当年国债发行累计总量；发行余额，是指当年发行而在年底未清偿的国债数量。在中国的实践中，2005 年之前，国债发行实行"总量管理"，由此引致中央财政部门倾向于发行中长期国债，不愿意发行短期国债。2006 年起国债发行转变为"余额管理"以后，短期国债的发行逐步展开。

4. 国债利率水平

国债，由于以中央政府信用支持，具有很高的信用，在各类证券、存款及其他有价凭证中属于安全性最高、风险最小的证券，所以，在世界绝大多数国家中，它的利率是最低的，具有基准利率的地位和效能。但这并不意味着国债的利率是固定的、不变的，事实上，随着货币市场利率的变动，国债利率也会发生变动。从发达国家的情况看，国债的利率变动幅度一般不大。在中国，受银行的体制制约，存款风险较小，同时，国债流动性较差，大多数处于不可流通状态，所以，在 2002 年之前，国债利率常常高于同期银行存款利率 1～2 个百分点；进入 2002 年以后，随着银行体制和利率体系的改革深化，国债的利率逐步向银行同期存款利率靠近，目前已大致相等；在进一步改革中，国债利率将向低于银行同期存款利率的方向变动。

5. 国债期限

国债发行必须明确其期限结构。不仅每年发行的国债总量需要明确其期限结构，而且每期发行的国债也要明确其期限结构。在发达国家中，90 天、180 天、270 天和 360 天国债（又称国库券）的发行主要是为了满足财政资金周转的需要，在当年发行的国债总量中，这类国债所占比重较高；中长期国债，是为了弥补财政收支赤字和重点建设项目的需要，其占比重较低。在中国，1 年期以上（尤其是 3~5 年）的国债所占比重较高，1 年期以下的短期国债和 10 年期以上的长期国债所占比重较低。但随着国债余额管理的实施，短期国债的数量和比重都将明显增加。

6. 国债发行方式

国债发行方式，可分为公募、私募、直接发行和间接发行等。

公募发行，是指中央财政部门向金融机构、社会公众、工商公司和其他社会团体公开发行国债、募集债务资金的发行方式。

私募发行，是指中央财政部门向特定的投资对象直接发行国债、募集债务资金的发行方式。私募发行的对象通常是银行等金融机构、政府管理的基金信托组织和工商企业等。在 20 世纪 90 年代以前，我国财政部向企业等机构发行的国债就具有私募性质。在私募发行时，中央财政部门不必向社会公众发出国债发行公告，只需与国债认购人议定国债发行的有关事项（如数量、期限、利率等）。采用这种方式，具有手续简便、发债资金入库快、发行成本低等好处；但也有发债数量受限制、国债的流动性差等不足。从世界各国来看，采用私募方式的不多，但在日本的国债中，相当大的部分采取这种发行方式。

直接发行，是指中央财政部门不通过中介承销机构而直接向国债认购人发行国债的方式。直接发行，又可分为直接公募发行和直接私募发行两种情形。在英国，大多数国债发行选择直接公募方式，即财政部门通过伦敦证券交易所，直接向投资者发售国债，到发行期满时，如果还有未发售出去的国债，则由英格兰银行的债券发行局全部认购，然后，再由该局派出政府经纪人向国债批发交易商发售。在这一方式中，批发交易商随时可向政府经纪人申请购买国债，然后根据证券市场状况决定买卖，其运作犹如一个可控制的开关，所以，又称"开关制"。

间接发行，是指中央财政部门委托中介承销机构代为发行国债的方式。在间接发行时，中央财政部门首先将国债以一定方式委托给中介承销机构（如商业银行、证券公司等），然后，再由这些机构将国债出售给认购人。间接发行，由于能够有效利用金融机构营业网点广泛、资金流动快捷等优势，所以，有利于国债的大量发行和发债资金的快捷入库。目前，世界上大部分国家的国债发行通常采用这种方式。

7. 国债发行价格

国债发行价格，是指中央财政部门在发行国债时根据市场关系所确定的每一单位（通常以 100 元为单位）国债的售卖价格。对国债认购者来说，国债发行价格是其投资价格。国债作为一种有价证券，其发行价格通常与其票面价格相联系，但受供求关系、市场利率、贴现机制和交易价格等因素的影响，国债的发行价格常常围绕其票面价格波动，由此决定了国债发行价格的多样化。国债发行价格大致可分为面值发行和折价发行两类。

面值发行，又称平价发行，是指国债的发行价格与其票面标明的金额相等、认购者按票面标明的金额购买国债的情形。在1996年以前，中国的国债发行基本上都采用这种方式。在面值发行的条件下，国债发行通常需明确其按面值计算的利率，投资者的收益率、发行人的到期还本付息额通常也按面值计算。

折价发行，又称贴现发行或折扣发行，是指国债的发行价格等于其票面金额的贴现值、认购者按此贴现值购买国债的情形。在折价发行的条件下，中央财政部门通过国债的贴现，实际上已将国债利息预付给了国债的认购者，所以，一方面，中央财政部门发债所募集的资金少于国债面值金额，在国债到期时，它只需按面值兑付国债，不必再付利息；另一方面，对认购者来说，虽然国债的折扣率与贴现率基本相等，但投资的收益率将略高于贴现率。例如，一张面值为100元的3年期国债，按8%的贴现率折价，发行价格为76元，由此，发债人在这张国债到期时，只需按票值偿付，无需再支付利息，而认购者的年收益率为10.53%（24元÷76元÷3年）。

四 国债发行价格的形成机制

从世界各国的具体实践来看，国债的发行方式多种多样且各有其特点。根据国债发行是否有中介机构参与，发行方式可分为直接发行和间接发行；根据发行对象的范围大小，发行方式可分为公开发行和私下发行；根据发行条件及其投资者的确定方式不同，发行方式可分为招标发行和非招标发行；根据发行价格与票面价格的高低，可分为贴现发行、溢价发行和平价发行。在国债市场发达的国家和地区，国债发行以公开招标发行为主要发行形式。

公开招标方式，是通过公开的招标、投标的竞标方式来确定发行条件以及承销商等的国债发行方式。其具体操作程序是财政部直接向国债一级交易商发标，国债一级交易商对国债的发行价格（或利率）进行投标，然后按照一定的顺序（从高价到低价或从低利率到高利率）对投标人进行排序和选择，直至达到发行额为止。

公开招标方式具有以下特点：

第一，发行时间短、发行成本低。参加一级市场投标的一般是具有相当实力的、为数不多的国债一级交易商，从而使整个招标过程能在较短的时间内完成。在公开招标发行过程中，财政部不承担向投标人支付承销国债的固定佣金的义务，投标者通过竞争以确定发行价格和发行利率，从利率和价格差价中获利，这有利于降低国债的发行成本。

第二，发行价格和利率等发行条件由市场确定。财政部一般事先确定国债的发行数量和国债的期限，而发行价格和发行利率由一级交易商进行投标，通过投标人之间的相互竞争，最终确定具体的发行条件，从而比较真实地反映市场的资金供求状况。

第三，招标的标的物一般是国债的价格或收益率。价格招标，是指以国债的发行价格作为标的物的招标方式，财政部根据投标价格由高到低的顺序确定中标者、中标价和中标款。

收益率招标，是指以国债投资的收益率作为标的物的招标方式，财政部根据投标收益率由低到高的顺序确定中标者，中标者可以根据各自的中标收益率计算出中标价格以缴款。实行收益率招标时，确定其票面利率的方式有四种：一是在国债发行时，事先确定国债的票面利率；二是以投标人投标形成的边际收益率来确定债券的票面利率，即票面利率等于边际收益率；三是以投标人投标形成的加权平均收益率确定国债的票面收益；四是二次加权确定债券的票面利率，即在第一次加权确定出加权平均收益率的基础上，以该平均收益率为中心点，再确定一个上下浮动区间，在这个区间内第二次计算出加权平均收益率。

单一价格招标，根据最终中标价格的确定方式的不同，又可分为最低价格招标和加权平均价格招标。最低价格招标，又称荷兰式招标，是指财政部按照募满发行额的最低中标价格或最高中标收益率，作为全体中标人的最后中标价格或收益率。加权平均价格招标，是指在多种价格招标的基础上，将中标的多种价格进行加权平均，确定平均收益率，非竞争性招标的投资者再按平均收益率认购国债。

多种价格招标，又称美国竞争性招标，是指财政部将中标人的各自投标价格作为其认购价格的状况。若以收益率作为中标的标的物，由于各中标者的中标收益率不同，于是，有些中标者的认购价格高于面值，有些中标者的认购价格低于面值。因此，投标人会认真考虑国债二级市场上相同期限的国债以及其他金融产品的收益率水平及变化趋势、每个投标价位上的认购能力、竞争情况及中标概率等因素。对财政部来说，不同中标者之间的不同认购价格的价差会增加财政部的收入。然而，多种价格招标存在"赢家失败"的缺陷，因为竞标人为了中标必须报出高于其他竞争对手的价格，其结果是报价越高，损失也越大，即所谓"赢家的失败"。

为了区别荷兰式招标与美国式招标，可举例如下：在某次国债发行的招标中，如果国债的面值为100元，有A、B、C三个一级交易商进行投标，他们的投标价格分别是95元、90元和85元，那么，按照"荷兰式"招标，国债的中标价格应为85元；但如果实行的是"美国式"招标规则，则A、B、C三者的中标价将分别是他们的投标价，即A为95元、B为90元和C为85元。

根据确定国债价格的方法不同，折价发行可分为定价发行、竞争性投标发行和非竞争性投标发行三种。

定价发行，是指中央财政部门在直接确定国债折扣价格的基础上委托中介承销机构代为发行国债的方式。中国在 1996 年以后发行的一部分国债，选择了这种方式；在各个国家的国债发行中，选择这种方法的也时有发生。

竞争性投标发行，是指在承销商（或认购者）就国债的利率或发行价格进行竞争性投标并得到明确答复的基础上，中央财政部门委托中介承销机构发行或直接发行国债的方式。竞争性投标发行，根据标的物的不同，可分为利率的竞争性投标发行和价格的竞争性投标发行两种。在这种方式中，投标者可以是承销商，也可以是投资者。中国在 1996 年以后的国债发行中，选择了由承销商就发行价格进行竞争性投标的方式。竞争性投标发行的好处是，有利于国债发行价格的市场定位，即在一定程度上可以提高简单按贴现率计算的发行价格。仍以上例来说，由于投资者以 76 元价格购买面值 100 元的 3 年期国债，其实际年利率可达到 10.53%，所以，在竞争性投标中，可能有人愿意出价 77 元、78 元、79 元购买这种国债，当国债发行价格最终确定为 79 元时，投资者的年收益率为 8.86%（21 元 ÷ 79 元 ÷ 3 年），而国债的发行年利率仅为 7%（21 元 ÷ 100 元 ÷ 3 年），这显然对发行人是有利的。

非竞争性投标发行，是指承销商（或认购者）就愿意认购的国债数量进行投标，中央财政部门在投标的基础上向各个认购者分配国债数量的发行方式。非竞争性投标发行，通常与竞争性投标发行同时运用，参加非竞争性投标的承销商（或认购者）以竞争性投标后确定的发行价格为认购价格，按投标的申购数量承销或认购国债。中国在 1996 年以后的国债发行中，在采取竞争性投标发行方式的同时，也在一定程度上采用了这种方式。

美国的国债发行，主要选择竞争性投标与非竞争性投标相结合的方式。在这一方式中，参加竞争性投标的投资者主要是商业银行、经纪商及其他金融机构、工商公司等机构，参加非竞争性投标的投资者主要是中小投资者。在竞标中，前者需要明确愿意接受的年收益率，若年收益率过高，则可能影响中标的机会，若年收益率过低，则可能影响投资收益；而后者只需明确愿意认购的国债数量，一般来说，认购量在 100 万美元以下的中小投资者原则上都可以中标。

值得指出的是，国债没有溢价发行。其基本原因在于，国债是一种信用最高、风险最低而利率又低于各种债券和银行存款的特殊债券，溢价发行，既缺乏必要的条件，也不符合投资者的要求。

自 20 世纪 80 年代初，中国自开始发行国债以来，随着国债市场的发展与完善，国债的发行方式也在不断地变化。在 1981～1990 年，由于中国的金融市场还很不发达，国债市场更是落后，居民的储蓄资金也比较少，投资者对国债的认识比较肤浅，无法按市场化的招标方式来销售国债，因此，国债发行主要依靠行政摊派的方式进行，财政部将每年的国债发行任务按一定的标准分配给地方各级政府，后者再将本地区的国债发行计划额度层层分配给各企事业单位和个人。

20 世纪 90 年代以后，随着资本市场的发展，国债的发行也逐步走向市场化。

在 1991～1994 年，国债发行主要采用承购包销的发行方式，其主要特点有二：一是国债的发行数量由财政部提出，承销团自愿承购包销，从而保证财政部能够及时足额地筹集到所需要的资金；二是在票面利率已定的条件下，发行价格可以根据市场利率变化灵活决定，从而保证承销商的利益不受损失。不过这种承销方式带有一定的行政计划色彩，因为国债发行条件不是由财政部和承销商通过市场博弈来决定的，而是由财政部通过行政方式单方面决定的。

自 1994 年起，中国国债的发行充分利用国有商业银行网点众多的优势，实行柜台销售方式。在银行柜台销售的国债发行条件完全由财政部单方面决定，且国债不可上市流通。1995 年起中国开始引进完全市场化的发行方式——国债招标发行。此后，国债发行方式以招标发行为主，柜台销售为辅，即对在银行间市场和交易所市场发行的记账式国债实行招标发行，对面向广大城乡居民发行的凭证式国债实行银行柜台销售的方式。

1996 年，中国引入了国债发行中的竞争机制。在此基础上，2003 年中国又对国债发行招标规则进行了重大调整，即在原来单一的"荷兰式"招标基础上，增加了"美国式"招标方式，并使标的物的确定按照利率、利差和价格等三种因素依次展开。

从发展过程来看，中国国债的公开招标发行方式，有四方面特点：

第一，竞争性招标与承销包销相结合的方式。每次国债发行的总规模分为竞争性招标部分和基本承销部分，对竞争性招标部分实行招标，通过市场化的招标来确定发行条件，基本承销额无需进行投标。

第二，国债发行招标采取的是单一价格招标（荷兰式）和多种价格招标（美国式）相结合的方式。例如，2012 年 4 月份财政部招标发行的 100 亿元人民币三个月期（91 天）贴现国债，加权中标收益率为 2.5531%；同时招标的 200 亿元一年期续发国债，中标收益率为 2.7421%。其中，三个月期贴现国债采用了美国式招标方式，标的为价格，全部进行竞争性招标。一年期国债续发部分在起息日、兑付安排、票面利率、交易及托管方式等方面也采用了美国式招标方式。

第三，招标的标的物既有发行价格也有收益率（利率）。在招标中，财政部一般会确定最低价格下限和最高利率上限，并规定每一投标人每一标位的最高投标限额。

第四，多种价位时中标缴款金额计算。财政部在续发 2012 年第十期记账式国债中实行了多种价格招标方式，中标者的缴款方法按如下公式和步骤计算：

第一步：计算票面利率，计算公式为：

$$票面利率(年) = \frac{\sum_{i=1}^{s}\left[中标利率_i(年) \times 中标面额_i(元)\right]}{\sum_{i=1}^{s}中标面额_i(元)} \tag{4.1}$$

其中：s 为全场总中标笔数；最终计算结果保留 4 位小数。

第二步：每家承销商各自计算其中标的各笔应缴款金额，计算公式为：

$$缴款金额_i(元) = \left\{ \frac{1}{\left[1 + \frac{中标利率_i(年)}{f}\right]^n} + \sum_{j=1}^{n} \frac{\frac{票面利率(年)}{f}}{\left[1 + \frac{中标利率_i(年)}{f}\right]^j} \right\} \times$$

$$中标面额_i(元) \tag{4.2}$$

其中：$j = 1, 2, 3, \cdots, n$；n 为债券年限 $\times f$；f 为年度付息频率；$i = 1, 2, 3, \cdots,$ 为该中标人的实际中标笔数。

第三步：每家承销商各自计算应缴款总金额，计算公式为：

$$每一承销商缴款总金额(元) = \sum_{i=1}^{k} 缴款金额_i(元) \tag{4.3}$$

其中：k 为每一承销商中标总笔数。

第四步：计算全场缴款总金额，计算公式为：

$$全场缴款总金额(元) = \sum_{i=1}^{m} 每一承销商缴款总金额_i(元) \tag{4.4}$$

其中：m 为中标承销商总数。因计算过程中四舍五入引起的误差，全场缴款总金额与发行总额之间存在差异，差异部分（无论正负）归发行人。

2012 年 8 月 8 日，财政部发出了续发行第十期记账式国债的公告（中华人民共和国财政部公告 2012 年第 53 号），全文如下："根据国家国债发行的有关规定，财政部决定第二次续发行 2012 年记账式附息（十期）国债（以下简称本期国债），现将有关事项公告如下：一、本期国债通过全国银行间债券市场（含试点商业银行柜台）、证券交易所债券市场（以下简称各交易场所）面向社会各类投资者续发行。试点商业银行包括中国工商银行股份有限公司、中国农业银行股份有限公司、中国银行股份有限公司、中国建设银行股份有限公司、招商银行股份有限公司、中国民生银行股份有限公司、北京银行股份有限公司和南京银行股份有限公司在全国已经开通国债柜台交易系统的分支机构（以下简称试点银行）。二、本期国债计划续发行 300 亿元，实际续发行面值金额为 300 亿元。三、本期国债续发行部分起息时间、票面利率等要素均与 2012 年记账式附息（十期）国债相同，即起息日为 2012 年 6 月 7 日，票面年利率为 3.14%，按年付息，每年 6 月 7 日（节假日顺延，下同）支付利息，2019 年 6 月 7 日偿还本金并支付最后一次利息。本期国债续发行采用多种价格（混合式）招标方式，标的为价格，经招标确定的续发行价格为 100.47 元，折合年收益率为 3.16%。本期国债续发行部分从 8 月 15 日起与原发行部分 643.5 亿元合并上市交易。四、本期国债续发行部分采取场内挂牌、场外签订分销合同和试点银行柜台销售的方式分销。合同分销部分应于 2012 年 8 月 9 日至 8 月 13 日向各交易场所发出分销确认。分销对象为在中国证券登记结算有限责任公司开立股票和基金账户，在中央国债登记结算有限责任公司、试点银行开立债券账户的各类投资者。承销机构根据市场情况自定价格分销。"[1] 这一公告的内容比较突出地反映了中国国债发行的特点和最新进展。

五　国债的发行过程和承销过程

国债的发行过程，是指中央财政部门从准备发行国债到国债全部发行完毕、发债资金全部入库的全过程。国债的承销过程，是指承销商从准备承销国债到国债全部发售完毕并将发债资金如数收回的全过程。在选择直接发行方式时，国债只有发行过程，没有承销过程；在选择间接发行方式时，国债承销过程是国债发行过程的重要组成部分。各个国家的国债发行方式不尽相同，其发行过程和承销过程也有相当多的差异，但不论在哪个国家，国债的发行都要经过准备、公告、（委托）、发售、入库等几个阶段；国债承销也都要经过准备、承销、发售、结算等几个阶段。

1. 国债的一般发行过程

国债的发行过程，是中央财政部门发行国债的过程。它可分为年度发行过程和当期发行过程两种情形。年度发行过程，是指中央财政部门当年发行各期国债的过程；当期发行过程，是指中央财政部门发行一期国债的过程。由于在 1 年时间内，中央财政部门发行的国债可能不只一期，而各期的发行可能采用不同的方式（从而各期国债的发行过程可能有所差别），所以，年度发行过程与当期发行过程是不同的。就当期发行过程来说，国债的发行一般需要经过五个阶段：

（1）准备阶段。这是指中央财政部门就发行国债的有关事宜进行研究、确定、设计、安排的过程。需研究确定的事宜包括发行数量、发行时间、发行方式、发行范围、发行对象、发行程序、国债类型、国债期限、国债利率、券面结构等。

（2）公告阶段。这是指中央财政部门通过新闻媒介就发行国债的有关事宜进行公告的过程。公告的内容通常包括发行数额、发行方式、发行起止日期、发行范围、发行对象、发行程序、国债类型、国债期限、国债利率、券面结构、本息偿还方式、发行价格及其他有关事宜。发行公告一般在国债发售日之前 15 ~ 20 日，通过公开的报刊、电视台、电台和网络等公开新闻媒介发布。

（3）委托阶段。这是指中央财政部门以一定方式将国债委托给有关承销商发售的过程。委托的具体方式大致有三种。其一，签字委托，即中央财政部门通过与有关承销商签署委托协议书，直接将发售国债的职责委托给承销商。中国在 1991 ~ 1995 年以面值发行的国债大多选择这种委托方式。其二，竞争性委托，即

---

[1]　资料来源：财政部网站。

在竞争性投标发行方式中，中央财政部门将中标数量的国债委托给相应的承销商发售。中国在 1996 年以后的一部分国债发行中选择了这种委托方式；美国的国债发行也常常选择这种委托方式。其三，非竞争性委托，即中央财政部门将一部分国债委托给不参加竞争性投标的承销商发售。中国在 1996 年以后的国债发行中，对一部分国债选择了这种委托方式。在选择直接发行方式的时候，国债的发行过程通常没有"委托阶段"。

（4）发售阶段。这是指中央财政部门或承销商按公告的条件向投资者发售国债的过程。在采用直接发行方式的时候，发售阶段是指中央财政部门直接将国债发售给或分配给投资者的过程；在采用间接发行方式的时候，发售阶段是指承销商向投资者售卖国债的过程。国债发售的时间长短受到许多因素的影响，一般来说，无纸化国债的发售速度快于有纸化国债，对机构发行的国债的发售速度快于对社会公众发行的国债，股市稳定期或低落期发行的国债的发售速度快于股市高涨期发行的国债，如此等等。发售时间的长短，不仅关系着国债发行成本的高低（一般来说，发售时间越长，国债发行成本越高），而且关系着国债发行是否成功。

（5）入库阶段。这是指发行国债所募集的资金缴入国库的过程。在直接发行的场合，发债资金的入库时间取决于投资者购债的缴款速度。在间接发行的场合，发债资金的入库时间取决于委托承销方式。在采取包销方式的时候，国债的发售一旦委托给承销商，承销商就必须按承销的国债数量和国债价格缴纳对应的债款，由此，发债资金的入库较快；在采取余额包销方式的时候，发债资金的入库速度与包销方式相比可能慢些（取决于承销协议的规定）；在采取代销方式的时候，承销商只按照其发售国债的进度缴纳债款，由此，发债资金的入库速度取决于国债的发售进度。

2. 美国的国债发行过程

美国的国债发行过程有自己的特点。在准备阶段、公告阶段之后，其发行过程大致如下：

（1）投标阶段。这是指由投资者就愿意认购的国债数量、利率（或价格）等进行竞争性投标的过程。在这个过程中，投资者必须填写投标单。参加竞争性投标的投资者，必须填写自己愿意接受的国债数量、利率或价格，其中，认购国债的数量不受限制；参加非竞争性投标的投资者，不必填写愿意接受的国债利率（或价格），只需填写愿意接受的国债数量（其数量一般不超过 100 万美元）。

（2）中标阶段。投资者将所填写的投标单交给联邦储备银行，联邦储备银行在停止受理投标日之后，将投标单按年收益率（即年利率）从低到高的顺序进行排序，然后，根据国债的发行数量、国债的以新换旧数量、各类投资者的申购数量及分配比例、年收益率的高低等因素，提出基本意见并提交给财政部进行分配。

（3）分配阶段。财政部根据联邦储备银行提供的中标名单，首先，将一部分认购额度分配给准备继续投资的外国政府部门和联邦储备银行，以换取即将到期的旧债；其次，按非竞争性投标的投资者申购的数量，全额分配国债；最后，将剩余的国债按年收益率从低到高的顺序分配给参加竞争性投标的投资者，直至发行的国债数量分配完毕为止。在这个过程中，各个参加竞争性投标的投资者按照自己投标的年收益率（或价格）认购国债，最后的中标者年收益率最高（或认购价格最低）；其他认购者（包括非竞争性中标者）的购买价格，由财政部根据竞争性投标者认购国债的总价格与总量，计算出平均价格予以确定。

（4）发售阶段。财政部在宣布投标结果后，开始正式发售国债。在通常情况下，新发行国债的60%～70%由银行和经纪商购买，其余部分由工商公司、地方政府、外国投资者及社会居民购买。

3. 国债的承销过程

在采取间接发行方式的时候，国债发行委托承销商发售，因此存在国债的承销过程。国债承销过程，一般经过四个阶段：

（1）准备阶段。这是指承销商就承销国债所进行的人员、组织、资金、网点、技术、公关、宣传等的准备过程。国债承销商包括商业银行、经纪商等。在中国，国债首先由国债一级自营商承担，并由它们组成国债承销团。在《中华人民共和国国债一级自营商管理办法》中，对国债一级自营商的资格、义务、权利等做了详细的规定。

（2）承销阶段。这是指承销商接受中央财政部门关于承销国债的委托的过程。其内容、承销方式等，与国债发行过程的委托阶段基本一致。

（3）发售阶段。这是指承销商向各类投资者发售国债的过程。在国债承销佣金（或手续费）已定的条件下，发售时间越长，则承销商的发售成本越高，反之则越低。因此，发售速度的快慢直接关系着承销商的承销收益。

（4）结算阶段。这是指承销商结算发债资金并将其缴给中央财政部门的过程。承销商在发售国债中，每日必须对当日发售的国债数量和收入的发债资金进行计算、核对；在承销期满时，则须将发债资金解缴国库。

六　国债的交易方式

国债交易，是指以买卖已发行但尚未到期的国债为对象的市场行为。国债交易方式主要有现货交易、回购交易、期货交易和期权交易等四种。

1. 国债的现货交易

这是指国债交易双方在成交后立即进行交割的交易方式。在现货交易时，成交和交割基本上是同时完成的，卖方必须向买方交付国债，买方则须向卖方如数支付现金。

现货交易按交易的场所不同，分为场内交易和场外交易。场内交易一般采取竞价交易方式，按照时间优先、价格优先的原则实现交易；场外交易则主要通过买卖双方"讨价还价"的谈判方式进行。

根据交易价格中是否含息，国债现货交易可分为全价交易和净价交易。净价交易一般是指买卖附息国债时，以不含有自然增长的票面利息的价格报价（净利价格），但以全价价格（含有自然增长的利息因素）作为最后结算交割价格的一种交易方式。全价价格与净利价格的区别在于，交易报价是否包含上次付息日到结算交割日期间的票面利息（即应计利息）。净价价格等于全价价格减去应计利息的差额。净价交易的基本原理是，卖方出售国债时，因其已经持有一段时间，上次付息日至结算日止的自然增长的票面利息应归卖方所有，但这部分利息尚未到下一个利息支付日，使得卖方无法从发行者手中直接获得，而买方可能在下一个利息支付日从发行者手中获得，因此，应由买方在结算时将这部分利息先行补偿给卖方，作为买方的成本、卖方的利益。所以，结算价格仍是全价价格，净价价格仅仅是交易的报价而已。

2. 国债期货交易

国债期货是以国债期货合约作为交易对象的交易方式。国债期货合约是买卖双方就将来某一特定的时刻、按照某一特定的价格、购买或出售某一特定数量的某一特定的国债产品所作的承诺。这里，"特定的时刻"被称为国债期货的成交期限，"特定的价格"被称为国债期货的成交价格，"特定的数量"被称为国债期货的成交数量，"特定的国债"被称为标的国债。成交期限、成交价格、成交数量和标的国债是国债期货合约必不可少的四项基本要素。

3. 国债期权交易

国债的期权交易是指交易双方为限制损失或保障利益而签订合约，同意在约定时间内，按照协定价格买进或卖出契约中指定的国债，也可以放弃买进或卖出这种国债的交易方式。目前中国尚未开展国债的期权交易方式。期权交易方式相对于期货交易方式而言风险较小。这是因为，期权交易在订约之后，期权的买方可以在买进或不买进、卖出或不卖出之间做出选择，即使买方对期权交易中国债价格的变动趋势判断失误，也仅需支付一定期权费作为赔偿。

4. 本息拆离市场

本息拆离国债是一种国债衍生品，是美国财政部于1985年为满足对零息国债的需求而设计出来的。本息分离国债通常被称为零息国债，但是，从严格意义上讲，它实际上是零息国债的衍生产品。

本息分离国债指国债发行后，把该国债的每笔利息支付和最终本金的偿还进行拆分，然后依据各笔现金流形成对应期限和面值的零息国债。零息国债是指以低于面值的折扣价出售，在国债存续期间不发生利息支付，到期一次性按面值进行偿还的国债。零息国债不是周期性地支付息票利息，其利息体现在国债的价值随着时间越来越接近到期日而增加，在到期日，国债价值等于面值，按全部面值赎回，国债面值与发行价格之间的差额就是利息总额。

本息分离国债是在利率期限结构理论的基础上，将原附息国债的本息剥离出来，然后再加以债券化的一种国债衍生品。其原理如下：把原附息国债的每一利息支付的所有权及其到期本金的所有权分别剥离开来，实质就是依据原附息国债的每期息票收入和到期本金发行相应期限的零息国债。每只零息国债的发行价格分别为对应的未来收入流根据一定的收益率（一般为该期限零息国债的理论收益率）折算出来的现值，到期日为原附息国债的付息日或偿还本金日。每只拆分出来的零息国债都具有单独的代码，可以作为独立的债券进行交易和持有。

七　国债的回购交易和逆回购交易

国债回购交易（Repurchase），是国债持有人在卖出一笔债券的同时，与买方签订协议，承诺在约定期限内以约定的价格购回同笔债券的交易活动。与其动作过程相反的行为，称为国债逆回购（Resell），又称国债返售，是指资金持有者在支付资金购入一笔债券的同时，承诺在约定期限内以约定的价格将同笔债券返售给对方的行为。债券的回购和逆回购，是同一交易过程的两个方面，即对债券的卖出者（或资金的需求者）来说，是回购交易，对债券的购入者（或资金的供给者）来说，则是逆回购。债券回购的主要目的在于融通资金或贷放资金。

在回购和逆回购交易中，国债交易过程实质上是一种发放（或获得）抵押贷款的过程。在这个过程中，债券充当抵押品的角色，债券持有者在出售债券、获得资金的同时，将债券转移到资金贷出者的手中，作为在约定日期按约定价格返还资金的抵押品。另外，债券回购价格实际上起着贷款利率的作用。在债券回购中，债券的出售价格通常低于债券的回购价格，两者之间的差额由交易双方根据市场利率、回购期限等因素决定，因此，债券出售价格与回购价格的差额，实际上等于市场利率与贷款期限的乘积。因此，债券回购交易有如下特点：第一，债券回购的价格在正常条件下波动不大，只有在市场利率变动较大的场合，债券回购价格才会发生明显的波动；第二，债券回购的券种，主要是国债，不仅包括短期国债，而且包括中长期国债；第三，债券回购，既能满足投资者的长期证券投资需要，又能满足他们在短期内对资金的需求，因而有利于促进中长期国债的发行和交易。

债券回购和逆回购交易，既可在证券交易所、场外市场等有形市场中展开，也可发生在两个以上机构之间，即无形市场中。在证券交易所内，债券回购和逆回购交易中的债券种类、期限等通常由证券交易所确定，交易双方只需确定交易数量、交易价格等内容。债券回购和逆回购的交易过程，与债券的现货交易差别不大，但在委托指令内容、交易次数和交割方式等方面有自己的特点：

1. 交易委托

在债券回购交易中，投资者（即资金供给者）需要明确的委托内容主要有二：一是现期交割债券的数量，即现期买入的债券数量；二是在未来特定日期返售债券的价格。若投资者是回购者（即资金的需求者），则须明确现期卖出债券的数量和未来特定日期购回债券的价格。需要注意的是，在委托单中填报的价格，通常是未来特定日期回购（或逆回购）债券时的价格，其价格与现期交割债券面值的差额就是资金利息。交易双方在证券交易所的电子撮合成交后，交易合约即告建立。

2. 第一次现货交割

第一次现货交割，是指债券的卖出者（即资金需求者）将债券交付给债券购买者（即资金供给者），同时，债券购买者将资金交付给债券卖出者的过程。在这个过程中，债券的购买者在获得债券的同时，须开出所购入债券的代保管单，交给原债券持有者（即债券卖出者），保管单上应记载回购交易合约的主要内容。

3. 第二次现货交割

第二次现货交割，是指原债券持有者回购债券时所发生的资金与债券交割的过程。在这个过程中，原债券持有者既有权利也有义务，其义务是要将对方代保管的债券按约定的价格购回，同时在第一次现货交割中的债券购买者也有权利和义务，其义务是要按约定将代保管的债券出售给原持有者。只有在第二次交割完成后，一个完整的回购和逆回购交易才告结束。

在场外市场和无形市场中进行的证券回购和逆回购交易，其过程与在证券交易所进行的交易基本相同。不同之处主要在于，场外交易大多是通过交易双方一对一的谈判进行的，交易过程中交易工具的选择、回购和逆回购期限的长短均可以根据双方的需求而确定，具有一定的灵活性。

第三节　地方政府债券

一　地方政府债券的特点

地方政府债，又称市政债券，是指财政相对独立的地方政府或地方政府公共机构发行的债券。地方政府发行债券的主要目的是为当地的交通、通信、教育、医疗、文化和环保等市政建设筹集资金。在美国等发达国家，地方政府的财政相对独立，它们经常通过发行地方政府债券来筹集地方财政运作所需资金。

与中央政府债券相比，地方政府债券具有如下一些特点：

第一，地方性。地方政府债券，一般在本地发行，主要由本地区的各类机构和个人购买，所募集的资金用于满足地方政府的财政开支需要和有关项目建设需要，因此，从发行人身份、目的、资金来源和资金用途等方面来说，都带有明显的地方特点。受此制约，一方面，各个地方政府发行债券的期限、利率、数量和时间等不尽相同；另一方面，与国债相比，每个地方政府发行债券的数量较少，地方政府债券的风险也相对大些。

第二，税收优惠。地方政府债券的利息所得常常享有一些免税优惠。例如，美国在《1986年税收改革法案》实施前，地方政府债券的利息收入一律免征联邦所得税，在一些州、市，这类利息所得还可以免征地方所得税。地方政府债券的税收优惠待遇，实际上使投资此类债券的收益率明显提高，同时，也促进了此类债券的发行。

第三，金融性较弱。地方政府债券，作为一种证券，虽然在发行后也可进入证券交易市场进行交易，具有一定的流动性，但中央银行的公开市场业务一般不以地方政府债券为主要操作对象，同时，此类债券的利率也很难成为货币市场的基准利率，因此与国债相比，它的金融性较弱。在美国，地方政府债券的市场价值比国债的市场价值小得多，这在一定程度上反映出地方政府债券的金融性较弱。

第四，风险较高。与国债相比，地方政府债券的风险较高。发达国家的一些地方政府存在财政破产的可能，因此，一旦地方政府财政入不敷出，就有可能发生延期偿付债券本息的现象。由于地方政府债券的风险较高，所以，这种债券的利率较高、利息可享受优惠、中央银行一般不以它作为公开市场业务操作的主要对象。因为美国一些州政府的财政入不敷出的状况相当严重（甚至处于破产的境地），所以它们所发行的债券在风险上甚至高于一些大型公司发行的公司债券。

二　地方政府债券的分类

与国债相同，地方政府债券也可以按期限长短、发债目的等的不同，划分为不同的类型。但地方政府债券也有一些特殊的类型，这包括：

1. 一般责任债券

一般责任债券是指由地方政府发行并以其征税能力为还本付息担保的债券。地方政府发行这种债券所筹集的资金，主要用于公用基础设施的建设。一般责任债券，由于有政府税收收入作为偿债保证，而地方政府总有税收收入，所以，安全性较高；但由于地方政府的财政收支状况变化甚大，在入不敷出（如经济不景气期间）时，会发生偿债的困难，历史上也曾发生过拖欠偿付的现象①，所以，这种债券拖欠偿付的风险较大。当然，"拖欠"并不意味着"不付"，通常来说，债权人的本息最终还是能够得到偿付的。

按偿债税收来源的不同，一般责任债券可分为无限税款债券、有限税款债券和特别税款债券。无限税款债券是指地方政府发行的以不受限制的征税能力保证本息偿付的债券。一般来说，这种债券的安全性较高。有限税款债券是指地方政府发行的只能以规定的有限征税能力保证本息偿付的债券。特别税款债券是指地方政府发行的以特定的项目税费收入作为偿债保证的债券。20世纪80年代以后，由于纳税人不愿意以一般性税收支持地方政府大量发行一般责任债券，因此，无限税款债券的发行受到多方面的限制，而以公共项目受益人的纳税和缴费为保障的特别税款债券的发行，因为限制相对较少，所以其在地方政府债券中所占的比

---

① 如美国在1929～1937年经济衰退和萧条期间，约有16%的市政债券发生拖欠偿付。参见 Wood, J. H., Wood N. L., *Financial Markets*, HBJ Publishers, 1985, p.304。

重有所上升。

2. 岁入债券

岁入债券，是地方政府或其分支机构（如国有企业）发行的以特定的公共项目的收益作为偿债保证的债券。岁入债券发行的目的，通常是为了满足公共项目或公用事业企业对资金的需求；这种债券的本息偿还，不以地方政府的税收能力为保证，而以特定的公共项目的收益为保证，因此，它类似于中国的企业债券。由于这种债券的风险通常高于一般责任债券，所以，它的利率也高于一般责任债券。在发达国家发行的地方政府债券（或公债）中，岁入债券的数量明显多于一般责任债券。

按资金用途的不同，岁入债券可分为工业发展岁入债券、控制污染岁入债券、住宅抵押岁入债券等。工业发展岁入债券，通常由地方政府发行，筹集的资金一般用于建设制造业或商业设施，债券的偿还主要依靠向私人部门出租或出售这些设施而取得的收入。污染控制岁入债券所筹资金主要用于建设控制污染的设施，偿债资金来源于出租或出售这些设施所取得的资金。

3. 混合及特种债务债券

混合及特种债务债券是兼有一般责任债券和岁入债券特点的地方政府债券。这种债券的形式是多种多样的，一般的特点是政府对一部分本金和利息的偿付以税收收入作保证，另一部分的偿付则由项目岁入、商业性保险公司以及信贷支持的资金予以保障。

三　地方政府债券的发行管理

由于各个国家政治体制、财政体制（包括税收体制）等不尽相同，所以地方政府债券的发行和管理也存在一定程度的差异。

1. 地方政府债券的发行

在美国，地方政府债券大部分为系列债券，即发行的每一种债券要划分为不同的期限，每年应偿付债务本息的一部分。地方政府债券的收益率一般是参照市场利率水平和发行主体的资信情况制定的，其收益率低于同质的公司债券。但是，这种差异在整个经济周期过程中很不相同，在高利率和利率上升时期，差异缩小，而在利率下降时期，差异通常扩大。美国地方政府债券的发行一般采用公募方式，由投资公司、商业银行和证券经营商组成承销集团负责承销，承销集团向发行者认购后，再转售给其他投资者。

日本地方政府债券的发行方式分为证书借款和证券发行两种形式。证书借款指地方政府不发行债券，而以借款收据的形式筹借资金。其证券发行主要有三种。一是招募。招募分为"私募"和"公募"两种形式。"私募"是地方政府对有关机构直接发行债券，这些机构一般在当地营业，并与地方政府有一定的业务联系；"公募"指通过在债券市场公开发行的方式募集资金。具体哪些地方政府可以通过公募方式筹集资金，需要由日本政府的大藏大臣和自治大臣共同商定。只有实力比较强的一些地方政府才能利用这种方式。二是销售。销售方式是先由地方政府公告其销售数量和条件，然后由各承购商提出购买申请，最后在规定期限内向承购商销售债券。三是交付债券。交付债券是地方政府在需要支付现金时，不直接支付现金，而是支付地方债券，这种方式虽然规模不大，但比较常用。

2. 地方政府债券的发行管理

各个国家一般通过下面两种方式对地方政府债券的发行实施严格的管理。

第一，通过法律法规规范地方政府债券的发行行为。例如，在美国，各州都通过有关法律约束并规范地方政府债券的发行，有些州规定：州信用不能用于私人利益；债券要首先用于改进公益事业的长期项目；大宗发行证券需要投票表决。美国很多州和地方政府发行一般责任债券必须得到公众表决投票的同意（收入债券的发行则可以不通过公众投票）。不少州还要求债券按系列发行，每一种债券的期限不得超过项目估计的寿命周期，每一种债券的收益都必须记入专项基金，并不得与政府的其他基金混在一起。对州以下的地方政府，如果其债务不能偿还，债权人可以依法起诉要求强制执行。如果没有可抵债财产，地方政府可以得到上级批准提高税率以偿还债务。

在日本，中央政府对地方政府发行债券实行严格的审批制度。日本地方政府债券的批准权在中央政府，具体由负责地方政府事务的自治大臣审批。根据日本《地方自治法》第 250 条规定，"发行地方债券以及变更发债、偿债方法或调整利率时，必须根据政命规定经自治大臣或都道府县知事批准"，最后仍要经中央政府批准。因此，在日本，地方政府要求发行债券时，要先向自治省申报，提出所要发展的建设项目、资金来源和需要发行债券的额度。自治省审查后，将各地的发债计划进行汇总，并同大藏省协商，而后由自治省统一下达分地区的发债额度。如果是发行公募债券，还要专门报大藏省审批。自治省与大藏省除协商共同制定地方政府发债计划以外，还制定发债方针。发债方针的重点是制定当年不批准发债的地方政府和限制发债的地方政府的名单。确定这样的名单的主要依据有四：一是对于不按时偿还地方债本金或发现以前通过明显不符合事实的申请获准发债的地方政府，不批准发债；二是公债费占财政支出比重在 20% 以上的地方政府不批准发行厚生福利设施建设债券，在 30% 以上的不批准发行一般事业债券；三是对当年地方税征税率不足 90% 或赛马收入较多的地方政府发债也进行限制；四是严格限制出现财政赤字的地方政府和出现赤字的公营企业发行债券。通过这些方面的限制和规定，日本中央政府不仅控制了地方债的发行总量，而且具体确定了发债的地方政府，体现出明显的集中直接管理的色彩。

第二，通过完善的市场机制来约束地方政府债券。例如，通过市政债券的信用评级和法律程序以保证地方政府债券的合法性及其偿还能力。在美国，由于其信用评级制度十分发达，地方政府的信用级别对地方政府债券的发行、债券筹资成本、债券的流通性等都有重大影响，投资者也高度关注地方政府债券的发行以及发行人的财务状况，包括发行人的支付能力和支付意愿。投资者衡量地方政府支付能力指标有四个。一是净债务与应税财产估价价值的比率，即税收支持的净债务与地方市政应税财产价值的比率。二是人均净债务水平。在进行地区比较时，用人均综合净债务水平进行衡量，并考虑不同地区的财富和收入水平。三是偿债资金需要量（还本付息额）与每年财政总收入的比率。这个比率主要反映了固定费用的偿付能力。四是债务和税率限制。地方市政当局的债务受到应税财产估计价值的法定限制。不少州限制征税能力和税率，以保证债券发行能够保持合理的规模。

3. 中国的地方政府债券

中国财政实行中央集权体制，各地方政府的债务最终由中央财政负责清偿。这决定了各级地方政府的财政并非与中央财政相独立，因此，中国财政在制度上不允许各级地方政府自主决定发行地方政府债券。从这个意义上说，中国不存在地方政府债券。但在实践中，地方政府有发行地方政府债券的内在要求。为了缓解体制机制中存在的这种矛盾关系，中国实行了由中央财政代为地方政府发行债券或在中央财政审批监管下地方政府自行发债的方式。

2009 年 2 月 17 日，在抵御国际金融危机冲击、"扩大内需、刺激经济"的政策背景下，第十一届全国人大常委会第十八次委员长会议听取了关于《国务院关于安排发行 2009 年地方政府债券的报告》有关情况的汇报。同年 3 月 19 日，财政部出台了《2009 年地方政府债券预算管理办法》。其中，第 2 条明确指出："本办法所称地方政府债券，是指经国务院批准同意，以省、自治区、直辖市和计划单列市政府为发行和偿还主体，由财政部代理发行并代办还本付息和支付发行费的 2009 年地方政府债券。"第 4 条规定："地方政府债券收支实行预算管理。地方政府债券收入全额纳入省级财政预算管理，市、县级政府使用债券收入的，由省级财政转贷，纳入市、县级财政预算。地方政府债券收入安排的支出纳入地方各级财政预算管理。"第 5 条说："地方政府债券支出根据各级财政使用债券收入或者债券转贷收入安排的支出编制。地方政府债券预算支出，要充分体现科学发展观的要求，积极促进经济结构调整和发展方式转变。资金主要用于中央投资地方配套的公益性建设项目及其他难以吸引社会投资的公益性建设项目支出，严格控制安排用于能够通过市场化行为筹资的投资项目，不得安排用于经常性支出。资金使用范围主要包括：保障性安居工程，农村民生工程和农村基础设施，医疗卫生、教育文化等社会事业基础设施，生态建设工程，地震灾后恢复重建以及其他涉及民生的项目建设与配套。"第 10 条规定："地方政府债券到期后，由中央财政统一代办偿还。地方财政要足额安排地方政府债券还本付息所需资金，及时向中央财政上缴地方政府债券本息、发行费等资金。如果届时还本确实存在困难，经批准，到期后可按一定比例发行 1~5 年期新债券，分年全部归还。对于未按时上缴的，中央财政根据逾期情况计算罚息，并在办理中央与地方财政结算时如数扣缴。"[①]

---

① 资料来源：国家财政部网站。

2011 年 10 月 17 日财政部出台了《2011 年地方政府自行发债试点办法》（财库 ［2011］141 号）。该办法提到，经国务院批准，2011 年在上海市、浙江省、广东省和深圳市等四个地方，开展地方政府自行发债试点。其中，第 3 条指出："试点省（市）发行政府债券实行年度发行额管理，2011 年度发债规模限额当年有效，不得结转下年。"第 4 条规定："试点省（市）发行的政府债券为记账式固定利率附息债券。2011 年政府债券期限分为 3 年和 5 年，期限结构为 3 年债券发行额和 5 年债券发行额分别占国务院批准的发债规模的 50%。"第 8 条规定："试点省（市）发行政府债券应当以新发国债发行利率及市场利率为定价基准，采用单一利率发债定价机制确定债券发行利率。"第 12 条规定："试点省（市）自行发债收支实行预算管理，具体事项参照《财政部关于印发〈2009 年地方政府债券预算管理办法〉的通知》（财预［2009］21 号）有关规定办理。"第 14 条规定："试点省（市）应当建立偿债保障机制，在规定时间将财政部代办债券还本付息资金足额缴入中央财政专户。"① 2012 年 5 月 8 日，财政部又出台了《2012 年地方政府自行发债试点办法》，进一步扩大了自行发债的地方政府数量。

2013 年 11 月 12 日，中共中央十八届三中全会通过了"关于全面深化改革若干重大问题的决定"，其中在"推进城市建设管理创新"这一部分中指出："允许地方政府通过发债等多种方式拓宽城市建设融资渠道"。这意味着地方政府债券在符合相关规定的条件下有可能成为中国债券市场的新品种。

第四节　其他政府性债券

一　央行债券

央行债券，又称央行票据，是指由中央银行向商业银行等金融机构发行的债务性凭证。央行债券不属于政府财政部门直接发行的债券，但由于央行属于政府部门的范畴，所以，央行债券也属于政府性债券的范畴（归根结底，如果央行不能履行到期偿还本息的责任，最终央行债券还得由政府财政予以清偿）。

央行债券的发行目的主要包括：第一，中央银行为调节商业银行等金融机构的超额准备金而向商业银行发行的短期债务凭证；第二，中央银行为展开公开市场业务，在操作工具不足时，发行央行债券；第三，中央银行为了对冲外汇占款，在资金不足时，发行央行债券；第四，中央银行为了缓解金融市场或商业银行等金融机构的资金不足，向金融市场或金融机构注入流动性以防范和化解金融危机，从而发行央行债券。

在调控流动性的条件下，央行发行的债券基本属于短期债券，期限一般在 1 年

---

① 资料来源：国家财政部网站。

以内。但在对冲外汇占款或应对金融危机的条件下，央行发行的债券期限可能会延长到 1 年以上。

1993 年 5 月 7 日，中国人民银行以"银发［1993］124 号"文件的方式出台了《中国人民银行融资券管理暂行办法实施细则》。其中规定："融资券认购分两种方式：自愿认购与计划配购"，"计划配购，由中国人民银行总行根据宏观控制货币信贷总量的要求，确定发行总量"，"资金市场办理融资券发行的手续费，按财政部对计收手续费的统一规定执行，由人民银行按季支付"[①]。2003 年，中国人民银行发行了两期融资券，总金额为 200 亿元；1995 年，中国人民银行在尝试通过债券市场开展公开市场业务时，为弥补手持国债数额过少的不足，也曾将融资券作为一种重要的补充性工具。2002 年 9 月 24 日，为增加公开市场业务操作工具，扩大银行间债券市场交易品种，中国人民银行决定将 2002 年 6 月 25 日至 9 月 24 日进行的公开市场业务操作的 91 天、182 天、364 天的未到期正回购品种转换为相同期限的中国人民银行债券，转换后的中国人民银行债券共 19 只，总量为 1937.5 亿元。这标志着中国人民银行债券在新世纪的正式发行。2002～2011 年，中国人民银行的债券余额如表 4－1 所示，从中可以看出三个特点。其一，中国人民银行债券的发行量在 2002～2008 年有逐年快速扩大的态势，但在 2009～2011 年又快速减少。其二，中国人民银行债券最初的发行意图在于增加公开市场业务的操作对象，但在 2003 年以后，成为对冲外汇占款的一个重要工具[②]。随着法定存款准备金率的快速提高，对冲外汇占款主要由法定存款准备金承担，因此引致中国人民银行债券的数额快速减少。其三，如果假定中国人民银行债券均为 1 年内的短期债券（实际上，中国人民银行发行了一部分 3 年期的债券），则每年为还本付息而发行的"借新还旧"债券的规模相当之大。

2011 年，在由希腊、西班牙、意大利和爱尔兰等国引发的主权债务危机背景下，欧洲央行的一些人提出了发行欧洲央行债券，以募集资金，救援主权债务危机国家的设想。2012 年 3 月，欧洲央行行长德拉基（Mario Draghi）明确表示，现在谈发行欧元债券还"为时尚早"。一个基本原因是，他认为："如果我们想要保护纳税人的钱财，那么，欧元区就不能变成一个由一两个国家支付而其他国家只花钱的'转移联盟'，因此不能使这一切都由欧元债券提供资金支持。这是不允许发生的事。"可见，财政体制尚未一体化是引致欧元债券不可能发行的根本性障碍。

二 政策性金融债券

政策性金融债券，又称政策性银行债券，是中国政策性银行为筹集信贷资金而向其他存贷款金融机构发行的债券。1994 年，在中国银行业的改革过程中，实行

---

① 资料来源：中国人民银行。
② 参见王国刚《中国货币政策调控工具的操作机理：2001～2010》，《中国社会科学》2012 年第 4 期。

表 4 - 1　中国人民银行资产负债简表（2002～2011）

单位：亿元

科目 \ 年份	2002	2003	2004	2005	2006	2007	2008	2009	2010	2011
国外资产	23242.85	31141.85	46960.13	63339.16	85772.64	124825.18	162543.52	185333.00	215419.60	237898.06
外汇	22107.39	29841.80	45939.99	62139.96	84360.81	115168.71	149624.26	175154.59	206766.71	232388.73
货币黄金	337.24	337.24	337.24	337.24	337.24	337.24	337.24	669.84	669.84	669.84
其他资产	5266.29	8516.19	9300.05	11459.57	11412.84	7098.18	8027.20	7804.03	7597.67	6763.31
总资产	51107.58	62004.06	78655.33	103676.01	128574.69	169139.80	207095.99	227535.02	259274.89	280977.60
储备货币	45138.18	52841.36	58856.11	64343.13	77757.83	101545.40	129222.33	143985.00	185311.08	224641.76
货币发行	18589.10	21240.48	23104.00	25853.97	29138.70	32971.58	37115.76	41555.80	48646.02	55850.07
金融性公司存款	19138.35	22558.04	35672.79	38391.25	48459.26	68415.86	92106.57	102429.20	136665.06	168791.68
发行债券	1487.50	3031.55	11079.01	20296.00	29740.58	34469.13	45779.83	42064.21	40497.23	23336.66
总负债	51107.58	62004.06	78655.33	103676.01	128574.69	169139.80	207095.99	227535.02	259274.89	280977.60

资料来源：中国人民银行网站。其中，2002年以后，"准备金存款"不再单列，被并入了"金融性公司存款"。

了商业银行与政策性银行分离并分立的制度，成立了国家开发银行、中国农业发展银行、中国进出口银行等3家政策性银行。在此背景下，政策性银行缺乏资金来源，也就难以展开业务活动。为了克服这一困难，经国务院批准，政策性银行可以以自己的名义，向各主要存贷款金融机构（如邮政储汇局、国有商业银行、股份制商业银行、城市商业银行和农村信用社等）发行金融债券。

政策性金融债券的发行大致经历了派购发行和市场化发行两个阶段。

1994～1997年为派购发行阶段。这一阶段的特征是，政策性银行的金融债券发行是通过中国人民银行运用行政机制向各家存贷款金融机构派发而完成。1994年4月由国家开发银行拉开了政策性金融债券的发行序幕。在这一阶段中，政策性金融债券的主要特点有四个方面。一是选择无纸化记账式债券的方式。这些政策性金融债券由中央国债登记结算有限责任公司负责托管登记，各家存贷款金融机构以认购人身份在中央国债登记有限责任公司开设托管账户，中央国债登记有限责任公司接受政策性银行的委托办理还本付息业务。政策性金融债券基本上每个月发行一次，每月20日为当月的基准发行日（节假日顺延）。二是在品种结构上，政策性金融债券派购发行的券种有3年期、5年期和8年期三个品种。三是在付息方式上，除了在1994年发行过到期一次还本付息的单利债券外，从1995年起基本采取按年付息的附息债券方式。除3年期的金融债券为固定利率债券之外，5年期和8年期的金融债券为规避利率风险，均实行由中国人民银行一年一定的准浮动利率。四是从流通性上看，这一时期，政策性金融债券尚未正式流通，但中国人民银行已批准将其在货币市场上做抵押回购业务，同时可以将其作为公开市场业务的工具。

1998年以后到现在为市场化发行阶段。1998年9月2日，国家开发银行率先推出政策性金融债券的市场化发行举措；1999年，中国进出口银行开始尝试政策性金融债券的市场化发行。市场化发行的政策性金融债券的特点表现在以下几个方面。第一，通过市场化招标的方式发行金融债券，即政策性银行以自己的名义以招标方式向商业银行等金融机构发行政策性金融债券。从实践情况看，采用这一发行方式后虽有流标现象发生，但总体情况良好。第二，政策性金融债券的品种大大增加。各家政策性银行先后推出了3个月、6个月、1年期、2年期、3年期、5年期、7年期、10年期、20年期和30年期等不同期限的政策性金融债券，满足了商业银行等金融机构和金融市场对各种期限结构的债券的需求。第三，债权性质更加丰富。各家政策性银行先后推出了浮动利率债券、固定利率债券、投资人选择权债券、发行人选择权债券以及增发债券等债券品种。第四，债券利率更加灵活，也更贴近市场。

2005年4月，中国人民银行出台了《全国银行间债券市场金融债券发行管理办法》（中国人民银行令〔2005〕第1号），其中第6条明确规定："政策性银行发行金融债券，应按年向中国人民银行报送金融债券发行申请，经中国人民银行核准后方可发行。政策性银行金融债券发行申请应包括发行数量、期限安排、发行方式等内容，如需调整，应及时报中国人民银行核准。"第 14 条规定："金融债券的发行可以采取一次足额发行或限额内分期发行的方式"，政策性银行应在每期金融债券发行前 5 个工作日将相关文件报中国人民银行备案，并按中国人民银行的要求披露有关信息。这标志着政策性金融债券的发展进入了一个新的阶段。

2011 年，政策性金融债券的当年新发行数额达到 1.9 万亿元。到 2011 年年底，政策性金融债券的余额已达 6.48 万亿元，成为仅次于政府债券（2011 年年底余额为 7.38 万亿元）的第二大债券类型。政策性金融债券是政策性银行的主要资金来源。发债资金有效地提高了政策性银行的运作能力，一方面有力地支持了国家大中型基础设施、基础产业和支柱产业的发展，支持了产业结构调整和区域经济结构调整，支持了西部经济大开发，促进了国民经济的健康发展；另一方面也支持了这些政策性银行的金融创新和业务发展。

三 企业债券

企业债券是指根据《企业债券管理条例》的规定、由企业按照规定程序发行并到期偿还本息的债券。1993 年 8 月 2 日，国务院出台了《企业债券管理条例》（国务院第 121 号令），其中，第 2 条规定："本条例适用于中华人民共和国境内具有法人资格的企业（以下简称企业）在境内发行的债券"，按此，各类企业均可以发行企业债券。但第 10 条规定："国家计划委员会[①]同中国人民银行、财政部、国务院证券委员会拟订全国企业债券发行的年度规模和规模内的各项指标，报国务院批准后，下达各省、自治区、直辖市、计划单列市人民政府和国务院有关部门执行。"由于国家计委只负责政府资金运用的计划和国有资产的投资计划，所以，长期以来，绝大多数已发行的企业债券实际上是国有企业的债券。

在海外市场中，只有"公司债券"的概念，没有"企业债券"的概念。由于中央政府一般不直接管理国有独资企业和国有控股企业，所以，这些企业发行的债券通常列入地方政府债券（或市政债券）的范畴。中国已发行的企业债券，就总体而言，与西方国家的地方政府债券在性质上基本相同；区别在于，由于中国存在中央政府直接管理的国有独资企业和国有控股企业，所以，由这些企业发行的债券不属于地方政府债券的范畴，因此可以笼统地称为"政府债券"。

从 1998 年以后的发行情况来看，企业债券发行有如下几个特征：

第一，每一主体的发债规模都很大。2011 年中国共发行 196 只企业债券、发行总规模为 2515.48 亿元，平均每只达到 12.84 亿元。其中，最大的是国家电网公司发行的 10 年期企业债券，发行规模达到 100 亿元；最小的是武汉国有资产经营

---

① 2003 年，国家计划委员会更名为"国家发展和改革委员会"（简称"国家发改委"）。

公司发行的 7 年期企业债券，发行规模为 3 亿元。如果不考虑投资项目的分拆报批，按照现有固定资产投资项目审批权限划分，单一主体要发行如此巨额的企业债券，其发债募资所投项目均应经国家发改委报国务院审批。

第二，发债主体基本为国有企业。2011 年新批准的企业债券，从发债主体上看，绝大多数属于中央或地方政府批准设立的国有独资企业或国有控股企业（此前甚至有国家铁道部），真正的民营企业或股权比较分散的股份公司很难通过发行企业债券获得中长期资金。

第三，发债资金几乎都投入政府部门批准的投资项目。发债募资的用途几乎全部投入政府部门已经批准的固定资产投资建设项目。其中，中央企业债券募集资金的投资领域集中在交通运输网（包括铁路、机场）、电力、石油和国家重点骨干企业的生产建设项目与技改投资方面；地方企业债券募集资金的投资领域集中在城市基础设施（包括城市路网、地铁、隧道、供排水、环境治理等）、高速公路与铁路、电力、重点煤矿与化工基地的生产建设项目与技改投资方面。这清楚地表明，中国目前所发行的企业债券，最主要的目的是为支持国家重点规划的基本建设项目和少数重点骨干企业的生产扩建与技改。2004 年 7 月，国务院出台的《关于投资体制改革的决定》明确规定："对于企业不使用政府投资建设的项目，一律不再实行审批制，区别不同情况实行核准制和备案制。"但企业债券所募集的资金几乎都与政府批准的投资项目挂钩，这实际上表明，这些发债资金具有明显的政府资金特性。

第四，审批部门并非债券市场监管机关。国家发改委是"综合研究拟订经济和社会发展政策，进行总量平衡，指导总体经济体制改革的宏观调控部门"，并非债券市场的监管机关；在资金运作过程中，它更多的是考虑政府资金的安排、使用和协调，并将这种思维带入企业债券的审核批准全过程，视企业债券募集的资金为政府部门的可控资金。

众所周知，企业与公司并非等同的概念。根据《公司法》的规定，可发行公司债券的企业只能是股份有限公司和有限责任公司，与此相比，企业的范畴要远大于公司。中国企业债券发行的主要根据是 1993 年出台的《企业债券管理条例》，当时，《公司法》尚未出台，股份有限公司和有限责任公司也尚未成为国有企业组织制度改革的主要方式。1994 年之后，虽然相当多的国有企业进行了公司制改革，名称上也挂上了"公司"二字，由此，似乎企业债券就是公司债券的代名词了，但事实上，由于国家计委（即国家发改委的前身）只管政府部门和国有企业的投融资安排，不管非国有企业的类似活动，所以，企业债券自一起步就限制在国有经济部门内，与众多的公司数量相比，它所涉及的发债主体比公司债券要窄得多。鉴于 20 世纪 90 年代中期，一些地方发生了企业债券到期难以兑付本息的风险，国家计委上收了企业债券的审批权，从而形成了 1998 年以后企业债券由国家计委集中管理审批的格局。这一历史过程表明，企业债券并非公司债券。

企业债券与公司债券的主要区别有五：

第一，发行主体的差别。公司债券是由股份有限公司或有限责任公司发行的债券，中国 2006 年《公司法》和《证券法》对此也做了明确规定，因此，非公司制企业不得发行公司债券。企业债券是由中央政府部门所属机构（如铁道部）、国有独资企业或国有控股企业发行的债券，它对发债主体的限制比公司债券大得多。中国各类公司有几百万家，而国有企业（包括国有独资公司、国有控股公司和非公司制国有企业）仅有 20 多万家。在发达国家中，公司债券的发行属于公司法定的权利，无需经政府部门审批，只需登记注册，发行成功与否基本由市场决定；与此不同，各类政府债券的发行则需要经过法定程序由授权机关审核批准。

第二，发债资金用途的差别。公司债券是公司根据经营运作的具体需要所发行的债券，它的主要用途包括固定资产投资、技术更新改造、改善公司资金来源的结构、调整公司资产结构、降低公司财务成本、支持公司并购和资产重组等，因此，只要不违反有关制度规定，发债资金如何使用几乎完全是发债公司自己的事务，无需政府部门关心和审批。但在中国的企业债券中，发债资金的用途主要限制在固定资产投资和技术革新改造方面，并与政府部门审批的项目直接相联。

第三，发债数量的差别。1994 年的《公司法》和 2005 年的《证券法》都规定，股份有限公司 3000 万元净资产、有限责任公司 6000 万元净资产是申请发债的基本条件，发债数额可达到净资产的 40%，以此计算，上述公司的发债数额可分别达到 1200 万元和 2400 万元。但是，按照企业债券发行审批的内控指标，2006 年之前每只企业债券的发债数额大多不低于 10 亿元，且发债资金占固定资产投资项目所需资金的比重不高于 20%，由此，可发债的企业只能集中于少数大型企业；2011 年，在 196 只企业债券中，低于 10 亿元的有 56 只，占比也仅为 28.57%。其中，还有分拆的现象，例如，乐山市国有资产经营有限公司发行的企业债券总规模为 10 亿元，但这只债券被分拆成了品种一和品种二，发债规模也改为 7 亿元和 3 亿元。另外，尽管与往年相比，2011 年的企业债券发行规模已明显扩大，但当年发行的 196 只企业债券，相对于 20 多万家国有企业来说，依然只是凤毛麟角，因此，且不说众多的中小企业不可能通过这一渠道获得资金，就是大型国有企业也难以——利用企业债券机制获得资金。

第四，管制程序的差别。在市场经济中，公司债券的发行通常实行登记注册制，即只要发债公司的登记材料符合法律等制度规定，监管机关就无权限制其发债行为。在这种背景下，债券市场监管机关的主要工作集中在审核发债登记材料的合法性、严格债券的信用评级、监管发债主体的信息披露和债券市场的活动等方面。但中国的企业债券在发行前须经国家发改委报国务院审批，由于担心国有企业发债引致相关兑付风险和社会问题，所以，国家发改委在申请发债的相关条件中，对本息偿付做出了种种预先安排，以做到防控风险的万无一失；一旦债券发行，审批部门就不再对发债主体的信用等级、信息披露和市场行为进行监管了。这种"只管生、不管行"的现象，说明了这种管制机制并不符合市场机制的内在要求。

第五，市场功能的差别。在发达国家中，公司债券是各类公司获得中长期债务性资金的一个主要方式。由于公司数量众多，因此，公司债券的每年发行额既高于股票的融资额，也高于政府债券的发行额。在中国，由于企业债券实际上属于政府债券，它的发行受到行政机制的严格控制，发行数额远低于国债、央行票据和金融债券。

2011年以后，在防范和化解地方政府融资平台债务的过程中，一些人提出了将"企业债券"改为"城镇化建设投资债券"（简称"城投债"）的设想，这进一步说明，企业债券实际上属于政府债券的范畴。

第五章　公司债券市场

公司债券是证券市场的一种基础性证券。在美国等发达国家中，每年公司债券的融资额远大于股票，未清偿的公司债券余额与政府债券余额相差无几。公司债券的风险高于政府债券但小于股票，因此，从收益率曲线上说，公司债券利率有连接政府债券利率和股票收益的功能，同样，也就有制约政府债券利率和股票收益率的功能。另外，公司债券又是诸多金融衍生产品形成的基础，建立在公司债券及其利率基础上的衍生产品成百上千。可以说，要是没有公司债券，证券市场就存在严重缺陷，其功能也不可能正常发挥。

第一节　公司债券的特点、种类和功能

一　公司债券的特点

公司债券，简称"公司债"，是由公司（即股份有限公司和有限责任公司）依法发行并承诺在约定时间内还本付息的标准化债务凭证。它有五方面含义：一是公司债券的发行人只能是股份有限公司和有限责任公司，独资企业、合伙公司、合作公司和互助公司等企业一般不能发行公司债券；二是发行公司债券必须遵守有关法律的规定，由于各国法律规定不同，发行公司债券的条件也不尽相同；三是发行人必须在约定的时间内偿付公司债券的本息，这是发行人的法定义务；四是公司债券所募集的资金在性质上属债务性资金，但这并不排斥这些资金的资本性使用；五是公司债券作为一种债务凭证通常采取标准化方式，例如，以50元、100元等作为标准的票面发行单位。

与政府债券相比，公司债券具有一些重要特征：

第一，契约性。公司债券作为一种债务凭证，记载的是发行人与购买人之间的债权债务关系。在未被认购前，公司债券实际上是一种债务要约；一旦被认购，债权债务的契约关系就即刻形成。这种契约关系的最基本内容是，一方面认购者必须按照约定缴付对应的资金；另一方面，发行人必须在约定的时间内支付债券本息。

第二，风险较大。公司债券的本息偿付资金主要来源于发行人的经营收入。由于发行人在其经营过程中面临诸多风险，一旦经营不善就可能发生亏损，公司债券的本息偿付就可能发生困难；即便是在发行人经营盈利的条件下，也可能因资金周转困难而引致偿还债券本息的困难；在发行人破产的条件下，债券持有人就可能面临利息甚至本金损失的危险。因此，公司债券的风险明显大于政府债券。

第三，抵押性。由于公司债券的本息偿付存在较大的风险，所以，为了保障债权人的合法权益，支持公司债券市场的发展，各国都通过相关法律，明确规定发行人应以其净资产作为发行公司债券的抵押品，并限制了发行规模与发行人净资产之间的比例关系。不仅如此，一些国家还通过法规，要求对发行人的经营状况、财务状况、资信状况等进行评估，由此，支持了公司债券信用评级的展开。

第四，优先性。债券持有者是公司的债权人，不是股东，一般不参与公司的经营管理决策，但有权按期取得利息，且利息分配顺序优于股东的股利分配。如果因公司经营不善而破产解散，在清算资产时，债券持有者获得本息偿付的顺序也优先于股东对股本资金的要求。

第五，利率较高。由于投资公司债券风险较大，发债公司在运作债券资金中也可能获得较高的利润率，所以，公司债券利率通常高于政府债券。这是公司债券能够吸引众多投资者的基本原因。但公司债券一般没有免税的优惠，所以，在扣除税收后，投资者得到的实际利率低于债券的名义利率。

第六，债券品种繁多。不同的公司发行不同的公司债券，就是同一家公司也经常发行在期限、利率、权益（如清算次序、选择权等）、抵押担保方式等方面不同的债券，因此，公司债券的品种繁多。在债券市场比较发达的国家，公司债券的品种可达几千种。

公司债券不同于企业债券。20世纪80年代中期以后，中国推出的企业债券，是国有企业（包括国有独资企业和国有控股企业）发行的发债资金，主要用于政府部门审批的大型固定资产投资项目的债务凭证。在发达国家中，这种债券大致上属于政府机构债券或地方政府债券的范畴。公司债券与企业债券的区别主要有三：

第一，主体不同。公司债券的发行主体是股份有限公司和有限责任公司，这意味着各种非国有的股份有限公司和有限责任公司只要满足相关法律规定，就具有了发行公司债券的资格；但企业债券的发行主体是国有独资企业和国有控股企业，这意味着各种非国有企业不具有发行企业债券的资格。

第二，资金用途不同。在实行公司债券制度的条件下，发债资金的用途至少包括进行固定资产投资、技术更新和技术改造、补充流动资金或调整负债结构、补充次级资本和满足公司并购、资产重组等的需要。但在实行企业债券制度的条件下，发债资金的用途基本上被限定在固定资产投资、技术更新和技术改造等方面，由此，企业运用长期债务来调整短期借款过多、运用5年期以上的债务来补充次级资本、运用长期资金来安排公司并购活动等方面的需求常常难以得到满足。

第三，结果不同。一方面由于发债主体是国有企业，发债资金又主要用于政府部门审批的大型固定资产投资项目，由此，一旦发债企业不能按期偿付债券本息，就容易发生国有企业与政府财政部门之间的债务责任纠纷。1998年以前，相当一部分国有企业发行的企业债券发生兑付风险，一个主要原因就在于这种发债特点。另外，由于发债资金主要用于政府部门审批的大型固定资产投资项目，因此，绝大多数企业不可能通过发债获得长期资金，由此，既严重限制了债券发行规模，又将众多企业对中长期资金的需求推向商业银行，从而使商业银行承担着过重的中长期贷款负担。

二　公司债券的种类

根据划分标准的不同，公司债券可分为一系列种类：

（1）按照是否记名划分，公司债券可分为记名公司债券和不记名公司债券两种。记名公司债券，是指在债券票面上记载有债权人姓名、债券本息应凭有效身份证件和印鉴领取、债券转让必须背书并到债券登记机构登记过户的公司债券。不记名公司债券，是指债券票面上不需载明债权人姓名、还本付息及其交易转让仅以债券为凭证而不需登记的公司债券。

（2）按照债权人是否可参加公司利润分配划分，公司债券可分为参与公司债券和非参与公司债券两种。其中，参与公司债券是指债权人除了可获得规定的利息外，还可根据规定的条件参与发债公司的利润分配的公司债券。这种公司债券与其他债券相比，一般券面利率较低，如果发债公司的收益较好，在参与分红的条件下，债权人有可能得到较高的收益。由于这种债券在参与公司利润分配方面与股票有相似之处，所以，有人将其列入证券类衍生产品范畴。非参与公司债券是指债权人只能按规定的利率（固定利率或浮动利率）获取利息的公司债券，债权人不能参与公司的利润分配。在世界各国中，非参与公司债券是公司债券的主要形式。

（3）按照债券利率是否变动划分，公司债券可分为固定利率债券和浮动利率债券。固定利率债券，是指在整个偿还期内债券票面利率固定不变的公司债券。固定利率债券的筹资成本和投资收益可以事先预计，不确定性较小。但发行人和投资者都将面临利率风险。如果未来市场利率下降，发行人可以以更低的利率发行新债券，对发债公司来说，原来发行的债券的成本就相对变高，公司筹资成本相对上升；与此对应，投资者则获得了相对现行市场利率更高的收益；反之，则公司的筹资成本降低，投资者的收益降低。浮动利率债券，是指发行时约定债券利率随市场利率的变化定期进行调整的公司债券。浮动利率债券的期限一般较长，债券的最新利率按照市场基准利率加上一定的利差确定。例如，美国浮动利率债券一般参照3个月期的国债利率，欧洲主要参照伦敦同业拆借利率。浮动利率债还可以进一步细分，如规定利率浮动上、下限的浮动利率债券，规定利率达到约定水平时可自动转换为固定利率债券的浮动利率债券，附有选择权的浮动利率债券，以及在偿还期的一段时间内实行固定利率债券、另一段时间内实行浮动利率的混合利率债券。

浮动利率债券的诞生与"通货膨胀风险"的发生有关。当通货膨胀率超出预期值时，固定利率的发行公司的实际债务减少，而债权人的利益受到损害；相反，当通货膨胀率低于预期值时，债权人会以债务人的损失为代价获取收益。浮动利率公司债券的息票率同当前的市场利率挂钩，而后者又受到通货膨胀的影响，因此，浮动利率公司债券在一定程度上具有防范通货膨胀风险的功能。

（4）按债券可否提前赎回划分，公司债券可分为可赎回公司债券和不可赎回公司债券两种。可赎回公司债券，是指在债券发行时就附有可赎回条款的公司债券。这种公司债券在发行时就明确规定，在债券未到期之前，如果发生某一约定的事件时，发行人可以提前偿付或更换债务。公司发行这种债券的主要目的是为了避免利率变动的风险。这类债券多见于中长期公司债券。不可赎回公司债券，是指在债券发行时不附有可提前赎回条款的公司债券，这种公司债券只能按约定时间偿付本息。

（5）按发债资金的特定用途划分，公司债券可分为改组公司债券、调整公司债券、垃圾债券等多种。其中，改组公司债券，是指在公司改组或重整中为清理公司债务、调整公司资产结构而发行的公司债券。

调整公司债券，又称重整公司债券，是指经过重整的公司，为了减轻债务负担，经债权人同意，为换回原来利率较高的"旧债券"而发行的利率较低的公司债券。

承担保证债券，是指发行人为承担另一公司的债务或为另一公司提供偿债保证而发行的债券。通常的状况是，发债公司通过购买、合并、控股等方式已取得了另一公司的所有权或经营权后，为了承担该公司的债务或保证该公司发行债券的本息偿还，而需要发行新的债券。

延期公司债券，是指公司在到期无力偿债而又不能发行新债还旧债的情况下，经债权人同意而延长公司债券还本付息期（并可能调整利率）的公司债券。

垃圾债券，又称高风险债券，是指信用等级较低、风险较大而收益可能较高的公司债券。在美国债券市场上，信用级别低于 BBB 级（标准普尔公司的评级标准）或 BAA 级（莫迪公司的标准）的债券，称为垃圾债券。垃圾债券中有很大一部分是为了展开收购、兼并和资产重组行为而发行的，或是为了推进高新技术企业发展而发行的；其约定的票面利率比一般的公司债券或政府债券高出 4~5 个百分点，因此，虽有较大风险，但债券持有人有可能获得较高的回报。20 世纪 80 年代以后，随着高新技术的发展和公司并购的展开，垃圾债券的发行量快速增长，在美国曾达到了同期公司债券发行量的 16%。

（6）按照是否附有选择权划分，公司债券可分为附有选择权的公司债券和不含有选择权的公司债券。附有选择权的公司债券，是指发行人同意债权人拥有特定选择权的公司债券。其中，选择权包括：将债券转换成发行公司的普通股，以某种优惠价格认购一定数量的普通股股票，按一定条件提前退还公司债券等。附有选择权的公司债券，实际上是公司债券的衍生产品。不含有选择权的公司债券，是发行人不同意债权人拥有特定选择权的公司债券。

（7）按照偿还期限划分，公司债券可分为短期公司债券、中期公司债券和长期公司债券。短期公司债券，又称短期公司融资券，是指偿还期限在 1 年以下的公司债券；中期公司债券是指偿还期限在 1 年以上 10 年以下的公司债券；长期公司债券是指偿还期限在 10 年以上的公司债券。

从理论上讲，短期债券属于货币市场的金融工具，中长期债券属于资本市场的金融工具。中期债券，由于期限较长、利率风险较大，所以，通常带有利率浮动或可赎回之类的条款。长期债券，由于本金偿还时间长、利率风险更大，所以，利息通常采取分次支付的方式，债权人可按期领取利息。在长期债券中，还有不偿还本金或不规定本金偿还期限的债券，债券持有人只能按期领取利息而不能要求发行人偿还本金，这种债券又称为永久债券。

在国外，习惯上把短期、中期公司债券称为"票据"。在中国，债券的期限划分与上述标准有所不同，偿还期限在 1 年以内的为短期债券，偿还期限在 1 年以上 5 年以下为中期债券，偿还期限在 5 年以上的为长期债券。

（8）按照债券发行是否有抵押品划分，公司债券可分为信用债券、抵押债券和担保债券等种类。

信用债券，是指发行人仅凭公司的信誉而不以任何财产为抵押或由第三者提供担保的公司债券。发行信用债券的一般是信誉卓著、经营良好、经济实力强的大企业和金融机构。信用债券不用具体的抵押财产提供偿债保障，并不意味着债权人对发行人的财产及其收益没有要求权。

抵押债券，是指发行人以公司所拥有的不动产或其他净资产作为抵押品的公司债券。尽管动产和不动产都可以作为公司债券发行的抵押品，但公司债券主要是以不动产作为抵押品。一旦发行人不能偿还到期债务，抵押的财产将被出售，所得款项用来偿还债务。此外，当抵押的财产明显大于债务额时，抵押财产可以分作若干次抵押，由此形成了第一抵押债券、第二抵押债券等的区分；在用抵押品进行偿债时，一般按顺序依次偿还优先一级的抵押债券。

担保债券，是指由发行人之外的另一家公司（即第三者）作为还本付息担保人的公司债券。担保者对该债券负有连带偿付的法律责任。一旦发行人不能按期偿付债券本息，担保者必须代其清偿债务。

（9）按照发行地点和发行币种划分，公司债券可分为国内债券和国际债券、本币债券和外币债券等。

国内本币公司债券，是指发行人在国内金融市场上发行的以本币为计量标准的债券。国内外币公司债券，是指发行人在国内金融市场上发行的以外币为计量标准的债券。

国际公司债券，是指发行人在国外金融市场发行的以外币为计量标准的债券。国际债券的主要特点是发行者和投资者属于不同的国家（或地区）。根据公司发行债券所用货币与发行地点的不同，国际债券又可分为欧洲债券和外国债券。

欧洲公司债券，是指发行人在国外债券市场上以第三国货币为计量标准发行的公司债券。其主要特点是发行人、发行地点和面值币种分别属于三个不同的国家。例如，德国的一家公司在英国债券市场上发行的以美元为面值的债券，美国一家公司在法国债券市场发行的以英镑为面值的债券，等等。

外国公司债券，是一国的公司在另一国发行的以本国货币或当地国货币为计量标准的债券。世界上主要的外国债券有扬基债券、武士债券、龙债券和熊猫债券等。

扬基公司债券，简称"扬基债"，是美国以外的他国公司在美国债券市场上发行的以美元为计量标准的公司债券。"扬基"的英文为"Yankee"，意为"美国佬"。

武士公司债券，简称"武士债"，是指日本以外的他国公司在日本债券市场上发行的以日元为计量标准的公司债券。在日本古时，"武士"是很受尊敬的职业，后来人们习惯把"武士"作为与日本相关的一些事物的代名词，武士债券也由此得名。例如，1982年1月，中国国际信托投资公司在日本东京发行了100亿日元的武士债券；又如1984年11月，中国银行在日本东京发行了200亿日元的武士债券。

龙债券，是以非日元的亚洲国家（或地区）货币为计量标准发行的外国债券。

熊猫债券，是海外机构在中国境内发行的以人民币计价的债券。2005年10月，国际金融公司（IFC）和亚洲开发银行（ADB）分别获准在中国银行间债券市场发行以人民币计价的债券11.3亿元和10亿元，由此，熊猫债券登上了债券市场舞台。

三 公司债券的功能

公司债券作为资本市场上的一大类金融工具，有一系列重要功能，主要表现在：

1. 融资功能

公司债券是发行人融入中长期资金的主要金融工具之一。在发达国家的资本市场中，每年通过公司债券融入的资金额达到股票融资额的几倍乃至二十几倍。在公司金融理论中，公司债券的融资顺序排在银行贷款之后但排在股票融资之前。另外，公司债券的融资成本通常低于银行贷款（在某些条件下，公司债券的融资成本则可能高于银行贷款，如垃圾债券），同时，在一般情况下，它不涉及公司的股权关系且有利于公司股利的增加和股票价格的提高，融资成本低于股票，因此，公司债券作为一种融资工具被广泛运用。

公司债券的融资功能，同时也是它的资源配置功能。这种优化社会资源配置的功能，主要通过债券的发行利率和发行条件来实现。如果发债公司的效益好，投资项目有较高的经济效益和发展前景，公司债券就会受到投资者的青睐，由此，公司债券的发行利率就较低，筹资成本也较小；相反，如果发债公司的经营效益较低，投资项目的预期收益不高，公司债券的风险就较大，为了吸引投资者，债券利率就要提高，筹资成本也会随之提高。通过发行公司债券，经济资源得以向有前景的行业和优势公司集中，从而提高了资源的优化配置程度。

2. 资本功能

通过中长期公司债券融入的资金，虽然在性质上属于债务性资金，但在功能上具有一定程度的资本金效能，即它可以作为准资本发挥作用。一个典型的实例是，1988 年巴塞尔协议规定，商业银行的资本充足率应达到 8%，其中，一级资本（又称"核心资本"）不得低于 4%，次级资本不得高于一级资本的 100%，次级资本中由次级债务构成的部分不超过 50%。商业银行的一级资本由其净资产（或所有者权益）构成，次级债务主要通过发行次级债券形成，而次级债券是公司债券的一种形式。

中长期债券所融入的资金之所以能够发挥资本功能，是因为对公司运作来说，财务上的流动性风险总是现期可能发生的风险，未来风险在现期是难以评价计算的。若发行人通过发行 5 年期以上公司债券募集了 2 亿元，这些资金在第 1 年不可能引致流动性风险发生，它就可能作为准资本发挥作用。一个突出的现象是，该公司可以以这笔资金为资产基础，向商业银行申请一定数额（例如，5000 万元）的短期贷款，在其他条件不变的情况下，商业银行也有可能准许这一申请。

中长期债券能够发挥资本功能的另一个表现是，对一笔 5 年期以上的资金来说，尽管它是债务性资金，却可以像资本金那样用于中长期投资，进行固定资产项目建设或技术开发、产品更新等。

3. 资产功能

公司债券作为一种金融产品，是企业和金融机构进行金融投资的重要对象。公司债券在证券市场中的交易，保障了此类资产的流动性；公司债券的利率高于存款利率，保障了此类资产的收益率提高。对商业银行来说，相对于向企业发放贷款的利率，公司债券的收益率可能较低，但它避免了贷款因固化为对应企业的实物资产而引致的各种风险，有利于减少不良贷款。

4. 利率功能

首先，在金融市场中，利率是资金的价格水平。公司债券利率高于存款利率，对资金供给者有较大的吸引力，由此，在存款利率由行政机制控制的条件下，发展公司债券有利于推进存款利率的市场化进程；其次，虽然公司债券利率低于贷款利率，但它的风险也小于贷款，对从事贷款业务的金融机构也有吸引力，因此，在贷款利率由行政机制控制的条件下，发展公司债券有利于推进贷款利率的市场化进程；最后，公司债券利率对股票价格有制衡作用，如果股价过高，投资者就可能选择安全性高于股票的公司债券进行投资。

5. 衍生功能

公司债券是市场化程度很高的公众性投资产品，它在运行和发展中与其他债务性金融产品形成了利率联动关系，由此揭示了在债权债务关系基础上的风险与收益，这为一系列衍生产品的创新提供了基础条件和市场环境。20 世纪 70 年代末以后，以公司债券为基础开发的衍生产品层出不穷，既包含了参与公司债券、可赎回公司债券、附有选择权的公司债券、可转换公司债券等品种，也包含了在资产证券化背景下推出的诸多新品种。

6. 金融国际化功能

在开放型经济中，公司债券市场的开放程度直接制约着金融市场的开放程度。首先，在海外发行债券，是公司介入国际金融市场运作的一个重要步骤和机制，也是公司争得国际信誉的一个重要途径。其次，购买他国公司债券是公司在国际金融市场展开金融投资运作的一个重要方面，也是回避汇率风险的一个重要机制。最后，对一国来说，在货币国际化过程中，一国需要通过公司债券市场的开放给海外非居民以本币回流的通道。从这个意义上说，在人民币国际化进程中，中国公司债券市场的开放将成为人民币回流的一个重要机制。

第二节　公司债券的收益与风险

一　公司债券的收益

投资公司债券的收益主要来源于三个方面：

第一，利息收入。这是公司债券的发行人按约定定期向债权人支付的利息。公司债券的利息支付方式多种多样。通常的方式以时间划分，有每年支付的、每六个月支付的、每三个月支付的和一次性支付的等等。债券持有人可凭持有的债券数额按照规定的条件获得利息收入。

第二，资本利得收益。在债券交易市场上，公司债券的价格会经常发生波动。投资者在市场上出售公司债券时，如果卖出的价格高于当初的买入价格，就将获得相应的价差收入。公司债券交易价格变动的一个主要原因是市场利率的变动。当市场利率上升时，公司债券的价格就会下降，债券持有者出售公司债券时可能发生资本损失；当市场利率走低时，公司债券价格就会上扬，债券持有者出售债券就可能获得相应的资本收益。

第三，利息的利息收入。由于公司债券发行人定期支付利息，投资者可以把收到的利息继续按即期的市场利率进行再投资以获取这部分资金的利息收入。

公司债券收益率，是指投资于公司债券所获得的收入占实际投入资金额的比例。从投资实践角度看，公司债券收益率主要有下面几种：

1. 票面收益率

票面收益率，又称名义收益率、票面利率或息票率，是指公司债券的每年利息收入与票面金额的比率。公司债券发行时一般会在票面上标示票面利率。在公司债券发行结束并进入交易市场后，当市场利率高于票面利息率时，公司债券的市场价格将可能低于公司债券的票面金额；当市场利率低于票面利息率时，公司债券的市场价格将可能高于其票面金额。票面收益率的计算公式是：

$$Y = \frac{C}{M} \tag{5.1}$$

在公式 5.1 中，Y 为票面收益率，C 为票面利息收入，M 为票面金额。

2. 当期收益率

当期收益率，又称为直接收益率，是指每年的利息收入占购买价格的比率。计算公式是：

$$Y = \frac{C}{P} \tag{5.2}$$

在公式 5.2 中，Y 为当期收益率，C 为年利息收入，P 为公司债券的购买价格。在这一公式中，影响当前收益率的因素中只包括公司债券的利息收入，并没有包括由公司债券在二级市场上的升水或贴水导致的资本利得或资本损失；另外，货币的时间价值也被忽略了。

3. 持有期间收益率

这是指投资者从购买公司债券之日起到中途卖出公司债券为止的公司债券持有期间的收益率。其计算公式是：

$$Y = \frac{C + (S - P)/N}{P} \tag{5.3}$$

在公式 5.3 中，Y 为公司债券持有期间收益率，C 为年利息额，P 为投资者购买公司债券时的购买价格，S 为投资者出售公司债券时的卖出价格，N 为公司债券的持有年数。

从公式 5.3 中可以看出，公司债券持有期间收益率既包括公司债券的年利息收入，也包括在二级市场上买进和卖出公司债券后的资本损益，但不包括公司债券利息收入的再投资收益。

4. 到期收益率

这是指投资者从购买公司债券到持有公司债券至到期日这一期间的收益率，

反映的是未来将要实现的收益率，也是投资者买入后一直持有到期的收益的实现程度，还是公司债券剩余期限的收益率。到期收益率可通过以下公式计算得出：

$$P = \frac{C}{(1+Y)^1} + \frac{C}{(1+Y)^2} + \frac{C}{(1+Y)^3} + \cdots + \frac{C}{(1+Y)^n} + \frac{M}{(1+Y)^n} \quad (5.4)$$

即：

$$P = \sum_{t=1}^{n} \frac{C}{(1+Y)^t} + \frac{M}{(1+Y)^n} \quad (5.5)$$

在公式 5.4 和公式 5.5 中，P 为当日的公司债券价格，Y 为到期收益率，C 为息票利息，M 为到期价值，n 为利息支付的时期数。

根据到期收益率的计算公式，到期收益率不仅包括定期的息票收益，还包括公司债券在二级市场上的资本损益以及利息收入的再投资收益。

由于到期收益有一部分来源于息票利息的再投资收益（假定利息的再投资收益率与该公司债券的到期收益率相等，否则，到期收益不能实现），因此，到期收益的实现面临再投资风险。只有在持有公司债券直至到期并且息票收入能够按照到期收益率进行再投资时，该投资者才能够实现购买时的到期收益率；如果利息收入的再投资利率低于在公司债券购进时的到期收益率，那么，投资者的实际收益将会低于购进公司债券时的到期收益。

利息再投资收益在公司债券到期收益中所占的比重（或重要性）以及再投资风险的程度如何，主要与公司债券的剩余期限和息票收入有关。在到期收益率和息票利率已定的情况下，剩余期限越长，该公司债券的总收益就越依赖利息的再投资收入，以便实现购买时的到期收益。换言之，公司债券的剩余期限越长，利息的再投资收入在总收益中所占的比例越高，再投资风险就越大。例如，长期公司债券利息的再投资收入可能达到公司债券潜在总收益的 80%。在剩余期限和到期收益率已定的情况下，公司债券的息票利率越高，该公司债券的总收益就越依赖息票收入的再投资，以便实现购买时的到期收益。也就是说，假定公司债券的剩余期限和到期收益率不变，则其息票利率越高，再投资风险就越大。

5. 赎回收益率

有些公司债券可以被发债公司（即发行人）提前赎回。对在规定日期之前可能被赎回的公司债券来说，其收益率一般根据它的现金流量进行计算。这种债券的现金流量由两部分构成，即在被赎回前已支付的利息和在赎回日所发生的现金流量。由于计算任何赎回日收益的程序与计算第一个赎回日收益的程序是相同的，所以，只需计算公司债券在第一个赎回日被赎回时的收益。

公司债券赎回收益的基本原理，是使债券在被赎回前及被赎回时发生的现金流量的现值等于债券购买价格的利率，用公式可表示为：

$$P = \frac{C}{(1+Y)} + \frac{C}{(1+Y)^2} + \cdots + \frac{C}{(1+Y)^i} + \frac{R}{(1+Y)^i} \qquad (5.6)$$

或

$$P = \sum_{t=1}^{i} \frac{C}{(1+Y)^t} + \frac{R}{(1+Y)^t} \qquad (5.7)$$

在公式 5.6 和公式 5.7 中，P 为购买公司债券的价格，R 为赎回债券的赎回价格，i 为到第一个赎回日的时期数。对每半年支付一次利息的公司债券来说，i 等于年数乘以 2，赎回收益为周期利率 y 乘以 2。

下面举例说明可赎回债券的收益计算：假设一张面值 1000 元的公司债券，其期限为 18 年，卖价为 1127.10 元，利息每半年支付一次，票面利率为年息 11%；公司债券的第一个赎回日为从即日起的第 13 年，已规定的赎回价为 1055 元。在此条件下，如果在第 13 年时债券被赎回，则债券的现金流量应包括：（1）每半年支付一次、共支付 26 次、每次 55 元（11%/2×1000）的现金收入；（2）13 年后取得的 1055 元。用公式 5.6 或公式 5.7 通过试错法求 y 的值，即求出使赎回日之前的现金流量的现值与债券购买价格 1127.10 元相同或相近的一个数值。其结果参见表 5-1。

表 5-1 债券利息现金流量表

单位：元，%

年利率	周期利率	息票收入的现值	赎回价的现值	现金流量的现值
8.0	4.00	879.05	380.53	1259.58
8.5	4.25	855.59	357.50	1213.09
9.0	4.50	833.06	335.91	1168.97
9.5	4.75	811.43	315.68	1127.11
10.0	5.00	790.64	296.71	1087.35

由于当周期利率为 4.75% 时，现金流量的现值等于购买价格，因此，赎回收益就是 2×4.75% = 9.5%，这张可赎回债券的实际收益为 9.5%。

二 公司债券的风险

有收益必有风险。债券投资风险是多种多样的。投资公司债券所面临的风险主要有利率风险、通货膨胀风险、市场风险和违约风险等。

1. 利率风险

利率风险，是指由市场利率水平的变化所引起的公司债券的实际收益偏离预期收益的可能性。债券的市场价格与市场利率的高低有密切的关系。对公司债券来说，当市场利率上升时，原有债券的吸引力就会下降，其价格也会相应下降，从而造成债券的本期收益和持有期收益水平的下降；反之，如果市场利率水平降低，原有债券的收益率会相对变高，债券价格也会随之上升，本期收益和持有期收益也可能会有所提高。一般来讲，公司债券的期限越长，其受利率变化影响的风险也就越大。

2. 通货膨胀风险

通货膨胀风险，又称为购买力风险，是指由于通货膨胀率的变化而引起的真实收益偏离预期收益的可能性。由于通货膨胀将造成收益的实际购买力偏离预期购买力，因此，这种风险又称为购买力风险。对公司债券来说，通货膨胀的上升将使债券的真实收益下降，或使实际贴现率上升，从而使名义收益的真实贴现值下降，最终使实际收益偏离预期水平；反之，通货膨胀率下降，在名义利率不变的条件下，投资者将获得超出预期收益的真实收益率。

3. 市场风险

市场风险，是指由债券价格变动引起的投资收益率偏离预期收益率的可能性。债券的价格围绕债券内在价值上下波动，因此，在债券价格偏离内在价值时，便会产生市场风险。但是，由于债券价格基本反映了债券的内在价值，而且波动不大，所以，债券的市场风险相对较小。市场风险主要影响债券的本期收益和持有期收益，对时期较长的到期收益的影响则相对较小。

4. 违约风险

对公司债券来说，违约风险，是指由发行人不能按期偿付本息而给投资者带来损失的可能性。公司债券的违约风险主要有两类。其一，发债公司无力偿付债券本息。在这种情况下，债券持有人可能蒙受重大损失。如果企业因经营不善，无力及时偿付本息，不仅债券持有人将难以获得投资收益，而且本金也可能发生损失。其二，债券的本息虽能得到偿付，但其他条款（如可转换、可认购普通股、可参与分红等）无法履约执行。在这类风险发生时，投资者虽然能够收回本金和获得利息，但利益损失同样存在。因为，附有可转换、可参与分红、可认购普通股等条款的公司债券，在发行时通常采用溢价方式，公司债券的利率一般低于其他债券，所以，一旦这些附加条件不能履约执行，投资者的利益实际上已经遭受损失。

公司债券所提供的收益在很大程度上依赖于它们被投资者所认可的信用等级。为了对信用风险增加进行补偿，信用评级较低的公司债券通常提供比评级较高的公司债券更高的收益。不同信用等级的公司债券之间的收益率差幅被称为"信用收益差幅"。

不同信用等级的公司债券之间以及公司债券与国库券之间的信用收益差幅，一般随利率和经济周期的变化而有所不同。当利率较高和经济处于低谷时，投资者为了规避越来越高的信用风险一般会采取出售较低信用等级的公司债券并购入较高信用等级债券的策略，由此，较低和较高信用等级债券之间的收益率差幅趋于扩大；当利率较低时，投资者往往会增加他们对较低信用等级公司债券的持有额以获得额外的收益，由此缩小了高等级与低等级债券之间的收益率差幅。

5. 财务风险

财务风险，是指因发债公司（即发行人）财务状况变化而带来的债券收益变动的可能性。发行人财务状况不良，可能会导致利息偿付拖欠，或一些条款无法按时履约执行，从而影响债券收益的现值，使投资者面临损失。发行人的财务风险不同于违约风险，它不仅在发债公司发生亏损甚至倒闭时会发生，而且在公司拥有营业利润但资产流动性差从而难以有效调度资金的情况下也会发生。

6. 股价风险

对那些附有可转换或可认购公司普通股条款的公司债券来说，这些条款的执行通常与发债公司的股票价格的市场走势有关，只有当股价上升到一定水平时，实施债券的附加条款，对债券持有人才有意义，即债券持有人才可能将债券转换成股票或认购股票并获得收益；如果公司股价没有上升到预期的水平，债券持有人将不得不放弃换股与认股的权利，由此将使债券持有人的权利和收益在事实上受到损害。

7. 提前赎回风险

在发达国家的债券市场上，有一部分长期公司债券附有提前赎回的条款。有些公司债券规定，发行人必须定期地赎回预先决定的这种债券的数额。不管采取什么方式，债券持有者都承担这样的风险：在某些于己不利的场合，这种公司债券被提前赎回。这种风险称为提前赎回风险。

在发行人看来，如果未来某个时间的市场利率低于发行债券的息票利率，发行人就可在市场上赎回这种债券并按较低利率发行新债券来替代它。短期内赎回，等于是由发行人行使的一种期权，以便按更为有利的条件对债务进行再融资。

从投资者的角度看，提前偿还条款对其有三个不利之处。一是债券持有人难以确定可提前偿还公司债券的现金流量。二是当利率下降时，发行者提前偿还债券本息，债券持有人便面临按较低的市场利率进行再投资的风险，即当公司债券以购入债券时确定的收益利率被提前偿还时，投资者不得不对所获收入进行再投资。三是这种债券的资本增值潜力将减少。这种债券的增值潜力受到发行者在契约中规定的将赎回这种债券的价格（提前赎回价格）的限制。这种价格执行上的特点被称为"价格压缩"。例如，当利率下降时，债券价格便上涨，但因为债券可能被提前偿还，所以，其价格不可能上涨到与其他类公司债券相近的水平。

在有提前赎回风险的情况下，由于发行人有提前赎回债券的选择权利，所以，这种期权只是债券持有者给予发行人的一种提前赎回的期权。这种期权可以用期权定价理论加以评价。对这种期权进行评价，重要的是确切地了解债权持有者让与（出售）发行人什么期权？一般说来，许多债券对提前赎回有一些限制或保护条款，如公司债券的发行人不能在发行后的 3～7 年提前赎回，但是，在那之后可以以任何理由提前赎回。

三 公司债券价格及其易变性

1. 公司债券的价格确定及其变化

与其他金融工具一样，公司债券的价格等于来自该公司债券预期现金流量的现值。计算公式是：

$$P = \frac{C}{(1+r)} + \frac{C}{(1+r)^2} + \frac{C}{(1+r)^3} + \cdots + \frac{C}{(1+r)^n} + \frac{M}{(1+r)^n} \qquad (5.8)$$

$$即\ P = \sum_{t=1}^{n} \frac{C}{(1+r)^n} + \frac{M}{(1+r)^n} \qquad (5.9)$$

在公式 5.8 和公式 5.9 中：P 为公司债券的价格；C 为每半年一次的息票支付额；M 为到期的价值；n 为时期数（年数乘以 2）；r 为周期利率（必要收益率除以 2）。

从公式 5.8 和公式 5.9 中不难看出，公司债券的价格与息票支付额的大小成正比，与市场的必要收益率呈反比。因此，要确定公司债券的价格，需要两方面的数据：一是该公司债券的预期现金流量，如果该公司债券是不可赎回的债券，其现金流构成包括两个部分，即在到期之前的周期息票利息支付额和到期的票面（或到期）价值；二是债权持有者所要求的适当的收益率。

公司债券的价格可能会因以下一个因素或多个因素的变化而变化：

第一，信用等级的变化。发行人的信用等级的变化将使必要收益率发生变化，从而，导致公司债券的价格变化。一般情况下，如果公司债券的信用等级下降，违约概率就会上升，于是，市场投资者就会要求信用风险的贴水有所提高，从而提高该公司债券的必要收益率，其结果是造成该公司债券的价格下跌；反之，则造成该公司债券的价格上升。

第二，市场利率的变化。市场利率（或市场必要收益率）发生变化，公司债券的必要收益也会随之发生变化，从而导致公司债券的价格发生相应的变化。因为当市场利率发生变化时，为了使公司债券的持有者从市场中新的必要收益中得到补偿，唯一能改变的变量是债券的价格。

当息票利率等于必要收益率时，债券价格便等于它的票面价值。当在某一时间点上市场的基准收益率上升到该公司债券的息票利率之上时，债券的价格就要做出相应的调整，以便投资者能够实现某些额外的利息，于是，公司债券的市场价格就下降到其票面价值之下。因为如果价格不做调整，债券持有人就将卖出公司债券而购买较高收益的其他证券，由此造成公司债券需求的减少，引起价格的跌落，使公司债券的收益减少。按低于票面面值出售的债券又被称为"贴水债券"。反之，当某一时点的市场基准收益率下跌到低于息票利息时，公司债券的价格就会上涨到高于公司债券的票面价值。按高于债券票面价值出售的债券被称为"升水债券"。

第三，剩余期限的变化。即使市场必要收益率没有发生任何变化，随着债券的剩余期限越来越接近到期日，公司债券的价格也会发生相应的变动。其变动的规律是：如果必要收益率等于票面利率且维持不变，债券的市场价格就等于票面价值，且价格维持不变直至债券的到期日；贴水债券在必要收益率不变的情况下，随着它越来越接近到期日（剩余期限越来越短），债券的价格就会越来越上涨并逐步接近其票面价值；对升水债券而言，价格就会不断下降，直至价格接近其票面价值。因此，对贴水债券和升水债券来说，随着剩余期限的缩短，市场价格越来越向其票面价值靠拢，在到期日时，价格等于其票面价值。

2. 公司债券价格易变性的特点

公司债券价格易变性，是指由公司债券的必要收益率发生变化而引起的公司债券价格变化程度，即公司债券价格对收益率的弹性或敏感度。在收益率变化相同的情况下，公司债券价格变化越大，价格易变性也就越大；反之，价格变化越小，价格易变性也就越小。例如，存在初始收益率相同的两种公司债券 A 和 B，如果因某种原因导致必要收益率上升 50 个基点时，A 公司债券的价格下降了 8%，B 公司债券的价格下降了 10%，那么，B 公司债券比 A 公司债券的价格易变性大。

债券价格易变性具有如下主要特点：

第一，债券的价格与必要收益率变化呈反方向变化，但价格变化的百分比并不相同。就同一公司的债券而言，当收益率向上或向下变化的百分比相同时，该公司债券的价格变化百分比也未必一定相同。另外，债券的价格变化百分比也未必与收益率变化成比例变化；就同一公司发行的期限相同、票面利息率不同的公司债券而言，即使初始必要收益率相同且变化相同的基点，其价格变化的百分比也不相同；就票面利率相同、期限不同的公司债券而言，尽管其初始必要收益率相同且变化相同的基点，其价格变化的百分比也不相同。

第二，公司债券价格的易变性与必要收益率变化的大小有关。一般来说，如果收益率发生微小的变化，无论收益率是增加还是减少，公司债券价格增加和减少的百分比一般都会大致相等；但如果必要收益率发生明显变化，价格变化的百分比就会发生较大的变化，且价格变化的百分比在必要收益率增加时的变化同必要收益率减少的变化并不相同，在收益率变化一定的情况下，公司债券价格上升的百分比要比债券价格下降的百分比大。

例如，有一票面利率为 6%、期限为 6 年的公司债券 A，其初始收益率为 9%。如果必要收益率发生小的变化，即当必要收益率上升或降低一个基点时，也就是说当公司债券的必要收益率为 9.01%（上升 1 个基点）或 8.99%（下降 1 个基点）时，公司债券变化的百分比就可能相同，即公司债券价格下降和上升的百分比可能相同。如果必要收益率发生大的变化，即该公司债券价格向上和向下变动50个基点时，也就是说必要收益率上升到9.50%（上升50个基点）或下降到8.50%（下降50个基点），公司债券价格变化的百分比一般就各不相同，而且收益率下降到8.50%（下降50个基点）所引起的价格上升的百分比要大于收益率上升到9.50%（上升50个基点）导致的价格下降的百分比。

第三，影响债券价格易变性的因素。影响公司债券价格易变性的因素主要有两个。其一，偿还期限。在票面利率和初始必要收益率已定的情况下，期限越长，公司债券价格的易变性就越大，期限越短，公司债券价格的易变性就越小。例如，如果有5年期、10年期、20年期和25年期的公司债券，它们的票面利息率和初始收益率相同，则这些不同期限的公司债券的价格易变性大小顺序是，25年期的易变性最大，其次是20年期，再次是10年期，最小的是5年期。其二，票面利率。在偿还期和初始必要收益率一定的情况下，息票利率越低，债券的价格易变性就越大；息票利率越高，债券价格的易变性就越低。例如，如果有一组公司债券的息票利率分别为5%、7%、10%，无论其期限是多少，在必要收益率变化相同的条件下，票面利率为10%的公司债券的价格变化百分比都会最小，其次是票面利率为7%的公司债券，票面利率为5%的公司债券的价格变化百分比会最大。

四 公司债券价格易变性的测量

公司债券的市场价格会因必要收益率的变化而变动，而投资者更想知道的是，当必要收益率发生一定的变化时，债券价格变化程度（易变性）有多大。测算债券价格易变性的方法主要有三种：基点价格值、价格变化的收益值和期限。

1. 基点价格值

基点价格值，是指当公司债券的必要收益率变化一个基点时公司债券价格的变化值，简言之，收益率变化引起的价格变化值就是基点价格值。基点价格值一般表示的是价格变化的绝对值。基点价格值越大，公司债券的价格易变性就越大，基点价格值越小，公司债券的价格易变性就越小。例如，如果某公司债券的初始收益率为10%、价格为98元，现在因某种原因必要收益率上升到10.01%（上升一个基点），若此时该公司债券的市场价格下跌到96.5元，那么，价格的变化值1.5元就是基点价格值，它反映的是该公司债券的价格易变性。

2. 价格变化的收益率变化值

公司债券的价格易变性还可以用价格变化的收益率变化值来衡量。价格变化的收益率变化值，是指当公司债券的价格发生某一具体数值变化时所引起的收益率的变化值。初始收益与这种新收益之间的差异，就是该公司债券价格发生一定幅度变动的收益值。例如，当某公司债券的市场价格上升1元时，若公司债券的必要收益率下降2个基点，则收益率下降的2个基点就可以用来衡量债券的价格易变性。

价格变化的收益率变化值与价格的易变性成反比。价格变化的收益率变化值越大，价格的易变性就越小，因为只有在收益率上变化较大的幅度才会引起该公司债券的给定价格的变化；反之，价格变化的收益率变化值越小，价格的易变性就越大，这说明收益率稍微发生一点变化，就会导致公司债券的市场价格发生给定的价格变动，因此，价格的易变性就越大。

3. 公司债券的期限和凸性

（1）麦考利期限和修正期限及其意义。麦考利期限和修正期限的计算公式如下：

$$P = \frac{C}{(1+Y)} + \frac{C}{(1+Y)^2} + \frac{C}{(1+Y)^3} + \cdots + \frac{C}{(1+Y)^n} + \frac{M}{(1+Y)^n} \quad (5.10)$$

对公式 5.10 求导，则有：

$$\frac{\mathrm{d}P}{\mathrm{d}Y} = -\frac{1}{(1+Y)}\left[\frac{1C}{(1+Y)^1} + \frac{2C}{(1+Y)^2} + \cdots + \frac{nC}{(1+Y)^n} + \frac{nM}{(1+Y)^n}\right]$$

$$(5.11)$$

公式 5.11 表示必要收益率的微小变化所导致的公司债券的价格变化值。以 P 除以公式 5.11 的两边，就可以求出近似的价格变化百分比，即：

$$\frac{\mathrm{d}P}{\mathrm{d}Y} \cdot \frac{1}{P} = -\frac{1}{(1+Y)}\left[\frac{1C}{(1+Y)^1} + \frac{2C}{(1+Y)^2} + \cdots + \frac{nC}{(1+Y)^n} + \frac{nM}{(1+Y)^n}\right] \cdot \frac{1}{P}$$

$$(5.12)$$

公式 5.12 右边中括号里的表达式乘以价格的倒数就是麦考利期限，即：

$$麦考利期限 = \left[\frac{1C}{(1+Y)^1} + \frac{2C}{(1+Y)^2} + \cdots + \frac{nC}{(1+Y)^n} + \frac{nM}{(1+Y)^n}\right] \cdot \frac{1}{P}$$

$$(5.13)$$

于是价格变化的百分比为：

$$\frac{\mathrm{d}P}{\mathrm{d}Y} \cdot \frac{1}{P} = -\frac{1}{(1+Y)} \cdot 麦考利期限 \quad (5.14)$$

投资者常常把麦考利期限对（$1+Y$）的比率称为修正期限，即：

$$修正期限 = \frac{1}{(1+Y)} \cdot 麦考利期限 \quad (5.15)$$

于是，价格变化的百分比为：

$$\frac{\mathrm{d}P}{\mathrm{d}Y} \cdot \frac{1}{P} = -修正期限 \quad (5.16)$$

从麦考利期限和修正期限的计算公式可以知道，修正期限越长，债券的价格易变性就越大，并且有息票的公司债券的修正期限和麦考利期限短于其偿还期，无息票的公司债券的麦考利期限等于其偿还期，无息票的公司债券的修正期限比其偿还期短。

当其他因素不变时，偿还期越大，修正的期限便越长，价格的易变性也就越大；当所有其他因素不变时，息票的利率越低，修正的期限便越长，价格的易变性也就越大。

（2）通过期限计算公司债券的价格变化值以及百分比。从公式 5.14 和公式 5.16 中可以看出，在给定的收益率变化值的情况下，无论是麦考利期限还是修正期限，它们都与公司债券的近似的价格变化百分比相关，因此，可以通过麦考利期限和修正期限来测量公司债券的价格百分比。计算公式为：

$$\frac{\mathrm{d}P}{P} = -\frac{1}{(1+Y)} \cdot 麦考利期限 \cdot \mathrm{d}Y \qquad (5.17)$$

或：

$$\frac{\mathrm{d}P}{P} = -修正期限 \cdot \mathrm{d}Y \qquad (5.18)$$

如果知道公司债券价格变化的百分比和初始价格，就能够求得在收益率发生一定变化情况下的价格变化值。计算公式为：

$$\mathrm{d}P = -修正期限 \cdot P \cdot \mathrm{d}Y \qquad (5.19)$$

理论上虽然可以通过修正期限来估计公司债券价格变化的百分比和变化值，但在实际中发现，如果必要收益率变化微小或变化的幅度不大时，用修正期限估算出来的价格变化百分比和价格变化值与实际价格变化百分比和实际价格变化值将十分接近；如果必要收益率发生大的变化，用修正期限估算出来的价格变化百分比和价格变化值与实际价格变化百分比和实际价格变化值都会相差很大（见图 5-1）。

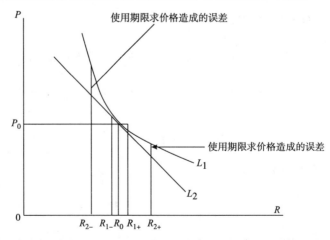

图 5-1　收益率发生微小变化和较大变化时的近似价格变化

在图 5－1 中，L_1 为价格－收益率曲线，其 O 点的切线 L_2 的斜率为曲线 L_1 的方程式的一阶导数，该切线的方程式是公司债券价格的变化值。当收益率发生微小变化时，即当 R_0 变化到 R_{1+} 或 R_{1-} 时，切线 L_2 能近似地反映价格的变化；当收益率发生大的变化时，即当 R_0 变化到 R_{2+} 或 R_{2-} 时，用该切线就不能反映价格变化了。不过后面要讨论的公司债券的凸性能在一定程度上弥补这个缺陷。

4. 公司债券的凸性及其特点

价格－收益率曲线是一条向下凸的曲线，其凸性的大小一般用价格－收益率关系的二阶导数来测算。

用公司债券的价格－收益关系的二阶导数除以价格，就得到公司债券的凸性，可以用其来测算公司债券价格变化的百分比。计算公式是：

$$凸性 = \frac{\mathrm{d}^2 P}{\mathrm{d}R^2} \cdot \frac{1}{P} \qquad (5.20)$$

其中：

$$\frac{\mathrm{d}^2 P}{\mathrm{d}R^2} = \sum_{t=1}^{n} \frac{t(t+1)C}{(1+Y)^{t+2}} + \frac{n(n+1)M}{(1+Y)^{n+2}}$$

由凸性造成的价格变化百分比为：

$$\frac{\mathrm{d}P}{P} = \frac{1}{2} \cdot 凸性 \cdot (\mathrm{d}R)^2 \qquad (5.21)$$

根据凸性的计算公式，可以推导出公司债券的凸性一般有下面几个特点：

第一，当收益率增加（减少）时，公司债券的凸性便减少（增加）。这个特点被称为公司债券的正凸性。当收益率发生变化时，公司债券的期限与收益率呈反方向变动，即收益率上升，债券价格便下降，同时由于收益率上升会导致期限下降，因此价格下降速度便会放慢；相反，当收益率下降时，价格上升，同时由于期限增加，因此价格上升速度便会加快。

第二，当收益率和偿还期既定时，息票利率越低，债券的凸性便越大。例如，如果有两种公司债券，息票利率分别为 5% 和 10%，若其他条件均相同，那么，息票利率为 5% 的公司债券的凸性就会大于息票利率为 10% 的公司债券的凸性。

第三，在收益率和修正期限既定的条件下，息票利率越低，债券的凸性便越小。

第四，如果期限增加，债券的凸性会以某种递增的比率增加。例如，如果一个投资者把手中的债券出售，然后买进另一种期限是卖出债券一倍的债券，那么，买进的这种新债券的凸性将增加一倍以上。

把期限和凸性结合起来估算债券价格的变化，有利于减少估算值与实际值之间的误差，使估算值相当接近实际值。尤其是当收益率发生较大变化时，可以用期限和凸性测算价格变化近似值，其数值可以分为由于期限引起的百分比和由于凸性引起的百分比。即：

$$债券价格变化的百分比 = 由于期限引起的百分比 + 由于凸性引起的百分比$$
$$由于期限引起的百分比 = -（修正的期限）\cdot（\mathrm{d}R）$$
$$由于凸性引起的百分比 =（凸性）\cdot（\mathrm{d}R）^2$$

第三节　公司债券的发行

一　公司债券发行市场的特点

公司债券发行市场，又称公司债券一级市场，是指公司（以发行人名义）为了募集资金而发行债券、投资者投资购买这些债券的交易过程。这一市场具有如下特点：

第一，融资的直接性。发行人通过一级市场发行债券以募集资金，是资金的最终需求者与资金的最终供给者直接见面过程，因此，这属于直接融资的范畴。与此相比，通过银行等金融机构贷款获得资金，则属于间接融资的范畴。

第二，融资的确定性。公司债券的发行通常在发行数量、发行时间、发行价格、债券利率和发行对象等方面有比较明确的规定；与此相比，银行在吸收存款的过程中，对吸收存款的数量、吸收存款的时间、吸收存款的价格、吸收存款的对象等，一般没有明确的规定。

第三，融资的证券性。以公司债券方式融资时，债券是融资凭证的基本载体，它不仅是投资对象，而且具有比较明确的可流通性，其持有人可以将证券在交易市场出售变现；与此相比，银行的一般存款单虽然也是有价凭证，但在大多数场合中没有对应的交易市场，持有人只能通过将它退回银行进行兑现。

第四，融资的承销性。公司债券通常不由发行人直接销售，而是由发行人委托证券承销商进行承销，由此，一级市场的主体通常由发行人、承销商和投资者三方构成；与此相比，银行的存款或贷款通常由存款人和银行两方或银行和借款人两方构成。

第五，融资的复杂性。通过发行公司债券来融资，发行人要接受较强的市场检验。在发行人的资信、发行方式、利率、发行价格、发行时机、承销商、承销方式和资金用途等众多因素中，只要有一项选择不当，就可能导致发行失败；当债券发行的申报材料不符合有关监管部门的要求时，债券发行申请就无法通过审核，因此，通过发行公司债券来募集资金，是一个相对复杂的过程。

证券的发行市场，一般由发行人、投资者、承销商、发行数量、发行价格、证券期限、证券利率、发行方式、承销方式、发行时间等因素构成。公司债券也不例外。

二　公司债券的发行条件

发行公司债券是公司筹集运作资金的一个重要途径。公司扩展经营规模、调整资产结构、建设新项目、并购其他公司等都需要融通资金。在资本市场上，公司的筹资途径主要有发行债券、长期借款和发行股票等。由于向银行等金融机构借入资金通常受到资金期限短、利率较高、附加条件较多、资金使用的制约性较大等条件制约；而发行股票，对公司素质、规模和效益等方面的要求较高，发股、上市及上市后每年需要缴纳各种费用，成本较高，同时，发股和上市后，公司的经营、投资及其他方面的运作会受到社会各方的严格监管和约束；相比而言，发行债券都有筹集资金数额大、期限长、成本低、资金使用自由度较高等长处，所以，许多公司常常选择通过发行债券来募集运作资金。20 世纪 70 年代以后，美国等西方国家的公司债券市场的快速发展和创新，是引致"金融脱媒"的一个主要机制。

公司债券，除了由发行人的特殊性所决定的一些特点外，其发行过程与国债、股票及其他证券相比，有相当多的共同点。例如，在发行方式上，公司债券也有公募、私募、直接发行、间接发行、竞争性发行、定价发行等多种形式；在发行价格上，公司债券也有面值发行、折扣发行、溢价发行等多种情形；在利率上，公司债券也有面值利率、固定利率、浮动利率、实际利率等多种状态。各个国家或地区，由于法律、制度及习惯的不同，公司债券的发行条件和发行过程也存在一些差异，但其基本的内容和主要过程是一致的。

公司债券的发行条件，是指公司（发行人）发行公司债券所应具备的符合法律法规规定的条件。这些条件通常包括：发行人资格、公司信用状况、公司债券类型、发行数量、公司债券期限、公司债券利率、发行时间、发行价格、债权人的权益等。明确发行条件，是发行公司债券的基本前提，也是公司债券发行成功的基础。

1. 发行人资格

各个国家对有资格发行公司债券的公司，一般都在法律上有比较明确的规定。这种规定主要表现在两个方面。其一，公司组织制度的规定。一般来说，有限责任公司、股份有限公司、独资公司等可以发行公司债，与此相比，合伙制公司、合作制公司、个体公司不能发行公司债。其二，公司规模的规定。一般来说，大中型公司可以发行公司债券，而小型微型公司不能发行公司债券。因此，并非所有公司在资金紧缺时都可以通过发行公司债券来募集资金。中国 2006 年实施的《证券法》第 16 条规定："股份有限公司的净资产不低于人民币三千万元，有限责任公司的净资产不低于人民币六千万元"的，有资格公开发行公司债券。

2. 发行人信用状况

公司是一个经营性实体。在经营过程中，公司会面临种种风险。在公司资信状况不佳的条件下，发行公司债券，可能含有"虚假"乃至"欺骗"成分，这将危害投资者的权益、资本市场的健康发展以致社会的正常生活，为此，各个国家（和地区）对发行人信用状况都有比较严格的要求。一般来说，只有信用等级达到AA级以上的公司才能发行公司债券。20世纪80年代以后，随着金融创新的展开，在美国等少数国家出现了高风险高收益公司债券，其发行人的信用等级低于A级甚至低于B级，但这仅适用于少数特殊的产业部门（如高科技）或特殊的资金用途（如公司并购），就发行公司债券的总体状况而言，发行人的高信用等级仍然是发行债券的基本要求。

3. 公司债券类型

公司债券有许多类型，不同的公司债券，发行条件不尽相同。发行公司债券时，发行人必须明确其发行的公司债券属于哪种类型，然后，据此选择去明确其他发行条件。

4. 发行数量

发行数量，是指发行人一次发行公司债券的面值总额。发行数量的多少，取决于发行人的资产规模、资本数量、资产负债状况、财务状况、投资项目及其收益状况、资金需求量、市场竞争力等诸多因素。一般来说，资产规模大、资产负债率低、财务状况良好的公司，发行公司债券的数量较大，反之则较小；投资项目的资金需求量大、投资收益率高、市场竞争力强的公司，发行公司债券的数量较大，反之则较小。中国2006年实施的《证券法》第16条规定：公司发行公司债券，"累计债券余额不超过公司净资产的百分之四十"，且"最近三年平均可分配利润足以支付公司债券一年的利息"。

值得重视的是，公司债券的发行数量还取决于公司债券市场和其他证券市场的走势。一般来说，在证券市场比较活跃的时期，公司债券的发行比较容易成功，其数量就可能大些；反之，若投资不活跃时发行大量公司债券，则可能导致发行成本的上升甚至发行失败。

5. 公司债券的期限

在发达国家中，公司债券虽有一些长期债券，但主要是中期债券。这是因为，对公司运作来说，若发行1年期债券，其募集的资金实际能够使用的时间仅有11个月左右，这对改善营业状况、完成项目投资等难有实质性意义，企业同时又要承担较高的发行成本和发行风险，因此发行短期债券缺乏长期经济意义；若发行长期公司债券，由于公司的运作状况变化甚大、市场状况变化甚大、科技进步速度甚快等，投资者常常感到风险过大而不愿积极投资，若提高公司债券利率，发行人又感到资金成本过高，所以，长期公司债券的发行也较少。

6. 公司债券利率

公司债券利率，对发行人来说，是资金成本的主要组成部分；对投资者来说，是投资收益的主要组成部分。公司债券利率的高低，直接关系着公司债的发行能否成功，也影响公司债券发行成本的高低。

7. 发债成本

这有两层含义。在广义上，发债成本包括公司债券利息、在公司债券发行中产生的各种费用等；在狭义上，发债成本仅指在公司债券发行中产生的各种费用。在公司债券发行产生中的各种成本包括：准备发债中的筹划、研讨、设计、文件制作、文件报审等活动的费用，公司形象塑造、信用评级、券面设计、委托承销等方面的费用，以及其他费用。发债成本越低，则发债资金的成本也越低，效益越高，反之则相反。

8. 发行时间

这是指，发行人从开始发行公司债券到发债资金全部收回入账所需的时间。一般来说，发行时间越短，发债成本就越低，反之则越高；发行时间越短，发行人可使用的发债资金的时间就越长，反之则越短。所以，发行时间的长短，对发行人有重要意义。

9. 发行价格

公司债券的发行价格有多种情形。公司债券一般采取面值发行或折价发行，但在特殊条件下，公司债券的发行价格也有采取其他方式的。特殊条件主要有两种情形。其一，所发行的公司债券带有衍生产品的性质，如可转换公司债券、附认股权证的公司债券、可参与公司利润分配的浮动利率公司债券。在这种条件下，由于投资者不仅可以得到券面利率的收益，而且可能通过持有公司债券得到其他的收益，所以，公司债券的发行价格可能高于面值，即溢价发行。其二，受某种特殊的政策制约或其他条件制约，公司债券的发行面临困难。在这种条件下，公司债券的发行价格可能选择某种组合方式。例如，1993 年为了支持国债的发行，中国曾规定，企业债券的利率不得超过国债利率，由此使一些机构在发行债券中选择了面值发行与折价发行相结合的方式，即一方面按券面计算固定利率，另一方面又低于面值发售债券，以保证投资者的实际利率高于券面利率。

10. 发行方式

公司债券的发行方式，与国债等证券的发行大致相同，故不赘述。

三　公司债券的发行价格

公司债券的发行价格是由公司债券的发行利率决定的。确定公司债券的利率，要综合考虑银行的同期存贷款利率、国债及其他公司债利率、发行人的信用等级、发行人的资金成本及承受能力、投资项目的收益率、投资者的投资收益率和风险偏好等因素。公司债券的发行利率，有多种形式和计算方法：

其一，固定利率。这有两种情形。一是在面值发行中，按面值计算的固定利率。如发行 5 年期公司债券，规定年利 5%，则 5 年期满，利率总计为 25%。中国发行的类似于公司债券的各种债券（如中期票据、次级债券、证券公司债券、公司债券和私募债券等），主要选择这种方法。二是在折价发行或溢价发行中，按发行价格和票面收益计算的固定利率。如发行 5 年期公司债券，面值 100 元的公司债券，折扣发行价为 70 元，到期按面值兑付、不再付息，则面值年利为 6%，投资收益率为 8.57%。

其二，浮动利率。这也有两种情形：一是参与公司利润分配的浮动利率；二是跟随市场利率变动的浮动利率。在前一种情形下，发行人的营业状况越好、利润率越高，则公司债券利率越高，反之则越低；在后一种情形下，发行人通常承诺按高于市场利率的一定水平（如 100 个基点）来确定公司债券利息。

其三，单利和复利。单利，是指仅按本金计算的利率。如在上例中，5 年期公司债券，年利 5%，5 年期满，利率总计 25%。复利，是指不仅按本金而且将前期利率也作为本金来计算的利率。按这种方法计算，5 年期、年利为 5% 的公司债券，在 5 年期满时，利率总计将高于 25%。

此外，投资者的投资收益率，虽然在直接关系上不属于利率的范畴，但对投资者来说，投资收益率与公司债券利率具有相同的经济意义，所以，也可作为发行公司债券时利率选择的重要参考因素。许多公司债券的衍生产品将券面利率定得较低，这与考虑投资者的投资收益率是密切相连的。

四 公司债券的发行过程

公司债券的发行过程，是指公司从筹划发行公司债，经过发债，到发债资金全部入账的全过程。在间接发行中，它主要包括如下五个阶段：

1. 准备阶段

这一阶段的主要工作内容包括：发债的方案制作、可行性研究、市场调查、董事会决议、股东会决议、文件制作、信用评级、发债方案的申报、公司形象策划及塑造、发债的注册登记（注册制条件下）或审批（许可制条件下）等。

2. 资信评估阶段

这一阶段的主要工作内容包括：资信评估机构的选择、公司治理状况的报告、公司财务资料的整理、业务发展前景的估测、资信评估报告的出具等。

3. 委托阶段

这一阶段的主要工作内容包括：承销商的选择、承销方式的选择、承销价格的选择、承销方案的讨论、承销协议书的签署等。

4. 发售阶段

这一阶段的主要工作内容包括：公司信息的披露、发售公告的发布、公司债券及有关凭证的印制、发售网点的安排、发售、发债资金的收缴及统计等。

5. 资金入账阶段

这一阶段的主要工作内容包括：发债资金的清算、承销费及其他费用的结算、发债资金划入发行人账户、发债报告书的签署、发行人调整财务账目等。

公司债券发行过程，对承销商来说，就是公司债券的承销过程。公司债券的承销过程，是指承销商接受公司委托代为发售公司债并将发债资金划入发行人账户的过程。公司债券的承销方式有代销、余额包销和包销等几种。公司债券的承销过程，主要由四个阶段构成：

1. 争取承销权阶段

这是指，承销商争取成为某一公司债券承销商的过程。其主要工作内容包括：了解和把握公司债券的发行动态、寻找并发现当期的发行人、采取有效方式争取承销权。

2. 承销阶段

这一阶段的主要工作内容包括：承销方式的选择、承销价格的选择、承销方案的讨论、承销费的确定、承销时间的选择、承销协议书的签署、承销团的组成等。

3. 发售阶段

这一阶段的主要工作内容包括：制作《发债说明书》和《发债公告》等文件、印制公司债券及有关凭证、安排发售网点、进行发债宣传、发售、收缴债券款并及时统计等。

4. 结算阶段

这一阶段的主要工作内容包括：发债资金的结算、承销费的结算、发债资金划入发行人账户、发债报告书的出具及签署等。

第四节　公司债券的交易

一　公司债券交易市场的结构

公司债券交易市场，又称公司债券的二级市场，是指交易各类公司债券的市场。它可分为无形市场和有形市场两个大类。无形市场，是指没有固定的交易场所、设施和组织管理架构的交易市场，它主要由交易双方的交易行为构成。有形市场，是指由固定交易场所、设施和组织管理架构等构成的交易市场，如交易所市场、场外交易市场等。

在发达国家中，债券交易主要在无形市场中展开，主要原因有三个方面。其一，有形市场因场地、设施和管理等原因，运营成本较高，由此，债券等证券交易需要交纳较高的交易费用（其中包括经纪人的佣金、交易场所的管理费等）。债券的固定利率是一个有限数量，即便是浮动利率，其上行空间也不大。如果债券在有形市场中交易，随着交易次数的增加，就可能因各种收费而严重影响投资者的收益率。其二，债券主要在机构投资者间交易。在大宗交易场合，如果按照有形市场规定，机构投资者要交纳较多的交易费用，但他们并不愿意如此，而宁愿通过一对一的谈判来实现债券交易。其三，对相当多的金融机构来说，债券交易过程同时是资产调整、市场运作的过程，他们并不愿意将这些运作中的商业秘密让第三者知晓，由此，无形市场的交易更能满足他们的要求。

在发达国家中，也有一些债券在证券交易所和场外交易市场等有形市场中交易。债券在有形市场中交易，有利于提高发行人的市场影响力和社会知名度、完善债券定价机制、增强债券的流动性和促进新证券的发行。

在中国，债券交易几乎都在有形市场中展开。这些有形市场包括：银行间市场、证券交易所市场和银行等金融机构的柜台市场。因此，建立债券交易的无形市场是建立我国多层次债券市场的一项重要内容。

二　公司债券入市

公司债券入市，是指公司债券在证券交易所或场外交易市场登记注册并挂牌交易的过程。其中公司债券在证券交易所登记注册并挂牌交易的行为，称为"债券上市"。

公司债券入市的条件，在各个国家和交易市场的规定不尽相同。在实行许可制（或审批制）的国家，公司债券入市首先需经金融或证券监管部门批准，然后才能向证券交易市场组织提出申请；在实行注册制的国家中，公司债券入市通常只需经过证券交易市场组织的审核即可。

不论实行哪种体制，为了保护投资者权益，各个国家或交易市场组织对公司债券入市交易都有一系列明确的规定和约束条件。一般来讲，公司债券入市应满足有关法律法规规定的几方面条件。其中包括：

（1）发行人需有较强的偿付债券本息的能力。公司债券入市，其发行人应具有较强的连续盈利能力；但也有一些公司债券是在其发行人尚缺乏赢利能力的条件下发行的，如高风险债券等，它们入市交易的前提是信息要充分公开披露。

（2）已发行的公司债券面值金额应达到（或超过）相关交易市场规则的要求。

（3）发行人资产中的净资产比例应达到（或超过）相关交易市场规则的要求。

（4）公司债券的信用级别应达到规定的要求。

在达到交易市场的相关规定后，一方面，公司债券发行人应向证券交易市场的有关部门提出入市申请，根据交易规则的规定，提交相应的文件（如入市申请书、财务报告书和债券发行的相关文件等）；另一方面，在入市申请获准后，发行人应支付公司债券入市的各种费用。在入市交易期间，发行人还应按有关法律法规和证券交易市场的规定，及时披露有关信息，并向监管部门和证券交易市场组织报告有关重大事项。

三　公司债券的现货交易

公司债券的现货交易，是指在债券买卖成交的当日（或按规定的有限期限）

进行债券与券款清算交割的交易方式。现货交易的期限一般分为当日交割、次日交割、再次日交割、例行（五日）交割等几种。在交割中，卖者交出债券，买者按买进的价格支付券款。

在不同的交易市场上，现货交易的过程存在一定的差异。例如，证券交易所的现货交易，与场外市场进行的现货交易，在交易过程方面就存在明显的差别。同时，现货交易中的代理交易和自营交易，也存在一定的差别。

委托买卖，是指投资者委托经纪商买入或卖出债券的过程。由于证券交易所的现货交易主要通过证券交易所的交易厅和经纪商的证券营业网点实现，同时，只有证券交易所的会员（主要是经纪商）才能进入证券交易所场内从事证券买卖，所以，一般的投资者只能通过经纪商的证券营业网点，委托经纪商才能进行债券的买卖。委托买卖的主要程序包括：

1. 开立债券交易账户和资金账户

投资者委托经纪商买卖债券，首先应在经纪商的证券营业部开办债券交易账户和资金账户。债券交易账户，是记录投资者持有和买卖债券状况的账户；资金账户，是记录投资者资金收付状况和资金剩余状况的账户。在买入债券时，投资者资金账户上的资金减少，而债券交易账户上的债券（种类和数量）增加；在卖出债券时，投资者债券交易账户上的债券减少，而资金账户上的资金增加。在有纸化债券买卖中，通常没有专门的债券交易账户，但资金账户仍是必须的。

2. 填写委托单

委托单，是投资者委托经纪商代为买卖债券的法律性文件。投资者委托经纪商买卖债券，必须填写委托单。委托单的主要内容包括：债券名称、代码、买入或卖出、数量、价格、委托方式（如限价委托、市价委托、全权委托等）、交割方式、填写日期、委托人签名等。在现代证券市场中，随着高科技的发展，投资者的委托，既可采取填写委托单的形式，也可选择电话委托、口头委托、电报委托、传真委托和网上委托等形式，但在后面这些形式中，投资者应与经纪商就委托内容的确认及法律性效力问题达成协议或共识。

3. 交易过程

经纪商在接到投资者的委托后，立即将委托内容通知其在证券交易所内的出市代表（或场内交易员），由该出市代表将委托内容报入证券交易所主机或在证券交易所场内积极寻找交易对方，促成交易。由于各个证券交易所的交易系统、交易规则、交易程序存在差别，所以，其交易过程也存在一定的差异。中国的上海、深圳两个证券交易所实行电子自动撮合交易，因此在其中进行的债券的交易也采取自动撮合交易的方式。

4. 清算交割

债券成交后，就进入资金清算和证券过户阶段。清算交割，首先通过证券交易所的系统或其他相关系统（如证券登记公司、证券清算公司的系统），在经纪商之间进行，然后再在投资者与经纪商之间进行。在实行电子撮合交易的条件下，债券交割直接通过证券交易所的计算机网络和证券登记网络，在投资者之间划转过户。

清算交割，标志着债券代理交易的完成，为此，在清算交割中，投资者一方面须按规定向经纪商支付交易手续费（即佣金）并缴纳其他的费用（如税收、过户费等），另一方面应认真核对债券交易账户中记录的债券种类和数量、资金账户的资金变化情况，以免发生差误。

证券的自营交易与代理交易的区别在于，自营是经纪商自己的证券投资行为，它不需要填写委托单，也不需要交纳交易手续费，但它同样需要开立债券交易账户和资金账户，向证券交易所申报买入或卖出的债券内容，缴纳规定的税收、过户费等费用，并进行清算交割。

在美国纳斯达克（Nasdaq）市场中，债券交易实行做市商制度的主要目的有二：一是提高债券交易的连续性，活跃债券交易活动，促进债券价格的发现；二是增强经纪商在促进债券交易方面的责任感和主动性，提高他们的服务意识和服务质量。这一制度对推进高风险债券的发行和交易有重要意义。

四 公司债券的交易价格

公司债券的交易价格，是指债券在证券交易市场上进行交易时实际成交的价格，也称为实际成交价格。债券交易价格的形成，受到多种因素的影响，其中既有经济因素也有非经济因素。但是，债券交易价格的形成及变化有一定的规律性。一般来说，债券交易价格围绕着债券理论价格而波动。

公司债券理论价格的形成，主要取决于债券剩余期限、剩余付息日、债券利率、市场利率、付息方式、债券还本风险等因素。具体来说：

（1）债券剩余期限和剩余付息日。债券剩余期限，是指从购入债券到债券到期日之间的时间。如果债券是到期后一次性支付本息，则剩余期限越长，债券的价格越低。剩余付息日，是指从购入债券之日到下一次付息之间的时间。剩余付息日主要影响附有息票及分次付息债券的交易价格。

（2）债券利率。债券利率的高低，直接决定着投资收益率的高低，也直接决定了债券在各个时期的收益水平，因而影响着债券收益的现值。在其他因素不变或相同的条件下，债券的利率水平越高，则债券的交易价格越高，反之则越低。

（3）市场利率水平。投资者是按未来收益的现值来估算债券的价值的，而市场利率直接影响了未来收益的现值。在市场利率上升的时候，债券的交易价格通常将向下变动；反之则向上变动。

（4）付息方式。债券的付息方式，主要影响债券在各个时期的收益水平。在付息总额相同的情况下，分次付息的实际收益现值高于到期时一次总付性付息的现值。因此，未付息前，债券交易价格较高，随着付息次数的增加，债券交易价格会逐步下落。

按付息方式，债券可分为到期一次还本付息，附息票分次付息并到期还本，贴现发行并到期支付面值金额等三种情况。若以 P 代表债券交易的理论价格，C 代表每次付息的金额，i 代表市场利率，D 代表债券的到期偿还金额，K 代表债券的票面价值，N 代表债券的未偿期限，i_T 代表债券的贴现利率，则下面四种情况下的债券交易价格，可用公式分别表示为：

（1）一次还本付息的债券交易价格公式：

$$P = \frac{D}{(1+i)^n} \tag{5.22}$$

（2）附息票或每年付息的债券交易价格公式：

$$P = C\sum_{t=1}^{n} \frac{1}{(1+i)^t} + \frac{D}{(1+i)^n} \tag{5.23}$$

（3）一年两次付息的债券交易价格公式：

$$P = C\sum_{t=1}^{2n} \frac{1}{(1+i/2)^t} + \frac{D}{(1+i/2)^{2n}} \tag{5.24}$$

（4）按贴现付息发行的债券交易价格公式：

$$P = K \times \left(1 - \frac{i_t \times N}{360}\right) \tag{5.25}$$

利用公式 5.22 ~ 5.25，在给定某一债券基本情况的条件下，可以计算出这种债券的理论交易价格。

第五节　中国的公司债券市场

一　中国公司债券品种

在中国证券市场中，因体制机制制约，公司债券的名称繁多。其中主要的种类包括：短期融资券、中期票据、金融债券、次级债券、混合债券、证券公司债券、公司债券和私募债券等。

（1）短期融资券，简称融资券，是指企业依照中国人民银行的有关规定在银行间债券市场发行和交易并约定在一定期限内还本付息的有价证券。2005 年 5 月 23 日，中国人民银行出台了《短期融资券管理办法》（中国人民银行［2005］第 2 号令），其中，第 11 条至第 14 条规定："融资券的期限最长不超过 365 天"，发行融资券的企业可在这一期限内自主确定每期融资券的期限；"融资券发行利率或发行价格由企业和承销机构协商确定"；"企业发行融资券，均应经过在中国境内工商注册且具备债券评级能力的评级机构的信用评级，并将评级结果向银行间债券市场公示，但近三年内进行过信用评级并有跟踪评级安排的上市公司可以豁免信用评级"；"对企业发行融资券实行余额管理。待偿还融资券余额不超过企业净资产的40%"。第23条至第27条规定："融资券在债权债务登记日的次一工作日，即可以在全国银行间债券市场机构投资人之间流通转让"；"融资券的结算应通过中央结算公司或中国人民银行认可的机构进行"；"发行人应当按期兑付融资券本息，不得违反合同约定变更兑付日期"；"发行人应当在融资券本息兑付日5个工作日前，通过中国货币网和中国债券信息网公布本金兑付和付息事项"；"发行人应当按照规定的程序和期限，将兑付资金及时足额划入代理兑付机构指定的资金账户。代理兑付机构应及时足额向融资券投资人划付资金"。此后，融资券成为中国公司债券市场中的一个主要类型的短期公司债券品种。2011年融资券的发行次数达到620次，发行面值累计达到10063.8亿元；融资券的交易笔数为56960笔，交易额达到52312.72亿元。到2001年年底，融资券的余额达到8256.8亿元[①]。

（2）中期票据，简称中票，是指具有法人资格的非金融企业在中国银行间债券市场按照计划分期发行并约定在一定期限还本付息的债务融资工具。2008年3月14日，中国人民银行出台了《银行间债券市场非金融企业债务融资工具管理办法》（中国人民银行令〔2008〕第1号），其中规定：企业发行的债务融资工具应在中国银行间市场交易商协会（简称"交易商协会"）注册；债务融资工具应在中央国债登记结算有限责任公司（简称"中央结算公司"）进行登记、托管和结算；全国银行间同业拆借中心（简称"同业拆借中心"）应为债务融资工具在银行间债券市场的交易提供服务；企业发行的债务融资工具应由金融机构承销，企业可自主选择主承销商；发行的债务融资工具应由在中国境内注册且具备债券评级资质的评级机构进行信用评级；企业应在银行间债券市场披露信息；债务融资工具发行利率、发行价格和所涉费率应以市场化方式确定，任何商业机构不得以欺诈、操纵市场等行为获取不正当利益；债务融资工具的投资者应自行判断和承担投资风险。根据这一规定，交易商协会先后出台了《银行间债券市场非金融企业中期票据业务指引》《银行间债券市场非金融企业债务融资工具发行注册规则》《银行间债券市场非金融企业债务融资工具信息披露规则》《银行间债券市场非金融企业债务融资工具中介服务规则》《银行间债券市场非金融企业债务融资工具尽职调查指引》等文件，其中规定：企业发行中期票据应遵守国家相关法律法规，中期票据待偿还余额不得超过企业净资产的40%；中期票据所募集的资金应用于企业生产经营活动，并在发行文件中明确披露其具体用途；企业在中期票据存续期内变更募集资金的用途应提前披露；企业发行中期票据应制定发行计划，在计划内可

---

① 资料来源：中债信息网和中信证券。

灵活设计各期票据的利率形式、期限结构等要素；企业应在中期票据发行文件中约定投资者保护机制，包括应对企业信用评级下降、财务状况恶化或其他可能影响投资者利益情况的有效措施，以及中期票据发生违约后的清偿安排；中期票据投资者可就特定投资需求向主承销商进行逆向询价，主承销商可与企业协商发行符合特定需求的中期票据。

2011 年中国中期票据的发行数达到 407 笔，发行面值 7269.7 亿元，比 2010 年的发行数 223 笔和发行面值 4924.00 亿元，分别增长了 82.51% 和 47.64%；中期票据交易数 106714 笔、交易额 143162.57 亿元，比 2010 年的 73439 笔和 98613.19 亿元，分别增长了 45.31% 和 45.16%。到 2011 年年底，中期票据的余额达到 19742.7 亿元，比 2010 年底的 13536 亿元，增长了 45.85% [①]。

（3）集合债券，全称中小企业集合债券，是指运用信用增级的原理，通过政府组织协调，将若干家中小企业进行捆绑集合发行的公司债券。在中国，由国家发改委审批的在企业债券范畴内发行的集合债券，称为中小企业集合债券；由中国人民银行审批的在中期票据范畴内发行的集合债券，称为中小企业集合票据。从定义中可见，集合债券的特点主要有三个方面。其一，它有与发行人不同的"牵头人"。其牵头人通常为地方政府部门，负债的中小企业由牵头人进行组织。其二，它由多家中小企业构成一个集合发债主体。其中，"多家企业"最低不少于 2 家，最多不超过 10 家。这些中小企业通过地方政府组织成为一个集合性发债主体。其中，发债企业各自确定其债券发行额度、分别负债并承担清偿债券本息的责任。其三，统一债券名称。每期集合债券不论集合的中小企业家数多少均采用统一的债券名称，实行统收统付，统一约定到期还本付息。集合债券由商业银行或证券机构作为承销商，由担保机构、评级机构、会计师事务所、律师事务所等中介机构参与。它有利于促进中小企业的直接融资，有效降低中小企业融资成本，提高这些企业的市场影响力，推动它们的经营发展；另外，也有利于简化中小企业发债的审批程序，推进债券发行制度改革和增加金融市场中的可交易债券品种。集合债券发行条件大致包括：①股份有限公司的净资产不低于人民币 3000 万元，有限责任公司和其他类型企业的净资产不低于人民币 6000 万元；②累计债券余额不超过企业净资产（不包括少数股东权益）的 40%；③最近 3 年可分配利润（净利润）足以支付企业债券 1 年的利息；④企业主体信用评级为 BBB 级及以上；⑤发债筹集资金的投向符合国家产业政策和行业发展方向；⑥债券的发行利率由企业根据市场情况确定，但不得超过国务院限定的利率水平；⑦已发行的企业债券或者其他债务未处于违约或者延迟支付本息的状态；⑧最近三年没有重大违法违规行为。2007 年 11 月 14 日，经国务院批准，在国家发改委管辖的企业债券范畴内，深圳 20 家中小企业联合发行计划总额为 10 亿元的"2007 年深圳市中小企

---

① 资料来源：中债信息网和中信证券。

业集合债券"①。这只债券由国家开发银行担任主承销商并为债券提供无条件不可撤销的连带责任保证担保，深圳市中小企业信用担保中心、深圳市高新技术投资担保有限公司和深圳中科智担保投资有限公司联合向国家开发银行提供反担保。最终，该只集合债券发行总规模达到 10.3 亿元，期限 5 年，票面利率为 5.70%，各家企业从第三年开始以 40%、30%、30% 的比例分 3 年还本，债券的信用级别为 AAA；债券发行完毕后，在全国银行间债券市场上市交易。这是全国第一只中小企业集合债券，打破了以往只有大企业才能发债的惯例。2009 年 11 月 23 日，由北京市顺义区 7 家中小企业集合发行的票据问世。这期票据发行规模为 2.65 亿元，期限为 365 天，发行利率为 4.08%（当时 1 年期贷款利率为 5.31%），由北京首创投资担保有限责任公司提供担保，由此其债券信用级别被提高到 AA 级，主承销商为北京银行股份有限公司。

（4）金融债券，在本义上，是指由商业银行和非银行金融机构（作为发行人）发行以筹集资金的一种债权债务凭证。在美国、英国等欧美国家中，金融机构发行的债券属于公司债券的范畴，但在日本、韩国等国家中，金融机构发行的债券特别称为金融债券。"金融债券"的名称起源于日本，是在日本特定的金融体制下单列的一种债券品种。日本的债券品种从发行主体的特性角度进行界定，大致上可分为政府债券（包括中央政府债券、地方政府债券和地方保证债券）、金融债券和公社债券（即公司债券）。日本金融债券的发行由专门的法律予以规范，同时，不同发行主体所发行的金融债券又有不同的法律予以分别规范，由于它不受有关发行公司债券（即公社债券）的法律所规范，所以成为一个专门类别的债券品种。但从理论角度看，金融机构属于商业经营性机构，它发行的债券应具有明显的商业性特征，因此这类债券应属于公司债券的范畴。

在中国境内，金融债券始于 1985 年。对经营性金融机构来说，已发行的金融债券主要在两个阶段发生。一是在 1985～1992 年，为了解决国有专业银行的信贷资金不足问题，经中国人民银行批准，中国工商银行、中国建设银行等金融机构向社会公开发行金融债券。这些金融债券所募集的资金，主要用于发放特种贷款，以支持一些产品为社会所急需、经济效益好的建设项目的迅速竣工投产。到 1992 年，此类金融债券累计发行了 200 多亿元。二是在 1997～1998 年，为了解决在武汉证券交易中心、天津证券交易中心等交易场所出现的证券回购中买空卖空国债、利率过高、期限过长和资金用途不合理等不规范现象的问题，根据国务院批转的《中国人民银行关于进一步做好证券回购债务清偿工作请示的通知》（国发［1996］20 号文）第 3 条关于"对于将回购资金用于长期投资，短期内无法收回，还债确有困难的金融机构，经中国人民银行批准，可适当发行一定数量的金融债券，用于偿还债务"的规定，中国人民银行批准华夏证券有限公司、国泰证券有限公司、

---

① 2007 年 12 月 2 日，深圳市政府专门出台了《深圳市中小企业集合债券组织发行实施细则》。

南方证券有限公司、广东发展银行、海南发展银行等 14 家金融机构先后发行了 16 次金融债券，发行总规模达 56 亿元。这部分金融债券又被称为特种金融债券。

2005 年 4 月，为促进债券市场发展，规范金融债券发行行为，维护投资者合法权益，中国人民银行出台了《全国银行间债券市场金融债券发行管理办法》（中国人民银行令〔2005〕第 1 号），其中，第 2 条规定："金融债券，是指依法在中华人民共和国境内设立的金融机构法人在全国银行间债券市场发行的、按约定还本付息的有价证券。"所谓金融机构法人，是指政策性银行、商业银行、企业集团财务公司及其他金融机构。第 13 条至第 17 条规定：金融债券可在全国银行间债券市场公开发行或定向发行；金融债券的发行可以采取一次足额发行或限额内分期发行的方式；金融债券的发行应由具有债券评级能力的信用评级机构进行信用评级；发行金融债券时，发行人应组建承销团，承销人可在发行期内向其他投资者分销其所承销的金融债券；发行金融债券的承销可采用协议承销、招标承销等方式。这标志着中国境内的金融债券市场发展迈入了一个新的规范化时期。

2011 年 10 月 24 日，为了进一步贯彻国务院《关于进一步促进中小企业发展的若干意见》（该文于 2009 年 9 月 22 日出台），缓解小型微型企业融资难的状况，中国银监会出台了《关于支持商业银行进一步改进小型微型企业金融服务的补充通知》（银监发〔2011〕94 号），强调商业银行应进一步明确改进小型微型企业金融服务的工作目标，支持商业银行发行专项用于小型微型企业贷款的金融债，这种金融债券被称为"专项金融债券"。其具体规定有 5 个方面内容：①申请发行小型微型企业贷款专项金融债的商业银行除应符合《全国银行间债券市场金融债券发行管理办法》等现有各项监管法规的规定外，其小型微型企业贷款增速应不低于全部贷款平均增速，增量应高于上年同期水平；②申请发行小型微型企业贷款专项金融债的商业银行应出具书面承诺，承诺将发行金融债所筹集的资金全部用于发放小型微型企业贷款；③对于商业银行申请发行小型微型企业贷款专项金融债的，银监会结合其小型微型企业业务发展、贷款质量、专营机构建设、产品及服务创新、战略定位等情况做出审批决定；对于由属地监管的商业银行，属地银监局应对其上述情况出具书面意见，作为银监会审批的参考材料；④获准发行小型微型企业贷款专项金融债的商业银行，该债项所对应的单户授信总额 500 万元（含）以下的小型微型企业贷款在计算"小型微型企业调整后存贷比"时，可在分子项中予以扣除，并以书面形式报送监管部门；⑤各级监管机构应在日常监管中对获准发行小型微型企业贷款专项金融债的商业银行法人进行动态监测和抽样调查，严格监管发债募集资金的流向，确保资金全部用于发放小型微型企业贷款。2011 年 12 月 31 日，兴业银行 2011 年第一期小企业贷款专项金融债券成功发行，这是银行间债券市场首只专项用于小微企业贷款的金融债。这一金融债券主承销商为中国工商银行和中国农业银行，计划发行规模为 200 亿元，分固息、浮息两个品种，发行人有不超过 100 亿元的超额增发权，最终发行人行使了超额增发权，发行量确定为 300 亿元，全部为 5 年期固定利率，票面利率确定为 4.20%。

（5）次级债券，在本义上，是指由公司（即发行人）发行的本息偿付次序先于公司优先股但后于公司一般债务的一种债务债权凭证。从这个意义上说，次级债券是各类经营性公司在符合相关制度规定条件下都可发行的。但在中国，次级债券特指由商业银行等金融机构发行的、发债资金按照巴塞尔协议要求用于补充附属资本的债券。2001 年 12 月 11 日，中国正式加入了世界贸易组织，由此，中国的商业银行等金融机构也进入了 5 年过渡期（即 2001 年 12 月至 2006 年 12 月）。在过渡期内，中国商业银行等金融机构的一项重要工作是，逐步使资本充足率达到巴塞尔协议规定的要求。根据该协议规定，商业银行的资本金应由一级资本和二级资本两部分构成。其中，一级资本（又称“核心资本”）由股东权益（即实收资本或净资产）和公开储备构成，必须占商业银行资本总额的 50% 以上；二级资本（又称“附属资本”）由非公开储备、资产重估储备、普通准备金、债权、股权、混合资本工具和次级长期债券构成。次级债券作为附属资本的构成部分，其数额不得超过核心资本的 50%。由次级债券的特性决定，这部分债券的本息偿付顺序在商业银行的一般债务之后，但在股权之前。另外这部分债券的期限不少于 5 年，且不能加速偿还，同时，债券必须是未经担保的。但在股份制改制尚未完成、股市容量较小且低迷的条件下，中国的商业银行等金融机构从股市上融入资本性资金的空间非常有限，但又必须按照过渡期的时间表达到资本充足率最低限度的要求，为了缓解这一矛盾，中国银监会出台了《关于将次级定期债务计入附属资本的通知》，其中规定，中国的商业银行应按照巴塞尔协议的要求，达到资本充足率；为此可将符合规定条件的次级定期债务（不得由银行或第三方提供担保，且不得超过银行核心资本的 50%），计入银行附属资本。从 2003 年起，一些商业银行开始了发行次级债券补充资本金的实践①。

（6）混合债券，又称为混合资本债券，是指商业银行等金融机构发行的发债资金用于补充资本金的一种兼具债务特性和资本特性的债券。这种债券具有如下特点。第一，混合债券具有债务特性和资本特性，是二者的混合体，所以，称为“混合”债券。混合债券的期限一般在 10 年以上。丹麦能源公司在 2005 年发行的混合债券，期限定为 1000 年。也有一些混合债券的期限定为“永久”的。由于这种债券的期限较长，可以在一定程度上当作资本使用，所以，具有资本特性。第

---

① 2003 年年底，兴业银行率先发行了 30 亿元次级债券，期限为 5 年零 1 个月，采取浮动利率计息方式，年利率为一年定期存款利率加 2.01%，当时年利率为 3.99%，发行对象为 3 家保险公司及国家邮政储汇局；2004 年 4 月，招商银行发行了 35 亿元次级债券，期限为 5 年零 1 个月，每年固定利率为 4.59%，发行对象为太平洋保险公司这一单一买家；2004 年 6 月，浦东发展银行发行了 60 亿元次级债券，期限同为 5 年零 1 个月，采取浮动利率计息方式，年利率为 1 年定期存款利率加 2.62%，当时年利率为 4.6%，发行对象为“中国人保”等 8 家机构。

二，发行这种债券的目的在于补充资本金。按照巴塞尔协议的规定，商业银行可通过发行混合债券来弥补附属资本的不足。混合债券与次级债券的发债资金都属于附属资本的范畴，但附属资本可分为低附属资本和高附属资本。混合债券的发债资金属于附属资本中的高附属资本。第三，利息递延。混合债券的发行人有权递延这种债券的利息偿付，这一特点与股本运作相似。2006 年 9 月 27 日，经中国银行业监督管理委员会（简称"中国银监会"）和中国人民银行批准，兴业银行股份有限公司率先在全国银行间债券市场公开发行了总额 40 亿元人民币、期限 15 年、票面利率为 4.34% 的"2006 年兴业银行混合资本债券"①。

　　（7）小微企业专项金融债券，是指由商业银行发行并将发债资金专门用于发放小微企业贷款的金融债券。2011 年 10 月，中国银监会下发《关于支持商业银行进一步改进小型微型企业金融服务的补充通知》，提出支持商业银行发行专项用于小型微型企业贷款的金融债券。2011 年 11 月 8 日，民生银行发布公告，已收到《中国银监会关于中国民生银行发行金融债的批复》（银监复〔2011〕480 号），同意其在全国银行间债券市场发行金额不超过 500 亿元人民币的金融债券。这标志着小微企业金融债券的问世。

　　（8）证券公司债券，是指证券公司按照有关制度规定发行的并约定在一定期限内还本付息的有价证券。2003 年 8 月 29 日，中国证券监督管理委员会（以下简称"中国证监会"）出台了《证券公司债券管理暂行办法》（中国证监会第 15 号令），其中规定："证券公司发行债券必须符合本办法规定的条件，并报经中国证监会批准。"证券公司既可公开发行债券，也可定向发行债券。"发行人应当为债券的发行提供担保。为债券的发行提供保证的，保证人应当具有代为清偿债务的能力，保证应当是连带责任保证；为债券的发行提供抵押或质押的，抵押或质押的财产应当由具备资格的资产评估机构进行评估。公开发行债券的担保金额应不少于债券本息的总额，定向发行债券的担保金额应不少于债券本息总额的百分之五十。"（第 12 条）"发行人应当聘请证券资信评级机构对本期债券进行信用评级并对跟踪评级做出安排。"（第 11 条）"发行人应当为债券持有人聘请债权代理人。聘请债权代理人应当订立债权代理协议，明确发行人、债券持有人及债权代理人之间的权利义务及违约责任。发行人应当在募集说明书中明确约定，投资者认购本期债券视作同意债权代理协议。发行人可聘请信托投资公司、基金管理公司、证券公司、律师事务所、证券投资咨询机构等机构担任债权代理人。"（第 13 条）"发行人应当聘请有主承销商资格的证券公司组织债券的承销。定向发行的债券，经中国证监会批准可以由发行人自行组织销售。"（第 15 条）"定向发行债券，拟认购人书面承诺认购全部债券且不在转让市场进行转让，经拟认购人书面同意，

---

① 此次发行公告称："本期债券仅设定一次发行人选择提前赎回的权利，即在本期债券发行第十年之日起至到期日期间，经银监会批准，发行人有权按面值一次性赎回全部本期债券。"

发行人可免于信用评级、提供担保、聘请债权代理人。"（第 18 条）"公开发行的债券，在销售期内售出的债券面值总额占拟发行债券面值总额的比例不足 50% 的，或未能满足债券上市条件的，视为发行失败。发行失败，发行人应当按发行价并加算银行同期存款利息返还认购人。"（第 20 条）"公开发行的债券应当向社会公开发行，每份面值为 100 元。定向发行的债券应当采用记账方式向合格投资者发行，每份面值为 50 万元，每一合格投资者认购的债券不得低于面值 100 万元。"（第 21 条）2003 年 9 月 2 日，中国证监会又出台了《证券公司发行债券申请文件》，要求申请发行债券的证券公司应按照这一准则的要求制作申请文件。①

受制于 2003 之后的股市走势、2004 年之后证券公司整顿等一系列因素，证券公司债券的发行举步维艰。2006 年 5 月，借助于股市新一轮的高企等条件，中信证券股份有限公司公开发行了实名记账式证券公司债券 15 亿元。该债券由中国中信集团公司提供不可撤销的连带责任担保，债权代理人为上海市金茂律师事务所。《发行公告》称："本期债券为固定利率品种，票面年利率将根据发行时记簿建档的情况最终确定，在债券存续期内固定不变；本期债券每年付息一次，到期一次还本；每年的 5 月 31 日为（遇节假日顺延至其后的第一个工作日）为该计息年度的付息首日，自付息日起的二十个工作日为付息期，年度付息款项自该年度付息首日起不另计利息。"

（9）公司债券，是指公司在中国境内按照中国证监会有关制度规定发行的、约定在一年以上期限内还本付息的有价证券。2007 年 5 月 30 日，中国证监会出台了《公司债券发行试点办法》（中国证监会第 49 号令），其中规定，申请发行公司债券，应当经中国证监会核准（中国证监会对公司债券发行的核准，不表明其对该债券的投资价值或者投资者的收益做出实质性判断或者保证。公司债券的投资风险，由认购债券的投资者自行承担）。中国证监会的核准程序由四个环节构成：一是在收到申请文件后五个工作日内决定是否受理；二是中国证监会在受理后，对申请文件进行初审；三是发行审核委员会按照《中国证券监督管理委员会发行审核委员会办法》规定的特别程序审核申请文件；四是中国证监会作出核准或者不予核准的决定。"公司债券的信用评级，应当委托经中国证监会认定、具有从事证券服务业务资格的资信评级机构进行。"（第 10 条）"公司应当为债券持有人聘请债券受托管理人，并订立债券受托管理协议；在债券存续期限内，由债券受托管理人依照协议的约定维护债券持有人的利益。公司应当在债券募集说明书中约定，投资者认购本期债券视作同意债券受托管理协议。"（第 23 条）2007 年 9 月 24 日，长江电力股份有限公司发行了"07 长电债"。这只债券发行面值为 40 亿元，选择期限为 10 年的固定利率附息债方式，由中国建设银行提供全额不可撤销的连带责任保证担保，经中诚信评估评定的信用等级为 AAA，经过询价最终票面

---

① 资料来源：中国证监会网站。

利率确定为 5.35% 。

（10）中小企业私募债券，是指中小微型企业根据有关制度规定在中国境内以非公开方式发行和转让并约定在一定期限还本付息的公司债券。2012 年 5 月 22 日和 5 月 23 日，在中国证监会的指导下，深圳证券交易所和上海证券交易所先后出台了《中小企业私募债券业务试点办法》，其中指出：试点期间，中小企业私募债券发行人限于符合《关于印发中小企业划型标准规定的通知》（工信部联企业〔2011〕300 号）规定的、未在上海证券交易所和深圳证券交易所上市的中小微型企业，暂不包括房地产企业和金融企业。在具体条款中规定："发行人应当以非公开方式向具备相应风险识别和承担能力的合格投资者发行私募债券，不得采用广告、公开劝诱和变相公开方式。每期私募债券的投资者合计不得超过 200 人。"（第 3 条）"私募债券应由证券公司承销"（第 5 条），发行前应在证券交易所备案、发行后应在证券交易所转让；私募债券的投资风险由投资者自行承担。"两个或两个以上的发行人可以采取集合方式发行私募债券"（第 14 条），"发行人可为私募债券设置附认股权或可转股条款，但应符合法律法规以及中国证监会有关非上市公众公司管理的规定"（第 15 条），"合格投资者认购私募债券应签署认购协议。认购协议应包括本期债券认购价格、认购数量、认购人的权利义务及其他声明或承诺等内容"（第 16 条）。参与私募债券认购和转让的合格投资者，应符合下列条件：一是经有关金融监管部门批准设立的金融机构，包括商业银行、证券公司、基金管理公司、信托公司和保险公司等；二是上述金融机构面向投资者发行的理财产品，包括但不限于银行理财产品、信托产品、投连险产品、基金产品、证券公司资产管理产品等；三是注册资本不低于人民币 1000 万元的企业法人；四是合伙人认缴出资总额不低于人民币 5000 万元，实缴出资总额不低于人民币 1000 万元的合伙企业；五是经证券交易所认可的其他合格投资者。同时，发行人的董事、监事、高级管理人员及持股比例超过 5% 的股东，可参与本公司发行私募债券的认购与转让。"发行人应当为私募债券持有人聘请私募债券受托管理人。私募债券受托管理人可由本次发行的承销商或其他机构担任。为私募债券发行提供担保的机构不得担任该私募债券的受托管理人。"（第 32 条）"在私募债券存续期限内，由私募债券受托管理人依照约定维护私募债券持有人的利益。"（第 33 条）

私募是相对于公募而言的范畴，与此对应的，私募债券也是相对于公募证券而言的特定债券品种。所谓私募，即不公开对公众发行的债券，因此，私募债券的发行特点通常是在同一时间按照同一价格向特定的投资者（如商业银行、信托公司、保险公司和各种基金会等）发行债券。在发达国家中，证券监管部门一般不对私募债券的对象在数量上进行限制性规定，但日本规定为不超过 50 家。投资者购买私募债券的主要目的不是通过转让获取价差，而是基本上作为金融资产的组合品种留于手中。日本对私募债券的转让有专门规定，即在发行后两年之内不能转让；即便转让，也仅限于转让给同行业的投资者。发行私募债券的好处是：发

行成本较低、发行人的资格认定标准较低、可不提供担保、信息披露程度要求低
和有利于与业内机构建立战略合作关系等。但它也有不足之处，主要表现在：一
是只能向特定投资者发行，因此，发行失败的可能性较高；二是这种债券的流动
性较低，通常只能在特定投资者之间以协议转让方式交易；三是债券利率较高。

　　2012 年 6 月 8 日，"上交所发布"称，由东吴证券承销的苏州华东镀膜玻璃有
限公司 5000 万元中小企业私募债券当天上午发行完毕。该债券期限为 2 年、利率
为 9.5%、每年付息一次，由苏州国发中小企业担保投资有限公司提供担保保证。
同日，由国信证券公司承销的深圳市嘉力达实业有限公司私募债也成功发行。该
只中小企业私募债券发行规模为 5000 万元，期限为 3 年、利率为 9.99%，成为深
交所首只完成发行并挂牌交易的中小企业私募债券。

　　（11）买入返售证券（Buying Securities and Return Sale），是指资金融出方通过
买入证券将资金借贷给证券出售方的同时，要求对方按照合约规定在限期内以规
定金额赎回证券、归还资金及其利息的交易行为。它与"逆回购"的原理基本
一致。

　　在中国，全国银行间同业市场的某些成员以合同或协议的方式，按一定的价
格买入证券，到期日再按合同或协议规定的价格卖出该批证券，以获取买入价与
卖出价差价收入。从事这种交易的金融机构，将买入返售作为一种交易业务而
展开。

　　与国债的逆回购交易不同的是，在买入返售中，作为交易对象的金融产品既
可以是国债，也可以是各种债务类金融产品（如短期融资券、中期票据、银行票
据和其他债务类工具），从广义上讲，还可以是其他可交易金融产品。买入返售有
扩展资金融通和扩大金融交易规模等功能，但同时也可能引起金融泡沫。例如，
在一家商业银行将买入返售的票据再次回购给另外一家商业银行（即二次回购）
的情况下，这些票据就将体现在后者的买入返售科目内。此时，票据的真实数量
并没有增加，但它记入了 2 家商业银行的买入返售科目中，由此，买入返售的资产
总额虚增了 1 倍。

　　（12）代持养券。这是中国债券市场交易中出现的一种现象。所谓代持养券，
是指债券持有者将所持债券过户给第三方账户（即丙方账户），然后，再与交易对
手方私下约定这些债券的回购时间、回购价格等事项的一种债券交易活动。

　　这种交易主要有三个特点。其一，放大杠杆。由于在代持养券中，原债券的
所有权转移给了第三方，因此，与这些债券相关的损益也就转移到了原持券机构
的表外，不再被列负债。既然原持券机构的表内发债减少了，那么，它就可以再
通过各种路径扩大发债数额，结果就使这一机构的杠杆数额增加了。其二，掩盖
表内资产的真实状况。通过代持养券，相关运作机构可以将一些亏损的债券移到
表外，由此可以在需要提供年末报表或季末报表等时点上，掩盖其经营运作的账
户亏损。与此对应，相关运作机构也可通过代持养券，隐瞒盈利状况。其三，输

送利益。由于代持养券基本上实行的都是非公开的点对点交易，同时，在过了年末、季末等关键时点过后，相关金融机构会再将这些债券回购（回购价格为当初成本价加上双方协定的代持费用），由此，很容易发生内幕交易和利益输送等现象。2012年以后，中国债券市场中的代持养券，主要通过异常的结算模式和结算价格来进行利益输送，具体的结算方式包括款券对付、见券付款、见款付券等几种。当交易双方在市场上的地位、实力、交易量、影响力等方面有较大差距时，交易的结果往往是有利于强势方而不利于弱势方。在此背景下，在发生内幕交易和非法利益输送时，交易一方金融机构的人员与丙类账户的人员相勾结，丙类账户实际上就成为强势方，利用有利的结算方式以及收付款和收付券之间的时间差，实现"空手套白狼"，甚至可能发生金融机构直接以低价卖出、高价回购债券等形式向丙类户直接送钱的行为。

2013年年初，中国连续发生了多起代持养券的违法案件。在此背景下，2013年7月2日，中国人民银行出台了2013年第8号公告，强调市场参与者之间的债券交易应当通过全国银行间同业拆借中心交易系统达成，债券交易一旦达成，就不可撤销和变更；办理扣划、继承、抵债、赠与等非交易过户的，债券登记托管结算机构应当要求当事人提交合法有效的法律文件，债券登记托管结算机构应当定期向中国人民银行报告非交易过户情况。由此，实际上取消了第三方账户存在的可能性，使代持养券现象难以继续发生。

二　中国公司债券市场的缺陷

从中国的公司债券品种中可以看到，尽管中国企业发债从1993年的《企业债券管理条例》算起已有20年的历史。在这20年内，中国公司债券市场已有了长足发展，规模不断扩大，品种不断增加，交投持续扩展，同时，监管部门出台了一系列相关管理制度，但受体制机制制约，公司债券市场依然存在诸多有待进一步深化改革的问题：

第一，审批制。从中国境内各类公司债券中不难看出，审批制依然是公司债券获准发行的基本机制。在中国银监会管理的商业银行次级债券、混合债券和中国证监会管理的证券公司债券、公司债券和私募债券中，这种审批制尤其突出。

"审批制"的全称为"审核批准"。"审批"取的是"审核"和"批准"的前两个字。随着人们对审批制的非议增加，一些监管部门将"审批"改为"核准"。"核准"取的是"审核"和"批准"的后两个字，因此，从"审批制"到"核准制"基本上属于文字游戏，并无实质性改变。

审批制中严重贯彻着行政机制。所谓"审批"，是指由监管部门运用行政机制对发行人申报的负债材料进行审核批准。在名义上，这种审批是一种合规性审核，但受制于各种因素的影响，这种审批实际上成为一种实质性审核。在审核中，几个重要环节成为限制公司债券发行的主要机制。其一，审批条件易变。由于相关制度规定并不详尽，制度规定中的各种条件有较大的调整空间，这就成为一种可供监管人员进行人为掌控松紧程度的不确定性因素。例如，当对某一产业部门实行紧缩性政策取向时，这一产业部门中的企业要发行债券就受到人为限制（尽管产业政策上并没有将这一产业列入限制性产业）；当对某些产业部门实行支持性政策取向时，这些产业部门中的企业就比较容易发行债券。由此，发行债券成为一种可由监管部门运用行政机制直接控制的金融活动。其二，审批程序复杂。从中国证监会对公司债券核准的程序中可以看到，即便是发行审核委员会通过了企业发行公司债券的申请，也不是最终的决定，它还要由中国证监会做出核准或者不予核准的决定。由此，需要发行审核委员会进行审核是何意图，也就不清楚了。另外，由于审核程序在整体上并没有明确的时间界定，相关企业难以确切预期审核时间，所以，发债的时间、发债资金的运用以及相关的经营活动都难以有序安排。这给企业带来了一系列困难，也是引致一些企业不愿发行债券的一个重要原因。其三，审批周期太长。由于申请发债的企业众多而监管部门中负责此项工作的人手有限，由此，负责审批的人员只能通过各种找瑕疵的方式给申请人设置审批困难，同时，审批条件的易变性也为寻找瑕疵提供了种种便利，由此，引致了审批周期的延长。在这个过程中，各种公关层出不穷且方式不断翻新，增加了申请人的运作成本。

实行审批制有一系列理由，其中包括，维护经济运行秩序稳定和金融运行秩序稳定，避免"一哄而上"所引致的混乱，防止企业财务虚假和经营不实给投资者带来损失，防范金融风险，等等。但这些理由都是缺乏充分根据的。在发债责任自负、信息公开披露、债权并购机制展开和破产制度落实的条件下，这些担忧均可通过市场机制和法治机制予以解决。

审批制中实际贯彻着"有罪推定"的法治理念，它假设一切申请人都是"有罪"的，只有通过监管部门的行政机制筛选，才能证明其"无罪"。另外，审批制中也贯彻着"政府高明"的理念，似乎只有监管部门运用行政机制才能甄别好坏真伪。但这些理念均不符合市场经济条件的"无罪推定"和"政府失灵"的理念。

审批制给各种寻租提供了种种可能。其中，既有监管部门的人员借审批制寻租的，也有各种中介机构以"打通关系"为口实寻租的，还有一些媒体以披露信息为理由寻租的。

第二，政出多门。公司债券本是由经营性法人机构根据法律制度规定而自主发行的债务性证券的统称。但从中国的公司债券品种中可以看到，中国人民银行监管短期融资券和中期票据，中国银监会监管金融债券、次级债券和混合债券，中国证监会监管证券公司债券、公司债券和私募债券①，各个行政部门依据各自出台的部门规章将统一的公司债券分割成了以不同名称表示的各种债券，这不仅突

① 再加上国家发改委监管企业债券。

出地反映了中国公司债券市场的不成熟性和行政机制对公司债券市场的强制性介入程度，也反映了相关行政部门在公司债券市场上的不协调程度，更反映了公司债券市场的混乱程度。

多家行政部门分别监管公司债券的状况，不仅表现在公司债券的发行方面，也表现在公司债券的交易方面。从交易市场看，短期融资券、中期票据、金融债券、次级债券和混合债券等集中在归中国人民银行监管的全国银行间市场交易，证券公司债券、公司债券和私募债券集中在归中国证监会监管的沪深交易所交易。它们各自的交易规则不尽相同，介入交易的投资者也差别甚大。另外，这些公司债券几乎都没有通过上柜交易而准许个人投资者介入。

公司债券市场中的"多龙治水"格局，既有历史原因，也有体制机制方面的原因，还有监管模式的原因。从中国人民银行出台的《短期融资券管理办法》看，是为了从货币政策角度缓解企业的短期资金来源渠道过窄导致的短期资金不足，同时，也是为了扩展货币政策操作空间；从中国银监会准许商业银行发行次级债券和混合债券来看，是为了缓解商业银行的资本金来源不足和满足实行巴塞尔协议要求的资本金充足率，以推进商业银行的改革；从中国证监会准许发行证券公司债券来看，是为了拓宽证券公司的资金来源渠道，缓解证券公司运作资金紧张的状况。但各家分别出台相关债券的管理办法，一方面是因为中国金融实行的是分业监管体制。在此背景下，形成了"机构监管为主"的格局。其内在机理是，如果自己监管的机构在发债上需要通过其他监管机构审批，就会有诸多不便；而由归口监管部门审批，不但容易把关，而且也符合分业监管的要求。可是另一方面，这也反映了中国的公司债券缺乏统一规则。在规则不同的条件下，实际上形成了彼此分割的市场。

第三，金融机构购买债券。在中国，长期以来各种类型的公司债券主要由商业银行、保险公司等金融机构购买，除了证券交易所市场外，几乎没有直接向城乡居民个人销售的。由此，这一方面引致了城乡居民消费剩余资金除了存款之外几乎没有什么金融工具可购买的单一格局；另一方面导致各类实体企业发行的债券特点必须符合这些金融机构购买债券的要求。例如，如果商业银行等金融机构乐于购买抵押担保债券，实体企业就不能发行无担保抵押债券或无抵押无担保债券。公司债券本是一种直接金融工具，但在集中由金融机构购买的条件下，它实际上成为一种间接金融工具，即城乡居民将资金以存款方式存入商业银行等金融机构，商业银行等金融机构再将这些资金用于购买各种公司债券，由此，债券发行人并不与资金供给者直接发生债权债务关系，只是与商业银行等金融机构发生债权债务关系。

第四，有形市场。证券交易既可在有形市场中展开，也可在无形市场中进行。二者的区别，除了是由于交易各方自身的要求（如一些交易者为避免交易信息外露，不愿在公开的有形市场交易）不同而造成之外，一个主要原因是，有形市场有较高的交易费用要求，而无形市场则基本没有这些费用。在发达国家中，受利率水平限制，债券交易主要在无形市场中展开。但在中国，监管部门为了监管的方便，将几乎所有的债券交易都纳入到了有形市场中。有形市场有较高的费用（包括场地费、人员费和电信费等），如果每笔交易均需交纳相应的交易费用，则债券利率只需几轮交易就将耗尽。由此，全国银行间市场采取了交易不交费（交易费用实际上由财政补贴）的方式，这显然不符合市场原理。另外，由于实行行政监管下的有形市场方式，所以，发行人不能在不同市场之间选择债券上市，由此形成了全国银行间市场和证券交易所市场之间的债券差价明显的格局。

第五，信用评级形同虚设。公司债券的利率水平因各家公司（发行人）的资信等级、公司债券的种类、发行人承诺的条件等不同而不同。这种差别是形成公司债券收益率曲线的基本条件，也是满足风险偏好不同的投资者投资需求的基本条件。但在中国，监管部门运用行政机制，以无风险为发行债券的第一要求，由此，各个发行人在申请发行债券时，不仅要充分落实抵押品，而且要找到可靠的担保人，在此基础上，发行的各种类型公司债券几乎均为抵押担保债券，资信评级基本在 AAA 范围内，由此引致了两方面问题的发生。其一，信用评级机构的评级事实上流于形式。这进一步引致中国的信用评级机构难以在竞争中成长。其二，各家公司发行的债券尽管称呼不同，但在同一时期，利率水平相差无几。

三　中国公司债券市场的深化改革

2013 年 11 月 12 日，中共中央十八届三中全会通过的"关于全面深化改革若干重大问题的决定"中明确提出：要"发展并规范债券市场，提高直接融资比重。"为此，必须深化中国公司债券市场的改革。

公司债券属于基础性证券的范畴，缺乏成熟且发达的公司债券市场，就不可能有一个成熟的资本市场体系。因此，加快公司债券市场发展，是中国资本市场发展的一项基础性工作。另外，从公司债券的各项功能中可以看到，在这一市场发展程度不足的条件下，金融运行乃至实体经济的运作都将遇到诸多问题。因此，要使金融有效服务于实体经济的发展要求，加快公司债券市场发展就是一项不可忽视且紧迫的工作。

要加快中国的公司证券市场发展，需要着力解决好如下一些问题：

第一，建立全国统一的公司债券发行和交易监管制度。要改变公司债券发行由不同行政监管部门各自审批的状况，就必须根据《公司法》和《证券法》的规定，由国务院出台全国统一的公司债券发行和交易的监管制度。这一制度至少应包含如下内容：

其一，取消审批制。公司债券是一种标准化证券，它公开发行、信息公开披露且可公开交易，与此相比，贷款是一种非标准化金融产品、信息并不公开且不可交易。在中国，银行贷款的风险明显高于公司债券（因此，银行贷款的利率水平高于公司债券），它的投放尚不需要行政监管部门审批，公司债券发行还需要履行审批程序就没有道理了。另外，行政监管部门虽然进行了公司债券发行的审批，但对此产生的结果不承担任何责任（却增加了发行成本）。行使权力却不承担行为后果的责任，这不符合经济学的最基本原理。因此，应按照《公司法》的规定，将发行公司债券的权利还给公司（发行人），使他们具有独立法人应有的权利。

其二，实行注册制。在取消审批制的条件下，可对发行公司债券实行注册制，由此，需要在制度中明确规定注册条件、登记程序和接受登记的行政监管部门。在实行注册制条件下，行政监管部门在公司债券发行环节，只审核注册要件的真实性（即进行真实性审核），不再另加自己的主观要求（因此，在注册条件中不可有"行政监管部门要求的其他条件或材料"之类的附加条款）。在统一注册的条件下，由各家行政监管部门各自审批公司债券的格局将自动改变。

其三，扩展公司债券种类。应准许发行人自主选择所发行的公司债券种类，其中包括：不做有抵押有担保的公司债券、有抵押的公司债券、无抵押无担保的公司债券等，附加各种条件的公司债券（如提前赎回、参与公司收益分配）等，短期公司债券、中期公司债券、长期公司债券和永久公司债券等，以丰富公司债券种类、给投资者更多的市场选择。

其四，严格发行人责任。在实行登记制条件下，需要进一步严格发行人的各项法律责任。其中包括：不做虚假发行的责任、公开披露信息的责任、履约的责任和履行到期偿付本息的责任等，以维护投资者和债权人的合法权益。

第二，推进公司债券的上柜发行。所谓"上柜发行"，是指各种公司债券通过商业银行等金融机构的柜台以及互联网等渠道直接向实体企业和城乡居民发行销售的情形。中国金融体系是一个以银行存贷款为基础、以间接金融为主体的体系。在 2004 年资本市场"国九条"发布之后，尽管各方均加大了发展债券市场的努力，各种公司债券（包括企业债券、短期融资券、中期票据、银行债券、公司债券和私募债券等）发行量大幅增加，但近 10 年，直接金融的占比不仅没有明显提高，反而持续降低。引致这种现象发生的主要原因在于，公司债券背离了直接金融工具的界定，成为受商业银行等金融机构可用资金和购买意愿严重限制的一种准间接金融工具。这种格局若不被突破，不仅金融运行和实体经济的发展将受到严重约束，而且众多的金融改革举措也难以有效展开。

公司债券作为一种直接金融工具，理应直接面向实体企业和城乡居民销售。这既有利于使实体企业摆脱资金受限于银行贷款的格局，也有利于提高城乡居民的财产性收入。一些人担心，居民缺乏金融投资风险的承受能力。这种担心是没有必要的，一方面，经历了 20 多年股市跌宕走势的洗礼之后，居民已积累了充分的金融投资经验，对投资风险的承受能力已大为提高；另一方面，单只公司债券的数额不大，与 2013 年 6 月底城乡居民储蓄存款余额 43 万亿元相比，这只是沧海一粟。

要使公司债券直接上柜面向实体企业和居民发行，需要做好三方面工作。一是信息公开披露，使购买债券的投资者充分了解相关实体企业的经营运作情况。二是取消公司债券发行的审批制，落实《公司法》和《证券法》的相关规定，实行发债的注册制，赋予实体企业发行债券的自主权。三是运用网络技术，有效解决公司债券的上柜交易。

第三，建立多层次债券交易市场体系。发行人在公司债券发行结束后，选择哪个市场展开交易，不应由行政监管部门决定，而应由发行人自主决策。在这个过程中，不论是进入有形市场交易还是进入无形市场交易均应由发行人选择；同时，就进入有形市场交易而言，是进入全国银行间市场还是进入证券交易所市场亦或是进入金融机构的柜台交易，也应由发行人进行选择。通过这种选择，可以逐步形成多层次的债券交易市场体系。

第四，建立债权并购机制。迄今为止，在中国资本市场中，并购基本上都是股权并购，即收购方利用其资金来收购目标企业（包括上市公司）的股权，成为目标企业的股东。在国际社会中，股权并购的现象屡屡发生，因此，对这种现象是没有异议的。但19世纪之后，在国际社会中，就并购案例而言，大多数的并购案例不是股权并购，而是债权并购。在中国，公司证券市场发展缓慢且公司债券不向城乡居民销售的一个主要原因是，一些人担心，一旦发行人不能到期偿付本息，就可能引致社会风险。其实，这种担心是不必要的。在发行人不能到期偿付本息的条件下，市场机制有多种解决问题的方案。除了迫使其破产之外，债权并购是其中一个重要方法。在债券交易市场中，当有信息表明发行人可能难以到期偿还债券本息时，其公司债券的交易价格就将大幅度下落，此时，一个或者若干个大的投资者就有可能按比较低的价格大量购入这一企业的公司债券，然后，在这些公司债券到期日，购债者可以要求该企业还本付息。如果发行人的确缺乏偿债资金，则可能的选择有二：实行"债转股"或者宣布公司破产。由于在进入破产程序以后，股东大会已不再是公司的最高权力机构，债权人会议遂成为公司的最高权力机构，同时，在企业资产破产拍卖过程中，企业面临的各种损失会比较严重，因此，在这两条路的选择中，更多的企业是选择"债转股"，这样，债权并购就成为保障发债公司不破产的一个重要机制，同时，也是保障发债公司履行到期偿付本息义务的一个重要机制。有鉴于此，要推进公司债券市场走向成熟，就必须有效发展债权并购机制。

债权并购机制的发展将有效规范公司发债的行为。它给发债企业敲响了一个警钟，使它们对发行多少公司债券、发行什么样的公司债券、如何防范公司债券风险等问题，从一开始就认真研究，而不是愿发多少就发多少、愿怎么发就怎么发。例如，一些企业发行了年利率为4.0%的15年期公司债券，在1年期存款利率提高到5%以后，这些债券的市场价格将呈下落趋势。一些机构投资者就可能通过债权并购的途径来并购这些发债企业。这是发债企业可能面临的一种市场风险。

由此，发债公司必须充分考虑发债的财务策略，防范和化解由利率风险引致的并购风险。

债权收购与股权收购的主要区别大致有四点。其一，由于债务价值的最高限不会超过本金加利息，而债权收购又通常发生在被收购公司发生财务支付危机的时期，所以，相对于股权收购而言，债权收购的价格比较低。其二，既然债权收购发生在被收购公司财务支付危机的时期，那么，对被收购公司来说，接受债权收购就是一种避免进入破产程序而被迫选择的出路，由此，与股权收购相比，债权收购所受到的各种干扰和抵触相对较少。其三，债权收购的程度（即债权人在债权收购后的持股量）不取决于收购人所拥有的资金数量，而取决于债权人所持有的到期债权数量，因此，在到期债权数量较小的条件下，债转股不易引致债权人成为被收购公司的控制股东。其四，由于债权收购是在被收购公司出现财务支付危机的条件下发生的，由此，为了避免债权收购，发债公司就应特别重视遵守各种信用规则，有效安排财务活动和资金使用，防止发生财务支付危机，其结果是规范了信用行为。如果说股权收购使被收购公司更加重视治理结构、经营效率的话，那么，债权收购将使被收购公司更加重视信用行为和信用能力。

第五，充分发展债券市场中的中介机构。公司债券市场的发展需要有多种中介机构的介入，其中既包括证券公司、信托公司等，也包括会计师事务所、律师事务所、咨询公司和相关信息服务机构等，还包括资信评级机构。要发展公司债券市场，就必须有效发展这些中介机构。对中国而言，尤其需要大力发展资信评级机构。

从 2000 年美国安然、默克等事件到 2008 年美国金融危机再到 2010 年希腊等国的主权债务危机，国际社会对美国的各家资信评级机构的表现提出了诸多异议，因此，对资信评级机构的功能和特点需要有一个清醒的认识。一方面，在债券市场中，资信评级对于投资者认识债券的收益－风险关系有积极的作用，对于监督发行人的财务状况也有积极的作用。因此，资信评级机构提供的资信评级报告是投资者开展投资运作的重要参考依据。但另一方面，也需要看到，资信评级机构并非神仙，它与任何机构一样，并无准确预测未来的能力，同时，资信评级机构还可能为了自己的利益而发布虚假信息误导投资者。造成评级缺陷的主要原因有三个方面。一是资信评级机构基本上都是商业性的营利机构，向评级对象收取费用是他们的主要收入来源。如果他们屡屡给予评级对象以较低的评级等级，则发行人可能在不如愿的条件下不再聘请他们进行评级，则资信评级机构的经营活动就将陷入困境。因此，资信评级机构有抬高评级对象的评级等级的内在倾向。二是资信评级机构在评级中所依据的各类数据和资料均为"过去"时，虽然运用适当的方法可能从这些数据和资料中揭示出一些带规律性或趋势性的运行趋势，但毕竟"未来"的不确定性因素依然众多，资信评级机构不可能将这些未来的不确定性因素都准确预测清楚，也就不可能给债券投资者一个完全符合发行人经营活动和资产质量变化的准确判断。三是在市场机制中，资信评级机构为了证明自己的竞争力，也常常故意夸大自己的作用，以吸引客户，这也将给发债公司和投资者以某种程度的误导。有鉴于此，对资信评级，既要发挥其积极作用，又要看到它的局限性，因此，在债券市场发展中，它是一种供债券定价、投资者在进行投资选择时的参考机制，但不是一种可简单依此定价和进行投资抉择的机制。

第三篇
股票市场

股票市场是资本市场中基础性证券的市场。就每年的融资额而言，股票市场的融资额明显少于债券市场，尤其是少于公司债券市场，因此，如果以融资额的多少排序的话，股票市场应排在公司债券市场和政府债券市场之后。

但在资本市场中，股票市场的社会影响力显然高于债券市场（以致在一些人的用语中"资本市场"与"股票市场"被视为同义词），其中的主要理由有三点。第一，股票市场的价格波动远大于债券市场。在股票市场上，就个股而言，一天的价格波动超过5%是常见现象（甚至在个别时候一天的价格波动可达30%）；就股指而言，一天波动超过5%也是常有之事（甚至在个别时候一天的波动可达20%）。因此，对投资者来说，股市价格变动远比债券市场刺激得多，有"一夜暴富"的可能性；同时，个别投资者在某一时间内的成功投资似乎也证明了这一梦想是完全可能成真的。这使相当多的投资者将发财致富的梦想（或希望）寄托于股市。第二，媒体的普遍关注且夸大炒作。由于股市价格波动较大，媒体也就有了很好的炒作题材（这有利于媒体的销售）。通过媒体的广泛（甚至夸大的）传播，股市给投资者造成了一种印象，即似乎股市是资本市场中最重要的市场。一个典型的现象是，在各国和地区，发布股市各类信息的报刊、电台、电视、互联网络和手机等媒体传播渠道，每日对股市的相关信息争相做及时的报道。第三，学者研究和教学。股市给学者的研究提供了一系列便利条件。股市的信息既是公开的、免费的（有限的收集费用几乎可以忽略不计），又是规范的、连续的，大大方便了相关学者对这些数据的使用。一方面，学者们使用这些数据不会因透露相关公司的商业秘密而引致各种法律纠纷，同时，学者们又可以依据这些公开披露的信息，对相关上市公司评头论足，而不会引致这些公司采取对簿公堂的举措。另一方面，由于相当多的人认为上市公司是企业组织模式发展的高端形式，因此，通过对上市公司相关信息进行整理分析得出的各种结论，也就容易为社会公众所接受。在此基础上，所谓的信息不对称、道德风险、逆向选择、实际控制人和公司治理结构等理论先后被"发现"，并被学者编入教科书，进而通过股市评论和理论研讨会等途径，广为传播。同时，国内外一些学者关注对股票二级市场的分析，提出了股市是国民经济晴雨表、股市的财富效应、股市调控、股市泡沫和股市的有效性等理论。不过，这一系列理论的科学性还有待进一步论证。

第六章 股份、股权和股票

股票，是证券市场的基础性证券。在中国和一些发达国家中，股票又是具有典型性特征的资本市场工具。这不仅是因为通过发行股票所筹集的资金属于公司资本的范畴，也是因为与公司债券、政府债券一样，股票也是一系列证券类金融衍生产品的重要基础，而且更重要的还在于，上市公司的信息公开披露，给研究上市公司治理结构提供了连续性基础资料。要了解和把握股票市场，首先要了解股份和股票。

第一节 股份、股票和股票价值

一 股本、股份和股权

股本是股份经济中特有的概念。它反映的是股份有限公司（简称"股份公司"）通过发行股票或股东直接认股方式所筹集到的资本。在各国《公司法》中，股份公司的股本与资本属于同一概念，其数额也相等。英国的《伯尔门公司法》中指出："资本"一词在公司法中当然有各种用法，但严格起来说，它仅仅是指公司的股本（Share Capital）。法国公司法明确规定，在公司账目中，资本（Capital）只有一个意思，即股本，它表示所有股东交纳的股金总额。日本商法认为，资本和股金总额是一致的。中国《公司法》第81条规定：股份公司设立时的"注册资本为在公司登记机关登记的全体发起人认购的股本总额"。有鉴于此，可以简单地说，股本就是股份公司的资本。

股本与一般意义上所说的"资本"不同。这主要表现在以下几个方面。第一，股本是由多个股东共同投资于股份公司并认购公司股份所形成的，因此，它的所有者是多元的。而一般资本的所有者可以是单个人。第二，股本是通过购股或认购方式形成的，而一般资本则通过个人（或机构）直接投资（甚至借贷关系）等方式形成的。第三，股本的经营使用应接受多元股东的监督，股东大会是股份公司的最高权力机构；而一般资本的经营使用几乎完全由投资者个人（或机构）的意志支配。第四，股本的运作收益要进行比较复杂的利益分配，而一般资本的运作收益分配过程通常比较简单。第五，股本只存在于有限责任公司和股份公司中，而一般资本在其他的企业组织方式中也可存在。

股本是股份公司资金的基础性构成部分。这一命题有如下含义。第一，股本是股份公司各种资金（或资产，下同）中的基础部分。股份公司的其他资金都是建立在股本基础上的。一个显而易见的事实是，没有股本，就意味着股份公司无力承担任何负债，也就不可能引入其他债务性资金。因此，股本数额的大小，直接关系着股份公司可能引入的债务性资金的规模，也就决定着股份公司可能的运营规模。第二，在股份公司中，股本是资金的重要组成部分，但不是其全部资金。在股份公司的资金总额（或资产总额）中，既包括股本性资金，也包括通过银行借贷、发行债券、商业往来及其他方式获得的债务性资金。因此，股本（或资本）与资金并非等同的范畴，资金的内涵比资本更加广泛。第三，股本是股份公司的基本资金。与银行借款、公司债券、商业往来等获得的资金相比，股本的一个主要特点是，只需付息（即股份公司在赢利时，进行股息分配）而无须还本，因此，它是保证股份公司商业运作活动能够稳定有序开展的基本资金。第四，股本是股份公司得以建立的基础性资金，股本是股东投资于股份公司的资金。对此，各国《公司法》都有两个基本规定：其一，申请设立股份公司，必须满足最低限度的股本额；其二，最低股本数量应由股份公司发起人或初始股东全部认购下来，以保障股份公司最起码的经营能力。中国《公司法》第 81 条规定："股份有限公司采取发起设立方式设立的，注册资本为在公司登记机关登记的全体发起人认购的股本总额。公司全体发起人的首次出资额不得低于注册资本的百分之二十，其余部分由发起人自公司成立之日起两年内缴足，其中，投资公司可以在五年内缴足。在缴足前，不得向他人募集股份。股份有限公司采取募集方式设立的，注册资本为在公司登记机关登记的实收股本总额。股份有限公司注册资本的最低限额为人民币五百万元。法律、行政法规对股份有限公司注册资本的最低限额有较高规定的，从其规定。"从这个意义上说，股本是股份公司经营运作的第一推动力；没有它，股份公司不能设立，也就不能经营运作。第五，股本是股份公司进行财务核算的基础。在股份公司中，股东的保值增值要求是以股本为计量标准的。当股份公司经营运作无亏损时，股本处于保值状态；当股份公司经营运作有盈利时，股本处于增值状态；当股份公司经营运作发生亏损时，股本的价值处于损失状态。因此，股份公司经营运作中的各项成本、收入和利润最终都将落实到股本上。

股份是股份公司股本（或资本）的最基本计量单位，也是股份公司区别于其他公司的一个重要标志。中国《公司法》第 126 条规定："股份有限公司的资本划分为股份，每一股的金额相等。"在市场经济中，商品价格、资金和资本等的计量标准通常采用货币单位，如某个商品的价格为 100 元、某家企业的资金总额为 1 亿元、股东投入企业的资本为 5000 万元等。但仅用货币单位来计量股份公司的资本，在一些场合并不能有效体现股份公司的特性，也不利于权衡股东之间的权益关系。

向股份公司投资1亿元的股东理应拥有比只投资9900万元的股东拥有更大的权益。但这种权益究竟大多少？用货币单位难以衡量，而用股份计量，则一目了然。在每一股份为1元的条件下，前者比后者的权益多了100万股。另外，在交易过程中，以股份标明价格比较方便。如果用货币单位，那么，1元的资本价格是多少？难以说清。但一个股份可能在不同的交易时点（受交易中的各种因素影响）有不同的价格，这就比较容易理解，也便于股东与投资者之间开展交易。

在股份经济中，股份不仅是计量股本的工具，而且有一系列重要的经济意义。第一，股本反映着经营运作关系，它表明了投入股份公司经营活动中的资本数量；股份则反映着资本的所有权结构和相关的关系，它表明了各个股东在股本中所占的份额和所拥有的权益数量。第二，对股份公司来说，股本具有总量性质，股本多少对股份公司的经营运作规模和发展前景具有决定意义；股份具有个量性质，股份多少对单个股东的权益至关重要。第三，股份公司的股本在正常条件下是不可转让的，股份则可通过股东的出售、赠与等活动而转让给他人。第四，股本不可能通过分割（或合并）而增加（或减少），股份则可因计量单位的划小而增加（或因计量单位的增大而减少）。例如，1993年之前，中国的一些上市公司的股份以每股10元计量，此后，划小为每股1元，由此，相关股份公司的股份数量就增加了9倍。第五，股本是股份公司的身份证。失去了股本，股份公司就难以继续存在。而股份是股东的身份证。任何人（包括各种法人机构）只要拥有股份公司的股份即成为该公司的股东，丧失了股份也就丧失了股东身份。由于这一系列的区别，在公司经营运作过程中，股份公司更关注于股本（如股本数量、股本收益状况等）的变动，而股东更关注股份（如股份结构、股份的交易价格等）的变动。

股权（即股东权益的简称），是股份公司中股份拥有者（即股东）拥有的权利。拥有股权的前提条件是向股份公司投资并拥有股份。股权的大小一般以拥有的股份多少计量。一股一权，拥有1亿股股份的股东所拥有的股权要比只拥有5000万股股份的股东大1倍（即多5000万股）。各国《公司法》都对股东权益做了明确的规定。股权的主要内容包括：第一，参加股东大会，并就相关议决事项行使表决权；第二，参加股份公司的收益分配；第三，在股份公司解散时，分取公司的剩余资产；第四，随时监查股份公司的董事会、监事会和股东大会的会议记录，查阅股份公司的资产负债表、利润表和现金流量表及其他财务资料；第五，就股份公司的经营运作情况，向公司高管人员及有关人员进行咨询；第六，一般可以自主决定股份的出售与买入。

股权与股份是一组对应的称呼。对股东来说，拥有了股份也就拥有了股权。它们二者的区别在于以下几个方面。第一，拥有股份是拥有股权的前提条件，因而，从行为顺序上说，是先投资入股，然后才拥有股权。第二，股份强调的是投入股份公司中的资本数量，对股东来说，它是一种资本的支出关系；股权强调的是权益数量，对股东来说，它预示着资本收益关系。第三，行使股权是拥有股份的具体表现，也是维护股份的基本机制，但拥有股份是行使股权的基础。

二　股票和股票的特点

股票，是股份有限公司发给股东，以证明其向公司投资并拥有所有者权益的有价证券。这一定义有三层含义：其一，股票是由股份有限公司发行的，非股份有限公司不能发行股票；其二，股票是投资者向公司投资入股的凭证，因此，持有股票，以向公司投资为前提；其三，股票是投资者拥有的所有者权益并承担对应法律责任的凭证。中国《公司法》第126条规定："股份有限公司的资本划分为股份，每一股的金额相等。公司的股份采取股票的形式。股票是公司签发的证明股东所持股份的凭证。"

股票是股本、股份和股权的纸面化表现方式，但股份、股权和股票并非等价概念。其区别主要表现在以下几个方面。第一，股份和股权是股票的实质性内容，而股票只是股份和股权的一种纸面化表现方式。股份和股权确定了股东和股份公司之间的法定权利和义务关系，股票只是通过有价凭证方式把这些关系表现出来。在股票不存在的条件下，股份和股权的关系依然存在；但在股份和股权关系不存在的条件下，股票就失去了有价证券的意义。因此，它们是一种内容与形式的关系。第二，在行市交易中，股票价格随着股市行情的变化而波动，但其中载明的股份和股权数量并不因此而发生同样的变化。例如，一张面值100股、每股1元的股票价格，在股市交易中可能价格达到500元，但它所载明的股份和股权并不因此也变动为500股。这表明，股票的价格变动与股份和股权的变动并不对称。第三，股票作为一种有价证券，其面额可以根据具体需要划分为若干等级，如可有面额为100元、200元、500元、1000元和10000元等的股票，但股份和股权却不能分等级，只能按照一股一权、同股同权的法定原则处置相关事项。这决定了在每张股票上都必须载明股数和每股金额。

从法律的角度看，股票具有如下性质：

1. 股票是一种有价证券

有价证券是财产价值和财产权利相统一的表现形式。持有有价证券，既表示拥有一定价值量的财产，又表明有价证券持有人可以行使该证券所代表的权利。从股票来看：其一，它不仅表示股东拥有股份公司一定价值量的资产，而且表示股东拥有要求股份公司按规定分配股息和红利的权利；其二，股票表示股东拥有《公司法》《公司章程》等法律文件所规定的权利。股东权利的转让应与股票的转移同时进行，不可分割。

2. 股票是一种要式证券

股票的内容应完整真实，必要事项一般通过法律形式加以规定。如果缺少法律规定的要件，股票就没有法律效力。中国2006年新修订的《公司法》第129条规定，股票采用纸面形式或者国务院证券监督管理部门规定的其他形式，且股票应当载明下列主要事项：（1）公司名称；（2）公司成立日期；（3）股票种类、票面金额及代表的股份数；（4）股票的编号。股票由法定代表人签名，并由公司盖章；发起人的股票，应当标明发起人股票字样。

3. 股票是一种证权证券

证券可以分为设权证券和证权证券。设权证券，是指证券所代表的权利本来不存在，它随着证券的发行交易而产生，即权利的发生是在证券的制作和发行之后。证权证券，是已经存在的法定权利的证明凭证。股票代表的是股东权利，只不过是把已存在的股东权利以证券的形式表现出来，因此，股票属于证权证券的范畴。

4. 股票是一种资本权利证券

首先，股票不属于物权证券。在物权证券下，证券持有者对证券所代表的财产有直接支配和处理的权利；股票持有者虽然是公司财产的所有者，但不能直接支配和处置财产。换言之，股东拥有公司财产的所有权，却不直接拥有财产的经营权、处置权等，所以股票不是物权证券。其次，股票不是债权证券。在债权证券下，证券持有者是公司的债权人。股东虽然向公司注入资金、购买了公司股票，但注入的资金在性质上是公司资本的构成部分，不属于债权债务资金，所以股票不是债权证券。

股票的持有者是对应股份公司的股东。他享有法律文件规定的股东权利，这些权利包括参与公司议决权、获取收益权等，其中包括出席股东大会、投票表决、分配股息红利等权利。从这个意义上说，股票是一种综合性权利证券。

股票作为资本性金融工具，主要有下列特点：

1. 收益的风险性

获取收益，是股东的基本权利。股东的收益来源主要有两种：一是公司资产收益的分配，其中包括公司税后利润、公司资产增值等；二是股票交易所得。既然公司经营存在盈亏，股票交易也就会存在盈亏。因此，这些收益的实现存在一定风险。

2. 决策的参与性

公司运营的风险最终由股东投入的资本来承担，股东就必然会从关心自己的资本安全和收益水平出发来关心公司的运作。有鉴于此，各国《公司法》都赋予了股东参与公司决策的权利。这些权利具体表现在，股东会议是公司的最高权力机构，股东会议做出的决议对公司行为具有法律效力；股东有权出席股东会议，对公司经营发展和财务分配等重大事项进行审议表决，并选举公司的董事会和监事会成员；公司的董事长和经理必须向股东会议报告公司的经营状况、财务状况、分配方案等，并接受股东会议的审查或咨询。

3. 投资的永久性

投资者一旦投资入股，在公司的存续期间，就不能直接向公司退股抽资，因此，股票是一种无偿还期限的有价证券（除非公司清算或核减股本），股票的有效期与股份公司的存续期相同。如果股东要收回入股资本，就只能通过股份交易转让来实现，但股票交易转让只意味着公司股东的变化，并不减少公司的资本。

股东不能直接退股抽资的内在原因是，任何公司运作的资本都是由众多股东投入的，公司业务有明确的产业定位、规模界限和客户联系。若股东可以随意退股抽资，则一个或几个股东的这类行为将打乱公司的正常业务活动，给公司的客户和其他股东造成损失，使市场经济运行秩序和资本市场的融资关系受到损害。为此，各国《公司法》都规定，通过股票进行的投资是一种永久性投资。股票作为永久性投资的法律凭证，反映着股东与公司之间长期稳定的经济关系。对股票持有者来说，只要持有股票，他的股东身份和股东权益就不能改变；对公司来说，任何人只要持有股票，就是股东。

4. 转让的市场性

各个投资者在不同的时期对资金需求、投资收益、风险评价等诸多问题的要求不尽相同，如果受永久性投资机制制约而使其在需要资金时、有更好的投资机会时或发现风险过大时，不能抽回投资于股票上的资金，则人们宁愿将资金存入银行或投入其他流动性较高的证券，而不投资股票。这样，股票从而股份公司就难以生存。为了满足投资者的要求，同时，也为了保障公司的存在与发展，股票的可转让特性就自然产生了。

所谓可转让，是指股票可以依法自由地进行交易的特性。股票持有人虽然不能直接从股份公司退股，但可以在股票交易市场上按一定的价格将股票卖给愿意购买该股票的人。在转让过程中，股票持有者通过卖出股票收回了投资及预期收益，并将股票所代表的股东身份及相应权益让渡给了股票购买者。在历史发展过程中，随着股票转让现象的增多，股票交易市场逐步形成，由此，股票转让成为一种市场化行为。中国《公司法》第 138 条规定："股东持有的股份可以依法转让。"第 139 条规定："股东转让其股份，应当在依法设立的证券交易场所进行或者按照国务院规定的其他方式进行。"

除上述特点外，股票还具有可质押性、可赠送性、可继承性等特点，甚至具有某种艺术价值和文物价值。

二 股票价值

股票，不论是作为投资者投资入股的凭证，还是作为一种金融工具，都有能够用货币予以计量的价值。股票的价值，从不同的角度、用不同的标准衡量，是不同的，同时，它又常常与其价格相关联。股票价值主要有以下几种：

1. 票面价值

票面价值，简称面值，是指在股票票面上标明的金额。它具有三重意义。其一，它是确定股东持有的公司股份数量、享有股东权益的法定根据。由于股份有限公司的全部资本分为等额的股份，每一股份的货币金额都是相等的，并表现在股票票面价值上，所以，持有一定数量的股票，也就持有了对应数量的公司股份。另外，股东享有的权益，是由其持有的股份数量决定的，即同股同权、不同股不同权，所以，股票面值又表明了股东所能享有的股东权益数量。其二，它是确定股东向公司投入的真实资本数量的法定根据。在对股份公司的股票进行交易时，投资者可能按照等于、高于或低于股票面值的金额付出资金，但其对公司的投资从而拥有的股份数量和股东权益都只能按股票面值计算，不能按其实际付出的资金数量计算。其三，它是确定股份有限公司资本总量的法定根据。股份有限公司的注册资本数量与股票面值总金额必须相等。

2. 账面价值

账面价值，又称股票净值或每股净资产，是每股股票所代表的实际资产的价值。计算公式是以公司净资产除以发行在外的股数，即

$$
普通股每股账面价值 = \frac{公司资产总量 - 负债总额 - 优先股总值}{普通股股份总数} = \frac{公司净资产}{普通股股份总数} \tag{6.1}
$$

账面价值越高，说明每股股票所代表的实际资产数量越大。在净资产盈利水平不变的条件下，账面价值越高，股票收益越高，从而就越具备投资价值。因此，账面价值是进行股票投资价值分析和监督公司资产运作状况的重要指标。

3. 内在价值

股票内在价值，是指公司未来收入的现值，它决定了股票的市场价格。公司的未来收入越高，则股票的内在价值就越高，反之则越低。在有效的股票市场上，股票市场价格通常围绕其内在价值而波动。投资者一般根据股票内在价值与其市场价值的比较，决定其投资策略。由于公司的运营活动受众多因素影响，从而公司未来收入以及市场价格是不确定的，所以投资者只能根据已有的各方面信息对股票内在价值进行估算或预期。

股票内在价值具有重要的意义。第一，合理判断股票内在价值，是监管部门正确把握股票市场走势、防范股市风险的重要前提。第二，合理判断股票内在价值，是投资者选择购股时机、确定售股取向从而保障股票投资成功的重要条件。第三，合理判断股票内在价值，是企业合理判断公司价值、展开并购活动的重要根据。

4. 市场价值

股票市场价值，又称股票市场价格，是指股票在股票市场上进行买卖时的价格。它包括发行市场价格、交易市场价格等。由于股票交易市场具有公开性、连续性、波动性和社会性等特点，其持续时间和影响力远远大于股票发行市场，所以，在现实中，人们使用"市场价值"概念时，大多是指股票的交易市场价格。

股票市场价值受到诸如经济、政治、法律、军事、文化（宗教）、自然、心理等众多因素的影响。它们在不同的时期、从不同的角度、以不同的力度影响着股票的市场价值，这决定了要准确判断股票市场价格是否合理存在相当大的难度。

股票市场价值具有重要意义。政府监管部门通常根据股票市场价格的高低及其与股票账面价值、内在价值的偏离程度来判断股市走势状况，并选择有针对性的监管措施；对上市公司来说，股票市场价格的高低，不仅影响着公司的市场形象，而且制约着其新股发行（如送股、配股和增发新股）状况；对投资者或股东来说，股票市场价格的高低，直接关系着入股资金与购股资金之间的差额，从而影响股权的多少、投资收益（从而风险）的高低等；对公司并购来说，股票市场价值的高低，直接关系着并购时机的选择和并购价格的高低，从而影响着并购行为的展开和成功率。

5. 清算价值

股票清算价值，又称清算价格，是指在股份公司终止运营并清算后其股票所具有的价值。股票清算价值常常与账面价值和市场价值差距很大。这是因为，首先，在公司清算时，其无形资产的价值会随着公司的解散而消失，可供清算的资产只剩下有形资产，于是，公司净资产明显减少；其次，在公司有形资产的拍卖中，有些是不可能买卖的（如员工），有些是无人购买的（如破旧设备、有公司标识的办公用品），有些是很难卖出的（如专用设备、专用零部件），即便是能够成交的那一部分有形资产，其成交价格也会因各种原因而低于其账面价值；最后，公司清算是一项复杂的工作，需要耗费相当数量的清算费用，这样，减去清算费用后，公司有形资产的价值数额会进一步减少。

第二节 股东权利和股票收益

一 股东和股东权利

股东是股份公司股份的持有者，可以是自然人，也可以是法人机构（但股份公司不能成为自己的股东）。投资者一般通过两种途径而成为公司的股东。其一是从发行市场上购买公司发行的股票而成为股东。公司首次发行的股票，称为初始股票（或原始股票）；持有这种股票的股东，称初始股东（或原始股东）。初始股东的形成有两种情形：一是作为公司发起人的初始股东，又称为创始股东或发起股东；二是非发起人股东，即在公开发行市场上购买公司股票而成为股东。其二是从交易市场上购买公司股份而成为公司股东。因此，投资者成为公司股东，不必是公司的最初投资者，只需拥有公司的股份就具有了法定资格。

股东拥有一系列法定权利。这些法定权利一般通过《公司法》等法律法规及具有法律效力的文件（如《公司章程》）予以界定和规范。从各国的规定来看，股东权利主要包括如下内容：

1. 股东权利的基础

股东在公司中拥有的种种权利，以拥有公司股份为基础。股东权利的大小，以拥有股份数量的多少为依据，一个股份一个股权；每个股份都是一个整体，不可分割，也不能同时为两个股东所持有。另外，股份和股权无时效限制，只要公司存在，股份和股权就始终有效。

股东权利可分为单个股东权和少数股东权。单个股东权，是指只持有一个股份的股东也能行使的权利。少数股东权①，是指只有持有公司3%以上股份的股东才能行使的权利，如召集股东会议的请求权，选派检查员的请求权，解任公司董事、监事及其他高级职员的请求权，查阅公司财务账表的权利等。

股东权利还可分为一般股东权和特别股东权。一般股东权，是指每个公司股东都拥有的权利。特别股东权，是指公司中某些股东持有的特有权利，如发起人的特别权、优先股股东的优先权等。在中国，由于上市公司股份分为流通股和不流通股，2004年证券市场监管部门出台了赋予流通股股东特别权利的规定。由此，在上市公司的一些重大事项议决中，流通股股东拥有特别权利。

股东资格可因种种原因而终止，主要的原因有：（1）所持有的股份已全部转让给他人；（2）股份持有者已死亡；（3）不缴纳股款；（4）自行放弃股份，如股份已全部赠送他人；（5）依法被解除持股资格；（6）公司解散。

2. 股东的议决权

股东有权参加股东会议，就股东会议议决的各个事项进行讨论和表决，为此，股东拥有质询权、表决权、选举权和被选举权等。中国2005年新修订的《公司法》第38条规定，股东通过股东大会可行使下列职权：（1）决定公司的经营方针和投资计划；（2）选举和更换非由职工代表担任的董事、监事，决定有关董事、监事的报酬事项；（3）审议批准董事会的报告；（4）审议批准监事会或者监事的报告；（5）审议批准公司的年度财务预算方案、决算方案；（6）审议批准公司的利润分配方案和弥补亏损方案；（7）对公司增加或者减少注册资本作出决议；（8）对发行公司债券作出决议；（9）对公司合并、分立、解散、清算或者变更公司形式作出决议；（10）修改公司章程；（11）公司章程规定的其他职权。

在行使议决权时，股东可以不单一地表示赞成或反对。在拥有复数股份的条件下，股东经履行一定的手续后，对同一议案，可以用一部分股份投赞成票，用另一部分股份投不赞成票。

股东若不能出席股东会议，有权委托代理人出席会议行使自己的各项权利。

3. 股东的收益权

股东投资于公司的基本目的在于获得收益。这种收益有两个重要特点：一是

---

① 在财务处理角度，"少数股东权益"（简称"少数股权"）有另外一层含义。它是指在某一公司中占有的股份不足以达到实际控股程度的股东所拥有的股份权益。

在数量上，应高于银行的长期存款利率，并且越高越好；在时间上，应能够持续长久，并且越永久越好。这些收益要求通过收益权得到保障。

股东的收益权可分为自益权和共益权两种。自益权，是指股东直接从公司取得经济利益的权利。它包括获得股息的权利、参加公司红利分配的权利、新股认购权、买取股份的请求权、股票交付的请求权、分配公司剩余资产的请求权等。共益权，是指股东参与公司经营以促进公司营业状况改善的权利。它包括《公司法》规定的各种起诉权、阻止请求权、股东会议召集权、董事或监事的免职请求权、公司解散请求权、查阅公司账表文件的请求权等。

股东在股东会议上通过投票方式来行使自己的权利。投票方式主要有直接投票制、积累投票制、分类投票制和特别投票制四种。

第一，直接投票制，又称法定投票制。它是指股东在股东会议上按一股一票的原则进行直接投票的制度。这是最常见、最普通的投票方式。一些国家在《公司法》中明确规定，股份有限公司的股东会议应实行这种投票方式。

由于在选举公司的董事、监事过程中，候选人只需获得简单多数（即超过50%）的票数就可当选。所以，在直接投票制下，大股东可利用股份数量多的优势，使自己的候选人比较容易地入选，从而控制公司的董事会和监事会。

第二，积累投票制。它是指股东在选举董事或监事时所拥有的投票数等于他的股份数与当选者数目之积的投票方式。其计算公式为：股东投票数＝持有的股份数×当选董事（或监事）人数。如某一股东手中拥有股份 10000 股，当选董事为 7 名，则他的投票数为 70000 份。

积累投票制与直接投票制的最大区别在于，它能够在一定程度上保障中小股东的选举权和表决权，从而保障他们的利益。例如，假设某公司股份总量为 1 亿股，其中，前 6 位股东持有了 52% 的股份。在实行直接投票制时，若这 6 位股东意见一致，对他们提出的每位候选人都投票支持，则这些候选人肯定会全部当选，而中小股东提名的候选人，由于中小股东持有的股份数量合起来也不足 50%，因此没有一位能够当选。在实行积累投票制中，若当选的董事为 7 名，则公司 1 亿股份有 7 亿份投票权，其中，前 6 位大股东拥有 3.64 亿份，若中小股东拥有 3.36 亿份；由于每个候选人当选所需最高票数为 1 亿份，所以，若中小股东将其持有的投票权集中使用，就能够有效保障 3 个候选人的当选。

由于积累投票制能够较好地协调股东之间的权利关系，有利于促进董事会成员所代表的利益关系的合理化，所以为许多公司所采用。

第三，分类投票制。它是指在把所有股份分成不同类别的基础上，对任何重大问题的决议通过，都需要得到每一类股东所持股份的多数同意方才有效的投票方式。采用这种方式，实际上贯彻着这样一个原则，即掌握了某一类别的多数股份就等于对整个决议的通过拥有了"否决权"。这种投票方式，有利于保证决议得到各类股东的大多数的赞同或支持。

第四，特别投票制。它是指一些股东在一些特别问题上拥有特别的投票权的投票制度。如公司发起人，在一般情况下，有与其他股东相同的投票权，即一股一票，但在一些特别问题上（如送股配股、公司经营的重大决策等），则拥有与其他股东不同的投票权，在这些问题的决策时也不实行一股一票原则。特别投票权的具体规定，通常由《公司章程》做出。

二　股票收益

股票收益，又称股票回报，是指股东通过投资股票、持有股份所获得的各种收入。股票收益的具体形式包括股利、优先认股权、售股的纯收入等。

1. 股利的特点

股息，是指股东依据所持有的股份按一定的股息率从公司每年利润分配中获得的收益；股息率是每一股份的股息量与每一股份的金额的比率；红利，是指股东在按规定股息率获取股息之后从公司剩余利润中分取的收益。由于在现代经济中，股份公司一般不再将利润分配分为股息分配和红利分配两个过程，而是一次性直接分配利润。所以，人们通常将股息和红利两个概念合一使用，统称为股利，并将每一股份获得的股利量与每一股份金额的比率称为股利率。

股利主要来源于公司的税后利润，但实际上，公司每年分配的股利总额常常少于税后利润总额，这主要出于两个原因。第一，为了增强公司的商业信用能力，各国《公司法》都规定，公司的税后利润应首先用于弥补上年的亏损，然后，应提取一定比例的法定公积金。由此，使公司用于股利分配的税后利润数量减少。中国《公司法》第167条规定："公司分配当年税后利润时，应当提取利润的百分之十列入公司法定公积金。公司法定公积金累计额为公司注册资本的百分之五十以上的，可以不再提取。公司的法定公积金不足以弥补以前年度亏损的，在依照前款规定提取法定公积金之前，应当先用当年利润弥补亏损。公司从税后利润中提取法定公积金后，经股东会或者股东大会决议，还可以从税后利润中提取任意公积金。"第二，公司为了维护正常经营运作和业务发展的需要，常常以任意公积金的形式留存一部分利润，从而使可供股利分配的利润进一步减少。显然，股利率的高低，既取决于公司的赢利水平，也取决于法律法规的规定，还取决于公司的股利分配政策。

税后利润是公司分配股利的基本来源。在一般情况下，股利的变化与税后利润的变化是一致的，即税后利润增加，则股利增加，反之则减少；公司若没有利润，则不分派股利。但是也有以下几种例外情况。

第一，在无赢利且公司法定公积金已超过资本总额的50%时，公司为了维护自己的信誉和股票市价的稳定，可以根据《公司法》等法律规定，将超过资本总额50%以上部分的盈余公积金和任意公积金，用于股利分配。

第二，在公司资产评估增值的场合中，公司虽无赢利，但如果净资产从而资本性资金的数量明显增加，则此时公司可将超过资本总额150%（资本加法定公积金）的净资产部分用于股利分配。

第三，在实行建业股票的场合中，由于建业股票所募集的资金是被投入建设周期长的项目上，如铁路、港口、水电、道路等，所以公司在登记注册和投入运营后的若干年内会一直进行项目建设，没有收益，也不可能有用于股息分配的利润。为了满足这些项目建设发行股票募集资本的需要，一些国家的《公司法》等法律规定，从事这类项目建设的股份有限公司可以发行建业股票。在建业期内，公司可以从其已筹集的资本中提取一部分资金，向股东分配股息，这种股息称为建业股息。建业股息实行固定股息率，从公司发行建业股票时开始计算，每年支付，直到项目建成、公司正式营业为止；在公司正式营业后，每年利润分配前应提取一定比例的利润以弥补资本的减少，并在规定的年度内，补足资本和提取法定公积金。

2. 股利的形式

公司分派股利的具体形式多种多样，主要有四种：现金、财产、负债和股票。

（1）现金股利。它是公司以货币形式支付的股利，也是最常见的股利形式。分派现金股利，既有利于满足股东对现金收益的要求，又有助于提高股票的市场价格，同时，从公司运作的角度看，分派现金股利，只需从税后利润中直接支出现金，与其他方式相比，这种方式最简单。分派现金股利，应注意兼顾公司的运作要求和股东的利益要求。现金股利过少，会影响股东的投资利益，不利于公司股票的市价稳定；而现金股利过多，将减少公司经营的周转资金，影响公司的正常运营。

（2）财产股利。它是公司以非现金资产形式支付的股利。非现金资产的具体形式包括公司持有各种有价证券、实物等。采用财产股利的方式，可以减少公司的现金支出，有利于保障公司经营周转对现金的需求；同时，用实物（多是本公司的产品）作为股利的分派对象，也可在一定程度上扩大公司产品的销路。但是从股东的角度说，财产股利常常不能满足他们对现金的需求，在采取实物的场合中，甚至可能造成其利益的损失（如公司产品不符合股东的需求），因此，采用财产股利，应充分考虑其各方面效应。

（3）负债股利。它是公司以本公司的债券或应付票据作为支付股利的对象。在这些债券或应付票据关系中，公司是债务人，股东是债权人。在公司债券和应付票据可流通的条件下，采用负债股利，既有利于公司的营业拓展，又可满足股东对现金的需求和获得收益的要求；但在这些债券和票据不可流通的条件下，采用负债股利，将对股东获取现金、选择更好的投资机会产生不利的影响，所以不易为股东接受。

（4）股票股利。它是公司以股票形式支付的股利。通常是由公司用新增发的股票或一部分库存股票作为股利，分派给股东。股利本来是归股东享有的收益，以股票形式分配股利，公司只能按面值将股票"送给"股东，不能向股东收除股利以外的股金，所以，这一过程又称为"送股"。采用股票股利，对公司来说有两方面好处：其一，不必支付现金，有利于保障公司经营周转对现金的需求；其二，与新发股票面值相对应，公司的资本数量会得以增加，从而有利于增强公司的资本实力。由于股票的市场价格通常高于股票面值，送股后，将股票卖出所得到的收益，可能高于现金股利，所以，对股东来说是有利的。但是，如果送股过多，既可能使股票的市场价格快速下降，又可能因股份过分稀释而影响公司未来年份的股利率水平。

3. 优先认股权

除股利收益外，股东持有股票，还可能获得优先认股权和售股收益。

所谓优先认股权，是指在公司发行新股时股东有权按持股比例优先认购新股的情形。例如，某股东持有公司股份 1 万股，占公司股份总量 1 亿股的 0.1‰，在公司发行 1000 万股新股时，他有权优先认购其中的 0.1‰，即 1000 股。优先认股权通常在《公司法》等法律中或在《公司章程》中予以规定，其目的在于保障股东在公司中的地位和权益不因新股发行而发生变化。优先认股权，本来只是一种权利，并无价值，也无收益可言，但由于公司股票的交易价格常常高于新股发行价格，股东认购新股后，若将股票卖出，将获得差价收益，所以，优先认股权成为一种有价权利，能够给股东带来收益。

公司通常采取配股的方式，向股东提供优先认股权。股东行使优先认股权，大致有三种选择：购买新股、出卖优先认股权和放弃优先认股权。在购买新股的场合中，股东须按新股发行价格交纳股款，其收益来源于新股发行价格与交易市场的卖出价格之间的差价；在出卖优先认股权的场合中，股东直接卖出认购新股的权利，其价格通常小于新股发行价格与市场交易价格的差价；在放弃优先认股权的场合中，股东无任何收益。

中国《公司法》中没有对优先认股权做出规定。

4. 售股收益

售股收益，是指股东在交易市场上出售股票所获得的收益。在送股的场合中，售股收益等于股票面值与股票卖出价格之间的差额；在优先认股的场合中，它是新股发行价格与股票卖出价格之间的差额；在其他场合中，则是股票购买价格与出售价格之间的差额。一些人购买股票的直接目的，并不在于获得股利，也不在于获得送股、配股等，而在于获得买卖价格之间的差额，这是股票交易市场中股票能够连续、持久交易的主要原因。

三　股利分配程序

公司向股东分配股利，从年度上说，大致有一次分配和二次分配两种情形。一次分配，是指公司在一个财务年度内仅进行一次决算，在营业年度结束后，才展开股利分配；二次分配，是指公司在一个财务年度内进行两次决算，一次在营业年度的中期、一次在营业年度的年终，并相应地向股东分派两次股利。在两次分配中，中期分配不同于年终分配，中期分配只能在中期以前的利润余额范围内分派股利，并且必须是在预期该年度终结时不会发生亏损的前提下才能进行。

不论采取何种分配方式，公司的股利分派大致都要经过三个阶段：

第一阶段：股利分配方案的形成和通过。各国《公司法》都规定，公司分配股利，首先要由公司董事会根据公司赢利水平和股息政策，拟定股利分配（包括配股）方案，然后要召开股东会议，将方案提交股东大会审议通过。在股东会议未讨论通过之前，股利分配方案不具有法律效力，不能向社会公布。换句话说，股利分配方案只有在股东会议通过后，才能公布。

第二阶段：股权登记。股东会议通过股利分配方案后，公司应及时公布股利分配的全部有关信息，包括股利率、宣布日、股权登记日、除息日、派息日、派息方式（现金、送股等）、配股比例、领取股利的地点等。其中：

宣布日，是指公司董事会向股东公布股利分配方案的日期；

股权登记日，又称除权日，是指股东进行股权登记的日期。股权登记日一般在宣布日之后的 10 ~ 20 日内。只有在这一期间，被记录在公司股东名册上的股票持有者才有资格领取公司分派的股利（及配股权），因此，股票持有者应在规定的期限内进行股权登记；超过期限未予登记的股份，其股利（及配股权）请求权就被自动放弃。

在股权登记日内，尚未登记的股份，由于含有股利（及配股）请求权，所以这些股份被称为含息股或含权股；已经登记的股份，由于股利（及配股）权利的享有人在股权登记时已经确认，股份已不再含有该次分配的股利（及配股权），所以这些股份被称为除息股或除权股。

除息日，是指在股利分配方案中规定的股权登记日结束后的日期。除息日以前，在买入含权股时，买方可享有股利请求权；在除息日之后，含权股和除权股均不再享有该次股利分配的请求权，同时，股票的交易价格会相应下降。

除权日，是指在配股方案中规定的股权登记日结束后的日期。在除权日之前，在买入含权股时，买方可享有配股权；在除权日之后，则买方不再享有该次配股权。股东是否获得所配给的股份，最终以是否在规定的期限内交足股款为根据。

付息日，是指公司向股东分派股利的日期。

第三阶段：股利发放。在股权登记日之后，公司按照已登记的股东名册向股东发放股利。

股利分派的会计处理，是股利分派过程的重要组成部分。在实行现金股利的场合中，公司应在宣布日按准备分派的股利全额，在账目上建立一项负债科目，并在付息日之后予以逐步冲销。在实行财产股利的场合中，如果公司用有价证券分派股利，则应当将按成本记账的证券账面价值调整为市价，再按市价计算应付股利。在实行股票股利的场合中，公司应将账户上的未分配利润和留存收益转作公司资本。

四　股利政策对股东财富的影响

对于股利政策是否会对公司的价值和股东的收益带来影响，目前存在两种不同的认识，即股利无关论和股利有关论。

1. 股利无关论

股利无关论认为，股利政策对公司价值和股东的总收益不会产生影响，影响的只是股东收益的结构。因为股东总收益包括两个部分，即股利与股票升值部分，在不考虑税收和交易成本的基础上，若公司支付较多的股利，公司股票升值就会相对较小或者下降，从而使股东获取的资本利得较少，其综合结果是股东投资的总回报是相同的。

在一个完全竞争性市场中，股东还可以通过"自制股利"方式而使股利政策不会对股东的总收益带来影响。自制股利，是指公司的股东可以通过股利再投资或出售部分股票而使公司的股利政策无效。假定股东期望的股利政策是在 T_0 和 T_1 期获得每股 100 元的股利，但是，公司采取的股利分派方案是在 T_0 期每股 120 元、在 T_1 期每股 78 元，因此，股东可以在 T_0 期把暂时不需要的 20 元进行再投资，然后，在 T_1 期获得 22 元。其结果是 T_0 期的现金流是 100 元（120 元 – 20 元），T_1 期的现金流同样是 100 元（22 元 + 78 元），因此公司股利政策在股东自制股利机制下会失去作用。如果公司的股利支付方案是在两个时期都为每股 100 元，而股东期望的现金流在 T_0 期时为每股 120 元、T_1 期每股 78 元。那么，股东可以在 T_0 期卖出价值为 20 元的股票，股东获得的现金流就是 120 元。由于卖出了价值 20 元的股票，因此股东在 T_1 期获得的每股股利就会减少，净现金流量就只有 78 元。因此，公司的股利政策可以被潜在的不满意现行股利政策的股东通过"自制股利机制"而抵消。

不过，股利无关论是建立在一系列严格的假设前提下的。这些严格的假设前提有：

第一，不存在税收，或者税收对股利或资本利得的影响是相同的；

第二，不存在通过出售股票使股票的升值转化为现金的交易成本。如果存在交易成本，那些急需现金的股东或投资者就会产生股利偏好。

第三，股票定价是公正的，不存在发行成本。公司的投资决策不受股利的影响，公司的经营活动产生的现金流量同样与采取何种股利政策无关。

第四，公司的管理层不会滥用公司的现金去追求个人利益，也就是说，自由支配大量现金流量的公司管理层不会将现金用在不利或净现值（NPV）为负的投资项目中。

2. 股利有关论

股利无关论是在假设没有税收、交易成本和不确定性的情况下得出的结论。然而，在现实经济中恰恰存在上述因素，因此股利政策会对公司价值和股东的报酬带来影响。

第一，税收。股利政策会因税收因素而影响股东的总收益，具体情形有三种。其一，当股东的个人所得税率与资本利得税率不一致时，股东的实际收益会因股利政策的变化而有所不同。股东在获得现金股利时，一般要按个人所得税率纳税，而其资本利得则适应于另外的税率。政府为了鼓励投资者进行投资，通常将资本利得税率定得比较低或者进行税收减免和返回。另外，现金股利一经发放就要征税，而资本利得则要递延到股票售出时才征税。在这样的情况下，公司派发现金股利会降低股东的总收益。其二，当在个人所得税率与公司所得税率不一致时，股利政策也会对股东的财富带来影响。在公司存在大量盈余的情况下，且当股东的个人所得税率低于公司所得税率时，如果公司采取发放现金股利的股利政策，那么公司大量的盈余会因要缴纳更多的公司所得税而减少，从而减少了股东的财富；如果公司将多余的现金作为股利分配给股东，那么将会提高股东的总收益。其三，当公司股东所处的税收等级不同时，其收益也会因股利政策的变化而不同。大多数国家对个人所得税实行累进税率，当股东处于高税收等级时，大量派发现金股利会降低股东的总收益；对于那些如养老基金等享受免税待遇的机构投资者而言，派发现金股利无疑会提高其总收益。

第二，交易成本。由于股票市场的不完善，交易成本可能因股利政策的不同而变化，从而引起股东实际报酬的变化。例如，如果公司通过发行新股进行股利分配，那么将产生以发行成本形式存在的直接交易成本。

另外，在完善的股票市场上，自制股利机制会使股利政策变成无关的，即股东在其收到的股利多于其期望值时，可以将这部分多余的现金在资本市场上进行再投资；相反，当股东收到的股利少于其期望值时，投资者可以卖出多余的股票而取得相应的现金流。然而，自制股利机制会因为股票市场的不完善而在交易中产生经纪人佣金和其他交易费用。交易费用的存在会对股东的实际报酬带来影响，股东在评估公司股利政策时，不得不考虑交易成本问题。

第三节　普通股股票和优先股股票

一　股票的分类

根据不同的划分标准，股票可分为不同的类别。例如，根据股东权益的不同，股票可分为普通股与优先股；根据票面是否记载股东姓名，股票可分为记名股与无记名股；根据票面是否标有金额，股票可分为面额股与无面额股；根据发行时间的先后，股票可分为老股与新股；根据载体的不同，股票可分为有纸化股票与无纸化股票；根据其他标准，股票还分为库存股、流通股、授权股等。

在股票市场中，除特别指出外，股票、股份和股权一般都是指普通股股票、股份和股权；股票市场一般也都是指普通股股票的发行市场和交易市场。

中国目前发行的股票均为记名式普通股。但受体制机制制约，中国股票的分类有自己的特点，主要有三种情形：

1. 根据持有人的身份不同，可将股票分为国家股、法人股[①]、个人股和外资股[②]

国家股，是指有权代表国家进行投资的部门或机构以国有资产向股份公司投资并由这些部门或机构持有的股份，其中包括国有企业在改制为股份公司过程中以其存量国有资产折算的股份。

法人股，是指由公司法人或具有法人资格的事业单位和社会团体以其依法拥有的资产向股份公司投资并由其持有的股份。按照法人股的特征，又可将法人股进一步分为境内发起法人股、外资法人股和募集法人股。

个人股，是指由中国境内的社会个人和股份公司内部职工个人以其合法财产投资购股并由个人持有的普通股。

外资股，是指国内公司发行的由中国的香港、澳门、台湾地区和外国投资者用外币购买的以人民币标明面值的记名式普通股。

从 20 世纪 90 年代初期开始，在中国的股票市场上，国有股和法人股就长期不能上市流通。国家股东和法人股东要转让股权，可以在法律允许的范围内，经证券主管部门批准，与合格的机构投资者签订转让协议，进行大宗股权的转让。在 2005 年 4 月份以后，中国开展了股权分置改革，此后逐步实现了上市公司股票的全流通。

2. 根据发行和上市地区的不同，可将股票分为 A 股、B 股、H 股、N 股和 S 股

A 股的正式名称是人民币普通股股票，是由中国境内发行，供境内投资者（以身份证为准）用人民币认购和交易的记名式普通股股票。

人民币特种股票，是指在中国境内公司发行由境外投资者用外币购买并在境内或境外证券交易所上市交易的以人民币标明面值的记名式普通股股票。根据股票上市地区的不同，人民币特种股票又分为 B 股、H 股和 N 股等。

B 股，是以人民币标明面值，以外币认购和交易，在境内（上海和深圳）证券交易所上市交易的记名式普通股股票。B 股公司的注册地和上市地都在中国境内。B 股最初只限于境外的投资者买卖，但在 2002 年 6 月以后已对境内投资者开放。自 1991 年年底中国第一只 B 股——上海电真空 B 股发行上市以后，中国的 B

---

① 其中，国家股又分为国有股和国家法人股等；法人股又分为国企法人股和民企法人股等。

② 1992 年 5 月出台的《股份有限公司规范意见》（国家经济体制改革委员会生产体制司〔1992〕31 号）第 24 条规定："公司的股份按投资主体分为国家股、法人股、个人股和外资股。"见《中国证券与股份制法规大全》，法律出版社，1993，第 645~646 页。

股市场已由地方性市场发展为由中国证监会统一管理的全国性市场。同时，中国还在 B 股衍生品方面进行了有益的探索。如 1995 年深圳南坡公司成功地发行了 B 股可转换债券；蛇口招商港务在新加坡进行了第二次上市；沪、深两地的 4 家上市公司将 B 股转为一级 ADR 在美国柜台市场上进行交易。2001 年 2 月 19 日证监会宣布 B 股向境内投资者开放。由此，B 股市场由离岸市场转变为离岸和在岸并存的市场。B 股市场今后的发展前景是中国股市中众多投资者关心的一个问题。它既取决于方案和政策的选择，也取决于时机的选择。

H 股，是指由中国境内公司在境外发行由境外投资者用外币购买并在香港证券联合交易所上市交易的以人民币标明面值的记名式普通股股票。

N 股，是指由中国境内公司在中国境外发行由境外投资者用外币购买并在美国纽约证券交易所或美国的其他证券交易场所（如 Nasdaq）上市交易的以人民币标明面值的记名式普通股股票。

S 股，是指由中国境内公司在中国境外发行由境外投资者用外币购买并在新加坡证券交易所上市交易的以人民币标明面值的记名式普通股股票。

3. 根据是否进入交易市场，将股票分为流通股和不流通股

流通股，是指可进入交易市场公开交易的股票，如在上海和深圳证券交易所交易的股票；不流通股，是指不可进入交易市场公开交易的股票，如中国《公司法》规定，"发起人持有的本公司股份，自公司成立之日起 3 年内不得转让"，这些股票在规定的期限内属于不流通股。此外，在 2005 年 4 月之前，中国的国有股、法人股也属于不流通股的范畴；在 2005 年 5 月以后，中国开展了上市公司股份全流通的改革（即"股权分置改革"），由此在制度上实现了上市公司的股份平等。

二 普通股股票的特点

普通股股票，是指在公司的经营管理、赢利及财产分配上享有普通权利的股份，代表满足所有的债权偿付要求及优先股的收益权与求偿权要求后对企业赢利和剩余财产的索取权。普通股的每一股份对公司财产都拥有平等的权益，它构成了公司资本的基础，是公司资本运营中风险最大的股份，也是发行量最大、最常见、最典型的股票种类。目前，在中国上海和深圳证券交易所上市交易的股票都是普通股。

普通股股票具有下面几个特点：

第一，享有公司决策的参与权。拥有普通股股票的股东，是公司资本的所有者，可以行使所有者应有的权力，如出席股东会议、行使议决权和选举权（被选举权）、监督检查权等，也可以委托他人代表其行使其股东权力。

第二，收益的不固定性。普通股股东有权从公司利润分配中得到股息和红利（股利），但是股利是非固定的，随公司利润水平及分配政策的变动而变动，因而，在各类股票中，普通股的收益最高，风险也最大。

第三，收益权的次后性。在优先股东取得固定股息以后，普通股东才有权享受股利的分配权；在公司解散清算时，普通股分取公司剩余资产的次序，排在优先股之后，因此，若公司剩余资产有限，普通股股东是最终的损失者。

第四，优先认股权。当公司需要扩张而增发普通股票时，现有普通股股东有权按其持股比例，以低于市价的某一特定价格优先购买一定数量的发行股票，从而保持其对公司所有权的原有比例。

第五，普通股股票可以进入证券交易所上市交易。

三 优先股股票的特点

1. 优先股的特点

优先股股票，又称特别权股票，是指在分取股息和公司剩余资产方面拥有优先权的股票。它具有四个特点：

第一，股息率固定。优先股在发行时就约定了固定的股息率，无论公司的经营状况和赢利水平如何变化，该股息率不变。

第二，派息优先。在股息分配中，优先股排在普通股之前，在优先股的股息未分配之前，普通股不得分配股利。但在公司已将优先股应得股息全额留存时，可以先分配普通股股利。

第三，剩余资产分配优先。当公司破产或解散进行清算时，在对剩余财产的分配次序上，优先股排在债权人之后、普通股之前。

第四，无表决权。优先股股东不能够参加股东大会行使其表决权，不拥有普通股股东所拥有的议决权和选举权。但在特殊条件（如优先股股息多年未发放）下，优先股股东可以根据法律规定或《公司章程》规定出席股东会议，与普通股股东一样行使股东权力。

优先股股票和股东权益的具体规定，在没有法律规定的条件下，一般由《公司章程》予以规定。《公司章程》对优先股股票的规定主要包括：优先股股份的数量，优先股股份的种类，优先股股份的持有人资格，优先股股东的权利和义务，优先股股票的股息率和分配次序，优先股股东分取公司剩余资产的顺序和数量规定，优先股股东行使表决权的条件、顺序和限制，优先股股东转让股份的条件，优先股股票赎回的条件等。

2. 优先股股票种类

优先股股票，根据不同的标准，可分为不同的种类：

（1）根据股息是否积累，可分为积累优先股和非积累优先股

积累性优先股，是指任何一年未支付的股息都可以积累下来，与后一年的股息一并付清的优先股股票。其主要特点是按固定股息率计算的股息可以积累合计。实行积累性优先股时，若公司的赢利不足以分派股息，可暂不分配股利，待经营状况好转时，再合并分配。当公司存在积累优先股时，公司只有将积欠的积累优

先股股息全部付清以后，才能进行普通股的股利分配；如果公司长期（一般为3年）拖欠积累优先股股息，优先股的股东就可具有与普通股股东一样的权利，或按有关规定，将优先股转换为普通股。

非积累优先股，是指每年按固定股息率获取股息的优先股股票，股息不能积累，如果当年赢利不足以支付全部优先股股息，股东对不足部分不得要求公司在以后年度内予以补足。

（2）根据是否参与剩余利润分配，可分为参与优先股和非参与优先股

参与优先股不仅按固定股息率分得股息，而且可以与普通股股东一起参加剩余利润分配。其主要特点是，在公司赢利增加时，这类股东既可按固定股息率分取股息，又可通过参加剩余利润的分配获取红利。根据参与的程度不同，参与优先股又分为完全参与优先股和部分参与优先股。完全参与优先股股东与普通股股东共同等额分享公司当年的剩余利润。部分参与优先股股东只能按规定的限度与普通股股东共同分享公司当年的剩余利润，其股利率有一个最高限的规定，一般低于普通股的收益水平。

非参与优先股只能按固定股息率获取股息，不能参与公司剩余利润的分配。其主要特点是不论公司利润增加多少和普通股的股利率多高，这类股东都无权要求参与公司剩余利润的分配。

（3）根据其是否可以转换为普通股或公司债券，可分为可转换优先股和不可转换优先股

可转换优先股可以按事先规定的转换比例等条件转换成普通股或公司债券。其主要特点是，在转换条件成熟时，这类股票与公司普通股或公司债券的关系逐步加强，市场价格也受普通股或公司债券的价格影响而变动。

不可转换优先股在任何条件下都不能转化为公司的普通股或债券。

（4）根据优先股是否可赎回，可分为可赎回优先股和不可赎回优先股

可赎回优先股是指公司按事先的约定条件在股票发行一段时间后以一定价格购回的优先股股票。可赎回优先股通常附有赎回条款，规定了赎回期限、赎回价格和赎回方式等，它使公司在能够以较低股息的股票取代已发行的优先股，因此公司只有在减少股息时才实施赎回。赎回方式主要有三种：其一，溢价赎回，即根据事先规定的价格，按优先股股票面值再加一笔"溢价"予以赎回；其二，基金补偿，即公司在发行优先股后，从所得到的股金或公司赢利中，拿出一部分资金，设立补偿基金，用作赎回优先股的补偿资金；其三，转换赎回，即公司以转换为普通股的方式，赎回优先股。在现代经济中，转换赎回方式被普遍使用。

不可赎回优先股是指公司在任何条件下都不能购回的优先股股票。

（5）根据股息率是否可调整，可分为股息率可调整优先股和股息率固定优先股

股息率可调整优先股是指股息率随债券利率或存款利率的变化而进行调整的

优先股。股息率固定优先股是指发行后股息率固定不变的优先股股票。大多数优先股的股息率是固定的。

（6）根据股息支付是否有第三者担保，可分为担保优先股和非担保优先股

担保优先股是指所支付的股息由其他公司提供担保的优先股股票。在实行担保优先股的安排时，股东虽然拥有公司的股份和股权，但其股息支付是由其他公司提供担保的，如果发行股票的公司，不能支付股息，提供担保的公司就应支付股息。非担保优先股是指股息的支付没有第三者担保的优先股股票。

在 2008 年美国的金融危机中，美国政府为了有效防范和化解金融危机的进一步蔓延，选择了以优先股的方式由美国财政部向相关的金融机构（如 AIG、花旗银行等）投入资本（即注入资本金）。美国乃至国际上的一些人将此称为"美国走向社会主义"。（实际上，一国经济制度是否属于社会主义，不能简单地由政府是否拥有股份公司的股权来界定。）美国政府所持有的金融机构优先股期限，在金融危机初期是 4 年期、在金融危机的中期是 7 年期，即这些金融机构应在规定的时间内偿付优先股的本息，此后，美国政府的持股就随之结束。显然，美国政府以优先股的方式注资于陷入困境的金融机构，并非属于"社会主义"之举，而只是为了挽救这些金融机构，避免由于它们的倒闭而引致金融危机更加恶化。

第四节　其他股权性证券

一　认股权证

认股权证（Warrants），全称股票认购授权证，是由股份公司发行，赋予认股权证持有者在未来某个时间或某一段时间以事先确认的价格购买一定量该公司股票的权利。认股权证实际上是一种契约（合约），它给予持有者在设定日期前按规定价格购买确定数目的股票的权利，表示持有者有权利而无义务。在中国，第一个认股权证是 1992 年在上海证券市场上推出的大飞乐股票的配股权证。1995 年和 1996 年上海证券市场又推出了江苏悦达、福州东百等股票的认股权证，深圳市场曾推出厦海发、桂柳工等股票的权证。

认股权证主要有下列特点：

1. 它是买入性期权

认股权证赋予持有者买入股票的权利。如果在约定的时间内，公司股票的市场价格上涨，超过了认股权证所规定的购买价格，权证的持有者就会购买股票，以赚取市场价格和认购价格之间的差价；若届时市场价格低于约定的认购价格，权证持有者可放弃认购。因此，认股权证实质上就是一种股票的买入期权。

2. 认股权证一般和发行人的某些证券捆绑在一起发行

认股权证既可以单独发行，也可以依附发行，依附发行是最常见的发行方式。

依附发行是发行人在发行优先股、普通股或公司债券时向投资者发行认股权证的方式。例如，公司常常发行附加认股权证的股票或债券，认股权证依附的证券被称为东道主证券（Host Security），认股权证经常可以和东道主证券分离并在交易所或场外市场上独立交易。认股权证的发行可以提高投资者认购股票或债券的积极性，如果到时候投资者据此认购新股，还能增加发行公司的资金来源。

3. 发行时间和认购对象

认股权证发行者是公司自身，一般是公司在发行股票、债券或配售新股之际发行的。认股权证持有者只能认购发行认股权证的公司的股票。

4. 价格波动大

持有者只要支付权证的价格就可以获得认购股票的权利，并且权证的市场价格大大低于股票的价格，因此，认股权证为投资者提供了投机的机会。由于认股权证的价格随着股票的市场价格波动而波动，且本身存在杠杆效应，所以认股权证的价格波动幅度大于股票的波动幅度。

5. 权益可能被稀释

在认股权证被执行时，公司流通中的普通股的数目相应地会增加，这将导致发行人权益的稀释。

认股权证主要由认股数量、认股价格和认股期限等三个要素构成。

认股数量，是指认股权证认购股份的数量，它可以用两种方式约定：一是确定每一单位认股权证可以认购普通股的数量，二是确定每一单位认股权证可以认购普通股的金额。

认股价格，是指发行公司在发行认股权证时确定的价格。一般来说，在发行认股权证时，发行公司应根据该上市公司的股票交易价格走势和可能预期的变化等因素确定其认股权证的认股价格。如果出现公司股份增加或减少的情况，一般要对认股权证的认股价格进行调整。

认股期限，是指认股权证的有效期。在有效期内，认股权证的持有人可以随时认购股份；超过有效期，认股权自动失效。认股期限的长短因不同国家、不同地区以及不同市场而差异很大，主要根据投资者和股票发行公司的要求而定。

认股权证的内在价值是指持有认股权证的潜在收益，它与认股权证要认购的股票的市场价格和其认购价格之间的差价有关，计算公式为：

$$认股权证的内在价值 =（每股股票的市场价格 - 每股股票的认购价格）\times 认购比例 \tag{6.2}$$

从公式 6.2 中不难看出，影响认股权证价值的因素主要有：

1. 股票的市场价格

股票市场价格越高于认购价格，认股权证的价值就越大；市价波动幅度越大，市价高于认购价格的可能性就越大，从而认股权证的价值就越大。

2. 剩余有效时间

认股权证的剩余有效期间越长，市价高于认购价格的可能性就越大，从而认股权证的价值就越大。

3. 换股比例

认股权证的换股比例越高，其价值越大；反之则越小。

4. 认股价格

认股价格越低，认股权证的持有者为换股而付出的代价就越小，而普通股市价高于认股价格的机会就越大，因而认股权证的价值也就越大。

二　股票备兑权证

备兑权证属于广义的认股权证，投资者以一定的代价（备兑权证发行价）获取备兑权证后，就能得到在未来某个时间或时间段内按某一特定价格购买某种或几种股票的权利，投资者可根据股价情况选择行使或不行使该权利。与认股权证一样，备兑权证只有权利而没有义务。备兑权证一般具有下列特点：

（1）与认股权证不同的是，备兑权证是由有关股票对应的公司以外的第三者发行的，发行人通常是资信卓著的金融机构。发行人可以针对一家公司的股票发行备兑权证，也可以针对多家公司的股票发行备兑权证。同时，对一家公司的股票而言，可能会存在多个发行者发行备兑权证，他们的兑换条件也可能各不相同。

（2）备兑权证发行人通常持有大量的认股对象公司的股票，以备持有备兑权证者到时行使权利，兑换相应的股票。

（3）不像认股权证在发行时间上一般与股票或债券同时，备兑权证在发行上没有时间的限制。

（4）备兑权证持有者既可认购某一种股票，也可以认购一组或一揽子股票。

（5）备兑权证的兑现，既可能是发行者按约定条件向持有者出售规定的股票，也可能是发行者以现金形式向持有者支付股票认购价和当前市场价之间的差额。

三　保本股票

保本股票，是指持股人按约定在股票发行一段时间后可要求发行人归还股金的股票。保本股票是一种特殊的股票，持有者既可以像普通股东一样，参与公司的经营和管理，又可以在规定的时间后根据发股公司的经营状况，决定是否要求发股公司偿还股本以及和支付投资有关的其他收益。持股人购买保本股票后，既可获得投资收益，又可按约定收回股本，因此投资风险较小。保本股票的投资风险较小，还因为市场对发行保本股票的控制较严，对发股公司的要求较高。一般来说，发行保本股票需要有投资银行或其他金融机构作为保本股票履约的保证人，一旦发股公司无力履行保本股票所约定的条件，保证人就必须为发股公司承担履约责任，由此，保证人为了维护自己的利益，要对发股公司的行为进行严格监控。

保本股票一般由三个要素构成。第一，禁偿期。保本股票通常规定要有禁偿期。禁偿期从发行之日起计算，一般为 3 ~ 4 年。在禁偿期内，持股人不能要求退还股票。第二，偿还程序。保本股票通常明确规定偿还程序或条件。一般来讲，禁偿期过后，持股人有权随时申请偿还股份本金及未付股息，保本股票须明确规定在多长时间内，发股公司须退还股金。第三，优惠率和优惠金。为了鼓励持股人长期持有公司股票，保本股票通常规定了优惠金或优惠率条款，持有股票时间越长，优惠金越多，优惠率也就越高。优惠金的主要来源是公司的盈余公积金。

对投资者来说，保本股票风险较小而且收益较高，吸引力较大，因此，保本股票多采取直接发行的方式，这使股票发行节省了一笔中介费。有些保本股票是由发股公司及其保证人一同发售的，这种发售方式虽然会产生一些中介费用，但费率不高。

第五节　中国的股权改革

一　股权性质

20 世纪 90 年代以后，股权改革成为中国推进国有企业改革深化的一个主要机制。由于在公司制改革过程中发生了非国有资金投资入股国有企业（尤其是国企上市公司）的现象，于是，一些人强调，这种股权的"民营化或私有化不是解决公司绩效问题和治理问题的灵丹妙药"[①]，不应继续按此路径展开股权改革。这一认识实际上提出了三个值得深思的问题：

第一，"国有"和"民营"是否构成对应的概念？"国有"是属于所有制范畴的概念，"民营"是属于经营机制范畴的概念，这二者之间本来不存在替代关系，因此，将它们作为具有替代关系的概念来使用，恐怕是很难说清楚问题的。

从所有制范畴出发，"国有"似乎与"私有"属于对应概念，因此这二者可以进行对比。但如果不是停留于字面的对称关系，而是深入经济生活的实践中就不难发现，"国有"与"私有"并非是一个对应的概念。其内在机理是，在一个国家中只能有一个国家所有制，但在一个国家中有多少个公民就可能有多少个私有制（即张三的私有财产不能是李四的，李四的私有财产也不能是张三的，如此等等），一个国家中的私有制数量甚至可能超过公民数量。从所有制角度说，每个公民的私有财产彼此间是具有严格排他性的，并不联结为一个整体，因此，"私有"与"国有"并非对应的概念。如果一定要从所有制角度进行划分，也许使用"民有"概念要比"民营"和"私有"概念更为贴切一些。因为"国有"实际上是政府所有，而"民有"则是非政府所有；另一方面，"民"有个体总和的含义，而"私"

---

① 参见宫玉松《股权民营化不是灵丹妙药》，《经济学动态》2006 年第 5 期。

则带有个体分立的特点。

从经营机制出发，与"民营"对应的概念似乎应是"国营"，而不是"国有"。但实际上，在经济运行过程中很难讲得清楚什么是"民营"、什么是"国营"。从中国几十年的经济实践来看，"国营"实际上讲的是政府部门运用行政机制直接从事企业经营的情形；"民营"实际上讲的是企业按照市场机制的要求展开经营活动的情形，因此，"国营"和"民营"的区别，实质上是运用行政机制与按照市场机制展开企业经营的区别。在20世纪80年代后半期到90年代初的国有企业运行机制改革探讨中，一些人曾提出过"国有民营"的思路，这反映出"国有"和"民营"不属于同一范畴，也不是相互排斥的关系。

股权，在本源关系上属于所有制范畴，在延伸关系上属于产权范畴，并不直接属于经营机制的范畴。因此，并不存在所谓的"股权民营化"问题，只存在股权的民有化问题。

第二，在国企股权改革中的民有资本介入是否合理。股权改革，是指企业在公司制改革过程中股权状况改变的情形。从股本总量是否增加的角度看，国有企业公司制改革中的股权变动大致可概括为存量股份制和增量股份制两种类型。但不论是哪种类型，有一点是清楚的，按照《公司法》的规定，股份公司的持股人不能是国有独家，必须引入其他投资者。由此，按照反对"股权民营化"的主张，一个两难问题就产生了：既要引入非国有资本和非国有股东以实现国企的公司化改革，又不能发生国企股权性质在任何意义上的"民有"。从实践来看，如果不将国企的一部分股权转为"民有"，那么恐怕这部分股权只会转为外资所有（外资不过是海外的民有资本）。由此，"宁与友邦、不予家奴"将是反对"股权民营化"的政策选择了。

实际上，反对"股权民营化"的人弄错了一个问题，即国有企业和公司制企业在产权关系上属于不同性质的企业。国有企业属于国有独资企业，是政府部门直接控制的企业；公司制企业属于"公"（即多个股东共同投资入股）的企业，是这些股东共同"司"（即控制）的企业。如果要防止或避免"股权民营化"，国有企业的最佳选择是不进行公司制改革，始终保持国有独资。既要进行公司制改革，又不想放弃唯一控制权的地位，这不仅不符合市场经济原则，而且不符合最基本的投资原则。

第三，在国有企业股权改革中是否发生股权性质的变化？存量股份制，是指在资产厘清（如资产评估或财务审计）和将净资产折为股份的基础上，通过转让企业的一部分股份使股东数量符合法定数量从而建立股份有限公司的状况。在存量股份制的条件下，国有企业通过将一部分股权转让来实现股权的多样化。就此而言，似乎发生了被转让国有股权的性质的改变。因此，这里存在国有股权转为民有股权的问题。但是，非国有股东并非无偿获得这部分股权，他们是在等价交换的条件下支付了购股资金而获得股权的。

如果认为这种方式因一部分国有股权转让而不利于保持国有股权的性质，那么，可以选择增量股份制方式。增量股份制，是指在资产厘清（如资产评估或财务审计）和将净资产折为股份的基础上，通过对外发行一部分股份使股东数量符合法定数量从而建立股份有限公司的制度安排。在增量股份制的条件下，国有企业在引入新的股东过程中引入了新的股权资本，从而实现公司制改革。因此，原有的国有股权不发生性质和数量的变化。但是，就改制后的公司而言，一部分股权的民有现象必然存在。

不论选择何种方式，有一点是清楚的：只要国有企业实现了公司制改革，它就不再是国有企业了，不能再继续用"国有企业"的概念去界定和规范其经营行为。在中国实践中的一个突出现象是，在公司制改革后，一些政府部门继续以"国有企业"机制处置相关事务，由此引发了一系列问题。

二 股权结构

反对"股权民营化"的一个重要依据是，随着股份公司转变为上市公司，公司的股份出现了分散化的现象，这既不利于公司治理的完善，也不利于提高经营业绩；而且这种主张还强调："'一股独大'不但不是产生中国上市公司治理问题的罪魁祸首，反而有利于改善公司的经营绩效。上市公司股权集中度指标与经营业绩呈正向关系，股权集中度越高，公司经营绩效越好，这说明现阶段分散我国上市公司股权不利于改善上市公司的经营业绩。"[1] 在中国股票市场的发展过程中，有关上市公司的股权集中与分散问题已有多次争论，最近的一次是在 2001 年以后。争论的主要问题有两个：一是随着民营企业发股上市，有关家族控股的"一股独大"现象引起了投资者的关注；二是在大型国有企业发股上市后，这些上市公司却继续保留了国企机制，从而由"一股独大"走向"一股独霸"，这种现象引起了投资者的关注。在这次争论中，相当多的人主张通过适当分散股权来形成股东之间的制衡机制，以利于完善公司治理，但没有人提出"股权集中度越高，公司经营绩效就越好"之类的说法。

股权集中度状况与股份公司的经营业绩并不直接相关。在发达国家中，既可以找到股权极为分散（如最大的股东持股比例不足2%）但公司经营业绩卓著的案例，也可以找到股权相对集中而公司经营业绩优良的案例。因此，简单地说"股权集中度越高，公司经营业绩就越好"，恐怕并不符合实践情况。从原理上说，如果认为"股权集中度越高，公司经营绩效就越好"，那么可以得出结论，在独资（即单一持股）条件下，企业的经营业绩是最高的。据此，不仅国有企业完全没有实行公司制改革的需要，而且有限责任公司制度、股份有限公司制度也都是失之偏颇的。在历史发展中，一家上市公司的股权是相对集中还是相对分散，是由许

---

[1] 参见宫玉松《股权民营化不是灵丹妙药》，《经济学动态》2006 年第 5 期。

多具体因素决定的。在 19 世纪中期以前，拥有百万英镑就算巨富人家，但这些资金要用来建铁路也还是杯水车薪，所以股份制度通过集中各个投资者的资金推进了铁路建设。在这种条件下，如果要强求"股权集中"，恐怕就没有铁路公司，也就谈不上所谓的"公司业绩高低"了。在现代经济中，如果没有股份制度，同样难以集中进入产业市场所需的最基本资本，企业无法设立，又何谈经营业绩？就以美国微软公司为例，如果没有股份制度，如果微软不进入纳斯达克市场发股募资，会有今天的成就吗？

对上市公司而言，股权是否集中是一个相对的概念。假定有一家上市公司的前三位股东分别持有 40%、20% 和 10% 的股份，另一家上市公司的前三位股东分别持有 50%、10% 和 8%，就第一大股东的持股比例而言，可以说后者的股权集中度高于前者，但就前三位股东的持股比例而言，则可说前者的股权集中度高于后者。可见，究竟何者为高是不容易说清的。既然如此，又如何判定股权集中度与经营业绩的关系？

在中国股市中，要实证股权集中度与上市公司经营业绩的关系，需要弄清三个问题：

第一，对比的角度，即是对同一上市公司的历史进行比较，还是将不同上市公司放在一起比较？如果是前者，恐怕很难得出"股权集中度越高，公司经营业绩就越好"的结论。如果是后者，则不同上市公司分处于不同的产业部门，其资产、市场、技术等条件不尽相同，如何能够在经营业绩上进行具有"同质性"的比较？

第二，对比的时期，即是比较某 1 年（或者某 2 年）还是比较 10 年（或者更长时间）的业绩？如果是前者，则可能容易得出"股权集中度越高，公司经营业绩就越好"的结论。其内在机理是，2003 年以后，随着资源类产品的价格快速上扬，钢铁、石化、煤炭、有色金属等产业的上市公司的业绩顿时提高。这些上市公司所处的产业特点是，既需要大规模的建设资金（例如，一家年产 500 万吨钢的企业，需要投资数百亿元资金），又需要较长的建设时间，因此，民有资金进入较少；它们的体制特点是，在公司制改革后国有股权占相当高的比重，社会公众股比重较低。由此，如果以 2003～2005 年的数据为依据，从这些上市公司的业绩分析中很容易得出，"股权集中度越高，公司经营业绩就越好"的结论。但是，如果将时间往前推移，例如，以 1995～2000 年的数据为依据，就可能得出另一种结论。

第三，对比的范围，即是同类比较还是不同类比较？如果是前者，例如，将退市的上市公司放在一起比较，其中既有股权集中度较高的上市公司，也有股权集中度相对较低的上市公司，由此，恐怕得不出"股权集中度越高，公司经营业绩就越好"的结论。如果是后者，例如，将股权集中度相对较低的 PT 上市公司与股权集中度较高的蓝筹股放在一起比较，则得出"股权集中度越高，公司经营业绩就越好"的结论会比较容易，但其科学性值得怀疑。

在发展历程中，上市公司将通过不断的发股再融资来获得经营拓展所需要的资本性资金，这一行为在股权结构上表现为股权的集中程度不断降低。与此相比，"股权集中度越高，公司经营业绩就越好"的结论实际上暗含着这样一个主张：股份公司一旦发股上市，就不应有第二次、第三次的发股再融资，除非原有股东拥有足够多的资金并且按照原持股比例认购新股。但是，这种说法，不仅与发达国家的实践不符，就是与中国的实践也不符，恐怕也没有几家上市公司会投赞成票。

三 股权治理

迄今为止，完善公司治理结构的理论和实践都主要站在股东的角度上展开。由此，公司治理在一定程度上可以称为"股权治理"。反对"股权民营化"的人认为："在股权分散化之后，作为国有资本所有者的政府对企业的控制将大为减少，国有资本的所有者将主要为各种法人机构所代理，它们的行为本身也需要有效的监督和控制。因而在股权分散化以后，如果缺乏有效的约束机制，国有资本的代理成本会大大增加，经理人员的机会主义行为将更加严重。"[1] 要改变这种情况，就应实现股权集中。公司治理涉及诸多有待进一步深入研究的问题，在此，仅就四个相关问题予以讨论：

第一，在国有企业进行公司制改革以后，为什么还需要由政府直接控制股份公司？众所周知，国有企业之所以需要进行公司制改革，其主要原因在于，在国有独资的条件下，众多的政府部门均可以以所有者的身份对企业经营活动进行直接的行政干预。在公司制改革以后，政府部门最多是多个股东中的一个，公司经营活动中的各项决策应按照《公司法》和《公司章程》的规定，分别由股东大会、董事会和高管人员做出。在这种情况下，为什么还要由政府部门控制股份公司的经营活动？这样做实在找不出什么正当理由。

假定股份公司的经营运作还需要政府运用行政机制予以控制，那么就会产生三个问题。其一，财务问题。如果这种行政控制引致了公司的亏损，那么，政府部门是否应承担财务责任？一个突出的现象是，自 20 世纪 90 年代初以来，相当多的上市公司（包括一些非国有上市公司）在发股募资之后，地方政府还是以种种方式干预其资金的运用，由此引致了募股资金的巨额损失。这是导致上市公司业绩下滑的一个主要原因。其二，法律问题。如果因为在股份公司中有国有股本，政府部门就应控制公司的经营活动，那么，是否《公司法》应当对此做出规定？否则，政府部门的行政干预是合法的还是违法的？其三，行为主体。政府部门是一个系统，各部门权力、利益存在明显差异，在一些部门中甚至存在"争权夺利"的现象。在这种条件下，由政府部门控制上市公司，究竟是由政府系统的哪个部

---

[1] 参见宫玉松《股权民营化不是灵丹妙药》，《经济学动态》2006 年第 5 期。

门控制上市公司的经营活动？

值得强调的是，绝大多数国企上市公司迄今未能实现经营机制的真正转换，其根本原因不在于政府部门的行政控制少了，而在于这些公司依然在行政框架中运行。其突出表现有二：一是高管人员的任免调配依然由政府部门的行政机制主导；二是这些上市公司依然保留着行政级别并享受对应的行政待遇。因此，弱化行政机制对国企上市公司运作的影响，依然是一项艰巨而复杂的工作，这反映出国企上市公司的深化改革工作并没有因上市而完成。

第二，上市公司的经营运作需不需要由高管人员控制？从维护股东权益出发，公司治理理论强调，由于内部人（即公司高管人员）可以利用其拥有的信息优势，通过控制公司的经营活动来达到自己的预期目的；为了避免内部人借此损害股东权益，需要强化股东对高管人员的监督约束。且不说这一理论有种种内在缺陷，就讲一个最基本的问题：在市场经济背景下，股份公司的经营管理活动需不需要由高管人员进行有效控制？如果答案是否定的（即"不需要"），那么，股东们根本就不用聘任高管人员，由此，既可以节约成本，又不需要每每为"内部人控制"所烦恼；如果答案是肯定的（即"需要"），公司经营管理活动不可能离开高管人员的有效控制，那么，高管人员与股东之间就不存在根本的对立关系，也不存在反对、弱化以至消解"内部人控制"的实质性理由，只存在按照产权关系、法律规定和《公司章程》等制度规定，在股东大会、董事会和高管人员之间进行的各种权能和权度的分配。

与股东的机会主义一样，"高管人员的机会主义"是一个难以说清的命题。首先，这种机会主义违不违法？如果不违法，那么，有什么理由予以限制？如果违法，那么，就不是什么机会主义，而是应追究其法律责任。其次，这种机会主义是站在谁的立场上看的？是股东，还是员工，或是客户？一个最基本的问题是：在不违反任何法律法规和公司规章的条件下，高管人员行使其经营管理权力，临机决断，有何过错？同理，高管人员通过经营运作获得个人合法合章的收入，又有何过错？如果这种机会主义得不到理论上的支持，那么，是否应当将"具有大公无私的奉献精神"作为选聘和衡量高管人员的首要标准？这恐怕不太现实，也难以成为实践的标准。

第三，是否承认高管人员的人力资本？在企业管理中，高管人员的素质有举足轻重的作用，正如古语所称"千军易得、一将难求"。在现代经济中，高新技术的开发和市场化，主要依靠公司的核心技术人员，因此有"一个产品救企业"之说。在这一背景下，发达国家的上市公司已普遍重视高管人员和核心技术人员的人力资本，通过股权激励等方式来确认这些人力资本的效能。由此提出一个问题，是否在中国的上市公司中也应承认并落实人力资本？如果承认并落实人力资本，那么，公司治理就不能只是按照资金股本的股东要求来设计，还必须考虑到人力资本的股东要求（尤其是在高管人员持股的条件下，更应考虑这些股东的要求），由此，政府部门更不应该控制上市公司的运行。如果不承认人力资本的价值，那就必须明确提出如何提高中国上市公司（从而中资企业）的国际竞争力问题。须知，传统的国有体制是不承认人力资本的，这也是深化国有企业改革的一个重要原因。

第四，股权相对集中是防止内部人控制的主要机制吗？反对"股权民营化"的人认为，股权分散是引致民营化和内部人控制的主要原因，但同时又强调："从内部治理机制看，民营上市公司家族控制、关键人控制现象十分明显。"[①] 所谓家族控制，是指由某种血缘关系的自然人持股达到控股状况的情形。因此，家族控制属于股权控制的范畴。按照股权相对集中有利于抑制内部人控制的说法，在家族上市公司中应不存在内部人控制的问题；但它又强调，家族的股权控制也是不应当的。由此，产生了一个逻辑上的矛盾：究竟是要防止内部人控制，还是要防止股权控制？

四 股份流通

在国企上市公司中存在 2/3 左右的股份不能流通的现象，这是中国股市的一个严重问题。从 20 世纪 90 年代初开始，学术界和实务部门就对此进行了研究探讨，提出了"股份全流通"的建议。国务院于 2001 年 6 月出台了国有股减持的政策，但又于 2002 年 6 月叫停这项政策；2003 年以后在"股权分置"概念的背景下人们就此问题展开了新一轮的探讨，2005 年 5 月政府迈出了股权分置改革的实践步伐。在这个过程中，我们可以提出三个值得深入研究的问题：

第一，上市公司股份全流通的含义是什么？一些人认为，所谓股份全流通，就是上市公司股东应将股份全部卖出，这会导致"哪个股东都不能长久地持有股份，也不存在哪个股东持有份额较大股份"的局面。这种认识实际上是一种误解。"股份全流通"是一种制度安排，是落实股东权益的一个重要组成部分。它的基本含义是，当股东愿意出售其所持股份时，则该卖出行为不应存在制度障碍，以保障和维护上市公司各类股东之间的股权平等。至于在这种条件下，股东愿不愿意卖出股份或者卖出以后是否打算再买入，完全是股东自主选择之事。在海外股市中，上市公司的股份均为可流通股，但一些原始股东和机构投资者长期持有股份也是屡见不鲜的。因此，那种认为只要股份全流通就必然引致国企上市公司中国有控股局面的改变从而发生这些上市公司股份"民营化"的认识，是错误的。

为什么需要实现股份全流通？与其说这是从上市公司的股东权益（尤其是不流通股的股东权益）的角度考虑问题，不如说这是从股市的健康发展的角度考虑问题。在 2/3 股份不能流通的情况下，不仅股市交易价格难以真实反映股票价值（从而严重影响了股价形成机制的发挥），也不仅在事实上形成了流通股持有者和不流通股持有者这两个利益相悖的群体，更重要的是，它引致了一系列严重问题的发生，其中包括国企上市公司的运行机制难以转换，大股东长期占用上市公司

---

① 参见宫玉松《股权民营化不是灵丹妙药》，《经济学动态》2006 年第 5 期。

资金、通过关联交易转移上市公司利润，股权协议转让中的腐败，大股东与有关机构联手操纵股价等问题。虽然股份全流通并不一定就能完全解决这些问题，但它是解决这些问题的基础性条件。就此而言，股份全流通具有积极而重要的意义。

需要强调的是，股份全流通作为一种制度安排，只是赋予了股东自愿出售股份的权利，并没有强制性要求每个股东（尤其是国有股东）都必须将其持有的股份全部卖出，也没有要求每个上市公司中的国有股份都要减持出售。从维护股市运行平稳的角度出发，有关规定只是要求这些股东在出售其股份时实行预先披露制度，并且限制了在一个确定的时间段内出售股份的比例。如果国有股东不愿出卖股份，则一方面可以通过有关制度安排（例如，规定哪些产业中的国有股份不得出售以维持国有控股的格局）来限制国有股份的卖出；另一方面可以允许国有股东继续长久持股而不出售其所持股份。但是，这些举措都不构成反对建立上市公司股份全流通制度的理由。

第二，股份减持与股份增加是否矛盾？在股份全流通的制度安排下，一些股东从自己的经营运作和其他方面考虑，必然选择出售股份，但这是否意味着他们就不能再增加所持的股份了？答案是否定的。一方面从国际股市看，没有一个国家或地区有此项法律规定。因此，减持和增持是一个经常发生的现象。如果只有减持，没有增持，也许就没有股市中的收购与反收购了。另一方面，迄今中国也没有这方面的法律法规规定。因此，那种认为，减持是一种单向行为（即减持后不能再增持）的说法是缺乏根据的。

第三，股份全流通是否只是一个"民营化"过程？就股份向自然人出售而言，上市公司股份全流通似乎是一个民营化过程，但是，中国股市上的投资者并不只有自然人。就投资资金的数量而言，从20世纪90年代末之后，中国股市就已是以机构投资者为主的市场。在证券投资基金、证券公司和各种实体法人这三大机构投资者中不乏国有资本和国有企业，如果据此认为上市公司中的国有股被自然人投资者购买就是一个"民营化"过程，那么，同理是否可以认为，民有上市公司中的股份被证券公司或国有企业购买就是一个"国有化"过程？或者，要防止国有股的"民营化"，是否需要专设一个制度，规定国有股只能在国有企业、国有控股企业之间交易，民有上市公司的股份只能在民有企业、自然人之间交易，由此将股市分割为国有股市场和非国有股市场？

这种简单思维令人想起了20世纪80年代之前的几十年间，中国和苏东经济学界在商品交易中长期争论不休的一个问题，即国有企业生产的商品（如消费品）卖给消费者个人是否属于所有权改变从而属于私有化？这种理念的问题在于，既不知道什么是等价交换，也不知道什么是产权，更不知道什么是市场机制。

五　股权效应

是否"灵丹妙药"？能否"包治百病"？是一些人用来责难对方的习惯性用语。

似乎某种措施只要达不到这一效能，就不好或不应当选择。且不说，经济社会活动是一个极为复杂的系统，就在医学界，迄今也还没有找到一种具有如此功效的药品或治疗方案。那些江湖郎中号称拥有"包治百病"的祖传秘方，其实不是庸医就是骗子。有一次，一个企业家责问一个经济学家说，世界上几百年来，哪个企业是靠一个经济学家的智慧和指点而长期立于市场竞争不败之地的，那个经济学家回答说："的确没有，但这无损于经济学家的作用。"依此，可以直截了当地说，股权改革不论怎么改，都不可能是一个"灵丹妙药"，更不可能"包治百病"，但这无损于股权改革的效能。

股权改革不可能解决如下一些问题。第一，企业的倒闭解体。自第一次产业革命以来的200多年间，尽管在实践中创造出了几十种企业组织模式，但迄今为止，世界各国和地区还没有哪一种模式中的企业永久立于不败之地。就股权角度而言，国有企业倒闭解体的有之，民有企业倒闭解体的有之，股份公司倒闭解体也有之；股权分散的上市公司倒闭解体的有之，股权集中的上市公司倒闭解体的也有之。同时，在这些类型的企业中也都可以列举出有几十年乃至上百年历史的典型案例。第二，企业经营业绩的高低。在200多年的现代企业发展史中，不论是独资、互助、合作、合伙还是有限责任，在每种企业的组织模式中都可以列举出经营亏损以至企业被收购或破产的案例，同时，也都可以列举出经营业绩卓著的典型企业。第三，企业的市场竞争力。在200多年的历史中，个体私营、国有独资、社员合作、成员互助、多人合伙、有限责任公司、有限合伙公司、股份有限公司等，既有在竞争中被淘汰的，也有在竞争中脱颖而出的。股权改革之所以不可能直接解决这些问题，是因为每个企业的经营发展都是一个复杂的系统，取决于一系列复杂的条件，其中包括企业的产业定位、资产配置、管理状况、财务质量、技术水准、产品性状、营销模式、客户关系、竞争对手强弱和经济运行周期等因素，股权改革无法直接影响这些因素，因此，它不可能"包治百病"。

股权改革虽不能直接解决上述问题，但它为股份有限公司（尤其是上市公司）的一系列问题的解决提供了资本来源（从而实现资产扩展），并在公司治理、运行机制转换、资产价值评价、激励机制等方面提供了基础性条件，将股份公司整体（而不仅仅是产品、技术等）推入了市场，使上市公司的运作置于广大投资者的监督制约之下。

在中国的上市公司实践中，从国有企业的角度看，股权改革至少有五个方面积极作用。第一，推进了国企上市公司的股权多元化，从而在一定程度上形成了抵御政府部门直接行政干预的机制，或多或少地推进了国企上市公司运行机制从行政化向市场化方向的转变。第二，增强了国企上市公司的资本实力，使这些公司的资产规模通过发股募资而快速扩展，由此，为提高其市场竞争力创造了必要的资产条件。第三，促进了公司治理的完善，为这些公司内部管理的程序化、科学化，防范经营运作风险等提供了必要条件。第四，强化了市场监督约束机制，通过信息公开披露，使这些公司的财务状况、投资决策、发展战略等置于公众投资者的监督约束之下，同时，也为弱化行政机制的干预提供了保障。第五，拓展了市场化运作的空间，使这些公司的经营运作向公司并购、资产重组、资本运作和实现公司价值等方面展开。

从民有企业的角度看，除了上述积极作用外，股权改革的重要意义至少还有两个方面：第一，促进了民有企业经济社会地位的提高，使它们在申请贷款、招聘人才、争取项目、市场开拓等诸多方面有可能享有与国企上市公司相似的公平待遇；第二，促进了家族股权结构的改善，为改变公司内部的家族式管理模式、实行现代企业管理模式创造了必要条件。

从国民经济的角度看，股权改革的积极意义主要在于推进了资本性资金的形成和资本市场的发展。自20世纪90年代中期以后，资金相对过剩和资金相对紧缺就成为中国经济运行中的一个突出矛盾。资金相对过剩实际上是债务性资金相对过剩，资金相对紧缺实际上是资本性资金相对紧缺。这一矛盾不可能依靠扩大银行放贷来解决，必须通过加快资本市场发展，有效地将相对过剩的资金转化为资本性资金才能解决。与此对应，股权改革恰恰解决了这些资本性资金的流向。换句话说，如果缺乏股权改革机制，资本性资金就难以流入进行公司制改革和发股上市的企业，相对过剩的资金要转化为资本性资金就是相当困难的。从更深层的机制上说，资本性资金的存量和增量是保障国民经济平稳健康运行的财产基础，也是保障市场经济活动中信用体系建设的财产基础，因此股权改革的效能不容忽视。

第七章　股票发行市场

股票市场，是通过发行和交易股票来推动资本性资源配置的市场。它可分为发行市场和交易市场两部分，其中，交易市场居于中心地位，它通过股票交易推动着股权投资、资产定价、公司并购和资本性资源的配置优化。与债券市场不同，股票市场以有形市场为主，无形市场只在个别场合发生，因此通常所讲的股票市场都暗含有形市场的含义。要把握股票市场，首先必须了解股票发行市场。

第一节　股票发行方式和发行条件

一　股票发行方式

股票发行市场，又称股票一级市场或初级市场，是指由股份有限公司通过发行股份凭证（或股票）募集资本和投资者投资购股而形成的投融资交易过程。这一定义有三层基本含义：第一，公司发行股票，是股票发行市场的起点，公司发行股票的目的在于募集公司设立和运作所需的资本；第二，投资者投资购股，是股票发行市场的关键，离开了投资者购股，股票发行就不能成功，发行市场也就无法形成；第三，公司发股和投资者购股的投融资关系的形成是一个过程，其中包含丰富的内容，有为这种投融资关系所决定的规律、规则和机制。

股份公司发行股票，主要有六种情形。第一，发起设立发行，即股份公司的发起人通过发起并认购公司拟发行的全部股份而设立股份公司。第二，募集设立发行，即股份公司在原独资公司或有限责任公司基础上进行股份制的改革，通过对原公司资产进行评估折股，向社会公众发行一定数量的股份，形成股份有限公司的资本总量。这种方式又称"增量股票股份制"。第三，存量转让发行，即股份公司在原独资公司或有限责任公司基础上进行股份制的改革，通过对原公司资产进行评估折股，将一部分股份以转让的方式向社会公众投资者转让，在公司资本结构发生变化后，设立股份有限公司。这种方式又称"存量股份制"。第四，送股发行，即公司在股利分配中，不以现金形式派发股息，而以股票方式派发股息。这是使股份公司资本数量增加的一种重要方式。第五，配股发行，即股份公司按原有股份的一定比例配给股东购买公司股票的优先认股权，由于配股价格通常低于股票交易价格，所以，股东一般乐于购买公司新发行的股票。这也是使股份公司资本数量增加的一种重要方式。第六，增发股份，即股份公司设立后，在其经营运作过程中通过增发股份来增加资本性资金。增发股份又分为公开增发和定向增发两种，其中，公开增发是指股份公司向社会公众公开发行新增股票的方式；定向增发是指股份公司向特定的投资者增发股票的方式。1990 年以后，中国的股票发行大体情况是：公司首次发行股票，主要采取第一种和第二种方式；公司上市后发行股票，采取第四、五种和第六种方式。第三种方式在中国尚未有效采用。在美国等发达国家中，第三种方式的运用较为普遍。

二　股票发行条件

股份公司发行股票，需要具备一定的条件，其中包括，股份公司的独立法人资格是合法的，业务经营运作是真实的，资产负债关系是清晰的，在商业往来中没有违法现象等。除中国以外的其他各国和地区的《公司法》和《证券法》等相关法律对股份公司发行股票的条件并无专门的规定。其内在机理是，在其他各国和地区的股票市场中，发行股票与股票上市交易是两个相互独立的市场过程，二者虽然在一些场合有相连接的现象，但在另一些场合则并无连接（即股票发行后，并不直接上市交易）。因此，发行股票并不直接意味着这些股票需要上市交易。由于其他各国和地区的股票交易市场是一个多层次的体系，每一股票交易市场的上市条件和交易规则不尽相同，所以，证券监管部门不可能直接界定某家股份公司股票发行的具体条件。

但在中国，股票发行与股票上市交易直接连接，几乎所有公开发行的股票均由证券监管部门直接安排在证券交易所上市交易，并在《招股说明书》中明确列示了在哪家证券交易所上市交易，由此形成了一种有别于世界其他国家和地区的股票发行市场与交易市场的特殊制度安排，即股票上市的具体条件成为股票发行的最低条件，而且这些条件被纳入了《公司法》和《证券法》中。

1. A 股发行条件

对在公司设立时的股份发行，中国《公司法》第 78 条规定，股份有限公司的设立，可以采取发起设立或募集设立的方式。在发起设立时，发起人应认购公司发行的全部股份；在募集设立时，发起人可以只认购公司发行的一部分股份，其余股份向社会公开募集或者向特定对象募集。第 79 条规定，设立股份有限公司，应当有 2 人以上 200 人以下为发起人，其中须有半数以上的发起人在中国境内有住所。第 82 条规定，股份有限公司注册资本的最低限额为人民币 500 万元。股份有限公司采取发起设立的，注册资本为在公司登记机关登记的由全体发起人认购的股本总额。公司全体发起人首次出资额不得低于注册资本的 20%，其余部分由发起人自公司成立之日起两年内缴足。在缴足前，不得向他人募集股份。股份有限公司采取募集方式设立的，注册资本为公司在登记机关登记的实收资本总额。中国《公司法》第85条规定，在以募集方式设立公司时，发起人认购的股份不得少于公司股份总数的35%。

关于股份发行，中国《公司法》第126~133条规定，股份有限公司的资本应划分为股份，每一股的金额相等。公司的股份采取股票的形式。股份的发行，实行公平、公开的原则，同种类的每一股份应当具有同等权利。同次发行的同类股票，每股的发行条件和价格应当相同。股票发行价格可以按票面金额，也可以超过票面金额，但不得低于票面金额。公司发行的股票，可以为记名股票，也可以为无记名股票。公司向发起人、法人发行的股票，应当为记名股票。股份有限公司成立后，应立即向股东正式交付股票，公司成立前不得向股东交付股票。

关于向社会公开募集股份，中国《公司法》第86~90条规定，发起人向社会公开募集股份，必须公告招股说明书，并制作认股书，其中应载明发起人认购的股份数、每股票面金额和发行价格、无记名股票的发行总数、募集资金的用途、认股人的权利和义务、募股起止期限及逾期未募足时认股人可以撤回所认股份的说明；向社会公开募集股份，并应当由依法设立的证券公司承销，应当同银行签订代收股款协议；发行股份的股款缴足后，发起人应当在30日内主持召开公司创立大会，创立大会由发起人、认股人组成。

关于新股发行，中国《公司法》第134~137条规定，在公司发行新股前，股东大会应对新股种类及数额、新股发行价格、新股发行的起止日期、向原有股东发行新股的种类及数额等事项做出决议；公开发行新股的，必须公告新股招股说明书和财务会计报告，制作认股书；发行新股募足股款后，必须向公司登记机关办理变更登记并公告。

中国《证券法》第10条规定："公开发行证券，必须符合法律、行政法规规定的条件，并依法报经国务院证券监督管理机构或者国务院授权的部门核准；未经依法核准，任何单位和个人不得公开发行证券。"第13条规定，公司公开发行新股，应当符合下列条件：（1）具备健全且运行良好的组织机构；（2）具有持续赢利能力，财务状况良好；（3）最近三年财务会计文件无虚假记载，无其他重大违法行为；（4）经国务院批准的国务院证券监督管理机构规定的其他条件。上市公司非公开发行新股，应当符合经国务院批准的国务院证券监督管理机构规定的条件，并报国务院证券监督管理机构核准。第22条规定，国务院证券监督管理机构设发行审核委员会，依法审核股票的发行申请。

2004年5月17日，经国务院批准，中国证监会正式批复，同意在深圳证券交易所（简称"深交所"）的A股中设立中小企业板块。2004年6月25日，深交所举行了中小企业板首次上市仪式，新和成等8家公司在顺利发股后挂牌上市。中小企业板除了在股份公司首次公开发行的股票被限定在5000万股以下外，其他的发行条件均与A股相同。因此，中小企业板只是在A股范畴内的一种数量划分。

2009 年 3 月 31 日，中国证监会出台了《首次公开发行股票并在创业板上市管理暂行办法》（中国证券监督管理委员会令第 61 号），其中规定，发行人申请首次公开发行股票应当符合下列几项条件。第一，发行人是依法设立且持续经营 3 年以上的股份有限公司。有限责任公司按原账面净资产值折股整体变更为股份有限公司的，其持续经营时间可以从有限责任公司成立之日起计算。第二，最近两年连续赢利，最近两年净利润累计不少于 1000 万元，且持续增长；或者最近 1 年赢利，且净利润不少于 500 万元，最近 1 年营业收入不少于 5000 万元，最近两年营业收入增长率均不低于 30%。净利润以扣除非经常性损益前后孰低者为计算依据。第三，最近一期末净资产不少于 2000 万元，且不存在未弥补亏损。第四，发行后股本总额不少于 3000 万元。另外，发行人应当主要经营一种业务，其生产经营活动符合法律、行政法规和公司章程的规定，符合国家产业政策及环境保护政策。同时，保荐人保荐发行人发行股票并在创业板上市，应当对发行人的成长性进行尽职调查和审慎判断并出具专项意见。发行人为自主创新企业的，还应当在专项意见中说明发行人的自主创新能力。

2. B 股发行条件

B 股的正式名称是"境内上市外资股"。1995 年 12 月 25 日，国务院《关于股份有限公司境内上市外资股的规定》中第 8 条规定，申请发行 B 股的，应当符合下列条件：（1）所筹资金用途符合国家产业政策；（2）符合国家有关固定资产投资立项的规定；（3）符合国家有关利用外资的规定；（4）发起人认购的股本总额不少于公司拟发行股本总额的 35%；（5）发起人出资总额不少于 1.5 亿元人民币；（6）拟向社会发行的股份达公司股份总数的 25% 以上（拟发行的股本总额超过 4 亿元人民币的，其拟向社会发行股份的比例达 15%）；（7）改组设立公司的原有企业或者作为公司主要发起人的国有企业，在最近 3 年内没有重大违法行为；（8）改组设立公司的原有企业或者作为公司主要发起人的国有企业，最近 3 年连续赢利；（9）国务院证券委员会规定的其他条件。

3. H 股发行条件

H 股的发行条件，与 A 股、B 股有所不同，它受到中国境内和香港特别行政区的有关法律法规的双重界定和制约。

1994 年 8 月 4 日，国务院出台的《股份有限公司境外募集股份及上市的特别规定》第 3 条指出，境外上市外资股，应采取记名股票形式，以人民币标明面值，以外币认购；这种股票在境外上市，可以采取境外存股证形式或者股票的其他派生形式。第 5 条强调，公司向境外投资人募集股份并在境外上市，应当按照国务院证券委员会的要求提出书面申请并附有关材料，报经国务院证券委员会批准。第 10 条规定，公司增资发行境外上市外资股与前一次发行股份的间隔期可以少于 12 个月。

关于发行 H 股的具体条件，中国境内没有明确的法律法规规定。从多年的实践来看，它大致有下述要点：（1）符合中国有关境外上市的法律法规和规则；（2）筹资用途符合国家产业政策、利用外资政策和国家有关固定资产投资立项的规定；（3）发股募资前，公司净资产不少于4亿元人民币，前1年的税后利润不少于6000万元人民币，并有增长潜力，按合理预期市盈率计算，筹资额不少于5000万美元；（4）有较为规范的法人治理结构及较完善的内部管理制度，有较稳定的高级管理层及较高的管理水平；（5）上市后分红派息有可靠的外汇来源，符合国家外汇管理的有关规定；（6）中国证监会规定的其他条件。

香港联交所对H股发行并无专门的条件规定。但因在香港发行H股的公司，通常将股票在香港联交所上市作为基本目标，所以，香港联交所的上市规则就成为发行股票后必须达到的条件，由此，延伸出所谓的H股发行条件。香港联交所的上市规则要求大致可概括为七个方面内容。第一，对申请上市的公司在盈利和市值方面的要求。香港联交所规定，满足以下条件之一即可。（1）公司必须在相同的管理层人员的管理下有连续3年的营业记录，以往3年盈利合计至少为5000万港元（最近1年不低于2000万港元），并且市值不低于2亿港元。（2）公司有连续3年的营业记录，于上市时市值不低于20亿港元，最近1个经审计财政年度收入至少达到5亿港元，并且前3个财政年度来自运营业务的现金流入合计至少达到1亿港元。（3）公司于上市时市值不低于40亿港元且最近1个经审计财政年度收入至少达到5亿港元。在该项条件下，如新申请人能证明公司管理层至少有3年所属业务和行业的经验，并且管理层及拥有权最近1年持续不变，则可豁免连续3年营业记录的规定。第二，对申请上市的公司在最低市值方面的要求。新申请人预期上市时的市值须至少为2亿港元。第三，对公众持股市值和持股量方面的要求。（1）新申请人预期证券上市时，由公众人士持有的股份的市值须至少为5000万港元，在任何时候，公众人士持有的股份须至少占发行人已发行股本的25%。（2）若发行人拥有超过1种类别的证券，其上市时由公众人士持有的证券总数必须至少占发行人已发行股本总额的25%；但正在申请上市的证券类别占发行人已发行股本总额的百分比不得少于15%，上市时的预期市值也不得少于5000万港元。（3）如发行人预期上市时市值超过100亿港元，则交易所可酌情接纳一个介乎15%～25%的较低的百分比。第四，对上市公司的股东人数方面的要求。（1）按"盈利和市值要求"第（1）条和第（2）条申请上市的发行人公司至少有300名股东；按"盈利和市值要求"第（3）条申请上市的发行人至少有1000名股东。（2）持股量最高的3名公众股东，合计持股量不得超过证券上市时公众持股量的50%。第五，在持续上市责任（新增）方面的要求。控股股东必须承诺在上市后6个月内不得出售公司股份，在随后的6个月内控股股东可以减持股票，但必须维持控股股东地位，即保持至少30%的持股比例。第六，对公司治理方面的要求。这包括：（1）公司上市后须至少有两名执行董事常驻香港；（2）须指定至少3名独立非执行董事，其中1名独立非执行董事必须具备适当的专业资格，或具备适当的会计或相关财务管理专长；（3）发行人董事会下须设有审核委员会、薪酬委员会和提名委员会；（4）审核委员会成员须至少有 3 名成员，且必须全部为非执行董事，其中至少 1 名是独立非执行董事且具有适当的专业资格，或具备适当的会计或相关财务管理专长，审核委员会的成员必须由独立非执行董事占大多数，出任主席者也必须是独立非执行董事。第七，其他方面的要求。这包括：（1）公司在上市后最少 3 年内必须聘用保荐人（或香港联交所接受的其他财务顾问）；（2）公司必须委任 2 名授权代表，作为公司与香港联交所之间的主要沟通渠道；（3）公司必须委任 1 人在公司股份于香港联交所上市期间代表公司在香港接收传票及通告；（4）公司必须为香港股东设置股东名册，只有在香港股东名册上登记的股票，才能在香港联交所进行交易。

4. N 股发行条件

与 H 股发行相类似，N 股发行条件同样受到中、美两国有关法律法规的双重界定和制约。

对公司发行 N 股所应达到的条件，中国的要求与发行 H 股的条件基本一致。在近年实践中，中国方面只是要求，到欧美发行并上市的企业，其募集前的股本面值应在 10 亿元人民币以上，募集的外资股股票面值应在 8 亿元人民币以上。与中国不同，美国的资本市场比较成熟，有关股票发行和上市的法律相当完备，因此，它的各项规定比较复杂。

美国没有关于股票发行条件的专门规定。通常所说的 N 股发行条件，实际上指的是已发行的股票进入美国股票市场上市交易所应符合的美国法律和证券交易监管部门规定的条件。因此，严格地说，并不存在 N 股发行条件。

首先，按照美国的规定，除加拿大外，其他非美国公司的股票不能以普通股的方式发行，只能采取存托凭证（ADR）的方式进入美国资本市场。存股证（ADS），又称存托股票，是存托凭证的一种类型，是由美国银行或信托公司为非美国公司股票进入美国市场而发行的一种可转让记名式收款单，每种存股证通常代表 1 家非美国公司已发行的股票。存股证的持有者可以随时将收款单退回信托银行，信托银行在收回收款单后，会将其注销。存股证一经发行，就可在美国的场外交易市场——全国证券交易商协会自动报价系统（NASDAQ）买卖，在达到相关证券交易所各自规定的上市条件后，也可在纽约证券交易所等交易场所交易。

存股证可分为有担保和无担保两种形式。无担保存股证，通常在场外交易市场买卖，投资者为此须支付规定的费用。有担保存股证，可在美国的证券交易所上市交易。要形成一个有担保存股证项目，公司应先与 1 家信托银行（受托人）签订"存托协议"，然后根据该协议，受托人接受存入保管人处的股票，发行对应数量存股证，登记存股证的转让情况，将公司的有关信息、年度报告及其他材料传递给投资者，并将公司支付的股利转换为美元后分派给存股证的持有人。

其次，根据美国有关法律规定，外国公司在美国注册、公开发行股票并上市，应达到四个方面的条件：（1）满足联邦证券交易委员会（SEC）有关发行注册登记的条件，其中最主要的是 F - 1 表格的内容；（2）满足有关上市注册登记的条件，其中最主要的是 20 - F 表格的 1、2、4 三部分内容；（3）满足有关注册登记后申请上市的条件，其中最主要的是 20 - F 和 6 - K 表格（即年度报告和中期报告）的内容；（4）上市市场的条件，即纽约证交所的上市条件。对在美国资本市场上发行股票类证券的公司，美国法律规定了严格的信息披露义务。为了方便中国企业顺利进入美国资本市场，美国联邦证券交易委员会在若干方面做了例外规定和豁免，但目前还仅限于少数案例。

最后，如果 N 股要在纽约证交所上市，就必须符合它关于股票上市的规定。主要条件包括：（1）股东人数不少于 2000 名，对非美国公司的第二上市来说，股东人数应不少于 5000 名；（2）由公众持有的股票数目不少于 110 万股，对非美国公司的第二上市来说，全球股票数目应不少于 250 万股；（3）公众持有的股票市值不少于 1800 万美元，对非美国公司的第二上市来说，应不少于 1 亿美元；（4）公司上市后 6 个月内，每月平均交易量不少于 10 万股；（5）在最近 3 个财务年度内，公司连续赢利，税前收入累计不少于 650 万美元（其中，在最近一年不少于 250 万美元，前两年每年不少于 200 美元；或在最近一年为 450 万美元，三年累计为 650 万美元），对非美国公司的第二上市来说，前 3 年的税前收入累计额应达到 1 亿美元，同时，还应拥有有形资产净值至少 1 亿美元；（6）上市公司必须委任至少 2 名外界董事（即非公司内的人士）；（7）建立独立于公司管理阶层的由董事组成的审计委员会；（8）其他相关因素，如公司所属行业的稳定性、公司在行业中的地位、产品的市场竞争力、公司发展前景等。

第二节　股票发行价格

一　影响股票发行价格的因素

股票发行价格，是指公司在发行市场上出售股票时所采用的价格。股票按票面金额发行，称为面值发行；按超过票面的金额发行，称为溢价发行。各国和地区的《公司法》等法律均规定，股票不得低于面值发行①。面值发行的好处在于，大多数投资者从直观出发乐于接受这种方式，公司一般能够将拟发行的股票数量充分售出、募集到与此对应的资本；溢价发行的好处在于，公司所能得到的资金数量将高于股票面值，这不仅有利于展示公司的优势、增强公司的资金实力、提高资本利润率等，而且有利于股票市场价值的提高。例如，在股票面值为 1 亿元的

---

① 中国 2006 年《公司法》第 128 条规定："股票发行价格可以按票面金额，也可以超过票面金额，但不得低于票面金额。"

条件下，若采用面值发行，公司只能获得 1 亿元的资金，当资金利润率为 10% 时，公司税前利润为 1000 万元，减去 25% 的所得税，则税后利润为 750 万元，然后留存法定公积金（10%）75 万元，最后，公司可分配利润只有 676 万元，股利率仅为 6.76%；若采用溢价发行，溢价比例为 1：5，则公司可得资金 5 亿元，资金利润率仍为 10%，公司税前利润为 5000 万元，减去 25% 的所得税，税后利润为 3750 万元，由于 4 亿元的溢价款所形成的资本公积金已超过法定公积金的要求，所以，公司可以不提取法定公积金，这样，股利率将达到 37.5%。但是，溢价发行的风险比面值发行要大，若发行价格过高，投资者不愿接受，公司将面临募股不成功甚至发行失败的危险，因此，溢价发行应审时度势、溢价适当。

股份公司发行股票，选择何种价格，取决于一系列因素，其中主要有：

1. 公司的每股净资产

股份公司发行股票，原则上，股票价格不得低于已有股份的每股净资产。其原因是，如果股票发行价格低于每股净资产，则意味着新持股的股东侵犯了原有股东的利益。

2. 公司的盈利水平

税后利润综合反映了一个公司的经营能力和获利水平，在总股本和市盈率已定的前提下，税后利润越高，发行价格也越高，反之则反是。反映公司盈利能力的指标，在时间上分为两类：募股前已实现的和募股后预测的。对投资者来说，这两类指标都是重要的，而前 3 年的盈利状况尤为重要。

3. 股票交易市场态势

股票交易价格直接影响发行价格。一般来说，在股指上扬、交投活跃的条件下，受交易价格上升的影响，股票发行价格高些，投资者也能够接受；在股指下落、交投减少的条件下，受交易价格下降的影响，股票发行价格不宜过高，否则投资者不愿接受。另外，在选择发行价格中，也要注意给股票二级市场的运作留有适当的余地，否则，股票上市后的定位将发生困难，并影响公司的声誉。

对上市公司而言，在配股、增发新股等场合，已上市股票的交易价格对股票发行价格的决定有至关重要的影响。

4. 本次股票的发行数量

股票发行受到购股资金数量的严格制约。一次发行股票的数量较大，在确定的时间内，受资金供给量的限制，若发行价格过高，将面临发股失败的风险，因此，一般采取低价策略；一次发行股票的数量较少，受资金供求关系影响，发行价格可能提高。

5. 公司所处的行业特点

不同的公司处于不同的产业部门中，各产业部门受技术进步速度、产品成熟状况、市场竞争程度、政府政策支持等因素影响，有不同的增长态势和发展前景。高科技、高效农业、新型材料、基础设施和公用事业等产业部门，具有技术进步快、国际竞争力较强、市场前景较好、得到政策支持等特点，位于这些产业中的公司，发展前景较好，股票的发行价格可能高些；而一些技术进步缓慢、产品难以创新、国际竞争力较弱、市场已经饱和或供过于求的传统产业，其增长和发展的后劲相对有限，位于这些产业中的公司，股票发行价格通常较低。

6. 公司所处的地区特点

一般来说，经济较发达地区（如中国的沿海地区）的居民有较强的投资意识和投资热情，经济增长的社会环境较好，由此，位于这些地区的公司，其股票发行价格可能高些；而经济较不发达地区（如中国的内陆地区）的居民的投资意识和投资热情相对弱些，经济增长的社会环境相对差些，所以，位于这些地区的公司，其股票发行价格可能低些。

7. 公司的知名度

公司知名度，对吸引投资者的投资购股有重要意义。一般来说，知名度高的公司，股票发行价格较高，反之则可能较低。

8. 公司的历史表现

其中包括：股份公司在发展历史中是否有过违法违规行为（是否受到法律制裁等），是否受到过媒体的道德谴责，是否发生过经营业绩在年度之间的大幅变动，是否有过侵犯他人知识产权的现象，是否有过侵害消费者权益的现象等。

二 股票发行价格的估算方法

估算股票发行价格，是建立在对发股公司的未来价值估算基础上的。在实践过程中，估算股票发行价格的方法有许多，大致上可分为比较估值法、现金流贴现法、期权法和多因素回归法四类，其中每一类又由多种方法构成。在发股实践中常用的是前两类方法。

1. 比较估值法

比较估值法，是通过与同一（或相近）产业和入市公司的经营水平、财务状况、技术进步、市场特点和发展走向等因素进行比较，由此估算发股公司价值并估算其发股价格的方法。它的内在机理是，投资者对未来获利预期相同的资产价值会支付相同的价格。根据对比内容的不同，比较估值法主要可分为市盈率法、市净率法、资产价值收益率法、资产价值－收入率法和资产价值－用户率法等。

（1）市盈率（P/E），全称为市场盈利率，是购股价格与公司每股税后利润的比率。用公式可表示为：

$$市盈率 = \frac{每股的购买价格}{公司每股税后利润} \tag{7.1}$$

市盈率法通常用于发展比较成熟的产业部门，如制造业、轻纺业等公司的估值。按市盈率法确定股票发行价格，首先要选择一个市盈率的范围。在中国的股票发行实践中，发股价格市盈率通常选择在 15～20 倍。其次，应明确公司的股本计算范围。这有三种情形：一是在公司首次发行股票的场合，以公司发行股票的面值总数计算公司股本；二是在公司多次发行股票的场合，以公司已发行在外的股票面值加上该次发行的股票面值之和，计算公司股本；三是尽管公司多次发行股票，但仅以公司已发行在外的股票面值计算公司股本。再次，应明确公司的每股税后利润计算方法。公司每股税后利润的计算方法大致有三种情形：一是以公司上一年度的税后利润计算每股税后利润；二是以公司发股当年溢利预测的税后利润计算每股税后利润；三是以公司发股前 3 年的税后利润经加权平均计算每股税后利润。最后，确定股票发行价格的选择区间，待股票发行前，根据市场及其他条件的变化，再明确发行价格的绝对值。

1996 年以前，中国在运用市盈率法中，基本以公司发股后的总股本和公司发股当年预测的税后利润来估算每股税后利润。其公式如下：

$$股票发行价格 = \frac{发股当年预测的税后利润}{公司发股后的总股本} \times 市盈率 \qquad (7.2)$$

由于发行股票的日期通常不在每年的开端，投资者只有投资购股后才能享有股东权益，不同时间到位的资金对公司运营的效应状况不同，所以，在确定每股税后利润中，又可分别采用"完全摊薄法"和"加权平均法"。完全摊薄法，是指用股票发行当年的全部预测税后利润直接除以发股后的总股本从而得出每股税后利润的方法；加权平均法，是指按投资者投入资金的实际时间通过加权平均计算而得到每股税后利润的方法。

加权平均法的计算公式为：

$$每股年税后利润 = 发行后的每股月税后利润 \times 12 \, 个月 \qquad (7.3)$$

其中，

$$发行后的每股月税后利润 = 发行后的公司税后利润总额 / \,(发行后当年$$
$$剩余的月份 \times 发行后的公司股本总额) \qquad (7.4)$$

例如，某公司发行股票 3000 万股，股款到位期为 7 月 6 日，当年预测的税后利润总额为 1800 万（其中，1～6 月份为 600 万元，7～12 月份为 1200 万元），新股发行后，公司股本总额为 6000 万元，这样，用完全摊薄法计算，当年每股税后利润为 0.30 元；而用加权平均法计算（1200 万元/（6 个月 × 6000 万股）× 12 个月），则为 0.40 元。如果市盈率为 15 倍，那么，用完全摊薄法计算，每股发行价在 4.50 元左右，而用加权平均法计算，每股发行价格可达 6.00 元。

从 1997 年开始，为了规范股票发行价格，促进公司经营业绩的提高，在运用市盈率法时，中国改用以公司已发行在外的总股本和以公司发股前 3 年的加权平均税后利润，来计算每股税后利润。由此，股票发行价格的估算公式，可表示为：

$$发行价格 = \frac{公司前3年每年税后利润之和}{公司前3年每年股本之和} \times 市盈率 \qquad (7.5)$$

（2）市净率，又称股价/账面价值法（P/B 或 Price/Book Value），是指每股市场价格与每股账面净资产的比率。对股票发行而言，就是每股发行价格与每股账面净资产的比率。其内在机理是，在资产盈利水平相同的条件下，每股净资产越大，则每股的股利水平越高。估算公式可表示为：

$$市净率 = \frac{每股发行价格}{每股净资产数额} \qquad (7.6)$$

由于有些发股公司在进行股份制改制过程中或者发股前曾进行资产评估，而其评估后的净资产中包含了较多的商誉、土地使用权和其他无形资产，这可能带有某种资产虚增的成分，因此，在此类场合的发股公司股票价值估算中，有时将这些商誉、土地使用权和其他无形资产减除，由此得出有形账面价值，并依此估算股票发行价格。其公式可表示为：

$$有形市净率 = \frac{每股发行价格}{每股有形净资产数额} \qquad (7.7)$$

（3）资产价值收益率，是指公司资产价值与收益的比率。估算公式为：

$$资产价值收益率 = \frac{EBIT（或 EBITDA）}{公司资产价值总额} \qquad (7.8)$$

在公式 7.8 中，公司资产价值总额是公司股本市场价值加上公司净债务的总和；EBIT（即 Earnings Before Interest and Tax）为息税前收益总额；EBITDA（即 Earnings Before Interest, Taxes, Depreciation and Amortization）为未计利息、税收、折旧及摊销前的收益总额。这一方法排除了公司利息、税收等支出对公司盈利的影响，能够更切实地反映公司的盈利能力和创造现金流量能力。它比较适用于那些需要大量先期资本投入的产业和摊销负担比较重的产业，如电信、石油天然气、航空、传媒等行业。

（4）资产价值 - 收入率，是指公司资产价值与公司销售收入的比率。其内在机理是，在资产价值相同的条件下，公司销售收入越多则现金流越好，营业利润可能越高。资产价值 - 收入率的计算方法是：

$$资产价值 - 收入率 = \frac{公司资产价值总额}{公司销售收入} \qquad (7.9)$$

这一方法的特点是对各种公司都适用，即使是对经营状况比较困难、利润很少（甚至亏损）的公司也是适用的。而对于那些处于新兴产业中的公司估值（如互联网络产业中的公司）尤为适用。与净利润指标不同，销售收入不受折旧、存货等会计制度的影响，不易被人为扩大，并且易变性和敏感度较低，稳定性强。

但在应用中需要特别注意识别公司销售收入与成本之间的关系。

（5）资产价值－用户率，是指公司资产价值总额与公司用户数量的比率。其内在机理是，在公司资产价值相同的条件下，用户数量越多则可能的收入和现金流越大，营业效率越高，由此，盈利水平就可能越高。在诸如移动电话、有线电视、ISP、无线通信等媒体和信息传播等产业中，由于公司的每个用户在其生命周期内可以给公司带来平均的、稳定的现金收入，因此，可以根据用户数量计算公司业务产生的有规律的营业收入和可能的盈利水平。资产价值－用户率的计算方法可表示为：

$$资产价值－用户率 = \frac{公司资产价值总额}{公司用户数量} \qquad (7.10)$$

在运用公式 7.10 中，需要注意的是，产业是根据市场划分的，不同市场的用户价值是不同的，因此，要根据不同用户创造现金流能力的不同，调整对比口径。

2. 现金流贴现法

现金流贴现法是以公司价值理论为基础。其内在机理是，股票价值是由公司价值决定的，而公司价值又是由公司的未来现金流决定的，因此，运用对公司的未来现金流量进行贴现的方法，就可将公司的未来现金流量转化为公司当前价值。这一方法尤其适用于那些产业定位明确、主营业务突出、具有持续经营能力从而未来现金流比较平稳的公司。

在运用现金流贴现法中，需要注意两个问题。其一，在这一方法中，公司的现金流并不仅仅取决于公司的营业收入，而是由公司现有业务持续经营的收入、公司资产重组的价值变化和公司未来的投资机会价值等共同决定的。其二，在这一方法中，如果假定其他条件不变，那么，公司持续经营的不确定性程度越高、现金流风险越高、贴现率越高，则其价值就越低。

现金流贴现法主要有三种，即股利贴现、现金流贴现和超额收益贴现。

（1）股利贴现模型（DDM），即通过对公司现金股利的贴现计算来估算公司价值。这一模型最初由 Williams（1938）提出。他认为，股票的内在价值应等于该股票持有者在公司经营期内预期能得到的股息收入按一定贴现率计算的现值。现金股利发放可能呈上升、下降、不变或随机四种趋势，由此，可根据现金股利零增长、固定增长和非固定增长推导出另外三种折现模型。其中 Myron Gordon 和 E. Shaoiro 的固定增长模型（简称 Gordon 增长模型）有较强的代表性。

第一，基础模型。从理论上讲，股票是永久性证券，它的价格是由未来股利分配所能带来的现金流决定的。对具体的投资者来说，其购买股票所获得的收益主要由两部分构成，即持有股票期间获得的股利收入和卖出股票时获得的股票差价收入。因此，最基本的贴现模型就是：

$$每股价值 = \sum_{t=1}^{t=\infty} \frac{DPS_t}{(1+r)^t} \qquad (7.11)$$

在公式 7.11 中，DPS 为预期股利，r 为预期的股票投资回报率。运用这一模型，需要对公司未来的盈利水平、股利分配政策和股权投资回报率进行预测，因此有一定难度。

第二，恒定增长模型（Gordon Growth Model）。这一模型是针对产业发展较为成熟、公司经营运作比较稳定且股利分配政策比较稳定的公司而设计的。这些公司的业绩增长大致与名义经济增长率同步，公司的股利有可能在相当一段时间内稳步增长，因此呈现出某种"恒定增长"的态势。其计算公式可表示为：

$$每股价值 = \frac{DPS_1}{r - g} \tag{7.12}$$

在公式 7.12 中，DPS_1 为下一年度的预期股利收入，r 为预期的股权投资回报率，g 为预期的股利稳步增长率。

第三，两阶段增长模型。这一模型对恒定增长模型进行了修改，将股利增长分为两个阶段：一是持续 n 年的高速增长阶段；二是永久的恒定增长阶段。由此，不仅使这一估值模型更加贴近现实，而且扩大了股利折现模型的应用范围。两阶段增长模型可表示如下：

$$每股价值 = \sum_{t=1}^{n} \frac{DPS_t}{(1+r)^t} + \frac{P_n}{(1+r)^n} \tag{7.13}$$

在公式 7.13 中，$P_n = \dfrac{DPS_{n+1}}{r_n - g_n}$，$P_n$ 为高速增长阶段结束时点的股票最终价值，DPS_t 为第 t 年的每股股利，r 为高速增长阶段预期的股权投资回报率，r_n 为稳定增长阶段预期的股权投资回报率，g_n 为稳定增长阶段的股利增长率。不难看出，这一模型的估算价值在很大程度上取决于 P_n 的价值（即高速增长阶段结束时点的股票最终价值），所以，这一模型具有恒定增长模型的一些不足，其中包括对 r、r_n、g_n 的取值较为敏感等。

为了弥补这些不足，在实践中人们又进一步提出了 H 模型和三阶段增长模型，以增强股利贴现模型的适用性。其中，H 模型假设高速增长阶段的增长率将以线性减小到稳定的增长水平 g_n，高速增长阶段将会持续 H 年；三阶段增长模型结合了两阶段增长模型和 H 模型，该模型包括了一个高增长阶段，一个增长率呈下降状态的阶段和一个稳定增长阶段。

（2）现金流贴现（DCF）模型。现金流贴现模型的内在机理是，公司价值等于公司未来各年自由现金流的折现值之和，因此，在此基础上可估算股权价值（公司价值 - 债权价值）并估算股票价值。现金流贴现模型主要有三种：公司自由现金流模型（FCFF）、股权资本自由现金流模型（FCFE）和调整现值模型（APV）。在估算股票发行价格时，主要使用前两种。

第一，公司自由现金流贴现方法（FCFF 或者 Free Cash Flow to the Firm Approach）。基本估算方法是：

$$公司自由现金流（FCFF）= EBIT \times （1 - 税率）+ 折旧 - $$
$$资本性支出 - 营运资本追加额 \qquad (7.14)$$

据此，公司总价值的估算模型为：

$$公司总价值 = \sum_{t=1}^{n} \frac{FCFF_t}{(1 + WACC)^t} + \frac{FCFF_{n+1}/(WACC_n - g_n)}{(1 + WACC_n)^n} \qquad (7.15)$$

在公式 7.15 中，$WACC$ 为加权平均资本成本（Weighted Average Cost of Capital），g_n 为稳定增长阶段的股利增长率；股权价值是公司总价值减去债务价值后的余额。

第二，股权资本自由现金流贴现模型（Free Cash Flow to Equity Discount Model）。这一方法以对应的股权要求回报率为折现系数，将预期的未来股权活动现金流折现为当前价值，以计算公司股票价值。具体估算分为五个步骤进行：

其一，预测公司未来的股权资本自由现金流（FCFE）。一个公司的股权资本自由现金流，是在公司用于投资、营运资金和债务融资成本之后可以被股东利用的现金，即

$$FCFE = 净收益 + 折旧 - 资本性支出 - 营运资本追加额 - 债务本金偿还 + 新发行债务 \qquad (7.16)$$

如果公司有一个目标负债率，那么，其 FCFE 为：

$$FCFE = 净收益 - （1 - 目标负债率）\times （资本性支出 - 折旧）- $$
$$（1 - 目标负债率）\times （运营资本追加额）\qquad (7.17)$$

其二，确定折现率。由于折现的对象是股权自由现金流，所以，它对应的折现率应为股权回报率。该股权回报率 r 可通过资本资产定价模型（CAPM）计算：

$$r = r_f + \beta \times （r_m - r_f） \qquad (7.18)$$

在公式 7.18 中，r_f 为无风险利率，r_m 为市场回报率，β 为市场风险度。

其三，计算股权终期值。计算终期值的假定前提是公司的永久存续，由此可假定公司在预测期之后以恒定的增长率 g_n 持续经营。计算公式为：

$$P_n = \frac{FCFE_{n+1}}{r_n - g_n} \qquad (7.19)$$

在公式 7.19 中，$FCFE_{n+1}$ 为公司 $n+1$ 期的股权资本自由现金流量，r_n 为稳定增长阶段中股东预期的回报率，g_n 为稳定增长阶段中股权自由现金流的增

长率。

其四，计算公司股权总价值。每股价值计算公式为：

$$每股价值 = \sum_{t=1}^{n} \frac{FCFE_t}{(1+r)^t} + \frac{P_n}{(1+r)^n} \tag{7.20}$$

由公式 7.20 可计算出公司股权总价值，即公司股权总价值为全部股权的终期值与估算的各期股权自由现金流量折现值之和。

其五，敏感度分析。公司股权总价值的最终计算结果，受到股权回报率、净利润增长率、销售收入增长率等指标的明显影响，为此，需要进行敏感度分析。通过敏感度分析，能更加合理地估算公司股权价值，为科学地确定股票发行价格提供参考依据。

（3）超额收益贴现模型。1966 年，Miller 和 Modigliani（简称"MM"）把会计盈余区分为永久盈余（Permanent Earings，E^*）和暂时盈余（Transitory Earings），同时，在把会计盈余直接作为永久盈余的替代变量（Proxy Variable）的基础上，提出了盈余资本化模型，即

$$Pt = E^* / r \tag{7.21}$$

在公式 7.21 中，$E^* = E + \varepsilon$，ε 为一个满足 $N(0, \sigma^2)$ 的随机变量；r 为盈余资本化率。这一模型在实践中得到了广泛应用。如果会计盈余是永久盈余的一个性质良好的替代变量，则该模型所体现的思想就是市盈率方法，即

$$P = E \times (1/r) = E \times (P/E) \tag{7.22}$$

在此基础上，收益贴现模型又有了一些新的变型，其中主要有两种：

第一，剩余收益定价模型。1997 年以后，James Ohlson 和 Gerald Felthem 进一步深化了基于会计信息（Accounting – based）的证券定价模型——剩余收益定价模型（Residual Income Valuation Model），该模型对公司价值的估算结果与以未来现金流贴现方法估算的公司价值以及按照目前账面值和未来剩余收益贴现值方法估算的公司价值相吻合。

他们将股利重新定义，把盈余区分为正常盈余和超额盈余两个组成部分，提出了由盈余、账面价值与股利等因素构成的超额盈余折现模型。在这一模型中，他们以两个假设为前提：一是假设权益的账面价值变动必定与盈余相等，即股利 = 期初账面价值 – 期末账面价值 + 盈余；二是假设超额盈余 = 盈余 – 期初账面价值 × 权益资金成本。由此，计算方法为：

$$P_0 = BV_0 + \sum_{t=1}^{t} \frac{E_t^a}{(1+k)^t} + \frac{(P_t - BV_t)}{(1+k)^t} \tag{7.23}$$

在公式 7.23 中，P_t 为股票第 t 年末的价值，E_t^a 为第 t 年超额收益，BV_t 为第 t 年股东权益账面值，k 为贴现率。

第二，经济收益附加值（Economic Value Added），简称 EVA，是 1993 年 9 月由 Stern Stewart 管理咨询公司在《财富》杂志推出的以股权价值为中心的业绩衡量指标，其主要含义是，用企业税后净经营利润扣除经营资本成本（债务成本和股本成本）后的余额，估算公司股权的价值。

在 EVA 准则下，投资收益率高低并非企业经营状况好坏和价值创造能力的评估标准，关键在于资本收益是否超过资本成本。从股东立场出发，一个公司的经济附加值应当等于该公司的资本收益和资本成本之差，因此，只有在资本收益超过为获取该收益所投入的全部资本成本时才能为公司的股东带来价值。这决定了，经济附加值越高，则公司的价值越高，股权价值就越高。

股票市值，是运用经济附加值模型对公司进行股权价值估算的中心点，它等于一个公司的股票市价和股票数量的乘积。公司的市场价值由两个部分组成：一是当前的运营价值，这可通过对公司当前运营业务的市场价值估算而获得；二是公司的未来增长价值，这可通过贴现方法来估算。20 世纪 90 年代中期以后，EVA 方法逐步在国际社会中普及，成为上述许多方法的重要补充，但它不太适用于金融机构、周期性企业、新设公司等企业。

EVA 估值方法的计算公式如下：

$$EVA = 税后营业利润 - 资本成本 = 资本 \times （税后净利润率 - 加权资本成本率）$$
$$(7.24)$$

其中：

$$税后营业利润 = 税后净利润 + 利息费用 + 少数股东权益 + 本年商誉摊销 +$$
$$递延税项贷方余额的增加 + 其他准备金余额的增加 + 资本化研发费用 -$$
$$资本化研发费用在当年的摊销 \qquad (7.25)$$
$$资本成本 = 资本总额 \times 加权平均资本成本率 \qquad (7.26)$$
$$资本总额 = 股东权益 + 少数股东权益 + 递延税项贷方余额 + 累计商誉摊销$$
$$+ 各种准备金 + 资本化研发费用 + 公司所有负债 \qquad (7.27)$$

3. 市场竞价法

所谓市场竞价法，是指通过市场竞价来确定股票发行价格的方法。在实行市场竞价法的场合中，股票发行前会先确定一个底价，投资者在规定时间内以不低于发行底价的价格（并按限购比例或数量）进行申购；申购期满后，由证券交易所的交易系统将所有有效申购按照价格优先、同价位申报者时间优先的原则，将投资者的申购单由高价位向低价位排队，并累计有效认购数量；当累计数量恰好达到或超过该次发行股票的数量时，最后一笔申购价格即为本次股票发行的价格。因此，市场竞价法，又称边际定价法。在市场竞价中，如果在发行底价上的申购数量不能完全等于认购的股票数量，则竞价的底价转为发行价格。1994年6月25日，中国在上海和深圳两个证券交易所分别尝试了新股竞价发行，因各种因素影响，1995年以后，暂停采用这种方式。但在国际社会中，这种方式仍时有采用。

第三节　股票发行过程

一　股票发行程序

股份公司发行股票，从准备和制作有关发股材料到股票发行结束，大致须经过前期准备、申请发股、发行股票和重新登记四个阶段。在中国20世纪90年代以来的A股实践中，这四个阶段的主要情形可表述如下：

第一阶段：前期准备。前期准备阶段，是指从拟发股公司准备发行股票的申报材料到向中国证监会报送提交发股申请材料的过程。在这一阶段中，发行人公司的主要工作包括：（1）选聘有保荐人资格的证券经营机构担任主承销商；（2）在当地的证监局进行公司拟发股的登记；（3）在主承销商和保荐人的协助下，进行公司的股份制改制、建立符合股份公司的治理结构、制作发股申报材料等；（4）分别聘请有资格的会计师事务所进行财务审计，有资格的资产评估事务所进行资产评估，有资格的律师事务所进行有关法律文件的整理和审定；（5）协助主承销商，进行发股前的公司辅导工作（通常为1年）；（6）研讨主承销商提供的《招股说明书》草案和发股方案，进行补充修改；（7）与主承销商签署《股票承销协议书》，明确该次股票发行的承销方式等事项；（8）按照规定的程序，向中国证监会报送申请发行股票的材料。

第二阶段：申请发股。这是指从拟发股公司在主承销商的协助下向中国证监会申请发股到中国证监会批准该公司发行股票的过程。中国证监会对拟发股公司的申请材料的核准程序主要由受理申请文件、初审、发行审核委员会审核和核准发行四个环节构成。2012年2月1日，中国证监会公布了首次公开发行股票的审核工作流程。其中强调，"按照依法行政、公开透明、集体决策、分工制衡的要求，首次公开发行股票（以下简称首发）的审核工作流程分为受理、见面会、问核、反馈会、预先披露、初审会、发审会、封卷、会后事项、核准发行等主要环节，分别由不同处室负责，相互配合、相互制约。对每一个发行人的审核决定均通过会议以集体讨论的方式提出意见，避免个人决断"。[①]由此，发股审核的具体程序由10个环节构成（具体流程如图7-1所示）。

---

　①　引自中国证监会网站。

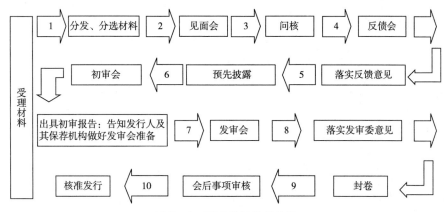

图 7 - 1　股票发行核准流程

资料来源：中国证监会网站。

但申请在创业板发股上市的核准流程，与图 7 - 1 有所不同，具体情况如图 7 - 2 所示：

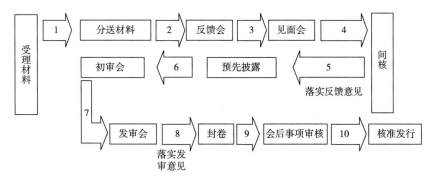

图 7 - 2　创业板股票发行的核准流程

资料来源：中国证监会网站。

第三阶段：股票发行阶段。股票发行阶段，是指从具体安排股票发行的有关事宜到股票发行结束的过程。从世界各国来看，这是发行股票的实质性阶段，也是公司真正进入股票发行市场的阶段。

对中国公司来说，这一阶段的主要工作包括：（1）按照有关规定，与主承销商协调并最终确定本次股票的发行方式、发股价格区间、发行时间及其他有关事项；（2）配合主承销商，进行公司路演询价并确定发股价格区间，同时，开展公司形象宣传和有关的公关活动；（3）协助主承销商，印制《招股说明书》，在指定报刊上发布《招股说明书概要》和《股票发行公告》；（4）协助主承销商，与证券交易所联系并签订网上发行的有关事项；（5）根据《股票发行公告》规定的程序、事项和日期，开展股票网下申购和网上申购，确定股票发行的最终价格、中签比例，完成股款交割和股东登记等工作；（6）按《承销协议书》的规定，向主承销商支付股票承销费，并从主承销商处划回股款资金及其他资金（如申购资金在申购期内的利息）；（7）在主承销商的配合下，从证券交易所获得股票发行后的股东名册。

第四阶段：公司重新登记阶段。公司重新登记阶段，是指从公司召开新的股东大会到完成工商注册登记的过程。各国法律法规对公司股票发行结束后进行重新登记都有明确的要求。

对中国公司来说，这一阶段的主要工作包括：（1）在指定报刊上发布"召开股东大会的通知"；（2）召开股东大会，修改《公司章程》，选举新的董事和监事，并对有关事项进行议决；（3）根据工商注册登记要求，进行募股资金的验资；（4）进行工商注册登记，领取新的营业执照。

二　股票发行方式

股票按一定的方式发行。在中国的实践中，选择适当的方式发行股票，不仅关系着股票发行价格、公司募集资金的多少，也关系到投资者购股成本的高低，而且还关系到股票发行是否成功，会不会引发社会问题。1992年8月，深圳股票发行中发生的"8·10"事件，给人们留下了深刻的教训。

股票发行方式，从不同角度，可划分为不同类型。根据发行的公开程度，可分为私募和公募两种。所谓私募，是指公司在同一时间按照同一条件向特定投资者群体发售股票、募集资本性资金的发行方式。1994年7月以前，中国企业在改制为股份有限公司过程中，都通过定向募集资本的方式来销售公司设立时发行的股票。根据《股份有限公司规范意见》第7条的规定，这类公司发行的股份，除由发起人认购外，其余股份不得向社会公众公开发行，但可以向其他法人发行部分股份，经批准也可以向本公司内部职工发行部分股份。这种发行方式基本属于私募。所谓公募，是指公司的股票向非特定投资者群体公开发售的发行方式。就设立股份有限公司而言，中国和世界其他国家的股票发行都主要采取私募方式，只有在以入市交易为发股直接目的的场合，才较多选择公募方式。

根据承销状况的不同，股票发行方式可分为直接发行和间接发行两种。直接发行，又称直接募集，是指公司不通过股票承销的中介机构，自己直接向投资者发售股票的情形；间接发行，又称间接募集，是指公司委托股票承销的中介机构来发售股票的情形。股票发行，是公司募集资本的过程，因此，原则上是公司自己的事务；在历史上，股票发行在很长一段时间内，也是由公司独自发售的，迄今为止，许多国家仍允许公司直接发售自己的股票。在中国，绝大多数股份有限公司在设立过程中和非公开发行股票中的增资扩股都选择直接发行的方式。但在公开发行股票过程中，公司自己发售股票，会受到金融能力、信誉程度、信息渠道、销售网点等条件的限制，所以，公司通常选择委托中介机构承销股票的方式，即间接发行方式。中国2006年《公司法》第88条规定："向社会公开募集股份，应当由依法设立的证券公司承销，签订承销协议。"《证券法》第88条规定："发行人向不特定对象发行的证券，法律、行政法规规定应当由证券公司承销的，发行人应当同证券公司签订承销协议。"

从中国和其他国家的实践看，公开发行股票可选择的方式很多，主要有：

1. 上柜发行方式

上柜发行方式，又称柜台发行，是指公司通过主承销商在承销团各营业网点直接代理发售股票，投资者在规定时间内以预定的发行价格及限购数量购买股票的发行方式。上柜发行的好处，一是简捷方便，投资者可持现金或支票直接购买股票；二是购股费用低，投资者的购股费用只是委托手续费，一般不用支付佣金、过户费和印花税等费用。它的缺陷是，在股票供不应求的条件下，容易发生发股网点的拥挤、秩序混乱等不安全现象，也容易发生发股过程中的内幕交易、徇私舞弊等现象。有鉴于此，1992年以后，中国不再采用这种方式，但其他国家至今也还有采取的。

2. 申请表方式

申请表方式，又称认购证方式，是指在规定时间内无限量发售数码连续的认购申请表，再根据发售申请表的数量和发股数量确定中签比例，公开摇号抽签，中签者交纳股款、认购股票的发行方式。这种方式，在1993年后的一段时间内，为中国各企业普遍采用。采用这种方式的主要目的在于，解决当时中国股市中存在的严重供不应求的问题。保障投资者购股的公平权益，防止因发股而引发其他社会问题。这种方式的主要缺陷在于，一方面发行股票所造成的经济费用过大，在从设计、印制、运输、保管、分发到发售认购申请表的全过程中，需要耗费大量人力、物力和资金，而一旦摇号抽签完成，申请表就成为一堆废纸；另一方面，投资者的购股成本过高，认购申请表的费用最终由购股者支付，每张认购申请表售价2元，发一只股票印制的认购申请表通常在2亿张以上（最多时达7亿多张），为此，投资者在股票发行价格之外多付出了几亿元乃至十几亿元的资金，因此出现了购买申请表而没有中签、购买申请表的费用高于购股投资、购股成本超过股票上市价格等现象，给投资者造成了不必要的损失，同时，也给股票交易市场带来了严重压力。为此，1994年以后，这种发行方式逐步被放弃。

3. 存款单方式

存款单方式，又称与储蓄挂钩方式，是在规定时间内无限量发行数码连续的专项定额定期存款单，再根据存款单的发行数量和发股数量确定中签比例，公开摇号抽签，中签者交纳股款和一定数量的手续费，认购股票的发行方式。中国自1993年末开始采用这种方式，是为了克服申请表方式的缺陷。存单方式在具体实施中又有两种形式：

第一，股款全额存入。这种形式的存单面额等于每股发行价格乘以每张中签存单可购股数之和。例如，某只股票发行中，每股发行价格为4元，每张中签存单可购股500股，则每张存单的面额为4元×500＝2000元。这种存单一旦中签，中签者可用中签存单的"储户联"直接抵交股款，但购股手续费须另交（可用未中签的存单抵交）。未中签的存单不能用于购买股票，在股票发行期内不计息，在计息日后的存期内，按规定的储蓄利率计息。

第二，存款与股款分离。这种形式的存单面额不与股款挂钩，投资者购买存单只是取得了存单和存单上的编号。一旦中签，持单人应持存单中的"股权登记联"在规定的时间内交纳股款和购股手续费，不能用存单的"储户联"抵交股款和手续费。存单自购买日起计息，利率与同期储蓄存款利率相同。

存单方式比申请表方式前进了一步，投资者的购股成本和风险明显减少。但存单从设计、印制、运输、保管、分发到发售，仍需要耗费相当多的人力、物力和资金，一只股票发行印制的存单少则几百万张多则几千万张，投资者为此付出的购股手续费总额有几千万元。1995 年以后，运用存单方式发行股票的现象逐步减少以至消亡。

4. 上网发行方式

上网发行方式，又称网上发行，是指通过证券交易场所的交易系统发行股票的方式。上网发行又分为上网竞价发行和上网定价发行两种。上网竞价发行，在股票发行价格的市场竞价法中已做介绍，所以不再赘述。上网定价发行，是指公司委托主承销商按预先确定的价格通过证券交易场所的交易系统发售股票的方式。在上网定价发行时，主承销商接受公司的委托，成为股票的唯一"卖方"；投资者在申购委托前，将申购资金全额存入与办理此次股票发行的证券交易场所联网的证券营业部指定的账户，然后，在上网申购期内，按发行价格和申购数量填写委托单，委托该证券营业部买入股票；当有效申购总量大于该次股票发行量时，证券交易所的交易主机会自动将每 100 股确定为一个申报号，连续排号，在申购期满后，进行摇号抽签；证券交易场所根据抽签结果，进行清算交割和规定登记。1996年以后，中国的股票发行普遍采用这种方式。

5. 全额预缴款方式

全额预缴款方式，是指投资者在申购时间内将全额申购款存入主承销商在收款银行设立的专户，申购结束后，根据股票发行总量和申购总量计算配售比例，进行股票配售和股款交割的发行方式。它可分为"全额预缴款、比例配售、余款即退"和"全额预缴款、比例配售、余款转存"两种形式。在前一种形式中，在股款交割后，剩余的申购资金立即退还给投资者，这是国际上比较常用的一种股票发行方式。在后一种形式中，在股款交割后，剩余的资金转为银行存款，这与存款单方式有相似之处。1995 年以后，全额预缴款方式在中国的股票发行中时常采用。

6. 询价方式

询价方式，是指主承销商和股票发行人先向若干个特定投资者群体分别征询其可接受的股票发行价格，然后，再确定最终股票发行价格的发行方式。在这种方式中，通常伴随有路演。路演，是指股票发行人向特定投资者群体宣传介绍该公司经营和发展状况、回答这些投资者提问以强化这些投资者对发股公司以及该只股票价值认识的过程。

询价方式是国际市场中经常选择的发股方式。2000 年以后，中国境内的大盘股发行，通常选择询价方式来确定发股的最终价格。发股过程大致分为两个阶段：在将拟公开发行股票总额划分为网下发行和网上发行两部分的基础上，第一阶段是，通过路演询价，向机构投资者征询他们可接受的发股价格，由这些投资者认购网下发股数量，由此确定发股的最终价格；第二阶段是，按照最终发股价格，通过网上系统，向社会公众发行原定由网上发行的股票。

由中国证监会出台，2006 年 9 月 19 日开始实施的《证券发行与承销管理办法》第 5 条规定，"首次公开发行股票，应当通过向特定机构投资者询价的方式确定股票发行价格。"第 13 条规定："询价分为初步询价和累计投标询价。发行人及其主承销商应当通过初步询价确定发行价格区间，在发行价格区间内通过累计投标询价确定发行价格。"第 32 条规定："首次公开发行股票达到一定规模的，发行人及其主承销商应当在网下配售和网上发行之间建立回拨机制，根据申购情况调整网下配售和网上发行的比例。"

三　股票承销方式

股票承销方式，是指证券经营机构接受公司委托、承担销售股票职责的方式。在股票承销中，接受公司委托，承担股票发售职责的证券经营机构，称为承销商。股票承销方式与发行方式不同，它所涉及的只是公司与承销商之间对股票发售的职责关系。

股票承销，按公司委托程度的不同，可分为全额包销、余额包销、代销三种方式。

全额包销，是国际社会中常见的股票承销方式。它指承销商接受发行人公司的全权委托、承担将该次发行的股票全部发售出去的职责。在这种方式中，一般由承销商从发行人那里以自己的名义一次性将所发行的股票全部买入，然后再将这些股票发售给社会公众；若向社会公众售出的数量少于公司委托发行的数量，则余额由承销商直接持有。在实行全额包销方式中，承销商从发行人公司一次性买入股票，实际上是为后者预付了股款，同时，又承担了股票发行中的全部风险，因此，承销商通常要求发行人支付较高的佣金。

余额包销，是指承销商接受发行人公司的委托、代理后者发行该次股票并承担全部认购股票发售余额的职责。在这种方式时，承销商始终是以发行人公司的名义按既定的发行价格代理发行人发行股票，并不将发行人股票买入，只是在发售期满仍有未发售出去的股票的条件下，才认购这部分余额。在实行这种方式时，由于承销商不为发行人预付股款，股票又是按发行价格发售的，所以，承销商的佣金不是来源于股票的购销差价，而是来源于手续费收入。1992 年以后，中国境内的社会公众股的承销均采取余额包销方式。

代销，是指承销商接受发行人公司的委托、承担代理后者发售该次股票的职责。在这种方式中，承销商只是以发行人公司的名义按既定的发行价格代理发行人发行股票，不承担认购未发售出去的股票的职责，也不承担股票发行失败的责任。在实行这种方式中，由于股票发行的全部风险由公司承担，所以，公司只按承销商实际发售的股票金额和预先确定的费率向承销商支付报酬。1992～1994 年间，中国相当一些定向募集公司的股票承销采取代销方式；在国际社会中，代销方式也有采用。

为发行人公司承销股票，是证券经营机构的一项重要业务内容。在股票承销展开之前，主承销商应与发行人公司签署《股票承销协议书》。《股票承销协议书》，是规定承销商与发行人公司在该次股票承销中的各自职责及有关该次股票发行有关内容的法律性文件。中国《证券法》第 30 条规定，证券公司承销证券，应当同发行人签订代销或者包销协议，载明下列事项：（1）当事人的名称、住所及法定代表人姓名；（2）代销、包销证券的种类、数量、金额及发行价格；（3）代销、包销的期限及起止日期；（4）代销、包销的付款方式及日期；（5）代销、包销的费用和结算办法；（6）违约责任；（7）国务院证券监督管理机构规定的其他事项。

承销股票面临诸多风险，因此，当一只股票的数量较大、仅凭一个证券经营机构的能力难以保证承销成功时，股票的承销通常由若干个证券经营机构组成承销团来展开。股票承销团，是由两家以上证券经营机构为发售一只股票而组成的临时性承销商组织。中国《证券法》第 32 条规定，向不特定对象发行的证券，其票面总值超过人民币 5000 万元的，应当由承销团承销。

在承销团中，承担主要职责并与公司签署《股票承销协议书》的成员，称为主承销商；其他成员称为分销商。承销团的形成过程分为几个步骤，通常是主承销商先与发行人公司签署《股票承销协议书》，然后向其他证券经营机构寻求合作和分销意向，意向达成后，由主承销商与分销商签署《股票分销协议书》。

四　绿鞋和回拨

绿鞋和回拨都是股份公司首次发行股票中的超额配售机制，但它们之间也有明显区别。要了解这些区别，就必须分别弄清 "绿鞋" 和 "回拨" 的特点及其适用范围。

绿鞋，是指股份公司作为发行人授予股票发行的主承销商根据投资者认购的情况超额发行股票的选择权。其中，"绿鞋" 一词是由 1963 年美国波士顿绿鞋制造公司在股票发行中最初选择了这种机制而得名。在绿鞋机制下，获得发行人授权的主承销商有权在股票发行上市后的 30 天内，以发行价从发行人处购买额外发行但不超过原发行数量15%的股票，同时，将这些超额发行的股票按同一发行价格向投资者超额发售。

在海外的股票发行市场中，主承销商在与发行人签署的"股票发行承销协议"中，有时会增加一个关于"绿鞋"的条款。其中规定，在股票发行价格的稳定期（一般不超过30天）内，为稳定股价，承销商有义务在股票发行市场上买入其承销的股票。稳定股价的一个重要机制是行使超额发售权。在此规定之下，主承销商有权按原定发行量的115%比例承销股票。当发行人的股票得到投资者踊跃认购从而发行后股价呈快速上扬走势时，主承销商可随即按照该股票的发行价启动绿鞋机制，即从发行人处购得超额的15%以内的股票，以对冲其超额发售的空头头寸，由此，使实际发股数量超过原定发行规模。但如果该只股票的发售并不为投资者所看好，认购并不踊跃（甚至发行后股价下行），主承销商则可不启动绿鞋期权，而是直接从市场上购回超额发行的股票以支撑价格并对冲空头头寸，使实际发行数量与原定数量相等。由于在这种条件下股市价格低于发行价，所以，主承销商不会因购回超额发售的股票而蒙受损失；同时，从市场购回15%的股票数量，产生了主承销商"托市"的效应，这对稳定股价、保护新股投资者有一定的积极作用。20世纪90年代以后，绿鞋这一超额发售权在新股发行（尤其是首次发行）中已被广泛使用。

在中国，2001年9月中国证监会发布了《超额配售选择权试点意见》，用以规范主承销商在上市公司发行社会公众股中行使超额配售选择权的行为。但由于种种原因，绿鞋机制多年没有为上市公司所采用。2005年2月，G恒升股东大会通过的增发方案首次提出要运用绿鞋机制，授予主承销商超额配售选择权。但又因2005年4月中国证监会启动股权分置改革，G恒升的增发股票预案未能实施，所以，绿鞋机制也没能在实际中启用。

回拨，是指在新股发行过程中采取的将网下配售数量拨给网上投资者从而使网上申购的投资者获得超过原先预定数量的新股的机制。实行回拨机制的前提是，在同次新股发行中，拟发行的新股数量分为两部分：网下对法人机构投资者配售发行并由此确定发行价格，网上对一般投资者（包括机构和个人）配售发行；同时，预先确定了网下发行和网上发行的比例（或数额）。在此条件下，如果网上的一般投资者的超额认购数额达到了预先确定发行新股的不同倍数，则主承销商可从网下发行的数额中回拨一定数量的新股以满足网上一般投资者的认购需求，提高一般投资者的认购中签率，使网上一般投资者实际购买新股的数量超过预先确定的数量。在这个过程中，如果网上申购极为踊跃，则网下预先确定的新股可能全额回拨给网上一般投资者。在实行回拨机制中，发行人和主承销商应在充分分析市场情况的基础上，根据一般投资者上网申购超额认购的倍数及股票分配比例，将调整后的新股发行方案报中国证监会核准。

2001年7月2日，中国石油化工股份有限公司在发行A股中公告，该公司定于 7 月 16 日展开上网申购，当网上申购中签率高于或等于 4% 时，主承销商将不启动回拨机制，而是维持网上、网下 3：7 的配售比例；当网上申购中签率低于 4% 但高于或等于 3% 时，主承销商将启动回拨机制，将 2.8 亿股网下股票回拨至网上，使网上、网下配售股票的数量比例变为 4：6；当网上申购中签率低于 3% 但高于或等于 2% 时，主承销商会将 5.6 亿股网下股票回拨至网上，使网上、网下配售股票的比例变为 5：5；当网上申购中签率低于 2% 时，主承销商会将 7 亿股网下股票回拨至网上，使网上、网下配售股票的数量比例变为 55：45。

从绿鞋机制和回拨机制的比较中可以看到，绿鞋机制扩大了新股发行的总量，而回拨机制在不突破新股发行总额的范围内使一般投资者认购新股的数额得到增加。

第四节　中国股票发行市场的改革

一　股票发行的监管与管制

在英文范畴内，Regulation 和 Supervision 的含义中都有监督、管理、约束和控制等含义，因此，是内涵没有实质性区别的用语。在中国的经济运行和金融运行中，虽然"监管"和"管制"都具有运用行政机制对相关市场行为进行监督、管理和控制的含义，但它们却是两个实质上完全不同的机制。

第一，从法治理念上看，行政管制贯彻着"有罪推定"的假设，似乎各种市场行为主体介入市场活动的资格、行为方式和所从事的具体活动等存在与生俱来的"原罪"。只有经过行政部门的严格审查，才能从"坏人"中甄别出"好人"。在中国股市中，曾有一个所谓"好人举手"的说法，在一定程度上反映了这种"有罪推定"的假设。因此，行政管制以"怀疑一切"为前提。与此不同，行政监管贯彻着"无罪推定"的假设。它假定，各种市场行为主体从自己的切身利益和发展要求出发，在一般情况下，会自觉地遵规守矩，按照相关法律要求展开自己的市场行为和业务创新。违法违规的行为是个别的，可以在这些现象发生后按照法律规范予以制裁。因此，这些行为主体在展开业务活动之前，没有必要运用行政机制对其市场行为进行实质性限制。

第二，从市场治理的理念上看，行政管制隐含着监管者"最高明"的认知，认为监管者不仅能够从众多市场行为主体中甄别出"好人"与"坏人"，而且具有事先掌控市场走势、洞察各类市场行为效应、全面把握市场行为效应和控制市场风险的能力。与此不同，行政监管中隐含着监管者并非"先知""圣人"的认知，各种监管活动均建立在充分发挥市场机制配置资源、约束主体行为和调节市场运行的基础上；在市场活动中，只有合法行为和违法行为之分，并无"好人"和"坏人"之分；监督管理的主要目的在于打击各种违法违规行为，维护市场运行秩序，依法防范和化解系统性风险。

第三，从行为目的上看，行政管制的目的，既在于维护市场运行秩序稳定，满足市场参与者的交易需求和市场发展要求，也在于满足行政部门自身的系统要求。在二者选择中，行政管制时常倾向于后者。几个突出的现象是，在上级政策调整过程中，行政管制部门可能违背市场机制要求而服从上级机关的政策要求（甚至不惜在一定程度上违法违规）；当监管部门有强烈的自我目标时，它就可能运用行政管制机制强力推进这一目标的实现；在维护市场秩序稳定和金融创新的选择中，行政管制从行政机制的稳定性要求出发，更多地选择前项，以种种理由限制创新的展开。与此不同，行政监管的目的限定在维护市场运行秩序稳定、充分满足市场机制要求和推进市场发展等方面，基本没有行政部门自身的内在要求，也基本不存在行政部门在市场要求与自身利益之间的选择问题。

第四，从内在机制上看，行政管制以审批制为进行管理（或管控）的内在机制，并通过细化审批制来设置门槛，树立行政监管部门的权威。这不仅提高了相关主体的行为成本，降低了市场效率，而且提供了各种寻租的机会，因此，很容易引致腐败的发生。行政监管以注册制（或登记制）为进行管理的内在机制。虽然在注册（或登记）时也有审查，但这属于合规性的真实性审查范畴，只要各项手续和资料符合规定，就没有不准许通过的问题。同时，需要审查的各种文件资料是公开透明的，以便于申请者进行注册（或登记）。

第五，从管理的内容上看，行政管制在业绩攀比的冲动下，管理内容涉及市场运作的方方面面（即便最初涉及的内容不多，也将在随后的扩展中不断增加内容，以至于把几乎所有的市场业务活动都纳入了行政审批范畴）。在这个过程中，不仅明确地贯彻着机构监管原则，将相关机构的高级管理人员的任职资格和培训、各类机构的业务许可和市场业务行为等纳入了管制范畴，而且将相关人员、关联机构等也纳入了管制范畴。而行政监管的管理内容有明确的边界，一般不以机构为直接的监管对象，主要涉及的是被监管者的市场行为，同时，强调"抓大放小"，对许多市场行为，只要不违法违规，就不予以限制；另外，需要监管的内容和程序也规定得透明清晰，以便于市场主体把握。

第六，从监管方式上看，行政管制以直接介入相关机构进行行政性检查为特点，不论是现场检查还是非现场检查、是例行检查还是抽查均选择直接进入被监管机构；即便是信息资料的报送，也按照行政要求展开。而且，在各项管理中，监管部门俨然以上级自居，各种行政要求均为指令，缺乏研讨商量的余地。而行政监管以"照章办事"为管理的基本方式，强调被监管者是否遵规守法，通常不直接进入被监管机构中进行监管性检查（除非有明确的依据表明被监管机构的某项行为触犯了有关法律规定），而且不以被监管者的上级自居，并不要求其按照上级规格予以接待。

第七，从行为效果上看，就短期而言，行政管制在实现证券市场稳定运行方面有较好的效应，有利于抑制和解决一些突发性事件，但它在暂时抑制这些现象的同时，时常为后期问题的根本消解留下体制机制方面的障碍。另外，在行政机制屡屡介入市场运行的条件下，还可能打乱市场参与者的预期，引致市场运行秩序的不稳。而行政监管在不直接介入市场运行的条件下，坚决打击各种违法违规行为，有利于维护"三公原则"，支持证券市场的长期发展。

在中国证券市场的发展过程中，监管部门屡屡强调其职责仅限于"监管"，并无"管制"现象发生。但市场参与者却认为，中国的证券市场是一个以行政管制为主的市场，行政机制已深深介入市场运行，成为决定市场发展的主要因素。中国证券市场长期实行的发行股票审批制证明了行政管制的存在，同时，2012 年 6 月 15 日，中国证监会在《非上市公众公司监督管理办法（征求意见稿）》起草说明中明确说到：在非上市公众公司监管制度安排中将遵循"放松行政管制，简化许可程序"的原则①，这表明了证券监管部门对"行政管制"机制存在的认可。

由上不难看出，对中国股票市场的发展来说，如何弱化乃至消解行政管制机制，使其转向行政监管，是中国证券市场发展中深化改革的一个关键问题，也是一个亟待解决的难题。只要这个问题未解决，就谈不上股票发行市场的成熟和有效。

二　审批制和注册制

在世界其他各国和地区的《公司法》中，公开发行股票属于股份公司的自主权范畴。但在中国，自 20 世纪 90 年代初期以来，股份公司公开发行股票一直处于行政管制的范畴之内。

从 1992 年 5 月 15 日国家经济体制改革委员会出台的《股份有限公司规范意见》（体改生〔1992〕31 号）中，一方面明确规定设立股份公司需要经一系列行政审批，另一方面也明确规定股份公司公开发行股票需要经过行政审批程序，同时还明确规定了股份公司发行股票的具体条件。在设立股份公司时，有一系列事项需要向不同的行政部门申报审批，其中包括：以公司主营范围确定其行业主管部门，由行业主管部门负责审核公司设立的意见；对于国家规定的需要报批的基本建设项目、技术改造项目、涉及外商投资项目和其他需要经政府有关部门批准的事项，应办理相应的批准手续；由原外商投资企业改组为公司的，对原合同、章程的修改应报原审批机关审查同意后，报中华人民共和国对外经济贸易部审查同意；发起人应向政府授权审批公司设立的部门（由国家或省、自治区、直辖市的体改委牵头）提交设立公司的协议书、申请书、可行性研究报告、公司章程、资产评估报告、验资报告、招股说明书和行业主管部门审查意见等

---

① 引自中国证监会《非上市公众公司监督管理办法（征求意见稿）》起草说明，中国证监会网站。

文件，由政府授权部门审查、批准；外商投资股份达 25% 以上的公司，批准后由国家对外经济贸易部核发批准证书。在股份形成方面，第 7 条规定："采取定向募集方式设立，公司发行的股份除由发起人认购外，其余股份不向社会公众公开发行，但可以向其他法人发行部分股份，经批准也可以向本公司内部职工发行部分股份。采取社会募集方式设立，公司发行的股份除由发起人认购外，其余股份应向社会公众公开发行。采取发起方式设立和定向募集方式设立的公司，称为定向募集公司；采取社会募集方式设立的公司，称为社会募集公司。定向募集公司在公司成立一年以后增资扩股时，经批准可转为社会募集公司。"第 18 条规定："公司向社会公众公开发行股票，应按中国人民银行的有关规定，向中国人民银行或其授权的分行（以下简称人民银行）提出申请，经批准后方可发行。"①

1993 年 4 月 22 日，国务院出台了《股票发行与交易管理暂行条例》（第 112 号令）。其中不仅明确了股票发行的审批程序，而且进一步细化了股份公司发行股票的具体条件。从股票发行的审批程序看，该条例规定"在国家下达的发行规模内，地方政府对地方企业的发行申请进行审批，中央企业主管部门在与申请人所在地方政府协商后对中央企业的发行申请进行审批；地方政府、中央企业主管部门应当自收到发行申请之日起三十个工作日内作出审批决定，并抄报证券委②"；"被批准的发行申请，送证监会复审；证监会应当自收到复审申请之日起二十个工作日内出具复审意见书，并将复审意见书抄报证券委"。③ 从公开发行股票的具体条件看，该条例规定：股份有限公司申请公开发行股票，应当符合下列条件：（1）生产经营符合国家产业政策；（2）发行的普通股限于一种，同股同权；（3）发起人认购的股本数额不少于公司拟发行的股本总额的 35%；（4）在公司拟发行的股本总额中，发起人认购的部分不少于人民币 3000 万元，但是国家另有规定的除外；（5）向社会公众发行的部分不少于公司拟发行的股本总额的 25%，其中公司职工认购的股本数额不得超过拟向社会公众发行的股本总额的 10%；公司拟发行的股本总额超过人民币 4 亿元的，证监会按照规定可以酌情降低向社会公众发行的部分的比例，但是最低不少于公司拟发行的股本总额的 10%；（6）发起人在近 3 年内没有重大违法行为；（7）发行前一年末，净资产在总资产中所占比例不低于 30%，无形资产在净资产中所占比例不高于 20%，但是证券委另有规定的除外；（8）近 3 年连续赢利。国有企业改组设立股份有限公司公开发

---

① 当时，中国证监会尚未设立，股票发行和交易由中国人民银行监管。另外，此段的相关内容参见中国人民银行条法司《中国证券与股份制法规大全》，法律出版社，1993，第 641~644 页。

② 国务院证券管理委员会，简称"证券委"，于 1992 年 10 月设立，其任务是加强证券市场的宏观管理，统一协调股票、债券、国债等有关政策；1998 年 4 月，国务院证券委与中国证监会一同成为正部级事业单位，专司全国证券、期货市场的监管职能。

③ 引自中国人民银行条法司《中国证券与股份制法规大全》，法律出版社，1993，第 5~6 页。

行股票的，国家拥有的股份在公司拟发行的股本总额中所占的比例由国务院或者国务院授权的部门规定；（9）证券委规定的其他条件。[1]

1994 年 7 月 1 日开始实施的《公司法》不仅在主要方面将《股份有限公司规范意见》和《股票发行与交易管理暂行条例》的相关规定纳入了法律范畴，而且就发行股票的审批制和股份公司发行股票的条件做了更加明确的规定，其中强调，"未经国务院证券管理部门批准，发起人不得向社会公开募集股份"（第 84 条），"国务院证券管理部门对符合本法规定条件的募股申请，予以批准；对不符合本法规定的募股申请，不予批准"（第 86 条）。另外，在第 137 条中规定，公司发行新股，必须具备下列条件：（1）前一次发行的股份已募足，并间隔 1 年以上；（2）公司在最近 3 年内连续赢利，并可向股东支付股利；（3）公司在最近 3 年内财务会计文件无虚假记载；（4）公司预期利润率可达同期银行存款利率。但这一《公司法》在实施中并没有宣布《股份有限公司规范意见》和《股票发行与交易管理暂行条例》的相关规定在法律关系上的失效，由此，造成了在实践过程中，这些法律法规同时有效的局面。

2006 年 1 月 1 日，经过修改的《公司法》正式实施，删除了 1994 年《公司法》中的第 137 条规定。但 2006 年《证券法》将 1999 年《证券法》第 11 条做了修改。1999 年《证券法》第 11 条规定："公开发行股票，必须依照公司法规定的条件，报经国务院证券监督管理机构核准。发行人必须向国务院证券监督管理机构提交公司法规定的申请文件和国务院证券监督管理机构规定的有关文件。"2006年《证券法》第 13 条规定，公司公开发行新股，应当符合下列条件：（1）具备健全且运行良好的组织机构；（2）具有持续赢利能力，财务状况良好；（3）最近 3 年财务会计文件无虚假记载，无其他重大违法行为；（4）经国务院批准的国务院证券监督管理机构规定的其他条件。上市公司非公开发行新股，应当符合经国务院批准的国务院证券监督管理机构规定的条件，并报国务院证券监督管理机构核准。这不仅继续坚持了审批制，而且在发行股票条件方面实际上继续执行了上述各方面规定。

由上可见，在中国的股票发行市场中，审批制是一个由法律规定和由监管部门实施的基本机制。虽然股票市场的参与者、学者和相关人士对此已做过许多批评指责，监管部门也屡屡表示应从审批制转向注册制[2]，但在立法和修法时，审批制依然被保留着。

审批制存在一系列内在弊端：

第一，不利于维护股份公司的法律权益。发行股票是《公司法》赋予股份公

---

[1] 引自中国人民银行条法司《中国证券与股份制法规大全》，法律出版社，1993，第 4～5 页。
[2] 2012 年 2 月 6 日，中国证监会新任主席郭树清提出了"IPO 不审行不行?"，见《经济观察报》2012 年 2 月 10 日。

司的权利。中国 2006 年《公司法》规定："股份有限公司的资本划分为股份，每一股的金额相等。公司的股份采取股票的形式。股票是公司签发的证明股东所持股份的凭证。"（第 126 条）"股份的发行，实行公平、公正的原则，同种类的每一股份应当具有同等权利。同次发行的同种类股票，每股的发行条件和价格应当相同；任何单位或者个人所认购的股份，每股应当支付相同价额。"（第 127 条）既然股票是股份公司发给股东的持股凭证，那么，从逻辑上说，何时发行股票、发股数额等就应由股份公司决定。在西方国家的历史上，《公司法》出台之前的 100多年中，股份公司就自主地发行了一系列股票，支持了第二次产业革命的快速发展。实行发股的审批制，既不合法也不符合历史逻辑。

第二，不符合基本经济原理。行为的决策者应当为行为后果负责是最基本的经济学原理。股份公司从准备发行股票到申报材料上送的过程中，要花费大量的成本、时间并对业务发展进行调整，但在发股审批制中，是否准许发股的决策却是由中国证监会做出的，但它从来不需要为这些决定的后果承担任何责任。从图7.1 和 7.2 中可见，即便是股票发行审核委员会通过了某家股份公司的发股申请，也还有若干个程序要"走"，最后的决定权依然在中国证监会手中。

第三，不符合股票发行市场与交易市场相独立的市场规则。从股份公司制度（从而股份公司发股）伊始，股票发行市场与股票交易市场就是相互独立的两个市场。在西方国家和发展中国家中都存在已发股公司并不上市的现象，也存在不通过首次发行（即 IPO）以存量股份上市的情形。但在中国，发股和上市成为同一过程（以至于在申请发股中，股份公司通常将这一行为称为"申请上市"）。这不仅严重影响了股票发行市场的独立性，使众多投资者将认购发股公司的股份视为上市套现的准备过程，推高了股票发行价格，而且剥夺了证券交易所在审核股份公司上市申请方面的权利；同时，将批准股票发行与批准股票上市连为一体，也使中国证监会审批的发股申请在上市时得到了官方的"背书"。

第四，难以维护股票市场正常的供求平衡关系。供求关系是市场价格形成的一个内在机制。当股票交易市场较低时，一些股份公司可能选择暂不发股，但另一些股份公司可能选择低价发股。低价发股给投资者以新的投资选择机会，有利于稳定股票交易市场的运行。但在审批制下，中国的证券监管部门在股票交易市场走势低迷时，由于担心新股上市将进一步压低股价，所以时常选择人为控制股票的发行规模和速度（甚至暂停新股发行），结果造成了股市运行机制在行政干扰的背景下运行，加重了"政策市"的程度。而且，由于股票发行速度受到人为的行政控制，所以股市投资者的预期常常在这种人为控制中被打乱，导致了投资者探取政策信息的偏好，也加重了 A 股市场价格的不稳定程度。

第五，易于被人为操控。股份公司申请发行股票，需要满足相关法律法规规定的条件，但审批过程却存在众多人为操控的因素。每当每项临时性政策对某一产业的扩展进行暂时限制时，中国证监会就可能暂停对这一产业中股份公司发股申请的审批；当中国证监会承接的发股申请较多时，审核人员可能找各种借口要求申请人进行修改，以拖延审批时间；在审核中，有关人员时常选择所谓"矮中选高"的方式来展开审核工作（一个突出的现象是，20多年来，没有1家股份公司按照各项法律法规的最低条件规定通过发股审批）；如此等等，不一而足。

第六，引致寻租现象发生。有审批就会有寻租，寻租方式多种多样，甚至可能在此基础上衍生出其他寻租性咨询服务。一些屡屡被人们提及的现象是，一些咨询公司和媒体等机构，以可以帮助拟发股公司加快发审速度或有内幕人员可提高发审"过关"概率为由，向拟发股公司收取所谓的咨询服务费用；一些媒体以可以帮助拟发股公司消解舆论的负面报道为由，向拟发股公司收取信息服务费用（或者以"广告费"名义收取费用）。对拟发股公司而言，在其他条件相同的情形下，早一天发股募资就早一天得利。假定某家公司拟发行5000万股、发行价格为10元/股，则发股可得资金5亿元，在利率为5%的条件下，每天的利息为91.25万元，即早一天发股可得到91.25万元的利息收入。因此，为了早日通过发审，拟发股公司也乐于支付这种"租金"。但寻租的结果是引致腐败现象的发生。

第七，人为抬高了股票发行成本。与海外发股相比，发行A股的中介费用较低（在海外发股上市所需的中介费用大致占发股募资总额的10%，但在A股中，这笔费用不到5%），不过由于股票发审耗费时间甚长、发股公司需要付出各种费用且不易控制，因此，对具体的发股公司而言，发股付出的总成本时常高于海外发股。这些由审批制引致的较高成本支出，最终反映在发股价格中并通过发股价格的上抬而"收回"。这是引致A股IPO价格长期处于高位状态的一个重要因素。

第八，人为扩大了发股数量。股份公司发股所募集的资金以满足公司可预见的投资、经营扩展等需要为界限。由于从理论上说，在各类融资工具中发股募资的成本是最高的，所以，每期发股数量更应严格计算。但在A股发行中，尽力扩大一次性发股数量、争取募集尽可能多的资金却成为发股公司的一种普遍性选择。一个基本原因是，发股申请的审批极为困难且成本甚高，一次性尽可能扩大发股数量至少可以使下次申请发股的时间后移。由于一次性发股数量常常超过发股公司1~2年内的资金需求，且3年以上的投资项目有较大的不确定性，所以，在A股公司中调整发股资金的投资项目成为一种经常性现象；另外由于发股公司普遍缺乏现金管理能力，发股资金长期滞留账上又会受到监管部门的追究和投资者的指责，由此，发股后乱投资成为股份公司经济效益降低的一个主要原因。

与在中国发股实行的审批制不同，在发达国家中，公司发股普遍实行的是注册制。以美国为例，1933年《证券法》规定，除豁免交易的证券外，凡发行股票都要向联邦证券交易委员会（Securities and Exchange Commission，简写为"SEC"）登记注册。但在实践中，相当多的股份公司发行的股票并没有进行登记注册，原因是这些股票是通过私募方式发行的，出于经济上的考虑，私募发行的股票可以免予注册。就股票发行的注册程序（Registration Process）而言，1933年《证券法》

第 5 节规定，发行人在注册登记前不得以任何形式展开股票发行的销售活动，只有在注册登记生效后，发行人才可以发行股票。在通常条件下，自发行人将注册申报材料（Registration Statement）上报给 SEC 之日起计算的 20 天后，该注册将自动生效；但 SEC 如果在审核过程中，认为申报材料不符合法律规定的条件要求或其中有错误，就将向发股公司发出停止登记的指令（Stop Order），暂缓其发股申请的注册生效，令发行人补充申报材料；SEC 如果判定发股公司申报的材料在内容上存在严重失真甚至虚假时，就将向申请发股的公司发出拒绝生效的指令（Refusal Order）。从实践状况中看，SEC 一直没有发出拒绝生效的指令，也极少发出停止登记的指令。另外，虽然美国的《证券法》规定发股申请中注册登记的自动生效期为 20 天，但 SEC 在实际操作中延长这一期限却是常见之事。其原因是，SEC 审核人员在收到发股申报材料后，要向发行人回复审核意见书，要求发股公司补充相关资料和信息；发股公司在收到这一反馈后，需要进一步整理资料，然后再上报给 SEC，如此几个回合就可能使注册登记的实际耗费时间超过法定的 20 天限制。

2012 年 2 月 6 日，中国证监会新任主席提出了"IPO 不审行不行"的话题，引起了社会舆论的积极反响。但从各方面的研讨看，国内学者和市场人士的认识与海外学者的认识并不一致。究其成因，就发股审核而言，各国和地区都是存在的，由此似乎可以得出判断"IPO 不审不行"。但在发达国家中，发股审核是一种合法性（包括合规性）审核，审核的主要内容是看发股申请人提交的相关资料是否符合法律法规规定的条件、是否真实可靠，只要符合法律法规规定的条件且真实可靠，就准予登记注册。但在中国 A 股市场中，重要的不在于"审核"，而在于"批准"。发股申请是否获得批准才是实质性问题。在发股公司提交的申请材料符合法律法规规定的各种条件且真实可靠的条件下，证券监管部门还是可以列出种种理由不予批准发股申请。从这个意义上说，问题的要害是"IPO 不批行不行"。

不难看出，对中国 A 股的发行市场而言，逐步弱化审批制，实行登记注册制，是实现体制机制转变的一项关键性内容。只要这一转变未完成，就谈不上中国股票市场的成熟，也谈不上充分发挥市场机制在股票发行市场中的基础性作用。在行政体制机制深入经济运行各方面的背景下，要深化这一改革是极为艰难复杂的，它不仅受到各种经济社会（乃至政治）因素的制约和掣肘，而且要求这些经济社会机制与其配套改革，因此，是一项具有"牵一发而动全身"的系统工程。

三　股票发行与股票上市

在中国的股票市场中，相当多的人（甚至包括证券监管部门和证券交易所）将股票发行与股票上市看作同一行为的两个不同称呼，似乎股票只要发行了就理所当然地应上市交易。但实际上，股票发行和股票上市是两个完全不同的行为过程。

第一，行为主体不同。股票发行的主体是股份公司，股票上市的主体是股份公司的股东。由于股份公司并不持有自己的股票（在一些特殊场合，如股份回购，股份公司可能暂时持有自己的股份，但这些股份是没有表决权的，也是不能参与股息分配的），因此，并不存在股份公司需要将自己的股票上市交易的基础条件和内在要求。股东拥有对应股份公司的股票，有通过股票交易来收回投资购股资金（并获得差价收益）的内在要求，因此，股票上市实质上是股东的要求。

第二，交易主体不同。在股票发行中，交易主体是股份公司与认购股票的投资者，股票交易是一家股份公司与众多认购股票的投资者之间的交易；在股票上市后，交易主体是持有股票的股东与购买对应股票的投资者，股票交易是众多股东与众多投资者之间的交易。如果说，股票价格是交易双方市场博弈的结果的话，那么，股票发行是"一对多"的博弈，股票上市是"多对多"的博弈。

第三，行为内容不同。发行股票是股份公司募集资金的过程，这一行为的实质性内容是股份公司获得经营运作和经营发展所需的资本性资金。由于发股数量、发股价格、发股时机、认购者身份、持股结构等直接关系着股份公司所能募集的资金数量和公司治理结构的状况，因此，股份公司对发行股票特别关注。股票上市是股东卖出手持股票的前提条件，这一行为的实质性内容是为股东手持股票的变现创造市场条件，因此，对股东来说，股票能否上市至关重要（甚至有决定性意义）。由于股票上市与股份公司募集资金、经营运作和经营发展并无直接关系，所以，股份公司本身对此并不特别关注（更不可能将其列为程序上排位第一的工作）。

第四，决定因素不同。在股票发行过程中，股份公司起着决定性作用，股票发行数量、发行价格、发行方式、承销商选择等都由股份公司决定，同时，股份公司的经营业绩和其对资本性资金的需求直接影响股票的发行数量和发行价格。在股票上市中，相关股票市场的上市规则决定着具体公司的股票是否符合上市条件和能否上市。例如在美国股市中，不能满足纽约证交所上市条件的股票，不能在该股市上市，但可能在纳斯达克的全球资本市场上市；不能满足在纳斯达克全球资本市场上市条件的股票，不能在该股市上市，但可能在纳斯达克小型资本市场上市；如此等等。

第五，行为结果不同。股票发行的直接结果是，股份公司获得了资本性资金，股东数量和股东结构发生了变化，公司经营业绩得到了购股投资者的认可等。股票上市的直接结果是，股东获得了出售股票的市场条件，卖出股票后获得了股票差价收益，使股份公司的股东（及其持股数量）处于不断变化之中。

根据上述讨论可知，股票发行和股票上市是股票市场中有明确区别的两个不同市场，在法律关系上也分属不同的法律关系。因此，不可混淆这两个不同市场。

毫无疑问，股票发行与股票上市之间也存在密切的内在联系。由于对股东来说，股票能否进入交易市场直接决定着购股资金的流动性状况，即在可交易条件下，股票变现能力较强，反之较弱，所以，股票能否上市就成为投资者是否愿意在发行市场中认购股票的一个关键性因素。一般来说，可上市股票在发行市场中比较容易销售，发行价格较高，股份公司售股可得资金量较大；反之，则可能售股较难，售股所得资金量较小。另外，通过股票上市，股份公司可获得一系列重要的外部效应，其中包括：上市公司的商业声誉较高、社会认同度较高等。但股票上市也可能给股份公司带来一系列负面效应，其中包括：增加了公司披露信息的成本，公司商业模式和市场发展战略中的秘密可能泄露，股票交易市场投资者可能给公司经营运作以较强的外部压力，给公司并购提供了市场机会等（这是西方一些家族公司长期不上市的一个主要原因）。

在股票发行与股票上市的差异性和联系性中，差异性是第一位的，它决定了股票发行和股票上市分属两个不同的市场范畴和法律范畴，也决定了在海外各国家和地区的股票市场中存在一批曾发行过股票而迄今没有上市的股份公司。

但在中国的 A 股市场中，通过行政机制安排，将股票发行与股票上市连为一体，作为同一过程的两个阶段而实施，这不仅混淆了其中的各种不同的经济关系和法律关系，而且带来了一系列严重的负面效应。

第一，支持了股票发行中的审批制。在股票发行与股票上市分离的场合中，如果证券监管部门要对股票发行实行审批制度，就可能遇到种种困难：一方面，对发股公司来说，计划发行的股票数量可能难以充分被投资者认购、已发行完毕的股票可能在相当长时间内不能上市交易，由此，耗费巨额成本和时间寻求发股申请通过审批在很大程度上就失去必要性；另一方面，对认购股票的投资者来说，在发行市场上购买的股票何时能够上市交易是一个相当不确定之事，因此，其购股热情也将大大降低。在这种条件下，对发股实行严格的行政审批就可能难以实施。但在将股票发行与股票上市连为一体的场合中，证券监管部门实际上给了申请发股的公司一个行政承诺——经过审批的股票发行数量应当能够为投资者全部认购，也给了投资者一个承诺——股票发行完毕后能够直接上市交易。在这个过程中，行政承诺在一定程度上消解了股票发行与股票上市中的不确定性，因此使审批制获得了发股公司和投资者的认可。由此不难看出，行政承诺成为股票发行与股票上市连体中的审批制的基本保障机制。

行政承诺实质上是一种政府信用，因此，审批制中贯彻着政府信用的担保机制。这决定了中国 A 股市场从一开始就处于政府信用的支撑之下，所谓的"政策市"不过是这种机制在股票交易市场的延伸。

第二，扭曲了股票价格的市场定价机制。在股票发行与股票上市连体的条件下，发股公司认为，股票发行价格是证券监管部门批准的，因此具有合法性；投资者认为，股票发行价格是股票上市的最低价格，交易价格将在此基础上上行，有利可图。这种认知，导致中国 A 股市场中的股价长期处于扭曲状态。几个突出的现象是：其一，在 IPO 市场中"打新股"成为投资者（包括机构和个人）进行股票投资的重要选择，曾有"新股不败"之说；其二，交易市场投资者强烈认为，股份公司创始人持有的股份（在发起设立公司过程中以 1 元/股的价格入股）以交易市场价格出售是不公平的（原因是，这些股份能够上市交易是行政审批恩赐的），几乎没有人承认"创业资本"应获得"创业利润"；其三，"破发"成为 A 股市场走势中评价股价高低的一个重要指标。2003 年之后，虽然证券监管部门屡屡出台股票发行价格方面的改革措施，但始终未能改变股票发行与股票上市连体的格局，与此对应，也就收效甚小。

第三，弱化了证券公司之间在承销能力方面的竞争。在股票发行与股票上市分离的场合，一方面，如果证券公司在承销股票时实行买断式全额包销。一旦定价不符合市场预期或者选择发股销售策略有误，证券公司就可能因股票难以全额销售或者股价下跌而蒙受巨大损失。另一方面，如果证券公司选择的发股公司达不到预期的上市条件，则滞压在其手中的未销售出去的股票也可能长期不能卖出（即所谓的"卖股成股东"），由此引致严重损失。为了避免这些现象的发生，在海外，证券公司选择发股公司、发股策略和进行资金准备时通常相当慎重（更不容行政机制介入）。但在 A 股市场中，股票发行与股票上市连体，对众多的中国证券公司来说，能否通过发股审批成为实际运作中第一重要之事，即只要能够获得发股审批，其他方面都是次要的（一个典型现象是，20 多年来，中国没有发生过一起发股失败事件）。这种机制引致证券公司将主要精力和希望寄托于通过发股的行政审批。与国际投资银行相比，中国证券公司和各种投资银行的能力、运作技能以及市场策略等依然差距甚远。

第四，强化了对上市公司的各项直接监管。股票交易中的交易对象是股票，买卖双方为投资者和股东，与上市的股份公司并无直接关系，只是卖出股票的股东需要证明这些股票的内在价值。因此，美国的证券监管部门称为"证券交易委员会"，监管的直接重心是交易中是否维护了"公开、公平、公正"的原则，并不对上市公司的各项业务活动和公司治理结构进行直接干预。但在中国 A 股市场中，由于在股票发行与股票上市的连体中监管部门从一开始就已将主体关系搞乱了，忽略了实际上上市的不是发股公司而是这个公司股东手中持有的股票，形成了一个模糊的认识——发股的是股份公司、上市的也是股份公司、股票交易是否活跃和股价高低还是由这一股份公司决定的，因此，监管部门将监管的重心从股票交易的买卖双方转向了上市公司，出台了一系列直接监管上市公司的制度，实施了一整套对上市公司监管的办法，使上市公司需要付出大量的制度成本。

要完善中国的股票发行市场，必须着力实现股票发行与股票上市的分离，这是实现股票发行市场与股票交易市场独立的前提条件，由此，需要解决六方面问题：

第一，理顺股票发行主体与上市主体的经济关系和法律关系。

第二，取消股票发行中的审批制，实行注册制。2013 年 11 月 12 日，中共中央通过了"关于全面深化改革若干重大问题的决定"，其中明确指出要"推进股票发行的注册制改革"。

第三，证券监管部门不再直接指定某家股份公司发股后到哪家证券交易所上市；同时，取消股份公司《招股说明书》中关于本次股票发行完毕后在哪家证券交易所上市的表述。

第四，证券公司承销股票的方式应由余额包销改为全额买断式包销。

第五，严格股票上市的审批程序和管理。

第六，切实将监管重心转移到维护股票交易市场中的"三公"原则方面，改变对上市公司的直接监管状况。

第八章　股票交易市场

股票交易市场，又称股票流通市场，是指由交易已发行的股票形成的各种市场的总和。在多层次资本市场体系中，多层次股票市场是由多层次股票交易市场决定的，因此，有多少层次的交易市场，就有多少层次的股票市场。股票交易市场按照交易规则的不同而划分，在同一交易场所内，按照不同的交易规则可以划分为若干层次的股票市场（如美国纳斯达克市场中的全球精选市场、全球市场和资本市场，日本东京证券交易所的一部和二部）；在不同交易场所之间，如果交易规则相同，则可以是单一层次的股票市场（如中国的沪、深股市）。各层次股票交易市场之间并无高低贵贱之分，也无功能优劣之别，它们的区别只在于，按照交易规则的界定，它们能满足不同种类公司的股票交易需要。要把握股票交易市场，就需要了解股票交易市场的结构、功能和运行机制。

第一节　股票交易市场的结构

一　股票的多层次交易市场

股票交易市场在结构上大致可分为以下几类：

1. 二级市场

二级市场，又称场内交易市场，是指在证券交易所内展开的股票交易活动及关系。它的主要特点是，有固定的交易场所和交易活动时间，股票交易数量大且相当集中，资料完备、设备先进且服务质量较高，组织机构健全、交易程序清晰且管理严格，在交易所内挂牌的上市股票，通常是信誉好、收益稳定、交投活跃的股票。各国法律都规定，在交易所内买卖的股票必须是经过批准挂牌的上市股票；只有证券交易所的会员才能在交易所内代客或自行买卖股票，投资者或股东如果不是交易所会员，就只能通过证券经纪商进行股票的买卖、成交、结算和交割；股票买卖的佣金应按有关规定执行，不能随意改变，因此，二级市场对股票买卖活动有一定的限制。目前，中国的二级市场是指上海证券交易所和深圳证券交易所内的市场。

证券交易所（或股票交易所）并非某种股票交易市场的专有名称，更不是划分股票交易市场层次高低的标准尺度。美国《证券交易法》规定："'交易所'一词，系指任何组织、协会或者数人组成的小组，无论其是否实行股份有限制，它们为了把证券买卖双方聚合在一起，或者为发挥其他与证券有关的、众所周知的股票交易所正常发挥的那些作用，而组成、维持或者提供一个市场或者设施（还包括由这样的交易而维持的市场和市场设施）。"[1] 根据这一定义，股票交易所实际上只是股票交易场所的简称。

2. 场外交易市场

场外交易市场，又称柜台市场或店头市场，是指投资者、股东和证券经纪商在证券交易所之外展开的买卖非上市股票的活动及关系。场外市场最初情形大致有两种：其一，证券经纪商们分别作为买方（投资者的委托方）和卖方（股东的委托方）在酒吧（或咖啡馆）的柜台上进行股票买卖的交易活动，股票的交易价格由证券经纪商分别与股东或投资者协商确定，证券经纪商通过买卖差价获得收益，不收取交易佣金。欧美早期的场外市场，基本属于这种情形。其二，证券经纪商作为投资者与股东的交易中介，在自己的平台上接受买卖双方的委托沟通股票的交易，股票的交易价格由投资者和股东根据市场状况确定，证券经纪商只收取交易佣金，例如证券做市商就属于这一类。在中国，上海和深圳证券交易所建立前的股票交易市场大致属于这种情形。

鉴于场外交易分散在各个证券经纪商的柜台上，交易价格差别甚大，交易活动受到地理条件的严重制约，美国在 1971 年利用现代电子计算机技术，建立了全国证券交易商协会自动报价系统（NASDAQ，即纳斯达克），实现了全国证券经纪商网点的联网，形成了全国统一的场外交易市场；1975 年，美国又通过立法确定了这一系统在股票交易市场中的地位。2006 年 7 月 3 日，纳斯达克将其原有的市场体系进行重新调整，建立了全球精选市场体系。该体系由纳斯达克全球精选市场（NASDAQ - GS）、纳斯达克全球市场（NASDAQ - GM）和纳斯达克资本市场（前身为纳斯达克小型资本市场）等三个主要层次构成（此外，还有 OTCBB 市场和粉单市场）。

20 世纪 90 年代以后，许多国家或地区都采取自动报价系统来建立统一的场外交易市场，其中包括中国香港的创业板市场，韩国的 KASDAQ 市场，欧洲的 EAS-DAQ、AIM 等市场。中国于 1992 年 7 月建立了全国证券交易自动报价系统（STAQ），中国证券交易系统有限公司的全国电子交易系统（NET 系统或 NETS）1993 年 4 月投入运行，到 1997 年年底，全国已有 26 家证券交易自动报价系统，分别开展股票、国债、基金证券等交易的有关业务。但在 1998 年，为了防范金融风险，这 26 家证券交易自动报价系统均被强制取消。

---

[1] 卞耀武主编《美国证券交易法律》，法律出版社，1999，第 83 页。

3. 三级市场

三级市场，又称第三市场，是指由上市股票在场外交易形成的市场。三级市场形成的原因主要有二：其一，二级市场是通过证券经纪商进行交易活动，这会使投资者和股东在股票交易中的选择机会和买卖行为受到限制，他们随行就市的要求常常不能得到充分满足，因而，他们要求有一种比二级市场更自由的交易市场存在；其二，二级市场由于有最低佣金的规定，一些投资者和股东感到交易费用过高，他们自发地寻求一种交易成本较低的渠道。三级市场本属于场外市场范畴，但 20 世纪 60 年代以后，随着股份小额化、交易分散化、买卖多样化和成交额的增大，它在美国有了重要发展，地位也日渐重要，因此三级市场被认为已达到独立成为一个市场的程度。

4. 四级市场

四级市场，又称第四市场，是指由机构投资者和股东直接进行股票买卖形成的市场。第四市场形成的主要原因在于，20 世纪 60 年代以后，各种机构投资者（如投资公司、保险公司、基金公司等等）在股票市场上的投资比重明显上升、交易数量日益扩大。若这些交易都委托证券经纪商来进行，不但交易费用高昂，而且有诸多不便。为此，一些机构投资者和股东利用电子自动报价系统提供的联络便利，选择了直接交易的方式。不过，90 年代以后中国定向募集公司的法人股转让以及 2003 年以后在沪、深交易所内开展的大宗交易[①]，虽与第四市场的交易有相似之处，但其产生的原因与第四市场不尽相同。

二　股票经纪人与证券做市商

股票经纪人，是指在股票交易中接受客户委托，代理买卖股票的自然人和法人机构。在股票交易市场中，股票经纪人处于中心地位。这主要表现在：第一，股票交易规则主要是由股票经纪人根据股票交易的内在机制而制定并逐步完善的。在美国，从 1792 年的"梧桐树协议"到纽约证交所交易规则的一系列演变都主要由经纪人推动和展开，纳斯达克的交易规则也是在经纪人主导下形成和完善的。第二，经纪人是股票市场的主要拓展者。经纪人是股票市场的"客户中心"。为了履行这一职能，在长期的历史发展中，经纪人又逐步发挥了风险防范、开发创新、维护股市活力和健康发展等功能，并由此保障了股市的长期发展。第三，经纪人是多层次股票交易市场的创造者。"为客户寻找到股票的最好报价"是经纪人经营

---

① 上证所的大宗交易业务开始于 2003 年 1 月 10 日。2003 年 8 月修订后的《上海证券交易所大宗交易实施细则》规定，上证所会员和拥有上证所专用席位的机构，必须通过网上申请获得审核通过，取得上证所信息网络有限公司颁发的有效数字证书，方能成为大宗交易用户。投资者进行大宗交易，应委托其指定交易的上证所会员办理。2008 年 4 月 20 日，在中国证监会出台《上市公司解除限售存量股份转让指导意见》后，沪、深证券交易所先后发出通知，针对解除限售存量股份在大宗交易系统的转让事由做出了具体规定。

运作的一个基本原则和理念。要实现这一理念，经纪人就必须能够在多个层次的股市中运作，由此，多层次股票交易市场体系就被建立起来了。

在股票市场中，根据主体特征，经纪人可分为自然人经纪人和机构经纪人；根据所处的市场特性不同，经纪人可分为场内经纪人和场外经纪人；根据所承担的职能不同，经纪人可分为佣金经纪人、证券自营商、专门经纪人、零股经纪人等。

自然人经纪人，是指由自然人担任并履行规定职能的经纪人；机构经纪人，是指由法人机构担任并履行规定职能的经纪人。在实行经纪人制度的条件下，不论是自然人经纪人还是机构经纪人，一般都要在监管部门进行登记注册；一旦发生违法行为，自然人经纪人需要承担无限责任，机构经纪人则大多承担有限责任。

场内经纪人，是指证券交易所内的股票经纪人，它通常需要取得证券交易所的会员资格。在实践中，场内经纪人主要有两种：一是指作为证券交易所会员的股票经纪人，他们通过代理客户去买卖股票而获得佣金收入；二是指由股票经纪人派驻交易所大厅专门执行客户委托的职员。场外经纪人，是指在股票的场外交易市场中代理客户买卖股票并由此获得佣金收入的经纪人。

在股票交易市场中，佣金经纪人是指通过代理客户买卖股票而获取佣金收入的经纪人；证券自营商，又称证券商，是指通过股票自营交易获取差价收入的经纪人；专门经纪人，是指接受佣金经纪人委托专门从事某几种股票交易的经纪人；零股经纪人，是指专门从事非整数股（即零股）交易的经纪人。

在实际操作中，不论是佣金经纪人还是专门经纪人，在代理客户买卖股票的同时，都可能以证券自营商的身份自营股票，而这很容易产生经纪人与客户之间的权益冲突。为了解决这一矛盾，各个股票交易市场的规则都做出了限制性规定，其中包括：当市价有利时，经纪人应当优先执行客户的委托，只有在完成客户委托之后，才能以自营商的身份为自己买卖股票；或者，在从事一笔具体交易之前先明确自己的身份，此后，不论交易盈亏状况如何都不能再更改。

证券做市商，是指在证券交易市场中通过对特定证券报出买卖双边价格并承诺按报价进行交易，以保障这些证券交易连续性的证券经纪人。证券做市商制度是由美国纳斯达克市场在股票、政府债券等产品交易中创立的。在20世纪80年代以后，这种制度逐步为其他国家和地区的证券市场所选用，并向外汇、黄金等现货交易和金融期货交易等方面拓展。做市商制度的主要机制有五种：其一，作为做市商的证券经纪人必须具有一定实力和信誉，他通过登记注册或行政特许而确定；其二，做市商必须对做市证券进行买卖的双向报价，而且一旦交易对手愿意接受报价，做市商就必须予以成交；其三，在双向报价未能得到交易对手响应的条件下，做市商之间必须进行相互交易，并且每日的交易量必须达到规定的最低数额；其四，在交易价格有利的条件下，做市商必须首先满足客户的需求，而不能为了自己谋利去侵夺客户的机会和侵害客户的利益；其五，做市商不应操纵证券价格来误导交易对手。在股票交易市场中，做市商机制的主要功能是，有利于保障股票交易的连续性和交易价格的稳定性，便于股票交易价格的发现，抑制价格操纵和市场垄断。

三 做市商与庄家

做市商与中国股市中曾存在的"庄家"并非同一概念，后者主要是通过操纵股价获得交易差价的收益。二者的差异至少有以下 10 个方面。

第一，股市性质不同。做市商是纳斯达克市场中实行的一种由券商双向报价以保障连续性交易的"做市"制度，其交易方式属于"一对一谈判"式交易，而不是证券交易所的集中竞价交易方式，更非中国股市中电子集合竞价交易方式（即通过电子系统撮合来实现交投双方相接的交易方式，这种股市在性质上根本不同于 Nasdaq 市场），因此不能将二者混为一谈。

第二，运作目的不同。纳斯达克市场实行做市商制度，从直接目的上说，是为了保障个股交易的连续性，以避免有行无市的现象发生。因此，做市商负有两个基本的做市责任：一是公开报价，即就其做市的股票报出"买价"和"卖价"；二是在报价范围内，只要投资者愿意买，做市商就必须卖，或只要持股者愿意卖，做市商就必须买。由于沪、深证券交易所内集合竞价几乎不存在有行无市问题，也不需要庄家来做市，所以，庄家运作的目的不在于保障个股交易的连续性，而在于通过坐庄来获取巨额收益。

第三，交易风险不同。在纳斯达克市场中，如果做市商报出某只股票的卖价后，持续无市，该做市商就必须进一步降低该股的卖价（甚至低于当初做市商的买入价），直至该只股票有一定的成交记录。在这个过程中，做市商有可能发生亏损，而这种亏损的原因在于做市商必须"做市"以保障交易连续性。由于存在这种制度性亏损的可能，所以美国给做市商以一定的政策优惠。与此不同，庄家在坐庄中的风险主要来自五方面：一是信息泄漏，即坐庄信息被泄漏给其他机构，后者会选择相反的操作，在其实力与庄家相当甚至超过庄家的条件下，庄家将发生坐庄操作失误从而引致亏损；二是策略失误，即在吸筹、拉高和出货过程中，由庄家吸筹过多（或过少）、拉高不足（或过高）、出货过早（或过迟）等策略失误而引致亏损；三是资金不足，即庄家用于坐庄的资金总量不足以满足吸筹、拉高等操作的需要，导致坐庄失败从而亏损；四是信息失误，即庄家选择坐庄时的信息是不准确的、虚假的或是不完整的，由此导致坐庄失败、资金损失；五是庄家内讧，即在由若干个机构联手坐庄中，由于利益不协调、操作意见分歧等而使一部分机构退出联手行列，由此引致坐庄无法继续并造成资金损失。显而易见，庄家在坐庄过程中尽管也有风险，但绝非为了保障股市交易的连续性，也不是制度的内在要求。

第四，机构安排不同。在做市商制度中，有资格担任做市商的机构只能是经纪人机构，并且是有实力经纪人中的守法者、业绩优良者；单只"做市股票"（在纳斯达克市场中并非每只股票均能做市）的做市商的最低数量被明确加以规定（如不少于 3 家）；每只"做市股票"的做市商名单是完全公开的；各做市商之间严禁联手操纵。与此相比，庄家则完全不同。在中国股市中，坐庄机构的身份各种各样，除券商及其他金融机构外，还有上市公司、非上市工商企业和一些大户；对庄家来说，几乎每只股票都可以成为坐庄对象（因而有"轮炒个股"一说），且在一特定时间内一只股票的庄家数量（并非机构数量）通常只有 1 家或少数几家；庄家在坐庄过程中，对其"庄股"是严格保密的，以防形成对手；1 个庄家常常由若干个机构（券商、上市公司及其他机构）联手形成，共同操纵一只或更多的股票。因此，庄家的"机构安排"与做市商的"机构安排"是完全不同的。

第五，信息状况不同。在做市商制度中，做市商在股市中的做市行为完全依据公开的信息，该制度严禁做市商通过各种非正当方式收集并利用内部信息和内幕信息，严禁做市商散布误导性信息和谣言。但在坐庄中，除依据公开信息外，庄家想方设法收集各种内部信息、利用内幕信息甚至散布误导性信息，以诱导跟庄者"上钩入套"。

第六，市场地位不同。在做市商制度中，做市商与股市的其他投资者（包括持股者）处于平等地位，绝非"领头羊"，更不允许"诱导跟庄者"的行为存在。但在坐庄中，庄家处于优势导向地位，而诱导跟庄者"入套"又是他们的一个基本的"脱身"手法。

第七，利益关系不同。在美国，券商均非国有机构，做市商的机构资本属于个人股东，从业人员除得到制度规定的收入外，不能从做市交易中获得非制度规定的个人收入，更不允许通过私下传递做市信息来获得信息费收入。而在中国股市的坐庄中，庄家大多是公有机构；坐庄虽有为机构争取收益的一面，但也都包含为个人获取巨额非制度规定收入的意图，在一些场合甚至发生个人假借机构名义坐庄的现象（即若坐庄获利，收益主要归个人；若坐庄失利，损失主要由机构承担）、庄家内部人员通过私下传递坐庄信息来获取巨额信息费的现象以及内部人员依据坐庄信息为个人"炒股"的现象。

第八，对股市影响不同。在纳斯达克市场中，不论是做市商还是投资者均不准操纵股价，因此，不能直接影响股价走势。为了维护交易的连续性，当股价上扬时，如果一般持股者不愿售股，做市商就必须出让股票；在股价下落时，如果一般投资者不愿购股，做市商就必须"买入"，因此，做市商有维护股市运行的功能。但在中国股市中，庄家处于远优于一般投资者（持股者）的地位，他们可以利用资金实力及其他有利条件，在股价欲涨时"打压"、在股价欲跌时"抬价"，使个股价格的上扬与下落处于一般投资者难以预期的态势中，而这极易打乱股市的正常走势；同时，由于在坐庄中庄家的大部分资金来源于借贷，有明确的时间期限和成本，所以，"速战速决"是他们的首选策略，这样，从低价位大量"吸筹"然后"拉高"再到高价位大量"出货"，所用的时间较短（几个星期到几个月），由此，极易形成股市过度投机现象；最后，由于庄家通常在高价位"出货"，使一般投资者"套牢"在高价位，而这些"套牢"者一般又不愿意"割肉"逃生，从而使股价较长时间维持在高价位运行。这既大大提高了个股市盈率，也大大提高了股市运行风险。

第九，监管格局不同。在做市商制度中，担任做市商的券商必须向有关监管机关申请，被批准登记后方可做市；监管机关对做市商实行严格监管，例如，在每笔交易成交后 90 秒内，做市商应向美国全国证券交易商协会报告其交易成交情况；做市商行为如不符合有关规范，就将受到严厉惩处，直至取消其做市商资格、罚款致使其破产、追究刑事责任等。但在坐庄中，庄家的形成无须向证券监管机关申请登记，其变动也无须"找"证券监管机关重新确认；庄家的坐庄行为无须向证券监管机关报告，也不情愿接受证券监管机关的监管，甚至当人们对庄家的坐庄行为提出疑义时，庄家还将面临"业内"压力及其他"反击"。近年来，在中国股市中，庄家坐庄基本上处于无监管状态。

第十，对廉政影响不同。做市商制度在贯彻"三公"原则和维护中小投资者权益的原则下展开，做市商只能利用公开信息进行公开操作，并受到社会各界（尤其是投资者和媒体）的多方面监督，因此，各种行为一般处于遵纪守法的范畴内，不易发生对廉政建设的不利影响。但在坐庄中，庄家需要得到内部信息、内幕信息，需要集中巨额操作资金、借用席位及其他条件，因此，其对有关政府部门"攻官"、与上市公司高级管理人员联手、与某些报刊媒体"合作"等就成为重要举措。在这个过程中，极易发生各种严重影响廉政建设的现象。另外，一些个人要从坐庄中获得巨额收入，在股东账户、资金往来、财务账目及有关票据等方面就需要作各种"手脚"，为此，在"请"人帮忙过程中，又将影响一些"好心人"的公正执法。

综上所述，做市商制度是一种符合市场经济要求的合法制度，庄家坐庄则是一种不符合市场经济规则的违法违规行为，二者应严格区分。

第二节　股票交易价格

一　股票入市

股票入市，是指公司股票获准在证券交易场所公开交易的过程。其中，股票获准在股票交易所内挂牌交易，称为股票上市；与此对应，这些股票称为上市股票或挂牌股票，公司称为上市公司。股票获准在场外交易系统公开交易，称为股票入市，对应的股票和公司称为公众股票和公众公司。

股票入市交易，大多经过以下程序：（1）公司选择股票上市推荐人。上市推荐人可以是主承销商，也可以是其他的证券经纪商，但必须是证券交易市场组织所认可的证券经纪人。（2）在上市推荐人的协助下，制作股票上市所需的相关材料。（3）公司向证券交易市场组织（如证券交易所等）提出股票上市交易的申请材料。（4）证券交易市场组织中的相关机构（如"上市委员会"）对公司提出的申请及有关材料进行审查后，做出是否批准该公司的股票入市交易的决定。（5）公司与证券交易市场组织就股票上市交易签订协议书，确定股票上市的具体日期。（6）公司就股票上市交易发布"上市公告书"。（7）公司向证券交易市场组织缴纳股票上市交易费用。（8）股票上市公开交易。

申请股票入市交易的具体条件，主要由股票交易市场组织制定。各国和地区之间不同的股票交易市场的具体规定不尽相同，就是在同一国家（和地区）内，不同的股票交易市场也会大相径庭。例如，美国纽约证交所的股票上市规则与纳斯达克的入市规则，以及纳斯达克不同层次市场的入市规则之间都有明显区别。对中国公司来说，其申请股票上市交易的国家或地区不同，应符合的条件也就不同。

在中国境内，2006 年实施的《证券法》第 50 条规定，股份有限公司申请 A 股上市，应符合下列条件：（1）公司股票经国务院证券管理部门核准已公开发行；（2）公司股本总额不少于人民币 3000 万元；（3）公开发行的股份达到公司股份总数的 25% 以上；公司股本总额超过人民币 4 亿元的，其公开发行股份的比例为10% 以上；（4）公司在最近 3 年无重大违法行为，财务会计报告无虚假记载。证券交易所可以规定高于这些条款的上市条件，但须报国务院证券监督管理机构批准。第 52 条规定，申请股票上市交易，应当向证券交易所报送下列文件：（1）上市报告书；（2）申请股票上市的股东大会决议；（3）公司章程；（4）公司营业执照；（5）依法经会计师事务所审计的公司最近 3 年的财务会计报告；（6）法律意见书和上市保荐书；（7）最近一次的招股说明书；（8）证券交易所上市规则规定的其他文件。

上市时间的选择，直接影响着公司股票在交易市场中的价格定位，也直接影响着通过股票交易活动所确立的公司声誉和形象。选择上市时间，应考虑如下因素：（1）尽可能接近股票发行结束日，避免因时间拖延而影响投资者的信心；（2）尽可能选择股指上行期间，使公司股票上市后，能够在股市大盘上行的支持下，价格上升、交投活跃；（3）尽可能选择公司业务发展的上升期，提高投资者对公司发展前景的信心；（4）尽可能避免选择在长假的临近期上市交易，以防止股票上市影响力弱化。

二 股票交易价格

股票交易价格，是指股票在交易市场上成交转让时的价格。对股票卖出者来说，交易价格与购股价格之间的差额，构成其投资收益；对股票买入者来说，交易价格与面值之间的差额，构成其投资数量与股东权益数量的差额；对公司来说，交易价格与股票面值、发行价格之间的差额，在一定程度上反映了股东、投资者从而社会对公司经营业绩和发展前景的评价；对宏观经济部门来说，股票交易的总体价格水平，在一定程度上反映了股东、投资者从而社会对经济运行态势和发展前景的评价。因此，股票交易价格的高低有重要意义。

股票交易价格是股东卖出股票与投资者买入股票这两种行为相结合的结果。从理论上说，股票交易价格的形成，主要由预期的股利值与市场利率两个因素决定，即只有在售股收入存入银行所能得到的利息收益不低于股利收益的条件下，股东才愿意卖出股票；投资者也只有在购买股票所能得到的股利收益不低于利息收益的条件下，才愿意买入股票。

若以 P 代表股票交易价格（即股票投资价值），n 代表持有股票的时间，R 代表预期的股利收益，R_1，R_2……R_n 表示未来各期预期的股利收益量，i 为市场利率（即资本使用费率），M 表示 n 年后卖出股票的收入，则股票交易价格可表述为：

$$P = \frac{R_1}{(1+i)} + \frac{R_2}{(1+i)^2} + \cdots + \frac{R_n}{(1+i)^n} + \frac{M}{(1+i)^n}$$

$$= \sum_{t=1}^{n} \frac{R_t}{(1+i)^t} + \frac{M}{(1+i)^n} \tag{8.1}$$

公式 8.1 是股票交易价格的基本公式，又称单纯评估公式。若假定未来各期的预期股利收益 R 为固定值，且持有时间为无限长，即 $R_1 = R_2 \cdots\cdots R_n = R$，且 $n \to \infty$，则公式 8.1 可转化为：

$$P = \sum_{t=1}^{\infty} \frac{R}{(1+i)^t} + \frac{M}{(1+i)^{\infty}}$$

$$= \frac{R}{(1+i)} \times \frac{1 - \frac{1}{(1+i)^{\infty}}}{1 - \frac{1}{1+i}} + \frac{M}{(1+i)^{\infty}}$$

$$= \frac{R}{i} \left\{ 1 - \frac{1}{(1+i)^{\infty}} \right\} + \frac{M}{(1+i)^{\infty}} \tag{8.2}$$

$$\because \frac{1}{(1+i)^{\infty}} \to 0, \quad \frac{M}{(1+i)^{\infty}} \to 0$$

$$\therefore P = \frac{R}{i}$$

即

$$股票交易价格 = 预期股利收益/市场利率 \tag{8.3}$$

公式 8.3 反映了理论上说的：股票交易价格与股利收益的大小成正比，与市场利率的高低成反比。例如，面值 100 元的股票，在预期股利收益为 10 元、市场利率为 5% 时，其交易价格的理论值为 200 元；在预期股利收益为 10 元、市场利率为 10% 时，其交易价格的理论值为 100 元。

由于股利收益是预期的，市场利率是经常变动的，所以，一切影响股利收益大小和市场利率高低的因素，也都影响着股票交易价格的高低。这些因素，在第六章第一节讨论股票市场价值时已经列举，故不再重复。值得注意的是，在中国境内 A 股市场的实际运行中常常发生这样的现象：股票交易价格高于按当期股利分配数量和利率水平计算的理论价格。其原因相当复杂，但有四个因素是重要的：第一，广大投资者（包括海外投资者）对中国经济的快速发展从而对上市公司整体发展前景有较强的信心；第二，上市公司提供给投资者的回报，不仅有股利，而且包括净资产增值的收益和资产商业化过程中的收益；第三，广大投资者手中拥有大量的资金，而可供投资的资本市场金融工具在数量和品种上都相当有限，这使股票市场存在比较明显的供不应求；第四，相当多的投资者并不预期从公司分配中获得收益，而注目于从股票交易中得到差价收入。

三　股票除权价格

在公司送配股的场合，由于新股的入市，股票交易价格在除权日前和除权日后，会发生重要的变动。从理论上说，在除权日，根据新股的状况，有一个除权价或除权报价。若以 P^c 代表除权价，P^{c-1} 代表除权日前一天的收盘价，P^p 代表配股价，R^p 代表配股率，R^s 代表送股率，e 代表每股分配的股利数量，则：

1. 在送股条件下，股票除权价公式为：

$$P^c = \frac{P^{c-1}}{1 + R^s} \tag{8.4}$$

例如，某种面值 1 元的股票，在除权日前一天的收盘价为每股 18 元，公司宣布分配的送股率为 10 送 5，其除权价为 18/（1 + 0.5）= 12 元。

2. 在配股条件下，股票除权价公式为：

$$P^c = \frac{P^{c-1} + P^p \times R^p}{1 + R^p} \tag{8.5}$$

例如，某种面值 1 元的股票，在除权日前一天的收盘价为每股 18 元，公司宣布配股率为 10 配 3，每股配股价为 6 元，其除权价为（18 + 6 × 0.3）/（1 + 0.3）= 15.23 元。

3. 在送配股同时进行的条件下，股票除权价公式为：

$$P^c = \frac{P^{c-1} + P^p \times R^p}{1 + R^s + R^p} \tag{8.6}$$

例如，某种面值 1 元的股票，在除权日前一天的收盘价为每股 18 元，公司宣布送股率为 10 送 5、配股率为 10 配 3 （配股只按原股本配给）、每股配股价为 6 元，其除权价为 （18 + 6 × 0.3）／（1 + 0.5 + 0.3）＝11 元。

4. 在分配现金股利与配股同时进行的条件下，股票除权价公式为：

$$P^c = \frac{p^{c-1} - e + P^p \times R^p}{1 + R^p} \tag{8.7}$$

例如，某种面值 1 元的股票，在除权日前一天的收盘价为每股 18 元，公司宣布每股分派现金股利 0.5 元、配股率为 10 配 3、每股配股价为 6 元，其除权价为 （18 - 0.5 + 6 × 0.3）／（1 + 0.3）＝14.85 元。

这些除权价理论公式是计算除权效应的重要依据。在除权日后，若交易市场上的股票价格高于运用上述公式所计算的除权价，即市场价格高于理论价格，则股票具有填权效应。反之，则只有贴权效应。在填权效应中，除权日前购买股票的投资者可以获得投资收益；在贴权效应中，若卖出股票，投资者将面临损失。

四　股票价格指数

股票价格指数，简称股价指数，是指为了反映股票交易市场的价格变动总态势，通过选择有代表性的股票（或全部股票）并用数学方法计算其交易价格的变动状况而得出的股票交易价格变化数值。股票价格指数作为反映整个股票交易市场的价格总水平和交易状况的重要指标，不仅对上市公司、投资者、证券经纪商、市场管理机构等有重要意义，而且对分析经济运行态势、预测宏观经济走势等也具有重要意义。

股价指数的编制，采用股价平均数方法（Stock Price Average）进行。这一方法在具体运用中，又分为如下类型：

1. 简单平均法

简单平均法，又称算术平均法，是指在计算出各个样本股票各自价格指数的基础上加总求其平均值的方法。由这个方法求得的数值，称作相对指数。若以 P^I 代表股价指数，P_{0i} 代表基期第 i 种样本股票的价格，P_{1i} 代表报告期第 i 种股票的价格，n 代表股票样本数量，则计算公式可表述为：

$$P^I = \frac{1}{n} \sum_{I=1}^{n} \frac{P_{1i}}{P_{0i}} \tag{8.8}$$

采用简单算术平均法计算股价指数，虽然计算方法简单易行，所得数值能够反映股价的短期变动并有利于判断股票投资的获利状况，但由于它没有考虑不同性状的股票在市场中的地位、影响力从而对股价总水平的影响是不同的，而且计算的数值又容易受发行量或交易量较少的股票的价格变动所影响，所以，该指数难以反映股价的长期动态和股市的真实动向。

2. 综合平均法

这种方法是将样本股票在基期和报告期的价格分别加总，然后，用报告期股价总额除以基期股价总额，以所得数值作为股价指数。其计算公式可表述为：

$$P^I = \frac{\sum\limits_{i=1}^{n} P_{1i}}{\sum\limits_{i=1}^{n} P_{0i}} \tag{8.9}$$

3. 加权综合法

简单平均法和综合平均法的一个重要缺陷在于，它们在计算股价指数中，无法考虑各个样本股票的权数对股价总值的影响，难以真实准确地反映股票交易市场的总体价格变动及走势，为此，需要用加权平均法予以完善。主要的加权平均法有如下几种：

（1）拉氏公式

拉氏公式（Laspegres Formula）的特点是，以各样本股票在基期的交易量作为权数选择的基本依据。公式中，Q_{0i}代表基期交易量，公式表述为：

$$P^I = \frac{\sum\limits_{i=1}^{n} P_{1i}Q_{0i}}{\sum\limits_{i=1}^{n} P_{0i}Q_{0i}} \tag{8.10}$$

（2）费雪公式

费雪公式（Fisher's Ideal Formula）是英国经济学家费雪（I. Fisher）于1922年在《指数编制法》一书中提出的。它的特点是完整而理想，但同时也意味着，它复杂而烦琐，尤其是在增资除权时，要修正股价指数，相当困难。以 Q_{0i}代表基期交易量，Q_{1i}代表报告期交易量，费雪公式可表述为：

$$P^I = \sqrt{\frac{\sum\limits_{i=1}^{n} P_{1i}Q_{0i}}{\sum\limits_{i=1}^{n} P_{0i}Q_{0i}} \times \frac{\sum\limits_{i=1}^{n} P_{1i}Q_{1i}}{\sum\limits_{i=1}^{n} P_{0i}Q_{1i}}} \tag{8.11}$$

（3）贝氏公式

贝氏公式（Pasche Formula）的特点是，加权数本身是不断变化的，因而，在股票的发行量或交易量不断变化的条件下，所计算的数值仍能较好地反映股市的态势。目前，世界各地股市多采用这种方法计算股价指数。在贝氏公式中，以报告期发行量（W_{1i}）为权数的公式和以报告期交易量（Q_{1i}）为权数的公式可分别表述为：

$$P^I = \frac{\sum\limits_{i=1}^{n} P_{1i} W_{1i}}{\sum\limits_{i=1}^{n} P_{0i} W_{1i}} \qquad (8.12)$$

$$P^I = \frac{\sum\limits_{i=1}^{n} P_{1i} Q_{1i}}{\sum\limits_{i=1}^{n} P_{0i} Q_{1i}} \qquad (8.13)$$

目前，世界各地的证券交易市场都编制了自己的股票价格指数，有的甚至根据计算对象、计算基数和计算方法的不同，编制了若干个股票价格指数。其中，影响较大的股价指数有如下几种：

1. 道·琼斯股价指数

这是最有影响也最为公众所熟悉的股价指数。它由道·琼斯公司的创始人查尔斯·道（Charles H. Dow）于 1844 年创立编制，以在纽约证券交易所上市的股票为样本股票的选择范围，以 1928 年 10 月 1 日为基期，基期值为"100"，以后各期股票价格同基期相比算出的百分数就成为各期的股价指数；1889 年以后，道·琼斯股价指数开始在国际金融市场上最有影响的新闻媒介《华尔街日报》上发布。

道·琼斯股价指数共分四组：（1）工业平均指数。这是根据在纽约证交所上市的美国 30 家最有代表性的工商业公司的股票价格编制出的指数。它从 1897 年开始编制，起初是用简单平均法计算 12 家公司的股票价格，以后增加到 20 家；1928 年以后，改为 30 家，并用弹性除数法计算。（2）运输业平均指数。它根据 20 家最有代表性的运输业大公司的股票价格编制。（3）公用事业平均指数。它根据 15 家最有代表性的公用事业公司的股票价格编制。（4）平均价格综合指数。这是综合前三组 65 种股票价格编制的股票指数。在四种指数中，最常见的（也是人们用得最多的）是工业平均指数。

2. 标准·普尔股价指数

标准·普尔股价指数（Standard & Poor Stock Price Indexes），是美国最大的证券研究机构——标准·普尔公司编制发表的股价指数。它始于 1923 年，最初样本股票共 233 种，1957 年扩大为 500 种，其中，工业股票 425 种、铁路股票 15 种、公用事业股票 60 种；1976 年 7 月 1 日以后，改为工业股票 400 种、运输业股票 20 种、金融业股票 40 种、公用事业股票 40 种。目前，标准普尔股价指数每小时公布一次，美国《商业周刊》每期予以刊载。

标准·普尔股价指数以 1941～1943 年间的平均市价总额为基期值，选择加权平均法进行计算，基期值为"10"。由于它所选择的 500 种股票的总市值占纽约证交所股票总市值的 80% 以上，因而具有广泛的代表性。美国商业部出版的《商情摘要》一直把它作为预测经济周期变化的 12 个先行指标之一。

3. 纳斯达克 100 指数

又称纳斯达克综合指数，它与道·琼斯 30 种工业平均指数、标普 500 指数一起被看作美国股市的 3 大指数。这一指数于 1985 年 1 月 30 日由纳斯达克推出，以 1971 年第一个交易日设为 100 点，选择的是在纳斯达克入市交易的 6000 家公众公司中最大的 100 家公司股票（但不包含金融、房地产公司股票）编制而成。由于在纳斯达克入市交易的公众公司涵盖所有新技术行业，包括软件和计算机、电信、生物技术、零售和批发贸易等，所以，该指数又被看作高新技术股票走势的风向标。

4. 纽约证券交易所股价指数

这是由纽约证券交易所于 1966 年 6 月开始编制的指数，每 30 分钟公布一次，在美国有一定的影响。它以 1965 年 12 月 31 日为基期，样本股票是在纽约证券交易上市的所有股票（1570 种），采用加权平均法进行计算，基期值为"50"；它除了有综合指数外，还有根据 1093 种工商业股价计算的工业股价指数，根据 223 种金融、保险、投资和不动产业股价计算的金融业股价指数，根据 189 种公用事业股价计算的公用事业股价指数和根据 65 种交通运输业股价计算的运输业股价指数。

5. 伦敦《金融时报》股价指数

这是由英国伦敦《金融时报》编制的指数，它以 1935 年 7 月 1 日为基期，基期值为"100"，并分为三组：第一组是在伦敦证交所上市的有代表性的 30 种英国工商业股票，第二组和第三组分别由各个行业的 100 种股票和 500 种股票构成。这一指数由于能够较全面地反映伦敦股票市场的价格变动，所以在英国有较大的影响。

6. 日经股价指数

这是由日本经济新闻社编制的反映日本股票市场价格变动的指数。它以 1950 年 9 月 7 日为基期，采用的计算方法是道·琼斯指数所用的修正法。根据计算对象和样本数目的不同，日经股价指数可分为两种：其一，日经 225 种平均指数。其样本均为在东京证交所第一市场上市的股票，并且原则上固定不变。由于这种股价指数自 1950 年起长期延续，具有连续性和可比性，因而成为分析日本股市长期变化和走势的重要指标。其二，日经 500 种平均股价。其样本是不固定的，每年 4 月，该指数根据前 3 个财政年度各上市公司的经营状况、股票成交量和市值总价等为基本条件，更换样本股票。这一指数由于样本数量多，具有广泛的代表性，因而是全面分析日本股市走势和产业变动的重要指标。

7. 香港恒生股价指数

这是由香港恒生银行于 1969 年 11 月 24 日开始编制的。它以 1964 年 7 月 31 日为基期，采用修正的加权综合法计算，基期值为"100"。恒生指数从在香港联交所上市的股票中，选择 33 种样本股票进行计算。这些样本股票分为四类：金融业 4 种，公用事业 6 种，房地产业 9 种，工商业（包括航运业、酒店业等）14 种。

由于样本面广泛，时间延续较长，所以，恒生指数成为分析香港股市变动的重要指标。

8. 上证综合股价指数

这是由上海证券交易所于 1991 年 7 月 15 日起编制的。它以 1990 年 12 月 19 日为基期，以全部上市股票为样本，采用以股票发行量为权数的加权综合法进行计算，基期值为 "100"。其计算公式为：

$$报告期指数 = 报告期成份股的总市值／基体成份股的总市值 × 基期指数$$

$$(8.14)$$

在公式 8.14 中，总市值 = $\sum$（市价 × 发行股数）。具体计算办法是，以基期和计算日的股票收盘价（如当日无成交，沿用上一日收盘价）分别乘以发行股数，相加后求得基期和计算日的市价总值，再相除后，得到股价指数。在新股上市时，计算公式调整为：

$$本日股价指数 = 本日股票市价总值／新基准股票市价总值 × 100 \quad (8.15)$$

在公式 8.15 中，

$$新基准股票市价总值 = 修正前基准股票市价总值 × （修正前股票市价总值 +$$
$$股票市场总值）／修正前股票市价总值 \quad (8.16)$$

随着上市股票种类的增加，上海证券交易所从 1992 年 2 月起分别公布 A 股指数和 B 股指数；从 1993 年 5 月 3 日起正式公布工业、商业、地产业、公用事业和综合五个分类股价指数；此后，上海证交所又陆续编制了上证 180 指数和 50 指数等。

上证 180 指数以成份股的调整股本数为权数进行加权计算，计算公式为：

$$报告期指数 = 报告期成份股的调整市值／基日成份股的调整市值 × 1000$$

$$(8.17)$$

在公式 8.17 中，调整市值 = $\sum$（市价 × 调整股本数），基日成份股的调整市值亦称为除数，调整股本数采用分级靠档的方法对成份股股本进行调整。

9. 深证股价指数

这是由深圳证券交易所于 1991 年 4 月 4 日起编制的。它以 1991 年 4 月 3 日为基期，以所有上市股票为样本，采用以基期发行量为权数的加权综合法计算，基期值为 "100"。在新股上市时，该股在其上市的第二天被纳入样本范畴；若样本股的数量发生变化，则以变动日为新的基期日，并以新基数计算，同时，用连锁的方法将计算得到的指数溯源至原有基期日，以维持指数的连续性。其公式为：

$$该日即时指数 = 上日收市指数 × 该日现时总市值／上日收市总市值 \quad (8.18)$$

在公式 8.18 中，该日现时总市值 = 各样本股的市值 × 其已发行股数；上日收市总市值是指根据上一营业日样本股的股本变动进行调整后的总市值。

1995 年 1 月 3 日，深圳证交所开始编制深圳成份股指数，并于同年 2 月 20 日实时发布。成份股指数，以 1994 年 7 月 20 日为基期，采用贝氏加权法计算，基期值为"1000"。其计算公式为：

该日指数 = 该日成份股可流通总市值／基期日成份股可流通总市值 × 1000

$$(8.19)$$

10. 沪深 300 指数

这是由沪、深两个交易所共同研究开发的跨市场综合股票指数。编制这一指数的目的是试图反映中国股票交易市场价格变动和运行状况的概貌，以此作为投资业绩的评判标准，并为指数化投资和指数衍生产品创造基础条件。该指数首次发布于 2005 年 4 月 8 日。2005 年 9 月，中证指数有限公司成立后，这一指数由其负责编制和发布。

沪深 300 指数以 2004 年 12 月 31 日为基日，基点为 1000 点。指数成份股的数量为沪、深股市中 300 只规模大、流动性好的股票。选取样本股的方法是：先计算样本空间股票在最近一年（新股为上市以来）的日均总市值、日均流通市值、日均流通股份数、日均成交金额和日均成交股份数五个指标，再将这些指标的比重按2：2：2：1：1 进行加权平均，然后，将计算结果从高到低排序，选取排名在前 300 的股票作为成份股。沪深 300 指数采用派氏加权法进行计算，其计算公式为：

报告期指数 = 报告期成份股的调整市值／基日成份股的调整市值 × 1000

$$(8.20)$$

在公式 8.20 中，调整市值 = $\sum$（市价 × 调整股本数），基日成份股的调整市值又称为除数。

当沪深 300 指数的成份股发生替换或股本结构出现变化，或者成份股市值由于非交易因素产生变动时，就需要对指数进行修正以保证指数价格的连续性。修正方法采用"除数修正法"，即通过一定方法重新计算新的除数，并用新除数计算指数价格，除数修正公式如下：

修正前的市值／原除数 = 修正后的市值／新除数 (8.21)

在公式 8.21 中，修正后的市值 = 修正前的市值 + 新增（减）市值。

11. 中国创业板指数

这是由深圳证券交易所于 2010 年 6 月 1 日起正式编制和发布的。它以 2010 年 5 月 31 日为基日，基点为 1000 点。指数样本的选择标准是：①在深交所创业板上市交易的 A 股；②有一定上市交易日期（一般为 3 个月）；③公司最近一年无重大违规、财务报告无重大问题；④公司最近一年经营无异常、无重大亏损；⑤考察期内股价无异常波动。

创业板指数的定期调整样本，其方法是每 6 个月平均流通市值的比重和平均成交金额的市场占比，按照 2:1 的权重加权平均，计算结果后从高到低排序，再参考公司治理结构、经营状况等因素后，选取创业板指数成份股。创业板指数在样本满 100 只之后将实施按季定期调样，每次调样均采用缓冲区技术进行。

创业板指数采用派氏加权法编制，选用下列公式逐日连锁实时计算：

$$实时指数 = 上一交易日收市指数 \times \sum（成份股实时成交价 \times 成份股权数）/$$

$$\sum（成份股上一交易日收市价 \times 成份股权数） \qquad (8.22)$$

在公式 8.22 中，"成份股"指纳入指数计算范围的股票，"成份股权数"为成份股的自由流通量，子项和母项的权数相同。子项中的乘积为成份股的实时自由流通市值，母项中的乘积为成份股的上一交易日收市自由流通市值，$\sum$ 是指对纳入指数计算的成份股的自由流通市值进行汇总。

第三节　中国股票交易市场

一　多板块的 A 股交易市场

A 股是指由中国境内股份公司发行并由中国境内企业等法人机构和城乡居民买卖交易的以人民币为计价单位的普通股股票。以上海证券交易所开业为标志，A 股市场起步于 1990 年 12 月 19 日[①]。中国境内的 A 股市场是由主板市场、中小企业板市场、创业板市场和新三板市场等构成的多板块市场。

在 2004 年 5 月之前，A 股市场就是主板市场，A 股的发股规则和交易规则就是主板市场的基本规则。2004 年 5 月 17 日，经国务院批准，中国证监会正式发出批复，同意设立中小企业板块；2004 年 6 月 25 日，深圳证券交易所举行了中小企业板块首次上市仪式，新和成等 8 家公司挂牌上市，标志着中小企业板市场投入运行。由此，中国境内的 A 股市场形成了由主板市场和中小企业板市场构成的多板块格局。中小企业板市场与主板市场在交易规则方面是一致的，差别仅在于在中小企业板市场上市的股份公司首次发行股票（IPO）的数额通常在 3500 万股（最高不超过 5000 万股），而在主板市场上市的股份公司 IPO 的数额在 3500 万股以上。因此，中小企业板市场与主板市场是按照 IPO 发股数额划分的，即中小企业板市场属"小盘股"，主板市场属"大盘股"。

中国境内探讨创业板市场始于 1998 年。当时，受国务院委托，在国家科技部主持下，一批专家展开了对推进高新技术产业化的创业机制研究，提出了发展"创业企业"和"创业板市场"的设想。2000 年起，深交所暂停新股上市申请，专门筹备创业板。2000 年 2 月 21 日，深交所高新技术企业板工作小组成立。但因

[①]　经国务院授权，由中国人民银行批准建立，1990 年 11 月 26 日上海证券交易所正式成立。

种种原因，原先设计的不同于 A 股规则的创业板并没有推出。2008 年以后，在中国证监会的推动下，以 A 股规则为基础的创业板工作重新启动。2009 年 10 月 30 日，首批 28 家公司股票集体在创业板上市，标志着创业板市场投入运行。在交易规则方面，创业板市场与主板市场、中小企业板市场基本一致，只是在发行规则方面创业板市场有一些特殊的规定，因此，创业板市场只是 A 股市场的一个新的板块。

"新三板"的准确名称是"代办股份转让系统"（简称"代办系统"）①。2001 年 7 月 16 日，该系统投入运行。该系统最初是为了解决两个方面的问题而设立：其一，满足原 STAQ、NET 系统的挂牌公司②，在 STAQ、NET 系统撤销后的股票交易；其二，满足在沪、深两个证券交易所的退市公司的股票交易。在代办系统首批挂牌交易的公司包括大自然、长白、清远建北、海国实、京中兴和华凯等原 NET、STAQ 市场的挂牌企业。2002 年 12 月，中国证券业协会出台了《证券公司从事代办股份转让主办券商业务资格管理办法（试行）》，标志着代办系统迈出了扩容的步伐。代办系统的交易制度与原 PT 公司③类似，例如，以集合竞价方式进行集中配对成交，涨跌停板限制为 5%，其中，赢利而且净资产为正值的股票每周交易 5 次，其余每周交易 3 次（逢周一、周三、周五）。2006 年 1 月 16 日，经国务院批准，中国证监会正式做出批复，同意北京中关村科技园区非上市股份有限公司（以下简称"园区公司"）进入证券公司代办股份转让系统进行股份转让试点。这标志着代办系统迈入了一个新的发展阶段。到 2012 年 4 月，代办系统的挂牌企业已达 112 家。2012 年 9 月 20 日，全国中小企业股份转让系统有限责任公司正式成立，该公司的基本职能是管理"全国中小企业股份转让系统"的各项运作。2012 年 10 月 11 日，中国证监会出台了《非上市公众公司监督管理办法》，不仅提出了"非上市公众公司"的概念和此类公司在治理结构、信息披露等方面的具体要求，而且对此类公司的股票转让、定向发行和监督管理等做出了规定。这一监管办法从 2013 年 1 月 1 日起实施。由于市场人士在 2000 年左右曾经将当时正在筹备的创业板称为"二板市场"，并在 2001 年将"代办股份转让系统"称为"三板市场"，所以，他们将在新的监管办法规范下的代办系统称为"新三板"。但新三板依然是建立在 A 股规则基础上的，只是 A 股的一个经改造后的板块，并非有新

---

① 由于该代办系统的交易在特定证券公司的特定营业部进行，所以，又称"证券公司代办股份转让系统"。

② STAQ 和 NET 是当时为了解决定向募集公司的法人股流通而设立的股份公司法人股转让市场。其中，STAQ 系统是在国家体改委领导下，由中国证券市场研究设计中心（联办）于 1992 年设立；NET 系统由中国人民银行牵头，于 1993 年设立。1998 年在清理整顿证券市场过程中，国务院决定撤销这些股份交易市场。

③ PT 是英文 Particular Transfer（特别转让）的第一个字母缩写。依据《公司法》和《证券法》规定，上市公司出现连续三年亏损等情况，股票将暂停上市。沪、深交易所从 1999 年 7 月 9 日起，对这类暂停上市的股票实施特别转让服务，在其简称前冠以"PT"，故称为 PT 股票。

（不同于 A 股）的交易规则的股票交易市场。2013 年 1 月 16 日，"全国中小企业股份转让系统"揭牌运行。

二 B 股交易市场

B 股市场创立于 1992 年，主要目的在于通过股票市场吸引外资。1991 年 12 月 5 日，中国人民银行和深圳市人民政府发布了《深圳市人民币特种股票管理暂行办法》；1991 年 12 月 18 日，深圳举行了人民币特种股票（B 种股票）海外发行承销签字仪式，意味着 B 股启动；1992 年 2 月 21 日，上海真空电子器件股份有限公司人民币特种股票在上海证券交易所上市，标志着 B 股市场投入运行。

1995 年 12 月 25 日，国务院出台了《关于股份有限公司境内上市外资股的规定》，标志着有关 B 股的第一部全国性法规的诞生。其中规定：B 股的投资人限于：1. 外国的自然人、法人和其他组织；2. 中国香港、澳门、台湾地区的自然人、法人和其他组织；3. 定居在国外的中国公民；4. 国务院证券委员会规定的境内上市外资股其他投资人。B 股投资人认购、买卖境内上市外资股，应当提供证明其投资人身份和资格的有效文件。B 股的交易、保管、清算交割、过户和登记，应当遵守法律、行政法规以及国务院证券委员会的有关规定。

B 股交易在上海证券交易所采取的是美元计价，在深圳证券交易所采取的是港元计价；每手交易为 1000 股。到 2012 年 9 月，在沪、深证券交易所上市的 B 股达到 83 只。

2001 年 2 月 20 日，中国证券监督管理委员会发布境内居民可投资 B 股市场的决定。由此，B 股市场由原先的离岸市场转变为离岸与在岸并存的市场（但从持股结构看，大部分 B 股已为中国境内投资者所持有）。为了适应境内投资者的交易活动，B 股交易的每手从 1000 股改为了 100 股，并实行 T＋1 交易（但 T＋3 交收维持不变）。

但一个离岸＋在岸的股市是难以长期存在的，其中存在一系列法律、财务和监管等方面的矛盾，因此，B 股市场的前景令投资者担忧。

三 股票交易过程

股票交易过程，是指投资者（或股东）从开户、买卖股票到股票与资金交割完毕的全过程。以 A 股为例，它大致可分为开户、委托、成交、清算和交割五个阶段。

1. 开户

任何投资者或股东要进入股市，首先应在证券经纪商处开立委托买卖股票的有关账户。在世界许多国家或地区，开户主要是指投资者（或股东）在股票经纪人处开立资金账户的行为；但在中国，开户包括开立股东账户和资金账户等行为。开立股东账户时，投资者须携带自己的身份证、填写有关表格并交纳少量的费用；

由于上海和深圳两股市的清算交割系统是分离的，所以，要同时进入这两个市场交易，必须分别开立上海和深圳的股东账户。资金账户主要在各个证券公司的证券营业部办理（资金账户的功能是，投资者在买卖股票时，他在银行账户上的资金须转入此账户才可交易）；在办理资金账户时，投资者应提交有效证件、股东卡等。开户后，投资者或股东就具有了进入股市的资格，可以委托证券公司的经纪商买卖股票。

2. 委托

委托，是指投资者或股东在办理规定的手续后让证券经纪商代理股票买卖的行为。在委托中，股东应将所委托卖出的股票，投资者应将委托购股的资金，交付给证券经纪商。不论是对委托人还是对被委托人来说，委托都是展开股票买卖的关键行为，委托的时间、内容、方式是否恰当，直接关系到交易的成败和利益的增减，为此，委托人须注意如下事项。

（1）股市行情表。在进行委托之前，投资者和股东应弄清股市行情表，选择适合自己意向的股票、价格和数量。股市行情表根据统计时间的长短，可分为即时动态行情表、每日行情表、每周行情表、每月行情表，等等。委托人进入股市，不仅要根据每日、每周和每月行情表提供的交易信息和其他信息，在充分分析的基础上，确定自己的意向，而且要根据股市的即时行情，做出具体的决断。

即时动态行情表，反映的是股市的即时动态，通常由股票代码、股票名称、前市收盘价、开盘价、最高价、最低价、最新价、买入价、卖出价、成交量、股价指数等项目组成。其中，股票代码，是由股票交易市场为了便于计算机处理和委托报单而编制的代表特定股票的数字；股票名称，是入市公司名称和股票种类的简称，它通常可为投资者提供上市公司的所在地、主营业务、股票种类等信息；前市收盘价，是指该只股票在前一天股市收盘前最后一笔成交的价格；开盘价，是指该只股票在今日开盘时第一笔成交的价格；最高价，是指该只股票在今日开盘后的最高成交价格；最低价，是指该只股票在今日开盘后的最低成交价格；最新价，是指该只股票即时前一笔成交的价格；买入价，是指该只股票即时已申报的买入价格；卖出价，是指该只股票即时已申报的卖出价格；成交量，是指该只股票在今日股市开盘到目前为止的成交总量；股价指数，是指根据即时股价和成交状况所计算的股指数值。

（2）委托方式。委托的方式，按形式划分，可分为柜台委托、电话委托、电传委托、口头委托、上网委托等；按权益划分，可分为全权委托、市价委托、限价委托等；按时间划分，可分为当日委托、多日委托和无限期委托等。

柜台委托，是指投资者或股东在证券经纪商的营业柜台上，委托证券经纪商代理买卖股票的方式；当采取纸面凭证时，投资者或股东应填写委托单；当采取磁卡凭证时，投资者或股东应输入自己的代码（密码）和相关指令，在确认无误后，按下"确定"键。在采取电话委托、电传委托和口头委托的场合，投资者或股东在实施委托时，可以不填写委托单，但在成交前或交割时，应补填委托单。由于口头委托容易发生委托纠纷，所以，中国不予采用；在国际股市中，这种方式也已很少采用。

全权委托，是指投资者或股东将买卖股票的权利完全委托给证券经纪商的方式。在这种方式中，证券经纪商全权代表投资者或股东买卖股票，其结果无论如何，投资者或股东都必须接受。

市价委托，是指投资者或股东委托证券经纪商按当时的市场价格买卖股票的方式。在这种方式中，买卖必须成交，但其价格不论高低，委托人都必须接受，证券经纪商不负任何责任。

限价委托，是指投资者或股东委托证券经纪商按限定的价格买卖股票的方式。在这种方式中，若委托人限定的是最高价，则证券经纪商只能在此价格之下寻求成交机会，否则，高于限价的成交，委托人可以不接受；若委托人限定的是最低价，则证券经纪商只能在此价格之上寻求成交机会，否则，低于限价的成交，委托人可以不接受。由于价格限定限制了成交机会，所以，在采取限价委托中，证券经纪商不负买卖不成交的责任。

在中国1992年以后的股票买卖中，一般采用限价委托方式，很少采用市价委托方式，不准采用全权委托方式。

当日委托，是指投资者或股东委托证券经纪商代理股票买卖的契约当日有效。与此相应，多日委托，是指这种契约多日有效；无限期委托，是指这种契约长期有效。中国不允许采取无限期委托。在1993年以前，曾实行过当日委托和多日委托，但1993年以后，随着股票交易电子网络的完善，多日委托方式被取消了，因而，目前只能采取当日委托。在国际股市中，一般采取当日委托和多日委托，无限期委托已大大减少。

委托，应签订委托契约。委托单是委托契约的重要形式。委托单的内容，通常包括股票代码、股票名称、买入或卖出、股票价格、股票数量、委托方式（如限价、市价、全权，当日、多日、无限期等）和交易方式等。在中国目前的条件下，由于不存在多日、无限期和全权等委托方式，所以，在委托单中，若不填市价委托，则视为限价委托。委托单应经证券经纪商审定并加盖印鉴，才能构成有效的委托契约。

（3）交易方式。股票交易方式大致上有四种：现货交易、信用交易、期货交易和期权交易。

现货交易，又称现金交易，是指买卖双方在成交后立即交割的交易方式。2010年7月16日，中国启动了股指期货交易，此后，股票交易既有现货交易也有期货交易。

信用交易，又称保证金交易或透支交易，是指投资者或股东通过交付一定数量的保证金得到经纪人的信用而进行股票买卖的交易方式。信用交易中，经纪人不仅要按成交金额收取佣金，而且要按利率规定，向委托人收取垫付资金的利息。信用交易可分为信用买长交易（或称"买涨交易"）和信用卖短交易（或称"买跌交易"）。

信用买长交易，是指在预期股价将上涨或继续上涨时，投资者通过交付一部分保证金而由经纪人垫付其余的资金，买入股票的交易方式。例如，投资者 A 预期某只股票将由 30 元上涨到 35 元，他打算买入 1000 股，需投资 30000 元，但手边一时没有这么多的资金，因此，选择信用买长交易；在保证金率为 25% 时，他只需交付 7500 元的保证金，其余的 22500 元资金由经纪人垫付。若预期准确，在股价上升到每股 35 元时卖出，则投资者 A 可获得 5000 元的差价收益。在实行信用买长交易中，经纪人通常要将投资者购入的股票作为借款的抵押，以防委托人不支付垫款本息。

信用卖短交易，是指在预期股价将下跌或继续下跌时，委托人通过交付一部分保证金，由经纪人借入某种股票并同时卖出该种股票的交易方式。例如，投资者 A 预期某只股票将由 35 元下降到 30 元，他手中没有股票但又想从中获利，由此，选择了信用卖短交易。假定，他打算卖出 1000 股，在保证金率为 25% 时，他将 8750 元的保证金交付经纪人，经纪人代他从股东 B 那里借入该只股票 1000 股，按每股 35 元卖出；若预期准确，在股价下落到 30 元时，经纪人再以每股 30 元的价格买入 1000 股，并将这些股票归还股东 B。这样，通过一卖一买，投资者 A 获得了 5000 元的差价收益。

信用交易方式在国际股市中时常可见，但在 2006 年以前的中国股市中是被禁止的；2006 年以后，随着证券公司融资融券业务的展开，信用交易开始启动。

（4）委托审核。委托审核，是指证券经纪商对投资者和股东提出的委托买卖股票要求进行审核的行为。委托审核包括合法性、同一性和真实性三方面内容。合法性主要审核委托人是否具有买卖股票的身份资格，是否已按规定开立了股东账户和资金账户，是否填写了委托单，委托单的内容是否正确等；同一性主要审核委托人提供的各类证件是否相符，这些证件与委托单上的签字是否相符，委托单的各联是否相符等；真实性主要审核委托人买卖股票数量与账户中的库存股票或资金的数量是否相适应。只有在委托审核无误的条件下，证券经纪商才能签字盖章，接受买卖股票的委托；也只有在证券经纪商签字盖章后，委托单才成为有效的委托契约。

（5）报单方式。报单，是指证券经纪商将委托人的委托内容报入证券交易所的行为。报单方式可分为直接报单、间接报单、场内报单、场外报单等。

直接报单，是指证券经纪商在接受了委托人的委托后直接进入证券交易所报单的现象；这一般发生在证券经纪商本身是证券交易所会员的场合。间接报单，是指证券经纪商在接受了委托人的委托后，委托给其他证券经纪商进入证券交易所报单的现象；这通常发生接受委托的证券经纪商本身不是会员的场合。

场内报单，是指证券经纪商在证券交易所内进行报单的现象；场外报单，是指证券经纪商在证券交易所外进行报单的现象。20 世纪 90 年代，上海证券交易所实行的是场内报单方式，即证券经纪商在接受了买卖委托后，须先将委托的内容报给他们在上海证券交易所内的场内交易员（即红马甲），然后，由场内交易员报入电脑主机。深圳证券交易所实行的是场外报单方式，即证券经纪商在接受了委托后，可通过与深圳证券交易所电脑主机联网的终端，在自己的证券营业部直接将委托内容报入电脑主机。公元 2000 年前后，上海证券交易所和深圳证券交易所均实行了电子直接报单方式，投资者可在证券营业部的终端上输入买卖股票的信息，通过电子系统，直接将这些信息打入交易所的电脑主机。

证券经纪商将委托契约的内容报入证券交易所后，交易就进入了"成交"阶段。

3. 成交

成交，是指股票买卖双方达成交易契约的行为。由于买卖股票是交易双方的直接目的，而且股票一旦成交，在正常情况下，买卖双方不可违约，所以，这一阶段是股票交易过程的核心所在。股票成交方式大致有"竞价拍卖"和"电子撮合"两种。

竞价拍卖方式，是指通过买方或卖方的竞争性报价达成股票交易契约的方式。在竞价中，若卖方为一人，买方为多人，通过各个买方的竞争性报价，卖方与申报最高买入价的买方成交，这一过程称为"拍卖"；若卖方为多人，买方仅一人，通过各个卖方的竞争性报价，买方与申报最低卖出价的卖方成交，这一过程称为"标购"。竞价成交方式，自股市形成起就存在，迄今大部分国家和地区仍在沿用。

电子撮合方式，是指由证券经纪商将买方和卖方的竞争性报价分别输入电脑主机，电脑主机按照价格优先、时间优先的原则进行排序并撮合成交的方式。在电子撮合成交中，买卖各方的各次报价，首先由经纪人分别输入电脑主机；电脑主机按照各次报价、价格优先、同一价格报价、时间优先的原则，将卖方报价以由低到高的顺序进行排序、买方报价以由高到低的顺序进行排序，然后，撮合处于第一位的买方和卖方成交。在撮合中，若买卖双方的价格不一致，通常取它们的中间价作为成交价；若买卖双方的申报数量不一致，通常由后位补上。目前，中国沪、深交易所的股票交易都采用电子撮合方式，世界上也有一些股市采用这种方式。

4. 清算

清算，是指在股票成交后买卖各方通过证券交易登记清算系统进行的股票和资金的清理结算。清算的基本程序是，对同一个入市者在一个交易日所发生的各笔买卖，进行清理，然后将对同一股票的买入数量及价格和卖出数量及价格进行对冲，求出应交割的股票种类、数量和资金。1867 年，德国法兰克福建立了世界上最早的证券清算制度，此后，各地证券交易市场分别建立了自己的清算系统。

清算一般分为两个层次。第一层次，是证券经纪商相互间通过交易所系统进行的清算。每个证券经纪商在每个交易日不断地进行成交活动，买卖股票的种类、数量、笔数、次序等既相当复杂又数额巨大，为了便于交割，他们通过证券交易市场建立的清算系统，先进行各笔交易的对冲和抵消，然后交付清算后的差额（股票和资金）。在这一过程中，各个证券经纪商首先必须在证券交易的清算机构开立清算账户，并将自营账户和代理账户严格分开；其次，必须将一定数量的资金存入清算账户（有些国家还规定，应将卖出的股票存放于清算机构），以保证清算的正常进行；再次，必须与清算机构核对每一笔成交记录，确认无误；最后，进行清算。第二层次，是证券经纪商（或经纪人）与委托人之间的清算，由于委托人每日进行的股票买卖笔数较少，所以这一过程相对简单。

在中国，各地情况有所差异，清算系统大致可分为两级清算和三级清算两种。两级清算，是指证券经纪商之间通过证券交易所清算系统进行的清算和证券经纪商与委托人之间的清算。三级清算，是指中国证券登记结算有限责任公司与证券交易所登记结算系统之间的清算、证券经纪商之间通过证券交易所登记结算系统进行的清算和证券经纪商与委托人之间的清算。2001 年 3 月 31 日，中国证券登记结算有限责任公司成立，此后，中国 A 股市场均实行了三级清算。

同时，由于中国的股票交易采取电子化系统，所以，清算和股票过户是同时完成的。

5. 交割

交割，是指股票买卖双方相互交付资金和股份的行为。在交割中，买方将购股资金交付给卖方，称为资金过户；卖方将售出的股份交付给买方，称为股票过户。在过户中，买卖双方应认真核对股票名称、证券交易所名称、成交日期及时间、成交数量、成交价格、成交金额、税收、佣金、交割时间等事项是否正确。交割程序一般与清算程序相对应，分为两个层次，在中国则分为两级交割或三级交割。

根据交割日期划分，交割可分为当日交割、次日交割、例行交割等多种方式；若以 T 代表当日，以 1，2，3，…，n 分别代表往后各日，则交割方式可分为 T+0、T+1、T+2、T+3 等等。

当日交割，是指股票买卖双方在成交当日办理交割事宜的方式。这是常见的交割方式，它对满足买方的股票运作、卖方的资金需求和提高股票成交量等都有重要作用。纽约证券交易所规定，在下午 2：00 以前成交的股票，应在下午 2：30 以前办理完交割手续；中国在实行 T+0 方式时规定，当日买卖的股票，在成交后可进行逆向交易，待闭市后进行清算，并在次日开市前交割完毕。

次日交割，是指买卖双方应在股票成交后的下一个营业日办理交割事宜的方式。有些国家规定，采取次日交割，买卖双方应在股票成交后的下一个营业日的中午 12：00 以前办理完交割手续。中国目前实行的 T+1 方式规定，当日成交的股票，不可进行逆向交易，交割在次日开市前办理完毕。

T+3 交割，是指买卖双方应在股票成交后的第三个营业日办理完交割事宜的方式。中国目前的 B 股交易采用这种交割方式。

例行交割，是指买卖双方应在股票成交后的第五个营业日办理交割事宜的方式。在这种方式中，买卖双方应于第五日中午 12：00 以前办理完交割手续。

此外，还有例行递延交割、卖方有选择权交割、发行日交割等方式。

四　合格境外机构投资者（QFII）

QFII，是英文 Qualified Foreign Institutional Investors 的第一个字母的简称，中文含义为"合格境外机构投资者"。作为一种制度规定，QFII 是指对海外专业投资机构到境内投资的资格认定制度。

QFII 是一国或地区在货币尚未实现资本账户项下完全可自由兑换的条件下，有限度地引进外资、开放资本市场的一种过渡性制度安排。这种制度要求，海外机构投资者若要进入一国或地区的证券市场进行投资交易，必须符合制度规定的条件，在得到该国或地区的监管部门审批后，将不高于批准数额的外汇资金汇入指定账户并转换为当地货币，并在受到严格监管的证券交易账户中开展当地的证券交易活动。韩国、中国台湾、印度和巴西等市场的经验表明，QFII 有利于推进证券市场的国际化。

2002 年 11 月 5 日，中国证监会和中国人民银行联合发布了《合格境外机构投资者境内证券投资管理暂行办法》（中国证券监督管理委员会、中国人民银行令第 12 号），标志着中国境内 QFII 的启动。该管理办法对资格条件和审批程序、托管和登记结算做出了详细规定，同时也在投资运作、资金管理和监督管理等方面做了具体规定。

在资格条件方面规定，合格境外机构投资者（以下简称合格投资者），是指符合本办法规定的条件，经中国证监会批准投资于中国证券市场，并取得国家外汇管理局额度批准的中国境外基金管理机构、保险公司、证券公司以及其他资产管理机构。申请合格投资者资格，应当具备下列条件：（1）申请人的财务稳健，资信良好，达到中国证监会规定的资产规模等条件，风险监控指标符合所在国家或者地区法律的规定和证券监管机构的要求；（2）申请人的从业人员符合所在国家或者地区的有关从业资格的要求；（3）申请人有健全的治理结构和完善的内控制度，经营行为规范，近 3 年未受到所在国家或者地区监管机构的重大处罚；（4）申请人所在国家或者地区有完善的法律和监管制度，其证券监管机构已与中国证监会签订监管合作谅解备忘录，并保持着有效的监管合作关系；（5）中国证监会根据审慎监管原则规定的其他条件。

在资产规模方面规定，基金管理机构经营基金业务达 5 年以上，最近一个会计年度管理的资产不少于 100 亿美元；保险公司经营保险业务达 30 年以上，实收资本不少于 10 亿美元，最近一个会计年度管理的证券资产不少于 100 亿美元；证券公司经营证券业务达 30 年以上，实收资本不少于 10 亿美元，最近一个会计年度管理的证券资产不少于 100 亿美元；商业银行的最近一个会计年度，总资产在世界排名前 100 百名以内，管理的证券资产不少于 100 亿美元。中国证监会根据证券市场发展情况，可以调整上述资产规模等条件。

在申请程序方面规定，申请合格投资者的资格和投资额度时，申请人应当通过托管人分别向中国证监会和国家外汇管理局报送规定的文件材料，并通过托管人向国家外汇管理局申请投资额度。

在托管方面规定，托管人应当具备下列条件：（1）设有专门的基金托管部；（2）实收资本不少于 80 亿元人民币；（3）有足够的熟悉托管业务的专职人员；（4）具备安全保管基金全部资产的条件；（5）具备安全、高效的清算、交割能力；（6）具备外汇指定银行资格和经营人民币业务资格；（7）最近 3 年没有重大违反外汇管理规定的记录。

在投资运作方面规定，合格投资者在经批准的投资额度内，可以投资下列人民币金融工具：（1）在证券交易所挂牌交易的除境内上市外资股以外的股票；（2）在证券交易所挂牌交易的国债；（3）在证券交易所挂牌交易的可转换债券和企业债券；（4）中国证监会批准的其他金融工具。

2006 年 8 月 24 日，中国证监会、中国人民银行和国家外汇管理局联合出台了《合格境外机构投资者境内证券投资管理办法》，对上述"暂行办法"进行了修改。其中：

在资格条件方面规定改为，申请合格投资者资格，应当具备下列条件：（1）申请人的财务稳健，资信良好，达到中国证监会规定的资产规模等条件；（2）申请人的从业人员符合所在国家或者地区的有关从业资格的要求；（3）申请人有健全的治理结构和完善的内控制度，经营行为规范，近 3 年未受到监管机构的重大处罚；（4）申请人所在国家或者地区有完善的法律和监管制度，其证券监管机构已与中国证监会签订监管合作谅解备忘录，并保持着有效的监管合作关系；（5）中国证监会根据审慎监管原则规定的其他条件。

在申请程序方面的规定改为，申请合格投资者资格和投资额度，申请人可以通过托管人分别向中国证监会和国家外汇管理局报送文件。中国证监会自收到完整的申请文件之日起 20 个工作日内，对申请材料进行审核，并征求国家外汇管理局意见，做出批准或者不批准的决定。决定批准的，颁发证券投资业务许可证；决定不批准的，书面通知申请人。为鼓励中长期投资，对于符合规定的养老基金、保险基金、共同基金、慈善基金等长期资金管理机构的申请，予以优先考虑批准。

在托管方面的规定改为，每个合格投资者只能委托 1 个托管人，但可以更换托管人。托管人应当履行下列职责：（1）保管合格投资者托管的全部资产；（2）办理合格投资者的有关结汇、售汇、收汇、付汇和人民币资金结算业务；（3）监督合格投资者的投资运作，发现其投资指令违法、违规的，及时向中国证监会和国家外汇管理局报告；（4）在合格投资者汇入本金、汇出本金或者收益 2 个工作日内，向国家外汇管理局报告合格投资者的资金汇入、汇出及结售汇情况；（5）每月结束后 8 个工作日内，向国家外汇管理局报告合格投资者的外汇账户和人民币特殊账户的收支和资产配置情况，向中国证监会报告证券账户的投资和交易情况；（6）每个会计年度结束后 3 个月内，编制关于合格投资者上一年度境内证券投资情况的年度财务报告，并报送中国证监会和国家外汇管理局；（7）保存合格投资者的资金汇入、汇出、兑换、收汇、付汇和资金往来记录等相关资料，其保存的时间应当不少于 20 年；（8）根据国家外汇管理规定进行国际收支统计申报；（9）中国证监会、国家外汇管理局根据审慎监管原则规定的其他职责。

2009 年 9 月 29 日，国家外汇管理局出台了《合格境外机构投资者境内证券投资外汇管理规定》（国家外汇管理局公告〔2009〕第 1 号），对 QFII 的外汇管理做出了新的规定。其中强调，国家对合格投资者的境内证券投资实行额度管理；国家外汇管理局批准单个合格投资者的投资额度，鼓励中长期投资。合格投资者应在每次投资额度获批之日起 6 个月内汇入投资本金，未经批准逾期不得汇入；在规定时间内未足额汇入本金但超过等值 2000 万美元的，以实际汇入金额作为其投资额度。养老基金、保险基金、共同基金、慈善基金、捐赠基金、政府和货币管理当局等类型的合格投资者，以及合格投资者发起设立的开放式中国基金的投资本金锁定期为 3 个月；其他合格投资者的投资本金锁定期为 1 年。"投资本金锁定期"是指禁止合格投资者将投资本金汇出境外的期限。允许 QFII 机构为自由资金和符合条件的客户资金及发起设立的开放式中国基金分别开立账户，但禁止不同性质的账户之间的资金划转。托管人应按规定及时准确地报送有关合格投资者资金汇兑及境内证券投资情况的相关报表。

2003 年 5 月 23 日，瑞银集团、日本野村证券公司等成为第一批获得 QFII 资格批准的国际金融机构。2003 年 7 月 9 日 10 点 17 分，瑞银集团买入了宝钢股份、上港集箱、外运发展和中兴通讯等 4 家上市公司的股票，成为首家投资于中国境内市场的 QFII。到 2012 年底，已有 169 家国际金融机构获得 QFII 额度，获得批准的投资外汇额度达到 374.43 亿美元。

五 合格境内机构投资者（QDII）

QDII，是英文 Qualified Domestic Institutional Investors 的首个字母的缩写，中文含义是"合格境内机构投资者"。从制度角度说，QDII 是指，在资本项目下本币尚不可自由兑换的条件下，一国（或地区）境内经相关部门批准，有条件地准许境内机构投资于境外资本市场的一种过渡性安排。

对中国境内而言，QDII 是在"资本与金融"账户中金融交易尚未完全开放的条件下，准许境内投资者投资于海外市场的一种制度安排。它有利于提高境内投资者对海外资本市场的了解程度，积累相关的投资经验，推进"资本与金融"账户中金融交易的开放进程，有利于提高中资金融机构介入国际资本市场的程度，培育中资金融机构的国际运作团队，也有利于缓解中国境内外汇储备持续增加的压力和人民币持续升值的压力，开辟新的外汇资金用途。

2006 年 4 月 18 日，中国人民银行、中国银监会和国家外汇管理局联合发出了《商业银行开办代客境外理财业务管理暂行办法》（银发〔2006〕第 121 号），标志着中国的 QDII 制度安排的启动。这一暂行办法指出，代客境外理财业务是指按规定取得代客境外理财业务资格的商业银行，受境内机构和居民个人（简称"投资者"）委托以投资者的资金在境外进行规定的金融产品投资的经营活动。在开展这项业务中，中国银监会负责商业银行代客境外理财业务的准入管理和业务管理，国家外汇管理局负责商业银行代客境外理财业务的外汇额度管理；商业银行应遵守个人理财业务管理的有关规定，并落实个人理财业务管理的有关内控制度建设、风险管理体系建设和其他审慎性规则。开办代客境外理财业务的商业银行应当是外汇指定银行，并符合下列要求：（1）建立健全了有效的市场风险管理体系；（2）内部控制制度比较完善；（3）具有境外投资管理的能力和经验；（4）理财业务活动在申请前一年内没有受到中国银监会的处罚；（5）中国银监会要求的其他审慎条件。到 2006 年底，中国银监会批准了 10 家中资商业银行和 7 家外资商业银行"开办代客境外理财业务"申请，各家商业银行共推出了 9 款 QDII，外汇额度313 亿美元。

2007 年 6 月 18 日，中国证监会出台了《合格境内机构投资者境外证券投资管理试行办法》，标志着证券经营机构的 QDII 启动。这一试行办法指出，合格境内机构投资者是指，符合规定条件，经中国证监会批准在中华人民共和国境内募集资金，运用所募集的部分或者全部资金以资产组合方式进行境外证券投资管理的境内基金管理公司和证券公司等证券经营机构。合格境内机构投资者开展境外证券投资业务，应当由境内商业银行负责资产托管业务，可以委托境外证券服务机构代理买卖证券；中国证监会和国家外汇管理局依法按照各自职能对境内机构投资者境外证券投资实施监督管理。申请境内机构投资者资格，应当具备下列条件：（1）申请人的财务稳健，资信良好，资产管理规模、经营年限等符合中国证监会的规定；（2）拥有符合规定的具有境外投资管理相关经验的人员；（3）具有健全的治理结构和完善的内控制度，经营行为规范；（4）最近 3 年没有受到监管机构的重大处罚，没有重大事项正在接受司法部门、监管机构的立案调查；（5）中国证监会根据审慎监管原则规定的其他条件。2011 年新设立的 QDII 基金达到 25 只，使得基金类 QDII 达到 52 只。到 2012 年底，共有 107 家金融机构获得了 QDII 资格，批准的投资额度达到 855.77 亿美元。

QDII 是指中国境内合格的机构投资者投资于海外金融市场的制度，当将这一制度的界定扩展到合格的境内个人投资者时，QDII 就延伸到了 QDII2。在 QDII2 制度下，个人投资者可以进行境外固定收益、权益类等金融投资。这有利于手中持有外币的个人投资者在海外金融市场中展开投资运作，也有利于推进中国境内外汇管理体制的改革和推进人民币汇率形成机制的市场化改革。

六　人民币合格境外机构投资者（RQFII）

RQFII，是英文 RMB Qualified Foreign Institutional Investors 第一个字母的简称，中文含义为"人民币合格境外机构投资者"，即获得 RQFII 资格的合格境外机构投资人可将批准额度内的外汇结汇投资于中国境内的证券市场。

2011 年 12 月 16 日，中国证监会、中国人民银行和国家外汇管理局联合出台了《基金管理公司、证券公司人民币合格境外机构投资者境内证券投资试点办法》（第 76 号令），标志着 RQFII 的启动。该试点办法指出，"本办法适用于境内基金管理公司、证券公司的香港子公司（以下简称香港子公司），运用在香港募集的人民币资金投资境内证券市场的行为"，香港子公司投资境内证券市场须经中国证监会批准，并取得国家外汇管理局批准的投资额度。香港子公司开展境内证券投资业务试点，应当委托具有合格境外机构投资者托管人资格的境内商业银行负责资产托管业务，委托境内证券公司代理买卖证券。香港子公司可以委托境内基金管理公司、证券公司进行境内证券投资管理。香港子公司申请开展在香港募集人民币资金境内证券投资业务试点，应当具备下列条件：（1）在香港证券监管部门取得资产管理业务资格并已经开展资产管理业务，财务稳健，资信良好；（2）公司治理和内部控制有效，从业人员符合香港地区的有关从业资格要求；（3）申请人及其境内母公司经营行为规范，最近 3 年未受到所在地监管部门的重大处罚；（4）申请人境内母公司具有证券资产管理业务资格；（5）中国证监会根据审慎监管原则规定的其他条件。

到 2012 年初，华夏基金、嘉实基金、易方达基金、博时基金、南方基金、华安基金、大成基金、汇添富基金和海富通基金等 9 家基金公司旗下香港子公司的 RQFII 已获得中国证监会批准，成为首批获得 RQFII 资格的机构投资者。到 2012 年底，共有 24 家金融机构获得了从事 RQFII 的资格，批准的投资额度达到 670 亿元人民币。

七　融资融券业务

融资融券，是指证券公司向其客户出借资金供其买入上市证券或者出借上市证券供其卖出，并收取担保物的经营活动。它实际上是由"融资"和"融券"两种经营活动构成的。2006 年 6 月 30 日，中国证监会出台了《证券公司融资融券业务管理办法》（2011 年 10 月 26 日，又对这一管理办法进行了修改）[①] 标志着在中国证券市场中融资融券业务的起步。

融资融券作为一种信用交易方式，在世界许多国家和地区的证券交易中都存在。但在中国还是一个试验性举措。它开启了证券市场交易中买空卖空交易的空

---

　　① 资料来源：中国证监会网站。

间，有利于活跃市场交易和推进市场走稳，但同时也有严重的风险。为此，中国证监会和证券交易所等出台了一系列规范化文件，对相关事宜做出了尽可能详尽的规定。

中国证监会规定，证券公司从事融资融券业务应当具备9个方面的条件：（1）经营证券经纪业务已满3年；（2）公司治理健全，内部控制有效，能有效识别、控制和防范业务经营风险和内部管理风险；（3）公司及其董事、监事、高级管理人员最近2年内未因违法违规经营受到行政处罚和刑事处罚，且不存在因涉嫌违法违规正被证监会立案调查或者正处于整改期间的情形；（4）财务状况良好，最近2年各项风险控制指标持续符合规定，注册资本和净资本符合增加融资融券业务后的规定；（5）客户资产安全、完整，客户交易结算资金第三方存管有效实施，客户资料完整真实；（6）已建立完善的客户投诉处理机制，能够及时、妥善处理与客户之间的纠纷；（7）信息系统安全稳定运行，最近1年未发生因公司管理问题导致的重大事故，融资融券业务技术系统已通过证券交易所、证券登记结算机构组织的测试；（8）有拟负责融资融券业务的高级管理人员和适当数量的专业人员，融资融券业务方案和内部管理制度已通过中国证券业协会组织的专业评价；（9）中国证监会规定的其他条件。

根据中国证监会的规定，在融资融券业务开展过程中，证券公司应遵守如下规则。

第一，证券公司以自己的名义在证券登记结算机构分别开立融券专用证券账户、客户信用交易担保证券账户、信用交易证券交收账户和信用交易资金交收账户。其中，"融券专用证券账户"用于记录证券公司持有的拟向客户融出的证券和客户归还的证券，不得用于证券买卖；"客户信用交易担保证券账户"用于记录客户委托证券公司持有、担保证券公司因向客户融资融券所生债权的证券；"信用交易证券交收账户"用于客户融资融券交易的证券结算；"信用交易资金交收账户"用于客户融资融券交易的资金结算。

第二，证券公司以自己的名义在商业银行分别开立融资专用资金账户和客户信用交易担保资金账户。其中，"融资专用资金账户"用于存放证券公司拟向客户融出的资金及客户归还的资金；"客户信用交易担保资金账户"用于存放客户交存的、担保证券公司因向客户融资融券所生债权的资金。

第三，证券公司在向客户融资、融券前，应当办理客户征信，了解客户的身份、财产与收入状况、证券投资经验和风险偏好，并以书面和电子方式予以记载和保存。

第四，证券公司在向客户融资、融券前，应当与其签订载入中国证券业协会规定的必备条款的融资融券合同，明确约定下列事项：（1）融资、融券的额度、期限、利率（费率）、利息（费用）的计算方式；（2）保证金比例、维持担保比例、可充抵保证金的证券的种类及折算率、担保债权范围；（3）追加保证金的通知方式、追加保证金的期限；（4）客户清偿债务的方式及证券公司对担保物的处分权利；（5）融资买入证券和融券卖出证券的权益处理；（6）其他有关事项。每家客户只能与一家证券公司签订融资融券合同，向一家证券公司融入资金和证券。

第五，融资融券合同应当约定，证券公司客户信用交易担保证券账户内的证券和客户信用交易担保资金账户内的资金，以担保证券公司因融资融券所产生的对客户债权的信托财产。

第六，证券公司与客户约定的融资、融券期限不得超过证券交易所规定的最长期限，且不得展期；融资利率不得低于中国人民银行规定的同期金融机构贷款基准利率。

第七，证券公司与客户签订融资融券合同后，应当根据客户的申请，按照证券登记结算机构的规定，为其开立实名信用证券账户。一家客户用于一家证券交易所上市证券交易的信用证券账户只能有一个。每家客户信用证券账户与其普通证券账户的开户人的姓名或者名称应当一致。"客户信用证券账户"是证券公司客户信用交易担保证券账户的二级账户，用于记载客户委托证券公司持有的担保证券的明细数据。

第八，证券公司应当参照客户交易结算资金第三方存管的方式，与其客户及商业银行签订客户信用资金存管协议。证券公司在与客户签订融资融券合同后，应当通知商业银行根据客户的申请，为其开立实名信用资金账户。每家客户只能开立一个信用资金账户。商业银行根据证券公司提供的清算、交收结果等，对客户信用资金账户内的数据进行变更。

第九，证券公司向客户融资，只能使用融资专用资金账户内的资金；向客户融券，只能使用融券专用证券账户内的证券。客户融资买入、融券卖出的证券，不得超出证券交易所规定的范围。

客户应当在与证券公司签订融资融券合同时，向证券公司申报其本人及关联人持有的全部证券账户。客户融券期间，其本人或关联人卖出与所融入证券相同的证券的，客户应当自该事实发生之日起3个交易日内向证券公司申报。证券公司应当将客户申报的情况按月报送相关证券交易所。

客户在融券期间卖出其持有的、与所融入证券相同的证券的，应当符合证券交易所的规定，不得以违反规定卖出该证券的方式操纵市场。

第十，证券公司向全体客户、单一客户和单一证券的融资、融券的金额占其净资本的比例等风险控制指标，应当符合证监会的规定。

第十一，客户融资买入证券的，应当以卖券还款或者直接还款的方式偿还向证券公司融入的资金；客户融券卖出的，应当以买券还券或者直接还券的方式偿还向证券公司融入的证券。

在融资融券业务开展过程中，证券公司的债券担保应遵守如下规则。

第一，证券公司向客户融资、融券，应当向客户收取一定比例的保证金。保证金可以证券充抵。

第二，证券公司应当将收取的保证金以及客户融资买入的全部证券和融券卖出所得全部价款，分别存放在客户信用交易担保证券账户和客户信用交易担保资金账户，作为对该客户融资融券所生债权的担保物。

第三，证券公司应当逐日计算客户交存的担保物价值与其所欠债务的比例。当该比例低于最低维持担保比例时，应当通知客户在一定的期限内补交差额。客户未能按期交足差额或者到期未偿还债务的，证券公司应当立即按照约定处分其担保物。

第四，证券公司向客户收取保证金比例、可充抵保证金的证券的种类及其折算率、最低维持担保比例和客户补交差额的期限等，由证券交易所规定。

第五，除下列情形外，任何人不得动用证券公司客户信用交易担保证券账户内的证券和客户信用交易担保资金账户内的资金：（1）为客户进行融资融券交易的结算；（2）收取客户应当归还的资金、证券；（3）收取客户应当支付的利息、费用、税款；（4）按规定及与客户的约定处分担保物；（5）收取客户应当支付的违约金；（6）客户提取还本付息、支付税费及违约金后的剩余证券和资金；（7）法律、行政法规和本办法规定的其他情形。

在融资融券业务开展过程中，证券公司应遵守如下的监管规则。

第一，证券公司应当按照融资融券合同约定的方式，向客户送交对账单，并为其提供信用证券账户和信用资金账户内数据的查询服务。同时，证券登记结算机构应当为客户提供其信用证券账户内数据的查询服务。负责客户信用资金存管的商业银行应当按照客户信用资金存管协议的约定，为客户提供其信用资金账户内数据的查询服务。

第二，证券公司应当按照证券交易所的规定，在每日收市后向其报告当日客户融资融券交易的有关信息。证券交易所应当对证券公司报送的信息进行汇总、统计，并在次一交易日开市前予以公告。

第三，负责客户信用资金存管的商业银行应当按照客户信用资金存管协议的约定，对证券公司违反规定的资金划拨指令予以拒绝；发现异常情况的，应当要求证券公司做出说明，并向证监会及该公司注册地证监会派出机构报告。

第四，证券公司应当自每月结束之日起7个交易日内，向证监会、注册地证监会派出机构和证券交易所书面报告当月的下列情况：（1）融资融券业务客户的开户数量；（2）对全体客户和前10名客户的融资、融券余额；（3）客户交存的担保物种类和数量；（4）强制平仓的客户数量、强制平仓的交易金额；（5）有关风险控制指标值；（6）融资融券业务盈亏状况。

第五，证监会派出机构按照辖区监管责任制的要求，依法对证券公司及其分支机构的融资融券业务活动中涉及的客户选择、合同签订、授信额度的确定、担保物的收取和管理、补交担保物的通知，以及处分担保物等事项进行非现场检查和现场检查。

在中国证监会出台了《证券公司融资融券业务管理办法》之后，沪深证券交易所分别出台了《融资融券交易实施细则》（以下简称"实施细则"），并在 2011 年 10 月 26 日之后，随着中国证监会对《证券公司融资融券业务管理办法》进行修改，也对《融资融券交易实施细则》进行了修改。《融资融券交易实施细则》分为总则、业务流程、标的证券、保证金和担保物、信息披露和报告、风险控制、其他事项、附则等 8 章 64 条①。

在融资融券的业务流程方面，"实施细则"规定了以下几个方面。

第一，会员在证券交易所从事融资融券交易，应按照中国证监会的规定开立"融券专用证券账户""客户信用交易担保证券账户""融资专用资金账户"和"客户信用交易担保资金账户"，在开户后 3 个交易日内报证券交易所备案。

第二，会员在向客户融资融券前，应当按照有关规定与客户签订融资融券合同及融资融券交易风险揭示书，并为其开立信用证券账户和信用资金账户。

第三，投资者通过会员在证券交易所进行融资融券交易，应当按照中国证监会的规定选定一家会员为其开立一个信用证券账户。信用证券账户的开立和注销，根据会员和证券交易所指定登记结算机构的有关规定办理。会员为客户开立信用证券账户时，应当申报拟指定交易的交易单元号。信用证券账户的指定交易申请由证券交易所委托的指定登记结算机构受理。

第四，会员接受客户融资融券交易委托，应当按照证券交易所规定的格式申报，申报指令应包括客户的信用证券账户号码、交易单元代码、证券代码、买卖方向、价格、数量、融资融券标识等内容。

第五，融资买入、融券卖出的申报数量应当为 100 股（份）或其整数倍。融券卖出的申报价格不得低于该证券的最新成交价；当天没有产生成交的，申报价格不得低于其前一收盘价。低于上述价格的申报为无效申报。融券期间，投资者通过其所有或控制的证券账户持有与融券卖出标的相同证券的，卖出该证券的价格应遵守前款规定，但超出融券数量的部分除外。证券交易所不接受融券卖出的市价申报。

第六，客户融资买入证券后，可通过卖券还款或直接还款的方式向会员偿还融入资金。卖券还款是指客户通过其信用证券账户申报卖券，结算时卖出证券所得资金直接划转至会员融资专用资金账户的一种还款方式。以直接还款方式偿还融入资金的，具体操作按照会员与客户之间的约定办理。另一方面，客户融券卖出后，可通过买券还券或直接还券的方式向会员偿还融入证券。买券还券是指客户通过其信用证券账户申报买券，结算时买入证券直接划转至会员融券专用证券

---

① 由于沪深交易所出台的《融资融券交易实施细则》内容几乎相同，我们以上海证券交易所的文本为据，介绍其中的主要内容。资料来源：上海证券交易所网站。

账户的一种还券方式。以直接还券方式偿还融入证券的，按照会员与客户之间约定及本所指定登记结算机构的有关规定办理。

第七，会员与客户约定的融资、融券期限自客户实际使用资金或使用证券之日起计算，融资、融券期限最长不得超过6个月。

第八，会员融券专用证券账户不得用于证券买卖。投资者信用证券账户不得买入或转入除可充抵保证金证券范围以外的证券，也不得用于参与定向增发、证券投资基金申购及赎回、债券回购交易等。

第九，融资融券暂不采用大宗交易方式。

第十，投资者未能按期交足担保物或者到期未偿还融资融券债务的，会员应当根据约定采取强制平仓措施，处分客户担保物，不足部分可以向客户追索。会员根据与客户的约定采取强制平仓措施的，应按照证券交易所规定的格式申报强制平仓指令，申报指令应包括客户的信用证券账户号码、交易单元代码、证券代码、买卖方向、价格、数量、平仓标识等内容。

在可作为融资买入或融券卖出的标的证券（以下简称"标的证券"）方面，"实施细则"规定：可作为"标的证券"的品种包括股票、证券投资基金、债券和其他证券等。其中，"股票"作为标的证券的，应当符合下列条件：（1）在证券交易所上市交易已超过3个月。（2）融资买入标的股票的流通股本不少于1亿股或流通市值不低于5亿元，融券卖出标的股票的流通股本不少于2亿股或流通市值不低于8亿元。（3）股东人数不少于4000人。（4）在过去3个月内没有出现下列情形之一：①日均换手率低于基准指数日均换手率的15%，且日均成交金额小于5000万元；②日均涨跌幅平均值与基准指数涨跌幅平均值的偏离值超过4%；③波动幅度达到基准指数波动幅度的5倍以上。⑤股票交易未被证券交易所实行特别处理。

6. 证券交易所规定的其他条件。

在"保证金和担保物"方面，"实施细则"规定：

第一，可充抵保证金的证券，在计算保证金金额时应当以证券市值或净值按下列折算率进行折算：（1）上证180指数成份股股票折算率最高不超过70%，其他A股股票折算率最高不超过65%，被实行特别处理和被暂停上市的A股股票的折算率为0%；（2）交易所交易型开放式指数基金折算率最高不超过90%；（3）国债折算率最高不超过95%；（4）其他上市证券投资基金和债券折算率最高不超过80%；（5）权证折算率为0%。会员公布的可充抵保证金证券的名单，不得超出证券交易所公布的可充抵保证金证券范围。会员可以根据流动性、波动性等指标对可充抵保证金的各类证券确定不同的折算率，但不得高于证券交易所规定的标准。

第二，投资者融资买入证券时，融资保证金比例不得低于50%。其中，融资保证金比例是指投资者融资买入时交付的保证金与融资交易金额的比例，计算公式为：

$$融资保证金比例 = 保证金/融资买入证券数量 \times 买入价格 \times 100\% \quad (8.23)$$

投资者融券卖出时，融券保证金比例不得低于50%。其中，融券保证金比例是指投资者融券卖出时交付的保证金与融券交易金额的比例，计算公式为：

$$融券保证金比例 = 保证金/融券卖出证券数量 \times 卖出价格 \times 100\% \quad (8.24)$$

投资者融资买入或融券卖出时所使用的保证金不得超过其保证金可用余额。保证金可用余额，是指投资者用于充抵保证金的现金、证券市值及融资融券交易产生的浮盈经折算后形成的保证金总额，减去投资者未了结融资融券交易已占用的保证金和相关利息、费用的余额。其计算公式为：

$$
\begin{aligned}
保证金可用余额 = &现金 + \sum（充抵保证金的证券市值 \times 折算率）+ \\
&\sum[（融资买入证券市值 - 融资买入金额）\times 折算率] + \sum[（融 \\
&券卖出金额 - 融券卖出证券市值）\times 折算率] - \sum 融券卖出金额 - \\
&\sum 融资买入证券金额 \times 融资保证金比例 - \sum 融券卖出证券市值 \times 融 \\
&券保证金比例 - 利息及费用
\end{aligned}
\quad (8.25)
$$

公式8.25中，融券卖出金额 = 融券卖出证券的数量 × 卖出价格，融券卖出证券市值 = 融券卖出证券数量 × 市价，融券卖出证券数量指融券卖出后尚未偿还的证券数量；折算率是指融资买入、融券卖出证券对应的折算率，当融资买入证券市值低于融资买入金额或融券卖出证券市值高于融券卖出金额时，折算率按100%计算。

第三，会员应当对客户提交的担保物进行整体监控，并计算其维持担保比例。维持担保比例是指客户担保物价值与其融资融券债务之间的比例，计算公式为：

$$
\begin{aligned}
维持担保比例 = &（现金 + 信用证券账户内证券市值总和）/（融资买入金额 + \\
&融券卖出证券数量 \times 当前市价 + 利息及费用总和）
\end{aligned}
\quad (8.26)
$$

客户维持担保比例不得低于130%。当客户维持担保比例低于130%时，会员应当通知客户在约定的期限内追加担保物（其中，期限不得超过2个交易日）；客户追加担保物后的维持担保比例不得低于150%。当维持担保比例超过300%时，客户可以提取保证金可用余额中的现金或充抵保证金的证券，但提取后维持担保比例不得低于300%。

第四，投资者不得将已设定担保或其他第三方权利及被采取查封、冻结等司法措施的证券提交为担保物，会员不得向客户借出此类证券。

融资融券作为中国证券市场的一项创新业务，呈现出逐步为市场参与者所接受，稳步发展的态势。简要历程如下：2010年3月31日融资融券交易试点正式启动；融资融券业务余额突破1亿元经历了8个交易日，从1亿元到10亿元经历了34个交易日，从10亿元到50亿元经历了88交易日，从50亿元到100亿元只经历了41个交易日。到2011年7月18日，融资融券余额突破了300亿元大关，其中，融资余额达到 306.59 亿元、融券余额达到 303.8 亿元。中国证券登记结算公司公布的数据显示，截至 2012 年 8 月底，沪深两市信用证券账户（即投资者为参与融资融券交易而向证券公司申请开立的证券账户，该账户是券商开立的"客户信用交易担保证券账户"的二级账户，用于记录投资者委托证券公司持有的担保证券的明细数据）有 69.3116 万户；其中，个人账户 69.0894 万户、机构账户 2222 户。与此相比，2011 年 1 月初，沪深两市的信用证券账户仅有 4.2284 万户，个人账户 4.2041 万户，机构账户 243 户。由此可见，融资融券业务作为一种创新业务已扎根于中国股市。

八 转融通业务

转融通业务，又称转融资业务和转融券业务，是融资融券业务在中国证券市场中的延伸业务。其中，"转融资业务"是指，中国证券金融股份有限公司将自有或者依法筹集的资金出借给证券公司，供其办理融资业务的经营活动；"转融券业务"是指，中国证券金融股份有限公司将自有或者融入的证券出借给证券公司，供其办理融券业务的经营活动。因此，转融通业务实际上是中国证券金融股份有限公司向证券公司集中提供资金和证券转融通服务活动的过程。

中国证券金融股份有限公司是经中国证监会批准，由上海证券交易所、深圳证券交易所和中国证券登记结算有限责任公司共同发起设立的证券类金融机构。该公司于 2011 年 10 月 28 日成立，注册资本 75 亿元。其主要业务职责范围是：为证券公司融资融券业务提供转融通服务，对证券公司融资融券业务运行情况进行监控，监测分析全市场融资融券交易情况，运用市场化手段防控风险，以及中国证监会批准的其他业务。

为了展开转融通业务，中国证券金融股份有限公司出台了《转融通业务规则（试行）》、《融资融券业务统计与监控规则（试行）》和《转融通业务保证金管理实施细则（试行）》①，经证监会批准，这些规则自 2012 年 8 月 27 日起实施。同时，沪深证券交易所也出台了《转融通证券出借交易实施办法（试行）》。其中，就转融通业务的开展做出了一系列具体规定，主要包括：

第一，转融通借入人的条件。《转融通业务规则（试行）》指出，符合下列条件的证券公司可以成为转融通借入人：（1）具有融资融券业务资格，且业务运作规范；（2）业务管理制度和风险控制制度健全，具有切实可行的业务实施方案；（3）技术系统准备就绪；（4）参与转融通业务应当具备的其他条件。

第二，签约。中国证券金融股份有限公司与符合要求的证券公司签订转融通业务合同，约定双方权利、义务及转融通业务的相关事项，同时，对证券公司的信用状况和风险状况进行持续跟踪评估，并根据评估结果，定期或者不定期对其

---

① 参见中国证券金融股份有限公司网站。

授信额度、保证金比例档次进行调整（证券公司也可以根据自身业务需要，向中国证券金融股份有限公司申请调整授信额度）。

第三，开立转融通账户。中国证券金融股份有限公司以自身名义在中国证券登记结算有限责任公司（以下简称结算公司）开立转融通专用证券账户、转融通证券交收账户、转融通资金交收账户、转融通担保证券账户、转融通担保资金账户，在商业银行开立转融通专用资金账户，用于开展转融通业务。另外，证券公司与中国证券金融股份有限公司签订转融通业务合同后，应当向后者申请开立转融通担保证券明细账户和转融通担保资金明细账户，用于记载其交存的担保证券和担保资金的明细数据。同时，证券公司在参与转融通业务前，须将其融券专用证券账户、融资专用资金账户、信用交易资金交收账户、自营证券账户、自营资金交收账户向中国证券金融股份有限公司报备，并在上述账户发生变更时，及时向中国证券金融股份有限公司申请办理变更手续。

第四，资金和证券的划转。证券公司向中国证券金融股份有限公司借入证券或者资金的，后者通过结算公司从转融通专用证券账户将出借证券划付至证券公司融券专用证券账户，或者从转融通资金交收账户将出借资金划付至证券公司信用交易资金交收账户。证券公司向中国证券金融股份有限公司提交保证金的，须通过结算公司从其自营证券账户将可充抵保证金证券划付至转融通担保证券账户，从其自营资金交收账户将保证金资金划付至转融通担保资金账户。

第五，转融通申报与成交。中国证券金融股份有限公司开展转融通业务的交易日为每周一至周五（国家法定节假日和证券交易所公告的休市日除外）。经中国证监会同意，中国证券金融股份有限公司可以调整交易日期和交易时间并向市场公告。转融资期限分为 7 天、14 天、28 天三个档次，转融券期限分为 3 天、7 天、14 天、28 天、182 天五个档次。中国证券金融股份有限公司以中国人民银行规定的金融机构半年期人民币贷款基准利率为参考，根据市场资金供求情况公布每一交易日转融资费率；根据转融通标的证券供求情况等因素公布每一交易日转融券费率。证券公司可以向中国证券金融股份有限公司提交转融资申报指令，指令应当包括证券公司的证券账号和交易单元代码、期限、费率、金额等要素。

第六，清算与交收。转融通业务交易日日终，中国证券金融股份有限公司根据结算公司发送的资金和证券划付结果、权益分派数据及转融通业务平台的转融资、转融券成交数据等进行转融通资金和证券的清算，计算转融资和转融券归还日、费用和违约金及转融券的权益补偿资金和证券，生成转融资、转融券清算数据。

中国证券金融股份有限公司按照实际出借资金、出借日或者展期日（即原转融通交易归还日）转融资费率和实际占用天数计算应当向证券公司收取的转融资费用。转融资费用的计算公式为：

每笔转融资费用＝该笔交易出借资金金额×该笔交易出借日或者展期日转融资费率×

实际占用天数/360 (8.27)

转融资交易了结时，中国证券金融股份有限公司按照先偿还转融资本金，再偿还转融资费用的顺序认定。

中国证券金融股份有限公司按照出借证券当日或者展期日收市后市值、出借日或者展期日转融券费率和实际占用天数计算应当向证券公司收取的转融券费用。转融券费用的计算公式为：

$$每笔转融券费用 = 出借证券出借日或者展期日收盘价 \times$$
$$该笔交易出借证券数量或者展期证券数量 \times$$
$$该笔交易出借日或者展期日转融券费率 \times$$
$$实际占用天数/360 \quad (8.28)$$

转融通费用自成交之日起按自然日计算，于归还日支付，归还日不计算费用。转融通归还日顺延的，顺延期间转融通费用照常计算，但归还日顺延超过30个自然日的情形除外。转融资或者转融券成交当日，中国证券金融股份有限公司将转融通业务平台日终清算生成的转融资和转融券数据发送相关证券公司。

第七，保证金。证券公司向中国证券金融股份有限公司借入资金或者证券，应提交保证金。中国证券金融股份有限公司可根据市场情况，调整可充抵保证金证券的名单和折算率；可根据征信情况对证券公司设置不同档次的保证金比例要求，最高为50%，最低为20%。保证金比例的计算公式为：

$$保证金比例 = 保证金资金 + \sum 可充抵保证金证券数量 \times$$
$$该笔交易出借日或者展期日转融资费率 \times 转融资金额 +$$
$$\sum [(出借证券数量 + 权益补偿证券数量) \times 当前市价] +$$
$$转融通费用 + 权益补偿资金 + 违约金 \times 100\% \quad (8.29)$$

证券公司可以向结算公司提交指令，申请交存、提取、替换保证金，也可以通过该公司转融通保证金专用交易单元申报卖出交存的证券或者申报买入可充抵保证金证券。证券公司申请交存、提取、替换、交易保证金的指令，均须通过中国证券金融股份有限公司审核。

第八，权益处理。证券出借期间证券发行人派发现金红利或者利息的，出借证券应得的现金红利或者利息由证券公司在权益补偿日补偿给中国证券金融股份有限公司。

证券出借期间证券发行人送股、转增股的，出借证券应得的送股、转增股份由证券公司在权益补偿日补偿给中国证券金融股份有限公司。

证券出借期间证券发行人发行证券持有人有优先认购权的新股或者可转换债券等证券的，由证券公司以现金形式在权益补偿日补偿给中国证券金融股份有限公司。补偿金额的计算公式为：

$$补偿金额 =（优先认购证券上市首日成交均价 - 发行认购价格）×$$
$$可优先认购证券数量 \qquad (8.30)$$

证券出借期间证券发行人派发权证的，由证券公司以现金形式在权益补偿日补偿给中国证券金融股份有限公司。补偿金额计算公式为：

$$补偿金额 = 权证上市首日成交均价 × 派发权证数量 \qquad (8.31)$$

证券出借期间证券发行人实施配股的，由证券公司以现金形式在权益补偿日补偿给中国证券金融股份有限公司。补偿金额计算公式为：

$$补偿金额 =（出借证券股权登记日收盘价 - 配股除权参考价）×$$
$$出借证券数量 \qquad (8.32)$$

从海外市场的经验看，转融通业务对证券公司融资融券业务展开和证券市场建设等都有积极的促进作用。推出转融通业务后，由于证券公司可以向中国证券金融股份有限公司融入资金或证券，其融资融券规模将会明显提高。实际上，融资融券业务从 2010 年 3 月份就已开始试点。到 2013 年 6 月底，转融通的累计交易额已达 2432.75 亿元，其中，转融资累计融出资金 2417.16 亿元，转融券累计融出股票 69 只（共 1.26 亿股），金额 15.59 亿元[①]。

九　约定购回式证券交易

根据 2011 年 10 月 11 日上海证券交易所和中国证券登记结算有限责任公司联合出台的《约定购回式证券交易及登记结算业务实施细则》（以下简称"实施细则"）规定，约定购回式证券交易，是指符合条件的客户以约定价格向其指定交易的证券公司卖出标的证券，并约定在未来某一日期客户按照另一约定价格从证券公司购回标的证券，除指定情形外，待购回期间标的证券所产生的相关权益于权益登记日划转给客户的交易行为。从内容上看，约定购回式证券交易与债券市场中的债券回购相类似。

约定购回式证券交易由上海证券交易所实行交易权限管理。证券公司开展约定购回式证券交易前，应与上交所签订相关协议。在开展此项业务中，证券公司应建立客户资质审查制度，审查内容包括开户时间、资产规模、信用状况、风险承受能力以及对证券市场的认知程度等；应向客户全面介绍约定购回式证券交易规则，充分揭示可能产生的风险，提醒客户注意有关事项；应要求客户在其营业场所书面签署《风险揭示书》，并与其书面签署《客户协议》。证券公司将客户签署《风险揭示书》和《客户协议》的相关情况提交上交所后，该客户方可参加约定购回式证券交易。

---

① 参见《转融通累计交易近 2500 亿元》，《上海证券报》2013 年 7 月 26 日。

　　约定购回式证券交易的标的证券为上交所上市交易的股票、基金和债券。约定购回式证券交易的购回期限不超过 182 天。约定购回式证券交易的交易时间为每个交易日的 9∶30 至 11∶30、13∶00 至 15∶00。约定购回式证券交易中初始交易和购回交易的标的证券品种、数量、成交金额、购回期限等要素，由证券公司与客户协商确定。

　　约定购回式证券交易具有如下特点：第一，为客户提供了短期融资机制。持有股权的投资者可以在不放弃股权的条件下，通过约定购回式证券交易而获得短期资金融通，这有利于提高他们的股权利用效率。第二，灵活方便。投资者只须与证券公司签署一次协议，就可持续运用约定购回式证券交易机制，展开多次交易活动。另一方面，交易期内，投资者可以根据自己的可操作资金情况，选择提前或延期购回相关证券，同时，只按照实际交易天数支付资金利息。这比其他质押融资方式更加灵活便捷。第三，交易效率高。在正常交易时间内，投资者经对应的证券公司下达交易指令并经上交所配对成交后，在 T + 2 日内可获得融入的资金（与此相比，一般的质押融资需要 1 周以上时间）。另一方面，通过约定购回式证券交易机制，上市股票可融资金比率平均达到 50% 左右，明显高于一般质押融资的 30% 水平。

　　2011 年底，中信证券、海通证券、银河证券等 3 家券商作为首批试点券商开展了约定购回式证券交易业务。初期业务仅限于机构客户，并要求客户账户必须符合以下条件：资产必须达到 500 万元以上；在券商开户时间不少于 6 个月；购回期限最长不超过 182 天等。由于门槛较高，一定程度上限制了该业务规模的增长。2012 年 8 月，约定购回式证券交易业务的门槛有所调整，客户对象扩展到个人投资者，资产规模下调到 250 万元。

第四节　股票交易市场的功能误区

一　晴雨表

　　股票交易市场走势与宏观经济走势的相关性，是股市（以下均指"股票交易市场"）理论探讨中一个重要问题。长期来，"股市是国民经济晴雨表"的说法流行甚广，甚至写进了教科书。从上世纪 90 年代以后，中国的一些学者对此也做了探讨，得出了"在中国，股市不是国民经济晴雨表"的认识[①]。似乎这是因为中国股市尚属"新兴加转轨"状况，有许多体制机制问题未解决，引致了股市作为国

[①]　参见靳云汇、余存高《中国股票市场与国民经济的实证研究》，《经济研究》1998 年第 3 期；顾岚、刘长标《中国股市与宏观经济基本面的关系》，《数理统计与管理》2001 年第 3 期；殷醒民、谢洁《中国股票市场与经济增长关系的实证研究》，《复旦学报（社会科学版）》2001 年第 4 期；刘少波、丁菊红《我国股市与宏观经济相关关系的"三阶段演进路径"分析》，《金融研究》2005 年第 7 期。

民经济晴雨表的功能未能有效发挥。换句话说，股市依然是国民经济晴雨表，只是因为中国股市的情况特殊，所以，未能展示出股市的这一独特功能。由此，提出了一个最基本的问题：股市具有国民经济晴雨表的功能吗？

第一，所谓"晴雨表"在经济运行中指的是"先行指数"，即股市走势变化早于国民经济运行态势的变化（有人通过一些计量方法证明了，股市走势变化早于国民经济走势变化 6～8 个月）。如果情形真是如此，那么，股市走势与宏观经济主要指标（如 GDP 增长率）走势的变化应当呈不断交叉的图形，即当股市上行转向高位时，宏观经济主要指标应当在低位运行；在 6～8 个月后，宏观经济主要指标上行向高位展开时，股市可能在随后的一段时间转向下行步入低位，并在其中的某个时点与上行的宏观经济主要指标交叉；由此，再经过一段时间内的运行，股市走势再次上行，宏观经济主要指标经过 6～8 个月再次下行，与上行的股市再次交叉；如此等等。但在现实中，不论是中国股市还是美欧等发达国家的股市走势与国民经济走势均没有呈现出这种带规律性的现象。

远的不说，只要看看 2007 年 8 月以后，美国从次贷危机转向金融危机的条件下，道·琼斯 30 种工业平均指数的走势就一目了然了。在 2007 年 8 月～2009 年 6 月间，美国经济受到金融危机的严重冲击，宏观经济各项主要指标全面下行，与此同时，道·琼斯 30 种工业平均指数从 2007 年 10 月的 14000 点左右一路下行到 6000 多点左右；其后，从 2009 年 3 月起，道·琼斯指数又开始呈上行走势，期间虽然有所波动，但到 2012 年 10 月已接近 14000 点（2012 年 10 月 5 日达到 13610 点）。这个过程中可分为三个阶段：其一，2007 年 2 月～2007 年 10 月为第一阶段。2007 年 2 月，随着汇丰控股为美次级房贷业务增提 18 亿美元坏账拨备，美国抵押贷款风险开始浮出水面；2007 年 7 月，贝尔斯登旗下 2 只对冲基金因投资于次贷市场遭受重创，宣布濒临瓦解；2007 年 8 月 9 日，美联储向金融体系注入 240 亿美元资金，宣告次贷危机爆发，美国经济开始下行。但在这一时间段内，道·琼斯 30 种工业平均指数从 12000 多点一路上行到 14000 多点。其二，2007 年 10 月～2009 年 3 月为第二阶段。在这一时间段内，随着次贷危机的发酵，2008 年 9 月美国爆发了金融危机，大批金融机构倒闭，大量金融机构的股票市值下跌了 80% 以上（有的跌幅超过了 95%），但道·琼斯 30 种工业平均指数仅从 2007 年 10 月 11 日创历史纪录的 14198.10 点降低到 2009 年 3 月 6 日的 6470.11 点（降幅 54.43%）。其三，2009 年 3 月至今为第三阶段。在长达 3 年多时间内，美国宏观经济起色不大，迄今依然在金融危机的泥潭中爬行（而且还将持续若干年时间），但道·琼斯 30 种工业平均指数却从 2009 年 3 月最低的 6470.11 点快速上行到 2012 年 10 月 5 日的 13610 点（升幅 110.35%）。

假定股市具有国民经济晴雨表的功能（股市变化早于宏观经济变化 6～8 个月，或者说，宏观经济变化迟于股市变化 6～8 个月），那么，自 2007 年以后的美国经济走势和股市走势应当呈现出如下状态：其一，与 2007 年前 10 个月股市一路上行相对应，在 2007 年 10 月以后，美国经济应呈现出高涨态势，但事实是，美国经济从 2007 年 8 月以后就呈现下行走势；其二，与美国经济下行相反，2008 年 9 月以后的几个月内，道·琼斯 30 种工业平均指数应当上行，但 2008 年 9 月～2009 年 3 月，道·琼斯 30 种工业平均指数却大幅下泄，其幅度远超过了美国宏观经济主要指标的下落程度；其三，在 2009 年 3 月以后，随着道·琼斯 30 种工业平均指数的上行，在 6～8 个月以后，美国宏观经济主要指标应当走好，但事实上，宏观经济指标迄今也没有达到金融危机前的水平。这些不对称（或者说就没有对称过）的表现，说明了股市并非国民经济晴雨表。

　　实际上，且不说"股市是不是国民经济晴雨表"，股市能够作为国民经济的温度表从而及时反映国民经济走势变化就不错了。所谓"温度表"，指的是股市能够较充分地反映国民经济的当期实际运行状态，犹如人的身体对外界温度变化的反应。但受各种因素影响，股市常常连这种温度表的功能都难以发挥。一个突出的现象是，在中国股市中，大多数投资者都常常问道：中国经济年年高位增长为什么股市不涨？其中的含义，实际上就是股市为什么连温度表的功能都不能有效发挥？与 2007 年相比，2011 年中国的 GDP 总量从 23.79 万亿元增加到了 47.16 万亿元（增加了近 1 倍），但上证指数却从 2007 年底的 5261.52 点下降到 2011 年底的 2199.42 点，跌幅高达 41.80%。

　　在经济运行中有一系列宏观经济预测指标监控着国民经济走势的变化，其中既包括了股指，也包括了其他诸多先行指标。例如，美国国家经济研究局进行经济周期监测所确定的先行指标包括：（1）制造业生产工人或非管理人员平均每周劳动小时数；（2）每周初次申请失业保险的平均人数；（3）消费品和原材料新订单；（4）卖主向公司推迟交货占的比例（即延缓交货扩散指数）；（5）非国防重工业制造商的新订单；（6）地方当局批准（而不是实际破土开工）建筑的私人住宅数；（7）10 年期国债利率减去联邦基金利率的利率差额；（8）货币供应量（指 M2 的货币供应量）；（9）标普 500 种普通股价格指数；（10）企业及消费者未偿还信贷变化。又如，OECD（经济合作与发展组织）建立了经济综合先行指标（Composite Leading Indicators，简称 CLI）对各国经济动向进行监测，其包含的主要指标有：（1）加班小时数；（2）新订单；（3）原材料价格指数；（4）工商业预期指数；（5）股票价格指数；（6）房屋开工数。但没有哪个国家和地区仅仅将股价指数作为宏观经济预测指标的首要指标或唯一先行指标。如果说，因为股价指数列入了这些经济预测的先行指标范畴，就可成为"国民经济晴雨表"，那么，在美国国家经济研究局进行经济周期监测所确定其他先行指标中的每一项也应称为"国民经济晴雨表"，但谁都没有将这些指标做如此的表述（同时，如果先行指标中的每一项都分别称为"国民经济晴雨表"，再强调股价指数作为"国民经济晴雨表"也就失去了独立的意义）。此外，在金融运行中也有一系列预测指标（如货币供应量、流动性、新增贷款、社会融资总量、市场利率水平和汇率水平等）起着监控金融运行状况的作用，其中也包括了一系列先行指标，但同样没有哪个国家和地区仅仅将股指走势作为这些金融指标中的唯一主要指标。这说明，在世界各国和地区的长期实践中，股市并没有独立地起到"国民经济晴雨表"的作用。

预测国民经济走势的先行指标，在客观上，应与国民经济走势有内在的较强关联。例如，制造业工人的每周劳动小时数、消费品和原材料订单、卖主推迟交货占比等都直接预示着 GDP 的创造态势和经济运行的顺畅情况，M2 的增长率、金融机构的流动性状况、市场利率水平等都直接预示经济和金融运行中的资金松紧状况以及对 GDP 创造的影响程度。但股市指数只反映了股票交易的活跃程度，它并不直接或间接与 GDP 创造相连接。股市交投活跃，并不一定表示 GDP 创造过程的活跃；股市交投低迷也不一定意味着 GDP 创造衰退。

也许一些人可以用投资者的投资预期进行解释，即投资者预期经济走势将向"高涨"展开时，就愿意大量投资于股市，由此，引致股市上行；反之则反是。但投资者对经济走势的预期很难用来准确判断国民经济实际走势（这一点只要看看，对经济走势进行预测的各种专业机构所提供的年度、季度等数值以及他们几乎每个季度都在修改这些数值，就可弄清），更不用说，股市投资者并不具有专业机构进行国民经济走势预测所需的专业素质、时间和成本，股市中又充斥着投机、信息误导等现象。因此，由众多投资者用脚投票所形成的股市走势并不具有预示国民经济走势的功能。

第二，"股市是国民经济晴雨表"中所讲的"股市"是如何衡量的（从而，股市走势是用什么衡量的）？提出这一问题的原因是，上市公司数量众多，且不说在同一年或同一月份各只股票的走势差别迥异，就是在同一交易日内各只股票的行情也不尽相同，那么，"股市是国民经济晴雨表"中的"股市"是由哪只或哪几只股票为代表的呢？从美英等国的股市来看，衡量股市走势的直接指标是股指。在美国，通常使用的是道·琼斯 30 种工业平均指数，由此，提出了一个问题：道·琼斯 30 种工业平均指数走势变化真能反映美国的国民经济未来走势变化吗？答案是否定的。首先，在美国，股市指数并非只有道·琼斯 30 种工业平均指数，至少还包括标准·普尔股价指数、纳斯达克 100 指数和纽约证券交易所股价指数等，这些指数由于样本股票的选择不一样、运用的方法不一样，所以，走势也不尽相同（换句话说，如果各个股指的走势是完全相同的，也就没有必要编制不同的股指了），由此，出现了一个难解的问题：哪个股指能够反映国民经济的未来走势（从而，能够有"晴雨表"功能）？如果假定道·琼斯 30 种工业平均指数具有这种功能，那么这就意味着标准·普尔股价指数、纳斯达克 100 指数和纽约证券交易所股价指数等都不具有"晴雨表"功能，由此，"股市是国民经济晴雨表"的表述就是不严格不科学的，它的表述就应修改为"某个股市是国民经济晴雨表"。可为什么这个"股市是国民经济晴雨表"，其他股市不是呢？由此，"股市是国民经济晴雨表"这一命题再次陷入逻辑混乱之中。

事实上，且不说股市不是（也不可能是）国民经济晴雨表，一个具体的股指都不可能完整准确地反映它所依托的股市整体走势。道·琼斯30种工业平均指数不可能完整准确地反映美国纽约证券交易所上市的3000只左右股票的价格变化，否则，在道·琼斯指数中就没有必要再增加"运输业平均指数"、"公用事业平均指数"和"平均价格综合指数"了，也没有必要再编制纽约证券交易所股价指数。在纽约证券交易所上市的股票中，即便编制了这么多种股价指数，也还不包括金融股、房地产股等，这才有了2008年9月以后，金融股、房地产股大幅下跌而道·琼斯30种工业平均指数的跌幅远低于前者的情形发生。

其实，如果不是陷入思维混乱或故意要将股市地位抬高，本来"股市是国民经济晴雨表"的谬误是比较容易看清的。一个简单的事实是，道·琼斯30种工业平均指数只选择了在美国纽约证券交易所上市的30只工业股票价格，即便它可能代表美国的工业经济走势，也不可能代表美国的商业、金融、房地产业和农业等众多产业的经济走势，理所当然，不可能代表美国的国民经济整体走势。

第三，股市要能够成为国民经济的晴雨表，它的内在机制就应与国民经济运行的机理有对应的关系。但影响股市价格波动的各种因素，与影响国民经济运行的各种因素相比，有很多的不一致。即使舍去股市中的从众心理、投资银行误导投资者等现象不说，股市价格波动和股指变化也有一系列特殊的机制。

首先，股市价格波动受到股市供求关系的严重影响。在大盘股上市的开市价格较低而随后几日的交易市场价格较高的条件下，股市可能呈上行走势，反之，股市可能呈下行走势；在投资者缺乏其他投资渠道将资金较为集中地投资于股市的条件下，股市将呈上行走势，反之，则呈下行走势；在有利好题材的条件下，股市将呈上行走势，反之，利空题材的出现将引致股市下行；如此等等，不一而足。

其次，股指走势受到股指编制方法和样本股调整的影响。以道·琼斯30种工业平均指数为例，它以1928年10月1日为基期，基期值为"100"，但2007年10月突破14000点，那么，在79年时间内，这30种工业股票的平均价格上涨了140倍（从而美国GDP也上涨了140倍左右）吗？答案是否定的。在这79年时间内，道·琼斯30种工业平均指数的样本股票进行了多次调整更换。这意味着，按照未更换前股票样本计算的道·琼斯30种工业平均股票指数与更换后的这一指数有很大的差别，由此出现两个问题：其一，更换前的指数更具有"国民经济晴雨表"功能，还是更换后的更具有这一功能？其二，如果更换后的指数更具有这一功能，那么岂不意味着这一指数在未更换时不具有"国民经济晴雨表"功能了？另外，道·琼斯30种工业平均指数的走势虽然受到这30种样本股票的价格走势的影响，但也受到这30种股票的股本数量的影响。在股价不变或较低时，股本扩张将引致股指上行，由此又出现一个问题，与这30种工业股票对应的上市公司开展股本扩张的行为是否就一定预示着美国经济的走势变化？答案显然是不确定的。众所周知，一个不确定的答案不可能产生一个肯定的判断。

从中国 A 股市场的股指看，尽管上证综指和深证成分指数都将全部上市公司纳入计算范畴，由此引致四方面问题：其一，2000 多家上市公司股票价格的走势，恐怕很难充分反映中国 700 多万家（有人认为中国的企业数量在 1000 多万家）工商企业的运行状况，因此，尽管中国经济年年在高位运行和增长，但 A 股市场走势长期不尽如人意。其二，尽管 2008 年以后 A 股市场走势持续走低，但上证综指还在 2000 点左右，由于这一指数以 1990 年 12 月 19 日为基期、基期值为 100 点，那么，这是否意味着上海证交所上市的股票市值均价应在 20 元/股左右？事实上，2012 年 11 月 30 日，A 股主板市场的 1416 只股票均价仅为 5.65 元/股[①]。其中的差别主要由上市公司的股本扩张所引致。其三，如果指数的价格选择以新股的开市价计算，那么，由于绝大多数上市新股在随后的交易中价格呈上行走势，所以，上证综合指数将呈上行走势；如果以新股上市后一段时间（如 5 个交易日）后的交易价格计算，则上证综合指数的走势就与前一计算大不一样。其四，股市走势受到送配股、股息分配等因素的影响。一般来说，在上市公司进行收益分配之前，股价较高；在收益分配结束后，除权股的股价较低，由此引致股指走势不同。

最后，从股价一般公式中可见，股价受到市场利率的严重影响，其程度远大于实体经济所受到的影响，因此，在市场利率上行调整过程中，股市从而股指将呈明显下落走势；在市场利率下行调整过程中，股市从而股指将呈明显上行走势。显然，股市从而股指的变化并不一定预示着国民经济的调整变化。

第四，从计量方法角度看，国民经济走势通常以 GDP 增长率为衡量指标。GDP 增长率一般采用的是同比方式，即今年与去年的同期相比。股指的编制通常以绝对值为基础（即以样本股的股份数额乘以每股股价为基础），取某个时点为基期，然后进行计算。二者的计量基础和计量方法并不一致，如何可以对比或参照？例如，在股指从 1000 点上行至 1100 点的走势中，是否预示着 GDP 增长率将达到 10% 左右？这恐怕无从实证。因为在实践中，样本股范畴内的上市公司因增发新股（如送股、配股等）引致股指上行并不直接有预示 GDP 总量增加（从而，GDP 增长率提高）的功能，同样，这些样本股的股价上行（从而，引致股指上行）也不直接有预示 GDP 总量增加（从而，GDP 增长率提高）的功能。

第五，在一个开放型国家和地区中，股市如果是国际化的，即国际资金可以自由进出股市，则股市走势将受到国际游资的严重影响，由此，股市从而股指的走势更与这一国家和地区的经济走势不一致。

强调"股市是国民经济晴雨表"，意图在于提高经济决策部门对股市重要性的认识，但它将股市不具有的功能强加于股市，其结果是形成不利于股市健康发展的政策氛围。

---

① 引自《透视市场数据 把握投资机会》，《中国证券报》2012 年 12 月 1 日。

二　财富效应

股市（均指股票交易市场）财富效应，是海内外一些学者和市场人士屡屡强调股市重要性的一个主要根据。

《新帕尔格雷夫词典》在解释"财富效应"（Wealth Effect）时说："财富于经济分析是无所不在的；所以，不同的作者，甚或同一作者使用'财富效应'这个术语表达许多截然不同的概念，就不会使人诧异了。"[①] 哈伯勒（Haberler，1939年）、庇古（Pigou，1943年）和帕廷金（Paatinkin，1956年）提出了财富效应的观点，认为在其他条件相同的情况下，货币余额的变化将在总消费开支方面引起变动。这被称为"庇古效应"（或"实际余额效应"）。学者们在财富效应方面的研究遇到了四个相互关联的困难：第一，财富效应的来源。现代消费函数理论把财富看作决定总消费的最重要的因素，既然货币余额是财富的一个组成部分，那么，实际货币余额的变化就必然引致消费方面的相同变化。但是，问题在于，货币的哪一部分是财富的一种要素以及货币所含有的服务流在多大程度上应当被认为是一种消费？第二，是否只有外部货币（即政府的无息资金）才应被包含在财富内？原因是，对整个社会而言，内部货币实际价值的上升不会导致财富的增加，所以，财富效应只限于外部货币。第三，作为衡量财富（从而财富效应）的尺度可能是外生货币＋有形资本＋一部分的政府负债。在这个过程中，货币政策通过财富效应得以强化，但它减少了价格变化对总消费的影响力度。结果很可能是，与实际外部货币的增长相结合的总消费小于与资本存量增长相结合的总消费。第四，提高实际货币余额可能会增加消费者的开支，但其财富效应依然不明确。总之，总消费方面的财富效应是一个长期困扰宏观经济学家的悬而未决的命题。

财富效应本来研讨的是货币财富效应，但海外一些学者将其扩展到资产价格，认为当金融资产价格上涨（或下跌）时，将引致金融资产持有人财富的增长（或减少），由此，将促进（或抑制）消费的增长，影响短期边际消费倾向（MPC），促进（或抑制）经济增长。这种影响主要是通过两个机制得以实现：其一，资产价格的上涨，使人们持有的资产价值（即以市场价格计算的资产数量）总额增加，资产价值增加意味着财富增长，由此，将促使人们增加对商品和劳务的消费，从而，总消费增加；其二，资产价格的上涨，使人们对资产未来的收益预期提高，按照永久收入假说，未来收入的增长也将促使人们对当期产品和劳务的消费增加，由此，总消费增加。因此，财富效应是指人们的资产在价值（实际上是价格）表现上越多，他们的消费意欲就越强。

在中国，一些人大胆地从国外"引进"了股市财富效应理论。从见诸各报刊文章来看，"股市财富效应"的内在逻辑大致可表述为三个要点：其一，每只股票

---

① 引自《新帕尔格雷夫词典》第四卷，经济科学出版社，1992，第955页。

的价格均是由该股的未来收益和收益水平决定的，因此，股市的价格上扬，意味着股市已将这些产业或企业的未来收益提前到现期分配；其二，既然股市已将上市公司的未来收益提前到现期分配，那么也就意味着，这些上市公司在现期创造财富的能力（如盈利能力）不能简单以现期的财务状况为依据（因为，上市公司的"实际"财富数量大于其财务报表上的资产数量及盈利数量），而应以其发展前景（即未来收益的现期分配）为依据；其三，既然这些上市公司的股价上扬是由其未来收益的现期分配所引致的，所以，一方面这种股价上扬是有现实经济基础的，不会造成"泡沫"，也不属"泡沫"范畴，另一方面，这种股价上扬，有利于促进投资和消费，扩大内需，为此，在政策上应对其采取积极支持的态度。对此，有一系列问题值得进一步探讨分析：

第一，股票市价与未来收益是一种什么样的关系？首先，在传统的股价计算公式中，股价等于预期的未来股息收益除以市场利率。以此为据，似乎股票市价是由未来收益决定的，但这种"似乎"，即便不讨论其漏掉了"市场利率"因素，也忽视了"预期"这一关键因素。对股市投资者来说，"预期"不是盲目猜想，而是建立在真实的经济生活的基础上的。这种真实的经济生活至少包括：具体产业及上市公司创造财富（包括盈利水平）的历史业绩、现实状况和发展前景等。由于投资者无法准确地把握某家上市公司的未来（事实上，任何人、任何机构均无法准确地做出这种判定），因此，把握历史和现状，并以此为基础进行"预期"，将至关重要。显然，离开了"预期"及其真实基础来讨论"未来收益决定股价"，是一个误区。其次，在现实生活中，预期的未来收益，只是决定股票市价一个因素。决定股价的因素，在大类上，可分为经济、政治、军事、文化、宗教和自然等6类，其中，"经济"又可分为宏观经济因素（包括财政政策和货币政策等）、产业经济因素、上市公司因素、股市供求关系和制度政策因素等众多方面。正是因为股价是由众多因素综合决定的，所以，全球各国股市的走势，从历史过程上看，没有一个是符合股价传统计算公式"规范"的；也正是因为股价是由众多因素综合决定的，所以，仅以"未来收益"来讨论股价是远远不够的。

一个耐人寻味的现象是，按理说，随着时间的推延，我们离"未来收益"越来越近，由此，上市公司的股票市价应逐步高升，可为何，在一些股票被"热炒"一阵后，不仅我国而且美国等发达国家的这些股价均先后下落，除了被"套"的以外，当初追求"未来收益"的投资者还有多少勇于抬高买价？

第二，财富分配究竟是现实的还是观念的？股市交易本身并不创造价值。股票买卖、股价变动，就财富分配而言，发生的至多是入市投资者的财富在买方和卖方之间的再分配。在这个过程中，如若舍弃税收、交易手续费、过户费等因素，买卖各方的财富总量既不增加也不减少；如若考虑税收、交易手续费、过户费等因素，则买卖各方的财富总量非但不会增加反而处于逐笔减少状态中，即一部分财富被财政、券商、交易所等分走了。从年度来看，这种财富的减少，一般可通过上市公司的利润分配予以弥补。在上市公司的股利分配数量较大时，投资者的财富总量可能增加，反之，则减少。这一系列现象说明一个最基本的道理，财富分配是一个现实经济过程，即只有现实的财富，才能加入现实的分配。然而，股市财富效应却告知人们，可将未来的收益用于现期分配。这不免令人产生三个问题：

其一，"未来"是何时？是 3 年、5 年后，还是 8 年、10 年后，或是 30 年、50 年乃至更长时间之后？不论是中文还是外文，"未来"一词均指今后相当长的时间，并无准确的时间界限。既然如此，那么，究竟是将"未来"多少年的收益用于现期分配？继之，既然未来的收益已被现期分配掉了，那么，未来年份的股市价格又是将何时的收益用于分配？答案只能求助于"未来"的"未来"，结果只能是不断地"寅吃卯粮"，势必有一天没有"卯粮"可吃了，股市顿时崩溃。这是股市的正常运行态势吗？

其二，未来收益的具体数量是多少？我们假定，"未来"的时间界限是确定的（例如，5 年），那么，接下来的问题就是，在这段时间内，可用于分配的收益有多少？由于财富分配事关各投资者的切身利益，所以，财富数量至关重要。但是，迄今没有哪一个主张财富效应的人告知过投资者，"未来收益的具体数量"究竟是多少？他们所说的只是"很大""巨大""不可估量"等。这种数量概念，对投资者只有观念上的刺激意义，并非现实可得，因此，从实际分配效果来看，这种数量概念与"很小""非常小""极其小"等，并无实质差别。

略知经济学常识的人都懂得，收益与风险是一对孪生姐妹。主张股市财富效应的人，为何不认真地告知人们，未来的高收益是与未来的高风险并存的；股市财富效应的对应面，是股市风险效应？这一现象本身值得深思。

其三，未来收益通过何种机制用于现期分配？未来收益是在未来的经济活动中创造的，这恐怕没人有疑义也没人可改变，那么，未来才创造出来的财富（收益），如何能进入现期分配范畴？我们迄今未能真实地解决"时间隧道"问题，如何能够到"未来世界"去，将其收益拿到现期进行分配？主张股市财富效应的人没有告诉我们，我们也无从得知。但有一点是清楚的，即在经济生活中，不论哪种财富分配，其对象均是现期的财富，而非未来的财富。事实上，对未来财富（收益），人们只可"预期"，无法"分配"，即便是历史上最严重的"寅吃卯粮"，改变的也只是现期财富的再分配，而非真正的将未来财富（收益）用于现期分配。

显然，"财富效应"给投资者提供的是一份"观念大餐"。但这一"大餐"能否从"观念"转为现实，取决于未来经济活动的实际成效，而非取决于股市价格高低，更非取决于"财富效应"理论的宣扬。

第三，股价上扬是否有利于刺激需求？近年来，在股价快速上扬时期，人们可以看到这样一些现象：一些获利的投资者，在消费场合，出手不凡；一些投资者从股市获利后，将一部分资金转入实业投资；一部分上市公司乘股市上扬，高价发行新股（包括配股），等等。这些现象，似乎都证实了，股价上扬有利于扩大投资需求和消费需求。然而，这些现象并非一个完整的过程。

一个简单的问题是，这些获利的投资者、上市公司等，其扩大投资或扩大消费的资金从何而来？对获利投资者来说，他所以获利，是因为他在股价较高时将持有的股票卖掉了。既然股票是卖掉了，必有买方，所以，获利投资者的资金来源于购买其股票的投资者。上市公司高价发行新股，其售股资金来源于购股投资者。购股投资者因购股而引致的需求减少，大致有两种情况：直接减少和间接减少。所谓直接减少，是指投资者因将资金用于购股而在一段时间内使自我的投资需求或消费需求减少；所谓间接减少，是指投资者因将资金用于购股、减少存款等金融资产而引致的他方投资需求或消费需求减少。一个基本情况是，每当股市高扬，投资者或从银行提款或减少银行存款，将资金转入股市投资。在这种场合，原本通过存贷款机制提供给工商企业或投资项目的资金减少了，与此对应，这些企业或投资项目的投资需求以及由此引致的消费需求也随之减少。在这个过程中，以总量计算，很难说股市上扬能够刺激经济运行中的总需求增加。

总需求＝总供给，是宏观经济学的一个基本原理。在总供给确定的条件下，股市在某一方面引致的需求增加，是以经济运行其他方面的需求减少为"对称点"的；否则，股市引致的需求增加就应引起"供不应求"、物价上扬，但现实经济生活中并没有发生此类现象。

第四，价值创造与股市的财富效应。有股份公司自然就要有股票市场。但是，一方面商品交易活动是否创造价值？根据马克思的理论，商品交易活动本身属非生产劳动，虽然对生产劳动来说，这些活动是不可或缺的，但非生产劳动不创造价值，与此对应，股票交易市场的活动也不创造价值。毫无疑问，从事股票交易市场活动的各种中介机构可以获得收入，也需要缴纳税负，但这并不证明股票交易市场具有创造价值的功能。这些收入和税负，或者是从创造价值的领域中转移过来的或者是股市参与者的收入再分配的结果，而不是股市交易活动创造的。另一方面，股市走势是否影响投资者的消费？就个案而言，的确存在在股市投资中获利的投资者扩大其个人消费的现象，但重要的不是这些投资者是否扩大其个人消费，而是他们扩大消费的资金从何而来？例如，某一投资者先前以10元/股的价格买入某种股票1万股，在股价上升到15元/股时卖出，由此，获利5万元（舍去佣金等费用），并将这5万元全部用于个人消费，由此，在直接关系上，似乎消费扩大了5万元。但只要一细究就不难发现，实际上，从全社会来看消费并没有扩大。因为这一投资者所获得的5万元获利资金来源于按15元/股买入股票的另一投资者，对后者而言，他的消费减少了。马克思明确指出："股票只是对这个资本所实现的剩余价值的相应部分的所有权证书。A可以把这个证书卖给B，B可以把它卖给C。这样的交易并不会改变事情的本质。"[1] "只要这种证券的贬值或增值同它

---

[1] 引自马克思《资本论》第三卷，人民出版社，1975，第529页。

们所代表的现实资本的价值变动无关，一国的财富在这种贬值或增值以后，和在此以前是一样的。"[1]

第五，如果说股票交易可能增加获利者的财富因而具有财富效应的话，那么，存贷款、债券、信托和租赁等金融活动也都具有可能使投资者获利的特点，这些金融活动是否也有财富效应？对此的回答，如果是肯定的，则意味着财富效应是各种金融活动中都存在的现象，由此，专门强调股市的财富效应没有实际意义。对此的回答，如果是否定的，那么就须回答为什么？而这个"为什么"几乎无法予以解答。

第六，在特殊条件下，例如，某国（或地区）的股市为国际股市，先期本国居民已经以较低价格购入大量股票，随后，国外的非居民进入这一股市，以较高的价格从居民手中购入股票，由此，对该国居民来说，确实有财富增加的情况发生。但即便是这种场合，股票交易市场依然没有创造出财富，所发生的只是已有财富在国别之间的转移。

三　市值缩水

市值指的是上市股票按照市场交易价格计算所得出的价值总额。对一只上市股票而言，市值 = 交易价格 × 股份总额；对整个股市而言，总市值 = 所有上市股票的平均价格 × 所有上市股份总额。由于在股票交易市场运行中，每只股票的交易价格都处于不断波动之中，由此，出现了两种主要情况：一是当股价普遍上升时，一些人就开始强调股市引致的财富正效应，并根据股价上升幅度和总股份的乘积关系，计算出财富增加的具体数量；二是当股价普遍下落时，他们就开始强调财富缩水，并按照同一方法计算出财富减少的具体数量。在这个过程中，计算财富效应的全部目的，是想说明投资者财富从而国民财富与股市波动的关系。以2006～2008年为例[2]，在2006年A股市值从2005年的3.1017万亿元增长到8.7992万亿元（增幅高达183.69%），2007年A股进一步增加到32.44万亿元（增幅高达268.68%），2008年A股市值减至12.08万亿（缩水幅度高达62.76%）。按

---

[1]　引自马克思《资本论》第三卷，人民出版社，1975，第531页。

[2]　资料来源：《2006年中国A股市值年度报告》、《2007年中国A股市值年度报告》和《2008年中国A股市值年度报告》。其中说到：2006年"上证综指从年初的1161点起步，迈开牛蹄，一路攀升，年末以2675点收盘，全年涨幅高达132%，居全球第一位。空前的牛市行情中，中国证券市场A股市值实现了空前的跨越式增长：从2005年的31017亿元增长到87992亿，增幅高达183.69%"。2007年"上证综指从2675.47点起步，一路高歌猛进，年终报收于5261.56点，全年涨幅高达96.66%，蝉联全球第一。中国证券市场A股市值在2006年末8.8万亿元的基础上，劲增至2007年末的32.44万亿元，增幅高达268.68%"。2008年"上证综指从年初的5272.81点起步，一路下探10个多月后，沪指创下1664点的年内新低，年末沪深股市惯性下跌连续8个交易日后，最终以1820.81点给2008年的资本市场画上了一个不完美的句号，全年市值跌幅高达65.47%，创造了A股市场有史以来的最大年度跌幅。低迷的市场行情中，中国证券市场A股市值出现了阶梯式的大幅缩水，从2008年初的32.44万亿元减至12.08万亿，缩水幅度高达62.76%"。

此计算，中国的财富在 2006～2008 年间发生了大起大落的变化。但事实上，在这些年中，按照 GDP 计算的中国财富数量呈直线快速增加（尤其是，2008 年并未减少），按照不变价格计算的 GDP 总额分别达到 208381.0 亿元、237892.8 亿元和 260812.9 亿元。

市值计算得出的"财富"与 GDP 计算得出的"财富"之所以有上述的差异，根本原因在于市值计算方式的误差。以收盘价计算的市值，是以收盘时的股票交易价格乘以总股份而得出的。但在收盘时，成交的股票只是股份总量中非常小的一部分。例如，某上市公司的总股份为 10 亿股，某个交易日的收盘交易量为 1000 股、交易价格为 10 元/股，则该上市公司的股份总市值计为 100 亿元。次日，如果这一上市公司的股票交易的收盘交易量为 2000 股、交易价格为 12 元/股时，股份总市值就增加到了 120 亿元；如果这一上市公司的股票交易的收盘交易量为 2000 股、交易价格为 8 元/股时，股份总市值就减少到了 80 亿元。这二者的差额实际上与上市公司的资产状况、财务状况及投资者的财富数量并无多少关系，只是收盘时的交易价格不同。如果说，在收盘时，该公司的 10 亿股全部介入交易，那么，一方面交易价格恐怕难以达到或维持 5 元/股以上，由此，计算的总市值将远低于 8 元/股所得出的 80 亿元，另一方面，它也不会直接影响到该上市公司的正常经营运作。

不难看出，总市值的增加或减少，实际上只是一个观念上的计算结果，与上市公司乃至投资者总体的实践运作并无直接关系。据此，所计算的直接金融占比的提高或降低，也很难说，对金融结构的改善有多少意义。

四　股市平准基金

2008 年 7 月以后，在 A 股市场大幅下落的背景下，一些人从救市角度出发，提出了设立平准基金的主张，并引证说海外市场也有股市平准基金且运作效果不错[①]。从这一平准基金的功能设想上看，主要有二：一是强调低位购股，避免股市深度下落，熨平股市走势的波动，犹如"最后购股者"；二是强调购入大小非股份[②]，减低大小非给股市上行带来的种种压力，犹如"稳定器"。应当说，这一设想的初衷是好的，都是为了推进中国股市的健康稳步的发展。但如果细细追寻，就不难发现，这种股市平准基金的实践效应将不利于股市的健康稳步发展。具体理由如下。

第一，从股市平准基金功能上看，"最后购股者"有操纵股价的违法嫌疑。操

---

① 2012 年，在 A 股市场进一步下落的背景下，设立股市平准基金的呼声再次出现。
② 大小非是中国上市公司进行股权分置改革之前占比例较大（占总股本 5% 以上）的非流通股和占比例较小（占总股本 5% 以下）的非流通股的简称，前者称为"大非"，后者称为"小非"。其中，"非"的含义是非流通股（或称为"限售股"）。在上市公司进行股权分置改革后，这些股份均可流通，由此，引致了可流通股数量的增加，给股市交易市场的价格上行造成压力。

纵股价是世界各国股市运作中的严重违法行为，中国《证券法》对此也有明确规定，由此，如果股市平准基金承担了最后购股者的角色，在股价持续走低时出手大量购股，在股价走高时再卖出这些股票以抑制股市过快上行，那么，这种操作是否意味着操纵股价？如果答案是否定的，那么，就必须具体回答为什么这种操作不属操纵股价范畴？如果属于操纵股价范畴，那么，设立这种股市平准基金是否需要修改《证券法》，将这种股市平准基金操作行为列到"操纵股价"之外？"稳定器"也有同样的嫌疑。如何发挥"稳定器"功能？即便在大量购入大非股份的条件下，在股市运行过程中，这一平准基金也还需要根据具体情况适时卖出股票，由此，在股市走高时大量卖出，在股市走低时大量买入，以"维护"股市走势的稳定。这种操作行为是否属于操纵股价？也同样需要从《证券法》上予以界定。

中国股市是一个不成熟的市场。20世纪90年代以后，调控股市成为监管部门的一种习惯性思维方式和监管行为，在此背景下，股市平准基金一旦设立，就很容易成为有关政府部门运用行政机制调控股市又一新的路径，从而，发生"政策市"向"操控市"的演化。这种状况的发生，不仅不利于A股市场的健康发展，而且将严重强化股市的体制弊端。

第二，股市平准基金暗含着政府信用的保障机制，由此，它将处于盈亏的两难境地。如果股市平准基金在操作中获利了，意味着政府直接介入股市投资而挣取差价收益，这显然不符合政府在股市中的监管者定位和职责。换句话说，如果政府需要在股市交易中获得差价收益，则股市就无"公开、公平、公正"的三公原则可言了，也就不需要再有股市了。如果股市平准基金在操作中亏损了，不仅意味着政府以全国纳税人缴纳的税款来补贴股市投资者，这将引致纳税人的不满，而且将给政府信用带来严重的负面效应。

一些人以香港盈富基金为例，强调中国应当设立股市平准基金。不知这是建立在对盈富基金形成历史不甚了解的基础上还是建立在对这一历史视而不见的基础上。香港盈富基金的形成可追溯到1998年的香港金融市场国际大战。当时以索罗斯为首的海外对冲基金集中了巨额资金，通过汇市和股市的联动机制，冲击香港金融市场。为了保障香港金融市场和经济社会生活秩序的稳定，在外汇平准基金的资金不足条件下，香港特区政府向社会公众发行了一部分具有证券投资基金性质的基金单位。在这场金融风暴冲击过后，香港的外汇平准基金立即与证券投资基金分离，将后者设立为盈富基金，香港特区政府不再为盈富基金的市场运作提供任何信用支持，盈富基金实际上成为一般的证券投资基金，并不具有任何股市平准基金的功能和义务。因此，以香港盈富基金为例，证明中国应当设立股市平准基金，有张冠李戴之嫌疑，是缺乏说服力的。

第三，从股市平准基金的规模来看，多少为合适？有人认为，几千亿元就可。但如果是履行"最后购股者"的职能，那么，这一平准基金恐怕2万亿元也未必有效。一个可以对比的实例是，2007 年 10 月，A 股证券投资基金的资产高达 3.2 万亿元尚且不能有效抵挡上证指数从 6124 点下落到 1700 点左右，那么，几千亿元的股市平准基金又如何能够将股指维持在高位？另外，随着 A 股上市公司数量的进一步增加和股本总量的进一步扩大，这一平准基金规模是否也需要进一步扩大以及如何扩大？这依然是未解的问题。

与此对应的问题是，这一平准基金的资金来源于何方？是政府财政投入还是从社会上募集？如果是政府财政投入，那么，在财政预算中这笔资金如何安排？1998 年以后，虽然财政收入大幅增加，但在建设和谐社会中，财政支出也大幅增加，收支相抵，政府财政并无多少盈余。在此背景下，政府财政如何有数万亿元计的富余资金用于设立这种股市平准基金？另一方面，如果资金是从社会募集，那么，这一基金是否要以盈利为目的？假定不以盈利为目的（如发挥"稳定器"功能），那么，社会投资者如何愿意将资金投入这种股市平准基金？如果以盈利为目的（如发挥"最后购买者"功能），那么，为了盈利，如何防范这一基金操纵股价（同时，在操纵股价行为发生后，如何处置）？显然，这一系列疑问是未解（也是很难解决）的问题。

第四，从操作层面看，主张设立股市平准基金的人强调，这一基金由专家运作，何时介入股市、投资于哪类股票、如何投资以及投资组合等均由专家组选择确定。这种设想建立在"专家高明论"基础上，的确有"蒙人"效应，但它违背了"股市无专家"的基本常识。且不说在华尔街的众多"专家"共同努力下，2008 年美国爆发了金融危机，就是中国 A 股市场的 20 多年实践也没有证明"专家"有何高明之处，一些号称"专家"的人士常常在股市走势中败北。2007 年 10 月以后的股市走势，从 6124 点下落，那么，从专家角度来看，股市平准基金是在 5000 点入市为合适、4000 点入市为合适或 3000 点入市为合适还是在 2000 点、1800 点或 1500 点入市为合适？从实际操作结果看，那些号称"专家"的投资者，在此轮股市下跌中也属严重亏损或套牢之列。他们自己都不认为比一般的投资者高明，又如何能够将股市平准基金的投资运作命运交给他们？须知，专家是人，不是神。

从 10 多年中国证券投资基金的运作经验看，基金在选择投资策略、投资组合、个股数量和投资时机等方面都须严格保密，因此，有一套保密制度和程序。在这个过程中，不容"专家"集体研讨决定。且不说专家达成一致性意见的难度，就说各位专家日常工作繁忙，是否有时间参加每日（或每周）的频繁研讨就是一个不易解决的问题，更不用说，这些专家是否能够严格遵守保密原则也是一个问题。事实上，将投资基金的运作寄托于"专家"是靠不住的，这是为什么证券投资基金由专业团队操作的基本原因。

第五，设立股市平准基金违背股市的基本原理。股市中有两句名言"再高也有套牢者"和"再低也有投资者"。股市中的成交，是售股者和投资者双方行为的共同结果。对售股者来说，股价越高越有利；对购股者（即投资者）来说，股价越低越有利，由此，股市平准基金该选择满足哪方的利益要求为取向？如果以满足售股者的利益为取向，那么，将 3000 点之下的持股者解套了，又有一批人被套在了 3000 点，是否应当继续为他们解套？如果还要解套，拉到 4000 点后，3000 点的是解套了，但又有一批人套在了 4000 点，是否还需解套？如此不断运作，没完没了，即便股市平准基金有足够的资金入市，最后的套牢者恐怕也只能是股市平准基金了。

有人认为，如今设立股市平准基金可以上证指数 1500 点为入市基点。且不说上证指数是否会跌落到 1500 点以下，就是跌倒了 1500 点之下，股市平准基金是全面入市还是部分入市也还是问题。更重要的是，此后 A 股市场每年还将发生多少次 1500 点以下？如果不再发生或者不知多少年后才发生，那么，股市平准基金在 1 年（乃至若干年）的时间内将无事可做。无事可做，即便不说"要生事"，这么一大笔资金闲置本身就是问题。有人举例说，日本、中国台湾也曾设立股市平准基金，但关键的问题不在于海外是否曾经设立了这种基金，而在于它们运作是否有效。从实际效果看，与其说它们运作的不成功，不如说它们的实践证明，这种基金的运作不仅是失败的，而且留下了一堆问题尚待处置。

股市有其内在规律，只考虑售股者的要求，忽视购股者的选择，不是一个好的取向。1994 年 7 月股市一路下行，一批投资者（包括机构投资者）已准备了大量资金，预期在 300 点左右时发力投资，但 7 月 29 日，在沪指下落到 333 点时，监管部门突然出台了"救市"的三大措施，由此，在没有涨跌停板约束的条件下，8 月 1 日（7 月 30 日和 31 日为大礼拜）沪指一路上行到 600 多点，使得这些投资者几乎全部踏空。这种救市政策保护了售股者的利益，却伤害了购股者的利益，其教训也许值得思考。

在 A 股市场快速走低、众多股票有较高投资价值而少人问津的条件下，出台股市平准基金的确有振奋投资者信心的功效，因此，似乎对 A 股市场上行起着激活的"加法"作用。但这不过是饮鸩止渴的措施。如上所述，这种措施不利于股市的正常运行，反而使 A 股市场陷入频繁的"调控"陷阱，其结果不仅将使股市运行制度更加偏离市场机制的规范要求，而且很可能引致更为严重的无序状态和不可预期程度，所以，它实质上将是一个"减法"措施。

五 强制现金分红

股利分配是上市公司以经营业绩回报股东和维护股东权益的一个主要方式，也是股东实现投资收益的一个主要方式。从历史角度看，上市公司的分红方式包括现金分红、股份分红、实物分红和债务分红等几种。但在中国，1996 年以后，A 股上市公司的现金分红屡屡成为股市投资者关注的一个焦点问题。其背景大致有二：一是少数上市公司财务造假，引致股市投资者对上市公司的财务真实性产生质疑，要求通过现金分红来体现财务的真实状况；二是，在股市行情下行的条件下，一些人认为，这种下行的行情与上市公司现金分红的数量不够有关（换句话说，只要上市公司能够充分进行现金分红，股市下行的行情或许能够逆转，至少能够缓解），因此，要求上市公司提高现金分红的比例。自 1996 年起，中国证监会就上市公司的现金分红问题先后出台了多项规定。其中，1996 年 7 月 24 日出台的《关于规范上市公司行为若干问题的通知》（证监上字〔1996〕7 号）和 2001年 3 月 28 日出台的《上市公司新股发行管理办法》大致属于第一种情形；2006 年5 月 6 日出台的《上市公司证券发行管理办法》和 2008 年 10 月 7 日出台的《关于修改上市公司现金分红若干规定的决定》（中国证监会第 57 号令）① 属于第二种情形。一个重要的背景是，2008 年上证指数快速下行，从年初 1 月 2 日的 5272.81 点一路下跌，到 9 月 30 日已降低到 2359.22 点（即跌幅达到 55.26%）。由于市场和媒体舆论中一些人将股市下行的成因归于上市公司现金分红太少，因此，中国证监会不得已出台了强制上市公司现金分红的规定。2011 年，中国股市再次大幅下行，上证综指从 1 月 4 日的 2852.65 点降低到 12 月 30 日的 2199.42 点（即跌幅达到 22.90%），到 2012 年 6 月 29 日尽管上证综指回升到了 2225 点，但依然离 2011年初甚远，股市中的一些投资者和媒体舆论再次将上市公司的现金分红不足归为股市回升疲软的一个重要成因，并且将此作为上市公司是否维护投资者（尤其是中小投资者）权益的一个重要表现，由此，"强制上市公司的现金分红"又成为中国股市的一个热点问题。究竟该如何看待上市公司现金分红的利弊？是一个需要认真分析的论题。

1. 上市公司现金分红的财务分析

强调现金分红的一个主要依据是，只有如此，才能有效维护股东权益。有人甚至认为，现金分红的程度，反映着上市公司维护股东权益的程度。但财务角度看，大量现金分红并不利于维护股东权益。主要理由有三：

第一，在一年的经营运作过程中，如果一家上市公司处于盈利状态，那么，在年终结算时就有可供股东分配的税后利润。按理它应当进行现金分红。但问题在于，要进行现金分红，它就必须有足够数量的现金以供分红所需。假定这家上市公司某年的税后利润总额为 1.2 亿元且税后利润的获得是各月平均的（即每月获得 1000 万元的税后利润），那么，在现金分红需要达到当年税后利润的 1/3 以上时，公司需要准备的现金数额至少应当达到 4000 万元（舍去进行现金分红时的各种费用）。由此，为了进行现金分红，公司可选择操作的方案有二：一是公司从 9月份开始积累现金（即在产品销售并获得现金后，将这些销售收入以货币资产方式存入银行，不再投入经营运作）；二是在进行现金分红的月份之前，通过各种方式（如从银行获取贷款、发行债券或增发股票等）从外部融入可用于分红的现金。

---

① 该决定从 2008 年 10 月 9 日开始实施。

从第一种方案看，有三方面情况是不利于维护股东权益的：首先，在其他条件不变的情况下，公司前8个月，每月因有税后利润1000万元投入经营运作，所以，生产活动、市场销售等处于持续展开过程中；但从9月份开始，为了积累现金，这一扩展过程需要突然停止。9月份以后的经营运作只能依8月份的规模"停步不前"。这不仅意味着公司可得市场占有份额没有得到，而且意味着将这些市场份额拱手让与了竞争对手，为来年的经营运作扩展留下了种种困难。这是股东权益的间接损失。其次，公司从9月份开始积累4000万元的资金（以备现金分红），实际上是将资产置于最无效率的境地（众所周知，在各类资产中，货币资产的流动性最高，但收益率最低）。假定公司的资产收益率达到10%（银行贷款利率为7%左右，在正常情况下，公司资产收益率应高于银行贷款利率才可能借入银行资金），那么，4000万元资金损失的收益可能达到百万元以上，这是股东权益的直接损失。或许可以将这些资金投资于金融市场购买短期内可变现的金融产品（如债券等），以减少因现金存放于银行所蒙受的收益损失。但这些金融投资存在风险，一旦市场价格波动引致投资亏损，可能给股东带来的利益损失更大；同时，就一家上市公司而言可以这么操作，但众多的上市公司在几乎同一时间内集中将资金投放在有限的金融产品上，不仅将引致这些金融产品的价格上行，而且从中国目前的金融市场格局看，是否有足够的金融产品可供投资也是问题。最后，在资产负债表中，"未分配利润"计入"股东权益"范畴，是公司净资产的重要构成部分。净资产是公司从银行获得贷款的基本抵押品。假定公司的资产负债率为50%，则4000万元的积累利润，意味着公司实际损失的资产规模达到8000万元。也许有人认为，公司在积累分红利润中，依然可用这些利润承担对应的银行贷款，但问题在于，一旦这些利润用于现金分红，公司将立即陷入银行贷款抵押品不足的境地。这种现象也许可以通过各种公关活动暂时缓解，可一旦成为行为习惯，年年抱着侥幸的心理，这恐怕不利于公司行为的规范化，也不利于维护股东的长久权益。如果公司经营运作和市场营销条件比较复杂，则不利于维护股东权益的情形也就更多。

从第二种方案看，首先，公司要能够从银行获得贷款（且不说，办理手续的时间耗费和成本）的前提是，公司尚有可用于抵押的资产（或者说，假定公司可得贷款的余量未用完）。如果这一前提不存在（即公司已无争取增量贷款所需的净资产），那么，公司就已无可能从银行获得增量的新贷款。在公司尚有可能从银行获得贷款的条件下，一个基本问题是：公司在正常的经营运作中为什么不将这种可得贷款借入以发挥资产规模的最佳配置？换句话说，如果公司屡屡要等现金分红才充分利用可得贷款余量并成为一种习惯的话，这实际上意味着，公司正常的经营运作并未发挥资产规模配置的最佳效益。这显然不利于"为谋取股东权益最大化"目标的实现。其次，从发行债券看，一方面在中国目前条件下，公司申请发行债券需要经历较为复杂的审批手续，一旦审批时间滞后于现金分红的时间，公司就将陷入资金难以周转的困境。另一方面，既然公司具备了发债条件（舍去审批时间和成本不谈），那么，为什么不在正常的经营运作过程中申请发债而需要等到现金分红的资金不足时才申请？提出疑问的原因是，发债成本（包括债券利率）低于银行贷款，对公司经营运作来说，这是有利于扩大资产运作规模、提高资产运作效率的措施。这种选择显然不符合维护股东权益的要求。如果公司年年将现金分红寄托于发债，那么，早晚就遇到债券发不出而现金分红也不能兑现的难题。退一步说，假定一家上市公司可以通过发债来缓解现金分红的资金压力，那么，众多上市公司在近乎同一时间发债，其结果不仅可能遇到债券难以发出的困境，而且可能遇到发债成本上行的困扰。最后，通过增发新股获取资金来满足现金分红的要求，即便不论其他条件是否允许，仅从时间上看几率就非常之低。它恐怕也不是维护股东权益的有利之策。

第二，对投资者而言，在公司股利分配中可选择的方案至少有二：一是获得现金股利，二是获得股份股利。假定，某家上市公司的股利分红有 10 股送 3 股和 10 股分配 3 元现金两种选择，那么，哪种方案更有利于持有股票的投资者？从现金分红来看，在 10 股分配 3 元的条件下，投资者实际得到了 2.4 元（股息的税率为 20%）；分红后，由于该公司股票的利好消息（分红）出尽，除权股的价格可能从原先的 10 元/股下降到 9 元/股。持 100 股的投资者的股票资产价值从原先的 1000 元（10 元/股 × 100 股），改变为 900 元（股票市价） + 24 元（现金分红）。即便该公司在新的一年里，经营效率达到了原有的水平，股价再次上升到 10 元/股，持股投资者的资产价值也仅为 1024 元（即股价 1000 元 + 现金分红 24 元）。从股份分红来看，在 10 送 3 的条件下，公司股价将下降到 7.69 元/股（10 元/股/1.3 股），因此，就直接计算看，持股投资者的股票资产价值没有增加。但因公司的资产没有减少，市场占有份额在继续扩大，如果经营效率达到了原有水平，则公司股价还将回到 10 元/股，此时，持股投资者的股票资产价值达到了 1300 元，显然高于前种分红方式。因此，从财务角度看，现金分红不一定是最有利于维护股东权益的方式。

现金分红使持股投资者有了直接可见的投资回报，这在心理上不仅有利于提高他们的投资热情，而且有利于提高他们对上市公司的信任程度。但从理性角度说，持股投资者需要通过股利分红获得现金的实际含义是什么？可能的解释有三：一是需要现金。但这一解释在多数情况下不成立。因为他们可通过出售股票来获得现金，而且出售股票获得的现金量明显大于分红获得的现金量，且时间不受限制，所以，没有必要等待有限的分红现金。二是利用分红利好背景下的股价上行、出售股票（包括解套）。股市有句名言："股价再高也有套牢者"。原因是，任何股票交易价格总是在买卖双方的交易中形成的，对股票的卖方是解套、获利等，对股票的买方则是入套。显然，这是一种利己而并非有利于他人（投资者）的解释。如果要摆脱"利己而不利他"的困境，那么，在年年分红中就需要证明，个股价格的总走势是一个不断上行的过程，但不论从理论上还是各国和地区的股市实践上，这都没有得到证实。因此，这种解释在理性上也不成立。三是通过现金分红检验上市公司的财务状况。例如，1996年以后的一段时间内，为了避免继续发生公司盈利水平的虚假，投资者要求上市公司进行现金分红。因为现金分红需要拿出真金白银，如果公司实际盈利水平与披露的财务报表数据不一致，则公司可能陷入现金分红的困境。就此而言，现金分红作为一种验证机制，提高投资者对上市公司的信任程度，是有意义的，也是一种合理的解释。但在经过多年整治且上市公司的财务监管日加严格的背景下，再强调这一理由是否合适，却值得认真思考。

第三，从对经济运行的影响看，上市公司分红选择哪种方式，通常对经济运行和金融运行没有直接影响。但在两种情况下，它实际上有重要的影响：其一，如果上市公司比较普遍地选择通过增加银行贷款来进行现金分红的话，那么，可能在进行股利分配的几个月（如2个月）内，突发性引致银行贷款集中增加；或者上市公司比较普遍地选择发债来满足现金分红的资金需求，那么，可能在股利分配期间发生公司债券的突发性地集中发行。这些金融活动，与经济运行对资金的需求并无直接关系，但它在短期内集中增大了金融交易量。如果这种突然集中增大的现金需求得不到充分满足，上市公司的正常经营运作秩序就可能被打乱，由此，将不同程度地影响到经济运行的秩序和效率。其二，在上市银行采取现金分红的条件下，可能引致这些上市银行短期内的放贷能力突然减弱。2011年，16家上市银行的利润总额在9000亿元左右[①]，假定其中的1/3用于现金分红，则需要3000亿元。由于这些利润在未分配时记入上市银行的净资产范畴，在银行资本计算中属于"核心资本"，所以，按照资本充足率8%计算，3000亿元的核心资本本来可支持37500亿元的新增贷款（即便按照中国银监会贯彻巴塞尔Ⅲ中关于资本充足率11%的要求，3000亿元核心资本也可支持27000多亿元的新增贷款）。这意味着，如果这些利润用于现金分红，则上市银行在现金分红后的一段时间内失去了可新增贷款的资本支持，由此，不仅将明显影响到这些上市银行的新增贷款能力，而且将明显影响到经济运行和金融运行中的新增资金数量。假定2012年预期新增贷款总额为8万亿元，按照3000亿元现金分红减少上市银行新增贷款能力27272.73亿元来计算，则后者占前者的比重为34.09%。当然，这些上市银行也可以选择发行新股来弥补由于现金分红引致的核心资本减少，但不论是配股还是增发新股，且不论审批程序的复杂性和时间耗费，即便是准许新股发行了，上市银行从股市投资者手中募集的资金数额也将大于他们现金分红的数额，结果是，一

---

① 2012年4月28日，《上海证券报》报道："截至4月26日，除南京银行以外，其他15家上市银行都已经相继披露2011年年报，上证报资讯统计数据显示，这15家上市银行净利润总额为8717.96亿元。"

方面上市银行在现金分红和新股发行中付出了巨额费用（这些费用最终是由股东偿付的），影响了经济运行和金融运行中的新增贷款在时间上的连续供给；另一方面，又通过新股发行从股市投资者手中获取了更多的资金。这种结果，对于股市的健康发展和维护投资者利益究竟有多少益处值得进一步探究。

2. 强制上市公司现金分红的法理分析

从法律和公司治理角度看，运用行政机制强制要求上市公司现金分红，并不有利于维护股东权益。主要理由有三：

第一，从各国《公司法》看，利润分配的权利均归股东大会，即由董事会提交分配方案，由股东大会做出决策。中国《公司法》第 38 条将"审议批准公司的利润分配方案和弥补亏损方案"列入了股东会行使的职权范畴，这意味着，如何分配利润、以什么方式分配利润、分配利润占未分配利润的比例以及何时分配利润等均应由上市公司股东大会决定，他人不应直接插手于此。《公司法》所以要做出这一规定，主要成因在于，"利润分配"不仅是实现股东投资回报的一种主要渠道和实现股东权益的一种主要方式，而且这一结果将直接影响到上市公司后续的经营运作状况和全体股东的权益状况。

对上市公司而言，是否进行利润分配，至少有三种情况是需要重视的：首先，与从商业银行等金融机构中获得贷款、发行债券、增发股票等相比，利润留存是各种获得资金中成本最低的方式。因此，如果上市公司在来年的业务扩展中需要对应地增加可运作的资本性资金，那么，这些资本性资金如何解决是关切各位股东的基本利益的大事，应由股东大会议决。将税后利润以留存方式转化为上市公司的可运作资金，是内源性融资的根本路径。从国内外数据对比中可以看到，中国企业（包括上市公司）的内源性融资占资金来源的比重明显低于发达国家。就此而言，中国企业较多地依赖外源性融资，所以，其融资成本高于发达国家。其次，税后利润是否留成关切着上市公司的一系列创新发展。众所周知，在开展技术创新、产品创新和市场营销创新等过程中，上市公司的运作存在诸多风险。创新并非每每成功，在遇到损失的场合，用何种资产抵补这些损失？在上市公司运作中是必须充分考虑的问题。在缺乏利润留存的条件下，上市公司总账将表现为亏损，这使得它若继续寻求外源性融资将遇到种种困难，有"雪上加霜"的效应，甚至可能引致相关创新无疾而终。在有较充分利润留存的条件下，"未分配利润"可用于弥补公司在创新中的损失（如果弥补了这些损失后还有剩余，上市公司总账上依然表现为盈利），由此，上市公司的外源性融资条件恶化也就有了较好的防范机制。从这个意义上说，是否有较充分的利润留存，对支持上市公司的各项创新有至关重要的后续资金保障功能。最后，上市公司在经营运作过程中，市场条件也在不断变化，利润留存成为抵御市场风险的重要机制。市场风险的发生，对上市公司而言，主要表现为盈利水平降低。在公司当年经营亏损的条件下，如果前些年有"未分配利润"，则公司依然有较强的利润分配能力，这有利于公司扭亏为盈策略的展开，也有利于在一定程度上继续支撑公司的股价。

不难看出，《公司法》中有关"审议批准公司的利润分配方案和弥补亏损方案"属于股东大会权力范畴的安排，有深刻的经济根据和法理根据。在此背景下，随意运用行政机制，强制要求上市公司按照监管部门的意图进行利润分配，不仅违背了《公司法》的相关规定，而且不利于上市公司依法经营运作。

第二，从监管部门角度看，要求上市公司现金分红有种种理由。2012 年 8 月，上海证券交易所负责人就《上市公司现金分红指引（征求意见稿）》答记者问中指出，上市公司现金分红有三大意义：一是培育价值投资理念，普及健康股权文化；二是吸引长期资金入市，增强市场稳定性；三是合理配置公司资金，保护投资者利益。这些理由似是而非，并不足以支持运用行政机制强制上市公司现金分红。在 2008 年 10 月 9 日出台的《关于修改上市公司现金分红若干规定的决定》第三条中规定：上市公司"最近三年以现金方式累计分配的利润不少于最近三年实现的年均可分配利润的百分之三十"。由此提出的问题是：是否现金分红低于 30% 就不利于培育价值投资理念、吸引长期资金入市和合理配置公司资金？是否不实行强制现金分红，A 股市场就难以发挥这些功能？这也许难以得到实证分析的支持。如果说在 20 世纪 90 年代中期的一段时间内，面对 A 股市场中曾屡屡发生的上市公司财务造假现象，为了迫使上市公司拿出现金进行股利分红，以确认其盈利水平的真假、维护股东权益，证券监管部门运用行政机制强制要求上市公司进行现金分红是必要的，也是有意义的，那么，在 2001 年开始实施上市公司财务状况的季报制度、强化财务审计规范和 2005 年股权分置改革之后，上市公司的财务造假空间已大大压缩，再运用行政机制强制要求上市公司进行现金分红，就有悖法治原理。

在答记者问中，上交所负责人说道："现金分红可以减少公司内部人可支配的现金流，抑制盲目的投资扩张，促进公司资金的合理配置。"这些说法就更令人难以捉摸。首先，如果说现金分红有利于减少上市公司高管可支配的现金流，那么，要达到"减少上市公司高管可支配的现金流"有许多方法且比现金分红更加有效（如禁止或限制上市公司从银行获得贷款、发债和发股等），为什么不优先选择这些措施？其次，减少上市公司现金流的直接结果是上市公司经营运作受到限制、上市公司资金配置受到制约从而股东利益受到影响，还是在上市公司经营运作不受影响的条件下高管的行为受到制约（假定这种情况成立，那么，上市公司是谁在操作经营发展的活动）？再次，根据《公司法》规定和 20 多年 A 股市场的实践，上市公司的投资和经营方略是由股东大会决定的还是由高管层独自决定的（如果是由高管层独自决定的，那么，《公司法》为什么要将"决定公司的经营方针和投资计划"列为股东大会职权的第一项）？最后，上市公司"盲目的投资扩张"的评判标准是什么、谁拥有这种评判权力（是除股东以外的其他主体吗）、减少高管可支配的现金流就可以抑制这种"盲目的投资扩张"吗？这些都是未解的问题。

值得特别关注的是：上市公司的资产及其运作结果事关全体股东的权益和利

益发展。按照经济学原理和法治原理，行为者必须为行为结果负责。但在强制上市公司现金分红中，行政机制的决定者并不直接为上市公司的运作结果负责。这不仅突破了法律赋予上市公司的权利，而且给上市公司中股东大会的决策带来了新的不确定因素。另外，上市公司中各个股东之间存在一些利益诉求不一致的现象是正常的（如果各个股东的利益诉求都是一致的，也就没有必要召开股东大会议决相关事项了）。这些不一致应通过各个股东之间协调解决（其中，一个最基本的规则是，股东依照股权数量进行投票表决），而不是由股东之外的其他主体直接介入股东之间来解决。

"保护投资者"是一个含糊不清的命题。投资者是谁？在股市中，投资者既可指已投资购股的股东，也可指手中持有资金但尚未购股的投资者，还可指部分资金已购买股票而另一部分资金尚未购股的主体。由于股东的权益要求和投资者的要求在股市中是不同的，例如，在股市交易中，股东卖出股票且卖价越搞越好，投资者买入股票且买价越低越好，那么，"保护投资者"究竟要保护谁？另外，就是股东之间，虽然有共同利益关系，但也存在实现利益中各自的差别，所以，"保护投资者"也不清楚要保护谁？以利润分配为例，一些股东可能强调进行现金分红，以利用现金分红这一利好信息支持下的股价上行时机，卖出股票；一些股东可能更强调股份分红，以增加手中持有的股份数量；持有资金的投资者则希望以较低的股价购买含有分配权的股份。在这些利益关系相互矛盾的条件下，单纯地去侵犯法律赋予上市公司股东大会的利润分配权利，直接干预它们的利润分配过程和利润分配比例，是一种不合适的制度选择。这种情形一旦成为一种行为习惯，就为证券监管部门继续运用行政机制直接干预上市公司经营运作留下了操作空间。

第三，证券监管部门要求，上市公司应努力使得现金分红达到利润总额的30%以上，但银行业监管部门对商业银行等金融机构却有另外的规定。2012年6月7日，中国银监会出台了《商业银行资本管理办法（试行）》，其中规定资本公积、盈余公积和未分配利润属于"核心一级资本"范畴（第29条），要求"商业银行应当优先考虑补充核心一级资本，增强内部资本积累能力，完善资本结构，提高资本质量"（第128条）。这意味着，对上市银行来说，在利润分配中，首先应当考虑到的是充分利用内源融资机制，尽可能将利润留存，以补充核心一级资本。由此，在现金分红的问题上，不同金融监管部门有各自的监管要求，其结果将使被监管者无所适从。

3. 强制现金分红的市场效应分析

现金分红并非影响股市走势的唯一因素，也不是影响股市走势的主要因素。将主要精力集中在现金分红问题上，不论对市场投资者还是对证券监管部门来说，都有"抓小放大"之嫌。

股市走势受到众多因素的影响。从2007年以后的A股市场走势看，在各种影响因素中，宏观经济政策取向从而经济运行态势具有决定性意义。在此背景下，上市公司利润分配和现金分红对股市的影响力度相当有限。2008年，A股市场的上证指数跌幅达到65.39%，位列全球第二，远超过了金融危机爆发地美国（道·琼斯30种工业平均指数跌幅为29.42%、纳斯达克100指数跌幅为34.83%、标普500指数跌幅为33.99%）。在市场参与者强烈呼吁下，尽管监管部门出台了有关干预上市公司现金分红的规定，将上市公司连续3年累计现金分红占实现利润的比例从20%提高到30%，但股市走势并未因此而明显改观。2011年下半年以后，要求上市公司现金分红的呼声再起，中国证监会于2012年5月4日出台了《关于进一步落实上市公司现金分红有关事项的通知》，但股市走势依然没有明显起色。2012年9月27日，上证指数跌破2000点（为1999.48点）；2012年11月再次跌破了2000点关口。然而，上交所认为："沪市上市公司现金分红总体水平逐年提高，凸显了良好的投资价值。一是沪市上市公司的现金分红总额逐年上升。仅2011年就达4720亿元。现金分红上市公司数量与占比平稳上升，截至2011年底，连续十年分红的上市公司129家，占上市满十年上市公司总数的18.5%；连续五年（2007~2011）分红金额超过50亿元的公司12家；股利支付率连续五年超过40%的公司24家。二是整体股息率也逐年上升。近三年（2009~2011）分红公司的平均股息率（以年末收盘价计算）分别为0.85%、0.94%和1.49%。2011年，以工商银行为代表的一批权重股股息率超过1年期银行存款利率（3%），其中，股息率超过3%的上市公司52家，超过5%的公司14家，连续三年均超过3%的公司5家。"[1] 显然，上市公司现金分红及其比例高低并非引致A股市场走势低迷的主要成因。

中国自1978年末开始改革，以"经济体制改革"为重心，它推动了30多年来的经济高速增长和市场化建设。这一改革的实质在于，改变以行政机制支配经济运行的状况，充分发挥市场经济在配置资源方面的基础性作用。中国A股市场起步于1990年，是建立市场经济新体制的产物。但20多年来，A股市场运行中，行政机制依然起着重要的（在某些场合甚至是支配性的）作用。从这个意义上说，要推进A股市场的规范化建设和健康发展，维护股东权益和保护投资者，重要的不在于每每求助于运用行政机制来干涉法律赋予上市公司的各项权力，而在于按照市场机制的要求，深化A股市场的体制机制改革。就利润分配而言，一方面要切实落实《公司法》赋予上市公司股东大会的各项权利，将利润分配的权利归还给股东大会，由股东们共同议决相关事项；另一方面，要改变相关监管部门以各种口实屡屡运用行政强制介入上市公司内部事务的状况，使上市公司能够自主决策和自我发展。

---

① 引自《上交所就上市公司现金分红指引答记者问》，见《上海证券报》2012年8月16日。

六 股市定价权外移

2004 年 10 月以后，鉴于同时在 A 股市场和 H 股市场上市的中资公司股价差别明显，A 股市场价格是否合理成为海内外关注的一个热点。一些人在股市国际接轨的背景下，以"一价定理"和"市盈率"为标尺，认为沪深股价定值过高；一些外资机构人士由此提出了一个所谓的股市"定价权"问题，甚至强调"国内机构应拱手让出中国股票的定价权"。究竟如何认识中国股价已成为直接影响股市政策的一个重要因素，因此，有必要就其中的一些问题予以理清。

第一，定价权是一国经济主权的构成部分。在市场经济中，商品价格直接关系着交易各方的切身利益，因此，定价权似乎是交易中一个相当重要的问题。但微观经济学基本原理是，在一个充分竞争的市场中，无论是买方还是卖方，都不是市场价格的制定者，只能是市场价格的接受者；只有在卖方垄断市场中，才存在卖方定价。股票市场可以被看作一个充分竞争市场，因此，对市场的交易各方来说，本来均不存在谁拥有定价权的问题。

在经济实践中，企业是商品的生产者和销售者，因此，在市场交易中，商品的价格首先表现为"由企业定价"，这似乎就有了"定价权"问题。但这种经济活动表层中的现象，并不能真正说明"定价"的实质关系。一个简单的事实是，在供过于求的条件下，商品的销售受到购买者需求能力的严重限制，由此，一些商家早先制定的商品价格随着商品销售的困难而逐步降价；在中国还屡屡发生购买者与销售商当面讨价还价的现象。因此，在经济实践中，商品价格也不是由销售者单方决定的，与此对应，也不存在"定价权"问题。"定价权"比较突出的表现有二：一是在卖方市场条件下，厂商利用商品供不应求所形成的卖方垄断优势，拥有单方决定商品价格的权力；二是由制度安排，将商品价格的制定权赋予某些主体，例如，某种商品专营。在中国股票二级市场交易中，既不存在卖方垄断，也不存在专营，因此，并不存在所谓的"定价权"问题。

关于"定价权"的另一个角度，是国际经济，即一个开放型经济体是否拥有在该国（或该地区）内制定各种商品（包括金融产品）价格的权力。如果股市定价权是从这一角度展开，那么，需要弄清楚的是，哪个国家（或地区）不拥有这样的定价权，或者说，哪个国家（或地区）需要将这种定价权外移。事实上，这种定价权事关该国（或地区）的整体经济权益甚至事关社会稳定，因此，哪个国家（或地区）都不可能将其外移。正因如此，在国际经济中才存在关税、配额、许可证及其他非关税壁垒问题。股市定价权，是国家（或地区）定价权的组成部分。从小处说，它事关股市走势及对应的经济活动秩序；从大处说，它实际上关系着国民财富是否可能通过股市交易的国际路径而流失，因此，每个国家（或地区）不仅通过各种相关制度的规定来维护自己的定价权，而且通过严格监管防范股价被国际资本所操纵。中国股市的定价权是中国经济主权的构成部分，它不允许也不可能被外移给国际机构，因此，那种强调"国内机构应拱手让出中国股票的定价权"的说法，是不能成立的。

值得注意的是，在关于 A 股价格的研讨中，所谓定价权，有人用"Pricing Power"表述，有人用"Pricing"表述。如果这些表述是准确的话，那么，前者实际上讲的是"定价能力"，后者实际上讲的是"定价"，都不直接涉及制度（或政策）层面上规定由谁拥有制定价格的权力问题。从这个意义上说，研讨的对象应是"定价"，它包括价格形成机制、价格的合理性、价格水平和价格走势等，而不是定价权。

从 1992 年以来，中国股市（即 A 股市场，下同）的快速发展引起了国际社会（尤其是国际性投资银行）的高度关注，但中国股市是一个非国际化的市场，它只准许中国境内合法的投资者进行交易活动，不准许海外投资者超过制度规定进入该市场进行投资，由此，一些国际资本（尤其是国际游资）面对中国股市发展中的重大利益，在可见不可得的背景下，以"国际化"为口实，提出"国内机构应拱手让出中国股票的定价权"，这种意图是值得警惕的。

需要强调的是，随着中国经济对外开放程度的加大和步入全球化进程的加快，中国股市必然要实现国际接轨。中国股市的国际接轨由五方面构成：一是股市规则和运行机制的国际接轨；二是引入国际投资者和国际机构；三是引入国际股票及相关金融产品；四是股市监管的国际合作；五是中国投资者走出国门，投资国际股市。10 多年来，中国在推进股市规则和运行机制的国际接轨方面已做出积极努力，并取得了长足的进展；在加入世贸组织以后，又在引入国际投资者和设立中外合资证券公司、基金管理公司方面迈出了重要步伐，应当说，国际化步伐是坚实有序的。随着资本账户进一步开放、体制改革深化和相关条件的成熟，中国股市的对外开放也将更加扩大。但是，中国股市的国际化绝对不意味着中国股市非中国化，或者说，中国股市成为某个国家（或地区）股市的一个构成部分，与此对应，中国股市的国际化也绝对不意味着需要将股市定价权外移海外。

第二，"一价定理"是国际化的误区。"一价定理"是国际经济学中的一个重要定理。其基本含义是，在假定世界各国之间不存在贸易壁垒的条件下，同一商品在各国的价格应等于生产国价格加运费。如果某国的这一商品价高，那么，其他国家生产的此类商品就有"套利"空间，由此，后者就会将此类商品大量出口到前者，引致前者的价格回落至国际同一水平，因此，同一商品应为同一价格。1974 年，索尔尼克运用"一价定理"建立了国际资产定价模型（ICAPM），认为在资本全球化流动的情况下，一国资产的价格不是由该国投资人单方面决定的，它取决于其世界范围内的竞争性定价，即一国资产的价格取决于其对全球市场组合的收益和风险贡献，由此，逐步形成了资产定价方面的"一价定理"。

"一价定理"建立在一系列假设基础上，是教科书中普遍介绍的一个原理，本来没有多少值得争论之处。但近来，一些人以"一价定理"为依据，强调与其他国家（或地区）股价相比，中国股价过高，因此，在国际化进程中，中国股价存在巨大的下行空间。这事实上是以海外股价为标准来衡量中国股价，由此，引致了中国股价标尺的争论。

就理论研究而言，"一价定理"的提出已有几十年的历史，但在国际贸易的实践中，它从来就没有被证实过。一个简单的事实是，各个国家（或地区）为了维护本国（或地区）的经济利益和社会生活秩序，总是从本国（或地区）的具体情况出发，决定各种商品的价格，对进口商品、劳务等实行种种限制，防范国际经济对本国（或地区）经济的冲击和其他负面影响。更不用说，由于经济增长水平、产业发展水平、居民收入水平、历史文化状况、生活习惯状况等差异甚大，各国国家（或地区）对商品的具体需求有巨大差别。因此，即便是同一商品，迄今在世界各国的销售价格也难以找寻到同一价格。2003 年在讨论人民币汇率的过程中，一些海外机构列举了麦当劳的巨无霸指数。从表 8-1 中可以明显看出，就是麦当劳在世界各国的连锁店中巨无霸的价格也差别甚大。

表 8-1　各国和地区单个巨无霸价格表（2001~2003）

年份 国别	2003 年 4 月 24 日		2002 年 4 月 25 日		2001 年 4 月 19 日	
	当地货币	美元	当地货币	美元	当地货币	美元
美国	2.71 美元	2.71	2.49 美元	2.49	2.54 美元	2.54
阿根廷	4.10 比索	1.43	2.50 比索	0.78	2.50 比索	2.50
英国	1.99 英镑	3.14	1.99 英镑	2.88	1.99 英镑	2.85
中国	9.90 元	1.20	10.50 元	1.27	9.90 元	1.20
欧元区	2.71 欧元	2.97	2.67 欧元	2.37	2.57 欧元	2.27
中国香港	11.5 港元	1.47	11.2 港元	1.40	10.70 港元	1.37
印度尼西亚	16100 卢比	1.84	16000 卢比	1.71	14700 卢比	1.35
日本	262 日元	2.19	262 日元	2.01	294 日元	2.38
马来西亚	5.04 马元	1.33	5.04 马元	1.33	4.25 马元	1.19
菲律宾	65.00 比索	1.24	65.00 比索	1.28	59.00 比索	1.17
俄罗斯	41.00 卢布	1.32	39.00 卢布	1.25	35.00 卢布	1.21
泰国	59.00 铢	1.38	55.00 铢	1.27	55.00 铢	1.21

资料来源：www.economist.com。

将国际贸易中的"一价定理"移植到资产定价领域，受法律制度状况、经济体制格局、金融体系状况、市场机制发挥作用程度、资源配置状况、技术进步状况、财务制度状况和经济社会生活条件等诸多条件制约，它就更不可能得到实践的证实。且不说，在国际社会中各种资产差别甚大，因此，同一资产在不同的国家（或地区）具有不同的价格，就算假定在 2002 年底某一资产在欧美国家中价格是相同的，那么，随着 2003 年以来欧元与美元之间的汇率变动，这一资产如今在欧元国家中的价格也已高于美元国家，因此，资产定价中的"一价定理"在实践中是不成立的。

就金融领域而言，货币市场中的交易具有交易对象的同质程度较高且时间短、交易量大等特点，与此对应，其价格变化应当是最小的。因此，如果在国际货币市场中能够证明国际金融市场存在"一价定理"，那么，也许还能为资产定价中的"一价定理"找到一个例证。可惜的是，表8-2中的事实正好相反。从表中可以看到，1994～2003年的10年间，美国、德国和日本的贴现利率始终就没有等同过，美国、英国、德国和日本的隔夜拆借利率（或联邦基金利率、货币市场利率）也始终没有等同过。如果说国际资本可以从中"套利"并引致利率趋同，那么，这10年间这一走势足以明朗化，但迄今没有发生。

与货币市场相比，股票市场的情形要复杂得多。不仅同一国家（或地区）的不同股票品质不尽相同，不同国家（或地区）的不同股票品质千差万别，而且受各国（或地区）的法律制度、经济发展水平、技术进步、产业发展前景、股市机制、投资者结构及其他一系列因素影响，股市的运行状况也差异极大。在这种条

表 8 - 2　主要发达国家利率比较（1994～2003）

国别	日本		德国		英国	美国		
种类	贴现利率	货币市场利率	贴现利率	货币市场利率	隔夜拆借利率	贴现利率	联邦基金利率	商票利率（3个月）
1994.12	1.75	2.29	4.50	4.90	4.75	4.75	5.45	6.26
1995.12	0.50	0.46	3.00	4.08	6.38	5.25	5.60	5.64
1996.12	0.50	0.49	2.50	3.11	6.00	5.00	5.29	5.51
1997.12	0.50	0.39	2.50	3.44	7.31	5.00	5.50	5.67
1998.12	0.50	0.25	2.50	3.14	6.13	4.50	4.68	5.00
1999.12	0.50	0.02	n. a.	3.03	3.25	5.00	5.30	5.87
2000.12	0.50	0.24	n. a.	4.82	4.75	6.00	6.40	6.34
2001.12	0.10	0.00	n. a.	3.32	5.00	1.25	1.82	1.78
2002.12	0.10	0.00	n. a.	3.07	4.69	0.75	1.24	1.31
2003.12	0.10	0.00	n. a.	2.01	n. a.	2.00	0.98	1.05

数据来源：国际货币基金组织数据库 IFS。

件下，用所谓的"一价定理"来讨论股价，试图得出全球股市"一价"的结论，不仅是谋求一件不可能之事，而且可能极容易将研究引入误区。如果说对"一价定理"的实践效能缺乏认识还是属于研究不够深入严谨的话，那么，在明知这一定理存在实践缺陷的条件下，还在继续坚持并误导，就是别有他图了。

第三，市盈率是一种似是而非的判别尺度。市盈率本来是衡量股价的一个参考性指标，它与市净率、每股净资产等一系列指标共同构成了投资者分析股价从

而选择股票的参考性方法。海外投资者在股市操作中并不特别看重市盈率指标，尤其是几乎没有将其作为唯一性指标的。但在中国，一些人将这种投资者使用的参考性指标上升到作为判别股市走势是否正常、股市运行是否健康的基本标准。这本身就是一个误区。更有甚者，在股价国际比较的研讨中，市盈率居然成为一些人论证中国股市定价权应当外移的主要依据之一，因此，有必要弄清市盈率的机制关系。

其一，市盈率的缺陷。市盈率是股价与每股税后利润的比率，其直接含义是，按照每股税后利润，计算收回需要多少年。在以 10 元/股价格购入股票的条件下，如果该股的收益率为 0.5 元/股，则收益率为 20 倍，因此，需要 20 年才能通过利润分配收回购股投资。但收益率的估算方法有三个重要缺陷：一是它以 1 年的每股收益取代股票长期投资的收益，由此，将长期投资收益的计算短期化，忽视经济周期和产业周期的影响。如果这种计算能够成为一种通理，那么，股票市场就不应是以长期投资为特征的资本市场范畴，而应列入以短期投资为特征的货币市场范畴。二是它仅以税后利润为计算对象，忽视了上市公司成长中的资产增值。从美国等发达国家的实践看，上市公司成长中的资产增值是股票投资者的一项主要收益，正因如此，一些高风险科技企业和中小企业在没有盈利的条件下也能够发股上市。如果按照收益率计算法，这些无盈利甚至亏损的企业，其市盈率为负数，它们或者不能发股上市，或者要倒贴资金给投资者。三是它没有考虑到市场利率的走势。在股价为 10 元/股、收益率为 0.5 元/股的条件下，按照购股价计算的年收益率为 5%，如果存款利率为 5%，考虑到投资风险因素，则这一股票投资收益率显然低于存款；但如果存款利率为 1%，则这一股票投资收益率就明显高于存款。正是因为市盈率存在诸多缺陷，所以，它只能是一个参考指标，不能是一个判别股价高低的基本指标。

其二，股价比较中的市盈率高低。主张中国股票定价权外移的人，无视市盈率的缺陷，简单以它为标准来判别中国股价，并由此认为，在上证指数落至 1300 点、上市股票市盈率仅为 20 多倍的条件下，中国股市的股价依然过高，因此，一方面还得继续下跌，另一方面，需要将股票定价权外移。事实上，在国际股票市场中，并不存在统一的市盈率衡量标准。首先，各国（或地区）的股票市盈率不尽相同。资料显示，2004 年 10 月底，美国道指 30、香港恒生指数、德国 DAX 指数、英国金融时报指数的市盈率分别为 18 倍、18 倍、21 倍和 24 倍左右，而日经 225 指数、巴黎 SBF 指数市盈率则高达 38 倍左右。其次，同一国家中不同股市的市盈率不尽相同。在美国，Nasdaq 市场的市盈率明显高于纽约证交所，其他证券交易所的市盈率与纽约证交所也不相同；在日本，东京证交所二部的市盈率明显高于一部，其他证交所的市盈率与东京证交所也不相同；如此等等。再次，同一证交所按照不同方法归类的股票，其市盈率也不尽相同。纽约证交所的道指 30 的市盈率明显低于纽约证交所所有上市股票的市盈率，香港恒生指数的市盈率明显低于香港联交所所有上市股票的市盈率，中国上证 50 的市盈率明显低于上交所所有上市股票的市盈率。最后，同一股票从而各类股票在不同时期的市盈率不尽相同。2000 年 5 月，纽约证交所道指 30 从 1993 年前 3000 多点上升到 12000 多点，其市盈率也明显上升，此后，又下落至 9000 多点，市盈率随之下落；Nasdaq 的市盈率更是跌荡起伏。这一切都说明，市盈率并无一个国际通行的倍数标准。

喜欢运用美国标准的人，总是拿道指 30 的市盈率指责中国股市市盈率过高。道指 30 是纽约证交所 2000 多只上市股票中绩优大盘股，如果中国沪市也选择 30 只绩优大盘股与之比较，则在当今上证指数条件下，这些绩优大盘股的市盈率恐怕也不会高于 18 倍。毋庸赘述，主张"中国股市定价权外移"的人强调国际股市的市盈率倍数，带有明显的误导倾向。

其三，国家风险与市盈率高低。在难以直接用市盈率证明中国股价过高的背景下，一些人转而寻求他路。有人引入中国的国家风险概念，认为，"既有国家风险又积聚了大量结构性风险和体制风险的中国股市，市盈率不但不应该被溢价，还应该被折价"，"因此中国市场合理 PEG 就应该低于美国主板市场"。中国的国家风险、结构性风险和体制风险究竟是什么、如何度量或估算、是否可能化解等，他们没有给予明确解释。但以下一些情况是应当回答的。

首先，中国的 GDP 增长率。2002 年以前，海外机构每每强调中国 GDP 增长率有较大的水分，由此，判定中国存在较大风险，但 2003 年以来，它们一反往常，提出了中国 GDP 被低估，并以此作为人民币汇率应当升值的一个主要根据，在此背景下，究竟中国的国家风险是什么？

其次，中国的投资环境。如果说中国存在较大的国家风险又积累了大量的结构性风险和体制风险，那么，应当判定中国的投资环境不佳，但近年来不仅发达国家而且发展中国家都认为，中国是全球最好的投资场所之一，因此，中国引进外资的数额不断增加，包括美国欧洲在内的许多发达国家纷纷到中国建立生产基地和研发基地，大批外资涌入商业及其他产业部门，由此，中国究竟是高风险国家还是低风险国家？

再次，中国的体制环境。毫无疑问，中国还处于经济体制转变过程中，还有一些方面仍然存在计划经济的特点，但中国已加入世贸组织，世界已有越来越多的国家承认了中国的市场经济地位，由此，随着经济体制改革进一步深化，中国体制性风险究竟是在减弱还是在增强？

复次，中国的产业发展前景。中国是一个发展中大国，就此而言，产业结构和科技水平还不能与发达国家相匹敌，但中国的产业结构正在优化过程中，科技水平也正在提高过程中，从未来 10 年至 20 年的时间看，究竟中国的国际竞争力是在上升还是在下降？

最后，中国的股市风险。股市总存在风险，任何国家概莫能外。中国股市发展的历史不长，与 1992 年相比、与 2000 年相比甚至与 2003 年相比，中国股市风险究竟是在降低还是在提高？

究竟如何评估中国股市发展中的各方面风险，身居海外的机构恐怕没有切身之感，也就很难准确估算。一个简单的实例是，自 2003 年以来，通过 QFII，一批海外机构投资者进入了中国股市，他们迄今并没有因感到中国股市风险过大而撤离，相反，还有更多的海外资金在等待着进入中国股市及其他金融市场。由此来看，所谓中国的国家风险过大不过是一个试图让中国交出股票定价权的口实。

七 股市泡沫

"泡沫"是股市中经常遇到的用语。每当股市上行，就有人使用"泡沫"予以表述，抑制股市泡沫似乎成了一种挥之不去的先见之明。在中国 A 股市场发展中，每次 A 股的指数和价格快速上行，均引起了海内外的各种议论，其中，"泡沫"成为各方争论的一个焦点问题。对"泡沫"的争论，不仅表现在有无"泡沫""泡沫高低"等方面，而且表现在"泡沫"度量、"泡沫"效应等方面。实际上，"泡沫"是一个不科学的范畴，对中国股市运行态势的争论不应以此为焦点。主要理由如下。

第一，"股市泡沫"在理论内涵上模糊不清。面对高位运行的股市，最容易被提出的概念就是"泡沫"。这个词给人以"泡沫从吹大到破灭"的种种联想，似乎中国 A 股市场犹如肥皂泡、啤酒泡，不仅正在被吹大，而且即将破灭，化为乌有。但实际上，"泡沫"的内涵在理论上是很难界定清楚的。具体来看：

其一，日常生活中的"泡沫"效应难以界定。"泡沫"一词原不是经济学的概念。日常生活中常见的泡沫大致有肥皂泡沫、啤酒泡沫、塑料泡沫等。这些泡沫，就其自然特征而言，可分为软泡沫和硬泡沫两种，其中，肥皂泡沫、啤酒泡沫等属软泡沫，而诸如电视机、冰箱等包装物中的泡沫则属硬泡沫。对这些泡沫，可以有三种理解：一是就自然属性而言，不论是软泡沫还是硬泡沫，它们都是对应物质中必不可少的内容。例如，没有泡沫，啤酒就失去了应有的特色。二是就效应而言，它们可分为有益效应和有害效应两种。在合规性用途中，这些泡沫对人类是有益的，但同时也可能会产生一些负面影响，如肥皂泡沫、塑料泡沫的污染问题。三是就存在形态而言，有些泡沫（如肥皂泡、啤酒泡等）会在一个短暂的时间内破灭，但有些泡沫（如家电包装物）在相当长的时间内并不破灭。由此，借用日常生活中的"泡沫"一词来描述经济现象，究竟指的是何种泡沫（如软泡沫还是硬泡沫①）、取的是何种效应就成为一个不易达成共识的问题。

其二，以价格升降来定义"泡沫"相当困难。将"泡沫"一词引入经济学，主要是为了描述在一段时间内的价格走势状态。当一些资产价格在较短的时间内

---

① 英文中的"Bubble"指液体中的气泡，如肥皂泡等；"Foam"既可指肥皂泡、啤酒泡等，也用于泡沫塑料等场合。

大幅上扬，有人就强调"泡沫"形成。但实际上，这种界定是很难把握的。且不说自第一次产业革命以来 200 多年间，在各个发达国家中，职工工资、土地价格和生产成本等的名义价格水平均已上涨了数十倍乃至几百倍，迄今看不出有回到 19 世纪水平的迹象，就说中国自 20 世纪 80 年代以来的 20 多年间，工资、农产品、纺织品、水电煤气等众多商品的价格也已上涨了几十倍，这是否也意味着是一种"泡沫"现象？如果属于"泡沫"，那么，是否在未来的某个时候职工的月工资还要回到几十元/月、大米还要回到 0.13 元/斤、鸡蛋价格还要回到 0.80 元/斤，如此等等。经济学上有一个"价格刚性"的概念，其含义是说，某些商品（包括劳动力）的名义价格一旦上升就难以再降低，这种情形也许与"硬泡沫"更为相似。商品价格中还有一种情形，某些商品最初可能价格较高，后来随着科技进步、生产条件（如规模经济）改善等而快速降低。在中国，这方面比较突出的现象是各种家用电器和电子产品。1993 年，1 台 29 寸彩电的售价在 13000 元左右，但到 2003 年仅为 3000 元左右。对此，是否可说，1993 年的 29 寸彩电存在较高的"泡沫"？的确，在历史上曾经发生过诸如英国的南海事件、荷兰的郁金香事件等，但这并不意味着只要发生商品价格的大幅上涨就一定存在行将破灭的"泡沫"，因此，就商品价格的涨跌本身很难直接用"泡沫"予以界定，同理，商品价格在一段时间内较快地上涨也不一定就是"泡沫"的形成过程（否则，那些主张人民币汇价一步到位的观点，直接就是在推进人民币汇价"泡沫"形成了）。

其三，经济运行中繁荣与"泡沫"很难区别。有人从软泡沫出发，认为经济泡沫是经济运行中的虚假成分，它的膨胀给人们以经济扩展的假象，但迟早是要破灭的；可是，也有人从硬泡沫出发，认为经济运行中许多扩展现象并非是虚假膨胀，它们是经济繁荣的表现，并不存在必然破灭的前景。实际上，国际经济学界对"泡沫"一词并没有达成相对一致的定义，甚至对它是否可能发生也没有一致的看法[1]。

在《新帕尔格雷夫经济学大辞典》中，查尔斯·P. 金德尔伯格对"泡沫状态"的表述是：泡沫状态"就是一种或一系列资产在一个连续过程中陡然涨价，开始的价格上升会使人们产生还要涨价的预期，于是又吸引了新的买主——这些人一般只是想通过买卖牟取利润，而对这些资产本身的使用和产生盈利的能力是不感兴趣的。涨价常常是预期的逆转，接着就是价格暴跌，最后以金融危机告终。通常'繁荣（Boom）'的时间要比泡沫状态长些，以后也许接着就是以暴跌（或恐慌）形式出现的危机，或者以繁荣的逐渐消退告终而不发生危机"[2]。在此，金德尔伯格对"泡沫"和"繁荣"的划分标准有二：一是持续的时间长短；二是其

---

[1]　参见《新帕尔格雷夫经济学大辞典》第 1 卷，经济科学出版社，1992，第 306~307 页。
[2]　引自《新帕尔格雷夫经济学大辞典》第 1 卷，经济科学出版社，1992，第 306 页。

最终结果是否引致金融危机。其中，价格是否暴跌、市场参与者是否恐慌等并不是划分"繁荣"与"泡沫"的标准。

但是，就是前两个标准在经济扩展的过程中也是不容易说清的。首先，在经济快速扩展中，究竟多长时间属于"繁荣"、多长时间属于"泡沫"很难明确地划分清楚。例如，中国经济已持续10多年的年均10%左右的增长率，迄今没有下跌或衰退的迹象，这应属于"繁荣"范畴吧，但在20世纪90年代上半期，一些发达国家的经济学家却对此忧心忡忡，总觉得中国的经济增长率过高过快，为此提出过不少的非议。其次，最终结果是否引致金融危机，这只有在实践的结果中才能看清，而在过程中是很难准确地说清的。由于各种经济因素和非经济因素相互作用，所以，可能发生在实践的结果中也很难看清的情形。一个突出的例子是，早些年很多人认为，由于1929年10月29日美国纽约证券交易所的股市暴跌引致了美国乃至全球的金融危机和经济危机。但后来的研究表明，实际上引致这场危机的直接导因不是纽交所的股市暴跌，而是美国通过的《斯慕特－霍利关税法案》和胡佛政府的政策失误。事实上，从1929年11月13日以后，纽交所的股票就止跌回稳了，在此后的几个月内"股市的涨幅差不多补回了前一年秋季跌掉的市值的一半"。[①] 显然，由于在经济扩展过程中"繁荣"和"泡沫"的表象基本一致，所以，很难简单判定哪种现象属"繁荣"、哪种现象属"泡沫"，由此，也就很难界定它们二者的区别。

其四，在资产价格的变动中很难确定"泡沫"。在国际社会中，"泡沫经济"一词因日本泡沫经济破灭而广为流传。何为"经济泡沫"？在持软泡沫看法的人中，有的认为是"资产的价格严重偏离资产价值"，有的认为是资产价格严重偏离资产价值而暴涨并随后暴跌的过程[②]，也有的认为是资产价格陡然暴涨并偏离资产价值的现象。各种认识莫衷一是。另外，如何度量"软泡沫"迄今也难有共识的计量模型和估算方法，由此，所谓"泡沫"在很大程度上只是一种感觉。

假定以"资产的价格严重偏离资产价值"来定义经济运行中的"软泡沫"，那么，首先需要回答的是"什么是资产价值"？由于在现实经济活动中，"价值"本身看不见摸不着，所以，"资产价值"就难以进行数量上的界定，由此，资产价格是否"偏离"资产价值也就难以说清。为了走出这一困境，一些人选择了"价格是否上升"作为替代性的判别标准，由此，引致了以下两个问题。

首先，物价（从而资产价格）的上升可以由多种因素引致，其中包括货币发行过多引致的通货膨胀、购销价格倒挂引致的价格改革、资源商品化（或货币化）引致的成本上升、供不应求引致的物价上涨等。如果不分青红皂白，将所有物价上涨都称为"泡沫"并要求予以抑制（甚至消解），那么，是否意味着中国自

---

① 引自〔美〕约翰·S. 戈登著《伟大的博弈》，中信出版社，2005，第283页。
② 〔日〕三木谷良一《日本泡沫经济的产生、崩溃与金融改革》，《金融研究》1998年第6期。

1978 年以来的市场经济建设和价格改革都是在制造 "泡沫" 从而迟早是要 "破灭" 的？或者说，为了消解 "泡沫"，中国的价格体系是否应当回到 20 世纪 80 年代以前？

其次，价格波动是市场机制发挥其功能的基本路径，价格上涨有引导资源配置、缓解供不应求格局的机制作用，将价格上涨一律视为 "软泡沫" 并意欲予以消解，这是否意味着在市场机制作用下，价格只能下落或维持不变，不能上升？如果答案是肯定的，那么，哪个国家的市场经济实践或哪本教科书中有如此的证明？

为了解决价格与价值之间的关系，一些人试图通过财务方法来模拟 "价值"，在此基础上，再进行价格对比，界定是否属于 "泡沫"。当原料或其他成本上升时，某种商品或资产的价格对应上升，不属于 "软泡沫"；而原料或其他成本没有上升，商品或资产的价格单方面上升就属 "软泡沫"。但这种方法也有几个难以解释的问题：

一是商品的供应商是否可能根据其成本 – 收益关系而单方面提高商品价格？众所周知，在完全市场竞争中，任何厂商都不是商品价格的制定者，只能是商品价格的接受者，由此，在买方市场条件下，即便原料和其他成本上升了，商品（或资产）的价格要提高也比较困难。一个近期的实例是，2003 年以来，尽管钢铁价格上扬了，可小轿车价格还在持续下落。在完全竞争市场中，引致价格上扬的最简单原因是商品供不应求。在这种条件下，要抑制价格上扬，就必须动用行政机制，可这一措施的结果往往导致商品供不应求状况的加剧。

二是在成本未增加的条件下，价格上扬是否属于 "软泡沫"？一个简单的实例是，2003 年，在生产成本没有明显增加的条件下，钢铁、有色金属等建筑材料价格一路上扬，对此，没有任何人认为，它属于 "泡沫" 范畴从而即将 "破灭"。实际上，价格上扬的一个最基本机理就是商品供不应求，它是市场机制发挥作用的正常状态。

三是是否一切资产（或商品）的成本都能够运用财务方法计量，从而界定出有无 "泡沫"？如果说绝大多数资产（或商品）能够运用财务方法计量成本的话，那么，至少有两种资产的成本从而价值是很难运用财务方法计量的，即土地和股票。不论在发达国家还是在发展中国家，谁都无法简单运用财务方法核算说，在同一地区（如一个省市）内 2000 元/平方米的土地就有 "泡沫"，而 1000 元/平方米的土地就没有 "泡沫"；同样，谁也无法简单运用财务方法计算出，同一上市公司的股票 20 元/股就有 "泡沫"，而 10 元/股就没有 "泡沫"。

四是从股票价格与股票价值的偏离角度也很难说清楚是否存在 "泡沫"。在金融产品中，价格和价值通常是同义语，甚至只有 "价格" 概念，没有 "价值" 概念。例如，利率是资金的价格，那么，利率是否是资金的价值呢？如果答案是肯定的，那么，价格与价值属于等价范畴；如果答案是否定的，那么，除利率外，还有什么是资金的价值呢？

同理，在股票市场中，价值和价格也属同义范畴。例如，票面价值和票面价格、账面价值和账面价格、市场价值和市场价格等都是同义概念。最简单的股票价值估算公式是：股价＝股票未来收益/银行利率（其中，"股价"一词既可理解为"股票价值"，也可理解为"股票价格"）。由此，以股票价格高于股票价值来界定是否存在泡沫，就说不清了。另外，股票估值公式的内在机理是，只有在股票所得收益等于对应的一笔资金存入银行所得利息的条件下，交易价格（即收益水平）才是公平的，股票持有者才愿意出售股票。在这个公式中，至少有三个未知数：一是"未来"是多长时间？是1年、2年还是5年、10年，如此等等。二是在这段时间内的股票年收益是多少？三是银行利率是如何界定的？例如，是活期存款利率或是1年期存款利率还是3年期存款利率？在三个变量都是未知的条件下，实际上，股票价值是无法估算的。既然股票价值无法估算，那么，也就很难说清楚某个具体时期的股票价格是否高于股票价值了，由此，是否存在"泡沫"也就谁也说不清了。

综上所述，"泡沫"是一个含混的概念，它可以给人们以广泛而丰富的想象空间。但正因如此，它一方面很难确切地说清楚本应说清的理论问题和实践问题，另一方面，很容易从感觉上和思维上给人们以误导，因此，要研讨中国A股市场中股指和股价上涨过程中可能引致的种种问题，还是应该直截了当地指出，是什么问题、其成因和效应如何、可选择的解决方案有哪些等，这样，争论的各方容易在同一平台上展开相关研讨，也就不会陷入对"泡沫"这样一个模糊概念的争论不休之中了。

第二，"股市泡沫"在市场实践中难以验证。在A股市场的实际运行中，争论各方提出了种种依据，或证明A股市场已经存在较高的泡沫，处于危险状态；或证明A股市场虽然已有泡沫，但尚未达到高点，只需警惕；或证明A股市场走势良好，没有多少泡沫，不足为虑。由此提出了对一系列实践数据的认识问题，其中包括：

其一，如图8-1所示，中国上交所A股市场的平均市盈率在2006年底超过了33倍，到2007年5月10日左右达到40多倍，其中，有些上市股票（舍去亏损和退市股票）的市盈率超过了200倍，据此，一些人从国际对比角度出发，强调A股市场的股价已经过高，其中存在严重泡沫。国际对比的主要依据是，美国纽交所的道·琼斯30种工业股票指数的市盈率大致在18倍左右，香港恒生指数的市盈率不足20倍，印度SENSEX指数的市盈率为23倍，韩国KOSP200指数的市盈率只有11倍左右，与此相比，A股市场的市盈率似乎高得惊人。"可以说，经过2006年的大幅上涨，A股指数的估值优势已经消失"[1]；国际著名投资银行——GP

---

① 引自《2007牛市之路多曲折》，《中国证券报》2007年1月4日。

摩根在 2006 年底针对 A 股的《2006：熊在等候》报告中也指出：A 股将在未来 6 个月内面临回调走势。① 面对市盈率高位运行的态势，一些人根据上市公司 2007 年第一季度报表披露的财务数据重新计算市盈率，并将其称为"动态市盈率"（与此对应，将按照 2006 年度上市公司盈利水平计算的市盈率称为"静态市盈率"），认为 2007 年 5 月上旬的动态市盈率 30 倍左右虽然较高但并不太过头，A 股市场还有继续上行的一定空间。

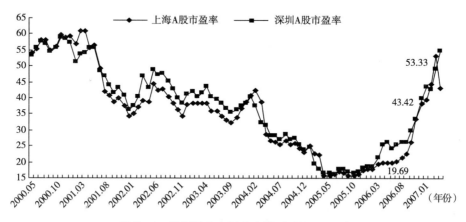

图 8 - 1　沪深股市市盈率走势（1999 ~ 2007）

中国证券业协会和沪深交易所联合调研的结论是："目前中国股市估值整体处于高位区，正在逐步形成结构性泡沫，但并没有市场所担心的整体性泡沫。"② 对此，有人提出质疑认为："所谓结构性泡沫让人想起过去高科技的泡沫，也就是说只是供不应求引起的，这个说法是值得重新考虑的，因为资产最终还是要求回报的……，我个人认为目前 A 股市场存在整体泡沫，不论从股价、从交易量、从新增投资者的心态各方面来看都差不多。"③

在这些争论中，有两个问题是重要的：国际比较和股市投资回报。从金融投资角度来看，运用市盈率进行国际股市态势比较，是不太容易说清问题的。在假定金融投资的产品选择只有存款和购股两种条件下，投资者投资选择行为的结果必然将引致存款的收益率与股市投资收益率之间的均衡。2007 年 5 月 15 日，美国的联邦基金利率为 5.25%、3 个月存单利率为 5.32%，这意味着一笔资金存入银行只需不足 20 年就可通过利息回报而收回本金，受此制约，如果道·琼斯 30 种工业股票指数的市盈率超过这一倍数，投资者就宁愿将资金存入银行而不投入股市（更不必说，股市投资风险高于银行存款）。同期，中国的 1 年期存款利率为 2.79%，再扣掉 20% 的利息税，实际为 2.232%，这意味着一笔资金存入银行需要

①　参见《大摩"尖峰"预言：A 股 6 个月内将调整》，《21 世纪经济报道》2007 年 1 月 5 日。
②　引自《监管层调查后"立论"：A 股未有整体性"泡沫"》，《21 世纪经济报道》2007 年 5 月 16 日。
③　引自谢国忠《结构性泡沫还是整体性泡沫？》，《21 世纪经济报道》2007 年 5 月 21 日。

花将近 45 年才可能通过利息收益将本金收回，与此对应，A 股市场的市盈率只要低于 45 倍，投资者就可能选择。从中国实际情况看，在可投资的金融产品在品种和规模都相当有限的条件下，城乡居民消费剩余的资金基本上限于存款与投资股市的选择中，由此，不论投资者是否意识到存款的利息收益与股市投资回报之间的均衡关系，他们群体的股市投资行为都将按照这一趋势展开。据此不难看出，直接应用市盈率来衡量股市是否有泡沫，很难说得清楚。

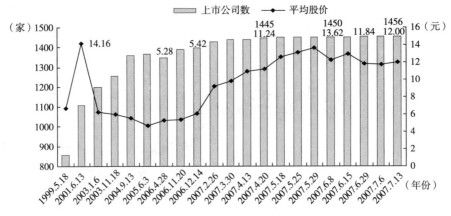

图 8 - 2　沪深股市平均股价走势（1999～2007）

资料来源：《中国证券报》。

其二，股市均价走势。从图 8 - 2 中可以看出，以 2005 年 6 月 3 日为基期到 2007 年 5 月 18 日，A 股市场的平均股价从 4.37 元上升至 12.57 元，升幅高达 187.64%；其中，与 2006 年 11 月 20 日相比，2007 年 5 月 18 日的 A 股平均股价上涨了 131.92%。与此对应的还有股指走势，以上证指数为例，2005 年 6 月上证指数曾跌破 1000 点，以此为基期，到 2006 年 11 月 20 日突破 2000 点，耗时大约 1 年半；从 2000 点到 2007 年 2 月 16 日突破 3000 点，仅耗时 3 个月；从 3000 点到 2007 年 5 月 9 日突破 4000 点，为时只有 49 天。一些人以此为依据，认为 A 股市场在如此短的时间内以如此快的速度上升，其间肯定有泡沫使然（或必然产生泡沫）。由此，争论的重心转向了速度的快慢。似乎涨幅快了就有泡沫，而慢些就没有了泡沫。由此引致的问题包括：

首先，就股指而言，发达国家和地区大多选择的是以取样股票为编制指数的基础，例如，道·琼斯 30 种工业股票指数以纽约证券交易所中取样的 30 家工业类上市公司股票为编制基础，日经 225 种平均指数以东京证券交易所中取样的 225 家上市公司股票为编制基础，香港恒生股价指数以香港联交所中取样的 33 家上市公司股票为基础，如此等等。但 A 股指数选择的是综合方法，即所有上市公司的股票均计入编制范畴，受此影响，选择取样指数的国家和地区，新公司上市不会引致股指直接上升，指标股之外的上市公司股份增加（如送股、配股、增发新股等）也不会引致股指上行，但在中国的 A 股市场中，任何方式的上市股份增加都可能引致股指上扬。

2006 年 7 月以后，不仅 IPO 速度加快，送股、增发新股的速度加快，而且诸如工行、中行等大盘股也明显增加，由此，自然引致 A 股的股指快速上行。2006 年 2 月 ~ 2007 年 5 月间，上市公司的股本总额从 7628.85 亿股上升到 16673.01 亿股，这意味着，在股价不变的条件下，股指将上升 118.55%。这恐怕很难说是"泡沫"。

其次，就股指高涨所费时间而言，快慢很难成为衡量是否有"泡沫"的标准。且不说快慢的时间概念可能仁者见仁，缺乏共识，就是各国间的股市比较，也很难衡量股市是否有泡沫。"在印度股市上，近 3 年来股指也增长了 3 倍，……尽管从 2005 年起，日本的股票市场已翻了一倍，但一位日本裔美国专家认为，日本股市的价值仍然是世界上最低的股价之一。去年巴西的经济相对放缓，不过巴西的主要股指还是猛升了 32.9%，达到创纪录的新高。加拿大股票市场的主要股指在过去 5 年里比标准普尔 500 指数高出了 153%，而且仍然有上升的潜力。"[①] 如果因股指走得过快而产生泡沫，这些国家的股市是否也存在泡沫呢？在 A 股历史上，也有股指快速上行的经历。1992 年 5 月 21 日，上交所取消了涨跌停板制度，上证综指在前收盘 616.64 点的基础上猛涨 105.27%，以 1265.79 点报收，此后的几个交易日继续上扬，到 5 月 25 日达到 1421.57 点。短短 5 日，涨幅高达 130.53%，但当时并没有任何人对此以"泡沫"论之。与此相比，就时间概念而言，2006 年以来的 A 股涨幅就显得不足挂齿了。

最后，就股东账户开户数而言，随着股市上行，个人投资者的开户数快速增加。2007 年 3 月以后，每天新增的开户数突破了 30 万个，4 月底股东账户已多达 9600 多万户，由此，一些人强调由新的个人投资者加入股市所引致的"全民炒股"狂热正在发生，应予以抑制和防范。但实际的统计数据是，9600 多万个股东账户中有 3500 多万个账户长期没有发生交易行为，剩下的 6000 多万个账户再区分为沪市和深市账户，由此，真正在股市中操作的个人投资者数量大约为 3000 万左右。这一数据的真实性可以从入市的资金账户数得到验证。4 月底，各家证券营业部的资金账户开户数为 4300 多万个，其中，1300 多万个长期以来资金数额低于 100 元（即没有进行操作），因此，真正在运作中的资金账户为 3000 万个左右。3000 万个虽是不小的数字，但就某一日交易而言，实际上介入的投资者数量将大大低于此数量。2007 年 3 月之前，每天沪深股市的成交笔数不足 1000 万笔，假定每个投资者同时在沪深两市操作，则实际介入操作的投资者不足 500 个；2007 年 4 ~ 5 月，虽然每日成交笔数最高时达到 1544 万笔，据此计算，介入操作的投资者也仅 700 多万个，远低于 3000 多万个账户数。且不说 460 多万个投资者，就是 3000 多万个投资者占 13 亿人口的比重也相当低。20 世纪 90 年代，美国在人口 2.7 亿左右时，介入股市的投资者达到 1.2 亿，与此相比，中国远不到"全民炒股"的程度（实际上，"全民炒股"也是不可能的）。因此，简单以股东账户的数字增加为据很难

---

① 引自《全球股市为何"齐步走"》，《环球时报》2007 年 5 月 18 日。

衡量 A 股市场是否存在"泡沫"。

其三，"黄金 10 年"。2006 年，随着 A 股市场上行，一些人提出了"黄金 10 年"的命题，认为中国股市将持续上行 10 年以上。2007 年，在股市继续走高的背景下，有人甚至为谁是"黄金 10 年"的始作俑者而争论不休。然而，认为 A 股市场存在"泡沫"的人则认为，"黄金 10 年"将是"泡沫 10 年"。在此有两个问题需要弄清：第一，"黄金 10 年"的提法并非中国学者或 A 股市场参与者所提出。哈里·S. 登特在 2004 年出版的《下一个大泡泡（2005－2009）》一书中就说过，"我们的答案很清楚，这个 10 年的剩余时间里会有一次大牛市，很可能比上世纪 90 年代的那次更强劲"，道·琼斯指数将达到 40000 点。但在 2010～2020 年间，美国经济将快速衰退，由此，美国股市也将呈明显的下行走势。与此不同，由于中国的人口出生高峰比美国长 10 年，所以，2020 年之前，中国经济将保持持续高速的增长，受此影响，中国股市也将持续上行。鉴于此，他建议美国的投资者在 2010 年以后更多地关注亚洲（尤其是中国）的股市走势。[①] 第二，"黄金 10 年"以什么为衡量对象？如果以 A 股的上证指数为对象，那么，只要有新股（包括新的上市公司、已上市公司增发新股等）不断上市，在综合指数计算方法背景下，它就必然是一个总体上行的走势。仅此而言，不用说"黄金 10 年"，就是"黄金 50 年"乃至更长时间也大致成立。因此，"黄金 10 年"很难说是"泡沫 10 年"。但是，如果衡量的对象是每股盈利水平（尤其是税后利润/每股），那么，也许会有若干只股呈现盈利水平持续提高的走势，可是，对 A 股整体上市公司（或绝大多数上市公司，甚至大部分上市公司）而言，要在 10 年持续提高每股盈利水平几乎是不可能的，由这种每股盈利水平的持续提高来支持股价上行也是极其困难的，由此，"黄金 10 年"的说法就带有一定的虚假成份，它本身就有"泡沫"。

实际上，以何种思维方法来看待和分析 A 股市场走势的争论才是关键。坚持以历史数据、历史经验和国际比较为依据来衡量 A 股走势的，大致可以得出 A 股市场存在泡沫的结论；反之，则很难得出此结论。但是，历史并非当今，更非未来。历史具有借鉴意义，但不具有判定意义，更不具有直接衡量 A 股价格是否高于股票价值的功能。因此，这些争论很难有一个共识的结论。

---

① 参见〔美〕哈里·S. 登特《下一个大泡泡（2005～2009）》，中国社会科学出版社，2005。

第九章 建立多层次股票市场体系

在世界主要国家中，为经济运行和金融市场的多层次性所决定，股票市场也是一个多层次的体系。但在中国，尽管 A 股市场中有了主板市场、中小板市场、创业板市场和新三板市场，但这些市场均是在 A 股之中通过数量划分所形成的，本质上都是 A 股市场。由此，提出了一个问题：多层次股票市场体系依何标准而划分，它形成的内在机理是什么？西方国家在历史演进中自然形成了多层次股票市场体系，因此，不会提出这一问题。但中国的股票市场是在政府主导下发展的，这一问题不弄清，则多层次股票市场体系几乎不可能形成。

2013 年 11 月 12 日，中共中央十八届三中全会通过的"关于全面深化改革若干问题的决定"明确提出：要"健全多层次资本市场体系。"由此提出了一个"如何健全多层次股票市场体系"的问题，本章重点探究此问题。

第一节 股票市场中的经纪人制度

一 多层次股票交易规则

债券市场和股票市场是证券市场的基础性构成部分。债券交易大多以无形市场为主，为此，多层次的债券市场主要根据不同债券品种发行中的各种约定条件而划分。例如，可以根据债券特点将债券市场划分为：中央政府债券市场、地方政府债券市场、公司债券市场、垃圾债券市场和资产证券化债券市场等。但与此不同，股票市场以有形的交易市场为主，股票交易是这一市场的轴心，为此，多层次的股票市场主要根据股票交易的不同规则而形成和划分。例如，纽约股票交易所内挂牌交易的股票，当在纽交所系统内按照纽交所的交易规则进行交易时，它属场内交易范畴；当由交易双方在纽交所之外进行大额交易时，遵守的是不同于纽交所的另一交易规则，由此，形成了第三市场。又如，Nasdaq 有三个层次的交易规则，分别适合不同的经纪人（做市商）、公众公司和投资者的需要。再如，日本东京证券交易所有两个不同层次的交易规则，据此，将股票市场划分为一部市场和二部市场。可见，交易规则的多层次性是多层次股票市场的基本划分标准。

多层次股票市场依多层次交易规则而划分的内在机理主要有四：

第一，股票交易规则连接着股票的供给者与需求者，规范着交易双方的行为。股票交易市场从根本上说是股票买卖双方进行股票交易的场所。不论对买方（股票需求者或投资者）来说还是对卖方来说，离开了股票交易市场，都极难实现股票的交易。但要进行股票交易，不论是买方还是卖方，都必须完整地遵守这一交易市场的具体规则；否则，就不能进入股票交易市场进行股票交易操作。

第二，股票交易规则导向着股票发行规则。股票发行，对发行公司来说是一个获得资本性资金的过程，对投资者来说是一个投资入股的过程。就此而言，似乎与交易规则没有直接关系。一些股份有限公司设立中的股份私募以及向已有股东再融资，都是不争的实例。但是，一旦涉及公开发行股票，情况就大为不同了。在公募中，股票发行中的各项规则都是为了满足上市交易（或进入交易市场，下同）而确立的。它们有些是股票交易规则在股票发行市场的延伸，一些则直接就是股票交易规则的运用。在多层次股票市场中，不同股份公司在股票发行中的每股价格、股份数量、信息披露充分程度、承销商、投资者群体等方面的不同，主要是因为它们都"瞄"着不同的交易市场；换句话说，各个交易市场在交易规则方面的差别决定了各家股份公司股票发行中的各项主要差异。

此外，股票交易规则还导向着股票的供给。主要情形有三：其一，对准备以存量股份申请上市交易的股份公司来说，在提出申请前，就需要按照目标市场（即它的股票准备进入的交易市场）的交易规则调整自己的各方面行为，以使公司治理、经营运作、财务指标和发展前景等符合交易规则的要求，由此，一旦条件成熟，存量股份就可通过申请而进入股票交易市场。在这一场合，股票在进入交易市场之前并没有形成一个发行市场。其二，对已上市交易的股份和公司来说，股票交易市场的走势直接影响着可交易股份的数量和上市公司（或公众公司，下同）的数量。在通常情况下，当股票交易市场持续高涨时，上市公司就可能增发股票，由此引致可交易的股份数量增加；股票交易市场也会接纳更多新的上市公司，这也将引致可交易的股份增加。但当股票交易市场持续下行时，一些上市公司就可能难以增发股票，一些上市公司可能回购已流通的部分股票，一些上市公司可能回购全部股票从而退出交易市场，还有一些上市公司可能因不能满足交易规则的要求而被摘牌，由此，引致可交易的股份减少。但不论是新股增发还是股票回购或者公司退市，都是交易规则所规定的，并且按照各个股市交易规则的不同而有所差别。其三，股票交易市场的新设，将引致一批新的股票进入交易市场，由此，使可交易股份数量增加。新设的股票交易市场，其主要规则与已有的股票交易市场有明显的区别，它满足了那些难以在已有股票交易市场上市交易的股份公司的需要，因此，随着新设交易市场的展开和发展，多层次股票交易市场体系中的股份供给量也将增加。

第三，股票交易规则激励着投资者的投资入股行为。股票投资者是一个多层次、多样化的群体，其中，既有各种各样的机构投资者也有取向不尽相同的个人投资者。有的乐于做多，有的倾向做空；有的风险偏好较强，有的风险偏好较弱；有的资金较少，有的资金较大；有的乐于操作新股，有的喜于投资老股；有的希望以小博大，有的习惯跟随投资，有的常常独往独来，如此等等。投资者的这些倾向要转化为股市投资行为，主要取决于各层次股市的交易规则对投资交易行为的界定。首先，在缺乏股票交易市场的条件下，投资者有再多的想法和希望，也不可能转化为现实的投资行为。这同时意味着，在缺乏多层次股票交易市场的条件下，必然存在一部分（甚至相当一部分）投资者的投资需求不能得到满足。其次，在缺乏不断吸纳新的股票进入的交易市场的条件下，投资者要操作新股是不可能的；在交易规则不准许高风险公司股票入市交易的条件下，投资者要投资于此类股票也是不可能的；在交易规则中缺乏经纪人（包括做市商）提供信用交易安排的条件下，投资者要以小博大仍然是不可能的。最后，在交易规则中缺乏信息披露机制、退市机制等规定的条件下，相当多投资者可能不敢涉足股市投资。可以说，有什么样的股市交易规则就有什么样的股市投资者，因此，投资者是跟着股市交易规则走的。

不仅如此，在有了股票交易市场以后，相当多的实业投资也是"瞄"着股票交易规则而展开的。在公司设立中，一部分投资者是怀着未来这些股份可能入市交易的心理而投资入股的；在公司运行中，相当多股东对公司的继续投资，盘算着这些股份进入交易市场的前景；在公司并购中，不论是股份出售者还是并购者在并购价格上往往都参照已交易的同类股票而展开。一个典型的实例是，2001年以后，随着创业板市场设立的"搁浅"，在此之前已创办的几百家创业投资公司顿时失去了进行创业投资的热情，一些公司转而以其他业务为主营对象，一些公司则关闭停业，由此，真正的创业投资和相当一批希望获得创业投资资金的高新技术企业陷入资金困境。

第四，股票交易规则决定着股市监管体系。股市监管以监管交易市场为中心，这决定了有什么样的股票交易规则就有什么样的股市监管体系；或者说，离开了股票交易规则，就没有股市监管可言。在股市历史上，相当长一段时间内（长达100多年）并无由专门的政府部门（或准政府部门）进行股市监管的体制，也就不存在与此对应的股市监管体系。这一体系在20世纪30年代以后逐步建立起来，其背景是1929年以后的美国股市崩盘。从监管实践来看，首先，贯彻"公平、公开和公正"的原则、维护投资者合法权益是股市监管的基本原则。这些原则的形成和贯彻最初都是针对股票交易规则不完善而言的。正是因为在股票交易的历史上曾经发生过各种黑幕交易、司法不公正等现象，严重侵害了投资者的权益，给股票交易市场的健康发展造成了严重后果，人们才提出了这些监管原则。其次，防范和化解风险是股市监管的重心。防范什么风险、化解什么风险呢？从各国和地区的股市实践来看，主要是股票交易市场中存在种种风险而这些风险常常是已有的交易规则所难以防范的。再次，提高上市公司质量、强化信息披露制度、加强中介机构监督作用等也都是为了维护股票交易市场的运行秩序，防范由此可能引致的风险。最后，各国和地区的法律制度都有一系列禁止性和限制性规定，其中，禁止内幕交易、操纵股价等各种限制性规定，或者直接就是针对股票交易的，或者是从股票交易中延伸出来的。

"多层次股票市场依多层次交易规则而划分"的另一含义是，单一层次的交易规则只可能形成单一层次的股票交易市场。以中国为例，在创业板市场迟迟难以设立而深圳证券交易所又多年缺乏新股上市的条件下，经批准，深交所在 2004 年设立了中小企业板市场，准许首发 4000 万股以下的股份公司可流通股在深交所挂牌交易，由此，一些人认为，这就形成了与"主板"市场不同的另一个层次的股票交易市场。事实上，中小企业板市场贯彻的依然是 A 股规则，它在股票交易方面与 A 股没有任何差别，因此，不属于一个新层次的股票交易市场。举例来说，假定一个中学招进了 200 名高一学生，这些学生不按中考分数的高低分成四个班，它们是高一年级；按照中考分数的高低，将高分编入一个班、次高分编入第二个班等，并不会改变四个班都是高一年级的性质。如果仅仅按照可流通股份的数量就可将股票交易市场划分为若干层次，那么，由于在理论上数量是无限可分的，由此，就可按照某个单位数（例如 500 万股）将 A 股市场划分为众多层次的股市，可这种划分又有多少实际意义呢？须知，"国王新装"已是小孩子都知晓的故事。

二　经纪人与股市交易规则

从历史的角度看，股市交易规则最初是由经纪人制定的；从现实的角度看，股市交易规则是在以经纪人为主的股市运作者的推动下不断完善的。

从最一般意义上说，股市经纪人是代为股票持有者卖出股票和股票购买者买入股票并从中获得佣金收入的中介人。在欧美股市的发展历史上，经纪人在设立股市和推进股市形成的过程中，既制定了股市交易规则，也造就了多层次的股票交易市场体系。

从美国股市的历史来看，18 世纪 90 年代以前，由于可交易的股票数量较少，股票经纪人并非一个专业化的职位，它通常由商业经纪人兼任。但随着可交易股票数量的增加，股票经纪人之间在佣金水平上开始发生竞争，一些经纪人为了招揽客户而降低佣金，严重影响了其他经纪人在代理买卖股票过程中的业务收入，由此，1792 年 4 月一些实力较强的经纪人（21 名经纪商和 3 家经纪公司）在一颗梧桐树下举行会议，签订了"梧桐树协定"，承诺"将以不低于 0.25% 的佣金费率为任何客户买卖任何股票"[①]，同时，"在规定的交易时间内，市场必须是连续的，

---

① 引自〔美〕约翰·S. 戈登《伟大的博弈——华尔街金融帝国的崛起》，中信出版社，2005，第 27 页。本节如无专门加注，引文均出自该书。

所有签订协议的人在交易中必须缴纳一定数额的佣金。没有在协议上签名的人们如果想参加交易必须缴纳更高的佣金"。① 由此,有了第一份有文字记载的由经纪人签署的股票交易规则②。此后,随着股票交易市场的设立,经纪人根据具体的股市特点,制定了一套又一套的股票交易规则。

股票交易市场是由经纪人设立的。最初的股票交易在街头、咖啡屋等地按照一些不成文的交易习惯展开,随后,一些较为成功的经纪人开始在他们的办公室举行定期的股票拍卖,由此形成了后来被人们称为"柜台市场"的股票交易市场。1792 年,一些经纪人决定在华尔街 22 号建立一个拍卖中心并将其称为"股票交易所",由此形成了纽约股票交易所的雏形。这个拍卖中心的主要规则有三:一是经纪人可以为客户也可以为自己买卖股票;二是意欲出售的股票存放在拍卖中心;三是拍卖人根据交易量收取佣金。此后,以下一系列现象是值得关注的。

第一,纽约股票交易所的设立。1817 年,纽约股票拍卖中心的主要经纪人派人到费城股票交易所进行考察,于 2 月 25 日起草了一份几乎与费城股票交易所章程一模一样的章程,将原先由 28 名经纪人构成的经纪人委员会更名为"纽约股票交易委员会"。这一章程的主要内容有四:一是由交易所总裁和助理主持每天的股票拍卖;二是至少具有 1 年经纪业务经验的经纪人才有成为新会员的资格;三是实行次日交割制度,以防过度投机;四是禁止"对敲",以防造成股价波动的假象。

但纽约股票交易所的设立,并不意味着其他交易市场的消失。且不说费城股票交易所依然是当时最主要的股票交易所,就是场外交易也相当活跃。"华尔街的大部分交易活动还是在大街上进行的,许多不能成为交易所会员的经纪人在路灯柱下买卖股票。这里的交易量经常超过场内……很多新证券在交易所上市交易之前,是在承销商的办公室开始交易的。"③

第二,新的股票市场的设立。纽约股票交易所的设立和发展,并没有成为限制新设股票交易所的制度机制。"在 19 世纪 30 年代牛市的最高峰时期,场外经纪商因为不能进入股票交易所,曾组建了一个交易所与正式的股票交易所抗衡,它被称作新交易所。"④ 1864 年,煤洞交易所重组更名为公开经纪人交易所;到 1865 年,它的交易量已经达到纽约股票交易所的 10 倍之多。1865 年,石油交易所成立,它主要是为交易石油公司的股票而设立的。1868 年,古尔德创建了国民股票交易所,着力实现伊利股票⑤的交易。1869 年,公开交易所与纽约股票交易所合

---

① 引自〔美〕查理斯・R. 吉斯特《华尔街史》,经济科学出版社,2004,第 6 页。
② 这种固定佣金制一直到 1975 年 5 月 1 日才最终在华尔街退出历史舞台。
③ 引自〔美〕约翰・S. 戈登《伟大的博弈——华尔街金融帝国的崛起》,中信出版社,2005,第 27 页。本节如无专门加注,引文均出自该书。
④ 同上,第 66 页。
⑤ 指美国伊利铁路公司的股票。

并，组建了新的纽约股票交易所。1870 年，矿业交易所重新开业，它的主要交易对象是矿业公司（包括开采和加工）的股票。1921 年，纽约场外交易所设立，1953 年，它又更名为美国股票交易所。1971 年 2 月 5 日，纳斯达克正式投入运营，这标志着一个新的股票交易市场的形成。

各种股票交易市场得以设立和发展的内在机理是，股票交易市场是经纪人从事股票买卖的市场，只要在已有的股票交易市场中代理买卖股票的需求（包括变化了的需求）难以得到充分有效的满足，他们就将寻求设立新的市场来实现这些交易。

第三，场外交易市场始终是股票交易所的一个主要竞争者。场外交易市场是由经纪人组成的一个非正式网络，它为那些不在任何交易所挂牌交易的股票提供一个交易市场。经纪人或者通过为客户提供买卖股票的机会获得佣金收入，或者通过自己买卖股票赚取价差收入。由于经纪人可以完全自由地交易他们愿意交易的任何股票，同时，交易成本更低（例如，不必向交易所缴费），所以，他们常常可以向客户提供比交易所里更好的价格。事实上，不仅中小经纪公司通常利用场外市场的价格优势来为其客户提供服务，就是那些大型经纪公司也常常这样做。这形成了后来《联邦证券法》中有关"经纪人应为其客户寻找到股票的最好报价"的专门规定。

在交易所设立之后，场外市场的交易活动始终没有停止，即使在纽约股票交易所因种种原因暂停开市的日子里，场外市场也依然运转着。几个重要的实例是：

其一，1856 年，华尔街可交易的股票已达 1420 只，但其中绝大多数并不在纽约股票交易所交易，原因是该交易所不接受那些新的未被市场检验过的股票；但这些新股票却受到经纪人和投机者的青睐，成为场外交易市场的主要交易对象，因此，它的日交易量经常超过 7 万股，远高于纽约股票交易所 6000 股的交易量。

其二，1873 年 9 月 13 日，凯恩－考克斯公司破产，引致了华尔街股市的暴跌。9 月 20 日纽约股票交易所宣布无限期休市，并禁止其会员在交易所之外交易股票，但大部分会员对此项禁令不予理睬，继续进行场外交易。在这次股灾中，有 287 家经纪公司破产倒闭。

其三，1914 年 7 月下旬，第一次世界大战爆发的前夜，华尔街股市开始放量下跌。7 月 31 日，伦敦交易所宣布暂停交易，随后，纽约股票交易所也宣布闭市。与此同时，场外交易市场几乎在一夜之间就活跃起来了，一些场外经纪人宣布他们愿意买卖纽交所的挂牌股票，每天上午 10 点到下午 3 点，大约有 100 多名经纪人在紧张地进行交易。

诚如《伟大的博弈——华尔街金融帝国的崛起》作者约翰·S. 戈登所说的那样，"华尔街从来都不像它的名字听上去那样是一个利益的整体，银行、大保险公司、路边市场、柜台交易市场，以及纽约以外的很多地区性交易所，它们都有自己不同的利益"，"甚至纽约股票交易所的会员们也并不是铁板一块，那些靠佣金生存的公司（与公众进行交易的经纪公司）有他们的利益，而那些专门经纪人（他们在交易所场内进行交易）则有不同的利益。对那些收取佣金的公司来说，只要能得到最好的价格，不管在哪个市场买卖都可以；那些场内交易人，则当然希望交易被严格限制在纽约股票交易所的交易大厅内进行"。①

第四，交易规则的演变和调整。在推进股票交易市场发展的同时，为了平抑股市动荡，维护股市运行秩序，在总结实践经验教训中，经纪人也在不断推进股票交易规则的完善。"经纪人队伍开始主导市场，因为他们的利益有赖于市场长期的稳定，所以他们严格执行规则，压制了投机者的猖獗活动，从而使华尔街逐步成为一个长期健康运行的资本市场。"② 在美国 200 多年的股市发展历程中，从交易规则形成的角度看，以下 10 方面事件是值得回顾的。

其一，1791 年 7 月随着合众国银行股票（BUS）首次公开发行，这启动了美国股市的第一轮牛市。此时，股票交易规则基本从欧洲（尤其是伦敦）引入，卖空规则和以实物券交割为基础的看涨期权与看跌期权规则，在美国首次应用，这导致了投机的可能性大大增加。随着股票交易量的增大和股价上扬，各种关于股灾的预言也开始出现。1792 年 3 月下旬，终于爆发了美国股市历史上的第一次股灾，汉密尔顿（时任财政部长）断然采取措施，以"保证恐慌不会摧毁基本上还完好无损的交易体制"，由此，避免了股灾负面效应的扩散。

其二，1835 年 12 月 16 日，纽约的一场大火结束了 19 世纪 20 年代以后的牛市。在这场大火中，一个交易所的员工抢出了纽约股票交易所的交易记录，为随后的交易所重新开业提供了必要条件。但这场大火还是导致了股市大崩溃，到 1839 年 3/4 的经纪商破产倒闭。

其三，19 世纪 50 年代以后，电报问世，纽约的股票经纪商成为这种新型通信媒介的最早也是最主要的用户，由此，结束了长达几十年之久的利用一连串旗语传递股市信息的历史，也结束了"跑腿者"的历史。许多最初以运送现钞和股票为主要业务的快递公司逐步转入了银行业和经纪业。

其四，19 世纪 70 年代后半期，在总结伊利股票投机活动的教训中，华尔街股票交易市场开始着手实施一系列变革。1868 年 11 月 30 日，纽约股票交易所和公开交易所颁布了内容相同的监管条例，要求在交易所内拍卖的所有股票进行登记，上市公司的任何新股发行都必须提前 30 天通知交易所。此后，随着这两个交易所的合并，自律性监管条例不仅数目逐步增多，而且执行也愈加严格；另外，股票交易迅速繁荣，以至于纽约股票交易所市场可以被称为"主板"市场了。这意味着"经纪人占主导地位的纽约股票交易所对市场有越来越大的约束力"③。

---

① 引自〔美〕约翰·S. 戈登《伟大的博弈——华尔街金融帝国的崛起》，中信出版社，2005，第 27 页。本节如无专门加注，引文均出自该书。
② 同上，前言部分
③ 同上，第 153～154 页。

其五，19 世纪 90 年代，华尔街股票交易市场发生了一些具有重要意义的变化：一是 1892 年，最终建立了一个大型清算所，为经纪商提供方便快捷的证券交割服务；二是 1896 年，道·琼斯工业平均指数正式问世；三是现代会计制度出现，而"事实上，华尔街的银行和经纪人是推动现代会计职业的产生，以及在美国上市公司中强制实施公认的会计准则的主要力量"。[①]

其六，1920 年，在斯图兹股票上，赖恩与纽约股票交易所的一些重要会员展开了多空大战。为了避免惨重损失的后果，纽交所的这些重要会员利用纽交所管委会的权力，破坏了两条从未被打破的交易规则：一是"成交了就是成交了"，即成交事实不可更改；二是私人契约的隐私权不受侵犯，即交易双方中的任何一方不得向第三方泄漏买卖合同的另一方。交易所的发言人甚至声称："交易所想做什么就可以做什么。"但在场外交易市场，这种情形不可能发生。

其七，1929 年的股灾。保证金交易是华尔街延续了 100 多年的一种交易方式。在这种交易方式下，投资者只需支付股价 10% 的资金就可买入股票，不足部分由经纪人垫支。如果股价下跌，经纪人就将要求客户提供更多的抵押品，但如果客户没有足够价值的抵押品，经纪人就可能将其股票在低价时卖出，使客户蒙受损失。另一方面，经纪人借给客户的投资资金，是由经纪人以证券为抵押从商业银行借入的。如果股票下跌，经纪人也必须向借款银行提供更多的抵押品，否则，借款银行就可能将其抵押的股票等证券在低价时卖出。1929 年 9 月 5 日，纽约股票交易所的股价开始下跌，由此扭转了长达数年的牛市行情。受保证金交易的影响，下跌势头逐步加快。10 月 29 日，道·琼斯指数下跌了 22%，创下单日跌幅的历史纪录；下跌势头到 11 月 13 日才被止住（这场股灾本来到此可以划上句号），1930 年春季股市翻转向上，快速上涨。1930 年 6 月 17 日，胡佛总统签署了《斯慕特－霍利关税法案》，由此，既引致了美国经济的大萧条，也引致了随后长达两年半的股市下跌。1932 年 6 月 8 日，道琼斯工业平均指数下落到 41.22 点，与 1929 年的最高点相比，跌幅深达 89.19%。

1933 年 5 月 27 日《联邦证券法》出台，6 月 16 日《格拉斯－斯蒂格尔法》出台，1934 年《联邦证券交易法》问世。在这个过程中，纽约股票交易所于 1934 年通过了一项制度，禁止联手坐庄，禁止专门经纪人将内幕信息透漏给他们的朋友，禁止专门经纪人购买他们所做市的股票的期权。

根据《联邦证券法》和《联邦证券交易法》设立的联邦证券交易委员会，开始了有政府监管的股市发展历史。该委员会的第一任主席由约瑟夫·肯尼迪担任。他既是一个投机高手也是一个经纪人，办有自己的经纪公司。

其八，1838 年，惠特尼丑闻发生以后，纽约股票交易所出台一部新章程。它

[①] 引自〔美〕约翰·S. 戈登《伟大的博弈——华尔街金融帝国的崛起》，中信出版社，2005，第 27 页。本节如无专门加注，引文均出自该书。

规定，交易所总裁不再是交易所会员，只是一名拿薪水的雇员；经纪公司如果开办公众业务，就禁止为自己开设保证金账户；保证金的比例由联邦证券交易委员会决定；会员公司的债务限定在运营资本的 15 倍以内；经纪业务与承销业务必须分离，客户账户与公司自营账户也必须分开；卖空单只有在股价上升时才被认定有效。

其九，20 世纪 40 年代以后，在美里尔（Charles E. Merrill）的推进下，华尔街经纪人结构发生了实质性变化。通过连锁点运作模式，美林公司脱颖而出。它摒弃了过去只拥有少量客户的经纪公司模式，建立了拥有成千上万个客户的新的经纪公司运作模式。到 1960 年，美林公司拥有了 54 万个经纪账户。新的运作模式推动了经纪人运作和股市规则的一系列变化：一是通过培训客户经理，提高了经纪人的专业知识水平，为注册代理人制度的实施创造了条件；二是证券分析成为一个专门职业立足于经纪人公司，并成为经纪人为客户服务的一项重要内容和基础条件；三是无形资产、净流动资产等成为分析公司价值的重要经济指标。这些变化为后来的共同基金发展和养老金入市创造了必要条件。

其十，进入 20 世纪 60 年代以后，在经济和技术的进一步发展中，华尔街股市规则又有了新的变化。一是 1965 年，实现了自动报价机与电子显示屏的连接。二是经过长达 40 年的讨论，终于在 1969 年成立了中央证券存放机构。三是为了降低大型经纪公司倒闭引发恐慌的可能性，美国国会按照联邦存款保险公司模式，建立了证券投资者保护公司。四是 1970 年新出台的一项法案，使得经纪公司可以发股上市，由此结束了经纪公司只能实行合伙人制度的历史；1971 年，美林公司成为第一家发股上市的交易所会员公司。五是 1975 年通过了《证券法修正法案》，它要求建立全美"统一市场"体系，将美国的各个证券交易市场都连接起来，以改变"在股票、期权、金融期货之间进行套利"的可能，同时，"当一个市场发生的事件影响到另外一个市场的时候，就可以立刻采取恰当的措施防止一场崩盘"。[①]

综上所述，不难看出，在美国 200 多年的股票市场发展史中，经纪人们在创造和建立各层次股票交易市场的同时，也在创造与其相对应的各层次股票交易规则，并随着经济、社会和技术的进步，不断完善着这些交易规则。

三　经纪人的经济功能

经纪人在股票交易市场中的各种作用是由其特殊地位所决定的。经纪人是通过代为客户买卖股票而获取佣金收入的中介人。这一简单定义，不仅包含了经纪人的特殊地位的规定，而且包含了经纪人的一系列经济功能得以发挥的空间。

从地位来看，"中介人"意味着股市买卖双方是通过经纪人而联结的，买卖双方是以经纪人为中心而实现股票交易的。在实践中，股票买卖双方彼此分散，买

---

① 引自〔美〕查理斯·R. 吉斯特《华尔街史》，经济科学出版社，2004，第 335 页。

者有投资购股的需求，但苦于不知卖者在何方；卖者有售股收资的需求，但苦于不知买者在何方。即便有充分的时间，让买卖双方相互寻觅并最终找到合适的交易对象、交易价格从而达成交易，每一方也要花费较高的成本，更不用说，其中是否还存在票钱的真实性问题。为了解决这一矛盾，经纪人作为买卖双方的"中介人"应运而生，他既了解股票买卖双方的意向从而解决了交易撮合问题，又大大降低了股票买卖双方的交易成本，因而，经纪人有了其独立存在的价值。立足于股票交易中介人的地位，经纪人逐步又具有了如下一些功能。

经纪人的第一个功能是"客户中心"功能。经纪人的基本职能是，使股票买卖双方能够按照他们的委托意愿实现股票交易，即"撮合"。要履行"撮合"义务，经纪人需要具备一系列业务条件，其中包括：第一，具有尽可能多的信息。这些信息包括买方信息、卖方信息、市场信息和其他经济社会信息等，由此，经纪人需要及时把握各个股票市场的走势。第二，有相对固定的经营场所和必要的设施。这一方面是为了方便老客户上门和新客户找寻，另一方面，是为了提供服务的需要，因此，经纪人需要具有一定的资金实力。第三，提供必要的资金支持。在实行买空的条件下，买方只需交付规定的保证金数额就可买入股票；在实行做空的条件下，卖方也只需交纳规定的保证金就可卖出股票，其中的差额虽由银行提供资金支持但由经纪人向相关银行提供抵押品（因此，实际上是经纪人垫资），这决定了经纪人需要有向客户提供资金支持的能力。第四，具有专业水准。经纪人是专门从事代理买卖股票的专业人士（或机构），通过长期的实践探索，不仅有一套分析各种行情的技术和经验，而且有能够满足各类客户投资心理、风险偏好和运作特点的经营模式，因此，能够吸引客户上门。第五，具有自己的客户群体。每个经纪人（不论是自然人还是法人）都有自己相对的独立客户群体。尽管一个客户（尤其是大客户）可能同时委托多个经纪人代理其买卖股票，但每个经纪人通常有他们各自相对独立的客户群体。这些客户群体既是经纪人的重要（甚至是"核心"）业务资源，又是经纪人业务拓展的基础平台。对经纪人来说，一定规模的客户群体也是保障其佣金收入从而经营良性循环的基础性条件，因此，各类经纪人都有其最低的客户规模界限。第六，严格遵守信用规则。这些信用规则包括尊重客户要求的规则、为客户保密的规则、切实履行合同的规则、忠实维护客户权益的规则和及时告知相关信息的规则等。第七，有良好的商业声誉。客户对经纪人的选择是自由的，一旦商业声誉不佳，客户就可能离开原先的经纪人而另寻新的经纪人。在自由竞争的市场中，一旦失去客户，经纪人就意味着关门倒闭，因此，经纪人要尽力维护自己的商业声誉，在一些场合，宁愿自己受点损失也要满足客户的要求。

正是因为具备了这一系列条件，所以，经纪人与客户之间形成了一种谁也离不开谁的紧密关系。在这种关系中，经纪人处于"中心"位置，客户围绕经纪人而展开股票买卖活动。经纪人的这种"客户中心"是基本的，其他功能均由此而延伸。

经纪人的第二个功能是风险防范功能。这有两方面的含义：一是在经营过程中，从主观愿望出发，经纪人有防范自身运作风险和有条件地帮助客户防范风险的意愿；二是各类经纪人通过各自的防范风险，在客观上起着防范股市风险的作用。

股市是一个高风险的金融投资市场。置身于这一高风险市场中运作，经纪人理应时刻关注市场走势从而市场风险的变化，通过运用各种技术手段和经验分析，尽可能贴近地预期股市（和个股）走势的进一步变化，因此，经纪人非常关注对股市走势的分析和预测，及时地收集各种数据和资料，运用最先进的技术（同时，也努力开发更为先进的技术），总结各种实战案例和运作方式，建立种种防范风险的机制。在单纯代理买卖的业务中，这些防范投资风险的机制，对提高经纪服务质量、保障客户的盈利水平、增强经纪人的商业声誉和凝聚力、扩大客户规模从而增加佣金收入是至关重要的；同时，它也是经纪人向不同客户提供分类服务从而提高经纪服务价值（如佣金收费水平）的重要根据。在提供保证金交易的业务中，这些防范投资风险的机制，对于保障垫付资金（或作为抵押品的证券）的安全性是极为重要的，也是保障经纪人通过提供这类服务来获得利息收入的重要机制。在开展做市商的业务中，这些防范投资风险的机制，直接关系着经纪人在股票做市中的资金安全性和盈利水平。各个经纪人从不同角度运用不同机制防范着各类微观风险和各层面操作风险，其结果是降低了股市运行的总体风险，对避免股市经常性的大幅波动起着积极作用。

经纪人是一个代理买卖股票的庞大系统。以美国华尔街为例，按照职能划分，经纪人可分为佣金经纪人、交易所经纪人、零股经纪人、专门经纪人和证券交易商等；按照市场划分，经纪人可分为纽约股票交易所经纪人，美国证券交易所经纪人，纳斯达克全国市场（Nasdaq - NM）经纪人、纳斯达克小资本市场（Nasdaq - SC）经纪人、OTCBB 市场经纪人和粉单市场经纪人等；按照资格划分，经纪人可分为持牌经纪人和非持牌经纪人；按照性质划分，经纪人可分为自然人经纪人、合伙制经纪人和有限公司制经纪人等。经纪人是一只庞大的队伍，1999 年仅美林公司就有持牌经纪人 1.4 万名。每个经纪人都相对固定联系着自己的客户，由此，将从事股票买卖的成万上亿投资者分散为一个个有一定时空割断和防火墙的相对单元，避免因他们在时空点上过于集中而可能引致的巨大风险，从而在一定程度上起着降低由非系统事件引致系统性风险的不确定程度，有防范股市系统性风险的功能。

经纪人的第三个功能是开发创新功能。经纪人是一个独立经营、自负盈亏的经济组织，且处于一个贯彻优胜劣汰原则的完全竞争市场中，因此，他们有不断开发市场的内在需求。在 200 多年的发展历史中，只要有条件有机会，经纪人就不断地开发市场，创造新的可交易产品。这具体表现在：第一，开发新证券和股票价值。在经营过程中，为了稳定客户、满足客户需求，他们经常要向客户推荐可买卖的证券，由此，他们就需要对股票、上市公司（或公众公司）的价值进行判定。这种最初属被动性的业务活动后来发展成为主动性业务活动，即经纪人通过各种经验分析和技术手段努力挖掘和揭示已进入股市交易的各种股票的潜在价值，通过促成并购重组等来提高交易中的股票价值增值程度，积极发现具有可入市价值的新公司，同时，他们也通过原生证券权益的重组，开发新的证券品种。第二，开发新的交易方式。股票交易从现券交易到以现券为基础的期权交易再到股指期货交易和以价差结算为特征的期权交易，从限制性指令交易到止损性指令交易再到市价指令交易，从全额券款交易到信用交易（即保证金交易），从现场交易到电子交易，如此等等，在这些交易方式开发创新中，经纪人都起着关键性作用。第三，开发客户的新需求。客户的需求，有些是显现的，有些是隐现的，一些则是未现的。在服务中，经纪人最初满足的是客户的显现需求，即客户直接提出买卖股票的需求，此时的经营模式基本上属"经纪人跟着客户走"。随后，通过咨询和推介，经纪人开始开发客户的隐现需求，并将这些隐现需求与新产品开发、新市场开发联结起来，从而大大提高了客户需求的满足程度，也有效增加了经纪人自己的业务收入。接着，通过广告宣传、新业务的推出，经纪人进一步开发了客户的未现需求，形成了"客户跟着经纪人走"的模式，巩固了自己作为"客户中心"的地位，也强化了他们在股票交易市场中的地位。第四，开发新业务。代理买卖股票是经纪人的最初业务（迄今，人们也还是以此来定义"经纪人"的），但随着股市发展，经纪人的业务很快突破这一简单的限制，开始向投资咨询、财务分析等方面扩展，紧接着又向财务顾问、项目融资、承销股票、公司并购、资产重组等方面延伸，再后来，经纪人在管理客户账户的基础上又发展了资产管理业务。在 2008 年之前的国际市场中诸如美林公司、摩根士丹利、第一波斯顿、雷曼兄弟等显赫著名的公司，最初都是从经纪人业务发展起家的。第五，开发新市场。且不说美国历史上众多交易所和场外市场的兴衰过程，就是纳斯达克的四个层次市场也是在经纪人的推动下逐步建立的，即便如此，已有的多层次股市体系也还在不断发生新的变化。可以说，200 多年的股票市场历史，同时就是经纪人不断开发创新的历史。离开了经纪人在各方面的开发创新，股市就失去了最基本的开发创新机制，也就不可能建立多层次、多元化和多样化的市场体系。

经纪人的第四个功能是维护股市活力和健康发展功能。股市经纪人依赖股市的存在而存在、依赖股市的发展而发展，因此，维护股市的运行活力和健康发展，是经纪人的根本利益所在。毫无疑问，在股市起步的初期，经纪人是一个彼此分散的群体，为了各自的生存和经营利益，一些经纪人也曾做出一系列严重损害股市规范发展的行为，其中包括操作股价、内幕交易、联手对敲、欺骗客户、传播谣言和制造虚假信息，等等，这些行为不仅大大加剧了股市的上下波动，甚至直接引致多次股灾的发生。另一方面，在股票交易所设立后，一些经纪人也曾利用交易所的会员地位控制交易所的场内交易，排斥其他股市的设立和场外市场的发展，以达到垄断股市交易的目的。但是，随着经纪人对股市内在机制的认识和对共同利益的认识，他们也在不断推进交易规则的调整和完善，由此逐步纠正早些年的不规范、不成熟的操作行为；尤其是，在经纪人结构从以自然人和小公司为主的格局转变为以大型经纪公司和多样化经纪公司为主体的格局以后，通过证券商协会和其他自律组织，经纪人的视野大为拓展，对股市健康发展的认识也更加深化。在维护股市活力和健康发展方面，经纪人的作用突出地表现在：第一，维护市场竞争机制。在200多年的历史中，欧美国家的股市始终坚持充分发挥以竞争为核心的市场机制，这与经纪人的努力直接相关。其内在机理是，只有通过竞争，经纪人才能不断挖掘和发现新的业务机会，才能不断发展；一旦市场被某个或某些机构所垄断，经纪人的生存发展空间就将被大大挤压、缩小。建立多层次股票市场体系，既是市场竞争的结果，也是维护市场竞争所需要的基本条件。因此，只要发生垄断，经纪人就将自主推进一个能够容纳竞争机制的新市场的形成。第二，维护市场各类参与者的充分选择权。股市是由多种主体参与交易活动的市场，不仅不同主体之间在投资意向、风险偏好、运作目的和操作技能等方面差别甚大，就是同一主体在不同时空点的要求也会发生种种变化，因此，在股市投资中拥有充分选择权就成为经纪人、投资者及股市的其他参与者所关心的一个基本问题，也成为股市运行是否充满活力的一个基础性要件。一般来说，选择权（从而选择空间）越大，经纪人的业务发展空间就越大。经纪人在努力推进各种交易方式创新、交易对象创新、交易技术创新和交易市场创新的过程中，激励和提高了股市运行的活跃程度。第三，维护股市的健康发展。且不说一系列有利于股市健康发展的交易规则是在经纪人推动下制定实施的，也不说200多年中多少代经纪人的艰辛奋斗才有了今日发达国家的成熟股市体系，就单说投资者保护基金，也是在尚无政府监管部门的时候，经纪人为了稳定股市发展而自发建立的一个重要机制。

经纪人在股市中的地位和功能突出反映了，股市实际上是以经纪人为中心的股市，多层次股票市场体系实际上是以多层次经纪人为中心的股票市场体系。这同时也就意味着，缺乏经纪人（或缺失经纪人）的股市是一个有严重缺陷的股市。这种股市即便"有形"，也将"无神"。

四　经纪人制度的市场理念

"市场经济"，用最简单的语言表述，是"以市场为中心的经济"。何谓"市场"？市场是形成买卖关系和买卖行为的场所。既然有买有卖，那么，就一定有供求关系和供求行为，其中，"供给"为卖，"需求"为买，因此，买卖关系和买卖行为也可表述为供求关系和供求行为。

自第一次产业革命以后的200多年的市场经济中，如何认识供给、需求和市场三者之间的关系成为理论研究和制度制定中的一个基本理念问题。从历史角度看，大致上在20世纪30年代以前，西方理论界贯彻着萨伊定律，强调"供给创造需求"，由此，许多制度政策也以此为基础制定；随后，在贯彻凯恩斯主义过程中，这一理念发生了实质性转变，"需求创造供给"成为主流理念，由此，制度政策转向以"增加需求""需求管理"为主要内容。在中国，改革开放以前，从企业到政府部门都贯彻着"以产定销"的理念；80年代中期以后，逐步确立了"以销定产"的方针；90年代中期以后，在买方市场形成的条件下，才进一步确立了"以市场为中心""以客户中心"的经营总思路。

但在股票市场中，有两个问题是需要进一步探讨的：第一，股票买卖与股票交易是否在任何场合都属于等价的概念？实际上，从早期开始，随着股票经纪人的出现，股票买卖和股票交易在相当多场合就已划分为两个不同的范畴。其中，股票买卖指的是，股票买方提出买入股票的需求，股票卖方提出售出股票的要求；股票交易指的是，由多个经纪人相互撮合实现股票的成交和钱票的易手（即交易）。股票交易并不直接在买方和卖方见面的条件下发生，买方和卖方只是单方面地与他的经纪人发生委托关系，股票交易行为由经纪人完成。第二，什么机制创造了"供给"或者"需求"？在缺乏市场机制的条件下，供给无法创造需求，需求也无法创造供给。与改革开放前的短缺经济相比，中国如今的市场繁荣和由此形成的巨大经济实力，主要得益于市场机制的发挥，这恐怕不是"供给创造需求"或者"需求创造供给"所能解释的。从实践的角度看，以"市场机制创造现实的供给和现实的需求"来概括可能更为准确。在股票买卖双方彼此分散的条件下，很难说清楚，是股票的买方创造了股票的卖方，还是股票的卖方创造了股票的买方？从欧美国家股票市场发展的历史看，更准确的表述应当是，股票经纪人作为一种基本的股市机制创造了股票的买卖双方。

毫无疑问，从最本原的关系上说，是股票买卖的双方创造了股票市场。但是，一旦股票市场形成，经纪人就开始了继续推进股市发展和创造买卖双方的历史。通过交易规则的调整完善、交易方式的创新、交易品种的创新和交易技术的进步，他们在不断挖掘开发可交易的股票及其衍生产品的同时，也在不断地开发新的供给者和需求者。从这个意义上可以说，股票经纪人开发创造了股票的买方和股票的卖方，并且他们以此为生存发展的基本职能和基本条件。

何谓"市场"？市场既非"供给"也非"需求"。市场是由交易各方的交易行为所形成的各种交易关系，因此，市场的核心功能是"交易"。供给和需求构成了市场的要件，但仅有它们既不能形成市场也不称为市场。一句俗语"有行无市"，典型地刻画了此间的关系。在股票市场中，交易是引致其他各方面功能展开（更确切说是"延伸"）的基本点。由于有了股票交易，才有了股票的公开发行，由此，又进一步引致了股票承销、发股公司的融资选择等一系列行为的展开；由于有了股票交易，在交易中价格对交易双方的利益都具有决定性意义，才有了对公司财务制度的完善、公司价值的评估和资产定价研究，由此，又进一步引致了与上市公司（或公众公司）价值增值相关的项目融资、公司并购、资产重组等一系列事件的展开；由于有了股票交易，才有了对信息公开披露的要求、对内幕交易和操纵价格的惩治、对垄断的限制等，由此，又进一步引致了股市监管体系的形成。显而易见，交易机制是股市的根本。

交易机制的多层次性和灵活性，是保障股市竞争力和活力的基本机制，也是保障股市在发展中不断创造供给和需求的基本机制。经纪人制度是实现交易机制多层次性和灵活性的基本制度。其内在机理是，经纪人是一个多层次多样化的群体，不同层次的经纪人服务于不同层次的股市供求群体，专业取向、专业内容和专业技术不同的经纪人服务于股市供求群体的不同方面的要求，因此，以这些经纪人群体为中心而展开的股市体系必然是一个多层次多样化且具有竞争性和活力的股市体系。

经纪人制度的理念就是市场机制的理念。确立以经纪人制度为中心点的股市新体制，就是要确立以市场机制为主导的多层次多样化且充满竞争性和活力的股市体系。

一个突出的实例是，20 世纪 70 年代以后，随着货币市场基金的问世，美国"大多数的经纪公司和投资公司都设立了不同的 MMMFs[①]"，由此引致了"这种由经纪公司提供服务的'银行百货公司'潮流重新出现，对银行产生了很大的冲击"。[②] 到 80 年代，随着调期交易、远期交易、期货交易和期权交易等金融衍生产品的进一步发展，"交易导向型服务已经是大势所趋。在传统的承销业务之外，券商还必须提供场外交易、并购咨询、外汇交易以及衍生保值等服务"[③]，由此，将证券业推入了现代金融市场的运行轨道。

第二节　A 股市场发展中的经纪人机能消失

一　经纪人机制的萌芽与消解

发端于 1984 年、起步于 1992 年的中国股票市场，是改革开放的产物。以 1990 年设立沪深两个交易所为时间起点计算，就上市公司数量和每年成交额而言，中国 A 股市场用短短的 15 年时间走完了某些发达国家和地区用 100 多年才走完的历程[④]，因此成就显赫。但是，就运行机制而言，A 股市场迄今没有达到发达国家和地区 100 多年前的水准。尤其是考虑到，A 股市场的起步是在中央提出建立市场经济新体制的背景下展开的，这一结果就更加令人难以理解。缺乏以市场机制为基础的 A 股市场，是一个有形无神的市场。这一状况的形成，固然是行政体制（计

---

① MMMFs 是货币市场共同基金（Money Market Mutual Funds）第一个英文字母的缩写。
② 引自〔美〕查理斯·R. 吉斯特《华尔街史》，经济科学出版社，2004，第 291 页。
③ 同上，第 310 页。
④ 在 2000 年庆祝沪深两个交易所设立 10 周年时，这一表述是"用短短的 10 年时间……"。

划体制的核心是行政体制）继续强烈贯彻的直接结果，但与我们对经纪人制度缺乏认识，从而在股市发展过程中未能因势利导地建立以经纪人制度为中心的股市体制，也密切相关。

中国的股票市场发端于 20 世纪 80 年代中期，它伴随着股份有限公司的试点而展开。1984 年 11 月 18 日，上海飞乐音响股份有限公司发行了 50 万元面值的股票（其中，35 万元面值的股票向内部职工发行，15 万元面值的股票向社会法人机构发行），标志着中国股票市场的发端。在此后的 20 多年的时间内，中国股票市场大致经历了三个重要阶段。

中国股市的第一阶段是场外交易阶段，其时间为 1984～1990 年的 6 年。在这个阶段中发生了两类对后来股市经纪人机制发展有实质性影响的现象：

第一，以融资为发股的最主要目的。20 世纪 80 年代的中国经济，资金紧缺是一个普遍存在的严重问题。为了缓解资金紧张局面，各方都在争取城乡居民的有限收入，中央财政运用行政机制每年发行几十亿元的国债，银行通过实行有奖储蓄扩大资金来源，但企业苦于严重缺乏可运用的金融工具融入资金，因此，一旦提出了股份制，允许企业通过发行股份来募集资金，相当多的企业便趋之若鹜。这决定了中国股市发端于企业融资的强烈需求。

但是，在当时的条件下，对绝大多数的企业、政府部门乃至经济学者来说，他们几乎不知道什么是"股票""股票市场"，也就谈不上在充分认识股票市场内在机制的基础上建立适合中国股市发展的相关制度问题（事实上，是否应当发展股票市场也是众说纷纭），因此，最初的股票发行几乎是在没有任何制度可依的背景下展开的，绝大多数以股票名义发行的证券都附加了"入股自愿、退股自由、保本保息保发红"之类的条款，由此，"股票"实际上成为债券的代名词。这为后来的"整治"留下了充分的理由。

有股票自然就有股票发行，由此涉及三方面问题：其一，审批机构。20 世纪 80 年代中期前后，股份公司发行股票主要是由行业主管部门或地方政府审批的，并由中国人民银行各地分行后期予以追认。这形成了股票发行的最初审批制。其二，承销机构。大致上 1987 年以前，尚无证券公司或其他证券承销机构，由此，股票发行是由股份公司自己直接推销的；1988 年以后，股票转由证券公司和信托投资公司等中介机构承销。其三，股票发行价格。由于当时股票发行相当困难（相当多股票在发行期内的销售量仅达预期发行量的 50％左右），所以，发行价格几乎全部限定为面值价格。

第二，初步形成了场外交易市场。有股票自然就有股票交易。1984～1990 年间的股票交易市场大致有三种情形：

其一，私下交易市场。在 1987 年以前，随着股票发行展开，转让股票的要求自然产生。1984 年底，随着飞乐音响的持股者要求转让股票，在没有任何可依循的制度规定和交易场所的条件下，中国人民银行上海分行对交易手续和交易价格做出了规定：持股者须自找转让对象，并到代理发行机构办理转让手续；转让价格为票面金额加活期存款利息。但是，实际的成交价格主要按照买卖双方的意愿差价形成，或高于股票面值，或低于股票面值。这种实际成交价格受到三方面因素的严重制约：一是观念。当时相当多的人依然认为，股票是资本主义产物，持股有"私有化"倾向和当资本家的色彩，因此，购买者甚少。二是政策。当时的制度政策对持股、股票交易等并不支持，甚至有明显的歧视和限制，使得一些人感到"持股""股票交易"不是正当行为。三是成本。由于缺乏固定场所、信息不对称、缺乏股票知识和其他因素，使得股票转让成交的成本相当高，这限制了一些人的购股行为。

交易成本较高引致了股票掮客（上海称为"黄牛"，深圳称为"强龙"）的产生。这些股票掮客利用信息、资金和社会资源等优势，在有严格制度限制但又有诸多不足的股票交易市场中捕捉获利机会，或者自己倒买倒卖，或者代理客户买卖，从中赚取价差或佣金。"股票掮客是某种意义上中国最早的股票经纪人，他们的出现在客观上推动了股票私下交易的发展（后来的交易逐渐加进了越来越多的投机、欺诈成分），上海（西康路）、深圳、成都等地一度出现了买卖双方不约而同的、固定的股票私下交易场所。这种日益盛行的股票私下交易，在唤醒人们的股票意识和促进中国尽快建立公开的股票市场以取代私下交易方面，起到了一定的推动作用。"[①]

其二，柜台交易市场。在中国，柜台交易是指经有关政府行政部门批准，股票在指定的金融机构柜台上进行公开交易的情形。这些金融机构包括信托投资公司、证券公司、银行和财务公司等。第一个交易柜台是，1986年9月26日，由中国人民银行上海分行批准中国工商银行上海分行信托投资公司静安寺营业部设立的证券营业部。1987年1月，中国人民银行上海分行出台了《证券柜台交易管理暂行办法》，其中规定，股票必须在中国人民银行批准的证券柜台上进行转让或买卖，"经营证券柜台交易的金融机构受托后，根据委托人的委托日期予以登记，通过公开挂牌等方式帮助物色对象。对象落实后，按价格优先和时间优先原则填具成交单予以成交"，也可以"直接自营证券买卖"。由此，与前一时期相比，股票交易有了两个重要变化：一是股票交易的价格放开了，随行就市，不再由利息界定；二是相关的金融机构开始在一定程度上充当经纪人的角色，但自然人经纪人已被加上种种"罪名"而被列为取缔范畴。

柜台交易市场快速发展。到1990年底，上海已有16个证券交易柜台和40多个证券交易代办点。深圳柜台交易起步于1988年，到1990年已有10个股票交易柜台。到1990年，沪深两地共有12只股票在柜台公开交易，1986～1990年的累

---

① 引自马庆泉主编《中国证券史（1978～1998）》，中信出版社，2003，第56页。本文的一些史实也参考了该书。

计交易量达到 18.52 亿元。

其三，柜台交易背景下的场外私下交易。在柜台交易市场设立以后，场外私下交易始终没有停止（尽管政府行政部门一再以"非法交易"予以打击）。对此，有人认为，场外私下交易"存在的根本原因是前述股票柜台交易在制度设计和制度安排上的诸多不足。而就沪深两地而言，政府对柜台股价设立涨跌停板限制导致的场外股价与柜台股价的巨大差价，以及同日同一股票在不同柜台交易的价差，也是场外私下交易'繁荣'的重要原因。"[①]

从柜台价格与私下交易价格的差别来看，1990 年 11 月 10 日，深发展、深万科、深金田、深安达和深原野的场外私下交易价格分别比柜台交易高出 52.17 元、17.45 元、89.02 元、22.65 元和 95.67 元，平均高出 73%。

从各个柜台交易的差价看，1989 年 12 月 18 日，真空电子、飞乐音响、延中实业和飞乐股份在静安营业部的价格分别为 101.10 元、50.50 元、50.80 元和 101.80 元，而在虹口营业部的价格分别为 98.80 元、49.80 元、50.00 元和 99.50 元。

面对柜台交易市场与场外私下交易市场并存的格局，中国股市实际上处于一个向何处发展的选择关口。受计划体制及由此形成的各种制度、机制和意识的制约，有关各方并没有深切认识到，竞争性、选择性和差异性是股市活力和发展的源泉与动力；更不可能认识到，"为其客户寻找到股票的最好报价"是经纪人的职责所在，也是多层次股市的形成之本。相反，认为这种由自然人自主选择而形成的股市是非法的不正常的，应予以坚决取缔和打击；由各柜台交易形成的股价差异也是不正常的，易于为投机或倒买倒卖钻空子，扰乱股市秩序，因此，应实现统一价格。同时，从事柜台交易业务的金融机构从自身利益（包括垄断期望）出发，共同要求运用行政机制、法律机制等取缔场外私下交易。由此，运用最先进电子技术依靠行政机制建立全国性同一集中交易的股票市场的设想就被提到了议事日程。

第三，政府部门运用行政机制直接干预股市走势。上海、深圳的场外交易市场从私下交易的自然形成到柜台交易的建立，都处于政府行政机制的严格管制之下。1990 年 5 月以后，随着发股公司送股配股方案的公布，投资者顿然发现投资于股票有巨大的收益回报，由此，自 1986 年以后长期低迷的柜台交易市场突现火爆走势。

1990 年 5 月，深圳柜台的股票成交量达到 2.2 亿元，超过了 1988～1990 年 4 月的成交总额。面对股价一涨再涨，1990 年 5 月 28 日，深圳市政府出台了《关于取缔场外交易的通告》；次日，中国人民银行深圳分行出台了股票交易涨跌停板制度，规定涨跌幅度为上一交易日收盘价的 10%（此后，在股价继续快速上涨的背

---

① 引自马庆泉主编《中国证券史（1978～1998）》，中信出版社，2003，第 57～58 页。

景下，又进一步修改为涨幅不超过 1%、0.5%，跌幅不超过 5%）。1990 年 8 月 3 日，中国人民银行上海分行出台了限制股价涨跌的措施，规定涨跌幅度为上一交易日收盘价的 3%，并明令取消场外私下交易。8 月 22 日，中国人民银行上海分行进一步规定，凡是私下交易成交的股票，证券机构一律不准办理过户手续。这些行为既开创了由政府行政部门"规范"股市运行的先河，也开创了政府行政部门直接干预股市走势的先例。

二　股市统一过程中经纪人的消失

中国股市的第二阶段是取消场外交易市场的阶段，其时间为 1990～1998 年的 8 年。1990 年 12 月 18 日上海证券交易所开业，1991 年 7 月 1 日深圳证券交易所开业，这标志着中国股市进入了一个新的阶段。但是，在 1992 年 3 月之前的 1 年多时间内，两个交易所的股票交易并无热点，只是在 1992 年邓小平的南方谈话之后，股票市场才真正起步；同时，随着人民币特种股票（B 股）的问世，为了显示区别，这一股市被冠上了 A 股市场的名称。在随后的发展中，A 股市场呈现出了如下特点。

第一，以运用计划机制控制增量股份发行为重心。在资金严重紧缺（尤其是资本性资金严重短缺）且经济发展压力巨大的条件下，几乎每个地方政府和企业都有通过发行股票从社会公众手中融入资金的近乎无限的渴望，因此，一旦可以通过合法的股票市场解决这一难题，这种渴望迅速地转化成了各级地方政府和企业的实际行为。发行一只股票相当于创办了一家银行的共识，很快在地方政府和企业中形成。为了抑制这种无限需求，从 1993 年起，中央政府实行了股票发行的"额度控制"措施。1993 年下达 50 亿元（面值，下同）股票发行额度，1995 年下达 55 亿元，1996 年下达 300 亿元。"额度控制"引致了如下几个现象的发生。

其一，以"发股"为中心。股市是一个以"交易"为中心的金融市场，但在中国 20 世纪 90 年代的实践中，不论是各级政府、企业还是中介机构、学者，都将这一市场主要看作融资市场。要融资就要发股，就要争取尽可能多的发股额度。其内在机理是，拿到了发股额度就等于拿到了倍加的资金。由此，各级地方政府和企业都以尽可能多地获得股票发行"额度"为工作重心，也就有了"要以过去争计划指标 10 倍的干劲争取股票发行额度"一说。

其二，"增量股份制"。融资以发股为机制，在公开发行股票 3000 万股、每股发行价格为 5 元的条件下，发股公司可获得 1.5 亿元资本性资金；以此为基础，在资产负债率为 50% 的条件下，公司又可获得 1.5 亿元的银行贷款资金，由此，发股公司实际可获得 3 亿元资金。但如果实行存量股份入市交易，在每股交易价格为 10 元的条件下，3000 万股存量股份入市，不会给公司带来 1 分钱的资金。在二者选择中，各级政府和企业理所当然地选择了前一种方式，因此，增量发股、存量股份不可入市成为 A 股市场的制度性规定。

其三，小额发行。在计划指标的"额度控制"下，地方政府面对众多企业要求发股募资的要求，为了平衡各方关系，只能选择减小发行规模的策略，由此，小盘股大批涌现。1993年底，上海先后发行了两批20多只股票，其中绝大多数IPO为1250万股。1993~1996年，IPO达到5000万股已属大盘股范畴。

其四，财务造假。地方政府拿到股票发行额度后，主要倾向于安排给经营状况有一定困难的国有企业，以减轻这些企业给地方财政和经济社会生活秩序可能带来的压力。由于股份公司财务制度尚不健全，同时，拿到了发股额度就等于拿到了发股入市的通行证，因此，一些企业在财物状况不良的条件下，匆忙进行股份制改革，通过财务上的编制造假，发股上市。另外，一次性募入数亿元资金，也有"一俊遮百丑"的效应，好歹能够应付1~2年的经营发展需要。

其五，行政化运行。股票发行，从计划总额度确定到分配给各地方政府，是在行政体制中运行的；地方政府拿到计划额度后，从拟发股公司的遴选到申报材料的制作再到地方政府盖章向中国证监会推荐，也是在行政体制中运行的；中国证监会批准股票发行申请后，从发股工作组织到发行过程的各项工作安排（包括印制各种凭证、交款认购、保卫等）还是在行政体制中运行的。在许多地方，保证发股期间的经济社会秩序稳定成为这一期间地方政府压倒一切的中心工作。

第二，上市交易成为股票发行的配套安排。股票作为一种金融产品，只有交易才可能吸引投资者在发行市场上购股，因此，上市成为发股募资中行政性安排的必然结果。在这种安排中，发股和上市几乎成了同一过程的两种称呼，由此，不论是公司、政府部门、中介机构还是一些学者都将申请股票发行称为"申请上市"。在1992~1998年这6年多的时间内，股票交易市场呈现出如下一些特点。

其一，从委托交易转变为客户直接刷卡敲单。1992年以后的若干年时间内，沪市投资者买卖股票的大致程序是：将填写的委托单交给证券营业部的前台人员，然后，由这些前台人员用电话向场内席位的红马夹报送委托信息，随之，场内红马夹向电脑主机发送交易指令，最后，由电脑自动撮合完成交易。在这个过程中，曾经有过全权委托、市价委托，限价委托等方式，但在发生了一些纠纷后，中国证监会要求证券公司停止全权委托、市价委托等方式，由此，委托买卖仅剩限价委托一种。在进一步发展中，随着卫星通信技术的应用，客户的填单委托方式被自己刷卡敲单方式所取代，由此，证券营业部的实际功能基本上被削减为提供一个刷卡敲单的场所。换句话说，如果将刷卡终端机放在街面（如ATM机），那么，证券营业部就大致上无事可做了。

这种变化的实质性结果是，证券公司仅有的一点类似于经纪人的业务职能进一步减小为几乎仅剩下提供交易"通道"的功能了，由此，在买卖股票上，投资者（作为客户）对证券公司的依赖性只表现在对"通道"垄断的依赖性方面，他们与证券公司的关系进一步疏远。

其二，运用政策直接干预股市走势。其中，最为典型的实例包括：1994年7

月 29 日，在上证指数下落到 333 点时，中国证监会出台了"救市"三大政策；1996 年 12 月 16 日，在股市持续 7 个月左右高涨的背景下，发表了《人民日报》特约评论员文章——《正确认识当前股票市场》。在这种运用政策机制直接控制股市走势的背景下，证券公司极难利用市场信息和其他方面的优势，为客户提供交易活动的增值服务，也就很难发展经纪人的业务职能。

其三，运用行政机制安排股市的各项主要事务。其中包括：股票发行的行政性定价（这种定价充分考虑到发行市场与交易市场的价格差别），股票发行步调的行政性安排（这种安排充分考虑到在股票扩容下交易市场的价格走势），股票在沪深两个交易所上市节奏的行政性平衡（大致为每个交易所各上一只股票），设立股票交易网点的审批制，运用行政机制恢复涨跌停板制度和运用行政机制界定股票交易的次日交割制度，等等。这些现象充分表明，A 股市场是一个以政府取向为中心的市场，它不可能形成由市场参与者自调节的机能，也就不可能形成以经纪人为中心的市场机制。

第三，场外市场的清理取消。1992 年以后，随着股票市场的展开，场外市场也自然出现。这些场外市场大致上有两种：一是自然形成的民间场外股票交易市场，如成都的红苗子市场，海口的街边市场等；二是由中央部门或地方政府批准设立的场外交易市场，如 STAQ 系统、NETs 系统和证券交易中心等。

1992～1993 年，中央采取了一系列措施着力取缔前一类场外交易市场，从而使得股票交易市场被置于政府的直接控制之下。

1998 年 3 月 25 日，在防范金融风险的背景下，国务院办公厅转发了《证监会关于清理整顿场外非法股票交易方案》，其中强调：一些地区未经国务院批准，擅自设立产权交易所（中心）、证券交易中心和证券交易自动报价系统等机构，从事非上市公司股票、股权证等股权类证券的场外非法交易活动。这种行为扰乱了证券市场的正常秩序，隐藏着很大的金融风险，极易诱发影响社会稳定的事端。鉴于此，国务院决定，彻底清理和纠正各类证券交易中心和报价系统非法进行的股票、基金等上市交易活动，严禁各地产权交易机构变相进行股票上市交易。

到 1998 年底，全国 26 家从事股权类证券交易的证券交易中心和产权交易所（中心）全部被关闭，由此完成了全国统一的单一层次（即证券交易所层次）股票交易市场的构建。

耐人寻味的是，也就在 1998 年，在探讨建立中国创业投资的机制体系和激励创业投资的市场机制过程中，一些人提出了构建多层次资本市场体系的设想[1]。但是，这些设想和呼声并没有引起有关方面的足够重视。

---

[1] 参见王国刚《创业投资：建立多层次资本市场体系》，《改革》1998 年第 6 期；《建立多层次资本市场体系 推动创业投资的发展》，《经济参考报》1998 年 9 月 29 日；《创业投资需要多层次资本市场》，《中国证券报》1998 年 10 月 9 日；《在我国设立第二板市场的构想》，《证券投资》1998 年第 9 期。

三　经纪人机制几乎完全缺失

中国股市发展的第三阶段是单一交易所市场阶段，时间大致为 1999 年至今，已历经了 10 多个年头。1997 年 5 月以后，经国务院批准，沪深两个交易所由原先分别由上海市政府和深圳市政府监管转为由中国证监会直接监管，此后，中国证监会直接管理着两个交易所诸多方面的事务，同时，拥有直接任免两个交易所的高管人员（包括派员担任两个交易所的高管人员）的权力；在 1998 年底关闭了证券交易中心等场外交易市场以后，形成了由中国证监会直接管理下全国统一的单一股票交易市场架构。在此后的 8 年中，A 股市场发展呈现出如下一些特点。

第一，政策市色彩加重。其中，尤为突出的是，监管部门直接组织有关证券经营机构拉动了 1999 年"5·19"行情。在短短的 1 个多月时间内，监管部门领导在多个场合声称这是"恢复性行情"，意寓着股市还将持续走高；《人民日报》一反 1996 年底的取向，发表社论强调股市的积极意义。但好景不长，6 月底，股市还是下行探底。2000 年，在监管部门"正确舆论"的导向下，股指屡创新高，达到了 1990 年底设立证券交易所以后 10 年间的最高点（上证指数 2200 多点），也为 2001 年以后股市下行留下了隐患。

第二，取消发股额度制，实行"通道制"和"保荐人制"。2001 年 4 月，A 股发行市场进行了重大调整，取消了额度制，开始实行通道制；随后，在 2003 年又取消了通道制，转而实行保荐人制。相对于额度制而言，这些改革弱化了地方政府对股票发行的影响，强化了券商在选择发股公司和开展股票承销方面的选择能力与责任，因此具有积极的意义。但它在增强承销业务在证券公司业务中的重要性的同时，也进一步降低了原本就已相当有限的代理股票买卖业务的地位，使许多券商将增加保荐人视为业务发展的第一要务，由此引发了"争夺"保荐人之战。

第三，限定代理股票交易的最高佣金。2002 年 4 月 5 日，中国证监会、国家计委、国家税务总局联合出台了《关于调整证券交易佣金收取标准的通知》，规定自 2002 年 5 月 1 日起，证券公司向客户收取的佣金（包括代收的证券交易监管费和证券交易所手续费等）不得高于证券交易金额的 3‰，也不得低于代收的证券交易监管费和证券交易所手续费等。这实际上意味着，在代理股票买卖过程中，证券公司继续为客户提供增值服务的成本是不可能通过提高佣金得以补偿的，受此制约，此后的证券营业部"代理买卖股票"的业务活动就基本上转变为"提供股票交易通道"，经纪人功能几乎完全消失了。

第四，创业板的流产。从 1999 年起，设立创业板的呼声就日渐高涨；2000 年 9 月以后，据称设立创业板工作进入了倒计时阶段，但到 2001 年 5 月，设立创业板的政策面工作似乎就已开始趋冷，最终创业板市场没有设立。在设立创业板市场过程中，深交所出台了一系列文件征求社会意见。从这些文件中可以看到，除发股上市的门槛有所降低、股票全流通等几个亮点外，就交易规则而言，创业板实际上只是 A 股市场的复制品，经纪人制度依然没有提出（自然也就不可能提出经纪人地位和功能等问题）。

2004 年 5 月 17 日，经国务院批准，深交所设立了"中小企业板"市场。这一市场的设立实际上是对 2000 年以后深交所新股暂停上市的打了折扣的"恢复"，它完全延续了 A 股市场的规则，所不同的只是将 IPO 规模在 4000 万股以下的上市公司划入这一板块市场。

第五，着力解决股票全流通问题。上市公司股份分为流通股和不流通股是从股市起步就已留下的重大问题。随着上市公司数量增加，由此引致的各种问题也愈加严重，为此，解决股票全流通是一个必然的趋势。2001 年 6 月，国务院出台了"国有股减持"的方案，但受各种因素影响（包括银广厦、蓝田股份等上市公司财务造假事件等），A 股市场快速下落，由此，2001 年 11 月中国证监会出台了暂停"国有股减持"的政策，随后，2002 年 6 月，国务院出台了在 A 股市场上停止国有股减持的通知。至此，"国有股减持"在 A 股市场上告一段落。

2005 年 5 月，在进行多年准备之后，股权分置改革拉开序幕。在先期两批试点取得顺利进展的背景下，9 月中旬开始改革正式全面推开。就已进入股权分置改革程序的上市公司情况看，总体进展比较顺利；A 股市场虽然在 2005 年 5 月和 6 月有过明显下落，但随后又有所回升，大致保持平稳。股权分置改革预期在 2006 年底基本完成。

四　若干政策性说法的反思

从 20 多年 A 股市场发展的粗线条的回顾中可以看到，自 1984 年以来，中国股市走过了一条从多层次场外市场到单一层次交易所市场的逐步集中统一的道路。在这个过程中，政府部门运用行政机制，不仅将刚刚萌芽的经纪人机制强制性地取缔了，而且将各种场外交易市场一一取消了。一个令人不解的疑惑是：为什么我们总要对自己走过的历史持否定态度，甚至冠之以"非法"之名？当我们在私下交易基础上建立柜台交易市场后，就运用行政机制宣布私下交易为"非法交易"并予以取缔；当我们建立交易所市场后，同样运用行政机制宣布场外交易市场为"非法交易"并予以取缔。

在这段历史中，一些似是而非但对政策制定有深刻影响的说法迄今没有厘清。其中至少包括以下几个说法。

第一，建立全国集中统一的股市。"建立全国统一市场"是一个具有理想主义色彩的目标，它的内在根据是，避免因市场过于分散致使交易成本过高和因过度竞争引致不稳定因素发生。在 20 世纪 80 年代，"建立全国统一市场"曾经在实体经济部门风靡一阵，但经过 90 年代的改革，那些由中央各部委定点的"全国性市场"如今已荡然无存，取而代之的是，通过市场机制自然形成的各具特色的多层次商品销售市场体系。在这种背景下，在股市方面依然追求"建立全国统一市场"

有何实质意义，值得深究。

从历史角度看，主张"建立全国统一市场"的真实意图主要有二：一是为了满足行政管制的方便；二是为了满足市场组织者的垄断要求。二者常常提出相当一致的理由，其中包括：防范股市风险、降低由分散引致的交易成本、防止过度竞争，等等。但是，不论是过去还是当今，在"建立全国统一市场"中，有三个问题常常是未加深入思考的：其一，在"全国统一市场"建立后，如何保证竞争机制不受伤害，从而，保证市场依然充满活力、开发能力和发展动力？其二，在一个幅员广大、有13亿人口的发展中大国中建立"全国统一市场"，是否意味着那些不能达到这个统一市场标准的供给者和需求者不准入市？如果是，那么，他们的要求如何满足？如果不是，那么这个统一市场的标准在制度上如何安排？其三，在一个新兴加转轨的国家中，急于建立"全国统一市场"，是否可能抑制真正符合市场机理的新市场的形成，而对传统体制在这个"全国统一市场"中的复归起到保护作用？

第二，统一交易价格。统一交易价格，既是支持建立"全国统一市场"的一个主要根据，也是建立"全国统一市场"的一个重要结果。在市场上一种商品只应有一种价格，是教科书上的"原理"。这一原理的形成，一方面抽象掉了市场交易活动中的时间和空间关系，即假定商品交易不存在时空差；另一方面，抽象掉了市场均衡价格的形成过程，即只从最终结果上看问题。但在实践中，入市交易的各方，既不可能脱离时空差异关系，也不可能只处于无限次交易的终点，因此，交易价格的差别是必然的，即"统一交易价格"是不符合市场机制要求的。一个简单的道理是，统一交易价格意味着没有竞争，而缺乏竞争就不可能有市场机制发挥作用的余地。

股市投资以交易价格的差价收入为主要取向。这种差价既可以发生在一个市场的不同时间中，也可以发生在不同市场的同一时间中，因此，"统一交易价格"实际上意味着置投资者于无选择的境地，这种股市体系是很难有长久生命力的。一个简单的实例是，20世纪80年代中期以后，习惯于计划价格的消费者，对同一种消费品在不同商店中的销售价格不同，持较多的疑义，但如今人们已习以为常。这种状况满足了不同类消费者的不同购物选择，同时，也推进了商品交易的繁荣。

第三，股市融资功能。股市的中心机能是"融资"还是"交易"？在20多年的发展中，A股市场围绕"融资"这一中心而展开。不论是监管部门、地方政府、企业还是证券公司、投资者等都以融资为股市的第一要能，以至于简单地以融资数量作为衡量A股市场发展程度的主要指标。似乎只要能够实现融资要求，股市的机能就基本发挥了，其他各项机能都是次要的，为融资配套的。但只要是市场（无论是商品市场、金融市场、技术市场还是股票市场），交易都是第一位的，也是中心机能。无论从中国的股市发端还是从世界上任一国家和地区的股市发展史中都可以看出，股市是在股票交易中形成并随着股票交易的复杂化而发展的，融资只是伴随着股票交易而发生的一种现象（非融资的股票交易比比皆是），由此出现了一个基础性问题，以"融资"为中心是否符合股市发展的内在机理？正好比以"生产为中心"是否符合商品市场的内在机理。

第四，政府的正确导向。股票交易市场发展的导向主体，应是政府部门还是经纪人？在20多年A股市场的发展中，政府部门的取向、政策和具体措施成为导向股票交易的主要因素，因此，A股市场有"政策市"一说。这里存在三个值得进一步思考的问题：其一，政府部门的正确导向是否符合市场原则和市场机理。例如，20世纪80年代以前，中国实行了30年的计划经济，当时，没有一个政府部门认为这是不正确的，但这种计划经济的"正确导向"并不符合市场经济要求。或者说，从市场经济角度看，它是不正确的。其二，政府部门导向股市运行的后果由谁负责？例如，1992年以后中国股市的投资者损失惨重，已有的计算少则数千亿元多则上万亿元，这一后果是哪个政府部门能够负责的，又有哪个政府部门负责了？其三，政府部门是股市的监管者，有其独自的利益和要求，因此由其导向股市交易走势，对股市的各方参与者是否公平？

从美国等发达国家的股市来看，股市是由经纪人建立的，股票交易以"交易"为中心，而交易的执行和完成主要是由经纪人实现的，因此，股市交易应由经纪人导向。在交易过程中，经纪人首先为交易后果负责，因此，历次股灾都有大批经纪人破产倒闭。

第五，股市的规范发展。在中国，经济运行的规范大致有两个，即计划经济规范和市场经济规范。计划经济规范实行了30多年，比较成熟也比较习惯；同时，计划经济规范中实际上贯彻的是行政机制（即如果没有行政机制，计划经济规范无法形成和贯彻）。这决定了，对政府部门来说，运用行政机制贯彻计划经济规范比较顺手。市场经济规范尚在形成过程中，相当多的内在机理还未被充分认识，因此，贯彻实施市场经济规范不仅有较大难度而且有较大风险（包括政治风险）。在这种背景下，股市的规范发展贯彻哪个"规范"？从20世纪90年代中期以后的历程看，A股市场更多的是贯彻前一规范，由此，体制复归现象突出，股市运行离市场经济要求更远了。

从美国等发达国家的股市历史来看，股市规范最初是由经纪人群体确定的，逐步变为有文字的规范；在股市发展中，这些规范也在不断地演进，迄今尚未停止。因此，离开了经纪人机制，要形成比较完善比较成熟的股市规范，是相当困难的。

第六，防范和化解股市风险。经济活动总有风险（离开了风险就没有经济活动），因此，防范风险是一切经济主体的内生愿望，股市参与者也不例外。但如何防范风险却值得深思。其主要原因是，风险相对于不同经济主体而言，不同经济主体的抗风险能力和处置风险的经验不尽相同，由此，对一方为风险较大的行为，可能对另一方却较小。防范风险的最基本机理应是，谁是行为者和行为后果的承担者，由谁承担这一风险。股市的行为者是股市的各方参与者，每一方都为自己的行为后果负责，由此，微观风险防范应是他们各自的事务，不应成为监管部门或其他政府部门的事务，更不应成为监管部门或其他政府部门运用行政机制直接介入股市运行的根据。

对监管部门或其他政府部门来说，真正应当防范的是两类风险：一是有法不依、执法不严所引致的股市风险；二是股市的系统性风险，这种风险主要由政策变动引致。20 世纪 90 年代以来，中国股市的风险实际上主要由这两类风险构成。所谓证券公司挪用客户保证金、上市公司财务造假、母公司长期占用上市公司募股资金、券商违规理财、坐庄操纵股价、内幕交易以及其他违法违规现象的严重存在均与监管部门有法不依、执法不严直接相关；股市的几次大起大落也与地方政府部门或监管部门运用政策直接影响股市走势直接相关。

集中不是化解风险的正道，建立全国统一集中的单一交易所市场也不是有效化解股市风险的正道。经济风险只能在分散的框架中通过组合予以化解。1984 年以后，中国股市从场外交易市场逐步走向单一层次的交易所市场，是一条集中风险的道路，它不利于分散从而化解风险。一个突出的实例是，90 年代以后，随着商品市场的多层次多样化发展，如今在购物方面已很难再看到排长队的现象了，与此对应，由排长队引致的集中风险已基本化解了。股市要形成化解风险的机制，遵循市场机制的要求，变集中风险为分散风险，给股市参与者以组合风险从而防范风险的选择机会和选择能力，就必须有效地形成经纪人机制，并由此形成系统性相互关联的防火墙。

第三节　中国 A 股市场的体制症结

一　问题的提出

中国股市发端于计划体制占主导地位的时期，成长于双重体制并存的年代，因此，就运行机制而言，带有明显的计划经济特征。计划经济的运行机制实质上是行政运行机制，这决定了中国股市的运行机制也以行政机制为主。20 世纪 90 年代以后，在建立市场经济新体制的背景下，实体经济层面的市场格局（不论是消费品市场、资本品市场、技术市场、劳动力市场还是信息市场、咨询服务市场等）呈现出多层次多样化趋势，原先由相关部委行政管制的状况，随着这些部委的撤销而基本消解。但与此逆向而行的是，A 股市场的行政管制却不断强化和集中，原先尚存的一点多层次多样化迹象（如证券交易中心等）也在"加强宏观调控"、"防范金融风险"、"规范股市发展"和"统一市场监管"等背景下，被行政机制强制取消了。

如今，一些人提出了在不动 A 股体制总框架的条件下，在 A 股市场范畴内建立多层次股票市场体系的设想。我们认为，在 A 股体制总框架中是不可能建立多层次股票市场体系的，换句话说，新层次股市只能在 A 股体制总框架之外建立，为此，需要对 A 股体制总框架的缺陷进行分析讨论。

需要特别指出的是，首先，我们并不否定 15 年来 A 股市场取得的辉煌成就。在过去的 10 多年时间内，A 股市场的发展的确推进了公司制度以及与其相配套的财务制度、信息披露制度、监管制度和公司治理制度等制度的确立和普及，推进了社会各界（包括政府部门）对股票市场功能的认识，提高了投资者的投资素养和投资能力，支持了一大批国有企业的改制和发展，促进了公司并购、资产重组和经济结构调整，如此等等。其次，我们也没有将 A 股市场推倒重来的意向。事实上，A 股市场是不可能推倒的，也是不可能重来的。在 10 多年的发展中，A 股市场的机制已深入众多企业（不仅是上市公司）、家庭（不仅是个人投资者）和政府部门（不仅是监管部门），它既是中国市场经济的构成部分，也是中国继续推进市场经济新体制建设的一个国际形象。

但是，肯定 A 股市场的成就，并不妨碍我们在研讨建立一个新层次市场时，对 A 股体制的缺陷进行分析。因为这种分析的目的在于，使新层次股市的建立避免重复 A 股市场的旧辙，从而使其内在机制更加符合市场机理，也更加成熟完善。另外，建立新层次的股市，在形成股市竞争机制的条件下，有利于推进 A 股市场机制的进一步完善。正如纳斯达克股市的建立有效地促进了纽约股票交易所运行机制的完善一样。因此，我们以下的分析，主要集中于探讨 A 股市场的缺陷方面。

二　缺乏经纪人内容的法律法规框架

没有规矩不成方圆。在走过最初的场外交易市场由地方政府和中国人民银行地方分行出台有关管理制度以后，1992 年初，随着邓小平南方谈话的发表，股份制和股票市场开始正式登上中国经济舞台，由此，中央政府出台了一系列相关法规性文件。这些制度奠立了中国股市 10 多年的体制框架，也为此后的股市监管和部门规章出台提供了依据。

中国股市最早的法规性文件（即由国务院批准的文件）或许当属 1992 年 5 月以国家体改委名义出台的《股份有限公司规范意见》。这一文件虽不直接针对股票市场，但因调整对象包括股票、股份有限公司等，所以，其中的一些规定直接影响到随后的股票市场格局。例如，第 7 条，按照设立方式的不同，将股份公司划分为"定向募集公司"和"社会募集公司"两类，规定定向募集公司的股份"不向社会公众发行"，"定向募集公司在公司成立一年以后增资扩股时，经批准可转为社会募集公司；社会募集公司的股份"除由发起人认购外，其余股份应向社会公众公开发行"。第 24 条第 3 款规定："社会募集公司向社会公众发行的股份，不少于公司股份总数的百分之二十五。"第 25 条规定："公司的股份采取股票形式，但定向募集公司应以股权证替代股票。定向募集公司不得公开发行股票，社会募集公司不得发行股权证。"① 在这些规定中，有三个要点是值得关注的：第一，它简单地将股份公司划分为"定向募集公司"和"社会募集公司"两类，以股份是否向社会公众公开发行为标准，界定了股票是否可以入市交易。第二，它通过将股份划分为"发起人股份"和向社会公众发行的股份，界定了存量股份（即不向社会公众公开发行的股份）不可入市交易。第三，它强调"公开发行社会公众股"应经过行政审批。这些规定，不仅为后来的股权分置格局日益强化做出了最初的制度安排，而且将股票经纪人可能运作的空间挤压到"公开发行社会公众股"这一狭窄的范围。

1993 年 4 月 22 日以国务院第 112 号令发布的《股票发行与交易管理暂行条例》，是第一个以调整股票市场活动为对象的行政法规。这一法规直接规定了股票发行和申请交易的一系列条件和程序，是 1999 年 7 月《证券法》实施前最重要的股票市场规范性文件。其中，有四个要点是值得特别关注的：第一，它首次明确了发股上市的行政审批程序。该暂行条例第 12 条规定："在国家下达的发行规模内，地方政府对地方企业的发行申请进行审批，中央企业主管部门在与申请人所在地地方政府协商后对中央企业的发行申请进行审批；地方政府、中央企业主管部门应当自收到发行申请之日起三十个工作日内作出审批决定，并抄报证券委"；"被批准的发行申请，送证监会复审；证监会应当自收到复审申请之日起二十个工作日内出具复审意见书，并将复审意见书抄报证券委；经证监会复审同意的，申请人应当向证券交易所上市委员会提出申请，经上市委员会同意接受上市，方可发行股票。"第二，它首次明确了社会公众股应由证券经营机构承销。第 20 条规定："公开发行的股票应当由证券经营机构承销。"第三，它首次明确了股票应在经中央行政部门批准的场所交易。第 29 条规定："股票交易必须在经证券委批准可以进行股票交易的证券交易场所进行。"由此，未经国务院证券委批准其他证券交易场所的股票交易均属非法，这也为 1998 年清理整顿包括 STAQ、NETs 等在内的证券交易中心埋下了伏笔。第四，它首次将股票公开发行与上市交易连为一体。在这一暂行条例中，通篇不谈存量股份的入市交易问题，也没有涉及股票公开发行与入市交易的分离问题，但强调，禁止股份有限公司"未经批准发行或者变相发行股票"、"以欺骗或者其他不正当手段获准发行股票或者获准其股票在证券交易场所交易"和"未按照规定方式、范围发行股票，或者在招股说明书失效后销售股票"；禁止证券经营机构"未按照规定的时间、程序、方式承销股票"、"将客户的股票借与他人或者作为担保物"、"收取不合理的佣金和其他费用"和"挪用客户保证金"；禁止任何单位和个人"在证券委批准可以进行股票交易的证券交易场所之外进行股票交易""为制造股票的虚假价格与他人串通，不转移股票的所有权或者实际控制，虚买虚卖""出售或者要约出售其并不持有的股票，扰乱股票市

---

① 中国人民银行条法司编《中国证券与股份制法规大全》，法律出版社，1993，第 641、646 页。

场秩序"和"非法从事股票发行、交易及其相关活动"。① 这些规定，为规范当时的股票发行和股票交易市场起到了积极重要的作用，但同时也意味着，1992 年以后刚刚抬头的具有经纪人特点的市场行为随之消失了。一个突出的实例是，1992~1993 年曾经有一大批学者和市场人士介入了企业的股份制改革、发股募资方案制定、投资项目选择和公司发展战略规划的运作，并且设立了一些专门从事这些业务的咨询公司。但 1994 年以后，绝大多数人逐步退出了这一市场，相当多咨询公司关门停业，剩余的咨询公司在艰难经营后大多转向了股票交易市场的操作。

　　1994 年 7 月 1 日新中国的第一部《公司法》开始施行。这部法律在规范有限责任公司和股份有限公司相关行为的同时，对股份有限公司的股份发行、转让和上市也做出了规定。其中有五个要点值得一提：第一，发行新股的行政审批制度。该法第 139 条规定："股东大会作出发行新股的决议后，董事会必须向国务院授权的部门或者省级人民政府申请批准。属于向社会公开募集的，须经国务院证券管理部门批准。"② 由此，公司只要发行新股，就须进入行政审批程序。第二，股票发行价格的行政管制。该法第 130 条规定："股票发行价格可以按票面金额，也可以超过票面金额，但不得低于票面金额。以超过票面金额为股票发行价格的，须经国务院证券管理部门批准。"因此，不论是公开发行还是私募发行，只要股票发行价格超过面值，均须由国务院证券管理部门批准，这就严重抑制了在非公开发行股票范围内，中介人和中介机构可运作的空间。第三，股份转让场所的限定。该法第 144 条规定："股东转让其股份，必须在依法设立的证券交易场所进行。"何谓"依法设立的证券交易场所"，可以有不同的理解。1998 年以前，一般认为凡是经过国务院、人民银行总行和省级人民政府批准设立的证券交易所、证券交易中心和 STAQ、NETs 等均属合法的证券交易场所，但 1998 年国务院办公厅转发的《证监会关于清理整顿场外非法股票交易方案》，将其界定为"国务院批准"，因此，"依法设立证券交易场所"实际上成为"国务院批准设立的证券交易场所"。第四，股票上市的行政审批。该法第 151 条规定："上市公司是指所发行的股票经国务院或者国务院授权证券管理部门批准在证券交易所上市交易的股份有限公司。"根据这一规定，股票上市必须经由"国务院或者国务院授权证券管理部门"的审批，不是发股公司和证券交易所双方能够安排的。与此对应，该法第 152 条规定了股份公司申请股票上市的 6 项条件，其中第 6 项是"国务院规定的其他条件"。第五，股票停止上市的行政审批。该法第 157 条和 158 条分别规定：在公司股本、财务、利润等不符合上市要求的条件下，"由国务院证券管理部门决定暂停其股票上市"；在公司解散的条件下，"由国务院证券管理部门决定终止其股票上

---

① 中国人民银行条法司编《中国证券与股份制法规大全》，法律出版社，1993，第 3~21 页。

② 见《中华人民共和国公司法》，载国务院法制办公室编《新编中华人民共和国常用法律法规全书》，中国法制出版社，2000。有关《公司法》的引文均出自该处。

市"。把五个方面规定联系起来可以看到，这一《公司法》几乎将公司发股上市的各主要方面都纳入了行政轨道，各项规定比《股份有限公司规范意见》和《股票发行与交易管理暂行条例》更加具体严格，在这种背景下，经纪人机制几乎没有萌芽的空间。

　　1999 年 7 月 1 日新中国的第一部《证券法》开始施行。这部证券市场基本法，对股票市场中从发行、上市、交易到信息披露，从证券公司、证券交易所到证券登记结算机构、证券交易服务机构等都一一做出了规定，是在当时有关证券市场的内容最全、规定最具体的法规制度性文件。这部法律有六个方面值得关注：第一，系统且具体地确立了股票发行的审核批准制度。该法用了 20 条篇幅对股票、债券等证券的发行事宜进行了比较全面具体的规定，强调"公开发行证券，必须符合法律、行政法规规定的条件"（第 10 条），由此将行政法规的效力提高到法律的地位；"国务院证券监督管理机构设发行审核委员会，依法审核股票发行申请"[①]（第 14 条），"国务院证券监督管理机构依照法定条件负责核准股票发行申请"（第 15 条），由此，以法律制度的方式确立了股票公开发行的审批制（或称"核准制"）；"证券公司应当依照法律、行政法规的规定承销发行人向社会公开发行的证券"（第 21 条），由此，承销公开发行的股票成为证券公司的专营业务；"股票发行采取溢价发行的……，报国务院证券监督管理机构核准"（第 28 条），由此，证券市场监管部门拥有了股票发行的最终定价权。第二，严格限定股票交易的场所和方式。该法用了 13 条篇幅对证券交易做了一般规定，强调"经依法核准的上市交易的股票、公司债券及其他证券，应当在证券交易所挂牌交易"（第 32 条），由此确定了证券交易所的垄断地位，也确立了单一层次股票市场体系的法律框架；"证券交易以现货进行交易"（第 35 条），由此排斥了其他交易方式存在的可能，确立了单一现货交易方式的运行框架。第三，股票上市交易的行政审批。该法第 43 条规定，"股份有限公司申请其股票上市交易，必须报经国务院证券监督管理机构核准"，由此，本属交易所的批准股票上市交易的权力统一归由证券监管部门运用行政机制掌握。第四，证券交易所的行政化。该法用了 22 条篇幅对证券交易所的各项主要行为进行了界定。强调"证券交易所章程的制定和修改，必须经国务院证券监督管理机构批准"，由此，证券交易所作为会员组织的性质发生变化；证券交易所总经理"由国务院证券监督管理机构任免"（第 100 条），由此，证券交易所的高管人员进入行政化序列；"证券交易所依照法律、行政法规的规定，办理股票、公司债券的暂停上市、恢复上市或者终止上市的事务，其具体办法由国务院证券监督管理机构制定"（第 108 条），由此，证券交易所制定上市交易规则的权力基本上流于形式。第五，证券公司监管的行政化。该法用 30 条篇幅对证券公

---

　　① 见《中华人民共和国证券法》，载国务院法制办公室编《新编中华人民共和国常用法律法规全书》，中国法制出版社，2000。有关《证券法》的引文均出自该处。

司的各项行为进行了界定，其中强调，"国家对证券公司实行分类管理，分为综合类证券公司和经纪类证券公司，并由国务院证券监督管理机构按照其分类颁发业务许可证"（第 119 条），综合类证券公司可以从事证券经纪、证券自营、证券承销和经国务院证券监督管理机构核定的其他业务，"经纪类证券公司只允许专门从事证券经纪业务"（第 130 条）。由此，通过法律制度，证券公司被人为地划分为两个有极大业务差别的群体，似乎经纪类证券公司在资质上是比综合类证券公司低一层次的证券经营机构；"证券公司设立或者撤销分支机构、变更业务范围或者注册资本、变更公司章程、合并、分立变更公司形式或者解散，必须经国务院证券监督管理机构批准"（第 123 条）。由此，使得证券公司经营发展中的诸多事务实际上进入行政审批轨道。第六，严禁各种违法行为。该法用 36 条篇幅对各项违法行为的法律责任做了明确界定，其中强调，"未经法定机关核准或者审批，擅自发行证券的，或者制作虚假文件发行证券的，责令停止发行，退还所募资金和加算银行同期存款利息"（第 175 条），并处以罚款，构成犯罪的，依法追究刑事责任；"证券公司承销或者代理买卖未经核准或者审批擅自发行的证券的，由证券监督管理机构予以取缔，没收违法所得"（第 176 条），并处以罚款，构成犯罪的，依法追究刑事责任；"未经批准并领取业务许可证，擅自设立证券公司经营证券业务的，由证券监督管理机构予以取缔，没收违法所得"（第 179 条），并处以罚款，构成犯罪的，依法追究刑事责任。由此，将股票市场的各项行为（包括规则制定）尽可能地纳入行政机制可控的范围内，同时，将那些行政机制不可控的行为（除投资者的股票投资行为外）大多定义为"非法行为"予以禁止。与前几个法律法规文件相比，这部《证券法》中首次提出了"经纪业务"一词，但却未加定义（更没有"经纪人"的用语）并将它视为一种较简单从而所需资质较低的证券业务。

上述四个法律法规文件出台于不同的时期，从不同角度对股份公司、股票和 A 股市场的众多事宜做出了一系列具体并有很强操作性的规定，但它们都没有涉及作为股票市场中心内容的"经纪人"问题。与此对比，1933 年和 1934 年美国分别出台的联邦《证券法》和《证券交易法》却不尽相同。

美国《证券法》（1998 年进行了重新修订）集中规范的是"什么是证券"、"哪些证券属于豁免范畴"、"哪些证券属于违法范畴"和"在哪些环节需要提供什么样的信息"，等等，并不具体规定发股上市在资本数额、财务状况、投资项目、持股人数等方面所需要达到的具体条件。美国《证券交易法》具体规范了证券交易所、经纪人、证券商、证券交易委员会等主体的行为，明确界定了证券交易中各方的权利、义务和责任，具体安排了与证券交易相关的调查、听证、诉讼等程序，明确了对证券交易中违法行为的处罚。在美国的《证券交易法》中，有三个问题是值得关注并深思的：第一，什么是证券交易所？它规定："'交易所'一词，系指任何组织、协会或者数人组成的小组，无论其是否实行股份有限制，它们为了把证券买卖双方聚合在一起，或者发挥其他与证券有关的、由众所周知的股票交易所正常发挥的那些作用，而组成、维持或者提供一个市场或者设施（还包括由这样的交易而维持的市场和市场设施）。"① 这个定义，一方面明确了证券交易所就是实现证券交易的场所，不是由一种特定机构拥有的专有权（或垄断权）；另一方面，只要符合条件，不论是法人机构还是自然人都可以申请设立证券交易场所，因此，多层次股票市场体系可以自然形成。第二，经纪人的界定。它规定："'经纪人'一词，系指任何为他人从事证券交易业务的人，但不包括银行"；经纪人不是买卖商，"'买卖商'一词，系指任何通过一位经纪人或者其他方式从事为自己买卖证券业务的人，但不包括银行，或者以个人的名义或者某种受托人身份只为自己本人买卖证券，而非作为一项常规业务的一部分的任何人"。在美国《证券交易法》中，"经纪人"是使用频率最高的概念之一，在"章"标题中有 3 处使用了"经纪人"（即第 8、11 章和第 15 章），在具体条款中，有关"经纪人"的权利、义务和责任的界定更是比比皆是。有意思的是，在美国《证券法》和《证券交易法》中没有"证券公司""投资银行"等概念，这也许可以给我们对经纪人机能的理解以更多的思考。第三，创造有利于经纪人之间竞争以及证券交易市场各主体之间竞争的法治环境。美国《证券交易法》强调"公平""自律"等原则，将选择权交给市场，由此让市场参与者去解决他们所能解决的各种问题。例如，它规定："从《1975 年证券法修正案》实施之日起，全国证券交易所不得制定其成员可收取的佣金、津贴、折扣或者其他收费的细目或者固定价。"这就为经纪人的增值服务及与此对应的收费提供了市场运作空间。

三 难容经纪人机制的电子自动撮合系统

中国 A 股市场自证券交易所建立就运用电子自动撮合系统来实现股票的集中交易。这一系统最初借助有线电话通讯线路而展开，20 世纪 90 年代中期以后，转为借助卫星无线通信线路而运营。与这一电子自动撮合系统相连接的是，3000 多家证券营业部的委托买卖报价终端和一块块大型行情显示屏幕。每个交易日上午 9：00 证券营业部开门以后，股票买卖各方进入证券营业部，直接在终端机上刷卡敲单（包括股票代码、数额、买卖价格等），将自己的买卖信息发送到沪深交易所的电子自动撮合主机之中，然后，由该主机根据"价格优先、时间优先"的软件程序进行实时自动撮合成交。根据 T+1 的交割规定，股票买卖各方在第二天可以从证券营业部获得成交的交割清单。

就技术而言，这种自动撮合的电子交易系统，在全球范围内是最先进的；就在中国这样一个有 13 亿人口的发展中大国中使用这种电子自动撮合系统来说，在

---

① 见卞耀武主编《美国证券交易法律》，法律出版社，1999，第 83 页。以下有关美国《证券交易法》的引文均出自该书，不再另行加注。

全球范围内这也是独一无二的；就买卖各方可直接刷卡敲单将自己的买卖信息输入电脑主机而言，在全球范围内这依然是仅此一家。

使用这种电子自动撮合系统的好处大致有三：第一，快速便捷。中国数千万（以股东账户计算）投资者彼此分散，相距数千公里，但通过这一电子系统，能够在近乎同一时间（据说时差不超过 1 秒）看到最新的成交记录，在依此决定自己的买卖选择后，能够在最短的时间内将买卖信息通过刷卡敲单输入电脑主机，由此，将了解信息、做出买卖决策的时间缩短到最低限度。第二，公开透明。由于每笔成交都通过电脑主机自动地显示在行情大屏幕上，买卖各方可获得实时行情信息，由此避免了一些人在行情信息上做手脚，或者利用行情不清来牟利甚至欺骗投资者的现象。第三，节约交易成本。由于买卖各方都可直接获得实时成交信息，只需要刷卡敲单就可直接将自己的买卖信息输入电脑主机，所以，它既节约了买卖各方的交易时间，也节约了买卖各方本来需要支付的各种其他费用。在 A 股市场中，每个买者或者卖者，只需要按照成交金额支付最高 3‰ 的佣金、少量的过户费和印花税，就可实现成交后的交割。这与其他国家或地区的股市相比，其交易成本相当低。电子自动撮合系统的这些优势，有效地支持了中国 A 股市场规模的快速扩展，成为 A 股市场的一个突出特点。

但是，从股票市场的运行机理来看，仅仅使用这种电子自动撮合系统，也带来一系列严重的机制缺陷。主要表现在：

第一，股票功能严重减弱。从历史上看，股票至少具有 6 项功能：一是鉴证功能，即以是否持有股票来鉴别和证明是否是股东。这种鉴证功能，不仅在召开股东大会等场合需要，在公司并购（尤其是尚属商业机密阶段）、原股东身故后的继任股东身份鉴别、股利追偿、股权质押等诸多场合都需要。二是交易对象功能，即股票是买卖股票双方交易的对象，股票交易以钱票交割完毕为交易结束的尺度。三是抵偿功能，即股东可以将股票作为某项借款（或某项商业承诺）的抵押品、质押品等。四是继承功能，即股票可以作为有价证券方式的遗产由后人继承。五是赠与功能，即股票可以作为有价证券赠与他人，以支持或鼓励被赠与者的某项事业或工作等。六是文物功能，即随着时间延续，一些历史久远的股票成为带有文物性质的凭证，其价值甚至超过了该股票的市场交易价格。

但是，在运用电子自动撮合系统中，股票的功能几乎只剩下"交易对象"一项。其他功能的发挥，或者相当麻烦（如鉴证功能、继承功能和赠与功能），或者形同虚设（如质押品功能），或者已经消失（如文物功能）。其基本原因是，电子自动撮合系统要求股票应是电子化股票，即无纸化股票，可是股票一旦实行了全电子化，在当今技术条件下，其他功能的发挥就将受到电子技术的严重限制。一个突出的实例是，尽管 1994 年 7 月实施的《公司法》第 132 条和 133 条规定，"股票采用纸面形式或者国务院证券管理部门规定的其他形式"，股票"可以为记名股票，也可以为无记名股票"，但在 10 多年的 A 股实践中只存在记名式无纸化股票，其中的主要原因就是为了满足电子自动撮合系统的技术要求。

第二，金融风险明显集中。经济活动以各方参与者的时间差异和空间差异为基本条件，在没有时空差的场合没有经济活动。其内在机理是，时空差是引致交易成本的一个主要原因，没有时空差交易成本就将失去基本的根据。金融活动以分散风险为基本目标，分散风险的基本技术是根据各种金融产品的时空差特点进行组合，由此防范某种风险集中地在某一时空突现。为了防范金融风险，现代金融技术提出要建立种种防火墙，以割断或阻断风险的传递。所谓防火墙，是一种程序，它一方面引致某种时空差发生，从而限制或者禁止某种机制发挥作用的空间；另一方面，通过该程序的各个环节机制，防止某些人为机制引致的风险发生。但是，电子自动撮合系统与此不同，它将全国投资于 A 股市场的几千万投资者（包括自然人和机构）通过电子技术联结到一起，并以近乎无时差的方式将他们的交易行为集中到沪深交易所的电脑主机，这虽然提高了效率，但同时造成了风险集中。

在 10 多年的 A 股市场运行中，单边市场走势、大起大落、买涨不买跌等与这种电子自动撮合系统引致的近乎无时空差交易直接相关①；在几个特殊时期，地方政府部门可以通过行政机制直接干预股市走势，与这种电子自动撮合系统的使用直接相关（这也是 1997 年 5 月后，沪深两个交易所上归中国证监会管理的一个主要原因）；非流通股的上市交易问题长期得不到解决，与这一电子自动撮合系统所形成的交投过于集中有密切的内在关系；"政策市""消息市"的形成，与这种电子自动撮合系统不无关联；在 A 股市场持续走低的背景下，一些投资者到中国证监会上访、静坐甚至闹事，也与这种电子自动撮合系统引致的直接集中交易相关。

一个突出的实例是，退市上市公司最终还是无法真正退市，只能划定一个特殊时间段依然利用沪深交易所的系统（包括电子自动撮合系统）进行交易活动。其中最主要的机制问题是，对任何 1 家退市上市公司的流通股持有者（即中小股东）来说，由于手中拥有的都是电子股票，在上市公司退市的那一刻，这些股票处于完全同一的时空点，同时，受制度、技术及其他因素制约，他们又不可能将电子股票进行私下交易，由此，假定有个投资者意欲购买 10 万股的股票，他应与谁商议交易价格？又应选择先卖哪个股东的股票？这样一个简单的问题都变得复杂化了。退市的上市公司依然留在沪深股市中，其可能引致的风险是显而易见的，因此，多年来有关方面想方设法"拯救"这些公司，试图使它们恢复上市（包括

---

① 在反省 1929 年纽约股票交易所股市暴跌过程中，一些学者认为："这些庞大的金融超市对股市下跌消息的传播起到了推波助澜的作用，也应该对这次危机负有一定的责任。国民城市银行巨大的私人通讯网络和销售部门意味着越来越多的客户可以及时顺潮流而动，否则的话，情况很有可能不是这样。规模在此时变成了一种不利的因素，良好的沟通意味着快速的市场反应。国民城市银行和其他一些大的集团曾经通过这个渠道传播发财致富的福音。现在，情况正好相反，毁灭性的坏消息也因此得以不胫而走。"（引自〔美〕查理斯·R. 吉斯特《华尔街史》，经济科学出版社，2004，第 170 页。）这段话是值得深思寻味的。

降低这些公司恢复上市的条件）。

第三，经纪人机制难以成长。股票经纪人是以服务股票交易为职业的群体。在没有电子自动撮合交易的条件下，首先，股票交易是由经纪人（自然人经纪人或机构经纪人）完成的。其主要程序是，股票买卖客户将他们的买方信息或卖方信息以某种方式告知经纪人，然后，由这些代理股票买卖的各个经纪人彼此之间通过以拍卖机制为基础的集中交易来实现各自代理的股票交易。在这个过程中，由于存在从股票买卖委托到股票代理交易之间的时空差，同时，经纪人又是通过提供股票交易服务来获得佣金收入的，所以，在股票种类繁多、交易方式复杂和市场竞争日趋激烈的条件下，不仅经纪人彼此之间形成了一定的专业分工和业务协作关系，而且每个经纪人也都从切身利益出发尽力为客户提供满意周到的服务。从提高服务质量、满足客户需求的角度看，经纪人发挥着三方面机制作用：其一，寻价机制，即从服务于客户利益出发，经纪人在交易市场上为客户寻找到某一确定时点上最好的买价或者卖价；其二，增值机制，即经纪人努力通过信息处理、经济分析、走势预测和咨询服务等为客户提供增值服务；其三，开发机制，即经纪人通过开发新的投资品种、投资方式和投资机制来发掘和满足客户潜在的投资需求。

但在运用电子自动撮合交易系统的条件下，首先，投资者只需按照最新成交价的信息指示，决定投资意向，刷卡敲单，将买卖信息直接输入电脑主机，由此，股票买卖和股票交易成为同一个行为的两种不同用语，经纪人发挥其寻价机制缺乏立足之点。其次，由于电子自动撮合交易系统只接受经监管部门和交易所批准上市交易的电子化股票，在 10 多年实践中，这些股票都是公开发行的社会公众股，每时每刻的成交结果都通过实时行情显示系统告知每一个市场参与者，代理买卖机构和投资者几乎同时获得这些信息，由此，经纪人想通过信息处理、经济分析、走势预测和咨询服务等为客户提供增值服务，是十分困难的。更不用说，最高佣金封顶、"政策市"、信息披露不真实等诸多因素导致这种增值服务的高成本如何收回的问题。最后，电子自动撮合交易系统按照固有的软件程序运行，要随机地容纳经纪人随时随刻开发的各种投资新品种（包括组合投资品种，代客理财品种等）、投资方式（如以实物券交割为基础的远期交易、期权交易和其他交易）和投资机制（如融资融券机制）等，不仅存在诸多技术难题，而且开发新的软件耗时长久，难以满足投资者的随时性需求，受此限制，经纪人的开发机制也很难发挥。

在 A 股市场实践中，几个突出的实例是：其一，尽管证券业界要求实行做市商制度已持续多年（尤其是 1999 年以后呼声渐高），但迄今它难以付诸行动。其基本原因是，在电子自动撮合交易系统中，做市商是不可能形成的。一个简单的技术问题是，如何进行双向报价？其二，大额交易难以真实实现。仅仅大额交易的买卖信息是否输入电脑主机、由其撮合交易就是一个难点。其三，3000 多家证券营业部联系着数千万投资者，但几乎没有一家证券营业部能够比较充分地了解到其大多数客户（且不说全部客户）的系统信息和潜在投资需求，更没有一家证券营业部积极开发适合不同分类客户的投资产品、投资方式和投资机制。对绝大多数投资者来说，证券营业部实际上就是一个进行 A 股市场投资的专营通道，如果能够像自动取款机（ATM）那样，将刷卡敲单的终端设置在街边，也许它们就不必再到证券营业部去了，由此可以看到，证券公司花费大量资金设立证券营业部的实际经济价值并不大。

一个简单的问题是，电子自动撮合交易系统的主机和大部分软件是沪深交易所从海外（尤其是美国）引进的，但海外迄今并没有运用这种交易系统先使买卖各方直接刷卡敲单输入买卖信息，然后全面由电脑主机自动撮合交易。

四 缺乏经纪人业务的券商经营服务

在中国，证券公司是专门从事证券经营业务的机构。虽然在 1998 年以前，能够从事证券经营业务的法人机构还包括信托投资公司等其他金融机构，但自从 1998 年 12 月《证券法》规定，证券业与银行业、保险业和信托业实行"分业经营"以后，股票的承销、代理交易、自营和咨询等业务就成了证券公司的专营业务，未经金融监管部门依法批准，其他机构（包括金融机构）不得从事这方面的经营活动。

根据《证券法》的规定，综合类证券公司的业务范围主要由证券经纪、证券承销、证券自营和其他业务构成。从 1999 年以后的经营状况看，证券公司的业务比较普遍地具有五个特点：

第一，业务收入结构与利润结构有明显的反差。不论是在股市走高从而交投活跃的年份（如 2000 年），还是在股市走低从而交投清谈的年份（如 2002 年以后），在经营收入结构中，证券经纪业务的收入大多占主要地位（某些证券公司的这一比重可高达经营收入的 70% 以上），但利润主要来源于证券自营（某些证券公司的这一比重可高达 70% 以上），这反映了券商业务结构的尴尬格局，也反映了券商的经营成本主要耗费在证券经纪业务方面（这又主要由场面宏大、豪华装修的营业大厅的费用所引致）。

第二，承销业务是券商竞争的重心。在大多数年份，新股发行成为券商的竞争重点，也是衡量券商业务能力的重要指标（每年对此进行排名）。但不论是指标制，还是通道制或是保荐人制，受行政机制的制约，每年发行的新股家数相当有限，每家券商可承销的新股更加有限，由此引致券商之间在争取主承销商资格上的激烈竞争。券商争夺新股承销资格的内在机理是，担任一只新股的主承销商大致可获得上千万元乃至上亿元的承销费收入，而为此花费的代价却远低于此数额；同时，在股票严重供不应求的条件下，承销商的风险极低，在绝大多数场合甚至可以忽略不计，但因每年可承销的证券只数和规模极为有限，所以，除个别机构（如中金公司）外，承销业务收入占券商经营收入的比重通常不高。

第三，自营业务成为许多券商的首位业务。主要表现有四：一是券商高管层将主要精力投入自营业务。在相当多的券商中，董事长、总经理不仅直接管理自营业务，甚至每日盯盘，直接操作经营业务。二是券商的主要资金投入于自营业务。在一些券商中，不仅资本性资金几乎完全投资于自营业务，而且融入的债务性资金也主要用于自营业务，由此，使得自营业务的资金投入可占其流动资产的70%（甚至80%）以上。三是在可支配资金不足的条件下，通过大量挪用客户保证金来增加自营资金，由此引致一系列问题的发生。四是为了保证股市投资的自营收益，一些券商选择了"坐庄"方式操纵股价，投入的资金有时高达数十亿元，从而一段时间内，股市中流行着"无庄不成市"的说法，一些股评人士也公开以"有主力资金介入""庄家出货"等用语来评价股票的投资价值。

第四，客户保证金的利息成为券商收入从而利润的一个重要构成部分。尽管有关法规早就规定，券商应当支付客户交易保证金的利息，但由于投资者对此不上心、操作技术上存在一些困难以及其他方面的原因，迄今这一利息的支付依然不甚了了。

第五，委托投资业务亏损成为券商严重亏损的主要成因。2002年以后，在股市持续走低的背景下，为了扩大经营收入、增加利润来源，券商普遍展开了代客理财业务，接受相关机构的股票投资委托；2004年10月以后，在清理这些委托投资账户后，券商的股市投资亏损状况猛然凸现，由此拉开了新一轮券商整合的序幕。

"交易"是股市的核心机能。在股市运行中，买卖各方的意向和要求通过券商的运作而转化为"交易"，因此，券商不应处于股市的中心地位，发挥导向功能。但在1992年以后的10多年历史中，中国券商并没有真实有效地发挥这种作用，这可从五方面得到印证：

第一，股市交易规则的形成。在发达国家的历史上，经纪人不仅创造了股票交易市场，而且制定了一系列股市交易规则（包括股票交易所的交易规则）。20世纪30年代以后，虽然随着政府监管机制的设立，监管部门介入股市交易规则制定的情形有所加重，但监管部门主要是从股市的公共性或维护投资者权益等角度依法进行股市交易监管，股市交易的运行规则依然以经纪人为主制定。但是，中国A股市场自设立伊始迄今，交易规则基本是由交易所和监管部门制定的，券商至多属于征求意见范畴，因此，它们既缺乏制定交易规则的权力，也缺乏修改交易规则的机制，在很大程度上只能按照既有的交易规则从事股票交易活动，难以激起在实践过程中探讨新规则的热情，更不用说对已有规则进行实质性改革了。这一体制格局决定了，券商不是也不可能是中国A股市场交易规则的主要制定者。

第二，"通道式"经纪服务。经纪服务应是券商的立足之本，也是各项业务延伸展开之源，但在A股市场中，经纪服务基本上仅剩提供刷卡敲单的通道服务。如果说在2002年规定最高佣金率之前，为了争取开户数增加，各家证券营业部还采取各种吸引客户的手段"拉客户"和"稳定客户"的话，那么，2002年5月以后，连这点简单的"营销策略"都省略了。在证券公司经营活动中，有四个现象是相当普遍的：一是在交易所闭市日，证券营业部也关门，员工基本放假回家。很少有人认识到这个时间该为客户提供些什么服务。二是虽然每家证券营业部都有一大批开户客户，但几乎没有一家证券营业部（乃至证券公司）能够将这些客户视为它们业务展开的"投资者群体"，至多只是从代理交易佣金和保证金数额等方面关心客户的去留。三是尽管几乎每家证券公司都有研究部门，但这些研究部门的研究内容很少从经纪业务的客户需求出发，研究成果也很少应用于经纪业务的客户。四是经纪业务本是各项证券业务创新之源，但在10多年的历史中，证券公司很少从此出发进行业务创新。毫无疑问，这种"通道式"经纪服务的状况，与A股市场的体制格局是密切关系的，或者说，它是这种体制格局的必然产物。

第三，顺应体制的经营活动。在A股市场体制框架中，证券公司的机能发挥极为有限，受各方面因素制约，许多业务扩展由不得它们自主选择和自担风险；早些年，一些证券公司也曾有所尝试（例如，1996年，有的证券公司一次性拿出了12个创新产品方案），但结果相当不如人愿，它们只好放弃退缩。在此背景下，证券公司的经营活动逐步形成四种情形：一是业务趋于同质化。突出的现象是，在1999年《证券法》实施后，130多家证券公司都在努力成为"综合类"券商；2004年以后，随着"创新类"和"规范类"的推出，各家券商又在努力先达到"规范类"然后再向"创新类"进军。这种情形的发生，固然与监管部门的导向直接相关，但更重要的是，在A股市场模式中，证券公司经营业务的可运作空间十分狭窄，另起炉灶、独辟蹊径地进行具有特色的专业化经营，不仅监管体制不允许，而且公司运作将面临步入经营困境的危机，因此，它们不得不选择顺其自然地从有限的"粥桶"中尽可能多争得一些"粥饭"。二是客户犹如流水。客户是证券公司业务扩展的基础，但在10多年中，证券公司很难稳定住已有的客户。一个突出的现象是，担任IPO主承销商的证券公司，在客户再融资时继续担任主承销商的比例低得令人吃惊，由此形成了"熊掰棒子"式的投行业务走势，即不断地开发新客户但同时不断地丢掉老客户，以至于很难有几家证券公司谈得上其稳定的客户队伍有多少。这种情形的发生，固然与行政部门的干预和其他复杂因素相关，但与每家证券公司都缺乏建立在专业化基础上的专门机能和专门技术也密切相关。三是自营投资"靠天吃饭"。自营投资是证券公司利润的主要来源，但自营投资的成效在很大程度上取决于股市走势。2001年7月以后，随着股市持续走低，券商自营业务越来越难以达到预期目标，由此，坐庄操纵个股价格、挪用客户保证金、打探监管部门的政策动向等现象愈演愈烈。券商作为金融机构，本来以分散风险为经营的基点，但在自营投资中却不断地制造风险和积累风险，走出了一条与原本业务定位相反的经营之路。四是难以落实的经营发展战略。一些券商为了推进业务发展也曾制定了若干年的经营发展战略，但由于开发市场极为困难，同时，监管取向和监管政策的不断变化难以预测，所以，这些发展战略在实施过程中基本陷于纸上谈兵的境地。

第四，难以把控的被动式创新。在 10 多年的发展中，A 股市场也涌现了层出不穷的新情况，这迫使券商深入探讨，拿出解决方案，进行各种创新，但总的来看，这些创新主要是被动的，创新的可能成效从一开始就处于券商难以把控的境地。比较有代表性的创新事件大致有三：一是公司并购、资产重组。1996 年以后，随着实现经济增长方式的转变，调整经济结构提到议事日程，由此，大规模地推进企业间的并购重组成为一项重要的市场机遇。对此，实际上券商早已有所估计，有的券商在 1994 年就成立了公司并购部，试图专门从事此项业务。但是，受金融体制的制约和 A 股市场特定制度的约束，券商从事并购重组业务，既不能通过融资或其他资产机制来满足并购重组双方（或各方）的需要，也缺乏专业技术、管理经验及其他可能吸引并购重组当事人的优势，因此，券商辛辛苦苦却难以获得业务收入。为了吸引有关当事人，获得并购重组业务的收入，一些券商只好选择"借壳""买壳""捆绑上市"等方式；一些券商则以"并购重组"作为股市炒作的题材，以图达到"堤内损失堤外补"的效果；另一些券商则退出了并购重组领域。二是私募基金、资产管理。1999 年以后，随着股市上行，券商开始较大规模地展开了有关机构的资金委托投资业务，并以"私募基金"予以冠名。2001 年 11 月，中国证监会有关委托投资的规则出台，在此背景下，券商感到原先以私募基金展开的业务似乎只要更名为"委托投资"就可得到制度保护，由此，在"资产管理"的总概念下委托投资业务快速发展，各家机构的委托资金单立账户核算盈亏。但好景不长，2004 年 9 月 30 日，中国证监会会同相关金融监管部门联合下文，要求券商立即清理这些违规的委托投资业务，将其并入券商账户计算盈亏，由此，引致一大批券商顿时陷入"问题券商"的境地，诸如大鹏证券、汉唐证券等一些券商则关门倒闭。三是从指标制到通道制再到保荐人制。取消"指标制"是各方盼望已久之举，因此受到券商的欢迎；但是，一些券商原先按照指标制争取到的"主承销商"资格（为此在竞争中已花费很大成本）却顿时落空。正当券商们还在忙于为增加通道而积极创造条件并为"通道制"的发审排队而努力时，发股上市制度又改成了"保荐人制"。在保荐人制条件下，保荐人的数量意味着可承销股票的只数，因此，各家券商积极花大价钱培养或引进保荐人，但这一过程还在展开之时，随着股权分置改革的推开，新股发行暂停，以每人每年数十万元薪金"养着"的保荐人只能处于"英雄无用武之地"的无奈状态。

第五，有感无行的国际化。在金融全球化的进程中，中国股市的国际化是一个必然趋势，为此，迎接国际化的机遇和挑战，中资券商早有所感。尤其是，在 2001 年中国加入世贸组织以后，这种感觉更加强烈。国际化大致包括外资投资银行进入中国 A 股市场、中资券商与外资投行在中国境内的市场竞争、中资券商走出国门加入国际市场竞争等三方面内容。但迄今，外资投行是进来了，不仅与中资券商合资设立了投行公司、通过 QFII 进入 A 股市场操作、通过设立中外合资基金管理公司参加 A 股交易，也不仅利用海外优势将一大批中资股份公司推荐到海外股市发股上市，而且对中国经济社会状况进行了广泛深入的研究，大致形成了未来相当长一段时间内的市场竞争战略，与此相比，中资券商在国际化方面的行动依然没有多少实质性进展。其主要表现有三：其一，中资券商与外资投行基本属于两条道上跑的车，业务上的交叉往来甚少，在外资投行加强对中资券商研究了解的过程中，中资券商却很少对外资投行进行深入细致的调研，由此形成了中资券商对外资投行的了解程度远低于外资投行对中资券商的了解程度的状况。其二，中资券商在 A 股市场上进行相互竞争尚且勉强，但一涉及国际竞争，不论从业务结构、商业模式、市场营销、开发机制和创新能力等方面说，还是从管理、人才、信息和技术等方面说，中资券商都难以举出有何优势，甚至难以提及有哪些能力能够属于国际竞争力的范畴。其三，尽管 2005 年已经解除了中资券商到境外设立分支机构的禁令，一些中资券商也在谋划之中，同时，QDII 的制度探讨更加深化，但这些举措带有很强的试探性色彩，何时中资券商能够从国际市场中争得一杯羹尚属不敢预期之事。

综上所述，证券公司本属股市的主导性经济主体，但受体制制约，它们从一出生就处于"小媳妇"的境地，不仅机能难以有效发挥，而且这种体制严重影响了中国多层次股票市场体系的建设，为此，要推进多层次股票市场体系的建设，就必须跳出 A 股市场的体制框架，放松对证券公司的管制，给它们更多更大的开拓股市业务的自主权，充分发挥它们的能动性和创造性，在市场竞争中，锻炼、培养和提高它们的国际竞争力。

第四节　建立经纪人主导的新层次股票市场

一　中国股市的体制创新

建立新层次股票市场是一个创新过程。在中国目前的条件下，创新首先是体制创新，即必须突破 A 股市场体制，建立符合市场经济要求、由市场机制发挥配置资源基础性作用的新体制。20 多年改革开放的经验证明，只有在体制创新背景下，才有可能展开机制创新、机构创新、产品创新和市场创新。

新层次股票市场的体制上应有的创新将主要表现在三个方面：第一，它应是一个由经纪人主导并以经纪人为中心的市场，不应是一个由政策导向以交易所为中心的市场。第二，这一市场应保障经纪人和市场的各方参与者有充分的选择权，并且每一主体都应为自己的行为后果承担经济责任乃至法律责任，不应是一个缺乏应有选择权，各项业务基本由监管部门安排，并且最终由监管部门提供政策安排予以救助市场。第三，这一市场应有比较完善的竞争机制和退市机制，严格贯彻优胜劣汰原则，不应是一个处处体现政策保护、差异对待和特殊处理的市场。

毋庸讳言，建立新层次股票市场是一项复杂的系统工程，需要有关各方集思广益，共同探讨，我们无力也不可能将其中的所有问题都一一厘清说明；另一方面，正如世上一切事物都有其正面效应和负面效应一样，新层次股票市场也将是一个有积极效应和消极效应的市场，我们无法也不可能设计出一个尽善尽美（或完美无缺）的新层次股市（更何况，任何事物的不同效应是依条件变化而显示和发生的），因此，本书只能就新层次股票市场的一些主要方面提出设想，以供继续研讨之参考。

二　经纪人主导的股票场外交易市场

新层次股票市场应是一个与 A 股市场有明显区别且与 A 股市场有明显竞争关系的市场。如果说 A 股市场是交易所市场（即场内市场）的话，那么，这一新层次股票市场应是一个场外交易市场。

设立新层次股票市场的主要目的有三：一是有效满足日益增多的各类公司（尤其是成长型中小企业）对资本金的需求，着力突破在资本性资金可得性方面的体制障碍；二是培育中国股市乃至金融市场中的经纪人机制，包括经纪人制度、经纪人机能、经纪人自律规范、经纪人行为监管等，弥补 10 多年 A 股市场发展中经纪人缺位所引致的股市机制缺陷；三是发挥经纪人机能，积极开发股市发展的潜能（包括投资者潜能、运行机制潜能、证券产品潜能和交易方式潜能等），有效推进各方面创新，由此提高中国股市的发展质量，加快国际接轨进程。

为了达到这些目的，新层次股市的建立，除了应当贯彻"公平、公开、公正"的三公原则和切实维护投资者权益原则外，还应当贯彻五个要点：其一，充分利用现有的电子网络技术，不进行大规模投资新建类似于沪深交易所的电子自动撮合交易系统，以有效降低建立新层次股票市场的成本；其二，以证券公司为依托，以证券营业部和其他金融柜台为网点，发展以经纪人为中心的交易体系，由此，不应以行政区划来界定新层次股票市场的设立地点；其三，新层次股票市场的交易规则设计，应在监管部门的支持下以证券公司从事经纪业务活动的人员为主，同时，吸收有关专家、相关监管部门人员和海外人士参加，经充分征求意见（包括对其中的一些问题进行公开辩论）予以完善后，再付诸试行；其四，实行经纪人制度，不仅应赋予经纪人（包括经纪公司和自然人经纪人）以必要的合法职能、权利，而且应当明确界定经纪人的义务和责任，还应当实行注册制，以约束和规范他们的行为，维护新层次股市的运行秩序；其五，新层次股票市场的制度、程序和监管，一方面应有利于不同层次股市之间、经纪人之间、证券公司之间的业务竞争和创新竞争，另一方面，应有利于为投资者寻找到最好的买卖价格。

从这些要点出发，新层次股票市场的构架大致应有六个特点：

第一，以证券公司为平台，通过将各家证券营业部和其他金融网点（如商业银行国债交易柜台）联网形成一个报价系统。鉴于证券公司正处于整合时期，且新层次股票市场的设立运行还有一个试探性过程，因此，进入新层次股票市场探索创新的证券公司，在先期可考虑在目前的创新类和规范类证券公司中产生，但为了保障交易的有效展开，介入新层次股市建设的证券公司数量不宜过少，否则，难以形成群体效应，不利于新层次股市的展开。

第二，以注册经纪人为中心。经纪人可分为公司经纪人和自然人经纪人两种，其中，自然人经纪人是基础，公司经纪人是平台。不论是公司经纪人还是自然人经纪人，都应进行注册并缴纳一定数额的经纪人保证金。具体来说，应当有三方面界定：其一，证券公司从事新层次股票市场的经纪业务，应有最低数量自然人经纪人的限制。例如，从事 1 只股票的经纪业务，应当有 3 个以上自然人经纪人；从事 2~5 只股票的经纪业务，应当有 5 个以上自然人经纪人；从事 6~10 只以上股票的经纪业务，应当有 8 名以上自然人经纪人；从事所有股票的经纪业务，应当有 12 名以上自然人经纪人。没有自然人经纪人，证券公司不可从事新层次股票市场的经纪业务。其二，公司经纪人可根据公司的性质（如有限公司、股份有限公司和合伙制）分别承担有限责任和无限责任，但自然人经纪人应当为他们的违法违规行为承担无限责任。一旦发生公司经纪人或自然人经纪人违反有关法律法规的规定进行股市操作，经监管部门查证无误，首先在他们缴纳的经纪人保证金范畴内进行处罚或赔偿，如果数额较大，超过了经纪人保证金，则以"有限责任"和"无限责任"的规定继续追缴。其三，经纪人资格的降档和撤销注册资格。大致有三种情形：一是如果证券公司的自然人经纪人少于对应经纪业务所需的自然人经纪人数量，应立即降档；如果自然人经纪人少于 3 人，就应立即停止其经纪人资格。二是公司经纪人和自然人经纪人在受到处罚后，其缴纳的保证金已不足额，如果不能在规定时间内（如 24 小时）补足，其注册资格应当撤销。三是不论是公司经纪人还是自然人经纪人，一旦发生破产清算、刑事处罚或其他失去民事主体地位的情形，则其注册资格自然撤销。

第三，入市股票的经纪人推荐制。进入新层次股票交易市场的股票，由公司经纪人推荐；为了保证该股票入市的合法合规，除实行股票的注册备案外，每只股票还应有若干个公司经纪人（如 3 个）联合推荐，并且每个公司经纪人至少应有一名自然人经纪人在备案资料和推荐书上签字。这意味着，一旦发生被推荐的入市公司信息披露没有达到规定要求（包括作假、推荐人不尽职等），公司经纪人和签字的自然人经纪人就要准备对其行为后果承担经济责任乃至刑事责任。

第四，股票交易的做市商制度。做市商是经纪人机能在股票交易中的表现，因此，做市商必须是经纪人（但不能反过来说，经纪人必须是做市商）。这意味着，做市商只能从注册经纪人中产生。实行股票交易的做市商制度，有五个要点是需要强调的：其一，每只入市交易的股票应有最低数量的做市商。例如，每只股票最少应有 3 家做市商。一旦已入市股票的做市商数量少于最低数，则这只股票自动退出交易市场。其二，做市商应为每只做市股票缴纳规定数额的交易保证金。这种交易保证金，既可按照做市股票的某种价格（如面值、发行价等）的一定比率计算，也可规定为绝对值（如一只股票10万元人民币）。当每日闭市结算之后，交易保证金少于规定数额，做市商就应在规定时间内补足（如48小时），在此时间内，如果做市商不能补足交易保证金，就不能为这只股票继续做市；超过这一时间，做市商的资格自然撤销（但其经纪人资格依然保留）。其三，做市商对其做市的股票必须提供双向报价（即既报买价又报卖价），如若投资者按其报价提出交易，做市商必须接受（不论对做市商来说是盈是亏）。另一方面，应规定做市商每日必须达到的做市股票最低成交股数（例如，1000股）。这意味着，如果没有投资者买卖做市股票，做市商之间必须进行该股票的最低股数交易，以维持股票交易价格的连续性。其四，做市商可以为自己买入或卖出做市股票，也可以代理客户买卖做市股票，但二者必须在业务台账上严格区分。做市商的交易业务实行台账登记制，为自己买卖的做市股票和为客户代理交易的做市股票应分别记账，其中，有三个界定是重要的：一是做市商为自己买卖的做市股票不应向交易对方收取代理佣金，为客户代理交易的做市股票则应当收取佣金；二是在同一时点上，为自己买入的同一做市股票价格不得低于为客户代理交易的价格，为自己卖出的同一做市股票价格不得高于为客户代理交易的价格，以体现客户优先的原则，同时，这也避免做市商伤害客户利益；三是在代理客户交易中，每笔成交的买卖双方客户不应是同一做市商的客户，以避免做市商利用客户信息优势或误导客户来获得佣金收入。其五，做市商可以（而且应当）向其客户推荐可供买卖选择的股票，但这种推荐中的信息应当是真实可靠的，不应是传播股市谣言、捕风捉影式地编造行情及其他可能明显误导客户的不真实信息。这意味着，一旦有确凿证据可证明做市商利用信息不对称误导客户买卖，监管部门就应对其依法进行处罚。

第五，股票交易的融资融券制度。股票交易中的融资融券，既是经纪人向客户提供的一项重要业务（从而是经纪人展开业务竞争的一个重要机制），也是经纪人的重要收入来源。融资融券的重心在于融资，其直接效应是扩大了客户进行股票买卖的能力，提高了股票交易能力。在融资融券中有五个要点是需要把握的：其一，融资的直接债务承担者是经纪人，但这些资金的落脚点是客户。其基本程序是，相关金融机构（如商业银行、结算公司等）将资金借贷给经纪人，经纪人再将这些资金借贷给自己的客户，因此，从借贷关系的两极来看，经纪人实际上只是融资链条中的中介环节。这意味着，不应将股票交易中的"融资"与经纪人自身经营中的借贷相混。其二，为了避免将股票交易中的融资与经纪人经营中的借贷相混，同时，也为了避免经纪人挪用这笔融资资金，应将这笔融资资金与经纪人账户分立。具体机制是，相关金融机构根据经纪人提出的融资申请和抵押品情况，授权对应额度的一笔贷款给该经纪人，但这笔贷款不划入经纪人的财务账户，只是根据经纪人的指令划入其客户的资金账户，从而实现"猫看得见鱼却吃不到鱼"的效应。其三，为了保障融资资金的安全性，经纪人应向相关金融机构交存一定数额的结算保证金并按照有关规定提供质押证券。在股票和其他证券的市值下落引致质押证券不足价时，经纪人应按照提供融资资金的金融机构要求补足质押证券价值或减少融资数额，否则，该金融机构有权按照当时市价将质押证券卖出，并继续要求经纪人补足融资资金的缺口。其四，在融资链条中，经纪人从相关金融机构获得的融资额度属批发性资金，同时，又有结算保证金和质押证券为保障，因此利率相对较低；但经纪人将这些资金转贷给客户时，这些资金就具有了零售性质，因此利率就可能提高。融资过程中的这种利差，是经纪人的一项主要收入。其五，为了保障经纪人的权益，在融资安排中，一旦客户的证券资产价值减少可能威胁到融资资金的偿还，经纪人就应提醒客户；如若客户证券资产的价值低于融资资金数额，经纪人就应催促客户补足证券资产价值，否则，就应及时出售这些证券资产，并要求客户补偿差额，由此需要解决两个问题：一是经纪人对客户证券资产的权利。在实行融资交易的条件下，经纪人应当拥有对当事客户的证券资产予以处置的权利，具体处置条件可由融资合同规定。二是客户证券资产的托管。客户证券资产的托管大致可分为集中托管和经纪人托管两种。在集中托管条件下，既建立经纪人能够及时卖出融资客户所持证券资产的机制，也应建立防范经纪人挪用融资客户所持证券资产为自己牟利的机制。在经纪人托管条件下，问题比较容易解决，但依然需要建立防范经纪人挪用融资客户所持证券资产为自己牟利的机制；

第六，最低佣金制度。为客户提供相关经纪服务，经纪人理应获得对应的佣金收入。但由于不同的客户要求差别极大，经纪人可能提供的服务内容也不尽相同，这就要求不应实行同一佣金制度或最高佣金制度；另一方面，为了开发客户潜力和市场潜力，经纪人也在不断研究调查的基础上进行着业务创新、服务创新和提高服务质量，在这种背景下，采取同一佣金制度或最高佣金制度也显然不利于经纪人的这些业务的拓展和深化。实行最低佣金制度有两个含义：其一，在代理客户进行股票交易中实行最低交易佣金制度，以便于经纪人根据客户委托和提供服务的差异，增加佣金数额；其二，只规定一部分最基本的经纪业务（如代理交易）的最低佣金，其他的经纪业务（如咨询、代理资产管理等）则由经纪人与客户谈判商定。

在交易佣金制度中，应改变按照交易额的一定比例收取佣金的制度，实行按照交易笔数收取浮动佣金的制度，由此鼓励大额投资者进行股市投资，限制小额投资者频繁买卖股票。

三　入市股票的选择

股票交易市场以股票为交易对象，这是毋庸置疑的。但是，作为交易对象是什么股票，却大有文章。A 股市场发展的 10 多年历史，实际上与公开发行的社会公众股所形成的一系列导向直接相关。具体来看，A股具有五个特点：一是无纸化，即一律实行电子股票方式；二是记名式，即A股股票均为记名式股票；三是增量股份制，即股份公司的股份中只有以社会公众股名义发行的增量新股（包括首发、配股、增发新股等方式）可入市交易，由此，形成了股权分置格局；四是以融资为目的，即增发新股的目的在于募集资金；五是审批制，即各种增量新股均须经过行政审批。新层次股票市场如若继续延续A股的这些特点，则经纪人的业务拓展空间将基本局限于A股范畴内，经纪人制度的建立没有太大意义，新层次股票市场即便建立了，也将是一个A股市场的复制品，因此，需要对新层次股票市场的交易对象——股票进行新的界定。

事实上，股票特性不仅直接制约着股票市场的特点，而且严重影响着经纪人和其他参与者的运作空间。从建立由经纪人主导的新层次股票市场出发，同时，也从激励中小企业（尤其是成长型中小企业）发展的需要出发，在新层次场外交易市场中，股票应当具有8个方面的特点：

第一，有纸化和无纸化股票相联结。有纸化股票和无纸化股票各有优缺点。无纸化股票的主要优点包括成本较低、不易造假、递送快捷和保管方便，等等，但也存在一些缺点：一是在缺乏对应电子系统的场合，它不便使用，由此给身份验证、股票赠与、遗产继承、公司并购和公司退市等带来种种困难；二是它不便质押处置，尤其是当债务人清偿能力不足时，债权人很难及时将质押股票随机处置；三是不利于经纪人和投资者的运作选择、组合创新和衍生开发。有纸化股票可以较好地克服无纸化股票的这些缺点，不过同时，有纸化股票也有一些缺陷，如印刷成本、保管成本、递送成本等较高且易于造假等。为了有效发挥有纸化股票和无纸化股票各自的优点，并以这些优点替代缺点，可以考虑实行有纸化股票与无纸化股票相联结的模式。具体来说，可分为三个环节：在股票发行、投资者买卖委托等过程中实行有纸化股票方式；在投资者将有纸化股票委托给经纪人后，经纪人将这些有纸化股票交付托管机构，转为无纸化股票，进入交易环节；在股票成交并交割后，如果客户需要从经纪人处取回股票，则以有纸化股票付与。在这种模式中，如若公司退市，也可将托管中有纸化股票归还持有人。

第二，记名股票和无记名股票相联结。记名股票和无记名股票各有优缺点。记名股票的主要优点是，便于持有人和有关部门管理（包括身份管理、数量管理和丢失后的补给等）；其缺点是，不便转手且转手成本较高（如有纸化股票条件下的背书）。无记名股票的主要优点是，便于转手（不仅包括交易，而且包括赠与、继承等）且成本较低。为了充分发挥记名股票和无记名股票的优点，并以这些优点替代缺点，可以考虑实行记名股票与无记名股票相联结的模式。具体来说，可分为三个环节：股份公司发行的股票实行无记名的有纸化股票方式，以便于股东随机且多方式地处置其持有的股票；在公司入市以后，客户可将这些股票委托给经纪人，经纪人接受这些委托后，将无记名的有纸化股票转为记名的无纸化股票；

在成交且交割完毕后，如若客户需要将股票取回，则经纪人付给他无记名的有纸化股票。在这种模式中，一旦公司退市，无记名的有纸化股票就将被退还给客户，由此，客户可根据自己的需要随意处置其股票。

第三，增量股票与存量股票并存。A 股市场以发行增量股票为特征，由此引致股市以公司融资为中心的现象严重发生，新层次股票市场应摆脱这一误区，回归股市以"股票交易"为中心的定位，因此，不应继续以融资量为首要指标来讨论制度安排。从深层关系上说，"融资"是公司（尤其是高管层）的要求，而"交易"是股票持有者的要求。这两个要求虽有不少的一致之处，但也有许多重要的差异之点。股市作为一种市场激励机制，不仅需要激励入市公司的融资，更重要的还是激励各种社会资金勇于投入众多的成长型中小企业，并通过这些中小企业的成长，给股市发展带来源源不断的新的入市公司。由此来看，着力推进存量股票入市，应是新层次股票市场的主要着力点。

由于股份公司为数众多，其中不乏质优公司，由此，在以存量股票入市为重心的条件下，经纪人就有了较为宽广的选择空间，也将有了业务创新的各种可能。另外，改变以增量股票所形成"融资"导向状况，有利于改变为了获得巨额融资，各家公司不惜血本大比拼所形成的"千军万马过独木桥"的状况。毫无疑问，入市公司有"融资"要求，因此，在一定程度上增发股票是必然的。但增量股票不应成为主导方式，更不应是唯一方式。在新层次股票市场建立的一段时间内，应贯彻"存量股票入市为主、增量股票发行为辅"的理念，以促使股份公司着力做好自己的主业和提高公司质量。

第四，资金资本股票和人力资本股票相兼容。资金资本股票，是指由资金投入和相当于资金资本的实物资本投入所形成的股票；人力资本股票，是指由高管人员和高级专业技术人员的人力资本投入所形成的股票。迄今，A 股市场只是承认了资金资本股票，在此背景下，中国不可能有比尔·盖茨，也不可能有微软。要建立股市激励高科技企业的发展和高新技术产业化的机制，必须建立承认人力资本的机制，由此就需要形成资金资本股票与人力资本股票相兼容的机制。这一机制的具体内容还可做进一步研讨，但取向应当清晰明确。

第五，持股人数。A 股市场以增量股票为基础，要求上市股票应有不少于1000 名持有者（每个持有者持有的股票面值不低于 1000 元）。如若坚持这一规定，存量股票的入市将面临严重障碍；尤其是，考虑到新《证券法》规定"向特定对象发行证券累计超过二百人的"视为公开发行，则存量股票的入市交易几乎没有可能。要摆脱这一困境，就必须打破原有的限制，选择分段计算的方式。例如，在存量股票入市时，持股人数不做限制；但这一股票在入市后的一段时间（如 20个交易日）内，持股人数必须达到规定数量，否则，做退市处置。

第六，盈利要求。投资者购买股票的直接目的在于获得股利收益，因此，对入市股票的盈利要求是合理的。但是，"盈利"是一个相当复杂的指标。在相当多场合，满足股东追逐眼前盈利的要求并不符合公司业务长期发展的需要，更不用说，一些高科技公司可能在一段时间内没有盈利的可能。鉴于此，新层次股票市场不应继续贯彻 A 股市场对上市公司的盈利水平的要求，而应贯彻新《证券法》关于"具有持续盈利能力，财务状况良好"的规定。

第七，存量股票入市的注册登记制。在股票发行方面，A 股市场迄今实行的是审核批准制度。新《证券法》再次明确了"国务院证券监督管理机构设发行审核委员会，依法审核股票发行申请"的制度，由此，A 股发行的申请还将在一个漫长的审核批准程序中运行。新层次股票市场以存量股票入市为重心，并不涉及新股发行，同时，又大大强化了经纪人的职责，以做市商为特征，因此，应当考虑突破 A 股发审制度的约束，实行存量股票入市的注册登记制度和信息公开披露制度。

第八，新股发行的买断式包销。新层次股票市场以中小企业（尤其是成长型中小企业）的入市为基本定位。这些企业的重要特征是成长性较高，但同时因尚不成熟所以风险较大。由此，为了保障投资者权益，也为了强化证券公司的风险责任，除了对存量股票入市实行做市商制度外，对增量股票（包括 IPO、配股和增发新股等）应实行买断式包销制度，即经纪人一次性将发行人发行的股票按照竞标确定的每股价格全额买断，然后，再由承销团分销给投资者。在这个过程中，如若发生股价变动，则风险由承销团承担。这种方式的好处是既有利于强化承销商的责任意识，提高他们承销股票的抗风险素质，又有利于拓宽证券公司在股票承销市场中的运作空间，还有利于实现股票发行市场与交易市场的分立，改变与 A 股市场形成在发股上市连为一体的状况。

四　新层次股市的机能

入市公司退市，既是股市实现优胜劣汰、防范风险的重要机制，也是入市公司调整运作、提高股票价值的重要机制，还是经纪人化解风险和拓展业务的重要机制。在过去的 10 多年中，A 股市场的上市公司整体质量出现了逐步下降的趋势，一个主要原因是缺乏有效的退市机制，以至于鱼龙混杂，这不仅给上市公司造成了一种"上市终身制"的误导，而且给证券公司、投资者和股市运行都带来了严重风险。新层次股票市场不应重蹈 A 股市场的这一覆辙，需要建立有效的退市机制，以强化经纪人的推荐责任和入市公司的负责机制。

所谓退市，就是入市公司的股票退出该股票交易市场，不再在该股票市场进行交易，因此，不应发生在该股市另设一个市场予以交易，犹如 A 股市场中的特别处理的现象。新层次股票市场中的退市，大致有六种情形：

第一，因做市商数量不足引致的退市。例如，在每只入市交易股票需要三个以上做市商的条件下，某只股票的做市商因少于三个且不能在规定时间内达到三个，则该股票应做退市处置。

第二，因交易价格不合规定引致的退市。例如，在规定入市股票的交易价格不得低于1元/股的条件下，如果某只股票的交易价格持续低于1元/股且在30个交易日内无法改善，则该股票应做退市处置。

第三，因交易量过小引致的退市。例如，在规定入市股票连续30个交易日的交易累计量不得低于总股份5%（或某一绝对值）的条件下，如果每只股票连续30个交易日的交易量低于规定且在此时间界限内无法改变，则该股票应做退市处置。

第四，因股份回购引致的退市，即入市公司通过回购自己的股票而主动退出交易市场。

第五，因公司被并购、股份转换而退市，即在入市公司被其他公司并购的条件下，入市公司已不再作为一个独立的法人机构，此时，并购公司将入市公司的股份转换为自己的股份，由此引致原入市公司的股票退市。

第六，因公司违法或倒闭引致的退市，即因公司的某种经营行为违法违规引致公司受到处置，无力继续支持入市股票的交易，或者由于某种原因致使公司倒闭，使得入市股票的交易无法继续，由此引致该股票退市。

与A股市场相比，在这些退市情形中，有三个要点值得进一步探讨：

其一，入市公司的财务盈亏是否应作为退市的主导性标准？入市公司的经营盈亏是投资者买卖该股票的主要选择性指标，但股市的核心在于"交易"，不在于入市公司的经营盈亏。假定一家入市公司的经营状况优秀，有出乎预料的发展前景，使得持有其股票的投资者基本不愿卖出交易，造成该股票持续有行无市，那么，该股票就失去了可交易性，与其继续报单交易，不如做退市处置。反之，假定有一家入市公司亏损了，其对应的股价下跌，但投资者的买卖依然持续活跃，那么，将其立即做退市处置就没有必要。在入市公司信息公开披露的条件下，应当相信投资者自己（从而群体）对入市股票的买卖会做出自己的理性选择，因此，某只入市股票是否退市的关键在于，它是否继续具有良好的可交易性。

其二，退市股票的恢复入市。退市股票因其可交易性丧失（或已不适合）或者支持可交易性的条件明显改变（如公司被并购、公司倒闭等）而退出股票交易市场，当引致退市的因素消解后，某些退市股票可能申请恢复入市。对此，A股的实践是，申请恢复上市的公司，其条件可以低于申请初次上市的公司。例如，初次上市公司需要有连续3年以上的盈利业绩，而恢复上市的公司只需有6个月的盈利业绩。这种状况事实上造成了入市标准的不公平，也给退市公司以"特权"，因此，在新层次股票市场中不应延续这一规定。在新层次股票市场中，恢复入市应当完全看作一次新的入市申请，其标准应与其他入市公司一样，不能享受优惠，否则，公平就将因一个又一个的特殊而变得不公平。

其三，公司退市后的股票处置。A股市场因实行统一的电子化股票，所以，一旦公司退市，如何解决股票持有者的股票凭证就成为一个大问题。新层次股票市场实行有纸化与无纸化相联结的股票，一旦公司退市，就可将有纸化股票退还给每个股东，以满足其身份鉴别、私下转让、捐赠送与、文物鉴赏等方面的需要，也可满足其等待该公司东山再起的期待心理。需要指出的是，这些股票的私下交易是股票的一种交易方式，不应简单以违法违规论处，更不应简单予以强制取缔。如果私下交易的股票具有较强的可交易性，新层次股票市场就应考虑如何（包括修改入市规则和交易规则）将它们吸入交易市场中；如果私下交易的股票在可交易性方面较差，即便保留这一交易方式也不会对正式的股票交易市场产生多大负面影响，反而有利于解决退市股票的"出口"，则何乐而不为呢？须知，竞争乃是市场经济的核心，多一个竞争机制比少一个竞争机制要好；另一方面，有比较才有鉴别，从而才有改进和发展。新层次股票市场不应再是一个体制上封闭的垄断市场。

王国刚 著

AN
INTRODUCTION
TO
CAPITAL MARKETS

资本市场导论

（第二版）

（The Second Edition）

下

社会科学文献出版社
SOCIAL SCIENCES ACADEMIC PRESS (CHINA)

目 录

CONTENTS

第五篇　交易类衍生产品市场

第四篇
证券类衍生产品市场

证券类衍生产品，是指在公司债券、政府债券和股票等原生性证券的基础上，通过将这些原生性证券的某些特征重新组合或者将这些原生性证券的某些特征与其他金融产品（如存款、贷款等）的特征重新组合形成的新的证券品种。由这些证券类衍生产品发行和交易形成的市场，就是证券类衍生产品市场。

在英文中，与 Derivative（即"衍生"）一词相对的单词有 Basic、Underlying 和 Origingal 等多个。其中，Basic 的含义是"基本的""基础的"，Underlying 的含义是"根本的"、"基础的"和"在下的"，Origingal 的含义是"最初的"、"原先的"和"原生的"。由此，不难看出，"衍生"的对应词为"原生"，衍生证券的对应面为原生证券。与原生性证券相同，证券类衍生产品也属于标准化证券的范畴，有发行市场和交易市场。这是证券类衍生产品市场与交易类衍生产品市场的区别所在。

证券类衍生产品的种类很多，主要有投资基金证券、可转为股票的公司债券、资产证券化债券和认股权证等。其中，每一类又可分为更多的品种。中国《证券法》第 2 条规定："证券衍生品种发行、交易的管理办法，由国务院依照本法的原则规定。"

证券类衍生产品是金融产品创新的重要结果，也是金融创新的主要方面。对中国金融发展来说，有效借鉴发达国家的经验，加快证券类衍生产品的创新，既是一个提高金融服务于实体经济质量的过程，也是一个与国际接轨的过程。

第十章 投资基金证券

投资基金证券，是资本市场中重要的证券类衍生产品。在发达国家中，通过投资基金证券集中的资金，是资本市场中的主要投资资金。由于这些资金完全由相关机构操作，所以，在资本市场上，它们都被归为机构投资者的范畴。1868 年，英国诞生了全球历史上第一个信托型证券投资基金；20 世纪 20 年代初，美国创造了公司型证券投资基金。迄今，在美国等发达国家中，证券投资基金的资产规模已可以与商业银行表内的资产规模相匹敌。本章着重探讨投资基金的内涵、特征、组织方式、类型和运作机理。

第一节 投资基金的基本规定

一 投资基金证券和投资基金

投资基金证券，简称基金证券，是指由投资基金组织向社会公开发行的、证明持有人按其持有份额享有资产所有权、收益分配权和剩余资产分配权的凭证。投资基金证券产生于投资基金制度，为此，要把握投资基金证券，需要了解和把握有关投资基金的一些基本关系。

基金，在资金关系上，是指专门用于某种特定目的并进行独立核算的资金；在组织关系上，是指管理和运作这种专门用于某种特定目的并进行独立核算的资金的机构或组织。基金组织，可以是法人机构，也可以是非法人机构；可以是事业性法人机构，也可以是公司性法人机构；可以是合伙公司、合作公司，也可以是股份公司。

投资基金组织，简称投资基金，是指按照共同投资、共享收益、共担风险的基本原则和股份公司的某些原则，运用现代信托关系的机制，以基金方式将各个投资者彼此分散的资金集中起来以实现预先规定的投资目的的一种投资组织制度。这一定义有五层含义：

第一，共同投资、共享收益、共担风险，是投资基金的基本原则。投资基金的资金来源于众多的投资者（包括个人投资者和机构投资者）。这些投资者将资金投入投资基金，自然形成了共同投资的结构；投资基金的运作既有收益也有风险，这些收益和风险理应由投资者承受，因此，共同投资、共享收益、共担风险，就成为投资基金的基本原则。

第二，投资基金贯彻股份公司的一些基本原则。在资本市场中，投资者的权益主要可分为股权性权益和债权性权益两种。投资者将资金投入（而不是借给）投资基金，因此，他们所拥有的权益属股权性权益，比如他们有权参加基金持有人会议，有权就基金运作的有关重大事项进行审议表决、参加基金收益的分配和分取基金的剩余资产等，因此，投资基金贯彻着股份公司的一些基本原则。

第三，投资基金运用现代信托关系。投资基金组织（不论是公司型还是契约型）不自己运作基金中的资金，而是通过信托关系将这些资金委托给基金管理人（如基金管理公司或类似机构）运作，并由基金保管人（或称基金托管人）负责基金资产的管理并监督基金管理人对基金资金的使用。这种信托关系，是投资基金形成与发展的重要保障机制，也是投资基金在组织上不同于股份公司的一个典型特征。

第四，投资基金是一种资金有专门用途并实行独立核算的组织。投资基金的资金用途通常有比较明确的规定。这种规定，或由有关法律法规规定，或由基金章程规定。例如，证券类投资基金主要投资于证券市场（其份额常常不低于资金总量的70%），产业类投资基金主要投资于产业部门（可投资于证券市场的份额通常不超过资金总量的30%）。另外，投资基金的资金，虽然委托给基金管理人运作，但基金管理人应对此单列账户，进行独立核算，不能将这些资金与自身的资产相混，也不能以这些资金为抵押（或担保）获得自身资产运作所需的借款。

第五，投资基金是一种投资组织制度。从投融资角度看，投资基金组织，既不同于股份公司和一般的工商企业，也不同于银行和一般的非银行金融机构，它是一种专门将投资资金集中起来进行投资的机构，因而是一种独特的投资组织形式。

上述五个方面内容实际上是构成投资基金的五个基本要素，也是投资基金在设立、运作和发展中应始终予以重视和坚持的五项基本规定。

二 投资基金的特点

投资基金，在美国称为共同基金、互惠基金等；在英国、日本等国称为投资信托基金（简称投信基金）、单位信托基金等；在中国则称为投资基金。尽管名称不尽相同，但与一般机构投资者和个人投资者相比，它们都具有如下共同特点：

第一，基金规模比较大，投资范围特定。投资基金的规模比较大，许多国家通过立法的方式对基金发行规模设立最低门槛。例如，在美国，一只投资基金规模可高达几百亿美元；在中国，单只投资基金证券的发行规模通常在20亿元以上（高的可达近数百亿元），大大高于一般机构投资者或个人的证券投资规模。证券投资基金主要投资于证券领域，如股票、债券、商业票据以及金融衍生产品等；产业投资基金主要投资于相关实体产业。

第二，专业化的管理。投资基金一般由专业化的投资机构负责管理，如投资公司、资产管理公司和基金管理公司等。这些专业化机构一般配备有证券分析师、行业研究人员、专业操作人员等经济、法律、管理方面的专业人才，通过专业化、科学化的管理与操作，避免了个人投资者的信息不足、投资单一等问题。

第三，降低交易成本。投资基金主要通过三个机制降低了交易成本：其一，在证券交易中，为了鼓励大额交易，许多国家实行按笔数收取佣金、过户费及其他费用，这对小额投资者显然不利。证券投资基金弥补了这一不足，在大额投资中降低了交易费用。其二，由于投资基金实行专业人士操作专业投资的制度，与个人投资者相比，投资基金的信息获取能力和分析能力明显提高，由此降低了证券投资中由信息不对称引致的成本。其三，个人投资者从事证券投资需要花费很多的时间与精力，而通过投资基金证券进行投资，则可以集中精力从事熟悉的、具有比较优势的事业，从而降低了投资者的机会成本。

第四，降低了投资风险。证券市场上一般面临两类风险：系统性风险和非系统性风险。非系统性风险一般与具体的公司有关，可以通过组合投资来降低。进行组合投资一般需要一定的资金规模和一定的专业知识，由于个人投资者的资金规模有限，很难有足够多的资金在证券资产池中配置不同的产业、不同公司和不同种类的证券；另外，为了优化投资组合，需要有多方面的知识，如各产业的专业知识，信息的处理能力以及统计、数学方面的知识等，这对于大多数个人投资者而言是不现实的。投资基金则不同，由于其资金规模巨大，专业人才配备齐全，可以通过构建科学、合理的证券组合，降低证券投资中的非系统性风险；与此同时，证券投资基金的强大信息处理能力，也会使之在一定程度上具有预见系统性风险的能力。

三 投资基金的负面影响

正如世间一切事物一样，有利必有弊。证券投资基金既有积极作用，也有负面影响。证券投资基金的负面影响主要表现在：

第一，利益驱动。证券投资基金是以盈利为基本目标的经营性机构，收益的来源包括证券买卖差价收入、股息、利息等。基金运作存在较强的利益驱动，这由三方面因素决定：

其一，基金持有人的基本投资目的，不在于获得诸如股票的股息、债券（国债、公司债券等）的利息收入，而在于获得高于这些收益的投资收益，因此，如若基金运作经常发生实际上分配给基金持有人的投资回报水平等于或低于股息、利息收益，基金持有人就常常感到不满意。这在客观上形成一种压力，要求基金运作的收益从而分配给基金持有人的投资回报率应高于股息、利息水平。

其二，基金管理人运作基金资金，是接受基金持有人委托而展开的。各个基金管理人在运作基金资金中实现的收益水平，客观上形成了一种竞争关系。一般来说，基金持有人总是倾向于将基金资金委托给那些能够给自己带来较高收益的基金管理人运作，由此形成了这样一种委托格局：基金资金运作收益越好，基金管理人接受委托的基金资金越多，而接受委托的基金资金越多，基金管理人施展其组合投资的能力越强，基金运作收益就有可能越高，反之，若基金资金的收益不高，则基金管理人就可能面临业务减少甚至退出基金管理领域的危险。

其三，基金管理人运作基金资金的管理费收入是按照基金净资产的一定比例提取的。在基金运作收益水平较低甚至亏损的条件下，虽然基金管理人也可以按照剩余的基金净资产数量提取管理费，但其绝对量明显少于基金资金运作收益水平较高时可提取的数量，由此，基金管理人单从自己的管理费收入的多少出发，也必须努力争取基金资金运作有一个较高的收益水平。

在基金资金运作的各种收入中，证券买卖差价收入是主要的收入来源。证券买卖差价收入的基本原理是，以较低的价格买入股票等证券，再以较高的价格卖出这种证券，从而获得两者之间的差价收入。为了适应证券市场变化，基金管理人在运作基金资金中，通过各种分析，总是有效把握每一个机会。在这种把握机会的过程中，一些基金管理人就可能选择某种不规范的运作方式（例如，制造某种股市消息，利用内幕信息，实施某种类似于操纵股价的行为等等），也可能选择虽属合法但不利于经济社会稳定的运作方式，以争取获得尽可能高的投资收入。

第二，投资失误。基金运作受到各种信息的制约。由于任何准确的信息在时间点上通常都是过去的信息，而依据这些信息做出的投资决策总是在此之后，因此，如何依据这些信息做出比较准确的预测和判断，就成为保障投资决策无误的关键。预期毕竟是预期，不是现实，这就提出了一个如何看待各方面预期性信息的问题。如若不重视预期性信息的质量，简单依此进行投资决策，就可能引致投资失误。尤其是，在众多投资者共同持有某种预期、且这种预期在某个时间段似乎为股市走势证实时，随意附会更容易导致投资决策从而投资失误。

第三，导向不当。在中国，证券投资基金的发展时间不长。为了证明其存在和发展的重要性和必要性，一些人曾在舆论宣传方面对证券投资基金的积极功能过度"拔高"，从而产生了一些负面影响。主要表现有二[①]：

其一，认为证券投资基金是专家理财，其投资于股市的收益水平将高于股市的平均收益水平，即所谓"基金投资能够跑赢大市"。由此，基金持有人甚至一些政府部门按照"跑赢大市"的标准要求基金管理人的运作，这大大增强了基金投资运作的盈利压力，不利于证券投资基金的健康发展。证券投资基金并非专家理财，它实际上只是由一个专业理财团队来操作。

---

① 参见王国刚等《四问证券投资基金》，《中国证券报》2000 年 8 月 14 日。

其二，认为证券投资基金具有稳定股市的功能。这种宣传给有关部门以误导，使他们认为，既然证券投资基金具有稳定股市的作用，那么，就可将其作为一种政策"调控"力量来影响股市走势。事实上，在一个完全竞争的市场中，任何一个市场参与者都只是市场价格的接受者，而不是市场价格的制定者；市场价格在买卖各方的竞争中形成，不论是买方还是卖方，就单一主体而言，都不具有稳定市场的功能。

第四，内部人控制。基金管理人接受基金持有人委托运作基金资产，实际控制着基金投资的各方面事务。在基金持有人监督及有关制度约束弱化的条件下，基金管理人有可能为谋取自己的利益，偏离甚至违反基金有关法律性文件的规定进行证券投资操作，给基金持有人带来不应有的投资损失，或使基金资产承受不应有的运作风险。

四　老鼠仓

老鼠仓（Rat Trading），是指证券交易经纪人不忠实地履行客户要求、通过违法违规的操作谋取自己利益的行为。其中，"老鼠"一词表明，这种行为是见不得人的，属于阴暗的、违法的行为范畴；"仓"一词表明，操作者持有对应的证券（股票、债券等）。在中国证券市场中，老鼠仓现象主要发生在证券公司和基金管理公司等金融机构的个别内部人员。老鼠仓运作的基本过程是，有关内部人员在较低价位先用自己（也可能是亲属、关系户）的资金购入某种（或某几种）股票，然后再运用所在金融机构的资金拉升这只（或这几只）股票的市场交易价格，在价格达到预期水平时，开始卖出先前以自己（或亲属、关系户）资金购入的股票，由此获得股票买卖之间的差价收入。

面对老鼠仓给股市和投资基金市场带来的严重危害，中国的《刑法》、《证券法》和《证券投资基金法》等从不同角度对相关内幕人员的行为做出了具体界定。例如，《刑法》第180条第一款规定："证券、期货交易内幕信息的知情人员或者非法获取证券、期货交易内幕信息的人员，在涉及证券的发行，证券、期货交易或者其他对证券、期货交易价格有重大影响的信息尚未公开前，买入或者卖出该证券，或者从事与该内幕信息有关的期货交易，或者泄露该信息，或者明示、暗示他人从事上述交易活动，情节严重的，处五年以下有期徒刑或者拘役，并处或者单处违法所得一倍以上五倍以下罚金；情节特别严重的，处五年以上十年以下有期徒刑，并处违法所得一倍以上五倍以下罚金。"尽管如此，老鼠仓事件依然时有发生。

五　推进投资基金发展的主要因素

在100多年发展历程中，推进投资基金发展的主要因素有五个方面：

第一，经济发展状况，是投资基金发展的内在根据。随着经济的发展，国民生产总值迅速增长，人均国民收入水平上升，于是，个人投资能力得到提高，出现了众多中小投资者。这些中小投资者也想获取与大投资者一样的投资收益，但已有的各种投资方式都不充分适合中小投资者，由此，客观上就要求实现投资方式社会化，以实现中小投资者的利益。这样，由经济发展引致的众多中小投资者参与社会投资的要求与已有投资方式不相适应的矛盾，为证券投资基金发展提供了内在根据。

第二，居民财富增加，是投资基金发展的资金来源。随着居民收入增加，在满足消费的条件下，居民消费剩余的资金也将增加。由于大多数居民既缺乏证券投资的基本知识和基本技能，又缺乏足够的时间进行证券投资，所以，通过购买基金证券，将资金以信托方式交由基金管理人运作，就成为一种重要的选择。另外，在人口老龄化过程中，居民财富的跨期配置成为一种必然选择，由此，通过投资基金来实现这一选择也是一种必然趋势。

第三，发达的证券市场，是投资基金发展的基础性条件。证券投资基金的投资对象主要是各种有价证券，其运作方式是对这些证券进行合理组合与配置，以达到规避投资风险、获取预期收益的目的。如果证券市场发展规模过小，对投资基金的投资范围和投资内容有较多限制，投资基金管理人就很难根据市场的有关信息和变化，灵活地改变证券组合比例以趋利避害。因此，没有活跃、高效的证券市场，证券投资基金的发展必然受挫。

第四，健全的法律体系，是投资基金发展的一个重要因素。投资基金的发展，离不开法律的有效保护。例如，在证券投资基金发达的美国，最初由于缺乏严格、完备的有关证券市场及投资基金的法律和法规，股市投机活动十分猖獗，各种欺诈行为、操纵股市及内幕交易等处可见，最终导致 1929 年的股市大崩溃，众多以证券市场上各种有价证券为投资对象的投资基金也随之纷纷倒闭，剩下为数不多的投资基金也因被美国证券管理委员会视为有不良行为而备受冷遇。此后，美国制定、颁布了一系列法律、法规来维护证券市场正常交易和保护投资者的利益，证券投资基金才再度繁荣起来。20 世纪 50 年代以后，各国在促进证券、投资基金发展时，都以制定相关法律制度为先导，使证券投资基金一开始就走上法制的道路。因此，只有对证券投资基金的设立、运营、监督等制定具体的法律规范，才能保障投资者的利益，才能促进证券投资基金的健康发展。

第五，投资基金的创新能力。一种金融商品或投资方式能否为公众所接受，并获得迅速发展，最根本的原因还在于它是否能够满足投资者对投资于该金融商品或选择该投资方式的各种要求。随着经济的发展，投资者的偏好也在不断地扩展变化，客观要求金融市场提供能够适应这些新偏好的金融产品或投资工具。由此，证券投资基金只有不断创新才能不断发展。

第二节 投资基金的运行机制

一 投资基金的组织关系

投资基金有其独特的运行机制。这主要表现在组织关系、资产关系和市场关系三个方面。从组织关系上看，投资基金中的如下一些内容是至关重要的：

1. 投资基金证券的当事人

在组织关系上，投资基金涉及的当事人主要有基金持有人、基金发起人、基金管理人、基金托管人等。

（1）基金持有人。它是指投资购买并持有基金证券的个人或机构。在权益关系上，基金持有人对基金享有资产所有权、收益分配权和剩余资产分配权等法定权益。基金持有人通过基金持有人大会行使所有权、表决权，监督基金的运作情况，有权查询对应投资基金的业务状况和财务资料；在基金清算时，有权取得对应基金的剩余资产。

基金持有人大会是基金的最高权力机构，基金持有人大会相当于基金的股东大会。基金持有人的权利和义务由相关法律、基金章程、信托契约书等文件规定。基金持有人大会有权就修改基金信托契约内容、提前终止基金、更换基金托管人和基金管理人等重要事项做出决定。

（2）基金发起人。基金发起人的主要职责是订立发起人协议，起草基金章程、基金信托契约、基金托管契约、基金募集说明书等文件，向有关监管部门提交设立基金的申请，发售基金证券、募集基金资金，设立基金等。

（3）基金管理人，是管理和运作基金资金的法人机构。它的主要职责是，进行基金资金的投资运作、负责基金资产的财务管理及其他与基金资产有关的经营活动。基金管理人的收益主要是按照基金信托契约的规定依据基金资产净值按比例提取基金管理费。承担基金管理人职能的法人机构，可以是投资公司（如美国）、资产管理公司和基金管理公司（如中国）等。在中国，申请设立基金管理公司，必须经证券监管部门批准。

（4）基金托管人，又称基金保管人，是依据基金运作中"管理与保管分开"的原则，对基金管理人进行监督和保管基金资产的机构，是基金持有人的代表，通常由商业银行等金融机构担任。基金托管人的主要职责是保管基金资产，执行基金管理人的投资指令并办理资金往来手续，监督基金管理人的投资运作，复核、审查基金财务报告、资产净值及基金单位净值，保管基金会计账册、出具基金业绩报告和提供基金托管情况等。基金托管人的收益主要是按照基金托管契约规定收取的基金托管费。

（5）基金服务机构。这是指依法设立、从事基金服务业务的各种法人机构，它包括基金代销机构、基金注册登记机构、基金投资咨询机构、基金验资机构、会计师和律师事务所等。

2. 投资基金中各类当事人之间的关系

在投资基金中，各类当事人之间存在一种信托关系。在公司型基金中，基金公司是信托关系中的委托人；在信托型基金中，投资者一旦购买了基金证券，也就具有了委托人的身份；基金管理人是信托关系中的受托人；基金托管机构是信托关系中的基金资产监护人。它们之间的关系可用图 10 – 1 来说明。

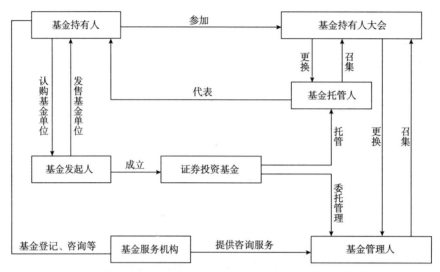

图 10 – 1　投资基金中各类当事人之间的关系

由于在信托关系中，委托人一旦与受托人达成协议，将财产转移给受托人管理，在法律上，这些财产就被视为受托人所有，委托人不能超越信托契约的规定干预受托人对财产的运作、管理和处分。另外，基金持有人或基金公司为了保障自身的利益，促使基金管理人信守职责，防止资产损失和收益损失，又委托基金托管机构从维护基金持有人的权益出发，负责保管基金资产，监督基金管理人对基金资产的投资运作。这种运用资产托管机制来制约信托资产运作的关系，在一般的信托关系中是不存在的，因此，它构成了投资基金信托关系中的一个重要特点。

在基金组织关系中，《基金章程》《基金信托契约》和《基金托管契约》等文件具有法律效力，对维护基金组织关系和维护基金持有人权益至关重要。

《基金章程》是规范基金设立、发行、运作及各种相关行为的法律性文件。它的内容包括：基金类型和规模、基金证券的发行与上市（或转让）、投资方向及有关规定、基金持有人的权益、基金管理人和托管人及其他当事人（如会计师、律师等）的职责和权益、资产估值和运作情况的公布、基金收益分配政策、基金组织的终止和清算等。

《基金信托契约》是规范基金组织和基金管理人之间的资产信托关系、各自职责和权益及其他有关事宜的法律性文件。它的内容包括：信托期限、基金组织和基金管理公司的各自职责和权益、运作费用和管理费用、资产运作的有关界定、财务账目的处理、基金收益分配及基金持有人的其他权益等。

《基金托管契约》是规范基金组织和基金托管人之间的资产保管关系、各自职责和权益及其他有关事宜的法律性文件。它的内容包括：基金资产构成、保管期限和方式、基金组织和基金托管人的各自职责和权益、保管费用、投资项目的清算事项、资产估算和统计、信息披露等。

3. 基金的治理结构

（1）公司型基金的治理结构。公司型基金是一个有形的机构，通常设有基金持有人大会、基金公司董事会等机构。在基金持有人大会闭会期间，一般由基金公司董事会代表持有人选择、确认、监督和评价基金管理人以及其他当事人。

由于公司型基金拥有一个行使基金持有人权利的董事会，许多国家对董事会的构成进行严格规定以保护投资者的权益，提高基金业的公信力及其治理结构的效率。例如，在基金业十分发达的美国，投资基金普遍采用的是以独立董事为核心、以控制基金关联交易为重点的公司制形式。

美国为了保护投资者的利益，于2001年对《1940年投资公司法》中的一些条款进行了修改，要求进一步提高共同基金中独立董事的独立性和有效性。美国公司型基金治理结构的独立董事制度主要有下列特点。

第一，要求董事会中独立董事占多数。2001年的"修正案"要求董事会成员必须多数由独立董事组成，至少达到简单多数，通过独立董事来监督基金的运行，防止交易中的关联交易损害投资者的利益。

第二，实行独立董事自我推选原则。所谓独立董事自我推选机制，就是独立董事的推荐、选举和任命等职责，由在任的独立董事承担；同时，还严格禁止基金投资顾问、主承销商及某些他们关联方的前高级职员或董事担任基金独立董事。独立董事自我任命机制的目的，就是要使独立董事能够真正地代表公司整体利益和中小股东利益，监督大股东及其派出的董事、高级管理人员以及其他在公司中代表控股股东的利益者。

第三，独立董事的职责。独立董事必须把投资者的利益放在首位，其主要责任是监督基金的运作，负责处理基金与管理人及其他服务机构之间的利益冲突。为了保证独立董事职责的实施，美国的投资公司法规定，董事会中的审计委员会由独立董事进行组织，审计师的选择也由独立董事控制；必要时，独立董事可以单独举行会议。

第四，对独立董事的监督。美国证券交易委员会十分关注对独立董事履行职责情况的评估和约束，其措施主要有声誉上的约束、法律上的约束以及报酬方面的约束；每年必须向股东提供有关董事的基本信息，以便股东了解其代表的身份和经历；披露董事所持有的基金股份，以便股东对董事的利益是否与其利益相一致做出判断。

第五，独立的审计委员会。根据美国有关法律，基金的外部审计人员的选任必须由股东选举通过，然而，当审计委员会的组成人员全部为独立董事时，就没有必要进行选举。

（2）信托型基金的治理结构。信托型基金没有董事会等有形机构来行使基金持有人的权力，因而，不存在基金组织内部的治理结构。

信托型基金的治理结构主要指的是，基金持有人、基金管理人、基金托管人之间权利义务关系依信托机制而进行的制度安排体系。在信托型基金中，基金管理人的作用最为突出，往往身兼数职，权力很大，其收益又主要来自于管理费，因此，容易出现因利益不一致和信息不对称导致的道德风险。

相对于公司型基金的治理而言，信托型基金的治理难度更大。在这个过程中，基金管理人的公司治理结构的好坏，常常严重影响信托型基金的整个治理结构。在实行信托型基金制度的国家或地区，在信托型基金的治理上采用的方式也不尽相同。在日本，基金管理人受持有人委托，负责募集基金，选聘受托人保管基金资产；受托人为信托银行，其主要职能是按照委托人的意图计算和管理基金资产。受益人为投资者，其依照信托合同的约定享有基金收益。在香港，根据《单位信托及互惠基金守则》，基金持有人委托托管人，托管人委托基金管理人，基金托管人具有双重身份，既是基金财产的受托人，又是基金财产的委托人；由于基金持有人不直接与基金管理人发生委托关系，基金管理人因失误造成的基金财产损失首先要由托管人直接承担监管不力的责任。

20世纪90年代以后，在治理结构方面，信托型基金引入了公司型基金的某些机制，以强化基金持有人对基金管理人的监督。

二　投资基金的资产关系

投资基金的资产关系，主要由投资基金资本、投资基金资产、基金管理人的管理费、基金保管人的保管费、投资基金收益及其分配等内容构成。

1. 投资基金资本

投资基金资本，简称基金资本，是指基金组织通过发行投资基金证券所募集的资金，其数量等于基金证券面值总额。基金资本的所有权归基金持有人，基金资本数量等于基金的全部持有人持有的基金证券总额或权益总量。在公司型基金中，基金资本是指基金公司在工商注册登记的资本数量。在基金证券按面值发行的条件下，基金资金的数量等于基金证券的面值总额，因而等于基金资本；在基金证券按高于面值价格（包括发行手续费）发行的条件下，基金资金的数量可能大于基金证券的面值总额，因而，基金资金可能大于基金资本。在信托关系中，基金组织委托给基金管理人管理运作的资金数量，可能高于基金资本，但不能低于基金资本。

2. 投资基金资产

投资基金资产，简称基金资产，是指基金管理公司在运作基金资本过程中所形成的基金资产总量。从资金来源方面看，它包括基金资本、借款及其他负债、公积金等净资产、未分配利润等；从资金运用方面看，它包括现金、存款、短期投资、存货（如库存证券）等流动资产，长期投资，固定资产，无形资产及递延资产，等等。在大多数条件下，基金资产大于基金资本。

由于基金资本通过信托关系委托给基金管理人管理运作，所以，基金资产的形成和变化受基金管理人的管理运作决定。在资产运作中，基金管理人一方面应将基金资产单立账户，与基金管理人自己的资产账户分开，若一家基金管理人同时管理运作两只以上基金，则应将各只基金的资产分立账户；另一方面，资金管理人应根据有关规定，将基金资产的每一项变动及时告知基金托管人，基金托管人也应及时掌握基金资产的变动情况，并进行核对、记录和监督。

3. 基金管理人的管理费

基金管理人的管理费，是指基金管理人根据有关基金的法律法规规定和信托契约书规定获得的管理运作基金的报酬。在发达国家的历史上，这些报酬曾采取固定费用的方式，在《基金信托契约》中予以规定，并列入基金财务成本。这些报酬之所以不从利润中提取，除税收等原因外，一个重要原因是，信托机制规定基金管理人不应为了获得较高的报酬而将基金资产投入基金信托契约规定之外的高风险项目，从而影响甚至损害基金持有人的利益。但仅收到固定报酬，基金管理公司可能缺乏提高基金投资收益的积极性，使可能得到的收益未能充分实现，为此，现在许多基金管理人的报酬由固定报酬和浮动报酬（按比例从基金利润中分取）两部分构成。

4. 基金托管人的托管费

基金托管人的托管费，是指基金托管人根据《基金托管契约》规定获得的托管基金资产的报酬。它的情形与管理费相似，原先也是采取固定报酬的方式，为了调动托管人的积极性，如今也大多采取固定报酬与浮动报酬相结合的方式。

5. 基金投资收益

基金投资收益，是指基金资产运作中的各种收入减去各项成本后的剩余部分，即税后利润。基金运作中的各种收入，不仅包括基金资金的投资收入，而且包括基金资产的增值收入；基金运作中的成本包括投资成本、财务成本（其中包括管理人的固定管理费和托管人的固定保管费）、税收等。从理论上说，基金投资收益应全部归基金持有人所有，但如上所述，为了调动管理人和保管人的积极性，需提取一定比例支付给这些运作机构，另外，根据法律法规规定，还需要提取一定数量的公积金，所以，实际上可用于分配给基金持有人的数量会少于税后利润总额。但在基金资产增值较快的场合，基金持有人得到的收益数量，可能多于税后利润总额。

三　投资基金的市场关系

对任何一只投资基金来说，它的市场关系主要由基金证券的发行、基金证券的交易和变现、基金资金的投资、基金资产的转让、基金的终止与清算等构成。

1. 基金证券发行

基金证券发行，是指基金组织以发行人的身份采取公募或私募的方式、通过发行基金证券来募集基金资金的过程。在公募条件下，基金证券的发行通常选择证券商予以承销，所以在有些场合，人们将证券商列为投资基金组织关系中的一个机构。基金证券的承销，与股票、债券的承销没有多少差别。基金证券，一般采取面值发行，迄今没有采取溢价发行的，但在发行中，考虑到发行中的各种费用（如承销费、信息公告费等），有时增收一定比例（如3%或5%）的手续费。

由于投资基金是采取先发行基金证券后形成基金组织的方式，所以，基金证券的发行人通常由基金组织的发起人承担。在基金证券发行前，应公布《基金章程》《基金信托契约》《基金保管契约》《基金招募说明书》及其他文件，以便投资者选择。当基金证券的发行数量达到或超过法定比例（有的国家规定为50%，有的国家规定为70%，中国规定2亿元人民币），基金组织的形成就具备了法定资格（即基金公司可以设立或基金信托契约可以生效），否则，不能形成基金组织。

2. 基金证券的交易

基金证券的交易，是指基金证券在证券交易所或场外交易市场入市买卖。基金证券能否进入交易市场，直接影响着基金持有人的投资变现能力和收益能力，从而影响着基金证券的发行。但进入交易市场并不是所有投资基金存在和发展的必须条件，它只对封闭式基金有重要意义。对开放式基金来说，基金持有人可以根据需要，按照定期公布的权益类资产的价值变动，在柜台上办理基金证券的兑付手续，满足变现的要求，所以，基金证券无须进入交易市场。在各发达国家，开放式基金的数量大大多于封闭式基金，这决定了大部分投资基金是不进入交易市场的。

3. 基金资金的投资与转让

基金资金的投资，是指基金管理人在运作基金资金的过程中所进行的各种投资活动。在发达国家中，投资基金的绝大多数属证券类投资基金，其投资方向主要是证券市场（包括各种衍生产品市场），为此，基金资金的投资运作受到证券市场走势的严重影响。由于基金资金主要投资于证券市场，所以基金管理人应拥有足够数量的证券市场专业人士，能够及时地跟踪、分析和预测证券市场走势，进行证券组合投资，避免风险，提高收益。可以说，基金管理人存在的意义、投资者对它的信任以及它的发展都取决于专业团队的素质和能力。因此，在基金资金的投资中，最重要的问题不是证券市场的状况，而是专业团队的质量和能力。

基金资产的转让，是指基金资产通过适当的市场过程从实物形态变为价值形态的现象。投资基金的大部分资产属现金类和证券类资产，证券类资产可通过证券市场而变现；但基金资产中也有一部分实物资产（如设备、房屋、交通工具等）。在基金的现金类和证券类资产能够满足基金持有人的变现需要和基金运作需要时，这些实物资产可能不存在转让变现问题，但在基金资金周转困难或基金封闭期满时，它们的转让变现就成为现实的选择；另外，当基金管理人需要调整基金资产（如更新设备等），这些资产的转让也会发生。基金实物资产的转让价值通常与其账面价值有较大的差额；当差额为正数时，基金持有人的收益将增加，反之，将减少。有鉴于此，大多数国家不主张在基金运作中通过对基金实物资产的评估，提高这些资产的价值并以此进行"送股"分配。

4. 基金的终止与清算

监管当局一般对基金的终止条件做出了规定。封闭式基金一般在下列条件下应当终止：第一，封闭式基金在基金封闭期满且未被批准续期的应当终止；第二，基金经批准提前终止的；第三，基金设立或运作，因重大违法、违规行为而被监管当局责令终止。开放式基金因不具有封闭期，因此，导致开放式基金终止的因素也就不尽相同。

不论是开放式基金还是封闭式基金，在基金终止时，都要组织清算小组，按照一定的清算程序，将基金资产进行处置。

清算小组成员一般由基金发起人、基金管理人、基金托管人，具有从事相关业务资格的注册会计师和律师以及监管当局指定的人员组成。清算小组负责统一接管并保管基金资产，对基金资产进行清理确认、估价和变现。清算小组在进行基金清算过程中发生的所有合理费用从基金资产中支付，基金清算后的剩余资产扣除清算费用后，按基金持有人的基金单位比例进行分配。

第三节　投资基金的主要类型

一　公司型基金和信托型基金

根据在组织方式上的差异，投资基金可分为信托型投资基金和公司型投资基金。

1. 信托型基金

信托型投资基金，简称信托型基金，是指以信托机制为基础，由基金发起人发起设立、向投资者发行基金单位以募集基金资金并将这些资金按照信托契约规定交由专业管理人进行管理运作的投资基金。信托型基金起源于英国，1868年由英国政府组织设立了"国外及殖民地政府信托基金"。目前，在英联邦国家、日本等设立的投资基金大多为信托型基金。在中国，受金融体制制约，信托型基金被称为契约型基金。

信托型基金，在组织上，它是指按照一定的信托契约原则通过发行受益凭证而设立的，它不是一个独立的法人机构，没有自身独立的办事机构系统；在证券上，它是指由基金管理人作为基金发起人所发行的投资基金凭证。

信托型基金的当事人包括：基金发起人、基金投资者（或基金持有人）、基金管理人、基金托管人、基金销售商、基金过户代理人等。基金的发起人通常由基金管理人担任。信托型基金的认购人一旦成为基金持有人，就既是基金的股东，也是基金的受益人。基金持有人在信托关系中处于委托人的地位，其权益由法律规定或由具有法律效力的文件（如基金的信托契约书等）规定，具体权益大致包括：享有信托财产的收益分配权，参加基金持有人大会，对会议上的议决事项进行投票表决等。基金管理人是受托人，在信托型基金的运作过程中发挥着中心作用。在基金设立前，基金管理人通常履行起草基金章程、基金招募说明书、基金信托契约、基金托管契约等重要文件的职能；基金设立后，它必须根据信托契约规定的投资范围和投资目标，审时度势地进行证券市场的投资操作。基金托管人接受基金持有人的委托，负责管理基金资金、监督基金管理人的运作。信托型基金是依据信托机制设立的，根据经营与保管分离的原则，委托人指定托管人负责保管基金资产。托管人的主要职责是：根据有关法律、基金信托契约及其他相关文件的规定，监督基金管理人在基金资产运作的各项行为是否符合规定要求，监督投资组合、投资范围、基金管理人报酬和托管人托管费的计提比例、基金资产核算和费用扣除、基金资产净值的计算、收益分配是否符合法律和具有法律效力的文件规定。

2. 公司型基金

公司型投资基金，简称公司型基金，是指在组织上按照公司法（或商法）规定所设立的、具有独立法人资格并以盈利为目的的投资基金公司（或类似法人机构）；在证券上，是指由投资基金公司发行的投资基金证券。公司型投资基金证券，实际上，是投资基金公司的股票；投资者购买基金公司的证券后，以基金持有人的身份成为基金公司的股东；基金持有人会议是基金公司的最高权力机构，基金公司应根据基金持有人会议的决议，选择一家投资管理公司（或基金管理公司）来管理和运作基金公司的资产，同时，选择一家银行（或其他金融机构）来担任基金资产的托管人。公司型投资基金的最主要特点是它的公司性质，即基金公司本身是独立法人机构。

3. 公司型基金与信托型基金的区别

公司型基金与信托型基金的区别，主要表现在：

第一，设立的法律基础不同。公司型基金设立的法律基础是公司法，公司型基金是独立的法人。信托型基金设立的法律基础是信托法，信托型基金既非法人又非自然人。

第二，运作方式不同。公司型基金按照公司制进行运作，设有董事会，履行监督和管理基金管理人的职能，基金持有者参与基金本身的运作。信托型基金不设董事会，持有者除了享受信托财产利益及更换管理人或托管人的权利外，不参与基金本身的运作。在信托型证券投资基金中，管理人为决策主体，托管人为监督主体，持有人为受益主体。

第三，投资者的身份不同。公司型基金的投资者是公司的股东，有权对公司的投资决策进行监督。信托型基金的投资者是基金的受益人，对管理人的投资决策通常无法进行监督。

第四，基金的融资渠道不同。由于信托型基金成立后一般不会另行发行新的基金单位，信托型基金又很少对外借款，也不能发行优先股和公司债券，因此，要想扩大规模，信托型基金通常采取扩募的形式。公司型基金具备法人资格，除了可以向投资者发行普通股票外，还可以发行优先股、公司债券或者向银行贷款。

二　封闭式基金与开放式基金

根据基金单位是否可赎回或基金单位是否固定，投资基金可分为封闭式基金和开放式基金。

1. 封闭式基金

封闭型投资基金，又称固定式投资基金，是指基金证券的预定数量一旦发行完毕在规定的时间内（也称"封闭期"）基金资本规模就不再增大或缩减的投资基金。在公募条件下，封闭式基金的证券一般可进入证券交易市场交易，投资者若想将所持有的基金证券变现，可将基金卖出。从封闭式基金的定义可以看出封闭式基金主要具备两个特点：其一，基金存续期基金单位不变。封闭式基金的基金单位数量在基金设立时就已经确定，基金持有人在存续期内只能在证券市场上向其他投资者转让，但不得向基金发行人要求赎回基金单位，因此，对基金发行人而言，在封闭期内基金单位总数不会发生变化。但是，基金的资产规模会随着所持有证券的价格的变化而变化。其二，不可赎回性。封闭式基金发行的是不可赎回的基金证券，因此，基金管理人不必为了应付投资者的赎回请求而准备一定的现金资产或把基金资产变现，而是可以进行相对长期的投资。

2. 开放式基金

开放式基金，又称变动式投资基金，是指基金证券数量从而基金资本可因发行新的基金证券或投资者赎回本金的变化而变化的投资基金。这种基金，其组织者可根据市场的变化、资本价值的变化、投资要求等因素，发行新的基金证券，使基金规模扩大；基金持有人也可根据市场状况、自己的投资取向变化等要求基金管理人将基金证券赎回。开放式基金一般不进入证券市场交易，有关赎回手续通常在规定的柜台上办理。从发达国家的实践看，随着新券发行，开放式基金的资本规模迅速扩大，所以，人们又称其为"追加式"基金。

3. 封闭式基金与开放式基金的区别

封闭式基金与开放式基金的区别，主要表现在：

第一，原理不同。封闭式基金实际上是由股权的某些特征和债券的某些特征组合而成的。其中，基金持有人大会、基金持有人参与基金投资收益分配等是股权的特征；封闭期和封闭期结束后的清算等是债券的特征。开放式基金实际上是由股权的某些特征和活期存款的某些特征组合而成的。其中，可随时购买或赎回是活期存款的特征。

第二，存续期限不同。一般来说，封闭式基金都有固定的存续期限，具体的存续期在招募说明书中加以明确。封闭式基金也可以延长存续期限，但必须满足一定的条件。在中国，有代表性的条件大致有四：一是基金年收益率高于全国证券投资基金平均收益率；二是基金管理人、托管人最近 3 年内无重大违法、违规行为；三是基金持有人大会和基金托管人同意扩募或续期；四是中国证监会规定的其他条件。封闭式基金在具备上述条件后，管理人可以向中国证监会申请基金的扩募或在基金存续期满时申请基金的续期，该申请由中国证监会审查批准。开放式基金一般不规定存续期限，可以根据经营状况而延长。

第三，规模的可变性不同。封闭式基金的基金单位数目在存续期内一般不变，但可以通过扩募追加发行规模。开放式基金的基金单位数目随着投资者赎回和认购行为的发生，经常处于变动之中。

第四，基金交易方式不同。封闭式基金一般在交易所上市或在柜台市场交易，上市后，投资者能通过二级市场进行交易。开放式基金不在交易所上市，投资者认购和变现基金都直接与开放式基金往来。

第五，定价方式不同。封闭式基金的交易价格与基金的资产净值并不相等，经常处于溢价交易或是折价交易，因为，其价格除了与基金净值有关外，还取决于交易市场的走势状况。开放式基金的交易价格则与基金的资产净值相等。

第六，管理难度不同。开放式基金的投资管理难度比封闭式基金更大。主要原因是开放式基金要求保证较高的资产流动性以应付投资者的赎回要求，而封闭式基金不需要。开放式基金表现较好时，就会吸引更多资金流入而壮大。但资金规模越大，基金经理构建和调整投资组合的难度越大，因此，美国的许多开放式基金在资产规模达到一定程度后就选择了封闭管理或暂时性封闭管理，不再接受新的基金股份认购。

三　公募基金和私募基金

根据基金的募集方式，可分为公募投资基金和私募投资基金。

1. 公募投资基金

公募基金，是指以公开发行方式向社会公众投资者募集基金资金的投资基金。在这种条件下，基金证券的发行规则与公募股票的规则基本一致。公募基金证券的发行范围比较广泛，发行数量较大，流动性较强。开放式基金属于公募基金范畴，封闭式基金中的一部分也选择公募基金方式。

2. 私募投资基金

私募基金，是指以非公开方式向一些特定投资者在同一时间按照统一条件（包括同一价格）募集基金资金的投资基金。由于私募基金中容易发生不规范的行为，所以一些国家的法律明确限定了私募基金证券的最高认购人数，超过最高认购人数就必须采用公募发行。中国 2006 年新修改的《证券法》第 10 条第 2 款规定："向特定对象发行证券累计超过二百人的"，视为公开发行证券，应报证券监管部门核准。受投资者人数限制，同时，由于基金证券的流动性较差，所以，每只私募基金的资本数额一般不大。

1999 年以后，在中国证券市场中存在的被一些人称为"私募基金"的资金，实际上不属于私募基金。这种资金不是在一个特定时间内、按照统一条件向特定投资者群体募集的，而是通过管理人与每个投资者"一对一"谈判、相关条件不尽相同、分别签订资金委托投资协议而形成的。

2013 年 6 月开始实施的新的《证券投资基金法》中规定：第一，非公开募集基金应当向合格投资者募集，合格投资者累计不得超过 200 人（第 88 条）。其中，合格投资者，是指达到规定资产规模或者收入水平，并且具备相应的风险识别能力和风险承担能力，其基金份额认购金额不低于规定限额的单位和个人。合格投资者的具体标准由国务院证券监督管理机构规定。第二，除基金合同另有约定外，非公开募集基金应当由基金托管人托管（第 89 条）。第三，担任非公开募集基金的基金管理人，应当按照规定向基金行业协会履行登记手续，报送基本情况（第 90 条）。第四，未经登记，任何单位或者个人不得使用"基金"或者"基金管理"字样或者近似名称进行证券投资活动（第 91 条）。第五，非公开募集基金，不得向合格投资者之外的单位和个人募集资金，不得通过报刊、电台、电视台、互联网等公众传播媒体或者讲座、报告会、分析会等方式向不特定对象宣传推介（第 92 条）。

四 货币市场投资基金、证券投资基金和产业投资基金

根据投资对象的不同，投资基金可分为：货币市场投资基金、证券投资基金和产业投资基金等。

货币市场投资基金，是指发行基金证券所筹集的资金主要投资于大额可转让定期存单、银行承兑汇票、商业本票等货币市场工具的投资基金。这种基金证券的价格比较稳定，与银行等金融机构的各种现金投资工具相比，其收益率较高而风险较低。在美国等发达国家中，货币市场投资基金数额在投资基金中所占比重最大。

证券投资基金，是指发行基金证券所筹集的资金主要投资于公司债、国债、股票及各种衍生产品的投资基金。其中，以投资国债为主的，称为国债投资基金；以投资地方政府债或其他公债为主的，称为公债投资基金；以投资公司债为主的，

称为公司债投资基金；以投资股票及其衍生证券为主的，则称为股票基金或者称为证券投资基金。与投资股票及其他衍生产品相比，由于国债、地方政府债的风险相对较低、利率较低，所以，这种投资基金的风险较小、收益率也较低。

产业投资基金，简称产业基金，是指发行基金证券所筹集的资金主要投资于工业、交通、能源、高科技等产业部门的投资基金。根据主要投资对象的不同，产业投资基金又可分为工业投资基金、交通投资基金、能源投资基金、高科技投资基金等。产业投资基金的收益与风险，主要由三个因素决定：其一，产业的发展前景和所投资的项目前景；其二，投资项目的收益率和各种风险；其三，资产的证券化进程和资本市场的发达程度。从各国情况看，在投资基金中，产业基金的资产规模较小。

五　成长型基金、收入型基金、平衡型基金等

除了上述的分类标准外，投资基金证券还可以从其他角度进行分类。

从基金运作特点和资产特点出发，投资基金可以分为成长型基金、收入型基金、平衡型基金以及介于这些类型之间的类型（如积极成长型基金、成长—收入型基金）。成长型基金，是指以追求资产的长期增值和盈利为基本目标的投资基金；收入型基金，是指以追求当期高收益为基本目标的投资基金；平衡型基金，是指以保障资本安全、当期收益分配、资本和收益的长期成长等为基本目标的投资基金。

根据基金是否上市，可分为上市基金和非上市基金。上市基金（ETFs, Exchange - Traded Funds），又称交易所交易基金，是指基金证券在交易所挂牌交易的投资基金。这种基金，由于其证券可在交易所上市，流通性较高，所以，发行比较容易，发行量也较大。基金证券的上市程序、交易程序及有关机制，与股票、债券基本相同。各国对上市基金的规定不尽相同。非上市基金证券，是指基金证券不能在交易所挂牌交易的投资基金。它包括可流通基金和不可流通基金两种。其中，可流通基金，是指基金证券虽不在交易所挂牌交易但可进入场外交易市场交易的投资基金。这类投资基金的发行量从而投资基金的规模，在很大程度上取决于场外交易系统的发达程度。在场外交易系统比较发达的条件下，如美国，基金证券的发行量和基金规模与上市基金差别不大；反之，则受到比较明显的市场限制。不可流通基金，是指基金证券不进入公开交易市场的投资基金。这种基金通常是私募基金。

根据投资基金证券募集和投资的地域不同，可分为在岸基金和离岸基金。在岸基金，是指在本国募集资金并投资于本国证券市场的证券投资基金。目前，中国境内设立的基金都属于在岸基金。离岸基金，是指一国的基金发起人在他国发行并将募集资金投资于基金持有人所在国之外的证券投资基金。在 20 世纪 60 年代，一些欧洲国家在卢森堡注册基金，向美国投资者发行欧洲投资基金单位，并将募集资金投资于欧洲证券市场。

伞型基金是指在一个"母基金"之下，设立若干的"子基金"或"成分基金"。在伞型基金中，各子基金的投资活动是相对独立的，各子基金都有各自的投资领域和范围；如果市场环境发生变化，投资者想改变投资范围，可以短时间内在不同的子基金之间进行转换，这种转换不收取或收取非常低的赎回和认购费用。中国第一家具有伞型特点的基金，是湘财合丰系列行业基金，分为成长类、周期类和稳定类三种子基金，规模分别为 102163 万元、62714 万元和 98135 万元。

第四节　中国证券投资基金组织模式的基本选择

一　中国契约型基金的制度缺陷

1998 年 3 月以后中国新设立的证券投资基金，在体制机制的制约下，为了回避"信托"监管[①]，均称为契约型基金。2013 年 6 月 1 日修改后实施的《证券投资基金法》（以下简称《基金法》[②]）是目前有关基金设立和运作的最主要法律文件。契约型基金与公司型基金的最重要区别在于，前者没有一个专门代表并维护基金持有人权益的有形机构——基金公司，由此，这在制度安排上引致了下述问题的发生：

第一，基金的基本经济关系不清楚。基金的设立和运作以信托关系为基础。但在《证券投资基金法》中，既没有有关"信托"的用语，也没有有关"信托关系"的表述，甚至连"委托人""受托人"的概念都没有，由此，实际上很难说清楚基金持有人与基金管理人之间究竟是一种什么样的经济关系，而以下几个问题均与此直接相关。

第二，基金持有人权益在制度上缺乏基础性界定。《基金法》第 47 条规定，基金份额持有人享有以下 8 项权利：（1）分享基金财产收益；（2）参与分配清算后的剩余基金财产；（3）依法转让或者申请赎回其持有的基金份额；（4）按照规定要求召开基金份额持有人大会或者召集基金份额持有人大会；（5）对基金份额持有人大会审议事项行使表决权；（6）对基金管理人、基金托管人、基金份额发售机构损害其合法权益的行为依法提起诉讼；（7）基金合同约定的其他权利；（8）查阅或者复制公开披露的基金信息资料。第 48 条规定，基金份额持有人大会由全体基金份额持有人组成，行使下列职权：（1）决定基金扩募或者延长基金合同期限；（2）决定修改基金合同的重要内容或者提前终止基金合同；（3）决定更换基金管理人、基金托管人；（4）决定调整基金管理人、基金托管人的报酬标准；（5）基金合同约定的其他职权。

[①]　原因是"信托"归口中国银监会监管，证券投资基金则由中国证监会监管。

[②]　该法是对 2004 年 6 月出台的《证券投资基金法》修改后实施的。

仔细分析这两个条款，不难发现一个最基本的问题——基金持有人大会定位并不清楚：其一，在基金组织体系中基金持有人大会处于何种地位？是一个最高权力机构从而有关该只基金的一切重大事项均需由该机构议决通过，还是一个一般的议事机构从而有关该只基金的重大事项可以不由该机构议决？其二，投资基金的设立是否需要通过基金持有人大会？一只基金的设立至少涉及两方面事项：一方面《基金章程》《基金契约书》《基金托管契约书》等文件的议决通过，另一方面，选择基金管理人、基金托管人等。如果基金设立需要召开基金持有人大会，那么，为什么在"基金持有人大会"的职权中没有关于"议决基金设立""议决并通过有关基金设立文件""选择基金管理人和基金托管人"之类的规定？如果投资基金设立可以不通过基金持有人大会，那么，这些事项又通过什么机制来解决？其三，既然基金持有人大会连议决《基金章程》等文件、选择基金管理人和托管人的权力都没有确定，那么，又何谈"修改基金契约、提前终止基金、更换基金托管人、更换基金管理人"等程序呢？

第三，基金设立和运作缺乏基础性文件。从法律文件来说，在基金组织体系中，《基金章程》是一项基础性文件，《基金契约书》《基金托管契约书》及其他文件都是以此为根据的。但在《基金法》的全文中没有有关《基金章程》的任何内容，由此出现了一个基本问题，即在缺乏《基金章程》对设立基金的目的、基金类型和规模、基金资金运作、基金持有人的权益、基金管理人和托管人及其他当事人的选择、职责和权益、基金收益分配政策等一系列问题做出具体规定的条件下，《基金契约书》和《基金托管契约书》是根据什么而制定的？有人说根据《基金法》的有关规定。但是，《基金法》只是对各只基金中的一些共性规则做出了规定，并没有对每只基金的特性做出具体规定，尤如在《公司法》与股份公司的《公司章程》关系中不能因为有了《公司法》就可以没有股份公司的《公司章程》一样，也不能因为有了《基金法》就可以没有每只基金的《基金章程》，更不用说，《基金法》中并没有关于《基金章程》的内容。

第四，基金主要文件的法律效力难以形成。在基金中，《基金章程》《基金契约书》和《基金托管契约书》等主要文件是否具有法律效力，对于保障基金持有人的权益和基金管理公司的规范化运作具有实质性意义。然而，在《基金法》第九章"公开募集基金的基金份额持有人权利行使"中却没有涉及这些文件如何获得法律效力的规定。从实践来看，在基金发起设立和资金募集过程中，虽然有关发起人（如基金管理公司）在"基金招募说明书"中披露了有关信息，并将《基金契约书》《基金托管契约书》等作为备查文件，供投资者查阅，但并没有任何法律法规明确规定，一旦基金设立，这些文件就自然具有法律效力。

10 多年前①，有人认为，1997 年底中国证监会出台的《证券投资基金基金契

_____

① 这些问题在 16 年后的今日，依然没有解决。

约的内容与格式（试行）》（证监基字〔1997〕3 号）可以作为依据，因为其中第 23 条要求"说明基金契约经三方当事人盖章以及三方法定代表人签字并经中国证监会批准后生效"，"说明基金契约自生效之日对基金契约当事人具有同等法律约束力，"[①] 然而，这一文件提出的要求，只是针对基金发起人在申请设立基金时有关申报文件的格式和内容而言的，并非从制度上界定只要"基金契约经三方当事人盖章以及三方法定代表人签字并经中国证监会批准"就可直接在法律上生效，更不用说，在向中国证监会申请设立投资基金时，基金证券尚未发行，投资者尚未通过购买基金证券而成为基金持有人（即便是基金发起人也尚未真正通过购买基金证券而成为基金持有人），同时，契约型基金并无一个有形的机构——基金公司，也就谈不上"法定代表人"，因此，在"三方当事人"和"三方法定代表人"中"基金持有人"这一方是不存在的，与此对应，基金持有人这一方的"盖章""签字"也是不存在的。

在一些新设基金的《基金契约书》中明确规定："本基金契约经各方当事人盖章以及各方法定代表人或其授权的代理人签字并经基金持有人大会决议通过后自移交基准日起生效。"[②] 但由于如何召开基金持有人大会是一个尚未解决的难题，所以，这一规定依然没能解决《基金契约书》的法律效力如何形成的问题。

第五，如何选择能够维护基金持有人利益的基金管理人和基金托管人，是一个悬而未决的问题。《基金法》第二章和第三章虽然对基金管理人和基金托管人的任职资格、职责、退任、更换等做出了规定，但基金管理人、基金托管人究竟由谁选择及如何选择，在基金运作中又代表谁的利益、为谁负责均没有明确规定，由此引致了两方面现象的发生：一是基金主发起人与基金管理公司的第一大股东合一，就此而言，基金主发起人发起设立基金的基本意图究竟是为广大基金持有人谋取利益还是为了从担任基金管理人中获得高额收益？这一点就说不清了。二是基金托管人究竟应由基金持有人选择从而为基金持有人负责，还是应由基金管理人选择从而努力为基金管理人提供高质量的服务？尽管基金托管人如何形成没有明确规定，但在现实中，基金托管人均由基金管理人选择；同时，当"基金管理人有充分理由认为更换基金托管人符合基金持有人利益"时应当更换基金托管人，并由"基金管理人提名新任基金托管人"[③] 的规定，更是使基金托管人将基金管理人当作一个唯马首是瞻的客户，难以大胆地行使监督职能。

二　中国契约型基金的实践问题

基金组织体系在制度上的不完善必然引致实践中的种种问题发生。从 10 年多

---

① 参见林义相等《证券投资基金投资分析和运作》附录部分，上海远东出版社，1998。其中，"三方当事人"分别为"基金发起人"、"基金管理人"和"基金托管人"。

② 引自《中国证券报》2000 年 8 月 1 日，第 28 版。

③ 引自《中国证券报》2002 年 2 月 25 日，第 15 版。

的基金运作来看，下述一些问题令人关注：

第一，基金与基金管理公司的关系。在契约型基金中，基金资金实际上由基金管理公司控制和运作。在运作基金资产中，基金管理公司可以有两种取向：一是在信托关系制约下，受"代人理财"的信誉制约，重视维护基金持有人权益，积极为基金持有人谋取尽可能高的收益，同时，严格防范基金资金的运作风险；二是将基金资产看作是一笔可由自己控制运作的资产，在不公开或直接违反《基金法》及有关文件规定的条件下，尽可能地为自己谋取利益，甚至通过某种方式"转移"基金资产的收益。在中国的实践中，后一种取向的突出表现有三：

其一，申请设立基金的发起人与申请设立基金管理公司的发起人或者基本合一或者主要由基金管理公司担任，与此对应的，设立基金的各项申报材料或者由主要发起人制作或者由基金管理公司制作，由此，设立基金究竟是广大投资者的需要还是基金管理人的需要说不清，基金文件中的一系列规定（除《基金法》中规定的以外），究竟是为了维护基金持有人的权益还是为了维护基金管理人的权益也说不清。

其二，绝大多数基金管理公司的法人代表均由基金第一发起人委派，主要管理人员也大多来自基金发起人机构（甚至第一发起人机构），由此，代表基金持有人和基金管理人在《基金契约书》《基金托管契约书》上签字的实际上是同一主体，结果是，这种签字究竟是站在基金持有人的立场上还是站在基金管理人的立场上也说不清。

其三，基金管理公司运作基金资金的行为与其第一发起人之间存在千丝万缕的内在关联。早在 1999 年就有人指出："新基金的发起人都是国内知名的大券商，而它同时又是该基金的管理公司发起人，也是该基金的发行协调人，基金进入正式运作后，又因为向该大券商租用席位成为长期客户。例如，金泰基金的主要发起人是国泰证券有限公司，该基金的管理人国泰基金管理公司的主要发起人是国泰证券有限公司，金泰基金发行协调人也是国泰证券有限公司。金泰基金 1998 年年报显示，该基金通过国泰证券有限公司席位交易量及佣金占其全年成交量和全年佣金量的比例分别为 96.19% 和 96.16%，其他各家基金的比例也在 90% 以上，最高达 98%。"[①] 2000 年以后，股市中的种种传闻恐非空穴来风：基金管理公司协助其第一发起人"坐庄"，联手"抬价"；第一发起人与其基金管理公司进行关联交易，后者"承接"前者"吐出"的"被套"股票，协助前者转移风险，或者前者买入后者的获利股票，进行盈利转移；基金管理公司将一部分基金资金"借给"第一发起人，当所购股票"被套"时以股还资，当股票盈利时售股还账；等等。

第二，基金管理公司对基金业的垄断。基金管理属资产管理范畴，本是一个竞争性市场，但在中国的契约型基金组织体系中，基金持有人无法行使选择管理人、托管人及其他方面的权力，实际上处于缺位状态，而基金管理公司又是以管

---

① 吴文菁：《中国证券投资基金运作状况浅析》，《经济问题探索》1999 年第 8 期。

理运作基金资产为唯一职能的机构，对基金设立和运作有左右各方的能量，因此，基金业实际上被基金管理公司垄断，其具体表现有四：

其一，在中国契约型基金中担任基金管理人的机构只能是基金管理公司，维护基金管理人的共同权益成为基金管理公司的一致性行为。一个典型的事件是，2000 年 10 月，《财经》杂志刊登了《基金黑幕》一文后，10 家基金管理公司不是各自认真反省自己的运作行为，而是联手出击，信誓旦旦地发表声明说，基金管理公司的运作是各类机构投资者中最规范的、绝无"黑幕"，并保留对《基金黑幕》作者提起诉讼的权力。然而，随后的中国证监会调查却证明一些基金管理公司的运作有明显的违规现象，个别人甚至问题严重。按理说，10 家基金管理公司各有独立利益，同时，每家基金管理公司对其他 9 家的内部情况也不见得一清二楚，因此，要联手发表声明实在是不容易之事，有鉴于此，联合声明的发表只能建立在一个共同利益的基础上——维护垄断利益。事实上，按照发达国家的法律规定，仅仅就 10 家基金管理公司发表联合声明就足以判定其为"同盟"或"垄断"。

其二，基金管理公司影响着基金法规政策的形成。在中国现行体制下，有关基金的法规政策尚在形成中，以征求业内意见为其形成的重要机制。由于基金管理公司是基金业内居支配地位的机构，基金持有人缺乏有形机构来独立地反映他们的意见，所以，所谓征求基金业内意见实际上主要是征求基金管理公司的意见，由此，基金管理公司对基金法规政策的形成就有了重要的影响力。如前所述，在契约型基金的制度缺陷中可以清楚地看到，一系列制度规定明显有利于基金管理公司，而不利于维护基金持有人的权益。

其三，在基金托管人由基金管理公司选择的条件下，基金托管人对基金管理公司的运作监督流于形式。2000 年 10 月《基金黑幕》一文披露了基金运作中的一系列问题，此时，人们就已提出疑问，基金托管人对这些"黑幕"操作究竟是知道还是不知道？基金托管人又是如何监督基金运作的？2001 年 12 月，在"深高速"增发新股的申购中，各家基金在基金净值仅为 780 多亿元的条件下，47 只基金申购资金总量却高达 1056 亿元[①]，对此，人们再次提出，基金托管人的监督职能何在？事实上，在基金托管人由基金管理公司选择的条件下，各家商业银行都将基金管理公司当作重要的大客户，唯恐"得罪"基金管理公司而失去这笔大业务，因此，睁一眼闭一眼，在监督上很少与基金管理公司"叫劲"。这不仅使一些基金管理公司的违规行为得以实施，而且也加强了基金管理公司在基金业中的垄断。

其四，基金管理公司收取的基金管理费具有垄断性质。在发达国家，通过基金管理人之间的竞争，基金管理费呈下降趋势。但在中国，由于基金管理人只能由基金管理公司担任，而基金管理公司又通过审批程序产生，由此，各家基金管理公司极容易在共同利益的基础上通过协商（在发达国家称为"合谋"）达成基金

---

① 参见《基金业再爆黑幕》，《经济参考报》2002 年 1 月 9 日。

管理费率的一致意见，从而形成垄断收费。1998 年证券主管部门规定，基金管理费率为基金净值的 2.5%；1999 年几家基金管理公司达成协议，将基金管理费下降到 1.5%。以此为例，假定一家基金管理公司管理 80 亿元规模的基金资金且基金净值等于基金原值，则按 1.5% 计算，每年收取的管理费数额会高达 1.2 亿元，而一家基金管理公司在运作基金资金中所耗费的各项成本大致在 2000 万元，差额高达 1 亿元左右。如将这些差额计为基金管理公司的盈利，再考虑基金净值的增长，那么，就基金管理公司的注册资本而言，基金管理公司发起人的每年投资收益率可稳达 100% 以上，远远高于其他各个产业的投资收益率。2008 年以后，一个突出的现象是，由于股市持续下行，绝大多数基金净值都跌倒了面值以下，由此，基金持有人的利益受到严重损失，但基金管理人依然按照基金净值余额和不变的管理费率提取了管理费，基金管理公司的人员收入甚至继续增加，从而出现了"基金持有人亏损、基金管理人盈利、基金管理人员加薪"的反差格局。

第三，基金运作中存在一些不规范的现象。基金作为一类机构投资者在证券市场中应与其他机构投资者和个人投资者处于公平地位，基金运作应遵守有关规定和《基金契约书》的规定，但在 10 多年的实践中，这些基本的行为规范并没有被真切地贯彻。其主要表现有二：

其一，基金特权。在 1998 年设立新基金以后，中国证监会就开始给基金以特权。当时规定，在每只新股（IPO）发行中，每只基金可以不参加申购而直接按新股总发行额的 5% 购入新股；由于各只新股品质不同，基金还可根据自己的取向选择是否运用这一特权。在 2010 年之前，在中国股票市场中发行价与交易价之间存在巨大的差额，在发行市场中认购新股后再在交易市场中卖出该股，一般可获得 50% ~ 100% 的差价收益，高的可获得 150% ~ 200% 的差价收益，因此，授予基金直接购买新股的特权实际上就是直接将这部分差价收益"送"给基金（在这种背景下，基金运作"跑赢"股市绝非基金管理人之能事，而是特权的"功劳"）。2000 年以后，这种认购新股的特权被取消了，但新的特权又出现了。例如，2002 年 4 月 9 日，有关媒体报道说，根据基金申购新股有关文件的最新规定，基金管理公司运用基金资产参与股票发行申购，单只基金所申报的金额不得超过该基金的总资产[1]。这实际上意味着，基金管理公司可以按照单只基金的总资产来申购新股，而其他机构投资者和个人投资者均只能按照所持有的货币资金量申购新股。如若某只基金账面资产结构为证券 90%、货币资金 10%，则意味着按总资产申购新股的数量要比按货币资金申购新股的数量大 9 倍。

基金为何拥有特权？各种猜测纷纷。一种说法是，有关主管部门需要将基金作为调控股市的政策力量以使股市走势符合政策意图，由于在充当股市调控工具的过程中基金并不总是可以得利，因此，需要给基金特权以弥补其损失。另一种

---

[1] 《基金申购新股有新规》，《中国证券报》2002 年 4 月 9 日。

说法是，由于基金属于机构投资者范畴，发展机构投资者就是发展基金，所以，为了增强基金对其他投资者的吸引力以加速发展机构投资者，需要给基金特权。再一种说法是，由于基金的投资者大多数是个人投资者，为了保障这部分个人投资者的利益，需要给基金特权。不论基金持有特权的理由有多少，有一点是极为清楚的，即这种特权是以损害股票市场的公平原则和其他投资者（包括机构投资者和个人投资者）的权益为前提的，它只能引致股票市场更加不规范，而不利于股票市场的健康发展。

其二，基金融资。2000 年以后，随着国债抵押贷款、股票质押贷款、非银行金融机构进入拆借市场等融资渠道的拓展，一些基金管理公司也开始运用基金资产进行融资。其中尤为突出的是，一些基金管理公司将基金资产中的国债用于抵押，获得贷款后再投资于股票；一些基金管理公司通过拆入资金认购新股（IPO），以争取获得较多的新股筹码。这些行为违反了基金设立时《基金契约书》中的有关规则，许多基金将"动用银行信贷资金从事基金投资""从事资金拆借业务""将基金资产用于抵押、担保、资金拆借或者贷款"等列入"基金管理人禁止行为"中①。基金融资的直接结果是基金负债。不论有多少理由可证明这种负债多么有利可图，负债总是有风险的（例如，2007 年 10 月以后，股市快速下落，市值损失高达 80% 左右），一旦风险发生，后果的最终承担者总是基金持有人，由此产生一个问题，这种基金融资是否得到了基金持有人的同意？

一些基金管理公司强调说，基金融资是有关法规政策准许的，因此，没有违规之处。但如若没有一些基金管理公司的强烈呼吁（甚至多方游说）以解决融资问题，如若各家基金管理公司在有关政府部门征求意见时能够充分强调基金持有人的权益保障问题，那么，这些法规政策中准许基金融资的条款可能就没有了。

三　中国契约型基金的条件制约

在历史上，信托型基金最初是由英国创造的。为了投资购买海外高利率债券，1868 年英国政府出面组织了由专业人士管理运作的以投资美国、欧洲和殖民地国家高利率债券为主要对象的"外国和殖民地政府信托投资"（Foreign and Colonial Government Trust），由此迈出了设立信托型基金的第一步。当时之英国基金所以选择了"信托型"，其主要原因有三：其一，当时英国尚缺乏股份有限公司的法律规范。英国的《股份有限公司法》是在 1878 年出台并于 1879 年实施的。在股份有限公司制度不存在的条件下，要集中众多投资者的资金从事海外债券投资，必然受到有限责任公司制度中关于股东人数限制的制约，由此，为了突破这一制度的制约，英国在经济组织模式上选择了"信托型"，同时，下面两个条件也为信托型基金的形成提供了制度保障。其二，英国有比较完善的信用制度。通过第一次产

---

① 参见《中国证券报》2002 年 2 月 25 日，第 15 版。

业革命，英国不仅成为世界上最富有的国家，殖民地面积达到英国本土面积的110倍，而且建立了比较完善的信用制度和信用体系，在此背景下，守信尽职已成为公司高管人员的第一要则和行为习惯，由此，信托型基金能够在较高程度上保障基金持有人的合法权益不受侵害。其三，英国有比较成熟的信托制度。在世界各国中，信托制度最初是在英国建立的，并且英国的信托制度也最为成熟。不论是财产信托、还是金钱信托或是私人信托，这些信托在19世纪60年代的英国都已相当成熟，由此，守信尽职地为委托人管理运作好财产不仅成为受托人的第一要则，而且也是信托市场竞争得以约束受托人行为的基本机制。

与此对比，中国的制度条件是：第一，《公司法》已于1994年7月开始实施（并于2006年进行了修改），股份有限公司制度不仅合法而且在近20年的实践中积累了丰富的经验。第二，信用制度迄今相当不完善，不论是个人的社会信用体系还是机构的信用体系都还存在严重的缺陷，各种不诚信不守信的现象不胜枚举，因此，社会各界强烈呼吁"诚信""守信"。这意味着守信尽职并未成为公司高管人员的第一要则和行为习惯。第三，《信托法》虽然已于2001年出台，但信托制度尚未真正建立，信托业务依然尚未有效开展，信托市场的竞争几乎谈不上，因此，且不说受托人是否已形成守信尽职行为习惯，就是如何履行受托人职责、有效管理运作委托人的财产也是需要逐步解决的问题。显然，英国建立信托型基金的条件在当今中国基本不存在。此外，需要特别注意的是，在20多年的A股市场实践中上市公司不重视维护中小股东的权益、想方设法发股"圈钱"、经营业绩每况愈下、财务信息弄虚作假以及内部人控制、道德风险、逆向选择等现象十分突出。在这种背景下，实行信托型基金，使基金管理公司在几乎无约束的条件下控制和运作基金资产，不仅不利于维护基金持有人的权益，而且容易产生一系列其他后果，不利于基金业在中国的长久发展。

事实上，尽管英国的各方面条件比较成熟，在维护基金持有人的权益方面，信托型基金依然存在严重的缺陷。正是因为如此，美国在1921年设立了第一只基金（信托型）以后，在1924年设立的第二只基金就改为公司型，此后，美国的基金均实行了公司型制度。到2001年底，美国的基金资产总净值已达69700亿美元，占全球基金总净值的60%以上。另外，也是因为契约型基金在组织制度上存在明显缺陷，90年代以后英国、日本及其他实行信托型模式的国家和地区纷纷加大了设立公司型基金的力度，并采取各种措施引入公司型基金的某些机制来改造已有的信托型基金，因此，公司型基金已成为世界各国（和地区）基金组织模式的主要发展趋势。

四　公司型基金与中国基金业的发展

从组织体系上说，公司型基金与信托型基金的最直接区别在于，在公司型基金中存在一个代表并维护基金持有人权益的有形机构——基金公司，而在信托型基金中则没有这个机构。基金公司的存在使公司型基金的组织体系与信托型基金有了根本性区别。

从基金设立来看，在公司型基金中，基金发起人的职责主要有四：一是研究证券市场，发现商机，设计基金（包括基金类型、规模、投资对象等）；二是制作基金设立的各项主要文件（草案），包括申请设立基金的登记（或核准）文件；三是发起设立基金，销售基金证券，募集基金资金；四是在基金资金募集成功以后，组织召开基金持有人（和基金持有人代表）大会，议决《基金章程》等重要文件，选举基金董事会成员，设立基金公司。在这个过程中，基金的有关事务均属于基金持有人范畴的事，与基金管理人、基金托管人无关，因此，基金发起人的基本目的在于为基金持有人寻求投资商机。但在中国的信托型基金中，这些事务或者属于与基金管理公司混一的发起人的事务，或者直接就是基金管理公司的事务，而发起设立基金的主要目的仅在于管理运作这笔基金资金。

从基金资金的委托来看，在公司型基金中，基金设立后，基金公司代表全体基金持有人通过竞争性遴选机制来分别选择基金管理人和基金托管人，其中，竞投标方式是经常采用的。在竞投标中，各个基金管理人不仅应根据有关法律法规和《基金章程》的规定提出管理运作该基金资产的方略（包括风险防范），而且应提出基金管理费率的方案；各个基金托管人不仅应根据有关法律法规和《基金章程》的规定提出保管该基金资产、监督基金管理人对基金资产运作的方略（包括风险防范），而且应提出基金托管费率的方案。在此基础上，基金公司分别与中标的基金管理人和基金托管人签署《基金契约书》和《基金托管契约书》，因此，在基金资金委托过程中，基金公司占据主导地位（这意味着基金持有人占主导地位）。但在中国的契约型基金中，基金资金的委托过程几乎是一个表面文章，既无竞争性遴选机制，基金管理公司又在其中占据了支配地位。

从基金运行过程来看，在基金资产投入运作以后，基金管理人和基金托管人应按照《基金契约书》和《基金托管契约书》的规定，定期（每周、每月等）向基金公司提交基金资产报告、运作建议报告及其他资料。同时，基金公司的董事会也应定期（如每月）召开一次例会，一方面审查这些报告，并将审查通过的基金投资结构、基金资产状况等报告向基金持有人公开披露；另一方面，对基金管理人和基金托管人的运作提出指导性意见，以强化对基金管理人和基金托管人的约束。在必要的时候，基金公司甚至直接委托独立的公共会计机构对基金管理人、基金托管人的基金账户进行查账审计。因此，在公司型基金中，基金公司处于基金运行的中心，基金管理人、基金托管人的行为围绕基金公司的要求而展开。但在中国的契约型基金中，基金管理人占据中心地位，各项基金运作行为围绕基金管理人的要求而展开。

从基金运行中的约束机制来看，在公司型基金中，基金公司一方面直接约束着基金管理人和基金托管人的行为，基金管理人或基金托管人如若违反《基金契约书》或《基金托管契约书》的有关规定，基金公司可随时予以更换；另一方面，基金公司又通过基金托管人约束着基金管理人的运作行为，同时，还可以通过聘请独立的公共会计机构进行查账审计来约束基金管理人或基金托管人的行为；再一方面，基金公司还可以将基金资金分别委托给不同的基金管理人管理运作来促使这些基金管理人提高服务质量，例如，将 100 亿美元的基金资金分割为两个 50 亿美元（或做其他分割）后分别委托给两家基金管理人管理运作，由此，形成这些基金管理人之间的竞争约束。但在中国的契约型基金中，基金管理人的行为几乎处于无约束状态，即便是证券监管部门的约束，在一些场合也只表现为"父子关系"中的谴责。虽然在《基金法》等制度文件中也有更换基金管理人或基金托管人的条款，例如，《基金法》第 29 条规定：有下列情形之一的，公开募集基金的基金管理人职责终止：（1）被依法取消基金管理资格；（2）被基金份额持有人大会解任；（3）被依法解散、被依法撤销或者被依法宣告破产；（4）基金合同约定的其他情形。但基金持有人彼此分散、意见难以统一又没有一个真正能够代表或反映他们共同意见的机构①，所以，这种更换几乎是不可能的；或者只能是基金资产已蒙受巨大损失以致基金持有人已无法忍受时，才可能出现众多基金持有人同时要求更换基金管理人或基金托管人的现象，可这种事后的作为已无法挽回损失了的基金资产。

美国共同基金的组织体系如图 10 - 2 所示：

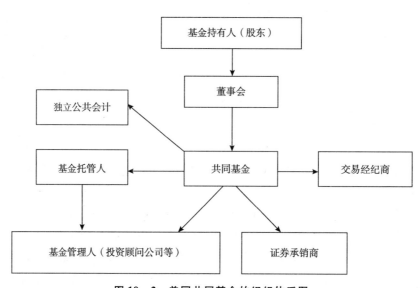

图 10 - 2　美国共同基金的组织体系图

值得一提的是，为了强化基金管理公司的治理结构，促使基金管理人重视维护基金持有人的权益，克服内部人控制、道德风险、逆向选择等弊端，证券监管部门也出台了一些政策措施，如要求基金管理公司董事会中增加独立董事。但这

---

① 虽然在《基金法》第 49 条规定，按照基金合同约定，基金份额持有人大会可以设立日常机构。但这个日常机构是否属于独立法人机构，它的各项费用由谁支付等，并无明确规定。

些政策措施未能从根本上调整基金组织体系，因此效能极为有限。有人说，在基金组织体系中实行独立董事制度是从美国"引进"的。然而，美国的情况与此极为不同。从 20 世纪 90 年代开始，美国开始在共同基金中推行独立董事制度，要求董事会中的独立董事人数应占多数，但实行独立董事的机构不是基金管理人机构（如中国的基金管理公司）而是基金公司，以促使基金公司更有效地代表和维护基金持有人权益，防范基金公司中董事因内部人控制、道德风险、逆向选择等而给基金持有人权益带来损失。因此，不应将基金公司的独立董事制度与基金管理公司的独立董事制度相混。

如何有效维护投资者（包括机构投资者和个人投资者）的权益已是中国证券市场规范化建设和进一步发展的根本性问题。对基金业来说，如何有效维护基金持有人的权益也已是基金市场健康发展的至关重要的问题。要有效解决这一实质性问题，从多年来中国的实践和国际基金市场发展来看，一个基本的制度选择应是建立公司型基金的组织体系，为此需要考虑解决好以下几个问题：

第一，《证券投资基金法》进一步的修改应以公司型基金为主要思路。起步于 2010 年的《证券投资基金法》修改工作，将主要精力放在所谓的私募基金方面，忽视了以契约型基金为基础的证券投资基金的缺陷，也不重视对公司型基金的研讨。从 2013 年开始实施的新版《证券投资基金法》，有关公司型基金的问题依然没有得到合法认可。这种状况如若不及时予以调整，将对中国未来的基金业发展造成重大影响。既然契约型基金在组织体系上存在诸多缺陷，既然中国实行契约型基金的条件并不具备，既然公司型基金已是国际基金业发展的总趋势，那么，中国继续实行契约型基金就缺乏必要的根据。

第二，新设基金应尽量选择公司型的组织体系。对中国来说，设立公司型基金是一项创新，许多具体问题尚需在实践中逐步解决完善，虽然已有 20 多年的股份有限公司实践经验可供公司型基金参考，但要解决的现实问题依然不少，因此，一方面固然需要加强对公司型基金组织体系、运作方式及其他内容的研究，另一方面，公司型基金也需要在实践中探讨完善，鉴于此，应考虑对新设基金实行公司型组织体系，并据此出台有关公司型基金的监管法规及政策。

第三，在条件成熟时逐步将现有的契约型基金调整为公司型基金。契约型基金要调整为公司型基金需要诸多条件的支持，在公司型基金的运作尚处于探索性实践的过程中，贸然将现有的契约型基金调整为公司型基金是不合适的，因此，这个调整需要循序渐进地展开。

第四，在推出公司型基金的基础上，基金设立应对内开放，取消现行的审批制度，争取早日向登记注册制度过渡，以推进中国基金业的全面发展。

第五，随着公司型基金的发展，基金业应由现今的以基金管理公司为主导的结构转向以基金公司（即基金持有人）为主导的结构，有关政策和自律机构也应据此调整。

第十一章 可转换公司债券市场

可转换公司债券是公司债券与股票的特征在时间上组合的产物。在转化为股票之前，它属于公司债券范畴；在行权之后，它又转化为股票，因此属于证券类衍生产品。当可转换公司债券中的债券与认股权证分离交易时，它成为分离式可转换债券；当可转换的股票为发行人所拥有的子公司股票时，可转换公司债券成为可交换公司债券。本章主要讨论这些类型的可转换公司债券。

第一节 可转换公司债券

一 可转换公司债券的特点

可转换公司债券，全称为"可转换为股票的公司债券"，简称"可转债"，是指发行人依法发行并约定在一定时期内按照约定条件可以转换成发行人股份的公司债券。可转换债券在发行时就明确规定，债券持有者可根据约定的条件，要求债券发行人将债券转换为公司的普通股股份；若持有人不想转股，则可继续持有债券，到期时，发行人将按约定还本付息。

可转换债券，由于附有将债券转换成股票的权益，因此，有与一般债券不同的构成要件：其一，需要标明转换期。一般来讲，可转换债券在发行后的一段时间内，是不能够转换为股份的，否则，公司只需发股无需发行可转换债；债权人通常是在债券到期日前约定期限内行使将债券转换成股份的权力，因此，发行可转换债必须明确约定转换日期。其二，需要约定转换率。转换率，又称"转股价格"，是指债券转换成公司股份的价格比率，是可转换债的一个基本构成要素。转换率的高低取决于债券面值、发行公司普通股现价以及在转换期内的公司股价预期值。中国证监会2001年4月26日出台的《上市公司发行可转换公司债券实施办法》第19条规定，可转换公司债券的转股价格确定应以公布募集说明书前30个交易日公司股票的平均收盘价格为基础，并上浮一定幅度；具体上浮幅度由发行人与主承销商商定。

与一般公司债券和股票相比，可转换公司债券有一系列重要特点：

第一，可转换性。可转换公司债券是兼有债权和认股权（或转换期权）性质的证券。从债权特点看，可转换债券与其他债券一样，是一种重要的债权凭证；从认股权看，可转换债的持有人拥有按约定的条件将债权转为股权的权利，在转换之后，债券持有者转变为公司股东。

第二，利率较低。由于可转换公司债券附有转化为股份的权利，转换权可能使债权人获得潜在的收益，所以，投资者愿意接受比一般债券略低的利率，由此降低了发行人的发债募资成本。

第三，多选择性。可转换债券，既有债券的特点，又有股票的特点，使投资者有了更多的选择机会。从发达国家的经验看，可转换债，既能够保证投资者获得稳定的利息收入，当公司业绩成长、公司股票价格上涨时，又可使投资者按约定条件将债券转换成股票，分享公司成长的收益，从而对投资者有较高的吸引力。

第四，收益的不确定性。债权人在持有可转换债期间，可得到利息收益；在转化为股份后，可得到股利收益；在出售债券中，可得到高于利差的差价收益，由此，可转换债使投资者可能得到多种收益。但是，发行公司的股价高低受到众多因素的影响，如果在可转换期内，公司股价下跌，使按照转换率计算的购股价高于股票市价，则投资者难以将债券转换为股票，只能要求公司按债券的规定还本付息，结果是投资收益降低；在将债券转换为股份后，如果公司运营状况不佳，投资者收益也将面临损失。反之，如果公司的股价上扬，投资者将手中持有的债券卖出，由于可转换债的交易市场价格通常高于一般债券，与发行公司的股价相对接近，所以，卖出债券可能得到较高的收益；如果公司的运营状况良好，则将债券转换为股份，投资者可获得更高的收益。显然，可转换债的收益受到众多因素影响，处于相当不确定的状态。

第五，期限较长。可转换债券是一种长期金融工具。从发达国家情况看，可转换债的期限一般在10年以上，有时甚至达到20年以上。公司发行长期债券，由于不确定因素较多，投资者通常不愿大量购买，为了弥补这一不足，发行人才提供"可转换为股份"的优惠，刺激投资者的投资。因此，中短期债券，一般不实行可转换债的方式。在中国，《上市公司发行可转换公司债券实施办法》第18条规定，可转换公司债券的期限最短为3年，最长为5年

二 可转换债券的分类

可转换债，有与一般债券相似的分类，但也包括有特定含义的特殊类型。这些特殊类型包括以下几个方面。

1. 按照转换期的长短划分，可转换债券可分为长转换期债券和短转换期债券。可转换债一般是长期债券，但它的可转换期长短有明显区别。

长转换期债券，是指按预先的约定、可转换期较长的可转换债券。这种债券通常在发行几年后才可转换成普通股股份。债券可转换期长，容易使发行者和投

资者都面临着更多的不确定因素。例如，在可转换期内，将债券转换成股票，是债券持有者的权利，可转换期越长，公司股价变化的可能性越大。若公司的股价呈上升趋势，则投资者获利的机会就越多，投资者将债券转换成股票的概率也就越大，公司所面临的溢价发行股票的资金损失也就越大；若公司股价呈下降趋势，则投资者所面临的风险也就增加。

短转换期债券，是指按预先的约定，可转换期较短的可转换债券。这种债券对发行人和投资者的影响，同样取决于公司的经营状况和市场股价的走势。由于在短期内股市走势与公司的运营状况变化比较容易预测和把握，所以，若在股市价格下跌或公司运营状况不佳时发行这种债券，投资者可能不愿购买；反之，投资者则愿意购买，不过公司可能损失一部分溢价发行股票而得到的资金。

2. 按照是否能够提前可赎回划分，可转换债券可分为可赎回债券和不可赎回债券两种。

可赎回债券，是指按预先的约定，发行公司在特定条件下可将债券赎回的可转换债券。可赎回债券，在发行时，通常都明确约定了发行公司可赎回债券的时间、价格以及其他的一些条件。一般来讲，可赎回的时间设定在可转换期之前。这种债券使发行公司能避免在转换期前由于股票价格及利率波动带来的风险，给发行者一定的主动权，但这种债券由于内容太复杂，对投资者的吸引力反而有限。

不可赎回债券，是指发行公司不能在未到期前要求持有者将债券售还给发行公司的可转换债券。与可赎回债券相比，这种债券对发行人的约束力较强，它限制了发行人调整债券收益水平的可能性和权力，因此对投资者的吸引力较高。目前，发达国家中发行的可转换债绝大多数都是不可赎回的。

3. 按照债券是否能退还划分，可转换债券可分为可退还的可转换公司债和不可退还的可转换公司债两种。

与一般债券相同，可转换债券通常是不能退还给发行人的。但从 20 世纪 80 年代中期起，在美国债券市场上，出现了一种可退还的可转换债券。这种债券在发行时约定，在特定时间内，债券持有人可将债券退还给发行者，同时，退还价格还可随时间的推移而逐步上升。这种债券于 1985 年由梅里尔·林奇—怀特·威尔德资本市场集团创造，并由威斯管理公司及斯坦利大陆公司发行。可退还的可转换债是一种复杂的金融工具。从债券价格来看，在风险相同的条件下，它的定价还要考虑如下因素：将债券转换成普通股的收益、在规定的日期内退还债券数量及价格等。

三 可转换债券的收益和风险

可转换债券，不仅具有债券的价值，而且具有股票的价值，这决定了这种债券的价值构成比较复杂，其收益计算也比较复杂。

计算可转换债券的收益，首先要把握这种债券的价值，为此，需要了解可转换债券的普通价值、转换价值和市场转换价格等概念。

第一，普通价值。可转换债的普通价值，简称"普通价值"，是指这种债券作为一般的公司债券（即没有转换权的一种公司债券）的价值。普通价值与具有相同风险水平以及相似投资特点的一般债券的价值相同。

第二，转换价值。它是指在执行转股权时，债券能转换的该公司普通股股份的市场价值总额。用公式表示为：

$$转换价值 = 普通股票市场价值 \times 转换比率 \tag{11.1}$$

第三，市场转换价格。可转换债券的市场转换价格，简称市场转换价格，是指可转换债的市场价格与债券所规定的转换比率之比。市场转换价格，实际上，是将债券转换成普通股时的盈亏平衡点。当股票的实际价格上涨到市场转换价格的水平之上时，可转换债券的价值增加，其增加值应与普通股价格上升的数额相同。如果股票价格低于市场转换价格，债券持有人将债券转换为股票，可能损失直接出售债券能够得到的一部分收益；反之，债券持有人将获得转股的收益。

通过购买可转换债券，以期在未来某时期将其转换成股票，投资者通常要支付一笔超过股票本期市场价格的升水。在购买可转换债券时，支付的转换升水为债券的市场转换价格与普通股本期市场价格的差额。投资者一般从可转换债券的息票收入中获得价格升水的一部分补偿。

与其他债券一样，可转换债券的收益也可用本期收益、持有期收益和到期收益等指标予以计算。

1. 换债券的本期收益。它是指本期（通常为1年）利息与可转换债券的价格之比。与其他债券不同的是，可转换债券的价格不仅取决于普通价值，而且取决于转换价值。在计算收益率时，通常选择普通价值和转换价值二者中价格较高的数值，作为债券市场价格的取值。其计算公式为：

$$本期收益率 = \frac{本期息票收入}{可转换公司债的市场价格} \tag{11.2}$$

2. 可转换债券的持有期收益。它是指从债券购买之日到出售债券这段时间里，持有债券所获得的全部收益与购买债券的成本之比。在计算收益率中，通常选择普通价值和转换价值二者中价格较高的数值，作为购买债券的价格取值。其计算公式为：

$$持有期收益 = \frac{售债收入 - 购债收入 + 各年利息}{购债支出 \times 持有年份} \tag{11.3}$$

3. 可转换债券的到期收益。可转换债券的到期收益有两种情况：其一，将可转换债作为一般债券一直持有到期满，此时，到期收益是指债券全部利息收入的现值与债券票面现值的比率，它等于可转换债券的利率，其计算方法与普通债券到期收益的计算方法一样。其二，到期收益，又称"转换收益率"，是指将债券转换成股份时，使利息收入现值和转换价值现值等于债券购买价格的利率水平。若以 T_V 代表债券的转换价值（即 T_V = 股票的市价 × 转换比率），P_0 代表购债价格，C 代表债券持有期内的利息收入，y 代表收益率，则到期收益率可用公式表示为：

$$P_0 = \sum_{n=1}^{i} \frac{C}{(1+y)^n} + \frac{T_V}{(1+y)^n} \qquad (11.4)$$

举例来说：假定，一张 ABC 公司的可转换债券，债券面额为 1000 元，期限从 1990 年 2 月 1 日到 2010 年 2 月 1 日，为期 20 年，债券票面利率为 11%，每年支付一次利息；转换率为 23.809，即债券持有者若将债券转换为 ABC 公司的股份，可获得 23.809 股；转换期为从 1995 年 2 月 1 日至债券到期日前。某投资者于 1995 年 2 月 1 日购买了一张这样的债券，价格为 1240 元，当日 ABC 公司的股票市价为 47 元。

在 1995 年 2 月 1 日，可转换债的转换价值为：普通股市价 × 转换率 = 47 × 23.809 = 1119.02 元。与 ABC 公司具有相同信用级别和债券构成要素的其他公司的普通债券的收益率为 12%，按 12% 的年息率计算的 ABC 公司债券的价格应为 999.99 元[①]。由于可转换债券的价格为普通价值和转换价值二者中的较高值，因此，这种债券市场价格的下限为 999.99 元。

对于购买这张债券的投资者来讲，其本期收益是：

$$本期收益率 = \frac{本期息票收入}{可转换公司债的购买价格} = \frac{1000 \times 11\%}{1240} = 8.87\%$$

若在 1997 年 2 月 1 日，投资者以 1255.6 元的价格将债券出售，则其持有期收益为：

$$持有期收益率 = \frac{1255.6 - 1240 + 110 \times 2}{1240 \times 2} = 9.50\%$$

若投资者没有选择在一定时机将债券换成股票，而是选择一直持有，直到到期日，则其收益率可由以下关系推导出：

$$1240 = 11\% \times 1000 \sum_{n=1}^{15} \frac{1}{(1+y)^{15}} + \frac{1000}{(1+y)^{15}}$$

可计算出：

$$y = 7.85\%$$

若到 1998 年 2 月 1 日，ABC 公司的股票上涨到 65 元，则可转换债券的转换价

---

① $999.99 = 12\% \times 1000 \times \sum_{n=1}^{i} \frac{1}{(1+12\%)^{15}} + \frac{1000}{(1+12\%)^{15}}$

值为 $65 \times 23.809 = 1547.59$ 元，此时，投资者将债券转换为股份，则其将有如下关系：

$$1240 = 11\% \times 1000 \times \sum_{n=1}^{15} \frac{1}{(1+y)^{15}} + \frac{1547.59}{(1+y)^{15}}$$

求得：

$$y = 16\%$$

由此可以看出，与一般债券的收益相比，可转换债券的测算收益比较复杂且波动值较大。

这一特点，与其收益同股票价格相联系是直接关联的。

可转换债券除了具有一般债券的风险外，还有与发债公司股价相联系的风险。这主要包括期权损失风险、接管和购并风险等。

第一，期权损失风险。可转换债券的期权损失风险，是指可转换债的市场价格下跌到其普通价值的水平，从而使投资者购买转换权利的成本遭受可能的损失。

如果发债公司股价上升幅度不足以吸引投资者将债券转换成股票，那么，可转换债券只具有债券的普通价值。在不存在债券无法偿付的情况下，由于这种债券的价格不能低于债券的普通价值，所以，可转换债券的风险通常用这种债券的普通价值来计算。投资者可用可转换债的市场价格与普通价值的比率来测算下跌风险，其计算公式如下：

$$\text{超过普通价值的升水} = \frac{\text{可转换公司债券的市场价格}}{\text{普通价值}} - 1 \qquad (11.5)$$

利用上述 ABC 公司可转换债券的例子，可以求得这种债券的下跌风险。

按可转换债的市价和转换率可计算出可转换债券的市场转换价格、转换升水及超过普通价格的升水率。

$$\text{市场转换价格} = \frac{\text{可转换公司债的市价}}{\text{转换比率}} = \frac{1240}{23.809} = 52.08$$

由此，每股转换升水为 5.08 元 = （52.08 - 47）；投资者的转换升水比率为：每股转换升水/普通股市价 = 5.08/47 = 10.81%。这部分升水比率，在实际上可以看作投资者获得转换权利的成本，而超过普通价格的升水率就是可转换债券的期权损失风险。

此时，债券超过其普通价值的升水率为 24.0%，即：

$$\text{超过普通价值的升水率} = \frac{1240}{999.99} - 1 = 24.00\%$$

第二，接管和兼并风险。对发行可转换债券的公司来说，由于所发行债券具有转换成股权的性质，在可转换债融资占公司总资产比例较高的情况下，公司可能面临着股权结构的变化，从而有被接管或被购并的风险。对可转换债的投资者来说，公司被接管通常将使预期收益的不确定性增加。发行公司在被另一个公司所控制或接管时，它的股价通常难以上升到足以补偿所支付的超过转换价值的升水，由此投资者将蒙受损失；而若发行公司因被接管或购并，其股票退出交易市场，投资者可能被迫将其持有的可转换债券换成某种利率较低的普通债券，则投资者的损失更大。

第二节　可转换公司债券的发行、上市和交易

一　可转换公司债券的发行

可转换公司债券，为其后期需要转换为普通股股票所决定，通常由股份有限公司发行。西方国家在制度上一般没有专门的可转换公司债券的发行条件。但在中国，受体制制约，可转换公司债券有明确的制度规定。

1997 年 3 月 25 日，经国务院批准，国务院证券委员会出台了《可转换公司债券管理暂行办法》。其中，第 9 条规定，上市公司发行可转换公司债券应当符合七个方面条件：（1）最近 3 年连续盈利，且最近 3 年净资产利润率平均在 10% 以上；属于能源、原材料、基础设施类的公司可以略低，但是不得低于 7%。（2）可转换公司债券发行后，资产负债率不高于 70%。（3）累计债券余额不超过公司净资产额的 40%。（4）募集资金的投向符合国家产业政策。（5）可转换公司债券的利率不超过银行同期存款的利率水平。（6）可转换公司债券的发行额不少于人民币 1 亿元。（7）国务院证券委员会规定的其他条件。2001 年 4 月 26 日，中国证监会出台了《上市公司发行可转换公司债券实施办法》（以下简称"实施办法"），其中，第 4 条规定"发行人发行可转换公司债券，应当符合《可转换公司债券管理暂行办法》规定的条件"。

另外，"实施办法"要求，担任主承销商的证券公司应重点核查发行人的以下事项，并在推荐函和核查意见中予以说明：（1）发行人在最近 3 年特别在最近 1 年是否进行了现金分红，现金分红占公司可分配利润的比例，以及公司董事会对红利分配情况的解释。（2）发行人最近 3 年平均可分配利润是否足以支付可转换公司债券 1 年的利息。（3）发行人是否有足够的现金偿还到期债务的计划安排。（4）发行人主营业务是否突出，是否在所处行业中具有竞争优势，表现出较强的成长性，并在可预见的将来有明确的业务发展目标。（5）发行人募集资金投向是否具有较好的预期投资回报，前次募集资金的使用是否与原募集计划一致？如果改变前次募集资金用途的，其变更是否符合有关法律、法规的规定，是否投资于商业银行、证券公司等金融机构（金融类上市公司除外）。（6）发行人法人治理结构是否健全？近 3 年运作是否规范，公司章程及其修改是否符合《公司法》和中

国证监会的有关规定，近3年股东大会、董事会、监事会会议及重大决策是否存在重大不规范行为，发行人管理层最近3年是否稳定。（7）发行人是否独立运营。在业务、资产、人员、财务及机构等方面是否独立，是否具有面向市场的自主经营能力；属于生产经营类企业的，是否具有独立的生产、供应、销售系统。（8）发行人是否存在资产被有实际控制权的个人、法人或其他关联方占用的情况，是否存在其他损害公司利益的重大关联交易。（9）发行人最近1年内是否有重大资产重组、重大增减资本的行为，是否符合中国证监会的有关规定。（10）发行人近3年信息披露是否符合有关规定，是否存在因虚假记载、误导性陈述或者重大遗漏而受到处罚的情形。（11）中国证监会规定的其他内容。

不难看出，在中国，股份公司发行可转换公司债券的制度条件是相当严格的。这决定了，与海外市场相比，中国的A股上市公司发行可转换公司债券的数量较少。

在发行程序方面，"实施办法"规定，发行可转换公司债券需要经过下述七项程序：（1）召开股东大会。发行人申请发行可转换公司债券，应由股东大会做出决议。股东大会做出的决议至少应包括发行规模、转股价格的确定及调整原则、债券利率、转股期、还本付息的期限和方式、赎回条款及回售条款、向原股东配售的安排、募集资金用途等事项。（2）制作申请发行文件。即发行人及有关中介机构按照中国证监会的有关规定制作申请发行可转换公司债券的相关文件。在申报文件制作完成后，主承销商应对可转换公司债券发行申请文件进行核查，有关核查的程序和原则参照股票发行内核工作的有关规定执行。（3）主承销商出具推荐函。在报送申请文件前，主承销商及其他中介机构应参照股票发行的有关规定在尽职调查的基础上出具推荐函。推荐函的内容至少应包括：明确的推荐意见及其理由，对发行人发展前景的评价，有关发行人是否符合可转换公司债券发行上市条件及其他有关规定的说明，发行人主要问题和风险的提示，简介证券公司内部审核程序及内核意见（同时提供有关申请文件的核对表），等等。（4）将申请发行可转换公司债券文件上报中国证监会。（5）在中国证监会核准申请后，发行人在指定报刊上公开披露《可转换公司债券募集说明书》。（6）由主承销商组织对该可转换公司债券的承销。

"实施办法"规定，在申报文件和《可转换公司债券募集说明书》中，发行人需要对下述事项做出明确说明：（1）可转换公司债券发行条款及其依据。（2）可转换公司债券的发行规模（可转换公司债券应按面值发行，每张面值100元）；期限最短为3年，最长为5年。（3）转股价格。价格的确定应以公布募集说明书前30个交易日公司股票的平均收盘价格为基础，并上浮一定幅度。（4）转股时间。可转换公司债券自发行之日起6个月后方可转换为公司股票，具体转股期限由发行人确定。（5）转股的具体方式及程序。（6）可转换公司债券的利率及其调整。但计息起始日应为可转换公司债券发行首日，应每半年或一年付息一次，到期后5个工作日内应偿还未转股债券的本金及最后一期的利息。（7）是否设置赎回条款、回售条款、转股价格修正条款以及实施这些条款的条件、方式和程序等。（8）因配股、增发、送股、分立及其他原因引起发行人股份变动的条件下，转股价格调整的原则及方式。（9）可转换公司债券的其他发行条款。（10）依法与担保人签订的担保合同。其中，担保应采取全额担保；担保方式可采取保证、抵押和质押；担保范围应包括可转换公司债券的本金及利息、违约金、损害赔偿金和实现债权的费用。（11）信用评级情况。

二 可转换公司债券的上市

可转换公司债券上市，是指这种债券在证券交易场所挂牌交易的过程。一般来说，上市公司的股票在哪个交易场所上市交易，它的可转换公司债券也就在哪个交易场所申请上市。2002年11月，沪深交易所分别出台了《可转换公司债券上市规则》（以下简称"上市规则"），对可转换公司债券的上市申请、信息披露、停牌复牌、暂停上市和终止上市等事项做出了规定。

在可转换公司债券的上市申请方面，"上市规则"规定，发行人申请可转换公司债券上市，必须符合下列条件：（1）可转换公司债券的实际发行额（以面值计算）在1亿元以上；（2）可转换公司债券的期限最短为3年；（3）法律、法规及证券交易所业务规则规定的其他要求。

申请可转换公司债券上市应当向证券交易所提交以下文件：（1）上市申请书及董事会关于申请可转换公司债券上市的决议；（2）中国证监会核准其发行可转换公司债券的文件；（3）经中国证监会核准的全套发行、上市申报材料；（4）上市推荐人出具的上市推荐书；（5）上市推荐协议；（6）上市公告书；（7）可转换公司债券发行结束报告；（8）发行人拟聘任或已聘任的信息披露负责人的资料；（9）发行人的董事、监事、高级管理人员和信息披露负责人的身份证复印件、股东账户卡号码、身份证号码及其持有任职公司股份的申报材料、对其所持任职公司股份锁定的申请、在任职期间和任期结束后6个月内不转让所持任职公司股份的承诺等；（10）具有从事证券业务资格的会计师事务所出具的发行资金到位的验资报告；（11）具有从事证券业务资格的律师事务所出具的关于可转换公司债券符合上市条件的法律意见书；（12）可转换公司债券发行后按规定新增的财务资料；（13）确定可转换公司债券挂牌简称的函；（14）证券登记结算机构出具的可转换公司债券托管情况证明；（15）法律、法规及证券交易所业务规则要求的其他文件。

在可转换公司债券的交易停牌与复牌方面，"上市规则"规定，发行人可以以证券交易所认为合理的理由向证券交易所申请停牌与复牌、转股的暂停与恢复；证券交易所可根据实际情况或中国证监会的要求，决定可转换公司债券的停牌与复牌、转股的暂停与恢复。发行人于交易日公布涉及调整或修正转股价格信息的公告，其可转换公司债券的停牌与复牌比照其他重大事件公告的停牌与复牌办理；因发行新股、配股、分立及其他原因需要调整转股价格的，发行人应当事先向证券交易所申请于转股价格调整日暂停转股一天。此外，当可转换公司债券赎回条件满足、发行人刊登公告行使赎回权时，应当向证券交易所申请于赎回日暂停该可转换公司债券的交易。

可转换公司债券上市交易期间出现下列情况之一时，证券交易所将停止其交易：（1）可转换公司债券流通面值少于 3000 万元时，在发行人发布公告 3 个交易日后停止其可转换公司债券的交易；（2）在可转换公司债券转换期结束前的 10 个交易日停止其交易；（3）中国证监会和证券交易所认为必须停止交易的情况。

在可转换公司债券的暂停上市和终止上市方面，"上市规则"规定，可转换公司债券上市后，发行人出现法律、法规及中国证监会认为须暂停上市的情形的，证券交易所依据中国证监会有关暂停上市的决定暂停其可转换公司债券上市。在暂停上市的有关情形消除后，发行人可向中国证监会提出恢复上市的申请，经中国证监会核准后，证券交易所依据中国证监会的有关决定恢复其可转换公司债券上市。另外，发行人出现法律、法规及中国证监会认为须终止上市的情形的，证券交易所将根据中国证监会的有关决定终止其可转换公司债券上市。

三　可转换公司债券的交易

在中国的沪深证券交易所中，可转换公司债券的交易以面值 100 元为一个报价单位（即计价单位为每百元面额），但以 1000 元面值为一个交易单位（简称"一手"），实行整手倍数交易。在交易中，可转换公司债券的申报价格和升降以 0.01 元为一个价位，甲乙双方的每次申报最低不少于一个价位。

可转换公司债券的交易时间与 A 股相同，委托买卖、交易、托管、转托管和行情信息披露等也与 A 股相似。交易后的交割时间为 T + 1。投资者委托证券经纪商买卖可转换公司债券应交纳交易手续费。上海证券交易所规定，在上海的投资者，每笔交易应交纳 1 元手续费；在上海之外的投资者，异地交易应交纳每笔 3 元手续费。成交后，证券经纪商收取的佣金为总成交金额的 0.2%，佣金数额不足 5 元的，按 5 元收取。此外，证券经纪商应按照成交金额的 0.01% 向上交所交纳交易经手费。深圳证券交易所规定，可转换公司债券的买卖双方应按成交金额的 2‰ 向证券经纪商交纳佣金，同时，深交所按成交金额的 0.1‰ 向买卖双方征收交易经手费。可转换公司债券在转换期结束前的 10 个交易日终止交易，终止交易前一周证券交易所将予以公告。

第三节　可转换公司债券的衍生产品

一　分离式可转换债券

分离式可转换债券，全称为"认股权和债券分离交易的可转换公司债券"，是一种将认股权和债券相分离并各自展开交易的可转换公司债券。显然，分离式可转换债券建立在可转换公司债券的基础上。

2006 年 5 月 6 日，中国证监会出台了《上市公司证券发行管理办法》，其中规定，上市公司可以公开发行分离交易的可转换公司债券。具体规定包括：第一，发行这类债券公司应当符合下列条件：最近一期末经审计的净资产不低于人民币15 亿元，最近 3 个会计年度实现的年均可分配利润不少于公司债券 1 年的利息且经营活动产生的现金流量净额平均不少于公司债券 1 年的利息；本次发行后累计公司债券余额不超过最近一期末净资产额的 40%，预计所附认股权全部行权后募集的资金总量不超过拟发行公司的债券金额。第二，分离交易的可转换公司债券应当申请在上市公司股票上市的证券交易所上市交易。分离交易的可转换公司债券中的公司债券和认股权分别符合证券交易所上市条件的，应当分别上市交易。第三，分离交易的可转换公司债券的期限最短为 1 年。第四，认股权证上市交易的，认股权证约定的要素应当包括行权价格、存续期间、行权期间或行权日、行权比例。认股权证的行权价格应不低于公告"募集说明书"日前 20 个交易日公司股票均价和前 1 个交易日的均价。第五，认股权证的存续期间不超过公司债券的期限，自发行结束之日起不少于 6 个月。认股权证自发行结束至少已满 6 个月起方可行权，行权期间为存续期限届满前的一段期间，或者是存续期限内的特定交易日。第六，分离交易的可转换公司债券"募集说明书"应当约定，在上市公司改变公告的募集资金用途时，赋予债券持有人一次回售的权利。

从这些规定中可以看出，分离式可转换债券具有如下特点：第一，二次融资。对发行人而言，先是发行债券，由此获得第一次资金融入；当认股权证到期时，投资者行权，则发行人就有了第二次的融入资金。这与可转换公司债券相比，多了一次融入资金的机会。第二，债券利率较低。由于有认股权证的支持，分离式可转换债券中就债券部分而言，其票面利率可能明显低于普通的可转换公司债券，由此使得发行人可以以较低成本融入资金。第三，有利于保护投资者。分离式可转换债券不设赎回条款，既有利于发挥发行人通过业绩增长来促成转股的正面作用，也给债券的投资者以入股的安全感，同时，它又与普通可转换债券持有人同样被赋予一次回收的权利，这避免了在普通可转换债券中一些发行人不是通过提高公司经营业绩，而是以不断向下修正转股价或强制赎回方式促成转股而给投资者带来损害，因此，分离式可转换债券有利于保护投资者的权益。

二　可交换公司债券

可交换公司债券，简称可交换债券，是指上市公司股东依法发行、按照约定条件在一定期限内可交换成为该股东所持有的上市公司股份的公司债券。从实践情况看，发行可交换公司债券的主体基本是上市公司的母公司。

可交换公司债券与可转换公司债券的区别主要有五个方面：第一，发债主体

（从而偿债主体）不同。可交换债券是由上市公司的股东发行的，可转换债券则是由上市公司本身发行的。由于发行主体不同，各种经济关系就有了实质性差异。第二，股份的来源不同。可交换债券按照约定条件进行债换股时，其股份来自于发行人持有的其他公司的股份；但可转换债券按照约定条件进行债换股时，其股份来自于发行人本身发行的新股。第三，对发行人的影响不同。可交换债券转化为股份不会引致发债公司的总股本数量变化，不会影响每股收益水平；但可转换债券转换为股份后将引致发行人的总股本扩大，使得每股收益水平降低。第四，转换价格的确定方式不同。可交换债券在转化为股份时，转换价格应当不低于"募集说明书"公告日前 30 个交易日上市公司股票交易价格平均值的 90%；但可转换债券在转化为股份时，转换价格不低于"募集说明书"公告日前 20 个交易日该公司股票交易均价和前一交易日的均价。第五，转股期限不同。可交换公司债券自发行结束之日起 12 个月后才可交换为预备交换的股票；可转换公司债券则自发行结束之日起 6 个月后即可转换为公司股票。

2008 年 10 月 17 日，中国证监会出台了《上市公司股东发行可交换公司债券试行规定》。其中规定：

申请发行可交换公司债券，应当符合下列条件：（1）申请人应当是符合《公司法》《证券法》规定的有限责任公司或者股份有限公司；（2）公司组织机构健全，运行良好，内部控制制度不存在重大缺陷；（3）公司最近一期末的净资产额不少于人民币 3 亿元；（4）公司最近 3 个会计年度实现的年均可分配利润不少于公司债券 1 年的利息；（5）本次发行后累计公司债券余额不超过最近一期末净资产额的 40%；（6）本次发行债券的金额不超过预备用于交换的股票按募集说明书公告日前 20 个交易日均价计算的市值的 70%，且应当将预备用于交换的股票设定为本次发行的公司债券的担保物；（7）经资信评级机构评级，债券信用级别良好；（8）其他条件。

预备用于交换的上市公司股票应当符合下列规定：（1）该上市公司最近一期末的净资产不低于人民币 15 亿元，或者最近 3 个会计年度加权平均净资产收益率平均不低于 6%。扣除非经常性损益后的净利润与扣除前的净利润相比，以低者作为加权平均净资产收益率的计算依据；（2）用于交换的股票在提出发行申请时应当为无限售条件股份，且股东在约定的换股期间转让该部分股票不违反其对上市公司或者其他股东的承诺；（3）用于交换的股票在本次可交换公司债券发行前，不存在被查封、扣押、冻结等财产权利被限制的情形，也不存在权属争议或者依法不得转让或设定担保的其他情形。

可交换公司债券的期限最短为 1 年，最长为 6 年，每张面值人民币 100 元，发行价格由上市公司股东和保荐人通过市场询价确定。

"募集说明书"可约定赎回条款，规定上市公司股东可以按事先约定的条件和价格赎回尚未换股的可交换公司债券；可约定回售条款，规定债券持有人可以按事先约定的条件和价格将所持债券回售给上市公司股东。

可交换公司债券自发行结束之日起 12 个月后方可交换为预备交换的股票，债券持有人对交换股票或者不交换股票有选择权。

从这些规定中不难看出，可交换债券既给了上市公司的母公司在融入资金方面更多选择权，也给了证券市场投资者在证券投资和交易方面更多选择权。

第十二章　资产证券化证券市场

资产证券化证券最初是建立在金融资产基础上的一种衍生产品，随后扩展到工商企业的实物资产。资产证券化证券以对应资产所能带来的净现金流为支撑条件，通过结构化过程将这些资产及其净现金流重组，发行对应的证券而形成。1970年，美国的政府国民抵押协会（Government National Mortgage Association，GNMA，通常称为"Ginnie Mae"）首次发行了以抵押贷款组合为基础资产的抵押支持证券——房贷转付证券，标志着资产证券化证券的诞生。此后，欧洲国家、日本、中国等众多国家和地区（如中国香港等）先后发展了资产证券化证券，形成以此为交易对象的市场；资产证券化快速成为一种被各种金融机构广泛选择的金融创新工具，在此基础上，又衍生出了（诸如担保债务凭证等）新的产品。资产证券化证券本来是为了解决发行人的资产流动性、分散运作风险而产生的。在这个范围内，人们对它褒奖有加。但随后，它成为美、英等国一些金融机构获取暴利的金融工具，风险不断在金融市场和金融体系中积累。2007年发生的美国次贷危机并演化为2008年后的金融危机，与此直接相关。本章重点介绍资产证券化的原理、机制、内在矛盾和发展条件。

第一节　资产证券化的含义和类型

一　资产证券化的含义和特点

资产证券化，是指经营性法人机构将缺乏流动性但未来有稳定净现金流的资产，通过真实销售、破产隔离、信托设立、资产分级、有限追索和信用增级等机制，发行资产支持债券的金融行为。这一定义有五个方面的含义：其一，资产证券化是经营性法人机构的一种金融行为。这些法人机构包括各类经营性的金融机构、工商企业等。非法人机构的主体是不能展开资产证券化的。另外，这些法人机构应是经营性质的，那些虽属法人机构（如西方国家的非政府组织，中国的事业单位等）但不具有经营性质的机构是不能开展资产证券化的。其二，资产证券化中的"资产"应是缺乏流动性且有稳定的未来净现金流的资产。这意味着，那些具有较强流动性的资产因可随时变现，不需作为资产证券化的资产基础；那些流动性较差但不能带来现金流的资产，因缺乏兑付（或偿还）资产证券化证券的本息能力，也不能作为资产证券化中的资产；那些虽能带来未来现金流，但未来现金流不稳定的资产，因在兑付资产证券化证券本息方面存在较明显的违约可能性，依然不能作为资产证券化中的资产；那些虽能在未来带来稳定的现金流，但这些现金数量减去法人机构的成本开支（或资产损失引致的现金流减少）后并无多少净现金流的资产，还是不能作为资产证券化中的资产。显然，可作为资产证券化中的资产是具有特定性能的资产，并非任何资产均可用于资产证券化。其三，资产证券化的展开有一系列机制安排，其中包括真实销售、破产隔离、信托设立、资产分级、有限追索和信用增级等。通过这些机制安排，不仅使资产池中的资产（及其净现金流）有了独立存在的可能和发挥与此对应的独立功能，而且可以进行结构化分类，从而为发行支持债券做好准备。其四，发行资产支持债券。资产证券化中发行的不是一般的公司债券，它是以资产支持为基础的债券，因此，称为"资产支持债券"。其五，资产证券化是一种金融活动。在一连串的行为展开和机制安排中，"金融"（或者更明确地说"债权债务关系"）贯穿始终。这一行为的直接结果是销售出以资产为支持的债券。资产证券化的这五个方面含义，缺一不可。

资产证券化中贯彻着真实销售、破产隔离、信托设立、资产分级、有限追索和信用增级等机制。这些机制的具体含义如下：

真实销售，指的是进入资产证券化的"资产"必须真实销售给另一主体。一方面通过这一过程，"资产"不再成为销售主体的表内资产，不再与销售主体有财务上的经济关系；另一方面，通过真实销售，这些资产成为购买者的资产范畴。这一机制，是整个资产证券化开展的前提。

破产隔离（Bankruptcy Remoteness），指的是进入资产证券化的"资产"，一旦真实销售给了购买方，那么，即便资产销售方遇到财务危机进入破产程序，这些已真实销售出去的资产也不能纳入破产处置之中，即不属于破产资产范畴。这意味着，一旦资产真实销售，这些资产的未来状况（如增值或贬值等）就与资产的销售方无关了，因此，资产销售方可以不再关心这些资产的未来命运。

信托设立，指的是进入资产证券化的"资产"通过信托机制将资产移入资产池的过程。由于在信托关系中，信托机制一旦形成，在法律上，资产就视为受托人所有的资产；受托人有义务为委托人管理运作好这些资产，但没有为委托人承担资产盈利的责任。因此，一方面信托关系一旦设立，进入资产证券化的"资产"就不再是销售方的资产了，它由受托管理人单立账户管理运作；另一方面，这些资产的运作结果与销售方也无直接关系了。

资产分级，指的是将进入资产证券化的"资产"按照质量性状（或风险大小）进行分级的过程。例如，将品性最好的资产界定为"AAA"、将品性稍低的资产界

定为 "A"、将品性最差的资产界定为 "D" 级等。资产分级的目的，是按照不同等级的资产发行不同等级的债券，因此，资产分级是一个按照市场状况对资产进行技术性处理的过程。

有限追索，指的是资产证券化证券的购买者，对这些债券的追索权只限于资产池，不能追索到资产的销售方。这种有限追索权的设立与破产隔离机制的设立在逻辑上是一致的。这种有限追索机制的设立，使得资产销售方的权益得到更加严格的保护。

信用增级 (Credit Enhancement)，指的是对资产池中等级较低的资产通过各种信用增级方式提高这些资产的信用等级从而降低其价格（如利率）的过程。例如，通过对 "D" 级资产进行违约担保，使其达到 "A" 级或者更高等级。

从这些含义和机制安排中不难看出，与公司债券相比，资产证券化证券有六个方面的特点：

第一，发行债券的直接主体不同。公司债券的发行主体是有限责任公司和股份有限公司；但资产证券化证券的发行主体并非这些公司，而是依信托关系设立的资产池管理人。由于信托关系的设立，隔断了资产销售方和债券发行人之间的关系，所以，债券持有人仅拥有有限追索权。

第二，债券的抵押担保关系不同。公司债券以公司（发行人）的全部净资产为抵押，公司负有到期清偿债券本息的法律义务；但在资产证券化证券中，抵押品仅为资产池中的资产，并不以资产销售方的全部净资产为清偿债券的抵押品，到期偿付本息的法律义务也由资产池中的资产承担。

第三，资产规模的变化不同。公司债券发行后，公司的负债和资产均以发债数额等量增加；但在资产的表外证券化中，由于资产真实销售给了信托机构，所以，对应的金融机构虽获得了资产证券化债券发行的现金收入，但资产总额并未增加，负债结构也不因此发生变化。

第四，债券形成过程中的主体关系不同。在公司债券形成过程中，涉及的主体主要是公司（发行人）、承销商和投资者等；但在资产证券化证券形成过程中，涉及的主体增加了一个资产信托管理人（在美国式资产证券化中，这一管理人可以是虚置的，但法律关系并不因此而虚置）。

第五，债券关系的复杂程度不同。公司债券从设计到发行的关系相对简单，参与其中的各方对这些关系比较容易理解和把握；但对资产证券化证券而言，从设计到销售的各种关系比较复杂，尤其是将资产转变为各种等级的债券过程运用了各种学科（包括数学、物理学、天文学和生物学等）的技术模型，更加不易为投资者和监管者所把握。

第六，目的不同。发行公司债券的直接目的在于融入资金，以满足公司经营运作的需要；但资产证券化的直接目的在于使缺乏流动性的资产可以变现，以调整资产结构和质量，20 世纪 90 年代以后，资产证券化成为美国一些金融机构获取暴利的一种方法（这是引致美国次贷危机和金融危机的一个直接成因）。

二 资产证券化程序

资产证券化的流程大致如图 12-1 所示，从中不难看出，一个完整的资产证券化程序主要有 6 个环节。第一个环节是，金融机构将相关资产剥离并真实销售给信托机构（在美国为 SPV），以此为展开这些资产的证券化做好准备工作；第二个环节是，信托机构在受托资产后，对这些资产进行分级并准备发行债券；第三个环节是，按照资产分级的结果，发行支持债券，并将最低级资产交还给金融机构；第四个环节是，销售债券的现金收入回流到信托机构；第五个环节是，信托机构将销售债券获得的现金交给金融机构；第六个环节是，按照发债约定的时间和方式将债券本息支付给债券持有人。通过这些程序，金融机构实现了资产销售和现金回流，从而将缺乏流动性的资产转变为具有最高流动性的现金。

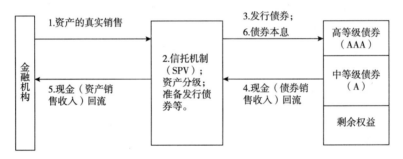

图 12-1 资产证券化流程示意图

从图 12-1 中可以看出，能否有效地运用信托机制是开展资产证券化的一个关键环节。其内在机理是，如果信托机制由一个实体性法人机构履行，则这一机构不仅需要收取较高的管理费用，从而直接影响到资产证券化的成本（甚至可能引致资产证券化失败），而且需要考虑资产证券化可能引致的种种风险。为了避免信托机制引致的可能风险，在美国的资产证券化中，信托机制的运用选择了非实体机构的方式，即建立一种虚拟的特殊目的公司（Special Purpose Vehicles, SPV）进行运作。SPV 实际上是一个专设账户的公司，并非一个在工商行政管理部门注册的法人机构。在这种安排下，资产证券化过程基本由对应的金融机构操作，而不是由商业银行等金融机构与信托机构协商开展。

金融机构是如何运用资产证券化机制获得暴利的呢？假定某家金融机构发放了 100 亿美元年利率 7% 的 20 年期住房抵押贷款，然后，在结构金融技术的支持下，通过资产证券化过程，将这 100 亿美元的住房抵押贷款分级后转入 SPV 并发行不同利率的债券，其大致情形如表 12-1 所模拟。从中可以看到，发起人在将 100 亿美元次贷分为 4 级后，把前 3 级（即 A 级、B 级和 C 级）总额为 99 亿美元的次贷转入 SPV 并分别发行利率不同的债券。这些债券的年利息总额为 5.01 亿美元，与 100 亿美元年利率 7% 的次贷相比，息差达到 1.99 亿美元。这些息差不仅足以全部覆盖未转入 SPV 的 1 亿美元 D 级次贷，而且有结余。由此来看，通过结构性金融技术的安排，放贷金融机构在信贷风险完全转移出去之后，获得了巨额的无风险收益。正是结构性金融有如此大的盈利空间，所以 90 年代以后，相当多的金融机构大力发展结构性金融，以至于结构性金融产品（或信用衍生产品）呈几何级数式地膨胀。

表 12 - 1　资产证券化中的结构性金融安排（模拟）

级别	规模（亿美元）	占比（%）	评级	利率（%）	年利息（亿美元）
A 级	90	90%	AAA	5	4.5
B 级	6	6%	A	5.5	0.33
C 级	3	3%	BBB	6	0.18
D 级	1	1%	—	—	

图 12 - 1 中没有列入"信用增级"，这是因为并非所有的资产证券化都引入了信用增级程序。只有在金融机构将保留在手中的低等级资产纳入资产证券化范畴时，信用增级才发挥作用。2010 年 7 月 21 日，在美国金融危机持续展开的过程中，美国金融改革法案——《多德－弗兰克华尔街改革与消费者保护法案》出台。其中第 941 条第 15G 条"金融风险自留"中规定：要求证券化机构保留"资产自留不低于 5% 的信用风险"。[①] 这意味着，在美国此后的资产证券化中信用增级的运用将受到明显的限制。

资产证券化证券的投资者，在美国主要是商业银行、投资银行、养老基金、货币市场基金、共同基金、保险公司和对冲基金等金融机构。这些金融机构或者通过理财机制将管理运作的客户资金投资于证券化产品，或者以自有资金投资于证券化产品，或者引领客户进行证券化产品的投资。由于众多资产证券化产品在存续期限、偿付结构、信用增级手段等方面不尽相同，且它们的交易基本在场外市场展开，主要通过电话、网络等渠道发布信息和进行联系，并以双边报价方式实现交易，因此，除标准化程度较高的住房抵押借款支持证券（MBS）外，其他类型的 ABS 通常交投并不活跃、交易价格的透明度也不高。

三　资产证券化证券简要分类

资产证券化可分为广义资产证券化和狭义资产证券化。广义资产证券化，泛指将缺乏流动性但未来有稳定净现金流的资产通过证券化机制发行证券的过程；狭义资产证券化特指信贷资产证券化过程。资产证券化的主要类型包括：

---

① 引自《多德－弗兰克华尔街改革与消费者保护法案》，董欲平等译，中国金融出版社，2010，第 473 页。

按照证券化的资产性质的不同，资产证券化可分为信贷资产证券化、不动产证券化、应收账款证券化、债券组合证券化和未来收益证券化等。

按照证券化资产的金融属性不同，资产证券化可分为债券性资产证券化、股权性资产证券化和混合性资产证券化。

按照证券化发起人和投资者的地域差别，资产证券化可分为境内资产证券化和离岸资产证券化。所谓离岸资产证券化，是指资产证券化的国内发起人通过在国外的特殊目的机构（SPV）或结构化投资机构（Structured Investment Vehicles，简称 SIVs）在国际市场上以资产证券化的方式向国外投资者发行证券化证券的过程。

按照证券化资产是否真实出售从而划到表外，资产证券化可分为表外资产证券化、表内资产证券化和准表外资产证券化等三种。其中，表外资产证券化又称为美国式资产证券化，表内资产证券化又称欧洲式（或德国式）资产证券化，准表外资产证券化又称澳大利亚式资产证券化。表内资产证券化，是指资产证券化的发起人不将相关资产出售给 SPV，而是继续保留在自己的资产负债表内，但以这些资产为资产池支持证券发行的情形。在表内资产证券化过程中，证券化的发起人资产和负债将与证券化证券的发行规模一同扩大。在准表外资产证券化中，资产证券化的发起人通过设立全资或控股子公司作为 SPV，然后，把资产"真实出售"给 SPV，子公司不但可以购买母公司的资产，也可以购买其他资产，子公司购得资产后组建资产池，并以此为支持来发行证券。

虽然从美国开始的资产证券化的历史仅有短短的 40 多年时间，但它揭示了以资产权益为基础，为了获得这些权益的未来收益而展开权益交易的金融本质关系，在此基础上，通过权益分拆和权益组合，各种资产证券化产品种类层出不穷，与此对应的名称也名目繁多。其中包括：以金融机构住房抵押贷款为资产对象的证券化（即 MBS），以信贷资产、不动产资产和收益类资产等为对象的证券化（即 ABS），以各种证券为对象并加以信用增级的证券化产品（CDOs）以及在此基础上进一步细分的 CLOs、COMs、CBOs 和合成 CDOs 等产品。

四　资产支持证券（ABS）

资产支持证券（Asset - Backed Security，简称 ABS），又称资产支撑证券，是指以资产为证券化基础的各类证券。其中，"资产"既可以是贷款、证券等金融资产，也可以是实物资产、不动产等非金融资产。不难看出，只要是以真实资产为基础的资产证券化产品都可以称为资产支持证券。

ABS 的具体品种，以资产特点划分，可分为三大类：其一，以贷款资产为基础，这包括住房抵押贷款证券化、商用、农用和医用房产抵押贷款证券化、汽车消费贷款证券化、学生贷款证券化和中小企业贷款证券化等。其二，以应收款资产为基础，这包括信用卡应收款证券化、贸易应收款证券化和设备租赁费证券化等。其三，以收费资产为基础，这包括基础设施收费证券化、门票收入证券化、俱乐部会费收入证券化、保费收入证券化和知识产权收入证券化等。

住房抵押贷款支持证券（Mortgage - Backed Security，简称 MBS），是最早出现的资产支持证券品种。它是以住房抵押贷款为资产基础所展开的证券化过程，出现在 20 世纪 70 年代左右的美国。MBS 主要以美国专门从事住房抵押贷款发放的金融机构（包括商业银行）已发放的住房抵押贷款为资产基础，通过资产证券化过程发行债券而形成。它的主要程序是，把已贷放出去的住房抵押贷款中符合设定条件的部分贷款集中起来，形成一个抵押贷款的资产池，利用这一贷款资产池定期产生的本金偿还和利息支付的现金流发行对应的债券，同时，由于这些金融机构有一定的政府信用背景或得到具有政府背景的机构支持（其中包括：政府国民抵押协会，即 GNMA；联邦住宅贷款抵押公司，即 FHLMC；联邦国民抵押协会，即 FNMA；等等），所以，这些资产证券化债券也就有了一定程度的政府信用担保。因此，早期的美国 MBS 具有一定程度的公共政策色彩。在美国，由于在住房抵押贷款支持证券中，由资产池所产生的净现金流（贷款本息）几乎全部转移支付给了这种债券的持有人，所以，MBS 又被称为过手证券（Pass - Through Securities）。

MBS 在进一步发展中，演化出了抵押转手证券（Mortgage - Pass Through Securities）、担保抵押债务（Collateralized Mortgage Obligations，简称 CMO）和分离式抵押担保证券（Stripped Mortgage - Backed Securities）等三种衍生产品。它们虽然同源，但在现金流量、内在风险等方面都有各自特点。

抵押转手证券，是指由美国联邦国家房屋贷款协会（FNMA，中文简称"房利美"）和美国政府国民抵押贷款协会（Ginnie Mae，中文简称"房贷美"）通过购买证券类（或实物类）资产并将这些资产作为抵押品进行组合，形成资产池，然后，对这些资产进行分级并提供担保所发行的证券。这种证券主要特点是，基本上不对资产池产生的现金流进行处理，直接将这些现金转交给证券持有人（由此，称为"转手"）。在其他条件相同的情况下，转手证券产生的现金流明显大于非分期偿付型债券的现金流，因此对投资者具有吸引力。

担保抵押债务（CMO），是指投资银行在购买了转手证券（或整个抵押贷款）之后，以这些转手证券为资产池所发行的特种债券。在资产分级的基础上，这些债券被分成等级不同的组（称为"档"），不同档的债券依票面利率高低、偿还期限长短等条件的不同而有差异。由此，通过期限的重新划分，一种长期性住房抵押贷款证券化债券（或转手证券）就被重构为短期、中期和长期的各类债券，一方面满足了各种投资者投资于不同期限债券的需求，另一方面，由于期限较短的债券利率水平较低，所以，担保抵押债务的发起人也从中获得了收益。

分离式抵押担保证券，是指利率与本金相分离的证券化债券。它主要有只付本金债券（Principal – Only Class，简称 PO）和只付利息债券（Interest – Only Class，简称 IO）两种。如果说担保抵押债务（CMO）通过对转手证券的期限和利率水平进行重新划分，并由此引致对资产池所产生的现金流重新划分重组的话，那么，分离式抵押担保债券则通过条件设定对这些现金流做了进一步的重新划分重组，使得资产池产生的现金流按照本金和利息的差别分离了。由此，资产池产生的属于本金范畴的现金流，只用于支付给 PO 债券的持有者；资产池产生的属于利息范畴的现金流，只用于支付给 IO 债券的持有者。PO 债券通常选择折价发行，投资者的收益主要取决于两方面因素：债券面值与交易价格之间的差价、债券本金的偿还速度。IO 债券通常没有面值，投资者的收益主要取决于两方面因素：息票利息的偿付期限和市场利率的高低。因为早偿会使未偿还的本金数额减少，相应的利率收益也会减少。当市场利率下降和早偿时，PO 债券和 IO 债券的风险降低、收益提高，因此这两种债券被一些金融机构（对冲基金、社会保险基金和养老基金等）用于证券组合中的对冲。

五　担保债务凭证（CDO）

担保债务凭证（Collateralized Debt Obligation，简称 CDO），又称债务担保凭证，是证券化发起人将各种债权凭证、各种债券等资产组合成为一个资产池，通过重组和分割等技术处理后，转给特殊目的公司（SPV），发行的固定收益证券或受益凭证。可纳入担保债务凭证资产池的债权凭证包括高收益的债券（High – Yield Bonds）、新兴市场公司债或国家债券（Emerging Market Corporate Debt、Sovereign）、ABS 证券以及其他债券。1987 年，Drexel Burnham Lambert 公司发行了第一只担保债务凭证，拉开了这种资产证券化品种的序幕。在随后的 20 多年时间内，担保债务凭证快速发展，成为资产证券化证券范畴乃至资本市场上的一类引人瞩目的品种，受到众多投资银行、理财机构、对冲基金、养老金基金和保险公司等金融机构的追捧。根据 SIFMA（Securities Industry and Financial Markets Association）统计，2007 年（即美国金融危机爆发的前一年）当年发行的 CDO 就达 5030 亿美元，远远超过了其他的证券品种。

CDO 市场的主要参与者包括投资者、保险商、资产管理人、托管人、会计师、法律代理人等。其中，投资者包括商业银行、保险公司、养老基金、对冲基金、其他各种机构投资者、私人大户投资者等。保险商主要由投资银行担任，它是 CDO 的构建者和安排者；保险商与资产管理公司共同筹划构建 CDO 分类分级。托管人代表着投资者的利益并行使着相应权力。会计师通常由保险商聘请，其职责是为 CDO 的投资进行价值评估。

CDO 与 ABS 的差别主要有三：其一，从债务凭证持有人来看，CDO 的债权人通常不超过 200 人（甚至少于 100 人），由此决定，CDO 的持有者大多是机构投资者；与此不同，ABS 的债权人通常在 1000 人以上，因此，个人投资者的比重较高。其二，从资产池中的资产特点看，CDO 资产池中的各类资产差异性较大同时来源比较复杂，各类资产中的相关性程度较低，目的在于充分分散风险；与此不同，在 ABS 资产池中，各类资产的同质性程度较高，来源相对简单，目的在于使这些资产产生的现金流处于可掌控之中。其三，从资产证券化动机看，操作 CDO 的目的主要在于套利，因此，是一种营利性活动；与此不同，操作 ABS 的主要目的在于调整资产的流动性、转移风险等，因此营利特性较低。如果做一个并非完全准确的比喻的话，那么，ABS 犹如将猪肉的不同部位进行分类，然后，进行销售；这种操作的目的在于将猪肉卖出。但 CDO 犹如将牛羊猪肉集合为一个资产池，然后，通过分类分级，进行不同组合，再进行分类分级销售；这种操作的目的，不仅在于将牛羊猪肉卖出，更重要的是因此获得超额收益。

由于 CDO 资产池中资产来源不同且性质差别甚大，所以，在资产证券化过程中，首先需要将这些资产依资信等级的不同进行分类分级，同时进行信用增级，并在此基础上将资产分为若干等级，然后以这些资产为依托发行对应等级的担保债务凭证。CDO 中各类证券系列大致上可分为高级证券（Senior）系列、中级证券（Mezzanine）系列、低级证券（Junior /Subordinated）系列和不公开发行的证券系列。其中，不公开发行的证券系列通常由发起人自己购回，其内在含义是，发起人以这一证券系列的信用来支持其他证券系列的信用，即一旦 CDO 系列证券发生损失，这部分不公开发行的证券首先承担这些损失。由于这部分证券具有权益性质，所以，不公开发行的证券系列又称为权益证券（Equity Tranche）。不难看出，与 ABS 通常利用外部信用增级机制来提高证券等级不同，CDO 的信用增级主要依赖于对资产池中的资产进行分类分级并由此设计结构性证券来实现。在这个过程中，CDO 的设计大量运用了金融工程的技术。

CDO 中的高级证券系列、中级证券系列和低级证券系列可根据利率特性和利率水平进一步划分为更小的系列证券，以适合不同类型投资者的需求。例如，根据利率特性将其分为固定利率与浮动利率、零息与附息等。各类系列证券的面值大小主要由两个因素决定：一是信用等级的高低。一般来说，高级证券的面值数额较大，中级证券次之，低级证券再次之。二是融资成本的高低。一般来说，融资成本低的证券发行量为大，融资成本高的证券发行量为小。从总体情况看，通常高级证券系列占整体的比例可达 70% ~90%、中级证券系列占比约 5% ~15%、股本证券系列占比约为 2% ~15%①。表 12 - 2 列示的是金融市场中常见的 CDO 证券结构。

---

① 由于不公开发行的系列证券具有权益证券特点，同时，在许多文献及实例中低级证券被称为股本系列，所以，CDO 结构有时分为高级、中级及股本系列。

表 12 - 2 　 CDO 各类证券系列结构表

证券系列	品种	
高级证券系列	Class A - 1（浮动利率证券）	Class A - 2（固定利率证券）
中级证券系列	Class B - 1（浮动利率证券）	Class B - 2（固定利率证券）
低级证券系列	Class C（浮动利率或固定利率证券）	
	Class D（浮动利率或固定利率证券）	
	权益证券系列	

CDO 的定价主要运用各种数学、物理学（后来又进一步扩展到天文学、生物学等）的计量模型。这些计量模型在 CDO 的问世和推广中起着举足轻重的作用。各种计量模型可分为静态模型和动态模型两种。其中，静态模型有二项式扩展方法（BET）、多重二项式方法（MBET）、相关二项式方法（CBM）、Copula 法和因子 Copula 法等。由于各种静态模型既难以计量 CDO 各层级随时间变化的特征，也难以对 CDO 的系列衍生品定价进行测算，所以，动态模型的研究和运用随之兴起。但无论何种计量模型总存在三个难题：各种假设前提的正确性、历史数据对未来趋势的代表性、结论对模型参数的敏感性。这些难题决定了，CDO 在定价中存在比较严重的缺陷。

六　担保债务凭证（CDO）的分类

根据不同的划分标准，CDO 产品类型可做不同的分类。其中，主要的分类有如下几种。

根据资产池中的资产特性不同，CDO 可分为信贷资产证券化的 CDO，即 CLO（Collateralized Loan Obligation）和市场流通债券的再证券化的 CDO，即 CBO（Collateralized Bond Obligation）两种。二者的差别主要在于，CBO 的资产群组以债券为主，CLO 的资产群组以贷款为主。由于从债权角度看，债券和贷款既有许多共同点也有诸多不同点，所以，CBO 和 CLO 也有差别，尤其是，银行贷款属于非标准化金融产品，各笔贷款的本息偿付、还款期限、利率水平、契约条件、违约风险和法律约束等不尽相同，所以，CLO 在设计中所选用的金融工程技术相对较为复杂。从实践状况看，CLO 发起人大多为各类存贷款金融机构（如商业银行），其主要目的是为了调整资本充足率或移转资产的信用风险；CBO 的发起人大多为资产管理公司、金融公司等，其主要目的是为了套取其中的利率差价。

按照标的资产的特性划分，CDO 可分为现金型 CDO（Cash CDO）、复合型 CDO（Synthetic CDO）和混合型 CDO（Hybrid CDO）三种类型。其中，现金型 CDO 的标的资产通常由贷款、公司债券、资产支持证券（ABS）或抵押贷款担保证券（MBS）等资产构成。在这一场合，CDO 的发起人通常为银行，它将其债权资产（贷款、债券、资产支持证券等）经分类分级后转移给 SPV，然后，SPV 根据这些资产的信用等级差别发行不同等级的债务凭证给投资人。这些债务凭证之价值与资产池中债权资产的现金流状况直接联结。由于 SPV 真实买入了标的资产，有实质上的现金交付，所以，这种 CDO 被称为现金型 CDO。复合型 CDO 是建立在信用违约互换（CDS）基础上的一种 CDO 形式，是 CDO 的衍生产品。在复合型 CDO 中，信贷资产的所有权并不发生转移。在复合型 CDO 中，发起人将各种债权资产汇集为一个资产池（所以，称为"债权群组"）并加以分类分级，然后，在债权群组与 SPV 之间签署承诺信用违约交换的合约 CDS（Credit Default Swap）；此后，由 SPV 依据不同等级的资产发行不同信用等级的债务凭证给投资人；在债务凭证销售结束后，再利用获得的资金购买高质量债券作为信用违约的担保品。这些担保品的功能主要有三：一是将担保品作为债务凭证未来到期的还本保证；二是将担保品的利息作为债务凭证利息支付的主要来源；三是当违约事件发生时，将担保品兑付给债务凭证持有人。现金流式 CDO 与复合式 CDO 最大的差异在于，复合型 CDO 的资产池中资产并无真实出售，债权群组也没有实际出售给投资人，也就是说，SPV 并没有真实购入债权群组中的资产，CDO 的投资人也没有实际拥有债权群组中标的物的债权。混合型 CDO 是上述两种 CDO 的组合。在美欧市场上，CDO 的结构有比较明显的差别。主要表现在，在美国市场上，现金型 CDO 占主导地位；在欧元区市场上，复合型 CDO 占主导地位。

按照发起人进行资产证券化的目的划分，CDO 可分为调整资产结构的 CDO 和套利性 CDO。在运作调整资产结构的 CDO 中，金融机构（主要是商业银行等）将资产用于证券化操作的直接目的在于，将债权资产从资产中移出，利用证券化机制转移运作风险（如信用风险、利率风险等）、提高资本充足率和资产流动性，改善资产负债结构。在套利性 CDO 中，金融机构（主要是基金公司、金融公司等）利用证券化机制，先通过金融市场操作，购买高收益债券或结构性债务工具，然后，利用证券化技术进行分类分级后，再向金融市场的投资者出售收益率较低的债务凭证，由此获得债券买卖之间的利差。在发达国家的金融市场中，套利性 CDO 发行的数目远多于资产调整性 CDO 的发行数目，它的交易量占到 CDO 交易量的 80% 左右。对投资者而言，这两种 CDO 的差别主要有三：一是套利性 CDO 的收益率通常较高，且高于一般的公司债券。二是套利性 CDO 的期限较短（通常为3~7年），而资产调整性 CDO 的期限在 12~35 年。三是套利性 CDO 可选择有本金分割、无本金交割或部分本金交割，也可以根据投资者的偏好设计出单一信用风险的 CDO，使投资者具有较大的选择权和控制权，因此，这是一种具有较高弹性的投资产品。

根据证券投资组合的管理方式，营利性 CDO 可分为静态避险 CDO 和动态管理 CDO 两种。在资产证券化的初期，CDO 基本属于静态避险式，即进入资产证券化资产池的资产群组一旦确定后，这些资产组合就处于不变状态。这种方式的 CDO 具有操作简单、透明度较高和收益率较高等特点。与静态避险式相比，动态管理

CDO 的主要特点是，进入资产池的资产处于可调整状态，同时，为了操作的连续性，这种 CDO 常常聘用专业经理人对资产池中的资产组合及其变动趋势进行监督管理。这些经理人在一定程度上具有调整（包括替换）这些资产组合的权力。

此外，CDO 还可以做其他角度的划分。例如，当资产池中的资产为保险合同或再保险合同时，CDO 就称为担保保险凭证，即 CIO（Collateralized Insurance Obligation）；当资产池中的资产为结构性金融产品（如 MBS、ABS 等）时，CDO 就称为结构性金融担保债务凭证，即 SFCDO（Structured Finance CDO）；当资产池中的资产为商业不动产时，CDO 就称为商业不动产 CDO，即 CRE CDO（Commercial Real Estate CDO）；当资产池中的资产为已发行的 CDO 时，就称为 CDO 的平方、CDO 的立方和 CDO 的 N 次方。

七　担保债务凭证（CDO）的风险

在运作过程中，CDO 存在一系列风险。其中，一般性风险主要包括：

第一，设立风险。CDO 的发行期间可分为加速设立阶段（Ramp Up Period）、再投资阶段和还本阶段。虽然在理论上，发起人应在资产池建立并将资产转移到 SPV 后才能发行债务凭证、设立 CDO，但在运作中常常发生的情形是，发起人是在证券化成立后才开始收购资产。由此，如果资产管理人收购资产速度不能如期完成，将引致投资者所提供的资金难以充分快速地投资于回报率较高的标的物上，从而引致投资效率降低；或者是，收购已形成标的的资产难以达到预期的分散状态，由此引致风险集中。在这些情形下，CDO 都面临着设立风险。CDO 在建立资产池期间所承担的风险，称为加速设立风险（Ramp Up Risk）。

第二，违约风险。CDO 以资产池中的资产现金流（本金加利息等）为基础，一旦这些资产的债务方不能按期支付本息，不仅将严重影响 CDO 的等级，而且将严重影响 CDO 的到期支付本息。因此，违约风险始终是 CDO 的第一风险。尤其是，当 CDO 资产池将种类繁多的资产合为一体作为发行的基础性资产时，这种违约风险更加严重。当 CDO 资产池中的资产涉及他国主权类证券时，这种违约风险又将引申到主权风险。

第三，利率风险。在金融市场运行中，受各种因素影响，市场利率处于波动状态；在一些重要因素发生变化的条件下，市场利率的运行趋势可能发生逆转。由于 CDO 的期限较长，这些市场利率的变化（趋势和水平）不仅将给 CDO 的定价带来种种困难，而且将严重影响 CDO 的发行数量和交易价格。

第四，汇率风险。当 CDO 资产池中的资产包括他国（或地区）的证券时，由于汇率波动将引致这些资产的价值变动，因此，这不仅将引致 CDO 的定价困难和交易价格的波动，而且可能引致 CDO 到期兑付的风险。

第五，兑付风险。由于 CDO 资产池中的资产品种繁多，这些资产的利率水平、期限结构和付款方式等不尽相同，如果发生 CDO 到期需要兑付的本息数额与同期的现金流不匹配，就将引致 CDO 的兑付风险。

第六，法律风险。资产证券化中贯彻着信托机制，CDO 也不例外。由于各国和地区的法律制度差别甚大，由此，如果 CDO 的资产池中的资产或投资者涉及跨国关系，对应的法律差别就可能成为至关重要的影响因素。

从金融市场运行和发展来看，CDO 有引致系统性风险的功能。其内在机理首先在于 CDO 有加速设立和发行的功能。如果说，早期资产证券化的主要目的在于，为提高金融资产的流动性提供一个解决方案的话，那么，随着 ABS→MBS→CDO→CDO 平方→CDO 立方→……等的转变，以盈利为目的的资产证券化成为 CDO 的主体部分。"无利不起早"，在利益驱动之下，CDO 可以突破住房抵押贷款、信贷资产、公司债券等的数量限制，可以突破国界限制（购买他国和地区的金融产品）建立资产池，同时，又可以突破先建立资产池后证券化的限制，实行先销售证券化 CDO 后建立资产池的举措，由此，CDO 就可快速膨胀，形成巨大的金融泡沫。资产证券化本是作为金融机构这一微观主体分散风险的一个重要机制，但在 CDO 快速且种类繁多的扩展之时，各种风险并不由此而消解。相反，这些风险实际上处于不断积累和扩大的状态。在 CDO 几乎无限的证券化链条延伸过程中，金融泡沫加速吹大，一旦链条中的几个环节断裂，系统性风险的发生就在所难免。2007年美国次级住房抵押贷款证券化危机和 2008 年这一危机转变为金融危机的深层原因就在于此。

八　迷你债券

迷你债券，并非债券，在香港称为"精明债券"，在台湾称为"连动债"，是一种高风险的金融衍生产品。迷你债券的品种主要有二：一是以信贷违约掉期（CDS）为标的的金融衍生工具；二是与信贷挂钩的票据（Credit - Iinked Note）。

2002～2003 年，雷曼兄弟公司在香港首推面向个人投资者（即"零售客户"）的迷你债券。在这一品种中，雷曼兄弟公司作为发起人（Sponser），负责该种产品的设计，向评级机构申请对迷你债券资产池中的资产进行信用评级。由于雷曼兄弟公司属于投资银行范畴，缺乏面向个人投资者的零售网络，因此，它借助于与众多商业银行的合作关系，由这些商业银行展开该产品的推介，通过其零售网络销售给客户；作为销售的回报，雷曼兄弟公司按照销售量向这些商业银行支付费用（包括佣金）。迷你债券的利率一般是固定的，且高于商业银行的同期存款利率，因此，在发售中，这一金融产品对投资者具有一定的吸引力。在迷你债券发售完毕后，商业银行作为资产的托管机构展开托管人所承担的工作，在理论上不承担该产品的市场风险。迷你债券最初在香港发售，随后扩展到新加坡和中国台湾。

每一期的迷你债券一般都会同时以美元和本地货币（如港币）发售，期限通常为 3 年、5 年或 7 年，雷曼兄弟公司负责支付固定利息。迷你债券所关联的信用风险属于叠加型的，即在任何一个标的信用实体发生违约事件时，迷你债券的违约事件都将被激发。对于投资者来说，这一风险具体表现在三个方面：其一，迷你债券与多家金融机构（如商业银行）之间的信用关联风险，即一旦其中一家金融机构发生债务违约事件，迷你债券就将终止偿付。其二，迷你债券的本金会用于购买合成债务担保证券（CDO Notes）作为担保资产，这些资产一般被信用评级公司评为最优级（如 AAA 或是 AA＋）。一旦 CDO 中这些资产的债务方发生违约，迷你债券的偿付将立即终止。其三，迷你债券资产池的担保资产可能是由各种债务产品合成构成的，即通过 CDO 的信用掉期与一个低风险的票据组合构成。一旦其中的低风险票据发生违约事件，即使 CDO 大部分资产质量依然良好，迷你债券的偿付也将终止。在这三种终止偿付的情形下，个人投资者的投资本金将面临严重的损失，可能收回的本金部分取决于雷曼兄弟公司通过将 CDO 资产池中担保资产变现后的剩余资金状况。

值得注意的是，在相当多的迷你债券运作中，实际发行人是离岸注册的特殊目的公司（SPV），这意味着，从法律关系上讲，雷曼兄弟公司不是直接的债务人，不具有承担偿债的法律义务；同时，2008 年 9 月 15 日，雷曼兄弟公司申请破产保护事件也不直接触发这一部分迷你债券的违约偿付。但由于雷曼兄弟公司是迷你债券发行的实际运作者，同时又是这种产品中互换合约的对手方，所以，它的破产不可避免地对迷你债券的本息偿付带来严重的影响。另外，由于这种本息偿付终止是上述信用违约界定事件中的一种情形，所以，个人投资者只能承担投资损失的后果，缺乏运用法律机制进行追偿的可能。

第二节　美国次贷危机生成机理分析

一　扑朔迷离的金融现象

2007 年 8 月美国爆发了次贷危机，该危机随后在 2008 年 9 月转变为金融危机。多年来，国内外就美国次贷危机生成原因的解释大致有"贪欲说"、"货币政策失误说"、"流动性过剩说"、"市场失灵说"、"过度金融创新说"、"金融监管不力说"、"过度负债说"、"经济结构失衡说"、"经济周期说"、"全球经济失衡说"和"会计标准不当说"等 10 多种，尽管这些解释大多可以找到实践面的根据，也能够唤起人们对这些问题的关注，但它们既与美国 2002 年之后的金融和经济走势不太吻合，也未能有效揭示此轮危机的真实成因。一个显而易见的事实是，这些说法都不能有效解释如下几个现象。

第一，为什么数额仅有 13000 亿美元左右的次级住房抵押贷款（简称"次贷"）能够掀起如此大的一轮国际性金融危机？从图 12－2 中可见，到 2007 年底，美国未清偿的住房抵押贷款余额大约在 10.54 万亿美元，其中，次贷的未清偿余额

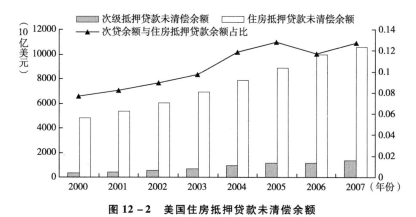

图 12 - 2　美国住房抵押贷款未清偿余额

资料来源：根据 http：//www. federalreserve. gov/releases 和 http：//www. data360. org/
dsg. asp 相关数据整理。

大约在 1.3 万亿美元，占全部住房抵押贷款的比重 12% 左右。同期，美国的各项
未清偿债务（包括联邦政府债务余额、州政府和地方政府债务、工商企业债务、
国内金融机构债务、国外机构债务、住房抵押贷款债务和消费债务等）的余额为
49.01 万亿美元，次贷占比仅为 2.65%。由此出现了一个问题：这样一个占比并不
高的次贷如何引致了如此严重的债务危机？换句话说，是否其他债务（如联邦政
府或州政府、某些工商企业等）一旦发生财务支付困难，不仅也将引致美国债务
危机，而且其程度更甚于次贷危机？

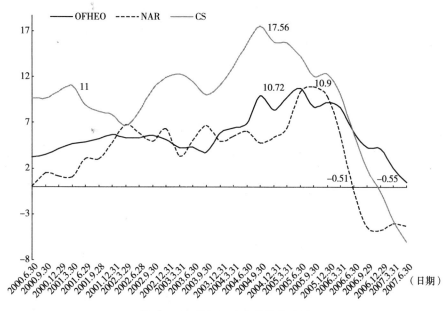

图 12 - 3　美国三大房价指数走势

资料来源：www. philadelphiafed. org/cca/conf/Community_ Affairs_ Housing_ presentation. ppt。

一个可能的解释是：美国住房价格大幅下落，引致次贷价值严重损失，故而引发了如此严重的次贷危机。但如果做一个极端假设——次贷价值全部损失，也仅为 1.3 万亿美元，可是，仅仅美国为缓解这场危机已投入的各类资金就已远高于此数（更不要提欧洲及其他国家投入的资金和直接损失了），这是仅仅以次贷价值损失所不能解释的。

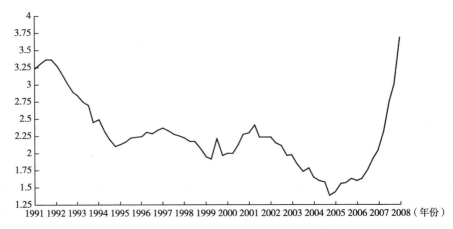

图 12 - 4　美国住房贷款到期未付率走势

资料来源：美国抵押贷款银行家协会。

第二，为什么房价长期下落趋势没有引起相关各方的足够关注？美国的住房价格下落并非突发性事件，从图 12 - 3 中可见，在美国的三大房价指数中，Case - Shiller 价格指数（即 CS）从 2004 年第四季度就已一路下行，美国住房企业监督办价格指数（即 OFHEO）和美国房地产经纪人价格指数（即 NAR）虽下行较晚，也在 2005 年第三季度出现了下落趋势。以 2007 年 8 月次贷危机爆发计算，CS 指数下行了近 3 年、OFHEO 指数和 NAR 指数下行了 2 年左右，在这么长的时间内，为什么房地产市场乃至金融市场的相关参与者没有给予足够的关注，以至于非得等到次贷危机爆发才猛然醒悟？这恐怕不是用非理性或"贪欲"等所能解释的。

如果从历史角度看，美国的房价下落并非仅此一次。远的不说，20 世纪 80 年代以后，至少发生过 80 年代和 90 年代的两次房价大落，但为什么没有引致类似此次次贷危机的事件？

第三，为什么在次贷价值下落中没有采取对应的止损措施？住房贷款以住房为基本抵押品，而房价下落常常引致住房贷款的价值损失。在住房抵押贷款价值损失的条件下，放款机构通常有一系列阻止损失的措施：其一，要求借款人增加抵押品，使抵押品价值继续保持在贷款额之上；其二，强化贷款的内部评级，增提贷款的坏账准备，由此将减少对应年份的经营利润；其三，对不能按期缴纳月供的借款客户实行收回住房，并通过卖出这些住房来阻止住房贷款的进一步损失。但在房价指数持续下跌的 20 ~ 30 个月时间，放出次贷的相关金融机构并没有采取这些止损措施。从图 12-4 中可见，2005 年以后，美国住房贷款的到期未付率就不断走高，但在长达 20 多个月的时间，相关金融机构并没有对应出售这些住房以阻止住房抵押贷款的价值损失。不仅如此，在 2004~2006 年的 3 年房价持续下跌过程中，主要的次贷投放机构每年还有较高的盈利水平，这是为什么？

表 12-3　2006 年美国九大次贷投放机构

单位：%

机构	市场份额
Wells Fargo Home Mortgage	10.3
HSBC	7.3
New Century Financial Corp.	7.1
Countrywide Financial Corp.	5.5
WMC Mortgage Corp.	4.5
Fremont Investment & Loan Corp.	4.4
Option One Mortgage Corp.	4.1
Washington Mutual	3.7
Americaquest Mortgage Corp.	3.5

资料来源：全国抵押贷款资讯，Banc of America Securities。

第四，为什么在 2007 年 8 月以后的次贷危机中，大批金融机构破产倒闭，但大多数发放次贷的金融机构没有陷入此厄运之中？表 12-3 中所列的九大次贷投放机构，2006 年占美国次贷市场份额超过了 50%，应当属次贷价值损失的重灾范畴，但在美国此轮危机的破产金融机构中，除新世纪金融公司（New Century Financial Corp.）和华盛顿互惠公司（Washington Mutual）榜上有名外，其他各家均未进入破产程序，与此相比，2007 年的 20 大破产金融机构和 2008 年 20 大破产金融机构中绝大多数不从事次贷的投放业务。由此提出了一个问题，为什么处于投放次贷第一线的金融机构所遭受的损失比其他那些金融机构来得少？

第五，与住房的不动产特性相对应，住房抵押贷款的贷方和借方都有明确的地理区域边界，由此，美国的次贷价值损失怎么会跨越美国边界演变成了一个国际性金融危机？

将这些问题综合来看，可以得出一个结论：对美国次贷危机的真实金融成因还需做更加深入的分析探讨。

二　次贷资产证券化的机理缺陷

美国的次贷危机，并非次级住房抵押贷款危机，也非次级债危机，它的全称应当是"次级住房抵押贷款证券化危机"，仅从字面上就可看到，理解这场危机的关键不仅在于"次贷"，而且在于"证券化"。

　　资产证券化是美国在 20 世纪 80 年代金融创新过程中普遍开展的一种金融市场活动。它是将缺乏流动性但未来有稳定净现金流的资产，通过真实销售、破产隔离、信用增级和有限追索等机制，在资本市场上发行资产支持债券的金融行为。长期来，资产证券化作为一种分散资产风险的金融创新机制而备受推崇。其基本原理主要有六个要点：其一，净现金流量。金融机构（发起人）拟用于资产证券化的信贷资产必须有稳定的现金流量净额（即债务人每年偿付的信贷本息在减去相关运转成本后，现金流量净额为正），同时，在未来一段确定的时间内，这些净现金流量是比较稳定的。其二，真实销售。金融机构（发起人）将拟用于资产证券化的信贷资产从总资产中剥离出来，真实地出售给一个为进行资产证券化而专门设立的具有信托人特性的机构（或机制，这一机制在美国为 SPV）。其三，破产隔离。发起人一旦将资产销售给了 SPV，就不再对这一资产价值的风险损失承担责任。如果 SPV 中的资产价值严重损失引致了 SPV 破产，那么，这一破产不会涉及发起人的资产风险，同样，如果发起人陷入破产境地，也不会涉及 SPV 中的资产损失。其四，信用增级。如果发起人出售的资产价值质量较低（由此，可能引致对应债券的风险较高），它可通过信用增级的方式提高其质量（以保障债券的销售和交易价格）。第五，有限追索。资产证券化债券的持有人实际上持有的是 SPV 发行的债券，他们只是 SPV 的债权人，因此，其追索权只能追索到 SPV，不能追索到作为资产证券化发起人的金融机构。第六，转移风险。通过上述安排和界定，在 SPV 销售了资产证券化债券、原先发放信贷的金融机构收到了由 SPV 划入的对应资金后，对应信贷资产的风险就完全转移给了资产证券化债券的持有人。从这些要点中可以看到，资产证券化中实际贯彻着一般商品销售的基本原理，即一旦商品售出，商店就不再对商品的价值变化承担任何责任（除非商品的技术质量有瑕疵），同时，购买者和商店各自的财务危机都不会涉及对方。

　　从目前已有的银行监管和证券监管制度来看，资产证券化的机理并无漏洞。一方面放贷机构在将信贷资产证券化之后，其表内资产和负债完全符合资产负债的监管规则，没有任何违法之处；另一方面，从资产销售、信托机制建立、发行债券到资金回归等各环节也都符合相关证券监管规则，也无不合监管要求之处。因此，认为次贷证券化危机是由于监管不力引致，是不符合事实的。正是由于资产证券化既有利于转移风险又符合监管要求，所以，它作为一种金融创新方式，得到了广泛推行。

　　在国民经济中，金融的基本功能在于识别、评价、分散（或组合）和管理风险。各种金融产品的定价建立在风险评估之上，每一种金融产品都有与其对应的止损机制。例如，有资产抵押的公司债券，期限规定是市场结清的时间点（也是止损的时间点），资产抵押是保障到期还本付息的基本止损机制，债权人会议和破产处置是极端条件下的止损制度；又如，银行贷款在放贷前充分审查借款人的还贷能力，在贷款期限内审查最终借款人的资信变动情况，一旦预期抵押品价值可能小于借款额就催促其增加抵押品，在发现这笔贷款违约风险增大时就增提坏账准备等都是成熟的止损机制。在资产证券化过程中，相关金融机构虽然通过真实销售，在将信贷资产卖给 SPV 过程中将风险转移出去了，但并没有同时将对应的止损机制转移给 SPV，由此使得在此基础上发售的债券实际上处于缺乏阻止损失的境地。由于放出次贷的金融机构已通过资产证券化将次贷本金收回，SPV 中的资产价值变化已与其无关，所以，它们并不需要关注房价走势；由于债券持有者只拥有有限追索权，只能在这些债券的本息偿付有困难时对 SPV 进行追偿，所以，债券持有人既不关心也无力关心 SPV 中的资产价值变化；由于 SPV 只是一个虚拟机构，并无一套完整的运作班子，也无监察房价走势的机制，所以，它无力关心房价走势，这就是为什么在美国房价指数持续 20～30 个月的下落中相关各方并不关注，也没有选择对应措施予以止损的基本原因。由此可见，资产证券化的原理中存在机制缺陷。

在资产证券化过程中存在一个不可回避的问题：假定某家金融机构发放了 100 亿美元年利率 7% 的 20 年期次级住房抵押贷款，然后，在资产证券化中又随着这些贷款转移而将 7% 的年利率一并转给了 SPV，那么，这家金融机构究竟在忙什么呢？一种可能的解释是为了保障资产的流动性。的确，美国发放次贷的大部分金融机构不是商业银行，它们没有存款资金的来源，因此，有必要通过次贷的资产证券化来解决资金来源问题，否则，一旦本金贷放完毕，就处于无事可做的境地。但即便如此，也还不能解释将这 100 亿美元次贷进行资产证券化的运营目的何在？因为随着这些次贷转入 SPV，该机构的未来营业收入（即 7% 的年利率）也随之转移到了 SPV。与此对比，如果不是以次贷资产证券化方式，而是直接将次贷卖出，那么，这些发放次贷的金融机构由此可以获得对应的资金，但并不因此获得营业收益。为了使这种资产证券化符合商业盈利的要求，结构性金融的技术应运而生，因此，资产证券化不仅成为一种转移风险的金融安排，而且成为相关金融机构（即发起人）谋利的一种金融机制。在此基础上，资产证券化从最初的"过手证券"（Pass Through Security）通过信用分级技术（Credit Tranching）转变为"抵押担保债务"（CMO）。

如前文所述（参见表 12－1），结构性金融技术可以产生巨额盈利。但是，在结构性金融发展中，包括金融监管部门在内的各方都没有注意到，这种盈利究竟源于何处？不少人认为，它来自于结构性金融的高技术（包括物理学、天文学乃至生物学等）。可是，这些技术在运用于结构性金融中只有成本的支出，并无价值的创造，因此，不可能成为创造利润的源泉。

要解开这一谜团必须回答一个问题：为什么贷款的利率普遍高于同期公司债券的利率？其主要原因有三：第一，公司债券作为一种对公众发行的标准化金融产品，在信息披露、偿债条件、发行交易等方面都有较严格的制度规定和市场约束。与此相比，贷款是一种一对一谈判所形成的非标准化的金融产品，它虽应符合相关监管制度的要求，但具体条款由借贷双方签订。在债务性产品中，非标准化产品的利率通常要高于标准化产品。第二，公司债券是一种可连续交易的金融产品，它的利率虽考虑了发行人的特点（包括资信高低），但主要由市场利率界定。与此不同，贷款是一种不可连续交易的金融产品，对金融机构来说，它的利率主要由违约风险的概率决定。在金融市场中，不可连续性交易的产品风险要大于可连续性交易的产品。第三，公司债券对公众发行，其风险由持券者承担，各家公司债券由持券者分别承担。贷款则不如此。同一家金融机构向众多客户发放贷款，其中任何一家客户的贷款风险最终都得由这家金融机构承担，因此，贷款利率中包含着抵偿各家客户违约风险的内容（即拨付的坏账准备金，简称"拨备"）。在信贷证券化过程中，非标准化的贷款转变成了标准化金融产品，不可连续性交易的产品转变成了可连续性交易的产品，由此，原先作为坏账准备的利率收入转变成了对应金融机构（即资产证券化发起人）的经营利润。

但如果与次贷相链接的资产证券化仅限于次贷资产，那么，即便发生次贷危机也不至于进一步引致金融危机，金融资产面所发生的损失大致也仅限于次贷资产范围内。千里之堤溃于蚁穴的成因固然源于蚁穴，但如果只有一个或若干个蚁穴，也还不至于引致千里之堤的崩溃。问题在于，有了适当的生成机理，蚁穴就将大幅度地快速繁殖，由此形成了足以推垮千里之堤的能量。与此同理，通过资产证券化机理和分档技术的支持，在住宅抵押贷款支持证券（MBS）的基础上，美国的投资银行在金融创新中大发展推衍出了大量个性化的担保债务凭证（CDO），又将最初的 CDO 纳入资产池，以此为基础不断衍生出 CDO 平方、CDO 立方等产品，由此，使得建立在次贷证券化之上的各种证券化衍生产品以几何级数膨胀增加，形成了一个数额巨大且错综复杂（几乎难以直接估算）的"证券—资产—证券"的互为因果、相互依赖的交易网络。

CDO 不仅承续了资产证券化的机理缺陷，而且严重放大了这一缺陷。CDO 远离于实体经济。如果说过手证券、CMO 和 MBS 等产品的利率收益还来自于最初借款人支付的利息，由此还能找到它们与实体经济的内在联系的话，那么，在 CDO 中这种联系就已完全看不到了。这意味着，CDO 处于金融机构和金融市场的自我循环交易之中。由于设计、营销和交易都需要支付一系列成本，这些成本只能从作为 CDO 基础的证券资产收益（即利率）中扣除，所以，仅靠这些证券资产收益支持，CDO 的收益率必然低于作为其基础的证券资产收益，由此，CDO 就几乎没有市场销售和市场交易的可能性。要使这种不可能变为可能，就必须加入新的因素，因此三方面措施的实施就成为必然：第一，进一步利用分级技术和担保机制，乌鸦变凤凰。由于资质较差的证券利率较高，资质较高的证券利率较低，所以，在利用分档技术和担保机制以后，就可以将资质较差的证券转变为资质较高的证券，对应地获得两者之间的利差，由此，不仅可以弥补 CDO 从设计、发售到交易的成本，而且对发起人来说还可以获得盈利。第二，利用资信评级，给凤凰贴金。

在利用了担保机制后，通过资信评级结构的运作，努力提高资质较低的证券资信评级等级，由此，使市场投资者感到此类证券的投资具有较高的价值。第三，不断引入新的投资者，购买贴了金的凤凰。CDO 交易价格上行是介入此间的投资者获得投资收益的主要来源，也是 CDO 得以吸引新的投资者加入的主要诱因，因此，努力维护 CDO 的价格波动，通过新的投资者不断加入带来新的资金入市，成为这一市场得以存在和扩展的原因。在这种背景下，欧洲各国的商业银行等金融机构大规模地卷入了美国的证券化衍生产品交易，从而在美国次贷危机中遭受了惨重损失。

在这个过程中，有两个问题值得特别提出：其一，资信评级并不具有可依靠性。不论是对次贷的评级还是对在此之后各种证券化衍生产品的评级，至多都只具有参考价值。其内在机理是，资信评级通常具有主观性、时滞性和利益性。在资信评级中，相关评级机构所用以评级的各类指标，除一部分为客观指标外，还有相当多的主观指标，这些指标的权重又是由评级机构自己设定的，因此主观色彩相当明显。由于评级机构不可能对评级对象实行实时跟踪评级，常常是每隔一段时间（如几个月或 1 年）进行一次评级，由此，评级结论常常带有明显的滞后特征。对同一家评级机构而言，如果评级对象不发生特别重大的变化，后次评级结论应当与前次没有太大差别，否则，各次评级结论相差甚远，就将严重影响评级机构自身的市场信誉，因此，前后评级结论的一致性关系着评级机构的利益。在次贷证券化中，资信评级成为定价的基本依据和投资者市场选择的依靠，这明显加剧和放大了资产证券化机理上的缺陷。其二，投资收益的来源。金融机构的运营成本和收益是由实体经济部门转移过来的，因此，金融活动根植于实体经济。但在 CDO 中这一关系发生了实质性变化。它从设计、发售到交易的成本和投资收益实际上建立在介入市场的各方参与者的已有财富的再分配基础上，只有源源不断的投资者在进入市场时带入源源不断且不断增大的资金，这一市场才能周而复始地运行和周转。一旦新入市资金的算数级数增加赶不上证券化衍生产品的几何级数放大，这一市场就将发生危机。2004 年以后，美国金融市场资金逐步紧缩，利率攀升，货币投放增加，但诸多机构还喋喋不休地强调流动性过剩（或流动性泛滥），以期引导新的资金继续入市，但最终在入市资金难以为继的条件下，爆发了次贷危机。这恐怕很难归咎于货币政策的失误、过度负债、经济周期说和全球经济失衡等。

三　若干启示

美国次贷危机是"二战"后在一个大国范围内由金融运行缺陷所引致的金融风险大爆发。自 20 世纪 70 年代末的美国金融创新，在推进金融市场快速发展的同时，也引致了金融风险的膨胀。30 多年来，尽管美国的理论界和实务界对金融风险高度关注，创造了一系列严密且精巧的防范金融风险理论和技术，处于全球领先水平和导向地位，不仅是美国金融业国际竞争力的重要构成部分，而且是各国（和地区）学习的榜样。但百密一疏，针大的眼在膨胀中捅出了一个天大的洞。资产证券化的机理缺陷，在证券化衍生产品倍加扩展中以几何级数放大，与此同时，最初的止损机制缺失也以几何级数放大，最终引致了次贷危机乃至金融危机的爆发，给全球金融业和实体经济部门的发展带来灾难性后果。这与其说是市场失灵，不如说是违反市场机理所遭受的严重惩罚。由此可得到三点启示：

第一，必须全面严格地遵守市场机理的要求。市场交易在客观上要求交易对象依入市条件而结清。各种金融产品在入市前就已按规定建立了它的结清机制，这是该种产品的最终阻止损失机制。年利率为5%的1年期贷款包含着两方面结清机制，即期限为1年和利率为5%，如果这些方面不能如期结清，则发放贷款的金融机构必须予以止损。次贷证券化中，发起人在将贷款资产转移到SPV的过程中，并没有将对应的风险防范机制（尤其是止损机制）也转移到SPV中，由此，造成SPV中的风险止损机制缺失。这违背了市场机理的基本要求，给次贷危机的发生埋下了深刻的隐患。

第二，必须全面审视金融监管体系。就资产证券化的每个环节而言，从次贷发放、次贷卖出、建立SPV、次贷资产转移、次贷资产分级、发行以次贷资产为基础的证券以及这种证券进入市场交易，均符合相关的金融制度和金融监管的要求。但是，从资产证券化全过程来看，它存在严重的制度缺陷和监管漏洞。其原因在于，当分别监管时，对监管结合部的衔接由于各种因素的干扰很容易被忽视，从而发生监管真空或盲点。从这个意义上说，美国次贷危机是由于金融监管的盲点引致的（并非监管不力）。要解决这一问题，需要各家金融监管部门通力合作，从金融产品创新的全过程展开审视和监管。其中，对金融产品创新中的收益来源进行实实在在的分析，看其是否建立了对应的风险防范机制和止损机制，弄清这些收益是来自于实体经济还是来自于已有财富的再分配，是十分重要的。

第三，必须强化资产证券化发起人的责任。通过资产证券化，发起人可得到贷款资产和证券化债券之间的利差，这既是资产证券化得以大幅快速展开的动力，也是引致资产证券化机理缺陷从而发生次贷危机的根源。在这个过程中，一旦贷款资产被证券化了，发起人作为这些贷款发放者所需要关心的贷款质量等责任就消解了，同时，还可以获得类似于"空手套白狼"的营业收益。要改变这种状况，防止由资产证券化引致的风险防范机制和止损机制的缺失，必须强化资产证券化发起人的责任。一个可考虑的方案是，发起人通过资产证券化所得到的利差收入，在该资产证券化证券的市场结清之前，不得作为其营业收益，只能纳入单立账户的风险防范基金，以此，不仅增强发起人对贷款资产质量的持续关注和风险防范的持续警惕，而且提高他们对资产证券化证券的质量和交易价格走势的关注。在此机制作用下，资产证券化的平方、立方等将受到明显制约，资产证券化的积极功能将得到较好的发挥。

第三节 中国的资产证券化

一 信贷资产证券化

中国的资产证券化，从学术界的理论和政策探讨角度说，在 20 世纪 90 年代中期就已展开，但实践的展开是在 2005 年。

2005 年 4 月 20 日，中国人民银行和中国银监会联合出台了《信贷资产证券化试点管理办法》（〔2005〕第 7 号），标志着中国资产证券化正式启动。这一管理办法的要点包括：（1）规定了信贷资产证券化，是指"在中国境内，银行业金融机构作为发起机构，将信贷资产信托给受托机构，由受托机构以资产支持证券的形式向投资机构发行受益证券，以该财产所产生的现金支付资产支持证券收益的结构性融资活动"。资产支持证券是指由特定目的信托受托机构发行，代表特定目的信托的信托受益权份额，它应在全国银行间债券市场上发行和交易。（2）介入信贷资产证券化的机构包括：发起机构（即发起人）、受托机构（受托人）、贷款服务机构，以及资金保管机构、证券登记托管机构、其他为证券化交易提供服务的机构和资产支持证券投资机构等。其中，发起机构是指通过设立特定目的信托转让信贷资产的金融机构；受托机构是因承诺信托而负责管理特定目的信托财产并发行资产支持证券的机构；资金保管机构是接受受托机构委托，负责保管信托财产账户资金的机构，它可以由商业银行或其他专业机构担任，但发起机构和贷款服务机构不得担任同一交易的资金保管机构；贷款服务机构是接受受托机构委托，负责管理贷款的机构，它可以是信贷资产证券化发起机构。"在向投资机构支付信托财产收益的间隔期内，资金保管机构只能按照合同约定的方式和受托机构指令，将信托财产收益投资于流动性好、变现能力强的国债、政策性金融债及中国人民银行允许投资的其他金融产品。"（3）资产支持证券可通过内部或外部信用增级方式提升信用等级。资产支持证券在全国银行间债券市场发行与交易，应聘请具有评级资质的资信评级机构进行持续信用评级。（4）资产支持证券名称应与发起机构、受托机构、贷款服务机构和资金保管机构名称有显著区别。资产支持证券的发行，可采取一次性足额发行或限额内分期发行的方式。分期发行资产支持证券的，在每期资产支持证券发行前 5 个工作日，受托机构应将最终的发行说明书、评级报告及所有最终的相关法律文件报中国人民银行备案，并按中国人民银行的要求披露有关信息。资产支持证券可以向投资者定向发行，但只能在认购人之间转让。（5）受托机构应保证信息披露真实、准确、完整、及时，不得有虚假记载、误导性陈述和重大遗漏。（6）资产支持证券持有人依照相关法律文件约定，享有下列权利：①分享信托利益；②参与分配清算后的剩余信托财产；③依法转让其持有的资产支持证券；④按照规定要求召开资产支持证券持有人大会；⑤对资产支持证券持有人大会审议事项行使表决权；⑥查阅或者复制公开披露的信托财产和资产支持证券信息资料；⑦信托合同和发行说明书约定的其他权利。

为了加强对信贷资产证券化的监管，2005 年 11 月 7 日，中国银监会出台了《金融机构信贷资产证券化监督管理办法》（该管理办法于 2005 年 12 月 1 日起施行）。它规定：（1）银行业金融机构作为信贷资产证券化发起机构，通过设立特定目的信托转让信贷资产，应当具备七个方面条件：①具有良好的社会信誉和经营业绩，最近三年内没有重大违法、违规行为；②具有良好的公司治理、风险管理体系和内部控制；③对开办信贷资产证券化业务具有合理的目标定位和明确的战略规划，并且符合其总体经营目标和发展战略；④具有适当的特定目的信托受托机构选任标准和程序；⑤具有开办信贷资产证券化业务所需要的专业人员、业务处理系统、会计核算系统、管理信息系统以及风险管理和内部控制制度；⑥最近三年内没有从事信贷资产证券化业务的不良记录；⑦银监会规定的其他审慎性条件。（2）信托投资公司担任特定目的信托受托机构，应当具备九个方面条件：①根据国家有关规定完成重新登记 3 年以上；②注册资本不低于 5 亿元人民币，并且最近 3 年年末的净资产不低于 5 亿元人民币；③自营业务资产状况和流动性良好，符合有关监管要求；④原有存款性负债业务全部清理完毕，没有发生新的存款性负债或者以信托等业务名义办理的变相负债业务；⑤具有良好的社会信誉和经营业绩，到期信托项目全部按合同约定顺利完成，没有挪用信托财产的不良记录，并且最近 3 年内没有重大违法、违规行为；⑥具有良好的公司治理、信托业务操作流程、风险管理体系和内部控制；⑦具有履行特定目的信托受托机构职责所需要的专业人员、业务处理系统、会计核算系统、管理信息系统以及风险管理和内部控制制度；⑧已按照规定披露公司年度报告；⑨银监会规定的其他审慎性条件。（3）信贷资产证券化发起机构应当向中国银监会报送业务计划书，业务计划书应当包括 12 个方面的内容：①发起机构、受托机构、贷款服务机构、资金保管机构及其他参与证券化交易的机构的名称、住所及其关联关系说明；②发起机构、受托机构、贷款服务机构和资金保管机构在以往证券化交易中的经验及违约记录说明；③设立特定目的信托的信贷资产选择标准、资产池情况说明及相关统计信息；④资产池信贷资产的发放程序、审核标准、担保形式、管理方法、违约贷款处置程序及方法；⑤交易结构及各参与方的主要权利与义务；⑥信托财产现金流需要支付的税费清单，各种税费支付来源、支付环节和支付优先顺序；⑦资产支持证券发行计划，包括资产支持证券的分档情况、各档次的本金数额、信用等级、票面利率、期限和本息偿付优先顺序；⑧信贷资产证券化交易的内外部信用增级方式及相关合同草案；⑨清仓回购条款等选择性或强制性的赎回或终止条款；⑩该信贷资产证券化交易的风险分析及其控制措施；⑪拟在发行说明书显著位置对投资机构进行风险提示的内容；⑫银监会要求的其他内容。（4）金融机构应当根据本机构的经营目标、资本实力、风险管理能力和信贷资产证券化业务的风险特征，确定是否从事信贷资产证券化业务以及参与的方式和规模。同时，在开展信贷资产证券化业务之前，应当充分识别和评估可能面临的信用风险、利率风险、流动性风险、操作风险、法律风险和声誉风险等各类风险，建立相应的内部审批程序、业务处理系统、风险管理和内部控制制度，由信贷管理部门、资金交易部门、风险管理部门、法律部门/合规部门、财务会计部门和结算部门等相关部门对信贷资产证券化的业务处理和风险管理程序进行审核和认可，必要时还需获得董事会或其授权的专门委员会的批准。（5）拟证券化的信贷资产应当符合三方面条件：①具有较高的同质性；②能够产生可预测的现金流收入；③符合法律、行政法规以及银监会等监督管理机构的有关规定。（6）信用增级是指在信贷资产证券化交易结构中通过合同安排所提供的信用保护。信用增级可以采用内部信用增级和/或外部信用增级的方式提供。内部信用增级包括但不限于超额抵押、资产支持证券分层结构、现金抵押账户和利差账户等方式。外部信用增级包括但不限于备用信用证、担保和保险等方式。金融机构提供信用增级，应当在信贷资产证券化的相关法律文件中明确规定信用增级的条件、保护程度和期限，并将因提供信用增级而承担的义务和责任与因担当其他角色而承担的义务和责任进行明确的区分。（7）贷款服务机构应当制定管理证券化资产的政策和程序，由专门的业务部门负责履行贷款管理职责。证券化资产应当单独设账，与贷款服务机构自身的信贷资产分开管理。不同信贷资产证券化交易中的证券化资产也应当分别记账，分别管理。（8）资金保管机构应当为每项信贷资产证券化信托资金单独设账，单独管理，并将所保管的信托资金与其自有资产和管理的其他资产严格分开管理。（9）金融机构投资资产支持证券，应当充分了解可能面临的信用风险、利率风险、流动性风险、法律风险等各类风险，制定相应的投资管理政策和程序，建立投资资产支持证券的业务处理系统、管理信息系统和风险控制系统。同时，金融机构投资资产支持证券，应当实行内部限额管理，根据本机构的风险偏好、资本实力、风险管理能力和信贷资产证券化的风险特征，设定并定期审查、更新资产支持证券的投资限额、风险限额、止损限额等，同时对超限额情况制定监控和处理程序。（10）银监会应当根据金融机构在信贷资产证券化业务中担当的具体角色，定期对其信贷资产证券化业务的合规性和风险状况进行现场检查。

2005年12月15日，由国家开发银行发起、中诚信托投资有限责任公司作为发行人的"开元一期资产支持证券"通过中央国债登记结算有限责任公司的招标系统发行，发行金额41.7727亿元。这标志着信贷资产证券化业务在中国正式展开。"开元一期资产支持证券"以国家开发银行的信贷资产为资产基础，产品设计分为三档：优先A档为29.2409亿元，加权平均期限为0.67年，固定利率，招标确定的票面利率为2.29%；优先B档为10.0254亿元，加权平均期限为1.15年，浮动利率，招标确定的利差为45BP（以一年期定期存款利率为基准，票面利率为2.7%）；次级档为2.5064亿元，加权平均期限为1.53年。2006年4月25日，国家开发银行、中诚信托投资有限责任公司又发行了"2006年第一期开元信贷资产支持证券"。它依然以国家开发银行的信贷资产为基础，发行总量为57.2988亿元，产品设计分为三档：优先A档为42.9741亿元，加权平均期限分别为1.79年；优先B档为10.02729亿元，加权平均期限分别为3.35年；次级档为4.29741亿元，加权平均期限为4.29年。2007年6月21日，由国家开发银行发起、平安信托投资有限公司作为发行人的"2007年第一期开元信贷支持证券"发行。此次发行的总规模为80.0934亿元，以国家开发银行的信贷资产为基础。产品分为三档，其中，优先A档为72.00亿元，预计到期日为2009年12月31日，信用评级为AAA级；优先B档为4.4460亿元，预计到期日2010年6月30日，信用评级为A级；次级档为3.6474亿元，预计到期日2011年6月30日，未予评级。优先A、B两档为浮动利率，利率基准为央行1年期定期存款利率，浮动利率的利差利用中国央行债券发行系统通过信贷资产支持证券承销团竞标确定。次级档证券通过定向方式发行。3个品种的起息日均为2007年6月26日。2008年4月28日，由国家开发银行发起、平安信托投资有限公司作为发行人的"2008年第一期开元信贷支持证券"发行。此次以簿记建档、集中配售的方式向全国银行间债券市场成员发行，总规模为37.6617亿元。产品分为4档，其中，优先A1档5亿元、优先A2档27.03亿元、优先B档3.43亿元、次级档证券2.2017亿元，优先A1档为AAA级、优先A2档AAA级、优先B档A级、次级档证券未予评级，优先A1、A2、B档采用公开招标方式发行，次级档采用定向方式发行；优先A1档发行利率为4.8%，优先A2档发行利率为5.01%（基准利率为4.14%，利差为0.87%）和优先B档发行利率为6.04%（基准利率为4.14%，利差为1.90%），次级档证券为无票面利率。至此，国家开发银行发行先后四次发行了资产证券化产品，金额达到216.8266亿元。

2005年12月19日，中国建设银行发行了"建元2005-1个人住房抵押贷款证券化信托资产支持证券"，其资产池的资产由中国建设银行上海、江苏和福建三家分行的15162笔个人住房抵押贷款共计30.167亿元构成，具体情况如表12-4所示。2007年12月14日，中国建设银行又发行了"建元2007-1个人住房抵押贷款证券化信托资产支持证券"，它以中国建设银行深圳、福建两家分行的12254笔个人住房抵押贷款为资产池中的资产，共计41.607亿元，具体情况如表12-5所示。2008年1月30日，中国建设银行发行了"建元2008-1重整资产证券化信托资产支持证券"，资产池中的资产由中国建设银行565户借款人的1000笔不良贷款，总金额27.65亿元，具体情形如表12-6所示。至此，中国建设银行先后三次发行了资产证券化证券，总计金额达到99.424亿元。

表 12 - 4 建元 2005 - 1 个人住房抵押贷款证券化信托资产支持证券发行情况

证券种类	评级	数量（亿元）	占比	预计到期日	发行利率（注）
优先 A 级	AAA	26.698	88.50%	2021 年 5 月 26 日	基准利率 + 1.10%
优先 B 级	A	2.036	6.75%	2024 年 6 月 26 日	基准利率 + 1.70%
优先 C 级	BBB	0.528	1.75%	2027 年 8 月 26 日	基准利率 + 2.80%
次级	无评级	0.905	3.00%	2037 年 11 月 26 日	无

注：发行利率为浮动利率，其中基准利率是中国外汇交易中心公布的 7 天回购加权利率 20 个交易日的算术平均值。

表 12 - 5 建元 2007 - 1 个人住房抵押贷款证券化信托资产支持证券发行情况

证券种类	评级	数量（亿元）	占比	预计到期日	发行利率（注）
优先 A 级	AAA	35.823	86.10%	2025 年 3 月 26 日	基准利率 + 0.90%
优先 B 级	A	3.562	8.56%	2030 年 5 月 26 日	基准利率 + 2.20%
优先 C 级	BBB	0.824	1.98%	2032 年 4 月 26 日	基准利率 + 5.88%
次级	无评级	1.398	3.36%	2039 年 1 月 26 日	无

注：发行利率为浮动利率，其中基准利率是中国人民银行公布的一年期定期存款利率。

表 12 - 6 建元 2008 - 1 重整资产证券化信托资产支持证券发行情况

证券种类	评级	数量（亿元）	占比	预计到期日	发行利率（注）
优先级	AAA	21.50	77.76%	2012 年 12 月 28 日	6.08%
次级	无评级	6.15	22.24%	2012 年 12 月 28 日	无

注：发行利率为固定利率，根据簿记建档结果确定。

2007 年 4 月，国务院批准资产证券化扩大试点，第二轮试点启动。试点机构扩大至中国工商银行、浦发银行、兴业银行和浙商银行等金融机构，试点规模限定为 600 亿元。

2007 年 10 月 11 日，由中国工商银行作为发起人、华宝信托作为发行人的"工元一期"信贷资产支持证券公开发行。该产品以中国工商银行的信贷资产为基础，发行规模为 40.21 亿元，分为 4 个档次，其中，优先 A1 档、优先 A2 档和优先 B 档在银行间市场公开发行，次级（具有较高风险和较高收益特点）面向特定投资者定向发行；优先 A1 档发行利率为 4.66%，优先 A2 档的利率为 1 年期定期存款利率 + 65bp，B 档利率为 1 年期定期存款利率 + 158bp。2008 年 3 月 28 日，由中国工商银行作为发起人、中诚信托有限责任公司作为发行人的"工元 2008 年第一期"信贷资产支持证券公开发行，该产品发行总规模为 80.11 亿元，其中，评级优先 AAA 档为 66.5 亿元、优先 A 档为 9.1 亿元、次级（未评级/高收益）档为 4.51 亿元；优先 AAA 档的发行利率为 5.04%、优先 A 档的发行利率为 5.99%。至此，中国工商银行两次发行了 120.32 亿元资产证券化债券。

但 2008 年 9 月以后，受美国金融危机的影响，中国的资产证券化试点进程陷入停滞。2009 年以后，没有再发行资产证券化产品。

2012 年 5 月 17 日，中国人民银行、中国银监会和财政部联合出台了《关于进一步扩大信贷资产证券化试点有关事项的通知》（银发〔2012〕127 号），标志着中国资产证券化进程重新启动。这一"通知"从基础资产、机构准入、风险控制、信用评级、资本计提、会计处理、信息披露、投资者要求和中介服务等九个方面总结了国内外资产证券化的经验教训，提出了推进中国资产证券化的新要求。

2012 年 9 月 4 日，国家开发银行发行了总规模为 101.6644 亿元的"2012 年第一期开元信贷资产支持证券"，标志着暂停了 3 年多的信贷资产证券化正式重启。该产品通过设定优先级/次级的本息偿付次序来实现内部信用提升，划分为优先 A 档（包括优先 A1、优先 A2、优先 A3 和优先 A4）、优先 B 档和次级档；利率为固定利率，优先 A1 档为 4.10%、A2 档为 4.40%、A3 档为 4.53%、A4 档分 4.70%、优先 B 档为 5.68%；在本息偿付次序中，A 档优于 B 档与次级档、B 档优于次级档；若资产池违约，则损失承担次序首先为次级档，然后为 B 档，依此类推。据此，优先 A 档获得优先 B 档和次级档证券提供的 20.64% 的信用支持，优先 B 档获得次级档提供的 8.84% 的信用支持，次级档由国开行自持有 5%。

此后，中国建设银行、交通银行、浦发银行、招商银行和台州银行等也都积极准备发行资产证券化证券。截至 2013 年 6 月末，在银行间市场共发行了 896 亿元规模的资产证券化产品，其中 2005～2008 年共有 11 家金融机构发行共计 17 单、总规模达 667 亿元的资产证券化产品。

二 企业资产证券化

在中国，企业资产证券化的准备工作起步于 2004 年。2004 年 1 月 31 日，国务院出台了《关于推进资本市场改革开放和稳定发展的若干意见》，其中明确指出，在推进资本市场发展中应"建立以市场为主导的品种创新机制。研究开发与股票和债券相关的新品种及其衍生产品。加大风险较低的固定收益类证券产品的开发力度，为投资者提供储蓄替代型证券投资品种。积极探索并开发资产证券化品种"。

2004 年 10 月 21 日，中国证监会出台了《关于证券公司开展资产证券化业务试点有关问题的通知》（以下简称"通知"），拉开了企业资产证券化的序幕。这一"通知"的要点包括：（1）界定了资产证券化的范畴。"通知"指出，资产证券化业务，是指证券公司面向境内机构投资者推广资产支持受益凭证（以下简称"受益凭证"），发起设立专项资产管理计划（以下简称"专项计划"或"计划"），用所募集的资金按照约定购买原始权益人能够产生可预期稳定现金流的特定资产（即基础资产），并将该资产的收益分配给受益凭证持有人的专项资产管理业务活动。（2）规定了企业资产证券化的具体运作方法。"通知"指出，证券公司作为计划管理人代"计划"向原始权益人购买基础资产，并委托托管机构托管；基础资产及其收益属于"计划"的财产，独立于原始权益人、管理人、托管机构的固有财产，不得与原始权益人、管理人、托管机构固有财产产生的债权债务相抵消；投资者可以转让所持受益凭证，但不得主张分割"计划"项下的财产，也不得向"计划"要求回购其受益凭证；管理人按照约定管理、运用、处分"计划"项下的资产取得的收益，应当归入"计划"，所产生的法律后果由"计划"承担；受益凭证作为投资者的权利证明，以"计划"项下的资产为信用支持，其收益来自于基础资产未来产生的现金流，属于固定收益类投资产品。管理人仅以基础资产及其收益为限向投资者承担支付收益的义务。投资者按照约定取得投资收益，承担投资风险。（3）规定了基础资产的内涵和形成方式。"通知"指出，基础资产应当是能够产生未来现金流的可以合法转让的财产权利，既可以是单项财产权利，也可以是多项财产权利构成的资产组合。基础资产为收益权的，收益权的来源应符合法律、行政法规规定，收益权应当有独立、真实、稳定的现金流量历史记录，未来现金流量保持稳定或稳定增长趋势并能够合理预测和评估；基础资产为债权的，有关交易行为应当真实、合法，预期收益金额能够基本确定。管理人应当代表"计划"与原始权益人签订基础资产买卖协议，取得基础资产的所有合法权益；有关法律、行政法规规定应当办理登记手续的，应当依法登记。基础资产设定担保安排的，其担保权益作为基础资产的组成部分应一并转让。（4）企业资产证券化过程中的各方主体及其职责。"通知"指出，企业资产证券化由原始权益人、管理人、基础资产服务机构、托管机构、推广机构和专业服务机构等主体构成。其中，原始权益人为实体经济部门的企业，它应保证基础资产真实、有效，且不存在任何影响计划设立的情形。管理人由证券公司担任，它应按照《证券公司内部控制指引》等相关规定，明确业务的主办部门和相关的分工协作安排，建立健全有效的隔离和制衡机制，切实防范利益冲突、控制业务风险；为每支专项计划建立独立完整的账户、报告、审计和档案管理制度，保证风险控制部门、监督检查部门能够对专项计划的运行情况进行监督，切实防止账外经营、挪用专项计划资产及其他违法违规行为发生。基础资产服务机构由金融机构担任，它应按照约定管理基础资产，定期收取基础资产收益并按约定划转资金，催收基础资产产生的收益，提供基础资产的相关信息和服务报告，履行法律、法规和服务协议约定的其他职责。托管机构应为具有客户交易结算资金法人存管业务资格的商业银行或中国证监会认可的其他机构，它应勤勉尽责履行托管职责，指定专门部门办理计划资产托管业务，为专项计划开立专用的资金账户，监督、核查管理人对计划资产的管理和运作，确保计划资产的安全、独立、完整。推广机构除管理人自身担任以外，应为创新试点类或规范类证券公司，其职责是接受管理人委托代理计划的推广销售。专业服务机构主要指资信评级机构、审计机构、评估机构和律师事务所等，资信评级机构应根据基础资产的风险收益情况和"计划"的结构安排对受益凭证的信用状况进行信用评级，包括初始评级和跟踪评级。（5）企业资产证券化的基本结构。这包括证券化产品的规模、偿付安排和期限等设计和安排，信用增级（"计划"可以资产信用为基础做出内、外部信用增级安排，内部信用增级可以为结构分层等方式，外部信用增级安排可以为第三方担保等方式），受益凭证收益率及价格，推广销售，登记结算，流动性安排（"计划"设立后，受益凭证可按照有关规定在证券交易所转让），信用评级，管理人持有受益凭证（管理人可以自有资金持有受益凭证，但不得超过受益凭证总份额的 10%），信息披露，持有人大会，收益分配与救济（管理人应当按照约定向投资者分配计划收益。发生可能影响投资者收益的情形时，管理人应当按照约定的方式立即启动担保或采取其他救济措施），清算安排和纠纷解决机制（"计划"应当对相关主体之间纠纷的解决机制做出约定）等。

2010 年 11 月 30 日，中国证监会出台了《证券公司企业资产证券化业务试点指引（试行）》（以下简称"指引"），进一步明确了企业资产证券化的相关活动规则。这一"指引"的要点包括：（1）界定企业资产证券的范畴。"指引"指出：企业资产证券化业务，是指证券公司以专项资产管理计划（以下简称"专项计划"）为特殊目的载体，以计划管理人身份面向投资者发行资产支持受益凭证（以下简称"受益凭证"），按照约定用受托资金购买原始权益人能够产生稳定现金流的基础资产，将该基础资产的收益分配给受益凭证持有人的专项资产管理业务。（2）界定了企业资产证券化过程中的主要主体。"指引"指出，资产证券化业务的主体包括原始权益人、计划管理人、托管人等业务参与人以及其他为企业资产证券化业务提供服务的机构。其中，计划管理人由证券公司担任。（3）界定了"计划资产"的独立性。"指引"指出，证券公司管理专项计划资产，取得的财产和收益归入专项计划资产，产生的风险由专项计划资产承担。专项计划资产独立于原始权益人、计划管理人、托管人、受益凭证持有人及其他为企业资产证券化业务提供服务机构的固有财产。（4）界定了"计划资产"的性质。"指引"指出，"计划资产"指的是基础资产，它应为符合法律、行政法规的规定，权属明确，能够产生独立、稳定、可评估预测的现金流的财产或财产权利。基础资产可以为债权类资产、收益权类资产以及中国证监会认可的其他资产，同时，基础资产可以是单项财产或财产权利，也可以是同一类型多项财产或财产权利构成的资产组合。另外，基础资产的转让行为应当真实、合法、有效。基础资产为债权的，原始权益人应当将债权转让事项通知债务人。无法通知债务人的，原始权益人应当在全国性媒体上发布公告，将债权转让事项告知债务人。法律、行政法规规定债权转让应当办理批准、登记等手续的，应当依法办理。基础资产为收益权的，法律、行政法规规定收益权转让应当办理变更登记手续的，应当依法办理。对于暂时不能办理变更登记手续的，计划管理人应当采取有效措施，维护基础资产的安全。"指引"特别强调，专项计划的基础资产不得附带抵押、质押等担保负担或者其他权利限制。（5）规定了"专项计划"的管理活动。"指引"指出，专项计划的任何货币收支活动，包括接收来自推广专用账户的投资者认购资金、支付基础资产购买价款、收集和存放货币形态的基础资产收益、支付投资者收益及专项计划费用等，必须通过专项计划账户。计划管理人应当分别为不同的专项计划开立独立的专项计划账户。专项计划账户应当由托管人托管，账户内的资产属于专项计划资产。在运作过程中，计划管理人应当监控基础资产现金流的归集，定期核对专项计划相关账目，必要时可以现场检查；原始权益人、托管人及其他为企业资产证券化业务提供服务的机构应当予以配合。出现重大异常情况的，计划管理人应当及时向投资者披露相关信息，并采取必要措施维护专项计划资金安全。计划存续期内，计划管理人可以按照计划说明书和托管协议的约定，将计划专用账户内的资金投资于银行存款或者其他风险低、变现能力强的固定收益类产品。计划管理人应当以专项计划的名义设立专门用于再投资的账户，以确保计划资产的独立性。计划管理人应当为专项计划资金的投资建立有效的投资决策、风险评估等内部管理机制，尽职履行审慎、勤勉义务，严格控制投资风险，并向投资者披露相关投资信息。（6）界定了收益凭证的相关事宜。"指引"指出，受益凭证是持有人享有专项计划受益权的证明，可以依法继承、转让和质押。受益凭证可以通过担保等方式提升信用等级。受益凭证的发行规模、收益分配安排、存续期限应当与基础资产的现金流状况相匹配。受益凭证的收益率和发行价格，可以由计划管理人以市场询价等方式确定。同一计划中相同种类、相同期限的受益凭证，收益率和发行价格应当相同。受益凭证的转让应当在证券交易所进行，受益凭证的登记、存管、结算、代为兑付由证券登记结算机构办理。（7）规定了计划管理人的职责。"指引"指出，计划管理人应当履行下列职责：①对原始权益人进行辅导，提高原始权益人规范运作水平，督促原始权益人依法履行职责，并出具辅导报告；②发行受益凭证，设立专项计划；③按照约定及时将募集资金支付给原始权益人；④为受益凭证持有人的利益管理专项计划资产；⑤监督原始权益人持续经营情况和基础资产现金流状况；⑥督促原始权益人按出具的专项说明与承诺使用募集资金；⑦按照约定向受益凭证持有人分配收益；⑧按照约定召集受益凭证持有人大会；⑨履行信息披露义务；⑩聘请专项计划的托管人及其他为企业资产证券化业务提供服务的机构；⑪法律、行政法规或者中国证监会规定，以及计划说明书约定的其他职责。

2005 年 8 月，随着中国联通 CDMA 网络租赁费支持受益凭证的发行，企业资产证券化产品正式面世。到 2006 年 8 月，企业资产证券化的产品发行达到 9 只、共计 261.7 亿元。但随后，在美国金融危机的冲击下，中国的企业资产证券化进程被叫停。一直到 2010 年以后才开始重新展开运作。2011 年 6 月 22 日，中信证券向其客户推介的远东二期专项资产管理计划（简称"远东二期专项计划"）中的资产支持收益凭证的发行，标志着企业资产证券化的重新启动。"远东二期收益凭证"发行的大致情况如表 12 - 7 所示。从 2005 年到 2012 年，已发行的企业资产证券化产品共有 11 只，简要情况如表 12 - 8 所示：

表 12 - 7　"远东二期收益凭证"发行的大致情况

产品序列	期限（年）	预期收益率（%）	发行规模（亿元）	面值（元）	还本付息方式
优先级 01	0.27	6.10	4.30	100	按季付息，到期前两个月摊还本金
优先级 02	0.78	6.30	2.70	100	
优先级 03	1.28	6.60	1.80	100	
优先级 04	1.77	6.80	1.20	100	
优先级 05	1.12	7.00	0.89	100	按季付息，按季过手摊还本金
次级	1.90	无	1.90	100	期间不分配，最后一次获得剩余收益

信用评级：中诚信证券评估有限公司给予优先级收益凭证产品 01~05 的评级为 AAA 级

资料来源：中信证券股份有限公司。

表 12 - 8　企业资产证券化产品发行一览表（2005~2012）

发行时间	专项计划名称	发行规模	产品期限	票面利率	预期年收益率
2005 年 8 月	联通 CDMA 网络租赁费支持受益凭证	95 亿元	175~421 日	无息证券（贴现发行）	2.55%~3.10%
2005 年 12 月	莞深高速公路收费权支持受益凭证	5.8 亿元	18 月	无息证券（贴现发行）	3.0%~3.5%
2006 年 3 月	中国网通应收款支持受益凭证	100 亿元左右，共 10 期	0.21~4.71 年	零息 + 固息 + 浮息	2.5%~3.8%
2006 年 5 月	远东首期租赁资产支持收益计划	4.86 亿元	0.83~2.4 年	固息	3.1%
2006 年 4 月	华能澜沧江水电收益支持受益凭证	20 亿元	3~5 年	固息 + 浮息	3.59%~3.77%
2006 年 6 月	浦东建设 BT 项目资产支持收益	4.25 亿元	4 年	无息证券（贴现发行）	4%
2006 年 6 月	南京城建污水处理收费资产支持收益	7.21 亿元	1~4 年	无息证券（贴现发行）	2.8%~3.9%
2006 年 8 月	南通天电销售资产支持收益	8 亿元	3 年	固息	3.742%
2006 年 8 月	江苏吴中集团 BT 项目回收款	16.58 亿元	0.25~5 年	固息 + 浮息	3.4%~4.5%
2011 年 6 月	远东二期应收账款和租赁合同收益权	—	—	—	—
2012 年 3 月	南京公用控股污水处理收费收益权	12.5 亿元	1~5 年	—	6.30%~6.99%

三 信用风险缓释工具（CRM）

2010 年 10 月 29 日，中国银行间市场交易商协会出台了《银行间市场信用风险缓释工具试点业务指引》（以下简称"指引"）及相关配套文件，标志着中国信用缓释工具的试点工作开始起步。"指引"指出，信用风险缓释工具（Credit Risk Mitigation，简称 CRM），是指信用风险缓释合约、信用风险缓释凭证及其他用于管理信用风险的简单的基础性信用衍生产品。信用风险缓释工具标的债务为债券或其他类似债务，标的债务的债务人为标的实体。试点期间推出的信用风险缓释工具主要有两种：其一，信用风险缓释合约（Credit Risk Mitigation Aggrement，CRMA），是指交易双方达成的约定在未来一定期限内由信用保护买方按照约定的标准和方式向信用保护卖方支付信用保护费用，且由信用保护卖方就约定的标的债务向信用保护买方提供信用风险保护的金融合约。其二，信用风险缓释凭证（Credit Risk Mitigation Warrant，CRMW），是指由标的实体以外的机构创设的，为凭证持有人就标的债务提供信用风险保护且可交易流通的有价凭证。这些信用风险缓释工具类似于国际上的 CDS。

"指引"规定，金融机构成为信用风险缓释工具交易商，应具备六个方面条件：（1）注册资本或净资本不少于 8 亿元人民币；（2）配备 3 名以上（含 3 名）具有一定从业经验和相应业务资格的业务人员；（3）最近 2 年没有违法和重大违规行为；（4）建立完备的内部控制制度、风险管理制度和衍生产品交易内部操作规程；（5）配备直接开展银行间市场交易的相关系统和人员；（6）具备自我评估衍生产品交易风险的能力和衍生产品交易定价能力，并能够承担衍生产品交易风险。在交易商中，具备如下条件的可申请成为核心交易商：（1）具有银行间债券市场或外汇市场做市商资格；（2）注册资本或净资本不少于 40 亿元人民币；（3）从事金融衍生产品交易 2 年以上（含 2 年），有独立的金融衍生产品交易部门，并配备 5 名以上（含 5 名）具有一定从业经验和相应业务资格的业务人员；（4）有独立的风险管理部门和较强的风险管理能力，并配备 5 名以上（含 5 名）风险管理人员；（5）具有较强的金融衍生产品定价估值能力，金融衍生产品报价、交易活跃。核心交易商可与所有参与者进行信用风险缓释工具交易，其他交易商可与所有交易商进行出于自身需求的信用风险缓释工具交易，非交易商只能与核心交易商进行以套期保值为目的的信用风险缓释工具交易。

"指引"规定，信用风险缓释凭证的创设机构（简称创设机构）应进行资格认证。资格认证的条件是：（1）注册资本或净资本不少于 40 亿元人民币；（2）具有从事信用风险缓释凭证业务的专业人员，并配备必要的业务系统和信息系统；（3）建立完备的信用风险缓释凭证创设内部操作规程和业务管理制度；（4）具有较强的信用风险管理和评估能力，有丰富的信用风险管理经验，并配备 5 名以上（含 5 名）的风险管理人员。

信用风险缓释凭证实行创设登记制度，是否接受信用风险缓释凭证创设登记由银行间市场金融衍生产品专家会议决定。创设机构创设信用风险缓释凭证应提交三方面登记文件：（1）凭证说明书，内容包括但不限于标的实体、标的债务、名义本金、保障期限、信用事件、结算方式等；（2）创设凭证的拟披露文件，包括凭证创设公告、创设机构的信用评级报告和财务报告等；（3）交易商协会要求提供的其他材料。信用风险缓释凭证在完成登记手续后的次一工作日即可在银行间市场交易流通。创设机构可买入自身创设的信用风险缓释凭证并予以注销。

交易商应在以下风险控制指标内进行信用风险缓释工具交易：（1）任何一家交易商对某一标的债务的信用风险缓释工具净买入余额不得超过该标的债务总余额的100%；（2）任何一家交易商对某一标的债务的信用风险缓释工具净卖出余额不得超过该标的债务总余额的100%；（3）任何一家交易商的信用风险缓释工具净卖出总余额不得超过其注册资本或净资本的500%；（4）针对某一标的债务的信用风险缓释凭证创设总规模不得超过该标的债务总余额的500%。

2010年11月5日，首批信用风险缓释合约正式上线交易。全天有9家交易商达成了20笔合约交易，名义本金共计18.4亿元人民币。这9家交易商包括国家开发银行、工商银行、建设银行、交通银行、光大银行、兴业银行、民生银行、德意志银行及中债信用增进股份投资有限公司等，涵盖了中外资商业银行和信用增进机构。这批信用风险缓释合约每笔均针对单笔特定的标的债务，标的债务类型包括短期融资券、中期票据和贷款，其中，针对短期融资券的3笔、中期票据9笔、贷款8笔，涵盖10个不同的标的实体。合约期限以1年期为主，同时也涵盖了从36天到2.21年间的不同期限类型。此外，合约约定的"信用事件后的结算方式"既有实物结算方式，也包括了现金结算方式。

首批信用风险缓释合约的上线交易，标志着中国金融市场特别是金融衍生产品市场步入新的发展阶段。在此之前，由于缺少有效的信用风险管理工具，中国的债券市场投资者难以通过市场化的方式便利地分离并交易信用风险。通过信用风险缓释工具，不同风险偏好的投资者可以根据自身需求差异化地承担风险。中国庞大的信用资产规模为信用风险缓释业务发展提供了充足的市场基础，信用风险缓释工具的发展则为信用资产提供了市场流动性机制，有利于提高金融效率。

到2011年底，CRM市场共有43家交易商、26家核心交易商，大多数为银行。其中，中资商业银行等金融机构包括国家开发银行、工商银行、建设银行、中国银行、交通银行、浦发银行、兴业银行、民生银行、光大银行和中债信用增进股份投资有限公司等；外资商业银行包括汇丰银行（中国）、德意志银行（中国）、巴黎银行（中国）、花旗银行（中国）和巴克莱银行（上海分行）。

四 应注意的五个问题

2013年8月28日，国务院常务会决定进一步扩大信贷资产证券化试点。会议指出，要在严格控制风险的基础上，循序渐进、稳步推进试点工作；要在实行总量控制的前提下，扩大信贷资产证券化试点规模；优质信贷资产证券化产品可在交易所上市交易，在加快银行资金周转的同时，为投资者提供更多选择。这标志着中国新一轮的资产证券化试点工作拉开了帷幕。从美国次贷危机乃至金融危机的内在机理看，中国要有效地推进资产证券化，防范由此引致的金融风险，需要特别关注五个方面问题：

第一，资产证券化中的止损机制的设立。资产证券化最初是为了解决信贷资产的流动性问题问世的，但在美国实践中发展成了一种以盈利为目的的资产运作方式，由此，不仅推高放大了信贷资产证券化规模，而且利用破产隔离等机制引致了资产证券化产品中的止损机制缺失。为了抑制信贷资产证券化中的营利性冲动，在 2010 年 7 月出台的美国金融改革法案——《多德－弗兰克华尔街改革与消费者保护法案》在第 941 条第 15G 条 "金融风险自留" 中要求证券化机构保留 "资产自留不低于 5% 的信用风险"。[①] 中国在扩大资产证券化试点过程中，应通过政策机制和监管机制，将商业银行等金融机构的资产证券化试点重心放在解决信贷资产的流动性问题方面，限制获取信贷资产利率与证券化债券利率之间利差的倾向的发生，同时，保障资产证券化产品中的风险防范机制和止损机制的贯彻。

第二，资产证券化产品的发行对象。债券属于直接金融工具范畴，它通过金融市场直接连接着资金供给者和资金需求者。但在美国资产证券化过程中，债券成为了一种间接金融工具，购买 CDO 等证券的主要是各类金融机构，由此逐步形成了金融自己为自己服务的格局，推高了金融市场的泡沫程度。在中国，各类公司债券基本属于间接金融工具，实体企业发行的公司债券基本由商业银行等金融机构购买，但这些金融机构并非资金的供给者，它们使用的资金来源于居民存款或购买保单等。从 2005 年以后的资产证券化试点看，其基本状况是，一家银行发行信贷资产证券化债券，其他几家银行购买这些债券；另一家银行发行信贷资产证券化产品，再由几家银行购买。如果这种格局不改变，在资产证券化扩大试点的过程中，极容易形成在商业银行等金融机构之间相互发行信贷资产证券化产品的同时相互购买这些产品的行为，由此使金融脱离实体经济运行的状况进一步加重。要跳出这一怪圈，就必须回归债券的本性，使资产证券化产品回到直接金融工具范畴，由此，资产证券化产品应直接向城乡居民和实体企业发行，运用市场机制抑制金融泡沫的发生，使得资产证券化成为金融回归实体经济的一个重要契机。

第三，资产证券化的功能。资产证券化原本是调整（或解决）信贷资产流动性的一个机制，与此对应的，在中国资产证券化试点扩大过程中，必然涉及相关商业银行的资产结构调整，提高它们的信贷资产流动性水平。但如果通过信贷资

---

① 引自《多德－弗兰克华尔街改革与消费者保护法案》，董欲平等译，中国金融出版社，2010，第 473 页。

产证券化所获得的资金依然集中用于发放各类贷款，那么，它的结果将是在可运作资产扩大的同时，商业银行的资产结构并无多少调整（与此对应的，业务结构和盈利模式也没有实质性调整）。要改变这种状况，在资产证券化试点过程中，要推进商业银行的业务转型，就必须在通过资产证券化出售信贷资产的同时，将由此回流的一部分资金投放到信贷资产之外的综合业务活动中，从而使得信贷资产证券化成为商业银行业务转型的一个契机。另外，在信贷资产证券化过程中，债券的发行量交易量都将得到扩展。由于债券票面利率对于资金供给者和资金需求者而言是同一利率，因此它是存贷款利率的替代品；由于进入证券化操作的信贷资产质量不尽相同，由此界定的证券化产品利率也有较大差别，所以，在信贷资产证券化过程中，如果证券化产品直接面向实体经济部门的企业和居民发行，将有利于推进存贷款利率的市场化改革，有利于推进债券收益率曲线的形成，这也将给商业银行的业务转型提供市场压力和新的机会。

第四，资产证券化的风险增级。美国金融泡沫的产生，与其说是资产证券化的结果，不如说是过度资产证券化的产物。所谓过度，是指在资产证券化过程中，在逐利性的驱动下，不断地将已证券化的产品进行再证券化，从而引致二级、三级乃至 N 级的证券化过程。在这个过程中，从设计、销售到交易都是需要有持续不断的成本支出的。这些成本最终还得由原生金融产品（如信贷资产）的利率支付，由此，在资产证券化层级推展中，金融风险非但没有减少，反而大幅增加。在运用各种信用增级的条件下，信用增级本身需要付出成本代价，但由资产证券化引致的金融风险总量不会由此减少（更不可能消失），反而将进一步增加。有鉴于此，中国在扩大资产证券化试点过程中，应避免拓展二级以上的证券化产品，谨慎使用信用增级机制。

第五，资产证券化的形象工程。2005 年起步的资产证券化试点，虽有探索在中国条件下展开信贷资产证券化路径的重要意义。但在流动性过剩背景下，以银行各类贷款中最优良的按揭贷款为基础展开资产证券化，难免有"抢第一单"的色彩。由这种色彩衬托的信贷资产证券化带有明显的形象工程特点。在扩大资产证券化试点过程中，应以提高贷款资产的流动性、改善贷款期限错配状况和化解贷款风险等为主要着力点，减少争抢"第一"的现象。

第十三章 认股权证市场

认股权证是上市公司股票的衍生产品。它具有股票的某些属性，但又不是完整意义上的股票（例如，认股权证持有人不具有参加股东大会的权力、不能参加股息分配和公司的剩余资产分配等）。20 世纪 80 年代以后，认股权证市场曾一度成为仅次于债券、股票的第三大证券市场。

第一节 认股权证的特点和主要类型

一 认股权证的内涵

认股权证（Warrant），又称股票权证，简称"权证"，在香港股市中称为"窝轮"，是发行人与持有者之间在约定时间内以约定价格购买或卖出标的股票的一种契约。美国证券交易所（American Stock Exchange）认为，认股权证是指以约定的价格和时间（或在权证协议里列明的一系列期间内分别以相应价格）购买或者出售标的资产（The Underlying）的期权。从认股权证的定义中可以看出：第一，认股权证是发行人通过市场过程发行的，有证券发行市场一般特点；第二，认股权证是一种在约定时间内以约定价格购买或卖出标的股票的契约，有证券的一般特点；第三，认股权证的交易最初发生在发行人和持有人（即投资者）之间，有证券市场主体之间的一般关系；第四，认股权证是一种标准化证券，可以进入交易市场中交易转手；第五，认股权证的价格随着股市价格波动而波动。从与股票的联系来看，认股权证是一种具有期权性质的股票衍生证券。就此而言，认股权证是股票期权的初级形式。从投资者角度看，一旦持有了认股权证，也就持有按照自己的意愿在约定时间内以约定价格认购或抛售标的股票的权力。

1911 年，美国电灯和能源公司（American Light & Power）发行了资本市场中的第一只认股权证。此后，在资本市场发展中，认股权证不仅作为一个重要的证券品种逐步扩大，而且标的资产的范围也不断扩展，从单只股票扩展到了一揽子股票、股票指数和其他指数、各种证券类衍生产品及其他衍生产品、外汇、黄金等，与此对应，权证的名称也因标的资产的不同而不尽相同（当标的资产不是股票时，它称为"权证"）。

在一般条件下，认股权证既可由上市公司也可由专门的投资银行发行。认股权证的发行通常需要就下述八个方面的内容做出约定：

第一，权证保证金。这是投资者在获得权证赋予的认购权力时所需付出的资金成本。一些权证的发行，规定了投资者购买权证所需付出的保证金比例；但也有一些权证是发行人赠送给投资者的，因此，不需要投资者支付对应的保证金。

第二，标的资产。标的资产的类型、价值及其变动趋势等直接决定着认股权证的价格，是认股权证的基础性条件，因此，发行人需要予以明确界定。

第三，行权价格（strike price），又称履约价格。这是认股权证持有人在行使认股权证赋予的权力认购股票或出售股票时的价格，它的高低直接关系着投资者（持有人）的利益，因此，在发行认股权证过程中应当予以明确约定。

第四，行权期间（exercise period）。认股权证不是股票，持有人不能永久性地行使权力，由此，需要在约定中明确持有人可行使权力的有效期间，即持有人只能按照行权期间的约定行使权力，否则不能行权。

第五，行价比率（warrants per share）。这是指一份认股权证所能转换成标的股票的价格关系。由于行价比率的高低直接关系着持有人的权益，也关心着认股权证的发行和交易状况，因此，应当予以明确约定。

第六，行权方式。认股权证的行权方式可分为美国式、欧洲式和百慕大式等多种，各种方式的内在规定不尽相同，而这直接影响着持有人的选择权和利益，因此，需要予以明确约定。

第七，交易单位（Board Lot）。这是持有人进行认股权证交易的最小单位，它直接关系着认股权证的可交易程度和交易的活跃程度。一般来说，每个交易单位的认股权证数量小，则介入交易的投资者数量就可能多，交投活跃程度就可能高些，交易价格就可能高些，反之则反是。因此，需要对交易单位做出明确约定。

第八，交割方式。认股权证的交割方式可分为股票给付型、现金结算型和可选择支付方式型三种。股票给付型权证的持有人依执行价格支付价款后，认股权证发行人必须将标的股票交付给权证持有人，即实券交割（Physical Delivery）。现金结算型的认股权证在行权后，认股权证的发行人可以根据持有人提出的现金结算的要求，以当日的标的股票收盘价与行权价格之间的差额，以现金方式进行结算，向持有人支付差价。可选择型权证，是根据认股权证发行时的约定，认股权证发行人或持有人选择上述两种方式中的一种进行结算交割。

对一种具体的认股权证而言，上述八个方面的约定并不完全需要，例如，在2005 年以后的中国股权分置改革过程中，一些上市公司发行的认股权证，是上市公司赠送给股票持有人的，因此，没有认股权证保证金的约定，也没有行权价格的约定。

二 认股权证的主要类型

按照不同的划分标准,认股权证可以划分为不同的类型。其中,主要的分类有下述三种类型。

按行权时间划分,认股权证可分为美式权证、欧式权证和百慕大式权证。其中,美式权证（American Style Warrant）的主要特点是,持有人可以在认股权证到期日前的任何时间随时提出行权要求、买入或卖出认股权证约定的标的资产。欧式权证（European Style Warrant）的主要特点是,认股权证的持有人只能在约定的到期日才可提出买入或卖出标的资产的行权要求。百慕大式权证（Bermuda Style Warrant）的主要特点是,认股权证的持有人可以拥有多个行权日或是一段行权期（如到期日前5日）,在这些行权日或行权期内可以提出买入或卖出标的资产的要求。

按行权特点划分,认股权证可分为认购权证（Call Warrant）和认沽权证（Put Warrant）两种。认购权证,又称为"看涨权证",是一种买进股票的权利（但不是一种义务,即不是必须买入）。持有认购权证的投资者有权按照约定的时间,以约定的价格买入约定数量的标的股票。认沽权证,又称为"看跌权证",是一种卖出股票权利（但不是一种义务,即不是必须卖出）。处于认沽权证的投资者有权按照约定时间,以约定的价格卖出约定数量的标的股票。认购权证的价值随对应资产价值的增加而上升,与此相反的,认沽权证随对应资产价值的降低而上升。

按权证发行人的特点划分,认股权证可分为股本权证（Equity Warrant）与备兑权证（Covered Warrant）两种。股本权证是由权证标的股票的发行人（通常为上市公司）发行的,一般与该发行人的股票（或公司债券等）相伴发行,目的在于强化这些资产（股票或债券等）对市场投资者的吸引力,以保障股票（或债券等）的顺利发行（从这个意义上说,即便是发行人赠送的股本权证,也并非属于免费范畴）；股本权证的行权期限一般较长（大多在1~5年）。备兑权证是由权证标的股票发行人之外的第三者（如投资银行等金融机构）发行的,这同时意味着,它不是以备兑权证发行人自己的资产为标的的权证。备兑权证的行权期限较短（通常在1年以内）。另外,股本权证是上市公司发股募资的一种方式,在股本权证行权中,发行人负有股本权证持有人发售新股的法律义务,由此,一旦持有人行权就将使得上市公司（发行人）的股票面值总额增大；但投资银行等金融机构发行备兑权证的主要目的,是为了向市场投资者提供证券组合投资的管理工具,它不会直接引致各家上市公司的股本扩展。

三 认股权证的特点

认股权证是证券市场中一种具有独特性质和独特功能的衍生产品。它最初基于上市股票而发行,随后扩展到其他资产。与其他证券相比较,认股权证有不同的特点。

与上市股票相比，认股权证有三方面主要区别：第一，股票是股东身份的证明凭证，持有股票的投资者拥有《公司法》规定的各项股东权益；但认股权证不是股东身份的证明凭证，持有认股权证并不具有各项股东权益。第二，依据发股公司的净资产状况，股票有明显的价值（包括股票面值、账面价值等）；但认股权证在行权前并不具有直接的价值规定，它的价值取决于行权的状况。第三，股票的交易价格虽然受到交易市场中的各种因素影响，但最终还得由发股公司的净资产及其盈利水平决定；与此不同，认股权证在交易中的价格波动走势最终由对应的股票（或其他资产）的价值决定。

从投资者选择角度看，认股权证有四个特点：第一，不论是上市公司赠与投资者认股权证还是投资者购买认股权证（如备兑权证），对投资者来说，与购买股票需要全额付款相比，认股权证的投资成本较低。第二，在认股权证的行权中，投资者既可选择行权也可选择不行权，同时，在实行美式权证或百慕大式权证的场合，投资者选择行权的时间弹性较大，因此，对投资者而言，认股权证有较高的选择程度。第三，认股权证有明确的时间期限，在期限内，投资者可以行权，一旦期限结束，投资者就无权再行权，认股权证也就失去了价值。但股票没有时间期限的界定，只要发股的公司还存在，股票就是一种永久性的证券。第四，在认股权证交易中，为了保障交易的活跃程度、交易价格的连续性，大多有做市商机制的安排（在备兑权证交易场合更是如此），承担做市商职能的常常是发行人。但在股票交易（尤其是证券交易所内交易）中，通常没有做市商的机制安排，更没有发行人承担做市商职能的现象发生。

认股权证具有金融期权的性质。所谓金融期权（Option），是指在约定时间内按照约定价格买卖标的资产的权利。不难看出，认股权证实质上是一种初级形式的金融期权，因此，认股权证与金融期权有诸多相似之处。但认股权证也有自己的特点，主要具体表现在：第一，发售主体不同。从股本权证看，这一产品的发行目的在于支持公司股票（或债券等产品）的发行和交易，实质上是上市公司扩展发股募资的一种手段；而备兑权证通常由投资银行等第三方金融机构发行，发行目的在于提供证券投资组合的管理工具。与此不同，金融期权主要由交易所（或期权公司、期货清算公司等机构）制定发售，发售的目的主要在于提高金融产品的交易活跃程度。第二，市场格局不同。认股权证是股票的衍生产品，有比较明确的发行市场和交易市场的区分。与此不同，金融期权是金融产品交易市场的衍生产品，只有交易市场，并无明确的发行市场。第三，标的资产不同。股本权证的标的资产主要是上市公司的股票。但金融期权的标的资产可以是从股票、指数到期货的任何金融产品。第四，标准程度不同。认股权证通常是非标准化的，每只认股权证在发行量、执行价、发行日和有效期等方面不尽相同，发行人可根据具体情况自行设定。与此不同，在交易所内交易的股票期权绝大多数是建立在标准化基础上的合约（值得注意的是，随着电子信息技术的发展，柜台市场中交易的非标准化股票期权已有进入交易所场内市场交易的现象，由此，交易所内交易的股票期权也有了非标准化的情况）。表 13 - 1 简要列示了认股权证与金融期权的联系和差别。

表 13 - 1　认股权证与金融期权的异同点比较

项目	股本权证	备兑权证	场内期权	场外期权	期货	远期合约
交易场所	证券交易所	证券交易所	交易所	柜台买卖	期货交易所	柜台买卖
发行人	上市公司	投行等机构	交易者	期权公司等	交易者	交易者
标的资产	股票	股票、指数、衍生产品等	证券、指数等	证券、指数等	实物或证券	实物或证券
行权类别	欧式居多	欧式居多	欧式或美式	欧式或美式	欧式或美式	欧式或美式
期　限	1~5 年	1 年左右	不超过 9 个月	不超过 9 个月	不超过 9 个月	1 年以内
供应量	有限	有限	几乎无限	有限	几乎无限	有限
履　约	选择性履约	选择性履约	选择性履约	选择性履约	必须履约	必须履约
对手方	发行人	发行人	交易所	特定人	交易所	特定人
交割方式	现金或证券	多为现金	多为证券	多为现金	现金或证券	证券
对公司股本影响	增加	不变	不变	不变	不变	不变

四　认股权证市场的发展

在国际资本市场中，认股权证及其衍生产品的发展经历了从快速高起到急速下行的历程。1960 年以后，众多美国公司利用认股权证作为股权并购中重要的融资手段，同时，一些美国公司债券发售出现困难时也时常以赠送认股权证作为促销的一个重要方式。1970 年，美国电话电报公司通过发行认股权证融入了 15 亿美元的资金，此后，以认股权证伴随标的证券的发行成为一种市场中流行的融资模式。欧洲最早的认股权证出现在 1970 年的英国，而德国自从在 1984 年发行认股权证之后，一度迅速成为世界上规模最大的权证市场，拥有上万只权证品种。进入 21 世纪以后，香港的权证市场快速发展，曾一度成为全球第一大权证市场。截至 2004 年 12 月 31 日，按认股权证成交金额计，香港位列全球第一。20 世纪 70 年代末，美国展开了以金融产品创新为基础的金融创新。认股权证最初起源于美国，但在欧洲得到了快速发展，德国、瑞士等国的证券市场成为认股权证产品发行交易的主要市场。

1987 年，德国德众银行决定为 AGAG 公司（这是一家资产投资公司）发行备兑权证，该银行持有后者的大量股份，标志着德国备兑权证产品的问世，也意味着备兑权证作为一种创新性金融产品的全球市场时代的开始。以后不久，以外汇和债券为基础的权证产品也在德国上市交易。1989 年 8 月 1 日，德国的交易所法（Stock Exchange Act）正式生效，它消解了此前有关期权及与个人投资者进行期权交易的一些法律限制，由此为权证市场的快速发展准备了法律制度的条件。1990年和1991年，股票期权和指数期权分别在德国期权及期货交易所（即欧洲期货及期权交易所的前身）上市，标志着德国权证市场发展进入了一个新的历史阶段。

进入21世纪以后，认股权证成为位列公司债券和股票之后的第三大证券交易品种。根据国际交易联合会（FIBV）在2003年的统计，54个会员交易所中已经有45个推出了权证交易。2004年全球权证交易总额达到1498亿欧元，比2003年增加了35.69%（具体交易情况，参见表13-2）。

认股权证的发行主要集中在欧洲市场和中国香港市场。从表13-2中可以看到，1998~2004年，德国、瑞士和意大利是欧洲权证市场的主要国家，中国香港则是亚洲权证市场的主要地区。2003年和2004年，香港市场分别发行上市权证678只和1259只，交易额分别达到2716亿欧元和5413亿欧元；与此同时，德国的权证市场也快速发展。在认股权证交易中，从权证类型上看，备兑权证占据主体地位，在德国和中国香港的权证市场中，交易金额的98%左右来自于备兑权证的交易。

2008年9月以后，随着美国金融危机的爆发并快速演化为全球金融危机，各国和地区的金融监管部门对金融创新都持谨慎取向，由此，投资银行等金融机构的权证创设大大减少，曾经大为火爆的权证市场走向低迷。

第二节 认股权证的定价

一 认股权证的风险收益特点

在证券市场中，与股票、债券等基础性证券相比，认股权证产品有自己的特点，与此对应，它也就有自己的风险收益特点。从投资的角度说，这些特点主要表现在：第一，高杠杆性（High-Leverage）。高杠杆是认股权证投资过程当中经常遇到的一个突出现象。投资者在进行权证投资时，通常只需支付小额的权利保证金便可获得与标的资产同样的收益率。当然，杠杆也意味着在标的资产向不利方向变动时，投资者受到的损失率也较大。第二，损失有限性（Limitation of Loss）。购买认股权证产品的投资者实际上是购买了在约定时间内买入（或卖出）标的产品的权力。在交易过程中，投资者最大的损失就是不实施这项权力而损失掉初始权利保证金。虽然，看上去认股权证投资可能导致血本无归，但实际上，因为投资者通常只需要支付很小的一部分资金（保证金）投资于认股权证就可以获得与持有标的资产相同的回报，所以，如果投资者持有的不是认股权证而是标的资产，投资者在标的资产价格向不利方向变动时绝对额上的损失可能要更多，而认股权证投资损失的绝对值非常有限。第三，成本效率高（Cost Efficiency）。一般投资者如果希望获得指数回报，直接复制指数存在一定难度。但对于基于指数等产品的权证而言，投资者无需直接持有大规模的投资组合就可以分享标的指数变动带来的投资收益。第四，灵活性（Flexible）。在一个成熟的权证市场当中，发行人往往根据投资者特殊的需求设计权证的条款。例如，权证的标的物可能是任何指数，而行权价格的设计也可以满足不同风险承受能力的投资者的需要。

与每种金融产品均有对应的风险相同，认股权证也有自己的风险。这些风险，从投资者角度看，主要包括：第一，履约风险。权证的行权偿付是权证发行人的法律义务，不是交易所或标的资产发行人的责任，为此，一旦权证发行人发生财务危机，投资者就将面临发行人无法履约的信用风险；在二级市场中，也经常出现条款几乎相同的权证由于发行人不同而价格不同的现象。因此，关注权证发行人的财务状况和信用状况，是投资者在持有权证期间需要特别注意的事项。第二，期限的有限性。权证投资与股票投资最大差异之一，是权证具有明确的存续期间。一旦超过约定的存续期，权证就将丧失效力。在权证到期日，如果投资者还不行权，就将损失初始的权证保证金。除现金结算的权证外，多数权证均须由投资人主动提出履约要求，因此，投资人必须特别留意所持有权证的到期日，以免丧失履约权利。第三，时间价值风险。由于权证期限是有限的，即使标的证券的股价维持不变，权证的价格依然可能随着时间的消逝而向内在价值靠拢。通常权证发行初期，时间价值不会减少太快。但随着到期日的临近，时间价值会快速递减，接近到期日前，递减速度会更快。第四，杠杆风险。对投资者来说，杠杆是把双刃剑，投资者既可能通过投资权证获得更高的投资收益率，也可能因为标的资产向不利方向变动而遭受较大的损失。因此，投资者应对权证的杠杆作用有一个清晰的了解，结合自身的风险承受能力进行权证投资。投资人在投资权证的过程当中，应避免过度扩张信用，也应避免在投资组合当中过度投资权证。此外，与其他证券品种类似，投资者还面临着投资的价格风险、市场风险等一系列风险。

权证的杠杆特性使得这种产品在交易中很容易被操纵。权证交易的价格操纵方式，既可能通过操纵股票价格进而影响权证交易价格，也可能直接操纵权证价格，使其脱离合理的价值。避免权证价格操纵的方式主要包括：第一，面对一些投资者可能通过操纵股价来影响权证价格走势的情形，既可以通过选择流动性较好的股票品种作为标的股票来避免，也可以通过限制权证发行数量占标的股票规模的比重来避免。这些方法的内在机理是，增大通过操纵股价影响权证价值的成本和难度。第二，面对直接操纵权证价格的情形，可以引入创设权证制度增加权证的供给功能予以避免。如果权证二级市场价格与其理论价格出现较大偏差，发行人和其他机构（如投资银行等）可以发行（或购回）同等条款的权证（即创设权证）。创设权证使得权证的价格在一定程度上不受供给因素的影响，实际存在的较大价格偏差也可以因权证供给数量的增加而得到纠正。第三，引入做市商制度。实行做市商制度，既有利于增强市场的流动性，也有利于强化市场价格的发现机制。第四，调整权证的约定条件。发行人可以通过调整权证的约定条件来避免权证价格被操纵。例如，发行人可以缩短权证的发行期限，也可以调整权证的行权方式（如将美式权证改为欧式权证等），以降低权证被操纵的可能性。

二　影响权证价格走势的主要因素

认股权证的价值可以分为两个部分，即内在价值（Intrinsic Value）和时间价值（Time Value）。权证的价值是内在价值和时间价值的总和，即权证价值 = 内在价值 + 时间价值。

内在价值，是指权证持有人行权时所能获得的收益，即标的资产价格与行权价格两者之间的差额。用公式可表达为：内在价值 = 标的资产价格 – 行权价格。就认购权证而言，内在价值 =（标的资产价格 – 行权价格）× 行权比率。对认沽权证来说，认沽权证的内在价值 =（行权价格 – 标的资产价格）× 行权比率。一般来说，内在价值是权证价值的底线，权证价值一般要高于内在价值，否则会产生套利空间。内在价值大于零的权证称为"价内权证"。如果是认购权证，这表示标的资产的价格高于行权价格；如果是认沽权证，则表示标的资产的价格低于执行价格。内在价值等于零的权证称为"价平权证"；内在价值小于零的权证称为"价外权证"。

时间价值是权证价格中比较复杂的部分。权证为什么会有时间的价值呢？对持有股票的投资者而言，假定股价的走势是随机的，投资者未来一段时期的预期回报为零，投资者并不会因为继续持有股票而获得更多收益。但权证不同，在股价上下波动时，权证持有者的收益特征是不对称的。在股价上涨时认购权证的投资者可以获得较高收益，在股价大幅下跌时认购权证投资者的损失有限。由此，使得权证持有者有动力等待股价向有利的方向发展带来的投资机会，这也产生了权证的时间价值。

认购权证的内在价值和时间价值关系，如图 13 – 1 所示：

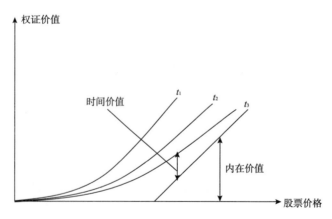

图 13 – 1　权证价值中的内在价值与时间价值

具体来看，在市场运行中，影响权证时间价值和内在价值的因素众多，主要有六个方面的因素：

第一，股价。股价对权证价值的影响最直接也最容易理解。一般来说，标的股的价格越高，认购权证的内在价值越高，认购权证的价值也越高；但对于认沽权证来说，情况恰好相反。

第二，行权价格。行权价格的高低对权证投资价值的影响既明显也比较容易理解。对认购权证而言，如果股价上涨并超出行权价格，则投资者获利的几率变低，认购权证的价值也随之降低；与此相反的，对认沽权证而言，行权价格越高，权证的投资价值越高。

第三，利率。利率对权证价值有重要影响。要理解这一影响，就得从"无套利理论"寻找根源。与直接持有股票相比，购买一定数量的权证应可获得相同的回报率。但权证产品由于具有杠杆作用，所需资金较少，相比直接投资股票所"节省下来"的资金就可以用来投资相同期限的国债等无风险资产以获取额外的回报。显然，由于套利的存在，这些所谓"节省下来"的资金所能赚取的收益率越高，权证的价值也就越高。因此，在其他因素不变的条件下，认购权证的价值会随着利率上升而增加。将这一原理应用到认沽权证来看，由于认沽权证持有人与认购权证恰好相反，投资者保留以固定价格出售股票的权力；在这种场合，不出售股票，认沽权证持有人就放弃了将资金投资获得额外收益的机会，因此，无风险利率越高，认沽权证的价值也就越低。

第四，股息。如果行权价格和行权比例在股息分派时不做调整，那么，由于认购权证持有人无法获得股息，派股息对认购权证的持有人不利。标的股的股息越高，权证的价值受到的负面影响越大。对认沽权证而言，由于股票派息的除权效应，标的股价也会相应降低股息大小的幅度，认沽权证持有者将会从中受益。但对于那些股票派息时调整行权价格及行权比率的权证而言，股票分红对权证的影响很小，可以将分红派息比率假定为0。

第五，距离到期日的时间。一般来说，权证的剩余期限越长，权证的价值越大。原因在于：首先，剩余期限越长，股价走势朝权证投资者有利（对认购权证是股价超过行权价格，对认沽权证是股价低于行权价格）的方向运动的几率就越大。其次，对于认购权证投资者而言，与直接持有股票相比，持有权证"节省下来"的资金通过运作所获得的收益率，如果高于标的股权的分红收益率，那么，剩余期限越长，这种收益率差值有利于提升权证的投资价值。但对欧式认沽权证来说，如果股价变动带来投资价值增加不及持有权证所损失的收益率差值带来的利息损失，就可能发生剩余期限越长，权证的价值反而越低的情形。

第六，波动率。波动率是影响权证投资价值一个主要因素。波动率衡量的是，标的股价未来的变动范围。由于在股价上下波动时，权证持有者的收益特征是不对称的，同时，股价未来波动的范围越大，股价超过行权价格使得认购权证获益、股价低于行权价格使得认沽权证获益的可能性越大，权证的投资价值也就越大。

如果能够合理预期标的股价未来的波动范围，投资者对权证价值的走势就可理性预期，但事实上，与任何市场一样，权证市场和股市都有"看不见的手"的作用，投资者很难准确预测未来股价的波动率走势。在这个过程中，权证市场和股市的历史波动率可作为参考。

影响权证价格走势的上述因素，列表可如表 13-3 所示：

表 13-3　权证价格走势的影响因素

参数	认购权证	认沽权证
标的股票的股价	+	-
利率	+	-
股利	-	+
剩余期限	+	不确定
行权价格	-	+
波动率	+	+

三　权证定价模型

知道有哪些因素影响着认股权证的价格走势是重要的，但仅仅如此是不够的。在进一步操作中，还需要根据具体情况了解这些因素分别对权证价格的影响程度，以利于在操作中把握投资选择。Black - Scholes 模型曾给衍生品市场的投资选择以重要的变革，理解并把握这一模型，有益于从量化角度把握好投资选择。

Black - Scholes（简称"B-S"）模型的基本含义是：假设在理想的环境下，认股权证的价值可由另一个证券产品的组合来替代并有完全相同的投资回报效应（即所谓的"可复制"）。在通常条件下，这一投资组合可以由标的资产和现金来实现。如果这一投资组合可以完全复制权证的话，那么，权证的价值应是可以使这两个组合的预期报酬相等的折现值，即无套利理论。换句话说，认股权证的价值应是排除利用任何现金、标的股票和权证的组合来进行无风险套利可能性情况下的价值。

B-S 模型假定：标的股票价格 S 服从一个扩散过程，即

$$dS = \mu S dt + \sigma S dz \tag{13.1}$$

B-S 模型通常只用于欧式认股权证的定价。由于在没有红利支付的情况下，美式认股权证不容易提前执行，因此，其价值与对应的欧式认股权证大致相同。根据风险中性假定，欧式认购权证在到期日的期望值为：

$$E\{\max(S_T - X), 0\} \tag{13.2}$$

在公式 13.2 中，X 为期权的行权价格，由此，欧式认股权证就是将这一数值

以对应期限无风险利率贴现的结果：

$$C = e^{-r(T-t)} E\{\max(S_T - X), 0\} \tag{13.3}$$

$$C = SN(d_1) - Xe^{-r(T-t)} N(d_2) \tag{13.4}$$

在公式 13.4 中，

$$d_1 = \frac{\ln\left(\dfrac{S}{E}\right) + \left(r + \dfrac{1}{2}\sigma^2\right)(T-t)}{\sigma\sqrt{T-t}} \tag{13.5}$$

$$d_2 = \frac{\ln\left(\dfrac{S}{E}\right) + \left(r - \dfrac{1}{2}\sigma^2\right)(T-t)}{\sigma\sqrt{T-t}} = d_1 - \sigma\sqrt{T-t} \tag{13.6}$$

在公式 13.3 ~ 13.6 中：S 为当前股价，X 为行权价格，r 为无风险利率，T 为权证到期日，t 为当前时点，σ 为标的股票的波动率，$N(\cdot)$ 表示标准正态分布累计概率分布函数。

标的股票不分红，是公式 13.3 ~ 13.6 中的一个重要假定，但实际上，上市公司的股票时常处于分红状态，因此，这一假定不尽合理。股票的分红是影响权证投资价值的一个重要因素。如果假定股票分红比率为 q，则认购权证的价值可用公式表示如下：

$$C = Se^{-q} N(d_1) - Xe^{-r(T-t)} N(d_2) \tag{13.7}$$

在公式 13.7 中，

$$d_1 = \frac{\ln\left(\dfrac{S}{E}\right) + \left(r - q + \dfrac{1}{2}\sigma^2\right)(T-t)}{\sigma\sqrt{T-t}} \tag{13.8}$$

$$d_2 = d_1 - \sigma\sqrt{T-t} \tag{13.9}$$

值得一提的是，公式 13.7 依然只适用于欧式认购权证，认沽权证可通过同理得到。

B - S 模型的优点是可以较为精确地推导出欧式认股权证的定价水平，但其对美式认股权证的定价则难以求解。对于美式认股权证的定价，通常运用二叉树方法进行求解。

根据衍生证券定价的二叉树法理论，可以把衍生证券的有效期分为一系列很小的时间间隔段 Δt。假设在每一个时间段内股票价格从开始的 S 运动到两个新值 S_u 和 S_d 中的一个，那么，在一般情况下 $u > 1$，$d < 1$，由此，S 到 S_u 是价格"上升"运动，S 到 S_d 是价格"下降"运动。价格上升的概率假设是 P，下降的概率则为 $1 \sim P$。当时间为 0 时，股票价格为 S；时间为 Δt 时，股票价格有两种可能：S_u 和 S_d；时间为 $2\Delta t$ 时，股票价格有三种可能：S_u^2、S_{ud} 和 S_d^2，以此类推，图13 - 2 完整地表示了股票价格的二叉树法。在 $i\Delta t$ 时刻，股票价格有 $i + 1$ 种可能，它们

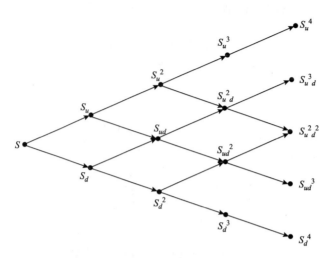

图 13 – 2　股票价格变动的二叉树图

是：$S_{u}^{j}{}_{d}^{i-j}$，$j = 0$，1，$……$，i。

　　认股权证价格的计算是从二叉树图的末端（时刻 T）向后倒推进行的。T 时刻认股权证的价值是已知的。例如，一个看涨期权的价值为 $\max(S_T - X, 0)$，一个看跌期权价值为 $\max(X - S_T, 0)$，其中 S_T 是 T 时刻的股票价格，X 是执行价格。由于假设风险中性，$T - \Delta t$ 时刻每个节点上的认股权证价值都可以由 T 时刻认股权证价值的期望值用利率 r 贴现求得。同理，$T - 2\Delta t$ 时刻的每个节点的认股权证价值可由 $T - \Delta t$ 时刻的期望值在 Δt 时间内利用利率 r 贴现求得，以此办法向后倒推通过的所有节点就可得到 0 时刻的认股权证价值。在认股权证属于美式行权方式的条件下，通过检查二叉树的每个节点，可以确定提前行权是否比将认股权证再持有 Δt 时间更有利。

　　在图 13 – 2 中，假设认股权证市场的风险是中性的，由此可利用风险中性定价原理求出 P、u 和 d 等各个参数的数值。计算公式为：

$$P = \frac{a - d}{u - d} \tag{13.10}$$

$$u = e^{\sigma\sqrt{\Delta t}}, \ d = \frac{1}{u} \tag{13.11}$$

$$a = e^{r\Delta t} \tag{13.12}$$

　　在公式 13.10 ~ 13.12 中，r 为无风险利率，σ 指股票价格年波动率，Δt 为期权有效期的时间间隔，u 指二叉树图中股票价格向上运动的幅度，d 指二叉树图中股票价格向下运动的幅度。

　　运用图 13 – 2 可以验证，在极限情况下，即 $\Delta t \to 0$ 时，这种股票价格运动的二叉树模型将符合几何布朗运动模型，因此，股票价格二叉树模型就是股票价格连续时间模型的离散形式。由此，运用二叉树图方法计算美式认沽权证和认购权证的价值过程如下：

假设一个不付红利股票的美式认沽权证的有效期被分成 N 个长度为 Δt 的小段。设 $f_{i,j}$ 为 $i\Delta t$ 时刻第 j 个节点的美式认股权证，其中 $0 \leqslant i \leqslant N$，$0 \leqslant j \leqslant i$，把 $f_{i,j}$ 称为节点 (i,j) 的期权值。在节点 (i,j) 的股票价格为 $Su^{j}d^{i-j}$。由于美式认沽权证在到期日的价值为 $\max(X - S_T, 0)$，于是有：

$$f_{N,j} = \max(X - Su^{j}d^{N-j}, 0), j = 0, 1, \cdots, N \tag{13.13}$$

在 $i\Delta t$ 时刻从节点 (i,j) 向 $(i+1)\Delta t$ 时刻的节点 $(i+1,j+1)$ 移动的概率为 P，在 $i\Delta t$ 时刻从节点 (i,j) 向 $(i+1)\Delta t$ 时刻的节点 $(i+1,j)$ 移动的概率为 $(1-P)$。假设不提前执行，风险中性估价公式给出：

$$f_{i,j} = e^{-r\Delta t}\left[Pf_{i+1,j+1} + (1-P)f_{i+1,j}\right] \tag{13.14}$$

其中，考虑提前执行期权时，公式 13.14 中的 $f_{i,j}$ 必须与认股权证的内在价值进行比较，由此得到：

$$f_{i,j} = \max\left\{X - Su^{j}d^{i-j}, e^{-r\Delta t}\left[Pf_{i+1,j+1} + (1-P)f_{i+1,j}\right]\right\} \tag{13.15}$$

同理，美式认购权证的价值为：

$$f_{i,j} = \max\left\{Su^{j}d^{i-j} - X, e^{-r\Delta t}\left[Pf_{i+1,j+1} + (1-P)f_{i+1,j}\right]\right\} \tag{13.16}$$

四　认股权证的基本评价指标

在认股权证的投资中，面对各种权证产品如何选择有利于自己的具体投资产品，是常常困扰投资者的一个问题。除权证发行人、存量、剩余期限等一般性指标以外，投资者往往通过一些简单、实用的指标判断认股权证的投资价值与投资特性。

为了理解和把握这些基本评价指标，假定两个权证具有如下一些条款，以此为例说明这些指标的计算和可能的投资选择：

表 13 - 4　认股权证投资中的基本评价指标

名称	权证类型	剩余期限（年）	权证价格（元）	股价价格（元）	行权价格（元）	行权比率	股票波动率（%）	无风险利率（%）	分红收益率（%）
权证 A	认购、欧式	1	1.4	6	5	1	30	2	0
权证 B	认沽、欧式	1	0.3	6	5	1	30	2	0

从表 13 - 4 所列的各项指标中可见，投资者需要注意把握如下一些指标及其变化：

第一，溢价率（Premium）。溢价率是在权证的剩余期限内，投资者预期到保本目的时，标的资产价格至少需要向投资者有利方向变动的幅度。溢价率可以视为衡量权证风险高低的一个基础性指标。溢价率越高，投资者要保本则对标的资产价格向投资者需要的方向变动的幅度要求也越高。溢价率的计算公式如下：

认购权证溢价率＝（认购权证价格＋行权价格×行权比例－标的资产价格×
行权比例）／标的资产价格×行权比例×100%

认沽权证溢价率＝（标的资产价格×行权比例－认沽权证价格－行权价格×
行权比例）／标的资产价格×行权比例×100%　　　　（13.17）

以表13－4为例，权证A的溢价率为6.67%，权证B的溢价率为11.67%。但两者的含义不同，对权证A而言，只有股价上涨幅度超过6.67%，权证持有者才能保本。对权证B而言，只要在剩余期内股价下跌幅度高于11.67%，权证持有者就可以获得正回报。

第二，杠杆倍数（Gearing），又称"资金放大比率"，指用一份标的资产价格可以购入多少份权证。计算公式如下：

杠杆倍数＝标的资产价格／（权证价格/行权比例）　　　　（13.18）

在表13－4中，权证A与权证B的杠杆倍数分别为4.29倍和20倍。

第三，对冲值（Delta）。对冲值是指当标的资产价格改变一个单位时，权证价格变动的大小。该指标用来计算权证价格对标的资产价格改变的敏感度。对冲值可以通过理论模型计算得到。在表13－4中，权证A与权证B，通过B－S模型可以计算得到它们的对冲值分别为0.8和0.2。

第四，实际杠杆倍数。杠杆倍数实际上夸大了权证产品的杠杆作用，并不能真实反映权证产品获得回报的放大倍数。例如，在极度价外权证的情况下，杠杆倍数非常大，但是实际的放大倍数远没有杠杆倍数那么大。原因在于杠杆倍数假定权证对股价变动的敏感度为100%，这是一个不切实际的假设，因此需要对杠杆倍数进行修正。实际杠杆倍数等于杠杆倍数乘以对冲值（Delta），即实际杠杆倍数＝杠杆倍数×对冲值。在通常情况下，实际杠杆倍数表示等量资金购买标的资产和认购权证，标的资产价格上涨1%，权证上涨实际杠杆倍数对应的百分比大小。

据此计算，权证A与权证B的实际杠杆倍数分别为3.41倍和4.10倍，即当标的股价上涨1%时，权证A与权证B的价格变化分别为3.41%和4.10%。

第五，价内外程度。价内外程度是反映标的股价与行权价格差额的概念。在实际操作中，它对Delta数值的大小影响最大。从认购权证看，行权价格小于标的股价称为价内（In the Money）期权，行权价格等于标的股价称为价平（At the Money），行权价格大于标的股价称为价外（Out the Money）。计算公式如下：

价内外程度＝（标的资产价格／（执行价格/行权比例）－1）×100%

（13.19）

价内外程度对于判断权证的价值有重要意义：其一，以认购权证为例，价内权证一般较价外权证对股价变动更为敏感；其二，对于深入价外（价外程度较大）的权证来说，如果权证的剩余期限较短，权证价格将随时间变化以较快的速度下落；其三，除能反映权证对标的资产价格的敏感度外，Delta 值还能够表明权证在到期日处于价内、价外的可能性。如果权证的 Delta 值为 0.5，即表明权证到期时处于价内、价外的可能性各为 50%。在表 13-4 中，权证 A 的价内外程度为 20%，是一个价内权证；与此不同，权证 B 则是价外期权。

第六，波动率（Volatility）。这是衡量标的资产价格波动的指标，通常以标准差的统计数据进行表示。对权证产品来说，波动率反映了标的资产未来的回报区间。波动率越大，表明资产价格的波动范围越大，与此对应，投资者获得预期收益的机会也越多。

波动率可分为三种，即标的资产的历史波动率、标的资产的未来波动率和认股权证的隐含波动率。其中，未来波动率很难预测，主观判断的成分较多。历史波动率可以对未来波动率提供一定的参考。历史波动率与公司的行业、规模等多种因素相关，在时间上可以分为短、中、长期波动率。隐含波动率（Implied Volatility），是将权证价格倒推至模型计算出来的波动率。通过隐含波动率可以比较同一标的资产不同剩余时间的权证价值，隐含波动率越大，这一权证的价格可能越高。综合来看，标的资产历史或未来波动率较大同时隐含波动率较小，权证的投资价值将上行。在表 13-4 中，权证 A 与权证 B 的历史波动率均为 30%，同时，两个权证的隐含波动率分别为 33.43% 和 33.38%，在不考虑其他因素的情况下判断，这两个权证价值均有高估趋势，因此，投资中需要特别注意防范风险。

第七，其他期权指标（Greeks）。在各项期权指标中，Delta 最为重要。但除 Delta 外，也还有 Gamma、Vega、Theta 和 Rho 等多项指标。其中，Gamma 表示 Delta 的变化相对于标的资产价格变化的比率，它在构建资产组合和风险对冲时经常使用；Vega、Theta 和 Rho 等分别表示认股权证价值对标的资产的波动率、剩余期限、无风险利率的敏感性。通过对表 13-4 的计算，可得出权证的 Greeks 各项指标的数值，具体情形如表 13-5 所示：

表 13-5 表 13-4 中权证的 Greeks 指标

	欧式期权			美式期权	
Greeks	权证 A	权证 B	Greeks	权证 A	权证 B
DELTA	0.7951	-0.2049	DELTA	0.8810	-0.1812
GAMMA	0.1578	0.1578	GAMMA	0.4554	0.4805
VEGA	1.7040	1.7040	VEGA	2.0384	1.6217
THETA	0.3242	0.2262	THETA	0.3943	0.2157
RHO	3.4307	-1.4703	RHO	4.4266	-1.3769

注：欧式期权依据 B-S 公式演推；美式期权采用二叉树模型计算，其他条款与欧式期权相同。

运用表 13 - 5 中的 Greeks 各项指标的数值计算表 13 - 4 中权证 A 和权证 B 的各项指标，可得出表 13 - 6 中的基本评价指标：

表 13 - 6　表 13 - 4 中权证的基本评价指标

单位：%

名称	溢价率	杠杆倍数	Delta	实际杠杆倍数	价内外程度	隐含波动率	折价
权证 A	6. 67	4. 29	0. 80	3. 41	20. 00	33. 43	4. 27
权证 B	11. 67	20. 00	0. 20	4. 10	20. 00	33. 38	19. 61

第三节　中国的认股权证市场发展

一　中国认股权证市场发展的背景

20 世纪 90 年代初，中国曾有过短暂的认股权证交易历史。1992 年 6 月，在上海证券交易所推出了第一只认股权证——大飞乐配股权证。此后，1994 年，深宝安公司在获准配股的条件下，由于非流通股东拿不出现金配股，转而把配股权以权证的形式发售给流通股东；流通股东既可以将认股权证在股票交易市场中卖出，也可以凭权证行使配股权。当时，深宝安的交易市场股价在 10 元/股以上，配股价仅为 6 元/股，认股权证的期限为 1 年。深宝安权证上市交易后，投资者不断追捧，权证价格一度高达 6 元/股以上，甚至超过深宝安公司的股价。在认股权证到期时，深宝安公司的股价仅在 4 元/股左右，行权价格高达 6 元的深宝安权证实际上已经一文不值了，这导致投资者丧失了行权动机，深宝安公司的融资计划也由此失败。

2005 年 4 月，中国启动了股权分置改革。股权分置改革是针对股权分置状况所采取的改革措施，其目的在于实现上市公司股份的全流通。从 20 世纪 90 年代初开始，在中国股票市场发展中存在一种极为奇特的现象，即除公开发行的股票可进入股票交易市场交易外，绝大多数发起人股、法人股等均不可在股票交易市场中交易流通，由此造成了同一上市公司股份分割的状况，其中不可流通股份占到上市公司总股份的 2/3 以上，这决定了可流通股的交易价格存在不合理的走势；同时，受制于股份不可流通，上市公司控股股东（包括大股东）选择了一系列不尽合理（甚至有损于上市公司长期发展）的措施来弥补自己的利益，其中包括挪用上市公司资金、财务造假、通过关联交易转移利益等，给上市公司长期发展留下了严重隐患。

2001 年 6 月 12 日，国务院出台了《减持国有股筹集社会保障资金管理暂行办法》，试图在改变股权分置状况方面有所突破，但股市投资者对此并不支持，股市随之大幅下挫。这一暂行办法被迫于当年 10 月 22 日宣布暂停实施。此后，中国证监会广泛征求各方面意见，协调各种机制，于 2005 年 4 月启动了股权分置改革。

2005 年 4 月 29 日，中国证监会出台了《关于股权分置改革试点问题的通知》，标志着股权分置改革正式启动。随后，2005 年 9 月 4 日，中国证监会又出台了《上市公司股权分置改革管理办法》（以下简称"管理办法"），进一步规范股权分置改革过程中的各种行为。"管理办法"指出：上市公司股权分置改革，是通过非流通股股东和流通股股东之间的利益平衡协商机制，消除 A 股市场股份转让制度性差异的过程。上市公司股权分置改革应遵循公开、公平、公正的原则展开，由 A 股市场相关股东在平等协商、诚信互谅、自主决策的基础上进行。中国证监会依法对股权分置改革各方主体及其相关活动实行监督管理，组织、指导和协调，积极推进股权分置改革工作。股权分置改革方案，应当兼顾全体股东的即期利益和长远利益，有利于公司发展和市场稳定，可以根据公司实际情况，选择控股股东增持股份、上市公司回购股份、预设原非流通股股份实际出售的条件、预设回售价格、认沽权等具有可行性的股价稳定措施。这为认股权证等衍生产品的问世准备了制度条件。

二　中国认股权证市场的规则

在股权分置改革过程中，2005 年 7 月 18 日，上海证交所和深圳证交所分别出台了《权证管理暂行办法》（以下简称"暂行办法"），对认股权证的发行、上市、交易、行权、登记、托管和结算等一系列事项做出了具体规定。

"暂行办法"指出：权证，是指标的证券发行人或其以外的第三人（以下简称发行人）发行的，约定持有人在规定期间内或特定到期日，有权按约定价格向发行人购买或出售标的证券，或以现金结算方式收取结算差价的有价证券。其中标的证券，是指发行人承诺按约定条件向权证持有人购买或出售的证券；认购权证，是指发行人发行的、约定持有人在规定期间内或特定到期日有权按约定价格向发行人购买标的证券的有价证券；认沽权证，是指发行人发行的、约定持有人在规定期间内或特定到期日有权按约定价格向发行人出售标的证券的有价证券；行权，是指权证持有人要求发行人按照约定时间、价格和方式履行权证约定的义务；行权价格，是指发行人发行权证时所约定的、权证持有人向发行人购买或出售标的证券的价格；行权比例，是指一份权证可以购买或出售的标的证券数量；证券给付结算方式，是指权证持有人行权时发行人有义务按照行权价格向权证持有人出售或购买标的证券；现金结算方式，是指权证持有人行权时发行人按照约定向权证持有人支付行权价格与标的证券结算价格之间的差额；价内权证，是指权证持有人行权时，权证行权价格与行权费用之和低于标的证券结算价格的认购权证；或者行权费用与标的证券结算价格之和低于权证行权价格的认沽权证。

在权证的发行上市方面，"暂行办法"规定：第一，发行人申请发行权证并在交易所上市的，应在发行前向交易所报送申请材料。权证发行申请经交易所核准后，发行人应在发行前 2~5 个工作日将权证发行说明书刊登于至少一种指定报纸和指定网站。另外，发行人应在权证发行结束后 2 个工作日内，将权证发行结果报送交易所，并提交权证上市申请材料。第二，申请在交易所上市的权证，其标的证券为股票的，标的股票在申请上市之日应符合以下条件：（1）最近 20 个交易日流通股份市值不低于 30 亿元；（2）最近 60 个交易日股票交易累计换手率在 25% 以上；（3）流通股股本不低于 3 亿股；（4）交易所规定的其他条件。申请在交易所上市的权证，应符合以下条件：（1）约定权证类别、行权价格、存续期间、行权日期、行权结算方式、行权比例等要素；（2）申请上市的权证不低于 5000 万份；（3）持有 1000 份以上权证的投资者不得少于 100 人；（4）自上市之日起存续时间为 6 个月以上 24 个月以下；（5）发行人提供了符合交易所规定的履约担保；（6）交易所规定的其他条件。第三，由标的证券发行人以外的第三人发行并在交易所上市的权证，发行人应按照下列规定之一提供履约担保：（1）通过专用账户提供并维持足够数量的标的证券或现金，作为履约担保。其中，履约担保的标的证券数量 = 权证上市数量 × 行权比例 × 担保系数；履约担保的现金金额 = 权证上市数量 × 行权价格 × 行权比例 × 担保系数。担保系数由交易所发布并适时调整。（2）提供经交易所认可的机构作为履约的不可撤销的连带责任保证人。

在权证的终止上市方面，"暂行办法"规定：第一，出现下列情形之一的，权证将被终止上市：（1）权证存续期满；（2）权证在存续期内已被全部行权；（3）交易所认定的其他情形。第二，权证存续期满前 5 个交易日，权证终止交易，但可以行权。第三，发行人应当在权证存续期满前至少 7 个工作日发布终止上市提示性公告。发行人应于权证终止上市后 2 个工作日内刊登权证终止上市公告。

在权证的交易行权方面，"暂行办法"规定：第一，具有交易所会员资格的证券公司（以下简称"会员"）可以自营或代理投资者买卖权证。在从事权证代理买卖时，会员应向首次买卖权证的投资者全面介绍相关业务规则，充分揭示可能产生的风险，并要求其签署风险揭示书。第二，单笔权证买卖申报数量不得超过 100 万份，申报价格最小变动单位为 0.001 元人民币，权证买入申报数量为 100 份的整数倍；当日买进的权证，当日可以卖出。第三，权证交易实行价格涨跌幅限制。第四，权证发行人不得买卖自己发行的权证，标的证券发行人不得买卖标的证券对应的权证。

在行权方面，"暂行办法"规定：第一，权证持有人行权的，应委托交易所会员通过本交易所交易系统申报。权证行权的申报数量为 100 份的整数倍。当日行权申报指令，当日有效，当日可以撤销。当日买进的权证，当日可以行权。当日行权取得的标的证券，当日不得卖出。第二，标的证券除权、除息的，权证的发行人或保荐人应对权证的行权价格、行权比例作相应调整并及时提交给交易所。标的证券除权的，权证的行权价格和行权比例分别按下列公式进行调整：新行权价格＝原行权价格×（标的证券除权日参考价/除权前一日标的证券收盘价）；新行权比例＝原行权比例×（除权前一日标的证券收盘价/标的证券除权日参考价）。但如果标的证券除息时行权比例不变，行权价格按下列公式调整：新行权价格＝原行权价格×（标的证券除息日参考价/除息前一日标的证券收盘价）。第三，权证行权采用现金方式结算的，权证持有人行权时，按行权价格与行权日标的证券结算价格及行权费用之差价，收取现金。权证行权采用证券给付方式结算的，认购权证的持有人行权时，应支付依行权价格及标的证券数量计算的价款，并获得标的证券；认沽权证的持有人行权时，应交付标的证券，并获得依行权价格及标的证券数量计算的价款。第四，采用现金结算方式行权且权证在行权期满时为价内权证的，发行人在权证期满后的3个工作日内向未行权的权证持有人自动支付现金差价。采用证券给付结算方式行权且权证在行权期满时为价内权证的，代为办理权证行权的交易所会员应在权证期满前的5个交易日提醒未行权的权证持有人权证即将期满，或按事先约定代为行权。

三 中国认股权证市场走势

2005年8月22日，宝钢股份和长电股份在股权分置改革方案中率先推出了权证计划，标志着中国境内认股权证市场的开启。其中，宝钢股份权证方案选择的是行权价4.5元/股、存续期378天的欧式认购权证，由大股东宝钢集团向流通股东无偿派发。宝钢的权证持有人在行权日可以向宝钢集团（其为上市公司）以行权价格和行权比率行权，宝钢集团向权证持有人支付其所持有的对应宝钢股票。宝钢认购权证的发行人不是上市公司而是公司大股东——宝钢集团，由此，它实际上是大股东发行的"备兑权证"。在权证持有人行权时，宝钢股份公司的总股本并不增加，只是宝钢集团按行权价格将宝钢股份的股票转移到行权的流通股股东手中。与此不同，长电股份的权证方案选择了存续期为18个月的欧式认购权证，并由长电股份向全体股东无偿派发，但只有流通股股东持有的权证才可以上市流通。这一权证在到期时，持有人既可以选择将权证向长电股份（上市公司）行权，也可以将权证以1.8元/份的价格出售给长江三峡总公司。因此，长电股份的权证方案是一个类似于延期增发的融资方案，实质上是"股本权证"。二者的具体差别可参见表13-7。

表13-7 宝钢权证和长电权证的基本差别

发行人	权证类型	发行期限	发行份额（亿份）	行权价格（元）	行权比率	结算方式
宝钢集团	欧式认购	378天	3.877	4.5	1	股票给付
长电股份	欧式认购	18个月	12.28	5.5	1	股票给付

2005年9月26日，新钢钒推出了以认沽权证为特色的股权分置改革方案。

这一认沽权证的发行人是新钢钒股份公司的第一大非流通股股东攀枝花钢铁有限责任公司，认股权证方案的主要内容包括：（1）向股权登记日登记在册的流通股股东每 10 股无偿派发 2 张存续期 18 个月、行权价 4.62 元的欧式认沽权证，即以此次股权分置改革方案实施股权登记日公司流通股总数 583345143 股为基数，共向流通股股东无偿派发认沽权证 116669029 张。（2）权证类型为欧式。（3）初始行权比例为，一张权证代表一股标的股票的卖出权。（4）初始行权价格为 4.62 元/股，即新钢钒股份公司经审计 2005 年中期每股净资产 6.01 元在实施以资本公积金每 10 股转增 3 股后的调整值。（5）行权价格和行权比例的调整，标的股票除权的按照下述公式计算：新行权价格＝原行权价格×（标的股票除权日参考价/除权前一日标的股票收盘价）；新行权比例＝原行权比例×（除权前一日标的股票收盘价/标的股票除权价）；标的股票除息按照下述公式计算：新行权价格＝原行权价格×（标的股票除息价/除息前一日标的股票收盘价）。（6）到期结算方式是股票给付结算方式，即权证持有人行权时，发行人有义务按照行权价格向权证持有人购买标的股票。

2006 年 11 月 22 日，新钢钒股份公司发行了分离交易的可转债，其中配给可转债持有人以认股权证。认股权证方面的约定包括：（1）权证发行数量为，每张新钢钒分离交易可转债的最终认购人可以同时获得发行人派发的 25 份认股权证；（2）权证的存续期为，自认股权证上市之日起 24 个月；（3）行权期间为，认股权证持有人在权证存续期内拥有两次行权的机会，第一次有权在权证上市之日起第 12 个月的前 10 个交易日内行权，第二次有权在权证存续期最后 10 个交易日内行权；（4）行权比例是，此次发行所附认股权证行权比例为 1:1，即每一份认股权证代表一股公司发行的 A 股股票的认购权利；行权价格为每份认股权证的行权价格，即 3.95 元/股（本次发行的认股权证的行权价格为公司股票在募集说明书公告前 20 个交易日公司股票交易均价的 110%，且高于募集说明书公告前一个交易日公司股票均价）；（6）认股权证行权价格的调整是，在认股权证存续期内，认股权证的行权价格将根据公司股票的除权、除息，按照深交所《权证管理暂行办法》进行相应的调整。

2006 年以后，中国境内的权证市场急速发展。2005 年，沪、深两市的权证交易额为 4307.5 亿元，仅超过股票交易额，但 2006 年快速达到了 3.98 万亿元（同期，中国香港为 2304 亿美元，德国是 1243 亿美元），2007 年更是上升到了 15.5 万亿元，2008 年，沪、深两市的权证市场交易额继续保持了高位运行。由此，中国境内自 2006 年以后连续三年保持了权证交易额位居全球之首的态势。但 2008 年 9 月以后，随着美国金融危机的爆发，中国证监会等监管部门对新创设的认股权证开始持审慎政策，由此，随着前期发行的认股权证到期并退出市场，市场中可交易的权证产品及其规模快速减少，交易额也急速下行。据统计，沪、深两市先后发行了 95 只权证产品，其中，68 只为认购权证，27 只为认沽权证；日均交易量突破千亿元，远高于股票交易额；在 2007 年的鼎盛时期，共有 26 家券商对 15 只权证进行了 781 次的创设和注销，实现利润约 263 亿元。2011 年 8 月 11 日，随着沪、深股市最后一只权证长虹 CWB1 的到期（这一权证共计 5.73 亿份，存续期为 2009 年 8 月 19 日至 2011 年 8 月 18 日），以股权分置改革为条件的中国境内认股权证市场发展结束了它的历史使命。

第五篇
交易类衍生产品市场

交易类衍生产品是指在金融产品交易的基础上通过将交易中的某些权益专门化所形成的交易契约。这一界定的主要含义有三：第一，交易类衍生产品是在金融交易基础上发生的，因此，是金融交易的衍生产品，不是证券的衍生产品。第二，交易类衍生产品是将金融交易中的某些权益专门化所形成的。在各种交易类衍生产品中，最为突出的是将"持有证券的时间"这一权益划分出来。其内在机理是，当投资者购买了某一种证券时，并非一定要将这一证券持有到期，而是在证券价格变动达到预期水平时卖掉，因此，投资者实际上购买的是这一证券在一段时间内的交易权益。既然如此，就可以将这段时间内的证券交易权益通过某种方式划分出来进行专门交易，由此形成交易类衍生产品。第三，交易类衍生产品是一种交易契约，即它们通常以交易契约的方式来界定在一段时间内的交易各方的权益，以履约方式为特点来实现市场结清。

在国际金融市场中，交易类衍生产品又称"金融衍生产品"，主要种类包括：互换、远期、期货和期权等。交易类衍生产品市场的特征主要有六点：第一，派生性。各种交易类衍生产品都是在金融产品交易的基础上衍生的，因此，它们是金融交易的派生产品。第二，非发行性。交易类衍生产品是从金融产品的交易环节衍生的，所以，它们通常没有证券类衍生产品那样的发行市场，只有交易市场。第三，非标性。除某些期货交易有标准化期货合约外，大多数交易类衍生产品都没有标准化合约（或契约），诸如互换、远期等通常由交易双方协商约定交易条件并形成契约，因此缺乏像证券类衍生产品那样的标准化证券。第四，杠杆性。各种交易类衍生产品的交易通常无须按照标的产品价格支付全款，只需缴纳合约规定的保证金或押金便可得到标的产品的交易权，等到交易合约规定的到期日，交易双方再行差额结算。在实物交割场合，金融衍生产品的购买者只要在到期日交付规定的款额就可获得交易标的物。第五，高风险性。在交易类衍生产品交易中，除了一般金融产品交易中存在的价格波动风险、信用风险和流动性风险外，还有明显的操作风险、交割风险和法律风险等。第六，虚拟性。交易类衍生产品的标的物不仅有各种原生金融产品和证券类衍生产品，而且包含了一系列虚拟的交易对象，例如，各种金融指数原先并非交易对象，只是用于反映金融市场走势的指标，但它们也可成为交易类衍生产品的交易对象。在这种场合，交易中的收益并非来自原生性金融产品，而是直接来自交易价格的变动。这种虚拟性决定了交易类衍生产品的发展在一定程度上脱离了实体经济发展要求，有为金融自身服务的性质。

第十四章　互换交易市场

互换是 30 多年来国际金融市场中快速发展的一种交易类衍生产品。根据交易对象的不同，互换交易可分为货币互换、利率互换、商品互换、信用违约互换和股票收益互换等品种。在英国伦敦金融市场中，1979 年产生了第一笔货币互换，1981 年产生了第一笔利率互换，但直到 1989 年以后，互换交易才在国际金融市场中大规模地展开。目前，互换交易已成为全球交易量最大的金融衍生产品市场。本章着重探讨互换交易市场的基本原理和运作特点。

第一节　互换交易的内涵和功能

一　互换交易的内涵

互换（Swap），中文又译为"掉期"，是指交易双方以盈利为目的通过协商在约定的时间内按照约定条件就交易约定的同类异质金融产品所达成的合约。加拿大多伦多大学著名金融学家胡尔（Hull）认为（1998 年，第 141 页）①，互换是指一种由交易双方根据事先达成的条件在未来某个时间交换现金流的契约或协议。从这些定义中可以看出，"互换"有如下四个含义：第一，互换是一种建立在平等协商基础之上的合约。合约双方具有相应的权利和义务，是一种平等的关系，而且他们的行为首先受一国合同法的约束和调整。第二，"互换"中所交易的标的物属于同类异质的金融产品（或商品，下同）。一方面如果交易的标的物属于同类同质的金融产品，则没有互换的意义；另一方面，如果交易的标的物属于异类异质的金融产品，则缺乏互换的前提条件，而属于一般金融交易范畴。"同类"规定了互换交易中的标的物的基础，如外汇、利率、信用等，其中某一种在同类之中；"异质"规定了同类中的差别，如外汇中美元、欧元、日元等，利率中的固定利率、浮动利率等。第三，从时间界定来看，互换在本质上是一种远期合约。它与一般远期交易合约的区别在于，"互换"建立在同类异质的金融产品基础上，而一

---

① Hull，J.，*Introduction to Futures and Option Markets*，Prentice – hull International Inc.，1998.

般远期交易建立在同一金融产品基础上。例如，在外汇互换中交易双方互换的外汇为美元和欧元，但在远期交易中交易双方只交易美元汇价。第四，互换是以交易双方互利为目的的一种交易行为。这与其他金融产品（如期货等）中贯彻的零和交易①的特征不同。

互换交易源于平行贷款②、背对背贷款③和中长期期汇预约④。以背对背贷款为例，假定一家德国公司向一家中国公司贷出了一笔期限为 5 年的欧元贷款，年利率为 6%，同时，这家中国公司又反过来向这家德国公司贷出一笔等值的期限同样为期 5 年的人民币贷款，年利率为 8%。在这一背景下，两家公司就交换贷款的本金和利息支付等问题达成协议，德国公司按照欧元与人民币的汇率水平，用欧元换取对应数量的人民币，由此实现交易。从内在机制上说，这是一种远期外汇交易。这种背对背的贷款，在 20 世纪 70 年代的国际金融活动中相当广泛。随后，在 1979 年孕育产生了货币互换，两年后，又诞生了利息率互换、货币与利息率的混合互换。

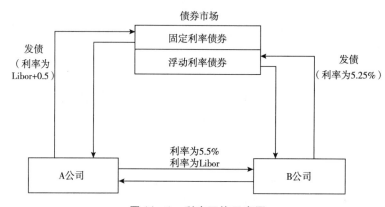

图 14-1　利率互换示意图

利率互换的实例众多，在此可举一例说明。假定在利率互换中只涉及同种货币，由此，本金的币种不需互换，交易双方只需互换利息现金流。在此条件下，假定 A、B 两家公司均拟发行 5 亿元 5 年期债券融入资金，按照证券公司（或类似金融机构）的测算，A 公司可有两种选择，即发行利率为年利率 6.25% 的固定利

---

① "零和交易"一词来源于零和博弈。零和博弈，又称零和游戏，是指参与博弈的各方，通过博弈过程，结果是一方的收益必然来源于另一方的损失，即博弈各方的收益和损失相加总和永远为"零"（假定交易过程不存在交易成本和资金漏损）。

② 平行贷款（Parallel Loan），是指在不同国家（或地区）的两个母公司签订协议，在国内分别向对方公司在本国境内的子公司提供金额相当的本币贷款，在合约到期日，彼此偿付借款本息的一种贷款安排。

③ 背对背贷款（Back-to-Back Loan），是指在贷款期限相同和利率水平相同等条件下，位于不同国家（或地区）的交易者以放贷者所在国货币计价的贷款。这种计价方式之所以要规定"到期偿还所借贷的同种货币"，目的在于避免汇率变动造成的亏损。

④ 中长期期汇预约（Medium and Long-term Foreign Exchange Contract），是指两国母公司为了避免汇率市场变动的风险，预先签订的中长期汇率合约；如果汇率变动，则双方根据合约中的约定进行交换。

率债券，或者发行年利率为 Libor +0.5 个百分点的浮动利率债券；B 公司也可有两种选择，即发行年利率为 5.25% 的固定利率债券，或者发行年利率为 Libor 的浮动利息债券。根据这些假设可以看出，与 B 公司相比，A 公司在浮动利率债券方面对投资者有吸引力；与 A 公司相比，B 公司在固定利率债券方面对投资者具有吸引力；在这种条件下，如果 A 公司只打算发行固定利率债券、B 公司只打算发行浮动利率债券，那么，为了满足各自的期望，它们就可展开利率互换交易（利率互换过程如图 14 - 1 所示）。互换的结果是，A 公司最终需要支付的是 6% 的固定利率债务，B 公司最终需要支付的是 Libor - 0.25 个百分点的浮动利率债务，分别比它们各自发债融资的利率成本低 0.25 个百分点。由此，它们将平均分配 0.5 个百分点的利率成本节约的利益。

互换合约的达成，最初只是"偶然的"或"个别的"，犹如马克思在《资本论》中所描述的早期商品交换。由于交易双方资产状况和需求的差异，同时，由于金融市场中存在比较明显的信息不对称，所以，要形成他们资产交易需求的完全匹配，是极其稀缺和困难之事。既然"匹配"是稀缺的，那么，从事"匹配"的活动就有利可图，由此，一旦条件成熟，从事互换的中间商（或称"中间做市商"，一般由专门的互换公司或投资银行来担任）便应运而生。这些中间商最初只从事纯粹的"配对"撮合活动，即通过搜集交易方的供给和需求信息，然后对他们进行配对，从中获得手续费收入。但这种配对，既可能使一部分交易商找不到合适的交易对象或延误时机，也可能使一部分有意愿进行互换交易的主体找不到交易对方，同时，还不利于一些投资者开展这种交易中的买空行为或卖空行为。鉴于此，有必要对互换交易活动的机制进行改进。改进的方向主要有下列两种：其一，在交易一方不能及时找到合适交易对象的场合，中间商充当交易的另一方。这类似于一种混同的活动（Pooling），即中间商集中了不同的交易方向和交易数量，然后，对它们进行抵消。如果抵消后的结果为零，则中间商不承担任何风险。这时，中间商的收益不仅包括有关的手续费，还包括互换活动所创造出的一部分收益；如果抵消后的结果不为零，则中间商要承担一部分风险。在这种方式中，中间商所取得的手续费以外的收益是一种风险收益。其二，中间商把互换合约制成标准形式，允许这些合约进行交易，即开辟出互换合约的二级市场。标准互换合约的出现，意味着互换活动有了期货交易的特性。

二　互换交易的主要参与主体

互换交易的各方主体，是指将资产用于互换交易并以主体身份签订互换交易的各种主体。它通常既包括各国和地区的政府、政府机关、国际机构，也包括各类金融机构、企业机构和非政府组织等。

从政府财政来看，由于政府财政资金的来源和使用中有诸如发行的外汇证券债券、他国或国际组织援助的外汇资金、收取的外汇资金税收、发行的本币债券和本币税收等，由此，在管理国库资金运作中，就可利用互换市场开展资金保值乃至增值的活动。例如，利用利率互换，调整固定利率与浮动利率债务的比重，减轻固定利率引致的财政压力；利用货币互换，降低汇率风险引致的外币资金贬值。在实践中，欧洲国家（乃至其他一些国家和地区）的政府，时常利用互换交易将固定利率债券发行从一种货币互换为另一种货币，或者将固定利率转换为浮动利率，以避免财政债务的升值、减轻财政债务的压力。

从政府机关来看，许多政府机关、市政机构和财政资金支持的机构（如中国的事业单位）等资金来源于财政拨款、发债募资、银行借款等，同时，经费支出中也有暂时停留于账户中的资金，这些资金可用于购买短期（甚至长期）证券。在这些条件下，他们一方面可以利用互换机制来降低借入资金的成本。例如，在投资者对其债券需求旺盛的场合，发行人可选择从它种货币的市场上发行债券，以降低债券的利率。另一方面，可借用互换机制来调整资金支出的节奏，将暂时闲置的资金投资证券，提高资金的利用效率。

从国际机构来看，国际机构的资金既来源于相关国家或地区的政府又来自各种借款（包括借入贷款、发行债券等），货币种类较多，同时，资金集中到账但支出分时展开。他们可利用互换市场的机制来降低融资成本，以较低的代价融入资金，也可利用互换市场机制来调整资金的运用，提高资金运作效率。

从出口信贷机构来看，运用互换市场机制有多方面的益处：其一，可分散筹资渠道，促使资金来源多元化和多币种，降低借入资金的成本；其二，可拓宽资金的运作渠道和币种范围，降低资金成本，提高资金运作效率；其三，可有效管理利率，管控货币风险和利率风险，提高市场竞争力；其四，在上述基础上，可提高市场的价格竞争力，争取更多的客户，拓展自己的客户群。其五，可利用这些有利条件，展开进一步的金融创新。在欧洲（尤其是北欧国家）的一些出口信贷机构，长期来利用互换市场机制，成为活跃于国际债券市场上的借款人。

从金融机构来看，在欧美国家，各类金融机构几乎都介入了互换市场，其中，不仅有中央银行、商业银行、储蓄银行、商人银行、投资银行、存贷协会、保险公司、养老基金、共同基金、金融公司、货币经纪公司和证券公司等，也有对冲基金、投资公司和股权投资基金等。在这些金融机构中，商业银行与投资银行在互换交易市场中的活动尤为活跃，它们运用互换机制作为交易工具、保值技术和做市手段，既为自己从事互换交易活动，也为自己的客户代理互换交易活动。可以说，互换交易已是现代金融市场运作中不可或缺的一种重要机制。

从企业机构来看，那些通过发债融资、有较多对外经济往来和跨国业务活动的公司（尤其是大型公司），利用互换机制，既有利于防范和管理信用风险、汇率风险和利率风险，优化资产结构的配置和资产负债配对，也有利于降低运作成本、增加套利机会、提高经营效率，还有利于提高市场竞争力和减弱市场波动引致的冲击。

许多大公司是互换市场的活跃分子，它们用互换保值应对利率风险，并将资产与负债配对，其方式与银行大抵相同。一些公司用互换市场交换它们对利率的看法，并探寻信用套利的机会。

三 金融互换交易的功能

互换作为一种金融交易机制，为介入金融交易的各类主体所选择，其主要成因在于，它满足了这些主体的多方面需求，解决了一系列相关的金融交易问题。在各种金融交易中，互换有如下一些基本功能：

第一，有利于降低负债、借款等的利率成本。在经济运行中，各类经济主体均有借入资金的需求，受条件制约，在缺乏互换机制的场合，它们借入资金的利率成本较高，或者只能借入某种货币的资金并接受与这种货币对应的较高利率。由于互换机制可以在外汇市场、证券市场、短期货币市场和长期资本市场等各类金融市场中运用，由此，通过利率互换、货币互换和信用违约互换等运作或多种互换套作，经济主体借入资金的成本就可能明显降低。

第二，有利于优化资产负债管理。在负债管理中，利率互换有利于债务人将固定利率债务调整为浮动利率债务，减少因市场利率变动引致的债务负担成本增加；货币互换有利于债务人将趋于贬值的货币调整为币值稳定（或币值趋于上升）的货币，降低汇率风险，促使债务负担数量锁定。在资产管理中，利率互换有利于债权人将持有的债券利率从固定利率调整为浮动利率，以满足现金流支出的需要；货币互换有利于促进资产（尤其是货币资产）的多元组合和保值。

第三，有利于套利。通过货币互换、利率互换和信用违约互换等的运作和套作，在促进资产和负债的保值之外，相关经济主体还可能借助信息分析和操作技能，从这些互换交易活动中获得盈利。例如，预期美元贬值而欧元升值的条件下，通过互换机制，预先将债务中的美元资金换为欧元，就可能获得盈利。又如，通过货币互换可能获得直接投资难以得到的特定等级和收益率的资产，也可能获得低于直接融资成本的资金。

第四，有利于金融创新的深化。首先，不论对金融机构而言还是对实体经济的企业而言，由于互换交易建立在非标准化金融产品的基础上，这既可以避免标准化金融产品发行、交易和结算中的一系列复杂程序、信息披露和各种成本，也可以相对随机地展开，毕竟在经营活动中存在大量非标准化的金融需求。因此，面对着大量非标准化的金融需求，互换交易有广泛的用武之地。其次，互换交易的期限相当灵活，长短可随交易双方的意愿而确定，最长的扩大几十年，由此避免了一些标准化金融产品的时间限制。再次，运用互换交易可促进套期保值，同时，可省却运用其他金融工具（包括衍生产品）所需头寸的日常管理，具有方法简便且风险转移较快等特点，金融机构可借助这些优点拓展对客户的金融服务，提高服务质量。最后，由于互换交易是交易双方达成的互换协议，众多企业和机构缺乏足够的相关信息，难以形成配对，由此，金融机构（尤其是商业银行）可以利用自己的客户信息优势，建立"互换仓库"，将互换机制与其他金融服务机制相结合，既能满足客户的金融需求，促使客户资产的保值增值、降低成本、提高效率，又能提高自己的市场竞争力、开拓金融创新的空间。

第五，有利于规避管制。在实行外汇管制的国家内，开货币互换可以在一定程度上规避外汇管制；在实行利率管制的国家内，开展利率互换可以在一定程度上规避利率管制。另外，由于互换交易已是国际金融市场中一种基本的交易方式，所以，这些规避的实践，有利于推进本国金融市场、金融机构的国际化水平。

需要强调的是，犹如任何金融产品和金融交易一样，互换交易也有风险。在互换交易中，风险主要有三种：其一，定价风险。由于互换是在交易双方展开的，所以，如果有一方对纳入互换的金融产品市场价格理解不够或对这种金融产品价格的未来市场走势不清楚，就可能在定价环节埋下运作的风险。其二，期限风险。在金融运作中，一般来说，期限越短风险越小。在有些场合，互换交易协议的期限相当长，由此就可能发生如下情形：在短期看是有利的合约，但在长期中却面临着严重利益损失的可能。尤其是在制度、市场格局和经济周期变化等众多因素影响下，长期合约的不确定性更大。其三，违约风险。受各种因素影响，在互换交易中，互换对手方、中介机构等可能发生到期不能履约或违约拒付的情形。

进入 21 世纪以来，国际货币互换市场在快速发展中展示了三个特点：第一，金融机构越来越多参与互换交易市场之中，既使得互换交易便利程度大大提高，也加快了这一市场的发展。互换交易市场的参与者主要由终端用户（End–user）和金融中介（Intermediaries）机构构成，但二者利用互换交易市场的目的不尽相同。终端用户利用互换交易市场的主要目的包括：降低融资成本、提高资产收益水平、锁定利率风险、防范汇率风险、进行资产负债管理和获得投机收益等。金融中介机构利用互换交易市场的主要目的包括：获得交易的手续费收入、从交易机会中获利等。第二，互换交易中每一方对伙伴风险（Counterparty–risk）的关注程度更加重视。互换交易市场既有批发市场的特点也有零售市场的特征。从批发市场特点看，在互换交易中，交易双方遵循合约中约定的规则，通过电子屏幕披露信息开展交易，每年交易额中大约有 1/3 左右的利率互换和 1/4 以上的货币互换通过类似标准合约的方式开展交易。从零售市场特征看，互换交易大部分在场外开展，具有零售市场的随意性特征，即每笔交易的合约需要专门安排。这些交易虽然具有灵活性，但信息不对称，交易活动不透明，同时，各国和地区对这种类似场外交易的法律制度也缺乏明确的规定，因此，市场中各种风险的程度较高。2008 年美国金融危机引致了全球金融危机，给互换交易市场以严重冲击，由此，交易对手方的风险更成为互换交易参与者的一个重要关注点。第三，在金融互换交易中，美元标值和有美元一方参与的互换交易额占金融互换总额的比重明显降低，这既与欧元诞生及其发展相关，也与美元贬值引致的国际金融效应相关。

第二节　互换交易的种类

一　利率互换

按照标的资产的性质划分，互换交易可分为货币互换、利率互换、商品互换和有价证券（如债券、股票等）互换，随着金融产品创新的深化，互换交易又有了新的发展，即形成了建立在衍生资产之上的互换和经买卖双方认同的其他条件之上的互换。互换分类一般依据是互换所赖以建立的基础资产。尽管如此，现今在发达国家和国际市场中最常见的交易量最大的互换（大约占互换交易总额的80%左右）依然是货币互换和利率互换这两种类型。

利率互换（Interest Rate Swap），又称利率掉期，是指以同一货币计量的同等数量的本金为基础，在期限相同的条件下，交易双方就这一本金产生的以一种利率计算的利息收入（或支出）流与对方的以另一种利率计算的利息收入（或支出）进行交换，以降低资金成本和利率风险为目的所达成的合约。例如，在本金相同的条件下，交易双方就固定利率与浮动利率的互换所达成的合约。从这一界定中可以看出，利率互换有四个要点：其一，以同一货币计量的同等数量的本金为基础。如果货币的币种不同，难以直接计算交易双方的本金，则无法开展利率互换；如果本金数量不同，也难以开展利率互换。其二，期限相同。期限不同的债务（或债权）在利率相同的条件下，产生的总利息数额有重大差别，这容易使交易中至少一方的利益受损，因此难以形成互换。其三，利息收入（或支出）流。这明确了利率互换交易在实质上是一种现金流交易，不是一种权益交易，没有本金的互换。其四，降低资金成本。利率互换交易的直接目的在于降低资金成本。从图14-1中可见，通过利率互换交易，交易双方的利率都降低了0.25个百分点，是一种双方互利的交易行为。鉴于利率的多样性，利率互换有多种形式，但最常见的利率互换还是固定利率与浮动利率之间的互换。

利率互换的操作大致可分为三个步骤。假定A公司的现有头寸为"负债"，利率互换的第一个步骤是，明确拟用于利率互换的负债总额、期限和利率特征（如固定利率或浮动利率）；第二个步骤是，通过金融市场机制，寻求与本公司债务利息支出相配对的其他公司利息支出；第三个步骤是，互换配对成功后，签订利率互换合约。

对固定利率支付方而言，他们在利率互换交易中支付固定利率，接受浮动利率，因此，属于买进互换范畴，是利率互换交易的多头（但它在债券市场中被称为"空头"），通常被称为"支付方"。与此不同，对浮动利率支付方而言，他们在利率互换交易中支付浮动利率，接受固定利率，因此，属于卖出互换范畴，是利率互换交易的空头（但它在债券市场中被称为"多头"），通常被称为"接受方"。

在成熟的利率互换市场中，配对可通过公开报价来实现。在报价中，固定利率通常以中央政府债券利率为基准，在此基础上，再加上一个利差作为报价。例如，当10年期国债利率为5.6%、外加利差为52个基点时，10年期利率互换的报价将为6.12%。按互换交易惯例，这一报价如果是卖价（它意味着，报价人愿意按此价格卖出一个固定利率为6.12%的合约），那么，接受这一价格并与其成交的一方就是买入方。这一价格的含义是，报价人愿意购买一个固定利率而不愿意承担浮动利率的风险。由于在国债二级市场交易中，有不同年限的国债在进行连续性交易，由此，国债交易中的收益率为各种期限的利率互换交易提供了定价参考。但国债交易的收益率只是组成利率互换交易价格的基础部分，利率互换交易中具体成交价格还要受到互换市场的供需状况制约，利率互换交易中的具体价格实际上是支付固定利率的交易方给予支付浮动利率的交易方的一种抵补风险的费用。

对于交易双方而言，利率互换交易的好处主要表现在：第一，交易风险较小。由于利率互换不涉及本金，交易双方只是互换利率，所以，交易中的风险也仅限于"应付利息"部分。这决定了，与原生证券和证券类衍生产品的交易相比，利率互换交易的风险较小。第二，对财务活动的影响较小。利率互换交易，对交易双方的财务活动乃至财务报表的影响仅限于"应付利率"部分，变动幅度通常在0.5个百分点之下，因此，对大部分公司而言，对财务活动的结果不会有实质性影响；另外，现行的会计规则尚未要求将利率互换交易列入财务报表的附注中，因此，对上市公司来说，这种交易活动可不对外公开披露，具有一定的保密性。第三，交易成本较低。通过交易，双方互换了利率，降低了融资成本，因此，利率互换额交易成本较低。第四，交易过程简便。在成熟的利率互换市场中，通过市场机制，交易的一方较容易找到对手方，各种交易手续简便，交易易于快速完成。第五，锁定利率风险。在金融运行中，市场利率经常变化，由此，不论是固定利率承担者还是浮动利率承担者都面临利率变化的负面影响。对固定利率的债务人而言，如果市场利率的走势下降，则意味着他的利率债务负担上升；对浮动利率的债务人而言，如果市场利率的走势上行，则意味着他的债务成本增加。通过利率互换交易，双方可将这种债务负担锁定，减弱市场利率变动引致的冲击。

二　货币互换

货币互换（Currency Swap），又称外汇互换，是指在金额、期限、利率等要素相同的条件下，两个交易主体就币种不同的债务资金进行的交换。它与利率互换的区别是，利率互换在同种货币间展开，货币互换在不同种货币间进行，即交易双方互换的是货币种类。货币互换的直接目的在于降低融资成本和防范由汇率变动引致的风险。

货币互换交易的操作过程大致可分为三个步骤。第一个步骤是，明确现存的现金流量。货币互换交易的目的是转换不同货币种类的风险，由于各种货币的汇价风险不尽相同，所以，需要根据对汇率市场的变化趋势确定拟用于互换的货币风险和换入的另一种货币风险。第二个步骤是，配对货币的头寸。一方面明确拟用于互换的货币数量。货币互换不是资产交易，只是货币种类的交换。交易双方只有知道拟用于互换的货币种类和数量才有可能开展互换，因此，必须明确拟用于互换的货币数量。另一方面，明确拟换入的货币种类和数量，并与拟用于互换的货币数量相匹配。货币互换中的各种金融产品在保值中均遵循此机理，即现有头寸被另一数量相等但方向相反的头寸相抵消，以消解（或弱化）现有风险。第三个步骤是，寻求交易对手方，实现互换交易，创造所需的现金流量。不难看出，如果说利率互换是同种货币计算的债务之间的调换，那么，货币互换则是不同货币计算的债务之间的调换。货币互换交易中双方互换的只是货币种类，它们之间各自的债权债务关系并不因此而发生变化。

货币互换报价的通常方式是，在期初交换本金时使用即期汇率（Spot Rate），但在期末交换本金时使用远期汇率（Forward Rate）。计算远期汇率的方法是，以利率平价为基础，考虑互换中两种货币的利差水平，用汇价升水或汇价贴水来表示两种货币的汇率变化，对即期汇率进行加减，得出远期汇率。在国际金融市场中流行的另一种报价方式更为简单，即两种货币本金在互换中只采用即期汇率（而不采用远期汇率），两种货币互换的利息交换则参考交叉货币利率互换报价。

举例说明货币互换交易的功能。假定，A公司有一笔港元借款，金额为5亿港元，期限为5年，借款期限从2012年11月30日至2017年11月30日，利率为固定利率3.5%且6个月付息一次（即付息日为每年的5月31日和11月30日），借款到期一次性还款。该公司获得港元借款后，通过货币互换，将港元换成美元，以满足购买生产设备的需要；同时，该公司产品出口得到的是美元收入。由此不难看出，该公司于2012年11月30日借入港元资金后，将这些港元资金兑换为美元用于购买生产设备；产品出口得到的收入是美元，需要在2017年11月30日将美元兑换为港元用于还款。由此，如果在这5年内，港元对美元升值，则A公司需要用更多的美元来兑换为港元，因此，公司实际上面临着港元借款在借、用、还等方面的货币的币种差别所引致的汇率风险。为了防范汇率风险，该公司决定与汇丰银行进行这笔借款的货币互换交易。交易双方约定，该货币互换交易合约的期限从2012年11月30日至2017年11月30日，并于2012年11月30日起生效，即期汇率为1美元=7.7620港币。这一笔货币互换交易合约的内在含义有三：其一，在借款发生日（即2012年11月30日），A公司与汇丰银行之间互换本金的货币品种，从港元转换为美元。换句话说，A公司从其获得贷款的银行中将港元贷款资金汇划给汇丰银行，同时，汇丰银行按照当日的汇率水平将美元支付给A公司。其二，在每个付息日（即每年5月31日和11月30日），A公司与汇丰银行之间进行这笔资金的利息互换，即汇丰银行按照港元的利率水平向A公司支付港元利息，A公司将港元利息支付给它的贷款行，同时，按照约定的美元利率水平向汇丰银行支付美元的利息。其三，在这笔资金的到期日（即 2017 年 11 月 30 日），A 公司与汇丰银行之间再次进行互换本金，即汇丰银行向 A 公司支付港元本金，A 公司将港元借款本金归还给它的贷款行，同时，按约定的汇率水平向汇丰银行支付对应的美元资金。通过这些互换交易，A 公司避免了从 2012 年 11 月 30 日至 2017 年 11 月 30 日期间的港元与美元之间的汇率风险。

从货币互换实践看，有四个问题需要注意：一是货币互换中的利率方式，既可以是固定利率转换为浮动利率，也可以是浮动利率转换为浮动利率，还可以是固定利率转换为固定利率，因此可以有多种选择。二是与利率互换相比，货币互换交易的合约期限可相对长些。在国际金融市场上，主要外币的互换合约可以长达 10 年。三是货币互换合约中双方约定规定的汇率界定，可以使用即期汇率，也可以使用远期汇率，还可以由双方协商决定其他任意的汇率水平，但对应的不同汇率水平的利率水平可能有所不同。四是在货币互换实践过程中，期初的本金互换环节有时可以省略（例如，上例中的第一环节可以没有），但换入货币的利率水平可能有所不同，由此，对于那些已经投入使用的借款，依然可以运用货币互换机制来防范汇率风险。

三　信用违约互换（CDS）

信用违约互换（Credit Default Swap，CDS），又称信贷违约掉期，是指买卖双方就买方定期向卖方支付约定费用并约定当发生第三方信用违约时买方有权将债券以面值出售给卖方从而避免买方的信用风险的互换合约交易。这一定义有三个要点：其一，买卖双方交易的对象是信用违约互换合约。信用违约互换是将信用与互换机制相结合的产物。它与利率互换、货币互换的区别在于，互换合约中的互换对象不同，即它的对象是信用违约，由此，使得这种互换与其他类型的互换相区别。其二，互换的内容是第三方信用违约。在利率互换、货币互换中风险主要由市场运行的波动所引致，是一个客观过程；但在信用违约互换中，风险主要由买方的债务人（即第三方）所引致，带有明显的主观色彩，因此，这种互换要防范的是由第三方主体引致的风险。其三，支付费用。在信用违约互换中，卖方帮助买方防范了第三方的信用违约风险，买方就应为此向卖方支付一定的费用；由于信用违约风险与时间相关，因此，这些费用应随时间延续而定期支付。

信用违约互换起步于 1993 年。当时，美国信孚银行（Bankers Trust New York Corporation[①]）为了防范它向日本一家商业银行放出贷款可能面临的信用违约风险，

[①]　美国信孚银行（Bankers Trust New York Corporation）又称为"纽约银行家信托公司"，在美国银行业中资产排位第八，有雇员 1.5 万人；它是美国一家控股银行，在 30 多个国家设有分行、支行、联行和办事处。1965 年成立时，名称为纽约 BT 公司（BT New York Corporation），1967 年改为现名。该公司总部设在美国纽约市，主要通过购买银行和其他金融机构而组成。该银行从事银行、信托、租赁、商业票据承销和投资咨询等业务。

在国际金融市场中寻找合作对象，最终与金融衍生产品的交易对手之间达成了一项信用违约互换合约，即由交易商对日本的商业银行就接受美国信托银行贷款可能发生的信用违约行为给予"保险"。换句话说，如果日本的这家商业银行发生信用违约风险，难以按期偿付美国信孚银行的贷款本息，那么，交易商必须负责对美国信孚银行的贷款本息偿付，为此，美国信孚银行应向交易商支付一笔约定的固定费用。信用违约互换的产生，使得信用风险可以像市场风险一样进行交易，既转移了债权方风险，也降低了银行贷款发放、企业债券发行等的难度，同时，它界定简明、易于标准化、交易简便，由此推进了信用风险的流动性问题的解决。信用违约互换作为转移第三方信用违约风险的信用衍生产品，在问世之后，得到各方市场参与者的追捧。1998 年，国际互换和衍生品协会（ISDA）出台了标准化的信用违约互换合约，使得信用违约互换交易在较为规范的条件下快速发展。进入 21 世纪以后，信用违约互换交易曾经是全球衍生产品交易中覆盖面最为广泛的场外信用衍生品。但从 2007 年 8 月美国发生次贷危机并在 2008 年 9 月演化为金融危机以后，信用违约互换交易大幅萎缩。

在信用违约互换交易中，希望防范信用风险的一方称为"信用保障购买方"，愿意接受信用风险并提供信用保障的一方称为"信用保障出售方"，信用违约互换合约的购买者定期向信用违约互换合约出售者支付的"保险"费用（称为"信用违约互换点差"）。在发生违约事件（即债务主体无法偿付到期本息）的场合，信用违约互换合约的购买方有权将对应债权以面值交给信用违约互换合约出售方，要求其按照面值兑付本息，从而防范了信用违约风险。信用违约互换交易的流程如图 14 - 2 所示。其主要步骤有三：第一个步骤是信用保障购买方明确需要用于信用违约互换的资产数额、期限和拟支付的固定费用（"保险"费用）；第二个步骤是，发出相关信息，寻求信用保障的出售方；第三个步骤是，买卖双方就信用违约互换达成意向，实现交易。随着信用违约互换交易的市场化程度提高，在金融市场中可以找到专门卖出合约的中介商（即交易商），由此，在这些步骤中，第二个步骤和第三个步骤可以反向综合操作，即信用保障购买方直接从金融市场中购买信用违约互换合约，实现交易。

在美国，信用违约互换成为 2007 年之前推进公司债券市场发展和资产证券化债券发展的一个重要保险机制。在债券市场上，当某一主体手中拥有债券（公司债券或资产证券化债券）时，为了防范这些债券的信用违约风险，通常会买入一

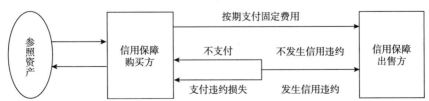

图 14 - 2　信用违约互换流程示意图

个数额和期限大致匹配的信用违约互换合约，向合约的卖出方支付合约规定的费用，一旦发生债券发行人偿付本息的违约现象，将由信用违约互换合约卖出方进行赔偿。这种信用违约互换合约的期限通常可达 1～5 年；其价格以利率的 BP 点表示[①]，价格越高则意味着债券的信用违约风险越大。例如，某个 5 年期面值 1 亿美元信用违约互换合约的价格，如果是 100 个 BP，则表明购买者每年需要向卖出方支付 100 万美元的保险金。

在信用违约互换合约交易中，卖出方主要由金融机构承担，其中包括投资银行、商业银行、保险公司等；买入方既有实体经济部门的企业，也有投资银行、商业银行、保险公司、金融公司等金融机构。在美国，CDS 曾常被对冲基金、投资银行等金融机构用于对赌债券发行公司未来是否将发生无法偿付债券本息（从而，引致破产清算）的场合。在这种场合，CDS 的买入方并不真实持有这家公司发行在外的债券。

在公司债券和资产证券化债券发行中运用信用违约互换合约，有利于实现债券发行人、CDS 买方和 CDS 卖方的三方共赢。从债券发行人来看，通过发行附有 CDS 的公司债券或资产证券化债券，既有利于降低债券的发行门槛，摆脱债券发行对担保要求的依赖，也有利于提高债券的信用等级，降低融资成本。从 CDS 买方来看，通过支付 CDS 费用，有利于防范所持债券的信用风险，获得较为稳定的债券投资收益。从 CDS 卖方来看，通过卖出 CDS，收取相应费用，可以增加经营收入。

但也需看到，CDS 虽然有利于债券发行人分散风险，但它并不可能消灭债券本身的风险。CDS 的过度发展，有促使债券市场规模、价格和交易活跃程度等虚高的功能，也有积累风险的功能，一旦监管失控，就可能引致市场的系统性风险，给交易各方带来严重的后果。美国次贷危机从而金融危机的爆发，与 CDS 的过度发展不无关系；美国国际集团（American International Group，AIG）、花旗银行等一大批金融机构在金融危机中濒临破产，也与它们先前大量卷入 CDS 的交易有直接关系。

四　其他互换交易

除了利率互换、货币互换和信用违约互换之外，还有以其他资产为标的的互换交易，其中包括商品互换、股权互换、气候互换和互换期权等。这些互换交易在原理上与前述的各种互换相通，只是由于互换交易的标的资产不同或互换条件不同，引致它们在表现方式上有所差别。

例如，2007 年 2 月，荷兰银行（ABN Amro）和新鸿基金融（Sun Hung Kai Financial）基于香港住宅市场价格走势，进行了一笔"房地产掉期"交易。这笔互换交易的运作方式是，荷兰银行从新鸿基金融收到的是 HKU – HRPI（一种衡量香

---

① BP，英文全称为"Basis Point"，中文译为"基点"，1 个基点为万分之一，100 个基点为 1%。

港住宅价格的指数）的年度变动率，反过来，根据香港银行同业拆息（HIBOR，香港本地无风险贷款利率）向新鸿基支付固定水平的利率。这是亚洲首笔房地产互换交易。

又如，2010 年 3 月，中国银行为浙江鹰鹏化工有限公司办理了金额为 298 万美元的 CDM 项目碳交易融资业务，并落实了不低于 298 万美元的掉期协议，满足了企业的融资需求和规避美元远期汇率风险的需求。这是中国境内首笔基于 CDM 项目的融资配套互换业务。

各种新的互换交易品种主要沿着如下三个方向拓展：

第一，以新的基础资产为标的而产生新的互换。新的基础资产既包括以往金融市场中就存在，只是尚未被纳入互换标的范畴的资产，也包括在经济运行中新产生的资产类型。前者如普通商品、股票、期货及期权等，后者如气候、碳排放权等。

第二，已有的互换品种的条件持续调整。原有互换条件改变的结果，将引致一个新的互换品种诞生。例如，在利率互换中这些条件包括期限、本金、利率、利息支付方式等。如果期限进行调整，互换合约约定：交易的一方可以单方面延长到期日，则这种互换就被称为"可延长互换（Extendable Swap）"；如果本金可以在合约期间发生变化，则产生"本金递增互换（Accreting Swap）"或"本金递减互换（Amortizing Swap）"，即名义本金在合约期间是时间的增函数或时间的减函数；如果付息方式发生变化，例如在合约签订后未来的某个时间开始付息，则这种互换就被称为"递延互换或远期互换（Deferred Swaps or Forward Swap）"。

第三，在原有的互换品种间进行组合从而创造出一个新的互换品种。从某种意义上讲，这是互换发展的一个主要方向。当然，从广义上说，还可以在某个互换品种和其他非互换品种之间进行组合，但这种组合的结果已经不是严格意义上的互换。在原有的互换品种之间进行互换组合，有很大的拓展空间。利用原有的品种构造出一个新品种，一方面有利于人们接受，另一方面也有利于绕开政府的有关管制。例如，可以运用一个美元固定利率与浮动利率互换的合约和一个美元对德国马克的固定利率与浮动利率互换的合约构造出一个新的互换，在这个互换里，一个参与方可以把自己的以固定利率支付的美元债务转化为以固定利率支付的德国马克债务。

第三节　互换的定价原理

一　互换定价步骤

互换合约的定价，主要有两个步骤。我们以利率互换和货币互换为例，说明互换合约的定价原理和步骤。

步骤 1：把一个具体的互换合约转换为一个债券组合或一个远期利率协议

（FRAS）组合。图 14 - 3 表示了一个最简单的利率互换合约的内容和形成过程。A 公司与互换公司达成一个互换合约，具体内容是：互换公司每年以 5.5% 的固定利率向 A 公司支付利息，A 公司以年利率为 Libor 的浮动利率向互换公司支付利息。假定名义本金为 1 亿美元。对于 A 公司而言，签订该合约等价于下列两种行为，即 A 公司在以 Libor 的利率向互换公司借入 1 亿美元资金的同时，以 5.5% 的固定利率向互换公司贷出 1 亿美元的资金，或者说，A 公司在卖空一份面值为 1 亿美元、利率为 5.5% 的债券合约的同时，购入一份面值为 1 亿美元、利率为 Libor 的债券合约。这也可以从远期合约的角度来看，即 A 公司与互换公司之间的互换合约可以被看作是，A 公司在持有一份利率为 5.5% 的远期利率协议多头的同时，又持有一份利率为 Libor 的远期利率协议空头。

步骤 2：运用债券或远期合约的理论或定价原理来对该互换合约进行定价。

图 14 - 3 利率互换简要示意图

二 利率互换的定价原理

利率互换定价原理的基本假设是，市场是完全的，不存在无风险套利利润；投资者可实现其意愿的买空或卖空；不存在交易费用；不存在违约风险。在这些假设条件下，先看看初始时的利率互换定价。

在初始时期，互换合约的价值为零。换句话说，互换合约在此时不能给合约任何一方带来任何好处，否则，就存在一个无风险的套利机会，从而与基本假设相矛盾。这样，对初始时的利率互换定价就等价于寻找一个使该互换合约价值为 0 的固定利率。

举例来说：假设 A 公司与 B 公司达成了下列一项有效期为 2 年的互换协议：A 公司以固定利率支付一笔本金为 1000 万美元的利息给 B 公司，B 公司向 A 公司支付的利率为 Libor，名义本金为 1000 万美元；每半年支付一次（假设半年为 180 天，一年为 360 天）；Libor 以每六个月开始时的标准计算。利率（Libor）的期限结构如表 14 - 1 所示：

表 14 - 1 利率互换中的利息支付（举例）

到期时间	Libor	有效年利率
6 个月	9.00%	9.20%（ = $(1 + 0.09/2)^2 - 1$）
12 个月	9.75%	9.99%（ = $(1 + 0.0975/2)^2 - 1$）
18 个月	10.20%	10.46%（ = $(1 + 0.102/2)^2 - 1$
24 个月	10.50%	10.78%（ = $1 + 0.105/2)^2 - 1$）

表 14–1 中的"有效年利率"是对原有 LIBOR 的年利率进行调整后的结果，它考虑了利息支付频率（每 6 个月支付一次）；所列举的是 B 公司向 A 公司支付利息时的利率标准，那么，A 公司应该向 B 公司支付一个何种水平的固定利率（即利率互换价格）呢？

在此例中，互换行为类似于下列做法：A 公司在向 B 公司发行了 1000 万美元固定利率债券后，又用这 1000 万美元的发行收入购买 B 公司所发行的浮动利率债券。由于浮动利率债券的发行类似于美国国债的发行，因此，对其票息（Coupon）及到期日本金的贴现值（根据上述有效年利率）应该等于 1000 万美元，即：

$$C\left((1.092)^{0.5}+(1.099)^{-1}+(1.1046)^{-1.5}+1.1078)^{-2}\right)+$$
$$10000000\ (1.1078)^{-2}=10000000$$

其中 C 代表的是债券的票息（设为常数）。由上式可知：$C=522500$ 美元。因此，固定年利率等于 $2\times(522500/10000000)=10.45\%$。这就是此笔利率互换合约的价格。

从上述例子中，可以得出一个求解互换价格的一般方法。用 PV_{FL} 表示以浮动利率支付的互换方的支付额现值，用 f_i 表示从时点 $i-1$ 到时点 i 的浮动利率水平，用 A_i 表示从时点 $i-1$ 到时点 i 的名义本金，用 V_i 表示时点 i 的贴现因子，用 d_i 表示从时点 $i-1$ 到时点 i 的日期（用年表示，一年为 360 天）。这样，n 期以浮动利率支付的互换方的支付额现值为：

$$PV_{FL}=\sum_{i=1}^{n}f_{i-1}A_id_iV_i \tag{14.1}$$

互换合约中以固定利率支付的一方支付额现值（PV_{FX}）也可以根据同样方法计算出：

$$PV_{FX}=i_n\sum_{i=1}^{n}A_id_iV_i \tag{14.2}$$

令 $PV_{FL}=PV_{FX}$，就可以计算出 i_n 的值。其中，i_n 是互换合约的利率水平。

互换合约价格的另一种定义是，互换合约价格等于互换合约给投资者所带来的收益，即互换价格等于互换价值。这一定义主要适用于对互换合约在期初以后的价格进行计算。

从互换合约中收取固定利息的一方（简称固定利率方，如上例中 A 公司）的角度来分析，用 PV 表示互换价格或互换价值，用 PV_{FX} 表示互换合约中固定利率方取得的收益现值，用 PV_{FL} 表示互换合约中浮动利率方取得的收益（由固定利率方支付）现值，A 表示互换协议中的名义本金。则在某一时刻 t_i（$1\leq i\leq T$）：

$$PV=PV_{FX}-PV_{FL} \tag{14.3}$$

显然，对于互换合约中浮动利率方而言，其所持有的互换合约价值为 $PV_{FL}-$

PV_{FX}。在初始时期（即 $t=0$），$PV=0$。

在贴现分析中，所使用的贴现率是无风险利率（通常用政府债券利率代替），而且还假定该利率为常数。这种做法在贴现政府债券时是适合的，因为在以政府信用担保的情况下，政府债券基本上没有风险。然而，在互换市场上，互换双方是要承担一定风险的，因为浮动利率（例如 LIBOR）的变动是不确定的，所以，通常方法是，用互换中的浮动利率 r_i（r_i 定义为时期 t_i 的浮动利率）作为贴现率来对固定利率方的现金流进行贴现：

$$PV_{FX} = \sum_{i=1}^{T} Q(1+r_i)^{-t_i} + A(1+r_T)^{-t_T} \qquad (14.4)$$

在公式 14.4 中，T 是到期日，Q 是固定利息。

对于浮动利率方而言，由于在支付日后到下一个支付日之间，$PV_{FL}=A$，因此，在第一个支付日之后：

$$PV_{FL} = A(1+r_1)^{-t_1} + Q^*(1+r_1)^{-t_1} \qquad (14.5)$$

在公式 14.5 中，Q^* 表示在时间 t_1 将支付的浮动利息（由于它根据期初的浮动利率计算，因此为已知）。我们可以利用第一个支付日之后的浮动利率方收益的现值代替其整个收益的现值（因为第二个支付日之后的浮动利率方收益现值与此相等）。

我们以上面的例子为例来说明互换期间的互换合约价格。假设现在距到期日还有 1.5 年，由此我们可以得到：$Q=522500$，$Q^*=10000000 \times (0.09/2) = 450000$，$A=10000000$。

$PV_{FX} = 522500$（$(1+9.20\%)^{-0.5} + (1+9.99\%)^{-1} + (1+10.06\%)^{-1.5} +$ $10000000(1+10.46)^{-1.5} = 10038871.08$（美元）

$PV_{FL} = (450000+10000000)(1+9.2)^{-0.5} = 10000114.47$（美元）

所以，A 公司所持有的互换合约价值为：

$V = PV_{FX} - PV_{FL} = 38756.61$（美元）

相对于 B 公司而言，其持有的互换合约的价值为 -38756.61 美元。

给利率互换定价可以使投资者方便地提前执行或终止其先前所购入的互换合约。例如，B 公司可以将其所持有的与 A 公司之间的互换合约在柜台市场进行销售，这时，购入方（包括 A 公司在内）需要支付 38756.61 美元的资金。投资者还可以通过在购买互换合约时附带一个期权或者卖出一个相反互换合约等办法来从其原有互换合约中退出。

三 货币互换的定价原理

以图 14-4 所示的例子来说明货币互换的定价原理。S 是瑞士一家著名的滑冰器材制造公司，由于其在国内的良好知名度和信誉，它能以较低的成本通过发行债券来筹措资金，计划以 7.5% 的年利率在国内发行 280 万瑞士法郎（SF）的债券。但它实际需要的是 200 万美元以便从美国购买原材料，如果直接从美元货币市场上借入资金的话，则利率高达 9.875%。几乎就在同时，一家名为 A 的美国计算机公司准备在国内发行 200 万美元的债券，根据其信用等级，年利率定为 10%。但这家美国公司真正需要的是 280 万瑞士法郎。如果它直接从货币市场上取得这种金额的瑞士法郎，则它需要支付 8.5% 的年利率。这两家公司都到一家名为 B 的互换公司去咨询，以期得到该公司的帮助。显然，这件事对于互换公司 B 来说是再碰巧不过的了，在它的努力下，互换合约很快达成。图 14-4 反映了期初时互换合约所引起的资金流动。

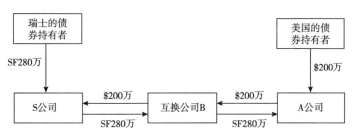

图 14-4 货币互换简要示意图

从图 14-4 中可以看出，S 公司通过互换公司 B 取得了它所需要的 200 万美元的资金，A 公司通过互换公司 B 取得了它所需要的 280 万瑞士法郎的资金。通过互换公司 B 的安排，S 公司每年为其所使用的 200 万美元支付 9.75% 的利率，A 公司每年为其所使用的 280 万瑞士法郎支付 8% 的利率。这就是说，S 公司每年需向 B 支付 19.5 万美元的利息，A 公司每年需向 B 支付 22.4 万瑞士法郎的利息。在取得这些利息后，B 每年向 S 支付 21 万瑞士法郎，每年向 A 支付 20 万美元。图 14-5 反映了这种利息支付情况。

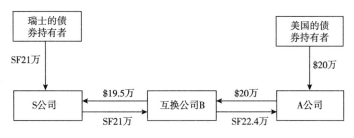

图 14-5 货币互换中的利息支付

从这些交易中可以知道，S 公司通过互换合约所取得的美元比它直接从市场上所取得的美元每年少付 0.25 万美元的利息；同样，A 公司通过合约所取得的瑞士法郎比它直接从市场上所取得的瑞士法郎每年少付 1.4 万瑞士法郎的利息。B 公司在与 S 的交易中可取得 1.4 万瑞士法郎的收益，在与 A 公司的交易中却承受 0.5 万美元的亏损。作为一个理性投资者，B公司的净收益一般不会小于零。S公司和A公司在从B公司中取得的利息正好可以支付其国内的债券持有者。

在到期日，S公司和A公司分别通过互换公司B归还其借给对方的本金，并把它最终归还给投资者，图16.6反映了它们之间的资金流动。

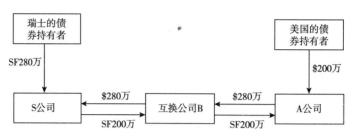

图 14－6　货币互换中的资金流动

如前所言，互换合约可以被看作是一个债券组合。从S公司的角度看，货币互换合约等同于该公司在购入一个以瑞士法郎标价的债券合约的同时，卖出一个以美元标价的债券合约。S公司投资的价值总和为：

$$V_S = r^* V_{SF} - V_{\$} \qquad (14.6)$$

在14.6式中，V_S是S公司投资的价值总和，r^*是汇率（1单位瑞士法郎的美元价格），V_{SF}是以瑞士法郎标价的债券价值，$V_{\$}$是以美元标价的债券价值。在初始之时，根据市场不存在无风险利润的假定，$V_S = 0$。然而，在汇率市场上r^*是不断变化的，这样，V_S在初始之后就不一定等于零。如果$V_S > 0$，上述互换合约对于S公司而言是一笔资产，否则，就变成了一笔负债。

假设上述互换合约的有效期为3年，支付发生在每年的年末。对于S公司来说，它在第一年年末和第二年年末要支付19.5万美元的利息，在第三年年末要支付219.5万美元（其中包括200万美元的本金和19.5万美元的利息）。与此相对应，S公司在第一年年末和第二年年末则会收到21万瑞士法郎的利息，在第三年年末会收到301万瑞士法郎（其中包括280万瑞士法郎的本金和21万瑞士法郎的利息）。假设互换合约过了1年，第1年的支付刚刚清算完毕。此时，$r^* = \$0.725/SF$，瑞士的无风险利率为6%，美国的无风险利率为8%，利率的期限结构是平直的（Flat Term Structure），由此，可以计算出此时S公司持有的"债券"的价值：$V_{SF} = 21(1+0.06)^{-1} + 301(1+0.06)^{-2} = 287.7$（万瑞士法郎）。

同理，其卖出的美元"债券"的价值为：

$$V_{\$} = 19.5(1+0.08)^{-1} + 219.5(1+0.08)^{-2} = 206.2 \text{万（美元）}$$

因此，对S公司而言，其所持有互换合约的价格为：

$$V_S = 287.7 \times 0.725 - 206.2 = 2.4 \text{万（美元）}$$

根据上述方法，也可以计算出 A 公司所持合约价值，结果为 -3.4 万美元，即该互换合约对 A 公司来说是一种负债。

第四节 互换交易的方略

一 降低融资成本的方略

在金融市场中，融资成本的决定因素包括当时的市场利率、公司的信用水平、融资期限及政府管制等因素。具体而言，融资成本主要有发行费用和利息两部分，其中发行费用包括交易成本在内。在有些情况下，融资成本近乎无穷大，这就是说，公司不能在市场中筹到所需数量的资金。减少融资成本是公司的财务目标之一，实现这一目标有很多可选择的方法，其中包括增加公司在市场中的资信水平、选择适当的借款时机、选择适当的融资方式等。从互换交易角度看，它可从三个方面降低公司的融资成本：

第一，通过互换来有效利用利率的期限结构。利率的期限结构反映的是贴现债券的利率与其到期日之间的关系。根据利率曲线的斜率，一般可将其分为三类：

（1）斜率为负的利率期限结构。下面举例来说这种利率期限结构对债券收益率的影响。

假设有这样一个利率结构：$r(0, 1) = 16\%$，$r(0, 2) = 14\%$，$r(0, 3) = 12\%$，$r(0, 4) = 10\%$。显然，该利率曲线斜率为负。其中，括弧内的 "0" 代表现期，数字 "1~4" 代表利率有效的年限。一个面值为 1000、息票率为 8% 的四年期债券的现值为 $80 (1.16)^{-1} + 80 (1.14)^{-2} + 80 (1.12)^{-3} + 80 (1.10)^{-4} = 925.12$。

从下式中可以求出该债券的收益率：

$$925.12 = 80 \left[1 - (1+Y)^{-4} \right] / Y + 1000 (1+Y)^{-4} \tag{14.7}$$

公式 14.7 中，Y 代表该债券的收益率，结果为 10.38%，它明显高于 4 年期的利率（10%）。从上述讨论中可得出一个一般性的结论，即与斜率为负的利率期限结构相对应的债券收益率高于市场贴现率（即这里我们所讲的 "利率"）。图 14-7（a）中反映了这种情形。

（2）斜率为正的利率期限结构。这种期限结构的含义是，期限越长，利率越低。运用与上述相似的方法可以得到下列结果，即该利率高于与该期限结构相对应的债券收益率。图 14-7（b）中反映了这种情形。

（3）斜率为无穷大时的利率期限结构。这种期限结构又称为 "平坦的利率期限结构"，即利率不随到期日的改变而改变。我们也可以从中推导出下列一种结论，即与该利率期限结构相对应的债权收益率等于该利率期限结构中的利率。图 14-7（c）中反映了这种情形。

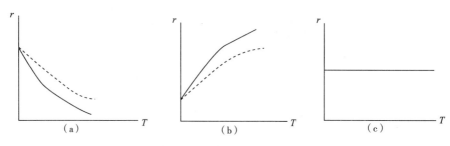

图 14 – 7　利率期限结构与债券收益率曲线

在图 14 – 7 中，r 表示利率期限结构中的利率，即从现期到第 T 期的利率，准确的写法为 $r(0, T)$。T 表示到期日（以年为单位）。图 14 – 7 中的实线表示的是利率曲线，虚线表示的是债券收益率曲线。在（c）图中，这两条线重合在一起。

一个国家在不同的时期有不同的利率期限结构，投资者可以利用这种期限结构来发行适当的债券，也可以通过互换的方式来减少其成本。例如，在市场面临斜率为负的利率期限结构时，投资者可以采取如下策略：卖空期限较长的债券、买入期限较短的债券（因为这种情况下的债券收益率高于利率）；或者与市场达成下列互换合约，即收取一种建立在较长期限债券（例如 10 年期国债）基础之上的浮动利率、支出一种建立在较短期限债券（例如 6 月期国债）基础之上的浮动利率。这种内容的互换被称为收益曲线互换（Yield Curve Swap），它是同一货币的不同期限的同一浮动利率之间的交换。有一种被称为基础互换（Basis Swap）的合约与之相似，但它是建立在不同资产的不同浮动利率之间的互换（如 LIBOR 利率与票据利率的交换）。

第二，利用互换在金融市场上套利以对一部分筹资成本进行抵补。这主要是针对国际市场而言的。在国际市场上，各国的政府管制、税收结构和利率都不尽相同。例如，有一些国家限制固定收益债券的发行，从而使得这种债券的息票利率大大降低，减少了对投资者的吸引力，但是通过互换使投资者按照短期利率收取利息可以使这种固定收益债券的需求增加。一些世界组织和跨国公司可利用这种差异从中套取利差。例如，作为一家跨国经营的公司，麦克唐纳在世界各地有很多连锁店，这为它充分利用国际市场创造了有利条件。1990 年 2 月，麦克唐纳公司以较低的利率在新西兰发行了 1 亿新元的债券，其中，除 2500 万新元用作当地连锁店的发展、2500 万新元在外汇市场上兑换成美元以作他用之外，剩下的 5000 万新元通过货币互换的方式被转入美国资金市场。在这份合约里，麦克唐纳公司承诺以美国商业票据的浮动利率收取利息。由于当时美商业票据的利率较高，因此，麦克唐纳公司获得了 0.11% 的利差。

第三，利用互换减少交易成本。在金融市场中，交易成本不仅包括出价与要价之差（Bid-ask Spread），还包括为获取信息和满足自己流动性要求所作的花费。一般说来，在政府管制较多的市场中，交易成本都很高。在这种情况下，企业不仅难以筹措到自己所需数量的资金，而且通常利率还比较高。下面我们仍以麦克唐纳公司为例来说明互换合约在交易成本过高时所能发挥出的作用。1992年9月麦克唐纳的财务主管从其所获的信息中形成一个判断，即英国资金市场中的利率将要下降。当时，该公司在英国的连锁店为保证其资金的流动性而耗费了大量的交易成本。于是该财务主管与市场达成了一份本金为6000万美元的互换合约，该合约规定，麦克唐纳公司在以9%的固定利率收取利息的同时以英镑市场的浮动利率付息。后来，事实果如该财务主管所预料的那样，通过互换该公司每年取得2%的利率收入，从而抵消了很大一部分交易成本。

再来看一个麦克唐纳公司从事货币互换的例子。在1992年6月，麦克唐纳公司想在丹麦投资建立新的连锁店，但此时丹麦国内正准备就《马斯特里赫特条约（Maastricht Treaty）》进行投票。由于丹麦人对此条约的看法分歧较大，因此，投票的前景不十分明朗，但投票的结果又将直接影响市场利率。这样，投票前的借款比较困难，交易成本较高。麦克唐纳公司的财务部门决定用互换的方式来解决这个问题。通过互换合约，麦克唐纳公司交付了1600万美元的商业票据（Commerical Paper），换取了1亿丹麦克郎的资金，从而满足了其对丹麦克郎的需求。麦克唐纳公司的财务部门多次运用互换来解决其所面临的高交易成本问题。例如，就1992年全年和1993年上半年来说，该公司曾通过30笔互换合约把9.5亿美元转换成九种外国货币，每年节约利率0.2%到0.4%（约190万到380万美元）。

二　提高偿债能力的方略

在现实世界中，企业面临着各种各样的风险，这些风险既有来自宏观经济环境的变化，也有来自微观市场结构的改变，或者来自企业经营管理不善，等等。风险对企业的影响是多方面的，轻者会增加企业成本、减少企业收益，重者会导致企业破产。所以，必须采取措施对企业的风险进行管理。低风险的企业意味着其偿债能力较高，也意味着其能够从市场上获得更多的资金。

举例来说，企业是如何利用互换提高其偿债能力的？M是墨西哥一家铜出口公司，在20世纪80年代末期，由于其所面临的风险水平较高，很多银行拒绝贷款给它。这种风险一部分来自墨西哥国内的政局不稳定，另一部分来自国际铜业市场价格的较大幅度波动。但在一定互换的前提下，由10家银行组成的一个银团终于在1989年借给M公司期限为38个月的2.1亿美元的贷款。我们先给出其中的资金及物资流程图（见图14-8）。

在图14-8中，（1）表示银团向M公司所提供21000万美元的贷款。（2）表示一家比利时公司B每个月按市价向M公司购买4000吨铜。（3）表示B公司每个月向M公司支付4000吨铜的价款。需要注意的是，这个账款转入M公司在纽约账户，而不是M公司在墨西哥的账户。根据贷款合约，M用其在纽约的账户来支付该贷款的利率，即图14-8中的（4）环节，只有在最后有盈余的时候才转回

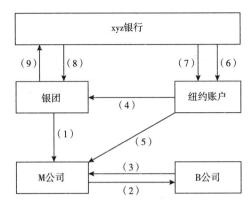

图 14 - 8　通过互换提高偿债能力示意图

M 公司在墨西哥的账户，即图 14 - 8 中的（5）环节。但是，这种账户本身有一定的风险存在，为了规避风险从而保证银行贷款及利息的及时偿还，M 公司根据银团在提供贷款时的要求与一家名为 X 的银行达成了一项互换合约。这项互换合约的基础是前面每月出售给 B 公司 4000 吨铜，M 公司愿意以市价向 X 银行支付，即图 14 - 8 中的（6）环节；X 银行以 2000 美元/吨的固定价格向 M 公司支付（当然这笔账应入 M 公司在纽约的账户），即图 14 - 8 中的（7）环节。这样，M 在纽约的账户每个月就有 800 万美元的固定收入，消除掉了政治因素及铜价因素的影响。这部分收入不仅可以用作还本付息，而且还有很大一部分节余。

尽管上述银团贷款不存在来自 M 公司的风险，但它可能会有来自市场利率上涨的风险，因此，该银团也利用互换合约来为其贷款进行保值。假设该银团与 X 银行达成了一项互换：银团向 X 银行支付固定利率，而 X 银行则向该银团支付浮动利率。这样，如果利率上涨，银团可以从中取得收益；如果利率下跌，则银团会因此而出现损失。

从这些流程中可以看出，互换合约有助于提高企业的偿债能力，从而，可以使它利用资金市场来为其自身的发展服务。

三　套期保值方略

套期保值是投资者进入衍生证券市场的目标。从资产的角度看，如果投资者卖空某项资产，则他可采取这样一种互换策略：收取固定利率（或汇率），支付浮动利率（或汇率）。当然具体互换策略的采取还与他对市场未来走势的预期相关，在这里，投资者认为利率（或汇率）将下降。如果投资者持有某项固定收益资产，他可以采取下列互换策略：收取浮动利率（或汇率），支出固定利率（或汇率）。这样，他就可以把资产的固定收益转换成浮动收益。

套期保值的对象不仅仅是资产，而且也包括成本或负债。假定投资者在未来某一时期里要购买某项资产或支付某种以浮动利率计算的债务，则他同样可以通过互换把这种成本或债务锁定在某一水平之上，也可以通过互换来支付自己认为有利的浮动利率。同样，还可以通过互换来对资产和负债同时进行保值。不过，在这种情况下，需要为资产和负债分别作一笔互换。利用互换进行套期保值的策略与远期和期货相类似，在此不再重复。

四　创造新的金融工具方略

在金融市场中，衍生产品总是利用既有的金融工具创造出来的。例如，投资者通过一张支付浮动利率、收取固定利率的远期合约与一张固定利率债券多头，就可以创造出一个浮动利率债券多头；同样，通过一张支付固定利率、收取浮动利率的远期合约与一张浮动利率多头，也可以创造出一个固定利率债券多头。通过互换合约与其他金融工具的组合还可以创造出许多其他的金融工具。以下举例说明这种"创造"的技巧与原理。

这个例子说明的是，如何利用互换来创造一个适合投资者要求的期限为两年、面值为 100 的贴息债券？

投资者为构造出上述债券采取了下列四种行为：（1）在第 0 期时借入数额为 P_0、年利率为 L_0 的一年期资金。显然在到期日时，投资者的支出为 $P_0(1 + L_0)$。（2）在第 0 期时与市场达成了一项名义本金为 $(NP)_1$、支出利率为 F_1、收取利率为 L_0 的一年期互换。显然在期初时由于该互换的价值为 0，因此投资者不发生任何涉及收入的资金流动。一年后，投资者的损益为 $(NP)_1 L_0 - (NP)_1 F_1$。（3）在第 0 期时，投资者同时与市场达成了一项名义本金为 $(NP)_2$、支出利率为 F_2（固定不变）、收取利率为 LIBOR（第一年为 L_0、第二年为 L_1、…）的两年期互换。显然，投资者在期初无任何损益，其两年后的损益为 $(NP)_2 L_1 - (NP)_2 F_2$；（4）第 1 期末，投资者借入本金为 P_1、利率为 L_1 的资金。显然，在第 2 期末，其应偿付的本息和为 $P_1(1 + L_1)$。

这里的问题是，投资者应选择怎样的 P_0、P_1、$(NP)_1$ 和 $(NP)_2$ 才能创造出一个面值为 100 的贴息债券？

在第 2 年年末，投资者的支出为：

$$C_2 = P_1(1 + L_1) + (NP)_2 F_2 - (NP)_2 L_1 \tag{14.8}$$

显然它应该等于 100。从 14.8 式中，可以求出使 C_2 最小的条件：

$$\mathrm{d}C_2/\mathrm{d}L_1 = P_1 - (NP)_2 = 0 \tag{14.9}$$

即 $P_1 = (NP)_2$，代入第 2 年年末投资者的支出式可知：

$$P_1 = (NP)_2 = 100/(1 + F_2) \tag{14.10}$$

这就是我们所要求的 P_1 和 $(NP)_2$。同理，在第 1 期期末，投资者的支出为：

$$C_1 = P_0 (1 + L_0) + (NP)_1 F_1 + (NP)_2 F_2 - (NP)_1 L_0 - (NP)_2 L_0$$

$$(14.11)$$

在无套利的情况下，上述 C_1 应等于 P_1，所以通过最小化 P_1，我们可以得到：

$$\mathrm{d} P_1 / \mathrm{d} L_1 = P_0 - (NP)_1 - (NP)_2 = 0 \qquad (14.12)$$

由此，可以得到 P_0 和 $(NP)_1$ 的值：

$$P_0 = \frac{100(1 + F_1 - F_2)}{(1 + F_1)(1 + F_2)} \qquad (14.13)$$

$$(NP)_1 = \frac{-100 F_2}{(1 + F_1)(1 + F_2)} \qquad (14.14)$$

公式 14.13 和公式 14.14 中的负号表示投资者在第一期末的收益情况。由于 F_1、F_2 是互换合约的价格，因此 P_0、P_1、$(NP)_1$ 和 $(NP)_2$ 均可事先求出。这样，一个期限为两年、面值为 100 的贴息债券就被创造出来了。

第五节　中国互换交易的发展

一　中国利率互换交易的发展

2006 年 1 月 24 日，中国人民银行出台了《关于开展人民币利率互换交易试点有关事宜的通知》（银发〔2006〕27 号），标志着中国境内正式启动互换交易。

该通知强调，开展利率互换交易的目的在于，丰富全国银行间债券市场投资者的风险管理工具，加快利率市场化进程。人民币利率互换交易，是指交易双方约定在未来的一定期限内，根据约定数量的人民币本金交换现金流的行为，其中一方的现金流根据浮动利率计算，另一方的现金流根据固定利率计算。

该通知对人民币利率互换交易做出了具体规定，其中包括：第一，交易各方的职能界定。银行间债券市场投资者中，经相关监督管理机构批准开办衍生产品交易业务的商业银行，可根据监督管理机构授予的权限与其存贷款客户及其他获准开办衍生产品交易业务的商业银行进行利率互换交易或为其存贷款客户提供利率互换交易服务；其他市场投资者只能与其具有存贷款业务关系且获准开办衍生产品交易业务的商业银行进行以套期保值为目的的互换交易。第二，互换交易的价格界定。互换交易的参考利率应为经中国人民银行授权全国银行间同业拆借中心（以下简称同业中心）发布的全国银行间债券市场具有基准性质的市场利率和中国人民银行公布的一年期定期储蓄存款利率等。第三，风险管控。银行间债券市场投资者进行人民币利率互换交易应树立风险意识，建立、健全风险管理制度和内部控制制度，切实防范互换交易可能带来的风险。第四，交易渠道界定。人民币利率互换交易可以通过同业中心的交易系统进行，也可以由交易双方通过电话、传真等其他方式进行。第五，互换合约内容界定。银行间债券市场投资者进行互换交易时，应逐笔订立书面形式的交易合同，对互换交易的交易要素做出约定。交易双方认为有必要的，可另外订立协议，对双方的权利义务、违约情形及违约处理等做出明确约定，该协议与交易合同一起构成互换交易的完整合同。第六，保证金界定。银行间债券市场投资者进行互换交易时，可按对手的信用状况协商设立保证金或保证券。保证金（券）的提交、保管和处置方式等比照债券远期交易的方式进行。第七，信息披露界定。从事互换交易的银行间债券市场投资者应在每旬后的 3 个工作日内将本旬互换交易情况报同业中心备案（通过同业中心交易系统达成的交易除外）。同业中心应按照中国人民银行的规定和授权，及时向市场披露互换交易有关信息。

2008 年 1 月 18 日，中国人民银行出台了《关于开展人民币利率互换业务有关事宜的通知》（银发〔2008〕18 号），根据两年左右的实践情况，对 2006 年的《关于开展人民币利率互换交易试点有关事宜的通知》进行了修改，并宣布 2006 年的文件废止。此次修改的主要内容包括：第一，交易各方的职能界定改为"全国银行间债券市场参与者中，具有做市商或结算代理业务资格的金融机构可与其他所有市场参与者进行利率互换交易，其他金融机构可与所有金融机构进行出于自身需求的利率互换交易，非金融机构只能与具有做市商或结算代理业务资格的金融机构进行以套期保值为目的的利率互换交易"。第二，互换交易的价格界定中，将"中国人民银行公布的一年期定期储蓄存款利率"改为"中国人民银行公布的基准利率"。第三，风险管控中加入了新的规定，即"金融机构在开展利率互换交易前，应将其利率互换交易的内部操作规程和风险管理制度送中国银行间市场交易商协会（以下简称交易商协会）和交易中心备案。内部风险管理制度应至少包括风险测算与监控、内部授权授信、信息监测管理、风险报告和内部审计等内容"。第四，互换合约内容界定中加入了新的规定，即银行间债券市场参与者"开展利率互换交易应签署由中国人民银行授权交易商协会制定并发布的《中国银行间市场金融衍生产品交易主协议》"。第五，增加了互换交易活动的规定，即银行间债券市场参与者"进行利率互换交易时，应订立书面交易合同，书面交易合同包括交易中心交易系统生成的成交单，或者合同书、信件和数据电文等。交易双方认为必要时，可签订补充合同"。

2007 年底，中国国际金融有限公司等三家证券公司获得中国证监会开展利率互换交易的无异议函，标志着证券公司开始进入银行间债券市场中的利率互换交易。

2010 年 7 月 20 日，中国保监会出台了《关于保险机构开展利率互换业务的通知》（保监发〔2010〕56 号），允许保险公司开展利率互换业务行为。该文件强调，第一，"保险机构开展利率互换业务，应当以避险保值为目的，不得用于投机或放大交易，其交易对手应当符合保险机构交易对手的监管规定"。第二，"保险机构开展利率互换业务，名义本金额不得超过该机构上季末固定收益资产的 10%，与同一交易对手进行利率互换的名义本金额，不得超过该机构上季末固定收益资产的 3%"，其中"固定收益资产"包括银行存款、债券和其他债权类投资工具。第三，"保险机构开展利率互换业务，应当实时监测利率互换交易情况，定期评估相关风险。每月 15 日前向保监会报告评估结果。违反本通知及有关规定参与利率互换的，将依法给予行政处罚"。

在这些制度的推进下，中国境内人民币利率互换交易快速发展。2006 年 2 月 9 日，国家开发银行与中国光大银行实现了首笔人民币利率互换交易，标志着中国利率互换交易市场的正式启动。这笔利率互换交易合约的名义本金为 50 亿元人民币、期限 10 年、光大银行支付固定利率、开发银行支付浮动利率（1 年期定期存款利率）。两行有关负责人举例说，在个人住房抵押贷款上没有长期固定利率，造成了广大采取住房抵押贷款形式置业的消费者承担利率上扬、利息支付增加的风险。在利率互换交易的基础上，光大银行向个人客户推出了人民币固定利率住房贷款，将个人住房贷款的利率风险通过银行转移到资本市场，有利于满足客户规避房贷利率上升的风险。

"2012 年，人民币利率互换市场发生交易 2.1 万笔，名义本金总额 2.9 万亿元，同比增加 8.5%。从期限结构来看，1 年及 1 年期以下交易最为活跃，其名义本金总额 2.2 万亿元，占总量的 77.5%。从参考利率来看，2012 年人民币利率互换交易的浮动端参考利率包括 Shibor[①]、7 天回购定盘利率以及人民银行公布的基准利率，与之挂钩的利率互换交易名义本金占比分别为 50.0%，45.3%，4.7%。与上年同期相比，以 Shibor 为浮动端参考利率的互换交易占比有明显上升。"[②]

二　中国货币互换交易的发展

2005 年 7 月 21 日，中国人民银行公布了《关于完善人民币汇率形成机制改革的公告》（中国人民银行公告〔2005〕16 号），由此，迈开了外汇形成机制改革的步伐，中国开始实行以市场供求为基础、参考一篮子货币进行调节、有管理的浮动汇率制度。人民币汇率不再盯住单一美元，而是形成更富弹性的人民币汇率机制。在此基础上，2005 年 8 月 8 日，中国人民银行出台了《关于加快发展外汇市场有关问题的通知》（银发〔2005〕202 号）文件，一方面扩大了即期外汇市场交易主体，符合条件的非金融企业可以向中国外汇交易中心申请会员资格，进入银行间即期外汇市场进行自营性交易；另一方面，批准了银行间远期外汇交易。这些制度规定，为中国的货币互换交易创造了条件。

---

① Shibor（Shanghai Interbank Offered Rate）是上海银行间同业拆借利率的英文简称，它从 2007 年 1 月 4 日启动。

② 引自中国人民银行《2012 年金融市场运行情况》。

2006 年 4 月 24 日，中国外汇交易中心根据国家外汇管理局《关于中国外汇交易中心发布人民币外汇掉期交易规则的批复》（汇复〔2006〕87 号），公布了《全国银行间外汇市场人民币外汇掉期交易规则》（以下简称"交易规则"）。其要点有四：第一，界定了外汇互换（即外汇掉期）的内涵。"交易规则"指出：银行间人民币外汇掉期交易，是指交易双方约定一前一后两个不同的交割日、方向相反的两次本外币交换；在前一次货币交换中，一方用外汇按照约定汇率从另一方换入人民币，在后一次货币交换中，该方再用人民币按照另一约定汇率从另一方换回币种相同的等额外汇；反之亦可。其中，交割日在前的交易称为交易近端，交割日在后的交易称为交易远端。第二，界定了会员资格。"交易规则"强调，全国银行间外汇市场实行会员制管理。会员，是指获得国家外汇管理局远期交易备案资格 6 个月以上，在中国外汇交易中心交易系统内从事掉期交易的金融机构或非金融企业。第三，界定了外汇互换中的报价和交易活动。"交易规则"规定，会员应通过中国外汇交易中心的交易系统进行报价和交易。外汇互换交易买入和卖出均以外币为标的物，计算成交价格或掉期点数所参考的即期汇率为交易双方认可的交易当日银行间即期外汇市场的市场价格；外汇互换交易币种、金额、期限、汇率、成交价格（掉期点数）和结算安排等由交易双方协商议定；外汇互换交易达成后，由交易系统生成的互换交易成交单；成交单是交易双方关于该笔互换交易已成交的证明，成交单经双方在交易系统中确认后生效。交易双方也可视实际情况需要，就主协议尚未明确的违约事件、终止事件及其处理办法等签订仅在双方之间适用的补充协议。成交单、补充协议（如有）和主协议一起构成该互换交易之完整的交易合同。第四，界定了外汇互换交易的交割与结算。"交易规则"规定，互换交易在近端结算日和远端结算日的资金交割，可采用本金全额交割的结算方式或差额结算方式。交易双方应在结算日将约定的人民币或外汇资金付至交易对手方指定资金账户。

2007 年 8 月 17 日，中国人民银行出台了《关于在银行间外汇市场开办人民币外汇货币掉期业务有关问题的通知》（银发〔2007〕287 号）（以下简称"通知"），就外汇互换交易做出了 6 方面规定：第一，明确了外汇互换交易的边界。"通知"指出，人民币外汇货币掉期，是指在约定期限内交换约定数量人民币与外币本金，同时定期交换两种货币利息的交易协议。本金交换的形式有二：一是在协议生效日双方按约定汇率交换人民币与外币的本金，在协议到期日双方再以相同的汇率、相同金额进行一次本金的反向交换；二是中国人民银行和国家外汇管理局规定的其他形式。利息交换，是指双方定期向对方支付以换入货币计算的利息金额，可以固定利率计算利息，也可以浮动利率计算利息。第二，明确了外汇互换交易中的外汇种类。《通知》指出，现阶段在银行间外汇市场开办人民币兑美元、欧元、日元、港币、英镑等五种货币的掉期交易。第三，明确了进入外汇互换交易的会员资格。《通知》指出，具备银行间远期外汇市场会员资格的境内机构，可以在银行间外汇市场开展人民币外汇货币掉期业务。第四，明确了外汇互换交易的业务规则。《通知》指出，开展人民币外汇货币掉期业务应遵循的规定包括：货币掉期中人民币的参考利率，应为经中国人民银行授权全国银行间同业拆借中心发布的具有基准性质的货币市场利率，或中国人民银行公布的存贷款基准利率；货币掉期中外币参考利率由交易双方协商约定。境内机构开展人民币外汇货币掉期业务应遵守国家外汇管理局的结售汇综合头寸管理规定及有关外汇管理规定。在银行间外汇市场办理人民币外汇货币掉期业务应通过中国外汇交易中心的交易系统进行。为了明确交易双方的权利和义务，办理人民币外汇货币掉期业务交易双方须签订主协议。货币掉期交易合同达成后，交易双方应严格履行合同义务，并按交易协定内容进行清算。

2011 年 1 月 19 日，国家外汇管理局出台了《人民币外汇货币掉期业务有关问题的通知》，其中指出：第一，本通知所称货币掉期，是指在约定期限内交换约定数量人民币与外币本金，同时定期交换两种货币利息的交易协议。本金交换的形式有二：一是在协议生效日双方按约定汇率交换人民币与外币的本金，在协议到期日双方再以相同汇率、相同金额进行一次本金的反向交换；二是中国人民银行和国家外汇管理局规定的其他形式。利息交换，是指双方定期向对方支付以换入货币计算的利息金额，可以固定利率计算利息，也可以浮动利率计算利息。第二，取得对客户人民币外汇掉期业务经营资格满 1 年的银行，可以对客户开办货币掉期业务。银行分支机构经其法人（外国商业银行分行视同为法人）授权后，可以对客户开办货币掉期业务。第三，银行对客户办理货币掉期业务的币种、期限等交易要素，由银行自行确定。货币掉期中的利率均由交易双方协商确定，但应符合中国人民银行关于存贷款利率的管理规定，银行换入（换出）货币的利率不得突破中国人民银行公布的存（贷）款基准利率上（下）限。第四，银行对客户办理货币掉期业务，应参照执行《国家外汇管理局关于外汇指定银行对客户远期结售汇业务和人民币与外币掉期业务有关外汇管理问题的通知》（汇发〔2006〕52 号）和《国家外汇管理局关于印发＜银行结售汇统计制度＞的通知》（汇发〔2006〕42 号）等文件中关于外汇掉期业务的相关外汇管理规定和统计要求。第五，在货币掉期业务中，银行从客户获得的外币利息应纳入本行外汇利润统一管理，不得单独结汇。

这些制度规定有效支持了中国境内货币互换交易市场的发展。2005 年 9 月 14 日，中国银行江苏分行与江苏的 1 家纺织企业之间完成一笔金额为 30 万美元的外币兑人民币的互换交易业务。原来这家企业为防范人民币汇率风险，曾与中国银行续做了一笔美元兑人民币的 6 个月远期结汇业务，将于 2005 年 11 月份进行资金交割，成交价为 1 美元兑 8.1438 元人民币。但该企业提前收到外方付款，希望提前与中国银行完成资金交割，收得人民币资金。针对客户这种需求，中国银行江苏分行向客户推荐了人民币的掉期业务，不仅帮助客户提前收到需要的人民币资金，而且利用人民币与美元之间的利差关系，将客户的成交价在原来的基础上优惠了 0.02 元人民币，客户的最终结汇成本为 1 美元兑 8.1638 元人民币，通过这笔业务，客户额外获得了 6000 多元人民币的收益，真正实现了银企双赢。这是中国境内第一笔外币兑人民币的互换业务。

2006 年 4 月 24 日，中国进出口银行与中国银行在中国银行间市场达成了人民币外汇互换交易，这是中国银行间市场开展货币互换交易市场后的首笔交易。中国进出口银行认为，他们参与人民币外汇互换交易，首先能够解决部分中短期外汇资金来源，成为维护外汇流动性的有效手段；其次可以主动性地调剂本外币资金余缺，提升进出口银行资金筹措与管理的灵活性，降低资金综合成本；再次可以锁定远期汇率风险，避免购汇业务带来的潜在损失，因此，外汇互换交易业务的发展，标志着中国进出口银行在本外币资金管理与运作方面又取得了新的突破。

2011 年 3 月 1 日，美国银行上海分行与一家亚洲食品行业跨国公司在上海签署共计 4 笔外汇人民币货币掉期业务合约。该合约交易本金合计约 800 万美元，交易期限为 1 年，交换利率为客户收取人民币固定利率 3.00%，同时支付美元固定利率。这是中国境内外资银行做的首笔对客户人民币外汇货币掉期交易。美国银行上海分行认为，中国发展货币互换交易有广阔前景，那些负债与流动资金币种不匹配的企业均有与银行开展人民币外汇货币互换业务的需要，其中包括一些跨国公司、有进出口贸易背景的本地企业以及希望"走出去"的中国企业。另外，在境内外融资成本不同和人民币升值预期的条件下，运用货币互换交易机制，企业或许存在一定的套利空间。例如，对于一家境外有美元债务而在中国境内流动资金币种为人民币的跨国公司，在境外的美元融资成本为 Libor（伦敦同业拆借利率）上浮 200 个基点左右，而在境内做人民币外汇货币互换后，收到美元利息则为 Libor 上浮 300~350 个基点，其中就有 1 百分点到 1.5 个百分点的利差。

2012 年 6 月 11 日，汇丰银行（中国）有限公司与兴业银行达成了一笔名义本金为 1000 万美元的人民币对美元货币互换交易，双方约定在协议生效日／到期日无须进行本金交换。这是中国境内达成的首笔无本金交换人民币外汇货币掉期业务。汇丰银行认为，无本金交换的形式有助于进一步活跃该产品的交易量，从而有利于银行为客户提供更好的避险方案。

三　央行间货币互换协议

央行间货币互换协议，是指两国（或地区）的中央银行（或货币当局）将本国（或地区）货币与对方国家（或地区）货币进行交换的协议。这种货币互换的目的在于便利两国（或地区）间的货币结算，避免因国际货币紧缺、货币贬值、汇率变动等引致的贸易、投资和金融交易的震荡。

央行间货币互换始于 20 世纪 50 年代。当时，美国的国际收支状况持续恶化，美元不断充斥国际市场，各国（和地区）央行纷纷抛售美元，要求美联储遵循布雷顿森林体系安排（1 盎司黄金＝35 美元）兑换黄金。为遏制黄金大量外流的势头，1962 年 5 月美联储与法国央行签署了货币互换协议。这是历史上第一笔中央银行间的货币互换协议。

2007 年 8 月美国爆发了次贷危机，在美联储向市场投放巨额资金的背景下，美元贬值趋势增强。2007 年 12 月以后的 9 个月内，美联储先后与欧洲央行、瑞士央行、加拿大央行等 14 个国家的央行签订了货币互换协议，货币互换总额从 2007 年 12 月的 2400 亿美元增加到 2008 年 9 月的 6200 亿美元。

中国人民银行与各国和地区央行（或货币当局）之间货币互换的主要背景是：第一，2008 年美国金融危机之后，美联储于 2010 年 11 月 3 日、2012 年 9 月 14 日和 12 月 12 日，先后推出了 QE2、QE3 和 QE4，大量向市场注入美元资金，引致美元严重贬值，给国际贸易、金融交易和投资等带来了严重的不稳定冲击，为此，各国和地区均有寻求货币稳定的意愿。另外，始于 2010 年的欧债危机，使得欧元进入持续贬值通道，给持有欧元的各国和地区以利益上的严重影响。第二，随着中国对外经济活动（尤其是对外贸易）的快速发展，中国经济对国际市场的影响力不断增强；同时，在中国经济实力增强的支持下，人民币持续升值，提高了各国和地区持有人民币作为交易货币和储备货币的意愿。第三，在人民币国际化进程加快的背景下，中国出台了加大人民币跨境贸易的政策，同时，在"走出去"战略的支持下，中国企业的对外投资和并购活动持续展开，为人民币的国际使用拓宽了市场。第四，长期以来，在中国边贸和东南亚等地，人民币已为各国和地区的贸易活动广泛接受。2000 年 5 月 4 日，在泰国的清迈，东盟与中日韩 "10 + 3" 财长共同签署了建立区域性货币互换网络的协议，即《清迈协议》（Chiang Mai Initiative）。其中，不仅扩大了东盟互换协议（ASA）的数量与金额，而且建立了中日韩与东盟国家的双边互换协议。2003 年底，中日韩与东盟 10 国共签署 16 个双边互换协议，积累金额达 440 亿美元。

从表 14 - 2 中可见，2009 年 3 月以来，中国人民银行先后与俄罗斯联邦中央银行、阿根廷中央银行、新西兰储备银行、阿联酋中央银行等 20 多个国家和地区的央行（或货币当局）签署了货币互换协议，交易总额超过了 2 万亿元人民币。

表 14 - 2　中国人民银行与各国和地区央行（货币当局）签署人民币互换协议

序号	时间	对方	人民币	对方货币	期限
1	2009 年 3 月 11 日	白俄罗斯共和国国家银行	200 亿元	8 万亿白俄罗斯卢布	有效期三年
2	2009 年 3 月 23 日	印度尼西亚银行	1000 亿元	175 万亿印尼卢比	有效期三年
3	2009 年 4 月 2 日	阿根廷中央银行	700 亿元	380 亿阿根廷比索	有效期三年
4	2010 年 6 月 9 日	冰岛中央银行	35 亿元		有效期三年
5	2011 年 4 月 18 日	新西兰储备银行	250 亿元		有效期三年
6	2011 年 4 月 19 日	乌兹别克斯坦共和国中央银行	7 亿元		有效期三年
7	2011 年 6 月 13 日	哈萨克斯坦共和国国家银行	70 亿元		有效期三年

序号	时间	对方	人民币	对方货币	期限
8	2011 年 6 月 23 日	俄罗斯联邦中央银行（签订了新的双边本币结算协定）			
9	2011 年 10 月 26 日	韩国银行 *	3600 亿元	64 万亿韩元	有效期三年
10	2011 年 11 月 22 日	香港金融管理局 *	4000 亿元	4900 亿港币	有效期三年
11	2011 年 12 月 22 日	泰国银行	700 亿元	3200 亿泰铢	有效期三年
12	2011 年 12 月 23 日	巴基斯坦国家银行	100 亿元	1400 亿卢比	有效期三年
13	2012 年 1 月 17 日	阿联酋中央银行	350 亿元	200 亿迪拉姆	有效期三年
14	2012 年 2 月 8 日	马来西亚国家银行 *	1800 亿元	900 亿林吉特	有效期三年
15	2012 年 2 月 21 日	土耳其中央银行	100 亿元	30 亿土耳其里拉	有效期三年
16	2012 年 3 月 20 日	蒙古银行 *	100 亿元	2 万亿图格里特	
17	2012 年 3 月 22 日	澳大利亚储备银行	2000 亿元	300 亿澳大利亚元	有效期三年
18	2012 年 6 月 26 日	乌克兰国家银行	150 亿元	190 亿格里夫纳	有效期三年
19	2013 年 3 月 7 日	新加坡金融管理局 *	3000 亿元	600 亿新加坡元	有效期三年
20	2013 年 3 月 26 日	巴西中央银行	1900 亿元	600 亿巴西雷亚尔	有效期三年

资料来源：中国人民银行。"＊"为续签。

央行间的货币互换，第一，有利于维护对外经济活动的稳定，弱化美元、欧元等国际货币贬值给相关国家和地区带来的利益输送，促进国际收支平衡和外汇市场稳定运行。第二，有利于本国或地区货币政策的实施，促进利率机制和汇率机制的协调，维护本国或地区的经济运行稳定。第三，有利于提高相关国家或地区抵御国际市场波动冲击和国际游资冲击的能力，防范类似 1997 年东南亚金融危机的事件发生。第四，有利于推进人民币国际化进程，提高人民币在国际经济活动中的使用量和使用率。第五，有利于促进国际货币体系的改革和完善。

第十五章 远期交易市场

时间是金融交易中一个主要变量，它对金融产品的价格从而交易各方的权益有至关重要的影响。一般来说，时间越长，金融交易的不确定性越大，金融产品的价格波动也越大，反之则反是。如果说互换交易是同类异质金融产品的价格衍生产品的话，那么，远期交易就是同类同质金融产品在时间差异上的衍生产品。在现代资本市场中，远期是一个不可或缺的产品类型，它对于减缓资本交易市场的波动、探寻金融产品的价格水平、保障投资者的权益和促进资源配置等方面都有重要的作用。本章着重探讨远期交易的内涵、特点、类型、定价方式和效应。

第一节 远期交易的内涵和特点

一 远期交易的内涵

远期交易（Forward Transaction），简称远期（Forward），是指交易双方就同类同质的某种金融产品签订远期合同，约定在未来某一确定时期按照某一约定价格交割同一数量金融产品的一种交易方式。这一定义中有三个要点：第一，交易双方进行的交易建立在同类同质的金融产品基础上，这与绝大多数种类的金融交易基础相类似，因此，远期交易可以是众多金融产品交易的衍生产品。第二，交易双方签定远期合约（Forward Contract）的重心在于，约定在未来某一确定时期交割同一数量金融产品的价格，因此，它属于一种建立在期限变动引致的价格变动基础上的价格交易合约。第三，远期只是这种价格交易合约中的一种交易方式，期货也属于价格交易合约。

从期限角度看，与远期交易对应的金融交易还有即期交易、定期交易等几种方式。其中，即期交易（Spot Transaction），又称现期交易或现货交易，是指交易中的金融产品能够立即被交付给交易对手方的交易方式。在这种交易方式中，金融产品从交易到交割的过程受时间因素影响很小，价格变动区间也很小。这种交易方式较多地存在于带零售性质的金融产品交易中。定期交易，是指交易双方约定在未来某个确定的到期日按照约定的价格交割同一数量金融产品的交易方式。

这种交易在时点上是非连续的，在期限上一般较长（如 1 年、3 年和 5 年等）。与定期交易相比，远期交易的期限较短（一般在 1 年以内，如 30 天、60 天和 90 天），交易活动有较强的连续性，每一笔交易的价格对后续交易都有参考价值。

在经济和金融运行中，许多经济合约都涉及远期交易所具有的内容，但远期交易与这些非远期交易（从而非金融衍生产品）的经济合约的区别在于，远期合约可以在金融市场上展开交易，而众多期限带有"远期"色彩的经济合约并不能直接在金融市场中展开交易。换句话说，如果这些带有"远期"色彩的经济合约能够在金融市场上交易的话，那么，它们就变成了远期合约。从这个意义上说，在经济和金融运行中有远期交易进一步拓展的基础。

在远期交易中，持有（或买入）远期合约的一方被称为"多头"，卖出远期合约的一方（包括最初签发合约答应卖出某项资产的一方）被称作"空头"。在一般情况下，远期交易中只规定合约资产的购买，而不规定资产的卖出，即合约的持有者将来要按照合约规定的价格购买合约中的规定资产（而不是出售该项资产）。

在远期交易中，合约中所标明的价格被称作交割价格（Delivery Price）。在远期合约签订时，该交割价格应使得远期合约的价值为零，即该合约在此时不能为多头方或空头方中任何一方带来利益，否则，在允许做空的情况下，市场可以通过买空或卖空的方式来从事套利活动。因此，在远期合约签订时，多头方或空头方不必支付任何费用。远期交易的利益来自合约执行价格与此时市场价格之间的差额，它决定了在一笔远期交易中多头在变为空头时的收益或亏损。

二　远期交易的特点

远期交易与现货交易有密切联系。二者在交易性质上基本相同，即交易双方都是为了获得交易对象物而进行交易并最终要实现交易对象物的交收。与现货交易相比，远期交易的特点主要表现在：

第一，合约。进行远期交易，交易的双方必须就交易的标的物、时间和价格等签署远期合约，但现货交易中通常没有这方面的要求。从这个角度说，远期交易的手续要比现货交易复杂。

第二，时间。在远期交易中，交易双方达成交易合约到标的物交割之间有较长的时间间隔（如 30 天、60 天或 90 天等）；在一些场合，这一时间间隔甚至可达 1 年以上。与此不同，在现货交易中，一般实行的是"现买现卖"，立即交割；在一些场合，即使存在一些时间上的差别，也相对较短。

第三，目的。在远期交易中，虽然交易购买方的直接目的是为了获得标的物，但他之所以选择远期交易，另一目的在于规避价格波动的风险；与此相同，交易中卖出方虽然直接目的也在于卖出标的物，但另一目的也在于规避价格波动风险。这种交易目的的变化，为远期交易的进一步衍生提供了空间。与此不同，在现货交易中，交易双方的直接目的只在于买卖标的物，价格波动通常不在考虑范围。

第四，成交。在远期交易中，由于信息不完全，交易的一方要寻求到交易的另一方相对困难，即便找到了交易的对手方，还要经过一系列的磋商、谈判和磨合，双方才有可能就标的物数量、时间和价格等内容达成一致意见并签署交易合约，因此，成交过程比较复杂。与此不同，虽然在现货交易中，随机性较大，但由于有公开市场和公开信息，且交易灵活便利，一旦交易的一方找到另一方，成交的几率就比较高。不难看出，与现货交易相比，远期交易的成交过程比较复杂，这也为远期交易的进一步发展留下了空间。

第五，场所。在成熟的远期市场中，远期交易大多在确定的场所展开，交易双方的活动受到市场第三方的监督。其目的在于确保这一交易活动在平等、公开和公平的条件下进行，防范不当的交易行为和维护市场交易的秩序。与此相比，现货交易受限制较少，在一些场合，容易出现诸如假冒伪劣甚至强迫交易的现象。不难看出，成熟的远期交易中市场规范化程度较高。

第六，技能。远期交易属于批发性交易，通常涉及的资金数额较大，这就要求交易双方有较高的专业素质，不仅对交易中标的物涉及的相关知识有较充分的了解，而且对交易状况、交易价格走势等也较为熟悉，否则，一旦失误就可能引致严重损失。因此，远期交易要求交易双方有较高的知识和技能，通常不允许"试错"。与此不同，许多现货交易有零售性质，交易中的买方即便对交易标的物的相关知识或价格走势了解不足，由于购买量有限，即便失误了，也损失不大，由此，购买方勇于试错。

三　远期交易的功能

远期交易作为一种金融交易的衍生产品，是在现货交易的基础上发展而来的，与现货交易相比，它有如下一些特殊功能：

第一，有利于稳定交易双方之间的买卖关系。远期交易合约一旦成交，买方必须按照合约中的规定从卖方买入约定的金融产品，反过来，卖方也必须按照合约的规定向买方卖出约定的金融产品，由此，买卖双方在远期交易合约的约束下处于一种稳定的交易关系之中。在这段约定时间内，交易双方都可以根据合约的约定来安排各自的经营活动、资金运作和财务活动。

第二，有利于规避金融风险。在外汇远期交易中，进出口企业可预先买进或卖出外汇远期交易合约，以规避汇率变动引致的风险。在国际市场上，汇率是经常变动的，在进出口贸易中，时间越长，进出口企业所面临的汇率变动风险就越大。由于进出口企业从签订货物买卖合同到交付货物再到付款（或收款）往往需要较长的时间（如30天、60天或90天，乃至更长时间），所以，它们常常面对因汇率变动而遭受损失的可能性。为了规避汇率波动风险，进行远期交易就成为一个重要机制。例如，中国的A公司向美国出口价值100万美元的商品，按照货物合同约定美国的B公司在这批货物离开中国口岸后90天付款，按照离岸日的汇价

（1 美元 =6.30 元人民币）计算，这批货物的人民币为 630 万元。90 天后，美国 B 公司将 100 美元汇划到 A 公司账户，此时的汇价为 1 美元 =6.25 元人民币，由此，A 公司损失了 5 万元人民币。如果在货物离岸时，A 公司向中国银行购买了卖出美元的远期交易合约，按照 1 美元 =6.30 元人民币的价格在 90 天后将 100 万美元卖给中国银行，那么，在美国 B 公司将货款汇划到账户后，按照远期交易合约按成交时的汇价办理交割，就可得到 630 万元人民币，由此，规避了美元汇价的贬值损失。

第三，有利于套期保值。在经济运行中，价格、利率和汇率经常变动，这直接影响相关经济主体的利益。通过运用远期交易，可以有效地规避各种价格变化引致的损失，实现套期保值。以远期外汇交易为例，当出口企业向商业银行售出外汇以套期保值时，二者可签订一个远期外汇交易合约。按照这一合约，出口企业承诺在约定期内向商业银行支付约定的外汇数额，以获得提前约定的对等数量的本币。在合约到期日，出口企业将合约规定的外汇数额支付给商业银行，实现远期外汇交易的交割。由此，通过远期外汇交易，出口企业达到了套期保值的目的。

第四，有利于平衡外汇头寸。对商业银行等金融机构和从事对外经济活动的企业（包括跨国公司）来说，在经营活动中，适时调剂和平衡外汇头寸是一项重要的财务活动。以远期交易为例，对商业银行等金融机构来说，远期外汇持有额就是他们经营中的外汇交易头寸（Foreign Exchange Position）。工商企业等为了避免外汇风险而进行外汇的远期交易，实际上就把汇率变动风险转移给了商业银行等金融机构。在与客户进行了多笔远期交易之后，一家商业银行在一天结算中就可能发生远期交易的外汇和现货交易的外汇总加后的总头寸出现超买或超卖的情形，由此，它就应设法将由这种超买或超卖引致的风险通过平衡外汇头寸予以化解。平衡外汇头寸的方法，可以选择对不同期限的不同币种的头寸余缺进行卖出交易或买入交易，在这个过程中，远期交易就成为一种重要机制。在平衡外汇头寸中，商业银行等金融机构需要注意即期汇率的变动，同时匹配好即期汇率与远期汇率间的数额。对从事对外经济活动的企业来说，也存在平衡外汇头寸的内在要求，也需要匹配好即期汇率与远期汇率之间的数额。

第五，有利于投资者的投资套利。在资本账户的货币可兑换条件下，两国间如果发生同期利率差异，投资者就可将资金投入利率较高的他国，由此谋取较高的投资收益。但这种投资常常受到汇率变动的制约。假定美元的国债利率为 5%、日元的国债利率为 2%，由此，在其他条件不变的场合，将日元投资于美国国债就可多得 3 个百分点的收益。但如果在这一期间，美元兑日元的汇价贬值了 4%，则该项投资将亏损 1 个百分点。为了防止这种损失，投资者就可借助远期交易机制，在买进美元（以用于投资美国国债）的同时，按照拟投资于美国国债的期限（如 90 天）卖出同一数额的美元远期交易合约。

第六，有利于中央银行的货币政策调控。利率政策和汇率政策是中央银行运用价格机制进行市场调控的主要机制。远期交易市场的发展，为中央银行调控金融市场走势和外汇市场走势提供了新的政策工具。例如，中央银行可以运用调期交易干预市场。调期交易，是指将即期交易和远期交易进行组合的交易，这实际上是通过利率组合进行市场干预。中央银行运用调期方式影响外汇市场走势，可以同时对外汇市场与国内的货币市场产生影响，为中央银行协调本外币政策提供更大的回旋余地。

第七，有利于汇市投机的活跃。在资本市场中，投资与投机很难区分。所谓投机，无非是将资金投入一个机会中去，而这也就是投资。在外汇市场中，受各种因素影响，汇价波动频繁，这给汇市的投机提供了有利条件。但汇市的汇价变动无常，使得投机者面临着严重的投资风险。远期交易给规避这种风险提供了重要机制。当投机者预期某种货币的汇价可能发生重要变动时，运用远期交易机制，可从两方面展开投机活动：一方面通过买卖现汇与买卖期汇之间的操作争取获得投机利润。例如，在现货市场中买入这种美元的同时，在远期交易市场中卖出美元；或者，选择相反的操作。另一方面，借助远期交易只需交纳保证金的机制，以小博大，放大进行投机的资金数量。

远期交易机制也有自身的缺陷，主要表现有三点：其一，交易主体的覆盖面有限。在远期交易中，合约由交易双方签署，只代表着这两个交易主体的意愿（而不是众多交易主体的意愿），因此，它的交易活跃程度、成交价格的信号功能和价格的连续性等都有较大的局限性。其二，违约概率较高。在远期交易中，交易承诺在前、履约交割在后，从远期合约达成到最后履约交割有较长的时间间隔。在这一时间内，合约标的物的市场受各种因素影响可能发生种种变化，由此，影响到签约双方对远期合约的履约，使得违约事件容易发生。其三，合约缺乏可连续交易性。远期合约是交易双方达成的非标准化合约，它仅反映交易双方的意愿，由此，通常不能流通转让（即便允许流通转让，由于各份合约的内容差异甚大，也很难像标准化金融产品那样流通交易）。远期合约的非标准化产品属性，制约了它的价格信号功能和分散风险功能发挥。远期交易中存在的这些缺陷，为期货市场的发展留下了空间。

第二节　远期交易的种类

一　远期外汇交易

远期外汇交易（Forward Exchange Transaction），简称期汇交易，是指交易双方就交易的币种、金额、汇率和交割时间等条件达成的一种远期合约。它与即期外汇交易的基本区别是交割日不同。从理论上说，凡是交割日在成交两个营业日以后的外汇交易都属于远期外汇交易范畴，但在实践中，常见的远期外汇交易交割期限为30天、60天、90天、180天和360天等（中国的表述大多为1个月、2个月、3个月、6个月、12个月，但由于各月份的天数不尽相同，所以，缺乏精确程度），超过360天的远期外汇交易成为"超远期外汇交易"。远期外汇交易是成熟外汇市场的重要组成部分。

按照不同的标准，可以将远期外汇交易做不同的划分。以交易方式为标准，远期外汇交易可分为三种：其一，直接的远期外汇交易。这是指直接在远期外汇市场中展开的交易，即交易的任一方都不在其他金融市场进行套作交易。在这种方式中，商业银行提供远期汇率的报价（一般不选用全值报价，而是选用基点报价，即远期汇价和即期汇价之间的差额）。其二，期权性质的远期外汇交易。由于企业很难提前知道外汇到账的确切日期，因此，在进行远期交易中，企业可与商业银行进行对应的期权外汇交易，即由商业银行赋予企业在交易日后的一定时期内（180天内）履行远期合同的权利。其三，即期和远期结合型的远期外汇交易。以交割日是否固定为标准，远期外汇交易可分为两种：其一，固定交割日的远期外汇交易（Fixed Forward Transaction）。这是指交易双方在远期外汇交易合约中明确规定具体交割日期的远期外汇交易。这也是实践中常见的远期外汇交易形式。选择这种方式的目的在于避免这一时间内的汇价变动风险。其二，选择交割日的远期外汇买卖（Optional Forward Transaction）。这一方式又称择期远期外汇买卖，是指交易中的一方可在成交日的第三天起至约定的期限内的任何一个营业日，要求交易的对手方按照双方约定的远期汇价进行交割的交易方式。在这种方式中，商业银行通常不给予优惠汇率。从实践面看，择期远期交易在外汇市场交易中发展很快，其内在原因是，这种方式的交割日期具有较强的灵活性和机动性，容易满足企业对外经济活动的需要。

在远期外汇交易中，基准价是指国际主要货币（如美元、欧元、英镑、日元、港元等）的挂牌价格。买入价是指对应银行以一种货币（如本币）买入另一种外汇（如美元）的即期价格；卖出价是指对应银行卖出外汇的价格；买入价与卖出价之间的差价，形成商业经营外汇买卖的收入。现汇买入价，是指在强制结汇条件下，商业银行客户收到海外汇入该客户的外汇后，商业银行直接将这些外汇兑换为本币记入客户账户的价格。例如，某客户的用户从海外汇给其货款100万美元，其外汇账户的开户行将这100万美元按照1美元 = 6.2678的现汇买入价，以626.78万元人民币记入其人民币账户。但在意愿结汇条件下，这种情形就基本不再发生了。现钞买入价，是指客户将手持的外币钞票卖给商业银行等金融机构以兑换为本币的价格。现钞卖出价，是指客户从商业银行等金融机构中买入（从而，商业银行等金融机构卖出）外汇的即期价格。中间价，又称"中间汇率"，是指买入价和卖出价的平均数。其计算公式为：中间价 = （买入价 + 卖出价）／2。

远期外汇交易中的远期汇率，以即期汇率为基础，以即期汇率的"升水""贴水""平价"等表示。其中，升水，是指在外汇市场上某种货币的远期汇价高于即期汇价的情形。例如，在即期外汇交易市场上 1 美元 = 6.2678 元人民币，但在 60 天的远期外汇交易市场上 1 美元 = 6.2456 元人民币，此时，人民币升水。贴水，在外汇市场上某种货币的远期汇价低于即期汇价的情形。例如，在即期外汇交易市场上 1 美元 = 6.2456 元人民币，但在 60 天的远期外汇交易市场上 1 美元 = 6.2678 元人民币，此时，人民币贴水。

表 15 – 1　中国银行人民币远期外汇牌价（2013 年 4 月 3 日）

期限		美元	欧元	日元	港元	英镑	瑞郎	澳元	加元
七天	买入	618.19	789.94	6.5969	79.54	931.32	649.78	644.87	608.47
	卖出	622.32	798.47	6.6647	80.26	940.13	655.97	651.24	613.89
一个月	买入	618.82	790.95	6.6060	79.63	932.15	650.53	644.30	608.69
	卖出	623.15	799.57	6.6733	80.38	941.30	657.18	651.08	614.49
三个月	买入	620.89	793.99	6.6306	79.93	935.07	653.21	643.47	609.89
	卖出	625.26	802.59	6.6992	80.66	944.14	659.84	650.20	615.68
六个月	买入	623.06	797.82	6.6633	80.28	938.52	656.72	641.47	611.04
	卖出	627.94	806.29	6.7305	81.00	947.51	663.43	648.07	616.73
九个月	买入	625.05	801.42	6.6954	80.59	941.78	660.11	639.31	611.93
	卖出	630.43	809.98	6.7626	81.32	950.90	667.11	646.03	617.75
十二个月	买入	627.41	805.47	6.7321	80.95	945.58	664.01	637.43	613.12
	卖出	633.09	814.02	6.7996	81.67	954.82	671.12	644.10	618.99

注：1. 每 100 外币兑换人民币。2. 以上人民币牌价系当日市场开盘价。
资料来源：中国银行全球门户网站。

在通常情况下，远期汇率的标价方法是，仅标出远期的升水点数或贴水点数。标价方法有两种：其一，直接标价法。在这种条件下，如果远期汇率升水，就在即期汇率的基础上加上升水点数；如果远期汇率贴水，就在即期汇率的基础上减去贴水点数。其二，间接标价法。在这种条件下，如果远期汇率升水，就从即期汇率的卖出价减去升水点数的大数，从即期汇率的卖入价减去升水点数的小数。

在中国，外汇牌价是指中国人民银行根据前一日银行间外汇交易市场形成的价格，每日公布人民币对其他主要国家（或地区）汇率的中间价。外汇牌价选择以人民币直接标价的方法，即外币兑换为人民币的比率。每种外币都有买入价、卖出价和现钞买入价等 3 个牌价。表 15 – 1 列示了中国银行的人民币远期外汇交易价格表。

无本金交割远期外汇交易（Non – Deliverable Forward – NDF），是远期外汇交易中的一种衍生产品。它与一般远期外汇交易的区别在于，交易的一方或双方不需要向对手方支付交易本金，只需在到期日按照市场汇价与合约价格之间的差价进行交割清算就行。这种方式对交易任一方的现金流量都不会造成直接影响，有利于交易任一方进行对冲避险和投机套利。但这种方式在中国境内尚未采用①。

二　远期利率交易

远期利率交易建立在远期利率合约基础上。远期利率合约（Forward Rate Agreement，FRA），是指交易双方约定于未来某一日期交换在约定的名义本金基础上分别以约定利率和市场（或参考）利率计算的利息的金融合约。这种合约具有三个特点：第一，较为灵活。远期利率合约是一种场外交易工具，合约中的条款可由交易双方商议决定，因此，有"量身定做"的特色，容易满足个性化需求。第二，可无本金。远期利率合约在交割中不需要进行合约本金的交付（这种交付对交易双方均无实际意义），只需进行利息差额的计算和支付，因此不是实际发生的借贷。这决定了，在远期利率交易中，虽然名义本金额的数额巨大，但实际结算的资金量（即利息差额）可能很小。第三，结算简便。在远期利率交易中，在结算日之前，交易双方不必支付任何费用，只在结算日进行一次性利息差额的支付。

在国际金融市场中，远期利率交易大多以伦敦同业拆借利率（LIBOR）或欧元同业拆借利率（Euribor）作为参照利率。合约期满的利息差额计算公式是：

$$利息差额 = 利率差额 \times 协议本金 \times 天数 \tag{15.1}$$

远期利率交易与远期外汇交易的差别主要在于，由二者交易的标的物不同所引致的其他方面的差异。由于远期外汇交易建立在两种货币的基础上，这就有了这两种货币之间的利率差异和汇价差异；但远期利率交易建立在同种货币的利率水平差异基础上，因此，与远期外汇交易相比，它相对简单。但二者也有许多相似之处，例如，它们都有合约签署日、起算日、结算日，都贯彻着资金差额结算（尽管资金差额的成因不同）。这些相同点决定了它们同属远期交易范畴。

在远期利率交易中，合约金额是指交易双方签署的远期利率合约中明确的名义本金借贷金额；合约货币是指交易双方签署的远期利率合约中明确的名义本金的货币币种；交易日是指交易双方签署的远期利率合约中明确的成交日期；计息日是指交易双方签署的远期利率合约中名义本金借贷的发生日，也是开始计算利息的日期；确定日是指交易双方签署的远期利率合约中规定的参照利率的日期；到期日是指交易双方签署的远期利率合约的结束日期；合约期是指交易双方签署的远期利率合约从结算日至到期日的天数。

远期利率交易中的价格，是指从计息日开始计算的合约约定期限内的合约利率。远期利率交易中的报价方式与资金拆借的利率表示方式相近，但它多了一个

① 2006年，国家外汇管理局就规定，境内机构和个人不得以任何形式参与境外人民币对外汇衍生交易。中国境内的远期结售汇履约，应以约定远期交易价格的合约本金全额交割，不得进行差额交割。其目的在于限制利用衍生工具从事投机性交易。

合约规定的合约利率期限。在国际市场中，远期利率交易的利率报价行情可从路透终端机中的"FRAT"中获得，但实际交易的报价应从各家银行的报价中获得。

表 15 - 2 例举了国际市场中远期利率交易中的报价。其中，第一列第一行中的"3×6"表示 3 个月对 6 个月（英文表示为"Three Against Six）的合约期限，即从交易日（2013 年 4 月 25 日）起 3 个月末（即本年 7 月 25 日）为起息日、在交易日后的 6 个月末（即本年 11 月 25 日）为到期日，协议利率的期限为 3 个月期。

表 15 - 2   远期利率交易的市场报价（举例）   2013 年 4 月 25 日

单位:‰

期限	美元	欧元	日元
3 × 6	6. 08 ~ 6. 14	7. 08 ~ 7. 14	5. 08 ~ 5. 14
2 × 8	6. 16 ~ 6. 22	7. 16 ~ 7. 22	5. 16 ~ 5. 22
6 × 9	6. 03 ~ 6. 09	7. 03 ~ 7. 09	5. 03 ~ 5. 09
6 × 12	6. 17 ~ 6. 23	7. 17 ~ 7. 23	5. 17 ~ 5. 23

第二列第一行中的美元"6.08‰ ~ 6.14‰"为报价方报出的远期利率合约买卖价。其中，6.08‰为报价方的买入价。如果与对手方成交，就意味着报价方在结算日支付 6.08‰的利率给卖出方，并从卖出方收取合约规定的参照利率。另外，6.14‰为报价方的卖出价。如果与对手方成交，就意味着报价方在结算日支付 6.14‰的利率给买入方，并将合约规定的参照利率支付给买入方。

不难看出，远期利率交易的主要功能在于，通过预先锁定未来一段时间内的利率来防范这一时间内利率变动带来的风险。因此，它为商业银行等金融机构和众多企业所运用。

三　远期信用证

信用证（Letter of Credit，L/C），是指在国际贸易中开证银行应申请人（如进口商）的要求和指示向第三方（如出口商）开出的载有一定金额的并在一定期限内凭合规单据付款的书面保证文件。远期信用证（Usance Credit，Usance L/C），是指在国际贸易中开证行依照申请人的要求和指示向第三方开出的载有明确金额、时间等事项的远期汇票。这一定义中有三个要点：第一，三方主体。信用证涉及的是开证行、申请人（如进口商）和受益人（如出口商）等三方之间的主体关系，远期信用证也不例外。第二，内容。信用证内容主要包括金额、期限和申请人的指向等，远期信用证也是如此。第三，付款条件。信用证具有汇票的性质，但它与一般汇票的区别是，它需要与符合规定的单据（如出口的海关单据等）一同使用方为有效。信用证可分为远期信用证与即期信用证，二者的主要区别在于期限的不同。

福费廷，是英语"Forfeiting"的中文音译，源于法语"A forfait"，其含义为无追索权融资，或称买断式融资。在国际贸易领域，福费廷是指在延期付款的大宗贸易交易中，出口商把由进口商承兑的远期信用证无追索权地出售给出口商的开户行以立即回笼资金的一种融资方式。它与远期信用证交易中的汇票贴现有相似之处，但也有所不同。不同之处主要有三点：第一，在远期信用证交易中的汇票贴现业务中，银行通常要求对贴现所垫付的资金保留追索权；但在福费廷融资中，银行（即专业贴现商）不再要求保留此类追索权，因此，属于对远期信用证的"买断式"交易。第二，远期信用证交易中的汇票贴现业务在范围上通常仅限于对跟单信用证中的银行承兑汇票进行贴现；但在福费廷融资中，业务范围更加广泛，它既可以是信用证，也包括银行保函中的汇票、本票等。第三，在远期信用交易中的汇票贴现，对合同金额和期限一般没有严格要求，因此，这种交易方式大致属于短期融资范畴；但在福费廷融资中，交易票据通常要求是 100 万美元以上的大宗贸易合同、期限大多为 1~5 年，因此，大致属于中期融资。

按照承兑主体的不同，远期信用证可分为银行承兑信用证（Banker's Acceptance Credit）和商号承兑信用证（Trader's Acceptance Credit）两种。按照期限界定不同，远期信用证可分为承兑信用证（Acceptance L/C）和延期付款信用证（Deferred Payment L/C）两种。按照远期汇票贴现的承担者的不同，远期信用证可分为卖方远期信用证（Seller's Usance Credit）和买方远期信用证（Buyer's Usance Credit）两种。其中：

银行承兑远期信用证，是指由开证行（或其指定的另一家银行）为付款人的信用证。运用此类信用证时，通常的手续包括：第一，由出口地的议付行对受益人交来的符合信用证规定的远期汇票和单据进行审核；第二，议付行审核无误后再将远期汇票等凭证转交开证行（或其指定付款行）在议付行所在地的分行（或代理行），要求其承兑；第三，开证行审核无误后，予以承兑，到期付款；第四，开证行（或其指定付款行）承兑远期汇票后，留下单据等凭证，退还汇票；第五，在远期汇票到期前，受益人（或议付行）可持退回的承兑汇票向当地贴现市场进行贴现，获得对应的现金。

卖方远期信用证，又称真远期信用证，是指由卖方承担远期汇票贴现利息的信用证。由于在国际贸易的远期交易中，交易双方以远期交易价格成交，远期付款的利息通常已计入货价之中，所以，如果卖方（即出口商）需要将远期信用证进行贴现，就应承担贴现利息。

买方远期信用证，又称假远期信用证，是指附有远期汇票贴现利率由买方承担的特别条款从而由买方承担远期汇票贴现利息的信用证。由于在国际贸易即期交易中交易双方以货物的即期价格成交，远期付款的利息并未进入货价之中，所以，远期付款引致的利息应由买方（进口商）承担。

押汇（Documentary Bills），又称买单结汇，是指在审核单据无误条件下，议付行按照信用证条款买入受益人的汇票和单据，从汇票的票面金额中扣除从议付日到估计收到票款之日的利息并将余款付给受益人的行为。在此情形下，一方面远期汇票的受益人可获得资金，安排经营活动；另一方面，议付行成为汇票持有人，既获得了利息收入，又可凭持有的汇票向付款行索取票款。远期信用证承兑后押汇的期限为押汇起息日起至承兑付款日，其押汇利息计算公式为：

$$押汇利息 =（押汇金额 \times 押汇利率 \times 押汇天数）\times \tag{15.2}$$
$$（承兑付款日 - 押汇起息日）/360 天$$

在国际贸易中，远期信用证作为一种融资方式，由于付款期限较长，在企业（如进口商）信用、银行信用、市场走势等诸多方面都存在风险。这些风险主要包括：第一，诈骗套资风险。开立无贸易背景远期信用证，是一些企业骗取银行资金的一种手段。例如，利用假合同和假单据伪造贸易，伪造虚构转口贸易，以买卖仓单方式虚构转口贸易，以对开信用证的方式虚构贸易等，国内开证申请人和国外受益人联手诈骗银行资金。这是中国人民银行从 1997 年起就严禁各商业银行开立无贸易背景远期信用证的一个主要原因。第二，挪用资金风险。在远期信用证业务中，进口商在收回货款后，由于付款日期尚未到期，就可能将这笔资金用于经营活动的周转或挪作他用（如进行债券、股票、期货等金融产品的交易），以致到期难以偿付本息资金。第三，市场风险。由于国际市场价格波动频繁，一旦进口商品的价格下跌，销售不畅，进口商难以到期收回资金，将无法按时偿付进口商品货款，银行就将陷入被迫垫付资金的境地，由此形成不良垫款。对此，需要强化风险控制的制度、程序、审核、监控和检查等管理。

四　远期汇票

远期汇票（Time Bill or Usance Bill），是指由买方向卖方开出的在一定期限（或特定日期）付款的商号汇票。远期商业汇票经由银行承兑后转换为银行承兑汇票。远期汇票可分为定期付款汇票、出票日后定期付款汇票、见票后定期付款等三种。在付款时间方面，远期汇票有四种规定方式：一是见票后若干天付款（At XX days after sight）；二是出票后若干天付款（At XX days after date）；三是提单签发日后若干天付款（At XX days after date of bill of lading）；四是指定日期付款（Fixed date）。不难看出，远期汇票与即期汇票的主要区别在于兑付时间不同。即期汇票的兑付要求是见票即付，远期汇票则是出票后在指定期限兑付。

在远期汇票交易中，当事人主要包括：第一，出票人。这是指签发汇票的主体，如出口商或商业银行等。第二，受票人。受票人又称"付款人"，是指接受支付命令并付款的主体，如进口商或其指定的商业银行。第三，受款人。这是指受领汇票所规定金额的主体，如出口商或其指定的商业银行。在远期汇票交易转让的场合，当事人还包括持票人、背书人和受让人等。

经商业银行承兑后的远期汇票可用于贴息交易。在贴息交易中，持票人既可以将承兑汇票拿到二级市场上贴现交易，也可以直接背书将汇票贴现给银行。在贴息交易中，远期汇票的持票人需要缴付三笔费用：其一，承兑费，即商号远期汇票在办理商业银行承兑中由商业银行收取的费用。在伦敦市场上，商业银行收取远期汇票的承兑费，最低按照 60 天承兑期（即 2‰）收费。这笔承兑费通常由买方负担；但如果卖方要求承兑远期汇票的目的是为了贴现的场合，承兑费由卖方负担。其二，贴印花税。在伦敦市场上，英国对 3 个月的远期国内汇票按 2‰收取贴印花税、6 个月的远期国内汇票按 4‰收取贴印花税，国际汇票按国内汇票贴印花税的 50% 收取贴印花税。其三，贴现息，即按照贴现率计算的利息损失。在国际市场上，贴现率通常略低于商业银行的贷款利率。贴现息的计算公式是：

$$贴现息 = 票面金额 × 贴现率 × 贴现天数/360（或 365）\qquad (15.3)$$

在公式 15.3 中，由于贴现率多用"年"表示，但具体计算中应折成"日"率；"贴现天数"是指距到期日提单付款天数；一年基本天数英镑以 365 天计算，美元按 360 天计算。

五 远期结售汇

远期结售汇，是远期外汇交易的衍生产品。它指客户与商业银行之间签订的就约定未来某个时间内结汇或售汇的外汇币种、金额、期限与汇率并在到期时按照约定的这些事项办理结售汇的协议。在中国，工商企业等客户只需向商业银行等金融机构交纳规定数额的保证金就可办理一定期限内（如 3 年）任意时点的远期结售汇业务。运用远期结售汇机制，有利于客户防范汇率风险及进行货币的保值。但是否一定要运用远期结售汇机制进行货币的套期保值，既需要根据客户对汇率走势预期来判断，也需要根据客户资金运作的机会成本来判断。例如，在预期人民币与美元的比值处于升值区间且升值概率较高的条件下，可以考虑选择远期结售汇机制，反之，则可以考虑不选用这种机制。

在中国，可办理远期结售汇的币种包括美元、日元、港币、欧元、瑞士法郎、澳大利亚元、英镑和加拿大元等。远期结售汇的期限分为固定期限和择期交易期限两种，其中，固定期限包括 7 天、20 天、1 个月、2 个月、3 个月、4 个月、5 个月、6 个月、7 个月、8 个月、9 个月、10 个月、11 个月和 12 个月等类型；择期交易期限由择期交易的起始日和终止日决定（但择期交易的起始日和终止日的选择，应与固定期限的任何一档相吻合）。

在客户办理远期结售汇业务中，商业银行通过买卖汇率差价来获得收入，所以不再收取额外费用。远期结售汇的汇率计算，通常选择国际市场远期外汇交易的方法，远期汇率的高低主要由即期汇率走势、美元（或其他国际货币币种）利率与人民币利率的差额以及远期结售汇的交割期限长短等因素决定。

受国际贸易的不确定性影响和交易对手方付款时间的影响，客户（如出口商）

可能在远期结售汇协议约定的时间内不能履行交割手续，在此条件下，可向商业银行申请办理展期手续。在展期时，商业银行需要以当日的即期结售汇价对冲原有的远期交易，由此，客户可能面临着一定数额的盈亏。如果客户有盈利，该盈利将暂存于商业银行账户中，待最终交割后由商业银行一并支付给客户；如果客户有亏损，则该亏损额直接从客户在商业银行的账户中扣除。

六　其他远期交易产品

除了上述远期交易产品外，在中国还有债券、商品、黄金等品种的远期交易产品，同时，随着远期交易市场的发展，也还将产生新的远期交易产品。债券、商品和黄金的远期交易简要情况如下。

1. 债券远期交易市场

2005 年 5 月 11 日，中国人民银行出台了《全国银行间债券市场债券远期交易管理规定》（〔2005〕9 号），其中规定：第一，债券远期交易，是指交易双方约定在未来某一日期，以约定价格和数量买卖标的债券的行为。第二，远期交易标的债券券种应为已在全国银行间债券市场进行现券交易的中央政府债券、中央银行债券、金融债券和经中国人民银行批准的其他债券券种。远期交易从成交日至结算日的期限（含成交日不含结算日）由交易双方确定，但最长不得超过 365 天。第三，远期交易实行净价交易，全价结算。第四，远期交易双方应于成交日或者次一工作日将结算指令及辅助指令发送至中央结算公司。第五，远期交易到期应实际交割资金和债券。第六，任何一家市场参与者单只债券的远期交易卖出与买入总余额分别不得超过该只债券流通量的 20%，远期交易卖出总余额不得超过其可用自有债券总余额的 200%。第七，市场参与者中，任何一只基金的远期交易净买入总余额不得超过其基金资产净值的 100%，任何一家外资金融机构在中国境内的分支机构的远期交易净买入总余额不得超过其人民币运营资金的 100%，其他机构的远期交易净买入总余额不得超过其实收资本金或者净资产的 100%。由此，拉开了中国的债券远期交易市场的序幕。到 2005 年 8 月 9 日，债券远期交易共成交 40 笔、52.28 亿元。在交易期限上，一个月以内的有 24 笔，一年期的有 11 笔，交易期限呈现"两头多，中间少"的特点。在交易券种上，主要是国债和央行票据。

2. 商品远期交易市场

在电子商务发展的背景下，中国的商品交易借助电子技术快速向商品远期交易方向展开。到 2011 年，各地从事远期商品交易的市场已超过百家，交易金额超过了 8 万亿元。交易品种众多，从农产品、能源到原材料等，包括了大蒜、辣椒、玉米、绿豆、棉花、红小豆、白糖等农产品，黑色、有色、稀有等金属品，焦炭、原油、成品油、天然气等能源，PVC、苯乙烯、甲醇、甲苯、二甘醇、化肥等化工品，蚕丝、丝绸、棉纱等纺织原料。这些大宗商品电子交易市场的交易模式主要有现货预约购销交易、电子盘交易和仓单交易等三种，基本可以满足不同种类商品交易的需求。由于与股票、期货等相比，这些大宗商品的远期交易具有参与门槛低、T+0、双向交易、夜市交易、手续简单等特点，所以得到了众多投资者的青睐。

3. 黄金远期交易市场

在中国，黄金远期交易是由"澳大利亚和新西兰银行（中国）有限公司"（简称"澳新中国"）开发的。2010 年 8 月，澳新中国与一家银行在上海黄金交易所进行了第一笔人民币黄金远期交易。到 2012 年底，澳新中国已经与 2 家金融机构、5 家大型企业签订了人民币黄金远期法律协议。该产品在开发中借鉴了国际市场美元黄金远期特点（例如，双方进行额度交易等），同时考虑中国黄金市场的实际情况与法律法规要求，从而使这一产品具有如下特点：以人民币报价，以上海黄金交易所（简称"金交所"）的现货黄金为标的，可在金交所内进行交割，双方签署NAFMII（中国银行间市场交易商协会）主协议与黄金远期附属协议等。另外，这一产品的定价参考了金交所现货黄金价格、黄金期货价格和人民币利率走势等价格因素。

第三节　远期合约的定价

一　定价模型的假设条件

远期合约是指交易双方在将来某一时间，按某一确定价格买卖一定数量的某种资产的合约。金融远期合约是指交易双方在将来某一时间，按某一确定价格买卖一定数量的某种金融资产的合约。国际市场中的金融远期合约主要包括：远期利率合约、远期外汇合约、远期股票合约等。

远期合约定价的基本假设条件有五点：一是金融交易市场中不存在套利机会；二是金融市场交易中没有交易费用、税收及其他费用；三是金融市场中存在无风险借贷；四是金融市场交易中允许进行卖空操作；五是金融市场交易中不存在违约风险。

在这些假设条件下，记 r 为无风险利率，t 为当前时刻，T 为到期时刻，S_t 为 t 时刻远期标的资产的价格，K 为远期合约的交割价格，f 为 t 时刻的远期价值，F 为 t 时刻的远期价格。利用无套利定价原理，分三种情形讨论远期合约定价问题。

二　不支付收益的投资资产的远期价格

假设市场不存在套利机会，可构建如下两个组合：
组合 A：一份远期合约多头加上一笔数额为 $Ke^{-r(T-t)}$ 的现金
组合 B：一单位标的资产
由此可知，组合 A 与组合 B 于到期时刻 T 的价值相等，根据无套利原则，它们的现值一定相等。即：

$$f + Ke^{-r(T-t)} = S_t \qquad (15.4)$$

于是，远期合约价值为：

$$f = S_t - Ke^{-r(T-t)} \qquad (15.5)$$

而远期价格是使得远期合约价值为零的交割价格 K，即当 $f = 0$ 时，$K = F$。易得：

$$F = S_t e^{r(T-t)} \qquad (15.6)$$

这就是不支付收益的投资资产的现货 – 远期平价定理。

三 支付已知现金收益的投资资产的远期价格

假设市场不存在套利机会，可构建如下两个组合：

组合 A：一份远期合约多头加上一笔数额为 $Ke^{-r(T-t)}$ 的现金

组合 B：一单位标的资产加上利率为无风险利率、期限为从当前时刻到现金收益派发日、本金为 I_t 的负债。

可知，组合 A 与组合 B 于到期时刻 T 的价值相等，根据无套利原则，它们的现值也一定相等。即：

$$f + Ke^{-r(T-t)} = S_t - I_t \qquad (15.7)$$

于是，远期合约价值为：

$$f = S_t - I_t - Ke^{-r(T-t)} \qquad (15.8)$$

根据远期价格定义，令 $f = 0$，$K = F$，可得：

$$F = (S_t - I_t) e^{r(T-t)} \qquad (15.9)$$

这就是支付已知现金收益的投资资产的现货 – 远期平价定理，可适用于支付固定红利的远期股票合约、支付固定利息的远期利率合约的定价。

四 支付已知红利率的投资资产的远期合约

假设市场不存在套利机会，可构建如下两个组合：

组合 A：一份远期合约多头加上一笔数额为 $Ke^{-r(T-t)}$ 的现金

组合 B：$e^{-q(T-t)}$ 单位标的资产并且所有收入均再投资于该标的资产

其中，q 为该资产按连续复利计算的已知收益率。由于组合 A 与组合 B 于到期时刻 T 的价值相等，根据无套利原则，它们的现值也一定相等。即

$$f + Ke^{-r(T-t)} = S_t e^{-q(T-t)} \qquad (15.10)$$

于是，远期合约价值为：

$$f = S_t e^{-q(T-t)} - K e^{-r(T-t)} \qquad (15.11)$$

根据远期价格定义，令 $f = 0$，$K = F$，可得：

$$F = S_t e^{(r-q)(T-t)} \qquad (15.12)$$

这就是支付已知红利率的投资资产的现货 – 远期平价定理。可适用于支付固定红利率的远期股票合约、远期外汇合约的定价。

第十六章　期货交易市场

远期交易建立在非标准化交易合约的基础上，它虽然有利于满足交易双方的个性化要求，但不利于集中交易，也很难形成合约的连续性交易、探寻具有连续交易特征的市场价格。在克服远期交易不足的基础上，期货交易应运而生。期货已是国际商品市场（尤其是大宗商品市场）和国际金融市场中的一种主要交易方式。期货交易实质上是一种权益交易，即交易双方有权根据预先规定的价格在未来的某个时期内完成买卖行为，获得收益；这种权益交易，是从现货市场中的权益关系派生出来的。在现代资本市场中，期货市场是一个不可缺少的组成部分，它在减缓资本交易市场的波动、探寻金融工具的价格水平、保障投资者的权益和促进资源配置等方面都有重要的作用。本章着重探讨期货交易的内涵、特点、类型和定价方式等。

第一节　期货交易的内涵和特点

一　期货交易的内涵

期货交易（Futures），下文简称"期货"，是指市场参与者按照标准化期货合约展开公开交易的行为及其关系的总和。从这一定义中可见，一方面期货交易的直接对象既非某种具体的商品，又非某种具体的金融产品，而是由期货交易所提供的标准化期货合约。这是期货交易与其他各种商品交易或金融交易的最主要区别。另一方面，期货交易是一种公开交易，它与远期交易、现货交易中的私下交易有明显的区别。

在期货交易中，有五个要点需要把握。

1. 期货市场的各方参与者

在期货交易市场中，期货交易所是市场的组织者，并非交易的对手方。期货公司，又称"期货经纪公司"，是代客户进行买卖的中介机构，也不是交易的对手方。只有期货合约的买卖双方（投资者）才互为交易对手方。

2. 期货合约

期货合约是期货交易的直接对象，它有六个方面的规定。

第一，合约的设计主体。期货合约是由期货交易所根据现货市场交易情况、商品和金融产品的特性及交易量、期货市场参与者情况、技术可控性和相关法律制度等设计的，不是交易各方自己商议签订的。这与场外交易不同。

第二，合约的标的物。每份期货合约均有明确的标的物，如石油、粮食、外汇、债券、股指等。其内在机理是，虽然期货市场参与者交易的直接对象是期货合约，但他们最终需要的并非期货合约，而是具体的商品实物或金融产品。

第三，标的物的规格、等级、数量和相关技术指标。每份期货合约都对标的物的规格、等级、相关技术指标和数量做出了明确的规定。这是因为，这些要件的不同，将引致交易价格的重大差别，关系到交易各方的直接利益。

第四，合约的时间。期货合约在时间的有效期上有明确的规定。这不仅是因为期限不同将直接影响标的物的价格变化，而且是因为只有明确了期限，才能明确交割日，从而展开期货交易中的各种策略运作。期货交易可在规定时期内的任一时间交割，但在多数市场上，只存在规定了特定交割月份的期货合约。

第五，标的物的交货地点。期货交易中每种标的物都规定了明确的交货地点。这不仅是因为不同的交货地点涉及的各种费用（如运输费、保管费和保险费等）不同，而且是因为不同的交货地点受到不同因素的影响（如自然气候、运输条件、道路状况等），从而可能影响交割时间并进一步影响交易各方的权益。在期货交易中，合约必须在一个或多个指定地点进行交割。

第六，合同人的身份。期货合约是由期货交易所提供的。在初步合约签订之后，买者与卖者之间一般不再进一步交易，不存在信用风险，合约的履行由期货交易所通过收取固定比例的保证金来负责担保，并充当所有买者的卖者和所有卖者的买者。

3. 交易制度

期货交易有一系列制度规定，其中，一些规则由相关法律法规规定，一些规则由期货交易所根据自己的特点制定。这些制度公开透明，具有法律效力。在进行期货交易时，交易各方必须严格遵守这些规定，期货交易所也必须依法落实这些制度规定。期货交易制度主要涉及保证金、结算、涨跌停板、持仓限额、大户报告、交割、强行平仓、风险准备金和信息披露等内容。

在中国，1999年6月2日国务院发布了《期货交易管理暂行条例》，2007年3月6日对这一制度进行了修改，经过进一步修订，国务院于2012年10月24日出台了《期货交易管理条例》（以下简称《条例》）。这一《条例》由总则、期货交易所、期货公司、期货交易基本规则、期货业协会、监督管理、法律责任、附则8章87条构成。其中包括以下内容。

第一，范畴界定。《条例》规定：期货交易，是指采用公开的集中交易方式或者国务院期货监督管理机构批准的按照其他方式进行的以期货合约或者期权合约为交易标的的交易活动。其中：

期货合约，是指期货交易场所统一制定的、规定在将来某一特定的时间和地点交割一定数量标的物的标准化合约。期货合约包括商品期货合约和金融期货合约及其他期货合约。

期权合约，是指期货交易场所统一制定的、规定买方有权在将来某一时间以特定价格买入或者卖出约定标的物（包括期货合约）的标准化合约。

期货交易应当在按规定设立的期货交易所内进行。

第二，期货交易所。《条例》规定：期货交易所的设立应由国务院期货监督管理机构审批。

期货交易所履行6个方面职责：提供交易的场所、设施和服务；设计合约，安排合约上市；组织并监督交易、结算和交割；为期货交易提供集中履约担保；按照章程和交易规则对会员进行监督管理；国务院期货监督管理机构规定的其他职责。期货交易所不得直接或者间接参与期货交易。

期货交易所应当建立健全下列风险管理制度：保证金制度；当日无负债结算制度；涨跌停板制度；持仓限额和大户持仓报告制度；风险准备金制度；国务院期货监督管理机构规定的其他风险管理制度。实行会员分级结算制度的期货交易所，还应当建立健全结算担保金制度。

当期货市场出现异常情况时，期货交易所可以采取下列紧急措施，并应当立即报告国务院期货监督管理机构：提高保证金；调整涨跌停板幅度；限制会员或者客户的最大持仓量；暂时停止交易；采取其他紧急措施。

第三，期货公司。期货公司是经营期货业务的金融机构。设立期货公司，应当经国务院期货监督管理机构批准，并在公司登记机关登记注册。期货公司业务实行许可制度，由国务院期货监督管理机构按照其商品期货、金融期货业务种类颁发许可证。期货公司除申请经营境内期货经纪业务外，还可以申请经营境外期货经纪、期货投资咨询以及国务院期货监督管理机构规定的其他期货业务。

期货公司不得为其股东、实际控制人或者其他关联人提供融资，不得对外担保。期货公司从事经纪业务，接受客户委托，以自己的名义为客户进行期货交易，交易结果由客户承担。

第四，期货交易基本规则。在期货交易所进行期货交易的，应当是期货交易所会员。期货交易所会员应当是在中华人民共和国境内登记注册的企业法人或者其他经济组织。

期货公司接受客户委托为其进行期货交易，应当事先向客户出示风险说明书，经客户签字确认后，与客户签订书面合同。期货公司不得未经客户委托或者不按照客户委托内容，擅自进行期货交易。期货公司不得向客户做获利保证；不得在经纪业务中与客户约定分享利益或者共担风险。

客户可以通过书面、电话、互联网或者国务院期货监督管理机构规定的其他方式，向期货公司下达交易指令。客户的交易指令应当明确、全面。

期货交易所应当及时公布上市品种合约的成交量、成交价、持仓量、最高价与最低价、开盘价与收盘价和其他应当公布的即时行情，并保证即时行情的真实、准确。期货交易所不得发布价格预测信息。

期货交易应当严格执行保证金制度。期货交易所向会员、期货公司等客户收取的保证金，不得低于国务院期货监督管理机构、期货交易所规定的标准，并应当与自有资金分开，专户存放。期货公司应当为每一个客户单独开立专门账户，设置交易编码，不得混码交易。

期货交易的结算，由期货交易所统一组织进行。期货交易所实行当日无负债结算制度。期货交易所应当在当日及时将结算结果通知会员。期货公司根据期货交易所的结算结果对客户进行结算，并应当将结算结果按照与客户约定的方式及时通知客户。客户应当及时查询并妥善处理自己的交易持仓。期货交易所会员的保证金不足时，应当及时追加保证金或者自行平仓。会员未在期货交易所规定的时间内追加保证金或者自行平仓的，期货交易所应当将该会员的合约强行平仓，强行平仓的有关费用和发生的损失由该会员承担。客户保证金不足时，应当及时追加保证金或者自行平仓。客户未在期货公司规定的时间内及时追加保证金或者自行平仓的，期货公司应当将该客户的合约强行平仓，强行平仓的有关费用和发生的损失由该客户承担。

期货交易的交割，由期货交易所统一组织进行。交割仓库由期货交易所指定。期货交易所不得限制实物交割总量，并应当与交割仓库签订协议，明确双方的权利和义务。

会员在期货交易中违约的，期货交易所先以该会员的保证金承担违约责任；保证金不足的，期货交易所应当以风险准备金和自有资金代为承担违约责任，并由此取得对该会员的相应追偿权。客户在期货交易中违约的，期货公司先以该客户的保证金承担违约责任；保证金不足的，期货公司应当以风险准备金和自有资金代为承担违约责任，并由此取得对该客户的相应追偿权。

4. 期货交易所的基本制度

这是指期货交易所为了维护期货交易的正常秩序、防范交易风险等而制定的一系列规范期货交易中各方行为的制度。其中主要包括以下内容。

第一，持仓限额制度。持仓限额制度，是指期货交易所为了防范操纵市场价格的行为和防止期货市场风险过度集中于少数投资者，对会员（或客户）的持仓数量进行限制的制度。超过限额，交易所可按规定强行平仓或提高保证金比例。

第二，大户报告制度。大户报告制度，是指当会员（或客户）持有某个期货品种的仓位头寸达到交易所规定的头寸限量80%以上（含本数）时，会员（或客户）应向交易所报告其资金情况、头寸情况等的制度。这一制度的目的在于防范大户操纵市场价格、控制市场风险。

第三，实物交割制度。实物交割制度，是指在期货合约到期时交易双方应将期货合约所载明商品的所有权按规定进行交割的制度。这一制度的目的在于保障该合约到期结清。

第四，保证金制度。保证金制度，是指在期货合约交易中交易的各方必须按照交易所规定交纳交易保证金的制度。这一制度的目的在于，既能维护期货交易中的"杠杆效应"，又可有效防范期货交易中的风险。

第五，每日结算制度。期货交易所实行每日无负债结算制度，又称"逐日盯市"，是指每日交易结束后，交易所按当日结算价结算所有合约的盈亏、交易保证金及手续费、税金等费用，对应收应付的款项同时划转，相应增加或减少会员的结算准备金。这一制度的目的在于维护交易各方的公平和防范期货交易的风险。

第六，涨跌停板制度。涨跌停板制度，又称每日价格最大波动限制制度，是指由期货交易所规定的每个交易日任何一种期货合约的交易价格波动幅度上下限制度。这一制度的目的在于避免恶意炒作，维护交易秩序和防范交易风险。

第七，强制平仓①制度。强制平仓制度，是指当会员（或客户）的交易保证金不足并未在规定的时间内补足时，或者当会员（或客户）的持仓量超出规定的限额时，或者当会员（或客户）违规时，交易所有权对会员（或客户）的仓位头寸进行买卖的制度。这一制度的目的在于防范风险进一步扩大，维护期货交易秩序。

第八，风险准备金制度。风险准备金制度，是指期货交易所从自己收取的会员交易手续费中提取一定比例的资金，作为确保交易所担保履约的备付金的制度。这一制度的目的在于为维护期货市场正常运转而提供财务担保和弥补因不可预见的风险带来的亏损。

5. 交易信息

期货市场的价格波动既受制于现货市场又受制于期货市场的供求关系，从原理上说，一切可能引致期货市场价格波动的因素均属于交易信息的范畴。另外，与其他金融市场相同，对投资者来说，知识、经验、分析技术和技能等直接影响其交易能力和交易成败，因此，也属于交易信息的范畴。在一般情况下，期货市场的交易信息主要包括以下内容。

第一，由买卖双方形成的供求关系。在买方众多而卖方较少的条件下，期货价格上行；反之则相反。

第二，宏观经济走势。在经济高涨期间，期货价格通常走高，反之则相反。

第三，产业走势。在实物期货交易中，对应产业部门的经济走势对该种期货

---

① 平仓（Close Position），是指期货交易者买入或者卖出与其所持期货合约的品种、数量及交割月份相同但交易方向相反的期货合约，以结束期货交易的行为。

价格有明显的影响。当宏观经济走低时，某个产业部门的走势强劲，与其对应的期货价格可能走高；反之则相反。

第四，经济政策变动。政府的政策变动直接影响现货市场的供求关系，也必然影响期货市场的价格走势。当经济政策利好时，期货价格可能走高，反之则相反。

第五，自然气候。对相当多的农产品而言，自然气候状况直接影响它们的产量，因此必然引致供求关系的变化。当自然气候较差时，农产品歉收，价格将呈上行趋势，由此，对应的期货价格也将走高；反之则相反。

第六，运输条件。在运输条件有保障时，期货交割比较容易按期实现，由此，期货价格比较平稳；但在运输条件因自然原因或人为原因缺乏保障时，按期交割就会存在较强的不确定性，由此，期货价格就可能上行。

此外，期货市场价格波动还受到政治、社会、文化、心理等因素的影响。

二　期货交易原理

在期货交易中，交易者的目的大致有三个：获得期货标的物、获得价差和保值。不同的交易者在买卖期货合约时的动机与目的不尽相同，有时甚至完全相反，这决定了期货交易中可能出现不同的结果。在市场活动中，不同交易者所运用的期货交易原理是不同的。期货套期保值、期货投机和期货套期图利，是期货交易中的三个主要原理。

1. 期货套期保值

所谓套期保值，是指相关期货品种的使用者在现货市场买卖相关标的物时，在期货市场中设立与现货市场相反的头寸，从而将现货市场价格波动的风险通过期货市场上的交易转嫁给第三者的一种交易行为。一般来说，期货套期保值交易有助于回避价格风险。这是因为，一方面某一时刻特定交易标的物的期货价格与现货价格受相同的经济因素的影响和制约；另一方面，市场走势的趋合性也会使套期保值交易成为可能，也就是说，当期货合约临近到期日时，现货价格与期货价格趋合，二者之间的价差接近于零。

套期保值交易可分为套期对冲保值和套期固定价格保值两个原理。其一，套期对冲保值。套期对冲保值的基本原理是：在期货市场上进行一个预定风险的期货交易，将现货市场上的现货交易所可能发生的价格风险抵消对冲，由此，一方面保障套期保值者获得预期利润；另一方面，由于保持了一个完全可控制的财务账目平衡，套期保值者能够回避风险。其二，套期固定价格保值。套期固定价格保值的基本原理是：套期保值者的目标并不在于保持其财务账目的平衡，而是要在现货价格水平高于其成本时增加卖出承诺；在现货价格水平低于其成本允许水平时增加买进承诺。在这两种情况下，固定价格套期保值者不会去按"固定价格"进行现货标的物的交割，而是要在期货合约交割期限之前结束用来与现货交易相配合的期货交易部位。这两个原理说明，套期保值实际上是用一种中和价格波动影响的方法来避免因价格的巨幅波动所可能造成的损失。

值得注意的是，从"保值"角度讨论的期货交易舍去了期货交易中各种费用和期限配比的差异。在实践中，如果将这些因素加入，则完整意义上的"保值"是比较难以实现的。

2. 期货投机交易

投机，是将资金投入某个获利机会中去的行为。它既是资本市场运行的产物，又是促进交易工具流动的重要因素。在期货市场上，套期保值者在进行套期保值交易的过程中，既转移了价格波动风险所可能造成的损失，又放弃了价格波动的风险收入。但投机者却恰恰愿意冒承担价格波动风险损失的危险，以求换取同时存在的价格波动风险收入。

在期货市场上，无论投机采用何种方式，其基本原则都是力争贱买贵卖，谋取价差收入，所以，期货投机交易的基本原理，也就是预测价格趋势的投机交易原理。这一原理的基本内容是：市场价格由于受到各种各样的因素影响而上下波动，并且在一定时期内具有一定的趋势。投机者可通过对一定时期内市场价格走势的预测，在价格看涨时买进期货，在价格看跌时卖出期货，获取低价买进高价卖出或者高价卖出低价买进之间的价差收入。显而易见，投机交易与套期保值交易在性质和作用上是完全不同的。投机交易者以赢利为目标，他们愿意承担价格波动的风险，通过从事低价买进、高价卖出的买空卖空活动来赚取收益，期望将少量资金进行高速度运转以获取较大的收益。

在期货市场中大多数乃至绝大多数交易者从事投机交易，这既活跃了期货市场交易，放大了期货交易数额，又容易引致期货交易的价格泡沫。

3. 期货套期图利交易

期货市场为众多的投资者提供了获利机会，使他们除了可以通过对价格趋势进行预测，在看涨时买进期货或在看跌时卖出期货来获取收益外，还可以利用期货之间价格差的变化来获得收益，这种交易就是套期图利交易。

套期图利，就是同时做两笔顺序相反的期货交易，即同时买进两张品质和数量相同但价格和价格变化幅度不同的期货合约，等待有利时机再同时将持有的多头部位卖出，将空头部位补进，交易的结果虽然是一笔亏损，另一笔赢利，但赢利抵补亏损后仍有剩余。在进行套期图利交易时，投机者注意的是合约之间的相对价格差异，而不是绝对的价格水平。套期图利交易的原理机制正是基于这种合约之间的相互关系的异常变化之上。

具体来看，在市场上，同一种标的物的不同月份期货之间、不同交易所交易的同种标的物之间、不同品种但存在相互替代关系或可转换的标的物之间、同一标的物的现货与期货之间都存在一种不断变动的价格相关关系。在这种不断变动的价格关系中，一般来说，会存在一定的正常价格关系，但是，由于受某种因素的影响，这种正常关系出现了反常的变化，由此，套期图利交易者在相关价格过高的市场卖出合约，同时在价格过低的市场买进同等数量和品质的合约，一旦时机成熟便低价买进原持有的空头部位的合约、高价卖出所拥有的多头部位的合约，两笔交易同时进行，结果是一盈一亏，盈亏相抵后仍有差额收益。

三　期货市场特点

与现货市场交易和远期交易市场相比，期货市场的特点主要有五点。

第一，合约标准化。期货交易是以期货合约为交易对象，由于期货交易从合约成交到实际交割要间隔很长一段时间，为防止交易双方因对合约的不同理解而产生争议，防止交割时因交易标的物的质量、等级、重量等方面的原因而引起过多纠纷，确保期货合约的可靠性和可交易性，便于期货交易的开展，期货合约都必须要经过严格标准化。因此，对期货交易的双方来说，由于其他因素已经标准化，所以，交易过程中只有价格一个因素是可变的，交易双方只需就价格达成协议即可成交。

第二，集中交易。期货交易必须在规定的交易所内进行，价格以公开竞价或计算机自动撮合的方式达成，只有交易所会员或其委托代表有资格直接进入交易所进行交易，一般投资者只能委托经纪公司代为交易。

第三，杠杆投资。投资者进行期货交易时，只需交纳少量的保证金和佣金即可。用少量的资本做成大量的交易，是期货投资的一大特点。一般情况下，保证金金额约占合约价格的 5% ~ 18%，大多数期货的保证金甚至不到 10%。所以，在现代社会中，期货是一种"以小搏大"的投资工具。

第四，高信用。在期货市场上，期货合约的履行，由结算所或专门的保证公司负责并提供信用保证，这样，投资者既可以节省调查、了解对方资信状况的交易费用，又可以避免因对方违约而造成的风险。

第五，公开化。期货交易的市场行情是完全公开的，并且不允许有任何虚假、误导和其他不实信息的传播，这使期货投资者可以根据自己对行情变化趋势的判断与预测来决定自己的交易策略。

期货交易与现货交易的区别主要表现在以下几个方面。第一，交易的直接对象不同。现货交易的直接对象是形式各异的商品实物或金融产品，但期货交易的直接对象是规范统一的期货合约。另外，现货交易的商品种类和金融产品种类众多，但期货交易的直接对象在品种上比较有限。第二，交易的直接目的不同。现货交易的直接目的是获得商品实物或金融产品，但期货交易的目的在多数场合中不是为了到期获得实物，而是套期保值或者获得价差收益。第三，交易的方式不同。现货交易通常采取"一对一"谈判、签订合同的方式，但期货交易采取的是公开竞价交易方式，它不允许进行"一对一"的谈判交易。第四，交易的场所不同。现货交易通常不受交易时间、地点、对象等的限制，有交易灵活方便、随机性强、交易对手方广泛等优点，但期货交易只能在期货交易所内集中进行，在交易时间、交易规则、交易对手方等方面都有严格限定。第五，参与交易的资质不同。在现货交易中，参与交易的各方在资质上一般没有专门限制，但在期货交易中，参与交易各方的资质受到严格的规定。第六，结算方式不同。现货交易中货款两清的方式比较灵活，可以先付款后发货，也可以先发货后付款；可以一次性付款购货或者发货收款，也可以多次发货一次收款或多次付款一次收货。但期货交易必须贯彻每日无负债的结算制度，不允许拖欠，且实行预付保证金制度，以保证每日结算。

期货交易与远期交易的区别主要表现在以下几个方面。第一，合约的形成方式不同。期货合约是由期货交易所制定的标准化合约，其中合约规定的交易规模、标的资产的品质、交割日期、交割地点等均由期货交易所设定。与此不同，远期合约是由交易双方通过谈判协商形成的非标准化合约，有很强的个性化和灵活性。第二，合约的交易地点不同。期货合约在期货交易所内公开集中交易，有确定的交易时间和地点。与此不同，远期合约交易的具体时间、地点可由交易双方随机商定。第三，交易价格的形成方式不同。期货合约在公开集中交易中由众多买家和卖家按照各自的意愿出价和报价，然后在期货交易所内通过竞价方式形成。与此不同，远期合约的交易价格通常以交易双方自行商议确定的方式形成。第四，交易风险不同。期货交易实行严格的保证金制度，这为交易双方提供了信用保障，使他们在交易中只面对价格波动风险，无须考虑对手方的信用风险。与此不同，在远期交易中，交易的每一方不仅需要面对价格风险，而且需要防范对手方的信用风险（因而，交易双方通常需根据对方信用状况在远期合约中约定与违约赔偿相关的条款）。第五，合约的可交易程度不同。期货合约属标准化合约，交易中的任何一方都可以在合约到期前进行再次交易或通过相反的交易（即对冲平仓）来结束履约责任。与此不同，远期合约属于个性化合约，通常难以寻找到合约转让的对手方，因此，可交易程度较差。第六，结算方式不同。期货交易每日都要由结算机构根据当日的结算价格对所有该品种期货合约的多头和空头计算浮动盈余或浮动亏损，并在其保证金账户上体现出来。与此不同，远期合约只有在到期后才能展开交割清算。

第二节　期货市场的发展和主要期货交易所

一　期货市场发展的简要历程

期货市场的萌芽出现在欧洲大陆。早在古希腊和古罗马时期，欧洲大陆就有过中央交易场所并在其中进行过大宗易货交易以及带有期货性质的贸易交易活动。但在2000多年的历史中，这些萌芽并没有发展成真实的期货交易。现代期货交易市场是从远期交易市场发展而来的。1571年，伦敦设立了第一家商品远期合同交易所——皇家交易所。1848年，82位谷物商人发起设立了美国芝加哥期货交易所（CBOT）。该交易所主要集中于谷物交易，于1851年引入了远期合约交易。鉴于远期合约交易中存在的种种限制和缺陷，1865年芝加哥期货交易所推出了一种被称为"期货合约"的标准化协议，取代原先沿用的远期合约。这种标准化合约允许合约转手买卖，同时，为了防范信用风险，期货交易所进一步完善了交易保证金制度。由此，以交易标准合约为基本方式的现代期货市场在发展中得以形成。

20世纪70年代，在金融创新背景下，芝加哥的CME与CBOT两家期货交易所进行了一系列金融期货产品的创新，开发了多项金融期货品种，使金融期货逐步成为期货市场的主体性交易品种。80年代以后，芝加哥期货交易所借助电子数字技术，积极发展电子交易平台，使期货交易在新技术支持下进一步得到发展。在20世纪末，各国期货交易所之间出现了收购合并的趋势，预示着期货交易市场国际整合步伐的加快。

在中国，期货交易的机理早已有之。在古代就已有由粮栈、粮市等构成的商品信贷和远期合约制度，但这些交易并没有发展成期货交易。中国的期货交易市场是从海外学习借鉴而来的。1930年以后，上海曾先后设立过多家期货交易所，其中一度出现过投机热炒期货的现象；1932年以后，大连、营口、奉天等15个城市曾设立过期货交易所，期货合约的主要标的物为大豆、豆饼、豆油等。1992年，在建立市场经济新体制的过程中，中国重新建立期货市场。几年间，中国各地纷纷设立了期货交易所。全国期货交易所的数量一度超过50家（超过世界其他国家和地区期货交易所的总和）。1994年和1998年，中国进行了两次市场整顿，暂停了一系列期货交易品种，关闭了众多期货交易所，整顿了期货交易所的乱象。目前，在中国大陆经批准合法经营的期货交易所包括上海期货交易所、大连期货交易所、郑州期货交易所和金融期货交易所4家。

二　"327"国债期货事件

"327"国债期货事件，是发生在1995年2月23日上海证券交易所内国债期货交易中的一件震惊中外的恶性事件。其中，"327"是指财政部在1992年发行的3年期、1995年6月到期兑换的国债在上海证券交易所的挂牌代码。

"327"国债期货事件的背景主要由三方面构成。其一，自1992年中国开始建立市场经济新体制以后，国债发行改变了以往行政摊派的做法，改为按照市场规则发行，但由于国债交易并不活跃，发行受到了限制。在此背景下，财政部试图通过开通国债期货交易来活跃国债二级市场交易，支持国债发行的顺利展开。1992年12月18日，上交所首先向证券自营商推出了国债期货交易，但由于证券自营商数量有限且他们的资金也相当紧缺，所以，国债期货交易极为清淡。有鉴于此，经监管部门批准，1993 年 10 月 25 日，上交所国债期货交易向社会公众投资者开放。与此同时，中国国内的一批商品交易所（如北京商品交易所等）也开始向其交易所内的投资者推出国债期货交易，由此，国债期货交易得到快速发展。到 1995 年年初，中国境内进行国债期货交易的场所已达 14 家（包括 2 家证券交易所、2 家证券交易中心和 10 家商品交易所）。另外，1993 年 3 月以后，由于股票市场的低迷和钢材、煤炭、食糖等大宗商品期货交易被暂停（主要原因在于各地纷纷设立商品交易所引致的乱象），大量资金流入国债期货市场。1994 年全国国债期货市场总成交量达 2.8 万亿元。由此，国债期货成为被投机资金热炒的对象。其二，1992～1994 年的 3 年间，中国经济运行中通货膨胀高企，CPI 增长率从 1991 年的 3.4% 上升到 1994 年的 24.1%（1995 年为 17.1%）。在此条件下，尽管银行储蓄存款利率持续被调高，但负利率现象依然严重。为了保证各期国债的顺利发行，财政部决定对已经发行的国债实行保值贴补（即在原有国债利率基础上，再加上若干个百分点的补贴利率），保值贴补率由财政部根据通货膨胀指数的走势每月公布。由于对通胀率及保值贴补率有不同的预期，国债期货市场中多空分歧日益加重。其三，中国境内推出国债期货交易时间不长，一系列相关制度建设比较滞后，就是已有的制度规定也由于种种原因未能有效落实，这给"327"国债期货事件的发生提供了制度上的漏洞。

在"327"国债期货事件中，上海万国证券有限公司（简称"万国证券"）是做空的主角，中国经济技术开发信托投资公司（简称"中经开"）是做多的主角。1995 年年初，上交所市场上曾传言，鉴于 CPI 持续高涨和银行存款利率上调，财政部将对"327"国债进行利息补贴（即贴息）；但"万国证券"认为，当时国家财政资金十分紧张，难以拿出足够多的资金补贴"327"国债利率与市场利率之间的利差，同时，通货膨胀趋势已得到初步控制，CPI 呈下行走势，因此，国债期货价格走势将对做空有利。在此背景下，"万国证券"联合一批证券公司、投资公司等在"327"国债期货合约上巨额做空。1995 年 2 月 23 日，传言得到证实，财政部的确决定对"327"国债进行贴息，但此时，"万国证券"等做空一方已在"327"国债期货上重仓持有空单。当天下午，"万国证券"的重要盟友"辽国发"等机构突然翻空为多，做空联盟阵营顿时瓦解，这令"万国证券"始料不及，只能使其孤注一掷。于是，在下午 16 点 22 分以后的 8 分钟内，"万国证券"开始大量抛出卖单，最后一笔 730 万口的卖单令市场各方（投资者、交易所和监管部门）为之大惊。因为按照上交所的规定，国债期货交易 1 口为 2 万元面值的国债，730 万口的卖单为 1460 亿元，而当时"327"国债总计只有 240 亿元。在巨额抛售之下，1 口（面值 2 万元）的"327"国债期货收盘价跌到 147.40 元。当日，开仓的多头全线爆仓，"万国证券"由巨额亏损转为巨额赢利。但成交量的迅速放大并不能解决问题，重要的是期货交易中的一系列制度没有落实，其中包括持仓限额制度、强制平仓制度、保证金制度、涨跌停板制度和大户报告制度等。

"327"国债期货事件震撼了中国证券期货界。在仲裁机关的调解下，2月27日、28日进行了协议平仓，但效果并不理想。于是，3月1日又进行了强行平仓。随后，中纪委、监察部会同中国证监会、财政部、中国人民银行、最高人民检察院等有关部门组成联合调查组，在上海市政府配合下进行了4个多月的调查，在此基础上做出了严肃处理。1995年5月17日，中国证监会鉴于开展国债期货交易的基本条件尚不成熟，做出了暂停国债期货交易试点的决定。由此，中国第一个金融期货品种宣告夭折。

2013年9月6日，被暂停了18年的国债期货市场重新启动，上市合约品种为TF1312、TF1402和TF1406三个，当日累计成交约3.66万手。

三　期货分类

期货交易发展至今，国际期货市场的上市品种主要包括商品期货和金融期货两个大类。20世纪80年代以后，在国际期货市场中金融期货快速发展，已成为国际期货交易中占主导地位的品种。按照期货合约的标的物划分，期货可分为商品期货和金融期货两大类，其中，每一类又可分为若干小类。简要情况如下。

1. 商品期货

期货交易最初建立在商品现货市场的基础上。在相当长的一段时间内，商品类期货（特别是农产品期货）是期货交易的唯一品种。目前，全世界的商品期货共有50多种，其分布情况大体如下。

（1）农产品类期货：其商品包括小麦、大米、大麦、黑麦、大豆、玉米、燕麦、黄豆粉、黄豆油、砂糖、菜油、棕榈油、葵花籽油、亚麻仁油、亚麻仁、红豆、绿豆、咖啡、大豆粉、可可、生丝、棉花、木材、马铃薯、椰干、橙汁等。

（2）畜牧产品类期货：其商品包括生猪、生牛、肥牛、猪腩以及其他家畜和相关产成品。

（3）工业原料类期货：其商品包括丙烷、纯碱、聚丙烯、棉纱、橡胶、胶合板等。

（4）贵重金属类期货：其商品包括黄金、白金、白银等。

（5）有色金属类期货：其商品包括铜、铝、锡、镍、铅等。

（6）能源类期货：其商品包括原油（及由其制成的塑料、PTA、PVC）、重燃油、热燃油、含铅汽油、无铅汽油、轻原油、煤炭等。

（7）新兴品种：其商品包括气温、二氧化碳排放配额、天然橡胶等。

从经济功能上看，商品期货市场的主要功能在于套期保值、发现价格、促进商品的产销平衡，因而具有较强的商品交易市场性质，但它促进投资、资源配置等方面的功能较弱，远不及金融期货。

2. 金融期货

金融期货可分为外汇期货、利率期货和股票价格指数期货三种。

（1）外汇期货。外汇期货是以各种可自由兑换的外国货币作为交易对象的标准化合约，其主要功能是规避汇率风险。外汇期货是国际上出现最早的金融期货。1972 年 5 月 16 日，在固定汇率制崩溃、国际外汇市场汇价动荡的条件下，美国芝加哥商业交易所（CME）下属的货币市场分部率先创办了国际货币市场（IMM），推出了包括英镑、加拿大元、联邦德国马克、日元、瑞士法郎、法国法郎、墨西哥比索等 7 种货币在内的外汇期货合约，标志着外汇期货正式诞生。目前比较活跃的外汇期货主要有美元、欧元、英镑、澳元、日元、瑞士法郎、加拿大元等。在美国，这些外汇期货在芝加哥商业交易所进行交易，并以外币存款形式在指定外国金融机构交割，期货到期月份分别为 3 月、6 月、9 月和 12 月。

（2）利率期货。利率期货是以债券利率作为交易标的物的标准化合约。它有利于规避由利率波动引起的债券价格波动风险。利率期货可分为短期利率期货和长期利率期货，前者大多以银行同业拆借中 3 月期利率为标的物，后者大多以 5 年期以上长期债券为标的物。1975 年，在市场利率已从相对稳定转向频繁波动且金融期货和期权合约的交易量大幅度增加的条件下，美国芝加哥商业交易所推出了美国国民抵押协会抵押证期货，标志着利率期货开始进入国际金融期货市场。此后，利率期货交易便在英国、法国、日本、澳大利亚等世界各国和地区广泛开展，交易的主要品种有各发达国家的政府债券、欧洲美元债券和欧洲日元债券等。目前，利率期货交易量在全世界衍生工具的场内交易量中已经超过了 50%。1994～1995 年，中国开展的国债期货实际上是一种利率期货。

（3）股票价格指数期货。股票价格指数期货，简称股指期货，是指以股票价格指数为交易对象的标准化合约。由于股票指数是当期股票价格平均值与基期价格平均值之间的比率，并不是实际的金融资产，其本身无法进行交割，所以，这种交易通常采用的是现金交割方式。股指期货的出现，使投资者可以在更广泛的范围内投资于整个股市而不只是单个的股票上，从而避免了进行证券组合投资时的麻烦。股指期货由美国堪萨斯商品交易所（KCBT）于 1982 年率先推出。由于在该交易所进行的股指期货交易采用欧洲美元期货实行的现金交割方式，因此这引发了金融衍生交易的一场重大变革。此后，股指期货在伦敦、悉尼、中国香港、新加坡、东京、大阪等地纷纷开办。目前，国际上的主要股指期货有道·琼斯股价平均股票指数、综合商品物价指数、纽约股票交易所综合指数、标准普尔股票指数、香港恒生指数、日经指数等。2006 年 9 月 8 日，中国金融期货交易所在上海挂牌成立，首项推出的产品为沪深 300 股指期货。

四　国际主要期货交易所

国际贸易和国际金融交易受到国际期货交易所内交易状况的严重影响。全球主要期货交易所如表 16 - 1 所示。其中，下面是对一些重要的期货交易所的简要介绍。

表 16 - 1 国际主要期货交易所

国家和地区	交易所名称	代码	英文名称
中　国	上海期货交易所	SHFE	Shanghai Futures Exchange
	大连商品交易所	DCE	Dalian Commodity Exchange
	郑州商品交易所	ZCE	Zhengzhou Commodity Exchange
	中国金融期货交易所	CFFE	China Financial Futures Exchange
美　国	芝加哥期货交易所	CBOT	Chicago Board of Trade
	芝加哥商业交易所	CME	Chicago Mercantile Exchange
	芝加哥期权交易所	CBOE	Chicago Board Options Exchange
	纽约商业交易所	NYMEX	New York Mercantile Exchange
	纽约期货交易所	NYBOT	New York Board of Trade
	美国（纽约）金属交易所	COMEX	Commerce Exchange
	堪萨斯商品交易所	KCBT	Kansas City Board of Trade
加拿大	加拿大蒙特利尔交易所	ME	Montreal Exchange
英　国	伦敦国际金融期权交易所	LIFFE	London International Financial Futures and Options Exchange
	伦敦商品交易所	LCE	London Commerce Exchange
	英国国际石油交易所	IPE	International Petroleum Exchange
	伦敦金属交易所	LME	London Metal Exchange
法　国	法国期货交易所	MATIF	—
德　国	德国期货交易所	DTB	Deutsche Boerse
瑞　士	瑞士期权与金融期货交易所	SOFFEX	Swiss Options and Financial Futures Exchange
	欧洲期权与期货交易所	Eurex	The Eurex Deutschland
西班牙	西班牙固定利得金融期货交易所	MEFFRF	MEFF Renta Fija
	西班牙不定利得金融期货交易所	MEFFRV	MEFF Renta Variable
日　本	日本东京国际金融期货交易所	TIFFE	Tokyo International Financial Futures Exchange
	日本东京工业品交易所	TOCOM	Tokyo Commodity Exchange
	日本东京谷物交易所	TGE	Tokyo Grain Exchange
	日本大阪纤维交易所	OTE	—
	日本前桥干茧交易所	MDCE	—
新加坡	新加坡国际金融交易所	SIMEX	Singapore International Monetary Exchange
	新加坡商品交易所	SICOM	Singapore Commodity Exchange
澳大利亚	澳大利亚悉尼期货交易所	SFE	Sydney Futures Exchange
新西兰	新西兰期货期权交易所	NZFOE	New Zealand Futures & Options

国家和地区	交易所名称	代码	英文名称
中国香港	香港期货交易所	HKFE	Hong Kong Futures Exchange
南　非	南非期货交易所	SAFEX	South African Futures Exchange
韩　国	韩国期货交易所	KOFEX	—
	韩国证券期货交易所	KRX	—

（1）上海期货交易所（SHFE）。上海期货交易所成立于 1999 年，注册资本为 1.25 亿人民币。其成立背景是，1988 年 8 月，中国政府决定对期货市场进行结构调整，将原先的上海金属交易所、上海商品交易所和上海粮油商品交易所进行合并，组建上海期货交易所。目前，上海期货交易所上市交易的期货合约主要涉及铜、铝、锌、螺纹钢、黄金、天然橡胶和燃料油等品种。随着改革深化和上海国际金融中心的建设，上海期货交易所的国际化步伐也在加快。

（2）大连商品交易所（DCE）。大连商品交易所成立于 1993 年 2 月 28 日，是中国最大的农产品期货交易所和全球第二大大豆期货市场，已上市交易的有玉米、黄大豆 1 号、黄大豆 2 号、豆粕、豆油、棕榈油、线型低密度聚乙烯、聚氯乙烯和焦炭等期货品种。2010 年大连商品交易所在全球交易所期货期权交易量排名中位列第 13 名。

（3）郑州商品交易所（ZCE）。郑州商品交易所成立于 1990 年 10 月 12 日。它在现货远期交易成功运行两年以后，于 1993 年 5 月 28 日正式推出期货交易。目前，郑州商品交易所已上市交易的期货合约有小麦、棉花、白糖、精对苯二甲酸（PTA）、绿豆等品种。

（4）中国金融期货交易所（CFFE）。2006 年 9 月 8 日，中国金融期货交易所于上海成立，注册资本 5 亿元（分别由上海期货交易所、郑州商品交易所、大连商品交易所、上海证券交易所和深圳证券交易所各出资 1 亿元人民币）。2010 年 4 月 16 日，中国金融期货交易所推出沪深 300 股指期货合约等交易品种，目前正深入研究开发国债、外汇期货及外汇期权等金融衍生产品。

（5）芝加哥商业交易所（CME）。芝加哥商业交易所是美国最大的期货交易所，也是世界上第二大交易期货合约和期权合约的交易所。该交易所设立于 1898 年，早年提供农产品的期货交易合约，20 世纪 80 年代以后，成为主要提供金融期货合约的交易所。2002 年 12 月，芝加哥商业交易所控股公司正式在纽约股票交易所上市，由此，芝加哥商业交易所从会员制的非营利性组织转变为营利性公司。

（6）芝加哥期货交易所（CBOT）。芝加哥期货交易所是世界上交易规模最大、最具代表性的农产品交易所。19 世纪初期，芝加哥是美国最大的谷物集散地，随着谷物交易的不断集中和远期交易方式的发展，1848 年，由 82 位谷物交易商发起设立了芝加哥期货交易所。1865 年，该交易所用标准的期货合约取代了远期合同，并实行了保证金制度。目前，该交易所除了提供玉米，大豆、小麦等农产品期货交易外，还为中长期美国政府债券、股票指数、市政债券指数、黄金和白银等金融产品和金属商品提供期货合约交易，同时提供农产品、金融及金属的期权交易。该交易所的玉米、大豆、小麦等品种的期货价格，是美国农业产品的重要参考价格，也是国际农产品贸易中的价格风向标。2006 年 10 月 17 日，美国芝加哥城内的两大交易所——芝加哥商业交易所与芝加哥期货交易所合并成为芝加哥交易所集团，并发行上市。

（7）纽约商业交易所（NYMEX）。这是美国第三大期货交易所，也是世界上最大的实物商品交易所。该交易所成立于 1872 年，坐落于曼哈顿市中心，主要为能源和金属提供期货和期权交易，其交易价格是全球市场上对应商品的主要参考价格。该交易所的期货合约通过芝加哥商业交易所的 GLOBEX 电子贸易系统进行交易，但通过纽约商业期货交易所的票据交换所清算。1994 年纽约商业交易所和纽约商品交易所合并，此后，纽约商业交易所将期货交易分为 NYMEX 及 COMEX 两大分部。NYMEX 负责能源、铂金及钯金等的交易，通过公开竞价来进行交易的期货和期权合约包括原油、汽油、燃油、天然气、电力、煤、丙烷、钯等。COMEX 负责其余金属的交易，包括金、银、铜、铝的期货和期权合约。COMEX 的黄金期货交易量在全球位居首位，对全球金价走向有重要影响，但黄金实物的交收只占交易量的很小比例。

（8）纽约期货交易所（NYBOT）。1998 年，纽约棉花交易所（New York Cotton Exchange）和咖啡、糖、可可交易所（Coffee Sugar Cocoa Exchange）合并设立了纽约期货交易所。纽约期货交易所实行会员制，初始会员由合并的两家交易所会员构成，其中包括棉花交易所的 450 个会员以及咖啡、糖、可可交易所的 500 个会员。纽约期货交易所是全球唯一一家专门经营初始棉花期货交易和期权交易的交易所。

（9）伦敦金属交易所（LME）。1877 年，一些金属交易商人在英国成立了伦敦金属交易所。该交易所自成立伊始就尽力实行符合市场机制的交易方式，由此，受到商家和投资者的追捧。伦敦金属交易所是世界上最大的有色金属交易所，它的交易价格和交易量对全球有色金属的生产和销售有重要影响，因此，被各国和地区作为国际金属贸易的主要参考价格。

（10）英国国际石油交易所（IPE）。伦敦国际石油交易所成立于 1980 年，是欧洲主要的能源期货和能源期权交易场所。1988 年 6 月 23 日，国际石油交易所推出了布伦特原油期货合约，它的交易价格成为国际石油期货的一个主要参照价格。2000 年 4 月，国际石油交易所改为公司制；2001 年 6 月，它被洲际交易所（Intercontinental Exchange，Inc.）收购，成为这家交易所的全资子公司。

（11）东京工业品交易所（TOCOM）。1984 年 11 月 1 日，东京纺织品交易所（设立于 1951 年）、东京橡胶交易所（设立于 1952 年）和东京黄金交易所（设立于 1982 年）合并设立了东京工业品交易所（又称"东京商品交易所"）。该所是日本唯一一家综合性商品交易所，不仅从事期货交易业务，而且负责管理日本所有的商品期货交易和期权交易。

（12）新加坡国际金融交易所（SIMEX）。1984 年，新加坡国际金融交易所成立，这是亚洲第一家金融期货交易所。它从事的金融期货和金融期权合约交易包括利率、汇率、股指、能源和黄金等交易。1986 年，新加坡国际金融交易所推出了日经 225 指数期货，开创了以别国股指为期货交易标的物的先例。1989 年，新加坡国际金融交易所发展成为亚洲第一家能源期货交易市场。它还与包括东京国际金融期货交易所、伦敦国际金融期货期权交易所在内的在世界上有影响力的交易所建立了合作关系。新加坡国际金融交易所 80% 的交易客户来自美国、欧洲各国和日本。

（13）韩国期货交易所（KOFEX）。1999 年 2 月，韩国期货交易所于釜山设立，推出了美元期货及期权、CD 利率期货、国债期货、黄金期货等期货交易产品。实际上，早在 1996 年 5 月 3 日，韩国证券交易所就曾推出 KOSPI200 指数期货交易，1997 年 6 月又推出了 KOSPI200 指数期权交易。在经历整合之后，这些指数期货、期权交易最终转移给了 KOFEX，使韩国期货交易所一举成为全球交易量排名前五的期货交易所。2005 年 1 月 19 日，韩国三家交易所——韩国证券交易所、创业板市场（Kosdaq）以及期货交易所合并设立了韩国证券期货交易所（KRX），总部设在釜山。这是一个综合性金融市场，上市交易的品种包括股票、债券（政府债券、公司债券和可转换债券等）、股指期货、股指期权、单个股票期权、各种基金及投资信托、外汇期货、利率期货和黄金期货等。

（14）香港期货交易所（HKFE）。香港期货交易所成立于 1976 年，是亚太地区一个主要的金融产品交易所，从事包括股票指数、股票和利率期货及期权等在内的金融产品交易活动。2000 年 3 月 6 日，香港联合交易所有限公司（简称"联交所"）与香港期货交易所有限公司（简称"期交所"）实行股份制改制并与香港中央结算有限公司（简称"香港结算"）合并成为香港交易和结算有限公司（Hong Kong Exchanges and Clearing Limited，HKEX），习惯上称为香港交易所。

第三节　期货市场的运行

一　期货合约

期货合约，是指由期货交易所制定的、高度标准化的、受法律约束并在将来某一特定地点和时间交收某一特定标的物的交易合同。期货合约的内容中除了价格可以随时发生变动之外，其余的一切合约要素都是完全标准化和固定不变的。

期货合约通常必须载明用于期货交易对象的名称、交易单位、最小变动价位、每日价格最大波动限制、合约到期月份、最后交易日、交易时间、交割标准品等级、交割方式、替代品级及升贴水、期货合约附则。但随着现代科技发展速度日益加快，尤其是计算机技术在期货交易中的广泛应用，期货合约实际上已经实现了无纸化，所以，在期货交易的实践中，交易者实际上并不是买进或卖出有形的合约，而是在账面上反映持仓数量的增多或减少。

期货合约主要由下列内容构成。

（1）交易单位。对同一期货交易所的同一种期货品种来说，它的每份合约的交割数量是统一固定的，对不同交易所或不同期货品种来说，每份合约的交割数量则是不同的。例如，一份英镑期货合约，在芝加哥国际货币市场规定为 25000 英镑，在中美洲商品交易所规定为 12500 英镑，在阿姆斯特丹欧洲期权交易所规定为 10000 英镑。交易单位之所以要标准化，是为了在最大程度上简化期货交易过程，提高市场效率，以便使期货交易成为一种只记录期货合约买卖数量的交易。在实际运行过程中，期货合约交易单位的大小，通常与期货交易所的规模、参与者资本实力、合约标的物的价格波动程度等因素有关。

（2）最小变动价位。最小变动价位，又称最小波幅，是指在期货交易所公开竞价或计算机自动撮合过程中，商品或金融期货价格报价的最小变动金额。最小变动金额的计算公式是：

$$最小变动金额 = 最小变动价位 \times 合约交易单位 \qquad (16.1)$$

一般来说，不同的期货品种，其最小变动价位也不相同。如英镑期货的最小变动价位为 0.0005 美元（即 5 个基点），加拿大元期货的最小变动价位为 0.0001 美元（即 1 个基点）。规定最小变动价位的目的是使期货交易以最小变动价位的整数倍进行上下波动，从而便于交易者进行盈亏核算。最小变动价位大小的确定，一般取决于期货交易标的物的种类、性质、市场价格波动状况以及商业习惯等。

（3）每日最高波动幅度。每日最高波幅，又称涨跌停板幅度，是指交易所规定的在一个交易日内期货价格所准许的最高涨跌幅度限制。若一日内期货价格波动幅度超过这一限制，期货交易所将会停止当日交易，第二天的交易将在涨跌停板的基础上重新开始。在期货交易中设置涨跌停板的主要目的，是对期货交易的价格变动幅度进行控制，以限制风险，促使期货投资者在期货价格出现猛涨或狂跌行情时，能够调整行为，避免重大损失。涨跌停板幅度的大小，一般主要取决于期货价格波动的频繁程度和幅度。

（4）标准交割时间。标准交割时间由标准交割月份和标准交割日期构成。标准交割月份，又称合约月份，是指由各个交易所自己规定的期货合约到期交割的未来月份。不同的交易所对交割月份的规定不尽相同。例如，伦敦国际金融期货期权交易所（LIFFE）规定外汇期货合约的交割月份为 3 月、6 月、9 月和 12 月，而芝加哥国际货币市场（IMM）规定的交割月份除了这些月份之外，还有少量外汇期货合约的交割月份如 1 月、4 月和 10 月。标准交割日期，是指期货交割月份的具体交割日。例如，LIFFE 规定交割日期为交割月份的第二个星期三；IMM 则规定交割日期为交割月份的第三个星期三，并且合约交易在交割日的前两个营业日（即星期一）停止；芝加哥商业交易所规定，股票期货合约的最后交割日期为交割月份的第三个星期五，抵押证券期货合约的最后交割日期为交割月份的第二个星期五。

（5）初始保证金。初始保证金，又称原始保证金，是指为保证合约得以履行而要求期货投资者向结算会员（经纪人或经纪公司）储存的保证金，其作用是保证期货价格发生变动时亏损的一方能够及时支付款额。期货交易所设置初始保证金的目的有三个：一是为了有效地控制期货市场的风险；二是为了给在交易所内进行的期货交易提供履约担保；三是为了保证交易所财务的安全性、完整性和健全性。因此，初始保证金一般被视为期货运行中交易保障机制的最重要环节。一般来说，初始保证金标准的高低主要取决于期货市场价格波动的频繁程度和剧烈程度。保证金比率过高，会限制期货市场的杠杆作用，降低其流动性，影响期货市场的活跃程度；保证金比率过低，则又不利于控制期货交易风险。所以，初始保证金比率的设置，通常要根据具体的时间、地点以及经济环境的变化而加以调整。

二　交易保证金

为确保期货交易所的正常进行和期货交易双方的合法权益，任何期货交易所都要建立并实行保证金制度。

交易保证金，是指交易所的会员在进行期货交易时按规定存入的一定数额的保证履约的资金。交易保证金是会员进行交易的履约担保金，是用来保证买卖双方履约的资金，也是期货交易所对买卖双方达成的期货合约提供担保的基础。保证金的数额可由各交易所根据有关规定、品种状况及风险大小做出具体规定。交易保证金一般分为会员初始保证金、会员维持保证金和会员追加保证金三种。

会员初始保证金，是会员单位在交易成交当日，按成交价的一定比例交纳的第一笔交易保证金。会员初始保证金由交易系统在成交当时，自动从会员单位的结算账户中提取。在国际上，期货交易中最低的保证金比例通常为 3% ~ 8%。中国现行的商品期货交易最低保证金比例为交易金额的 5%；[①] 但股指期货的保

[①] 1997 年 4 月中国证监会规定：期货交易所向会员收取的保证金应是现金、可上市流通的国库券和标准仓单。其中，现金在交易保证金中所占的比例不得低于 60%，国库券抵押现金的比例不得高于该券种市值的 80%（证监期字〔1997〕8 号）。

证金根据品种不同而有所差异，大致为 15% ~ 18%。[①] 例如，大连商品交易所的大豆期货合约交易的最低保证金比例为 5%，在此条件下，如果某个投资者以 3000 元/吨的价格买入 10 手大豆期货合约（10 吨/手），那么，他必须向交易所缴入 15000 元的初始保证金。由于交易者在持仓过程中，随着市场交易行情的变化，其持仓量的资金数额也将发生变化，因此这会形成到期结算价与成交价之间的价差。为了避免因这种差价引致的到期支付风险，保证金制度要求客户应根据交易价格的变化及时调整保证金账户中的资金数额：当价差为正时，对应增加保证金账户中的资金余额；当价差为负时，可以对应减少保证金账户中的资金余额。

会员维持保证金，是指在价位变动后，按当时交易品种的跟踪结算价的一定比例计算出的每一会员持仓所应交纳的保证金。会员维持保证金由交易系统在价位变动后，自动从会员单位的结算账户中提取。其计算公式为：

$$维持保证金 = 结算价 \times 持仓量 \times 保证金比率 \tag{16.2}$$

在公式 16.2 中，保证金比率由期货交易所规定。在中国，这一比率通常为 0.75。在上例中，如果大豆期货的交易价格从 3000 元/吨上升到 3200 元/吨，则买入该期货的客户就应补交维持保证金。

会员追加保证金是指在市场价位变动后，在每日结算中发现会员结算账户上的资金不足以支付维持保证金时，由交易所结算部要求会员予以追加补足的保证金。在上例中，如果大豆期货的交易价格从 3000 元/吨下跌到 2800 元/吨，则意味着该合约的买方面临 2 万元亏损，他先前交纳的 15000 元初始保证金已经不足，由此，就需交纳追加保证金。

三　期货交易的基本过程

期货交易是一种组织化程度极高的交易方式。期货交易的展开，一方面以交易所提供的交易场所、交易服务、交易设备系统以及其他各种便利条件作为"硬件"，另一方面以完善的规章制度、交易规则和设置健全的管理机构作为"软件"。只有具备硬件与软件两个方面的条件后，期货交易才能顺利进行。期货委托代理交易的基本过程如图 16-1 所示。

（1）期货投资者首先必须选择一个期货经纪公司以办理由委托经纪公司代理期货买卖的开户手续，包括签署一份授权经纪公司代为买卖期货的合约以及缴付

[①] 2008 年 6 月 30 日，中国金融期货交易所通知："自 2008 年 7 月 2 日结算时起，IF0812 合约的交易保证金标准由 15% 调整至 18%。" 2008 年 12 月 2 日通知："自 2008 年 12 月 4 日结算时起，IF0812 合约的交易保证金标准由 20% 调整至 17%，IF0901 合约的交易保证金标准由 20% 调整至 18%。" 2012 年 4 月 18 日通知："自 2012 年 4 月 20 日结算时起，IF1206 合约的交易保证金标准由 18% 调整至 15%。"

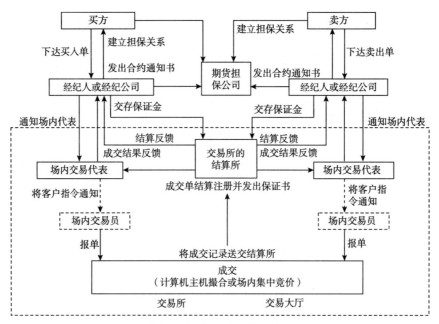

图 16 - 1　期货交易基本流程

保证金的合同书。经纪公司在获得此授权之后，应根据该合同规定的条款，按照客户下达的交易委托单受理期货买卖业务。

（2）客户和经纪公司进行的期货交易，应有相应的期货担保公司进行担保。

（3）经纪公司在接到客户的交易委托单或交易指令之后，便立即通知它在交易所内的交易代表，并明确说清委托单中的交易数量、价格、月份，然后交给经纪公司的下单部。

（4）经纪公司的交易代表在收到的委托单上加盖时间印章，并检查委托单的内容之后，立即送交场内交易员（或场内经纪人）。

（5）场内交易员根据各方客户的报盘（卖盘和买盘），在场内进行买卖交易。场内交易有两种方式：一种是"拍卖式"集中竞价方式，另一种是计算机撮合方式。

（6）在每笔买卖成交后，场内交易员必须将该笔交易的详情记录在交易卡和原来的委托单上，同时把交易详情记录送交期货结算所（部）。如果采用计算机撮合成交方式，那么，所有的成交记录必须由交易所的计算机打印出来，由会员与交易所各保留一份。

（7）结算所（部）在结算注册之后，将保证书交予买卖双方经纪公司的交易代表，由交易代表转交给经纪公司并告知客户，同时，经纪公司发出一份合约通知书给客户。

（8）若客户要求将持有合约进行平仓，必须先通知经纪人，并由经纪人通知其场内交易代表，再由场内交易员将该宗期货合约进行对冲；同时，交易双方通过交易所进行结算，并由经纪人将对冲后的纯利或亏损报表寄送给客户。

（9）若客户在短期内不准备平仓，一般应每天按当天交易所结算价结算一次，账面如出现亏损，应补交亏损差额；账面如出现赢利，则由经纪公司将赢利差额交给客户，直到平仓时再结算实际盈亏额。

（10）客户已向经纪人说明要按某一价格买进或卖出期货合约后，如果经纪人未根据客户的指令实施交易行为，由此造成的客户损失，经纪人必须给予赔偿。

（11）交易所设有中央计算机系统，可以及时将世界各地交易所的期货行情显示出来，同时，通过现代化通信工具将期货行情向世界各地传播，场内交易员和经纪公司的交易代表，可以据此了解相关期货价格的变动情况，向客户提供交易建议。另外，交易所还必须将各种资料加以存储，以备将来参考之用。

四　期货交易的特点

期货市场是一种独特的投资市场和交易市场。期货交易所与证券交易所相比，有许多相似之处。例如，它们都是为方便公众投资而设立的会员组织；其作用都是为公众提供投资场所。但由于交易对象不同，期货与股票、债券等证券之间存在明显的差别，这决定了期货市场与股票市场、债券市场相比，有许多独特之处。

第一，从交易功能看，证券交易所的主要功能，是通过将资金的供给者与资金的需求者集中在一起，以证券交易为媒介，沟通资金和权益的转让。这种转让涉及所有权或债权的易手，例如股票成交后，在办理交割的过程中，股票从一个股东名下转到另一个股东名下，这说明，在股票投资活动中，产权转移是与交易行为同时发生的。与此不同，期货市场是通过将投资者聚集在一起，以转让与某种特定商品（或特定服务）的所有权有关的价格风险为媒介，以实现分散风险、促进投资的目的。所以，在交易期货合约时，并不存在直接的标的物所有权易手，只形成一种具有法律约束力的承诺——在未来某个特定时刻进行实际标的物所有权的交割。

第二，从交易风险看，由于期货交易中存在保证金制度，期货投资者只需要用少量的资金便可进行高额交易，交易额可高达所投资金的几倍乃至十几倍，因而，期货合约价值中的任何微小变化都极容易造成交易户头中交易款额的变动，换句话说，保证金机制使期货交易成为一种运用杠杆机制进行高风险投资的行为。虽然证券现货市场的规模比期货市场大，而且参与交易和拥有证券的人数比从事期货买卖的人数多，但是，证券通常可以存放多年，几乎不受时间因素的强制约束，而期货却有自己的生命周期，最长不超过 18 个月，这也加大了期货交易的风险。

第三，从交易保证金看，期货投资中的保证金与证券投资中的保证金截然不同。当投资者购买股票时，其保证金是交付给经纪商的结算资金。在非信用交易场合中，保证金数量应大于或等于委托买卖的证券交易额；在信用交易场合中，保证金小于委托买卖证券交易额的部分由经纪商垫付。因此，在股票证券投资中，保证金通常就是结算资金。但在期货投资中，投资者仅是同意日后购买或卖出某类标的物，在交易中并没有实际购买或出售标的物，为此，保证金事实上只是一种合约的定金（其功能在于为经纪商提供保障，以防在买卖期货合约期间或在合约对冲之前有不利于价格变动的风险），并非最终的结算资金。在实际交割标的物、进行产权转移时，需要全额交清的现金货款才是最终结算资金。

第四，从投资操作看，与证券市场相比，期货投资的操作相对简单。一方面，在期货买卖中，投资者要考虑的主要因素是标的物本身的供给与需求两个基本因素；而在股票投资中，投资者却需要考虑诸如股票品质、上市公司财务状况、经济运行走势等多方面因素。这是因为，期货市场价格基本由供求关系决定，而股票交易价格由股票自身的市场供求、上市公司经营状况、国民经济景气状况等一系列因素共同决定。另一方面，期货市场中的交易品种远比证券市场中的交易品种少，这便于投资者分析、选择和追踪。

第五，从交易对手关系看，与证券市场相比，期货市场的空头状况不同。期货市场的空头与多头完全相同，出售期货合约者，既可能是投机者，又可能是套期保值者；换言之，在期货市场上，出售期货合约时并不需要先有标的物，只需在期货合约到期前买回期货合约即可对冲。与此不同，在股票市场中，做空头者必须借入其出售的股票来交割，因为出售股票时，实际已经出让了所有权。

第六，从时间因素看，期货交易必须十分注意时间因素，而股票交易受时间因素的制约相对较小。在股票投资中，投资者可以把买进的股票放上几年也不致投资血本无归，而在期货投资中，投资者则不能如此。因为期货合约有其存在的生命期限，在合约到期时，投资者不可能继续保存合约，只能进行交割。

第四节 期货市场的投资

一 期货市场投资特点

投资与投机是一对不容易厘清的概念。所谓投机，实际上是将资金投入某个获利机会中的行为，因此，它是资本市场中投资的一种常见现象。投机，既是资本市场运行的产物，又是促进交易工具流动的重要因素。在期货市场上，套期保值者在进行套期保值交易的过程中，既转移了价格波动风险所可能造成的损失，又放弃了价格波动的风险收入；而投机者却恰恰愿意冒承担价格波动风险损失的危险，以求换取同时存在的价格波动风险收入。

在期货投机交易中，投资者需要根据对市场价格走势的判断，做出合约的买进与卖出决策。在这个过程中，投资者可以有多种选择，其中，套期图利，即利用两个相互联系的市场或者期货合约之间的价格差别来取得收益，是一种重要的选择。

在期货市场上，实物交割通常只占成交额的极小比例。其基本原因是，从事投机活动的投资者通常不会将合约持有到交割期，而是在此之前就对冲出市。期货交易所需要的资金，是投资者入市交易时交付的保证金。由于保证金只是期货合约市场价值的一个较小比例（一般为 5% ~ 18%，在个别规定中这个比例甚至低于 1%），在市场价格发生波动时，期货合约的市价往往大幅变动，所以，在期货交易中，少量投资可能带来大量收益，即期货市场投资具有一种"杠杆作用"。

但是，期货投资的高回报是与高风险同时存在的，在投资者遇到获得高额收益机会的同时，就存在对应的潜在风险。对把期货市场作为一种投资工具的投资者来说，期货投资与其他具有高度杠杆作用的投机性财务活动一样，充满了高度风险。显然，期货市场投资的杠杆作用是一把"双刃剑"，有时带来的可能是高回报，有时则可能带来高风险。

总之，期货市场运作中固有的杠杆作用，决定了期货市场的投资效应必然是双重的，它既是一种高回报的投资渠道，同时，又是一种高风险的交易市场。

二 套期图利

在期货交易中，投资者需要根据对市场价格走势的判断，做出合约的买进与卖出决策。在这个过程中，投资者可以有多种选择，其中，套期图利，即利用两个相互联系的市场或者期货合约之间的价格差别来取得收益，是一种重要的选择。

第一，套期图利的基本表现。套期图利行为，一般表现为买进与卖出有相关替代性的不同标的物，例如买进和卖出同种但不同交割月份的期货合约，或者买进和卖出同种标的物、相同交割月份但交易地区不同的两份期货合约。在进行套期图利时，投资者通常注意的不是期货合约的绝对价格水平，而是合约之间的相互价格关系，或称相对价格差异关系。这种合约之间的价差关系主要有四种具体情形：一是同一种标的物在不同交割月份的期货合约之间的价格之差；二是在不同交易所交易的同类标的物的期货合约的价格之差；三是不同标的物但存在相互关联的期货合约价格之差；四是同一标的物的现货与期货之间不断变动的价格之差。

第二，套期图利的特点。套期图利具有两方面的重要特点：一方面是与普通的投机交易相比较而显示出来的特点，另一方面则是其自身的特点。

与普通的投机交易相比，套期图利的特点有两个。一方面，普通投机交易是从单一的期货合约中利用价格的上下波动赚取利润，而套期图利交易则是从不同的两个期货合约彼此间的相对价格差异来套取利润。在套期图利中，投资者买进"低价合约"而卖出"高价合约"。另一方面，普通投机交易在一段时间内只做买或卖，而套期图利则是在同一时间买入并卖出期货合约，即买入某种期货合约，同时卖出另一种合约。因此，在套期图利中，投资者在同一时间内既是买空者又是卖空者。

从自身特点来看，一方面，套期图利的风险较小。由于在套利交易中，两份不同的期货合约的价格在运动方向上总是一致的，因此，可以避免因无法预测或价格剧烈波动而造成的巨大亏损。另一方面，套期图利的成本较低。套期图利的风险相对较小，所以，交易所对此类交易形式收取的保证金相对较低，同时，期货经纪人收取的佣金也较低。这显然有利于投资者融通资金，因而，套期图利更加适合于小额投资者。

第三，套期图利的基本类型。套期图利在操作过程中有多种方式，其中，主要的类型有：

其一，跨期套利。跨期套利，又称同类品种套利交易，是指在买进某一交割月份某个品种期货合约的同时，卖出另一交易月份的同类品种的合约，即跨交割月份套利。根据投资者在市场中所建交易部位的不同，跨期套利可分为牛市套利、熊市套利和蝶式套利三种。

牛市套利，又称买空套利或多头套利，是指投资者买进近期期货合约，同时卖出远期期货合约，并寄希望于在看涨的市场行情变动中，近期合约的价格上涨幅度会大于远期合约价格的上涨幅度；反之，如果市场行情看跌，则希望近期合约的价格下跌幅度会小于远期合约的价格下跌幅度。

熊市套利，是指投资者卖出近期交割月份合约，同时买入远期期货合约，希望在未来看跌的市场行情中，近期合约的价格下跌幅度会大于远期合约的价格下跌幅度；反之，如果市场行情看涨，则希望近期合约的价格上涨幅度会小于远期合约的价格上涨幅度。

蝶式套利，是指用若干个不同交割月份合约的价差变动来获利的交易方式。它由两个方向相反、共享居中交割月份的跨期套利交易组成。蝶式跨期套利交易的原理是：套利交易者认为中间交割月份的期货合约价格与两旁交割月份价格之间的相关关系将会出现差异。从实质上看，蝶式套利是两个跨期套利的互补平衡的组合，可以说是"套利的套利"。与普通的跨期套利相比，蝶式套利的风险与利润都较小，同时，与已经被限制的潜在利润相比，其佣金成本又比较高，因此，蝶式套利主要被那些具有低交易成本优势的交易所会员所采用。

其二，跨市场套利。这是指在某个期货交易所买入（或卖出）某一交割月份的某种品种合约的同时，在另一个交易所卖出（或买入）同一交割月份的同品种期货合约，然后，在时机有利时分别在两个交易所对冲在持合约，以从中获利。跨市场套利可分为一国内不同期货交易所之间的套利交易、不同国家期货交易所之间的套利交易和在现货市场与期货市场之间的特殊套利交易三种。现货市场与期货市场之间的套利交易，在形式上类似套期保值交易，只不过运用这种交易方式的期货交易者是投资者，而不是保值者，目的不在于回避价格风险，而在于从价格波动中获利。

其三，跨品种套利。这是指利用两种不同但相互关联的期货品种之间的期货合约价格差异进行的套利交易，即买入某一交割月份某种品种的期货合约，同时卖出另一相同交割月份、相互关联品种的期货合约，然后伺机同时对冲获利。

三 期货市场的投资效应

在期货市场运行中，投资资金实质上是一种投机资本，因此，期货投资的直接效应，在于它对期货市场的润滑作用。投机是期货市场运行不可缺少的因素，期货投资则是增大期货市场运行效率的润滑剂。期货市场的投资效应，主要有以下几个方面。

第一，期货市场投资承担了价格风险。由于期货投资资金属于投机资本，它投向期货市场中，可以为套期保值者提供他们需要的风险资金，并通过用投机资本参与买卖期货合约而承担套期保值者力图回避和转移的价格风险，从而使套期保值成为可能，也为期货市场的正常运行确立了必要的基础。

第二，期货市场投资增加了期货交易的机会和期货市场的交易量。在投机资金参与期货市场运行的情况下，由于投机者频繁地建立部位，不断对冲所持合约，使期货交易的机会和交易数量大大增加，因此这在总体上提高了期货合约的流动性，使期货市场交投活跃、活力增强。这一方面促进了套期保值交易的顺利进行，另一方面也减少了由于交易者数量的变化而引起的市场价格波动。

第三，促进相关市场调节，保持价格体系的稳定。一般来说，期货市场上的各种上市品种的商品价格与非期货商品价格之间具有高度相关性。投机者参与期货交易，有利于促进相关市场和相关商品的协调，改善不同地区之间价格差别的不合理性，改变商品在不同时期的供求结构，促使商品价格体系趋于合理，从而有效地保持市场价格体系的稳定。

第四，促使期货市场形成合理的价格水平。投机者为了获取价差收益，通常在价格较低时买进期货合约，从而促使合约需求的增加并推动期货价格上涨，这时，投机者便会选取适当时机抛出合约，从而促使期货合约的供给增加并形成期货价格的下降，这在客观上平抑了期货价格。期货投资的这种交易特点从长期角度来看，有利于促使价格趋于稳定，从而形成比较合理的价格水平。

第五，降低交易成本，提高交易效率。期货进入交易所后，汇集了众多的市场供求信息，来自各方的买主和卖主在规定的开盘时间内，统一在交易所进行竞价交易，因而，买卖双方的选择余地极大，很容易找到成交对象，这也在一定程度上降低了交易者在搜寻、分析、处理市场信息方面的费用和时间支出。从制度创新的角度上说，由于期货交易只需交纳必要的保证金即可进行数倍的交易，因此这使期货交易成本低于现货交易成本，从而提高了交易效率。

第五节　期货定价与交易策略

一　期货合约的交易价格

期货合约的交易价格，是指期货合约在期货交易所市场中的交易价格。它并非合约标的资产的实际价格，只是合约自身的价格。马克思主义经济学认为，价格是建立在价值基础之上的，是价值的货币表现。价格对价值的偏离主要受当时当地供求关系的影响。当供过于求时，价格低于价值；当供不应求时，价格高于价值；当供求平衡的时候，价格与价值趋于相等。这一原理同样适用于期货合约的价格与价值之间的关系。如果交易各方预期某种期货合约的基础资产（或标的资产）价格将上涨时，就会增加对该合约的购买，从而推动其价格的上扬，反之则相反。在一个完全竞争市场中，期货合约价值与其价格趋于相等。影响期货价格的因素很多，包括宏观经济走势、经济运行态势、资金宽松程度、气候条件好坏、运输状况、标的物质量等，同时，又有一系列变量影响这些因素的变化。但为了分析的方便，我们主要讨论影响期货交易价格的直接因素，如基础资产现价、交易各方的价格走势预期、资金机会成本（一般用无风险利率表示）和风险溢价等。之所以省略对其他因素的分析，并非因为这些因素不重要，而是因为在基础资产的价格变化中已基本包含了这些因素的变化。

除了完全市场的假设外，再假设市场不存在违约风险、交易各方可以自由地展开买空交易与卖空交易、不存在交易费用与税收、市场不存在无风险套利机会。用 V_t^f 来表示 t 时期期货的价值，S_t 表示 t 时期基础资产的现时价格，F_t 是 t 时期所订立的期货合约所标明的基础资产的交割价格或简称 t 时期期货合约交易价格（到期日为 T），为方便起见，令现期的期货价格 $f_0 = f$。其他符号同上。显然，在第 0 期时，期货的价值为 0，即：

$$V_0^f = S_0 - f = 0 \qquad (16.3)$$

在到期日时：

$$F_T = S_T \qquad (16.4)$$

如果公式 16.4 不成立的话，投资者就可在 T 时通过卖空现货和购买期货的办法（此时 $S_T > F_T$）或通过买入现货和卖空期货的办法（此时 $F_T > S_T$）来从中套利。由于期货实行盯市或每日结算的制度，因而，有必要分两种情况予以讨论。

情形一：交易日中实施盯市操作之前的期货合约价值

假设 f_t 是 t 时期闭市之前的期货价格，由于这时没有对投资者的账户进行结算，因此，如果投资者以 f_t 的价格将合约售出（或卖空一个标价为 f_t 的期货合约），则他可获得 $f_t - f$ 单位的现金流，这就是该期货在盯市操作前的价值：

$$V_t^f = f_t - f \qquad (16.5)$$

公式 16.5 是期货多头的收益，该期货空头的收益则为 $f - f_t$。

情形二：盯市结束之时期货的价值

实行盯市操作后，期货合约在该交易日的价值盈亏已经反映在（或转移到）投资者的保证金账户上，所以，该期货合约在下一个交易日开始前已不具备任何价值（即不能给投资者带来任何收益）：

$$V_t^f = 0 \qquad (16.6)$$

二　期货定价模型

为了使以下的分析更加简捷，假设条件包括：市场是完全的（或具有弱型效率），不存在任何违约风险和套利机会；市场不存在交易成本和税收；允许买空与卖空；无风险利率 r 为常数；盯市操作只在第 T 期（到期日）进行；保证金为零。

为了推导出期货定价的基本模型，我们可以先从案例分析入手。假设在时点为第 0 期时，某投资者以现价 S 购买了一单位资产，然后，卖空了一份基于该资产的期货合约，合约中规定的交割价格为 F，资产数量为一单位。在到期日 T 时，资产的价格为 S_T，期货的价格为 F_T（由公式 16.4 可知，$F_T = S_T$）。再假设该投资者为交割这一单位资产而耗费了 θ 单位的成本（θ 为常数），θ 等于货币的机会成本（C_m）与贮藏成本（C_s）之和。显然，θ 是从第 0 期到第 T 期持有上述在第 0 期以 S 的价格购入的资产的成本，它被称作持有成本（Cost of Carry）。根据这些信息可以算出投资者在第 T 期的利润：

$$\pi = (S_T - S) - (F_T - F) - (C_m + C_s) = F - S - \theta \qquad (16.7)$$

在无风险的情况下，该利润可以在第 0 期被计算出来（f、S、θ 均为常数）。如果 π 大于零或小于零，则市场就存在一个无风险套利机会，因此，π 必须为零。由此可知：

$$F = S + \theta \qquad (16.8)$$

公式 16.8 表明，期货价格等于现货价格与持有成本之和，这就是期货定价的基本模型。在这一模型中需要注意如下六个问题。

第一，在现实世界中，经常存在 $S > F$ 的现象。那么，如何解释 $S > F$ 现象呢？一种可能的解释是，持有某些商品可以获得"方便收益"（Convenience Yield）。因为这些商品一般都是容易出现短缺的商品。如果在到期日时，投资人由于商品的短缺而不能履行合约，就可能会损害其声誉，因此，为了避免这种现象的出现，投资者宁愿事先持有足够份额的现货。这种做法的好处就是一种方便收益，用 Y 表示。把方便收益放入期货定价模型可以得到：

$$F = S + \theta - Y \tag{16.9}$$

在公式 16.9 中，如果 $Y > \theta$，则 $F < S$。

第二，现货价格 S 可以用下列等式表示：

$$S = E\ (S_T)\ - \theta - E\ (\varphi) \tag{16.10}$$

在公式 16.10 中，$E\ (S_T)$ 是第 0 期时对资产在第 T 期的价格所做的预期，$E\ (\varphi)$ 是预期的风险溢价，将它们代入期货定价模型可以得到：

$$F = S + \theta = E\ (S_T)\ - E\ (\varphi) \tag{16.11}$$

即期货价格等于预期的资产价格与预期的风险溢价之差。

第三，由 $F = S + \theta$ 可以推出 θ 的一个表达式：$\theta = F - S$。等式右边的 $F - S$ 在期货理论中非常重要，被命名为"基差"（Basis），它在期货的套期保值操作中经常被用到。

第四，在这一基本模型中，省略了期内现金流动的影响。这在股票类期货中非常不现实，因为股票在期货到期日前存在派发红利的现象，因此，需要将这一因素纳入考虑。

假设：基础资产（标的物）是包含一只股票的股票指数期货，该股票只在到期日 T 派发红利 D_T（D_T 事先为人所知），其他条件与之前相同。该投资者在到期日时的现金流动为：取得单位红利 D_T，股票收益等于其售出价格 S_T，期货合约产生 $-\ (F_T - F)$ 单位的现金流（$S_T = F_T$），三项合计为 $F + D_T$。

$F + D_T$ 的现值 $(F + D_T)\ (1 + r)^{-T}$ 应与期初的投资价值 (S) 相等，否则就会存在套利机会。即：

$$S = (F + D_T)\ (1 + r)^{-T} \tag{16.12}$$

或者：

$$F = S\ (1 + r)^{-T} - D_T = S + \{S\ [(1 + r)^{-T} - 1]\ - D_T\} \tag{16.13}$$

在公式 16.13 中，$\{S\ [(1 + r)^{-T} - 1]\ - D_T\} = \theta$。其中，$S\ [(1 + r)^{-T} - 1]$ 可看作本金为 S 的投资额在 T 期后的利息收入。

第五，到期日 T 对期货定价会产生很大影响。为了弄清这种影响，假设有两份基于同一基础资产之上但到期日不同的期货合约，到期日分别为 T_1 和 T_2，$T_2 > T_1$。F_1 和 θ_1 代表到期日为 T_1 的期货价格和持有成本，F_2 和 θ_2 代表到期日为 T_2 的期货价格和持有成本。根据期货定价模型，则有：

$$F_1 = S + \theta_1 \tag{16.14}$$

$$F_2 = S + \theta_2 \tag{16.15}$$

将 16.14 和 16.15 两公式相减之后可以得到:

$$F_2 - F_1 = \theta_2 - \theta_1 \tag{16.16}$$

这表明,到期日不同的期货价格之差等于合约中基础资产的持有成本之差。

第六,对商品期货而言,还应考虑商品的贮存成本。以 U_t 代表合约有效期内所有贮存成本在当前时刻 t 的现值,以 y 代表将资产用于消费所产生的便利收益,则期货合约定价可分为:

(1) 存在贮存成本下投资资产的期货价格

若不支付收益的投资资产的期货合约(其贮存成本 U_t 可看作投资资产的负收益)与支付已知现金收益的投资资产的期货合约定价相同,则可得:

$$F = (S_t + U_t) e^{r(T-t)} \tag{16.17}$$

特别的,当任何时刻的贮存成本与商品价格成一定比例 u (u 可看作投资资产的负收益率),使不支付收益的投资资产的期货合约与支付已知红利率的投资资产的期货合约定价相同,则可得:

$$F = S_t e^{(r+u)(T-t)} \tag{16.18}$$

对支付已知现金收益或支付已知红利率的投资资产的期货合约,类似可得其对应的定价公式。

(2) 存在贮存成本下消费资产的期货价格

若期货合约标的资产不是为了投资而是为了消费,即标的作为消费资产,通常不支付收益但存在较大贮存成本,而对现货持有者却能产生便利收益 y。当贮存成本为 U_t 时,可得:

$$F e^{y(T-t)} = (S_t + U_t) e^{r(T-t)} \tag{16.19}$$

即:

$$F = (S_t + U_t) e^{(r-y)(T-t)} \tag{16.20}$$

而当贮存成本与商品价格成一定比例 u 时,可得:

$$F = S_t e^{(r+u-y)(T-t)} \tag{16.21}$$

三　套期保值的交易策略

在期货交易中,套期保值是投资者操作的一个主要目的,因此,他们为达到这一目的所采用的交易策略对市场行情有重要影响。

套期保值交易可分为套期对冲保值和套期固定价格保值两种。其一,套期对冲保值的内在机理是:在期货市场上进行一个预定风险的期货交易,将现货市场上的现货交易可能发生的价格风险抵消对冲，由此，一方面，保障套期保值者可以获得预期利润，另一方面，由于保持了一个完全可控制的财务账目平衡，因此套期保值者能够回避风险。其二，套期固定价格保值的内在机理是：套期保值者的目标并不在于保持其财务账目的平衡，而是要在现货价格水平高于其成本时增加卖出承诺，在现货价格水平低于其成本允许水平时增加买进承诺。在这两种情况下，固定价格套期保值者不会去按"固定价格"进行现货标的物的交割，而是要在期货合约交割期限之前结束用来与现货交易相配合的期货部位。这说明，套期保值实际上是用一种中和价格波动影响的方法来避免因价格的巨幅波动可能造成的损失。

套期保值中有两个重要的概念：一是"基差"（Basis），二是"套期保值率"（Hedge Ratio）。

1. 基差

基差，是指期货价格与现货价格之差。为了分析基差及其影响，假定以 b 表示基差，当 b 没有右下标的时候，指的是现期基差；如果右下标为 T，则表示它是到期日的基差；如果右下标为 t，则表示它是到期日前某一时点的基差。这些右下标的含义同样适用于以下符号：现货价格 S、期货价格 F。π 表示某项套期保值战略的利润。

为了保证讨论的结果在逻辑上具有有效性，可做出如下假定：市场不存在违约风险和交易成本；允许投资者根据其意愿进行卖空和买空；投资者都是风险回避者；不存在盯市操作和财产的持有成本。在这些假设下，在到期日 T 时，一个套期保值空头的利润收入为（此时，$S_T = F_T$，即 $b_T = F_T - S_T = 0$）：

$$\pi_T = (S_T - S) - (F_T - F) = b - b_T = F - S \qquad (16.22)$$

从公式 16.22 中可以看出，套期保值空头在 T 时的利润等于现期的基差减 T 时的基差，最终结果为 $F - S$。由于现期的 F 和 S 已知，因而该套期保值空头的利润为无风险利润。同样，一个套期保值多头在 T 时的利润为：

$$\pi_T = - (S_T - S) + (F_T - F) = b_T - b = S - F \qquad (16.23)$$

如果一个套期保值的空头投资者在到期日前的 t 时将其期货合约平仓，则其利润为：

$$\pi_t = (S_t - S) - (F_T - F) = b - b_t \qquad (16.24)$$

可见，t 期利润等于现期的基差减掉 t 期的基差。由于 b 在现期已知，因此，π_t 的大小取决于 b_t 的大小，即投资者在此时所面临的风险是由基差的不确定性带来的（这种风险被称为"基差风险"）。从公式 16.22 ~ 16.24 中还可以看出，基差的变化小于现货价格的变化。也就是说，一个已经过对冲的资产比没有经过对冲而暴露于风险中的资产的风险要小。对一个套期保值的多头而言，其在 t 时期的收

第十六章　期货交易市场

益为：

$$\pi_t = -(S_t - S) + (F_T - F) = b_t - b \tag{16.25}$$

从公式 16.25 的套期保值利润等式中可以推出（以套期保值空头为例）：

$$\pi_t = (S_t - F_T + F) - S \tag{16.26}$$

公式 16.26 中，$(S_t - F_T + F)$ 或 $(F - b_t)$ 可以看作预期的资产价格，S 是购买该资产时支付的价格。未来资产价格的高低取决于 b_t。如果 $F_T > S_t$，则 $b_t > 0$，此时 b_t 被称作扩张性基差；反之，b_t 就被称作收缩性基差。当 $t = T$ 时，$S_T = F_T$，所以 $b_T = 0$，即 $\pi_T = b$（前面已讨论过）。此时，投资者不承担任何风险，该套期保值因此被称为"完全套期保值"（Perfect Hedge）。

2. 套期保值率

套期保值率，是指投资者为对其现货资产进行套期保值所购买的期货合约的数量，用 N_f 表示。一个套期保值的利润 π 为：

$$\pi = \Delta S + \Delta F N_F \tag{16.27}$$

在公式 16.27 中，π 等于现货价格变化（ΔS）加上期货合约数量（即套期保值率）与期货价格变化（ΔF）的乘积。如果 $N_F > 0$，则表明投资者在做多；如果 $N_F < 0$，则表明投资者在做空。在完全套期保值（即期货的利润或亏损可以完全抵补现货的亏损或利润）的情况下，$\pi = 0$。由此可以得到：

$$N_F = -\frac{\Delta S}{\Delta F} \tag{16.28}$$

如果现货价格变化与期货价格变化同方向，则 $N_F < 0$，这表明投资者在期货市场做空。上述讨论同样适合于 $\pi = -\Delta S + \Delta F N_F$ 的情况，此时 $N_F > 0$，即投资者处于套期保值多头的部位。

计算 N_f 值的方法有以下两种。

其一，最小方差法。套期保值的目标是最大化投资者的期望收益，从另一个角度讲，也就是最小化投资者的期望损失，期望损失可以用风险水平加以刻画。在数学里，风险水平用方差来表示。对 $\pi = \Delta S + \Delta F N_F$ 两边取方差：

$$Var(\pi) = Var(\Delta S + \Delta F N_F) \tag{16.29}$$

展开后得：

$$\sigma_\pi^2 = \sigma_{\Delta S}^2 + \sigma_{\Delta F}^2 N_F^2 + 2\sigma_{\Delta S \Delta F} N_F \tag{16.30}$$

在公式 16.30 中，σ_π^2 是利润的方差，$\sigma_{\Delta F}^2$ 是期货价格变化（ΔF）的方差，$\sigma_{\Delta S}^2$ 是现货价格变化（ΔS）的方差，$\sigma_{\Delta S \Delta F}$ 是现货价格变化和期货价格变化的协方差。

最小化上式的条件是，一阶导数为零，二阶导数大于零。

整理后得：

$$N_F = -\frac{\sigma_{\Delta S \Delta F}}{\sigma^2_{\Delta F}} \quad\quad\quad (16.31)$$

其二，敏感价格法。敏感价格法的中心思想是，确定 N_F 的大小，以使现货与期货构成的证券组合的价值对现货价格的变化无任何反映。这种方法在利率类商品中比较适用。下面以债券现货和债券期货为例进行说明。

用 S 表示债券在现货市场中的现期价格，用 N_F 表示债券在期货市场中的现期价格，V_F 是期货合约的价值，先构造一种价值如下的证券组合：

$$V = S + V_F N_F \quad\quad\quad (16.31)$$

在公式 16.31 中，假设 V 连续、可导，对债券价格 r 求导可得：

$$\frac{\partial V}{\partial r} = \frac{\partial S}{\partial r} + \frac{\partial V_F}{\partial r} N_F \quad\quad\quad (16.32)$$

"r 对 V 不产生任何影响" 意味着 $\frac{\partial V}{\partial r} = 0$。根据这个条件，可以推出：

$$N_F = -\frac{\partial S / \partial r}{\partial V_F / \partial r} \quad\quad\quad (16.33)$$

第十七章　期权交易市场

在金融市场交易中，投资者购买某种金融产品的直接目的，常常不是为了将这种金融产品持有直至到期兑付，而是为了获得持有期间的价差，因此，他们的操作行为通常表现为低买高卖。既然如此，就可以将这种"持有期间"分离出来进行专门交易，由此，期权应运而生。

期权机理的运用早已有之。在欧洲，16世纪就已有类似期权交易的现象存在[1]，17世纪以后，"阿姆斯特丹资本市场采用了复杂的交易方法，包括卖空、售股和认股期权（即在规定期间内按规定价格出售或购买股票的选择权），以及商品期货交易。期权的交易获得了'空头交易'的名声"[2]。但20世纪早期，从事期权交易的主要是一些职业的期权交易者。在交易过程中，只有在价格变的有利可图时，他们才提出报价，由此使得期权交易不具有普遍性和连续性，市场流动性受到很大限制。期权交易作为一类金融交易衍生产品出现大规模发展是在20世纪70年代之后。1973年4月26日，芝加哥期权交易所（CBOE）开业，推出了统一的标准化期权合约交易，这标志着期权交易进入了一个新的历史时期。1983年1月，芝加哥商业交易所推出了S&P500股票指数期权，纽约期货交易所推出了纽约股票交易所股票指数期货期权交易，此后，美国各家主要交易所先后设立期权交易市场，使期权交易的品种从最初的16只股票看涨期权发展到如今的2500多只股票和60余种股票指数。与此同时，以商业银行为主要卖方的期权柜台交易市场（或称场外交易）不仅露出水面，而且快速发展。在这些背景下，期权交易品种从最初的股票、股指向外汇、债券、期货合约等方面扩展。2010年7月，中国银行在外汇交易中推出了"期权宝"这一品种（其中，中国银行作为"期权宝"的卖方，投资者作为"期权宝"的买方），标志着中国境内期权交易的起步。2011年2月14日，国家外汇管理局出台了《关于人民币对外汇期权交易有关问题的通知》，批准了外汇看涨期权和外汇看跌期权的交易实施，由此，期权交易市场开始在中国境内发展。

---

[1] 参见查尔斯·P.金德尔伯格《西欧金融史》，中国金融出版社，2007，第192页。
[2] 参见查尔斯·P.金德尔伯格《西欧金融史》，中国金融出版社，2007，第228~229页。

本章将着重讨论期权交易的基本概念、基本原理、期权市场运行机理和期权投资特点等。

第一节　期权的内涵和主要类型

一　期权的内涵

期权（Option），又称选择权，是指赋予购买者在规定期限内按约定的价格购买或出售规定数量特定金融资产的权利的合约。这一定义包括以下几个要点。第一，期权是一种交易合约，它不是由某个经营机构为了融资而发行的证券，只是在金融交易市场中交易双方所达成的一种交易合约，因此属于交易类衍生产品的范畴。第二，在期权合约中，对时间、标的物（Underlying Assets）品种和价格等都有明确的规定，达成合约的双方必须严格履行这些约定。第三，在这些条件下，合约双方所交易的实际上是一种权利，即按照合约规定的时间、标的物数量和价格买入或卖出标的物的权利，由此产生了"期权"一词。

期权交易主要由五个要素构成。第一，期权价格（Option Price），又称权利金，是指期权合约的买方支付的购买期权合约的价格，即买方为获得期权而付给期权卖方的费用。期权价格是介入期权市场的买卖双方在竞价过程中形成的。期权价格主要由内涵价值和时间价值两部分构成。第二，执行价格（Strike Price 或 Exercise Price），又称履约价格，是指期权买方行使权利时事先规定的标的物买卖价格。第三，权利期限，是指在期权买方所购买的期权合约中规定的行权时间，如1个月、2个月等（或者30天、60天等）。第四，履约保证金，是指期权合约的卖方按规定应存入交易所的用于保证履约的担保资金。第五，期权特征，是指期权合约规定的行权方向，如标的物价格看涨或标的物价格看跌。

从这些构成要素中可以看出，期权是一类具有明显特征的金融衍生交易产品，这些特征主要表现在：

第一，权利和义务的不对称。期权是一种权利和义务的对应关系。期权持有者拥有决定是否履行权利的选择权，而卖方只有无条件履约的义务，没有任何选择权。

第二，盈亏风险的不对称。在证券的现货买卖和期货买卖中，交易双方所承担的盈亏风险是近乎无限的。但在期权交易中，期权买方的亏损风险是有限的，赢利风险则可能是近乎无限的；对期权卖方来讲，其赢利风险是有限的（收益的最高值为出售期权的权利金收入），亏损风险几乎为零（如果舍去营业成本的话）。期权的这种风险和收益不对称特点，对期权购买者有重要意义，对期权发售者也有重要意义。

第三，保证金约束的不对称。当期权交易是在交易所内进行时，不论标的物价格如何变化，期权合约的买方最终亏损不会超过其已支付的期权价格费用，所以，他无须交纳保证金（或准备交易保证金），但卖方需要按交易所的规定缴纳交易保证金。这是期权交易与期货交易相区别的一个重要特点。

第四，标的物的不对称。在期权交易中，期权合约的发售者通常不是交易标的物（如证券等）的发行者，也不是标的物的拥有者。另外，期权合约的购买者通常也不是真想持有交易的标的物。他们交易的对象实际上只是"权利"。这与其他各种金融产品交易有明显区别。

第五，杠杆作用不对称。在现货交易和期货交易中，交易双方均需缴纳与货款或合约金额对等的资金，基本没有杠杆作用。在期权交易中，期权合约的买入者只需缴纳与期权价格对等的资金，不需付出与合约标的物价格对等的资金，期权交易因此有明显的杠杆作用；与此不同，期权合约的卖出者则需缴纳与合约标的物价格对等的资金作为交易保证金，因此，二者并不对称。

二 期权的主要类型

根据不同的标准，期权交易可分为不同的类型。在期权交易中，常见的分类主要有如下几种类型。

（1）按照买方行权方式划分，期权交易可分为美国式期权、欧洲式期权和百慕大式期权。其中：

欧洲式期权（European Option），简称"欧式期权"，是指买入期权的一方只能在期权到期日的当天才能行使的期权。在亚洲区的金融市场中，行使期权的时间是期权到期日的北京时间14：00。过了这一时间，期权中的"行权"就自动失效。欧式期权的结算日是履约后的1～2天。目前，中国国内的外汇期权交易均采用欧式期权。

美国式期权（American Option），简称"美式期权"，是指选择权可以在到期日以及到期日以前的任何时间里执行的期权。美式期权的结算日是履约后的1～2天。不难看出，在美式期权中买方的行权灵活性较高，卖方风险较大，因此，在条件相同的场合下，与欧式期权相比，美式期权的价格较高。

百慕大期权（Bermuda Option），又称"大西洋式选择权"（Atlantic Option），是指期权合约的买方可以在合约到期日前所规定的一系列时间行权的期权。例如，某种以债券为标的物的期权，合约规定期权期限为3年，买方只有在这3年中的每一年最后一个月（或一个星期）才能行权。不难看出，这种期权的行权方式介于欧式和美式之间。

值得注意的是，欧式期权、美式期权和百慕大式期权并非按照地理区位进行划分。实际上，在美国的期权市场上有不少欧洲式期权进行交易，在欧洲的期权市场上也有不少美国式期权进行交易。例如，1983年7月，美国芝加哥期权交易所提出的标准普尔500种工业（S&P500）股票指数期权采用的就是欧洲式期权方式。

（2）按照买方权利特征划分，期权交易可分为看涨期权、看跌期权和双重期权。其中：

看涨期权（Call Option），又称买方期权或买进期权①，是指期权购买者可以在规定期限内或期权到期日按约定价格买进一定数量标的金融资产的权利。看涨期权的购买者，在期权合约规定的标的金融资产价格上升到预期水平后，将获得投资收益；反之，在期权合约规定的标的金融资产价格不变或下跌时，则看涨期权购买者将损失购买期权合约时付出的资金。

看跌期权（Put Option），又称卖方期权或敲出期权②，是指期权购买者可以在合约规定期限内或期权到期日按约定价格卖出一定数量标的金融资产的权利。当期权购买者预期标的金融资产的交易价格水平将下跌时，可以购买看跌期权。如果标的金融资产价格与预期相符，呈下跌走势，那么，购买看跌期权的投资者就将获利；反之，如果标的金融资产的价格不变或呈上行走势，则看跌期权购买者将损失购买期权合约时付出的资金。

双重期权（Double Option），又称"双向期权"，是指期权购买者有权在合约规定的期限内选择按预先约定的价格买进约定数量的标的金融资产或者按预先约定的价格卖出约定数量的标的金融资产的期权合约。它实际上是看涨期权和看跌期权二者的结合。双向期权交易通常出现在如下场合：购买者虽可预期未来标的金融资产的价格波动较大，却不能判断它的价格变动方向，同时，期权的出售者则认为这种标的金融资产未来交易价格的波动不大。由此，因交易双方的认识不同，形成了双向期权合约的交易。

（3）按期权标的资产的特征划分，期权可分为股票期权、股票指数期权、汇率期权、债券期权、黄金期权以及长期股票期权等类型。其中：

股票期权，是指以某种股票为标的物的期权。股票期权的购买者拥有在规定期限或到期日按预定价格买进或卖出约定数量的约定标的股票的权利。股票期权在20世纪20年代已在美国出现。但在1970年以前，它只是在场外进行交易的，交易量很小，对股市影响也不大。1973年4月，美国芝加哥期货交易所推出标准化的股票期权合约后，股票期权的交易才得以迅速发展。

股票指数期权（Stock Index Option），简称"股指期权"，是指持有者有权在约定期限内或到期日要求期权出售者按实际股票指数与约定的股票指数所代表的价值差支付现金履约的选择权。股指期权是一种特殊类型的金融期权。一般的金融期权是以某种金融资产为标的物，股票指数期权则以股价指数作为标的物。由于股价指数本身并非真实资产，所以，这种期权的交割应以现金支付的方式履约。

---

① 此外，有时也称为"买权"、"延买期权"或"敲进"。
② 此外，有时也称为"卖权"、"延卖期权"或"敲出"。

现金支付的计算方式和依此得出的数额，应在期权合约中加以约定。

外汇期权（Foreign Exchange Option），又称货币期权，是指以约定币种为标的物的期权。它还可根据币种的不同划分为具体币种的期权，如美元期权、欧元期权，等等。

债券期权，又称利率期权，是指以债券为标的物的期权。由于债券利率（尤其是固定收益债券利率）有明确的界定，债券交易价格通常在利率区间波动，幅度不大，所以，债券期权的价格一般较低。场外市场的利率期权交易最早出现在1985年，当时银行发行了浮动利率票据，但需要对应的金融工具来规避利率风险，由此，利率期权应运而生。在利率期权交易中，比较活跃的交易品种主要包括利率上限期权（Interest Rate Caps）、利率下限期权（Interest Floors）以及利率互换期权（Interest Swaption）等。

黄金期权，是指以黄金为标的物的期权，这种期权建立在黄金价格走势变动的基础上。1981年4月，荷兰的阿姆斯特丹交易所开始了黄金期权交易。此后，加拿大、英国、瑞士和美国等陆续展开了黄金期权交易和其他贵金属期权交易。

长期股票期权，是指有效期较长的股票期权。一般的股票期权有效期在9个月到1年以内，长期股票期权则是有效期为1年以上3年以下的股票期权。长期股票期权出现于20世纪90年代初的美国市场上。由于有效期长，使期权的出售者承担风险的可能性和规模都较大，因此，这种期权的期权价格一般较高。

（4）按权利组合状况划分，期权可分为打包期权、非标准美式期权、远期开始期权、复合期权和任选期权等类型。这些期权一般通过将若干种期权的某些特点进行组合形成，因而有新型期权（Exotic Option）之称。其中：

打包期权（Packages），是指由标准欧式看涨期权、标准欧式看跌期权、远期合约、现金以及标的资产等组合形成的期权合约。

非标准美式期权（Bermudan），是指与标准美式期权不同，只能在约定的某些特定日期行权的期权合约。其成因在于，标准美式期权虽然给买方以较充分的选择权，买方可以在到期日之前的任何时间内行权，但给卖方很大压力，为此，作为一种折中，卖方提出了只能在到期日之前的特定日期内行权的新型期权。例如，美式互期期权就只能在指定日才能行使。

远期开始期权，是指现在支付期权费但约定在未来某个时刻才能行权的期权。这种期权机制，有时用于员工股权激励计划。

复合期权，是指对期权合约的期权。它主要有四种类型：对看涨期权合约的看涨期权、对看涨期权合约的看跌期权、对看跌期权合约的看涨期权和对看跌期权合约的看跌期权。这些复合期权一般有两个执行价格和两个到期日。

二元期权（Binary Option），又称数字期权、固定收益期权、非全有即全无期权，是交易形式最简单的一种期权交易品种。在合约到期时，这种期权的行权只有两种情形：基于标的资产在约定时间内（例如，未来的一小时、一天、一周等）

收盘价格是低于还是高于执行价格的结果，决定是否获得收益。如果标的资产的价格走势满足预先约定的启动条件，二元期权的买入方将获得一个固定金额的收益；反之，则损失固定金额的部分投资。这种期权与前述期权的区别有两个。一是在二元期权中，买入方只需关注标的资产的价格走向（看涨或者看跌），而在股票、利率、外汇等期权中，买入方既需要关注标的资产的价格走向（看涨或者看跌）又需要关注价格涨跌幅度。二是在二元期权中，买入方的收益和风险是预先约定的，收益与否只取决于标的资产的价格是否满足合约规定的条件；同时，这种期权交易无须缴纳交易手续费。

期货期权，是指标的物为期货合约买卖权的期权交易，它包括商品期货期权和金融期权。一般来说，期权是指对现货资产的期权，但期货期权是指"期货合约的期权"。期货期权合约表示的是，期权合约买入方拥有在期权合约到期日（或之前）以期权合约规定的价格购买或卖出一定数量的特定商品或资产期货合同的权利。显然，在期货期权合约中，标的物不是期货合同中约定商品，而是期货合同本身。对一份期货看涨期权而言，买入方不仅将获得该期货合约的多头头寸，而且还将获得一笔数额等于当前期货价格减去执行价格的现金。1984 年 10 月，美国芝加哥期货交易所将期权交易方式应用于政府长期国库券期货合约的买卖，由此产生了期货期权。

任选期权（As You Like It），是指赋予买入方在经过约定时期后能够选择期权（看涨期权或看跌期权）的期权合约。

（5）按内涵价值划分，期权可分为实值期权、虚值期权和两平期权等三种。期权的内涵价值（Intrinsic Value），是指买方在行权履约时可获得的投资收益数额。一般来说，投资收益越大，则内涵价值越高，反之则相反。根据期权内涵价值的不同，期权可分为：

实值期权（In – the – Money），是指期权的执行价格与实际价格之间的差额符合买方意向的期权，即具有内涵价值的期权。在看涨期权的执行价格高于买入时的市场价格，或看跌期权的执行价格低于买入时的市场价格时，该期权就成为实值期权。当可获利程度很高时，该期权被称为极度实值期权（Deep – in – the – Money）

虚值期权，又称价外期权，是指期权的执行价格与实际价格之间的差额不符合买方意向的期权，即不具有内涵价值的期权。在看涨期权的执行价格低于买入时的市场价格，或看跌期权的执行价格高于买入时的市场价格时，该期权就成为虚值期权。虚值期权的内涵价值为零。

两平期权，是指期权的执行价格与实际价格之间的差额为零的状况。当看涨期权的执行价格等于当时的市场价格时，或者当看跌期权的执行价格等于当时的市场价格时，该期权就成为两平期权。两平期权的内涵价值为零。

由上可见，期权的类型相当多，但在国际金融市场中，主要的期权交易品种还是集中在股票期权、债券期权等方面。

三 期权的内在原理

虽然期权种类繁多且不断创新，但它们都贯彻着期权的内在机理。期权的内在机理可通过一个看涨期权的交易予以阐释。

假设投资者以 3 元的价格购买了一份看涨期权，期权的合约条款规定合约的标的资产是股票 X，履约的价格是 100 元，到期日为第三个月末，行权方式为美式（即期权可以在到期日及到期日之前执行）。

由此，期权的购买者在到期及到期之前可以决定是否从合约的出售者那里购买一个单位的股票资产 X。如果购买，他需支付 100 元；但如果股市行情走势对期权购买者执行期权不利，他将不执行期权。当在市场上一份 X 股票的价格为 99 元时，期权购买者就不会向期权出售者以 100 元的价格购买资产 X，但如果 X 的市场价格高于 100 元，期权购买者就会执行期权。当 X 的市场价格为 103 元时，期权购买者不赚不亏（取得资产 X 的成本为 3 + 100 元）；当 X 的市场价格为 105 元时，期权购买者将有 2 元的赢利（2 = 105 - 100 - 3）。

另外，不论期权购买者是否执行期权，期权出售者都将有 3 元的期权出售收入。当 X 股票的市场价格低于 100 元，期权购买者将不会执行期权，出售者将获得 3 元的赢利；当 X 的价格少于 103 元时，期权出售者仍将有出售期权的赢利。但如果 X 价格为 102 元时，出售者将有 1 元的赢利（1 = 100 + 3 - 102）。当 X 的价格高于 103 元时，期权出售者将出现亏损。这一交易过程可用图 17 - 1 表示。

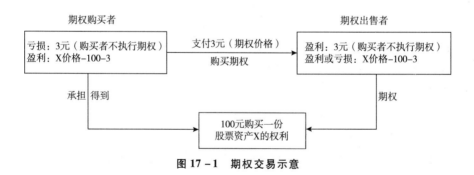

图 17 - 1 期权交易示意

从图 17 - 1 中可以看出，对期权的购买者来说，他的最大损失就是期权价格。对期权的出售者来说，他的最大利润就是取得的期权价格。期权的购买者可以获得潜在收益，而出售者则可以使风险逐渐减少。

如果期权价格一次性全部支付给期权出售者，期权的购买者就不存在交纳交易保证金的问题。由于期权价格是投资者可能损失的最大数量，因此，不论相关资产的价格发生了何种不利的变化，期权购买者均不需准备交易保证金。相反，由于出售者同意承担相关资产价格变化的全部风险，因此，在通常情况下均要求出售者将一定数量的资金存入保证金账户作为履约保证金。另外，如果价格变化对期权出售者的交易部位产生不利的影响，出售者还被要求再存入一笔钱作为保证金。期权市场对期权出售者的这种要求，与期货市场的保证金制度及逐日盯市的做法基本相似。

第二节　期权市场运行

一　期权合约

期权合约是期权交易中买卖双方交易的直接对象。对购买者来讲，期权合约是在规定时间内以规定的价格买入（或卖出）一定数量的标的资产的权利；对出售者来讲，期权合约是在规定时间内以规定价格卖出（或买入）一定数量的标的资产的义务。期权合约的主要内容包括以下几个方面。第一，标的资产的种类和数量。金融期权合约的标的资产品种主要有股票、债券、外汇和股票指数等。第二，期权的有效期。欧式期权的有效期是期权合约的交割日，美式期权的有效期则是从购买期权之日起到期权交割日之间的一段时间。第三，期权价格，即买入期权合约的价格。第四，履约价格。第五，行权特征，即属于看涨还是看跌的期权。

期权合约的卖出者可以是某个金融机构（如商业银行），也可以是交易所。如果期权交易是在有组织的交易所内进行，则期权合约的卖出者通常是交易所。但交易所如果要创造期权合约交易，通常需要经过证券交易监管部门批准。在美国，交易所创造期权合约交易需要经过商品期货交易委员会或证券交易委员会的批准；在中国，期权合约交易需要经过中国证监会批准。在场外市场（或称店头市场）上，期权合约的起草者（或创立者）既可以是期权的出售者，也可以是店头市场的管理者。

不难看出，与其他金融工具一样，期权合约既可以在交易所中进行交易也可以在场外市场进行交易。

在交易所内交易的期权有三个特点。第一，履约价格（或敲定价格）和合约到期日是标准化的。第二，与交易所中进行的期货合约交易一样，在买卖期权合约的指令执行以后，出售者和购买者的直接关系被交易所提供的清算和履约保证的服务所取代，合约购买者可以方便地通过经纪人和交易所将合约再转卖。与交易所相联系的期权交易清算部门在期权市场上所起的作用与期货交易清算部门在期货市场上所起的作用一样，是为了保证合约购买者的选择权实现履约。第三，在交易所交易的期权的交易成本通常比店头市场上的交易成本低。

在店头市场上，期权合约的交易者大多是一些机构投资者。这些投资者创造店头市场的原因主要是交易所中交易的标准化期权合约不能满足其投资需要。在店头市场上的期权价格较高，主要是因为在这个市场上期权合约的敲定价格与市场价格相差较大，合约出售者面临的风险相对较大，因此，其出售期权的风险报酬也相应较高。

与期货合约交易相比，期权合约交易的主要特点在于：购买者来买入期权并不是购买了一种进行交易的义务，而是买入了进行交易的权利；但期权的出售者出售期权就承担了必须履约的义务。与此不同，在期货合约的交易中，合约的交易双方均有履约的义务。另外，在期货合约交易中，购买者并不因为接受履约的义务而向期货合约的出售者支付费用。而期权合约的买入者必须为其获得合约规定的权利支付一定的费用（即期权价格）。

二　期权交易的基本过程

期权交易与期货合约及其他有价证券的交易一样，也有一定的程序。期权交易的过程基本上由交易前准备、下达交易指令、经纪商执行指令、（买方）支付期权价格、（卖方）缴纳保证金、期权平仓和履约等几个步骤和过程组成。

1. 交易前的准备

对期权合约的交易者来讲，交易前的准备工作十分重要，这些工作包括选择证券商或经纪人、开立交易账户和保证金账户、研究市场价格和确定交易部位等。

（1）确定证券商或经纪人。与股票、期货交易相同，一般的期权合约的交易者不能进入交易所内进行交易，必须通过在交易所有交易席位的证券商或经纪人的代理才能买卖合约。因此，要买卖期权合约的交易者首先须选定一个证券商或经纪人，该经纪人应在交易所拥有交易者所希望进行的期权交易品种的交易席位，另外，还应有良好的信息服务条件。

（2）开立交易账户和保证金账户。在选定证券商后，期权交易者必须在证券商处开立交易账户和保证金账户，以备交易执行后划拨款项和缴纳交易保证金，并在交割时进行款项或现金的交割。期权的购买者只需开立交易账户即可，在交易执行后购买者应支付的期权价格由证券商代理进行清算，最终支付给期权的出售者。期权的出售者必须开立保证金账户，在交易执行后，证券商会根据交易所提出的对保证金水平的要求，将期权出售者的应缴保证金划入保证金账户。

（3）研究市场价格和确定交易部位。在交易进行前，研究市场价格的变化趋势和可能变化的幅度，对确定期权交易的战略是至关重要的。交易者应对期权合约标的资产的价格及其变化幅度有明确地判断，然后再根据合约中的敲定价格与预期的价格变化情况确定采取何种交易部位。

2. 下达交易指令

在判断价格变化趋势和幅度后，交易者即可根据期权敲定价格和期权价格情况下达交易指令。在下达指令时，交易者应明确表明其所确定的交易部位、期权价格的水平、交易的数量。

在期权交易中，基础的交易部位有购买看涨期权、卖出看涨期权、买进看跌期权、卖出看跌期权。在交易指令中，交易者要明确表示是要买进还是要卖出，同时还要表明买卖的是看涨期权还是看跌期权。更重要的是，交易者在指令上还应申明愿意成交的期权价格。

此外，交易者在指令上要明确买卖期权合约的份数或数量。在期权价格已定的情况下，期权合约的购买数量决定了需支付期权权利金的总额，期权合约的出售数量则决定了现期出售期权的收入额，同时也决定了交易执行后需交付的保证金的水平。对交易双方来讲，根据自己的资金情况合理安排交易数量，是涉及资金管理以及风险控制的重要决策。

3. 证券商执行指令

证券商或经纪人在接到客户的指令后，马上应将指令传达给其在交易所中的出市代表。场内出市代表在接到指令后要按交易所确定的规则参与报价和交易撮合。市场上期权价格的确定通常是根据价格优先和时间优先的原则进行的。在同一时间里出售期权的最低价格先要与购买期权的最高出价相撮合，期权价格达成一致后，一笔交易即告成交。交易所会记录下交易的品种、成交价格、成交数量等交易情况，并形成新的交易信息予以显示。

4. 结算过程

在指令执行完毕后，证券商就要按交易所确定的结算规则提供清算服务。证券商应立即将期权买方所应支付的权利金（或购买期权的价格）支付给期权的卖方，同时，卖方的证券商应要求期权卖方按规定的保证金水平交纳期权交易保证金。由于期权标的资产的市场价格在不断变化，为了保证期权卖方能够履约，交易所对保证金的水平采取"逐日盯市"的政策，因此，证券商会要求期权卖方无条件地满足交易所结算部门所提出的追加保证金的要求。

5. 期权的平仓和履约

期权合约的卖方可以在买方提出履约要求之前，将卖出的期权合约通过买进相关期权进行对冲，从而结束其在期权交易中的空头部位。同样，期权合约的买方也可以通过卖出相关期权与持有的期权完成对冲，从而转让期权的权利，退出期权的交易。

期权履约是当看涨期权买方要求买进合约所涉及资产或当看跌期权买方要求卖出期权合约所涉及资产时交易双方所采取的行动。期权的买方在要求履约时，要按期权合约的规定提前提出履约要求，以让卖方做好履约的准备。卖方因负有接受买方履约要求的义务，因此，一旦买方提出履约要求后，卖方必须做出准备并在到期日之前完成相关资产的交割。

三　交易保证金

期权保证金是指期权交易所为了保证期权的履约，要求期权的卖方向交易所清算部门缴纳的履约保证金。

对期权的买方而言，因为是否执行期权不是义务而是权利，并且其在取得权利时已经支付了期权权利金（期权价格），所以，期权买方不需交纳履约保证金。但对期权的卖方来说则并非如此。卖方负有接受买方履约要求的义务，并且由于卖方所面临的风险的大小是由期权合约所涉资产的市场价格变动情况和幅度决定的，所以，期权的卖方必须存入一笔保证金，以保证其具有应付潜在的履约要求的能力。

当一笔期权交易成交后，期权卖方须立即存入相应数量的初始履约保证金。初始履约保证金是根据期权卖出数量以及交易成交日卖出每份合约所需交纳的保证金确定的。在每日（或每场）交易结束后，交易所结算部门会根据市场价格变动情况以及对期权卖方的交易部位，进行盈亏计算调整，如果价格发生不利于卖方的变化，卖方将被要求在下一个交易日开盘前再追加一部分保证金，以维持更高风险情况下的履约保证能力。交易所有权根据市场价格变化的幅度来调整交纳交易保证金的标准。各交易所在制定保证金水平时，既要注意保持市场的履约能力，又要不使交易者投入或闲置过多的资金。

第三节　期权定价

一　说明

期权定价模型有两种，一种是二项式模型，另一种是布莱克－斯科尔斯模型。二项式模型所用的数学知识不深，比较简单和直观。布莱克－斯科尔斯模型的推导主要使用的是偏微分方程，虽然所用的数学较深，但它是学者们普遍使用的一种方法。本节对这两个模型的运用进行分析。

为了便于理解，分析中主要以欧式看涨期权为例来说明期权定价模型的具体形式和这一模型的推导过程。欧式看跌期权定价公式可以由欧式看涨期权公式求出（通过期权平价公式）。与欧式期权相比，美式期权的定价比较复杂，但只要把握了欧式期权定价原理，也能推出美式期权定价模型。

二　看涨期权与看跌期权的平价公式

看涨期权与看跌期权的价格存在一种特定的关系，这种关系有助于从看涨期权的价格直接推导出看跌期权的价格。

假设存在 A 和 B 两个证券组合。证券组合 A 中包含一只现值为 S 的股票多头和一只价格为 $P_e(S, T, E)$ 的欧式看跌期权多头；证券组合 B 中包含一只标的物、到期日、执行价格均与上述看跌期权相同的欧式看涨期权多头，其价格为 C_e (S, T, E)，以及一个面值为 E、到期日为 T 的无风险债券，其现值为 E

$(1 + r)^{-T}$。在到期日 T，股票价格 S_T 的取值范围可能是 $S_T \leqslant E$，也可能是 $S_T > E$。对应这两种取值范围，证券组合 A 和 B 在到期日具有不同的收益，其具体结果如下：在到期日 T，当 $S_T \leqslant E$ 时，证券组合 A 和证券组合 B 的收益均为 E；当 $S_T > E$ 时，证券组合 A 和证券组合 B 的收益均为 E。也就是说，不论股价怎样波动，证券组合 A 和证券组合 B 的收益是一样的。既然如此，投资者对这两种证券组合的偏好必然是无差异的。由此，可以得到：

$$S + P_e\ (S,\ T,\ E)\ = C_e\ (S,\ T,\ E)\ + E\ (1 + r)^{-T} \tag{17.1}$$

公式 17.1 是著名的欧式看跌期权和欧式看涨期权的平价公式（put － call parity），或简单地称为"期权平价公式"。它表明一个期权多头与一个欧式看跌期权多头的组合等于一个看涨期权和一个债券的组合。该平价公式揭示了期权价格与股票价格、期权到期日、期权执行价格与无风险利率之间的内在联系。

三　二项式模型

二项式模型或二项式期权定价模型（Binomial Option Pricing Model）来自卡科斯（Cox）、罗斯（Ross）和罗宾斯泰因（Rubinstein）1979 年在《金融经济学杂志》（*Journal of Financial Economics*）上发表的一篇文章。后来卡科斯和罗宾斯泰因在 1985 年又对之进行精细化，其结果成为后来几乎所有涉及期权定价二项式模型的教科书一致遵循的范式。

1. 基本假定

这一模型的基本假定条件有四点：①市场不存在违约风险和交易费用；②期权所依赖的基础资产是股票，该股票的现期价值设为 S，而且，股票价格在以后每一期上升或下降的比例是固定的，分别设为 u 和 d；③该期权为欧式看涨期权；④期权市场和股票市场是完全竞争的。

2. 一期二项式模型

先讨论一种简单的二项式模型——一期二项式模型。由于这种形式的模型蕴涵所有关于二项式定价的技术和原理，所以，它既简单又重要。

假设当前是第 0 期，期权价格是 C。根据基本假设，第 1 期的股票价格可能上升，也可能下降。当第一种状态发生时（价格上升），股票价格由 S 变为 S_u；当第二种状态发生时（价格下降），股票价格由 S 变为 S_d。这样，第 1 期的期权价格也有两个取值：上升（C_u）或下降（C_d）。图 17 - 2 描述了这两种情形。由于这种图形像一个叉开的树枝，所以，被形象地称为"二叉树"（Binomial Tree）。

图 17 - 2 中的左图反映了股票价格的运动过程，第 0 期价格为 S，第 1 期价格为 S_u 或 S_d。在这里，显然 $S_u = (1 + u) S$，$S_d = (1 + d) S$，其中 $u \geqslant 0$，$-1 \leqslant d < 0$。图 17 - 2 中的右图反映了欧式看涨期权价格的运动过程，第 0 期价格为 C，第 1 期价格为 C_u 或 C_d。

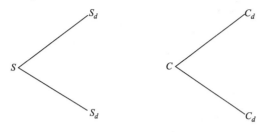

图 17 - 2　二叉树

在一时期假设下，第 1 期也是期权的到期日，设期权执行价格为 E，由此可以算出 C_u 和 C_d 的值：

$$C_u = \max\ (0,\ S\ (1+u)\ -E) \tag{17.2}$$

$$C_d = \max\ (0,\ S\ (1+d)\ -E) \tag{17.3}$$

C_u 和 C_d 可以同时处于溢价（In the Money）状态，但较有意思的假设是：C_u 处于溢价状态，即 $S\ (1+u)\ >E$，而 C_d 处于损价状态，即 $S\ (1+d)\ <E$；投资者可以以一个无风险的利率 r 大量借入或借出资金（或者是无风险债券），$d<r<u$。

据此，构造一个无风险的证券组合，该证券组合中包括 h 只股票多头和一只看涨期权空头。股票的现期价格为 S，期权的现期价格为 C，如果用 V 代表该证券组合的现期价格，则 $V=hS-C$。该无风险证券组合也可以被称作套期保值证券组合（Hedge Portfolio），其中 h 是套期保值率。

在到期日（即第 1 期），如果股票价格为 $(1+u)\ S$，则该证券组合的价值变为 V_u；如果股票价格为 $(1+d)\ S$，则该证券组合的价值变为 V_d。使用前面的符号，可得到：

$$V_u = hS_u - C_u = hS\ (1+u)\ -C_u \tag{17.4}$$

$$V_d = hS_d - C_d = hS\ (1+d)\ -C_d \tag{17.5}$$

一个无风险的证券组合意味着，无论在到期日其价值 V 是变成 V_u 还是变成 V_d，其名义收益都一样。也就是说，$V_u = V_d$，即：

$$hS\ (1+u)\ -C_u = hS\ (1+d)\ -C_d \tag{17.6}$$

从公式 17.6 中可以求出使证券组合具有无风险收益的最佳套期保值率 h^*：

$$h^* = \frac{C_u - C_d}{S\ (u-d)} = \frac{C_u - C_d}{S_u - S_d} \tag{17.7}$$

由于 S、u、d 事先已知，所以，可以确定 S_u、S_d、C_u、C_d 和 h 的具体值。

在一个完全竞争的市场中，如果上述无风险证券组合在第 1 期的收益率

（$\dfrac{V_u - V}{V}$ 或 $\dfrac{V_d - V}{V}$）大于无风险收益率 r，则市场中就会存在一个套利机会。投资者的套利行为最终会使该套利机会消失，从而得到：

$$\frac{V_u - V}{V} = \frac{V_d - V}{V} = r \tag{17.8}$$

将公式 17.8 整理之后得到：

$$V\,(1 + r)\ = V_u = V_d \tag{17.9}$$

或者是：

$$(hS - C)\,(1 + r)\ = hS\,(1 + u)\ - C_u \tag{17.10}$$

把 h^* 的值代入上式，可以求出：

$$C = \frac{PC_u + \,(1 - P)\,C_d}{1 + r} \tag{17.11}$$

公式 17.11 就是所求得的一期期权定价公式，其中 $P = \dfrac{r - d}{u - d}$。由于 u、d、r 已知，所以，通过上述公式就可以解出 C 的具体值。

3. 两期二项式模型

为了使期权定价公式接近现实，现在来讨论两期的二项式模型。

从图 17－2 中可以看出，在第 1 期股票价格有两种变化的可能：S_u 和 S_d，这种变化也使得期权价格在这一时期或者为 C_u 或者为 C_d。这些变化成为第 2 期股票和期权价格的基础。沿着 S_u 方向，股票在第 2 期可能出现上升（设为 S_{u2}），也可能出现下降（设为 S_{ud}）；沿着 S_d 方向，股票在第 2 期可能出现上升（设为 S_{du}），也可能连续下降（设为 S_{d2}）。根据基本假设，在第 2 期中股票价格上升或下降的速度仍保持不变，因此，可以求出股票在这一时期各种可能的数值：

$$S_{u2} = \,(1 + u)\,S_u = S\,(1 + u)^2 \tag{17.12}$$
$$S_{ud} = \,(1 + u)\,S_d = S\,(1 + u)\,(1 + d) \tag{17.13}$$
$$S_{du} = \,(1 + d)\,S_u = S\,(1 + u)\,(1 + d) \tag{17.14}$$
$$S_{d2} = \,(1 + d)\,S_d = S\,(1 + d)^2 \tag{17.15}$$

从公式 17.12 至公式 17.15 中可以看出：$S_{ud} = S_{du}$，因此，股票价格在第 2 期可能有三种不同的变化：S_{u2}、S_{ud}、S_{d2}。这三种不同的变化会带来期权价值在第 2 期的三种不同的变化：

$$C_{u2} = \max\,(0,\,S\,(1 + u)^2 - E) \tag{17.16}$$
$$C_{ud} = \max\,(0,\,S\,(1 + u)\,(1 + d)\ - u) \tag{17.17}$$
$$C_{d2} = \max\,(0,\,S\,(1 + d)^2 - E) \tag{17.18}$$

　　用图 17 - 3 对上述两种情况做一下描述，左图反映的是股票价格的变化，右图反映的是期权价格的变化。

　　为了求出第 0 期欧式看涨期权的价格 C，可以把图 17 - 3 分解为三个一时期期权价格的变化过程，如图 17 - 4 所示。

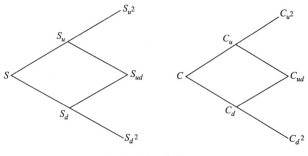

图 17 - 3　包络图

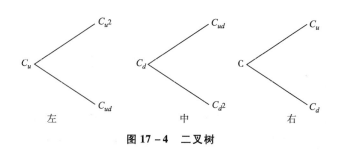

图 17 - 4　二叉树

　　从图 17 - 4 中可以看出，通过三个步骤就能够求出第 0 期的期权价格。这也是后面多时期期权定价中所采取的一种有效方法。现在运用前面一时期所推导出的有关公式对图 17 - 4 中的 C_u、C_d 和 C 求解。

　　第一步，求出 C_u 的值。根据前面的一时期定价模型，可以得到：

$$C_u = \frac{PC_{u^2} + (1 - P) \, C_{ud}}{1 + r} \tag{17.19}$$

　　第二步，求出 C_d 的值。同理可以得到：

$$C_d = \frac{PC + (1 - P) \, C}{1 + r} \tag{17.20}$$

　　由于 u、d、r、S 和 E 事先为人所知，因此可以求出 P、C_{u^2} 和 C_{ud} 的数值。也就是说，通过上述两个步骤，可以求出两个确定的关于 C_u 和 C_d 的数值。由此，C 的值也就迎刃而解了。

　　第三步，求出 C 的值。把 C_u 和 C_d 代入一期期权定价公式可得：

$$C = \frac{P^2 C_{u^2} + 2P \, (1 - P) \, C_{ud} + (1 - P)^2 C_{d^2}}{(1 + r)^2} \tag{17.21}$$

从公式 17.21 中可以看出，两期欧式看涨期权的理论价格仍是到期日时该期权各种可能取值加权平均后的贴现值，这时的贴现因子为 $\dfrac{1}{(1+r)^2}$。

在两期的期权定价模型的推导过程中，我们没有计算最佳套期保值率的值。为了保证构建的证券组合处于无风险收益状态，必须随着股票价格的变化而不断调整最佳套期保值率的数值。根据假设，这种动态调整是及时的，也是免费的。如前面所言，在第 0 期时，最佳的套期保值率为 $h^* = \dfrac{C_u - C_d}{S_u - S_d}$。假设到了第 1 期，这时股票价格相对于第 0 期而言是上升还是下降已经很清楚。如果股票价格上升，则最佳套期保值率应该调整为：

$$h^* = \frac{C_{u^2} - C_{ud}}{S_{u^2} - S_{ud}} \qquad (17.22)$$

如果股票价格下降，则这一比率应该为：

$$h^* = \frac{C_{ud} - C_{d^2}}{S_{ud} - S_{d^2}} \qquad (17.23)$$

4. n 期二项式模型

前面分别讨论了一期和两期二项式模型。由于二项式模型的有关原理都蕴涵在这两个模型里面，所以，对"期"进行的进一步扩展，只不过是使计算更加复杂而已，模型本身并没有实质性的变化。但是，为了贴近现实，有必要求出二项式模型的一个一般化公式。

下面分析 n 时期的二项式模型。由于这个模型的推导比较复杂，因此可以像求两期期权定价公式一样，首先把 n 时期的期权价格运动过程分解为多个一时期的变化过程（据计算，这里共有 $\dfrac{(n+1)(n+2)}{2}$ 个一时期变化过程）；然后再从 n 期开始往后逆推，直至求出 C。但这种过程未免过于复杂，如果不借助计算机程序，要求出 C 的一般表达式，则需耗费很长时间。另一种办法是，先求出几期的定价公式，然后从这些公式中发现规律，尝试写出其一般表达式，最后用数学归纳法来证明它。

通过上述两种方法，可以得知，n 时期欧式看涨期权的定价公式是：

$$C = \frac{\sum\limits_{i=0}^{n} \dfrac{n!}{(n-i)!} P^i (1-P)^{n-i} \max\left(0, S(1+u)^i (1+d)^{n-i} - E\right)}{(1+r)^n} \qquad (17.24)$$

从公式 17.24 中可以看出，二项式的计算是比较复杂的。这里关键是看 n 的取值，如果 n 太大，则计算速度会很慢、计算量会很庞大；如果 n 太小，则计算结果会不准确。经验表明，在 $n=50$ 的时候，既可以使误差很小，也可以使计算速度不至于太慢，能达到效果与效率的统一。

对期权定价的二项式模型，需要做如下一些说明：

第一，在上述定价模型里，u 和 d 是事先给定的，并假设自始至终保持不变。初看起来，这一规定难以让人接受，但如果时间变化足够小，或 n 趋向于无穷大，那么，每一次的价格变动区间就不会相差太大，所以，该假设有一定的道理。经验显示，当 $n \geqslant 50$ 的时候，股票价格的变动率（或收益率）就趋向于服从一个对数正态分布。

第二，当 n 足够大时，上述 n 时期的期权定价公式就会收敛于布莱克－斯科尔斯定价公式。其实上面的叙述已经隐含了这层意思。

第三，在很多情况下，尽管二项式模型有很多缺点，但它能适用于所有期权的定价情况，特别是能被运用于美式期权和一些新式期权中。

四 布莱克－斯科尔斯模型

1997 年 10 月，诺贝尔评奖委员会决定把该年度的诺贝尔经济学奖授予在衍生工具定价方面做出杰出贡献的默顿（R. Merton）和斯科尔斯（M. Scholes），该表彰的核心即是布莱克－斯科尔斯模型。下面简单地介绍一下这一模型。

1. 基本假设

（1）股票的收益率服从正态对数分布，也就是说，一般股票收益率之和的对数服从正态分布。之所以做这样的假定，是因为对数正态分布能比较真实地股东所承担的有限责任，此外也容易作数学处理；

（2）在期权的有效期限内，无风险利率和股票收益率的方差保持不变；

（3）不存在税收和交易成本；

（4）股票不支付任何红利；

（5）所讨论的期权是建立在具有上述特征的股票基础之上的欧式看涨期权；

（6）资产无限可分，并允许卖空；

（7）股票的交易是连续进行的，即我们要讨论的模型是一个连续时间模型。

2. 方法的简要说明

布莱克－斯科尔斯期权定价公式的推导是相当复杂的，但在本书中我们不准备详细推导这一公式，只是简单地介绍一下推导这一公式所使用的方法。

在一个动态、连续的环境中，股票收益率（$\frac{dS}{S}$，其中 S 是股票的价格）可以被分解为一个时间趋势（μdt，其中 μ 是股票的期望收益率，设为常数；t 是时间；dt 表示一个连续时间变化）和一个随机项之和。该随机项设为 σdx，dx 是一个白噪音，或称作为一个服从独立同分布的维纳过程。具有这一特征的金融市场在经济学上被称作为"弱型效率市场"，它说明一种股票的现期价格已经包含了其过去所有的信息，即投资者不能运用过去的价格信息来预测未来的价格走势，因而所谓的技术分析是站不住脚的。

推导布莱克－斯科尔斯公式的关键步骤是构造一个包含欧式看涨期权和股票在内的无套利证券组合，然后，运用伊藤引理（Ito's Lemma）推导出一个偏微分方程：

$$\frac{\partial C}{\partial t} + \frac{1}{2}\sigma^2 S^2 \frac{\partial^2 C}{\partial S^2} + rS \frac{\partial C}{\partial S} - rC = 0 \qquad (17.25)$$

在公式 17.25 中，C 是欧式看涨期权的价格，是该方程要求解的未知数，r 是无风险利率，S 是股票价格，t 表示时间。上述方程又被称作布莱克－斯科尔斯偏微分方程。要求出该方程中的未知数 C，还必须满足下列边界条件：C（0，t，E）$= 0$，C（S，t，E）$\sim S$ 和 C（S，T，E）$= \max$（0，$S - E$）。在满足这三个条件后，通过把布莱克－斯科尔斯偏微分方程转化为易于计算的热扩散方程，就可以得到著名的布莱克－斯科尔斯公式[①]：

$$C = SN（d_1）- Ee^{-r(T-t)}N（d_2） \qquad (17.26)$$

其中：

$$d_1 = \frac{\ln（S/E）+（r + \sigma^2/2）（T-t）}{\sigma \sqrt{T-t}} \qquad (17.27)$$

$$d_2 = \frac{\ln（S/E）+（r - \sigma^2/2）（T-t）}{\sigma \sqrt{T-t}} \qquad (17.28)$$

在公式 17.26 ~ 17.28 中，T 是欧式看涨期权的到期日，r 是以连续时间复利计算的无风险利率。

通过欧式期权的平价公式，可以推导出欧式看跌期权的布莱克－斯科尔斯公式（但需要把前面平价公式中的以离散时间计量的利率转化为以连续时间计量的利率）：

$$P = Ee^{-r(T-t)}N（-d_2）- SN（-d_2） \qquad (17.29)$$

需要说明的是，布莱克－斯科尔斯公式具有如下含义：

第一，N（d_1）和 N（d_2）是累计正态分布函数。以 N（d_1）为例，可知：

$$N(d_1) = \frac{1}{\sqrt{2\pi}} \int_{-\infty}^{d_1} e^{-\frac{1}{2}x^2} dx \qquad (17.30)$$

第二，该公式中唯一不确定的变量是股票价格波动的方差 σ^2，但可以运用下列两种方法把这一方差估计出来。

其一，利用股票波动的历史资料来算出关于股票方差的统计量，并以该统计

---

① 该公式中的 t 是初始时间，其他一些书中直接令 $t = 0$，以表示第 0 期为初始时间。

量代替以后股票波动的真实方差：

$$\sigma^2 = \frac{\sum\limits_{t=1}^{n}(R_t - \bar{R})^2}{n-1} \qquad (17.31)$$

在公式 17.31 中，n 代表的是时间序列样本数量，R_t 表示 t 时刻股票的收益率，$\bar{R}$ 表示从 1 时刻到 n 时刻股票收益率的均值。

其二，运用过去的期权价格来算出其中隐含的股票收益方差。因为在过去时刻，期权价格已知，因此可以把它代入布莱克 - 斯科尔斯方程，然后再连同其他可以观测的变量来求出不可观测的方差。为了保证方差的精确，可以运用此法求出若干个"方差"，然后计算其平均值，并把它近似地看作未来股票收益波动的真实方差。

五　欧式股票指数期权、外汇期权、期货期权的定价

1. 股票指数期权

假设股票指数支付连续红利 q，利用默顿（Merton）模型，可分别得出欧式看涨和看跌期权的价格：

$$C = S_t e^{-q(T-t)} N(d_1) - Ke^{-r(T-t)} N(d_2) \qquad (17.32)$$

$$P = Ke^{-r(T-t)} N(-d_2) - S_t e^{-q(T-t)} N(-d_1) \qquad (17.33)$$

其中：

$$d_1 = \frac{\ln(S_t/K) + (r-q+\sigma^2/2)(T-t)}{\sigma\sqrt{T-t}}$$

$$d_2 = \frac{\ln(S_t/K) + (r-q-\sigma^2/2)(T-t)}{\sigma\sqrt{T-t}} = d_1 - \sigma\sqrt{T-t}$$

2. 外汇期权

从期权交易者的角度出发，外汇汇率为 S，外汇利息率 r_f 可作为红利 q，利用默顿（Merton）模型类似可得：

$$C = S_t e^{-r_f(T-t)} N(d_1) - Ke^{-r(T-t)} N(d_2) \qquad (17.34)$$

$$P = Ke^{-r(T-t)} N(-d_2) - S_t e^{-r_f(T-t)} N(-d_1) \qquad (17.35)$$

其中：

$$d_1 = \frac{\ln(S_t/K) + (r-r_f+\sigma^2/2)(T-t)}{\sigma\sqrt{T-t}}$$

$$d_2 = \frac{\ln(S_t/K) + (r-r_f-\sigma^2/2)(T-t)}{\sigma\sqrt{T-t}} = d_1 - \sigma\sqrt{T-t}$$

3. 期货期权

假设期货的理论价格为 F，期货标的价格为 S，可知：

$$F = Se^{r(T-t)} \tag{17.36}$$

即标的资产 F 的增长率为 r，可将其作为红利率 q 代入公式 17.32 和 17.33，分别得出欧式期货看涨期权和期货看跌期权的价格：

$$C = e^{-r(T-t)} \left[F_t N(d_1) - KN(d_2) \right] \tag{17.37}$$

$$P = e^{-r(T-t)} \left[KN(-d_2) - F_t N(-d_1) \right] \tag{17.38}$$

其中：

$$d_1 = \frac{\ln(F_t/K) + (\sigma_F^2/2)(T-t)}{\sigma_F \sqrt{T-t}}$$

$$d_2 = \frac{\ln(F_t/K) - (\sigma_F^2/2)(T-t)}{\sigma_F \sqrt{T-t}} = d_1 - \sigma_F \sqrt{T-t}$$

六 美式期权定价的数值方法

1. 有限差分公式

美式期权于投资有效期 $[0, T]$ 内任一时点均可提前执行，其中，不支付收益的美式看涨期权在任一时点提前执行均非最优策略，因此，其价值等价于相同标的、执行价格、到期日的欧式看涨期权的价值；而美式看跌期权与支付收益的美式看涨期权的价值则依赖于期权提前执行的最优时点的决定。我们以支付收益的美式看跌期权为例，给出近似计算其价值的一种数值方法，即有限差分法。利用伊藤公式，可得满足期权价值 $f(t, S)$ 的 PDE 方程如下：

$$\frac{\partial f}{\partial t} + (r-q)S\frac{\partial f}{\partial S} + \frac{1}{2}\sigma^2 S^2 \frac{\partial^2 f}{\partial S^2} = rf \tag{17.39}$$

记 $Z = \ln S$，方程（17.39）转化为：

$$\frac{\partial f}{\partial t} + \left(r - q - \frac{\sigma^2}{2}\right)\frac{\partial f}{\partial Z} + \frac{1}{2}\sigma^2 \frac{\partial^2 f}{\partial Z^2} = rf \tag{17.40}$$

于是，通过对方程（17.40）进行如下差分：

$$\frac{\partial f}{\partial t} = \frac{f_{i+1,j} - f_{i,j}}{\Delta t}$$

$$\frac{\partial f}{\partial Z} = \frac{f_{i+1,j+1} - f_{i+1,j-1}}{2\Delta Z} \tag{17.41}$$

$$\frac{\partial^2 f}{\partial Z^2} = \frac{f_{i+1,j+1} + f_{i+1,j-1} - 2f_{i+1,j}}{\Delta Z^2}$$

可得：

$$\frac{f_{i+1,j}-f_{i,j}}{\Delta t}+\left(r-q-\frac{\sigma^2}{2}\right)\frac{f_{i+1,j+1}-f_{i+1,j-1}}{2\Delta Z}+\frac{1}{2}\sigma^2\frac{f_{i+1,j+1}+f_{i+1,j-1}-2f_{i+1,j}}{\Delta Z^2}=rf_{i,j}$$

即：

$$\alpha f_{i+1,j+1}+\beta f_{i+1,j}+\gamma f_{i+1,j-1}=f_{i,j} \qquad (17.42)$$

其中：

$$\alpha_j=\frac{1}{1+r\Delta t}\left[\frac{\Delta t}{2\Delta Z}\left(r-q-\frac{\sigma^2}{2}\right)+\frac{\Delta t}{2\Delta Z^2}\sigma^2\right]$$

$$\beta_j=\frac{1}{1+r\Delta t}\left[1-\frac{\Delta t}{\Delta Z^2}\sigma^2\right]$$

$$\gamma_j=\frac{1}{1+r\Delta t}\left[-\frac{\Delta t}{2\Delta Z}\left(r-q-\frac{\sigma^2}{2}\right)+\frac{\Delta t}{2\Delta Z^2}\sigma^2\right]$$

2. 数值模拟方法

（1）可取定：

$$\Delta t=\frac{T-t}{N},\ \ \Delta S=\frac{S_{\max}}{M} \qquad (17.43)$$

其中，$S_{\max}$ 为可以达到的最高股票价格。那么，在到期时刻 T 时的看跌期权价值为：

$$f_{N,j}=\max\left[K-j\Delta S,\ 0\right],j=0,1,\ldots,M \qquad (17.44)$$

边界条件为：

$$\begin{cases}f_{N,0}=K\\ \cdots\cdots\\ f_{N,M}=0\end{cases}$$

（2）利用逆推法，将公式 17.43 和 17.44 代入公式 17.42，可得：

$$f_{N-1,1},f_{N-1,2},\cdots,f_{N-1,M-1}$$

比较 $f_{N-1,j}$ 与 $K-j\Delta S$，如果 $f_{N-1,j}<K-j\Delta \tilde{S}$，可于 $T-\Delta t$ 提前执行期权，那么 $f_{N-1,j}=K-j\Delta S$。依此对 $T-2\Delta t$、$T-3\Delta t$、$\cdots$、0 分别进行处理，可得 $f_{0,1}$，$f_{0,2}$，$\cdots$ $f_{0,M-1}$。根据初始时刻标的股票价格 S_0，即可近似得到美式看跌期权的价格。

第四节　期权市场交易策略

一　交易策略和期权投资特点

期权交易具有投资少、风险小、获利大等特点，它适用于任何市场条件下的交易，如在看涨市场中略有上涨的市场、看跌市场中略有下跌的市场以及较稳定的市场条件下，均可以选择不同的期权交易战略，也可以将期权交易与现货交易及期货交易相结合，以进行套期保值和套利活动。

在现货市场和期货市场中，资产的价格会不断变化。期权投资者可以采用多种方式进行价格保护、套期保值、套期图利。但是，不论采用那一种交易方式，均需在买进看涨期权、卖出看涨期权、买进看跌期权、卖出看跌期权等几种基础交易策略中进行选择。

1. 买进看涨期权

在买进看涨期权时，期权赋予买方在既定价格水平上购买相关资产的权利。看涨期权的买方确信在未来一段时间内相关资产的价格将高于期权敲定价格与其付出的期权价格之和。这样投资者可以选择买进看涨期权。一旦价格真的上涨，并超过敲定价格和期权价格之后，看涨期权购买者就会赢利。如果交易者买进看涨期权不是出于赚取利润的目的，只是通过买进看涨期权为将来要购入的现货确定一个最高价格水平，或者用来对冲其空头期货部位，在这种情况下，交易者可以买进看涨期权以保护自己免受价格上涨的损失。

假设某一交易者准备将来购进某种股票，他预计这种股票的市场行情看涨。此时，这种股票的期权敲定价格为 92.5 元。因此，他支付了 0.2 元作为权利金，购买了看涨期权。如果此种股票价格果真涨至 93.0 元，在这种情况下，看涨期权的购买者能实现 0.3（=93－92.5－0.2）元的净利润，其实现的资金利润率水平为 150%。如果这种股票的市场价格没有上升，反而下降到 92.0 元，很明显期权的购买者不会以 92.5 元的敲定价格购进这种股票，此时他将损失 0.2 元的权利金。

购买看涨期权的优越性在于，通过买进看涨期权，交易者能有效地防止可能出现的因某种资产价格上涨引起的购买费用的增加，假如这种资产的价格果真上涨，看涨期权的购买者就可以执行期权，通过期权市场上的获利来抵消现货或期货市场上涨带来的损失。倘若所涉资产的价格下降，看涨期权购买者最大的损失就是其购买期权的权利金，这种损失可以认为是他为制定价格保护（或保险）而付出的代价。

2. 卖出看涨期权

交易者卖出看涨期权的目的只有一个：获取权利金。当交易者估计相关资产价格有可能保持相对稳定，或预测价格下跌幅度很小时，他可以通过卖出一个看涨期权，向买方收取权利金。因此，看涨期权卖方期望相关资产价格不会上涨到使期权买方行使期权的水平上，或者相关资产价格上涨超过敲定价格的部分不会大于自己所收到的权利金。只有这样，看涨期权的卖方才会有利可图。如果在期权到期之前，相关资产的市场价格与敲定价格持平，甚至低于敲定价格，那么，看涨期权的买方就不会行使其权利，期权的卖方就会完全赚得先前收取的期价价格。倘若相关资产价格上涨，但期权价格仍高于市场价格和敲定价格的差额（下称期权的内涵价值），看涨期权出售者就仍有利可图。但是，如果相关资产价格上涨的幅度更高，使期权的内涵价值超过权利金的水平，期权买方肯定要执行期权合约，这时卖方的空头部位将面临亏损。简单地讲，在空头部位亏损时，卖方所面临的风险是无限的，但实际上，由于相关资产价格大大超过敲定价格的概率是逐渐递减的，而且卖方可以在新的期权价格水平上做一次相反的买进看涨期权的交易，从而对冲其手中的空头部位，卖方的风险也是可以控制的。

在此，仍以上例中股票期权的情况说明卖出看涨期权的风险、收益和盈利率。假设看涨期权的出售者以 92.5 元的价格出售了看涨期权，并收取了 0.2 元的权利金，并缴纳了 0.4 元的交易保证金。如果相关股票价格在到期日内的价格低于92.5 元，买方将肯定不会执行合约，期权买方将获得 0.2 元的利润，卖方的资金利润率将达 100% ［=0.2/（0.4-0.2）］。如果股票价格上涨至 93.0 元，期权卖方将被要求履行合约，他要以 92.5 元的价格出售股票或支付价格差额。此时，看涨期权卖方将有 0.3（=93-92.5-0.2）元的净亏损。在这一例子中，只要相关资产的市场价格维持在 92.7 元以下，期权卖方总是可以获利的。

3. 买进看跌期权

看跌期权的买方可以在某一敲定价格水平上卖出相关资产。因此，在交易者预期相关资产价格会有较大幅度下跌时，可以买进看跌期权，并支付一定数额的权利金。买进看跌期权的目的可以是多种多样的。交易者既可以以赚取利润为目的进行交易，也可以为了对现货或期货的多头部位进行套期保值而进行交易。看跌期权的买方希望相关资产的市场价格会下跌到敲定价格以下，并且下跌部分的价值要超出其支付的权利金的价值。倘若价格真的如愿下跌，买方便会在现货市场或期货市场上以较低的价格买进相关资产，同时要求卖方履行期权合约，以较高的价格卖出空头部位的相关资产从而获取利润。同样，如果看跌期权的买方已拥有现货或期货的多头部位，他可以通过买进看跌期权以实现保值。如果市场价格不但没有下跌反而维持不变或上涨，则买方可以选择不执行期权合约。其损失最多是已支付的期权价格。对以保值为目的买方来讲，期权交易中的损失是为保持现货价值以及保护期货多头部位而支付的保险费。下面举例说明买进看跌期权的作用。

假设某种股票的看跌期权的敲定价格为 92.5 元，投资者预期这种股票价格将下跌较大幅度，那么他希望能通过购买看跌期权而获得利润，因此假设他支付了0.2 元来购买期权。如果相关资产的市场价格为 92.5 元或更高，买方将不会要求执行期权，此时他将在期权交易中损失 0.2 元的权利金。如果股票的市场价格下跌到 92 元，那么买方肯定会要求执行期权，他可以将手中的现货以 92.5 元的价格出售，从而赚取 0.3 元（=92.5-92-0.2）的利润，在这种情况下，看跌期权的买方的资金利润将达到 150%。

4. 出售看跌期权

出售看跌期权的目的一般只有一个：赚取出售期权的权利金。看跌期权的出售者希望相关资产的价格保持不变或上涨，这样，看跌期权的购买者就不会要求执行期权，卖方即可赚取全部权利金。卖方在出售看跌期权后，要按交易所和证券商的要求存入交易保证金。交易保证金应随相关资产的市场价格变化而相应地做出调整。出售看跌期权的最高的资金利润率为：

$$\frac{权利金}{保证金-权利金}\times100\% \tag{17.45}$$

一般来讲，在市场价格变化对卖方有利或价格变化幅度不大的情况下，保证金的数额并不大，这样，看跌期权的出售者也不需要投入大量的资金，在买方不履约的情况下，卖方也有较高的资金利润率。如果相关资产的价格下跌，但相对敲定价格来讲，价格下跌的价值低于卖方收取的权利金的数额，看跌期权的卖方仍将有盈利。只有当相关资产价格继续下跌时，卖方才会出现亏损。下面仍用股票期权的例子说明出售看跌期权的情况。

假设某种股票的看跌期权的敲定价格为92.5元，投资者预期这种股票的价格将会基本不变甚至略有上涨，这时，他就可以采用出售股票看跌期权的方法赚取权利金。假设他以0.2元的价格出售期权，并按交易所的要求缴纳了0.4元的交易保证金。如果在规定期限和到期日股票价格保持不变或略有上升，期权的买方将不会执行期权，这样卖方将赚取0.2元的利润，其资金盈利率为100%［=0.2/(0.4-0.2)］；如果股票的市场价格下降，股票价格低于敲定价格，高于92.3元，卖方仍将有盈利；当股票价格在92.3元时，卖方将不亏不赚；当股票价格低于92.3元时，卖方将发生亏损。在面临亏损的情况下，卖方可以通过再买进一份相同的看跌期权以减少损失。

从上述四种基础交易策略可以看出期权投资具有投资少、利润率高的特点。

当投资者预期某种金融资产的价格在未来将有所上升或下降时，他可以不必购买或出售这些金融资产，以在未来赚取利润或回避风险；他也可以通过购买看涨期权或看跌期权的方式实现同样的目的。而购买期权的成本及所需要的投资相对现货交易是非常少的，一般期权价格仅为现货价格的百分之几，通常不会超过10%。以较少的投资达到与现货交易同样的目的是期权交易的一大特点。

此外，期权还具有利润高的特点。期权投资者仅需支付较少的期权价格或交纳少量的交易保证金，而不需购买或出售实际资产，就能获得由实际资产的价差得到的利润，这自然使期权交易有较高的资金利润率。举例来讲，如果投资者预期某种股票价格从92.5元上升到93元，假如没有期权交易，要赚取利润，投资者就必须先以92.5元的价格先买进股票，然后等价格上涨到93元时再将其出售，这样其资金利润率为0.5%（=0.5/92.5元）；而在有期权交易的情况下，交易者只需投入较少的资金就能获得同样的利润水平，从而取得较高的资金利润率。例如交易者只需投资 0.2 元购买敲定价格为 92.5 元的股票看涨期权，当股票市场价格上涨到 93 元时（或更高时），卖方就可以以 92.5 元的价格购买市值为 93 元的股票，从而获得由实际资产价格上涨带来的利润。此时，投资者投入的资金为 0.2 元，获得的利润仍是 0.5 元，但资金利润率却高达 150%。

二　期权投资组合

以上介绍了四种基本的期权交易，利用这几种交易方式，将期权交易与现货和期货交易相结合，交易者可以根据自己的市场目标，按照不同的敲定价格、不同的到期日，制定具体的期权交易策略。这些策略有垂直套利、水平套利、对角套利、转换套利、反转套利、盒式套利等，下面将简要介绍这些期权组合投资。

1. 垂直套利

垂直套利，又称货币套利，其具体交易方式表现为同时买进和卖出同一到期日但敲定价格不同的看涨期权或看跌期权。垂直套利又可分为买空看涨期权（Bull Call Spread）、卖空看涨期权（Bear Call Spread）、买空看跌期权（Bull Put Spread）和卖空看跌期权（Bear Put Spread）四种形式。其中买空看涨期权是在某一敲定价格水平上买进看涨期权，同时，在更高的敲定价格水平上卖出看涨期权；买空看跌期权是指在某一敲定价格水平上买进看跌期权，同时，在更低的敲定价格上卖出看跌期权；卖空看涨期权是指在某一敲定价格上卖出看涨期，同时，在更低的敲定价格水平上买进看涨期权；卖空看涨期权是指在某一敲定价格水平卖出看跌期权，同时，在更高的敲定价格水平上买进看跌期权。

垂直套利是一种将风险和收益限定在一定范围内的交易方法。一般地讲，当交易者预计市场行情看涨时，通常采用买空套利的形式；在行情看跌时，则采用卖空套利的方式。在市场看涨的情况下，交易者可以采用简单地买进看涨期权和卖出看跌期权二种方式，但是，这样操作虽然获利的水平高，但承担的风险也大，为了避免太大风险，交易者可以再运用一个反向的但敲定价格更高的交易，这样做虽然在判断市场方向准确的情况下损失了一部分收益，但也防止了在判断错误的情况下发生过高的损失。

2. 水平套利

水平套利是指利用不同到期日期权合约具有的时间价值变化规律，同时买进和卖出有相同敲定价格但到期日不同的看涨期权或看跌期权的期权交易组合方式。

期权价值由内涵价值和时间价值组成。内涵价值反映了期权敲定价格与相关资产现货及期货市场价格之间的差额，是执行期权合约时获得的总利润。期权的时间价值是指当买方希望随时间的延长，相关资产的现货和期货价格的变动有可能使期权增值时，乐意为购买这一期权所付出的权利金的数额。随着到期日的接近，期权的时间价值是不断衰减的，在期权即将到期时，其权利金所包括的仅是期权的内涵价值，期权的时间价值为零。

水平套利正是利用期权时间价值的上述特征而进行操作的。由于到期日短（或剩余有效期少）的期权的时间价值衰减速度快于到期日长的期权的时间价值，因此交易者通常买进到期日长的期权而卖出到期日短的期权。在价格看涨时，通常用看涨期权进行水平套利，在看跌时通常用看跌期权进行水平套利。

3. 对角套利

对角套利包括垂直套利和水平套利两种方式。这种方式是指同时买进和卖出敲定价格和到期日均不相同的看涨期权或看跌期权的交易方式。采用这种方式需注意将对期权的时间价值的利用与市场趋势判断相结合。其交易策略主要有：其一，在期权的时间价值加速衰减的情况下，卖出近期期权，同时买进远期期权；其二，在预期行情看涨时，卖出敲定价格与现货或期货平均价相同的期权，同时买入较低履约价格的期权；其三，在市场看跌的情况下，卖出敲定价格与市场价格相同的期权，同时买入较高敲定价格的期权。

4. 转换套利

转换套利是指买进一份看跌期权，再卖出一份具有相同敲定价格和到期日的看跌期权，同时买进到期日与期权合约相同、期货价格与期权敲定价格相同或接近的期货合约的交易方式。在不考虑交易手续费的情况下，转换套利的收益可由以下公式表示：

$$转换套利收益 =（看涨期权权利金 - 看跌期权权利金）-$$
$$（期货价格 - 期权敲定价格）$$

在进行转换套利时，上述套利收益得以产生的逻辑可表述如下。假如期货价格在到期日之前高于敲定价格，交易者买入的看跌期权将作废，而其卖出看涨期权将被要求履约，并自动与交易者的买入期货合约的多头部位相对冲；假如在到期之前，期货价格低于期权敲定价格，交易者卖出的看涨期权将被其买方作废，但该交易者可以履约买进的看跌期权，从而与其持有的多头期货部位对冲。对转换套利交易者来讲，在到期之前，交易中的三个部位总可以结清。

5. 反向转换套利

反向转换套利的交易形式正好与转换套利交易形式相对立，它是指买进一份看涨期权，再卖出一份具有相同敲定价格和到期日的看涨期权，同时再卖出一份到期日与期权合约相同且期货价格与期权的敲定价格相同或相近的期货合约的交易方式。在这种交易方式下，如果期权敲定价格在到期时高于期货价格，买入的看涨期权将作废，卖出的看跌期权将被履约执行并与交易者持有的空头期货部位相对冲，从而结清三种交易部位；如果敲定价格低于期货价格，空头看跌期权将作废，同时该交易者持有的多头看涨期权将被履约执行并与其空头期货交易部位相对冲。与转换套利交易相对应，反向转换期权的收益可用下面公式表达：

反向转换套利收益 =（看跌期权权利金 – 看涨期权权利金） –
（期权敲定价格 – 期货价格）

6. 盒式套利

盒式套利交易是指买进和卖出敲定价格相同、到期日相同的看跌期权和看涨期权，同时买进和卖出敲定价格不同、到期日相同的看跌期权和看涨期权的交易方式。这四种期权的到期日都相同。这种交易只涉及期权交易，不涉及期货交易，从而使套利者的操作比较简便。但这种交易策略包括四种期权部位，所以其交易成本要比其他的套利交易策略高。

盒式套利交易包括两份看涨期权和两份看跌期权，这四份期权的履约价格，有些相同，有些则不同。根据期权履约价格上的差异，我们可将盒式套利策略分为两种形式：买进低敲定价格的看涨期权和高敲定价格的看跌期权，同时卖出高敲定价格的看涨期权和低敲定价格的看跌期权；卖出低敲定价格的看涨期权和高敲定价格的看跌期权，同时买进高敲定价格的看涨期权和低敲定价格的看跌期权。其中第一种交易形式给交易者形成一个借方净额，第二种交易形式则给交易者带来一个贷方净额。如果第一种形式中卖的期权和第二种形式中卖的期权相同，则两者最终套取的利润完全相同。

第五节　股票期权制度

一　股票期权制度的基本内涵

股票期权制度，在上市公司中，是指股东以股票期权的方式来激励公司经理人员实现预定经营目标的一套制度。其中，股票期权是指公司股东授予经理人员在约定的未来期限内（如 5 年）以某一预定价格购买一定数量本公司股票的选择权利。有鉴于此，股票期权又称"经理人员股票期权"（Executive Stock Option，简称 ESO）。

从上述定义中可见，股票期权制度的主要特征包括：

第一，激励机制与约束机制的合一。股票期权制度名曰"激励机制"，但由于公司经理人员要获得实际利益必须以实现预定经营目标为前提，所以，这种激励是有约束的。在激励与约束合一的基础上，形成了经理人员与股东的利益共同体。

第二，股票的可流通性。在实行股票期权制度中，公司经理人员的利益主要来自股票买卖的差价。其中，行权价的确定和售股价的预期，均以股票市场价格为基本参照对象。如果股票是不可流通的且无法确定何时能够流通，则股票期权制度难以实行。

第三，股东决策。股票期权，在实践中，是股东为激励公司经理人员实现预定经营目标而让渡给后者的一种利益，所以，该制度的决策权在股东会议，而非公司的运营机构（如董事会、经理办公会等）或某一股东（如国有资产管理部门）。

第四，激励对象主要是公司经理人员。公司普通员工不属于股票期权制度的激励范畴。

第五，购股选择权。在实行股票期权制度下，公司经理人员在行权前拥有购股的选择权，即他们既可以实施购股权，也可以放弃购股权，股东不能强制他们购股。

从股票期权制度的这些特征中，可以看出：

第一，股票期权制度不同于经理人员"持股"制度。目前，中国上市公司中的经理人员持股，并非来源于"股东为激励公司经理人员实现预定经营目标"而实行的制度规定。其中，上市公司经理人员持有的可流通股份，主要来自"内部职工股"及其送配股；不可流通股则主要来自个人投资，不属于"股票期权"。

第二，股票期权制度不同于经理人员"期股"制度。多年来，一些企业（包括国有独资企业）在落实股权激励机制的过程中，实行了经理人员的期股制度，并将其与年薪制挂钩。这种期股通常是不可流通的股份，经理人员要按股票面值购股，同时，在相当多的场合中，购股款直接从其年薪中扣付，带有某种程度的强制性，因此，与股票期权的激励性相比，期股的约束色彩更浓。

第三，股票期权制度不同于"内部职工股"制度。内部职工股，是企业在股份制改制过程中，通过内部职工投资入股形成的股份。在前几年的实践中，此类股份与其说是为了"激励"内部职工的积极性，不如说是为了通过股票上市交易而给公司职工"谋取福利"（且不说，在内部职工股中还隐藏着种种腐败现象）。

第四，股票期权制度不同于"员工持股计划"制度。在发达国家的企业中，"员工持股计划"是激励员工保持积极性的另一项制度，但其内容、目标和机制，与股票期权制度有诸多不同。在中国，由于1998年以来内部职工股制度受到了限制，一些拟公开发行股票的企业，在实施股权激励机制的背景下，以建立"员工持股计划"为名，通过"职工持股会"等，行"内部职工股"之实，期望股票上市交易后给职工带来额外的"福利"收益。

第五，股票期权制度不同于"认股证"制度。认股证（或购股证），是上市公司发放给有关人员（包括股东、公司经理、员工及对公司营业有贡献的其他人员）的一种按约定价格在约定时间内（如3年）购买约定数量的本公司股票的附权证书。在约定购股价低于股票市价时，认股证持有人可将认股证卖出，从中获得收益；在约定时间内，如果市价持续低于约定价格，持有人可放弃行权。显然，认股证在适用对象、具体内容、运作方式等方面，与股票期权有诸多差别。

我们强调股票期权制度的特征及其与其他股权激励制度的差别，主要目的在于避免各种假借"股票期权制度"之名来行其他目的之实的现象的发生，以维护股票期权制度的真实性和完整性。

在美国等发达国家中，在上市公司中运用股票期权制度来激励经理人员是一个较为普遍的现象。据统计，美国几乎 100% 的高科技公司、90% 以上的上市公司都已实行股票期权制度。① 从 20 世纪末开始，在中国也应该运用股票期权制度来激励经理人员及科技人员，已成为人们的共识和政策取向。1999 年 8 月，《中共中央、国务院关于加强技术创新，发展高科技，实现产业化的决定》明确提出："允许民营科技企业采取股份期权等形式，调动有创新能力的科技人才或经营管理人才的积极性。"同年，《中共中央关于国有企业改革和发展若干重大问题的决定》再次强调："建立和健全国有企业经营管理者的激励与约束机制。实行经营管理者收入与企业的经营业绩挂钩，少数企业试行经理（厂长）年薪制、持有股权等分配方式，可以继续探索，及时总结经验。"同时，中国的一些上市公司已在试行股票期权制度②。

二　委托－代理关系的财务效应

迄今为止，对股票期权制度的探讨主要建立在两大体系基础上：一是运用委托－代理理论以及相关的产权理论、所有者缺位理论、信息不对称理论和内部人控制理论等来探讨实行股票期权制度的必要性；二是运用企业家人力资本理论来探讨实行股票期权制度的合理性。这两大理论的基本要点可概括如下。

现代公司制企业的一个基本特征是所有权和经营权相分离，即股东作为投资者，拥有企业资本的所有权，但他们并不直接介入企业的经营管理，而是将企业财产的实际占有、使用和处分等权利委托给经理人员来行使；经理人员受托运作企业资本，但其行为的结果（经营风险和责任）却由股东来承担。由此，通过制度安排，股东（委托人）和经理人员（代理人）之间形成了一种资本经营的委托－代理关系。

从委托－代理的机理上说，经理人员既然接受了委托，就应尽心尽责地去实现股东要求的目标，例如股本利润最大化、资本增值最大化等，但受两方面因素的制约，经理人员在实践中选择的目标可能与股东要求的目标不一致。其一，经理人员作为"理性的经济人"，有追求自我价值最大化的个人目标。实践证明，经理人员的薪金收入、市场评价、社会地位等与企业的资产规模、销售额等指标密切相关，而与利润指标的相关度较低，由此，经理人员可能通过增加负债资金来扩大资产经营规模或者通过增加成本来扩大市场销售额，而这些措施将导致资本的债务风险增大和利润率水平降低。其二，买方市场条件下的销售利润率递减规

---

① 参见高勇强等《我国目前对经营者股票期权激励的难点与对策》，《经济纵横》2000 年第 3 期。
② 据报道，截至 2008 年年底，中国已有 32 家上市公司实施了股权激励方案。其中，实施股东转让股票的有 7 家，如中信证券等；实施限制性股票的有 6 家，如万科等；实施股票期权的有 15 家，如伊利股份等；实施复合型的有 4 家，如永新股份等。复合是指限制性股票和期权相结合、股票增值权和期权相结合、股东转让股票和期权相结合。在 2005 年以后，随着股权分置改革的展开，上市公司运用股票期权机制实行股权激励的试点基本暂停了。

律，使经理人员需要付出加倍的努力（代价）才能维持资本利润率与销售收入大致同步增长，这样，在个人薪金收入增长明显低于其付出（即加倍努力）的条件下，经理人员宁愿选择高成本的市场营销策略而不去考虑资本效率的提高。

由股东和经理人员目标不一致而导致的股东利益损失称为代理成本。这种代理成本由于内部人控制、信息不对称和道德风险等因素的作用而难以消解。从内部人控制来说，通过制度安排，经理人员已经建立了一整套具有独特风格的内部管理机制、运作体系、员工规范、企业文化等，因此，股东要打破已有经理人员的"内部人控制"，需要具备三个条件：一是在企业外再发现和组织一个足以取代这些经理人员的新班子；二是能够确定新班子的运作效率一定高于原经理人员，且不再发生内部人控制问题；三是足以承受新旧班子更换过程中的经济损失。对股东来说，要同时实现这三个条件是极为困难的。这决定了代理成本在一般情况下不能通过"外科手术"的方式予以消解，只能运用"内部协调"的方式予以缓解，其中，"股票期权制度"将经理人员的个人收入增长与股东利益目标相结合，是一剂行之有效的"偏方"。

现代企业家理论认为，管理是现代生产力的重要构成要素。在其他生产要素具备的条件下，如果缺乏有效管理，生产能力将难以形成，即便生产能力形成了，也难有高效率；在现代市场竞争中，经营管理、人力资本的地位和作用明显提高，在这一背景下，只承认股东的资金资本，不承认企业家的人力资本，是导致经理人员缺乏经营管理积极性从而使企业经营效率难以有效提高的根本原因。美国经济学家斯蒂格勒（Stigle）和费里德曼（Friedman）认为，现代股份公司是财务资本和经理知识资本两者及其所有权之间的复杂合约，而其中"经理知识能力资本"的核心就是企业家人力资本。虽然对经理人员的人力资本的认可可以采用管理股、参与利润分配等多种方式，但是，经理人员人力资本只能通过企业的具体经营状况变化表现出来，要从数量上确定人力资本的真实价值，就必须将其与企业的经营业绩挂钩，为此，实行股票期权制度就成为股东认可企业家人力资本并激励其发挥作用的重要机制。

中国的市场经济体制尚处于成长过程中，与发达国家相比，上市公司中委托－代理关系、内部人控制、信息不对称、道德风险、企业家人力资本等方面的问题更为复杂，并常常通过经理人员在实际运作过程中的财务选择具体表现出来。

从成本－收益角度来看，企业的一切经营活动最终通过财务关系反映出来，与此对应，委托－代理关系的状况也必然反映在财务关系上。即便不讨论违反财务制度的种种现象，仅就合规的财务活动而言，为获得个人的实际利益，可供经理人员选择的渠道就有三类：

第一，在职消费。在企业的财务中，有一些成本开支与高级管理人员的个人消费直接相关，如小车、通信、招待、差旅、礼品等。这些费用水平的高低，不仅对公司财务成本有重要影响，而且对经理人员的个人（及家庭）生活也有相当影响。

第二，集体收入。通过提高公司员工的工薪、奖金、福利等集体收入，经理人员可以"搭车"同比例（甚至超比例）地提高自己的收入。选择这种行为，对经理人员来说，虽然直接个人收入的增加数额有限，但它有利于避免成为"众矢之的"和得到公司员工的"支持"；对股东来说，在其他因素不变的条件下，公司的经营成本将明显提高，利润率则随之降低。

第三，权力收益。经理人员掌握公司决策大权，在购销、广告、投资及其他业务活动中与诸多厂商（包括媒体）有广泛的联系，即便不讨论"回扣"之类的利得，仅凭权力效应就可得到各种经济的和非经济的收益。例如，通过广告宣传来提高其社会知名度，通过人际关系来安排亲朋好友就业，通过在职"培训"来提高自己的业务能力等。在此类场合中，追求个人的权力收益，都将增加公司的成本支出，降低股东可能获得的投资回报。

在遵规守纪的条件下，经理人员必然会考虑经营业绩提高与他们代价付出之间的"成本－收益"关系。若付出的努力不能得到同比例补偿，他们就可能选择上述途径予以"补偿"。举例来说，在买方市场条件下，公司要增大市场销售额，就必须从其他厂商手中"夺取"市场份额，为此，销售的边际利润会递减。此时，若股东提出，公司税后利润每新增 1000 万元，经理人员可提取 5% 的奖励资金，用于个人收入分配，则他们可能放弃追求税后利润的增加。其内在机理是，要新增 1000 万元税后利润，在所得税 25% 的条件下，就应新增近 1334 万元的税前利润，如销售利润率为 5%，则需增加 2.7 亿元的销售额（即便销售利润率为 10%，也需增加 1.35 亿元的销售额）；如若销售额难以明显增加，就必须着力减少公司的运营成本（即削减 1340 万元的各项开支），这些目标的实现，对经理人员来说，不仅要付出巨大努力（付出努力后能否真正实现利润目标，尚属未知数），而且要"牺牲"许多既得利益（以小车为例，如小车的使用年限为 10 年，将价值 100 万元的进口高级小车改为价值 30 万元的国产小车，则意味着经理人员每年"牺牲"的实际利益为 7 万元），同时，还可能引致公司员工的集体不满及其他问题。然而，从 1000 万元新增利润中提取的 50 万元奖励资金，具体分配到每个经理人员手中的数额可能只有几万元，由此，他们必然要权衡此间的"利弊得失"。例如，为了得到几万元的奖金，将进口高级小车改为国产小车、限制通信费（尤其是移动电话）开支、降低招待费标准、减少差旅费用、控制礼品发放、冻结集体收入（如不再提高员工工薪奖金，降低集体福利）等，他们要考虑这种作法对自己是否合适有利。从实践来看，在大多数场合中，高级管理人员的选择通常是放弃对股东设定目标的追求，转为从"在职消费"、"集体收入"和"权力收益"中获得实际利益。

在中国的上市公司中，由于历史及其他原因，财务活动存在许多不规范行为，在多数场合中，经理人员与公司员工共处一个利益共同体，由此，与上述合规性财务活动相比，一些经理人员利用所有者缺位、内部人控制、信息不对称等因素，通过不规范的财务活动来获得个人实际利益的"空间"要大得多。这是引致一些上市公司高级管理人员忽视股东权益要求的重要利益机制。

通过加强对公司财务活动、营业活动和投资活动等的监督，股东可以在一定程度上约束从而削减公司的非规范财务开支，也可能在一定程度上约束从而削减公司运行中一些可有可无的财务支出，但要使公司的财务开支完全符合股东的共同利益要求，几乎是不可能的。其内在原因是，公司财务开支复杂且具体（在相当多的场合中，又需根据具体情况进行处理），股东缺乏予以一一确定的能力。显然，要使经理人员能够充分重视股东利益要求，必须使他们的实际收益与股东利益目标直接挂钩，同时，使他们通过这种"挂钩"可能得到的实际利益大于通过上述财务途径得到的数额。在众多的实践方案比较中，股票期权是一个较为理想且行之有效的制度。

激励经理人员的有效机制，在制度设计上，需要贯彻三个主要原则：一是赋予经理人员一定的剩余索取权，使他们成为股东的一部分；二是建立必要的业绩考核指标，使经理人员承担必要的经营风险，使他们对自己的行为负责；三是将经理人员的个人报酬与公司的长期经营业绩挂钩。

股票期权制度较好地落实了这些原则：第一，股票期权制度的实行，使经理人员在行权后拥有了公司的部分股权，从而使其能分享部分剩余索取权；第二，与公司股价直接联系的股票差价收益成为经理人员个人报酬中的重要组成部分，而股票市价又与投资者对公司经营业绩和长期发展潜力的预期密切相关，这就促使经理人员从关心自身利益的角度出发来关心公司的经营业绩和未来发展；第三，股票期权收益是不确定的，它的高低取决于行权时行权价与市价的差额，如果企业经营业绩不佳，市价很可能低于行权价，股票期权的收益无法实现，经理人员将对应承担公司的经营风险，由此迫使他们对自己的经营行为负责；第四，股票期权是一项不确定的预期收入，这种收入主要在股市中实现，并不完全由公司利润支付（在一些场合中，甚至完全不由公司利润支付），股东为此付出的激励成本较低，所以容易被股东接受。

三　股票期权制度的要点

股票期权制度作为一种重要的激励机制，涉及对一系列重要概念的界定和政策选择，例如，股票期权的授予主体、授予价格、授予期限、授予数量、授予对象、行权价格、行权期限、行权数量、权利变更及丧失，股票来源渠道，股票期权的管理，等等。从国内外实践来看，把握好下述 10 个要点，对建立比较完善、彼此协调的股票期权制度，是至关重要的。

1. 股票期权的授予主体

股票期权的授予，首先需要明确"由谁授予"。在中国的试点过程中，股票期权的授予主体大致有股东会议、董事会、经理班子①和国有资产管理部门四种，由此，提出了"究竟股票期权的授予权归谁"（即股票期权制度由谁做出最终决策）的问题。

股份有限公司是由股东投资入股而建立的，公司经营的成果和风险最终由股东分享和承担，股东会议是公司的最高决策机构，股份的增加或减少均应由股东会议议决，这一系列机理和法律规范，决定了股票期权的授予主体只能是股东会议，不能是公司内部的其他机构，更不能是公司外部的其他机构。

董事会是股东会议闭幕期间执行股东会议决议的机构，可以对公司经营过程中的一些重大事项进行决策，但是，董事会不能取代股东会议而对《公司法》中规定应由股东会议议决的事项进行决策。因此，在实践中，董事会可以草拟股票期权制度方案，并征求有关方面意见，但必须交由股东会议议决通过，该股票期权制度才具有法律效力。

经理人员是具体负责公司的经营运作以实现预期目标的人员，也是股票期权的授予对象，他们既缺乏作为股票期权授予主体的法定资格，也不拥有对应的法定权利。

国有资产管理部门是具体负责管理国有资产、代表国有股股东行使法定权利的机构。在国有独资公司中，它作为唯一股东，拥有确定股票期权制度的权利；在股份有限公司或上市公司中，它只是一个股东（不论持有多大股份），无权取代股东会议进行决策，因此，也无权对股票期权制度进行决策。

2. 股票期权的授予对象

股票期权的授予对象，关键在于授予对象的"范围"。从国外实践来看，大致有三种情况：经理人员、核心技术人员和有突出贡献人员、一般员工。其中，授予对象界定为公司经理人员的，称为"经理人员股票期权"，授予对象扩大到一般员工的，称为"员工股票期权"。但在中国的实践中，授予对象还涉及董事会成员。

就原则而言，股票期权的具体授予对象，应由股东会议决定。但从中国上市公司的具体条件来看，下述现象的存在，造成授予对象的选择复杂化：其一，相当多的上市公司处于国有控股状态，而国有股股东究竟是谁，难以确定；其二，在一些上市公司中，股东会议形同虚设，难以真正发挥法定功能；其三，董事会成员与公司经营活动的关系比较复杂，有主持公司日常经营管理的（如某些公司的董事长、担任总经理的董事），有几乎不介入公司经营管理活动的（如其他法人机构委派的兼职董事），还有虽在公司中"挂"有实职但几乎不管事的（如一些离

---

① 2000年8月22日的《北京青年报》刊登了《国内首起股票期权纠纷为何难断案》一文，其中说道："经管理层讨论决定，公司在2000年2月将以公司首次股票公开发行初始价格授予全体员工公司股票期权。"

退休干部担任的董事）；其四，经理人员的利益与员工利益有密切的联系，而与股东利益相关甚少。

另外，一系列传统观念、政策取向、行为规则也使股票期权的授予对象复杂化。例如，当认为股票期权仅属于激励范畴，实施这一制度肯定会给个人带来利益时，不仅公司员工会以各种理由（甚至行为）来证明他们获得股票期权的合理性，而且与公司经营有关的机构或个人（如上市公司所属的集团公司或集团公司中的一些高级管理人员）也会以各种理由（甚至行为）来证明他们获得股票期权的合理性；同时，上市公司高级管理人员也将从"福利"的普惠角度、人际关系的协调角度等来为公司员工及有关人员争取股票期权。而当认为股票期权具有较强的约束力，其中规定的预期目标需耗费相当大的努力才能实现时，不仅高级管理人员而且公司员工都将以"缺乏可行性"为理由来抵制这一制度的实施，或令这一制度名存实亡。

鉴于中国上市公司的具体情况和股票期权尚属试点阶段，股票期权的授予对象界定为"公司经理人员及核心技术人员"可能较为合适。其中，"公司经理人员"应严格限制在担任实职的公司副总经理（包括同级）以上的人员范围内。

3. 行权价

行权是指经理人员在规定时间内购买本公司股票的行为；行权价则是指经理人员购买公司股票的价格。行权价，一方面意味着股东授予经理人员的股票期权，并非必须无偿赠与（虽然，"赠与"现象是存在的），在绝大多数场合中，经理人员均需付款购买此类股票；另一方面意味着行权价的高低，直接影响经理人员的利益和股票期权制度的激励程度。其内在机理是，经理人员一旦行权购股，就拥有了对应的股东权益，此后，其在公司股价上升时卖出股票，就可获得行权价与市价之间的差价，因此，行权价越高，经理人员卖出股票的可能性就越小，获得差价收益的数额也越少，由此，股票期权的激励效能就越低，反之则越大。

行权价的计算方法一般有两种：预定法和测定法。前者是指直接将行权价确定为某一价格，如授予日的市场价。这种方法的优点是简便易行，缺点是公正的价格参考指标不易直接找到。后者是通过选择某些指标运用一定的计算方法而确定行权价。在难以就公正的参考标准达成共识时，采用这种办法可化解一些矛盾，它的主要难点是如何保证测量的准确性与公正性。

股票期权行权价的确定，大致有三种方法：一是现值有利法，即行权价低于当前股价；二是等现值法，即行权价等于当前股价；三是现值不利法，即行权价高于当前股价。一般来说，当前股价并不是某天的股票市价，而是根据一段时间内的市价的平均价格。近年来，美国主要实行的是"非现值有利法"，即行权价不低于股票期权授予日的公平市场价格；香港有关法律则规定，行权价必须不低于股票期权授出日之前5个交易日的平均收市价的80%或股份的面值（以较高者为准）。[1]

中国的股票市场尚不规范成熟，股票市价与公司业绩差距较大，股市投机色彩过重，在这种条件下，如果实行"非现值有利法"，可能引致两种情形发生：其一，公司经理人员与股市"庄家"联手，抬高股价，以谋取高于行权价的收入；其二，公司经理人员担心股价变动与公司业绩不对称，难以得到股票差价收益而放弃行权，使股票期权虚置。有鉴于此，对中国当前大多数上市公司来说，较好的选择是"现值有利法"。

4. 行权价构成

行权价构成，是指行权价格的内在结构。在国外，经理人员行权购股时基本上实行的是全额付款方式。在这种价格下，虽然股东利益和股票市价会因股份增加而有所变动，但这种影响主要是间接的，而一旦激励效果发生，公司股价上扬，股东还可获得较大的利益，因此，对股东来说，实行股票期权制度的直接风险几乎可以忽略不计，实际上成为"股东请客，股市埋单"，由此，实行股票期权的风险（例如，公司业绩提高而股票市价因股市因素反而下落），几乎完全由经理人员承担。

在中国当前条件下，上市公司中存在"花别人的钱，办自己的事"、不重视投资者权益等倾向，同时，大多数股东也尚未形成"股份是最稀缺的资源"的共识，这样，若选择全额付款方式，一方面对股东授予股票期权行为的制约力度太低，另一方面对经理人员来说，即便采取"现值有利法"确定行权价，其激励力度也太低，有鉴于此，实行结构性行权价较为合适，即在行权价确定的同时，明确行权时应由经理人员个人付款的比例和应由股东付款（从税后可分配利润中支出）的比例。

5. 行权期

行权期，又称股票期权的有效期，是指经理人员可行权购股日至股票期权终止日的时间间距。在行权期内，经理人员可运用股东会议赋予的选择权决定是否行权购股，一旦行权购股，就不可再"退股撤资"；在行权期外，经理人员不可行权购股。行权期外的情形有二：一是等待期，在股东会议决定授予股票期权后，经理人员需要等待一段时间（如6个月）方可行权，这一时间称为"等待期"；二是过期，即行权期终止。

在发达国家中，股票期权的有效期大多为10年左右。行权期的长短直接影响激励效果。一般来说，行权期越长，激励强度越弱，行权期越短，激励强度越大；但是，行权期长，有利于激励高级管理人员的长期行为，而行权期短则容易引致短期行为。为了兼顾长短期激励效果，公司通常选择分批行权的安排，例如规定在行权期的第1年只能行权授予数额的10%，第2年行权10%，第3年以后每年

---

[1]　参见李建良编《改制新途径》，中华工商联合出版社，2000，第233页。

行权 10% ~ 15% 。在行权期内，股票期权的比例安排可以是匀速的，也可以是加速的，同时，可因被授予人的具体身份及情况不同而不同。经理人员一般在受聘、升职和每年业绩评定后被授予股票期权。

行权日，又称窗口期，是指经理人员可行权购股或售股的具体时间。在国外，行权日通常指从财务报告公告后第 3 日开始到该季度最后一个月的前 10 日止这段时间。在这段时间内，经理人员既可行权购股，也可出售已持有的股票。

从中国的情况来看，对大多数上市公司来说，行权期定得较长，则变数太多，不利于激励经理人员的积极性，较好的选择是不长于 5 年。

6. 执行期

执行期，是指在股票期权有效期内，经理人员在离职或无法继续履行职责后仍有权购股的期限。在发达国家中，如果经理人员结束与公司的聘用关系，未行权的股票期权部分随之失效，即该部分股票期权的执行期随即结束；如果经理人员因退休而离职，则未行权的股票期权仍继续有效，处于可执行期中，不同的是，若股票期权在经理人员退休后一定时间（通常 3 个月）内没有执行，则成为非法定股票期权，不享受税收优惠；如果经理人员在事故中永久性地丧失行为能力，因而终止了公司的聘用关系，则在行权期终止之前，未行权的股票期权部分仍在执行期内，其本人或配偶可以自由选择时间对可行权部分行权，但若在离职后一定时间（通常 12 个月）内没有行权，则股票期权转为非法定股票期权；此外，经理人员的职位变动、股票期权的继承、公司并购、公司控制权变化及其他现象的发生，也将涉及股票期权的执行期问题。

对中国的上市公司来说，在明确股票期权行权期的同时，明确其执行期也是十分必要的。

7. 股票来源

实行股票期权制度，自然涉及股东授予经理人员的股票从何而来的问题。在国外，经理人员行权所需股票的来源主要有三个：一是大股东转让；二是公司发行新股票；三是由库存股票账户中付出。

从中国的情况来看，以转让方式解决股票期权中的股票来源问题，似乎比较简单，对促进国有股流通亦有益处。但实际上，"转让"是比较复杂的。其一，产权主体难以明确。例如，对某家上市公司来说，其国有股究竟是市政府的、省政府的还是中央政府的？虽然在近年的国有股转让中，实行的是"同级政府为产权主体"的原则，但这种转让是少量的、非制度安排的，一旦涉及股票期权制度中的股份转让，非制度安排就必须转化为制度安排，由此，产权主体就必须明确，而明确国有股的产权主体又是一个复杂的难题。其二，转让价格难以确定。在行权价明确的条件下，股份转让价格本来是不需再讨论的。但由于国有股一旦入市就可能引致股指和股价的大幅下落，而且谁都无法准确判定国有股入市的冲击力度从而股价的具体价位，所以，转让价格就成为一个难以明确的问题（与此对应，行权价也难以明确）。其三，非经济因素较多。与其他性质的股份相比，国有股转让中时常受到一些非经济因素的干扰，其中包括认识问题、行政关系、政策变动等。总之，将股票期权制度中的股票来源建立在国有股转让的基础上，难度较大，风险也较大。

库存股票，是指公司持有的不完全享有股东权益的本公司股票。库存股票的来源有二：一是公司在股票发行中尚未发售出去的股票；二是公司从股票市场上回购的本公司股票。中国的股票发行实行余额包销制度，所以，前一种情形在上市公司中不存在，库存股票只能来自"回购"。"回购"的好处在于，公司可流通股票不扩容并在行权期之前有所减少，不利之处在于，对公司来说，难以准确安排回购的日期从而确定回购价格（甚至行权价），同时，在回购中还需支付一笔交易费用（如印花税、手续费等）；对监管部门来说，有时难以确定公司购买本公司股票是"炒作"还是"回购"。

发行新股是解决股票来源的一个重要途径，但也有值得深入探讨的问题。其一，在行权价依据二级市场价格确定且发行价与交易价存在较大差额的条件下，新股发行价如何确定？如果按照行权价来确定发行价，则除经理人员认购之外的新股是否能够发行出去，就成为值得考虑的问题；如果发行价低于行权价，新股虽能发行完毕，但行权价的确定从而股票期权的激励功能就成为一个难题（对经理人员来说，此时他们宁愿放弃股票期权而认购新股）。其二，新股发行必然影响股票市价，而行权价又是按照新股发行前的市价确定的，这样，在新股入市后，若市价明显下落，经理人员就将放弃行权，结果是股票期权制度仍未能发挥应有的作用。"发行新股"在下述两个条件下是可行的：其一，新股的发行量与当期行权量基本相同，且由于新股数量较小不致引起市价大幅下落，此时，公司可按行权价来确定新股发行价；其二，行权价中有较大的份额由股东付款，当行权价明显高于新股发行价时，经理人员实际支付的行权款仍不高于新股发行价。

从中国上市公司的当前情况来看，在实行股票期权制度时，解决股票来源问题的较好选择有二：一是法人股转让，即由公司的法人股东按行权价转让其持有的股份（当法人股东为两个以上时，按他们的持有比例转让）；二是发行新股（包括配股、增发新股等）。

8. 股票期权的余额总量

股票期权的余额总量，是指由股东会议授予而尚未被经理人员行权的股票期权余额总量。就单期而言，股东会议授予高级管理人员的股票数量比较容易控制，但在连续多年分别授予股票期权的条件下，各期未行权的数量处于积累状态，由此，股票期权余额总量的确定就相对复杂。

控制股票期权余额总量，大致有两种方法：

第一，比例控制，即由股东会议议决在一段时间内股票期权余额占公司股份总额的最高比例，然后，将各期股票期权的授予量限制在这一比例之内。例如，界定股票期权余额总量为公司总股份的 5%，在公司股本为 1 亿元时，股票期权余额总量为 500 万元。若公司股本不变，当第一期授予 150 万元股票期权后，以后各期的总额就应控制在 350 万元以下；当第一期中有 50 万元被执行后，则以后各期的总量就增加到 400 万元；当公司总股本因发行新股而增加时，股票期权余额总量随之增加。这种方法的好处在于，有利于持续激励经理人员的工作热情和长期拼搏精神。其内在机理是，当实行第一期股票期权后，经理人员可直接算出尚未授予的股票期权数量，由此提高他们对以后各期股票期权的期望，而要获得往后各期股票期权，又以他们的努力工作、公司业绩提高为前提，由此，有利于避免每期股票期权均需由股东会议议决而带来的各种不确定性，并避免由此在给经理人员的心理、预期等方面造成影响。

第二，基金余额控制，即在部分行权价由股东付款的条件下，由于股东付款基本上是从税后利润的股票期权基金中开支，所以，可通过这一基金余额的数量来控制未行权的股票期权余额总量。反过来说，若未行权的股票期权余额总量大于基金余额，则再从股东口袋里"掏"差额资金是相当困难的。基金余额控制的内在机理在于，经理人员要期望股票期权的增加，就应努力使股票期权基金余额增加，而要增加基金余额，就必须努力使税后利润增加和使公司经营业绩提高。

对中国的上市公司而言，这两种方法均可选择，还可选择这两种方法的组合方法。

9. 个人股票期权的数量

股票期权最终落实到经理人员中的每一个人，由此，自然提出个人所获得的股票期权数量如何计量和决定的问题。从原理上说，个人的报酬水平和工作业绩，是计量和决定单人股票期权数量的基本因素。但在现实中，由于工作业绩较难判定，所以情况比较复杂。

个人股票期权数量的计量和决定的方法，主要有三种[①]：

（1）直接决定法，即由股东会议直接规定或决定每个经理人员的股票期权数量，而不通过计量模型来讨论这种决定是否合理。这种方法的好处是简单明了；不足在于，可能不利于合理协调各个经理人员间的股票期权利益与其工作业绩的关系。

（2）未来价值法，即依据经理人员的个人年薪和股票期权到期时的市价来计算各个经理人员应获得的股票期权数量。具体计量方法是，先假定股票期权到期时的公司股票市价，用该价格减去行权价后得出每个经理人员所获得的每股收益，然后，用总期望收入除以每股收益，得出应授予的股票期权数量。例如，假设某公司股东向一经理人员授予股票期权，授予日股票市价为 20 元，预期 10 年后股票期权到期时的市价将为 120 元，股东希望该经理在股票期权到期日能从该计划中获

---

① 参见张国强《股票期权再认识》，《厂长经理之友》2000 年第 2 期。

得相当于其年薪（10 万元）70% 的收入，由此，应授予该经理人员 10 万 × 70% /（120 - 20）= 700 股期权。这一方法的好处是，各个经理人员所得到的股票期权将依据其年薪的不同而拉开档次，在一定程度上体现了他们各自的工作业绩差别；不足在于，股票期权到期时的公司股价不易把握，同时，如果年薪不能充分反映各个经理人员的工作努力程度，也容易使股票期权的授予比例不合理。

（3）现值法，即将股票的未来价值折现为当前价值，然后计算每个经理人员应得股票期权数量。

Black - Scholse 期权定价模型，[①] 是目前国外较普遍选用的期权定价公式。该模型的假设前提条件是：①短期无风险利率为一稳定常数；②期权所依附的标的物价格呈随机走势，服从几何分布或对数布朗运动，且其方差的变动率与标的物价格的平方成一定的比例，即其方差具有一定的稳定性；③期权所依附的标的物不派发股息及其他类似收益；④期权是欧式期权，即期权只能在到期日执行；⑤没有交易成本和税收；⑥投资者可以按短期利率进行任何数量的借贷，且所有标的物都高度可分；⑦允许买空卖空行为存在。

这一模型的计算公式为：

$$C = SN\ (d_1)\ - Xe^{-rt}N\ (d_2) \tag{17.46}$$

$$d_1 = \frac{\ln\ (S/X)\ +\ (r+0.5s^2)\ \times t}{s\sqrt{t}}$$

$$d_2 = d_1 - s\sqrt{t}$$

在公式 17.46 中，ln 为自然对数，C 为看涨期权价格，S 为当期股票价格，X 为协议价格（即期权的行权价），r 为短期无风险利率，e 为 2.718（e 的自然对数为 1），t 为距到期日所剩的时间（以年为单位），s 为股票价格的标准差（可以通过历史数据的统计资料取得），$N\ (\cdot)$ 为累计正态分布，$N\ (\cdot)$ 的值可由正态分布函数获得。

在公式 17.46 中，预期的现金股利没有被包括进去，因为这个模型是针对无股利支付股票的情形而构建的。该模型涉及的五个因素中，协议（执行）价格、股票价格、到期时间以及无风险利率容易获得，股票价格的标准差必须估计。

举例来说，假定执行价格 = 45 元，距到期日时间 = 183 天，当期股票价格 = 47 元，期望的价格标准差 = 0.25，无风险利率 = 10%，用公式中符号表示，则 S = 47，X = 45，t = 0.5（183/365 天，即对称的时间分布），s = 0.25，r = 0.1，将这些值代入等式中，得到：

$$d_1 = \frac{ln\ (47/45)\ +\ (0.1+0.5\ (0.25)^2)\ \times 0.5}{0.25\ \sqrt{0.5}}$$

[①]　参见〔美〕弗兰克·J. 法博齐《投资管理学》，经济科学出版社，1999，第 458 页。

查正态分布表：$N（0.6172）=0.7315$ 和 $N（0.4404）=0.6702$，则：

$$C = 47（0.7315）- 45（e^{-(0.1)(0.5)}）（0.6702）= \$5.69$$

根据该模型的计算结果，期权价格一般仅为当前市价的几分之一，由此，可按这一比例的倒数授予经理个人股票期权。例如，当期权价格为当前市价的 1/3 时，如股东欲授予某个经理人员 1000 股股票，则按期权计划可授予其 3000 股期权。

此外，国外一些公司对经理人员获得的股票期权数量还有最高数量限制或资格限制。例如，有的公司规定，任何持有公司已发行股份 5% 的经理人员，原则上不再享有获得股票期权的权利。

对中国的上市公司来说，一方面股市运行尚不规范，预测股票期权到期时的市价极为困难，另一方面，公司运行在诸多方面（包括年薪制）受到非经济因素的影响，因此，具体选择何种方法来计量和决定经理人员的股票期权数量，应由股东会议根据公司实际条件确定。

10. 业绩考核指标

业绩考核指标，是股票期权制度的一个核心问题。考核经理人员业绩的经济指标主要有利润、销售、负债率和股价等几类。这些指标既有一致的方面，也有不一致（甚至相冲突）的方面。

税后利润指标包括利润总额、利润增长率、资金利润率、销售利润率、股本利润率等。在各项经济指标中，税后利润居核心地位。这不仅是因为税后利润是公司经营业绩的集中表现和最终成果，其状况直接决定了公司的发展潜力和前景，而且是因为利润的多少、利润率的高低，直接影响股东的根本利益和公司股价的高低。因此，在各类业绩考核指标中，利润指标是必不可缺并占主要权重的因素。

在各种利润指标中，利润总额反映了公司盈利的总量，在其他条件不变的时候，利润总额越大，则利润增长率越高，股本利润率越高。但公司经营规模的扩大，总伴随着经营成本的增加，这样，在经营成本上升的时候，可能发生利润总额增加而股本利润率降低的现象；在同比中，利润增长率提高，也不一定意味着股本利润率的上升，因此，各种利润指标并不完全一致，它们对公司、股东和股价的影响也不完全一致。

销售指标包括销售额、销售利润率、销售额增长率、市场占有率，等等。在销售利润率不变或提高的条件下，销售额越大则利润越多，反之，销售额的增加可能使利润增加（但不同步）、不变和减少；在同比中，销售额增加，可能有销售额增长率提高、不变和降低三种情形；在同业比较中，销售额增加可能有市场份额提高、不变和降低三种情形。这说明，各种销售指标并不总是对应的，它们之间也存在不一致的关系。对公司来说，销售额增加，意味着市场占有率的提高，这在一定程度上表现出了市场竞争力的提高，但对股东和股价来说，销售额的增加，只有在能够带来更多利润的条件下才有实际意义，换句话说，如果销售额增加是以利润减少、利润率降低为前提的，并且在往后的年份中，这种利润减少得不到补偿，那么，这种销售额增加越多，则股东利益损失越大、股价下落越明显。因此，销售指标的确定，应以不损害利润指标的总体实现为前提。

在市场经济比较完善的条件下，负债率不应成为考核经理人员经营业绩的主要经济指标，但在市场经济不成熟的条件下，这一指标却是重要的。这是因为，一方面在资金利润率低于利息率的场合，负债越多，利润越少、利润率越低；另一方面，在资产负债率超过50%以后，负债率越高，公司运作时的债务风险越大，一旦不能按期偿还到期债务，即便公司有较强的赢利潜力，也将面临破产的危机，股东权益将处于严重损失状态。

股价作为一项主要经济指标，有两个重要前提：一是股东持有的股份均为可流通股；二是股价变动能够正常反映公司的经营业绩变化。在中国股市尚不成熟的条件下，如果简单以股价上升作为主要的业绩考核指标，将给经理人员以严重误导。

从中国上市公司的实际情况来看，在考核经理人员经营业绩时，应以利润类指标为主，辅之以销售类、负债类指标，股价类指标暂不应作为考核依据。

四　股票期权的衍生方式

股票期权发源于美国。1952年，菲泽尔公司为了避免公司经理人员的薪金收入大量用于缴纳高额所得税而推出了第一个股票期权计划。几十年来，尤其是20世纪90年代以后，股票期权制度在欧美各国广泛推行，既大大激励了经理人员的积极性，促进了公司经营业绩的提高，也大大改变了经理人员的收入结构。哈佛管理学院的白里安·贺尔与肯迪尼学院的杰佛利·利比曼的合作研究表明：总经理报酬的98%来自其持有的公司股票和股票期权的价值发生的变化。在美国最大的公司中，总裁收入的50%以上，其他高层经理人员收入的30%以上来自股票期权，期权和股票赠与在董事报酬中也占了近50%。[1] 美国强生公司总裁 Palah Larsen 在1998年的总收入是6947万美元，其中，股票期权收益为6684万美元，占其总收入的99%。[2]

随着股票期权制度的推行，不同国家、不同公司，根据本国和本公司的实际情况，对股票期权制度中的一些内容做了一定程度的调整，从而使股票期权方式更加多样化。其中，较为典型的方式有：

① 参见江之舟《股票期权吸住管理层》，《中国经营报》1999年8月31日第4版。
② 参见李建良编《改制新途径》，中华工商联合出版社，2000，第229～231页。

（1）股票升值权（Stock Appreciation Right，SAR）。这是股票期权的一种衍生形式。该权利的持有者可以获得被授予股票时的市价与使用权利时股价之间的价差，在兑现时，通常以现金的形式支付。其内在机理是，在股票期权制度中，既然存在股东授予价（即行权价）与经理人员出售价之间的差额，那么，公司先从股市回购股票，将这些股票授予经理人员，然后，经理人员在获得这些股票后，再将它们以高于授予价的市价卖出，既程序复杂又需支付各种交易费（包括交易税等），不如直接计算经理人员买卖股票期权的差价收益，并将此差价收益作为激励工具。

与股票期权相比，股票升值权一般不授予经理人员购买股票或分红的权利，也不要求他按照授予价支付相应现金来购买公司股票；同时，这种方式不以公司股份总额的增加为前提，因此，对公司的可流通股份不会形成"扩容"。其不足是，对经理人员的约束程度较低。

（2）虚（模）拟股票期权（Phanom Stock Plan）。这一方式的主要内容是：股东授予经理人员一定数量的虚拟股票，对于这些股票，经理人员没有所有权（即不能参加股东大会，行使对应的权利），但能与普通股股东一样享有股价增值带来的收益和分享股利的权利。其中，股价增值收益的获得，基本上与股票增值权方式相同，而未兑现的虚拟股票部分，可参与股利分配。因此，经理人员在预期业绩目标达到后，可得到与虚拟股票期权对应的收入增加，但难以实现长期持股的期望。

（3）受限股票计划（Restricted Stock Plan）。这是设定有某种专门条件的赠与型股票期权，经理人员只有在符合这一条件时，才能运用股票期权赋予的权利。受限股票的特征有三点：一是赠与，即股东将一定数额的股份以期权方式赠与或低价（如面值）售与经理人员；二是在规定期限内经理人员不可转让已获得的股份；三是在规定期限内，股东有权将赠与股份收回，或以经理人员购买时的价格购回股票。受限股票的典型情况是，当股东赠与或授予经理人员股票期权后，如果在执行期到期之前，该经理人员离开公司，那么，他已获得的赠与股份或未售出的股票期权，将由公司直接收回或以行权价收回。

受限股票通常以直接向经理人员赠送股份为主要奖励（激励）方式，经理人员获得奖励的股份，不需付款，但在有些场合中，这种奖励是以股东出售低价股份（如票值）的方式进行的，此时，经理人员需要支付少量现款。经理人员在获得受限股票后，一般情况下，不随即获得该股票的买卖权（即不能随即出售），只有在规定的经营业绩或其他目标达到后，才有权将这种股票卖出获利。

（4）互换期权（Swapping Options）。这是在公司股价下落条件下，为了保证股票期权预期目标的实现，避免经理人员的利益损失而采取的一种调整行权价的方式。采用股票期权的主要目的有二：激励经理人员和留住人才。为了达到第一个目的，在股价因非经营业绩因素下落且持久低迷时，许多公司采用了"互换期权"

制度。例如，当股票市价从 50 元/股下落到 25 元/股时，公司就收回已发行的旧期权而代之以新期权，新期权的授予价为 25 元/股。在这种"互换期权"安排下，当股票市价下跌时，其他股东遭受损失，而经理人员却能避免损失。为了达到第二个目的，许多公司对经理股票期权附加限制条件。一般的做法是，在期权持续期为 10 年的条件下，规定在期权授予后 1 年之内，经理人员不得行使该期权，第 2~4 年间，经理人员可以部分行使期权。这样，如果经理人员在限制期内离开公司，就将丧失剩余的期权。这一方法又称"金手铐"（Golden Handcuffs）。

20 世纪 90 年代以后，随着股份制、证券市场的快速成长，股权期权制度也逐步进入中国企业。1997 年以后，股票期权制度主要在北京、上海、深圳、武汉、天津、杭州等地的国有企业中进行了试点，形成了由各地具体条件决定的特点。几年间，中国的股票期权试点大致形成了如下两类模式：[①]

（1）政府主导型模式。这一模式适用对象主要是非上市国有企业，其主要特点有如下四点：

第一，试行股票期权制度的决策主体和股票期权的授予主体，均为当地政府部门或国有资产经营管理公司。1999 年年初，上海市委组织部、市国资办、市财政局联合发文，决定对国有企业经营者实施期股奖励制度，并出台了实施原则；1999 年 7 月 28 日，北京市政府出台了《关于对国有企业经营者实施期股激励试点的指导意见》。

第二，股票期权的授予对象均为国有企业（包括国有独资公司、国有控股股份有限公司和有限公司）中的经营者群体。在上海，期股授予对象主要是董事长、总经理，有时还包括副总经理、分公司经理等管理人员；对国资授权经营公司董事长的授予主体是组织部门和国有资产管理部门；对国资授权经营公司所属的国有独资企业董事长的授予主体是国资授权经营公司。在北京，期股试点对象主要为以国有企业或国有资产授权经营公司为主体投资设立的股份有限公司和有限责任公司，期股授予对象主要是董事长和总经理；其中，对董事长的期股授予主体是公司的董事会或出资人，对总经理的期股授予主体是公司董事会，同时，经过公司出资人或董事会同意，其他高级管理人员可以以现金投入的方式获得股权，以形成经营者群体持股。在武汉，国有资产经营公司在推行股票期权中规定，授予对象仅为企业的法定代表人。1999 年，武商、中商、中百 3 家上市公司和健民、中联、国药 3 家非上市公司的法定代表人获得了本

---

① 介绍我国股票期权制试点情况的早期参考文献主要有：各地政府及部门出台的有关文件；辛向阳：《期股制的模式选择及若干问题的解决思路》，《东岳论丛》2000 年第 3 期；何运闻：《我国国企中经理股票期权及其改进意见》，《陕西经贸学院学报》2000 年第 2 期；姚铮：《我国企业试行期股期权激励的实证考察》，《集团经济研究》2000 年第 4 期；李正刚等：《经理人的"金手铐"——股票期权》，《集团经济研究》2000 年第 3 期；何德旭：《经理股票期权：实施中的问题与对策》，《管理世界》2000 年第 3 期；等等。

企业的股票期权。

第三，股票期权来源多元化并与年薪相关联。在上海，股票期权来源有四个：一是调整企业的股本总量，加入经营者期股；二是股东（国有股）股权转让；三是企业增资扩股；四是根据经营者的业绩给予年薪以外的延期兑现奖励。经理人员获得股票期权的方式有二：一是用现金、赊账、贴息或低息借款等方式购买股份；二是获得岗位股份（即干股，离岗自然取消）和特别奖励股份。国有独资企业可给予经营者相当于其年薪总额 0.6 ~ 1 倍的特别奖励的延期兑现股份，且在其任期内每年可兑现 10% ~ 30%。在北京，试点企业采取"存量划出、增量实现"的方式形成股票期权，经理人员通过协议转让方式获得实股后，再按照净资产收益率水平确定的配比比例（1 ~ 4 倍）获得股票期权。在武汉，经营者年薪由基薪收入、风险收入和年功收入三部分组成，其中风险收入是年度经营效益的具体体现，由国资公司根据经营责任书及企业实际经营业绩核定，该部分收入中的 30% 以现金兑付，其余部分转化为股票期权。

第四，约束机制中处罚色彩浓厚且相当强硬。在上海，为确保国有资产保值增值，经营者获得期股之前必须经过严格考核，各种奖励必须在经营业绩被确认达到契约规定的指标后，方可兑现；同时，应以一定数额的个人资产作为抵押，当完成或超额完成预定指标后，所获得的奖励不能全部以现金兑现，其中一部分应充抵押金或转为期股。若经营者未能实现预定业绩指标，就不能兑现特别奖励，并应扣除一定数额的个人资产抵押金；对以弄虚作假等不正当手段谋取期股的，授予主体保留追索权，并依法追究有关责任。在北京，经营者先应投入不少于 10 万元的资金购买实股，然后按 1 ~ 4 倍的比例获得相应数量的期股；对于任期未满而主动要求离开的，或在任期内未能达到业绩考核指标水平的经营者，将取消其所拥有的期股及其收益，个人现金出资部分也要做相应扣除。在武汉，对于完成净利润指标低于 50% 的企业法人代表，将扣罚其以前年度积累股票期权的一定比例；若在审计中发现在企业法人代表任期内有潜亏、虚盈现象，将按一定比例扣罚其当年股票期权；若在离任审计中发现在企业法人代表任期内有潜亏、虚盈现象，将按一定比例扣罚其留存的股票期权。

（2）公司主导型模式。实行这一模式的企业，既有上市公司，也有非上市公司，它具有以下几个特点：

第一，股票期权的授予主体为集团公司、大股东或"公司"。1994 年前后，中国科学院从其拥有的联想集团股份中拿出 35% 的分红权分给联想集团员工持股会。[①] 1997 年年初，上海埃通公司成立时，由其第一大股东太平洋机电公司划出 100 万股股本作为实施经营者群体持股的股份。1999 年上半年，上海贝岭公司开始在企业内部试行"虚拟股票赠予与持有"激励计划，其中，授予主体称为"公

---

① 参见李建良编《改制新途径》，中华工商联合出版社，2000，第 241 页。

司"。

第二，股票期权的授予对象为董事、高级管理人员、业务技术骨干或公司员工等。联想集团以员工持股为主，在员工持股会持有的股份中，35%分配给公司创业时期有特殊贡献的老员工，20%分配给1984年以后较早进入公司的员工，45%根据贡献大小分配给后来有特殊贡献的员工。上海埃通公司的经营者群体持股计划主要以经理人员为授予对象，实施范围包括企业中层以上干部与业务技术骨干30余人。上海贝岭公司的股票期权受益人为符合条件的全体在职员工，特别是公司高级管理人员和技术骨干；在获得股票期权的人员中，占总数20%的经理人员和科技人员获得了总额的80%，其余员工则获得剩余的20%。天津泰达公司于1999年10月推出的《激励机制实施细则》规定，激励对象为公司董事会成员、高级管理人员及有重大贡献的业务骨干。

第三，股票来源主要通过大股东赠与、转让或经理人员投资入股、股票回购及其他途径（如虚拟股票）解决。在联想集团中，员工所持股份最初由中国科学院赠与形成；在上海埃通公司中，经理人员所持期权股份最初由该公司第一大股东转让形成；在四通集团中，员工所持股份由持股人投资入股形成；天津泰达公司每年提取2%的净利润作为激励基金，为经理人员购买泰达公司的可流通股；上海贝岭公司选择的是虚拟股票方式，其总体构思是，将每年的员工奖励基金转换为公司的"虚拟股票并由授予对象持有，在规定的期限后，按照公司的真实股票市场价格以现金形式分期兑现"。

第四，公司"股票期权计划"的内容与股票期权的基本设计原理较为接近。例如，上海贝岭公司"虚拟股票计划"的操作程序大致为：设立专门的奖励基金作为进行"虚拟股票"奖励的基础；确定每年奖励基金的提取总额；确定公司虚拟股票的初始价格；确定公司每年发放虚拟股票的总股数；对授予对象进行综合考核并确定其评价系数及虚拟股票的分配系数；确定授予对象所获虚拟股票奖励的数量；虚拟股票的兑现，其兑现价格以公司真实股票的市价为基础。又如，上海埃通公司的股票期权计划中强调：股票期权的延期支付有效期为8年，8年后一次性行权，行权价为股票面值，行权有效期为8年，授予期权附加条件为行权有效期内必须全部通过分红资金完成其全部股票期权的行权。

第五，约束机制基本限于业绩指标与收益分配方面，几乎没有"资产抵押"方面的内容。各公司在实行股票期权计划中，对经理人员的业绩均有严格的考核指标，在规定期限内达不到预定指标的，将受到一定的处罚。在上海埃通公司中，经理人员若不能实现预定业绩指标，就不能获得预定的股票期权；如果总经理在离开企业时，经财务审计，公司业绩存在"潜亏"现象，那么，其名下的全部股权收益将不能提取。在上海贝岭公司中，享受股票期权的员工须与公司签订合约，以明确各自的权利与义务、虚拟股票期权的数量、兑现时间表、兑现条件等；员工获得股票期权（以公司人力资源部通知为准）180天以内不得兑现，不得流通

（但享有分红，转增股本等权利），180 天后可以开始按市价兑现，首期可兑现数量为总额度的 80%，并以均速进行；如果个人辞职或被公司开除、辞退，则兑现剩余 20% 股票期权的权利自动取消。在天津泰达公司中，激励基金用于购买泰达股份后，所购买的股票就被冻结；被冻结的股票达到一定期限后，在高级管理人员正常离开公司时，方可出售变现。

从国外股票期权的衍生方式与中国的实践模式比较中，可以看出两个重要的区别：

第一，体制不同。国外股票期权在衍生过程中，以市场经济规则为基本取向，较好地贯彻了股票期权的基本机理；而中国股票期权的实践是在双重体制并存的条件下开展的，各类模式既贯彻着股票期权的基本机理，又受到传统观念和传统机制的明显制约，如政府干预、股东会议不健全、资产抵押、股票期权的"普惠制"等。

第二，操作不同。国外股票期权在衍生过程中，考虑到股市的各方面不确定因素的影响，在操作上逐步趋于简单化；而在中国的实践中，为了平衡各种彼此交错的利益关系及其他关系，股票期权的操作方案相当复杂，并在某些方面偏离了股票期权的本意和实行这一制度的目的。

五　中国实行股票期权制度的措施

实行股票期权制度，受到公司内外的一系列因素制约。从公司内部来说，制约因素包括法人治理结构、股权结构、资产状况、营业状况、发展潜力、工薪水平及结构、企业文化、股东意向、股份的可流通性等；从公司外部来说，制约因素包括法律法规、社会认知和观念、企业家市场、税收制度、股市规范化程度、股价水平等（见图 17－5）。

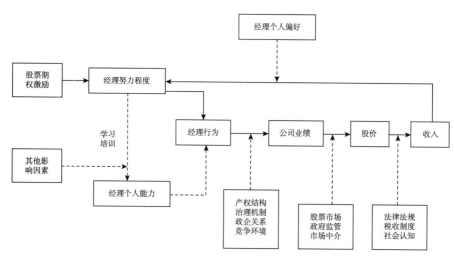

图 17－5　股票期权制度的综合作用

股票期权制度与其他事物一样，既有长处亦有短处。从长处上说，这一制度一方面有利于激励经理人员的积极性，吸引和稳定优秀人才，降低企业的代理成本和激励成本，提高经营效率，促使经理人员从而企业行为长期化，防止经理人员的"59 岁"现象等；另一方面有利于促进"政企分开"，企业产权结构调整，企业家市场成长，资源配置效率提高等。从短处上说，这一制度将引致企业内部收入分配差距的拉大，可能出现经理人员收入与公司业绩的不对称现象，可能引致一些经理人员掩盖公司真实业绩（如利润）的现象发生，等等。从发达国家实行股票期权制度的历史和效果来看，就总体而言，这一制度利远大于弊。对中国上市公司来说，眼下的问题已不是"要不要实行股票期权制度"，而是"如何实行股票期权制度"，即如何根据股票期权制度的一般机理，结合中国国情和上市公司的实际情况，制定有关法规政策，引导和规范股票期权制度的实践。

实行股票期权制度应重视解决好如下一些问题：

1. 政策取向

股票期权制度涉及众多政策问题，且相当敏感。不同的政策取向将引致不同的结果，因此，实施这一制度时应十分慎重。在政策取向上，需要注意的是：

（1）根据市场经济要求，确定基本原则，不囿于一些现行政策和习惯行为。在双重体制并存的条件下，中国一些现行政策和习惯行为仍反映着计划经济体制的要求，若继续考虑这些政策和习惯行为的要求，则股票期权制度难以真正付诸实践。例如，在经理人员与一般员工的收入差距上，一些政策强调"不超过 3~5 倍"，20 世纪 80 年代以来的实践也坚守此界限；而如果以此界限为前提，要实行股票期权制度就几乎不可能，因为经理人员收入已无进一步"上升空间"。又如，在业绩考核指标上，一些政策反复强调"综合指标"，并由主管部门审定；由于综合指标的内容繁杂、相互掣肘，又常常含有非经济指标，且主管部门意向多变，所以，如以此为前提，则股票期权制度难以切实实施。

（2）根据股票期权制度的一般机理，确定具体原则，不囿于具体模式。这是因为，法规政策的基本功能在于为各有关主体提供一套行为标准和可循规则，不在于为这些主体提供一个可直接照搬套用的模式。在现实中，不同公司有不同的具体情况，可能选择不同的具体模式，况且，迄今国内外已实施的模式也尚未穷尽股票期权制度的所有模式，这样，若简单规定一个或几个模式，可能不利于上市公司的实践选择，也不利于股票期权制度具体模式的创新。

（3）根据实事求是精神，确定实施原则，不囿于大多数上市公司在短期内普遍实行的股票期权制度。如上所述，股票期权制度的实施效果与各方面条件紧密相关，在公司内外部条件不成熟的时候，硬性实行股票期权制度，很可能不仅提高不了经营效率，反而引发其他负面影响；实行股票期权制度应避免"刮风""一哄而起"的急于求成倾向，那种认为凡上市公司（尤其是创业板市场的上市公司）均应实行股票期权制度的观点，不应成为政策选择的依据。

2. 政策内容

在形成有关股票期权的政策中，有一系列问题需要明确或解决，其中，我们认为应当重视的政策内容包括：

（1）股东会议为最高决策机构。上市公司实行股票期权制度，直接涉及股份增加和股东利益调整，根据《公司法》有关规定，该项事宜的议决权应归股东会议。因此，尽管在上市公司实践中，最初的方案可以由经理班子提出、董事会审议，或由薪酬委员会（及类似机构）提出、董事会审议，但必须经股东会议议决通过后，方具有法律效力。据此，应当排除由政府部门（如国有资产管理部门）、集团公司或其他非股东会议机构做出实施股票期权制度的可能性。

（2）完善法人治理结构。中国上市公司中存在董事长与总经理由一人兼任、董事会成员大部分由经理人员构成的现象。这种"自家人"的格局不利于形成相互制衡的内部治理关系，也不利于真正落实股票期权机理。为此，应改变"自家人"状况，上市公司的董事长与总经理应分别由不同的人担任；在董事会成员中，对经理人员兼任的比重应予以限制，同时，应强调独立董事人数要达到 1/3。

（3）严格界定股票期权的授予对象。股票期权制度不是福利制度，不应以员工"普惠"为取向，也不应为各种口实的"寻租"留下余地，为此，应将股票期权的授予对象界定在"公司经理人员及核心技术人员"范围内。

（4）保障股票的可流通性质。在实行股票期权制度中，来源于"回购"、增发新股等的股票，其可流通性质基本没有问题，但来源于法人股转让（包括配股转让）的股票，在入市流通方面却存在政策障碍，这一问题不解决，则股票来源渠道将大大缩小，不利于上市公司的实践选择，因此，应允许来源于"转让"的股票在行权后入市交易。

（5）准许结构性行权价和互换期权的实施。上市公司实施股票期权制度，需要防止变相"圈钱"和"吃投资者大锅饭"的现象发生，以约束"股东请客、股市掏钱"的行为，为此，应实行结构性行权价，即在股票期权的行权价中，由股东们支付一部分钱款，迫使股东们从关心自己利益增减的角度出发来谨慎议决有关股票期权制度的事项。另外，鉴于中国目前股指和股价尚存不合理之处，随着国有股、法人股入市，股指和股价将发生新的调整，应允许上市公司根据股市状况调整正在实施的股票期权行权价，进行期权互换。

（6）准许公司设立股票期权基金或激励基金。要实行结构性行权价，股东就应支付一定数量的行权价款，如果要求股东们各自掏钱，就会存在诸多操作困难，一个较好的可行办法是，从公司未分配的税后利润中支付行权价款，为此，需要建立有关基金账户。基金账户建立后，股东们将根据账户中的资金数量来权衡应授予经理人员的股票期权数量或股票期权余额总量，从而防止股票期权数量的过度"扩张""膨胀"。

（7）明确股票期权的执行期和执行条件。在实行股票期权制度时，不免发生经理人员的离职、退休、伤病、死亡等现象，由此，保障这些经理人员在已行权股票和未行权股票方面的权益，确定这些期权股票的继承、转让、行权、终止等权利，是政策上应予以明确的重要问题。

（8）实行有利于股票期权制度实施的税收政策。股票期权制度作为一种激励机制，其立足点在于"激励"、提高经营效率，因此，应从这一立足点来考虑税收问题。在实行结构性行权价的条件下，若对行权价中股东支付的款项，向受益人（如经理人员）征收高额个人所得税，其结果可能大大降低激励力度，甚至引致一些经理人员放弃行权。因此，应实行有利于保障股票期权制度激励力度和刺激经营效率提高的税收政策。

（9）加强对上市公司实行股票期权制度状况的监管。实行股票期权制度必然引致上市公司经营业绩、股份总额和可流通股票数量的变化，由此将引致股市价格的变动；在操作过程中，也可能有一些上市公司不完全遵守甚至违反有关法律法规的规范，为此，需要在授予股份、信息披露、期股托管、期股出售等方面加强监管，对违法违规行为进行必要的惩处。

3. 政策操作

落实股票期权制度，在中国目前的条件下，有诸多工作要做，其中包括：

（1）作好全面宣传工作，转变观念，消除误解。股票期权制度是一种激励机制，但其功能绝不仅仅在于"激励"，它同时也是一种"约束"机制，因此，不应仅从激励机制角度进行宣传。另外，在能够如期实现预定经营业绩的条件下，经理人员有可能从股票期权中获得收益，但这并不意味着，经理人员由此都可获得巨额收益（国外一些经理人员每年获得几百万美元收入，仅为有限的个例，并非普遍现象）；若经理人员不能如期实现预定经营指标，导致股价下落，从而造成其收益损失的现象也是存在的。片面的宣传将给人们以误导，不利于股票期权制度的实施，也不利于发挥该制度的完整功效。

（2）加强法制建设，使股票期权制度的实施有法可依、有章可循。一方面，应加快制定和出台有关"上市公司经理人员股票期权制度"方面的管理法规，对该制度的各重要方面做出必要规范，使该制度在具体实施过程中对各重大事项有一个统一准则；另一方面，在《公司法》《证券法》《税法》等法律的修改中，应充分考虑实行股票期权制度的内在要求，补充和完善有关条款。例如，应允许上市公司在发行新股时预留部分股票，成立专门的股票账户，委托专门机构保管，以解决该公司在实行股票期权制度时的股票来源问题；又如，应适当放宽对股票流通的限制，允许股票期权的受益人在行权后按一定比例分批将其所持的股票入市流通；再如，应允许给予股票期权受益人以信贷支持，以解决他们的行权资金问题。

（3）改变传统体制中凡事先"试点"的做法。这是因为，在"试点"过程中，为了保证"成功率"，常常给予试点单位特别的政策支持，而这些政策在普遍推行时又难以给予"面上"的所有企业，从而使"试点"不具有普遍推广意义；同时，各家企业差别甚大，在"试点"中取得的经验，未必具有普遍代表性，也不见得就适合其他企业。因此，不论先行后行，各家上市公司均应按有关法规政策的统一规定开展股票期权制度的实践。

（4）加快相关配套的市场体系建设，为股票期权制度实施创造一个良好的外部环境。为此，要完善股票市场，减少不必要的行政干预，加强监管，强化信息披露，抑制"坐庄"等各种违法交易行为，使股市走势真实地反映公司经营业绩状况和发展潜力；要加快企业家市场的培育，促进职业经理阶层的形成，实现企业和经理人员的双向选择，强化经理人员的自我约束；要规范中介机构的行为，加强对会计师事务所等中介机构的监管。

第六篇
非证券市场

非证券市场与证券市场相对应。如果说证券市场是建立在标准化证券基础上的话，那么，非证券市场的典型特征就是没有标准化证券。实际上，非证券市场中的许多运作是建立在相关合约基础上的，这些合约中甚至没有"证券"一词。

非证券市场是资本市场体系的重要组成部分。从历史角度看，资本市场最初是从非标准化证券起步的，各种股权投资最初并无标准化证券。从现实运作看，离开了非证券市场，资本市场中的许多运作就难以展开，也缺乏应有的基础。一个突出的实例是，绝大多数公司在建立之初，其注册资本、股权结构、财务关系等都是建立在非标准化股权基础之上。从资本市场的功能看，缺乏非证券市场，资本市场配置资本性资源的功能将难以充分发挥。毫无疑问，非证券市场是资本市场体系中不可或缺的一个部分。

非证券市场由于没有标准化证券作为载体，所以，它通常没有有形市场，只有无形市场。这种无形市场同样贯彻着市场机制，发挥着市场功能，而且非证券市场对国民经济运行和金融体系的影响力并不比证券市场小。这是非证券市场的一个重要特征。

在资本市场体系中，非证券市场主要由财务顾问、投资顾问、股权投资、资产管理、对冲基金、产权交易、信托计划、项目融资、融资租赁、公司并购、股权置换、资产重组和中长期信贷等内容构成。从这些内容中不难看出，非证券市场有经济关系复杂、个性化突出、运作灵活多变、创新空间充分和风险较大且不易把握等特点。

本篇重点研讨股权投资、对冲基金、信托计划、融资租赁和公司并购等市场的内涵、特点、运作机理和交易过程等。

第十八章　股权投资

　　股权投资是公司设立和运作过程中的常见现象。股权投资主要发生在三个场合。一是公司设立。在现代经济中，设立公司需要明确注册资本，因此，由发起人进行的股权投资就成为一个必备的法律要件。二是在公司运作过程中的净利润转投资，这是公司内源性融资的主要方式。三是在公司增资扩股过程中，由原有股东或新股东投资入股公司，从而使公司股本总额扩大。既然股权投资是公司经营运作中经常发生的现象，同时，股权投资又有较强的专业性（其中包含尽职调查、财务分析、风险预测和防范、资本退出机制设计等），那么，必然会有人（个人和机构）专门从事这种活动，由此使股权投资市场具备多样性。2013 年 11 月 12 日，中共中央十八届三中全会通过的"关于全面深化改革若干重大问题的决定"中指出要"多渠道推动股权融资"。这不仅凸现了股权投资在中国经济发展和资本市场发展中的重要意义，而且明确了股权投资的发展方向和发展途径。本章主要讨论股权投资的内涵、方式和运作机制等。

第一节　股权投资的内涵和特点

一　私募基金

　　私募基金（Privately Offered Fund），是指在同一时间按照同一合约和同一价格向特定少数投资者非公开地募集资金并根据合约规定进行投资运作的金融投资基金。这一定义包括如下几个重点。第一，私募基金首先要有"私募"的特点。所谓私募（Privately Offered），是指在同一时间按照同一合约和同一价格向特定少数投资者非公开地募集资金。如果是在不同时间按照不同价格向特定少数投资者非公开募集资金，则不属于"私募"。因为其中并无"募集"的行为。第二，这些资金的投资运作是由合约规定的。合约中包括基金持有人权益、投资对象、基金的投资规模、收益分配、基金管理和基金解散等一系列具体安排。第三，私募基金属于投资基金的范畴，是投资基金中的一种类型。它与各种基金会中的基金、财政运作中的"专项基金"以及其他各种名目的基金是不同的。

在欧美等发达国家中，私募基金的组织方式有公司制和合伙制两种，但以合伙制为主要方式。合伙制中贯彻着信托机制。

从合约规定的投资对象看，私募基金可分为股权投资基金（其中包括创业投资基金等）、对冲基金、货币市场基金、房地产基金、信托投资基金和基金中的基金等，是一个涵盖面较大的范畴。但在中国，私募基金迄今基本局限于股权投资基金的范畴。

经修改并在2013年6月1日起实行的中国《证券投资基金法》规定了以下几个方面。（1）非公开募集基金应当向合格投资者募集，合格投资者累计不得超过二百人。其中，合格投资者，是指达到规定资产规模或者收入水平，并且具备相应的风险识别能力和风险承担能力，其基金份额认购金额不低于规定限额的单位和个人。（2）除基金合同另有约定外，非公开募集基金应当由基金托管人托管。（3）担任非公开募集基金的基金管理人，应当按照规定向基金行业协会履行登记手续，报送基本情况。（4）未经登记，任何单位或者个人不得使用"基金"或者"基金管理"字样或者近似名称进行证券投资活动（但法律、行政法规另有规定的除外）。（5）非公开募集基金，不得向合格投资者之外的单位和个人募集资金，不得通过报刊、电台、电视台、互联网等公众传播媒体或者讲座、报告会、分析会等方式向不特定对象宣传推介。（6）非公开募集基金，应当制定并签订基金合同。基金合同应当包括下列内容：①基金份额持有人、基金管理人、基金托管人的权利、义务；②基金的运作方式；③基金的出资方式、数额和认缴期限；④基金的投资范围、投资策略和投资限制；⑤基金收益分配原则、执行方式；⑥基金承担的有关费用；⑦基金信息提供的内容、方式；⑧基金份额的认购、赎回或者转让的程序和方式；⑨基金合同变更、解除和终止的事由、程序；⑩基金财产清算方式；⑪当事人约定的其他事项。（7）按照基金合同约定，非公开募集基金可以由部分基金份额持有人作为基金管理人负责基金的投资管理活动，并在基金财产不足以清偿其债务时对基金财产的债务承担无限连带责任。（8）非公开募集基金募集完毕，基金管理人应当向基金行业协会备案。对募集的资金总额或者基金份额持有人的人数达到规定标准的基金，基金行业协会应当向国务院证券监督管理机构报告。（9）基金管理人、基金托管人应当按照基金合同的约定，向基金份额持有人提供基金信息。（10）专门从事非公开募集基金管理业务的基金管理人，其股东、高级管理人员、经营期限、管理的基金资产规模等符合规定条件的，经国务院证券监督管理机构核准，可以从事公开募集基金管理业务。

与公募基金相比，私募基金有五个方面的特点：

第一，在募集资金的投资者对象上，公募基金可以向全社会非特定投资者公开募集，但私募基金只能向少数特定的投资者募集资金。在欧美等国，共同基金和退休金基金等公募基金可以通过公开媒体等方式向公众投资者募集资金，但私募基金不得利用任何媒体进行广告宣传、募集资金。从募集资金角度而言，这似乎是私募基金的劣势，但也因为它只能向特定的少数投资者①募集资金，使得它们更加重视这些投资者的特定要求，因此，它们的投资对象选择、投资操作和投资管理等具有更强的"量身定做"特点，从而能够在更高程度上满足投资者的特殊要求。

第二，在基金设立上，公募基金的设立程序和法定要求比较复杂，而私募基金的设立程序和法定要求比较简单。在欧美等国中，甚至没有将私募基金列入正规金融机构范畴。同时，由于私募基金大多选择合伙制组织方式，所以，它们也不像公司制的公募基金那样接受公司制的监管。这使私募基金的管理运作具有较强的灵活性。

第三，在运作监管上，公募基金接受的监管较为复杂严格，因此，受限制较多。私募基金受到的监管较少，可开展的运作相对就比较灵活，能够在较高程度上适应金融市场的变化和投资者的投资取向变化。同时，私募基金的监管费用较低，有利于提高投资回报。

第四，在信息披露上，公募基金有较高的定期披露相关信息的要求，这不仅造成较高的信息披露费用（包括制作信息披露的文件、广告费用等），而且必须公开主要的投资组合情况和财务状况等。私募基金没有这些方面的要求，因此，受市场和媒体追踪的可能性较低，具有较强的隐蔽性。

第五，在负债关系上，公募基金的投资运作一般不允许负债投资（因为它可能给投资者带来流动性风险和其他相关风险）。但在私募基金的投资运作中，如果合约规定可以负债投资，则私募基金的运作资金就可能不仅包括投资者投入基金的资金，而且包括合约准许进行负债的规模，由此，私募基金的投资运作资金有可能放大。在美国的一些私募基金中就存在比较明显的运用杠杆效应进行投资运作的现象，这是导致 2008 年金融危机的一个重要原因。

二　股权投资的概念辨析

股权投资（Equity Investment），是指投资者以直接投资入股的方式将资金（或实物、技术、无形资产和劳务等）投入有限责任公司或股份有限公司等经营性法人机构并持有其股权的过程。这一定义包括几个重点。第一，股权投资属于"直接投资"的范畴，它与从股票交易市场中购买股票的"间接投资"有实质上的区别。换句话说，在股票交易市场中进行股票交易不属于股权投资范畴，它实际上只是公司原有股权在股东和投资者之间的转手，公司并不因此增加股权数量。第二，股权投资是投资入股有限责任公司或股份有限公司的过程，直接投资中投资

---

① 在特定投资者方面，美国规定，投资私募基金的个人投资者，其最近两年的个人年收入应在 20 万美元以上（若以家庭名义参加，家庭最近两年的年收入应在 30 万美元以上）；投资私募基金的机构投资者，其净资产应在 100 万美元以上。同时，每只私募基金的投资者人数也有明确的限制。

设立独资公司、合作公司和无限责任公司等行为不属于股权投资范畴（除非在股权投资过程中将原先的独资公司、合作公司和无限责任公司转制为有限责任公司或股份有限公司）。第三，股权投资的直接结果是持有被投资公司的股权。这种股权可能以股份证书方式记载，也可能没有股份证书记载（但在公司进行注册中是明确记载的）。

进入 21 世纪以后，"私募股权投资"一词在中国快速流行。其英文原词为"Private Equity"（以下简称"PE"）。PE 一词的中文译法很多，其中，主要的有"私募股权投资""私募基金""私人股权投资""直接股权投资"等。这些中文概念是否准确地翻译了英文中"Private Equity"的含义可暂且不论，但它们至少说明了在股权投资方面存在概念不一致的状况，因此有必要予以厘清。

第一，是否有"募集"？不论是私募股权投资还是私募基金，都强调"募集"一词，但一方面在英文的"Private"一词中并无"募集"的含义；另一方面，在中国实践中，以各种形式存在的股权投资机构在获得资金过程中也无"募集"的过程。

资金募集可分为公募和私募两种。"公募"是公开募集的简称，它是指资金需求者以公开的方式（如刊登广告、公开路演等）向全社会不特定的投资者在同一时间、以同一价格和同一合约条件募集资金的过程。"私募"是私下募集的简称，它是指资金需求者以不公开的方式向特定投资者在同一时间、以同一价格和同一合约条件募集资金的过程。在中国，私募活动必须经过金融监管部门批准。诸如信托计划、银行理财产品等都属于私募范畴，但已经过金融监管部门批准。那些未经金融监管部门批准的私募活动是违法行为①。

从中国的实践情况看，除了一部分股权投资机构（如信托公司、证券公司下设的直投公司和一些股权投资基金等）是经由金融监管部门批准之外，相当多的股权投资机构并未经过金融监管部门批准，它们的设立只是遵循了《公司法》设立公司的规定，且大多以投资顾问公司、投资咨询公司、投资公司和咨询公司等名义展开运作。这些投资机构在获得运作的投资资金时并没有真实地开展过私募活动，实际上只是接受客户委托进行股权投资。同时，这些委托投资的资金在合约的签订关系上时常出现，"一对一"地签约，不仅时间、价格不同，而且具体条款也不尽相同，因此，私募不是一种募集式的活动，只是一种私下约定委托投资的活动（从这个意义上说，与其称为"私募股权投资"或"私募基金"，不如称为"私约股权投资"或"私约基金"）。

第二，是否为"私"？"Private"一词在英文中的确有"私有"的含义，因此，似乎可将其译为"私"。但在西方国家中，各种法律可归纳为私法和公法两大类。其中，私法的英文表述为"Private Law"，公法的英文表述为"Public Law"。在这

---

① 私募之所以受到严格限制，是因为它很容易成为"非法集资"的代名词。

里，"Private"一词并无"私有""私人"的明确界定。在西方国家中，诸如民法、公司法、证券法等法律都属于私法范畴。如果说这些私法都带有"私有""私人"等界定，则可推论市场经济的法制体系只能建立在私有制基础上，这显然不符合实践情况。实际上，在西方国家的成熟市场体系中，"Private Equity"是与"Public Equity"相对而言的。"Public Equity"可以译为"上市权益"，它通常是指由公众持有、在公开市场上市交易的权益。与此对应，"Private"不应译为"私有"，而应译为"非上市权益"。

在中国，"私有"一词与"公有"一词相对应。如果简单地把 PE 译为"私有权益"，不仅将严重限制 PE 投资运作的范围，而且将把众多非私有的股权投资及其权益排除在 PE 之外，不利于 PE 的发展。另外，这种译法也不符合中国的实践状况。在中国的实际运作过程中，股权投资中的资金，既有来自私人的，也有来自各种机构（包括上市公司、国有企业、非上市股份公司、有限责任公司等）的，还有来自政府部门的和外资①的。

第三，"Equity"是否仅有"股权"？在英文中，"Equity"一词的含义为"权益"。从西方国家实践看，"Equity"的内容，不仅包括了普通股权，而且包含优先股、可转换优先股、可转换债券、可交换债券等与股权相联系的各种证券，在一些场合甚至包括房地产产权等其他财产权益。因此，把 PE 翻译成"私人股权""私人股本"和"未上市股权"也是不够精确的，因为此类译法将其他与股权相关的权益排除了，因此较为贴切的译法应为"股权类权益"。

综上所述，PE 在中国较为适合（即与实践较为相符）的译法应为"股权类权益"；相应的，"Private Equity Investment"应译为"股权类权益投资"，PE 基金应译为"股权类权益投资基金"。

三　股权投资的类型

根据不同的划分标准，股权投资可分为不同的类型。股权投资的主要划分类型有：

（1）从对公司控股权的角度看，股权投资可分为六种类型。

第一，控股型股权投资。从法律角度说，由于在有限责任公司和股份有限公司中，股东的投票权和表决权是按照持有的股份数量界定的，所以，要实现绝对的控股，股权投资的数额就要达到持有公司股权的 51%。

第二，联合控股型股权投资。在单一股东不具有充足的资金或受其他条件限制的场合，这一股东通过某种关联机制（如血缘、好友、上下级同事等）联合若干个投资者共同投资入股公司，也可实现控股。

第三，控制型股权投资。在难以控股或并不打算控股时，投资者可以在投资

---

① 外资也有私人所有、机构所有和政府所有之分。

入股过程中使持有的股权比例达到实际上控制公司经营运作的程度（达到 30% 或成为公司的第二大股东等）。

第四，联合控制型股权投资。在联合多个投资者共同投资持股依然不能达到控股程度的条件下，某一股东可通过联合多个投资者使他们持有的股权数量达到实际控制权的程度，以左右或直接影响公司的经营运作。

第五，参股型股权投资。这是指投资者投资入股的程度明显低于控股或控制所需的程度，但其所占比例在公司股权结构中又不是无关紧要的股权投资。在多数场合中，公司前 10 大股东中第 5 位之后的股东大多属于参股型的股权投资者。这类股东虽然缺乏控股能力也不具备对公司经营运作的控制能力，但对公司的经营决策还是有一定的影响力的。当他们支持某些有控制权的股东的意见时，就有可能使第一大股东在投票时处于劣势。同时，参股型股东可能在公司董事会中有他们的代表。

第六，一般型股权投资。这是指对公司的股东大会、董事会和经营运作几乎不起任何影响力的中小规模股权投资。只有在实行特别投票权安排的条件下，这些股权才可能对公司的某些决议事项有重要的影响力。

（2）从投资目的角度看，股权投资可分为战略性投资和财务性投资两种。

战略性投资，是指长期持有公司股权并以影响公司经营运作为目的的股权投资。这种股权投资的期限通常在 5 年以上，投资入股所持有的股权通常占公司股权总额的 5% 以上，投资者在股权持有期内主要通过股利分配获得投资回报；与此对应，此类投资者通常要求在公司董事会或监事会中占有席位，以贯彻自己的投资意图。

财务性投资，是指以财务获利为目的的股权投资。这种投资的期限通常较短（但在公司股票难以上市交易等条件下，投资者也有可能较长时间地持有股份），投资入股者所持股权占公司股权总额的比例通常在 5% 以下（但在特殊场合中，也可能持有 5% 以上），投资者主要期待通过公司股份增资（包括上市交易）来获得投资回报；与此对应，此类投资者通常不要求在董事会或监事会中获得席位（但在特殊场合也会有此要求）。

战略性投资与财务性投资在一些场合比较容易区别（尤其是在公司引入投资者时，如果对投资者有明确的投资特征要求，则更容易区分），在另一些场合则在事前很难做出准确的判定。从对比的角度说，战略投资者的介入有利于公司的治理结构完善，推进公司的长期发展战略；财务投资者的介入有利于公司在短期内缓解资金不足的状况，活跃公司股份的交易。

（3）从投资的资金来源性质看，股权投资可分为私人股权投资、法人股权投资、基金股权投资、政府股权投资和外资股权投资等五种。其中私人股权投资是指个人直接投资于公司并形成公司股权的过程；法人股权投资是指法人机构直接投资于公司并形成公司股权的过程；基金股权投资是指管理投资基金的机构将基金资金直接投资于公司并形成公司股权的过程；政府股权投资是指政府财政部门直接投资于公司并形成公司股权的过程；外资股权投资是指外商直接投资于公司并形成公司股权的过程；

在具体运作过程中，这些股权投资又可进行组合。例如，一些私人、法人机构和政府财政部门可以将资金委托给投资基金进行股权投资。

（4）从对象公司的发展阶段看，股权投资可分为创业投资、成长投资、并购投资、夹层投资、首发前投资和上市后投资等六种。

创业投资（Venture Capital），是指在技术创新项目和科技型初创性的创业企业中的股权投资。创业公司一般会经历从产生最初的一个想法到形成实物概念（如图纸、实物模型、产品样本等），再到试验、试生产和进行产品初生产，最后到进行实现产品小批量生产并将之推向市场这一过程。这一阶段的股权投资，不仅向创业公司提供股本资金，而且提供一定程度的咨询服务，使企业可以专心于研发、试验和初生产。但由于创业公司在财务、管理、技术、产品和市场等一系列方面存在比较严重的不确定性，所以具有很大风险；同时，这些风险的时间长度常常难以明确，所以，创业投资的风险很大。与此对应，股权投资的每股价格也最低。

成长投资（Development Capital），是指向已经过初创期并向成长期发展的公司进行的股权投资。在这个过程中，创业公司的经营项目已从研发阶段向市场推广阶段发展，同时也已经产生了一定的利润。处于成长期的创业公司，在商业模式、盈利模式等方面已经过市场竞争的验证，有较为良好的成长潜力，投资风险已明显小于处于创业期的公司，因此，股权投资的入股价格明显提高。

并购投资（Buyout Capital），是指投资于并购目标公司的股权投资。在这种股权投资中，投资者通过收购目标公司的股权，获得对目标公司经营运作的控制权，通过强化公司治理结构、调整公司业务结构、商业模式和盈利模式等（其中包含对目标公司进行资产重组、技术改造乃至更换高级管理层），提高目标公司的价值。此后，在条件成熟时，并购投资者可能再次出售其持有的目标公司股份。

夹层投资（Mezzanine Capital），是指购买附有权益认购权的无担保长期债权的股权投资。这种投资具有债权投资和股权投资的双重性质，实质上，是一种附有权益认购权的无担保长期债权。由于无担保长期债券的发行常常伴随相应的认股权证，所以，投资者可根据事先约定的期限或触发条件，以事先约定的价格购买对象公司的股权，或者将债权转换成股权。夹层投资的风险和收益低于直接的股权投资，但高于优先债权。在公司的财务报表上，夹层投资也处于底层的股权资本和上层的优先债（高级债）之间（因此，这种投资称为"夹层"投资）。与创业投资不同的是，夹层投资大多属于财务性投资，通常不寻求控股（或公司控制权），不倾向于长期持有对象公司的股权，一旦有适当机会就将迅速退出。在一个公司处于上市之前的最后冲刺阶段时，且当资金周转发生困难时，这个公司可利用发行长期无担保债券（并附认股权证）的方式解决上述难题，此时，夹层投资者的出现似有给公司雪中送炭之效。

首发前投资（Pre – IPO Capital），是指投资于首次公开发行股票之前的公司的股权投资。其中，上次公开发行股票（以下简称"首发"）之前，既可以是临近拟发股公司的股票首发，也可以是在该公司拟发股前 1～2 年。这种股权投资属于财务性投资，其退出的时机主要是在对象公司的股票上市交易之后。

上市后投资（Private Investment in Public Equity，PIPE），是指投资于已上市公司股份的股权投资。这种股权投资通常在上市公司定向增发等过程中，以市场交易价格的一定折价率购买上市公司股份。PIPE 投资可分为传统型和结构型两种形式。其中，传统型 PIPE，是指由发股公司（发行人）以设定价格向 PIPE 投资者发行优先股或普通股；结构型 PIPE，是指发股公司向 PIPE 投资者发行可转债（可转换为普通股或者优先股的可转债），在这些债券到期后再转换为股份。

此外，股权投资还可有其他分类。例如，从股权的形成过程看，股权投资可分为发起人股权投资和公司增资扩股中的股权投资等。从股权获得的途径看，股权投资可分为直接式股权投资、转让式股权投资和交易式股权投资等。直接式股权投资，是指投资者直接将投资资金投入公司获得股权的投资；转让式股权投资，是指投资者从股东手中以转让方式获得公司股权的投资；交易式股权投资，是指投资者通过股票市场购买公司股票从而获得公司股权的投资。从股权形成中的价值物看，股权投资可分为资金投入的股权投资、实物投入的股权投资、劳务投入的股权投资和无形资产（包括知识产权、技术和商标等）投入的股权投资等四种。

四 股权投资的特点

股权投资作为一种金融投资有如下几个重要特征：

第一，直接金融。股权投资不论在哪种场合、采用何种方式开展，均属于直接金融的范畴。从资金供给者（即投资者）的角度看，它既可以通过直接将资金等价值物投入对象公司中，也可以通过购买股份公司的股票将资金等价值物投入对象公司中；从资金需求者（即公司）的角度看，它既可以通过发售股份从投资者手中直接获得所需的运营资金，也可通过公开发行股票从购股者手中获得资金。股权投资的一个直接结果是公司会直接向投资入股者开出股权证书（或股票）。因此，股权投资不论是否有金融中介机构（如证券公司等）介入其中，它都属于直接金融的范畴。

与股权投资不同，在债权投资中，虽然债券的发行和购买属于直接金融的范畴，但存贷款中的债权债务关系却属于间接金融的范畴。因此，如果不具体看是哪种债权投资，有时不容易说清楚它是属于直接金融还是属于间接金融。

在金融投资中，之所以需要弄清直接金融与间接金融的关系，是因为对投资者而言，资金交付的主体从而履行义务的主体不尽相同。在直接金融的场合中，投资者将投资资金直接交付给发行股份或债券的对象公司，因此，对象公司有履约并维护投资者权益的法律义务。在间接金融的场合中，投资者只是将资金交付给交易对手方（并不一定是对象公司），因此，履约并维护投资者权益的义务应由交易对手方承担。

在中国的实践中，刚性兑付时常发生的一个主要原因在于，投资者和有关监管部门将直接金融与间接金融相混淆了。例如，在债券、股票等证券承销中，承销机构只是代理对象公司承销证券，履行证券合约的义务应由对象公司（即发行人）承担。但投资者如果对此不清楚，在债券难以清偿到期本息时，就会常常直接要求承销机构履行债券兑付。

第二，长期投资。股权投资属于长期投资的范畴，投资期限时长可达到与对象公司的存续期相等的程度。在发达国家中，有些公司已存在 200 多年，其对应的股权投资从初始投资算起也已有 200 多年的历史了。

股权投资作为一种长期投资，与短期投资、存贷款等的差别是不说自明的。它与长期债券投资也有重要区别。不论从投资者角度看还是从发股公司角度看，有三个要点是值得重视的。其一，长期债券不论其期限多长，既然属于债务性资金投入，就需要持续偿还；与此不同，股权投资资金属于资本性资金且没有偿还时间的界定。其二，股权投资获得的资金是承担各种债务的资产基础，因此，由股权投资形成的资产数量决定了对象公司可能的经营规模。其三，股权投资作为一种长期投资且无偿付本息的机制安排，在客观上要求提供一个可供股权转让或交易的市场。在缺乏这种转让或交易的机制安排时，对象公司应有足够的盈利水平来吸引投资者的投资，否则，要扩展股权投资是比较困难的。

股权投资作为长期投资，对公司运作和国民经济运行都有至关重要的意义。一方面，股权投资是形成生产能力的基本投资。与债务性资金相比，股权资金既是承担债务资金的基础，又是各种资金中唯一具有长期稳定性的资金。尽管股东可以将所持股份卖出交易，但公司的股本数额并不因此而减少。因此，股权投资数额从而股权资金规模，决定了每家公司从而国民经济的资产规模和生产能力。另一方面，股权投资资金是公司乃至国民经济承担债务的基础，从这一界定出发可知，股权投资资金的规模界定了公司乃至国民经济的债务规模。这实际上意味着，股权投资资金的数额界定了公司发展乃至国民经济发展在一个具体时间内的资产数量程度。因此，股权投资越多则公司发展乃至国民经济的发展越有可靠的资金支持，否则，大量运用债务性资金不仅可能使公司运作和国民经济运行缺乏稳定性，而且可能导致金融泡沫乃至经济泡沫的形成。

第三，防范风险。公司运作总存在风险。由股权投资形成的公司资本性资金，是防范公司运作风险的第一道防线。一方面，公司运作的盈亏以股本资金的收益率计算。在股本资金可获得收益的条件下，公司的各种债务性资金偿还有较为充分的保障，否则，公司就可能难以偿付到期债务。另一方面，公司破产首先"破"的是股本资金的"产"。破产决定了公司在运作过程中始终需要关注股本资金的安全状况和效率状况，也决定了股权投资者特别需要关心股本资金在公司运作中的状况。一旦股权资金的安全性受到影响甚至威胁，股权投资者就应运用董事会、股东大会等机制予以防范。在上市公司中，股权投资者可通过股票市场卖出股票，以避免损失。

正是因为股权投资资金是公司运作过程中的"第一道防火墙"，所以，在各种商务往来和金融借贷关系中，交易对手方通常需要查验公司的股本性资产数额，以确定交易对手方可能存在的偿债风险。

第四，定价复杂。股权投资的定价比债权投资要复杂得多。在债权投资中，不论是存款、债券还是其他证券，定价中需要考虑的因素主要是发行人偿付本息的能力；同时，由于期限比较明确、导致变动的因素比较容易预测、利率水平的波幅比较有限，所以，定价还是比较容易弄清楚的。与此不同，股权投资中，由于需要考虑的因素主要是对象公司的长期运作状况，时间并无期限界定、导致变动的因素较为复杂（且其中有相当多的因素难以预测）、收益率并无明确限制、存在本金亏损的可能，因此，股权投资的定价相当复杂。在具体实践中，不仅不同产业中的对象公司股权有不同定价，而且同一产业中的不同公司股权也有不同定价，甚至同一公司在不同时间的股权也有不同定价。另外，股权定价的方法也比较复杂，既可以选择净资产方法，也可以选择利润计算方法，还可以选择市盈率、市净率等计算方法。从本书第七章的"股票发行价格的估算方法"中可以看出股权投资定价的复杂程度。由于股权投资定价关系着对象公司（包括其股东）和投资入股者的直接利益，且每股价格的每一分钱变动都可能导致投资资金总额中的大额变化，所以，交易各方的斤斤计较会使定价变得更加复杂。

第二节　股权投资的运作

一　股权投资的运作流程

股权投资从寻找投资对象到投资购股再到卖出股份，是一个复杂的过程，其间存在大量的不确定性，需要有细致周密的安排。如果将筹募资金的过程舍去，那么，股权投资的一个简要操作流程大致可分为 6 个步骤：

1. 寻找投资对象

股权投资首先需要有一个好的投资对象，这是基础性条件。要想选择一个有利于自己的投资对象，需要满足一系列条件，其中包括：有较为完善的管理模式、较为专业的分析研究团队、明确的产业部门定位、较为合理的评价指标体系、较为充分的数据来源渠道、较为充分及时的数据库和较为充分的资金准备。在此基础上，股权投资者可以确定投资对象的范围，分析可能的投资时机、投资地点、投资数额、投资类型等因素。

在这些要点清晰后，股权投资者要制订寻找投资对象的方案（如商业计划书等），将这一方案明确地交给项目经理等有关人员，使他们能够根据具体要求展开寻找投资对象的具体工作。

投资对象的寻找可通过众多渠道展开，其中包括向各种公司发出求助投资的信息、参加相关投资洽谈会、与地方政府部门联系、直接深入相关公司以及相互推荐等。

2. 对投资对象进行初步评估

在寻找到投资对象后，项目经理等有关人员应对投资对象进行初步评估，从众多投资对象中筛选可供进一步细化分析的对象公司。在初步评估中，需要了解的重点问题包括：对象公司的注册资本、股权结构和资产负债结构等（种子期未成立公司的可忽略）、公司治理结构状况、所处产业的发展前景、技术状况（包括技术的先进程度、稳定程度和可复制程度等）、主要产品的市场竞争力（包括制作成本、规模化生产的难点、市场销售渠道、市场覆盖面和客户使用的便捷程度等）、盈利模式及其可持续程度、近 3 年（至少是前一年度）的财务状况（包括资产负债表、利润表和现金流量表等）、初步融资的意向和条件（如商业计划书等）以及其他对分析对象公司价值有意义的信息。

在初步评估过程中，对那些可能进入选择但信息尚不充分的对象公司，项目经理等有关人员应与对象公司的客户、供货商甚至竞争对手进行沟通，并且要尽可能地收集、对比和参考同类公司的情况和已有的其他机构的分析研究报告。

通过初步评估，可以筛选出拟投资入股的对象公司。在此基础上，应对筛选出的对象公司进行尽职调查。

3. 进行尽职调查

在对对象公司进行初步评估之后，项目经理应就建议针对所投资的对象公司的情况提交一份《投资立项建议书》，由此，股权投资的操作流程进入了尽职调查阶段。

由于股权投资不仅关系着对象公司的经营运作发展状况和投资入股的价值增长前景，而且还关系着投资者自身的发展前景，所以，投资者在决策中应严格贯彻谨慎性原则，尽可能细致地了解对象公司的各方面详细情况，其中，不仅包括对象公司的运营状况、财务状况、技术状况、产品状况和市场状况等信息，而且还包括对象公司的法律状况、治理状况、人员状况和文化状况等，因此需要展开尽职调查。尽职调查主要有三个目的：发现问题、评估价值和核实对象公司已提供的各种信息。

在尽职调查中，投资者可聘请有经验的会计师事务所协助分析和证实对象公司的各种财务数据；聘请资产评估事务所协助调查和评估对象公司的资产价值；聘请律师事务所协助调查和厘清对象公司的制度建设、治理结构和各种法律事务；聘请咨询公司协助调查和分析对象公司的管理信息系统；同时，投资者还应就对象公司的研发能力、技术状况、市场潜力、管理能力、工艺水平和知识产权等进行深入分析和仔细评估，对对象公司的客户进行访问、向业内专家征询意见、与高管人员进行座谈等，向对象公司的在职员工、债权人、债务人、客户和监管部门等了解相关情况，以判断对象公司的投资风险。

4. 设计投资入股的具体方案

尽职调查后，项目经理应完成调研报告和投资方案建议书，提供财务意见和尽职调查报告。投资方案建议书的主要内容包括：对象公司基本情况的介绍、股权投资数额的分析、股价估值方案、在对象公司中董事会或监事会等席位的安排、公司治理中的主要问题、投资退出机制安排和相关策略、拟签订的合同条款、需要注意的相关事宜等。

投资方案建议书被通过后，投资者应与对象公司的高管人员、董事长等进行集体协商谈判。由于投资者与对象公司所处的角度不同，尤其是利益关系不同，因此，谈判中需要采取原则性与灵活性相结合的技巧。如果是势在必得，投资者在谈判中就可能需要做出必要的让步。如果在谈判中投资者能够为对象公司解决一些经营运作、股权设置、融资价格、公司治理和市场营销等方面的困难，则谈判成功的概率将大大提高。

5. 项目管理

投资入股以后，投资者对这笔投资的运作就进入了项目管理阶段。在项目管理中，投资者首先需要派专人对该项目的各方面情况进行进一步调研并写出项目管理计划书，其次应以股东身份积极介入对象公司的经营运作（但不是干预），及时了解对象公司的经营运作和发展信息，为对象公司的发展运作献计献策，协助其解决运作发展中的困难，努力实现预期的经营运作目标。另外，通过对管理状况、人员状况、技术状况、财务状况、市场状况和投资状况等的分析，及时发现对象公司经营运作中的风险点和风险态势，提出化解风险的议案，尽量避免因经营失误导致股权价值降低。

在项目管理中，负责进行对象公司股权项目管理的人员，应定期提供该项目的管理报告。项目管理报告的主要内容包括对象公司的经营状况、盈利前景、主要变化、可能发生的风险和应对之策的建议等。投资者应定期对该项目的运作情况进行分析研讨，追踪该项目的发展前景，寻求应对之策。

6. 投资退出

股权投资退出，是指投资者收回投资于对象公司股权本金的行为。股权投资退出的终极方式是卖出全部股权收回本金和收益，退出对象公司。但股权投资退出也可在不卖出股权的条件下，通过利润分配等方式收回本金并获得投资收益，还可在卖出部分股权的条件下，收回投资本金并获得收益。因此，如何落实股权退出，需要慎重考虑。

对投资者而言，股权投资退出中需要注意解决好以下几个问题：是否有了比对象公司更有利的资金运用去处；对象公司的经营业绩是否将进入下落区间且难以再回升；股权卖出市场的走势是否有利于获得较为合理的价格；是否还有其他选择方案。

投资者应当明智地认识到，一旦股权全部卖出，也就意味着彻底退出了对象公司，今后要再介入就非易事。

二　股权投资的要点

在股权投资运作中，从以往的经验来看，有许多需要注意把握的要点，其中至少包括下述 10 个方面：

1. 三性原则

在市场经济条件下，股权投资是一种普遍常见的投资行为，必须充分重视安全性、流动性和收益性"三性原则"。

安全性，是指在投资运作的过程中，应保证本金的安全完整。投资运作存在风险，在发生风险的时候，本金的安全将受到影响，为此，安全性原则要求投资者充分分析投资运作过程中可能面临的各种风险，选择必要且可行的机制回避风险，保证本金的完整存在。

流动性，又称变现性，是指在投资运作的过程中，应充分重视投资对象的变现能力。一般来说，变现能力强的资产，回避风险的能力较强，反之则回避风险的能力较差。判断变现能力时既要考虑到股权转让（或交易）的可能性程度，也要考虑到它对投资者其他资产运作的影响程度。

收益性，是指在投资运作的过程中，应有效重视投资收益的机会和水平。获得收益是投资运作的基本目的，因此，投资者总是对收益性特别关心。但是，收益性在一些场合与安全性之间存在矛盾。虽然在理论的抽象分析中认为，收益高则风险大（反之则风险低），但在实际运作过程中，风险大未必就收益高（反之，收益高也未必就风险大），因此，对具体情况要做具体分析，不可一概而论。

在"三性原则"中，安全性是基础，如果连本金都损失了，则收益就更谈不上了；收益性是目标，投资不是赞助、捐款，其基本目的就在于获得收益；流动性是手段，它一方面是保障本金安全的重要机制，另一方面是保障获取收益的重要机制。

2. 考虑好退出渠道再投资

股权投资，对投资者而言，是将流动性较高的资金转化为流动性较低的股权的过程。由于公司在经营运作过程中总存在风险，这些风险最终又必然由股权承担；而且对任何投资者来说，资金总是有限的，过多资金固化为股权，意味着机会成本的上升，所以，寻求适当的资金回流渠道是必须认真考虑的。一家公司即便位处发展潜力较强的产业部门（从而有较好运作收益），也可能由于某一经营运作条件的变化，顿时陷入经营困境。例如，2009 年以后，中国的光伏产业曾快速发展且势头良好，位处其中的多数公司的经营业绩也曾表现良好。但 2012 年，美国对中国的光伏产业产品出口实行了"双反"（即反倾销和反补贴），征收高额进口税，从而导致这一产业各家公司的经营运作陷入困境。

投资本金的回流主要有五个渠道。第一，通过公司经营利润的回报，逐年收回投资本金。在公司经营利润较高的条件下，这是一条较好且稳定的投资本金回流渠道；但如果公司经营利润较低，则通过这一渠道收回投资本金需要较长的时间。第二，股权转让。将所持股权卖出，是一条可选择的投资本金回流渠道。它取决于是否有较为通畅的股权转让市场和股权转让价格。在中国，产权交易市场是公开进行股权转让的市场，可通过这一市场卖出股权。此外，在有条件的场合，非上市公司也可通过私下交易转让股权。第三，股票上市。公司的股票上市后，持有公司股权的投资者可通过卖出股票来收回投资本金。由于上市股票的价格高于投资本金且股票交易是一个连续性过程，所以，这一渠道对股权投资者较为有利。但因可上市的股票有限，所以，大部分股权投资难以选择这一渠道。第四，企业出售。在企业（尤其是一些创业公司）整体卖出场合，公司原有的投资者可能由此收回股权投资的本金。如果企业出售价格减去负债后的剩余资产多于公司股本总额，那么，投资者还可得到投资收益的回报。第五，公司清算。在公司清算过程中，如果偿还各项债务后还有剩余资产，那么，在按照股份比例分配这些剩余资产时，股权投资的本金可能有所回流。

在股权投资的可行性分析中，应当充分且具体地分析这些投资本金回流的可能性、难点以及解决难点的措施。

3. 防止损失就是收益

在股权投资前，通常要对拟投资的对象公司状况进行尽职调查和可行性分析，并提出可行性分析报告供董事会会议讨论议决。由于进行尽职调查和可行性分析需要付出一定数量的费用和时间，一些投资者（尤其是机构投资者）常常陷入理念误区，即认为既然已付出成本进行了尽职调查和可行性分析，那么，股权投资议案就必须获得通过，否则，这些工作就没有意义，相关费用就是一种无端的损失。也有一些机构投资者的高管人员觉得，如果进行了这些工作，股权投资议案却不能通过，则会感到脸面无光。这里实际上有一个转变理念的问题。例如，天气预报需要耗费巨额资金，既然天气预报并不直接创造 GDP，那么是否就不应当进行预报呢？事实上，防止损失就是一种收益。1990 ~ 2010 年，从中国上市公司的发展来看，投资损失是导致上市公司业绩下降乃至一些上市公司步入退市行列的一个主要原因。

通过尽职调查和可行性分析等机制来防止损失，可获得一系列可见和不可见的收益。第一，假定 A 公司拟投资 1 亿元购买 B 公司的股权，初谈价格为 5 元/股。经尽职调查和各种可行性分析后，有充分根据可证明，只需按照 4.5 元/股就能入股，结果 B 公司接受了。在这个过程中，假设尽职调查和可行性分析花费了

200万元，那么结果就是：（5元/股－4.5元/股）×2000万股－200万元＝800万元，即从财务角度看，A公司节约了800万元的投资资金。第二，假定A公司拟投资1亿元购买B公司的股权，初谈价格为5元/股。经尽职调查和各种可行性分析后，有充分根据可证明，这一投资议案不可行，因此被否定了。在这个过程中，尽职调查和可行性分析花费了200万元，似乎这200万元就成了纯粹的财务支出费用。但在这个过程中，A公司实际上取得了三项不可见的收益。其一，严格了公司做出股权投资决策的程序和制度，培养了严谨的精神和认真的态度。为防范一次投资失误导致"满盘皆输"的结局，提供了制度上和机制上的保障。其二，比较充分地了解了B公司所处产业的运行状况、市场状况和发展前景，获得了相关的各方面资料。这为今后时机成熟时再次介入该产业准备了条件。其三，锻炼了一个能够进行尽职调查和可行性分析的团队。将这三项不可见收益考虑在其中，就可知道，为防止损失所付出的财务成本，不应记为"亏损"，而应当算作"收益"了。

4. 等待具有价值

这一要点的含义是，在投资时机未成熟的条件下，持有资金，等待时机成熟，是具有收益的。等待之所以具有价值，主要原因在于，在投资时机不成熟的条件下贸然投资，风险将增大，由此，回避风险的成本将增加，收益水平将降低。例如，在看不清拟投资入股的对象公司所处产业的发展前景时，简单迎合某种舆论的追捧，匆忙投入资金，可能面临因政策调整而造成的收益损失或机会损失。与此相比，持"等待"策略，看清了再考虑是否投资入股，有利于回避风险和降低风险。在这个过程中，投资的成功率和收益率可能随"等待"而提高。

"等待"的过程并非无所事事、不闻不问的过程，而是寻求投资入股时机的过程，所以，在"等待"中，应认真追踪信息，分析动向，捕捉时机。

等待具有价值，既是投资入股的要点，也是股权卖出的要点。在股权交易尚不活跃时，可以选择"等待"策略，以求在市场走好的条件下将股权卖出一个好价格；在并购场合，当对象公司的业绩未明显提高时，可"等待"时机好转再卖出股权。一些成功的投资者，常常不惜将资金或股权持在手中几年甚至更长的时间，以寻求适当的投资入股或卖出股权的时机。这一"等待"常常能够得到较好的收益回报。

"等待"，应坚定树立"市场永远有机会"的信念。中国有句老话："机不可失，时不再来。"这只是适用在有限条件下的认识。假定商界都是"机不可失"，那么，一旦时机过去了，是否商界的各种行为就停止了？事实上，市场是一个连续性过程，有无数的机会，同时，机会也在市场的发展变化中不断出现，因此，不必持急躁的心理来对待股权投资。急躁，一方面意味着对自己的投资能力缺乏信心，另一方面很容易引致失误。

5. 切忌随波逐流

市场竞争是一个复杂的过程，不仅关系着相关各方的利益得失，而且关系着彼此的生存发展；同时，由于每个公司、每个投资者的具体状况不尽相同，而存在很强的个性化特点，因此，在股权投资中应切忌随波逐流，人云亦云。

进入 21 世纪以来，中国的股权投资已经历两轮波折。第一次是 1998~2003 年，当时为了对赌创业板市场的设立，全国先后成立数百家创业投资公司（或类似的公司），注册资本总额达到 600 多亿元，先后投资于中小企业的资本也达到 200 亿元，投资入股的价格在市盈率 10 倍以上。但随着 2001 年 5 月以后创业板市场设立被暂停，这些已投资入股中小企业的资金大多陷于难以退出的境地，各家创业投资公司的经营运作也陷入困境。一些投资机构被迫将资金转向股票二级市场，不过当时却恰逢 A 股市场从 2001 年 6 月后一路走低，上证指数从 2254 点下落到 2005 年的 999 点，因此，这部分投资资金损失惨重；另一些投资机构只能将资金转向其他方面的运作甚至破产解散。第二次是在 2006 年以后，鉴于股权分置改革后，上市公司股份全流通问题已经解决，全国再次掀起了进行股权投资的热潮。到 2009 年年底，已设立的各种股权投资基金和投资公司的数量达到几千家，资金总额达到几千亿元。其中，不仅有国有企业、上市公司、民营企业和外资企业的资金，也有个人、金融机构和政府部门的资金，几乎所有的资金种类都涌入了这个投资领域。在大肆搜寻可投资的对象公司的过程中，各家投资者之间发生了严重的投资竞争，不断抬高股权投资的价格水平，出现的大致情形是，入股价格在市盈率 10 倍以上的为数较少，入股价格在市盈率 15 倍以上的相当普遍，入股价格最高的可达市盈率 30 倍以上。2008 年以后，随着 A 股市场的下行，这些股权投资再次陷入困境，一些股权投资基金陷入了经营运作难以为继的境地，一些投资机构已进入清盘程序。

但在这两轮的股权投资调整过程中，也有一些投资机构（为数不多）经营运作得有声有色，取得了令人刮目相看的业绩。一个主要原因在于，他们并不随大溜投资，而是根据自己的特点，选择那些适合自己长期投资的对象公司进行投资。

从运作机理的角度看，当众多投资者都集中涌入某些产业进行股权投资时，投资竞争势必加剧，由此，一方面可供选择的投资机会将减少，股权投资的价格必然上升；另一方面，在僧多粥少且时间有限的条件下，很容易发生非理性投资，而忽视尽职调查和可行性分析，由此，股权投资出现失误的概率也会大幅增加。因此，此时理性的选择是不去"随大溜"，而是去"独辟蹊径"。

6. 鸡蛋可以放在一个篮子里

"鸡蛋不应放在一个篮子里"是金融投资的一句名言，有其内在道理。但在实践中，这一名言的成立是有条件的。第一，它适用于标准化证券投资，未必适合实体经济部门中的实业投资。因为，在进行标准化证券投资时，由于每种证券的投资在数量上均无明确的技术规定，所以，投资者可将资金分散地投资于不同的标准化证券。但在实业投资中，每项投资都有为经济技术所规定的最低规模的投资数量，低于这一最低数量，就无法形成完整的经营能力；同时，产业内的市场竞争也决定了最低的进入门槛，所以，对投资者而言，进行股权投资时，必须首先达到由产业竞争决定的最低资金规模，不能简单选择分散投资的方案。第二，它适用于资金量较大的投资选择。对那些资金量较小的投资而言，即便是进行标准化证券投资，也很难将资金分散地投资于各种不同的证券上。例如，某个投资者手中仅有 1 万元资金，要将这些资金分别投资于多种股票、债券和存款等方向，显然没有实质意义。第三，它适合于那些在知识、技术和团队等方面准备有比较充分的投资者。对那些缺乏足够知识、技术和团队的投资者而言，要将有限资金分散地投资于不同种类的证券或实业中是比较困难的，即便分散投资了，也可能引致更大的风险。

一个现实生活中的例子是：如果一个人持有 1 斤鸡蛋，他将这些鸡蛋放在一个篮子里，小心翼翼地拿回家，那么结果可能鸡蛋均未打破（虽然一旦跌倒，鸡蛋可能全部打破，但这种概率较低）；但如果他将这些鸡蛋放在多个篮子里，就可能顾得了这个篮子顾不了那个篮子，结果总有打破的。但是，如果他持有的不是 1 斤鸡蛋而是 100 斤鸡蛋或 1000 斤鸡蛋（此时他一个人显然无法搬动），那么，将这些鸡蛋放在多个篮子里分别搬动也就是明智的选择了。在股权投资中强调鸡蛋可以放在一个篮子里，并非要求每次将鸡蛋放在一个篮子里，只是强调应根据具体情况做出具体的投资安排，因此要避免由"鸡蛋不应放在一个篮子里"的思维定式导致的负面后果。

自第一次产业革命以来的市场经济发展，是一个分工细化和专业化发展的过程，而不是一个多元化发展（或混业发展）的过程。市场竞争一直就是专业化竞争，而不是多元化竞争。其中，每家企业都在专业化市场中从事专业化经营运作。因此，就股权投资而言，不能简单按照金融投资的理念展开投资运作（在投资资金有限的条件下，更是如此）。另外，在专业化竞争中，每家企业都面临"置之死地而后生"局面，只有如此，才有拼命精神，才有"狭路相逢勇者胜"的创新激励。五指张开是不能进行拳击的。要在专业化竞争中取胜，企业就必须投入全部的精力、人才、技术、设备和其他资源。这在客观上要求股权投资应特别重视处理好如何摆放"鸡蛋"的问题。

7. 在最成熟时卖出股权

在一些股权投资的退出过程中，屡屡发生这样一种情形：当一个公司经营状况较好从而股权价格较高时，已拥有股权的股东（即先期投资者）不愿卖出股权；可是，当一个公司经营状况不佳从而股权价格较低时，这些股东却纷纷寻求转让股权的机会。不知这是由于中国一些家庭历史上常常将家中无用之物卖掉（即卖破烂儿）的习惯所致，还是由于心理期待波动所致，但有一点是清楚的，这种股权卖出的选择并不符合市场经济的机理。

在市场交易过程中，当买方众多而卖方有限时，就形成了特殊时点上的卖方优势格局，此时，卖价是最好的，一旦买方数量减少，卖价就可能逐步下落。即便将信息不对称（即后来的买方并不知道前面买方的出价，从而可能报出高于前面买方的价格）考虑在内，在一个公司的经营业绩下落的时候，要将股权卖出一个好价钱的概率也微乎其微。中国有句俗语："靓女先嫁"，讲的就是乘好就买的道理。

导致股权在最成熟时不被卖出的另一个原因是，一些股权持有者在不断等待更高报价的买方。这在一定程度上是不熟知金融机理所致。由于在金融运作中存在诸多不确定性，所以，在金融运作中有"宁要今天的 1 元钱不要明日的 1.5 元钱"一说。因为今天的 1 元钱是实实在在可得的，明天的 1.5 元钱是否真有还未可知，因此，不应过分期待还未可知的东西。这应了"落袋为安"的俗语。

毫无疑问，"在最成熟时卖出"的一个关键点是，分析弄清何种状况为"最成熟"。这取决于诸多具体条件。其中，一个不可忽视的关键点是，在卖出股权后，资金有更好更有利的投向；这一界定的反向情形是，股权再不卖出，其价值就将面临降低的风险。

8. 不要随意提高预期目标

随意提高预期目标有多种情形。其一，在股权投资中，一些投资者（包括机构投资者）总是在等待对象公司业绩不断提高和投资市盈率不断降低的"最佳时机"而迟迟不去入股，可是一旦遇到投资竞争时又不做细致的可行性分析，改为追求"只要能够投资入股就行"（哪怕市盈率处于高位也要投资）。其二，在持有股权期间，投资者屡屡要求对象公司的经营业绩年年持续提高（例如，每后一年均应在增长率上高于前一年，如此等等）。其三，在股权退出中，一些股权持有者屡屡提高卖出的价格标的，似乎不仅要获得"前无古人"的历史最高价而且要达到"后无来者"的水平。

随意提高预期目标的不利之处，不仅在于它使股权持有者在投资运作过程中的随意性大大增加（从而，科学性、严谨程度等也相应降低），而且在于它使原先设立的预期目标变得形同虚设，由此，如果是一个投资运作团队，则这一团队的运作将陷入无秩状态；如果是一个机构，则这一机构的投资决策将陷入失去程序、"权力说话"的状态。其结果都将使往后的投资运作陷入更加缺乏合理论证的混乱状态。

预期目标的随意性是在非科学论证的基础上产生的。因此，要调整预期目标首先需要检讨的是原先论证过程中缺失的科学论证；其次应知晓，改变预期目标就将改变股权投资所面对的风险状态，因此，需要重新分析和建立股权投资的风险防范机制；最后，调整预期目标时应符合已建立的投资决策程序，使投资决策程序更加完善严谨。

9. 注意投资运作的连续性

在持续进行股权投资（如运作股权投资基金）的场合，应特别重视投资运作的连续性。这种连续性的内在机理是，每次投资运作都为下次投资运作准备了信息、团队和机会等方面的条件，对下次投资而言，这些是达到"事半功倍"所必需的条件。

中国一些投资者在进行股权投资中时常可以出现这样一种现象：一笔投资投向了信息产业，另一笔投资投向了医药产业，还有一笔投资投向了机械产业，如此等等。在这些投资中，前一笔投资所积累的各种信息对后一笔投资基本无用，因此投资缺乏连续性。在缺乏连续性的条件下，每笔股权投资几乎都是从零开始，成本较高；同时，这也不利于投资者在股权投资市场中建立自己的品牌。

10. 充分重视现金流

不论是对非专业的股权投资机构来说还是对专业的股权投资机构来说，在股权投资中有效协调好现金流都是至关重要的。由于股权投资具有长期性的特点，一旦投资入股就可能在一段时间内难以将这部分资金抽回，因此，对众多非专业的股权投资机构来说，如果因介入股权投资而使其自身的经营活动受到现金流的制约，进而使自己陷入困境，那么，这种股权投资即便可能有较高的预期回报，也是得不偿失的（即舍本逐末）。对那些专业的股权投资机构（如股权投资基金等）而言，如果在持续的股权投资中致使现金流断裂，这些专业机构也将面临前功尽弃的结果（甚至不得不断臂割腕）。

安排好现金流是开展股权投资的重要保障，对持续进行股权投资的投资者来说尤其如此。在安排现金流中需要解决好三个现金流的关系：一是股权投资的后续资金来源；二是由股权投资回报引致的现金流；三是借贷引致的现金流（包括发债等）。在协调这三个现金流的关系时，尤其要注意避免（或尽可能少地）使用短期借贷资金。因为短期借贷资金与长期性股权投资有明显的期限错配，一旦难以偿付短期借贷资金本息，投资者就将面临财务危机。

在协调现金流的过程中，必然有有效进行现金管理的内在要求，由此，股权投资者应当强化在这方面的能力（包括借助金融机构的能力等）。

三　股权投资的风险

股权投资是一项高风险的投资活动。投资风险不仅来自对象公司的经营运作前景、水平市场走势和金融市场运行态势的变化，而且来自宏观经济政策的取向、监管方式、经济周期、产业周期和产品周期的变化，甚至来自投资者自身机构的变化。各种风险最终落实到股权价格的变化，因此，只要把握住影响股权价格的各种因素，就有可能正确地分析、评估和预测股权投资的各种风险。

就总体而言，影响股权价格变化的因素主要有经济、法律、政治、军事、自然、文化等六大类。

1. 一般经济因素

影响股权价格变化的一般经济性因素主要包括：

（1）宏观经济运行状况。其主要指标包括：GDP 增长率、通货膨胀率、失业率、外贸及国际收支的顺差情况、财政赤字、货币投放量、固定资产投资增长率、税收增长率等。一般来说，在宏观经济运行形势良好的条件下，股权的价格可能呈上升走势；在宏观经济运行形势趋紧的条件下，股权价格可能呈下落走势。

（2）经济体制状况。其主要指标包括：产品的市场化程度、价格（包括利率）的市场化程度、资金（包括外汇）的市场化程度、政府管制经济的范围和程度、"政企分离"的程度、资本（或资产）的流动程度、金融市场的发达程度、经济的金融化程度等。在经济体制向市场经济体制转变过程中，一般来说，市场经济的成分越增加，证券市场的运行就越规范、走势越看好、规模越大、股权价格的变化也越平稳；反之，行政机制的成分越多，证券市场的运行就越不规范、走势越不平稳、股权价格的变化也越容易大起大落。

（3）经济政策的状况。其主要指标包括：财政政策、货币政策、投资政策的松紧以及产业政策、收入分配政策、外汇政策的取向和调整等。一般来说，在实行"松"的经济政策的条件下，证券市场的资金供给量将增加，金融产品的供给量也将增加，由此，股权价格可能呈上行走势；反之，在实行"紧"的经济政策的条件下，证券市场的资金供给量将减少，股权价格可能呈下行走势。

（4）商品市场的购销状况。其主要指标包括：零售商品销售额的增长率、库存商品数量及增长率、商品的更新率、工商企业之间的货款拖欠数量及增长率、商业企业流动资金的周转率等。一般来说，在商品市场购销两旺的条件下，工商企业的经营形势良好，股权价格可能呈上升走势；反之，随着工商企业的经营陷入困境，股权价格将可能步入下落区间。

（5）技术进步状况。其主要指标包括：新技术投资的增长率、开发的新技术数量、新技术增长率、新技术运用率、新产品增长率、新产品价值占 GDP 的比例、新技术和新产品的先进程度、产品附加值的增长率等。一般来说，在技术快速进步、新产品的市场占有率快速提高的条件下，股权价格可能呈快速上升走势；反之，在国际竞争的压力下，国内工商企业的经营状况不佳时，股权价格可能逐渐步入低迷。

（6）产业关联状况。其主要指标包括：投入产出率、上游产业的库存增长率、产业带动系数的变化、产品替代率、产业结构变动状况、产业结构超前系数的变动状况、产业结构的国际比较相似度、各产业效益增长率、新兴产业的发展速度等。一般来说，在产业关联水平提高的条件下，产业价格会被优化，各产业部门的发展速度和产业效益都将提高，由此，相关的股权价格可能呈上升趋势；反之，股权价格可能呈下落走势。

（7）对象公司的运营状况。其主要指标包括：资产负债率、产品销售率、技术进步率、新产品销售率、资金利润率、资本利润率、利润数量和利润增长率、投资数量及投资率、库存增长率、应收账款和应付账款增长数量及增长率、成本上升率、亏损增加数量和增长率等。一般来说，若对象公司的运营状况改善、效益提高，股权价格则可能呈上升走势；反之则相反。

（8）居民生活状况。其主要指标包括：居民收入的增长率、居民消费的增长率、居民消费结构的变化、消费品的更新率和更新速度、居民金融资产的增长量和增长率、居民投资的增长量和增长率。一般来说，在居民收入快速增长、消费水平提高的同时，居民金融资产将增加，投资能力将提高，由此，在市场资金供给量增加的条件下，股权价格可能呈上升趋势；反之，股权价格可能呈下落走势。

2. 周期性经济因素

周期性经济因素主要是指经济周期、产业周期和产品周期等因素。这些因素对国民经济运行、相关产业和对象公司的运作有重大影响，因此，也将影响相关股权价格的变动。

（1）经济周期，是用以描述一国经济运行波动起伏状态的概念。各国经济学家通过对18世纪以来的各主要国家的经济运行波动状况的分析，提出了经济周期的短波理论、中波理论和长波理论。

短波理论，又称"基钦周期"，认为经济运行中的商业周期每隔40个月左右发生一次"高涨—衰退—萧条—复苏—高涨"的循环，这种循环是由人们心理上的原因导致存货投资变动引起的。

中波理论，又称"尤格拉周期"，认为经济周期的时间长度大约是9～11年，它由繁荣、危机和清理三个阶段构成，造成繁荣和危机的根源是物价水平的变动。

长波理论，又称"康德拉捷夫周期"，认为经济周期的时间长度大约是54年，它由上升期和下降期构成，造成上升或下降的原因在于由重要的科技发现和发明导致的产业革命。这一理论的现实根据是，第一次产业革命、第二次产业革命和第三次产业革命的相隔时间都在50年左右。

发达国家的经济周期，在第二次世界大战以前，大约是7～8年，在第二次世界大战之后，经济周期的明显缩短，大约是每4年为一次，其中，衰退期约11个月，复苏、高涨期约37个月。证券市场的走势及价格变动也大致呈现与此相应的周期变化。这是因为，在经济繁荣时期，市场资金充裕，购销两旺，失业率降低，公司营业状况趋好，利润增加，由此，一方面金融市场的资金供给量增加，另一方面投资的回报率提高，从而，股权价格的上升得到有力的支持；在经济衰退时期，银根收紧，购销趋紧，失业率上升，公司营业状况下落，利润减少，由此，受资金供给量减少和回报率降低两方面的制约，金融交易量会减少，股权价格就可能下落。

但金融市场走势和经济周期在时间上并不完全一致。一般来说，前者比后者提前6～8个月。这是因为，在经济运行走出衰退期而逐渐向复苏阶段过渡时，投资者预期到不久后的经济复苏和高涨，于是开始增加投资，以争取获得较高的投资回报，这使金融市场的资金供给量增大、投资逐步活跃、交易量增大，由此，股权价格可能上升；在经济繁荣的后期，投资者根据对宏观经济指标及其他因素的分析，预期到经济将出现衰退，于是减少投资，抛出手中持有的金融产品，使金融市场的资金供给量减少、投资逐步趋缓、交易量萎缩，由此，股权价格可能下落。

经济周期对经济运行中各产业部门的影响程度是不同的。根据这种差别，产业部门可分为如下几种：

第一，增长性产业。这种产业的运行态势一般不受经济周期的明显影响，即便在经济衰退时期，其销售收入和利润量也可能增长。之所以如此，是因为这些产业提供的产品主要基于新技术、新工艺的采用，因此，这些产业部门的股权价格走势与其他产业部门相比，受经济危机（或经济衰退）的影响较小。

第二，周期性产业。这种产业的运行态势一般与经济周期的变化一致。这些产业主要包括提供资本品的产业、一般消费品的产业和其他需求的收入弹性较高的产业。它们在经济高涨阶段，产业投资上升、市场规模扩大、销售收入和利润增加；在经济衰退阶段则相反。因此，这些产业部门的股权价格走势受经济衰退的影响较大。

第三，防御性产业。这些产业部门的市场需求相对稳定，一般不受经济周期的影响。在经济高涨时，产品的销量不会明显增加；在经济衰退时，销量也不会明显减少。它们主要包括食品业、公用事业部门等。因此，这些产业部门的股权价格走势基本不受经济周期的影响。

第四，增长周期性产业。这种产业既有增长的运动形态，又有周期性的运动形态。它们有时稳定地增长（即便在经济衰退期），有时又随经济波动而起伏。其中，关键性因素是技术和工艺的变革，即在技术、工艺变革时，它们的运行呈增长性产业的特征；在技术、工艺基本不变时，它们的运行呈周期性产业的特征。与此相应，这些产业部门的股权价格走势，也有时与增长性产业相似，有时与周期性产业相似。

（2）产业生命周期。产业是提供产品（劳务）的部门，依产品（劳务）的存在而存在，也以产品（劳务）的变化而变化。在市场过程中，随着需求变化、技术进步，新产品不断替代和淘汰着旧产品，既决定了产品的生命周期和市场竞争格局的变化，也决定了产业的生命周期。

产业生命周期，是指一个产业部门由其产品生命周期决定的从产生、形成到衰退的演变过程。与产品的生命周期相对应，产业的生命周期可分为初创期、成长期、稳定期、衰退期四个阶段。

第一，产业初创期。随着新技术的应用、新产品的生产并推入市场，一个新的产业部门开始产生和创立。这一时期的主要特点有三：其一，产业发展前景尚不明朗，产业规模的充分展开尚待时日，投资风险较大，因而，产业中的投资数量较少，企业数量较少，产业规模较小；其二，产业中的新产品研制开发费用较高，产品的生产成本和推介费用较高，提供的新产品从而销售收入较少，因而，相当多的（甚至是绝大多数）企业处于微利、无利、亏损的状态；其三，产业发展进入成长期的时间长短，受到新技术、新工艺从而新产品的成熟程度的严重制约。

第二，产业成长期。随着技术、工艺和新产品的逐步成熟，销售市场的逐步拓宽，新产业由初创期步入了快速成长时期。这一时期的主要特点有四：其一，产业发展前景已基本明朗，投资快速增加，企业数量急速增多，产业规模迅速扩大；其二，新产品不仅数量快速增加，而且质量和性能明显提高，生产和销售这种产品的绝大多数（甚至全部）企业都处于有利可图甚至高利润的状态；其三，新产业内的市场竞争开始展开并快速加剧，一些企业（尤其是小型企业）已感到竞争的压力；其四，新产业中的投资从初创期的高风险低收益转变为高风险高收益，已基本不受技术、工艺的成熟程度制约（因为技术、工艺已经成熟）。

第三，产业稳定期。随着产业的成长，产业规模已能够充分满足市场需求，产业壁垒逐步提高，致使新投资的进入、新企业的建立极为困难，由此，产业处于内部调整的稳定时期。这一时期的主要特点有三：其一，在产品数量增加、质量提高的基础上，产业市场竞争主要在产品的价格、品种、造型、外观、品牌、包装、服务等方面展开，并且，更多地取决于非价格手段；其二，产品的市场价格开始呈下降趋势，企业的边际成本增大、边际利润降低，由此，企业的管理水平和营销策略成为决定竞争成败的关键性因素，从而整个产业部门的管理水平和营销能力明显提高；其三，产业市场已基本被各个企业分割完毕，各企业间开始发生大量的并购现象，规模巨大的垄断企业甚至寡头企业开始出现，中小企业的数量明显减少，由此，产业壁垒提高。

第四，产业衰退期。随着新技术、新工艺的应用以及新产品的开发和生产，已有产业提供的产品，逐步被新的性能更好、用途更广、操作更简便、适用性更高的产品替代，由此，产业部门进入衰退期。这一时期的主要特点有三：其一，随着新产品和大量替代品的出现，社会对已有产业的产品需求明显减少，产业市场开始萎缩，产品的销售收入和利润明显降低；其二，大多数企业都在寻找新的投资项目、产品和商业机会，产业中的资本开始向其他产业部门流动，并且有加快的趋势；其三，大型企业的利润增长减缓，相当多的企业盈利水平降低到微利、无利的程度，亏损企业明显增多。

产业生命周期只是对产业生命运动的概括性反映。在国民经济的运行过程中，一些产业部门受新技术、新工艺制约较大，而且新技术、新工艺换代速度较快，如计算机产业、机器制造业等，它们的生命周期比较明显；一些产业部门受新技术、新工艺的制约相对较小，或新技术、新工艺的换代速度相对较慢，如林业、畜牧业、采掘业等，它们的生命周期就不那么明显。另外，产业的生命周期的长短受到众多因素的影响，如经济体制、政府政策、就业状况、国际关系等，因此，不完全与产品的生命周期相对应。

根据所处的生命周期阶段不同，产业部门可分为成长型产业、发展型产业、成熟型产业、衰退产业、朝阳产业、夕阳产业等几种类型。

（3）产品生命周期。产品生命周期，是指一种产品从产生、进入市场到逐步为新的产品所取代、退出市场的兴衰过程。一般来说，一种产品研制开发出来后，从进入市场到退出市场，会经历四个阶段。

第一，推介期。一种产品在研制开发出来并推入市场时，首先应向用户进行推荐、介绍和宣传。这一时期的主要特点有四：其一，用户对新产品的性能、价格、使用方法、先进性等不太了解（甚至不知道市场上有这种产品），因而，在购买中持谨慎态度；其二，随着时间的推移，产品销量有所增加，但增长速度缓慢；其三，产品的品种有限，同种产品的市场竞争较少；其四，生产或经销这种产品，处于微利甚至亏损状态。

第二，成长期。当新产品逐渐为市场和用户接受时，该产品的生产和销售就进入了成长时期。这一时期的主要特点有四：其一，产品经推荐已为广大用户所了解，早期的用户已将该产品的好处告诉周围的人；其二，随着时间的推移，产品的生产量和销售量逐渐增加，增长速度加快；其三，产品的新品种逐渐增加，生产和销售这种产品的企业数量增加，由此，产业规模扩大，市场竞争展开；其四，生产或销售这种产品已经有利可图，并且利润的增长速度加快。

第三，成熟期。在产品广泛为市场和用户接受并且人们已习惯后，该产品已不再是新产品，其产业规模和市场规模的扩展达到边界，由此，该产品的技术、性能、品种、形状、品牌、包装、外观、服务等都趋于成熟。这一时期的主要特点有四：其一，产品的市场销售量已基本饱和，市场份额基本为各企业分配完毕；其二，产品的品种增多，质量提高，仿制品和替代品不断出现；其三，市场竞争日趋激烈，生产同种产品的企业不断发生并购，从而，企业规模扩大，产业进入壁垒抬高；其四，该产品生产和销售的边际利润开始下降，利润率也逐步降低。

第四，衰退期。在产品进入成熟期后，新技术开发和应用加快，新产品进入市场的推介逐步展开，由此，已有产品的生产和销售进入了衰退期。这一时期的主要特点有四：其一，产品生产量和销售量逐步下降，并且下降速度逐渐加快；其二，用户开始关注新产品的问世，并注意新产品的动态；其三，已有产品的竞争力明显降低，相当多的企业将注意力转移到寻找新产品，有的已开始转产；其四，整个产业部门的利润数额和利润率明显降低，已有产业部门被新兴产业部门替代的趋向逐步明显。

产业部门以产品（劳务）的生产或销售为基础。产品生命的周期性运动，客观地决定了产业部门的生命周期。

3. 政治因素

政治因素主要是指社会生活秩序、政治制度、政治体制、政治局势、外交、政府主要领导人等的变化。政治因素的变化不会直接导致对象公司的股权价格变化，但政治因素的变化可能引致经济政策及其他经济因素的变化，从而影响对象公司的股权价格走势，所以，政治因素成为影响证券市场变化的重要变量。

在国际社会中，政局不稳、国家首脑更换、政治和外交政策的重大调整、产油国的动乱等，都曾对发达国家的证券市场和国际资本市场的走势及价格产生重大影响。对跨国公司来说，国际社会的政局状况对其股权价格有明显影响。

与经济因素相比，政治因素的特点是：

第一，非连续性。在一般情况下，政治因素不是每日每时发生变动的，因此它对股权价格的影响也不像经济因素那样连续频繁。

第二，不可计量性。许多经济因素可通过指标或模型予以计量，而政治因素对证券市场的影响力度，是很难通过指标或模型进行计量的。

第三，偶然性。与经济因素相比，政治因素的变化，常常因某种条件的形成或事件的发生而发生，因此，相当多的政治事件及政治对策是难以预测的。

政治因素对资本市场的影响程度，受到体制因素的强烈制约。一般来说，在市场经济中，国内政治因素的变化对资本市场的影响较小；在以行政机制为主的经济体制中，国内政治因素的变化对资本市场有较强的影响。

4. 法律因素

法律因素主要是指有关证券、金融、公司、投资、税收、外事、民事、刑事等方面的立法、司法、执法状况的变化。股权投资总是在一定的法律法规框架下展开的，所以，一般来说，法律因素对股权价格走势的影响，具有长期性、整体性的特点。

从世界各国来看，在法制比较健全的国家，证券市场的运行规则从而证券的发行、交易、投资等规则比较清晰、易于把握，证券市场的监管机制比较完善，与此相应，投机现象、操纵现象和内幕交易较少。在这些条件下，股权价格相对稳定。但在法制比较不健全的国家，证券市场的运行规则从而证券的发行、交易、投资等规则经常变动、不易持久，证券市场的监管机制缺陷较多，与此相应，在证券市场中，投机现象、操纵现象、内幕交易等较多，证券市场走势相当不平稳。在这些条件下，股权价格容易大起大落，风险较大。

5. 军事因素

军事因素主要是指国内或国际的军事摩擦、军事冲突、战争等的变化。军事因素不会直接导致资本市场走势的变化，但国内军事摩擦、军事冲突的发生，会影响该国的某些地区甚至全国的正常生产秩序和生活秩序；国际军事摩擦、军事冲突的发生，会影响交战国的正常生产秩序、生活秩序，也影响正常的国际秩序，同时，也会因交战地区的特殊性而影响非交战国的经济生活秩序，由此，导致本国、交战国或国际证券市场的剧烈波动，从而影响股权价格的稳定和走势。

6. 自然因素

自然因素主要是指一个国家内地理、空气、环境、资源等的变化。自然因素主要通过影响企业的经营成本、社会生活质量、经济增长等，影响股权价格的走势。在一般情况下，自然因素的影响在企业经营、生活环境治理中逐步减小，所以，自然因素对股权价格的影响可以忽略不计。但在特殊条件下，如地震、水灾、旱灾、虫灾、飓风、海啸、核泄漏等自然因素，在给国民经济、企业运行和社会生活造成重大损失的同时，将影响相关股权价格的走势。在自然灾害发生的地区，生产设备受到破坏、经济活动的正常秩序被打乱，由此，股权价格将下降；而在恢复生产和经济生活秩序的过程中，随着投资的增加和社会需求的增加，股权价格可能又将上升。

7. 文化因素

文化因素主要是指一个国家内人们的行为在价值标准、价值取向等方面的变化。在一个国家内，国民的文化素质受到历史、政治、经济、法律、教育、地域等众多因素的影响。对资本市场和股权投资来说，文化因素的影响是深层次的，它起着潜移默化的作用，一般不易察觉，因此，常常被人们所忽视。但实际上，文化的影响是存在的。

从地域关系上看，一般来说，中国经济发达地区（尤其是经济特区）的人具有较强的投资意识、较高的投资素质和承受较大风险的心理能力；而经济相对落后地区的人投资意识、投资素质、承受风险能力等相对较弱。

从文化教育上看，就整体而言，文化教育程度高的人在投资分析、股权投资中比较理智，理性行为较明显；而文化教育程度低的人在股权投资中比较冲动，随意性行为、"从众"行为较明显。

从历史影响上看，一般来说，受传统观念影响较深或坚持传统观念的人，不会贸然介入资本市场进行股权投资；而受现代观念影响较多的人，则具有较强的金融投资意识，敢于进入股权投资领域。

从经济影响上看，一般来说，在经济发展水平较低、家庭收入水平不高的条件下，大多数人不愿也不敢介入股权投资；而在经济发展水平较高、家庭收入水平上升的条件下，介入股权的人数将逐步增加。

在经济社会发展中，人们的文化观念也在变化着，这种变化是股权投资市场得以长期发展的重要社会基础。

第三节　股权投资的组织模式

一　有限合伙制

股权投资的组织模式主要有公司制、信托制和有限合伙制三种。本书在第十章第三节和第四节中已对公司制和信托制进行了较为深入的探讨，同时，在发达国家中，股权投资机构在组织模式上较多地选择有限合伙制，所以，我们重点讨论有限合伙制的组织模式。

有限合伙制，是由有限责任股东和无限责任股东共同发起设立的一种经营运作组织方式（中国《合伙企业法》规定，有限合伙企业名称中应当标明"有限合伙"字样）。其中，无限责任股东通常称为普通合伙人（General Partner，GP），由股权投资基金的管理机构或自然人担任[①]，对合伙企业债务承担无限连带责任；有限责任股东通常称为有限合伙人（Limited Partner，LP），是有限合伙制企业的实际出资人，但仅以其认缴的出资额为限对合伙企业的债务承担责任。在有限合伙制企业中，普通合伙人是企业经营运作的实际管理人和控制人，有限合伙人一般不介入合伙企业的经营运作事务，由此获得对合伙企业债务只承担有限责任的权利。中国《合伙企业法》第2条规定："有限合伙企业由普通合伙人和有限合伙人组成，普通合伙人对合伙企业债务承担无限连带责任，有限合伙人以其认缴的出资额为限对合伙企业债务承担责任。"

合伙企业的设立必须以书面形式订立"合伙协议"。中国《合伙企业法》第18条规定，"合伙协议"应当载明下列事项：（1）合伙企业的名称和主要经营场所的地点；（2）合伙目的和合伙经营范围；（3）合伙人的姓名或者名称、住所；（4）合伙人的出资方式、数额和缴付期限；（5）利润分配、亏损分担方式；（6）合伙事务的执行；（7）入伙与退伙；（8）争议解决办法；（9）合伙企业的解散与清算；（10）违约责任。"合伙协议"须经全体合伙人签名、盖章后方可生效。在合伙企业经营运作过程中，合伙人按照合伙协议享有权利，履行义务。此外，"合伙协议"还应载明如下事项：（1）普通合伙人和有限合伙人的姓名或者名称、住所；（2）执行事务合伙人应具备的条件和选择程序；（3）执行事务合伙人权限与违约处理办法；（4）执行事务合伙人的除名条件和更换程序；（5）有限合伙人入伙、退伙的条件、程序以及相关责任；（6）有限合伙人和普通合伙人相互转变程序。"合伙协议"的修改或者补充，应当经全体合伙人一致同意（但"合伙协议"另有约定的除外）。"合伙协议"中未约定或者约定不明确的事项，由合伙人协商决定。

设立合伙企业，应当具备下列条件：（1）有2个以上合伙人（如果合伙人为自然人的，应当具有完全民事行为能力）；（2）有书面"合伙协议"；（3）有合伙人认缴或者实际缴付的出资；（4）有合伙企业的名称和生产经营场所；（5）法律、行政法规规定的其他条件。就出资而言，合伙人可以用货币、实物、知识产权、土地使用权或者其他财产权利出资，也可以用劳务出资。合伙人以实物、知识产权、土地使用权或者其他财产权利出资，需要评估作价的，既可以由全体合伙人协商确定，也可以由全体合伙人委托法定评估机构评估。合伙人以劳务出资的，其评估办法由全体合伙人协商确定，并在"合伙协议"中载明。但是，有限合伙人不得以劳务出资。

[①]　中国《合伙企业法》第3条规定："国有独资公司、国有企业、上市公司以及公益性的事业单位、社会团体不得成为普通合伙人。"

在合伙制企业经营运作过程中，合伙人的出资、以合伙企业名义取得的收益和依法取得的其他财产，均为合伙企业的财产。合伙人在合伙企业清算前，不得请求分割合伙企业的财产；合伙人在合伙企业清算前私自转移或者处分合伙企业财产的，合伙企业不得以此对抗善意第三人。另外，除"合伙协议"另有约定外，合伙人向合伙人以外的人转让其在合伙企业中的全部或者部分财产份额时，须经其他合伙人一致同意。同时，合伙人之间转让在合伙企业中的全部或者部分财产份额时，应当通知其他合伙人。合伙人向合伙人以外的人转让其在合伙企业中的财产份额的，在同等条件下，其他合伙人有优先购买权（但"合伙协议"另有约定的除外）。合伙人以其在合伙企业中的财产份额出资的，须经其他合伙人一致同意；未经其他合伙人一致同意，其行为无效，由此给善意第三人造成损失的，由行为人独自承担赔偿责任。

合伙企业的下列事项应当经全体合伙人一致同意：（1）改变合伙企业的名称；（2）改变合伙企业的经营范围、主要经营场所的地点；（3）处分合伙企业的不动产；（4）转让或者处分合伙企业的知识产权和其他财产权利；（5）以合伙企业名义为他人提供担保；（6）聘任合伙人以外的人担任合伙企业的经营管理人员。合伙人对合伙企业有关事项做出决议，应按照"合伙协议"约定的表决办法展开（如果"合伙协议"未约定或者约定不明确的，可按照合伙人一人一票并经全体合伙人过半数通过的表决办法进行）。

新合伙人入伙，除"合伙协议"另有约定外，应当经全体合伙人一致同意，并依法订立书面入伙协议。订立入伙协议时，原合伙人应当向新合伙人如实告知原合伙企业的经营状况和财务状况。新入伙的合伙人原则上与原合伙人享有同等权利，承担同等责任（但"入伙协议"另有约定的除外）。

合伙人退伙时，其他合伙人应当与该退伙人按照退伙时的合伙企业财产状况进行结算，退还退伙人的财产份额。退伙人对给合伙企业造成的损失负有赔偿责任的，相应扣减其应当赔偿的数额。退伙时有未了结的合伙企业事务的，应待该事务了结后进行结算。退伙人在合伙企业中财产份额的退还办法，由合伙协议约定或者由全体合伙人决定，可以退还货币，也可以退还实物。

有限合伙企业由普通合伙人执行合伙事务。执行事务合伙人可以要求在"合伙协议"中确定执行事务的报酬及报酬提取方式。在通常条件下，有限合伙人不执行合伙事务，不能对外代表有限合伙企业，但有限合伙人可以开展下列行为（在从事这些行为时，不视为执行合伙事务）：（1）参与决定普通合伙人入伙、退伙；（2）对企业的经营管理提出建议；（3）参与选择承办有限合伙企业审计业务的会计师事务所；（4）获取经审计的有限合伙企业财务会计报告；（5）对涉及自身利益的情况，查阅有限合伙企业财务会计账簿等财务资料；（6）在有限合伙企业中的利益受到侵害时，向有责任的合伙人主张权利或者提起诉讼；（7）执行事务合伙人怠于行使权利时，督促其行使权利或者为了本企业的利益以自己的名义提起诉讼；（8）依法为本企业提供担保。另外，有限合伙人有如下权利：（1）可以与他所在的有限合伙企业进行交易；（2）可以自营或者同他人合作经营与他所在的有限合伙企业相竞争的业务；（3）可以将其在有限合伙企业中的财产份额出资；（4）可以按照"合伙协议"的约定向合伙人以外的人转让其在有限合伙企业中的财产份额（但应当提前 30 日通知其他合伙人）。有限合伙人在行使这些权利时，如果"合伙协议"另有约定，则按照"合伙协议"的约定执行。如果发生第三人有理由相信有限合伙人为普通合伙人并与其交易的情形，则该有限合伙人对该笔交易承担与普通合伙人同样的责任；如果发生有限合伙人未经授权以有限合伙企业名义与他人进行交易，给有限合伙企业或者其他合伙人造成损失的情形，则该有限合伙人应当承担赔偿责任。

如果发生普通合伙人转变为有限合伙人，或者有限合伙人转变为普通合伙人的情形，那么，应当经全体合伙人一致同意（除非"合伙协议"另有约定）。如果发生有限合伙人转变为普通合伙人的情形，那么，对其作为有限合伙人期间有限合伙企业发生的债务应承担无限连带责任。同理，如果发生普通合伙人转变为有限合伙人的情形，也应对其作为普通合伙人期间合伙企业发生的债务承担无限连带责任。

有限合伙企业发生下列情形的，应当解散：（1）有限合伙企业仅剩有限合伙人的，应当解散（有限合伙企业仅剩普通合伙人的，应转为普通合伙企业）；（2）合伙期限届满，合伙人决定不再经营；（3）合伙协议约定的解散事由出现；（4）全体合伙人决定解散；（5）合伙人已不具备法定人数的时期满 30 天；（6）"合伙协议"约定的合伙目的已经实现或者无法实现；（7）依法被吊销营业执照、责令关闭或者被撤销；（8）法律、行政法规规定的其他原因。

二　股权投资基金

有限合伙制是股权投资基金的主要组织模式。在美国、欧洲等发达国家和地区中，一般投资者（包括各种机构、政府部门和个人等）作为有限合伙人通常出资 99% 左右，基金管理人作为普通合伙人通常出资 1% 左右，共同组成股权投资基金。但在大多数情况下，股权投资基金的内部管理贯彻有限合伙的原则，基金本身只是按照信托机制建立的一个"资金－资产"池，并非一个独立法人机构。真正的法人机构是基金管理人所设立的管理公司，由此，有了基金管理公司与股权投资基金之间的区别。在这种结构下，一家管理公司可以管理若干个股权投资基金，每个股权投资基金单设账户进行分别管理；同时，股权投资基金与管理公司之间在账户上一般不相互往来，但在管理人必须履行无限责任的场合中，管理公司的账户资产应进入清算范畴。另外，由于设立股权投资基金的主要目的在于进行股权投资，所以，此类基金在设立时通常没有负债（从机理上说，如果有负债，则最终结果是普通合伙人要对所有债务承担无限清偿责任。这对管理人来说，是一种得不偿失的安排，因此，他们不会做出这种对自己严重不利的合约安排），因此，在资金来源方面，也就无所谓有限责任和无限责任之间的划分。但在其他方面（如税收等）则有有限责任和无限责任之间的划分。

从欧美实践看，股权投资基金的资金主要来源于各种机构投资者（其中包括养老金、商业银行、保险公司、实业公司、投资公司和其他基金等）和富有的个人（或家庭）①。资金到位方式主要选择承诺分期到位制，即每个投资者承诺向股权投资基金投入若干数额的资金，这些资金根据基金资金进行股权投资的进度要求，按照管理人的通知日期，分期到位。股权投资基金实行封闭式运作，一旦设立，一般不再增加新的投资者，基金持有人（即有限合伙人）不能提前赎回；但基金持有人可以相互之间转让持有的基金份额，也可向有限合伙人之外的他人转让，转让价格可以由当事人之间商定。但所有这些转让，均须经过管理人（无限合伙人）的同意。股权投资基金的合伙期限通常在 7～10 年，但根据运作具体情况还可再延长 2～3 年。这一期限主要由基金资金从进行股权投资到股权退出所需的时间决定。管理人一般应在基金设立后的 3～6 年内将基金资金投入购买各种股权，展开后续管理，为股权投资的退出做好准备。

在基金运作过程中，管理人应定期向有限合伙人通报基金资产进行股权投资的进展情况。在实行承诺分期到位制的条件下，每次通知缴纳下期资金之前，管理人均需将已到位资金进行股权投资的情况向有限合伙人报告，征得他们的认可，同时该资金会成为新缴款的主要根据。另外，有限合伙人不能干预管理人对基金资金的投资运作。但在运作过程中，对一些重大股权投资项目，管理人有时也请有限合伙人的代表参加股权投资分析研讨会议，既令有限合伙人了解股权投资的运作情况，也为股权投资决策提供依据。

股权投资基金的收入主要来自股权投资。其中包括持有股权的股息分红收入、卖出股权的差价收入（在对象公司上市以后，为卖出股票的差价收入）和利息收入等。股权投资收益通常在基金存续期的后半段才开始逐步显现。基金一旦有了投资收益，管理人应着手将这些投资收益以分红（或利息收益）的方式派发给有限合伙人。

股权投资基金运作过程中的费用是由管理人提取的管理费中支付的。由于管理人作为普通合伙人有较重的法律责任，如果仅仅获得合约规定的管理费收入，则有时并不能有效激励管理人去提高投资运作的效率。因此，一些股权投资基金在运作中实行了对管理人的激励机制。激励机制的类型很多，主要涉及两方面内容。一是分红机制。管理人虽然仅持有股权投资基金 1% 的份额，但其在收益分配中所占的份额并不按此界定。在管理的基金资产（或基金盈利水平）达到某个约定指标后，管理人的分红比重可能提高到 10% 甚至 20%。二是提高管理费机制。管理人收取的管理费一般占基金资产的 1%～2.5%，但在管理的基金资产（或基金盈利水平）达到某个约定指标后，其管理费的水平可能提高。两种激励方式相

---

① 欧洲的情况是，个人投资者最低出资额一般在 500 万～1000 万美元。

比，比较普遍的是实行前一种激励机制。

三　股权投资基金的监管

在欧美各国并无专门涉及监管股权投资基金的法律制度，也无专门进行股权投资基金监管的部门，甚至没有将股权投资基金作为独立法人机构列入金融机构（或非金融机构）的范畴之中。有关股权投资基金运作的法律制度散落在与公司、投资、股权、证券、信托等相关的法律制度之中。

在美国，1933 年出台的《证券法》、1940 年出台的《投资公司法》以及此后对这两部法律进行的进一步解释的《D 条例》（1982 年颁布）、《144A 规则》（1990 年颁布）等法律制度是最主要的涉及股权投资基金的法律制度。其中，《证券法》第 4 条规定，"不涉及任何公开发行的发行人交易"可以免予向联邦证券交易委员会（SEC）进行登记。1982 年出台的《D 条例》进一步明确规定，非公开发行的股权投资基金不得使用以下（且不限于以下）形式的广告：（1）在任何报纸、杂志、电视和广播及类似媒体上进行一般性广告宣传；（2）通过一般性召集或通过广告召集的研讨会或其他会议。对于投资者，《D 条例》第 506 规则规定，可以向不限数量的"特许投资者"①（Accredited Investor）和不超过 35 名"非特许投资者"发行和出售某一证券，无须向 SEC 登记。"非特许投资者"必须具备相当的财务知识，或由具备相当财务知识的人士提供投资建议，或发行人合理相信其满足以上任一条件。《投资公司法》规定，任何面向投资大众募集且主要从事有关"证券"的投资、再投资或交易的"公司"（即所谓注册投资公司），在其股票首次出售之时以及之后每次出售股票时必须向其投资者披露其财务状况和投资政策方面的信息。但其中也明确规定，如果投资者人数少于 100 人②且不计划进行公开募集的发行人不构成《投资公司法》下的"投资公司"，不属于该法调整范围。同时，这一法律还规定，无论单一发行人的投资者人数有多少，如果所有投资者在其投资于该发行人时都是"合格买家"（Qualified Purchasers）③，则该发行人不构

---

① "特许投资者"包括绝大多数金融机构，在购买证券当时单独或与其配偶一起拥有超过 100 万美元净资产的任何自然人，以及在过去两年里个人年收入达到 20 万美元或与其配偶共同年收入达到 30 万美元（且在当前年份合理预计可以达到同样标准）的任何自然人。

② 在 100 人的计算上，这一法律规定，如果某投资者本身是一个投资公司或股权投资基金并且该投资者拥有该发行人的全部发行在外的有投票权的股份的 10%，那么，该投资公司或股权投资基金本身的投资者人数应全部计入 100 人之中（而不是仅计入该投资公司或股权投资基金本身）。

③ "合格买家"的具体规定包括：（1）拥有不少于 500 万美元投资资产的任何自然人；（2）拥有不少于 500 万美元投资资产的任何公司，且该公司为具有特定家属关系的两个或两个以上自然人直接或间接所有，或为该等人士之财产或为该等人士所设立的基金会、慈善机构或信托直接或间接所有；（3）并非专为认购该发行人所发行之证券的目的而特别成立的任何信托，而其受托人（或其他经其授权可做信托决策之人士）或委托人（或其他将资产委托给该信托之人士）构成此处第（1）项、第（2）项或第（4）项中所述人士；（4）为自己或为其他合格买家行事的任何人，并且其本身或其他买家总计拥有并可自行支配的投资资产不少于 2500 万美元。

成《投资公司法》下的"投资公司"。由此可见，在美国，股权投资基金的运作基本不属于《证券法》《投资公司法》等法律调整的范围，也就缺乏基本的监管依据。

在英国，对股权投资基金进行监管的主要法律依据是2000年出台的《金融服务和市场法案》。这一法律将统一监管各金融市场及机构的职责赋予了金融服务局（FSA），在其内部成立了另类资产投资部（Alternative Investment Department），监管范围涉及股权投资基金。但2000年《金融服务和市场法案》对私募形式的股权投资基金设立和运作并没有提出明确的登记要求。只有当私募股权投资信托（PEITs）或者离岸信托需要上市公开发售时，才需要向FSA报审。

在全球最大的离岸基金注册地，开曼群岛监管当局对基金设立提出若干要求以维护其离岸基金天堂的地位。根据其《共同基金法》《公司管理法》《证券投资业务法》，开曼群岛监管当局要求股权投资基金的设立必须获得政府的认可，但同时也提供了豁免条件，例如：如果股权投资基金的投资者不超过15个，且如果基金合约中规定，只要多数投资者达成一致，投资者就可以聘请或更换基金运作人（指公司型基金的董事长，信托型基金的信托人以及有限合伙型基金的普通合伙人），那么，股权投资基金的设立就无须经过政府批准。

从实践情况看，欧美各国政府对股权投资基金的监管比较宽松。股权投资基金通常无须在金融监管部门注册，几乎没有市场准入门槛。但公募基金受到严格监管，有较高的资格条件限制。这是导致海外金融机构较为普遍地经营股权投资基金管理业务的一个重要原因（只有部分符合条件的金融机构才允许经营公募基金管理业务）。从表18-1中可以看出，在欧美主要发达国家中，瑞士、法国、意大利等国家的监管标准较为严格，美国、英国等国家的监管较为宽松。2008年，美国金融危机爆发后，美、英等国不少人呼吁要提高对股权投资基金的监管标准和透明度，但从美国已出台的金融改革法案——《多德－弗兰克 华尔街改革与消费者保护法案》看，这方面并无实质性调整。

表18-1　主要欧美国家对股权投资基金监管情况

国　别	监管机构	监管内容	资格认证	税收规定
美　国	证券交易委员会（SEC）、商品期货交易委员会（CFTC）	对有限合伙企业监管较为灵活；公司至少有70%资本投资于美国的私募公司；公司必须将所有收入和收益进行分配以维持其纳税身份	有限合伙管理机构须注册登记，特定情况除外；管理公司必须在SEC注册登记为投资顾问	有限合伙企业税收透明；公司根据IRS相关规定实行有限的税收透明
英　国	金融服务管理局（FSA）	股权投资信托（PEITs）和离岸信托在伦敦证券交易所（LSE）或AIM上市；招股说明书须向FSA报审	基金管理人须接受FSA监管	合伙企业税收透明；PEITs资本收益免税；离岸信托免税

国　别	监管机构	监管内容	资格认证	税收规定
德　国	联邦金融监管局（BaFin）	灵活监管，对投资无明确限制	投资管理人、投资顾问须获得资格认证（MiFID）	有限合伙企业税收透明；有限公司95%的股息免税
法　国	金融市场管理局（AMF）	至少50%的资本投入欧盟的非上市公司		有限合伙企业税收透明
意大利	意大利银行证券市场监管局	比较灵活；基金须按照监管机构规定的组织结构设立	资产管理公司也在监管范围	12.5%增值税
卢森堡	金融监管委员会（CSSF）	单笔投资额度不超过基金总额的20%		投资基金税收透明；创业投资企业全额缴税，投资收益可以抵扣，投资者收益免除代扣所得税
瑞　士	联邦银行监督委员会（FBC）、联邦私营保险局（FOPI）、联邦社会保险局（FSIO）	对有限合伙企业的风险资本投资进行监管；有限合伙和投资基金须按照监管机构规定的组织结构设立；投资公司或为上市公司，或仅限于向合格投资者募集资金	有限合伙企业、基金管理人需要资格认证	有限合伙企业和投资基金税收透明

资料来源：根据相关机构网站整理。

　　欧美等主要发达国家和地区对股权投资基金缺乏直接监管，并不意味着股权投资基金的运作是缺乏规则的。一方面市场经济有其内在的机理，这些机理自然要求相关的参与者应当遵守最基本的运作规则（否则，将被市场淘汰）；另一方面，欧美等主要发达国家和地区对股权投资基金的监管大多采取原则性监管，同时，强调以自律监管为主，通常采用的监管方式是对各类集合投资产品设定统一的监管框架，在此基础上，允许符合条件的股权投资基金不受对共同基金监管的要求的约束。欧美各国对股权投资基金的监管之所以比较宽松，是因为，第一，它们认为，股权投资基金在经营管理模式上存在明显的多样性，所以，监管的重点不在于股权投资基金的投资风险和信息披露，而是放在制定相关豁免条件以及审查相关股权投资基金是否符合豁免条件上。第二，它们认为，股权投资基金的委托－代理关系相对简单，对投资者人数有明确的要求，一般不至于影响到市场运作秩序的稳定（更不太可能影响到社会经济秩序的稳定）。第三，它们认为，股权投资基金是富人的投资渠道（富人通常对一定程度的运作风险有较强的经济承受力），所以，监管重点被放在了对投资者的资产和收入水平以及投资额度等方面的界定上。这些监管措施，既凸现了股权投资基金的特点与优势，也有力地保障了股权投资基金的发展，同时，还较好地防范了股权投资基金的市场风险。

第四节　中国股权交易市场

一　证券交易中心

1992 年 5 月 15 日，国家经济体制改革委员会（以下简称"国家体改委"）出台了《股份制企业试点办法》和《股份有限公司规范意见》，由此拉开了中国企业改制为股份有限公司的大幕。1996 年，全国先后设立的股份有限公司超过 6000 家。根据《股份有限公司规范意见》的规定，这些股份公司可分为社会募集公司和定向募集公司两种。其中，社会募集公司的股份可以向社会公开发行，其公开发行的股票可以申请在证券交易所挂牌上市；定向募集公司的新增股份只能向特定对象（法人机构和内部职工等）发行，在它转变为社会募集公司以前，这些股份不能申请上市。在 6000 多家股份有限公司中，社会募集公司的数量很少（到 1993 年年底仅为几十家），绝大多数是定向募集公司。定向募集公司的新增股份，在募股对象上有严格限制（即只能向内部职工和社会法人发行），与此对应，它们的股份转让也有严格限制（例如，内部职工股的转让只能在公司内部职工之间进行，不能面向社会转让；法人股的转让只能在法人之间进行，不能向个人转让）。但在实践中，这些规定都被各种变相渠道突破了，内部职工股大量流入社会，为社会公众所持有；法人股名义上是法人购买，但在事实上很多却为个人所持有。因此，这形成了所谓的"内部股公众化""法人股个人化"的现象。有鉴于此，1994 年 6 月，国家体改委通知立即停止定向募集公司的审批，同时，在已成立的定向募集公司中停止审批和发行内部职工股。尽管如此，如何解决大量定向募集公司的股份可流通问题依然成为股份公司发展中一个瓶颈，同时也成为各地方政府面对的一个社会问题。在此背景下，各种证券交易中心应运而生。

从 1992 年 7 月到 1998 年 4 月，中国各地先后设立 26 家从事法人股和内部职工股交易的证券交易中心。其中，影响较大的有 STAQ 系统、NET 系统、武汉证券交易中心等。

STAQ 系统的全称为全国证券交易自动报价系统，是一个基于计算机网络进行有价证券交易的综合性场外交易市场，系统中心设在北京。它于 1990 年 12 月 5 日投入运行，最初以国债发行和交易为主要业务，通过计算机网络系统连接国内证券交易比较活跃的大中城市，为会员公司提供有价证券的买卖价格信息以及结算等方面的服务。但从 1992 年 7 月以后，其业务重心逐步转移到为法人股交易转让提供服务。在交易机制上，STAQ 系统采用了做市商制度；在市场组织上，采取了严格自律性管理方法。

NET 系统的全称是中国证券交易系统有限公司（简称"中证交"），它的中心设在北京，利用覆盖全国 100 多个城市的卫星数据通信网络连接起来的计算机网络系统，为证券市场提供证券的集中交易及报价、清算、交割、登记、托管和咨询等服务。1993 年 4 月 28 日，NET 系统经中国人民银行批准投入试运行，并将法人股交易转让作为一项重要的业务拓展空间。到 1998 年，在 NET 系统交易转让的法人股共有中兴实业、东方实业、建北集团、广州电力、湛江供销、广东广建和南海发展 7 只股票。

STAQ 系统和 NET 系统都以法人股交易转让为主，因此，一度被称为"法人股流通市场"，得到了市场投资者的大力支持，行情火爆。1993 年 5 月 7 日，STAQ 系统成交金额达到创纪录的 2.7 亿元；5 月 10 日，STAQ 股指已飙升到 241 点。但好景不长，1994 年 5 月 20 日，中国证券业协会向这两个系统发出"暂缓审批新的法人股挂牌流通"的通知，禁止新的定向募集公司法人股挂牌交易，由此，这两个系统的指数遂调头回落，并从此一蹶不振。

1998 年 4 月，在抵御亚洲金融危机的背景下，为了防范金融风险、整顿金融秩序，根据国办发〔1998〕135 号文件和中国证监会〔1998〕53 号文件精神，证券监管部门开始着手对 STAQ 系统、NET 系统以及地方证券交易中心进行清理整顿。1998 年 12 月 7 日的证监〔1998〕57 号文件指出："证券交易中心可改组为证券营业部，几家证券交易中心也可合并为证券经纪公司。证券交易中心改组为证券经纪公司的，除净资产、自愿入股的席位费可转为资本金外，不得另外增资扩股。"由此，曾经热闹一时的以证券交易中心为市场而进行的股权交易转让落下了帷幕。

二 产权交易市场

在证券交易中心被清理整顿之后，定向募集公司的股份交易转让市场并没有因此消失。所不同的是，它由公开交易转入地下交易。1998 年，一些拍卖公司受法院委托，开始强制拍卖欠债的上市公司法人股。由于法人股流动性差、投资回报低，竞拍者屈指可数，拍定价格大部分在股票面值左右，且流拍的拍品很多。但是，无论如何，非正规股权流通的一种新方式——法人股拍卖由此拉开序幕。

2003 年 12 月，财政部和国资委联合出台了《企业国有产权转让管理暂行办法》（财政部〔2003〕3 号）。其中规定，"企业国有产权转让可以采取拍卖、招投标、协议转让以及国家法律、行政法规规定的其他方式进行"；国有资产监督管理机构对企业国有产权转让可以"选择确定从事企业国有产权交易活动的产权交易机构"。在此背景下，产权交易市场异军突起，成为促进国有产权转让以及非上市股权流通的重要平台。

从时间上看，产权交易市场的出现要早于股票市场。早在 1984 年 7 月，保定市纺织机械厂、保定市锅炉厂以承担对方全部债权债务的方式分别兼并了保定市针织器材厂和保定市风机厂，产权交易市场的雏形就曾显现过。但由于监管当局对正规证券市场之外的市场形态一直持有谨慎甚至排斥的态度，产权交易市场也经历了一波三折的过程。

2004 年以后，产权交易市场作为公开进行国有股、法人股等交易的市场，得以快速发展。从业务内容上看，它已不再仅仅是实物型国有资产转让、过户的场所，其服务内容已涉及包括股权转让、并购策划和政策咨询等在内的更为广泛的领域。从数量上看，全国各地建立的产权交易市场已达数百家之多（几乎覆盖了所有的中心城市）。从功能上看，它在盘活国有资产、防止国有资产流失的同时，为各方交易者提供了一个公开、有序、快捷、透明的股权交易平台。在 2012 年产权交易市场十大新闻中，"国有产权交易实现统一信息发布"、"产权交易形成统一的统计管理办法"、"中国 PE 二级市场发展联盟成立"和"产交所提出全要素综合服务理念"等位列其中。

在中国产权交易市场中，北京产权交易所具有典型意义。2004 年 2 月 14 日，经北京市政府批准，在北京产权交易中心（设立于 1994 年）和中关村技术产权交易所（设立于 2003 年）合并重组的基础上，北京产权交易所（以下简称"北交所"）成立。它的主要职能是，一方面为国家各部委在机构改革中的国有资产进行重组、产权转让、资产并购、股权融资和资源整合等进行全要素、全流程的服务；另一方面打造以企业产权交易为基础，集各类权益交易服务为一体的专业化市场平台。在产权交易中，它遵循五项原则：（1）通过对经济布局和结构的战略性调整促进企业资产的合理流动和优化配置；（2）有利于国有资产的保值增值，防止国有资产流失；（3）自愿平等、等价有偿、诚实信用；（4）集中、公开、公平、公正、择优；（5）价格优先、时间优先。在组织管理上，它实行会员制，各类会员（经纪会员、服务会员和信息会员）为客户提供包括产权经纪、改制重组、破产清算、财务顾问、审计、评估、法律、拍卖和招投标等在内的一系列专业化服务。北交所作为全国范围内的综合性权益交易市场平台，以国有企业股权交易为基础，已开展了包括技术交易、林权交易、文化产权交易、金融资产交易、环境权益交易、矿权交易和贵金属交易等在内的多品种股权、债券、实物资产交易服务。2012 年，北交所全年共完成各类产权交易 24897 项，成交额达 9395.16 亿元，分别增长 115.65% 和 107.11%，连续三年实现交易额倍增。

产权交易市场在中国方兴未艾，随着改革开放的深化，产权交易市场还将得到进一步发展，成为中国多层次资本市场体系的一个重要组成部分。

三　股权交易市场

在中国，企业普遍缺乏资本性资金来源。企业若只依靠每年的利润转投资进行内源融资，则不仅受到股东要求现金分红的制约，也受到利润数额有限不能满足快速发展要求的限制。企业要进行外源融资、走发股上市的道路，又受到股权难以交易转让从而投资者不愿投资入股的限制，在此条件下，发展股权交易市场就成为推进股权投资的一个重要市场条件。面对城乡居民每年有 5 万亿元以上消费剩余资金而股市融资量长期在几千亿元徘徊的现实，如何激励资金供给者将资金转化为对各类企业的投资，就成为发展中国股票市场的一个重要任务。在此背景下，股权交易市场应运而生。从客观效果上看，这也是对 1998 年清理整顿证券交易中心的一个补课。股权交易市场从 2008 年开始了新一轮的设立，迄今依然在不断发展。

2008 年 9 月，经天津市政府批准，天津股权交易所（Tianjin Equity Exchange，以下简称"天交所"）在天津滨海新区投入营业。天交所是由天津产权交易中心、天津开创投资有限公司等机构共同发起组建的公司制交易所。它的设立背景是，2008 年，国务院出台了关于《推进滨海新区开发开放有关问题的意见》（国发〔2006〕20 号），鼓励天津滨海新区进行金融改革和创新，明确在金融市场建设等方面可以先行先试。2008 年 3 月国务院在《天津滨海新区综合配套改革试验总体方案的批复》中又明确规定，天津要以金融体制改革为重点，加快资本市场体系建设。这些意见，为在天津滨海新区设立全国性非上市公众公司股权交易市场，提供了政策上的支持。天交所从"两高两非"[①]公司股权和私募基金这两种产品交易起步，通过市场组织、交易产品、交易制度、交易形式等方面建设，进行分阶段、分层次创新，逐步建立了多层次、多品种、多交易方式且面向全国的统一市场体系。它的基本功能包括：（1）融资功能，即为成长型企业、中小企业和高新技术企业以及私募基金提供快捷、高效、低成本融资服务；（2）投资功能，即为投资者提供具有较高投资价值的多交易品种，提供畅通便捷的进入与退出通道；（3）交易功能，即为"两高两非"公司股权、私募基金提供挂牌交易平台，通过独特的电子交易系统，形成较强的市场定价能力；（4）信息功能，即建立适用于中小型企业的信息披露制度和市场信用体系，增加挂牌企业的透明度，提高市场效率，降低市场风险；（5）孵化筛选功能，即通过市场融资、交易和规范的信息披露，持续、贴身的高品质服务和管理，促使挂牌公司熟悉资本市场规则，完善公司治理结构，形成合理的发展战略，提升核心竞争能力，实现快速成长，同时通过市场化的筛选机制，源源不断地为主板市场、中小企业板市场、创业板市场和境外证券交易所筛选和输送优质成熟的上市后备企业。到 2012 年，在天交所累计挂牌的公司数量已达到 245 家，总市值超过 220 亿元。

2012 年 9 月 3 日，在中国证监会的支持下，经浙江省政府批准，由上海证券交易所提供技术支持的浙江股权交易中心成立。浙江股权交易中心的定位是，结

---

① "两高两非"，是指国家级高新技术产业园区内的高新技术企业和非上市、非公众股份有限公司。

合浙江省经济金融特色，为着力解决"两多两难"的问题①，推进温州金融综合改革，促进经济转型升级而设立的区域性股权交易市场。浙江股权交易中心的主要功能有四个。（1）服务功能，即为浙江省中小型企业提供股权、债权等方面的融资、转让服务，帮助企业成长；积极对接、培育企业进入上海证券交易所、深圳证券交易所；为企业提供股权登记、托管和股权质押融资等股权增值服务；直接或间接规范企业治理，提升企业形象。（2）投资功能，即以方便合格投资者积极参与和保护投资者利益为目的，力争成为一个投资性市场；努力拓宽各类资金特别是民间资金的投资渠道，使其能获得合理的投资回报。（3）创新功能，即遵循政府支持、市场化运作的原则，充分发挥券商等中介机构的创新能力，积极尝试探索和研发创新产品。（4）公共功能，即为区域资本市场的培育和区域经济的发展做出贡献；为营造良好的区域金融生态环境做出努力。

此外，到2012年年底，已设立的股权交易中心还包括深圳前海股权交易中心、广州股权交易中心、辽宁股权交易中心、福建海峡股权交易所和山东齐鲁股权交易中心等。这反映了中国各地对股权交易市场的重视程度，也反映了中国多层次股票交易市场体系建设的进展情况。随着股权交易市场的进一步完善，中国的股权投资市场将获得更加健康有效的发展。

---

① "两多两难"，是指在浙江省出现的民间资金多、投资难和中小企业多、融资难的现象。

第十九章　对冲基金

对冲基金是活跃于美国等发达国家资本市场和国际金融市场中的一种重要的机构投资者。20 世纪 90 年代以后，1992 年欧洲货币体系汇率机制（ERM）危机，1994 年国际债券市场风波，1997 年亚洲金融危机，1998 年香港资本市场保卫战和美国长期资本管理公司（LTCM）濒临倒闭，以及 2008 年美国金融危机，使各国和地区对对冲基金在资本市场（包括国际金融市场）中的冲击力和影响力有了更加深刻的了解和认识，对这种机构投资者群体对资本市场运行所带来的种种风险也有了更高的警惕。另外，对冲基金凭借其独特的投资策略、运作机制和优于传统投资机构的业绩，吸引了越来越多的投资者，正迅速发展成国际金融市场上的重要投资主体。在资本市场中，对冲基金的综合业绩以压倒性的优势超过了传统的投资工具。由此，既有人将对冲基金称作金融市场中的"伟大创举"，也有人称其为罪大恶极的"撒旦"。各种说法莫衷一是。本章将着重分析探讨对冲基金的内涵、特点、发展历程、投资策略、运作机制及其与金融风险的关系。

第一节　对冲基金的内涵和特点

一　对冲基金的内涵

对冲基金（Hedge Fund）以"对冲"（Hedge）来界定这种基金的性质，为此，要了解对冲基金，就首先要了解什么是"对冲"。

从金融角度看，"对冲"一词有两个基本含义。其一，抵消（Offset）风险。例如，投资者通过在期货市场进行与现货市场的交易品种相同、数量相同但交易方向相反的合约交易，以抵消（或回避、分散等）现货市场交易中存在的价格风险。其二，套利（Arbitrage）。例如，投资者从不同金融产品交易价格的联系中发现价格差异，通过投资从中获得无风险的差价利润（或近乎无风险的差价收益）[①]。在《新帕尔格

[①]　鉴于"对冲"中有"避险"和"套利"的含义，所以，有人又将对冲基金称为"避险基金"或"套利基金"。

雷夫经济学大辞典》中，"对冲"（Hedging）一词被界定为：为了防范财富总量波动风险而购买一种或多种实物资产或证券的行为①。这段话在实际操作中的含义是，投资者为减少金融产品交易价格的风险而进行的以交易商品（或相似商品）为对象的同数量反向交易行为。

在金融交易中，对冲操作可以防止投资者承受其不愿或不能承受的金融产品价格风险。在早期的对冲操作中，投资者的目的在于金融产品（或金融资产）的保值，由此，对冲操作经常被视为保守投资者的惯用策略。但在现代对冲操作中，投资者的主要目的已转变为实现"预期利润"。国际金融业界已经普遍将"对冲"作为投资策略的一个组成部分，使用金融衍生品和保险等价值品进行组合操作的对冲，在减少风险敞口的同时，获取超过市场平均水平的绝对收益。另外，在实践中，并非所有的对冲基金都进行了对冲操作，同时，也不是每只对冲基金都时时展开对冲操作，因此，对冲基金的定义很难直接从对冲操作的角度给出。

实际上，"对冲基金"并非一种标准的法定名称。在各国和地区的法定金融机构（或金融机构牌照）中有商业银行、保险公司、信托公司、基金管理公司和资产管理公司等名称，但并没有一类专门的金融机构称为对冲基金。另外，对冲基金也不是金融市场中约定俗成的某类金融机构的专门名称。例如，投资银行、私募基金等是金融市场中约定俗成的称呼。这说明，理论界和金融界并没有达成共识的"对冲基金"定义。

根据界定者强调的对冲基金的特点不同，对冲基金也就有了不同的定义，大致有四种情况：

第一，从投资操作的策略角度出发，比较有代表性的是美国学者杰瑞·罗森伯格（Jerry M. Rosenberg）在 1993 年编著的《投资辞典》中，把对冲基金定义为两种：通过购买保证金股票、卖空或期权交易等对冲手段实现利润最大化的共同基金；投资于股票等有价证券的私人投资合伙组织。范氏对冲基金国际咨询公司认为，对冲基金是一种选择性投资机制（Analternative Investment）。选择性投资有别于传统的债券和股票。美国的对冲基金主要以私募合伙形式投资于上市交易基金和金融衍生工具。由于其私募的性质，美国证券交易委员会将一只对冲基金的投资者人数限制在 99 人以下，并且这 99 人中至少有 65 人是"合格"的投资者（合格的投资者通常定义为拥有至少 100 万美元的投资者）。后来美国相关法律的部分条款被修改，允许某些基金可以出售给至多 500 个"合格的购买者"。

第二，从投资运作目的角度出发，比较有代表性的是国际货币基金组织在 1998 年 5 月出版的《世界经济展望》中把对冲基金定义为"私人投资组合，通常离岸设立以便充分利用税收和监管上的便利"。

第三，从组织管理角度出发，比较有代表性的是 1999 年美国总统金融市场工

---

① 参见《新帕尔格雷夫经济学大辞典》，经济科学出版社，1996，第 675 ~ 678 页。

作小组所给出的定义："对冲基金是一种私人组织的、由专职经理人管理的投资机构，它们一般不吸收公众参与。"[1] 2000 年，乔治·索罗斯认为，对冲基金仅吸收经验丰富的投资者参加，可以不受共同基金所必须面对的监管。基金经理的报酬不是按照基金资产的固定比例提取，而是根据基金业绩确定。因此，"业绩基金"（Performance Funds）似乎是对冲基金的一个更准确的称谓。

第四，从综合角度出发，比较有代表性的是 2002 年英国金融服务局给出的定义。它指出对冲基金具有如下特征：通常采用合伙制或离岸投资公司制；在多个市场中采用包括设定仓位（Position‑taking）在内的多元化投资策略；利用卖空、衍生品和杠杆等投资技术和投资工具；向基金经理支付绩效报酬；主要吸收富有的个人和机构投资者并设有最低投资额限制（通常为 10 万美元以上）。

从这些界定看，中国的股权投资基金，如果将其投资运作的对象股权拓展到其他各种金融产品的话，似乎也可以称作对冲基金。既然如此，那么，上述这些定义就不具有典型性。

与任何概念的界定相同，"对冲基金"的定义应当具备共性与个性的统一，一方面能够反映与其他金融机构相同的内容，另一方面又能够突出反映与其他金融机构不同的特征。因此，可以将"对冲基金"定义为：在实行合伙制的基础上通过引入富人投资者和机构投资者的资金进行金融组合投资并有条件地采用动态交易策略以获取绝对收益的私募基金。这一定义有五个要点。第一，实行合伙制。在发达国家中，对冲基金属于私募基金的一种，实行合伙制（包括有限合伙制）的直接目的，既为了设立基金的内部管理机制，也为了规避监管和税收，因此，强调"实行合伙制"，既反映出了这类机构与一般金融机构的区别，又反映出了对冲基金与一般私募基金的共同点。第二，资金来源。对冲基金的资金来源主要由"富人投资者和机构投资者的资金"构成，这既反映了对冲基金与一般金融机构在资金来源方面的不同，又反映了它与一般私募基金的内在联系。第三，资金运用。"进行金融组合投资"，反映了对冲基金的业务操作特点，既有别于一般金融机构，又与私募基金和资产管理基本相同。第四，个性特点。"有条件地采用动态交易策略以获取绝对收益"强调，对冲基金并非在任何条件下都进行"对冲操作"的投资交易，只是在它的管理者认为条件成熟时才开展此类操作；同时，此类操作的目的不是"保值"，而是为了获得"绝对收益"。这是对冲基金与私募基金的不同之点。换句话说，在没有寻找到适合进行对冲操作的条件时，对冲基金与私募基金基本上没有差别（这是为什么并不容易直接把握"对冲基金"的一个主要原因）。其中，"绝对收益"是指单位基金资产的净收益。在条件成熟时，对冲基金将以绝对收益为投资操作的基本目标。一般的金融投资机构（如共同基金）以市

---

[1] President's Working Group on Financial Markets: Hdege Fund, Leverage and the lessons of long term Capital Managemant, 1999, p. 3, http: //www. ustreas. gov/press/releases/docs/hedgefund. pdf.

场平均收益水平为投资操作的基本目标，但对冲基金与此不同。"动态交易策略"，是相对于共同基金"买入并持有"（Buy and Hold）的操作策略而言的。它的主要含义是，根据市场时机利用杠杆和卖空等手段对资产组合进行灵活的动态管理，以追求获得"绝对收益"。第五，私募基金。对冲基金在分类上属于私募基金的范畴，因此，定义最终落脚在"私募基金"上。

二 对冲基金的特点

从对冲基金的定义和它的实践活动看，与共同基金相比，对冲基金具有多方面特点，主要表现在：

第一，投资者的数量有明显限制。共同基金的投资者人数在各国和地区基本上没有限制，但对冲基金在投资者人数上有明确限制。美国曾将投资于一个对冲基金的投资者人数限制在 99 人以下（不包括基金经理），其中至少有 65 人是合格的投资者。对于离岸对冲基金，投资者数目没有限制。但 1996 年以后，美国国会放松了这一限制，允许数量上不受限制的"合格投资者"投资对冲基金①。满足这些投资资格要求就可以保证基金管理人自由运用投资策略。

第二，私募的筹资方式。共同基金可以公开发售，属于公募基金。但对冲基金不能通过公开发售募集运作资金。美国《证券法》等法律禁止对冲基金利用任何媒体进行发售推介。在归类上，对冲基金属于私募基金的范畴，因此，它的资金来源主要是依靠投资者之间的私人途径，如机构投资者之间的相互介绍或亲朋好友之间的相互介绍等。

第三，实行以有限合伙制为主的组织制度。共同基金一般实行公司制（如美国）或信托制（如英国），但对冲基金多以有限合伙制的形式设立。合伙人主要有有限合伙人和普通合伙人两种。普通合伙人通常是对冲基金的创立者，并通常由自然人担任。他们负责对冲基金的日常资金运作、各种交易活动和内部管理事务。有限合伙人是对冲基金的资金供给者，通常由各种投资机构和自然人形成。他们不负责对冲基金的管理活动和投资运作，对债务的清偿以其投入到对冲基金中的资金为限。

第四，承担债务。共同基金不能承担债务，尤其是不能通过各种渠道借入资金进行投资运作。但如果私募中的合约有了界定，对冲基金在投资运作过程中就有可能借入资金扩大投资规模或调剂其运作资金的头寸，但是，对冲基金一旦投资不慎，发生资金周转困难，就可能发生财务危机。借入债务资金进行投资运作，既是引致对冲基金业绩较高的原因，也是引致对冲基金投资运作风险较大的原因。

第五，信息披露有限。共同基金的信息应当公开披露，以满足公众投资者的

---

① 这类"合格"的投资者在美国被定义为有能力估计（或能够聘用投资顾问估价）证券的风险和收益特征以及有财力承担经济风险的投资者。

需要。但私募的性质使对冲基金一般处在不对外公开的状态中运作，它们通常不公开披露信息，只对自己的投资者定期（也有不定期）地按照合约规定进行信息披露，因此，外界很难把握它们的投资运作状况和管理动态。但美国证券交易委员会（SEC）认为，对冲基金投资运作中的"实质"信息仍必须在备忘录中提供，只是不需要经 SEC 审查。2008 年美国金融危机之后，鉴于对冲基金在引致此轮危机中的特殊角色，监管部门对它们强化了监管，要求它们向监管部门提供相关信息，由此，对冲基金的信息披露程度可能有所加强。另外，在市场运作过程中，一些对冲基金为了吸引投资者，增强竞争力，也选择了一些途径（如年报等）公开进行信息披露，由此，对冲基金投资运作的透明化程度得以逐步强化。

第六，经营业绩较好。由于对冲基金在投资运作过程中能够较为灵活地运用对冲、卖空、杠杆和期货期权等各种技术来获取利润并规避风险，因此，在长期投资的运作过程中，它们的经营业绩较多地高于共同基金。当然，与此对应，对冲基金的投资风险也高于共同基金。这是对冲基金需要对投资者资质进行限制的重要原因。

第七，激励机制较为灵活。共同基金管理人通常按所管理的基金资产的比例（如 2%）提取管理费，并从中支付各种管理费用和雇员薪酬。但对冲基金较多选择了与业绩挂钩的薪酬激励机制。基金经理的收入主要根据他的投资运作效益进行权衡，除了按基金年净资产值的 1% 提取管理费外，常常还要加上占年投资纯利润 20% 左右的激励费。这种特殊的激励机制，吸引了大量具有丰富投资管理经验的人才转入对冲基金行业，强化了对冲基金的投资运作效益。

第八，监管环境较为宽松。共同基金作为公众投资者的投资工具，有较为严格的监管要求。但基于其私募基金的性质，各国和地区对对冲基金的监管比较宽松，甚至可不将其列入金融监管部门的监管范畴。美国《证券法》规定，不足 100 名投资者的机构在成立时不需要向相关金融主管部门登记，可免于监管。

三 对冲基金的功能

对冲基金作为一种特殊的投资运作组织方式，产生于金融市场、服务于金融市场、活跃于国际金融市场，虽经 2008 年金融危机的冲击，迄今依然存在，是与其在金融市场中的作用直接相关的。在金融市场的发展过程中，对冲基金的主要作用表现在：

第一，满足了投资者需求。经济发展到一定程度后会逐步形成一部分财产较多或收入较高的投资者群体。他们有较高的风险偏好，已不满足于一般的金融投资，有追求高风险－高收益的内在要求。对冲基金的产生和发展在较大程度上满足了这些投资者的需求。

第二，提高市场流动性。对冲基金的投资策略决定了，它们经常在同一时点上既做多又做空，是市场中活跃的交易者。由于对冲基金的资金实力较强，又可以进行杠杆操作，还能进行诸如卖空、互换交易、现货与期货的对冲、基础证券与衍生证券的对冲等各种交易，单笔交易量较大，所以，它们介入金融市场的交易活动，可以在较大程度上提高金融市场的流动性。另外，交易活跃，流动性增强，有利于市场参与者及时转移风险，降低交易成本，提高金融产品的定价效率。

第三，增加市场投资品种。对冲基金丰富的投资策略和较强的盈利能力，可以更好地满足追求利润的机构投资者的个性化需求。实行不同投资策略的对冲基金的出现，对投资者而言，实际上增加了金融市场中可投资的金融产品品种。目前已经有越来越多的捐赠基金、养老金、保险基金等机构投资者投资对冲基金。专门投资于对冲基金的复合式基金（即对冲基金的基金，Funds of Hedge Funds）也已经发展起来。这些机构投资对冲基金的目的主要是增加收益。

第四，加剧金融市场波动。根据市场走势进行多空转换操作的对冲基金是典型的"趋势跟随"型投资者（Trend - follower）。在市场处于上升走势时，此类投资者大量买入证券资产，加速了金融市场的行情上涨；但在市场处于下行走势时，他们又大量卖空，加剧了金融市场的下跌势头。因此，对冲基金介入金融市场的投资活动，加大了市场的波动幅度，给金融市场运行带来了更大的不确定性。而那些进行对冲操作的对冲基金，同时买入和卖出证券，通常也会给金融市场走势造成严重的影响。

第五，加重潜在金融风险。对冲基金为维持正常运作，必须通过金融机构（如银行、证券公司）进行"融资融券"和保证金交易，以实现卖空和杠杆操作。这使对冲基金与这些金融机构之间形成了长期合作的利益共同体。一旦对冲基金遇到无法预料的支付困难，将严重影响这些金融机构的运营安全，甚至引发系统性风险。在2008年美国金融危机中，大批对冲基金资金紧缺，不得不低价卖出其所持有的各种证券，由此牵连相关商业银行、投资银行等金融机构陷入经营困境，造成有毒资产的蔓延。

不难看出，对冲基金是现代金融市场发展的必然产物。但它在为金融市场带来效率的同时，也加重了金融体系的潜在风险。因此，如何发挥对冲基金的优势，同时有效控制其负面影响，是各国和地区金融监管部门面临的一个重要问题。

四　对冲基金的发展

从20世纪40年代末第一只对冲基金的产生算起，迄今对冲基金已有60多年的历史。1949年1月，在深入研究将对冲操作策略运用于积极投资策略的方法基础上，48岁的美国学者阿佛列文斯·琼斯（Alfred Winslow Jones）筹集了10万美元资金，组建了第一只股本基金（其中他本人投入了4万美元）。这只基金采用了普通合伙制的组织方式，以规避美国证券交易委员会的监管和保障其在进行投资组合运作时的灵活性。这标志着对冲基金的起步。

在具体操作过程中，琼斯的对冲基金运作具有四个特色。其一，鉴于在选股方面自己具有较强的能力，但在判断股市走势方面却能力不足（即难以准确判断股市走势），所以，他将自己的投资策略确定为买入在股市交易中价值被低估的股票，同时，卖出价值被高估的股票。在这种投资操作策略中，他将决策关注的重心放在了个股选择上，不去太多地考虑股市的走势。在选股正确的前提下，可以保证基金资金操作在大多数股市行情条件下获得较为理想的净收益。为了把握个股走势，在现代资产组合理论提出之前，琼斯就发明了类似于 β 系数的速率（Velocity）概念来分析个股价格走势相对于股市大盘走势的变化幅度。由此，琼斯的操作策略能够在保持资产组合较低 β 值的前提下，获得双重收益（多头收益与空头收益）。其二，为了提高证券投资组合的收益，他采用了卖空和杠杆这两种投机工具，通过卖空一揽子股票的方法来对冲股市大盘下跌的风险，实现防范股市风险的目的；同时，他利用杠杆放大股票多头头寸，以提高股市投资的收益水平。他创立了独特的所持股票头寸风险的计算公式，即市场风险 =（多头风险 - 空头风险）/投资额。例如，他手持现金为 10000 美元，运用杠杆购买了价值为 12000美元的股票，同时，卖空价值为 7000 美元的股票，总投资为 19000 美元，净资产风险仅为 5000 美元（12000 - 7000），由此，这可以构成一个 50% 净多头的投资组合。在此情况下，14000 美元股票上的风险已经被对冲（7000 美元的多头和 7000美元的空头），而剩余的 5000 美元的股票由于没有被对冲，完全暴露在股票选择和市场的双重风险之中。通过对股票的精心挑选和对股市走势的预测，琼斯的投资运作在利好的股市走势中能使股票多头所获得的收益远大于卖空的损失；在利空的股市走势中能使股票多头的价差损失小于精心挑选的卖空股票的收益，由此，在对冲之后，对冲基金仍能获得较高的净利润。在此条件下，琼斯通过创造杠杆效应，既扩大了可用于投资的资金数量，又提高了投资组合的收益水平。其三，他创立了基金运作中新的激励机制。与当时众多共同基金根据管理的基金资产净额收取管理费的方式不同，琼斯创造了按照超出基准线部分收益的 20% 作为管理费的方式，这有效地提高了对冲基金对投资者的吸引力和投资者对对冲基金运作效果的信心。其四，1952 年，为了完善基金内部的管理运作机制，琼斯将他所管理的基金在组织制度上改为有限合伙制；1954 年，琼斯雇用了一名基金经理独立管理一部分基金资产；随后，又雇用了一些基金经理共同管理基金资产，这些经理拥有较大的个人决策权限。一直到 1966 年之前，琼斯的对冲基金运作都在完全保密的状况下展开，合伙制使对冲基金的运作避免了金融监管部门的检查和信息公开披露。

　　1966 年年初，《财富》杂志上发表了《无人能及的琼斯》一文，揭示了琼斯对冲基金的运作特点和经营业绩，披露出它在过去 10 多年的投资业绩超过了当时最成功的共同基金，引起了众多机构投资者的强烈兴趣，由此，模仿琼斯型对冲基金运作的投资基金数量快速增加。1968 年，美国证券交易委员会报告说，美国已有 215 只对冲基金在投资运营，其中，有 140 只基金选择了类似琼斯对冲基金的运营模式（其中包括巴菲特、索罗斯等人管理运作的基金）。

　　但是好景不长。随着股票市场行情的下行，两次大跌严重打击了众多正处在"裸泳"状态的对冲基金。1970 年年底，在 1968 年时最大的 28 家对冲基金所管理的资产缩水了近 70%，许多经验不足的对冲基金经理退出了对冲基金，幸存下来的乔治·索罗斯（George Soros）和迈克尔·斯坦因哈特（Michael Steinhardt）等对冲基金经理则继续保持运作，日后成了对冲基金行业的巨子。

　　1974 ~ 1985 年，美国股市处于低潮阶段。由于股票市场一直处于谷底，各只对冲基金默默无闻，似乎已为投资者所忘却。1986 年，茱莉·罗拉（Julie Rohrer）在《机构投资者》杂志上发表了《朱利安·罗伯森的火热世界》一文，揭示了老虎基金（Tiger Fund）骄人的发展业绩，再次向投资者展示了对冲基金的发展潜力。老虎基金在 6 年时间里，创造了每年增长 50% 的业绩，在扣除了基金的管理费和激励费以后，依然保持了 43% 的增长速度。老虎基金在运作时，既继承了琼斯以卖空来对冲其投资组合的手段，也运用了一些新的金融投资工具来改善琼斯的投资模型。1985 年，罗伯森预测到美元对主要货币（如瑞士法郎、英国英镑和德国马克等）将呈贬值走势，由此，他的老虎基金和离岸的美洲虎基金买入了 700 万美元的外国货币的看涨期权，把止损点设在全部投资额的 2% 上，几个月之后，他获得了几倍于投资额的收益。其次，罗拉描述了对冲基金与传统证券管理之间的差别，促使一些读者随后陆续成立了自己的对冲基金。再次，随着成功的对冲基金所管理的资产的增长，基金管理者逐渐将眼光扩展到了全球资本市场，创造了很多新型的投资战略。在此背景下，一批新型的对冲基金先后涌现，其中包括行业对冲基金、卖空偏好对冲基金、可转换对冲基金、兼并对冲基金、技术交易对冲基金、固定收入对冲基金、合成证券对冲基金、衍生工具对冲基金以及组合对冲基金等。与最初的琼斯对冲基金相比，这些新型对冲基金仅仅在激励机制上有相同之处，可以使用卖空和杠杆手段但不一定运用这些手段，但还是笼统地被称为"对冲基金"，扩大了对冲基金的内涵。

　　1988 年以后，随着计算机信息技术的兴起，金融创新工具大量出现，使对冲基金的管理者在原对冲模型的基础上进一步发展了对冲手段，出现了固定收入套利性对冲基金、证券市场中性型对冲基金以及事件驱动型对冲基金。20 世纪 90 年代，对冲基金产业获得了极大的发展，基金数量和投资数额快速膨胀。尽管在媒体上不断有关于对冲基金获得巨额回报或投资损失惨重、对全球金融市场造成冲击等方面的评论，但许多业绩良好的对冲基金依然吸引着投资者们不断将资金投入这个产业，由此，也涌现了诸如乔治·索罗斯、朱利安·罗伯森、迈克尔·斯坦因哈特等金融巨子。

　　进入 20 世纪 90 年代以后，对冲基金发展的第一个特点是，对冲基金产业在国际范围内，保持了迅速扩张的势头。美国证券交易委员会的一份内部报告显示[1]，

---

　　① The Study Team of SEC: Impications of the Growth of Hedge Funds—Staff Report to the SEC, 2003.

1993～2003 年的 10 年间，美国对冲基金增加到 6000 只左右，对冲基金管理的资产数额从 500 亿美元增长到 5920 亿美元，增长了 1084%。与此同时，共同基金管理的资产仅增长了 116%，保险公司的资产仅增长了 110%，银行资产也仅增长了 100%。与资产规模相对应，对冲基金迅速成为美国金融市场上的重要投资群体，使美国成为全球对冲基金的中心。根据对冲基金研究公司（HFR）的统计，到 2007 年 3 月末，全球对冲基金数量达到 10000 只以上，资产规模超过了 1.57 万亿美元。其中，欧美金融市场集中了大部分对冲基金，亚太地区成为对冲基金数量和规模增长最快的地区之一。据亚洲对冲公司（Asiahedge）统计，大约有 760 只对冲基金在亚太地区活动，资产总额超过 1300 亿美元。英国、中国香港、美国、澳大利亚和新加坡是亚太地区对冲基金的主要活动基地。

对冲基金发展中的第二个特点是，投资者类型不断增多。早期对冲基金只是少数富裕的个人投资者的投资工具，但进入 20 世纪 90 年代以后，越来越多的捐赠基金、基金会、养老基金和保险公司成为对冲基金的投资者。据范式对冲基金顾问公司统计①，2004 年有 28% 美国的机构投资者，32% 的欧洲机构投资者和 40% 的日本机构投资者购买了对冲基金。

对冲基金发展的第三个特点是，它的运作引起了国际社会的广泛关注。主要原因是，在这一时期先后发生了几次影响较大的国际金融危机，以索罗斯的量子基金为代表的一批对冲基金在其中扮演了重要角色，由此，人们认识到对冲基金对国际金融稳定有重大威胁。各国政府和国际组织开始讨论对冲基金的监管问题。

2007 年，随着美国次贷危机和金融危机的爆发，对冲基金在危机前金融市场中的操作表现，引起了美国乃至国际社会的广泛关注。金融监管部门和社会各界认为，对冲基金是引致金融泡沫发生从而金融危机爆发的一个主要推手。在金融危机发生期间，由于巨额债务难以消解，对冲基金在操作中只能低价卖出所持证券，从而损失惨重。在此背景下，对冲基金的发展进入了低迷阶段。另外，鉴于对冲基金操作大量地运用了杠杆机制，美国有些人将其列入影子银行的范畴，要求加强监管。因此，从国际舆论看，对冲基金似乎成为一种名声不好的投资方式。但在美国 2010 年 7 月 21 日出台的《多德－弗兰克 华尔街改革与消费者保护法案》对对冲基金的运作并没有做出专门的限制。

第二节　对冲基金的投资策略

一　对冲基金收益来源分析

对冲基金的操作以追求绝对收益为主要特点。但在充满市场竞争的条件下，

---

① 参见 Van Hedge Funds Advisors International, LLC（2005）: Hedge Funds Move into the Mainstream, www.hedgeweek.com。

这一目的如何实现（或者说，是通过哪些内在机理实现的），引起了相关各方的关注。

瑞信－特里蒙特公司（Credit Suisse/Tremont），是瑞信集团下属的一家对冲基金指数编制公司。它每月定期发布的"瑞信－特里蒙特对冲基金指数"是基金产业和学者们普遍引用的指数。由于加入指数的对冲基金每季度都会被调整一次，以反映对冲基金行业的真实状况，因此，构成这一指数的基金策略分布能够较为全面地反映对冲基金产业中各种策略的采用情况。2006 年 8 月，该指数的对冲基金资产的策略分布状况为多空股票占 30.1%、事件驱动占 23.5%、全球宏观占 11.1%、多策略占 10.6%、固定收益套利占 6.8%、新兴市场占 6.2%、管理期货占 5.2%、股市中性占 4.0%、转换套利占 2.0%、偏空占 0.5%。由此不难发现，对冲基金的操作策略是多元化的。表 19－1 列示了美国次贷危机爆发之前的对冲基金各种操作策略的收益回报状况。

表 19－1　不同策略对冲基金的投资收益回报

单位:%

指数/策略收益	2006.1~2006.6	2005.6~2006.6	1994.1~2006.6 的年均收益	标准差	夏普比率
瑞信—特里蒙特指数	6.29	12.86	10.79	7.79	0.88
转换套利	7.48	11.83	8.88	4.71	1.05
股票市场中性	6.80	11.73	10.08	2.93	2.11
事件驱动	7.35	12.89	11.59	5.62	1.36
压力证券	7.32	15.21	13.51	6.35	1.51
风险套利	3.57	5.68	7.70	4.15	0.91
固定收益套利	5.65	7.52	6.49	3.72	0.69
偏空型	3.58	6.85	-1.67	17.16	-0.33
多空股票	5.20	14.40	11.85	10.22	0.78
新兴市场	7.23	19.18	8.62	16.27	0.29
全球宏观	8.60	15.22	13.70	10.95	0.89
管理期货	2.13	2.95	6.28	11.98	0.2
复合策略	7.15	14.91	9.58	4.33	1.3

数据来源：瑞信－特里蒙特公司。

虽然不同的投资策略在投资业绩上的表现差异很大，但它们都支持了对冲基金的绝对收益。与共同基金相比，对冲基金的绝对收益表现为超额收益率较高。面对这一现象，1997 年，方和施（William Fung and David A. Hsieh）展开了研究。他们利用夏普（Sharp, 1992）建立的多因素基金定价模型对 3327 只开放式共同基金和 409 只对冲基金的收益率进行分析，结果发现模型对共同基金的收益率有很强的解释力，但不能解释对冲基金的收益变化。为此，在夏普模型的基础上，他们将动量交易策略与传统资产类别相混合，建立了一个新的多因素模型。这一模型包括 9 个不同金融市场的指数收益率和 3 种动态交易策略基金的平均收益（系统/趋势跟随型、系统/投资型和全球/宏观型），研究发现综合这 12 项因素可以解释大约 85% 的共同基金和 40% 的对冲基金收益率的变化。尽管方和施将投资策略作为基金定价影响因素的思想还有待进一步完善，但他们的研究对于证明投资策略是造成对冲基金与共同基金收益差异的主要原因有重要意义。在此之后，布朗和高兹曼（2003）利用 TASS 公司的对冲基金数据库和转换回归方法，检验了 17 种具体投资策略对冲基金在 1989～1999 年的收益率，这项实证研究的结果表明，不同的投资策略确实导致了对冲基金收益的差异。

实际上，影响对冲基金投资业绩的因素，既包括经理技能、投资策略和原生资产种类等因素，也包括宏观经济走势、国际突发事件、金融体制等随机因素。投资策略只是各种因素中的一种，并不是决定对冲基金投资业绩的唯一因素。因此，强调投资策略的作用，只是从一个角度分析探讨了对冲基金投资操作中的特点。

基于收益类型的分析模型，是威廉·夏普在《确定基金的有效资产组合》（1988）和《资产配置：管理类型和业绩评价》（1992）中提出的。起初，他用"有效资产组合"（Effective Asset Mix）和"成因分析"（Attribution Analysis）等术语描述他的研究成果，但后来，学术界一般用"基于收益的类型分析"来描述夏普的这一模型[①]。夏普模型的基本表达式为：

$$e_i = R_i - [b_{i1}F_1 + b_{i2}F_2 + \cdots b_{in}F_n] \tag{19.1}$$

在公式 19.1 中，R_i 为纳入研究范畴的共同基金的收益率，F_n 为消极指数下的某个资产类别下的收益率，b_{in} 代表该资产类别下头寸的权数，e_i 代表实际收益与用于复制的资产组合的收益的"跟踪差异"。基于收益的类型分析是一种统计方法，用于判别如何组合消极指数下的多个多头头寸来最大程度上复制在特定期间的某个基金的现实业绩。公式 19.1 的方括号中的内容代表所选定的资产类别和其头寸的比例，也就是夏普所称的"类型"。它包括两个要素：资产类别（Asset Class）与选择（Selection）。

在夏普所举的一个例子中，他选择了大公司股票指数、跨国公司股票指数、小公司股票指数，用来对"全球基金"的投资基金经理的业绩进行收益类型分析，选定的期间为 1985 年 1 月至 1987 年 12 月。模型分析结果为大约 50% 的跨国公司股票、25% 的大公司股票和 25% 的小公司股票。这些结果可以被解释为，全球基金的投资组合的类型类似于 50% 投资于跨国公司股票指数基金、25% 投

---

① 此外，也有用关联分析（Corelational Analysis）或收益模式分析（Return Pattern Analysis）进行表述的。

资于大公司股票指数基金和 25% 投资于小公司股票指数基金。计算结果给出一个 R^2 值，以说明计算出来的"50 - 25 - 25"组合结果与全球基金的真实业绩的吻合程度。该模型在上述例子中得出的 R^2 为 92%，说明了运用该模型计算的结果与全球基金的真实业绩存在 8% 的差异。这些差异主要源于，基金经理投资的部分资产类别未被包括到分析中的资产类别中，基金经理选择的部分证券与所选定的消极指数的业绩表现不一致，不同资产类别之间的时间差和统计误差，等等。

夏普模型以资产类别为基础，主要是为了进行共同基金投资业绩分析而建立的。这一模型的主要创新之处在于，它将类型上千差万别的共同基金业绩纳入为数不多的几种主要资产种类之中进行分析比较。另外，这种模型简洁明了地给出了投资类型和传统资产种类之间的联系，体现了投资策略运用的方式和这些策略对整体投资组合效率的影响，并且运用"复制"的手法予以实现。这给后来的研究者们提供了一个可资借鉴的思路。但作为一种备择性投资工具，对冲基金与传统的投资工具不同，其收益与原生资产存在非线性关系，所以，夏普模型并不适用于对对冲基金的运作业绩进行的分析。

1997 年，在夏普模型的基础上，方和施发表了《基于资产的对冲基金模型和投资组合分散化》一文，针对"能否通过考察对冲基金收益如何构成来识别对冲基金策略的收益特征"这一问题，提出了一个新的模型，用于对冲基金的收益来源分析。

在夏普模型的基础上，这一模型综合了对冲基金投资类型的特殊要素，称为"基于资产的类型要素模型"。这一模型能够对对冲基金收益的方差的主要部分做出解释，并通过模拟和复制较为准确地预测某些投资类型下的未来收益情况。这一模型将对冲基金的收益关系表示为：

$$R_t = \alpha + \sum_k \beta_k SF_{k,j} + \varepsilon_t \tag{19.2}$$

在公式 19.2 中，R_t 表示对冲基金的收益率，α 表示由对冲基金经理技能带来的业绩增值，$SF_{k,j}$ 表示对冲基金的类型因素，β_k 表示各类型的权数，ε_t 表示随机因素。在公式 19.2 中，对冲基金经理的 α 值与对冲基金的类型因素相关，不同的 β 值代表对冲基金投资组合中不同类型的份额大小，并且综合了杠杆水平。对冲基金的类型因素和夏普模型中运用的资产类别有重要差别。公式 19.2 对夏普模型的拓展在于，通过纳入一系列对冲基金的类型要素来解释对冲基金的业绩，同时，它还保留了与传统资产的收益直接相关的收益特征。

方和施将这些类型要素称为"基于资产的类型要素"。一个对冲基金的投资类型要素包括三个要点：策略（Strategy，"投资策略"的简称）、投资工具（Location）和风险管理（Risk Management）。以多头/空头策略类型为例，其中，策略是指"多头/空头组合"如何建立并试图实现投资目的；投资工具是指策略运用哪一种资产，如股票、债券、期货和期权等；风险管理是指该类型涉及的风险特征，杠杆的运用水平，风险暴露程度等。

运用公式 19.2 中的模型，方和施以回望跨式期权复制了趋势跟随型（Trend - following Strategy）对冲基金的业绩，成功地做出了预测。同时，他们发现，在 1990~2000 年的 10 年间，合并套利策略（Merger Arbitrage）对冲基金与一只共同基金"合并基金"（Merger Fund）之间的业绩密切相关（相关系数为 0.85）。除上述两类对冲基金以外，其他类型的对冲基金还有待进一步的研究以去发掘更多的基于资产的类型要素来复制其业绩。

从公式 19.2 中可以看出，对对冲基金收益率有重要影响的因素包括：α（即基金经理技能）、SF（即对冲基金的类型，包括策略、投资使用的资产和风险因素）和 β（即投资组合中各个不同类型对冲基金的权数）。由此，对冲基金的收益来源见图 19 - 1。

图 19 - 1　对冲基金的收益来源

二　对冲基金类型

对冲基金与一般私募基金的区别在于其多元化的投资策略。在具体运作过程中，这些投资策略通常与特定投资工具相联系，有投资策略、投资工具和风险管理状况三者相结合的特点。在各种操作中，以动态交易为指引的投资策略多元化代表了对冲基金投资思路的主流。对冲基金研究公司（HFR，2002）总结了多达 30 种具体投资策略，其中包括宏观基金（Macro Funds），特定条件基金（Special - Situation Funds），纯权益式基金（Pure Equity Funds），可转换式套利基金（Convertible Arbitrage Funds），等等，但并没有一种策略能够成为对冲基金群体的主流策略，因此，多元化策略是国际对冲基金产业发展的主要特征。

根据投资运作中的策略不同，国际知名的对冲基金研究机构（CSFB/Tremont）将对冲基金运作策略分成了 10 种：

（1）可转换套利型（Convertible Arbitrage）。在这种策略下，对冲基金持有可转换证券的多头头寸，同时，通过卖空其对应的普通股股票对该多头头寸进行保值。基金经理一般购入可转换证券的多头头寸（如可转换债券、可转换优先股或者购股权），然后，卖空目标普通股股票从而将它的一部分头寸对冲，并继续捕捉市场上与这些证券相关的缺乏效率的机会。该策略实施的时间点大多是在出现某些与目标公司相关的特殊事件的时候，或者是在基金经理相信这些证券存在错误定价的时候。

（2）多头/空头权益型（Long/Short Equity）。这种投资策略又称"权益对冲策略"，对冲基金在持有股票多头的条件下，同时卖空该股票或者该股票的指数期权。这种组合操作，依据市场条件，可以是任意的净多头或者净空头。在操作过程中，基金经理一般在牛市时提高净多头头寸敞口，在熊市时则相反（即减少持有的多头头寸甚至只做空不做多）；同时，基金经理会经常用股票指数看跌期权作为市场风险的对冲手段。因此，这种策略在多头获利、空头亏损的情况下可以产生净收益（或者是相反的情况，即在多头亏损、空头获利的情况下产生净损失）。

（3）卖空偏好型（Dedicated Short Bias）。这种投资策略适合在熊市中运用，不适合在长期牛市中运用。在实际操作过程中，这种策略并不纯粹只做卖空交易，而是也会保持净空头的头寸。基金经理主要在股票及其衍生产品上进行空头操作。与权益对冲型相比较，这种策略通常在股市下降的行情中获利，同时，用适量的多头对股市可能上升的风险进行对冲。在操作过程中，基金经理一般使投资组合一直保持净空头，即用于支持空头头寸的资金数量多于支持多头头寸的资金数量。另外，为了卖空，基金经理时常从经纪人处借入对应证券然后迅速将其卖出，在这些证券的价格下落后，再以预期的较低价购回，还给经纪人。采用这种投资策略，基金经理可能在相关证券价格下跌过程中获利。

（4）权益市场中性型（Equity Market Neutral）。这种投资策略通过精心挑选净风险敞口为零的头寸组合，试图在上升或者下降的市场行情中都获利。基金经理通常持有大额的权益多头头寸，同时持有与其数额相等（或者近似相等）的空头头寸，使净风险敞口接近零。保持为零的净风险敞口，是进行权益市场中性操作的基金经理的共有特征。在这种条件下，他们可以较有效地权衡系统性因素对股票市场的整体价值变动的冲击程度。在所有的权益市场中性组合中，预期收益高于市场收益的股票均为多头，低于市场收益的股票均为空头，收益源自多头与空头之间的价差（即多头头寸表现优于空头头寸的具体数额）。

（5）事件驱动型（Event-driven）。这种投资策略又称"公司生命周期投资"。它的投资操作机会来自重大的交易性事件，其中包括资产剥离、兼并、收购、行业整合、清算、重组、破产、改组、股票回购等。在运用这种投资策略时，基金经理首先寻找投资机会并预测这一交易的结果和资本进入的最佳时间。由于具体事件的结果有明显的不确定性，所以，它可能给正确预测结果的基金经理带来投资机会。由此可见，事件驱动型策略包括了合并套利（Merger Arbitrage）策略、不良债券策略、特殊状况策略等。有些基金经理长期采用某种核心策略，其他的经理则针对不同的事件采用不同的投资策略。投资工具包括多头和空头的普通股、债券、购股权、期权等。基金经理也可能运用股指期权或看跌期权等金融衍生工具，来调节收益和规避利率风险及市场风险。策略运用的成败通常取决于基金经理能否正确地预测交易事件的时机和结果，而并不完全依赖市场的走势。可是一旦市场走势下行引起交易产品的重新定价或者交易中止，市场走势就可能对这种策略的收益产生负面影响。

（6）全球/宏观型（Global Macro）。运用该投资策略，首先需要对相关股票、利率、外汇和商品的价格走势做出充分评估，然后运用杠杆对预期价格波动时的相关投资对象进行投资。为了做出正确且精准的价格评估，基金经理应借助各种分析技术，专注于预测全球的宏观经济走势和政治事件对拟投资的金融产品估价的影响程度，并尽可能准确地判断这些金融产品的价格走势。与分析某家公司的证券价格变化不同，基金经理是在这些金融产品资产的整体价值变化中寻找投资获利的机会。例如，基金经理可以通过持有美元多头、欧元与美国国库券的空头建立投资组合，寻求投资获利机会。

（7）新兴市场型（Emerging Markets）。这主要指投资通货膨胀率较高、经济具有大幅增长潜力的新兴市场国家的股票和其他证券，如巴西、中国、印度和俄罗斯等金砖国家，20世纪90年代以后，大部分新兴市场国家位于拉丁美洲、亚洲、东欧或中东。这种策略主要是根据地域来选择投资的金融产品。基金经理可根据分析结果和预测结果，投资相关金融产品，或在选定的基准上进行金融产品的投资组合。

（8）固定收入套利型（Fixed Income Arbitrage）。这种投资策略的目的在于利用相关联的利率产品之间不规则的定价来获利。大多数基金经理力求在较低的价格波动幅度条件下获取稳定的收益，具体策略可包括利率互换套利、美国与非美国政府债券套利、远期收益曲线套利和抵押支持证券套利等。

（9）管理期货型（Managed Futures）。这种投资策略主要通过投资全球的金融、商品期货市场和现货市场来实现，运用这种策略的基金经理通常被称为商品交易顾问。交易规则分为系统型和自由型。采用系统交易的基金经理通常运用市场价格、专门信息和专业技术进行交易决策；自由决策的基金经理则基本依靠自己的专业判断进行决策。

（10）复合策略型（Multi-Strategy）。这种投资策略的典型特征是将几种投资策略动态地组合起来进行投资。在具体运作中，由于这种投资策略涉及多种投资策略的组合，所以，随着市场机会的出现和消失，需要不断地对投资份额和策略组合内容进行调整和重新分配。此外，在前9种投资策略中未包含的内容，基本上都包括在复合策略型投资中。

三　对冲基金的风险管理

不同的投资策略使不同的对冲基金具有不同的风险/收益特征。但对冲基金的类型要素，不仅包括投资策略和投资工具，而且包括风险管理状况。投资者不应单纯考虑基金的投资策略，还需了解基金的杠杆运用水平。一个相对谨慎的投资策略，如果与高杠杆相结合，也可能令投资者面临巨大的风险。

在对冲基金运作过程中，杠杆是指基金的头寸和资产价值超过基金资本的部分。基金头寸的市场价格超过基金资本的部分越大，则杠杆数额就越大。例如，某只对冲基金的资本为2亿美元，它运作中的头寸为3亿美元，则它的杠杆比率为1.5。换句话说，这只对冲基金在运作过程中，相对于每1美元而言，它在金融市场中敞口的头寸有1.5美元。运作头寸比基金资本多出来的1亿美元，是对冲基金借入的资金数量。对冲基金的杠杆率与它所借入的资金数量直接相关。通过借入资金，对冲基金可运作的资金规模将大于基金资本，在条件有利时可获得更高的收益，但这同时也将增大基金运作的风险。

表 19 - 2　杠杆率对对冲基金运作业绩的影响程度（模拟）

单位：万美元

资本：20000	头寸价值 增加5%	头寸价值 减少5%	头寸价值 增加10%	头寸价值 减少10%
名义价值：20000（杠杆率0）	获利：1000	损失：1000	获利：2000	损失：2000
名义价值：30000（杠杆率0.5）	获利：1500	损失：1500	获利：3000	损失：3000
名义价值：40000（杠杆率1）	获利：2000	损失：2000	获利：4000	损失：4000

从表19-2模拟的数据可以看出，杠杆率是一把双刃剑，它既能放大收益程度，也能扩大损失程度。在头寸价值增加5%的条件下，如果杠杆率为1，则对冲基金可获得2000万美元收益，相对于2亿美元的资本而言，收益率可达10%；但如果头寸价值减少5%，则可能损失2000万美元，亏损率也将是10%。

在现实的运作过程中，借入资金以提高杠杆率，通常需要一定比例的抵押品或者交纳一定数额的保证金，由此，在使用杠杆率时，头寸价值增加对对冲基金运作的影响程度要大于头寸价值减少的影响程度。另外，对所投资运作的金融产品而言，在相同的条件下，由于基点数额不同，头寸价值增加幅度和头寸价值减少幅度的实际数额也会有较大差异。例如，某只股票的价格为10元/股，价格上升10%，绝对数额为11元/股；但在11元/股时下跌10%，绝对数额就仅剩9.9元/股。从这个角度上说，头寸价值增加的数额小于头寸价值下跌的数额，二者的风险并不对称。再加上，在头寸放大的条件下，如果基金在投资运作过程中损失了，那么，它不仅要承受净损失的风险，还必须按期支付借入的款额和交纳保证金，这将迫使基金经理通过平仓来变现，其结果可能损失更大，因此风险更加不对称。1998年，美国长期资本管理公司濒临破产，与其使用的接近60倍的杠杆有直接的联系。2008年金融危机期间，美国大批对冲基金破产倒闭，也与其使用高杠杆密切相关。

显然，在对冲基金运作的过程中，有效管理风险和恰当运用杠杆率，是至关重要的。

四 投资者的投资选择

投资策略选择和杠杆率水平的选择，决定了特定类型的对冲基金在金融市场上具有特定的风险和收益特征。投资策略中的对冲运用与净头寸的敞口程度，以及投资对象的价格走势（包括波动程度）对风险和收益的放大程度，都直接影响对冲基金的风险－收益特征。

权衡风险－收益关系，是投资者投资对冲基金时必须谨慎考虑的最基本问题。因此，把握各类对冲基金在历史上的风险－收益特点，就成为投资者选择投资的重要参考。表 19－3 列示了 10 种对冲基金在 1994～2004 年的投资风险－收益状况（按照标准差大小排序），这可成为一个参考。

表 19－3 10 种对冲基金的风险－收益状况（1994～2004 年）

序号	基金类型	平均年收益率（%）	平均年度标准差（%）	Beta（基准：S&P500）	夏普比值
1	权益市场中性	10.69	3.03	0.08	2.19
2	固定收入套利	6.72	3.93	0.01	0.68
3	复合策略	9.75	4.49	0.02	1.26
4	可转换套利	10.50	4.74	0.04	1.36
5	事件驱动	11.19	5.94	0.21	1.20
6	多头/空头权益	12.24	10.92	0.41	0.75
7	全球宏观	14.62	12.01	0.19	0.88
8	管理期货	7.66	12.20	-0.17	0.30
9	新兴市场	6.53	17.35	0.53	0.14
10	卖空偏好	-3.35	17.89	-0.86	-0.41

资料来源：www. hodgoindox. com。

从表 19－3 中可以总结出以下几个要点。第一，随着标准差的增大，大部分的投资策略的收益率也增大。这反映了风险溢价影响风险－收益关系的一般特性。但也有例外情况，例如权益市场中性型的平均年收益率较高而标准差最小，这反映了完全的对冲策略能够将风险控制到很低的程度；管理期货型的标准差较大而收益率较低，这反映了这种投资策略在运作中带有随意性特点，同时，容易受到期货市场波动的影响；新兴市场型策略在很大程度上受到东道国的政治经济环境、金融市场发展程度、金融监管规定等诸多因素的影响，不确定性更大；卖空偏好型在大部分时间内，由于金融市场运行态势较为平稳，所以这种投资策略的平均年收益率出现负值。第二，从 Beta 值来看，只有多头/空头权益型的对冲基金投资运作结果的 Beta 值较高，这也与这种投资策略的特征相吻合，即它与资本市场走势的关联较密切。新兴市场型的投资目标市场，在美国以外的国家里，与标准普尔 500 没有直接关系，所以，数值 0.53 的意义不大。其他各种投资策略的 Beta 值较低，这说明大部分类型的对冲基金由于对对冲手段和其他特殊方法的运用，受资本市场走势的影响较小。由于不同投资策略的对冲基金运用的杠杆程度会影响该类型的风险和收益，因此，Beta 值的大小在很大程度上取决于杠杆率的高低。第三，从夏普值来看，收益与风险的比值最大的是权益市场中性型，可转换套利型和事件驱动型次之，这说明运用对冲手段减少风险敞口的类型的收益/风险比值要高于风险敞口程度较高的类型。

结合表 19－3 的数据，按照收益－风险的大小和对市场走势依赖程度的大小，可将不同投资策略类型的对冲基金归为三大类（按照由低到高排列）：

（1）相对价值型（Relative Value）。在这种类别中，基金经理选择的是市场中性或者没有方向性的策略，因为这种策略的风险敞口最小，所以在金融产品价格波动较低的情况下，通过这种策略可以获得适度收益。在这种类别的操作中，基金经理一般将目标收益率设定在资金投入总额的 10% 左右，尽力避免风险。属于这一类别的对冲基金包括权益市场中性型、固定收入套利型、可转换套利型等。

（2）价值/净多头偏向型（Value/Net Long Bias）。在这种类别中，基金经理选择的是适度的风险敞口和有方向性的投资。在通常情况下，投资组合中有一部分金融产品将被对冲，另一部分则没有。最初的琼斯基金就属于此类。基金经理的年度目标收益率一般为股票市场指数的某个倍数，大多用标准普尔 500 表示。在这个类别中，基金运作承担中等程度的风险，在一定程度上受到金融市场走势波动的影响。属于这一类别的对冲基金包括事件驱动型和卖空偏好型等。

（3）市场导向型（Market－directional）。在这个类别中，基金经理选择的是富于进攻型的策略，一般会运用较高杠杆率来争取较高的收益，但也面临极大的投资风险。在运作过程中，基金经理的年度目标收益率常常定在投资总额的 20% ~ 30%。属于这一类别的对冲基金包括全球/宏观型、多头/空头权益型和新兴市场型等。

按照对投资风险的喜厌程度，可以将投资者分为风险喜好、风险厌恶和风险中性三类。其中，相对价值型较为适合风险厌恶类的投资者，因为这种类型可以在尽量避免风险的前提下提供较低但稳定的收益；价值/净多头型较为适合风险中性类的投资者，因为这种类型可以使投资者在承担适度风险的同时获得相对较高的投资收益；市场导向型较为适合风险喜好类的投资者，因为这种类型使投资者在承担巨大投资风险的同时有可能在很短的时间内获得巨额投资收益。

表 19 – 4　10 种对冲基金的风险 – 收益状况

单位:%

序号	基金类型	平均收益率 2006.1～2006.6	平均收益率 2005.6～2006.6	年均收益 1994.1～2006.6	年度 标准差	夏普比率
	瑞信 – 特里蒙特指数	6.29	12.86	10.79	7.79	0.88
1	偏空型	3.58	6.85	– 1.67	17.16	– 0.33
2	新兴市场	7.23	19.18	8.62	16.27	0.29
3	管理期货	2.13	2.95	6.28	11.98	0.20
4	全球宏观	8.60	15.22	13.70	10.95	0.89
5	多头/空头权益	5.20	14.40	11.85	10.22	0.78
6	转换套利	7.48	11.83	8.88	4.71	1.05
7	事件驱动	7.35	12.89	11.59	5.62	1.36
	压力证券	7.32	15.21	13.51	6.35	1.51
	风险套利	3.57	5.68	7.70	4.15	0.91
8	复合策略	7.15	14.91	9.58	4.33	1.30
9	固定收益套利	5.65	7.52	6.49	3.72	0.69
10	权益市场中性	6.80	11.73	10.08	2.93	2.11

数据来源:瑞信 – 特里蒙特公司。

需要注意的是,对表 19 – 3 反映的各类对冲基金投资策略的运作结果不可机械地理解把握。将表 19 – 4 与表 19 – 3 相比可以发现,由于金融市场(尤其是各地区的金融市场)走势变化不同,不仅各类对冲基金投资策略的运作结果不同,而且就是同一种投资策略的运作结果也不尽相同。因此,投资者的投资选择需要具体情况具体分析。

五　基金经理技能分析

基金经理的运作技能对对冲基金的收益有直接影响。所谓对冲基金经理的运作技能,实际上是指在投资运作过程中基金经理判断市场走势、投资对象的价格变动、适时投资和适时退出从而为基金增加收益的能力。基金经理的投资运作技能可通过不同方式予以衡量,其中,d 指数和 H 指数是用于分析经理技能时经常使用的方法。

第一,d 指数。d 值建立在对冲基金收益偏度与经理技能之间的联系上。运用 d 值方法的突出好处在于,这种方法不需要对原生市场的收益分布做任何假设,因此,在判断某个基金经理的操作技能时,它可以提供重要的参考信息。

美国学者研究发现,对冲基金的投资收益并不服从正态分布,而是有着明显的偏度和宽尾特征。其中,偏度是指对冲基金收益由于在盈亏两个方向上的分布不对称而产生的数据偏斜(收益分布向盈利偏斜的基金称为正向基金,正向波动性高的基金能为投资者带来更高的收益和相对低的损失风险）。宽尾是指异常事件（大的收益或大的损失）发生的频率要比按正态分布假设所预期的大。导致这种偏度和宽尾现象的最关键因素是基金经理的技能。对冲基金的收益分布一旦呈现偏度、宽尾型，那么，大部分收益数据就很可能不会落在以均值为中心的正负两个标准差的范围内。在这种情况下，传统的标准差对投资风险的估计就可能过高或过低，由此产生对投资运作的误导。

在实际过程中，一般用 d 值来衡量风险，由此界定基金经理的投资运作技能。d 值的计算公式为：

$$d\ 值 = |d/u| \tag{19.3}$$

在公式 19.3 中，$d = \sum$ 小于零的收益百分比数值 × 它们在期间内出现的次数；$u = \sum$ 大于零的收益百分比数值 × 它们在期间内出现的次数。

投资者判别基金经理技能的方法是：一个经理的 d 值越小，即他产生正向波动或控制风险的能力越强，则他对投资者的吸引力就越大；反之，一个经理的 d 值越大，他的吸引力就越小。如果 d 值等于 1，就意味着这个经理的投资运作难以给投资者带来价值增值。另外，d 值若稳定，就预示着经理能够持久地将自己的投资策略与市场变化相结合，为基金投资带来巨大的价值增值；d 值若不稳定，则预示着经理的缺乏投资运作技能。

需要注意的是，判断 d 值的稳定性，通常要用到 H 指数。

第二，H 指数。H 指数，又称赫斯特指数，通常用来反映一名经理收益记录围绕某一个均值波动的特征，以判断他的投资运作技能在时间延续过程中的稳定性。

H 指数借用的是英国水文科学家赫斯特的模型。该模型主要用于度量一个趋势加上噪声构成的有偏随机游动中趋势的强度和噪声的水平。在将这一模型运用到基金经理技能分析中时，假定将经理投资运作的历史记录细分为若干个长度为 t 的一系列时间段，运用 $R(t) = \text{Max}(t) - \text{Min}(t)$ 公式计算每个时间段上的极差，由此，可得到 N 个 $R(t)$。

用 $R(t)$ 除以对应时间段 t 上的数据的标准差 $S(t)$，可得到 $M(t)$。

H 指数的求解公式为：

$$H = \log(M) / [\log(N) - \log(a)] \tag{19.4}$$

在公式 19.4 中，a 为与所选用的历史收益时间长度相关的常数。但当历史收益期间不超过 5 年时，$\log(M)$ 的值会非常小，可以忽略不计。

对投资者而言，基金经理技能的稳定性的衡量标准为：当 H 值在 0.5 左右时，可以判定记录是完全随机的。此时，不能表现出基金经理有何投资运作技能。根据"赌徒输光"理论，这种经理可能会在投资运作过程中将投资者的资金全部损失掉（引致此类事件发生所需的时间，由基金经理在投资运作中运用的杠杆率决定）。

H 值在 0.5 和 1 之间时，可以判定经理在任何一段时期内的表现都会受到以往时期内表现的强烈影响，因此，基金经理的投资运作技能有很强的稳定性和连续性，他可能给投资者带来可持续的稳定收益。

H 值在 0 和 0.5 之间时，可以判定基金经理的收益记录缺乏稳定性。但随着时间的延续，它将收敛到一个稳定的数值上（只要这个数值大于零，那么，随着时间的延续，基金经理就可能给投资者带来较好的长期收益）。

与 d 指数相同，在使用 H 指数分析基金经理投资运作的历史收益时，不需要对原生变量的分布做任何假设。H 指数是一个很有效的分析工具，投资者可用它对基金经理的投资运作技能进行评价。另外，这一指标也可以为投资者预测基金经理在下期投资运作业绩的可能变动（包括方向、速度和幅度等），成为投资者监督基金经理的投资运作业绩的技术方法。

第三，对基金经理的行为分析。除了 d 和 H 两种定量分析方法之外，还可以通过对基金经理的行为习惯等的直接观察获得可供分析研判的重要信息。一方面，从基金经理的生活习惯、举止方式和处事态度等方面可以看出他选择投资策略的风格。例如，一个生活规律、很少借债、具有传统思维的基金经理，明显要比另一个经常借债购买奢侈品、有超速驾驶记录、喜爱极限体育运动的基金经理的风格要保守。另一方面，也可从工作经历、教育背景、学术水平和人际关系等方面判断一个基金经理的投资策略风格，虽然这些现象不足以准确判断一个基金经理的投资运作特点，但也有要的参考价值。

第三节 对冲基金的组织方式

一 对冲基金的组织方式[①]

在组织方式上，对冲基金主要采用合伙制。其中，基金经理充当普通合伙人的角色，对基金负债的清偿承担无限责任；基金投资者充当有限合伙人的角色，对基金负债的清偿承担有限责任。但随着基金投资策略的发展和监管环境的变化，在合伙制基础上，对冲基金也发展出了一些更复杂的组织形式。另外，随着中小投资者对对冲基金的投资兴趣日益增加，社会公众希望对冲基金能够采取更加标准、透明的组织形式运作，因此一些对冲基金采用了公司制并且主动向监管机构注册登记。同时，在 2008 年美国金融危机前后，一些对冲基金也开始选择公司制作为组织方式。由此，对冲基金的组织方式更加多样化。

在合伙制和有限合伙制的基础上，对冲基金发展出了多种复合型组织形式[②]，其中，比较有代表性的是 S 型公司和巢式结构的组织方式。

[①] 由于各国法律规定各有不同，为简化起见，本部分主要在美国法律框架下研究对冲基金的组织形式。有关资料参考了〔美〕Stuart A. McCrary《对冲基金》，上海财经大学出版社，2004。

[②] 鉴于在本书第十八章第三节中已对合伙制和有限合伙制进行了研讨，在此我们不再重述。

第一，S型公司。S型公司中的"S"是英文"Subchapter"的缩写，S型公司实际上不是一个独立法人的实体性公司，只是税法意义上的公司，因此，可以理解为"准公司"。

在美国，各种不同类型的企业有不同的设立要求，纳税标准也不同，因此，在注册美国公司之前，必须清楚各种不同类型的公司的区别。在美国，企业（Business Enterprises）的组织方式可分为两大类：公司制（Corporation）和非公司制企业（Unincorporated Business Enterprises）。公司制又可分为封闭公司（Close Corporation）和公众公司（Public Corporation）两大类。非公司制企业可分为独资企业（Sole Proprietorship）、合伙（Partnership）和有限责任公司（Limited Liability Company，LLC）等三种；其中，合伙制企业可进一步分为普通合伙（General Partnership，GP）、有限合伙（Limited Partnership，LP）、有限责任合伙（Limited Liability Partnership，LLP）和有限责任有限合伙（Limited Liability Limited Partnership，LLLP）等四种。

S型公司组织方式将合伙制的税收特性与公司制的有限责任结合起来，是一种没有普通合伙人（即无限责任合伙人）的有限合伙制企业。2004年，美国"就业创造法案"规定，S型公司的股东人数由原来的不超过75个扩大为不超过100个，并将原来的"夫妻被视为1个股东"修改为"全体家庭成员被视为1个股东"。这种合伙制企业的好处在于：其一，投资者与经营者合为一体，合伙人可以直接控制合伙的业务，具有较高的经营运作灵活性；其二，合伙事务的经营管理没有法定的经营程序，经营成本较低；其三，合伙本身不需要缴纳企业所得税，合伙的利润可直接计为合伙人个人的收入，由合伙人缴纳个人所得税。由于这些好处使S型公司有利于家庭经营及家庭成员间个人所得税税负的转移，所以，其组织方式受到了一些投资者的欢迎。但设立S型公司也有一些限制条件，例如，合伙人成员中不得有法人机构，不得包含非定居的外国人，股份种类必须是单一的，等等。

第二，巢式结构。这种结构实际上是S型公司与有限合伙制的结合体。由于普通合伙人的无限责任具有较大风险，因此，引入以有限责任为特征的投资者担任有限合伙人，就可以有效地规避最终投资人的风险。例如，个人出资10万美元发起成立一个S型公司，并使这个公司成为有限合伙制企业的普通合伙人，那么，他可能的损失就仅限于在S型公司中的10万美元。其组织结构如图19-2所示。

对冲基金的典型组织形式是有限合伙制。它通常没有雇员，资金来自有限合伙人及普通合伙人。它雇用基金管理公司来操作基金。一般情况下，图19-2中的S型公司既是普通合伙人又是基金发起人，同时还作为基金管理公司来管理基金。绝大多数甚至全部管理该对冲基金的雇员都在S型公司里，基金向S型公司支付管理费和激励费。发起人也可以同时投资多个基金，一个基金管理公司的雇员，可以为所有基金提供服务。在这种条件下，巢式结构会更加复杂。

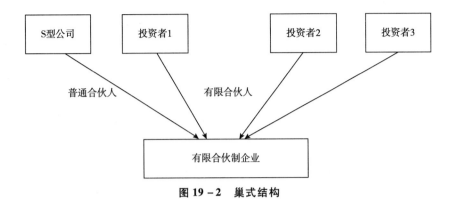

图 19-2 巢式结构

离岸对冲基金通常选择的是公司制结构。它在无税或低税收政策的国家或地区注册，以减少双重征税的影响，同时也可以回避一些国家比较严格的金融监管要求。目前，美洲离岸基金大多选择在百慕大、开曼群岛、英属维京群岛和巴哈马等地注册；欧洲的离岸基金则选择在卢森堡、爱尔兰、吉布提和列支敦士登等地注册；远东地区的离岸基金通常选择在毛里求斯或新加坡等地注册。除公司制的组织方式外，离岸对冲基金还发展了镜像结构和主仆结构等组织方式。

第一，镜像结构。如果发起人想发起一个同时针对国内和国外投资者的基金，他们可通过管理两个几乎完全相同的基金来实现。国内有限合伙制基金可以吸收国内投资，离岸基金公司可以吸收其他地区的资金。两个基金持有大致相同比例的头寸，以大致相同的方法进行投资运作。由此，国内基金和国外基金成为一种镜像结构关系。但实际上，由于国内金融市场和国际金融市场之间存在种种重大差异，管理镜像基金相当困难。每当有现金流入或流出基金的时候，国内基金头寸比例相对于离岸基金就要发生变化。要保持两个基金头寸大致相同，头寸需要在基金账户之间经常移动。这是很不容易实现的。

第二，主仆结构。主仆结构，又称主从结构。解决镜像基金投资运作遇到的困难，一个有效方案是将镜像结构改变为主仆结构，即分别建立"主仆结构"的境内基金和离岸基金。离岸基金持有所有的头寸，同时，境内基金持有的唯一资产是对离岸对冲基金的投资。其结构如图 19-3 所示。

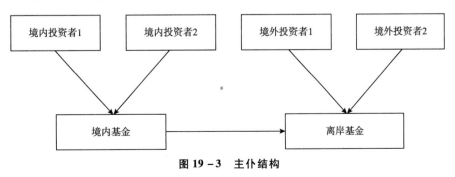

图 19-3 主仆结构

二　对冲基金的治理结构

与共同基金的治理结构不同，对冲基金的投资运作很少通过它们自己的雇员独立完成。在一般条件下，对冲基金是一个由发起人、投资者以及各种各样提供专业服务的组织共同组成的团队来展开投资运作和经营管理的。其中，最主要的是管理基金的投资组合和提供相关服务。作为回报，基金将向这些组织和个人支付费用。因此，与各类专业服务机构保持良好关系，就成为对冲基金治理结构的重要内容。从治理结构的角度看，一个对冲基金的管理团队至少包括以下成员：

（1）发起人与投资者。发起人是基金的创始人，通常持有一部分基金份额，以保证对基金的控制权。但是他们通常不参与基金资产的分配。一般的，全部的基金资产都以可赎回优先股的形式属于投资者（当然也包括发起人）。在有限合伙制的情况下，发起人是普通合伙人，投资者是有限合伙人。发起人和基金经理可根据基金运作业绩获取收入，一般相当于基金超额收益的20%左右。

（2）基金经理。对冲基金经理通常来自一家隶属于发起人的基金管理公司。基金经理的首要责任是决定基金的投资策略和具体的投资运作以及与基金运营有关的其他决策。

（3）投资顾问。投资顾问的职责是就投资对象和策略向基金经理提出专业建议。

（4）董事会。基金的董事会对基金的整体运营负责，同时，负责监督基金经理和其他相关组织及个人的活动。董事会应努力保障基金及其持有人的利益与基金经理（和投资顾问）的利益的独立性。在实际运作过程中，董事会常常授权一个执行委员会来监督基金日常的资产配置和经理的行为。在基金管理规则中，董事会有权审批投资顾问协议和确定顾问费标准，选择独立的会计师和律师，指定基金清算代理人、托管人等，否决与股东利益相冲突的管理决策，等等。但在实践中，董事会的这些权利常常难以实现，原因是在大多数情况下董事会不能独立于投资顾问和其他基金运营参与者而展开工作。

（5）行政总监。许多国家和美国多数州都要求对冲基金指定1名基金经理以外的独立人士担任行政总监。行政总监的首要职责是保证对基金资产净值计算的准确性。在基金资产以各类流通性较好的金融产品为主时，基金资产的估值较为简单。但如果基金资产中包含了一定数量的被禁止交易证券或一些资产的流动性较差时，就需要行政总监选择资产价值衡量标准，以确定基金资产的公允价值。另外，在相当多对冲基金中，行政总监还负责统计和簿记，计算和支付各项基金运营成本和费用，向股东们发送各类报告，协助进行税收估值，提供基本的法律咨询以及维护投资者关系。行政总监可以只提供数据但不参与风险管理工作（风险管理工作通常由基金管理团队的其他人来承担），但在特殊条件下，行政总监有义务为了股东利益而采取更积极的行动，以减少股东的损失。

（6）托管人。托管人的主要职责是，妥善保管基金资产，清算交易及管理红利支付，披露相关信息等。在大多数条件下，基金资产以现金和有价证券等方式存在，托管人无权支配但可以通过与资产存放处相连的会计系统掌管这些资产。托管人应定期提交关于基金交易的会计报告，有时候还要检查基金经理对既定投资策略的执行情况。基金向托管人支付的托管费一般是固定的（或者为基金资产净值的某一比例），但当一个经纪人同时兼任托管人时，托管费通常是交易额的某一个比例。

（7）法律顾问。法律顾问协助基金处理税收和法律事务，保证基金遵守所在国法律法规的要求。法律顾问通常需要准备内部的备忘录，草拟或修订认购基金的协议，回答所有与法律相关的提问。

（8）会计师。在相当多的对冲基金中，向股东提供的月度或季度财务报告可以是未经审计的，但年度财务报告必须是经过有资格的会计师审计的（因为任何第三方都不愿意与不能提供经审计的财务报告的机构合作）。会计师的工作职责是确保对冲基金切实遵守审计要求和其他适用法律，检验基金年度财务报告的准确性。

（9）登记过户代理人。登记过户代理人负责保存和及时更新对冲基金所有者的权益记录，处理基金份额的售出和赎回事宜，管理股息支付和发放等。当一只基金没有专门的登记过户代理人时，通常由基金行政总监履行这一职责。

（10）发行人。发行人是负责销售基金股份的机构。他们通常隶属于基金或是基金的登记过户代理人，但也有一些独立的个人（如经纪公司雇员，金融策划师，银行代表或者保险代理人等）成为基金发行人。发行人直接与潜在客户联系，并且为有意投资于基金的客户提供帮助。投资者会向发行人支付相当于投资金额2%～5%的佣金。

（11）执行经纪人。多数对冲基金雇用一个以上执行经纪人来展开投资运作活动。这些人的职责包括寻求最佳报价、执行交易、提供周到的清算服务和一定的行政服务。

（12）首席经纪人。在对冲基金治理结构中，首席经纪人掌握很大的权限，主要负责基金的后台工作，甚至可能成为基金核心运营工作的主要执行人。首席经纪人的职责包括基金的交易清算、全面资产保管、保证金交易和向基金出借大额证券。目前，仅有少数大型投资银行有能力承担首席经纪人的角色（如摩根士丹利、高盛、美林和美洲银行等）。它们在资产管理、借出证券和资产保管方面具有先天优势，能够提供"从前台到后台"的全套技术解决方案。这些银行在选择对冲基金客户时也十分谨慎，通常对基金最低净资产规模、交易量、债务比例或空头交易量有明确要求。近年来，由于大银行间对优质对冲基金客户的争夺日益激烈，为了保住基金首席经纪人的位置，一些银行主动向基金提供诸如研究报告、在线交流、交易清算记录核对等额外的免费服务。另外，为了减少操作风险，保持交易的隐蔽性和实现跨时区作业，大型对冲基金常常倾向于聘请多个首席经纪人。这样做虽然减少了单一首席经纪人操作失误造成的潜在风险，但增加了基金行政总监工作的复杂性（因为行政总监须详细掌握每一个首席经纪人当天的操作，以便提交当日盈亏和仓位记录）。

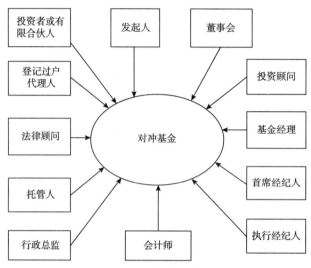

图 19 - 4　对冲基金的基本治理结构

图 19 - 4 显示了一个对冲基金治理结构的基本状况。在实践过程中，一些团队时常可以身兼数职，如发起人同时可以是基金经理、首席经纪人可以担任登记过户代理人和执行经纪人等。但不论如何兼职，对冲基金治理结构中的这些职能是必须实现的。

三　对冲基金的激励机制

对冲基金作为一种私募性质的基金，在治理结构上与实行公司制的共同基金有明显区别。对冲基金的一个突出特点是，基金经理个人对基金资产的管理和投资运作有相当大的决策权，因此，如何建立有效的激励机制，以鼓励基金经理为投资者利益积极工作，是对冲基金成功运作的一个核心问题。从各国对冲基金的运作情况看，对基金经理的激励机制主要表现在三个方面：其一，基金经理本人是基金的普通合伙人，对基金运作负有无限责任；其二，基金经理可以从基金收益中获取 20% 左右的管理费，基金收益越多，基金经理获得的管理费就越多；其三，基金赢利能力的增强能提高基金经理的声誉，使其可以吸引更多的投资者资金和争取更高的薪酬。

如果只从对冲基金的投资运作业绩角度进行衡量，可以说对冲基金的激励机制是成功的。但它也存在一些不容忽视的问题，其中包括基金经理为了获得更多的管理费收入，有可能使对冲基金的投资运作冒更大的风险以获取高收益（例如，选择高杠杆或买入大量流动性差的资产），而这些风险有时是对冲基金投资者所不愿意承担的，同时，对冲基金一旦因此倒闭，可能引发金融市场的连锁反应，形成系统性风险。2008 年，美国金融危机的爆发与对冲基金的这些操作有内在联系。

　　事实上，对冲基金的激励机制结构与其"绝对收益"的投资思路密切相连。这二者的共同作用，促使基金经理努力寻求在任何市场条件下都获得高收益。在可投资的金融资产类型与共同基金基本相同的情况下，对冲基金唯有求助于更具灵活性的"动态投资策略"，这种策略经常被认为存在潜在的金融风险，可能引致系统性风险。

第二十章　信托市场

信托（Trust），是一种管理财产的金融机制和法律机制，它与银行、保险、证券和租赁等共同构成了现代金融体系的主要内容。信托财产介入实体经济和金融部门的经营运作过程，成为一种重要的长期性资金来源和配置渠道。信托市场由建立在信托机制基础上的金融产品的发行和交易市场构成。在金融领域中，信托产品有广义和狭义之分。从广义角度上说的信托产品，是指各种运用信托机制所构建的金融产品，其中包括共同基金、资产证券化证券等标准化金融产品；从狭义角度上说的信托产品，是指各种运用信托机制构建的非标准化金融产品。本章集中研讨信托的基本规定和特点、信托产品类型、信托市场的发展过程以及信托的运作机理，其中，对信托产品的研讨集中于其狭义范畴。

第一节　信托的内涵、特点和类型

一　信托的内涵

信托，是指委托人基于对受托人的信任，将其财产权委托给受托人，由受托人按委托人的意愿以自己的名义，为受益人的利益或者特定目的，进行管理或者处分的行为①。这一定义有五个相互关联的要点。第一，信托主体。在信托关系中涉及的主体包括财产的委托人、受托人和受益人三方。即便在信托受益人与信托委托人为同一主体的条件下，信托关系中的主体也由三方构成（所不同的只是，在这种场合中，同一主体既充当委托人，也充当受益人）。第二，信托的对象。信托关系中委托人交给受托人运作的对象，是委托人的财产及其权力，因此，委托人应将自己持有的财产按照信托机制的规定转移给受托人。这与一般的信用关系有本质区别。第三，财产运作。在委托人将财产交给受托人运作之后，受托人应根据信托契约的约定（这反映了委托人的意愿）以受托人自己的名义展开运作。在财产运作过程中，受托人不可违反信托契约的规定，同时，委托人也不可直接

---

① 见《中华人民共和国信托法》第 2 条。

干预受托人对财产的运作行为（除非受托人违反了信托契约的规定），因此，受托人对财产的运作具有独立性。第四，财产运作目的。财产运作的目的在于"受益人的利益或者特定目的"，因此，财产运作不是为了使受托人获得收益或者增加受托人的资产规模。这决定了信托财产运作的独立性。第五，信托行为。在金融市场中，信托是一种运作财产的行为。受托人在财产运作过程中对受托财产进行的各种管理和各种处分，均属于信托行为的范畴。

由于"信托"被界定为一种法律行为，不同国家和地区采用的法系不同且具体状况也有较大差异，所以，它们对"信托"的定义也存在较大差别。迄今为止，不论是理论界还是实务界，对"信托"的定义也未达成一致。尽管如此，"信托"中的一些基本要点还是存在共同认知的。英国《不列颠百科全书》中认为："信托是一种法律关系，在此种法律关系中，一人拥有财产所有权，但同时负有受托人的义务，为另一人的利益而运用此项财产。"① 《美国信托法重述》第 2 版中认为："信托，在没有'慈善''归复''推定'等限制词的情况下，是指一种有关财产的信义关系，产生于一种设立信托的明示意图，一个人享有财产的法定所有权并负有衡平法上的义务，为另一个人的利益处分该财产。"② 《日本信托法》第 1 条规定，"信托，是指财产权转移或为其他处分，使他人依照一定目的管理或处分财产"。

在实践过程中，为了落实信托机制，有效维护委托人的权益，信托行为有七个最基本的界定：

第一，信托目的。在委托人将财产交付给受托人运作之前，根据信托契约的规定，受托人已明确了这些财产运作的目的，即受托人是接受委托人的委托为了实现委托人的目的而运作这笔财产。

第二，主体特点。在信托契约中规定了明确的受益人，且受益人与委托人可以分离。

第三，信托对象。在信托契约中明确规定了信托财产，包括财产的数额、存在方式和质量（这在财产性信托中尤为重要）等。信托财产既包括有形财产，如存款、股票、债券、保险单和其他金融产品，珠宝、黄金、物品、土地和房屋等实物，也包括无形财产，如专利权、著作权、商标、信誉、肖像权等知识产权，还可包括一些自然权益（如人死前立下的遗嘱就为受益人创造了一种自然权益）。

第四，真实转移。委托人一旦将财产交给受托人管理运作，就必须将财产真实地转移到契约规定的信托账户。受托人以自己的名义管理运作这些财产，因此，法律上视这些财产为受托人所有。

第五，信托账户。信托财产账户与委托人、受托人各自的财产账户相分立。

① 《不列颠百科全书》第 14 版第 22 卷。
② 《美国信托法重述》第 2 版。

如果一个受托人接受了多个委托人的财产管理和运作委托，就应分别为这些委托人单独设立账户。委托人有权就账户中的财产运作状况进行检查，以监督受托人的运作状况。

第六，破产隔离。信托账户实行单独立账后，如果委托人破产，则信托财产不列入破产清算范畴；同理，如果受托人破产，则信托财产也不列入破产清算范畴。

第七，不能承诺盈利。不论是在金融市场的投资运作过程中还是在信托财产的经营运作过程中，风险总是存在的。为了保障受托人审慎地运作信托财产，避免受托人因追逐收益而给信托财产带来严重损失，或者避免受托人为了获得委托人的财产信托，采取夸大收益水平的方法以误导委托人，信托关系规定，受托人对信托财产进行运作时不能承诺是否有收益以及收益水平。

这些界定，既划清了信托关系中的各方行为边界，也清晰地将信托关系与其他金融机制（如股权关系、债权关系等）进行了区分。

二　信托机制的特点

从定义中可以看出，与股权机制、债权机制相比，信托机制具有如下几个特点：

第一，当事主体不同。在股权机制和债权机制中，不论是投资运作还是收益归属，涉及的主体基本上是两方（即买方和卖方）。但在信托机制中，涉及的主体为委托人、受托人和受益人三方。由于主体关系不同，这些机制的复杂程度也就有了明显区别。

第二，财产转移关系不同。在股权机制和债权机制中，投资者与交易对手方之间是一种等价交换活动，即股权投资者投资入股获得股权、债券投资者投资购买债券获得债权。但在信托机制中，委托人将财产转移给受托人时，并没有对应地获得等价物，因此他们之间不是一种等价交易关系。另外，在投资入股或购买债券之后，投资者就拥有对其投资财产的权利，可以凭借这种权利获得对应的投资收益，因此，他们的交易是一种投资关系。与此不同，在信托机制中，委托人一旦根据信托契约将财产移交给受托人，在契约期内，他就失去了对信托财产的权利。信托财产在法律上被视为受托人所有的财产。因此，在信托的场合中，委托人与受托人之间不是一种投资关系，而是一种财产委托运作关系。

第三，财产权利关系不同。在股权机制和债权机制中，投资者通过投资成为股东或债权人之后，就拥有法定的股东权利和债权人权利，可以行使相关的法定权利、开展相关的法定活动，如参加股东大会、债权人会议等。但在信托机制中，一旦委托人将财产交给受托人运作，在信托契约规定的期限内，这些财产就以受托人的名义被投入经营运作当中，委托人就不得再直接干预受托人的投资运作行为。

第四，收益权关系不同。在股权机制和债权机制中，收益权归投资者所有，同时，股权资本获得者（如公司）和债权资金获得者有明确的为投资者谋求赢利的内在规定。但在信托机制中，收益权不归委托人拥有，受托人也没有面临必须为受益人争取赢利的法定（或信托契约）规定的要求。

第五，账户关系不同。在股权机制和债权机制中，发行人发行股份或债券之后，募集的资金直接进入发行人账户，成为发行人可直接操作控制的资产，并进入它的资产负债表之中。一旦公司进入破产清算的程序，这些财产也被纳入其中。但在信托机制中，委托人交给受托人经营运作的财产必须单立账户。这一账户应与受托人的账户分离，独立核算。不论是受托人破产还是委托人破产，信托账户中的财产均不列入清算范畴。

这些特点决定了，信托机制是一种"受人之托、代客理财"的财产运作方式。它既可以存在于金融领域，被用于金融运作，也可以存在于实体经济领域，被用于财富创造和经营活动。从这个意义上说，信托机制可运作的范围大于股权机制和债权机制。

三　信托类型

信托种类繁多。根据不同的标准，信托可分为不同的类型。从各国和地区的实践看，主要的信托类型有以下几种：

（1）按照信托是否依据当事人的意愿而设立，信托可分为意定信托、法定信托、推定信托。其中：

意定信托，又称"自由信托"或"任意信托"，是指由委托人和受托人之间自主达成信托契约并将财产按照信托机制的安排进行管理和处分的信托。在这种信托中，委托人和受托人根据自愿达成信托关系，并将这种自由意愿在信托契约中明确地以文字方式表示。在现实中，绝大多数信托均属于意定信托，它可以是公益信托或私益信托、自益信托或他益信托，也可以是生前信托或遗嘱信托。

法定信托，是指由法庭（或其他司法机关）根据具体情况经判决将某个当事人的财产交给受托人进行管理和处分所形成的信托关系。例如，某个当事人去世时留下一笔遗产，但并未就此财产的处置留下遗嘱；同时，他留下了1个未成年人，而该未成年人并无其他可依靠的亲属。在此条件下，法院经审判，将这些财产交由某个受托人管理和处分，这些财产的收益用于支付该未成年人的生活。在这一场合，虽然当事人（即去世的人）并无将财产进行信托的意愿，受托人也无接受这笔财产建立信托关系的意愿，但司法机关为了当事人的利益所进行的判决，具有法律效力，信托关系依据法院判决而成立。在现实中，这种情形虽然不多，但有其意义。

推定信托，是指在某些情况下法院推定存在一项信托，并要求当事人作为推定受托人而承担责任，以实现正义，防止当事人获得不正当利益。法定信托、推定信托均与委托人或当事人是否具有设立信托的意图或意思表示无关，信托本因法律规定或法院推定而存在，不受当事人意图的影响。

（2）以信托财产的特点为标准，信托可分为资金信托、证券信托、不动产信托、动产信托和债权信托等五种。其中：

①资金信托①，是指委托人将资金作为信托财产交给受托人进行管理和处分，由此所形成的信托关系。在资金信托中，受托人接受作为信托财产的资金后，可根据信托契约的规定，将资金用于金融投资或其他方式的投资运作。2002 年 6 月 13 日，中国人民银行出台了《信托投资公司资金信托管理暂行办法》（中国人民银行令 2002 年第 7 号），其中第 2 条规定："资金信托业务是指委托人基于对信托投资公司的信任，将自己合法拥有的资金委托给信托投资公司，由信托投资公司按委托人的意愿以自己的名义，为受益人的利益或者特定目的管理、运用和处分的行为。"第 2 条指出："信托投资公司办理资金信托业务取得的资金不属于信托投资公司的负债；信托投资公司因管理、运用和处分信托资金而形成的资产不属于信托投资公司的资产。"在各国和地区，资金信托是信托业务中最普遍的一种形式。在实践过程中，资金信托又可以划分为特定资金信托、指定资金信托和非指定资金信托等三种。其中：

特定资金信托，是指委托人在信托契约中对资金的运作对象、运作方式和运作条件有特别具体指定，且受托人同意这些具体制定、在资金运作中只能根据委托人的这些指定运用信托财产的信托关系。例如，在信托资金用于贷款的场合，委托人在信托契约中明确指定贷款对象、贷款数额、贷款利率、贷款期限和贷款条件等；在信托资金用于证券投资的场合，委托人在信托契约中明确指定了可投资的证券品种、价格和数量等。

指定资金信托，是指委托人在信托契约中只指定了资金运作的主要方向（并不对运作对象、运作方式和运作条件做出专门限定），同时具体的运作由受托人根据情况而定的信托关系。例如，在信托资金用于贷款的场合，委托人在信托契约中只是明确了资金应用于贷款，但在贷款对象、贷款数额、贷款利率、贷款期限和贷款条件等方面并无专门限制；在信托资金用于证券投资的场合，委托人在信托契约中只是明确了资金应用于证券投资，但在投资品种、投资方式、价格状况和投资期限等方面并无专门限定。

根据委托人的数量，又可将指定资金信托分为集合指定资金信托和单独指定金钱信托。集合指定金钱信托，是指在委托人为多人的场合，受托人将各个委托人的资金集合运用于指定的投资对象，投资收益集中核算，按照各个委托人投入的资金数额（或占总资金量的比例）向受益人分配信托收益的信托关系。单独指定资金信托，是指受托人分别为每个委托人的资金单立账户，每笔信托资金单独

---

① 在日本，资金信托称为"金钱信托"。

运作，信托资金的投资收益单独核算的信托关系。中国《信托投资公司资金信托管理暂行办法》第5条规定："信托投资公司办理资金信托业务可以依据信托文件的约定，按照委托人的意愿，单独或者集合管理、运用、处分信托资金。单独管理、运用、处分信托资金是指信托投资公司接受单个委托人委托、依据委托人确定的管理方式单独管理和运用信托资金的行为。集合管理、运用、处分信托资金指信托投资公司接受两个或两个以上委托人委托、依据委托人确定的管理方式或由信托投资公司代为确定的管理方式管理和运用信托资金的行为。"

非指定资金信托，是指委托人在信托契约中对资金运作不做限定、信托资金的运作完全由受托人根据具体情况而定的信托关系①。

此外，在日本还有一种称为"金钱信托以外的金钱信托"。它是指，在信托关系建立后，委托人将资金移交给受托人进行投资运作，但在信托关系期满结算时，受托人交付给受益人的财产，并不一定是资金，有可能是各种证券或其他的财产形式。

②证券信托。证券信托，是指委托人将股票、债券等证券作为信托财产移交给受托人，由受托人代为管理运作的信托关系。例如，委托人将收取股票股息的权利、参加股东大会并行使投票权的权利委托给受托人；又如，委托人将收取债券利息的权利或以债券作为抵押品从银行等金融机构中获得贷款并运作这些贷款资金的权利委托给受托人；如此等等。

③不动产信托。不动产信托，是指委托人将自己拥有的各种不动产（如土地、房屋等）作为信托财产移交给受托人，由受托人代为管理和运作（包括对房屋进行维护、出租房屋和出租土地等）所形成的信托关系。在海外，相当多的别墅或房屋（包括办公用房、商业用房和住宅等）都选择不动产信托的方式交由受托人运作。

④动产信托。动产信托，是指委托人将自己拥有的各种动产作为信托财产委托给受托人经营运作的信托关系。其中，动产的范围很广，可以是各种机器设备、汽车、船舶、飞机或其他动产。

⑤债权信托。债权信托，是指委托人以自己拥有的各种债权（如存款单、债券、票据、保险单和借据等）作为信托财产移交给受托人进行运作的信托关系。金钱债权是指要求他人在一定期限内支付一定金额的权力，具体表现为各种债权凭证，如银行存款凭证、票据、保险单、借据、应收款等。信托关系设立后，受托人可凭这些金融债权向债务人收取对应款项、在信托期限内负责管理和处理这些债权和运作因这些债权所得到的资金。例如，美国等西方国家人寿保险信托就属于债权信托，即委托人将其人寿保险单据移交给受托人后，受托人负责向保险

---

① 为了保护受益人利益，日本的法律规定，非指定金钱信托的资金运用范围仅限于购买公债和以公债作担保的贷款。

公司索取保险金，并向受益人支付信托收益。

（3）以委托人的目的为标准，信托可以划分为担保信托、管理信托、处置信托、管理和处置信托。其中：

①担保信托。担保信托，是指以有效保障信托财产价值安全为主要目的而设立的信托关系。在这种信托关系中，委托人将信托财产移交给受托人后，受托人在信托合约期间内并不运用这些信托财产投资运作获取收益，而只是妥善保管信托财产，努力保障信托财产的完整存在。例如，在欧美等西方国家中，信托机构广泛开展的担保公司债券信托就属于担保信托范畴。这种担保公司债券信托的运作大致过程是，在发行人（公司）发行公司债券时，信托机构将委托人的财产用于购买附有担保条件的公司债券，以保障信托财产的价值安全。

②管理信托。管理信托，是指委托人将信托财产交给受托人的目的在于有效管理这些信托财产的信托关系。其中，"管理"一词根据具体的信托契约规定可以有两种含义。其一，指不改变财产的原有状态、性质和使用功能。例如，在以房产、设备等为信托财产的场合，受托人可以将这些财产用于租赁经营以获得租金收入，但不可将这些财产出售或进行外观改造，在信托期满时，受托人应将这些信托财产完整地归还给委托人。其二，指对资金进行管理，按照信托契约中规定收取资金和支出资金。例如，在公积金账户或社保资金的运作过程中，一些国家选择了信托机制对这些账户或资金进行管理。这些信托机构，既负责向交款人催收应缴纳的资金，也负责按照规定向相关主体支付资金。

③处置信托。处置信托，是指在信托契约中规定准许受托人处置信托财产（包括改变信托财产的原有状态、性质和功能）以实现信托财产增值的信托关系。在这种信托中，受托人可根据具体情况对信托财产的物理状态或金融产品形式进行处置。例如，可将房产、设备等信托财产出售，也可卖出股票、债券等信托财产。

④管理和处置信托。这是管理信托和处置信托相结合的产物。常见的情形是，在信托关系中，委托人先是委托受托人管理财产，然后，在一定条件下又委托受托人处置信托财产。在西方国家中，一些公司时常运用这种信托方式来进行产品促销和资金融通。例如，在公司出产的产品为房产、船舶、大型设备等的场合中，如果选择一次性付款的销售方式，则可能由于客户手头资金吃紧而难以将产品有效卖出；但如果选择分期付款的方式销售产品，公司可能难以及时收回货款，引致资金周转困难。在这种条件下，一些公司选择了管理和处置信托，先以这些商品为信托财产，将这些商品的所有权转移给受托人，受托人在信托关系达成后，一方面通过各种渠道为委托人积极融入资金，另一方面为委托人寻找商品的销售渠道和买家，由此，既保障了公司经营运作对资金的需求，又保障了商品的顺利销售。

（4）以法律归类为标准，信托可分为民事信托和商事信托两种。其中：

①民事信托。民事信托，是指信托契约中规定的事项在法律范畴内属于民事范围的信托。与民事直接相关的法律主要包括：民法、继承法、婚姻法、劳动法等。如果委托人与受托人之间签署的信托契约内容涉及这些法律规定的事项，就属于民事信托。其中包括个人财产的管理、抵押、变卖，遗产的继承和管理等事项。由于民事信托在契约期间涉及相关当事人之间的财产关系，所以，各国都规定，此类信托应在相关法律规范的调整下展开。另外，由于在民事信托中，受托人一般不以营利为目的，所以，它又称为"非营业信托"。

②商事信托。商事信托，是指信托契约中规定的事项在法律范畴内属于商法调整范围的信托。与商事直接相关的法律（又称"商事法"）很多，主要包括：物权法、公司法、合同法、票据法、商业银行法、证券法、信托法、保险法、破产法和海商法等。如果委托人与受托人之间签署的信托契约内容涉及这些法律规定的事项，就属于商事信托。其中包括公司的设立、改组、合并、解散、清算，股份（或股票）、债券、商业票据和银行票据等的发行、登记、交易、清算和兑付等。

（5）以委托人的身份为标准，信托可分为个人信托、法人信托和个人法人通用的信托。其中：

①个人信托。个人信托，是指以个人（即自然人）为委托人与受托人签立信托契约而设立的信托关系。各国和地区规定，自然人只要符合相关法律中对委托人的资格条件规定，就可以以自己的名义与受托人签立信托契约，形成信托关系。从历史上看，个人信托的形成和发展，与个人财产的发展状况、市场经济规则的贯彻状况以及传统习惯有内在联系。个人信托进一步可分为生前信托和身后信托两种。生前信托，是指委托人生前与受托人签立信托契约所形成的信托关系。这种信托大多与委托人的个人财产的管理运作相关。在生前信托中，受托人在委托人尚在世时就展开信托财产的管理运作。身后信托，是指根据信托契约约定由受托人办理委托人去世后的相关事务的信托关系。与生前信托相比，身后信托的特点在于，信托契约在委托人去世后生效。根据信托关系形成方式，身后信托契约可分为两种。其一，委托人在世时就与受托人签立了信托契约，但该契约的生效期是在委托人去世后。其二，委托人在生前并没有与受托人签立信托契约，但在他去世后，由其亲属或法院指定形成信托关系。这种信托主要与遗产管理和处置相关，它的受益人只能是委托人以外的第三者。

②法人信托。法人信托，是指由具有独立法人资格的机构（如企业、公司和社团等）作为委托人与受托人签署信托契约所形成的信托关系。由于在一般情况下，法人机构的信托财产数额较大，很难由个人作为受托人进行管理运作，所以，在法人信托中，受托人通常由法人机构（如信托公司或其他金融机构）承担。法人信托的内容差别甚大，其中包括附担保公司债信托、债券发行、动产信托、不动产信托、员工受益信托和商务管理信托等。

③个人与法人通用信托。个人与法人通用信托，是指既可以由个人做委托人也可由法人做委托人而设立的信托关系。其具体形式包括投资资金信托、股权投资信托、不动产信托和公益信托等。

（6）以受托人管理运作信托的目的为标准，信托可分为营业信托与非营业信托两种。其中：

①营业信托。营业信托，是指受托人以收取管理费和其他报酬为目的而经营运作信托业务的情形。从历史角度看，营业信托是在信托市场发展到一定阶段以后出现的。在信托市场发展的早期阶段，受托人大多由个人承担，他们通常只是履行"受人之托、代人理财"的义务，并不以营利为目的，所以，也就没有营业信托。在 19 世纪中期以后，出现了专业化经营信托业务的机构，它们经营运作信托业务的目的是为了获得利润，由此，营业信托随之扩展。迄今，世界各国和地区的信托业务绝大多数属于营业信托范畴。

②非营业信托。非营业信托，是指受托人管理信托财产并不以收取管理费及其他费用从而不以营利为目的的情形。在现代金融市场中，公益性信托通常以非营利信托的方式展开。

（7）以信托财产的受益人为标准，信托可分为自益信托、他益信托、私益信托和公益信托等四种。其中：

①自益信托。自益信托，是指委托人在信托契约中将自己指定为信托财产运作受益人的情形。从历史角度看，早期信托的设立主要是为了第三方利益。但从 19 世纪中期以后，自益信托就开始出现了。通过这一机制，委托人可将自己不能做、不便做的事项委托给受托人，借助受托人的专业化管理运作，获取更大的财产收益。

②他益信托。他益信托，是指委托人在信托契约中将第三方指定为信托财产运作受益人的情形。这是较为普遍的一种信托类型。

③私益信托。私益信托，是指委托人在信托契约中指定特定人为信托财产管理运作受益人的情形。其中，特定受益人是指与委托人有特定关系的受益人。这种特定关系，既可以是受益人与委托人之间有直接经济利害关系（如受益人为委托人的亲属），由此，委托人设立的私益信托可以使其亲属（即受益人）获得利益，也可以是受益人与委托人之间并无直接经济利益利害关系（如在公司设立的员工受益信托中，受益人可以是公司中的部分员工，也可以是公司中的全体员工）。

④公益信托。公益信托，是指以公共利益为目的、使全社会或社会公众的一个重要部分受益而设立的信托。从来源看，公益信托是英美的慈善信托（Charitable Trust）的中文翻译，但在英美法系中，慈善信托与公共信托（Public Trust）并不相等，有些公共信托不能构成慈善信托，尽管如此，"慈善信托"一词较好地说明了现代公益信托的起源。中国《信托法》第 60 条规定为了下列公共利益目的之

一而设立的信托，属于公益信托：救济贫困，救助灾民，扶助残疾人，发展教育、科技、文化、艺术、体育事业，发展医疗卫生事业，发展环境保护事业以维护生态环境，发展其他社会公益事业；同时强调"国家鼓励发展公益信托"。

（8）以信托涉及的地理区域为标准，信托可分为国内信托和国际信托两种。其中：国内信托是指信托契约中涉及的内容仅限于一国境内的信托。国际信托是指信托契约中涉及的内容超出了一国边界的范围，使信托财产在国际间可以运用。如 QDII 就属于国际信托范畴。

此外，信托类型还可根据其他标准进行划分。例如，以同一信托委托人的人数多少为标准，信托可分为个别信托与群体信托；以设立方式不同为标准，信托可分为合同信托与遗嘱信托；等等。

四　信托的功能

在金融运行中和经济社会生活中，信托机制发挥着积极而重要的作用。面对纷繁复杂的经济和金融活动，诸多财产管理运作的安排离不开信托机制的安排，甚至可以说，一旦信托机制缺失，就将引致一系列难以克服解决的问题。信托机制的功能主要表现在五个方面：

第一，财产管理。信托的基本功能在于为财产管理、运作和处置等提供一套符合经济和金融运行机理内在要求的制度、方法、程序、技术和方案。

信托作为一种财产管理运作的制度安排，在五个方面做出了具体界定。其一，财产。可纳入信托管理范畴的财产几乎囊括了经济和金融运行中的一切财产（包括有形财产和无形财产）。其二，主体。可介入信托关系中的主体几乎囊括了经济和金融活动中的一切主体（包括个人、法人、各种组织、政府部门乃至国家）。其三，受益人。在信托关系中的受益人安排，使委托人对财产管理运作的收益归属问题的各种后顾之忧得到了有效解决，而受托人只能按照委托人在信托契约中的安排管理和运作信托财产，既反映了委托人的意愿诉求，又使得委托人可以按照自己的意愿来界定信托财产在长期管理和运作中的特色。其四，受托人。一方面，受托人应按照信托契约的规定管理和运作信托财产。在符合信托契约规定的条件下，若在管理运作中信托财产发生损失，则受托人不承担责任；但如果受托人违反信托契约的规定展开信托财产的运作，那么，由此引致的损失将由受托人承担。这界定了受托人管理运作信托财产的行为边界和行为取向。另一方面，受托人应按照信托契约的规定，将管理运作信托财产的收益支付给受益人。这决定了即便委托人已不在世，信托契约依然有效，因此，信托关系的存在可以是长期甚至永久的。其五，信托契约。信托关系中的各种行为、受益人和信托期限等事项，依照信托契约中的具体规定而界定，同时，信托契约具有法律效力。信托财产不因委托人破产或受托人破产而纳入破产清算范畴，也不因委托人去世或受托人解散而消失（在受托人为法人机构的条件下，受托人破产解散后，信托财产和对应的信托契约可被其他受托人承接）。信托机制中的这一系列界定，意味着信托有极为广泛的运用领域，几乎可覆盖经济和金融的方方面面，对于化解经济和金融活动中的众多困难起着积极重要的作用，对于完善社会管理也有积极重要的作用。

在经济社会生活中有一些具体而又难以用通常的经济和金融机制化解的困难，信托为解决这些问题提供了可操作的机制。例如，一对夫妻离婚了，但孩子尚小，由此，这对离婚夫妻可能对孩子的未来生活和相关的财产安排存在严重分歧（如果孩子的生活费用放在男方，则女方不放心；如果孩子的生活费用放在女方，则男方不放心）。在此条件下，可通过信托机制安排，将孩子的未来生活费用以信托财产的方式纳入到信托契约中，由此，就容易解决夫妻离婚后孩子生活费用的安排问题。又如，一对年轻男女要结婚，但对婚前财产难以处置管理。如果是通过公证方式，虽然可知婚前财产的多少，但无法对这些财产在婚后运作过程中的收益界定清楚。在这种条件下，男女的任何一方都可以以自己的名义，将自己名下的婚前财产通过信托机制委托给受托人管理运作。由于这笔信托财产与他们婚后生活中形成的财产是分立的，所以，一旦发生婚变，这些财产关系是清楚的，比较容易界定归属。再如，在中国的各个居住小区，业主通常将每个月的物业管理费直接交给物业管理公司。如果物业管理公司的服务不到位或其他原因，在业主和物业管理公司之间发生纠纷时，由于物业管理费已交纳，业主难以更换物业管理公司①。要改变这种状况，实际上，只需要将业主们交纳的物业管理费统一交入某个信托账户，由受托人进行管理。该受托人按照业主委员会开出的预算审核批准通知书，向物业管理公司划拨预算期内的费用，由此，就可理顺业主与物业管理公司之间的财务关系和服务关系。

从这些例子中不难看出，信托机制在展开财产管理的同时，对理顺一系列以财产关系为基础的经济社会关系起着特殊的作用。从这个意义上说，信托机制不仅是一个金融机制，也是一个经济机制，还是一个社会管理机制。

第二，金融运作。首先，信托作为一种金融机制，可对委托人的信托财产进行各种金融运作。在委托人的信托财产属于资金信托范畴的条件下，各种金融运作的展开是无须赘述的；在委托人的信托财产属于证券类财产的条件下，各种金融运作的展开也是清楚的；在委托人的信托财产属于动产、不动产和其他财产形式（如知识产权等）的条件下，依然可以通过确立相关的信托契约来展开金融运作。

其次，通过信托机制，委托人将资金等财产以信托方式委托给受托人进行管

---

① 曾发生这样的事件：业主聘请了新的物业管理公司进驻小区，但原有的物业管理公司不走。前者因缺乏财务支持，最后只得离开；同时，业主对原有的物业管理公司（它已掌握业主们交纳的物业管理费）几乎无可奈何。

理运作，使得受托人可以通过这一渠道集中资金等财产，将这些财产投入和配置到相关公司和产业之中，从而支持实体经济的发展。从这个意义上说，信托机制具有聚集资金、配置金融等资源的功能。

再次，在信托机制与其他金融机制相结合的条件下，还可发展出一系列新的金融运作方式。例如，将信托机制与资金管理运作相结合，发展出了封闭式投资基金、开放式投资基金、股权投资基金和各种理财产品等；又如，将信托机制与存量贷款资产相结合，发展出了资产证券化证券，在此基础上，又进一步发展出了二级证券化产品、三级证券化产品等。

最后，在运用信托机制进行金融运作过程中，委托人可借助受托人的专业团队和专业操作能力，为自己的财产增值服务，也可借助受托人的市场能力和各种金融渠道，为自己发行债券、股票、资产重组、公司并购等展开服务。一方面，受托人因金融运作的风险由信托财产承担，因而，所承受的风险较小，有敢于开拓创新的勇气；另一方面，受托人受制于一个完全竞争的信托市场，只有提供良好的服务和取得较高的业绩才可能有效吸引委托人，因此受托人必须认真履行信托契约规定的事项，忠实地为委托人"理好财"。

第三，经营运作。在西方国家历史上曾出现过，最初的公司创始人随着年龄增大已无力继续经营公司业务，同时，他们的后代又缺乏经营公司业务的能力，在这种条件下，他们将整个公司交给信托机构进行经营运作，一方面保持了公司业务运作和发展的连续性，避免因创始人的去世使这部分生产力减弱或瓦解，有利于财富创造过程的持续展开；另一方面又可通过信托运作中的"受益人"界定来保障家族后人的生活和事业发展。在100多年的信托运作过程中，很多交给信托机构管理的公司的原有创始股东早已不在人世，但这些公司迄今还在运行发展，从而形成了一种"无所有者"的公司。在中国，"富二代"的现象已逐步显现，如何在老一代创始人离去后保障公司业务的可持续性，既关系着这些家庭的经济生活，也关系着财富创造、就业和税收稳定。一个可选择的方案是，通过信托机制，寻求具有经营管理公司业务的专业团队，推进公司业务的继续发展。

第四，拓展跨期配置。首先，金融的一个重要功能是推进各种资源在时间上的跨期配置和在空间上的跨区域配置。但不论是股权类机制还是债权类机制，通常所涉及的都只是当事人（如股东、债权人等）在世期间之事。一旦当事人离世，这些金融机制的运用发挥就受到了新的挑战。例如，在原有股东去世后，股份可能因子女分别继承而出现分割和分散的状态，这不利于金融资源的有效配置和稳定配置。又如，在原有股东去世后，子女在继承遗产中，因无力缴纳遗产税而不得不变卖股份，从而使公司业务格局面临严重变动的风险。信托机制可以克服这一系列变数。原有股东可通过建立身后信托来避免股份的分割和变卖，保障原有的资源配置格局不发生重大变化。

其次，金融资产以债权类为主要组成部分。各种债权类金融产品有比较确定的还本付息期限，因此，金融对跨期配置的效应受到期限结构的制约。但信托财产可依据委托人的要求而延长，最长的期限可达到永久的程度，就此而言，信托机制的跨期配置功能强于债权类金融产品。

最后，在跨区域配置中，受期限结构制约，债权类金融产品的局限性比较明显；在那些需要长期资金的建设项目方面，债权类金融产品的局限性也比较突出。与此不同，运用信托机制可以克服这些局限，通过信托财产的投资，使得长期项目和资源长期配置得以展开。

第五，推进社会公益事业发展。首先，通过设立各项公益信托，可以支持科技、教育、文化、体育、卫生和慈善等诸多事业的发展。其次，运用信托机制管理和运作社保基金、公积金等具有社会保障性质的资金，不仅有利于保护资金持有人（缴纳者）的权益，避免由行政机制介入引致的风险和权益损失，而且有利于发挥市场机制配置这些资源的作用，提高运作效率。最后，运用信托机制管理和运作各种基金（如高校内的奖学基金、救助学生就读的基金、扶贫基金等），既有利于使得这些基金管理和运作规范化，提高它们的社会公信度和接受社会监督的程度，也有利于避免这些资金的闲置，提高这些基金中资金在介入资源配置中的效率。

五　信托产品

信托产品是指由受托人（如信托公司）发行的以吸收委托人资金并将这些资金投入预期运作的信托合约。与一般的信托关系相比，信托产品的特点有五个。第一，信托产品是由受托人向委托人发行的，以吸收委托人的资金为目的，因此，这是一种受托人主动争取信托财产受托管理运作的行为。与此不同，在一般的信托关系中，信托财产通常是由委托人根据自己的需要主动委托给受托人管理运作的。第二，在同次信托产品发行中，有多个（中国规定不超过50人，包括法人机构）委托人认购这些产品，从而形成了多个委托人的资金集中于一个账户进行信托管理运作的格局。但在一般的信托关系中，受托人应为每个委托人的信托财产分别设立信托账户。第三，通过信托产品集中的资金在管理运作的投向上已有信托产品发行中的信托契约加以规定，这些信托契约通常由受托人提供，因此，委托人的选择权仅局限于是否购买信托产品，并无修改信托契约内容和条款的权利。第四，信托产品管理运作收益按照信托契约的规定由委托人（或委托人指定的受益人）分担或分享；但在一般的信托关系中，委托人与受益人常常是分离的。第五，信托产品通常有明确的期限（大多不超过3年），一旦期满，信托产品就进行清算了结；但在一般的信托关系中，信托财产可以是长期的甚至是永久的。

按照资金投向划分，信托产品可分为贷款类信托、权益类信托、融资租赁类信托、不动产信托等类型。

在中国，由信托公司发行的信托产品称为"信托计划"。2007 年 1 月 23 日，中国银监会出台了《信托公司集合资金信托计划管理办法》（中国银行业监督管理委员会令 2007 年第 3 号），就信托计划的内涵，信托计划的设立，信托计划财产的保管，信托计划的运营与风险管理，信托计划的变更、终止与清算，信托计划管理运作中的信息披露与监管，受益人大会等事项进行了具体规定。其中的要点包括以下几个方面。（1）信托计划，是指在中国境内设立的集合资金信托计划，它由信托公司担任受托人，按照委托人意愿，为受益人的利益，将两个以上（含两个）委托人交付的资金进行集中管理、运用或处分。信托公司设立信托计划，应当符合以下要求：①委托人为合格投资者；②参与信托计划的委托人为唯一受益人；③单个信托计划的自然人人数不得超过 50 人，合格的机构投资者数量不受限制；④信托期限不少于 1 年；⑤信托资金有明确的投资方向和投资策略，且符合国家产业政策以及其他有关规定；⑥信托受益权划分为等额份额的信托单位；⑦信托合同应约定受托人报酬，除合理报酬外，信托公司不得以任何名义直接或间接以信托财产为自己或他人牟利；⑧中国银监会规定的其他要求。（2）信托公司推介信托计划，应有规范和详尽的信息披露材料，明示信托计划的风险收益特征，充分揭示参与信托计划的风险及风险承担原则，如实披露专业团队的履历、专业培训及从业经历，不得使用任何可能影响投资者进行独立风险判断的误导性陈述。信托计划文件应当包含认购风险申明书、信托计划说明书、信托合同和中国银监会规定的其他内容。（3）信托计划的资金实行保管制。对非现金类的信托财产，信托当事人可约定实行第三方保管，但中国银监会另有规定的，从其规定。在信托计划存续期间，信托公司应当选择经营稳健的商业银行担任保管人。信托财产的保管账户和信托财产专户应当为同一账户。（4）信托公司管理信托计划，应设立为信托计划服务的信托资金运用、信息处理等部门，并指定信托经理及其相关的工作人员。信托公司对不同的信托计划，应当建立单独的会计账户分别核算、分别管理。（5）信托资金可以进行组合运用，组合运用应有明确的运用范围和投资比例。信托公司运用信托资金进行证券投资，应当采用资产组合的方式，事先制定投资比例和投资策略，采取有效措施防范风险。信托公司可以运用债权、股权、物权及其他可行方式运用信托资金。信托公司运用信托资金，应当与信托计划文件约定的投资方向和投资策略相一致。（6）有下列情形之一的，信托计划终止：①信托合同期限届满；②受益人大会决定终止；③受托人职责终止，未能按照有关规定产生新受托人；④信托计划文件约定的其他情形。在信托计划终止后10 个工作日内，信托公司应当做出处理信托事务的清算报告，经审计后向受益人披露。信托文件约定清算报告不需要审计的，信托公司可以提交未经审计的清算报告。（7）出现以下事项而信托计划文件未有事先约定的，应当召开受益人大会审议决定：①提前终止信托合同或者延长信托期限；②改变信托财产运用方式；③更换受托人；④提高受托人的报酬标准；⑤信托计划文件约定需要召开受益人大会的其他事项。受益人大会由受托人负责召集，受托人未按规定召集或不能召集时，代表信托单位 10% 以上的受益人有权自行召集。

第二节　信托产品的运作流程

一　信托公司

信托作为一种金融机制，与股权机制、债权机制相同，很难作为一类金融机构专门经营运作的业务，所以，在发达国家中，信托业务通常是由不同的金融机构根据经营活动的需要和产品特点而展开的。尤其是，在相当多的场合中，信托机制需要与其他金融机制相结合才能有效发挥作用（如共同基金等），信托业务更难成为一类金融机构的专营业务。但在市场竞争中，也有以信托为主要业务内容的金融机构，这些机构在信托业务方面有专业化的优势，形成了专门从事信托业务的团队、程序、技术和经验，与其他金融机构相比，在展开信托业务方面具有突出的专长。另外，一些国家和地区为了有效管理和运作社保资金（如退休金、养老金和住房公积金等）也专门设立了一些信托公司。在中国，信托公司与商业银行、证券公司、保险公司、证券投资基金管理公司和金融租赁公司等共同形成了金融机构体系。2007 年 1 月 23 日，中国银监会出台的《信托公司管理办法》（中国银行业监督管理委员会令 2007 年第 2 号）中指出，信托公司是指依法设立的主要经营信托业务的金融机构。到 2013 年 3 月，中国信托公司已有 62 家，管理的信托资产总额达到 87302.23 亿元。

在中国，信托公司的设立和调整应当遵守若干条件。（1）经中国银监会批准，并领取金融许可证。未经中国银监会批准，任何经营单位不得在其名称中使用"信托公司"字样。（2）信托公司应采取有限责任公司或者股份有限公司的形式。（3）信托公司的注册资本最低限额为 3 亿元人民币，且注册资本应为实缴货币资本。（4）信托公司有下列情形之一的，应经中国银监会批准：①变更名称；②变更注册资本；③变更公司住所；④改变组织形式；⑤调整业务范围；⑥更换董事或高级管理人员；⑦变更股东或者调整股权结构，但持有上市公司流通股份未达到公司总股份 5% 的除外；⑧修改公司章程；⑨合并或者分立；⑩中国银行业监督管理委员会规定的其他情形。

中国的信托公司可以经营如下业务：（1）资金信托；（2）动产信托；（3）不动产信托；（4）有价证券信托；（5）其他财产或财产权信托；（6）作为投资基金或者基金管理公司的发起人从事投资基金业务；（7）经营企业资产的重组、并购及项目融资、公司理财、财务顾问等业务；（8）受托经营国务院有关部门批准的证券承销业务；（9）办理居间、咨询、资信调查等业务；（10）代保管及保管箱业务；（11）法律法规规定或中国银监会批准的其他业务。在开展这些业务的过程中，信托公司可以根据市场需要，按照信托目的、信托财产的种类或者对信托财产管理方式的不同设置信托业务品种；在管理运用或处分信托财产时，可以依照信托文件的约定，采取投资、出售、存放同业、买入返售、租赁、贷款等方式进行；在固有业务项下可以开展存放同业、拆放同业、贷款、租赁、投资等业务（但投资业务仅限定为金融类公司股权投资、金融产品投资和自用固定资产投资，即信托公司不得以固有财产进行实业投资）。另外，信托公司不得开展除同业拆入业务以外的其他负债业务，且同业拆入余额不得超过其净资产的20%；在开展对外担保业务中，对外担保余额不得超过其净资产的50%。

信托公司在从事信托业务过程中，应遵守如下经营规则。（1）恪尽职守，履行诚实、信用、谨慎、有效管理的义务，维护受益人的最大利益。（2）应避免利益冲突，在无法避免时，应向委托人、受益人予以充分的信息披露，或拒绝从事该项业务。（3）应当亲自处理信托事务。当信托文件另有约定或有不得已事由时，可委托他人代为处理，但信托公司应尽足够的监督义务，并对他人处理信托事务的行为承担责任。（4）对委托人、受益人以及所处理信托事务的情况和资料负有依法保密的义务。（5）应当妥善保存处理信托事务的完整记录，定期向委托人、受益人报告信托财产及其管理运用、处分及收支的情况。委托人、受益人有权向信托公司了解对其信托财产的管理运用、处分及收支情况，并要求信托公司做出说明。（6）应当将信托财产与其固有财产分别管理、分别记账，并将不同委托人的信托财产分别管理、分别记账。因此，信托公司应当依法建账，对信托业务与非信托业务分别核算，并对每项信托业务单独核算。（7）信托公司的信托业务部门应当独立于公司的其他部门，其人员不得与公司其他部门的人员相互兼职，业务信息不得与公司的其他部门共享。（8）信托公司开展信托业务，不得有下列行为：①利用受托人地位谋取不当利益；②将信托财产挪用于非信托目的的用途；③承诺信托财产不受损失或者保证最低收益；④以信托财产提供担保；⑤法律法规和中国银监会禁止的其他行为。（9）信托公司因处理信托事务而支出的费用、负担的债务，由信托财产承担，但应在信托合同中列明或明确告知受益人。

二 信托产品运作的一般流程

信托产品的运作流程，是指信托产品从设计、设立、销售、管理到兑付、结清的整个业务运作过程。在实践过程中，它大致可分为四个阶段：第一阶段的主要工作包括信托产品的设计、审核和设立等环节；第二阶段的主要工作包括签立项目协议、销售信托产品、催缴资金和投资等环节；第三阶段的主要工作内容包括监督资金使用状况、跟踪分析项目运作风险和评估项目价值等环节；第四阶段的主要工作包括收回资金、兑付客户信托资金和结清信托产品等环节。

第一阶段是信托公司（或受托人）创造信托产品的阶段，各项工作主要在信托公司内部展开，其中的主要工作环节包括信托项目的调研、立项建议、立项审议和通过、条件设定、方案设计、初审、终审和报批、设立等环节。

在这些环节中，重要的工作内容包括以下几个方面。第一，对信托项目的调研。对信托项目进行调研考察，是启动信托项目的第一项工作内容。调研考察的认真细致程度和评估程度，直接关系着信托项目随后的一系列工作效力。在调研考察过程中，尽职调查是一项基本工作，其中包括调研考察信托项目的法律关系、财务状况、发展前景、公司治理、产业特征、市场竞争力、市场价格走势等众多内容。在尽职调查的基础上，调研组应提供调研考察报告。在调研考察报告中应明确提出对该项目的评价性意见（如是否建议进入筛选范围）和这些评价性意见的根据。第二，立项建议。如果根据调研考察报告，将该项目推荐进入信托项目筛选范围，那么，相关业务部门就应填写立项申请表。在此基础上，该项目进入有关业务部门（如风险管理、财务、法律等部门）的审核会商程序。在这些业务部门进行审核会商时，如果该项目的立项申请未能通过，则立项建议就可能成为存档文件；但如果通过了，则该项目进入下一环节。第三，方案设计。在这一环节，需要对信托项目的具体条件、各个条款、期限、认购人条件和受益人资格等一系列内容做出明确的规定，同时，按照有关法律法规的规定和金融市场动态，对这些条款进行各种权衡。方案设计的结果是，拿出至少两套可供比较选择的预案，供有关审议部门进行审议和决策。第四，初审和终审。在对信托项目方案进行审核比较的基础上，信托公司中的项目审核委员会应对信托项目进行审议并提出终审意见。这意味着，该项目的内部环节已按照程序要求走完了。第五，报批。按监管部门要求，信托项目应报监管部门备案或审批的场合，信托公司应将它们内部终审通过的信托项目报送监管部门进行备案或申请批准。

第二阶段是信托公司设立信托项目的阶段，各项工作主要在信托公司外部展开，其中包括与信托项目对应的机构签署相关协议、制订信托项目发售计划、开立信托账户、销售与信托项目对应的信托产品、收缴资金、将资金汇划给信托项目等环节。

在这些环节中，重要的工作内容包括以下几个方面。第一，签署协议。这是信托项目进入实质性操作的第一个环节。根据信托项目的特点不同（如股权投资、债务融资、租赁融资等）、协议的对手方特点不同、期限不同等，协议的具体内容也不同。协议能否如愿签署，直接关系到信托项目的随后运作能否展开，因此，这是一个关键环节。第二，开立信托账户。这是一个专门账户，既为了委托人资金进入的方便，也为了信托项目管理的方便，同时，在委托人有异议时可供委托人查询。这一账户既不可与信托公司的账户相混，也不可与其他信托项目的账户相混。第三，销售。销售与信托项目相对应的信托产品的过程，同时就是信托公司与信托产品购买人（即委托人）签署信托契约的过程。销售的是否顺利，直接关系着这一信托项目能否符合法律法规的相关设立标准。第四，收缴信托资金。信托公司在与委托人签署了信托契约之后，应按照信托项目销售程序，在规定的时间内，向委托人发出缴纳信托资金的通知，并在规定时间内将这些资金集中于信托账户。第五，汇划。信托公司按照与信托项目对应机构签署的协议规定，将信托资金汇划给对应方，使信托资金进入操作之中。第六，成立信托项目。在上述这些程序完成的条件下，信托公司可宣布成立信托项目（在按规定需要报备的情况下，还应向监管部门报备）。一旦成立信托项目，在信托期内，委托人就不可再将信托资金抽回。如果上述程序中任何一个环节不能顺利完成，则信托项目就无法成立，前期已收到的委托人资金也应如数退还。

第三阶段是信托公司监督管理信托项目的阶段，各项工作主要在信托公司外部展开，其中包括对信托资产投资（或贷放）的具体项目资金的使用情况进行监督、对项目运作风险进行跟踪分析、定期对项目资产状况和运作状况进行评估、写出项目追踪报告、对信托项目中出现的问题提出解决方案等环节。

在这些环节中，重要的工作内容包括以下几个方面。第一，监督资金使用情况。这主要是看信托资金在投入具体信托项目后，是否按照信托契约的规定展开运作，目的是避免信托资金被挪作他用，从而使信托目的难以实现。第二，分析运作风险。通过对信托资金投入的具体项目的财务状况、市场风险等进行分析，了解这一项目在运作过程中的具体情况，是跟踪监督的基本职责。第三，提出解决问题方案。一旦信托资金投入的具体项目在运作中发生违反信托契约的规定或经营运作风险，相关的跟踪监督人员应及时寻求并提出解决这些问题的方案，其中包括提前结束该信托项目的运作等。

第四阶段是信托公司结清信托项目的阶段，各项工作主要包括按期收回信托资金及其收益、兑付客户信托资金和回报、收回信托契约、撰写信托产品的运作报告和信托产品各项凭证、报告存档等环节。

在这些环节中，重要的工作内容包括以下几个方面。第一，按期收回信托资金及其收益。信托资金的本金和收益是否能够如期收回，标志着信托项目的成功与否。如果能够按期收回本金和收益，则信托项目的后续工作就比较容易展开；否则，各种纠纷就可能发生。第二，兑付客户的信托资金和回报。按照信托契约的规定，将信托资金及其回报汇划入客户指定的（或信托契约指定的）账户，标志着信托公司与客户之间的信托关系结清。第三，撰写总结报告。这是对信托项目运作的总结，其中应包括项目运作的经验教训和改进建议等内容。

从上述四阶段的简要流程中不难看出，信托产品在运作过程中存在复杂的各种关系和丝丝相扣的众多环节，因此，信托产品需要有一个团队展开运作。

三　房地产信托及其流程

房地产信托主要有两方面含义。第一，不动产信托。这是指房地产（或不动产）所有者以委托人的身份将房地产作为信托财产转移给受托人进行管理经营并将由此获得的收益支付给信托契约规定的受益人的一种安排。第二，房地产资金信托（Real Estate Investment Trust，即 REIT）。这是指以房地产开发项目为信托资金投资对象的信托类型。通常所讲的"房地产信托"主要是指房地产资金信托。从业务内容看，房地产资金信托可包括委托、代理、金融租赁、咨询和担保等业务①。

20 世纪 30 年代大危机之后，为了加强对资本市场的法治建设，美国先后出台了 1933 年《证券法》、1934 年《证券交易法》、1935 年《公用事业控股公司法》、1939 年《信托契约法》、1940 年《投资公司法》和《投资顾问法》。其中，《投资公司法》第 4 条规定，投资公司可分为面额证券公司（Face - amount Certificate Companies）、单位信托公司（Unit Investment Trust）和管理公司（Management Companies）等三类。在这三类投资公司中，投资管理公司是最常见的类型，它可分为四种，即封闭型（Close - end Type）、开放型（Open - end Type）、分散型（Diversified Type）和非分散型（Non - diversified Type）投资公司。

REIT 发端于马塞诸塞。这种信托方式最初是为规避该州法律禁止公司以投资为目的而持有不动产的规定，随后，因其逐渐发展为规避公司所得税的不动产投资组织，经美国联邦最高法院认定，商业信托与一般公司的经营相似，应视同联邦公司加以课税，因此，REIT 的发展曾一度停滞。1960 年，美国国会通过了修订内地税法典，规定凡具备该法案第 856 条至第 859 条的有关组织、收入及收益分配要件的 REIT 均可享受免税优惠（换句话说，即便 REIT 采取公司的组织方式，也可不必负担公司所得税，仅股东或投资人需要缴纳个人所得税），由此这大大推进了 REIT 的发展。1976 年，美国国会通过了税收改革法案，其中包括取消了 REIT 必须是由非法人信托或社团组织的规定，由此，REIT 的组织方式既可选择公司形式也可选择信托形式。但按照 1986 年《税收公司改革法》的规定，REIT 必须聘用独立的不动产专家来管理 REIT 的日常事务活动。

根据资金投向的不同，REIT 大致可分为权益型、抵押型和混合型三种。其中，权益型房地产资金信托（Equity REIT），是指房地产资金信托直接投资并拥有房地产，通过直接经营房地产获得信托资金的收益。在这种类型中，房地产资金信托通常拥有的房地产包括商业用房、住宅、写字楼和仓库等。资金信托的收益，既来自租金收入，也来自房地产的增值。抵押型房地产资金信托（Mortgage REIT），是指房地产资金信托所募集的资金主要用于发放各种抵押贷款，通过抵押贷款的利率获得信托资金的收益。在这种类型中，房地产资金信托的收入主要来源于发放抵押贷款所收取的手续费和抵押贷款利息，此外，通过发放参与型抵押贷款所获得的抵押房地产的部分租金和增值收益，也成为信托资金的收益来源。混合型房地产资金信托（Hybrid REIT），是指房地产信托资金既用于房地产权益投资又用

---

① 其中，"委托业务"可包括房地产信托存款、房地产信托贷款、房地产信托投资、房地产委托贷款等；"代理业务"可包括代理发行股票债券、代理清理债权债务、代理房屋设计等。

于房地产抵押贷款的情形。在历史上，早期的房地产资金信托主要为权益型，目的在于通过掌握房地产的所有权获得对应的经营收入。但 20 世纪 80 年代以后，抵押型房地产资金信托快速发展，它们主要从事较长期限的房地产抵押贷款和购买抵押证券。从未来发展看，混合型房地产资金信托可能成为重要的发展方向。

房地产信托的运作流程大致上可分为美国模式和日本模式。二者的主要区别来在于资金信托和房地产资产信托的区别。由于美、日的国情不尽相同，所以，美国侧重于资金信托型 REIT，日本侧重于房地产资产信托型 REIT。

美国的房地产信托通常以基金的形式出现。在信托设立阶段的主要运作流程由六个环节构成。其一，制订运作方案。其中的主要工作内容包括：进行市场调研，估算所需资金数量，选择 REIT 的筹资工具，估算投资标的物的收益率及判断其是否能够达到预期回报率等，并在此基础上制订完整的运作方案。其二，与承销商讨论投资与募集资金等事宜。主要工作内容包括商讨各方面的投资细节、募集资金的细节、承销方式、时间安排、划款方式等。其三，与律师和会计师等商谈。主要工作内容包括：选择有资格的律师和会计师，就基金申请发行中的各项法律、会计方面问题进行磋商，拟订申请基金发行文件，安排基金发行中的法律事务和会计事务等。其四，聘请不动产顾问公司。主要工作内容包括：选择房地产顾问公司担任基金投资的房地产经营管理者，就相关事宜进行商谈并确立各自的权利义务关系以及签订 REIT 管理顾问契约等。其五，申请注册[①]。在备齐法律规定的所有文件后，应向美国证券交易委员会（SEC）申请注册。其六，发行基金。在注册获准后，就可以进行房地产基金的发行工作；在发行完毕后，应选择托管人并签订基金资金的托管协议。

日本的房地产信托通常以房地产资产信托的方式出现。在信托设立阶段的主要运作流程由六个环节构成。其一，房地产的分售。房地产公司将土地、建筑物分售给各个投资者，由投资者交纳土地、建筑物的价款给房地产公司，由此实现房地产的销售。其二，委托。各个投资者将所购买的房地产及其所有权以信托方式委托给房地产投资信托公司进行经营管理。其三，租赁。信托公司将投资者纳入信托范畴的房地产全部租赁给房地产公司以获得租赁费收益。其四，转租。房

---

① 在美国，房地产信托基金的首次公开发行需要注册登记。这样做的依据是 1933 年《证券法》表格 11。该格式要求详细披露 REIT 的投资政策、与投资政策有关的活动、房地产的状况、财产处理的信息、经理公司与投资公司之间的关系等。但如果 REIT 通过私募发行，则无须注册登记。但依据 1933 年《证券法》的 Regulation D 款（Rules 501－506），私募发行的投资人上限为 35 人。完成公开发行后，按照 1934 年《证券交易法》，REIT 有报告的义务。另外，法律还对房地产信托的结构、资产运用和收入来源做了严格的要求，如房地产投资信托须有股东人数与持股份额方面的限制，以防止股份过于集中；每年 90% 以上的收益要分配给股东；其筹集资金的大部分须投向房地产方面的业务，75% 以上的资产由房地产、抵押票据、现金和政府债券组成；同时至少有 75% 的毛收入来自租金、抵押收入和房地产销售所得。在税收方面，REIT 则受到了优待，按照规定，REIT 不属于应税财产，且免除公司税项，这就避免了双重纳税。

地产公司将信托范畴内的房地产转租给承租人并向承租人收取租赁费。其五，分红。在规定期限内，房地产公司向信托公司支付租赁收益，信托公司再向投资者分配和发放信托资产的收益。其六，解约。在信托契约期满后，信托公司与投资者之间解除信托契约关系，相关房地产分归投资者。然后，可以重新设立信托。在实践中，信托机构也可不将房地产用于出租，而是直接将这些房地产在市场上销售，然后，将销售收入按比例分配给投资者。

四　融资租赁信托的流程

融资租赁信托，是指信托公司通过设立信托计划募集信托资金，并将这些资金用于开展融资租赁业务以获取租赁租金收益的信托活动过程。从这一定义中不难看出，融资租赁信托是信托机制与融资租赁机制相结合的产物。在运作过程中，它由三个相连接的过程构成：其一，信托公司通过设计和发售信托产品，获得委托人的信托资金；其二，信托公司按照信托契约的规定，将信托资金投入到融资租赁业务活动中，并按照融资租赁合约的规定，获得租赁租金；其三，按照信托契约的规定，信托公司将这些租赁租金分配给信托产品的购买人（或购买人指定的其他受益人）。2002年11月，中国外贸信托公司推出了"医疗设备融资租赁集合信托计划"，标志着融资租赁信托产品在中国的起步，此后，多家信托公司先后推出了一系列融资租赁信托产品。

融资租赁信托的流程可分为设计、销售、投资和分配四个阶段。

信托产品的设计，是信托公司按照《合同法》《信托法》《信托公司管理办法》等相关法律法规的规定，通过分析信托机制和融资租赁机制的业务特点，根据自身经营运作特点、业务定位和市场发展等，设计对应的融资租赁信托产品的过程。在设计过程中，按照合作状态的不同，信托产品可分为由信托公司主导的信托产品、信托公司与商业银行合作的信托产品、信托公司与融资租赁公司合作的信托产品等几种类型。

在由信托公司主导的信托产品中，信托产品设计后的主要流程包括以下几个步骤。（1）委托人与信托公司（受托人）签署《资金信托契约》，然后，按照这一契约规定，将自己的资金按期汇划到信托公司的指定账户。（2）信托公司作为租赁设备的出租人，与租赁设备的承租人签署《融资租赁合同》，其中包括约定由出租人购买设备（按照承租人的设备种类），将这些设备出租给承租人使用的期限和条件，承租人支付设备租赁租金的计算方式、时间、付款方式和其他相关权利与义务的条款。（3）信托公司（作为设备出租人）与设备出租担保人签订相关的《担保合同》、《抵押合同》和《质押合同》等，约定由担保人为承租人履行《融资租赁合同》并提供连带担保责任。（4）信托公司（作为出租人）与承租人指定的设备供应商签订《购货合同》，就购买的设备种类、型号、质量保证、数量、交货时间和交货地点等一系列相关事宜进行约定，并界定双方的各项权利与义务。（5）信托公司按照《购货合同》的约定，将信托资金汇划到设备供应商的账户，完成设备购货手续。这种资金汇划可以是一次性的，也可以是分期付款。（6）设备供应商按照《购货合同》的约定，按期向承租人交付设备，信托公司派人（或委托其他机构）进行检查和验收。（7）信托公司向承租人了解设备交付、验收和使用等情况（如售后服务情况）。（8）信托公司按照《融资租赁合同》的约定，在约定的时间内向承租人催收租金；同时，承租人按照约定将设备租金如数汇划到信托公司的指定账户。（9）信托公司按《资金信托合同》的约定，在约定的时间内，将信托资金的收益分配给信托受益人，并将其汇划到受益人的指定账户。

信托公司与商业银行合作的信托产品、信托公司与融资租赁公司合作的信托产品的运作流程与由信托公司主导的信托产品的运作流程大同小异，不再细述。

五　公益性信托的流程

公益性信托，是指为了公共利益目的而设立的信托。中国《信托法》第60条规定，属于公益信托的范畴包括：救济贫困，救助灾民，扶助残疾人，发展教育、科技、文化、艺术、体育事业，发展医疗卫生事业，发展环境保护事业和发展其他社会公益事业。

信托公司进行的公益信托业务运作的流程，主要包括14个环节。（1）申请从事公益性信托业务的资格。中国《信托法》第62条规定，公益信托的设立和其受托人的确定应当经有关公益事业的管理机构批准。未经公益事业管理机构的批准，不得以公益信托的名义进行活动。公益事业管理机构对公益信托活动应当给予支持。（2）设计方案。在申请得到批准后，应设计公益性信托的运作方案，其中应明确公益信托的资金来源、公益信托业务方式（如选择的是单一信托还是集合信托）、设立公益性信托的目的等内容。（3）方案报批。公益性信托的运作方案，经公益事业管理机构批准后，信托公司可作为受托人接受公益信托资金，并依据《信托法》规定，设立信托监察人①。（4）签署契约。在公益性信托运作方案得到批准后，信托公司应与信托资金的委托人签署《公益性信托契约》，具体明确信托资金数额、信托资金用途、信托期限、信托运作监督等事项。（5）开立账户。在《公益性信托契约》签署后，信托公司应为公益性信托资金开立专门的独立账号，将这一账户告知信托资金委托人。（6）划款。公益性信托资金委托人将公益性信托资金划入信托公司为其开立的专门账户，完成这笔资金的委托手续。（7）管理和运作。信托公司以受托人身份，在公益事业管理机构和信托监察人的监督下，

---

① 中国《信托法》第64条规定："公益信托应当设置信托监察人。信托监察人由信托文件规定。信托文件未规定的，由公益事业管理机构指定。"第65条规定："信托监察人有权以自己的名义，为维护受益人的利益，提起诉讼或者实施其他法律行为。"

遵守忠实、信用、谨慎、有效等管理原则，按照《公益性信托契约》规定的用途，对公益性信托资金进行管理运作，努力实现这些资金的保值增值。（8）分配收益。信托公司运作公益信托资金所获得的收益，按照《公益性信托契约》的规定，在扣除规定比例的管理费后，剩余收益部分应划入公益性信托账户，或按照契约规定划入受益人账户。（9）明确受益人。在每次分配信托资金及收益时，公益性信托受益人应由收益代理人通过相关规定和程序予以确定，受益人自信托生效之日起，享有信托受益权。（10）报告。信托公司作为受托人，每年至少应做出一次公益性信托资金管理运作报告，经信托监察人认可后，报公益事业管理机构核准，进行公告。（11）信托终止。在按照《公益性信托契约》的规定，公益性信托终止时，信托公司应当于终止事由发生之日起15日内，将终止事由和终止日期，报告公益事业管理机构。（12）清算方案。在信托公司的信托终止报告得到公益事业管理机构批准后，应就公益性信托资金清算事宜做出方案和报告，经信托监察人认可后，报公益事业管理机构核准，并予以公告。（13）清算。按照清算方案的程序，信托公司具体操作清算过程，将公益性信托资金的剩余部分汇划给公益性信托委托人（或受益人）指定的账户。（14）总结报告。在公益性信托清算完成后，信托公司应撰写此项公益性信托管理运作的总结报告，并将相关资料（包括工作底稿等）和总结报告一并存档。

六 特殊目的信托及其流程

特殊目的信托，是指为实现特殊目的（如不良资产证券化等）而设立的专门信托。在国际上，不良资产证券化可通过设立特殊目的信托（SPT）和特殊目的公司（Special Purpose Company，SPC）这两个途径来实现。其中，特殊目的信托的途径，是指将金融资产通过信托机制委托给受托机构（具有从事信托业务资格的机构）以实现不良资产的证券化。特殊目的公司的途径，则是指拥有不良资产的金融机构（如商业银行等）将资产直接出售给一个特定目的公司（该公司具有从事信托业务的资格和技术），然后，由该公司实现不良资产的证券化。

特殊目的信托所涉及的不良资产证券化，在实际操作中与一般的资产证券化没有实质性区别，所以不再赘述。相关内容可参阅第十二章。

第三节 信托市场的发展

一 信托市场的起源

从全球角度看，信托市场的发展经历了漫长的过程，逐渐融入了金融体系，并成为现代金融运行中的重要机制。

以 Spence、Story 等学者为代表的早期学说认为，信托起源于罗马法上的遗赠和遗产信托（Fidei Commissum①）。根据罗马市民法的规定，并非所有的人都有接受遗赠的资格，诸如外国人、俘虏和异教徒等均被排除在受遗赠人范围之外。但有时遗嘱人希望为不能接受遗产的人留下财产，于是，作为一种迂回方式，遗嘱人先使遗产归属于法律上有资格承受遗产之人，同时指示该人将部分或全部财产交予第三人，这就是"Fidei Commissum"。② 这一设计使那些无法依市民法继承遗产的人有机会取得遗产，从而突破了市民法的局限。但由于这种选择并不符合罗马市民法的规定，所以，在一段时间内不为罗马法所承认，到了万民法时代这种方式才成为合法。至罗马帝国后期，随着市民法与万民法的二元合流，原先加在遗赠上的种种限制逐步取消，遗产信托和遗赠的区别随之消失并融合归一。在查士丁尼时代，则正式废除了两者的区别。信托遗赠与信托的法理极为类似。然而，信托遗赠在解释上，仅是具有专属于遗嘱法或继承法性质的法理，信托遗赠的受托人，只不过是个中间人，全部的遗产实际上仍由信托遗赠的受赠人即第三人继承。因此，信托遗赠实质上只是一种立遗嘱的技术，因此，很难据此判断罗马法已经确立了信托制度。

霍尔曼斯（Holmes）通过对古日耳曼法中"Salmann"（亦即受托人）的概念分析，寻找信托的起源③。所谓 Salmann，是指从佛朗哥时代到中世纪时期，受所有人的委托，在受让所有人的财产后，再按照所有人的指示处分该财产的受托人。④ 由于"Salmann"本意为因死亡赠予而发展出来的制度，其法律结构是一种附条件的所有权移转，受益人在实体法上并未受保护，受托人只负有道义上的义务，所以，很难断定它属于信托机理范畴，也就难以确定它为信托制度的起源。

威格摩尔（Wigmore）认为，可从伊斯兰法中的"Wakf"一词中探寻信托的起源。所谓 Wakf，是指委托人将其财产的所有权（Barelegal Title）移转给神祇，同时，指定受托人为公益或特定人的利益而管理财产的法律行为。"Wakf"的法律行为特征在于，它是由以神祇为中心的四位当事人构成，受益人仅享有收益权，同时受托人也只不过是单纯的管理人。但从发展史来看，"Wakf"只是一种教义上的创造物，是信仰上的捐赠行为，如果认为它是信托的起源，还需要更加充分的证明论据。⑤

从国内外学者的研究看，比较流行的认识是，将"信托"作为一种事业来经营起源于英国衡平法上的"尤斯"（Use）制度。在英国的封建时代，宗教信仰特别浓厚，教徒死后把土地等财产遗赠给教堂。当时的英国法律规定教会财产是免税的，由此封建君主和诸侯想对这些财产再征收捐税和地租就不可能了。13 世纪

---

① "Fidei Commissum"通常译为"遗产信托"，是罗马人用以松弛遗赠制度严格性的一种设计。
② 欣士敏：《信托的起源及其发展变革》，《福建金融》2001 年第 8 期，第 48 页。
③ 但在大陆法学者中支持此种说法的已不多见。
④ 马云红：《信托及信托制度的起源》，《消费导刊》2007 年第 12 期，第 139 页。
⑤ 赖源河、王志诚：《现代信托法》，中国政法大学出版社，2002，第 1~3 页。

英王亨利三世为阻止这种遗赠而制定了《没收法》的限制，不允许教徒死后把土地等财产遗赠给教堂，否则就将其没收。为摆脱《没收法》，土地等财产所有人便将土地委托给第三者，并规定从土地等财产中获得的利益，教堂可以继续享受。同时，一些想把土地留给家人的人也选择了这种"尤斯"方式。他们委托第三者将财产交给儿女，以防止土地被没收，使自己的儿女能继续依靠土地生活。这种逃避法令的举动，使封建君主减少了财政收入。16 世纪，英王亨利八世又颁布了一种"尤斯"条例，规定教堂在名义上虽然只有受益权，而不享有土地所有权，但也要视同为土地所有者，以对其受益进行课税。为了摆脱这个条例的约束，转让的目的仍然是为了教堂的利益，然后，由儿女把土地再转让给第三者即第二个受托人（这第二个受托人通常是委托人的好友）。在前一个"尤斯"中，儿女的受益权根据"尤斯"条例被看成所有权。采用"双重尤斯"后，教堂的受益权则可以不受"尤斯"条例规定的约束了。因此，亨利八世原想对教堂的受益进行课税的目的仍未达到。这种为了儿女或为了教堂而把财产转让给自己信赖的第三者的做法成为现代"信托"（Trust）的来源。

但是，推进信托机制形成发展的主要力量并非宗教信仰，更多地是来自经济生活的客观需要。在"十字军东征"和"蔷薇战争"的历史过程中，信托机制得到传播。那时，从军的人为了在自己离开期间保障家庭中妻子儿女的生活，将自己的财产托付给他人经营运作，并将收益付给其家庭成员。15 世纪，英国持续了30 年内战（即以白蔷薇花为标志的一派和以红蔷薇花为标志的一派之间的战争），但在战争中哪一派能获胜谁也估计不到，贵族为了避免因自己支持的一派打败仗而使自己丧失土地，就把土地托付好友经营。此后直到 17 世纪，随着英国封建制度的衰落及资产阶级革命的成功，"尤斯"制终于为衡平法院所承认，并发展成为"信托"。由于信托制度有利于市场经济发展，因此，在 18 世纪以后得到了长足发展，不仅信托规模快速扩展，而且信托内容也大为丰富，既应用于宗教领域也应用到了社会公益、个人理财等方面，与此同时，信托的标的物也从土地扩展到商品、物资和货币等方面。随着信托观念的日益明确和信托立法的逐渐完善，到 19 世纪逐渐形成了近代较为完善的民事信托制度。[①]

二 国外信托市场的发展

1. 英国的信托市场发展

英国最早的信托均由个人承办，去负责处理公益事务和私人财产事务。这种依靠个人关系而建立和开展的信托活动，在管理和运用财产的时候，往往会出现纠纷并使委托的财产蒙受损失。为改变这种情况，英国政府在 1893 年颁布《受托人法》，开始对个人充当受托人来承办的信托业进行管理。1896 年，英国政府又公

---

① 耿勇：《信托在英国的起源与演变》，《史学月刊》1999 年第 4 期。

布了《官设受托人法》，规定法院可以选任受托人，受托人以个人身份承办信托事务。随着信托业的发展，1906 年，政府接连颁布《官立信托局条例》和《官立信托局收费章程》。随着信托业务与规模的扩大，1908 年英国政府成立了"官营受托局"，实行以法人身份依靠国家经费来受理信托业务的制度，如管理 1000 英镑以下的小额信托财产，保管有价证券及重要文件，办理遗嘱或契约委托事项，从而标志着英国的信托从个人受托转向法人受托时代的开始。这种由政府出面开办的信托机构收取一定的费用，不以谋取利润为目的，受托业务范围狭窄。

1925 年，《法人受托者》条例颁布后，由法人办理的以营利为目的的商事信托真正开始起步。官营受托局在当时英国的信托事业中占据重要地位。英国工业革命后生产突飞猛进，社会上出现了大批富人，他们对财产的管理和运用有更多的要求，私营信托公司在伦敦应运而生。当时比较有名气的私营信托公司有两家，一家是伦敦受托、遗嘱执行和证券保险公司，一家是伦敦法律保证信托协会。它们扩大了信托业的经营范围，开办了个人信托业务以及信用保险和保证业务等。

英国在 19 世纪 60 年代为适应中小投资者的需要，在全球首推投资信托业务，现今这类信托业务已成为资本市场的重要工具。随着投资信托业务的发展，1932 年英国成立了一个全国性的协会，用以保障和提高会员的共同利益。当时英国有投资信托公司约 240 家，其中取得信托投资公司联合委员会资格的超过 200 家。这 200 多家的资产约占投资信托总资产的 98%。1961 年《信托投资条例》的颁布使信托投资业务得以快速发展。投资信托总资产从 1963 年不到 30 亿英镑发展到 1999 年末的约 200 亿英镑。

伴随着英国信托历史的发展，英国的信托文化氛围也为信托的健康发展提供了良好的人文环境。在英国，信托关系到整个社会中每个人的未来财富的增长，也和许多人的退休生活联系在一起。英国通过完善监管、加强行业自律组织的约束和提高从业人员的资格水平来保护投资者利益，注重诚信和技能的建立以及基金从业人员和投资者之间的良好关系，以推动信托行业的健康发展。

2. 美国的信托市场发展

英国的信托业务主要是民事信托，其建立的信托业务制度亦可说是民事信托业务制度。信托业务从民事信托发展到金融信托源于美国。18 世纪末至 19 世纪初，美国从英国引进民事信托之后，将信托拓展为一种事业展开经营，用公司组织的形式大范围地经营信托业务。虽然最初信托业务是为美国第二次独立战争期间及其之后执行遗嘱和管理遗产的需要而开办的，但随着欧洲移民在美国的殖民活动以及对美国的开发，仅限于民事的信托很快已不能满足经济发展的要求。为了促使资本集中，源于荷兰的股份公司制度在美国得到充分的发展，以营利为目的的信托公司也应运而生。美国最早（即比英国早几十年）完成了个人受托向法人受托的过渡、民事信托向金融信托的转移，为现代信托制度奠定了基础。

美国第二次独立战争结束以后，国家的基础得到巩固，经济走上独立自主发展的道路，新工业蓬勃向上，市场经济机制得以建立并得到迅速发展。股份公司的创立，使股票、债券等有价证券大量涌现，社会财富由土地、商品等实物形态向货币形态转化并进一步向有价证券的形态转化。在有价证券市场快速发展的过程中，各种专业化金融机构随之发展，逐步形成了专门从事集资、经营和代理各种有价证券的专业机构，其中包含了兼营保险业务和信托业务的信托公司和专业信托公司。美国信托业与保险业有密切的联系，1822年成立的"纽约农业火灾保险放款公司"被认为是美国信托业的鼻祖[①]。1853年，纽约成立美国第一家专营的信托公司——美国联邦信托公司，从此，信托业开始了专业化经营的道路。

工业发展需要巨额投资，在美国，这些资本主要通过公司发行股票和债券来筹集，但同时，信托公司也积极地参与了资金筹集，一方面通过承购由铁路、矿山公司发行的债券，然后将其广泛出售给民众来筹集资金；另一方面通过接受信托财产委托，在管理使用钱款和信托财产的过程中，将这些信托财产投入到铁路、矿山等建设事业中。随着金融市场的发展，有价证券逐步代替实物而成为信托的主要标的物，对有价证券的发行、管理、买卖等商业信托业务逐步成为信托的主导业务，信托公司发展成了一类新型的金融机构，金融信托业务成为它们的主要业务内容[②]。随着金融信托业务的不断扩大，保险公司的信托业兼营未能持续，许多保险公司放弃了保险业务而专营信托业务。另外，兼营银行业务的信托公司也大量地增加，信托公司得到普遍发展。

19世纪末到20世纪80年代，是美国现代信托事业得到真正发展的时期。随着商品经济向更高阶段发展和信用制度的确立，信用工具也得到了更广泛的运用。银行资本与工业资本的融合，使金融业在整个国民经济中的地位不断提高，对国民经济的渗透力不断加强。为了满足竞争的需要，随着信托公司涉足于银行，银行也开始兼营信托业务。首先有州立银行依各州法规获得信托兼营权，继而1913年《联邦储备银行法》使国民银行正式获准兼营信托业务，以后其他未批准兼营信托业务的州纷纷效仿而修改州法。于是，商业银行兼营的信托业务有了较快的发展。[③] 同时，由于美国政府不允许商业银行买卖证券，即在公司中参股，商业银行为了避开这种限制达到控制企业股份的目的而纷纷设立信托部来办理证券业务。这样，信托业务又随着银行的发展得到不断扩大。

在信托市场蓬勃发展的过程中，美国证券投资信托成为其中最主要的部分。"二战"之后，美国的银行业一直由于受到过分严格的政府管制而缺乏效率。1933年的《格拉斯－斯蒂高尔法》（Glass–Steagall Act）、1937年的《Q条例》都是美

---

① 1822年"纽约农业火险及贷款公司"成为第一家获得信托营业执照的公司，见日本三菱日联信托银行编《信托法务与实务》，中国财政经济出版社，2010，第12页。

② 曹严礼、和秀星：《美国信托业的发展及其对我国的启示》，《内蒙古财经学院学报》2001年第4期。

③ 余辉：《美国信托法的发展及其对我国的启示》，《河南科技大学学报》（社会科学版）2003年第3期。

国银行业发展史上具有代表性的事件。但正是由于银行体系存在诸多缺陷，资本市场才得以迅速发展。随着美国经济的快速增长和资本市场的急速扩大，有价证券的发行量不断上升，证券投资信托业务也发展迅速，但同时各种违规和投机行为也开始猖獗起来。1941 年，针对证券投资信托，美国颁布了《投资公司法》，在限制投资公司的各种投机活动方面做了三方面重要规定：其一，成立证券投资信托公司，须向证券和交易委员会申请，得到核准后方可筹资；其二，证券投资信托公司的资产最低为 10 万美元；其三，证券投资信托公司必须向投资者公开关于运用信托财产的投资政策和投资内容等文件资料，严格掌控证券投资信托公司职员的素质。这些法率的实施，保证了美国证券投资信托业的健康发展。与此同时，从业公司的类型构成也有了较大变化，由原来的以封闭型的公司为主改变为以开放型的公司为主。到 1981 年 9 月开放型投资公司的基金总数已超过 1505 只，总资产净额为 1661.7 亿美元；到 1992 年初，美国中等规模以上的投资基金已近 3000 家，总资产净值超过 14000 亿美元[①]。

随着网络技术的发展和金融创新的展开，信托产业不仅创造出丰富的业务和产品，而且各种创新产品也得以在全球迅速推广。美国开发了许多新型的信托投资工具，其中包括 MMMF（货币市场互助基金）、CMA（现金管理账户）、MTF（共同信托基金）、融资租赁业务以及把信托资金投资于 DC（大额存单）、CP（商业汇票）和 TB（国库券）等，这些创新产品业已推向国际金融市场。

在美国，信托文化的渗透和企业管理的规范，成为信托产业在美国持续发展的良好基础。从文化基础来看，美国的信托意识已经深入人心，信托服务成为生活中必要的金融服务之一，企业和家庭的各种储蓄投资计划都可以通过成立信托账户来实施。在信托管理方面，美国十分重视企业管理，严格管理信托从业人员。美国从信托业务的特性出发，对信托从业人员制定了严格的规则，其中包括：禁止从业人员向银行客户购买或出售信托资产；禁止从业人员向顾客收受礼物或参与信托账户收入的分配；禁止从业人员谈论或泄露信托业务以及有关顾客的情况；任何相关从业人员不能担任受托人或共同受托人，以避免同银行进行业务上的竞争等。

3. 日本信托市场的发展

20 世纪初，在效仿欧美国家的过程中，日本引进了许多先进的制度和技术，其中颇为重要的一项便是信托制度。根据日本有关信托法律体系的发展、变化和完善情况，日本信托业的发展可以划分为四个阶段。

第一阶段：信托业发展的初始阶段。1900 年（明治三十三年），日本政府制定了《日本兴业银行法》，公布了日本兴业银行可以经营一项"关于地方债券、公司债券及股票信托业"的业务。这是"信托"一词第一次以法律文件的形式出现在

---

① 梁士伦：《美国证券投资信托简介》，《外国经济与管理》1994 年第 7 期。

日本国内，也清楚地界定了信托的管理功能与债权金融以及股权金融的融资功能之间的区别与联系。1904 年日本第一家专业信托公司——东京信托公司成立。这是日本第一家民间筹股成立的公司，主要是经营不动产的管理和不动产抵押贷款。它扩展了信托业务的经营范围，将日本的信托业务从证券代理推进到为委托人管理财产的领域。自此，日本信托业随着日本经济的起飞而快速发展。

日本信托业的发展以信托业的高级形态——金融信托为开端。由于法律制度的不健全和信托市场的不成熟，在这一时期，无论是信托公司的经营理念还是业务发展都显得非常混乱，公司的规模也相对较小；那些在短期内迅速成立的公司良莠不齐，资产规模不足，内控管理机制也不完整。截至 1920 年，日本具有 1000 万日元资本金的信托公司仅有 6 家，资本金不足 25 万日元的信托公司有 329 家。到 1921 年，日本信托公司的数量增加至 488 家，信托业务发展到 30 多个品种，80% 以上的信托机构资本金不足 100 万日元。很多地方性小型信托公司的盈利渠道主要是为资本不足的生产企业提供高利贷式的融资支持。在 20 世纪 30 年代世界经济大衰退的背景下，大量信托公司倒闭。

第二阶段：清理整顿阶段。信托市场的混乱发展，给日本金融体系带来了巨大风险。日本政府为了维护经济发展和维持金融秩序，1922 年制定了《信托法》和《信托业法》[①]，开始对信托业进行清理整顿。这次整顿实现了日本信托业和银行业的分离，使日本信托进入了新的历史时期。其中，《信托业法》对信托公司的条件、业务范围、承受的信托财产和资本金数额等进行了详细的规定，例如，它规定信托公司注册资本不低于 100 万日元（这使大量资金不足的小公司迅速被淘汰）。经过这次清理整顿，信托公司数量大大减少，生存下来的信托公司资本雄厚，业务量迅速攀升。到 1928 年底，日本仅剩 37 家信托公司，但这些公司的信托资产却从 1923 年的 1.6 亿日元上升到 12.7 亿日元，到 1936 年又上升为 22 亿日元。与此同时，各信托公司结合日本的国情和经济发展状况，开创了具有日本特色的信托业务，"金钱信托"发展成日本信托业的一大特色。这一时期，金钱信托多是 5 年至 10 年的中长期信托，信托公司以此对电力、铁路、造纸和矿山进行贷款和投资，同时也购入有价证券[②]。

第三阶段：短暂兼业经营阶段。第二次世界大战期间，日本通过了《关于普通银行兼营信托业务的法律》，此后，大量的信托公司被有实力的商业银行兼并。战争时期，日本的整个金融系统处于动荡之中，信托市场也日渐衰落，到 1945 年仅剩下 7 家专业信托公司[③]。"二战"后，日本经济萧条加之 1948 年通过的《证券交易法》规定信托公司不再办理除国债、地方债和政府担保债以外的其他证券业

务，使信托公司的经营陷入困境。为了避开《信托业法》中关于信托公司不能兼营银行业务的规定，信托公司先从形式上转化为"银行"，再根据1943年通过的《关于普通银行兼营信托业务的法律》兼营信托业务。

第四阶段：分业经营的规范发展阶段。1951年，日本实施了《证券投资基金法》，将投资对象扩大到不动产等有价证券之外的资产；1953年6月，日本大藏省"金融制度调查会"本着"适应战后新形势的金融制度整顿方针"，正式提出"信托分离"的方针，实现银行和信托业分离以及长期金融和短期金融分离，规定信托银行以信托业务为主体，银行兼营的信托业务移交给信托银行经营。自此，信托银行与长期信用银行一起成为日本的长期融资机构，发挥信托业务的专门性职能成为日本信托业的特点。随着日本在20世纪50年代至80年代进入严格分业经营阶段，日本信托业进入了规范、蓬勃的发展时期。

在信托业的历史发展过程中，日本信托机构进行了大量的适合本土的信托创新，使日本的信托业在发展过程中形成了自己的特色，呈现出勃勃生机的气象。

三 中国的信托市场发展

中国的信托市场起步始于20世纪初期。1913年日本人设立大连取引所信托株式会社，1914年美国人在上海设立普益信托公司，1919年中资聚兴银行上海分行成立信托部，1921年中资上海商业储蓄银行"保管部"改名为信托部，1921年第一家专业信托机构——中国商业信托公司在上海成立等事件，标志着信托市场在中国开始萌芽。20世纪到20年代初，在上海先后设立的信托公司达到12家。但好景不长，随着近代金融史上"信交风潮"[①]的爆发，信托公司大批倒闭，仅存2家。抗战期间，信托公司又有所发展，仅上海的私营信托公司就增加了30多家。抗战结束后，由于一些信托公司停业整顿，到1946年底，上海私营信托公司中加入当地的信托行业同业公会的仅剩12家，同时，在上海银行业中设有信托部的也仅存18家。到1949年新中国成立初期，信托公司经过清理后仅有14家，上海就占了13家，但银行兼营信托业务的仍为数不少。在旧中国，除私营信托投资机构以外，还有一些官办的信托投资机构，如地方政府拨款兴办的上海兴业信托社，属于官僚资本"行二局一库"的专业信托机构——中央信托局以及其他官僚资本

---

① 中华民国于1914年颁布了旧中国第一部证券法——《证券交易法》，于1918年批准成立了第一家证券交易所——北京证券交易所。在此后的两三年中，社会游资大量涌进城市，使证券交易空前活跃，引致了各行各业纷纷投资兴办证券交易所和各种与证券交易相关的公司。到1921年11月，交易所已达52家。起初各交易所还只是充当公司股票、铁路债券和公债等证券买卖的中介人，收取佣金，但不久便纷纷发行自己的股票。在暴利的驱动下，社会游资大量涌向股票市场。1921年年底，金融业为保障资金安全，开始收缩资金，继而停止贷款，同时大量收回前期所放款项。这使许多以贷款为基础从事股票投机的人还贷无门，全行业资金周转不灵，由此引致股票价格暴跌，各类交易所、信托公司大量倒闭。到1922年年初，全国只剩下了几家交易所。这就是中国证券发展史上著名的"信交风潮"。

银行设立的信托部。

新中国成立后，人民政府在整顿改造私营信托业及在接管、没收和清理国民政府经营的信托业的同时，试办了社会主义的信托业。当时主要有两种业务机构：一是银行信托部，二是投资公司。如1949年11月，中国人民银行上海市分行以旧中国银行信托部为基础，接办了其原有的房地产保管、信托业务和其他代理业务以及旧交通银行的仓库业务，成立了中国人民银行上海分行信托部；1951年6月，天津市由地方集资，成立了公私合营的天津市投资公司等。但在实行集中统一的计划经济管理体制下，信托机构和证券公司、交易所与时代的主题有欠和谐，所以，信托事业随后就陆续停办了。

1978年十一届三中全会以后，新中国经济发展迈入了改革开放的新时期。在此背景下，信托作为绕开对银行信贷规模的行政管控的一种方式和对外融资的一个窗口得以恢复。[①] 1979年10月，中国国际信托投资公司（以下简称"中信"）在北京宣告成立，同月，中国银行总行设立了信托咨询部，这些事件标志着中国信托业的正式恢复。

中信成立之初的主要目的有二：一是探索银行之外的引进外资及融通资金的新渠道，即作为中国对外融资的窗口；二是在高度集权的计划经济体制之外，引入具有一定市场调节功能的新型因素，以推动经济体制和金融体制的改革。1980年6月，国务院出台了《关于推动经济联合的通知》，要求"银行要试办各种信托业务，融通资金，推动联合"。但文件没有明确信托业务是什么、如何开展信托业务等问题。在此条件下，新中国恢复信托业后的第一家信托公司，一开始就走上了以银行业务为主营业务、金融和实业并举的经营之路。[②] 为响应国务院的号召，中国人民银行总行积极推动各个银行开办信托业务。1980年9月，中国人民银行发出了《关于积极开办信托业务的通知》，指示各分行利用银行机构网点多、联系面广的有利因素，在有条件的地区积极开办信托业务，特别是要把委托放款、委托投资业务办起来，以进一步发展地方经济，搞活银行业务，支持国民经济建设。此后，各银行的分行纷纷在经济发达的城市试办信托业务。上海和浙江嘉兴首先组建了人民银行信托部，对外挂中国人民银行信托投资公司的牌子。在当时，各金融机构开展的信托业务品种几乎处于有名无实或者名实皆无的状态，因此它们主要依托银行等金融机构突破信贷计划管制机制，由此形成了银行体系之外的资金融通机制，促进了地方经济和部门经济发展。1981年年底，全国21个省区共有241个市陆续开办了信托业务；1982年年底，全国各类信托机构发展到620多家。[③] 但信托机构在短期内的迅速发展，导致了分散资金、拉长基本建设战线、业

① 张正乾、牛惠：《社会主义市场经济体制研究》，南海出版社，1994，第89～100页。
② 王新权：《信托与投资经济问题研究》，辽宁人民出版社，1999，第24～33页。
③ 欧阳卫民：《中国非银行金融业研究》，中国金融出版社，2001，第54～56页。

务混乱以及与银行表内业务抢资金、争地盘等现象的发生，这为 1982 年的整顿埋下了伏笔。

信托公司在改革开放后的数量剧增和缺乏法律监管和行业规则，为它们在中国改革发展过程所遇到的挫折埋下了伏笔。1982～2000 年，中国信托业经历了 6 次整顿，引致了信托市场的大起大落。

信托业的第一次整顿。进入 20 世纪 80 年代以后，随着信托机构的发展，出现了信托机构与银行抢资金、挤业务、争地盘等问题。因为信托机构经营发展的业务基本上属于银行业务范畴，如通过吸收存款、同业拆借资金等发放贷款或直接投资于实业项目，因为信托机构的业务活动比银行更加灵活且行政管制较少，所以，大量资金通过信托渠道进入企业和固定资产投资领域。一些地方政府甚至运用行政机制要求地方管辖的国有企业、集体企业和其他行政事业单位的自有资金和专项资金必须在信托投资公司开户存取。1982 年 2 月 13 日，甘肃省计委等部门发出联合通知，要求相关机构将存在银行账户的专项基金存款转作地方信托存款，由地方负责支配。国务院随即要求甘肃省政府纠正此事件，并发出了《关于整顿国内信托投资公司业务和加强更新改造资金管理的通知》，其中明确指出，"今后信托投资业务一律由人民银行或人民银行指定的专业银行办理。经批准办理的信托投资业务，其全部资金活动都要统一纳入国家信贷计划和固定资产投资计划进行综合平衡"。据此，中国信托业开始了第一次整顿。这次整顿的要点是行业清理，重点是清理非银行系信托机构，要求地方所办信托业务一律停止，将计划外的信托业务统一纳入国家信贷计划和固定资产投资计划，进行综合平衡。

信托业的第二次整顿。1983 年 1 月，中国人民银行出台了《关于人民银行办理信托业务的若干规定》，强调："金融信托主要办理委托、代理、租赁、咨询业务，并可办理信贷一时不办或不便办理的票据贴现、补偿贸易等业务"，由此将信托的功能定位在为银行拾遗补缺。此后，各地金融信托投资机构一边清理整顿，一边继续办理业务。随着预算外资金的增加，信托业务得到了较大的发展。1984 年，中国经济改革的重心从农村转至城市。为了支持以城市为重心的体制改革，中国人民银行连续召开全国支持技术改造信贷信托会议和全国银行改革座谈会，认为："信托业务是金融的轻骑兵，也是金融百货公司，更侧重于金融市场调节"，主张"凡有利于引进外资、引进先进技术，有利于发展生产、搞活经济的多种信托业务都可以办理"，由此强化了信托公司发展成"金融百货"的倾向。1984 年，银行贷款增长 32.76%，存款增长 28.52%，现金流通量增长率更是高达 49.51%，比 1979～1983 年的各项指标高出 2～3 倍。在这轮经济过热中，信托业通过各类名义进行的贷款和投资，对固定资产投资的急剧膨胀起到了推波助澜的作用，使留有缺口的物资供应计划更加失去平衡调节能力。1985 年初，国务院发出《关于进一步加强银行贷款检查工作的通知》，人民银行随即决定再次清理整顿信托业，由此展开了第二次信托大整顿。[①] 这次整顿的重点是业务清理。人民银行发出通知，决定停止发放新的信托贷款，停止新增信托投资。1985年12月23日，中国人民银行发布《金融信托投资机构资金管理暂行办法》。1986年1月，国务院颁布《中华人民共和国银行管理条例》，中国人民银行据此于4月出台了《金融信托投资机构管理暂行规定》。该规定实际上收紧了信托公司负债业务的政策空间，使信托公司的主营业务及经营方式均雷同于银行的资产负债业务，与真正的信托业务渐行渐远。

信托业的第三次整顿。1988年，在"价格闯关""再造企业的微观制度基础""国际大循环"等理论的推进下，中国酝酿着重大的改革步伐。但与此同时，中国经济过热现象空前严重，固定资产投资快速增长，通货膨胀率由1987年的7.8%猛升至20%。[②] 与此对应的是信托公司数量的飞速膨胀。到1988年年底，全国信托机构达到上千家，其中，经中国人民银行正式批准的有745家，资产总额700多亿元。1988年，信托公司的资产规模较1986年增长了1.96倍，通过委托贷款发放的固定资产投资贷款增长了3.24倍，通过信托贷款发放的固定资产贷款增长了0.91倍。另外，信托机构的违规经营现象极为普遍，其中包括超范围吸收存款、发放虚假委托贷款、超比例发放固定资产贷款以及滥设机构和越权审批机构等。这些现象干扰和打乱了正常的金融秩序，分散了有限的社会资金，扩大了信用规模和固定资产投资规模，加剧了社会总供给和总需求的失衡。有鉴于此，国务院在"治理经济环境、整顿经济秩序"中，将清理整顿金融信托机构作为控制货币、稳定金融的重要措施。

1988年8月，第三轮信托投资公司的清理整顿开始。这次清理整顿远较前两次整顿更加严厉，主要措施包括：第一，清理整顿期间一律不准成立信托机构及其他类型的非银行金融机构；第二，清理整顿期间，各信托公司一律实行"三停"（即停止发放信托贷款、停止投资和停止拆出资金）。这次整顿的重点包括业务清理和行业清理。一方面，对信贷规模、固定资产比例、存贷款利率、业务操作等进行了清理整顿。例如，严禁扩大范围吸收信托存款，取消利率上浮的规定，禁止同业拆入的资金用于扩大信贷规模（也不得用于固定资产投资、贷款和租赁，由此切断了银行与信托机构之间的同业拆借渠道）；同时，对信托存款按比例计缴存款准备金，以减少信托机构可运用的资金量。另一方面，撤销合并了一些公司，以解决信托机构过多过滥的问题，并重新核发信托机构的金融业务许可证。经过两年左右的清理整顿，到1990年8月，信托投资公司只剩339家，信托投资公司的各项存款合计为581.6亿元，贷款合计为760.84亿元，总资产为1004亿元。[③]

---

① 朱善利：《中国信托投资业的地位及发展方向》，经济科学出版社，1998，第32～36页。
② 郭树言、陈同海：《中国投资白皮书》（1996），国际文化出版社，1996，第36～42页。
③ 李海涛：《中国信托业：规制与发展》，《财经问题研究》2002年第4期，第18页。

信托业的第四次整顿。1993 年 6 月，中国开始实施紧缩的宏观调控政策，由此，收紧银根、严控货币发行、整顿金融秩序等措施纷纷出台。在此背景下，开始了信托业的第四轮清理整顿。这次清理整顿按照"分业经营，分业管理"的思路展开，将信托业与银行业分开，切断银行与信托公司之间的资金联系，为此，限制银行向信托公司的资金拆借，要求国有商业银行与其投资入股创办的信托公司脱钩（1995 年出台的《商业银行法》更是明确禁止商业银行从事信托投资公司及投资于非银行机构）。到 1996 年年底，共脱钩、撤并了 168 家由商业银行独资或控股的信托公司，全国具有独立法人地位的信托公司减少到 244 家。

信托业的第五次整顿。1996 年 10 月 5 日，中国人民银行公告批准中银信托投资公司由广东发展银行收购；1997 年 1 月 4 日，中国人民银行公告依法关闭了中国农村发展信托投资公司；1998 年 10 月，广东国际信托投资公司也因资不抵债和支付危机被关闭。到 1997 年末，全国共有信托投资公司 242 家，资产规模约 4600 亿元。由于这些信托公司普遍资产质量差、支付困难，容易引发信托市场系统性风险和区域性风险问题，1999 年 3 月，国务院对中国信托业的第五次清理整顿开始。这次清理整顿的措施包括如下几个方面。第一，对所有问题严重、地方政府不愿救助或无力救助的信托公司一律实行停业整顿、关闭和撤销，使其进入清算程序，由地方政府和中国人民银行负责组织成立清算组，处置个人债务兑付、外债偿付和清算等工作。第二，少数经营状况良好或者经营状况尚可、地方政府又有意救助扶持的信托公司，采取政府注入资金、债权转股权、引入新的战略投资者、合并重组等方法化解债务、增加资本金，全面清理债权债务，解决各类历史遗留问题，然后，经中国人民银行验收和重新登记。第三，信证分业。信托公司所属的证券资产限期以自组控股证券公司、以评估后的证券资产参股其他证券公司、转让等方式全部剥离。从此，信托公司不再经营证券经纪业务和股票承销业务。第四，先后出台《信托法》《信托投资公司管理办法》《信托投资公司资金信托管理暂行办法》（简称"一法两规"）等法律法规，按照"信托为本，分业管理，规模经营，严格监督"的原则，重新规范信托公司的业务范围，同时，进一步严格了信托公司的设立条件。经过此轮清理整顿，获准重新登记开业的信托公司仅剩 57 家。

信托业的第六次整顿。2007 年，《信托公司管理办法》与《信托公司集合资金信托计划管理办法》（以下简称"信托新两规"）经修订后出台。这次修订以正本清源、防范风险与鼓励创新并举为指导思想，采取的主要措施包括如下几个方面。第一，重整信托公司名称。将修订前的"信托投资公司"一律更名为"信托公司"（即取消了"投资"二字）。这次更名的主要目的是促使信托公司回归信托主业，限制其以自有资金大量从事投资业务。第二，对信托公司的经营范围进行了重新界定，突出强调了及机构投资者及其市场竞争力的培育。这一措施的主要目的在于，压缩并限制信托公司的非信托业务、风险业务和非专属业务，将信托公司的新业务功能定位到"受人之托，代客理财"的专业化机构上。第三，限制信托公司的投资业务。"信托新两规"明确禁止信托公司进行实业投资，其他非实业投资也只能投资于金融类公司股权、金融产品和自用固定资产；除同业拆入外，信托公司不得开展其他负债业务，且信托公司同业拆入的资金余额不得超过其净资产的20%；信托公司可以开展对外担保业务（但不得为关联方提供担保或者以信托财产提供担保），但对外担保的余额不得超过其净资产的50%；将信托公司对信托财产进行管理、运用的方式中的同业拆放调整为存放同业，明确规定信托公司不得以卖出回购方式管理、运用信托财产。此外，修订后的《信托公司管理办法》还取消了信托公司可以经营代理财产的管理、运用和处分的业务规定；规定对向他人提供贷款时不得超过其管理的所有信托计划实收余额的30%等。

根据"信托新两规"的要求，信托公司进行了业务整顿。这是信托业的第六次整顿。在此背景下，各家信托公司开始谋求业务转型，也加快了换发新牌的工作。根据信托业协会公布的最新统计数据，到2013年3月，中国的信托公司总资产已达2377.43亿元，其中，所有者权益达到2145.09亿元；这些信托公司管理的信托资产总额达到了87302.23亿元，与2010年初的信托资产总额15005.70亿元相比，增加了4.82倍，成为超过证券业、保险业、金融租赁业等金融产业部门而仅次于银行业的第二大金融产业。

四　中国信托市场的改革和发展

随着居民收入增加和城镇化经济的展开，资产管理（包括财富管理）已成为中国经济和金融运行中的一个重要现象。2012年年底，宽口径的资产管理规模已达20多万亿元。但受体制机制和市场发展不成熟等因素制约，资产管理长期处于群雄竞争、乱象丛生的格局之中，介入资产管理的机构有"九路大军"一说。其中，既包括商业银行、信托公司、基金公司、证券公司、保险公司和金融资产管理公司等金融机构，也包括社保、私募基金和投资公司等非金融机构。这些机构积极运作，一方面拓展了中国的资产管理市场，给实体经济提供了新的金融服务，推进了资源配置格局的调整；另一方面也引致了诸多问题的发生，其中包括金融监管部门各自为阵地出台相关政策，打破了资产管理市场中的统一规则；在一些场合中，"代客理财"成了"圈钱""为己理财"的代名词，严重损害了客户权益；各类资产管理机构相互诋毁，同时，又借助行政机制阻止其他机构进入市场；不实推销、刚性兑付等现象也时有发生。2006年的上海社保资金挪用案件、2010年的深圳"最牛工资单"事件和2013年5月的交行资产包中"灭失债权"事件等都凸显了资产管理市场中的问题。这些乱象的一个直接结果是人为放大了资产管理市场的风险，抑制了市场规则的有效形成和贯彻，扰乱了资产管理市场的有序发展，压缩了中国应有的资产管理规模。

在市场经济中，股权、债权和信托是金融服务的三大基本机制。其中，股权、债权是推进金融运行的机制，信托是资产管理的机制。中国各类资产管理机构均打出了"受人之托、代客理财"的旗号，但相当多的资产管理并不切实贯彻信托机制，更多是将客户当作为己谋利的资金供给者；信托机制中的"忠于客户"的伦理精神和基本原则并未得到真切落实。另外，信托公司受制于资产管理的乱局，在积极开拓信托产品创新的过程中，也以"打擦边球"的方式介入了诸多银行、证券等业务范畴，使监管部门将信托资产的运作打上了"信贷"的印记。

中国信托公司历经多次整顿，在2001年《信托法》出台以后，逐步走上了规范化发展的道路。2007年"信托新两规"的落实，更是使信托公司的业务沿着信托市场机制的要求而展开。

2013年4月，我国信托公司管理的资产规模达到8万亿元，成为仅次于银行业的第二大金融产业，各种非议由此而来。但与美国、日本的人均信托资产数量相比，中国的信托资产规模本可达到的规模应为几百万亿元。2013年3月底，我国城乡居民储蓄存款余额已超过42万亿元，加上其他资产，居民资产总额在130万亿元以上。2002年党的十六大提出，应增加居民的财产性收入。但10多年过去了，这一目标的实施并无明显进展。其中一个主要原因在于缺乏服务于居民财产性收入的金融产品，由此，居民消费剩余的资金只能集中存入银行（获得低利率收益）。

要改变资产管理乱局，必须有效落实《信托法》，充分运用信托机制，拓展信托市场发展。具体的改革措施应当包括：

第一，以信托机制界定资产管理市场，将"信托"扩展到信托市场，将各种资产管理中的"资产"明确地界定为"信托资产"，以信托机制规范各类金融机构的资产管理业务运作；同时，将这一理念落实到《信托法》的修改中，明确信托监管的范围和标准。

第二，确立信托机制的主要特征。其中包括：信托资产应单立账户，将委托人的资产和受托人的资产相互分立，形成破产隔离机制；委托人有权查询信托账户的资金运作状况和盈亏状况；受托人对受托资产仅按信托契约的约定收取管理费，不能为信托资产承诺预期盈利和弥补损失；同时，凡是符合上述特征的金融行为，都应归为信托行为，必须纳入信托监管的范围。

第三，提升信托监管的位次，强化信托监管的力度。应明确信托监管由中国银监会的非银行金融机构监管部负责，但该部门的监管内容众多（包括信托、租赁、财务公司、金融公司和货币经纪公司等），很难有足够的人手和精力集中于信托监管。因此，应将信托监管从该部门中分立出来，在中国银监会内设立信托业务监管部。

第四，实行信托产品的登记注册制。审批制不仅制约着信托市场的健康发展，也引致了各家监管部门为避免审批而将"信托"改为"委托""契约"等行为，使信托市场在分业监管中被肢解。要改变资产管理乱局，必须实行信托产品的登记注册制度，这也有利于信托监管重心从机构监管向功能监管的转变。在登记注册制条件下，各种信托产品的发行、运作和结清等均须在监管部门登记备案，以利于形成全国统一的信托市场监管体系。

第五，强化信托行为的事后监管机制。应对那些未进行登记注册的信托产品予以取缔，以维护信托市场秩序；对那些进行不实销售的信托产品予以纠正，以维护委托人的权益；对那些不合理的刚性兑付予以制止，以落实市场机制的基本规则。与此同时，应建立信托市场的预警机制和应急机制，以防范和化解信托市场风险。

第二十一章　融资租赁市场

融资租赁是在租赁市场的基础上发展起来的一种金融活动。租赁原本是实体经济部门中企业间提高资源配置效率的一种经济活动，它有优化资本品配置、提高资本品使用效率、降低成本等多方面功能。但受资产（包括资金）和信息的有限性制约，实体企业间的这种租赁在范围、品种、期限等方面时常难以衔接相关的供求关系。金融机构介入租赁市场后，开辟了融资租赁市场，一方面强化了金融服务于实体经济的能力，推进了资本品配置市场的优化程度；另一方面运用金融机制，创造了一系列新的租赁机制和租赁方式。在资本市场中，与各种债权类、股权类和信托类的产品相比，融资租赁机制具有直接参加资本品市场资源配置的特点，是现代资本市场中不可或缺的组成部分。本章集中研讨融资租赁的内涵、特点和基本功能，融资租赁的类型，融资租赁市场的发展过程以及融资租赁市场的运作机理等问题。

第一节　融资租赁的内涵和特点

一　租赁

租赁（Leasing），是指资产拥有者按照租赁合约（成文或不成文）的约定在一定期限内有条件地将资产（动产或不动产）交付承租者使用以获取租赁使用费（即租金）的一种实物性借贷的经济活动。这一定义有五个方面的要点。第一，主体。租赁活动涉及的是资产拥有者与资产承租者之间的经济关系，通常没有第三方介入。第二，对象。租赁的直接对象是资产，它既可以是动产，也可以是不动产。第三，目的。对出租者来说，租赁的目的在于获得出租资产的使用费；对承租者来说，租赁的目的在于使用租赁范围内的资产。第四，条件。租赁的各种条件在租赁合约中规定，介入租赁的双方必须切实履行合约的各项规定。第五，性质。租赁实际上是一种借贷关系。出租者属于租赁资产的债权人，承租者属于租赁资产的债务人，由此，从金融角度看，租赁实际上相当于资产出租者向资产承租者放出了一笔贷款。

　　租赁是一种有悠久历史的经济活动。在日常生活中，街坊邻里因家中临时性需要可能相互借租一些家庭用品。在中国，租赁的历史至少已有 4000 年之久。有文献记载的租赁可追溯到西周时期。《卫鼎（甲）铭》记载，邦君厉把周王赐给他的五田，出租了四田。这是把土地出租的最早例子。据历史学家们考证，涉及租赁的诉讼，在西周中期以后已不少见。在西方国家，随着商业活动的展开，租赁活动应运而生。早在公元前 1400 年左右，地中海西海岸就出现了租赁现象。当时一些船主把船只出租给需要运送货物的商人，以收取租金。随后，租赁对象逐步扩展到土地、房屋、牲口等方面。到工业化时代以后，租赁机制进入了工业生产领域，租赁对象进一步扩展到设备、厂房和专用工具等方面；同时，随着商业的发展，租赁对象扩展到商铺、餐馆、交通运输工具等方面，随之又衍生到宾馆、餐饮、旅游和交通运输等产业部门。

　　现代租赁产业直接起源于第二次世界大战之后。战争结束后，美国出现了生产设备的过剩现象。为了推销所生产的各种设备，美国一些厂商选择了分期付款等信用销售方式，将设备先提供给用户使用，然后用户在获得经营收入过程中逐步偿还设备款项，由此，借用金融机制的租赁方式开始发展。

　　长期以来，租赁建立在资产使用权转移的基础上。在融资租赁出现以后，虽说租赁的设备等资产依然以使用权转移为基础，但资金回收的风险比较大。为了回避风险，一些厂商开始尝试借助金融机制来创新租赁方式，由此，融资租赁的方式得以产生了。在这种方式中，厂家在销售设备等过程中，将销售对象的所有权保留在自己手中，客户（即购买者）拥有设备等固定资产的使用权，同时每年向设备出租方交纳租金，当出租人（厂商）将设备款及其利息以租金方式全额收回后，再以象征性的价格将设备等固定资产的所有权转移给客户。这种方式被称为"融资租赁"。1952 年，全球第一家融资租赁公司在美国成立，由此开启了以融资租赁为特征的现代租赁产业发展的先河。此后，租赁对象范围逐步扩展到以企业生产、加工、包装、运输、管理所需的机器设备等动产领域。迄今，全球已有80 多个国家开展了融资租赁业务。

二　融资租赁的内涵

　　融资租赁（Financial Leasing），又称"金融租赁"，是指根据承租人对租赁物件的特定要求和对供货者的选择，由出租人出资向供货人购买租赁货物并租给承租人使用，同时承租人按照租赁合约的规定分期向出租人支付租金的金融活动。与租赁的定义相比可以看出，融资租赁有三个方面的要点。第一，主体涉及三者关系。在融资租赁中，出资者通常不直接拥有租赁的货物，所租赁的货物一般由承租者提出，由此，涉及出租者、承租者和供货者三方面的关系。由于承租者对承租货物有特定要求，例如这些货物的性能、种类、型号和价格等一系列问题，所以，对供货者的选择成为融资租赁中的一个特殊要件。第二，承租者并不直接拥有租赁对象。在融资租赁中，在租赁合约形成之前，出租者只拥有资金，并不直接拥有租赁对象；只是在租赁合约形成后，承租者才运用自己的资金购买租赁对象并交付给承租者使用。第三，租赁合约是融资租赁的法律性文件。在融资租赁中，租赁合约的签署标志着融资租赁契约关系的形成。各方当事人的权益、租赁货物、租赁货物的转租、租赁价格、租赁期限、租赁货物的后期处置等各项具体事宜均由租赁合约规定。一般来说，在融资租赁期内，租赁货物的所有权属于出租人（即出资购买者）所有，承租人只拥有租赁物件的使用权。在租赁期限届满且租金支付完毕后，根据融资租赁合约的规定，租赁货物可以归还出租者，也可以由出租者售卖给承租者（售卖的价格有时可以是象征性的）。

从以上界定中不难看出，融资租赁与一般的货物租赁有明显区别。第一，融资租赁贯彻着金融机制。在一般的货物租赁中，出租者直接拥有出租的货物；但在融资租赁中，出租者直接拥有的是资金。第二，可租赁的货物有较强的选择范围。在一般货物租赁中，出租者有什么货物可供出租，承租者就只能出租什么货物，如果受货物特性的制约，二者的意向难以达成，则货物租赁的关系就无法建立；但在融资租赁中，租赁货物的特性可由承租者提出，由此使得租赁对象的可选择范围大大扩展。这体现了金融的灵活性。第三，融资租赁中贯彻着金融定价规则。在一般的货物租赁中，租金价格主要由货物的折旧费等构成；但在融资租赁中，租赁价格还要计算资金成本（包括资金的机会成本）。

融资租赁与商品交易中的分期付款也有明显区别。第一，性质不同。在商品交易中，买方的目的在于买入商品以获得对商品的所有权；尽管分期付款使经营中的款物发生一定程度的分离，但它不改变这种交易的性质。与此不同，融资租赁属于金融范畴，出租方的目的既不在于获得货物的所有权，也不在于获得货物本身的租金收入，而在于获得货物租金、贷款利率及其他的金融收入。第二，资产运作理念不同。在商品交易中，企业买入设备等固定资产后，将使其直接占用的资产范围得到扩大；尽管采用分期付款的方式，但资产负债表中的资产数额依然会增加。这将引致追求资产最大化的倾向。而在融资租赁中，设备等资产进入了企业的管理运作范围，但它的价值形态并不进入企业的资产负债表，由此，与这些资产对应的风险也不在企业的资产范围内。这将引致追求管理运作资产最大化的倾向。第三，企业的会计处理不同。在以分期付款方式进行的商品交易中，企业购入设备等资产后，不仅这些购入款应列入资产方，而且应按照这些资产的折旧率，将折旧额摊入产品成本中。而在融资租赁中，租赁货物的所有权属出租人所有，提供融资租赁的出租人应将这些租赁资产纳入资产负债表；但承租人不会面对设备等固定资产的折旧问题，只需直接将向出租方交纳的租金计入生产成本并将其分摊于产品成本中即可。此外，融资租赁与分期付款在货物对象、期限、贷款程度、税收和租赁货物的残留值处置等方面也有一系列不同之处。

三　融资租赁的特点

在经济和金融运行过程中，融资租赁的特点主要表现在五个方面：

第一，融资租赁是兼具融资和融物双重职能的资产金融行为。融资租赁是由出租方融通资金为承租方提供所需资产或资本设备的安排，它不同于银行贷款"借钱还钱"或者传统租赁"借物还物"的信用形式，而是将融资与融物相结合，以融物为手段、投融资为目的，从而解决了承租人进行资产投资时面临的资金紧缺问题。

第二，融资租赁交易至少包含一个标的物、两类合同（买卖合同和融资租赁合同等）和三方当事人（出租人、承租人、供货人）。例如，在一宗最基本的关于资本设备的融资租赁交易中，出租人应按照承租人的要求与承租人选定的厂商签订买卖合同，据此出资购买并取得资本设备（合同标的物）的所有权；出租人同时应与承租人签订融资租赁合同，授予承租人使用该资产的权利，并收取租金。在此基础上，融资租赁交易可能还会涉及更多的当事人、签订两份以上的合同。例如，一些租赁公司由于自有资本有限，常需从银行等金融机构融资，因此，在其签订买卖合同和融资租赁合同前，还要与银行签订贷款合同。

第三，承租人对租赁物和供货商具有选择的权利和责任。与传统租赁中出租人只出租手中持有的实物资产不同，融资租赁交易中所涉及的设备以及厂商、供货商均可由承租方选定。出租方可根据承租方的要求出资购买租赁物，所以可以不对承租人的选择造成的后果以及设备的质量等承担责任。

第四，融资租赁交易中标的物的所有权和使用权呈分离状态。与商品买卖交易时所有权与使用权一并转移的情况不同，在融资租赁交易中，租赁物在租赁期内的所有权属于出租人，承租人只拥有使用权并支付租赁费。租赁期满后，承租者可以选择退租、续租或者留购设备，选择的方式一般会在合同中注明。其中，前两种选择并不对设备所有权的归属造成影响；但如果承租人选择在租赁期满后留购设备，那么，它在购买设备的同时也就购买了该设备的所有权。

第五，融资租赁合同不可随意解约。在融资租赁交易中，出租方是通过在较长的租赁期内收取租金来收回全部投资的；而且融资租赁中的租赁物是由特定的承租人选定的，具有被指定性，这些特点决定了融资租赁合同一旦订立，出租人和承租人之间就建立了刚性联系，任何一方都必须严格履行合同，不能中途解约。

这些特点决定了，融资租赁在将金融机制运用于实体经济部门的过程中，有四方面特征：

第一，融资租赁是金融机制直接接入实体经济部门的主要方式。在现代经济中，随着专业化分工的扩展，金融产业与实体经济产业有分离的趋势。从金融角度看，不论是商业银行的存贷款还是证券市场中的各种证券都不直接与实体经济产业的资源配置相连接。一般情况是，金融产业提供资金等方面的服务，使实体经济产业获得资金，然后由实体经济产业中的企业购买相关资本品以进行实体性资源配置。但在融资租赁中，租赁的货物对象直接由实体经济产业中的企业（即承租方）提出，然后由金融部门的机构购买由此，实现了金融产业与实体经济产业在实体资源配置方面的直接结合。这是其他金融机制所无法实现的。

第二，融资租赁实现了金融服务、贸易销售和企业生产等方面的链接。在融资租赁中，一方面，金融部门提供了购买设备等固定资产所需的资金，因此有利于贸易销售；另一方面，这些设备等固定资产又是直接由生产性企业（作为承租者）提出的，因此，与生产性企业的需求直接链接。在这种金融服务、贸易销售和企业生产的链接过程中，不但减少了交易成本，而且降低了相关风险。从这个意义上说，融资租赁创造了一种新的交易模式，既是金融创新，又是贸易创新。

第三，融资租赁有效地化解了实体企业在融资中的债务难题和设备等资产的转让难题。在实体企业的运作过程中，有两个问题始终难以有效解决。其一，债务。实体企业（以借入贷款、发行债券等方式）借入债务后，在经营运作过程中，一般只能通过经营收入的现金流予以偿还，一旦市场或其他条件出现变化，债务偿还就成为一个严重的财务问题。其二，对多余的设备等资产的处置。实体企业在运作过程中，时常发生需要某种大型设备，但使用期限又不长（即等不到这些设备折旧完毕），由此使这些设备的后期处置成为一个难点。融资租赁有效克服了实体企业经营运作中的这两个难题。一方面，实体企业通过租赁方式，使得相关设备等固定资产不计入自身的负债当中（实体企业只需支付对应租金）；另一方面，实体企业可根据需要界定租赁期限，不必负责对这些设备的后期处置。与此同时，融资租赁还可将相关实体企业链接，变原先的各自断裂式需求为连续性需求，形成对大型设备的连续性租赁，从而提高了这些大型设备的使用效率。

第四，融资租赁实现了多个法律关系的综合运用。融资租赁中直接涉及五类法律关系，即物权法、合同法、会计法、税法和相关金融法律。其中，物权法界定了融资租赁中对设备等固定资产进行各种处置的权利（如所有权、使用权等）；合同法界定了这些货物按照合约规定的使用期限、租赁费用、剩余价值的处置等具体事项；会计法界定了融资租赁的财务会计处理的原则、入账方式等；税法界定了融资租赁中各项税收的具体处置方法；相关金融法律涉及了融资租赁中的一系列金融机制安排。

在对这些法律机制的综合运用过程中，融资租赁与其他经济和金融活动的关系被进一步区分，融资租赁的特殊性包含以下几个方面。其一，融资租赁有别于银行信贷，即融资租赁不是银行信贷业务。其二，融资租赁有别于一般的商品采购活动，是融资租赁机构根据承租人的具体要求，以租赁为目的购买设备等固定资产的安排。其三，对实体企业来说，融资租赁是一种具有融资特点的活动，与一般的实体企业间的租赁有明显的不同。其四，在租赁期内，无论租赁合约如何规定，融资租赁机构始终是租赁设备等固定资产的所有者。其五，在租赁期间内，设备等固定资产的折旧由融资租赁机构承担（记入租赁费用之中），设备等固定资产的使用风险由承租人承担。不难看出，在各项法律综合运用的背景下，融资租赁的活动带有金融机制直接进入实体企业的特点。

四　融资租赁的功能

在经济运行中，融资租赁有一系列重要功能，主要表现在：

（1）从使用设备等固定资产的实体企业看，融资租赁有五方面的积极作用：第一，开辟了实体企业融资的新渠道。在有效运用融资租赁机制的条件下，各类企业可以通过融资租赁机制获得生产经营所需的设备等固定资产，由此减少了通过贷款或发行债券等机制融入资金的需求，从而提高了其调度运营资金的能力。第二，缓解实体企业的资金压力。由于融资租赁并不要求承租人在使用设备等固定资产中立即支付全额现金，所以，它有助于缓解相关实体企业在经营运作过程中的资金压力。另外，由于按照合约规定的设备等固定资产的租金通常是固定的，所以，它有助于实体企业防范由这些固定资产价格上升引致的生产成本的增加，降低了通货膨胀风险的压力。第三，提高了实体企业进行资源配置的能力。利用融资租赁机制，承租者可根据自己的资源配置需求，向融资租赁机构提出所需的设备等固定资产，同时，明确界定这些设备等固定资产的租赁期限，从而既节省了购买这些设备等固定资产的资金，又避免了这些设备等固定资产在使用中的闲置，从而有利于提高这些资源的使用效率。第四，降低了实体企业的经营运作风险。在经营运作过程中，根据生产经营发展的要求，实体企业需要不时更新或增加设备等固定资产。如果这些设备等固定资产均通过贷款、发债或发股等途径获得资金后再进行购买，那么，企业可能面临三方面风险。其一，资金到位与购买设备等固定资产在时间上的不一致所引致的风险。一旦资金不能如期到位，那么，购买设备等固定资产的时间将被延后，由此生产经营就可能受到影响，从而引致生产经营和市场开拓等方面的风险。其二，设备等固定资产的在使用程度方面存在的风险。在经营运作过程中，实体企业的一部分设备虽必不可少但只是被阶段性使用。一旦完成了约定的生产工作，这些设备就可能处于闲置状态（即相当长一段时间不再被使用），由此，使得这些设备存在非充分使用（从而价值非充分转移到产品中）的风险。其三，折旧风险。在高新技术快速发展的过程中，已进入生产领域的设备等固定资产将面临比较明显的无形损耗。如果继续按照固定资产原值进行折旧，不仅将加大产品成本，使企业在市场价格竞争中处于劣势，而且可能引致产品在性能、质量和品种等方面处于市场竞争的劣势地位。借助融资租赁，实体企业可以根据高新技术的进步情况，租用最新的设备等固定资产，从而避免由固定资产无形损耗引致的各种风险。第五，改善资产负债结构。在运用贷款、发债等机制增加设备等固定资产的条件下，实体企业的资产负债率将明显上升，这不利于防范流动性风险和优化资产负债结构。在利用融资租赁机制来增加设备等固定资产时，这些租赁设备不属于实体企业的资产范畴，而租金属于经营成本范畴，因此，在承租企业提高生产经营能力的过程中，其负债率并无上升。

（2）从销售设备等固定资产的实体企业看，融资租赁的积极功能主要表现在以下几个方面。第一，促进了销售。对生产设备等固定资产的实体企业来说，销售是决定其经营运作成败的一个关键。而其销售状况直接受制于使用这些设备等固定资产的实体企业的资金状况和支付能力。在资金紧张时，购买设备的企业可以借助融资租赁机制克服支付能力的不足，以购买设备等固定资产，从而促进了这些设备等固定资产生产企业的销售活动。第二，减少了销售环节的设备闲置。在一般的商品销售过程中，设备等固定资产从生产出来到销售出去，有一段等候时间。在这一时间内，设备等固定资产处于闲置状态。融资租赁通过采购中的预定机制，使厂家产品销售的等候时间大大缩短，从而减少了这一时间内的设备等固定资产的闲置。另外，融资租赁方式通过预定设备等固定资产，使生产厂家在获得预付款的条件下，其资金周转速度得以加快。第三，促进了供求信息衔接。融资租赁通过在向厂家订货中的具体要求，使生产厂家能够充分了解使用这些设备等固定资产的企业的需求信息，从而促进了这些设备的供求信息的衔接。第四，回避贸易壁垒的限制。在国际贸易中，融资租赁有利于设备等固定资产生产厂家的销售回避贸易保护主义的限制，促进相关设备等固定资产的国际间销售。

（3）从金融机构层面看，融资租赁有五方面的积极功能。第一，开辟了金融运作的新路径。金融的要义在于服务实体经济。与其他金融机制相比，融资租赁能更加直接地介入实体经济中，由此，使金融机制的运作与实体经济的具体要求更加紧密地联系在一起。第二，提高了金融运作收益。在融资租赁中，金融机构不仅能够得到与贷款对应的利息收入，而且可以获得设备等固定资产的折旧金以及这些设备等固定资产在各个实体企业中的调配收益等一系列收益。第三，提高了金融机构服务于中小企业的程度。中小企业通常缺乏足够的资金投入设备等固定资产的添置。在利用融资租赁机制的场合，可以使这些设备通过租赁方式进入中小企业的生产经营中，由此，将提高金融机构服务于中小企业的程度。第四，促进银行等金融机构的资产结构调整。运用融资租赁机制，将使商业银行等金融机构的一部分贷款资产转化为融资租赁资产，由此，有利于促进这些金融机构的资产结构调整。在此基础上，将促进它们的商业模式和盈利模式的调整。第五，促进金融创新。在融资租赁有效开展的条件下，融资租赁机构可以通过售后回租的方式，既有效解决承租方的资金紧缺矛盾，又提高资金使用效率；也可以借助资产证券化机制，将租金转化为证券化产品的收益，实现资金的回流。在这些场合，融资租赁都成为盘活存量资产的重要机制。

第二节 融资租赁的类型

一 概述

融资租赁的对象物可包括一系列设备等固定资产，按此划分，融资租赁涉及一系列产业部门，类型众多。其中包括：航空业设备（如干线和支线飞机、机场运输车辆和其他设备等），船舶和造船业设备（如 CCS 级及以上的船舶，造船厂的船坞设备等），铁路运输设备（如机车、动车组和高铁车辆等），电力生产和运输设备（如火电厂的汽轮机组、锅炉设备、发电机等，水电站的水轮机、发电机等，电网的变压器、变电站等，核电厂的核岛、常规岛、汽轮机和发电机等，以及风力发电机组、太阳能发电机组等），各种机械设备（如冶金、矿山、医疗、印刷等所需的各种设备），港口设备（如海港所需的起重机、装载机和其他大型设备），石油化工设备（如石油开采设备、化工设备和炼油设备等），大型工程建设设备（如铁路架梁机、铁路运梁车、盾构机、挖掘机和塔吊等），公路维护保养设备，制造业的高价值生产线以及其他可租赁的大中型设备。在进一步延伸中，随着售后回租等方式的出现，融资租赁扩展到各种基础设施方面，其中包括城市中的各种管线（如水管、液化气输送管线、电视线路、宽带网线和通信线路等），不动产（如工业厂房、商业用房、办公用房和住宅等）和道路等。

融资租赁类型的另一种划分方法是按照融资租赁机制的特点分为若干种类型，以突出融资租赁机制在运作中的差异性。以下我们选择这种方式进行分类，不再囿于融资租赁的对象。

二 简单融资租赁

简单融资租赁，又称直接融资租赁，是指在选择好拟承租的设备等固定资产之后，由承租人向出租人提出所需购买的租赁对象物，并由出租人进行购买并出租给承租人的融资租赁方式。这种融资租赁方式有六个要点。第一，融资租赁的对象物由承租人选择。这一要点意味着，从一开始就界定了租赁对象物是为了承租人使用服务的，出租人购买设备等固定资产的目的不是为了自己使用，而是为了满足承租人的需求。第二，评估风险。出租人在得到承租人的需求信息后，需要对承租人所提出的租赁对象物和承租人的资信等进行评估，以判别这一租赁项目可能发生的风险，同时选择可能的应对之策。第三，签署租赁协议。出租人在对该租赁项目进行风险评估后，与承租人就相关事项进行磋商，然后，在达成共识性意见的基础上，签署融资租赁协议。第四，购买租赁对象物。出租人根据租赁协议的规定，按照承租人的具体要求全额购买设备等固定资产。第五，交付租赁对象物。出租人在购买了设备等固定资产之后，将这些租赁对象物交付给承租人使用。第六，收取费用。出租人按照租赁协议的规定，向承租人收取融资租赁的各项费用。这些费用包括按照固定利率和租期计算的资金费用、按照租赁对象物折旧计算的折旧金、按照税收规定计算的税金以及其他费用。与此对应，承租人应按照租赁协议的规定按时支付每期租金。

简单融资租赁是其他各种类型融资租赁中关系最为简明的租赁方式，也是各种融资租赁类型中贯彻得最基本的机理。其他的融资租赁类型都是在此基础上发展出来的。

三　经营性租赁

经营性租赁（Operation Leasing），又称服务租赁、管理租赁或操作性租赁，是指出租人将自己经营的设备等租赁性资产在使用的有效期内反复出租给不同承租人使用，分别由不同的承租人根据租赁期限的长短支付租金，直至资产报废或淘汰为止的一种租赁方式。从这一定义中可以看出，经营性租赁与简单融资租赁有明显差别。第一，租赁对象物的性质不同。在简单融资租赁中，租赁的对象物（设备等固定资产）是由承租人提出具体要求采购的；但在经营性租赁中，这些租赁对象物是由出租人自己根据租赁市场的信息和变化而采购的。第二，租赁期限不同。在简单融资租赁中，通常租赁期限由租赁对象物的可使用年限决定，如设备的租赁期限可能长达 10 年以上；但在经营性租赁中，租赁期限的长短由出租人和承租人根据具体情况而定，如设备的租赁年限可能短的只有几个月，长的可能有 1~2 年。第三，租金的收取状态不同。在简单融资租赁条件下，按照租赁合约的规定，出租人每年向单个承租人收取租金；但在经营性租赁条件下，按照与不同的承租人签订的租赁合约，出租人分别向不同的承租人收取租金。第四，租赁对象物的保养责任不同。在简单融资租赁条件下，由于出租人将租赁对象物完全交给承租人使用，所以，在租赁期限内，这些租赁对象物的维护保养由承租人负责；但在经营性租赁条件下，出租人只是将租赁对象物的一段使用权租赁给了某个承租人，由此，出租人就需要负责对租赁对象物进行维护保养，以便再出租给下一个承租人。第五，租赁风险不同。在简单融资租赁条件下，出租人将租赁对象物完全交给承租人使用，其中几乎不存在时间上的中断，由此，出租人的风险较小；但在经营性租赁条件下，如果上一个承租人的租期已满而下一个承租人尚未落实，租赁对象物的使用就可能处于中断状态，由此，出租人将承担较大的风险。

经营性租赁是融资租赁的一个重要发展方向。其内在机理是，在实体经济运作过程中，有相当多的企业对某些大型设备等固定资产的使用需求是短期的（或有限时间的）。如果均采用简单融资租赁的方式，这些设备等固定资产由出租人购买后完全租赁给承租人使用，则可能使这些设备在承租期内的大部分时间处于闲置状态，由此，依然没有解决资源的有效配置问题。同时，在其他实体企业需要这些大型设备等固定资产的条件下，很容易发生重复购置，造成资源的闲置浪费。与此不同，经营性租赁是融资租赁机构积极介入实体经济部门的运作市场，根据各家实体企业的需求有效配置大型设备等固定资产的过程，这有利于提高金融服务于实体经济的程度，也有利于融资租赁机构利用信息和资金优势争取服务收益的增加。

根据租赁内容的差别，经营性租赁可分为干租和湿租两种方式。

干租（Dry Lease），是指出租人仅出租设备等固定资产，不出租与其相关的管理人员和操作人员的租赁方式。以飞机租赁为例，在干租方式中，出租人只出租飞机，不出租机组人员、乘务组人员，同时，不负责飞机的保养、维护和保险等事务。在多数场合，飞机出租公司、商业银行和融资租赁公司会选择干租方式。在实行这一方式时，他们要求承租人使用自己的航空运营商证书来运营飞机和为飞机注册。

湿租（Wet Lease）是经营性租赁中一种特殊的运作方式。以飞机租赁为例，出租人不仅提供飞机的租赁，而且提供机组人员和乘务组人员的租赁，这种情形被称为湿租。湿租有三个要点。第一，承租人在接受湿租方式时，不得改变被租赁的飞机标识和型号。第二，出租人负责提供飞机、机组和乘务组，同时负责飞机的维护和保险等事项（由此，它又被称为 ACMI，即 Aircraft，Complete crew，Maintenance and Insurance）。第三，承租人承担飞机运营过程中的各项费用（包括油费、机场费用和相关税收等）。湿租方式不仅缓解了航空公司在运输繁忙时（如中国"春运"期间）的运力不足的矛盾，还有利于航空公司节约资金和提高资源配置效率，而且在国际上有利于突破某些国家的禁飞限制。例如，在政治因素的影响下，埃及航空（Egypt Air）不能以自己的名义飞往以色列，因此埃及航空选择了湿租方式，通过西奈航空（Air Sinai）租入飞机用于开罗到特拉维夫的航班。

四　售后回租

售后回租（Lease Back），又称"售后租回"（简称"租回"），是指承租人先将自己所有的设备等固定资产出售给出租人，以获得资金，随后，与出租人确定租赁协议，将这些设备等固定资产租回的租赁方式[①]。它是经营性租赁中的一种方式。与干租和湿租不同的是，在这种方式中，设备等固定资产原先是属于承租人所有的，但承租人为了获得资金（以解决资金不足或设备等固定资产时常闲置等问题），将这些设备等固定资产卖给了出租人，然后再以租赁方式租回。

从实体企业的角度看，售后回租是一种新型的融资方式。在西方发达国家中，

---

①　中国银监会出台的《金融租赁公司管理办法》中指出："售后回租业务，是指承租人将自有物件出卖给出租人，同时与出租人签定融资租赁合同，再将该物件从出租人处租回的融资租赁形式。售后回租业务是承租人和供货人为同一人的融资租赁方式。"

这是实体企业经常运用的一种筹资方式。在售后租回交易中，虽然就单个行为而言，交易双方的身份是明确的，但从连续过程来看，交易双方都有双重身份并进行了两个内容不同的交易活动。售后回租可分为两个阶段，即出售和租赁。在出售阶段，承租人以设备等固定资产的所有者的身份出现，将自己所有的设备等固定资产卖给出租人。在这一阶段中，承租人出售设备等固定资产的目的在于获得对应的资金，出租人购买这些设备等固定资产的目的不在于使用，而在于出租。在租赁阶段，出租人将购买的设备等固定资产租赁给承租人，承租人向出租人支付租金。

对承租人而言，售后回租的重要意义在于，其在实际使用运作过程中的资产并不因此而减少，其生产能力和市场运作能力也并不因此而降低，同时，一方面，这盘活了设备等固定资产的资金，有利于调整资产结构、解决投资资金不足或流动性资金不足的困难；另一方面，售后回租可能获得税收上的财务利益。由于卖出设备等固定资产所得的资金在当期不能确认为承租人的收益，由此，会计收益就比实际收益要低。在降低了纳税基础的条件下，承租人实际支付的税收将对应减少（即使设备等固定资产出售的收入收益在以后会计期内可能递延增加后期收益金额，这个安排总体上对承租人来说也还是有利的），由此，这对应增加了承租人的财务利益。因此，售后回租成为一种一举两得的有利方式。

对出租人而言，售后回租的重要意义在于，购入的设备等固定资产实际上处于使用之中，购入和出租只是办理了相关手续，并没有使这些设备等固定资产暂停使用，由此，可具体考察承租人对这些设备等固定资产的使用状况，界定租金和防范风险。

对上市公司来说，售后回租既影响到资产负债表的变化，也影响到经营运作中现金流的变化，因此，需要进行信息披露。在国际上，美国、英国、中国台湾及中国香港的会计准则并未对售后回租的信息披露做出明确规定，但国际会计准则强调，出租人和承租人均应对售后回租交易进行信息披露；同时，《国际会计准则第 8 号——当期净损益、重大差错和会计政策变更》中的单项信息披露标准也适用于售后回租交易行为。中国《企业会计准则——租赁》中规定，承租人应当对融资租赁未确认融资费用的余款、分摊未确认融资费用所采用的方法以及重大经营租赁做出披露；出租人应对融资租赁未实现融资收益的余额、分摊未实现融资收益所采用的方法以及资产账面价值进行充分揭示，同时，对售后回租合同中的特殊条款做出专门披露。

五　杠杆租赁

杠杆租赁（Leveraged Lease），又称第三方权益租赁（Third - party Equity Lease），是指由出租人提供部分资金，再由贷款人提供剩余资金以购买出租人指定的设备等固定资产，将这些设备等固定资产租赁给承租人使用的融资租赁方式。杠杆租赁与简单融资租赁的主要区别表现在五个方面。第一，主体构成不同。在简单融资租赁中，租赁活动的主体只有出租人和承租人两方；但在杠杆租赁中主体涉及出租人、贷款人和承租人三方。第二，资金安排不同。在简单融资租赁中，购买设备等固定资产的资金完全由出租人提供；但在杠杆租赁中，购买设备等固定资产的资金，由出租人（融资租赁公司或商业银行等）提供的部分通常为20%～40%，剩余的60%～80%由贷款人提供。第三，资金关系不同。在简单融资租赁中，由于购买设备等固定资产的资金由出租人提供，所以，不涉及资金可得性、资金利率及其他经济关系；但在杠杆租赁中，由贷款人提供的资金一般由出租人作为债务人（即借款人），由此，自然涉及出租人是否可能如数借入资金、资金到位时间、资金期限、资金利率以及其他经济关系。这决定了杠杆租赁的金融安排比简单融资租赁要复杂。第四，风险状况不同。在简单融资租赁中，融资租赁的运作的各种风险由出租人和承租人按照租赁合约的规定分别承担；但在杠杆租赁过程中，承担风险的主体又多了一个贷款人，由此，各个主体分别承担的风险应在贷款合约和租赁合约中分别规定。在合约形成过程中，融资租赁公司既是出租人又是借资人，既要收取租金又要支付债务，因此，需要与贷款人和承租人分别签署相关合约。第五，收益状况不同。在简单融资租赁中，出租人获得设备等固定资产的租赁收入（即租金）；在杠杆租赁中，由于租金通常大于借款的利息支出，所以，出租人通过贷款购物并出租这些设备等固定资产，可获得财务杠杆的利益。

与其他融资租赁方式相比，杠杆租赁的积极功能在于以下几个方面。第一，突破了融资租赁机构的资金限制。在经济实践中，一些设备等固定资产（如飞机、大型船舶和卫星等）的价格较高，融资租赁公司受制于自己的资金不足或风险过大，不愿单独购买并出租给承租人，由此导致了融资租赁业务发展受限。杠杆租赁突破了这种限制，从而有利于促进融资租赁市场的发展。第二，降低了租赁成本。许多发达国家的税法规定，出租人所购入（不论是用自有资金还是用借款资金）用于租赁的资产均可按资产价值享受各种减免税待遇，由此，在杠杆租赁中，出租人仅用一部分自有资金购入的大型设备等固定资产却可按租赁资产价值总额获得折旧金和相关各项减免税优惠，这就使租赁成本大为降低。第三，实现了三方的多赢互利。在杠杆租赁中，贷款人虽然对出租人购买的设备等固定资产缺乏追索权，但由于贷款资金落实到了租赁对象物上，它的使用令承租人可获得现金流收入，所以，出租人还款也还有可靠保障；承租人获得了所需的大型设备等固定资产，可保障经营运作的展开；出租人的租赁业务获得了积极拓展，且其租赁收入也将明显增加。因此，各方均有利可得。正因如此，杠杆租赁才得到了长足发展。

六　委托租赁

委托租赁（Entrusted Lease），是指具有从事融资租赁业务资格的机构以出租人的身份，接受委托人的资金或设备等固定资产，根据与委托人签署的委托合约，将这些设备等固定资产出租给承租人的融资租赁方式。与其他的融资租赁方式相比，委托租赁有五个特点。第一，租赁物的所有者不同。在各种租赁业务活动中，设备等固定资产作为租赁物，它们的所有权归出租人；但在委托租赁方式中，这些租赁物的所有权归委托人（即不归出租人所有）。第二，出资状态不同。在各种租赁业务活动中，租赁物由出租人出资购买（然后再出租给承租人）；但在委托租赁方式中，租赁物由委托人提供，出租人实际上并不出资。第三，主体关系不同。在各种租赁业务活动中，直接的当事人通常为出租人和承租人，相关经济关系主要涉及他们两者之间的关系；但在委托租赁方式中，直接当事人由委托人、出租人和承租人三方构成（在委托人指定承租人的条件下，更是如此）。第四，风险关系不同。在各种租赁业务活动中，资金、设备等的风险主要由出租人根据租赁合约的规定进行承担；但在委托租赁方式中，这些风险主要由委托人承担。第五，收益关系不同。在各种租赁业务活动中，出租人将设备等固定资产租赁给承租人，由此获得租金收入；但在委托租赁方式中，由于租赁物的所有权归委托人，所以，出租人只收取租赁手续费，租金的主要部分归委托人所有。

根据委托人提供的委托租金数额或设备等固定资产的完整程度划分，委托租赁可分为完全委托租赁和部分委托租赁两种。完全委托，是指委托人提供全额资金或全部设备等固定资产，出租人只负责用这些资金购买租赁物或将设备等固定资产租赁给承租人的委托租赁方式。部分委托租赁，是指委托人只提供部分资金或部分设备等固定资产、其他部分由出租人予以补足，并将这些设备等固定资产租赁给承租人的委托租赁方式。

部分委托租赁实际上是融资租赁机构将"简单融资租赁"和"委托租赁"等方式进行组合的结果。它有三个方面的特点。第一，它属于融资租赁范畴。在部分委托租赁中，同样贯彻着由承租人指定租赁设备等固定资产、由出租人负责金融运作和租赁这些物品等基本机制。第二，它具有委托的特色。在部分委托租赁方式中，出租人通常安排80%以上的资金，差额部分的资金由设备供应商（或者设备进口代理商等）承担；由委托人（设备供应商或设备进口代理商等）指定出租人办理融资租赁的有关事宜；按照融资租赁机构与委托人的各自出资比例分配租金收入和承担对应风险。另外，委托人对所提供的信贷资金（或设备等固定资产）不拥有追索权，这些资金的偿还由设备等固定资产和承租人支付的租金提供保障。第三，经济关系更加复杂。在部分委托租赁方式中，租赁资产的所有权属于多个当事人（其中包括出租人、委托人等），与此对应，风险承担、收益分配等也落实到这些当事人身上。

七　国际融资租赁

国际融资租赁（International Letting and Hiring），简称国际租赁或租赁信贷，

是指在签署租赁合约的基础上一国出租人按照他国承租人的具体要求将设备等固定资产租赁给承租人并收取租金的租赁方式。国际融资租赁，是国际间展开经济合作的一种重要方式。在原理上，国际融资租赁与一国范围内的融资租赁并无实质性差别，因此，各种融资租赁类型在国际融资租赁中都可实施；但在实践中，由于各国和地区在法律、税收、金融和财务等方面的制度规定存在差异，所以，适合国际融资租赁的类型也就有一定的不同。这些不同主要表现在以下几个方面。第一，主体差别。在国际金融租赁中，介入租赁关系的主体既可以是法人机构、政府组织和国际经济组织，也可以是自然人或自然人群体，这与一国范围内的融资租赁主体有较大不同。第二，租赁对象物不同。在国际融资租赁中，租赁的对象物通常是一些价值较高的动产或不动产，其中包括各种成套设备（包括建筑设备、采矿设备、炼油钻井设备、港口设备和机场设备等）、交通运输工具（如油轮、大型集装箱船和各种飞机等）、各种大型通信设备（如卫星等）等，这意味着中小企业所需的经营性设备等固定资产很难通过国际融资租赁机制予以满足。第三，租赁方式不同。由于国际融资租赁涉及国际间的各种经济合作关系，受各国和地区的经济发展水平、文化传统、法律制度等各种经济社会因素的影响，国际融资租赁中也有许多与一国范围内的融资租赁不同的方式。其中，综合租赁、跨国租赁等都是具体表现。

以承租人身份展开国际融资租赁运作，不论是对一国经济发展还是对具体实体企业经营扩展来说，都有三个方面的有利之处。第一，扩大利用外资的能力。在既需要引进国外先进设备可又缺乏外汇资金的条件下，利用国际金融租赁是一个可供选择的方案。一方面，以国际金融租赁方式引进设备等固定资产后，实体企业在先不付外汇资金的条件下就可使用这些设备等固定资产，从而达到提高产品质量、扩大市场份额、扩大出口等目的。另一方面，借助国际融资租赁能够缩短引进国外先进设备等固定资产的时间，避免通过申请外汇额度（或从海外借入信贷资金）的繁杂程序所拖延的时间。第二，减缓国际通货膨胀的影响。在国际融资租赁中，一旦各方签署了租赁合约，租赁设备的售价、银行利率和租金等事项就已明确固定，在整个租期内，即使发生了通货膨胀、国际贷款利率上升等情形，也必须执行租赁合约规定。第三，减少因盲目引进设备等固定资产而造成的损失。在国际融资租赁中，出租人按照承租人的具体要求购买和租赁设备等固定资产，这有利于使用户的要求与出租人的租赁行为直接对接，减少因引进设备等固定资产中的盲目性而造成的各种闲置情形。

以出租人身份展开国际融资租赁运作，不论是对一国经济发展还是对具体实体企业经营扩展来说，都有三个方面的有利之处。第一，扩大了设备等固定资产的国际销路。在关税壁垒、贸易保护主义的制约下，国际间的设备等固定资产销售受到限制，这使得相关实体企业的经营运作面临困难。借助国际金融租赁，将这些设备等固定资产以出租方式输入他国（或地区），有利于突破国际间的贸易限制，扩大设备等固定资产的销路。第二，提高租赁对象物的收益。出租者在设备出租期间所获得的租金总额，通常高于同一设备等固定资产的总价；同时，由于出租人需要保障租赁对象物的使用安全，因此，出租人可以通过向承租人提供技术服务（如安装、调试、检测、维修、保养、咨询和培训等）获得一定的服务性收入。第三，可能获得税收上的优惠待遇。在许多国家和地区，对设备等固定资产的租赁使用可以获得税收优惠和加速折旧优惠。对以金融租赁方式出租的设备等固定资产，多数国家（或地区）通常不将其作为实体企业的资产对待，由此，这种方式能够在本国获得减免税的待遇。

运用国际融资租赁方式，也应注意到它的不足之处。第一，租金较高。国际融资租赁的租金计算，不仅包括了设备等固定资产的折旧、资金贷款利率等因素，而且预估了汇率波动的风险，因此，它的总价通常要高于用资金直接购买这些设备等固定资产（高出的幅度可达15%左右）的费用。第二，租赁对象物的金融用途较少。在租赁期间，设备等固定资产的所有权属于出租人所有，承租人只能使用，不能对这些设备等固定资产进行技术改造，也不能将它们进行抵押以获取贷款等金融支持。第三，租赁合约的刚性执行。国际经济形势变化无常，时常给相关国家和地区的经济社会运行造成严重影响。但租赁合约一旦签署就具有刚性执行的特点，任何一方不得随意终止合约，同时，如果发生毁约或不履行有关条款的现象，就需要按照租赁合约的规定赔偿对方损失（其中，罚款条款的规定相当严厉），且很难有斡旋余地。

八 综合租赁

综合租赁（Comprehensive Lease），是指在国际经济中将金融租赁与其他贸易方式结为一体的租赁类型。它的具体操作方式包括租赁与购买、租赁与补偿贸易、租赁与来料加工、租赁与加工装配等贸易方式相结合等。选择这种方式，不仅有利于减少承租人的外汇支出，而且有利于扩大承租人与出租人之间的贸易往来，使贸易与租赁业务共同发展。

国际租赁与补偿贸易相结合的操作方式是，他国的出租人将设备等固定资产租赁给国内的承租人，在租赁期限内，承租人使用这些租赁设备等固定资产，以产品的方式支付租赁租金（而不是以资金的方式支付）；在租赁期满时，按照一定象征性的价格，将租赁的设备等固定资产出售给承租人。运用这种方式的有利之处在于，国内承租人既获得了国外的先进设备等固定资产，又有了产品出口销售的保障。

国际租赁与来料加工（或来件装配）相结合的操作方式是，他国的出租人不仅将设备等固定资产租赁给国内的承租人，而且要求国内承租人接受由出租人提供的来料加工的业务（或来件装配业务），在租赁期限内，承租人以来料加工（或来件装配）的收入支付租金。运用这种方式的有利之处在于，承租人不仅获得了国外的先进设备等固定资产，而且可根据来料加工（或来件加工）直接计算出加工收入是否足以支付租金，同时，避免了汇率波动的风险。

九 跨国融资租赁

跨国融资租赁，是指不同国家（或地区）的当事人通过签署租赁合约的方式，由承租人提出购买设备等固定资产的具体要求，由出租人购买和租赁这些设备等固定资产，并由出租人承担按期支付资金和维护设备等固定资产的义务的国际间融资租赁方式。这种融资租赁方式发端于 20 世纪 50 年代，是一种兼具贸易功能和金融功能的跨国金融交易方式。这种金融工具所提供的金融便利性和信贷安全性，优于一般的中长期贷款。1988 年由 55 个国家原则通过的《跨国融资租赁公约》，对这种跨国金融交易方式予以了确认。

跨国融资租赁可分为狭义和广义两种。狭义的跨国融资租赁，是指不同国家的当事人之间从事的跨国直接融资租赁（Cross Border Lease）；广义的跨国融资租赁，不仅包括跨国直接融资租赁，而且包括跨国间接融资租赁（Indirect Lease）。从广义上看，跨国融资租赁既包括不同国家的出租人与承租人之间跨国从事的融资租赁，也包括一国的融资租赁机构通过其海外的下属法人机构（合资或控股公司）与其下属机构所在地的东道国的承租人之间展开的融资租赁业务。进入 21 世纪以后，跨国性间接融资租赁在国际融资租赁市场上快速发展，成为一种潮流。

跨国融资租赁具有三个方面的特点。第一，主体分属不同国家（或地区）。跨国融资租赁关系至少涉及三方当事人（即出租人、承租人和供货人），因此，跨国金融法在实践中通常将跨国融资租赁称为"三边交易"。在一些特定条件下，一个跨国融资租赁项目还可能涉及贷款银行和股权投资人等，由此，涉及的主体还将更多。第二，租赁物的价值较高。跨国融资租赁中的标的物一般为大型机器设备（或成套设备）。按照《跨国融资租赁公约》第 1 条规定，跨国融资租赁的对象物可包括基于商业用途的工厂、资本货物或其他设备，但不包括基于非商业用途而仅供承租人个人或家庭租赁使用的设备。第三，金融性。跨国融资租赁赋予了承租人选择权。《跨国融资租赁公约》指引强调，跨国融资租赁合约中应包含赋予承租人选择权的内容，即在协议租赁期届满时，承租人有权选择终止租赁、续展租赁或以残值留购租赁物，而出租人对此则无决定权。

跨国融资租赁的具体方式包括了前述的简单融资租赁、经营性租赁、售后回租、杠杆租赁、委托租赁和综合租赁等。

十 其他融资租赁类型

除上述类型外，融资租赁还有如下几种类型：

转租赁（Subleases），简称转租，是指在租赁合约规定的期限内承租人将租入的设备等固定资产转出给第三方的租赁现象。在融资租赁中，是否允许进行转租，在租赁合约中应予以明确规定，否则，可能因此引致出租人和承租人之间的纠纷。另外，在转租场合，主体扩展到三方（即原出租人、原承租人和新承租人），与此对应，租赁合约也涉及两份（即原租赁合约和新租赁合约），因此相关风险也会随之增大。

项目融资租赁（Project Financial Leasing），是指在承租人以项目资产和收益为支付租金提供保障的条件下，出租人将设备等固定资产租赁给承租人的融资租赁方式。它的特点有三：第一，租金的支付不是以设备等固定资产的使用收益为基础，而是以租赁合约界定的项目资产收益（如现金流等）为基础；第二，出租人对租赁设备等固定资产拥有所有权，但对该项目之外的承租人资产及其收益并无追索权；第三，租金的支付日期和支付期限受到项目投入运营的制约，因此，其风险大于简单融资租赁。项目融资租赁是一种创新型融资租赁类型，它较多地适用于飞机、船舶、通信设备、大型医疗设备和高速公路经营权等的融资租赁场合。

分成式租赁（Share Lease），是指在对设备等固定资产的租赁中，按照租赁合约规定，承租人在约定期限内按照租赁合约规定对租金数额分期支付租金（即"固定租金"），并在此后按照承租人销售收入的百分比、设备等固定资产的使用情况以及其他因素的收入状况来支付租金的租赁方式。这是融资租赁中的一种创新。按照承租人销售收入的百分比、设备等固定资产的使用情况以及其他因素的收入状况所支付的租金，在国际租赁会计准则中称为"随机租金"，在中国的租赁会计准则中称为"或有租金"。

销售式融资租赁（Sales－type Financing Lease），又称"非节税租赁"或"租购"（Sale Lease），是指厂商（出租人）以设备等固定资产的促销为目的，承租方在逐步付清资金后最终拥有租赁设备所有权的租赁方式。它在形式上类似于分期付款，因此通常不能享受税收方面的减免优惠。一般来说，有如下情形之一的，该融资租赁行为就被界定为销售式融资租赁。（1）在租金中，有一部分数额是承租人为获得设备等固定资产的所有权而支出的。（2）在支付了一定数额的租金后，按照租赁合约规定，设备等固定资产的所有权就自动转移给了承租人。（3）承租人在一段较短的期限内所交付的租金，相当于购买这些设备等固定资产所需支付的大部分金额。（4）一部分租金支出实际上是利息（或被认为相当于利息）。（5）按名义价格留购设备等固定资产。（6）租金和留购价的总和与购买这些设备等固定资产的价格（加运费）大致相同。（7）承租人实际上承担了出租人的投资损失风险。（8）租期实质上等于所租赁的设备等固定资产的全部有效使用寿命。

在美国，按照税法规定，如下情形之一的可不被视为销售式融资租赁。（1）出租人实际拥有了租赁标的物的所有权。（2）租赁期满后，承租人以公允市价续租，或者将设备退回出租人。（3）租赁期限在18年以内，且在租赁期满时标的物的预期公允市价不小于原价格的15%；或者租赁期限超过18年，且在租赁期满时标的物的预期公允市价高于原价格的20%。（4）租赁期满时，剩下的经济寿命或者大于租赁期限的 20%，或者在 2 年以上，取二者数值中较少的年限。（5）出租人的投资至少应占设备购置成本的 20%。（6）出租人获得的收益相当于其投资额的 7%～12%，租期不得超过 30 年。

风险融资租赁（Venture Lease），是指在成熟的租赁市场上，出租人将货款以债权和投资股权等方式把设备等固定资产出租给特定的承租人，以获得租金和股东权益收益作为租赁回报的一种融资租赁方式。在这种方式中，出租人的一部分租赁资金不以租金方式获得回报，而以股权方式获得回报，因此风险较大。

此外，融资租赁还有捆绑式融资租赁（Bundle Lease）、结构式参与融资租赁（Structured Participation Lease）和主租赁（Master Lease）等方式。

第三节　融资租赁运作机制

一　融资租赁机构

融资租赁机构，是指以出租人身份投资于设备等固定资产租赁业务的各种法人机构。从国际上多数国家的情况看，它既包括金融机构，也包括非金融机构（实体企业）；既包括专门从事融资租赁业务的融资租赁公司，也包括兼营融资租赁业务的金融机构。

融资租赁机构大致可分为三种类型：

1. 专业性融资租赁机构

专业性融资租赁机构，指专门从事投资于设备等固定资产租赁业务并以此收入为主要经营性收入的法人机构。在中国，专业性融资租赁公司的名称主要有两种：融资租赁公司和金融租赁公司。融资租赁公司由国家商务部负责监管，金融租赁公司由中国银监会负责监管。其中，融资租赁公司，按照出资来源划分，分为外商投资的融资租赁公司、中外合资的融资租赁公司等类型；按照业务内容划分，又可分为外商投资租赁公司和外商投资融资租赁公司。

2007 年 1 月 23 日[①]，中国银监会出台了《金融租赁公司管理办法》（中国银监会令 2007 年第 1 号），其中做出如下规定。第一，名称。金融租赁公司，是指经中国银监会批准、以经营融资租赁业务为主的非银行金融机构，金融租赁公司名称中必须标明"金融租赁"字样。所谓"融资租赁"，是指出租人根据承租人对租赁物和供货人的选择或认可，将其从供货人处取得的租赁物按合同约定出租给承租人占有、使用，向承租人收取租金的交易活动。适用于融资租赁交易的租赁物为固定资产。第二，设立条件。申请设立金融租赁公司应具备下列条件：（1）具有符合本办法规定的出资人；（2）具有符合本办法规定的最低限额注册

---

① 该管理办法于 2007 年 3 月 1 日起施行。

资本①；（3）具有符合中国《公司法》和本办法规定的章程；（4）具有符合中国银监会规定的任职资格条件的董事、高级管理人员和熟悉融资租赁业务的合格从业人员；（5）具有完善的公司治理、内部控制、业务操作、风险防范等制度；（6）具有合格的营业场所、安全防范措施和与业务有关的其他设施；（7）中国银监会规定的其他条件。第三，业务范围。经中国银监会批准，金融租赁公司可经营下列部分或全部本外币业务：（1）融资租赁业务；（2）吸收股东1年期（含）以上定期存款；（3）接受承租人的租赁保证金；（4）向商业银行转让应收租赁款；（5）经批准发行金融债券；（6）同业拆借；（7）向金融机构借款；（8）境外外汇借款；（9）租赁物品残值变卖及处理业务；（10）经济咨询；（11）中国银监会批准的其他业务。第四，监管指标。金融租赁公司应遵守以下监管指标。（1）资本充足率。金融租赁公司的资本净额不得低于风险加权资产的8%。（2）单一客户融资集中度。金融租赁公司对单一承租人的融资余额不得超过资本净额的30%。在计算对客户融资余额时，可以扣除授信时承租人提供的保证金。（3）单一客户关联度。金融租赁公司对一个关联方的融资余额不得超过金融租赁公司资本净额的30%。（4）集团客户关联度。金融租赁公司对全部关联方的融资余额不得超过金融租赁公司资本净额的50%。（5）同业拆借比例。金融租赁公司同业拆入资金余额不得超过金融租赁公司资本净额的100%。中国银监会根据监管工作需要可对这些指标做出适当调整。第五，风险防范。金融租赁公司应按照相关企业会计准则及中国银监会的有关规定进行信息披露；应实行风险资产五级分类制度；应按照有关规定及时足额计提呆账准备（未提足呆账准备的，不得进行利润分配）；应按规定编制并向中国银监会报送资产负债表、损益表及其他报表；应在每会计年度结束后4个月内向中国银监会报送前一会计年度的关联交易情况报告，报告内容应当包括：关联方、交易类型、交易金额及标的、交易价格及定价方式、交易收益与损失、关联方在交易中所占权益的性质及比重等。

2005年2月3日，国家商务部出台了《外商投资租赁业管理办法》（国家商务部令2005年第5号）②，其中做出如下规定。第一，机构界定。外商投资租赁业的机构，是指外国公司、企业和其他经济组织（以下简称"外国投资者"）在中国境内以中外合资、中外合作以及外商独资的形式设立从事租赁业务、融资租赁业务的外商投资企业，它们可以采取有限责任公司或股份有限公司的形式。其中，从事租赁业务的外商投资企业为外商投资租赁公司；从事融资租赁业务的外商投资企业为外商投资融资租赁公司。第二，业务界定。租赁业务，是指出租人将租赁财产交付承租人使用，并向承租人收取租金的业务；融资租赁业务，是指出租人

---

① 该管理办法第11条规定："金融租赁公司的最低注册资本为1亿元人民币或等值的自由兑换货币，注册资本为实缴货币资本。"

② 该管理办法自2005年3月5日起施行。

根据承租人对出卖人、租赁物的选择，向出卖人购买租赁财产，提供给承租人使用，并向承租人收取租金的业务；外商投资融资租赁公司可以采取直接租赁、转租赁、回租赁、杠杆租赁、委托租赁、联合租赁等不同形式开展融资租赁业务。第三，租赁财产界定。租赁财产包括：（1）生产设备、通信设备、医疗设备、科研设备、检验检测设备、工程机械设备、办公设备等各类动产；（2）飞机、汽车、船舶等各类交通工具；（3）与前两条相关的附带的软件、技术等无形资产（但附带的无形资产价值不得超过租赁财产价值的1/2）。第四，机构设立。设立外商投资租赁公司应当符合下列条件：（1）注册资本符合中国《公司法》的有关规定；（2）符合外商投资企业注册资本和投资总额的有关规定；（3）有限责任公司形式的外商投资租赁公司的经营期限一般不超过30年。外商投资融资租赁公司应当符合下列条件：（1）注册资本不低于1000万美元；（2）有限责任公司形式的外商投资融资租赁公司的经营期限一般不超过30年。（3）拥有相应的专业人员，高级管理人员应具有相应专业资质和不少于3年的从业经验。第五，业务范围。外商投资租赁公司可以经营下列业务：（1）租赁业务；（2）向国内外购买租赁财产；（3）租赁财产的残值处理及维修；（4）经国家商务部批准的其他业务。外商投资融资租赁公司可以经营下列业务：（1）融资租赁业务；（2）租赁业务；（3）向国内外购买租赁财产；（4）租赁财产的残值处理及维修；（5）租赁交易咨询和担保；（6）经国家商务部批准的其他业务[①]。第六，风险防范。外商投资融资租赁公司的风险资产一般不得超过净资产总额的10倍；风险资产按企业的总资产减去现金、银行存款、国债和委托租赁资产后的剩余资产总额确定。外商投资融资租赁公司应在每年3月31日之前向商务部报送上一年业务经营情况报告和上一年经会计师事务所审计的财务报告。

2. 兼营融资租赁的金融机构

租赁起源于实体经济，是实体企业间互通有无、协作和有效配置资本品的一种重要机制。在发达国家中，商业银行和各种非银行金融机构均可直接介入各种融资租赁业务，因此，各种金融机构均可将融资租赁业务作为一项重要的兼营业务展开运作。另外，由于这些金融机构在资金实力、融资成本、经营网点、客户信息、网络系统和金融机制等方面具有明显优势，所以，它们成为融资租赁市场的主要力量。

银行等金融机构介入融资租赁市场的方式主要有三种：一是由商业银行、信托公司、证券公司、保险公司和其他金融机构直接投资设立专业性融资租赁公司，从事融资租赁业务；二是这些金融机构直接从事融资租赁业务；三是这些金融机

---

① 2004年10月22日，国家商务部和国家税务总局出台的《关于从事融资租赁业务有关问题的通知》中强调，融资租赁试点企业不得从事下列业务：（1）吸收存款或变相存款；（2）向承租人提供租赁项下的流动资金贷款和其他贷款；（3）有价证券投资、金融机构股权投资；（4）同业拆借业务；（5）未经中国银行业监督管理委员会批准的其他金融业务。

构与专业性融资租赁公司合作，将这些专业性融资租赁公司作为它们展开信贷业务的批发窗口。

对商业银行而言，介入融资租赁业务有利于改善（或调整）其资产结构，减缓经济波动对表内业务的影响程度，使经营运作收益更加稳定和提高。

对信托公司、资产管理公司和类似的金融机构而言，介入融资租赁业务，有利于其构建一个主动负债的平台，扩展委托资金和委托财产的投资渠道，增加投资品种、投资组合类别和资产处置机制，使经营运作更加灵活多样。

对证券公司而言，介入融资租赁业务，不仅可以其扩展客户管理资金的投资渠道、投资品种和投资组合类别，而且有利于其更加深入地了解承租人的经营运作状况以及扩展客户范围，为以后承销他们的债券、股票和其他证券打下基础，也有利于为推进公司并购、资产重组、财务顾问和投资顾问等业务打下基础。

对保险公司而言，介入融资租赁业务，一方面有利于为扩展保险客户创造条件，使保险品种更加适合客户要求；另一方面有利于扩展保险投资，优化保险资金的投资组合，开拓长期资金的投资项目，提高保险资金的增值保值程度。

在介入融资租赁业务的过程中，随着租金现金流的稳定发生和融资租赁资产的扩大，金融机构还可以通过各种资产证券化机制，进一步拓展金融市场和化解自己在融资租赁业务方面的投资运作风险。

3. 兼营融资租赁的实体企业机构

实体企业介入融资租赁市场的方式主要有二：一是通过直接投资设立专业性融资租赁公司来从事融资租赁业务；二是直接从事融资租赁业务。

实体企业投资设立融资租赁公司的主要目的有三个。第一，为了促进母公司的产品销售。国际上许多规模较大的生产厂商大多通过自己投资设立的租赁公司来促进设备等固定资产的销售，从而成为它们所在的国内租赁市场和国际租赁市场的重要参与者。由于拥有对租赁物进行资产维护服务、再制造增值等的专业能力和资产处置的渠道，所以，这些租赁公司可以为客户提供灵活的租赁方式和优质的维修保养服务，满足客户在设备购买、分期付款、表外融资、短期使用、二手设备、避免设备的陈旧风险等方面的多种需求。第二，扩展业务内容。在融资租赁业务活动中，不论是专业性租赁公司还是兼营租赁业务的机构，大多都将业务拓展到财务顾问、融资中介和资产管理等方面。第三，强化与金融机构的合作。由于在融资租赁业务发展中，实体企业创办的租赁公司（或开展的租赁业务）总需要有较强的资金支持，所以，它们在开展租赁业务的同时，会密切关注金融市场动向，积极选择各种方式强化与各类金融机构的合作关系，甚至成为实体企业与金融机构合作的重要平台。

二　融资租赁业务的主要流程

办理融资租赁业务需要经过一系列的程序。办理不同类型的融资租赁业务，因特点不同，程序也有所差别。就一般而言，融资租赁业务的主要程序由十三个方面构成。

第一，承租人选择租赁机构。承租人欲采取租赁方式获得设备等固定资产的使用权，以支持经营运作的发展，首先要选择适合的租赁机构。各家租赁机构的业务专长有所差别，有的可能对飞机等交通工具的租赁比较熟悉，有的可能对船舶等远洋运输工具比较有经验，有的可能对大型工程设备较为内行，如此等等，因此，承租人应根据自己的需要，进行对租赁市场的询查，选择最合适的租赁机构办理租赁业务。

第二，出租人审核承租人资信。在选定了租赁公司后，承租人便可与出租人接洽商谈有关融资租赁的事项。出租人通常会要求承租人填写一份《租赁申请书》，以了解承租人的具体情况和具体要求；同时，要求承租人提供有关融资租赁法律法规所要求的各项证明材料（例如，在中国可能包含相关投资项目的批件和可行性研究报告，经出租人认可的担保机构出具的担保函等）和承租人的资产负债表、利润表、现金流量表以及其他财务资料，以估算这一融资租赁业务的风险状况及承租人支付租金的能力等。

第三，选购拟租赁的设备等固定资产。设备等固定资产的选择方法主要有三种。一是由承租人委托出租人进行选择，其中，设备固定资产的数量、型号、规格等由承租人提供，购买价格按照市场价格由承租人和出租人商定。二是，由承租人与设备等固定资产供应商签订购买合同，然后，将购买合同转给出租人，由出租人负责支付货款。三是由出租人指定，然后承租人代其购买，但由出租人支付货款。在一些特殊场合中，也可由出租人和承租人另行商定。

第四，与供货商谈判。一方面在出租人参加的条件下，承租人与供货商就拟购买的设备等固定资产进行技术谈判和商务谈判。其中，技术谈判内容主要包括设备型号、质量保证、零配件交货期、技术培训、安装调试以及技术服务等方面。另一方面，出租人与供应商进行商务谈判。谈判的主要内容包括设备价款、计价币种、运输方式、供货方式和购货时间等。这些谈判的结果是随后签署购买合同的基础。

第五，与供应商签署购货协议。在一般场合，为了公平起见，在与供货商签署购货合同时，出租人和承租人均应在场。在委托租赁的场合，可以由出租人直接与供货商签署购货合同，但随后应由承租人附签合同，该合同方有效。

第六，出租人与承租人签署租赁合同。租赁合同是形成租赁关系和界定租赁业务的主要法律性文件，它由出租人与承租人签署。在与供应商签署了购货合同后，出租人与承租人之间应抓紧签署租赁合同，否则，购买合同的执行将遇到困难。

第七，验货和交货。当设备等固定资产供应商按照购货合同的规定，将合同中规定的货物提供给承租人时，承租人应通知出租人，在进行设备的安装和运转试验后，经检验确定货物与购货合同规定的无误，然后，双方可以签署交接货物的单据。

第八，付款。在承租人通知验货结果后，出租人应到场对货物的试验使用情况进行确定，如果这些设备等固定资产的各方面性能与购买合同的要求相符，就作为正式验收，出租人据此向供应商支付设备等固定资产的货款；同时，开始向承租人计算这些设备等固定资产的租赁日期，以明确租金的计算时间。

第九，投保。在支付了设备等固定资产的货款之后，出租人按照这些货物的购入价值向保险公司购买财产保险，签订保险合同，支付对应的保险费。

第十，支付租金。承租人按照租赁合同规定的时间、数额向出租人支付租金。如果不能按时支付租金，则按照租赁合同规定的方式进行处置。

第十一，设备等固定资产的维修保养。在租赁期限内，根据租赁合同的规定，承租人（或出租人）应要求供应商签署维修保养合同，在此基础上，要求供应商对设备等固定资产进行定期（或不定期）地维修保养。维修保养的费用，根据租赁合同的规定可以由出租人承担，也可以由承租人承担。

第十二，税金缴纳。出租人和承租人根据租赁合同的规定，各自向相关的税务机构缴纳应负担的税收。

第十三，租赁设备的处置。在设备等固定资产的合同期满时，承租人应按照租赁合同的规定，对这些货物选择退租、续租或留购等方式中的一种进行处置。在融资租赁中，租赁期满后，在通常情况下，出租人以象征性价格将设备等固定资产卖给承租人。如果承租人选择的是续租方式，则租金数额将大大降低。

三　融资租赁业务中的特殊流程

融资租赁业务因具体的方式不同，业务流程也有一定的差异。这些差异主要表现在，这些具体的业务在融资租赁业务主要流程的基础上，根据各自的特点增加了一些具有特色的环节。其中包括以下几个方面。

1. 经营性租赁

在经营性租赁方式中，出租人将同一设备按照期限不同分别租赁给不同的承租人，一旦各个承租人在时间上难以衔接，闲置期内的设备不能投入使用，就将给出租人带来经营风险。这一方式的业务流程中有特色的环节包括：

第一，拟订融资租赁方案。出租人在未展开某项具体的融资租赁业务之前，首先需要对市场需求进行充分调查，在此基础上，拟订开展此项融资租赁业务的具体方案。该方案中，不仅需要提出具体的设备等固定资产的市场需求情况，而且需要对各种风险和化解风险的措施予以充分考虑。

第二，购买租赁物。出租人与供货商进行商务谈判，提出购买拟租赁的设备等固定资产的需求，签署《购货协议》。

第三，寻求承租人。出租人购买了设备等固定资产以后，需要寻找承租人，否则，这些货物对出租人来说毫无意义。适合的承租人应在使用这些设备等固定资产中有明确的时间要求且各个承租人对设备等固定资产的使用要求能够在时间上相衔接，因此，这是一项具体复杂的工作。

第四，签署租赁合同。出租人需要与不同的承租人分别签署《租赁合同》。在这一合同中，除了需要明确租赁使用这些租赁合同中的一般事项外，尤其需要明确这些租赁使用设备等固定资产的具体起止时间和按此计算的租金，明确交付设备等固定资产的地点、运输费用和运输时间等。

2. 售后回租的特色流程

在售后回租中，受设备等固定资产由承租人出售给出租人这一特性所制约，其业务流程中增加了有关设备应由承租人出售的内容，减少了从供应商购买这些货物以及相关的验收等内容。这一方式的业务流程中有特点的环节包括以下几点。

第一，考察估值。在进行设备等固定资产的转让之前，出租人需要对承租人拟出售的设备等固定资产的使用状况和价值状况进行考察，需要承租人提供相关的财务报表、财务资料和其他证明材料。在此基础上进行资产估值，以确认这些资产的价值、收益状况和承租人可能的偿付能力等。

第二，签署转让协议。在承租人与出租人协商谈判的基础上，承租人与出租人之间就设备等固定资产由承租人出售给出租人的相关事项签署《资产转让协议》。然后，在《资产转让协议》签署的基础上，承租人将这些设备等固定资产的所有权转让给出租人。

第三，签署租赁合同。在设备等固定资产转让给出租人以后，承租人与出租人签订《租赁合同》，向出租人租赁这些设备等固定资产。在一些场合中，出租人可能要求承租人提供担保人，以保证承租人能够按期支付租金，为此，担保人需要出具担保书。

第四，支付资金。出租人按照《资产转让协议》的规定，向承租人支付资产转让的资金。

第五，收回资产。如果在租赁期内，承租人按照《租赁合同》的规定，按期支付全部租金，那么，在租赁期满后，出租人应将设备等固定资产以象征性价格卖给承租人，由此，承租人重新获得了对这些设备等固定资产的所有权。

3. 委托租赁

在委托租赁方式中，由于设备等固定资产的所有权归委托人，出租人只是代理委托人展开租赁活动，所以，它与由出租人自己投资从事租赁业务活动的程序有差别。这些差别主要表现在以下几个方面。

第一，考察估值。在接受设备等固定资产委托租赁之前，出租人需要对委托人拟委托租赁设备等固定资产的使用状况和价值状况进行考察，需要委托人提供相关的财务报表、财务资料和其他证明材料。在此基础上，进行资产估值，以确认这些资产的价值、收益状况和承租人可能的偿付能力等。但如果委托租赁的不是设备等固定资产，而是资金，则不需要进行这一环节。

第二，签署委托租赁协议。这是指出租人以受托人身份接受委托人的设备等固定资产（或资金），与委托人签订《委托租赁协议》的过程。协议一旦签署，委托租赁关系就将成立。

第三，签署委托出租合同。这是指出租人与委托人指定（或非委托人指定）的承租人签署设备等固定资产（或资金）的《委托出租合同》的过程。

第四，收取租金。出租人根据《委托出租合同》的规定向承租人收取租金，并向承租人开具租赁费发票。

第五，支付租金，出租人根据《委托租赁协议》的规定，从租金收入中扣除了管理费和相关税收后，将剩余的租金支付给委托人，委托人向出租人开具符合税务要求的发票。

第六，委托租赁结束。在委托租赁协议规定的期限到期时，在委托人同意的条件下，根据《委托租赁协议》的规定，出租人与承租人就租赁资产的处置进行结清。结清的方式，既可以是租赁资产的所有权转让，也可以是不转让。在不转让的条件下，出租人需要将这些资产交还给委托人。

4. 国际租赁

在国际租赁场合，由于进口设备等固定资产需要办理有关进口批件，所以，程序上存在特殊性。这些特殊之处主要表现在以下几个方面。

第一，申请进口批件。承租人以租赁方式引进设备等固定资产，需要向有关部门提交批准申请，报送规定的有关资料和证明材料。在获得审批部门批准后，方能进行下一环节的操作。

第二，与出租人洽谈。在获得批准后，承租人将相关批复文件提供给融资出租人，与其进行国际租赁业务的具体商谈。经其认可后，方能进入下一环节。

第三，选择供货商。在与融资出租人商谈达成意向后，承租人应进行相关设备等固定资产的选购，其中包括组织赴国外进行实地考察、与供应商进行技术谈判和商务谈判、询价等内容。在选购意向明确后，承租人与国外的供应商签署《供货合同》，同时与出租人签署《融资租赁合同》等文件。

第四，划款。在国外供应商按照《供货合同》将设备等固定资产交付给承租人且承租人验收无误后，承租人应通知出租人将货款划汇给供应商，同时，国际融资租赁业务的时间开始进入计算期。

第五，支付租金。承租人应按照《融资租赁合同》的规定，定期将租金划汇给出租人。如果《融资租赁合同》规定的租金币种属于外币，则承租人应安排外汇数额的兑换。这一期间，外汇市场上的汇率波动风险由承租人承当。

第六，租赁结束。在租赁期满时，按照《融资租赁合同》的规定，承租人可以象征性价格获得国际融资租赁中设备等固定资产的所有权。

第四节　融资租赁定价

一　影响租赁定价的主要因素

在融资租赁中，租赁定价的高低直接关系着出租人和承租人的利益，也关系着融资租赁市场的发展前景。融资租赁定价是各方（包括监管部门）均关注的问题。要弄清融资租赁定价机制，首先需要弄清设备等固定资产的融资租赁价格受到哪些因素的影响。从实践角度看，影响融资租赁定价的主要因素包括：

第一，租赁物的购买价格。融资租赁以设备等固定资产为租赁对象物，因此，这些租赁物的销售价格（或购买价格）直接影响着融资租赁的定价。

在设备等固定资产的生产销售过程中，价格首先是由制造商的制造成本决定的。在正常的市场供求关系条件下，厂家的出厂销售价格等于"生产成本＋管理成本＋经营利润"。其次，当这些设备进入流通领域后，它的销售价格在厂家出厂价格的基础上加上了销售商的"销售成本＋利润"，由此，销售商的销售链条越长，则最终销售价格就可能越高。最后，设备等固定资产的销售价格（或购买价格）还受到市场供求关系、经济景气程度、销售批量、服务内容和品牌效应等诸多因素的影响。

第二，租赁物的内容。融资租赁的内容包括湿租、各种服务和维修保养等。一般来说，融资租赁的内容越多，则融资租赁的价格越高。

第三，融资租赁的方式。在简单融资租赁的条件下，若承租人需要长期租赁设备等固定资产，则其价格就较高；在经营性租赁的条件下，若承租人只租赁设备等固定资产的一段时间使用权，则租赁价格也就相对较低。

第四，融资成本。在市场利率较高的条件下，融资成本也会较高，因此融资租赁的价格也就随市上行；反之，在市场利率较低的条件下，融资租赁价格也就相对较低。与此对应，影响市场利率走势的因素也将直接或间接地影响到融资租赁的价格。

第五，汇率成本。在融资租赁涉及运用外汇购买设备等固定资产的场合或在国际融资租赁、跨国融资租赁等场合，外汇市场的走势将影响到外汇成本的高低，从而影响到融资租赁价格的高低。

第六，税收状况。融资租赁中进行着一系列交易活动，从设备等固定资产的厂家销售、商家出售到融资、租金交纳（或租金收取），其间有多个需要纳税的环节。如果没有税负减免，则这些税负将直接影响到融资租赁的价格；如果其中的某些环节可以得到税负减免，则融资租赁的价格相对较低。

不难看出，融资租赁中的租金定价是一个复杂的过程，其中，一些具体界定需要在实践中探索寻求，但这并不意味着融资租赁中的租金缺乏最基本的定价规律。

二 租金的定价

不论是从出租人的角度看还是从承租人的角度看，融资租赁过程中对各种设备等固定资产以及相应服务内容的购买量，实际上涉及的只是融资数额的多少，因此，可直接以融资数额予以计算。首先，既然有融资数额就必然有与其对应的市场利率，因此，就融资而言，租金定价的最基本内容就是"融资额×（1＋利率）"。

其次，融资额及其利率的偿还是通过租金进行的。租金数额与融资租赁的期限直接相关，因此，租金定价中的一个重要因素是融资租赁的期限。

最后，与银行贷款相比，融资租赁的风险大于信贷资产，复杂程度也高于银行信贷，服务要求较多，因此，在租金定价中应包含出租人的管理费用。

根据这些因素，可简要将融资租赁的租金定价分为如下几种情形：

1. 全额偿付方式的租金定价

在选择全额偿付的融资租赁方式的条件下，对出租人来说，出租设备等固定资产给承租人，实际上相当于进行了一种债权投资。由于租赁期满时，承租人可以以一个象征性的价格取得租赁物的所有权，所以，对出租人来说，设备等固定资产的残值可以视为零。由此，承租人应付的租金计算公式为：

$$租金总额 = [融资额×（1＋利率）×租赁年限] + \\ （出租人服务的佣金×租赁年限） \quad (21.1)$$

2. 非全额偿付的租金定价

在经营性租赁的方式中，出租人并不将设备等固定资产的残值以象征性价格转让给承租人，而是在收回设备等固定资产之后，再将这些资产出租给其他承租人直至它们报废。但在寻求新的承租人过程中，出租人承担设备等固定资产闲置的风险。由此，租金总额的计算实际上是融资额的部分使用期限加上寻求新承租人的风险。其计算公式实际上是在公式21.1中加上了寻求新承租人的风险，因此，可将公式21.1改写为：

$$租金总额 = [融资额×（1＋利率）×租赁年限] + （出租人服务的佣金× \\ 租赁年限） + 寻求新承租人风险 \quad (21.2)$$

3. 短期租赁的租金定价

在经营性租赁的方式中，出租人在将设备等固定资产收回后重新出租时，由于承租人所要求的承租期限较短（可能只有几个月），因此，出租人需要将设备等固定资产不断地出租给不同的承租人。对后续的承租人来说，他们租赁的设备等固定资产实际上属于"二手""三手"乃至更多手的老旧设备，需要对其进行维修保养的概率很高，承租人的租赁运作风险也随之提高。在这种条件下，出租人将根据其出租的设备等固定资产的使用特点和用户的需求，确定不同的租金定价方法，如台时法、日租法、月租法、工作量法、使用次数法、干租法、湿租法和收益分成法等。因此，租金的定价更为复杂。

4. 或有租金定价

这是指在承租人对每期的租期不确定从而出租人的租金数额不固定、租金除了要计算时间长短外还加上了其他因素（如销售百分比、使用量、物价指数等）的租金定价方法。具体的租金计算方法包括：采购价格指数法、收入法、利润法、使用次数法和工作量法等。其中，采购价格指数法，是指租金提取比例随采购设备等固定资产的价格指数变动（上浮或下浮）而作相应浮动。在选择收入法、利润法和使用次数法等时，租金占收入、利润和使用次数的比例在时间序列中一般以"前高后低"的方式计算。在采取工作量法中，租金的计算根据工作量的大小选择"等比例"或"前高后低"的方法提取。

在实践中，出租人会根据金融市场的资金余缺状况、融资租赁市场的竞争态势、承租人对设备等固定资产需求的急切程度、承租人所需设备等固定资产涉及的融资数额高低、关联交易的状况和承租人的经营运作风险程度等，选择不同的租金定价。

三　融资租赁信托的定价模型

融资租赁信托，是指委托人将自己拥有的资金委托给信托公司（受托人），由信托公司按照信托合约的规定，将这些资金（部分或全部）投入融资租赁业务中，为受益人谋取利益的行为。

鉴于在第二十章中，我们已对信托市场机制进行了分析，所以，在此仅就信托机制条件下的融资租赁租金定价进行探讨。

假定在融资租赁信托中，租赁期限不变、市场利率不变、租赁期限内的每次租金的数额不变，同时，假定不存在承租人对所租赁的设备等固定资产的提前归还风险以及承租人提前支付租金或拖欠租金等风险，那么，可用静态现金流收益率法来测算融资租赁信托资金的预期租金率。

以 A_0 表示融资租赁的资金总额，r 表示租赁期内的市场利率，N 表示租赁期限，m 表示租金每年的支付次数，r_1 表示融资租赁信托资金的预期收益率，s 表示出租人（即信托机制中受托人）支付的服务费（它包含承租人、供应商等支付的服务费和销售佣金等），C 表示融资租赁信托产品的发行费用和运作费用，Mn 表示由出租人每次支付的租金数额（它由每次偿还的本金 Pn 和利息 In 构成），An 表示第 n 个租赁期末承租人尚未偿付的融资租赁中的本金余额，则有：

$$A_0 = \frac{Mn}{(1+r/m)^m} + \frac{Mn}{(1+r/m)^{2m}} + \frac{Mn}{(1+r/m)^{Nm}} \tag{21.3}$$

根据公式 21.3，可计算出在 N 年内融资租赁产生的净现金流为：

$$Mn = \frac{A_0 \times r \times \left[(1 + r/m)^{Nm} \right]}{m (1 + r/m)^{Nm-m}} \tag{21.4}$$

如果不考虑租金的分期支付效应，那么，融资租赁信托产品的预期总收益 A_0 $(1 + N \times r_1)$ 应与融资租赁产生的总净现金流相等，以 CF 表示净现金流，则有：

$$CF_n = m \times N \times (M_n + S - C) \tag{21.5}$$

结合公式 21.4，整理后可得到：

$$m \times N \times (M_n + S - C) = A_0 (1 + N \cdot r_1) \tag{21.6}$$

根据公式 21.6，融资租赁信托资金的预期收益率计算公式为：

$$r_1 = \frac{r \times (1 + r/m)^{nM}}{(1 + r^{nM}/M) - 1} - \frac{1}{N} + \frac{m (S - C)}{A_0} \tag{21.7}$$

从公式 21.7 中可以看出，在一般情况下，A_0、S 和 C 为常数，信托产品的预期收益率 r_1 与融资租赁的租金中的 r（市场利率）、N（租赁期限）和 m（租金的每年支付次数）正相关。

第五节　融资租赁市场的发展

一　全球融资租赁市场的发展

现代融资租赁始于 20 世纪 50 年代，以 1952 年美国租赁公司的成立为标志。美国租赁公司专门从事长期设备租赁业务，其第一笔业务便是利用美洲银行 50 万美元贷款，按照当地商会的要求购入了该商会所需的设备，由此，传统的租赁市场进入了一个集融资、融物为一体，具有金融性质的发展新阶段，开创了现代融资租赁业务的先河。

现代融资租赁市场的产生和发展，是经济和金融发展到一定阶段的必然产物。具体可做如下分析：

第一，现代融资租赁市场的产生和发展，适应了西方国家经济恢复重建的客观需要。1945 年之后，西方主要发达国家面临重新购置设备等固定资产以恢复国民经济的巨大压力，为此，众多企业需要大规模的中长期资本投入。面对巨额的资本投入需求，银行贷款、资本市场筹资和私人股权投资等已有的金融方式难以充分予以满足，由此，融资租赁应运而生。通过融资租赁，企业只需投入少量资金就可获得所需的生产设备。这种前期少量投入即可启动生产的优越性很快得到了企业的认可。

第二，现代融资租赁市场的产生和发展，适应了市场竞争的客观需要。在市场竞争中，制造业企业希望在推销产品的同时，能够安全及时地收回资金；但它们的客户却希望在充分使用工业设备创造利润的同时，能解决他们在资金融通方面的需要。融资租赁有效地克服了这对矛盾，兼顾了融资、融物双方的要求。20世纪50年代后期，一些大的工业制造企业和商业集团纷纷开始组建自己的租赁公司，专门经营计算机、飞机、汽车等租赁业务，顺应了市场发展的需要，推动了融资租赁的发展。

第三，现代融资租赁市场的产生和发展，适应产融结合的客观需要。"二战"之后，金融资本与工商业资本的融合进一步加深。一方面，银行要考虑回收资金的安全性。与对一般性企业的直接贷款相比，向租赁公司出借资金更为安全，因为它有利于分散贷款中资金回收相对集中的风险，为此，银行等金融机构愿意大量向融资租赁机构提供经营资金。另一方面，随着银行业的竞争日趋激烈，多元化经营成为发展趋势，由此，银行自身也积极地参与融资租赁业务，由此推进了产融结合的发展。

20世纪60年代，融资租赁进入了快速发展时期。在第三次科技革命的推动下，电子计算机、原子能、半导体和激光等新型产业相继出现。这些产业在需要新添大量厂房和设备的同时，也推进了工业、服务业和农业的改造，这些购置和改造需要巨额投资才能实现。由此，各种金融运作方式在美、英、法、德、加、日等国家快速展开，其中就包含了融资租赁的兴起和发展。

20世纪70年代以后，西方主要发达国家的国内市场趋于饱和，层出不穷的新技术、新设备和过剩资金客观上要求各类企业拓展国际新市场，与此同时，一些发展中国家在独立之后迫切需要发展经济，以改变其改变生产力落后的局面，由此，这些国家引进海外资金、先进技术和设备就成为必然，但又苦于资金匮乏而难以完全实现。融资租赁既有利于解决资金困难，又有利于销售设备等固定资产，能够同时满足发达国家和发展中国家双方的需要，为此，发达国家的融资租赁机构纷纷在发展中国家建立分支机构或合资企业，推进了融资租赁市场在全球范围的展开，使国际性融资租赁得到快速发展。

融资租赁因其在促进企业设备改造、扩大生产能力、提高产品竞争力和促进市场开发等方面的独特优势，在"二战"后的60多年时间里，已发展成某些发达国家中仅次于银行信贷的第二大金融运作方式。在这60多年中，融资租赁市场的发展有四个方面的特点：

第一，融资租赁业务量快速增长。据《世界租赁年鉴》统计，国际融资租赁业务额在1978年为410亿美元，2000年已达5000亿美元，2006年更是达到了6337亿美元。

市场渗透率，是指融资租赁在设备采购投资中所占的比重，它直接反映了融资租赁与其他金融方式的竞争替代状况。从发达国家的融资租赁业看，其市场渗透率一般在15%～30%。2006年，美国和德国的融资租赁业的市场渗透率分别达到 27.7% 和 23.6%。融资租赁已经成为这些国家中仅次于银行贷款的第二大融资方式。尽管新兴市场的金融租赁业的市场渗透率还处于较低水平，但发展迅速。

第二，融资租赁业市场呈现不断扩大的趋势。经过 60 多年的发展，融资租赁市场已经成为业务遍及全球、发展形式多样的综合性金融产业，主要包括专业性融资租赁机构、金融类融资租赁机构和厂商类融资租赁机构等。另外，融资租赁业务的经营范围日益广泛。从单机到生产线以及附属于机器设备的工业产权、专利技术均可成为租赁对象。除了常见的各类工、商、农业等产业的设备、办公设备、数据处理设备、电子计算机、医疗器械、通信仪器、石油开采设备、运输设备、火车车厢、飞机和船舶等外，一些新型设备如卫星系统、核发电站等也完全可通过金融租赁方式获得。

第三，融资租赁服务日益多样化，服务的综合性能日益强化。经过 50 多年的发展，金融租赁已从单一的融通功能拓展到集融资、促销、促进投资和资产管理功能为一身的综合性服务行业。在运作模式方面，除直接租赁模式外，众多与金融相结合的融资租赁方式也在创新中展开。随着市场运作方式的进一步创新，融资租赁服务的范围、内容、方式等将进一步扩展和完善。

第四，国际融资租赁市场的发展程度严重失衡。全球融资租赁市场份额的分布相当不均，主要表现在北美洲、欧洲和亚太地区占据了 95% 以上的全球融资租赁市场，非洲和南美洲的融资租赁市场所占份额相当小。

二 美国融资租赁市场的发展

2006 年，美国融资租赁新增业务约为 2290 亿美元，占整个工业设备投资额的 27%；2007 年新增业务额相对保持稳定；但 2008 年金融危机爆发后，融资租赁市场呈现下降走势。与 2008 年相比，2009 年的新增业务下降了 40% 左右。

在 3200 多家融资租赁机构中，具有厂商背景的约占 25%，具有银行背景（银行直接或通过其子公司、附属公司从事租赁业务）的占 35%，专业性的融资租赁机构占 40%。美国很多制造厂商都建立了内部租赁机构或者租赁子公司，如 IBM、LIP 和 DELL 都有自己的租赁机构或子公司，为其产品销售作出了重要贡献。总的来看，设备制造商在美国融资租赁市场中相当活跃，它们经营某一特定范围的设备，拥有相关专门技术知识，特别是在计算机、飞机以及建筑机械方面起着举足轻重的作用。

美国专业租赁公司筹措资金的渠道主要有商业银行、保险公司、团体投资人的投资，以及发行股票、债券、商业票据和特种基金等。

在立法上，美国没有统一的融资租赁法律，对融资租赁市场行为的调整主要分散在多个法律文件中。各个监管部门和法院对有关法律条款的解释和法庭判例对融资租赁市场的发展有重要影响。1963 年，美国货币监理官（Comptroller of the Currency）规定银行可以进入金融租赁业，由此促进了融资租赁市场的大发展。1970 年，国会修正了银行持有公司的法案，规定作为银行的附属融资租赁公司可以独立开展业务；1972 年制定了资产折旧年限法，将资产分类并明确每类资产的有效年限，改变了以往只能预测租赁资产折旧年限的状况；1981 年颁布了经济复苏和税收法案，进一步简化折旧年限和成本计算系统，加大了税收优惠力度。经过多次修改和改进，如今，与融资租赁相关的法律、会计准则、税收和监管机制，在美国已比较成熟。

对于有厂商背景的租赁公司，美国没有专门的监管部门，租赁市场准入不需要行政审批，也没有设立最低资本金要求（只需与一般商业企业一样注册）。融资租赁业所涉及的贸易、税收、信贷和债券发行等问题分别由不同的部门监管。这与美国普通法系的特征相适应。

有银行背景的融资租赁公司由美国金融监管部门负责监管。具体来看，由货币监理署（OCC）对银行准入、市场风险等进行监管。1977 年起，允许银行提供动产租赁（这在功能上相当于银行贷款）；1987 年的竞争性权益银行法令（The Competitive Equality Banking Act，CEBA）是第一部专门允许国民银行从事租赁的法律。它的第 108 节修改了 12 USC 24，增加了第 10 部分，专门允许银行在某个净租赁协议的基础上为了租赁融资交易而投资于实体动产。OCC 发布的于 1991 年生效的 12 CFR 23 允许国民银行依据 12 USC 24（第 7 部分）和 12 USC 24（第 10 部分）对动产进行租赁融资。

在税收政策上，美国对融资租赁业的扶持主要体现在两个方面。第一，投资税收抵免制度。1962 年，肯尼迪政府为了刺激美国经济复苏，首次提出了投资税收抵免制度，规定投资者在资本设备投资的当年，可从企业的应纳税额中直接扣除为投资金额一定百分比的税收，以鼓励投资。在购买规定的几种设备时，税法允许其成本的 10% 可以直接从应纳税款中扣除。多数租赁公司用于购置租赁设备的成本很大，因此，10% 的优惠幅度使出租人可以直接得到较大的征税优惠，同时，承租人也可以以优惠租金的方式得到间接利益。第二，加速成本回收制度。1981 年，美国政府颁布"经济复兴税法"，对原来的租赁规则进行了修改，推行"加速成本回收制"，允许企业对租赁设备采取加速折旧法。这一新税法的主要规定如下：折旧年限低于 3 年的设备减税 2%，折旧年限 3~5 年的设备减税 6%，折旧年限 5 年以上的设备减税 10%。美国先后在税法、固定资产管理法、加速折旧法、经济复苏税法等法律中，规定了由租赁资产所有人（即出租人）提取加速折旧的政策。通过加速折旧可以使出租人获得比直线折旧法更多的实际税收优惠，从而激励了出租人对租赁业的投资，加快了租赁设备的更新。

在保险政策上，为支持本国租赁公司开展国际融资租赁业务，美国政府为租赁公司建立了完善的风险控制制度，主要措施包括：第一，对在国外特别是在风险较大的发展中国家开展跨国租赁业务的租赁公司，政府设立了官方背景的"海外私人投资公司"，为其提供全方位的政治风险保险；第二，通过美国的官方机构"进出口银行"对从事国际融资租赁业务的美国租赁公司提供全方位的出口信贷和出口担保。

在信贷政策上，美国实行了托拉斯式租赁。在托拉斯租赁形式下，基本交易程序是，由数个出租人联合组成托拉斯代理公司，以代理公司的名义向金融机构和其他投资者筹措购置设备所需的资金，购置设备并租给承租人使用；在租赁期限内，这些资产交由信托机构管理，由信托机构负责收取租金、处理残值和支付债权人本息，收益和风险由参与投资的出租人共同承担和分享。托拉斯式租赁实际上是将杠杆租赁中的单一出租人发展为多个出租人，解决了杠杆租赁中一个出租人无法承担租赁风险时的难题，有效地促进了融资租赁业向大规模资产设备的方向发展。同时，美国政府的国际开发署也会对美国企业向第三世界国家出租设备提供贷款支持。

三　欧盟的融资租赁市场发展

欧盟范围内的融资租赁市场曾有过快速的发展历程。从表 21 - 1 中可以看出，在 2008 年 9 月金融危机爆发之前，融资租赁在欧盟市场上的新增业务规模达到了3388.93 亿欧元（2007 年）。但受 2008 年美国金融危机从而之后的全球金融危机的影响，欧盟的融资租赁市场明显萎缩。其中，与 2007 年相比，2008 年该市场的业务总额下降到 3300.83 亿欧元，降低了 3.1%。

表 21 - 1　欧盟租赁业规模

单位：亿欧元

年　份	新增租赁业务总额	资产折余价值
2003	2140.90	5442.46
2004	2295.72	5598.06
2005	2629.02	6001.22
2006	2975.11	6307.01
2007	3388.93	7130.81
2008	3300.83	7709.45

资料来源：根据"欧洲租赁协会"数据整理。

欧盟融资租赁市场以设备租赁为主，从表 21 - 2 中可以看到，设备租赁和不动产租赁占新增业务总额的比重有提高的趋势。2003～2007 年，设备租赁占据了融资租赁市场 80% 左右的份额，2008 年更是达到了 89%。设备租赁新增业务总额逐年稳步增长，2008 年达到了 2939.56 亿欧元，比 2003 年增长了 64.58%。与之相比，不动产租赁市场的份额比重很小，从 2006 年以后就呈逐年萎缩趋势。2008 年不动产的新增业务总额仅为 361.27 亿欧元，占租赁市场的 10.94%；与 2007 年相比，该业务额的下降幅度达到了 22.35%。受不动产融资租赁业务量大幅下滑的影响，2008 年欧盟新增租赁业务总额与 2007 年相比有所下滑。

表 21 - 2　欧盟融资租赁结构

单位：亿欧元

年　份	新增租赁业务总额	设备	不动产
2003	2140.90	1786.12	354.77
2004	2295.72	1921.60	374.12
2005	2629.02	2161.37	467.65
2006	2975.11	2505.95	469.16
2007	3388.93	2923.64	465.29
2008	3300.83	2939.56	361.27

资料来源：根据"欧洲租赁协会"数据整理。

2008 年，欧洲融资租赁市场的结构为：不动产占 11%，公路交通车辆占 34%，汽车占 18%，设备占 37%。由此可以看出，车辆等交通工具占据了全部租赁市场的一半以上。与 2007 年相比，在设备租赁市场（包括汽车）中，船舶和飞机等运输设备下降了 14.7%；计算机办公设备下降了 10.6%；公路交通车辆下降了 1.9%；汽车下降了 2%；其他设备下降了 6.5%；只有工厂与机械保持了 4.6% 的增长率。

表 21 - 3 反映了 2008 年欧盟主要国家融资租赁市场的发展情况，从中可以看出，德国以 546.60 亿元的新增租赁业务总额超过了英国，位于首位。当年新增租赁业务总额超过百亿欧元的国家依次为德国、英国、意大利、法国和西班牙。在资产折余价值方面，意大利也超过了英国，以 1094.84 亿元位居第二位。西班牙则是欧盟近年来租赁业发展较快的国家。

表 21 - 3　2008 年欧盟主要国家租赁业规模

单位：亿欧元

国　别	新增租赁业务总额	资产折余价值
德　国	546.60	1440.00
英　国	501.51	1094.84
意大利	488.60	1231.72
法　国	337.47	835.91
西班牙	142.08	435.47
瑞　典	97.50	221.35
奥地利	85.33	251.00
丹　麦	69.06	126.35
葡萄牙	65.30	177.94
荷　兰	62.82	111.40
比利时	48.56	122.11
芬　兰	38.44	84.65
希　腊	25.64	98.82

资料来源：根据"欧洲租赁协会"数据整理。

从法律与监管的角度看，欧盟很多国家（如德国、西班牙等）都没有对融资租赁进行专门立法，有关融资租赁的法律规范分别散见于已有的法律中。

第一，"融资租赁"范畴的界定。德国对"融资租赁"并不局限于概念的探讨，而是侧重于从合同实践的角度加以分类。西班牙也没有对融资租赁物的范围进行限定，但规定租赁必须是为了经营目的，用于消费目的的产品不能作为融资租赁物。

第二，融资租赁的监管。在监管问题上，整个欧盟并没有一个统一的标准，各国根据本国实际情况自行决定。西班牙将融资租赁视为金融业务，它的功能基本相当于一笔贷款。虽然德国和西班牙在监管模式上不尽相同，但有一点是基本相同的，即都仅对具有银行背景的融资租赁公司实行监管。具体来看：

在德国，具有银行背景的租赁公司需要接受监管，没有银行背景的租赁公司不接受任何监管。德国的银行既可以直接从事融资租赁业务，也可以通过建立子公司或附属机构间接开展融资租赁业务。无论采取哪种方式，只要银行投资入股达到融资租赁公司股本总额的20%，该融资租赁公司就被视为具有银行背景，相应就会受到金融监管部门的监管。对于需要监管的具有银行背景的融资租赁（包括银行直接和间接开展的融资租赁，以及厂商租赁中通过其附属银行或财务公司开展的融资租赁），德国依据《银行法》实行所谓的"间接监管"。这种监管的主要特征是融资租赁公司与其母银行并表接受监管。这种"并表"的一个效应是，具有银行背景的融资租赁公司并不单独接受监管。在母银行整体的资产负债等风险控制状况符合银行审慎性监管规定的情况下，其融资租赁子公司很可能会在某些方面达不到监管指标的要求，例如其资本充足率低于《巴塞尔协议》规定的比例。

在西班牙，融资租赁被视为一项纯粹的金融业务，是一种与银行贷款相同的金融产品或金融衍生工具。融资租赁公司作为金融机构，接受西班牙银行的直接监管。开展融资租赁业务需要获得西班牙银行的批准。虽然提交申请和发放执照均通过西班牙经济与财政部办理，但实际都是由西班牙银行对申请材料进行实质性审查，经济与财政部只是履行程序上的手续，不会更改西班牙银行的审查结果，审查批准后的日常监管工作也由西班牙银行负责。在现实情况中，西班牙并未禁止非银行背景的融资租赁公司的存在，只是由于它们自身的劣势而在市场竞争中被淘汰了，但这与法律上禁止存在的意义完全不同。

第三，扶持融资租赁发展的相关政策。德国和西班牙对融资租赁在税收和关税方面没有大的优惠政策。在欧盟其他国家也基本如此。但两国均规定，对其他融资方式或行业制定的税收和关税优惠政策，融资租赁可以同样享受。

德国规定，企业对1年期以上的长期负债所付利息应缴纳6%的利息税。这个政策虽然不是针对融资租赁公司制定的，但客观上对融资租赁的发展起到一定的作用，因为承租人通过租赁获得生产设备就不会对银行形成长期负债，因此无须缴纳6%的长期负债利息税。融资租赁公司虽然向银行长期借债，应缴纳这一利息税，但租赁公司将"租赁应收款"卖给银行，获得资金后偿还银行借款，相应减少了对银行的长期负债，也无须缴纳这个项目的利息税，由此，从整个交易过程看，企业减少了其融资成本。德国规定承租人通过租赁公司以租赁形式购买的设备同样享受有关关税的减免待遇。

西班牙为了促进融资租赁业的发展，制定了企业通过融资租赁方式购买设备可享受加速折旧的政策，大企业可以在国家规定的1/2折旧年限内完成折旧，小企业可以在国家规定的1/3折旧年限内完成折旧，由此，承租人在加速折旧年限内折旧完，在剩余的国家规定折旧年限内仍要加上在加速折旧年限内的提前折旧部分。在此条件下，承租人如果赢利，则须补缴所得税；如果出现亏损，则无须缴纳所得税，直至国家规定的折旧年限为止。从整个过程来看，如果承租人一直赢利，则不存在少缴纳所得税的问题；如果承租人在加速折旧年限后出现亏损，则可少缴纳部分所得税。因此，对承租人来说，这个政策可使承租人提前收回投资成本，减少投资风险。此外，西班牙还规定，承租人通过租赁公司以租赁形式购买的设备同样享受关税减免待遇。

四 日本的融资租赁市场发展

在日本，以银行为首，批发、零售、制造业、运输、通信、建设、电力和天然气等各种企业几乎都参与了租赁业，成立了租赁公司。美国金融危机前，日本租赁事业协会拥有企业会员285家，日本汽车租赁协会联合会拥有汽车租赁企业会员400家，它们基本上涵盖了日本租赁业中的主要企业。2003年度（2003年4月~2004年3月），日本租赁业交易额为73778亿日元（按当时汇率计算，约合600亿美元），租赁设备投资额为65917亿日元（约合520亿美元），约占民间设备投资总额的8.7%。从租赁机器品种看，IT机器租赁交易额占机器租赁交易总额的35.9%，产业机械占14.1%，运输机器占10%。从行业分类看，农林水产业租赁交易额占租赁交易总额的0.5%，制造业租赁交易额占25.8%，非制造业租赁交易额占67.6%。从企业规模看，资本金在1亿日元以上的大企业租赁交易额占总额的49.6%，资本金在1亿日元以下的中小企业租赁交易额占43.4%，政府机构及其他租赁占7.0%。从日本企业的租赁利用率看，1980年为49.3%，1984年急速上升到78.3%，1996年达到93.1%的历史最高点，2000年为90.9%。

日本融资租赁业的发展主要呈现四方面的特点。第一，租赁公司投资主体多元化。日本租赁市场主要由金融机构和大商社出资组建的全国性租赁公司、由厂家或经销商出资成立的专业租赁公司以及由地方银行组建的地方性租赁公司组成。日本的融资租赁从投资来源看，基本上可分为银行型、厂家型和银行贸易复合型三大投资类型；就公司类型而言，主要分为银行租赁公司和综合租赁公司两种。第二，租赁公司资金来源以银行贷款为主。日本租赁公司90%的资金来源靠银行贷款，公司债券融资只占 1.1% 左右，资本金占 2.5% 左右。另外，租赁公司也通过发行商业票据筹措部分资金。第三，租赁业以融资租赁业务为主。日本租赁业是以融资租赁为核心发展起来的；同时，部分大型租赁公司已开始着手开展经营性租赁或对特定设备进行维修服务租赁。第四，租赁公司经营范围广。日本租赁业归经济产业省（原通产省）管理，但经济产业省并没有关于租赁公司营业范围的专门监管规定，因此，租赁公司除了经营租赁业务外，还可以经营房地产、投资及贷款等，业务类型渐趋多样化。租赁公司的资产结构大致如下：租赁占 40% 左右，分期付款型贷款占 20% 左右，一般贷款占 40% 左右。但是，日本政府对银行持有的租赁公司的管理比较严格。为了保护存款人的利益，银行持有的租赁公司不能从事房地产、证券等业务。

从法律与监管角度看，日本没有专门的租赁法，各类公司按照《商法》的规定而设立，从事租赁业务；但在涉及每一个具体行业时，则需要符合该行业相关法律规定。在日本规定，由银行的分公司和关联公司经营的租赁业务中，非所有权转移的融资租赁业务[1]收入应占租赁业务总收入的 50% 以上。但 2002 年日本修改了银行法，规定银行分公司融资租赁收入即使达不到总收入的 50%，仍可开展融资租赁业务。为了保护存款人的利益，银行所属的租赁公司不能从事房地产、证券等业务。

从扶持政策上看，在税收政策方面，1984 年日本为支援中小企业，促进设备投资，制定了投资促进税额减免制度，对租赁实行投资减税制度。其主要内容有三个方面。其一，IT 投资促进税制。它的适用期限是到 2006 年 3 月 31 日，实施对象是注册资本在 3 亿日元以下的法人和个人，适用对象设备主要是计算机、数码复印机、传真机、集成电路卡利用设备、数码播放接收设备等 IT 关联机器。这一制度的减税额度为租赁费用总额的 6%。其二，中小企业投资促进税制。它的适用期限是到 2006 年 3 月 31 日，实施对象为注册资本在 1 亿日元以下的中小企业，适用对象设备主要是机器装置、电脑、数码电话设备、数码交换设备等。这一制度的减税额为租赁费用总额的 4.2%。其三，中小企业基础强化税制。它的适用期限是到 2005 年 3 月 31 日，适用对象主要是批发、零售、饮食和特定服务业中的中小企业，这一制度的减税额为租赁费用总额的 4.2%。

日本政府在财政补助方面的扶持政策主要表现为对特定设备承租人发给补助金。这一制度主要用于农林水产领域。2004 年财政年度，日本实施的农林水产租赁补助制度主要分三类。其一，农业经营租赁补助，适用对象为由日本农业经营基础强化法律认定的农业经营者和对地方有贡献的农业经营者。其二，木材供应结构改善租赁补助，主要是针对原材料生产、木材加工和木材销售等产业中的企

---

① 即符合下述条件的融资租赁业务：(1) 不能中途解约；(2) 必须支付租赁物品等的全部相关费用；(3) 不伴有所有权转移。

业。其三，养殖业促进租赁补助制度，主要适用于推进养殖品牌化要求的企业。对于这三类行业，日本政府按照补助系数，给予一定的财政补助。

为促进特定设备的普及和某些特殊行业（如工业机器人、卫星通信接收机、防污染设备、医疗设备和液化石油气系统等）的发展，日本政府向租赁业提供了两类政策性财政融资：其一，1970 年起实行的"租赁金融措施"，即由日本开发银行吸收长期信用银行、兴业银行的金融债券，然后，由这 3 家银行以低利息向融资租赁公司提供资金；其二，由日本开发银行向通产省（现经济产业省）申请批准的特定租赁公司直接提供低息资金。例如，1980 年，在通产省的指导下成立的日本机器人租赁公司，其购买设备的资金中有 60% 由此项财政融资。

在信用保险方面的扶持政策为，日本在 1973 年建立了政策性保险制度。该制度规定，承租人在签定租赁合同后，应实行强制保险。一旦承租企业倒闭，政策性保险公司负责赔偿 50% 的租赁损失金额。日本通产省（现经济产业省）的服务产业局、中小企业厅及保险局联合落实机械类租赁信用保险制度，以保证在承租的中小企业破产时，租赁公司能从政府回收租金中得到补偿。

五 中国的融资租赁市场发展

中国的租赁业起步于改革开放的 20 世纪 80 年代初。经过 30 多年的发展，到 2013 年 6 月，各类融资租赁公司已达 669 家（其中，中资融资租赁公司 100 多家，外商融资租赁公司 500 多家，金融租赁公司 20 家）；融资租赁合同余额 1.9 万亿元，其中，银监会监管的 20 家金融租赁公司的融资租赁合同余额达到 9021.66 亿元。与 2011 年的融资租赁合同余额 9300 亿元相比，2012 年底的融资租赁合同余额达到 15500 亿元，增长了 66.7%。

30 多年间，中国的融资租赁市场发展跌宕起伏，大致可分为四个阶段：

第一阶段为 1981～1986 年的 6 年间，是中国融资租赁市场的起步阶段。20 世纪 80 年代初期，中国在国民经济濒临崩溃的时候，迈开了改革开放的步伐。在工作重心转移到以经济建设为中心的背景下，为了加快国民经济发展，国家急需运用外汇资金购买国外先进的设备，推进国内企业的装备更新升级。为此，1981 年 4 月，中信公司与日本东方租赁公司合资组建了中国第一家中外合资租赁公司——中国东方国际租赁公司；同年 7 月，中信公司与中资机构又合作成立了第一家中资融资租赁公司——中国租赁有限公司。这些事件标志着融资租赁市场在中国境内的起步。此后，一批融资租赁公司相继成立，领取了金融业务牌照[①]。但由于中国的金融改革和发展刚刚起步，众多的金融业务尚在探讨过程中，所以，融资租赁市场也还处于探索阶段，融资租赁业务量的增长幅度不大。

第二阶段为 1987～1996 年的 10 年间，是中国融资租赁市场的成长阶段。在这

---

① 当时，融资租赁公司由中国人民银行监管，属于金融机构范畴。

一时期，随着改革开放步伐加快与市场化融资需求不断攀升，新公司的成立犹如雨后春笋。特别是在 1994 年和 1995 年的两年时间成立了 5 家融资租赁公司，融资租赁的业务总量快速扩张。1996 年年底，融资租赁公司的总资产达到 140 亿元，但它们的注册资本金总量仅为 6 亿多元人民币外加 500 万美元，资本充足率普遍较低，负债率高企。尽管如此，融资租赁市场在快速发展过程中，对经济增长还是作出了重要的贡献，但同时，也埋下了一系列风险隐患。

第三阶段为 1997 ~ 2000 年的 4 年间，是中国融资租赁市场的风险爆发阶段。1997 年 7 月以后，在东南亚金融危机的冲击下，中国经济进入了下行区间。由于汇率大幅度调整、风险管理工具匮乏、管理不善和体制机制制约等诸多不利因素的叠加影响，融资租赁业在前期发展阶段所埋下的风险隐患相继显现。因资金来源遇到困难和租金难以回收等问题，大多数融资租赁公司的经营运作都陷入了困境。1997 年，广东国际租赁有限公司、海南国际租赁有限公司和武汉租赁公司由于严重的资不抵债相继倒闭。2000 年，中国华阳融资租赁有限责任公司宣布破产清算。

第四阶段为 2000 年至今，是中国融资租赁市场规范建设的阶段。在这一时期，为弥补历史缺憾，融资租赁行业的四大支柱——法律、会计准则、监管和税收方面的制度建设开始全面启动。《企业会计准则——租赁》于 2001 年 1 月 1 日生效，后修改为《企业会计准则 21——租赁》，并于 2006 年 2 月 15 日生效实施；2000 年 6 月 30 日中国人民银行发布《融资租赁公司管理办法》，后经中国银监会于 2007 年 1 月 23 日重新修订。近年来，税收政策和监管体制的补建进程也在加紧推进。

2007 年 1 月，中国银监会修订的《融资租赁公司管理办法》，重新允许国内商业银行介入融资租赁业。从 2007 年 11 月到 2009 年年底，工行、建行、交行、民生、招行、国开行等 6 家银行机构筹建的金融租赁公司相继成立。商业银行进入融资租赁市场，不仅有利于提升融资租赁业在金融市场的影响力，打破影响租赁市场发展中的资金不足瓶颈，改善租赁市场发展环境，而且有利于强化金融业与实体经济的结合程度，完善金融服务于实体经济的功能。

尽管从 2007 年（尤其是 2010 年）以后，中国融资租赁市场进入了快速发展的历史新时期，但迄今为止，它依然存在三方面的严重问题：

第一，体制机制制约。中国境内的融资租赁市场实行的是分口监管方式，其中，外商投资的融资租赁公司和中资租赁公司由国家商务部进行监管，金融租赁公司由中国银监会进行监管。由于不同的监管部门所采用的监管标准并不统一，由此，一方面引致了融资租赁市场的分割和竞争条件不公平，另一方面制约了融资租赁市场的规范化建设。一个突出的现象是，金融租赁公司可以借助商业银行的贷款和人脉关系展开业务，外商投资的融资租赁公司可以借助海外资金拓展融资租赁市场，而中资融资租赁公司缺乏这些竞争中的优势条件，业务扩展举步维艰。

第二，法律制度制约。在分口监管的条件下，要形成全国统一的融资租赁市场法律制度相当困难。虽然国家商务部、税务总局和中国银监会相继出台了一系列有关融资租赁市场的监管制度，但基本是各出各的，其中缺乏统一性的规范（甚至连名称也不尽相同[①]），这给融资租赁市场的规范化发展带来了困难，容易使租赁公司陷入经营困惑中，制约了融资租赁行业的发展。

第三，市场认知度不足。长期以来，对融资租赁的知识宣传推广和理论研究较为滞后，相当多的实体企业对融资租赁功能知之甚少，加上传统的"重买轻租"的资产占有观念根深蒂固，这都使得融资租赁市场中的供求关系难以充分展开。实体企业选择设备等固定资产的投资方式，首先想到的是自筹资金购买，把融资租赁只作为解决资金困难的权宜之计，远未完成资产管理理念从占有资产最大化向运作资产最大化的转变。

要有效解决这些问题，需要从三方面着手：

第一，深化改革，实现体制机制的转变。要有效处理好政府和市场的关系，充分发挥市场机制在配置融资租赁市场资源方面的基础性作用，改变分口监管的格局，对融资租赁市场的行为实行全国统一监管，以维护公平竞争的市场环境，给介入融资租赁市场的各类公司以相同的制度约束条件。

第二，出台全国统一的法律制度。要在监管统一的基础上，抓紧制定全国统一的融资租赁市场制度，以规范和调整介入融资租赁市场的各类机构行为。

第三，加大宣传力度。要借助各种媒体和宣传渠道，加大对融资租赁业务和功能的宣传，强化对相关理论和实务的研究，提高实体企业对融资租赁的认知度，积极推进它们的资产管理理念转变。

[①] 例如，在国家商务部监管范畴内称为"融资租赁公司"，在中国银监会监管范畴内称为"金融租赁公司"，但两者的英文名称均为"Financial Leasing Company"。

第二十二章　公司并购市场

公司并购，既是资本市场的重要组成部分，又是资本市场发挥作用的必然结果。在推进资源的有效配置过程中，如果说债券市场、股票市场、信托市场和融资租赁市场等侧重于运用资产增量和流量机制的话，那么，公司并购市场则侧重于运用资产存量机制。在公司并购中，通过资金流动和资产、资本、股权以及债务等的重组，资本市场发挥着促进资源重新配置的功能，为资源的有效利用、提高经济效率创造着更加良好的基础性条件，为维护市场经济的运行秩序和信用关系提供了有效保障。

进入 20 世纪以后，以美国为代表的发达国家在历史上曾先后兴起过 5 次公司并购的浪潮。公司并购成为一国乃至全球经济结构调整和企业组织结构调整的一个主要机制。2008 年美国金融危机使美国乃至全球进入了一个新的经济结构调整时期。这一时期，公司并购再次风起云涌。中华人民共和国商务部的数据显示，2012 年中国境内投资者共对全球 141 个国家和地区的 4425 家境外企业进行了直接投资，累计实现非金融类直接投资 772.2 亿美元，同比增长 28.6%。2013 年 9 月，美国微软公司宣布以 71.7 亿美元的价格收购芬兰诺基亚公司的手机业务，以加强与谷歌、苹果等公司的进行竞争的能力。中国经济社会发展正进入一个新的历史发展时期，公司并购不仅成为经济结构调整的一个主要方式，而且成为中国经济步入国际市场的一个主要机制。为此，探讨和分析公司并购的内涵、特点、流程、定价等就有重要的意义。

第一节　公司并购和反并购

一　公司并购的内涵和特点

公司并购（Company Merger and Acquisition，M&A），是公司间收购和合并的简称。这其中有三个关系需要理清。第一，并购建立在股权关系基础上。并购是一种股权范畴内的调整和变化，不是公司（或企业）的债务关系调整、业务关系调整、市场关系调整乃至人事关系调整（尽管股权关系调整可能进一步引致这些方面的调整），因此，不涉及股权关系调整的变动，不属于公司并购范畴。第二，并购建立在公司制度基础上。并购发生在公司之间而非企业之间。独资企业、合作企业和合伙企业由于不实行公司制，股权处于不可转让状态，因此，这类企业不存在并购的前提条件。要使这些企业进入并购的范畴，首先需要对其进行公司制改制。第三，在"并购"范畴中，收购和合并虽被置于一个名称下，但事实上，它们并不是同一概念，也不是内涵完全相同的市场行为。

公司收购是指一公司通过购买股权而达到控制目标公司的经济现象①。这一定义有三层含义。第一，公司收购是两个公司之间股东（或股权）发生变化的经济现象。收购的直接结果是，一公司拥有了对另一公司的控制权，被收购的公司并不因为股权在被收购中发生变化而失去法人地位，即它们仍是两个公司间的关系。第二，股权收购的目的在于"控制"。从理论上说，要控制一个公司至少需要掌握51%以上的股权；但在现实生活中，由于公司股权的分散化，常常只需拥有30%甚至更少的股权，就能够成为最大股东并控制公司的董事会从而控制公司的各项经营运作活动，因此，在"公司收购"中，"购买股权"的最低数量并无一个严格的界限。第三，"收购"的直接对象，不是公司而是目标公司②股权。当控股地位发生动摇时，"收购"可能再次展开。

公司合并，是指两个以上的公司在自愿的基础上通过有关程序而结合成一个公司的经济现象。这一定义也有三层含义。第一，公司合并可以发生在两个以上公司之间，其结果可能是保留一个公司的名称及法人资格，也可能是原有各公司的名称和法人资格都被取消而新设立一个公司。第二，合并的目的在于，在股权合一的基础上，实现资产一体化、形成规模经济和提高经济效率，因此，"合并"对各个公司来说都是建立在股权合一基础上的自愿行为（虽然，在有些场合，对某些股东、高管人员等而言，他们在感情上是不自愿的）。第三，在公司合并过程中，两个（或两个以上）公司之间并不发生股权、资产等的买卖活动。

公司的收购和合并有三方面的共同点：第一，它们都不是直接针对公司的某一资本品（如某台设备、某座建筑物）或产成品的交易行为，而是针对公司股权的行为；第二，它们都涉及两个（或两个以上）公司之间的资产关系变动和资产重组；第三，它们的结果都使两个（或两个以上）公司之间的股权关系发生实质性变动。

公司的收购和合并也有一系列重要区别：第一，从资产关系看，收购采取按照市价购买股权的方式，而合并采取各公司股权合一（从而资产合一）的方式，其间并不发生股权的购买（可能发生股权的转换）。第二，从目标公司的地位看，

---

① 英文中"Take Over"的含义是取得控制权或经营权。在中国香港《公司收购与合并守则》中，"Take Over"被译为"收购"。
② 又称"标的公司"。

合并的结果是，被合并公司失去了独立法人的资格；而收购的结果是，被收购公司的独立法人资格可能依然存在。第三，从资产结果看，收购之后，原公司的资产规模不变，改变的只是资产结构；而合并之后，续存公司的股权数量和资产规模都扩大了，扩大的数额等于被合并公司并入的股权数量和资产数量。显而易见，公司的收购和合并并非同一范畴，不可混淆。

由于在资本市场中，公司的收购和合并都是对资产存量进行重组和重新配置的行为，所以，人们常常将这些概念合在"公司并购"之下使用。

企业兼并，是在中国 20 世纪 80 年代至 90 年代期间的专有概念，它是指一个企业通过购买另一个企业的资产而将其吞并的经济现象[①]。这一定义有三层含义。第一，企业兼并虽在两个企业间发生，但其结果是一企业吞并了另一企业，被兼并的企业因失去法人地位而消亡，由此只剩下一个企业。第二，兼并的目的在于"吞并"，因此，发动兼并的企业必须购买被兼并企业 100% 的股权，不仅如此，还必须"收购"或承担被兼并企业的全部债权债务及其他商务关系。第三，"兼并"的直接对象已不仅仅是股权或资产，更重要的是企业本身。显然，兼并是收购股份达到 100% 时的结果，因此，兼并包含在"收购"中。但在现实生活中，"兼并"常常用于国有企业之间，并带有行政性划拨合并的性质，因此，具有某种"并购"的色彩，但这种国有企业之间的行政性兼并，并不属于市场机制条件下的公司并购范畴。

二　公司并购的主要形式

在公司收购中，以资金、股份等资产为手段去购买其他公司股权的公司，称为收购公司；股权被收购的公司，称为目标公司（或标的公司）。公司收购，可分为不同的形式。

根据出资方式的不同，公司收购可分为资金收购、股份收购和债权收购。资金收购，是指收购公司以现金购买目标公司的股份所实现的收购；股份收购，是指收购公司通过将自己的股份置换成目标公司的股份所实现的收购；债权收购，是指收购公司通过将所持有的目标公司的债权转换成目标公司的股份所实现的收购。

根据资金来源的不同，公司收购可分为杠杆收购和非杠杆收购。杠杆收购，是指收购公司通过从银行等金融机构借入资金对目标公司进行的收购；非杠杆收

[①] 1989 年 2 月 19 日，国家体改委、国家计委、财政部、国家国有资产管理局在其联合发布的《关于企业兼并的暂行办法》中认为，企业兼并，是指一个企业购买其他企业的产权，使其他企业失去法人资格或改变法人实体的一种行为。1992 年 1 月出台的《关于全民所有制工业企业实行产品结构和组织结构调整的规定》中第 11 条指出："企业兼并，系指一企业取得他企业产权（全民所有制企业间的兼并则指取得他企业的经营权），并使他企业失去法人资格或改变法人实体的行为。企业兼并，一般通过承担债务、出资购买或控股等有偿转让的方式实现。"

购，是指收购公司运用自己已有的资金及其他资产对目标公司进行的收购。

根据控股程度的不同，公司收购可分为参股收购、控股收购和完全收购。参股收购，是指收购公司通过持有目标公司的部分股份所实现的收购；控股收购，是指收购公司通过持有目标公司达到控股程度的股份所实现的收购；完全收购，是指收购公司通过持有目标公司的全部股份所实现的收购。

根据公开程度的不同，公司收购可分为公开收购和非公开收购。公开收购，又称标购，是指收购公司通过向目标公司的全体股东发出公开收购股份的要约并收购其股份所实现的收购；非公开收购，是指收购公司通过直接与目标公司及其股东谈判、收购其股份所实现的收购。收购上市公司，通常采取公开收购的方式；收购非上市公司，通常采取非公开收购的方式。

根据产业关系的不同，公司收购可分为同行收购和跨行收购。同行收购，是指收购公司与所选择的目标公司属于同一行业的收购；跨行收购，是指收购公司与所选择的目标公司属于不同行业的收购。

根据机制关系的不同，公司收购可分为依法收购和市场收购。依法收购，是指收购公司依据法律法规的规定对目标公司进行的收购。中华人民共和国《公司法》第 85 条规定："投资者可以采取要约收购、协议收购及其他合法方式收购上市公司。"第 88 条规定，在通过证券交易所进行的证券交易中，当投资者持有或者通过协议、其他安排与他人共同持有一个上市公司已发行的股份达到 30% 时，若该投资者继续进行收购，应当依法向该上市公司所有股东发出收购上市公司全部或者部分股份的要约。第 90 条规定收购要约约定的收购期限不得少于 30 日且不得超过 60 日。市场收购，是指收购公司通过市场过程对目标公司的股权进行的收购。

世界各国的《公司法》都规定，公司合并可分为吸收合并和新设合并两种形式。中华人民共和国《公司法》第 184 条规定公司合并可以采取吸收合并和新设合并两种形式。一个公司吸收其他公司为吸收合并，之后被吸收的公司会被解散。两个以上公司合并设立一个新的公司为新设合并，之后合并各方会被解散。公司合并时，合并各方的债权、债务，应当由合并后存续的公司或者新设的公司继承。

吸收合并，是指通过一公司吸收他公司股权的途径而实现资本、业务和组织一体化的公司合并形式。在吸收合并中，继续存在的公司称为存续公司，被吸收的公司在解散中失去法人资格。吸收合并的基本特点是，存续公司通常是声誉较高、实力较雄厚的公司，在被吸收公司的资产、业务并入存续公司后，资源能够得到更加有效的配置，公司的市场竞争力能够明显提高。它的好处在于，有利于节省合并费用、手续方便、能够保证经营活动的连续性；它的不利之处在于，在一段时间内，被合并公司的高级职员及一般职员与存续公司的高级职员及一般职员之间可能存在不协调的关系甚至发生矛盾。

新设合并，是指若干个公司在资本、业务、组织等融为一体的基础上形成一个新公司的公司合并形式。它的基本特点是，合并各方都在公司解散中失去法人资格，所有的股权、资产、业务和组织等都并入新设公司中。它的长处是，人事关系相对好处理。它的不利之处是，合并费用较高，业务活动可能受公司合并影响而下降甚至中断，合并手续相对复杂。20世纪90年代以后，各国的公司合并很少采用新设合并的形式。

引致公司合并的原因主要有两个。其一，为了增强公司的经济实力，提高经济效率，占领市场。1995年6月美国第一联合银行和美国第一保全银行合并，7月美国第一芝加哥银行和底特律国民银行合并，其主要原因是为了增强金融竞争力；1996年12月，在经过3年的讨论之后，美国麦道（MeDonnell Douglas）公司并入美国波音（Boeing）公司，其主要原因是为了增强美国民用航空工业的国际竞争力。其二，为了摆脱经营困境。1995年3月日本三菱银行和东京银行合并，11月日本大和银行和住友银行合并，1996年4月上海万国证券股份有限公司并入上海申银证券有限公司，其主要原因都是为了摆脱因金融运作违规所造成的经营困境。

此外，公司并购方式还可分为直接收购、间接收购、强制收购、无偿并购、主动收购、随机收购、真实收购和虚假收购等。

三 公司反并购策略

有公司并购自然也就有公司反并购（Anti-takeover）。在公司并购中，有通过促进公司资产结构、组织结构和业务结构调整以达到规模经济和提高经营运作效率的，有通过促进公司管理效率提高以提高公司市场竞争力的，但同时，也有利用"并购"机制来获取差价收益的。20世纪70年代中期以后，尤其是在美国的第四次公司并购浪潮中，一批被指责为"袭击者"（Raider）、"猎食者"（Predator）的个人或公司，以并购为名，对一些目标公司发动了突然袭击，在一定程度上扰乱了这些公司正常的运营秩序、股市运行秩序和金融秩序，为此，美国不仅强化了法治管理，而且允许目标公司采取一系列措施来抵御并购或采取反并购策略。

反并购策略的种类很多，从不同的角度可进行不同的划分和概括，但主要有如下几种类型。

1. 反股权收购策略

收购股权，是公司并购中常见的现象，也是收购公司对目标公司采取的基本行动。反股权收购策略，是指目标公司为防止本公司的股权被收购而采取的各种防范性措施。防股权收购的具体措施主要有：

（1）控股策略。这是指目标公司为防范股权被收购而动员或鼓励某一股东购买公司股份并达到控股程度的行为。一般来说，若某一股东持有的股份达到控股的程度，公司就不易成为收购者的对象。但若控股股东所持有的公司股份比例较低（如10%以下），公司就有可能成为被收购的目标公司，此时，公司需要采取积极的措施，激励或支持控股股东增加股份数量。

（2）相互持股策略。这是指目标公司为防范股权被收购而通过相互换股的方式与另一家关系密切的公司形成相互持股态势的行为。例如，20 世纪 80 年代初，香港英资怡和集团为防范华资财团的收购，采取了由怡和集团和怡和证券两公司持有怡和集团下属的置地公司 40% 的股份，又由置地公司持有怡和集团 40% 股份的相互持股策略。相互持股策略可与控股策略配合运用。

（3）员工持股策略。这是指目标公司为防范股权被收购而采取鼓励员工持有本公司股份的行为。一般来说，员工对本公司的情况了解得比较清楚，而对收购者的情况知之甚少；在面临收购时，他们从自身的工作和前途考虑，不会轻易出售手中的股份，因此，增加员工持股数量能够在一定程度上防范公司被收购。在美国，许多公司通过实行"员工持股计划"（ESOP）来增加员工的持股数量。

（4）股份回购（Share Repurchase）策略。这是指在发生公司股份被收购的危险时，目标公司采取大量购回本公司发行在外的股份，以防范或阻止股份被收购的措施。公司回购自己的股份，从《公司法》的原则上说，是被禁止的。中华人民共和国《公司法》第 149 条规定："公司不得收购本公司的股票，但为减少公司资本而注销股份或者与持有本公司股票的其他公司合并时除外"。公司收购本公司的股票后，必须在 10 日内注销该部分股份，依照法律、行政法规办理变更登记并公告。美国许多州的《公司法》也认为，为了维持公司的管理层对公司的控制权而回股本公司股票的行为是违法的。但随着并购现象的大量发生，为了对付收购者，美国的一些州修改了有关法律条款，认为公司管理层在争夺公司控制权的过程中，如果有确实的根据可证明他们是为了维护公司的经营方针和公司利益，那么，股份回购是许可的。

大量购回本公司的股份，需要有大量资金。公司在这方面的资金来源主要有三：一是动用公司历年的公积金；二是向银行等金融机构借入资金；三是发行债券，募集资金。回购的股份属于"库存股"的范畴，一般不具有投票权和分配权。

（5）争取股东支持策略。这是指目标公司管理层在面临被收购的情况下通过各种方式（如邮件、信函、广告和新闻发布会等）表明自己反对收购的意向，呼吁股东支持公司董事会的决定，不接受收购要约。

（6）死亡换股（Dead Swap）策略。这是指目标公司通过发行公司债券、特别股份以及它们的组合以换回本公司发行在外的普通股，从而抬高股价，迫使收购者因收购成本上升而终止收购。在采取这种策略中，目标公司需注意两个问题：一是发行债券将提高公司的负债率，增加财务风险，可能使反收购者处于不利地位；二是换回股份，将减少公司发行在外的总股数，若股价上升幅度等于或小于股份减少幅度，则对公司不利。

2. 修改《公司章程》策略

修改《公司章程》策略，又称"驱鲨剂"（Shark Repellant）策略，是指通过修改"公司章程"、增加有关条款来防范公司被收购的措施。从美国的实践来看，增加的条款主要有：

（1）"超多数投票"（Supermajority Voting）条款。一般来说，公司的重大事项，只需要拥有表决权的股份的 2/3 同意就可通过。为了反收购，一些公司在修改公司章程时，增加了"超多数投票"条款，规定在决定董事任免、公司合并或分立、修改公司章程、出售公司资产等事项时，应由 80% 以上的表决权股份同意才能通过。由此，使收购者通过控股来达到控制目标公司的意图难以实现。

（2）"董事轮换制"（Staggered Board）条款。目标公司通过在《公司章程》中规定，董事分为三组，每年只能改选一组；董事的任免及辞退须有绝大多数股东投票同意（80% 以上的投票权同意），使得收购者感到，即便收购成功，在一段时间内，也难以控制目标公司的经营权，从而放弃收购行为。

（3）"限制股东行为"（Restriction on Share - holder Action）条款。目标公司通过《公司章程》，限制股东在股东会议闭会期间对一些建议的投票权和召开特别股东会议的请求权，使一些股东收购本公司的意向及行为，要拖到下次股东会议才能讨论，从而给董事会留出反收购所需的时间。

（4）"发行优惠股票"（"Blank Check"Preferred Stock Issue）条款。目标公司在股东会议讨论通过后，在《公司章程》中规定，发行一部分拥有投票权的优惠股票，并授权董事会根据具体的条件变化决定发行事宜，使董事会有可能运用这些股票来防止公司被收购，或使公司股权能够相对集中在可信任的股东手中；但若公司没有发生被收购的危险，这些优惠股票就不会被发行，因此，只是"空头支票"。

3. "毒药丸"（Poison Pills）策略

"毒药丸"策略，又称"焦土战略"（Scorched - earth Policy），是指目标公司通过采取一些对自身有严重伤害的举措、降低自己对收购者的吸引力来避免被收购的行为。这一策略思路和措施，最初在 1983 年，由美国瓦切泰尔·利蒲东律师事务所的马蒂·利蒲东律师提出，后经投资银行家马丁·西格尔补充完善。其主要措施包括：

（1）实施股东权利计划（Share - holder Rights Plans）。这是指，目标公司通过发行某种股权证来使其股票对收购者失去吸引力的措施。在采取这种策略中，购股权证的生效、权益内容不尽相同，主要的有三种：

第一，低价购股权证。这种购股权证的持有人拥有以低于股票价格的出资（如 50%）购入公司股票的权利。但这种权利通常在收购者持有公司股份达到一定数量（如 20% 以上）后才能生效。

第二，多权股购股权证。这种购股权证通常与公司债券一起向公司的高级管理人员或可信任的股东发行，它规定，当运用这种权证购股后，股东所持有的每一股份拥有 2 票、3 票甚至更多票数的投票权。但是，在不购股时，持有人只享有债权人的权利。

第三，股份回购权证。这种权证的持有人拥有要求公司以已经上升了的股价（又称升水股价）购回股份或换取其他证券的权利。这种权利通常在公司被收购时生效。

（2）可兑换毒债（Poison Put Bonds）。这种债券的特点是，公司在发行时，赋予债券持有人一种权利，即当公司面临被收购时，他们有权要求公司赎回债券或转化为公司股票，从而使收购者在收购目标公司后立即陷入财务或股权的困境中。

（3）调整债务条件。这是指，目标公司通过调整债务的偿还时间和其他偿还条件来使收购者一旦收购成功就陷入要立即偿债的困境。

（4）调整资产结构。这是指，目标公司通过调整本公司的资产结构而使收购者对收购失去兴趣。调整资产结构的方法主要有二：

第一，出售优良资产。目标公司在面临被收购的危险时，将本公司最有吸引力的资产和部门按一定的方式出售，以使收购者感到即便收购成功也无利可图从而放弃收购。

第二，降低资产质量。目标公司通过大量举债，购入一些无利可图或短期难以见效的资产，以使收购者感到收购的意义不大。

（5）实施降落伞计划。这是指，目标公司通过实施保障管理层和员工利益的有关制度，使收购者因收购成本增大而放弃收购行为。降落伞措施的主要内容有三：

第一，保障高级管理人员措施，又称金降落伞（Golden Parachute），是指目标公司与其高层管理人员签订聘用合同，其中规定，一旦公司被收购，使他们失去职位，则公司必须立即向他们支付高额退休金。例如，美国克朗·塞勒巴克公司向其 16 名高级管理人员承诺，若因公司被收购而离职，他们有权领取 3 年工薪和全部退休金，其总额高达 9200 万美元。

第二，保障中层管理人员措施，又称银降落伞（Silver Parachute），是指目标公司与其中层管理人员签订聘用合同，其中规定，一旦公司被收购，使他们失去职位，则公司有义务立即向他们支付规定数量的保证金。

第三，保障普通员工措施，又称锡降落伞（Tin Parachute），是指目标公司与其一般员工签订聘用合同，其中规定，一旦公司被收购，使他们失去职位，则公司有义务按规定向他们提供一定数量的生活保障费用和员工遣散费用。

4. 主动防御策略

这是指，目标公司在不损害自身根本利益的基础上，主动防御或抵抗收购者收购行为的措施。从广义上来说，上述反股权收购策略、修改《公司章程》策略等都属于主动防御策略的范畴，此外，主动防御策略还包括如下措施：

（1）甩包袱。这是指，目标公司主动地将一些交易状况不佳或发展前景不好的业务、机构等甩掉，把主要精力、资产、人力等集中于有良好发展前景的业务上，以提高经济效率，支持公司股价，从而使收购者难以对自己下手。

（2）帕克曼防御（Pacman Defense）。这是指，在获悉收购信息后，目标公司反守为攻，抢先向收购公司的股东发出收购要约，使收购者处于被动防御地位。

（3）财产锁定（Assets Lock－up）。这是指，在无力抵抗袭击者时，目标公司主动寻找一个可信任的公司以财产锁定为代价促使其以高于袭击者的出价来收购本公司的行为。在这种条件下，若袭击者退缩了，则目标公司可避免被收购；若袭击者收购成功了，其收购成本也将大大上升。在这种策略中，目标公司可信任的公司被成为"白衣骑士"（White Knight），目标公司提出要给其某些现实的或未来的利益补偿，这种补偿就是"财产锁定"。财产锁定的类型主要有二：

第一，股份锁定，即目标公司授予白衣骑士购买本公司库存股或已授权但尚未发行的股份的权利，或购买这些股份的选择权。

第二，财产锁定，即目标公司授予白衣骑士购买本公司主要财产的选择权，或签署一份当发生被收购危险时由目标公司立即将主要财产售卖给白衣骑士的合同。

第二节 公司并购的基本流程

一 公司收购的策划

公司收购是一个相当复杂的过程。由于各个目标公司的情况不尽相同，每个收购公司的条件、目的、手段和风险等也不尽相同，所以，每一次收购都可以说是一种新的尝试、一个新品种的开发。但公司收购也有相同的步骤，这些步骤构成了公司收购的基本程序。从世界各国的经验看，公司收购大致需经过收购策划、初步实施、全面展开和公司重整四个阶段。

既然公司收购是一项有很高风险的系统工程，在收购过程中，若能有效地回避风险，收购公司将获得预期的高收益，反之则可能产生严重的损失，因此，要想获得收购的成功，首先就必须有一个科学严密的策划。

收购策划，是指对公司收购中的各方面问题进行细致研究、科学论证并形成收购方案的过程。收购策划主要包括如下内容：

1. 收购目的的选择

收购，首先应当明确行动的目的。目的不同，收购策划的重点、对象和程序也不同。从各国已发生的收购案例看，收购目的主要有六种：

第一，增强公司竞争力，提高经济效益。在同行收购中，收购公司的主要目的常常是，通过收购目标公司，使自己的资产数量、经营能力、技术水平、商业网络和市场营销渠道等得以扩大或提高，以能够更有效地开发和利用高新技术、提高产品质量、降低产品成本、开发新产品，从而既能有效地占领市场，又能增加利润。20世纪90年代以后，一些外商通过收购中资企业而快速占领中国市场的现象，屡见不鲜。进入 21 世纪以后，一些中国企业也迈开了收购他国（或地区）企业以打入国际市场的步伐。

第二，寻求新的发展契机，分散风险。在跨行收购中，一些收购公司的主要目的不在于追求高收益，而在于通过收购其他行业的公司，寻求投资的新领域和未来发展的可能机会，同时，分散因经营单一产品而产生的风险。

第三，获得资产权益。一些收购公司之所以收购目标公司，是因为看到了目标公司的某种资产（如土地、矿产、技术等）的未来价值，因而，它们收购的目的在于获得这些资源的开发权和受益权。

第四，避开制度约束。在不同国家之间，公司并购的一个重要目的在于避开贸易保护主义的制度约束，通过在他国（或地区）直接生产和销售相关产品，提高公司在国际市场中的竞争力。

第五，转售获益。一些公司展开收购的真实意图是，在收购了目标公司后，经过一段时间的资产调整，再将目标公司以高于收购价格的价格转售给其他公司，从中获取价差收益。20 世纪 90 年代以后，以转售获益为目的的收购，在一些外商对中国工商企业的收购以及中国一些工商企业间的收购中，并非个别现象。

第六，获得融资渠道。一些公司之所以收购上市公司或金融企业，主要目的在于为自己寻求一条比较方便的融资渠道。"买壳上市"，又称"借壳上市"，是指非上市公司通过收购上市公司股份，然后反向收购并注入自己的资产、业务等从而达到使自己的股份上市的行为。近年来，在我国公司的境外上市及其他国家中，这类案例很多。

2. 目标公司的选择

在明确了收购目的后，收购者应根据其目的对目标公司进行选择。从最广泛的意义上说，除自己以外的全球所有公司都可能成为被选择的对象，但实际上，受收购公司自身条件（如资产规模、资金能力、运营目标和人员素质等）、信息资料、收购目的及其他客观条件的限制，可供选择的目标公司在一个确定的时间内是有限的。在选择目标公司中，应当注意五个问题：

第一，目标公司应当符合收购目的的要求。例如，当以增强公司竞争力、提高经济效益为目的时，一般不宜选择上市公司为目标公司（因为，上市公司的收购通常价格较高）；当以获得融资渠道为目的时，一般不应以非上市公司或非金融机构为目标公司；以获取资产价值为目的时，一般不应以技术水平低、不动产数量少的公司为目标公司；如此等等。

第二，自身的财务能力。收购公司的财务能力包括它在收购期内的资产规模、可能借入的资金数量、可能动员的资金规模等。一般来说，财务能力差的公司，不宜选择规模过大的公司为收购对象；反之，财务能力高的公司，若选择规模过小的公司为目标，也不利于收购目的的充分实现。因此，收购公司需按自己的财务能力，选择适当的目标公司。

第三，充分掌握目标公司的状况。目标公司的状况，包括该公司的资产规模、资产负债结构、技术状况、产品状况、盈利能力、组织结构、员工素质及结构、市场状况、商务能力和声誉高低等。要充分掌握各个收购对象的状况，就必须运用一切可能的手段获取这些公司的各种信息。这些手段包括，从各种报刊上获得公开披露或报道的信息，通过直接交谈获得信息，从其他渠道获得信息等。在充分分析处理各种信息的基础上，收购公司再从各个方面进行认真比较，选择适当的目标公司。一般来说，在其他条件（包括收购价格）大体相同时，选择技术水平低、产品已过成熟期的公司，冗员数量多、员工素质差的公司，资产质量差、财务状况不佳的公司等作为目标公司的话，应特别慎重。

第四，资产的商业化程度。公司收购必然落实到收购价格上，收购价格越高，对收购公司来说，收购成本越大，风险也越大。收购价格的高低，在很大程度上，取决于目标公司的资产市场化程度。所谓资产市场化，是指该类资产是否已进入市场自由交易并已形成市场价格。一般来说，市场化程度高的资产，其价格通过市场决定，既明确也相对较高；市场化程度低的资产，其价格相对较低。例如，上市公司的股份价格较高，而非上市公司的股份价格较低；已进入市场的土地价格较高，未开发的土地价格较低；已市场化的技术价格较高，未市场化的技术价格较低。因此，在其他条件大致相同时，选择那些资产未充分市场化的公司作为目标，比较有利。

第五，目标公司的地点。在一国内的公司并购通常不涉及目标公司的地点问题，但在国际公司并购中，国别乃至目标公司所在地就成为一个重要问题。其中，不仅有前往该国的签证、交通等是否方便的问题，还有法律、财务制度、人工成本、居住条件、文化和习俗是否合适的问题，以及政治倾向、外交关系、社会生活秩序等方面是否良好的问题。这些因素既直接影响到收购目标公司的成败，也影响到收购目标公司以后的经营运作状况。

3. 收购方式的选择

收购方式的选择，直接影响着收购能否成功。在收购上市公司的场合，若收购公司的资金有限，则简单采用市场收购不仅成本高而且可能导致行动失败，而选择"买壳上市"则既能达到收购的目的又能节省资金；同样，在资金不足的条件下，采用资金收购可能使行动失败，而选择股份收购或杠杆收购则能够保证收购成功。

在有可能选择债权收购的条件下，运用这一方式，通常要比股权收购的价格低得多。但债权收购需要的条件，在大多数场合，要比股权收购复杂。

4. 收购策略的选择

收购策略是否稳妥，是影响收购成本高低的重要因素。收购策略的策划，包括资金策略、购股策略、公关策略、宣传策略、时间安排和步骤安排等。

在收购策略的选择中需要特别注意的是，应努力避免与目标公司的主要股东、高管人员等形成某种敌对关系，以防止他们采取反收购策略，因此，应通过各种途径提高他们的安全感和对公司未来发展前景的期望值。

5. 中介机构的选择

收购时通常需要聘请投资银行作为投资顾问、聘请会计师事务所作为财务顾问、聘请律师事务所作为法律顾问、聘请公关公司作为公关顾问。这些顾问机构的主要工作包括：为公司收购的运作提供方案设计、公关策划、融通资金、财务安排、法律咨询等方面的帮助，协助公司处理收购活动中可能发生的各种复杂的投资、公关、财务、法律和行政管理等事务。选择的顾问机构是否妥当，对收购成败有很大的影响。

6. 收益－风险的分析

收购的最终结果，通常以成本大小、收益多少表现出来。在收购活动中存在大量的风险因素，因此，需要对各种方案就收益－风险进行认真细致的分析比较，选择适合自己的方案。

在风险－收益分析中，需要注意避免仅进行短期分析。在中国众多的并购案例中，就短期（如1年左右）而言，似乎是成功的。理由是，收购公司取得目标公司的控制权后，可以按照预期计划展开目标公司的经营运作。但随后几年目标公司就陷入了经营困境，结果是，对目标公司而言，不但没有因为收购而提高经营运作水平、扩展市场份额、提高竞争力，反而，在不断增加设备等固定资产投资和业务转型、产品选择、技术革新、人才培养以及市场重新开拓等过程中，将收购公司也拖入了持久的经营困难境地。因此，风险－收益的分析应扩展到中长期范围。

7. 法律制度的分析

公司收购涉及一系列法律关系的调整。在受法律制度限制的条件下，收购活动将面临极大的风险，因此，需要认真分析有关法律制度的要求，回避其限制性规定，使收购活动在法律允许的条件下开展，并争取得到有关政策的支持。

在进行国际公司收购的过程中，尤其需要注重法律制度层面的分析。

8. 收购方案的形成

通过上述各项的研究分析工作，在充分权衡各方面关系后，可形成若干个备选的收购工作方案。这些方案在收购工作中，应随着其他因素的加入和情况的变化，进行进一步调整和完善。

二　公司收购的实施

在基本完成收购策划后，公司收购就进入了实施阶段。这一阶段大致由初步实施、全面展开和公司重整三个阶段组成。

1. 初步实施阶段

在形成收购方案后，收购公司对目标公司开始实施收购，由此，收购活动进入了实质性运作阶段。初步实施阶段是实质性运作开展的起步阶段。初步实施阶段的突出特点有五：第一，收购意向不公开或不完全公开；第二，投入的资金只是全部收购资金的一小部分，甚至可能完全不投入（如在与非上市公司的谈判中）；第三，全面的公关活动和宣传活动逐步展开；第四，收购方案的可行性进一步细化和调整；第五，即使收购公司暂停收购行为，也有利可图，或不致造成大的损失。

在初步实施阶段中，需要开展的工作包括：

（1）接触与谈判。收购，必然要与目标公司的股东（或高管人员）接触。根据收购方式的不同，初期的接触方式也不同。在以市场方式收购上市公司的过程中，收购公司通常是通过股市购入一定数量的目标公司股份，因而，它与目标公司的接触是间接的；若收购的是上市公司的非流通股或非上市公司，则需要与目标公司的股东进行面对面的谈判，因此，接触就必须是直接的。

在接触和谈判中，为了保证收购的成功，避免目标公司的过激反应或"敌意"，收购公司通常采取逐步推进的策略。

由于法律法规规定，持有上市公司股份达到5%时，必须予以公告，而一旦公告，股市价格通常将快速上升，使收购公司处于不利地位，因此，在收购上市公司股份的过程中，收购公司常常选择分步骤收购股份的策略。一方面，在目标公司的股价较低时，先收购5%的股份，然后，在公告所引发的股价上升随时间推移而回落后，再收购一定数量的股份（如2%），这样，通过几次反复，收购公司能使手中拥有较多数量的低价股份，从而为日后的收购工作全面展开奠定基础。另一方面，收购公司可以联合其他公司，分别收购目标公司的股份，使收购的股份达到预期数量。但在这个过程中，需要特别注意有关限制"关联交易"的法律法规规定，以免因触犯这些规定而使收购活动失败。

（2）说服工作。为了避免目标公司高管人员（和职工）过激反应，需要说服目标公司，使他们了解公司收购是对双方都有益的行为，是一个新的发展契机。即便目标公司不是上市公司，说服其高级管理人员，争取他们的积极配合，也是十分重要的。另外，收购公司还可以通过新闻媒介、内部报告及有关公关活动，向广大股东和政府有关管理部门说明公司收购的好处，争取他们的支持和配合。

（3）落实资金。收购必然涉及资金，由此，落实收购资金的来源、时间、数量、成本和还款措施，以确保收购活动的全面展开和最终成功，至关重要。

（4）确定收购方案。对收购上市公司来说，经过初步实施阶段的实践，原计划中的一些设想，可能因考虑不周、条件变化和其他原因，需要调整、修改和具体化，因此，需要重新确定收购方案。对收购非上市公司来说，经过谈判、说服等工作后，双方的意向已经明确，有关的具体问题已经经过认真讨论并达成共识，由此，需要形成收购契约，安排收购的下一步有关事宜。

2. 全面展开阶段

这是决定收购成败的实质性阶段，又称标购阶段。对收购公司来说，资金主要在这个阶段投入，风险也主要在这个阶段发生；对目标公司来说，股权结构的实质性变化在这个阶段发生，管理结构的实质性变化从这个阶段开始。这个阶段的突出特点有五：第一，与收购有关的各种信息被公开；第二，各方的要求、权益、责任和其他关系被公开；第三，资金大量投入，风险也充分显露（甚至达到可直接计量的程度）；第四，收购行为已处于不可后退的状态，成败关系在大多数场合已清晰可见；第五，有关监管部门的监管力度大大加强。

在收购行为全面展开的过程中，主要工作事项包括：

（1）确定收购要约。各国有关法律法规都规定，收购公司持有上市公司的股份达到规定数量（如30%）时，应向全体股东发出收购要约。为此，收购公司须认真研究"收购要约"中的有关重要事项，如收购价格、出价方式、报价时间、付款方式、要约期限、要约公告时间和要约公告方式等。在收购非上市公司的场合，收购公司须与目标公司正式签署合法的收购契约，向目标公司的股东、债权人、债务人及其他权益人发出收购要约，为此，也需要确定收购要约。

（2）报告。在发出收购要约前，收购公司应向有关监管部门报告有关收购的情况。在收购上市公司的场合，收购公司应向证券监管部门和证券交易所提交收购报告。中国《证券法》第86条规定：通过证券交易所的证券交易，投资者持有或者通过协议、其他安排与他人共同持有一个上市公司已发行的股份达到5%时，应当在该事实发生之日起3日内，向国务院证券监督管理机构、证券交易所做出书面报告，通知该上市公司，并予公告；投资者持有或者通过协议、其他安排与他人共同持有一个上市公司已发行的股份达到30%时，继续进行收购的，应当依法向该上市公司所有股东发出收购上市公司全部或者部分股份的要约，但收购人必须事先向国务院证券监督管理机构报送上市公司收购报告书，同时，还应当将上市公司收购报告书提交证券交易所；另外，在发出收购要约时，收购人应向受要约人、证券交易场所提供自身情况的说明资料和与该要约有关的全部信息，保证这些材料的真实、准确和完整，不产生误导。在收购非上市公司的场合，收购公司应向政府有关管理部门提供收购报告。

（3）公告。在收购要约确定后，收购公司应发出收购公告。收购公告的内容，主要是收购要约规定的内容。中国《证券法》第89条规定收购报告书应载明下列事项：收购人的名称、住所；收购人关于收购的决定；被收购的上市公司名称；收购目的；收购股份的详细名称和预定收购的股份数额；收购期限、收购价格；收购所需资金额及资金保证；报送上市公司收购报告书时持有被收购公司股份数占该公司已发行的股份总数的比例。

在收购上市公司的场合，收购公告应刊登在公开的报刊上，同时通过其他传递方式，保证使目标公司的股东、债权人、债务人及其他权益人能够及时掌握必要的信息，选择自己的行为。

在收购非上市公司的场合，收购公告可以通过各种方式（如信函、文件、电话、传真、报刊等）传递给各种权益人，使他们能够及时了解情况，选择自己的行为。

（4）标购。收购公司应根据收购要约（或收购契约）的规定，按规定的价格和期限，标购目标公司的股份。在标购中，收购公司是唯一的买家，目标公司的各个股东都是股份的卖家。在目标公司及其股东积极配合的场合，在上述工作的基础上，标购股份的工作比较容易达到预定目标。但在目标公司采取防御性措施抵制收购的场合，标购股份的工作就会复杂困难得多，不仅收购成本将大大增加，而且面临失败的危险。从这个意义上说，标购是整个收购工作的核心环节，此前展开的各项工作都是为标购的成功服务的。

（5）调度资金。由于标购股份需要大量资金，而资金是有时间价值的，所以，根据标购的需要，及时调度资金，合理安排资金到位的时间和数量，相当重要。在收购非上市公司的场合，资金调度相对简单、容易处理。

（6）股份交割。在标购中，根据股东出让股份的进度，收购公司应及时办理有关股份交割的事宜，进行股权变更。收购公司还应及时统计股份交割的数量，以把握收购工作的进度。

（7）标购结束。当标购的股份数量达到收购要约（或收购契约）规定的数量时，标购工作基本结束。

3. 公司重整阶段

这是指对目标公司的股权结构、管理结构和运行机制进行重新调整的过程。不论收购的目的是为了获得目标公司的控股权、资产和市场，还是为了获得上市融资的渠道，或是打算将目标公司再转让与他人，公司重整都是必须的。

在公司重整中，主要的工作事项包括：

（1）召开股东会议。标购后，目标公司的股权结构已发生重大变化，为此，需要召开该公司的股东会议，修改《公司章程》，重新选举公司的董事会成员和监事会成员，讨论公司的发展规划及其他经营问题。

（2）进行注册登记。在股东会议召开后，应将新的公司股权结构、《公司章程》、董事和监事名单和公司法定代表人等进行工商注册登记，以完成公司收购的法律手续。

（3）调整资产结构和财务关系。在股东会议后，应对目标公司的资产结构和财务关系进行调整，以使其符合收购目的的要求。例如，在以拓展市场为收购目的的场合，可能需要建立积极有效的开拓主营业务的资产结构；在以开发资产的商业价值为收购目的的场合，可能需要建立有利于充分发掘资产商业价值的资产结构；在以"买壳上市"为收购目的的场合，则可能需要对目标公司的资产结构和财务关系进行调整，使公司股份价格上扬，为日后的新股入市做准备；如此等等。

（4）调整公司管理结构和运行机制。对目标公司的资产结构和财务关系的调整及调整后的落实，需要由公司的管理活动和运行机制来加以保证，为此，需要根据收购目的的要求和其他具体条件，对目标公司的管理结构和运行机制进行必要的调整，其中包括对公司高管人员的调整、对公司管理制度的调整、对公司内部组织机构设置的调整、对公司运营重心的调整、对公司营销策略的调整和对公司分配政策的调整等。

三　公司合并的基本程序

公司合并必须按照法律规定的程序展开，其主要步骤和内容如下：

1. 磋商

公司合并的最初步骤是，各个有意愿合并的公司的董事就公司合并的意向及有关事项进行磋商。磋商可分为意向性磋商和实质性磋商两个阶段。意向性磋商，是指各方沟通合并意向并就合并的可能性、必要性等问题进行研讨的过程。在各方意向明确、有良好的合并意愿的基础上，意向性磋商就可以转为实质性磋商。

实质性磋商，是指各方就合并中的一些重大问题和条件进行研究商讨的过程。在实质性磋商中，各方都必须提出经公司董事会通过的合并计划或方案，其中，应列明如下事项：（1）拟进行合并的公司名称及续存公司（或新设公司）的名称；（2）实行合并的具体条件和要求；（3）修改续存公司章程（或制定新设公司章程）的声明；（4）说明实行公司合并的理由及意义；（5）本公司的股份、债券及其他证券数量；（6）本公司的资产数量、结构和盈利状况；（7）其他需要说明的事项。

在各方对各项实质性事项和合并方案达成一致意见后，公司合并就可以进入操作阶段。

2. 缔结合并契约

公司合并，必须有合并的章法。合并契约就是公司合并的章法。合并契约由各公司的董事长（或执行董事）签字，并对各公司的合并行为具有约束力。中华人民共和国《公司法》第174条规定：公司合并应当由合并各方签订合并协议，并编制资产负债表及财产清单。

公司合并的契约一般应记载如下事项：

（1）续存公司（或新设公司）预期新发行的股份数量、股份种类和各种股份的数量。

（2）合并比率。所谓合并比率，是指续存公司（或新设公司）对解散公司的股东所持股份进行兑换时的股份比例。在吸收合并的场合，这一比率通常由解散公司的每股股本金额含量与续存公司的每股股本金额含量的对比关系决定。其计算公式是：

$$合并比率 = \frac{解散公司的每股股金含量}{续存公司的每股股金含量} \tag{22.1}$$

假定，有 A、B、C 三家公司，A 公司每股金额为 50 元，B 公司每股金额为 40 元，C 公司每股金额为 60 元，其中，A 公司是存续公司。这样，在公司合并中，合并比率 B∶A 为 0.8，C∶A 为 1.2，由此，在股份兑换时，B 公司的每个股份可换取 0.8 个 A 公司的股份，C 公司的每个股份可换取 1.2 个 A 公司的股份。在美国麦道公司并入波音公司的过程中，每个麦道公司股份可换取 0.65 个波音公司股份。在新设合并场合，合并比率由各公司协商决定，但其折算基准必须是新设公司的每股股金含量。

（3）资本和准备金。在吸收合并过程中，存续公司的资本数量和法定准备金数量（在新设公司的场合，则为新设公司的资本数量和法定准备金数量），都应确定并明确记载。

（4）合并交付金。所谓合并交付金，是指由于股份兑换而以现金形式支付给解散公司股东的退股资金。如上例中，B 公司与 A 公司的股份兑换率为 0.8，如果某个股东手中拥有 88 个 B 公司的股份，则这些股份可兑换成 70.4 个 A 公司的股份，但由于股份的不可分割性，所以他只能拥有 70 个或 71 个 A 公司的股份，不能拥有 70.4 个股份，这样，当选择拥有 70 个股份时，公司就应退给他 0.4 个股份的股金。这些资金应从合并交付金中开出。

（5）通过合并决议的日期。合并契约中必须明确记载各公司召开股东会议通过合并决议的日期。

（6）合并日期。这是指把解散公司的财产及有关股东资料交给续存公司（或新设公司），使各公司在实际上合为一体的日期，不是指合并在法律上生效的日期。

（7）其他事项。这包括合并各方认为必须予以规定的各种事项。

3. 召开股东会议

合并契约形成后，各方应分别召开股东会议，通过合并契约。股东会议决议，应经有表决权的多数股份同意，方能通过。反对公司合并的股东，可以行使股份购回请求权，要求公司购回股份。

4. 发出通告

各方在股东会议通过了合并决议后，应立即向其债权人发出通告。对公司合并有异议的债权人应在规定的时间内提出其意见，要求公司清偿债务或提供相应担保。中国《公司法》规定：公司应当自作出合并决议之日起 10 日内通知债权人，并于 30 日内在报纸上公告。债权人自接到通知书之日起 30 日内，未接到通知书的自公告之日起 45 日内，可以要求公司清偿债务或者提供相应的担保。

5. 备案

在合并契约经股东会议通过后，各方都应由董事长、总经理和董事会秘书代表公司签署两份合并文件，提交有关监管部门审核备案。

6. 召开合并大会

中国《公司法》第175条规定："公司合并时，合并各方的债权、债务，应当由合并后存续的公司或者新设的公司承继。"在公司合并期间，办理完财产交割、债权债务手续、股份合并等事宜后，必须召开公司合并报告会议（在吸收合并场合）或公司创立会议（在新设合并场合）。

公司合并报告会议，由存续公司的董事会召集，会议的主要内容是，报告公司合并过程及有关重要事项的处理结果，通过公司合并的报告。解散公司的股东，由于尚未进行股份转换，未取得存续公司股东的身份，所以，一般不参加公司合并报告会议。

公司创立会议，由公司设立的委员会召集，会议的主要内容是，报告公司合并过程及有关重要事项的处理结果，通过公司合并的报告，并选举新设公司的董事和监事。

7. 合并登记

合并报告通过后，必须进行存续公司或新设公司的重新登记以及解散公司的解散登记。登记的内容通常包括合并后的公司名称、法人代表、资本数量、公司章程、董事名单和监事名单等。只有在完成了合并登记，有关工商行政管理部门发放新的营业执照后，公司合并方才有效。

公司合并一旦生效，就具有如下效力：第一，存续公司（或新设公司）为独立法人，其他公司均被解散，它们的法人资格也自动丧失；第二，存续公司（或新设公司）完整地继承解散公司的权利和义务，解散公司的所有动产、不动产、债权、债务等均由存续公司或新设公司支配及承受；第三，一切未了结的诉讼（不论解散公司是原告还是被告）都由存续公司（或新设公司）继续进行。

第三节　公司并购价格的评估

一　公司并购价格的评估方法

公司并购价格，是指公司在并购中运用一定方法对目标公司的资产（包括无形资产）、股权和收益能力等进行评价估算所得出的价格总额。由于并购价格的高低直接关系着并购成本的多少和并购的成败，也直接关系着反并购策略的成败，因此，有效评估并购价格至关重要。

评估公司并购价格，通常采用的是资产评估法。资产评估法很多，不同的方法有不同的适用对象，所得出的价格结果也不同，所以，选择适当的评估方法是有效确定并购价格的关键环节。在国际社会中，通用的资产评估法，主要有收益现值法、重置成本法和现行市价法三种。其中，收益现值法简称收益法，重置成本法和现行市价法简称资产法。

1. 收益现值法

收益现值法，又称现金流量法，是指通过估算被评估资产的未来各年预期收益并将其折成现值而得出资产价格的方法。它适用于对目标公司的整体资产（包括无形资产）价格进行评估。

若以 PV 代表收益现值（即资产价格），以 I_i 代表第 i 年的收益（即净现金流量），以 C_i 代表第 i 年的折现系数（即复利现值），则收益现值法的计算公式可表述为：

$$PV = \sum_{i=1}^{n} I_i C_i \qquad (22.2)$$

其中：

$$C_i = \frac{1}{(1+r)^n} \qquad (22.3)$$

在公式 22.3 中，r 代表折现率，n 代表时间；若各年收益相等，折现率也相等，当 $n \to \infty$ 时，公式 22.2 可简化为：

$$PV = \frac{I}{R} \qquad (22.4)$$

公式 22.4 称为直接资本化公式，其中，I 代表年收益，R 代表折现率（也称资本化率）。

根据目标公司的资产剩余寿命状态，收益现值法可分为限期收益现值法和永续收益现值法两种。

（1）限期收益现值法。这种方法的假定前提是，目标公司的资产剩余寿命仅为有限的几年，这些年内的预期收益包括税后利润和不付现金的费用（如折旧金、递延资产摊销等）。其计算方法是，以目标公司各年预期收益的现值除以社会基准收益率（或行业平均净资产收益率）。若以 $\overline{I}$ 代表社会基准收益率（或行业平均净资产收益率），假定目标公司的剩余资产寿命为 5 年，则计算公式可表述为：

$$PV = \frac{\sum_{i=1}^{5} I_i C_i}{\overline{I}} \qquad (22.5)$$

（2）永续收益现值法。这种方法的假定前提是，目标公司的剩余资产寿命是长久的，每年的预期收益只包含税后利润，折旧金、递延资产等用于固定资产的更新，从而使固定资产能够长久地为收购者带来收益。永续收益现值法有两种计算方法：一种是整体计算法，如公式 22.2 所示；另一种是分段计算法。

分段计算法，是将目标公司的资产寿命分为前期和后期两段，假定后期每年有固定的年金收益，且时间无限长。若假定前期为 5 年，以 I_i 代表前期第 i 年的收益，C_i 代表前期第 i 年的折现率，I_j 代表后期第 j 年的收益，C_j 代表后期第 j 年的折现系数，C_1 代表后期第 1 年的折现系数，则分段计算法可用公式表述为：

$$PV = \sum_{I=1}^{5} I_i C_i + \sum_{j=1}^{n} I_j C_j C_1 \qquad (22.6)$$

收益现值法，是指将目标公司的获利能力作为确定收购价格依据的一种评估方法，它考虑到了货币的时间价值、资产的未来预期收益等因素，能够较真实准确地反映目标公司资产的资本化价格，所以是一种较为科学可靠的方法。但是，这种方法以科学准确地预测未来收益为前提，而这是比较困难的。

2. 重置成本法

重置成本法，是指通过在确定目标公司资产的现时完全重置成本的基础上扣除资产的实体性贬值、功能性贬值和经济性贬值而得出资产实际价格的方法。其计算公式是：

资产实际价值 = 重置成本 − （实体性贬值 + 功能性贬值 + 经济性贬值）

$$\qquad (22.7)$$

显而易见，运用重置成本法，需要把握好重置成本、实体性贬值、功能性贬值和经济性贬值等范畴和计算方法。

（1）重置成本。重置成本，是指按照现行价格重新购置或建设一个与目标公司资产状况相同的全新资产所需的全部成本。它可分为复原重置成本和更新重置成本两种。

复原重置成本，是指按照现行价格，使用与目标公司当初相同的材料、设计标准、建造方法、生产工艺等，重置一个全新状态的资产所需的全部成本。更新重置成本，是指运用新型材料、技术标准和方法，购建一个与目标公司资产功能相同的全新资产所需的全部成本。若两种重置成本都可以被计算出来，一般选择更新重置成本。

（2）资产的实体性贬值。实体性贬值，又称有形损耗，是指资产因使用和自然原因造成的价值损耗。在评估资产的实体性贬值中，通常运用成新率法。成新率法，是通过评价资产的新旧程度对实体性贬值进行计算的方法。其中，资产的新旧程度可通过资产评估人员对资产实体的主要部位进行技术鉴定来确定。若以 PN' 代表资产的成新率，T 代表资产总使用年限，t 代表资产尚可使用的年限，则可用公式表述为：

$$PN' = \frac{t}{T} \times 100\% \qquad (22.8)$$

确定了资产成新率后，就可计算资产的实体性贬值。若以 B 代表重置成本，L

代表实体性贬值数额，则计算公式可表述为：

$$L = B \times (1 - PN') \qquad (22.9)$$

（3）功能性贬值。功能性贬值，又称无形损耗，是指因科学技术进步、劳动生产率提高等原因导致的资产功能价值减少。估算资产的功能性贬值，通常是先选择一个可参照的对象，然后计算资产在尚可使用的年限内的功能性贬值数额。若以 F 代表功能性贬值数额，G 代表年产值，PC 代表生产成本超支额，t 代表资产尚可使用的年限，C 代表折现系数，则可用计算公式表述为：

$$F = \frac{G}{PC} \times t \times C \qquad (22.10)$$

在公式 22.10 中，生产成本超支额为，运用原资产生产单位产品所支出的成本与运用新资产生产同一数量产品所支出的成本之间的差额。

（4）经济性贬值。这是指由于内部管理、技术等原因或外部原因（如需求减少、原材料价格上升、利率提高、收费增加等）所造成的资产运作达不到设计收益而发生的资产价值损失。经济性贬值的计算比较复杂。

3. 现行市价法

现行市价法，又称市场价格法，是指运用现行市场价格对目标公司的资产做出评估的方法。若目标公司为上市公司，可直接用其股价进行评估；若目标公司为非上市公司，则可选用若干个参照对象的市场价格进行评估。其中，在评估上市公司的资产价格时，应充分估计因收购所引发的股价上升幅度和由此导致的股份价格总额增加的数量，否则，收购成本将大大超出资产的评估价格，使收购失败。

二 公司并购的估价模型

在公司并购中，对目标公司进行估价，是一项极其复杂而又关系重大的工程。虽然上述方法能够提供一些基本的手段，但它们各有不足，为此，人们进行了进一步的研究探讨，试图建立更加有效、更加准确的估价方法。其中，具有代表性的模型主要有三种：

1. 拉巴波特模型（Rappaport Model）

拉巴波特模型，又称贴现现金流量法，是由美国西北大学教授阿尔弗雷德·拉巴波特创立的。他认为，公司并购中的交易与购买一般的有形资产，在经济实质上，是相同的，即都需要根据预期的未来现金流量进行现期的折算；运用贴现现金流量法，不仅可以估价公司内部成长的投资量（如增加生产能力），而且可以估价公司外部成长的投资量（如收购）。

在运用贴现现金流量法中，现金流量、预期期限和资金成本是三个关键性因素。对这三个因素的判定结果，直接影响估价的结论，从而影响公司并购行为能否展开。

（1）现金流量。对收购公司来说，现金流量，是指在收购目标公司以后，本公司的现金流量增长状况。值得注意的是，由于收购后，收购公司可能得到目标公司独自运营所难以获得的经济效益（如规模经济），同时，收购常常可能给收购公司带来更有利的新的投资机会，所以，运用这一方法所得到的估价结果，可能与单独估价目标公司的现金流量有较大的差别。若以 CF 代表现金流量，S 代表销售额，g 代表销售额的年增长率，p 代表销售利润率，T 代表公司的所得税率，f 代表每增长 1 美元销售额所需的新增固定资本投资量（为全部固定资本投资减折旧），w 代表每增长 1 美元销售额所需的新增资本投资量，t 代表时间，则现金流量的计算公式可表述为：

$$CF_t = S_{t-1}\ (1 + g_t)\ \times p_t\ (1 - T_t)\ -\ (S_t - S_{t-1})\ \times\ (f_t + w_t) \qquad (22.11)$$

从公式 22.11 中可以看出，只需要估算出 g、p、T、f 和 w 这五个变量的数值，就可求出现金流量。

（2）预期期限。估算现金流量，必须确定期限。虽然由于产业部门、政府政策、目标公司状况以及收购时的其他情况不同，预期的期限也不同，但不确定期限，现金流量就无法估算。在大多数情况下，对期限的预期采取先确定前 5～10 年的各年现金流量，然后讨论以后的年份。这是因为，对前 5～10 年的现金流量的估算，因各种因素一般不会发生根本性的变化，所以相对容易。

根据边际投资原理，应以新增投资（为增加销售额）的收益率等于资金成本（或市场的基准利率）为预期期限的边界，在这一边界内，收购公司的投资收益率将高于或等于资金成本（或市场的基准利率），公司的价值将不因公司成长而降低，有鉴于此，需要计算的是，在收购后收购公司为获得最低收益率所需的最低税前销售利润率，即增量边际利润率（Incremental Threshold Margin，ITM）。假定折旧金用于投资可维持公司的生产能力，即收购公司实行零增长，其资产价值等于从预期后第 1 年开始的现金流量年金的现值，同时，以 ITM 代表增量边际利润率，k 代表公司可接受的最低收益率，并沿用公式 22.11 中相关字母的含义，则增量边际利润率的计算公式可表述为：

$$ITM = \frac{(f_t w)\ k}{[\ (1 - T)\ \times\ (1 + k)\ ]} \qquad (22.12)$$

（3）资金成本。当判定收购目标公司后的风险与收购公司总风险相同时，可以认为，目标公司现金流量的贴现率就是收购公司的资金成本，由此，资金成本可用目标公司的税后债务成本和股份成本的加权平均值估算。但这一估算只有在下述场合才是适用的，即收购不会增加收购公司的风险，从而收购公司可用自己的资金成本去贴现目标公司的现金流量。

2. 威斯顿模型（Weston Model）

威斯顿模型，又称公式估价法，是由美国洛杉矶大学教授弗雷德·威斯顿创立的。在经济运行过程中，一般来说，每个公司都有自己的生命周期，与此相应，公司的运行也有不同的阶段。在成长期，公司的增长率高于经济增长率；在成熟期，公司的增长率等于经济增长率；在衰退期，公司的增长率低于经济增长率。威斯顿认为，估价公司价值，应以成长期为始点，因此，他的模型以公司在经历了零增长后进入高速增长时期为基本假定前提。若以 V 代表估价值，X 代表营业净收益（Net Operating Income）或税前息前收益（EBIT），g 代表营业净收益增长率或税前息前收益增长率，k 代表边际收益率，K 代表加权边际资金成本，b 代表投资赢利率或投资机会，n 代表高速增长持续期，T 代表边际所得税率，则威斯顿估价模型可表述为：

$$V_0 = X_0\ (1-T)\ (1-b)\ \sum_{t=1}^{n}\frac{(1+g)^t}{(1+k)^t} + \frac{X_0\ (1-T)\ (1+g)^{n+1}}{K\ (1+k)^n} \qquad (22.13)$$

公式 22.13 经调整后，能够满足估价公司运行的各个阶段和各种形态的需要，同时，它也为分析研究公司的计划和决策的合理性提供了一种理论框架。

3. 杜邦模型（Du Pont Model）

杜邦模型，全称杜邦财务评估模型，是指以图式来估算公司价值的一种方法。它认为，在估算公司价值中，税前投资收益率是各项比率中最综合并最有代表性的指标，因此，应选择税前投资收益率（ROT）为模型的结论性指标，这个模型可用图 22-1 表示。

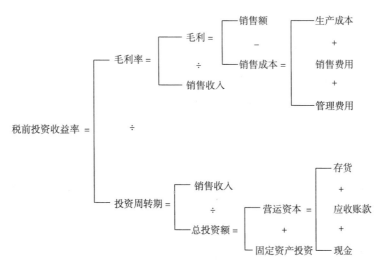

图 22-1　杜邦模型

与前两个模型相比，杜邦模型更强调成本控制、降低运营资金和固定资产投资等对投资收益率的影响，因而有自己的特色。它不仅对处于收购过程中的公司价值估价有重要意义，而且对公司财务管理和资金运作决策也有重要意义。

三 公司商誉的估价方法

商誉（Goodwill），是公司无形资产的重要组成部分。在运用收益现值法、重置成本法和现行市价法时，由于常常忽视公司商誉，所以容易发生低估资产价值的现象。有鉴于此，要比较完整地把握收购价格，必须对目标公司的商誉价值进行估算。

公司商誉的内容比较复杂，它包括公司名称、产品品牌、专利权、商标权、版权、特许权、专有技术、职工技术和管理者经验等。公司商誉的高低，可从多方面进行考察，如产品的市场占有率、产品价格、产品质量、公司的融资能力、公司信用等级等，但它最终要落实到公司利润上，为此，对公司商誉的估价也主要从利润角度着眼考虑。

估算目标公司的超额利润价值，是商誉估价的关键所在。超额利润，是指公司实际获得的超过正常收益水平（如无风险投资收益率、行业平均收益率等）的利润部分。若以 SP 代表超额利润，P 代表目标公司的实际利润，I' 代表正常收益率，VA 代表按重置成本法或现行市价法估算的公司资产价值，则超额利润可用公式表述为：

$$SP = P - I' \times VA \tag{22.14}$$

将超额利润进行资本化，就可得出目标公司的商誉价值。若以 I 代表社会基准收益率（或行业平均净资产收益率），GW 代表商誉价值，则计算公式可表述为：

$$GW = \frac{SP}{I} = \frac{P - I' \times VA}{I} \tag{22.15}$$

公式 22.15 是公司商誉估价的一种理论模型。由于公司商誉的效力不可能是永久不变的，而且人们对公司超额利润的认识也不尽相同，所以，在现实中，各国对公司商誉的估价方法也不完全一样。

1. 英美商誉法

英美等国认为，超额利润是公司的实际收益超出无风险投资收益的部分，公司商誉价值是依风险投资收益率对超额利润进行无限期折现的价值。其中，无风险投资收益率通常以国债利率计算。这种方法，实际上是将公司商誉归于公司的原股东，因此比较符合股票投资的特点。若以 r 代表无风险投资收益率，i 代表风险投资收益率，则英美商誉法的计算公式可表述为：

$$GW = \frac{P - r \times VA}{i} \tag{22.16}$$

2. 德国商誉法

德国商誉法，又称实用商誉法，认为超额利润是超过市场利率的利润部分，公司的商誉价值在未来的时间内是不确定的，因此，不能按英美商誉法来估价，只能按超额利润在未来无限期内的折现价值的 50% 予以计算。这种方法，实际上是将公司商誉在原股东和新股东之间平均分配，与英美商誉法相比，比较有利于新股东。若以 i 代表折现率（或市场利率），则德国商誉法的计算公式可表述为：

$$GW = \frac{P - i \times VA}{2i} \tag{22.17}$$

3. 风险 – 无风险商誉法

这种方法强调，无风险投资收益率不能仅用公司资产来计算，而是应包含公司的整体价值，与此对应，公司超额利润的计算基础不能是无风险投资收益率乘以公司资产价值（VA）的积，而应是它乘以公司整体价值的积。其中，公司整体价值值应以收购者（或新股东）需要支付的价格或投资资金来计算。与前两种方法相比，这种方法最有利于收购者（或新股东）。若以 V 代表公司整体价值，则风险 – 无风险商誉法的计算公式可表述为：

$$GW = \frac{P - r \times V}{i} \tag{22.18}$$

4. 权数商誉法

这种方法认为，估算商誉的价值，实际上是对公司的资产价值和收益价值按一定的方法进行加权平均，因此，可用权数法予以计算。若以 VG 代表商誉法公司价值，VP 代表收益法公司价值，VA 代表资产法公司价值，a 和 b 分别代表 VP 和 VA 的权数，则权数商誉法的计算公式可表述为：

$$VG = \frac{a \times VP + b \times VA}{a + b} \tag{22.19}$$

对公司商誉的估价，因具体的要求、条件、场合、对象等的不同，还有许多更加具体详细的方法。

在估算完公司商誉价值后，与仅运用收益法或资产法做出的估价相比，公司的整体估价将发生变化。若以 V 代表公司整体价值，则计算公式可表述为：

$$V = VP（或 VA） + GW \tag{22.20}$$

主要参考书目

1. 中文书目

安国俊：《国债管理研究》，经济科学出版社，2007。

北京思源兼并与破产咨询事务所编著《中国企业兼并与破产手册》，经济管理出版社，1993。

贝多广：《宏观金融论》，上海三联书店，1988。

贝多广主编《资金流量分析方法前沿》，上海人民出版社，2006。

卞耀武主编《美国证券交易法律》，法律出版社，1999。

步艳红：《产权、拍卖与并购——企业产权交易中的拍卖机制设计》，经济科学出版社，2006。

蔡昉：《刘易斯转折点——中国经济发展新阶段》，社会科学文献出版社，2008。

曹尔阶：《资本是个好东西》，中国人民大学出版社，2012。

曹龙骐：《金融热点探索》，西南财经大学出版社，1998。

曹荣湘主编《强制披露与证券立法》，社会科学文献出版社，2005。

陈彪如：《陈彪如文集》，上海人民出版社，2001。

陈春光：《金融一体化条件下银行业监管研究》，中国财政经济出版社，2004。

陈共主编《中国信托大全》，企业管理出版社，1994。

陈国庆：《英国金融制度》，中国金融出版社，1992。

陈晗：《金融衍生品：演进路径与监管措施》，中国金融出版社，2008。

陈浩武：《资本市场纵论》，武汉大学出版社，1996。

陈世炬等主编《金融工程原理》，中国金融出版社，2000。

陈文林编著《货币问题争论与分析》，中国金融出版社，1995。

陈文林编著《金融问题争论与分析》，中国金融出版社，1992。

陈小宪：《风险·资本·市值》，中国金融出版社，2004。

陈野华：《行为金融学》，西南财经大学出版社，2006。

陈野华主编《世界经济格局的变化与中国的金融创新》，西南财经大学出版社，2002。

陈雨露等：《世界是部金融史》，北京出版社，2011。

陈雨露等主笔《金融学文献通论（宏观金融卷）》，中国人民大学出版社，2006。

陈雨露等主笔《金融学文献通论（微观金融卷）》，中国人民大学出版社，2006。

陈雨露等主笔《金融学文献通论（原创论文卷）》，中国人民大学出版社，2006。

陈元主编《中央银行职能——美国联邦储备体系的经验》，中国金融出版社，1995。

陈云贤：《投资银行伦》，北京大学出版社，1995。

陈正方等主编《商业银行论》，中国经济出版社，1993。

陈志武：《金融的逻辑》，国际文化出版公司，2009。

褚葆一主编《当代美国经济》，中国财政经济出版社，1981。

戴敏华编著《股份·分享·证券——国外经济学家论股份制》，中国财政经济出版社，1988。

戴相龙等主编《中华金融辞库》，中国金融出版社，1998。

邓乐平主编《中国创业投资理论探索》，西南财经大学出版社，2002。

董彪：《财产权保障与土地权利限制》，社会科学文献出版社，2013。

董裕平：《金融：契约、结构域发展》，中国金融出版社，2003。

董裕平等译《多德－弗兰克华尔街改革与消费者保护法案》，中国金融出版社，2010。

樊亢等编著《主要资本主义国家经济简史》，人民出版社，1975。

范从来等：《中国证券投资》，南京大学出版社，1995。

房汉廷：《现代资本市场的理论与实证分析》，东方出版社，1995。

冯兴元等：《中国企业资本自由度研究》，华夏出版社，2008。

符方照主编《国有资产法概论》，中国财政经济出版社，1990。

甘培根等主编《外国金融制度与业务》，中国经济出版社，1992。

高德步主编《国际经贸惯例——程序·规则·公约》，福建人民出版社，1999。

高立新等编著《现代资产管理与经营》，中国财政经济出版社，2001。

高石钢：《高利贷与20世纪西北乡村社会》，中国社会科学出版社，2011。

官少林主编《衍生金融工具：理论与实务》，中国金融出版社，1996。

关国华等编译《公债与股票》，中国财政经济出版社，1988。

管涛：《中国先机——全球经济再平衡的视角》，中国经济出版社，2010。

桂敏杰主编《中华人民共和国证券法、公司法新旧条文对照简明解读》，中国民主法制出版社，2005。

郭庆平等主编《汇率政策与利率政策协调机制研究》，中国金融出版社，2007。

郭振英主编《证券市场及其交易所》，北京航空学院出版社，1987。

国家经济体制改革委员会生产体制司编著《境外上市试点工作政策汇编》，化学工业出版社，1994。

国务院法制办公室编《新编中华人民共和国常用法律法规全书》，中国法制出版社，2000。

韩德培主编《国际私法》（修订本），武汉大学出版社，1989。

韩志国：《大转折时期的中国股市》，经济科学出版社，1997。

韩志国：《中国资本市场的制度缺陷》，经济科学出版社，2001。

韩志国：《资本正在叩开中国大门》，经济科学出版社，2002。

何秉孟等主编《亚洲金融危机：最新分析与对策》，社会科学文献出版社，1998。

何大隆编译《外国经济体制概论》，新华出版社，1985。

何德旭：《中国金融创新与发展研究》，经济科学出版社，2001。

何德旭：《中国投资基金制度变迁分析》，西南财经大学出版社，2003。

贺强等：《中国企业改制与证券市场运作》，法律出版社，1995。

洪文金等：《马克思信用和银行的理论与应用》，厦门大学出版社，1988。

洪银兴等：《发展资金论》，人民出版社，1992。

胡代光等主编《西方经济学名：精粹》（第一卷～第四卷），经济管理出版社，1997。

胡关金等：《公债经济论》，杭州大学出版社，1991。

胡汝银主笔《中国资本市场的发展与变迁》，格致出版社，2008。

华生：《中国股市假问题和真问题》，东方出版社，2013。

华生：《中国改革做对的和没做的》，东方出版社，2012。

黄达：《宏观调控与货币供给》（修订版），中国人民大学出版社，1997。

黄达：《金融——词义、学科、形势、方法及其他》，中国金融出版社，2001。

黄达编著《金融学》（第三版），中国人民大学出版社，2012。

黄达等主编《中国证券百科全书》，经济管理出版社，1993。

黄绍湘：《美国简明史》，生活·读书·新知三联书店，1953。

黄速建：《公司论》，中国人民大学出版社，1989。

黄毅：《银行监管法律研究》，法律出版社，2009。

黄毅：《银行监管与金融创新》，法律出版社，2009。

黄毅等译《美国金融服务现代化法》，中国金融出版社，2000。

黄泽民：《日本金融制度》，华东师范大学出版社，2001。

江春：《经济增长中的产权问题》，武汉大学出版社，1996。

姜波克主编《国际金融学》，高等教育出版社，1999。

姜宁编著《金融统计分析导论》，南京大学出版社，1995。

蒋超良等主编《商业银行与西方金融运作——中国银行业改革的前车之鉴》，中国发展出版社，1994。

金明善主编《经济学家茶座》（总第八辑），山东人民出版社，2002。

金培等：《竞争力经济学》，广东经济出版社，2003。

金运等主编《银行再造——浦发银行重组上市的探索与前瞻》，上海人民出版社，2000。

经济研究参考资料编辑部等编著《主要资本主义国家的经济结构》，中国社会科学出版社，1981。

瞿强：《资产价格波动于宏观经济》，中国人民大学出版社，2004。

康燕：《见证中国金融》，中国金融出版社，2006。

孔杰等编著《2001中国年度最佳资本运营案例》，中国经济出版社，2002。

蓝发钦：《中国上市公司股利政策论》，华东师范大学出版社，2001。

李安民编著《房地产投资基金》，中国经济出版社，2005。

李存修编著《选择权的交易实务、投资策略与评价模式》，中国商业出版社，1993。

李稻葵执行主编《中国经济学——2005》，世纪出版集团、上海人民出版社，2007。

李德：《经济全球化中的银行监管研究》，中国金融出版社，2002。

李光荣：《中国金融风险与经济安全论纲》，中国社会科学出版社，2010。

李光荣等主编《中国二板市场——创业板市场》，中国金融出版社，2000。

李国强：《相对所有权的私法逻辑》，社会科学文献出版社，2013。

李建军等：《中国地下金融规模与宏观经济影响研究》，中国金融出版社，2005。

李量：《现代金融结构导论》，经济科学出版社，2000。

李罗力主编《金融风暴：东南亚金融危机透视》，贵州人民出版社，1997。

李青原：《探寻中国资本市场发展之路（1985—2005）》，中国金融出版社，2006。

李若谷：《国际货币体系改革与人民币国际化》，中国金融出版社，2009。

李薇主编《当代中国的日本研究》，中国社会科学出版社，2012。

李维安主编《中国公司治理原则与国际比较》，中国财政经济出版社，2001。

李晓西：《宏观经济学：转轨的中国经济》，首都经济贸易大学出版社，2000。

李扬：《中国金融改革30年》，社会科学文献出版社，2008。

李扬：《中国金融改革研究》，江苏人民出版社，1999。

李扬等：《金融全球化研究》，上海远东出版社，1999。

李扬等：《新中国金融60年》，中国财政经济出版社，2009。

林楠：《开放条件下人民币汇率动态研究》，中国金融出版社，2012。

林平：《银行危机监管论》，中国金融出版社，2002。

林铁钢等主编《国际货币体系改革研究》，中国金融出版社，2010。

林义相：《金融资产管理——金融产品与金融创新》，北京大学出版社，1995。

林毅夫：《解读中国经济》，北京大学出版社，2012。

林毅夫：《新结构经济学：反思经济发展与政策的理论框架》，北京大学出版社，2012。

林准超等译《英国金融服务法》，中国民主法制出版社，1997。

刘大为等主编《资本运营理论与实务》，学苑出版社，1998。

刘丁编著《国际经济法》，中国人民大学出版社，1984。

刘国光主编《投资基金运作全书》，中国金融出版社，1996。

刘健钧：《创业投资原理与方略——对"风险投资"范式的反思与超越》，中国经济出版社，2003。

刘洁敖：《国外货币金融学》，中国展望出版社，1983。

刘金章等主编《现代商业银行通论》，中国金融出版社，1995。

刘进等：《中国股市内幕》（1984～1997 年），兵器工业出版社，1997。

刘克崮等主编《转轨时期财政货币政策的协调与配合》，经济管理出版社，2000。

刘世杰编著《资本主义国家商业概论》，中国商业出版社，1985。

刘姝威：《资产负债管理信贷质量管理外汇风险管理分析技术策略和实例》，中国金融出版社，1997。

刘舒年编著《国际金融》，对外贸易教育出版社，1981。

刘迎秋等：《利率、债务率、汇率与经济增长》，中国社会科学出版社，2010。

龙玮娟等主编《货币银行学原理》，中国金融出版社，1988。

卢德之：《交易伦理论》，商务印书馆，2007。

卢锋：《经济学原理》（中国版），北京大学出版社，2002。

陆学艺主编《当代中国社会结构》，社会科学文献出版社，2010。

马庆泉主编《中国证券史》，中信出版社，2003。

马庆泉主编《中国证券市场发展前沿问题研究（2001）》（上、下），中国金融出版社，2001。

马跃：《美国证券市场》，法律出版社，1989。

马忠智等主编《可转换公司债券发行与交易实务》，人民出版社，1996。

麦金生编译《极限投资：投资巨人乔治·索罗斯和他的投资理念风暴》，中国言实出版社，1997。

欧阳卫民主编《海外基金法规》，中国国际广播出版社，1995。

欧阳卫民主编《金融改革与创新》，厦门大学出版社，2002。

潘功胜：《大行蝶变——中国大型银行复兴之路》，中国金融出版社，2012。

潘丽英：《全球视角的金融变革》，江西人民出版社，2000。

潘丽英：《中国证券市场规范发展问题研究》，上海财经大学出版社，2000。

潘琪译《美国统一商法典》，中国对外经济贸易出版社，1990。

潘石：《通货控制论》，吉林大学出版社，2001。

裴力：《杠杆收购与私募股权基金》，社会科学文献出版社，2010。

彭清华等编著《投资银行学概论》（上、下），中国金融出版社，2000。

彭兴韵：《金融发展的路径依赖与金融自由化》，上海三联书店，2002。

彭兴韵：《金融学原理》（第五版），格致出版社等，2013。

祁斌主编《未来十年中国经济的转型与突变》，中信出版社，2013。

祁斌主编《资本市场：中国经济的锋刃》，中信出版社，2010。

钱颖一：《现代经济学与中国经济改革》，中国人民大学出版社，2003。

乔卫国：《中国高投资率低消费率研究》，社会科学文献出版社，2007。

全球并购研究中心：《中国十大并购》，中国经济出版社，2006。

饶余庆：《现代货币银行学》，中国社会科学出版社，1983。

上海证券报编著《走过十年（上海证券报1991—2001年新闻作品选）》，百家出版社，2001。

深圳证券交易所综合研究所：《创业板市场前沿问题研究》，中国金融出版社，2001。

沈联涛：《监管：谁来保护我投资》，江苏文艺出版社，2010。

盛洪主编《最新中国企业并购经典案例》，中国轻工业出版社，1999。

盛斯编著《阻击全世界》，中国城市出版社，1997。

盛松成等：《现代货币经济学》（第三版），中国金融出版社，2012。

石俊志：《中国货币法制史概论》，中国金融出版社，2012。

宋逢明：《金融工程原理——无套利均衡分析》，清华大学出版社，1999。

宋则：《中国经济发展前沿报告》，经济管理出版社，2002。

苏同华：《银行危机论》，中国金融出版社，2000。

孙丁杰主编《反金融欺诈与金融诈骗》，中国检察出版社，1995。

孙继伟：《企业管理视野中的风险投资：模式与案例》，上海财经大学出版社，2002。

孙杰：《货币与金融——金融制度的国际比较》，社会科学文献出版社，2002。

陶文钊等：《当代中美关系研究》，中国社会科学出版社，2012。

田进等主编《兼并与收购》，中国金融出版社，2000。

万解秋等主编《资本市场与投资分析》，复旦大学出版社，2002。

王爱俭等主编《中国外汇储备投资多样化研究》，中国金融出版社，2009。

王春峰：《金融市场风险管理》，天津大学出版社，2001。

王广谦主编《金融中介学》，高等教育出版社，2003。

王国刚：《股份经济学教程》，南京大学出版社，1991。

王国刚：《中国创业板市场研究》，社会科学文献出版社，2002。

王国刚：《中国金融改革与发展热点》，社会科学文献出版社，2007。

王国刚：《中国企业组织制度的改革》，经济管理出版社，1997。

王国刚：《中国资本市场的深层问题》，社会科学文献出版社，2004。

王国刚：《中国资本市场热点分析》，企业管理出版社，2003。

王国刚：《中国资本市场热点问题透视》，中国金融出版社，2002。

王国刚：《中国资本市场热点研究》，中国城市出版社，2002。

王国刚等：《资金过剩背景下的中国金融运行分析》，社会科学文献出版社，2010。

王国刚主编《建立多层次资本市场体系研究》，人民出版社，2006。

王国刚主编《资本账户开放与中国金融改革》，社会科学文献出版社，2003。

王华庆：《金融创新：理性的思考》，上海远东出版社，2011。

王济光：《商品期货交易的现货市场基础——理论、实证与政策分析》，中国财政经济出版社，1999。

王林清：《证券法理论与司法适用》，法律出版社，2008。

王洛林等主编《金融结构与金融危机》，经济管理出版社，2002。

王松奇：《货币政策与经济增长》，中国人民大学出版社，1991。

王松奇编著《金融学》，中国金融出版社，2000。

王铁军编著《中国地方政府融资 22 种模式》，中国金融出版社，2006。

王铁军等主编《中国中小企业融资 28 种模式成功案例》，中国金融出版社 2006。

王巍：《金融可以颠覆历史》，中国友谊出版公司，2013。

王伟东：《经济全球化中的金融风险管理》，中国经济出版社，1999。

王晓辉主编《反思金融创新——国际视野与两岸经验》，中国金融出版社，2009。

王晓龙主编《风险投资实务》，中国财政经济出版社，2000。

王元龙：《中国抉择：宏观经济与金融安全战略》，中国金融出版社，2012。

王元龙：《中国金融安全论》，中国金融出版社，2003。

王振中主编《转型经济理论研究》，中国市场出版社，2006。

王志远：《金融转型——俄罗斯及中东欧国家的逻辑与现实》，社会科学文献出版社，2013。

王子林：《资产评估原理·实务·管理》，中国财政经济出版社，1992。

维高编著《兼并——资本运营核心论》，中国物资出版社，1997。

魏筱智编著《中国金融监管概论》，陕西人民出版社，1994。

文宗瑜：《证券场外交易的理论与实务》，人民出版社，1998。

吴晓求主笔《建立公正的市场秩序与投资者利益保护》，中国人民大学出版社，1999。

吴晓求主笔《中国资本市场：创新与可持续发展》，中国人民大学出版社，2001。

夏斌：《转轨时期的中国金融问题研究》，中国金融出版社，2001。

肖海泉等主编《国际投资与劳务合作》，南京大学出版社，1991。

谢朝斌：《中国投资银行迈向新世纪的创新》，中国商业出版社，2000。

谢佩苓编著《企业购并概论》，华东师范大学出版社，1998。

谢平等：《金融控股公司的发展与监管》，中信出版社，2004。

谢卫等主编《改革·增长·商业银行》，中国金融出版社，1995。

熊焰：《资本盛宴·中国产权市场解读》，北京大学出版社，2008。

徐士敏：《证券会计》（上、中、下），中国金融出版社，1999。

徐士敏：《证券市场的风险控制》，上海财经大学出版社，2009。

徐宪平等主编《融资与财务结构》，中国金融出版社，2000。

薛伯英主编《美国政府对经济的干预和调节》，人民出版社1986。

阎庆民等：《银行业金融机构信息科技风险监管研究》，中国金融出版社，2013。

扬农主编《中国企业债券融资——创新方案与实用手册》，经济科学出版社，2012。

杨如彦等：《可转换债券及其绩效评价》，中国人民大学出版社，2002。

杨思群：《资本积累与资本形成》，社会科学文献出版社，1998。

姚梅镇：《国际投资法》，武汉大学出版社，1986。

叶永刚等主编《WTO——挑战21世纪中国金融》，武汉测绘科技大学出版社，2000。

叶振勇：《美国金融宏观监测指标体系的构建于运用分析》，西南财经大学出版社，2003。

易纲：《中国的货币、银行和金融市场：1984～1993》，上海三联书店，1996。

易宪容等主编《行为金融学》，社会科学文献出版社，2004。

殷剑锋：《金融结构与经济增长》，人民出版社，2006。

尹龙：《网络金融理论初论——网络银行与电子货币的发展及其影响》，西南财经大学出版社，2003。

尹振涛：《历史演进、制度变迁与效率考量——中国证券市场的近代化之路》，商务印书馆，2011。

尹灼：《信用衍生工具与风险管理》，社会科学文献出版社，2005。

余培翘等主编《中国证券与股份制法规大全》，法律出版社，1993。。

余维彬：《汇率稳定政策研究》，中国社会科学出版社，2003。

袁东主编《证券·金融·经济——焦点问题研究》，经济科学出版社，2000。

曾德荣编著《上市公司经营者激励与风险控制》，化学工业出版社，2008。

曾刚：《货币流量分析理论研究——基本框架及对几个方面的考察》，人民出版社，2006。

曾康林：《经济金融分析导论》，中国金融出版社，2000。

张邦辉等主编《企业收购战实录》，中国物价出版社，1995。

张钢等主编《现代投资银行全书》，中国经济出版社，1995。

张光华主编《金融稳定与发展》，中国金融出版社，2002。

张光平：《人民币产品创新》（第三版），中国金融出版社，2012。

张光平：《人民币衍生产品》（第三版）（上、中、下），中国金融出版社，2012。

张杰：《中国金融制度的结构与变迁》，中国人民大学出版社，2011。

张陆洋：《高技术产业发展的风险投资》，经济科学出版社，1999。

张群群：《论交易组织及其生成和演变》，中国人民大学出版社，1999。

张圣翠主编《国际商法》，上海财经大出版社，1995。

张维迎：《博弈论与信息经济学》，上海三联书店，1996。

张新：《中国经济的增长和价值创造》，上海三联书店，2003。

张永衡：《风险投资与产权制度》，经济科学出版社，2002。

张涌泉等：《当代国际金融》，中国金融出版社，1996。

张育军等：《转轨时期中国证券市场改革与发展》，西南财经大学出版社，2004。

张云东主编《证券公司合规管理》，中国金融出版社，2009。

张之骧等：《最新英国金融体系剖析》，中国金融出版社，1997。

张志雄主编《泡沫与唾沫——重建股市信用与规则》，中国财政经济出版社，2002。

张卓元主编《当代中国经济学理论研究（1949~2009）》，中国社会科学出版社，2009。

赵炳贤：《资本运营论》，企业管理出版社，1997。

赵海宽主编《现代金融科学知识全书》，中国金融出版社，1993。

赵瑾：《全球化与经济摩擦——日美经济摩擦的理论与实证研究》，商务印书馆，2002。

赵效民等：《中国市场金融体制论》，经济管理出版社，1996。

浙江省国际信托投资公司证券管理总部编著《中国证券经纪人制度研究》，浙江大学出版社，1998。

郑耀东等编著《欧元——改变世界经济格局的跨国货币》，中国财政经济出版社，1998。

郑振龙主编《金融前沿理论》，中国财政经济出版社，2004。

中国社会科学院经济学部编著《中国经济研究报告（2006—2007）》，经济管理出版社，2007。

中国信托业协会编著《信托法务》，中国金融出版社，2012。

中国信托业协会编著《信托公司经营实务》，中国金融出版社，2012。

中国信托业协会编著《信托基础》，中国金融出版社，2012。

中国信托业协会编著《信托监管与自律》，中国金融出版社，2012。

中国证券报社、三峡证券公司合编著《世纪之交：中国券商的思考》，新华出版社，1999。

中国证券报社编著《资本风云 我们亲历——中国证券报 20 年作品选》（名家理论篇），新华出版社，2012。

中国证券监督管理委员会编《中国资本市场发展报告》，中国金融出版社，2008。

中国证券交易系统有限公司编《NET 上市公司》，中国物价出版社，1994。

钟伟：《资本浪潮——金融资本全球化论纲》，中国财政经济出版社，2000。

周海粟等主编《筹资与投资管理》，江苏人民出版社，1990。

周宏等主编《德国马克与经济增长》，社会科学文献出版社，2012。

周洁卿：《中国黄金市场研究》，上海三联书店，2002。

周骏等主编《资本市场与实体经济》，中国金融出版社，2003。

周茂清等：《产权市场创新研究》，中国金融出版社，2009。

周慕冰：《经济运行中的货币供给机制》，中国人民大学出版社，1991。

周慕冰编著《西方货币政策理论与中国货币政策实践》，中国金融出版社，1993。

周升业主编《金融资金运行分析：机制·效率·信息》，中国金融出版社，2002。

周小川：《国际金融危机：观察、分析与应对》，中国金融出版社，2012。

周小川等：《迈向开放型经济的思维转变》，上海远东出版社，1996。

周英：《金融监管论》，中国金融出版社，2002。

周振华：《信息化与产业融合》，上海，上海三联书店、上海人民出版社，2003。

朱从玖主编《投资者保护——国际经验与中国实践》，复旦大学出版社，2002。

朱民等：《改变未来的金融危机》，中国金融出版社，2009。

朱少平编著《新体制下的国资管理与国企改革探索》，中国经济出版社，2003。

朱武祥等：《中国公司金融学》，上海三联书店，2005。

宗良等：《人民币国际化理论与前景》，中国金融出版社，2011。

2. 翻译书目

〔丹麦〕考斯塔·艾斯平 - 安德森：《福利资本主义的三个世界》，法律出版社，2003。

〔德〕德国中央银行编著《德意志联邦银行货币政策》，中国金融出版社，1995。

〔德〕弗里德里希·李斯特：《政治经济学的国民体系》，商务印书馆 1983。

〔德〕马克思：《资本论》（第 1~3 卷），人民出版社，1975。

〔德〕乔齐姆·高德伯格等：《行为金融》，中国人民大学出版社，2004。

〔法〕卡特琳·米尔丝：《社会保障经济学》，法律出版社，2003。

〔法〕泰勒尔：《产业组织理论》，中国人民大学出版社，1997。

〔加〕蒙代尔：《蒙代尔经济学文集》（第一卷至第六卷），中国金融出版社，2003。

〔罗〕格·普·阿波斯托尔主编《当代资本主义》，生活·读书·新知三联书店，1979。

〔马来西亚〕沈联涛：《十年轮回从亚洲到全球的金融危机》，上海远东出版社，2009。

〔美〕A. 加利·西林：《通货紧缩》，经济管理出版社，1999。

〔美〕C. 弗雷德·伯格斯坦等主编《美国与世界经济——未来十年美国的对外经济政策》。

〔美〕E. 菲亚博：《债券及债券基金精要》（第二版），经济管理出版社，2004。

〔美〕H. N. 沙伊贝等：《近百年美国经济史》，中国社会科学出版社，1983。

〔美〕J. 弗雷德·威斯通等：《兼并、重组与公司控制》，经济科学出版社，1998。

〔美〕James C. Van Horne：《金融管理与政策》（第 12 版），北京大学出版社，2002。

〔美〕S. 戴维·扬：《EVA 与价值管理——实用指南》，社会科学文献出版社，2002。

〔美〕阿瑟·奥莎利文：《城市经济学》（第六版），北京大学出版社，2008。

〔美〕埃德温 J. 埃尔顿等：《现代投资组合理论与投资分析》（原书第七版），机械工业出版社，2008。

〔美〕艾德加·法伊格编著《地下经济学》，上海三联书店等，1994。

〔美〕爱德华·夏皮罗：《宏观经济分析》，中国社会科学出版社，1985。

〔美〕安·玛丽亚·缪兰德克：《美国货币政策与金融市场》，中国金融出版社，1995。

〔美〕安托尼·阿格迈依尔：《发展中国家和地区的证券市场》，中国金融出版社，1988。

〔美〕奥利弗·E. 威廉姆斯：《资本主义经济制度——论企业签约与市场签

约》，商务印书馆，2002。

〔美〕巴里·艾肯格林：《资本全球化——国际货币体系史》（第二版），上海人民出版社，2009。

〔美〕保罗·M. 霍维慈：《美国货币政策与金融制度》（上、下），中国财政经济出版社，1980。

〔美〕保罗·巴兰等：《垄断资本》，商务印书馆，1977。

〔美〕保罗·克鲁格曼：《萧条经济学的回归》，中国人民大学出版社，1999。

〔美〕保罗·克鲁格曼：《预期消退的年代》，中国经济出版社，2000。

〔美〕保罗·斯威齐：《资本主义发展论—马克思主义政治经济学原理》，商务印书馆，1997。

〔美〕保罗·沃尔克等：《时运变迁：国际货币及对美国领导地位的挑战》，中国金融出版社，1996。

〔美〕保罗·克鲁格曼：《国际经济学》，中国人民大学出版社，1998。

〔美〕本杰明·M. 弗里德曼等主编《货币经济学手册》（第1、2卷），经济科学出版社，2002。

〔美〕彼得·哈伊：《美国法律概论》，北京大学出版社，1983。

〔美〕查尔斯·A. 比尔德：《美国宪法的经济观》，商务印书馆，2010。

〔美〕查尔斯·P. 金德尔伯格：《西欧金融史》，中国金融出版社，2007。

〔美〕查尔斯·R. 莫里斯：《金钱 贪婪 欲望——金融危机的起因》，经济科学出版社，2004。

〔美〕查里斯·R. 吉斯特：《金融体系中的投资银行》，经济科学出版社，1998。

〔美〕查理斯·R. 吉斯特：《华尔街史》，经济科学出版社，2004。

〔美〕查理斯·R. 吉斯特：《美国垄断史——帝国的缔造者和他们的敌人（从杰伊·古尔德到比尔·盖茨）》，经济科学出版社，2004。

〔美〕大卫·格雷伯：《债——第一个5000年》，中信出版社，2012。

〔美〕戴安娜·贝·亨利克斯：《基金帝国：富达敛财的神话》，江苏人民出版社，2000。

〔美〕戴维·罗默：《高级宏观经济学》，商务印书馆，2004。

〔美〕丹尼斯·W. 卡尔顿等：《现代产业组织》（第四版），中国人民大学出版社，2009。

〔美〕多恩布什等：《宏观经济学》（第六版），中国人民大学出版社，1997。

〔美〕多米尼克·萨尔瓦多：《国际经济学》，江苏人民出版社，1992。

〔美〕弗兰克·J. 法博齐：《投资管理学》（第二版），经济科学出版社，1999。

〔美〕弗兰克·J. 法博齐编著《固定收益证券手册》，中国人民大学出版社，2005。

〔美〕弗兰克·J. 法博兹等编著《欧洲结构金融产品手册》，中国金融出版社，2006。

〔美〕葛林斯潘：《我们的新世界》，大块文化出版有限公司，2007。

〔美〕辜朝明：《大衰退——如何在金融危机中幸存和发展》，东方出版社，2008。

〔美〕哈尔·瓦里安：《高级微观经济学》，经济科学出版社，2001。

〔美〕哈里·S. 登特：《下一个大泡泡：如何在历史上最大的牛市中获利（2005～2009）》。

〔美〕赫伯特·E. 杜格尔等合：《投资学》，中国人民大学出版社，1990。

〔美〕亨利·威廉·斯皮格尔：《经济思想的成长》，中国社会科学出版社，1999。

〔美〕吉利斯等：《发展经济学》（第四版），中国人民大学出版社，1998。

〔美〕卡尔·瓦什：《货币理论与政策》（第三版），格致出版社等，2012。

〔美〕卡尔－约翰·林捷瑞恩等：《银行稳健经营与宏观经济政策》，中国金融出版社，1997。

〔美〕康芒斯：《制度经济学》（上、下），商务印书馆，1997。

〔美〕莱·威·钱得勒等：《货币银行学》（上、下），中国财政经济出版社，1980。

〔美〕劳埃德·雷诺慈：《微观经济学——分析和政策》，商务印书馆，1982。

〔美〕劳伦斯·H. 怀特：《货币制度理论》，中国人民大学出版社，2004。

〔美〕勒内 M. 斯塔茨：《风险管理与衍生产品》，机械工业出版社，2004。

〔美〕雷蒙德·W. 戈德史密斯：《金融结构与金融发展》（1969年版），上海人民出版社，1994。

〔美〕理查德·布克斯塔伯：《我们自己制造的魔鬼——市场、对冲基金以及金融创新的危险性》。

〔美〕刘易斯·芒福德：《城市发展史——起源、演变和前景》，中国建筑工业出版社，2005。

〔美〕罗伯特·D. 爱德华等：《股市趋势技术分析》，东方出版社，1998。

〔美〕罗伯特·希勒：《金融与好的社会》，中信出版社，2012。

〔美〕罗纳德·I. 麦金龙：《麦金龙经济学文集》（第一卷至第六卷），中国金融出版社，2006。

〔美〕罗纳德·麦金农：《美元本位下的汇率》，中国金融出版社，2005。

〔美〕马丁·S. 弗里德森：《似火牛年——华尔街股票历史上的非凡时刻》，经济科学出版社，2004。

〔美〕马尔科姆·K. 斯帕罗：《监管的艺术》，中国金融出版社，2006。

〔美〕迈克尔·波特：《竞争优势》，华夏出版社，1997。

〔美〕米什金：《货币金融学》（第四版），中国人民大学出版社，1998。

〔美〕米歇尔·科罗赫等：《风险管理》，中国财政经济出版社，2005。

〔美〕莫里斯·戈登斯坦等：《货币错配——新兴市场国家的困境与对策》，经济科学出版社，2005。

〔美〕乔尔·塞利格曼：《华尔街变迁史——证券交易委员会及现代公司融资制度的演化进程》（修订版）。

〔美〕乔治·索罗斯等：《索罗斯：走在股市曲线前面的人》，海南出版社，1997。

〔美〕萨缪尔森：《经济学》（上、中、下册），商务印书馆，1991。

〔美〕唐·M. 钱斯：《衍生金融工具与风险管理》，中信出版社，2004。

〔美〕唐·埃思里奇：《应用经济学方法论》，经济科学出版社，1998。

〔美〕唐·埃思里奇《应用经济学研究方法论》，经济科学出版社，1998。

〔美〕特雷西·普赖德·斯通曼等：《经纪业欺诈：华尔街黑幕》，上海译文出版社，2004。

〔美〕瓦尔特·尼柯尔森：《微观经济学原理与应用》，中国财政经济出版社，1996。

〔美〕王国斌：《转变的中国：历史变迁与欧洲经验的局限》，江苏人民出版社，2008。

〔美〕威廉·格雷德：《美联储》，中国友谊出版公司，2013。

〔美〕威廉·夏普：《证券投资理论与资本市场》，中国经济出版社，1992。

〔美〕维克托·佩洛：《美国金融帝国》，世界知识出版社，1958。

〔美〕伊丽莎白·卢森霍夫等：《保险帝国——劳埃德公司内幕》，江苏人民出版社，2000。

〔美〕伊曼纽尔·N. 鲁萨基斯：《金融自由化与商业银行管理》，中国物价出版社，1992。

〔美〕伊斯雷尔·柯兹纳：《市场过程的含义》，中国社会科学出版社，2012。

〔美〕约翰·G. 格利等：《金融理论中的货币》，上海三联书店，1988。

〔美〕约翰·R. 康芒斯：《资本主义的法律基础》，商务印书馆，2003。

〔美〕约翰·S. 戈登：《伟大的博弈——华尔街金融帝国的崛起》，中信出版社，2005。

〔美〕约翰·赫尔：《期权、期货和衍生证券》，华夏出版社，1997。

〔美〕约翰·奈斯比特等：《90 年代的挑战 重新创造公司》，中国人民大学出版社，1988。

〔美〕约瑟夫·斯蒂格利茨：《经济学》（上、下册），中国人民大学出版社，2000。

〔美〕约瑟夫·斯蒂格利茨：《斯蒂格利茨经济学文集》（第一卷至第六卷），中国金融出版社，2007。

〔美〕约瑟夫·斯蒂格利茨等：《通往货币经济学的新范式》，中信出版社，2005。

〔美〕约瑟夫·熊彼特：《经济发展理论》，商务印书馆，1991。

〔美〕约瑟夫·熊彼特：《经济分析史》（上、中、下卷），商务印书馆，1992。

〔美〕兹维·博迪等：《金融学》，中国人民大学出版社，2000。

〔美〕兹维·博迪等：《投资学》（原书第六版），机械工业出版社，2005。

〔日〕中央大学经济研究所编著《战后日本经济》，中国社会科学出版社，1985。

〔日〕鹤田满彦：《全球化资本主义与日本经济》，社会科学文献出版社，2013。

〔日〕伊藤正则：《日本经济高速增长时期的金融政策和对中国的建议》，中国经济出版社，1985。

〔瑞典〕林达尔：《货币和资本理论的研究》，商务印书馆，1982。

〔瑞典〕米尔达尔：《货币均衡论》，商务印书馆，1997。

〔瑞典〕魏克赛尔：《利息与价格》，商务印书馆，1982。

〔瑞士〕汉斯·乌里希·德瑞克：《金融服务运营风险管理手册》，中信出版社，2004。

〔瑞士〕西斯蒙第：《政治经济学新原理》，商务印书馆，1983。

〔苏〕M. M. 波古斯拉夫斯基：《国际私法》，法律出版社，1987。

〔苏〕卡彼林斯基等：《资本主义国家经济情况》，世界知识出版社，1964。

〔苏〕纳雷什金娜主编《资本主义国家民商法》（上、下），中国政法大学出版社，1989。

〔苏〕瓦尔加：《现代资本主义和经济危机》，生活·读书·新知三联书店，1975。

〔新加坡〕林子山等：《巴林银行倒闭事件真相与教训》，中国金融出版社，1996。

〔英〕E. 迪姆森等：《投资收益百年史》，中国财政经济出版社，2005。

〔英〕E. 菲利普·戴维斯等：《机构投资者》，中国人民大学出版社，2005。

〔英〕Roger McCormick：《金融市场中的法律风险》，社会科学文献出版社，2009。

〔英〕阿瑟·刘易斯：《经济增长理论》，商务印书馆，1999。

〔英〕艾迪·凯德：《银行风险管理》，中国金融出版社，2004。

〔英〕巴瑞·亚历山大·肯尼思·瑞德等：《国际金融犯罪预防与控制》，中国金融出版社，2010。

〔英〕保罗·霍尔伍德等：《国际货币与金融》，北京师范大学出版社，1996。

〔英〕查尔斯·古德哈特：《古德哈特货币经济学文集》（上、下），中国金融出版社，2010。

〔英〕克拉潘：《现代英国经济史》（上、中、下册），商务印书馆，1986。

〔英〕罗恩·彻诺：《摩根财团》，中国财政经济出版社，1996。

〔英〕洛伦兹·格利茨：《金融工程学》（修订版），经济科学出版社，1998。

〔英〕马歇尔：《经济学原理》（上、下卷），商务印书馆，1964。

〔英〕梅因哈特：《欧洲十二国公司法》，兰州大学出版社，1988。

〔英〕尼尔·弗格森：《货币崛起：金融如何影响世界历史》，中信出版社，2009。

〔英〕希克斯：《价值与资本》，商务印书馆，1982。

〔英〕亚瑟·梅丹：《金融服务营销学》，中国金融出版社，2000。

〔英〕约翰·梅纳德·凯恩斯：《凯恩斯文集》（上、中、下），中国社会科学出版社，2013。

〔英〕约翰·伊特韦尔等编著《新帕尔格雷夫经济学大辞典》（第一卷~第四卷），经济科学出版社，1992。

〔英〕约瑟·G. 内利斯等：《宏观经济学原理》，经济管理出版社，2006。

国际律师协会商法部证券发行和交易委员会编《证券管理与证券法》，群众出版社，1989。

国际清算银行编《巴塞尔银行监管委员会文献汇编》，中国金融出版社，1998。

联合国等编著《国民经济核算体系1993》，中国统计出版社，1995。

3. 英文书目

Alan D. Morrison, Credit Derivatives, Disintermediation, and Investment Decisions, 2005, *The Journal of Business* Vol. 78, No. 2.

Alfred Cowles 3rd, 1933, Can Stock Market Forecasters Forecast? *Econometrica*, Vol. 1, No. 3, pp. 309 – 324.

Allan Drazen, 2001, *Political Economy in Macroeconomics*, Princeton University Press.

Andrew J. Sterge, 1989, On the Distribution of Financial Futures Price Changes, *Financial Analysts Journal*, Vol. 45, No. 3, pp. 75 – 78.

Ben S. Bernanke, Cara S. Lown and Benjamin M. Friedman, 1991, The Credit Crunch, *Brookings Papers on Economic Activity*, Vol. 1991, No. 2, pp. 205 – 247.

Benjamin J. Keys, Tanmoy Mukherjee, Amit Seru and Vikrant Vig, 2010, Did Securitization Lead to Lax Screening? Evidence from Subprime Loans, *The Quarterly Journal of Economics* 125（1）: 307 – 362.

Bruce C. Branson, 1995, An Empirical Reexamination of the Leasing Puzzle, Quarterly *Journal of Business and Economics*, Vol. 34, No. 3, pp. 3 – 18.

Bruce I. Jacobs, 2009, Tumbling Tower of Babel: Subprime Securitization and the Credit Crisis, *Financial Analysts Journal*, Vol. 65, No. 2, pp. 17 – 30.

Burton G. Malkiel and Atanu Saha, 2005, Hedge Funds: Risk and Return, *Financial Analysts* Journal, Vol. 61, No. 6, pp. 80 – 88.

Burton G. Malkiel, 2003, The Efficient Market Hypothesis and Its Critics, *The Journal of Economic Perspectives*, Vol. 17, No. 1, pp. 59 – 82.

Campbell R. Harvey, 1989, Forecasts of Economic Growth from the Bond and Stock Markets, *Financial Analysts Journal*, Vol. 45, No. 5, pp. 38 – 45.

Charles E. Harrell, James L. Rice III and W. Robert Shearer, 1997, Securitization of Oil, Gas, and Other Natural Resource Assets: Emerging Financing Techniques, *The Business Lawyer*, Vol. 52, No. 3, pp. 885 – 946.

Christopher B. Barry, 1994, New Directions in Research on Venture Capital Finance, *Financial Management*, Vol. 23, No. 3, Venture Capital Special Issue, pp. 3 – 15.

Daron Acemoglu, 2008, *Introduction to Modern Economic Growth*, Princeton University Press Darrell Duffie, 1999, Credit Swap Valuation, *Financial Analysts Journal*, Vol. 55, No. 1, pp. 73 – 87.

Edward M. Gramlich, 1994, Infrastructure Investment: A Review Essay, *Journal of Economic Literature*, Vol. 32, No. 3, pp. 1176 – 1196.

Edward M. Gramlich, 1996, Different Approaches for Dealing with Social Security, *The Journal of Economic Perspectives*, Vol. 10, No. 3, pp. 55 – 66.

Edward N. Wolff, 1998, Recent Trends in the Size Distribution of Household Wealth, *The Journal of Economic Perspectives*, Vol. 12, No. 3, pp. 131 – 150.

Edward M. Iacobucci and Ralph A. Winter, 2005, Asset Securitization and Asymmetric Information, *The Journal of Legal Studies*, Vol. 34, No. 1, pp. 161 – 206.

Eric M. Patashnik, 1997, Unfolding Promises: Trust Funds and the Politics of Precommitment, *Political Science Quarterly*, Vol. 112, No. 3, pp. 431 – 452.

Eugene F. Fama and Marshall E. Blume, 1966, Filter Rules and Stock – Market Trading, *The Journal of Business*, Vol. 39, No. 1, Part 2: Supplement on Security Prices, pp. 226 – 241.

Eugene F. Fama, 1965, The Behavior of Stock – Market Prices, *The Journal of Business*, Vol. 38, No. 1, pp. 34 – 105.

Eugene F. Fama, 1995, Random Walks in Stock Market Prices, *Financial Analysts*

Journal, Vol. 51, No. 1, 50 Years in Review, pp. 75 – 80.

Fischer Black and Myron Scholes, 1973, The Pricing of Options and Corporate Liabilities, *Journal of Political Economy*, Vol. 81, No. 3, pp. 637 – 654.

Fischer Black, 1975, Fact and Fantasy in the Use of Options, *Financial Analysts Journal*, Vol. 31, No. 4, pp. 36 – 41.

Franco Modigliani and Merton H. Miller, 1963, Corporate Income Taxes and the Cost of Capital: A Correction, *The American Economic Review*, Vol. 53, No. 3, pp. 433 – 443.

George Allayannis, Jane Ihrig and James P. Weston, 2001, Exchange – Rate Hedging: Financial versus Operational Strategies, *The American Economic Review*, Vol. 91, No. 2, Papers and Proceedings of the Hundred Thirteenth Annual Meeting of the American Economic Association, pp. 391 – 395.

George J. Benston, 1973, Required Disclosure and the Stock Market: An Evaluation of the Securities Exchange Act of 1934, *The American Economic Review*, Vol. 63, No. 1, pp. 132 – 155.

George J. Benston, William C. Hunter and Larry D. Wall, 1995, Motivations for Bank Mergers and Acquisitions: Enhancing the Deposit Insurance Put Option versus Earnings Diversification, *Journal of Money, Credit and Banking*, Vol. 27, No. 3, pp. 777 – 788.

Gwangheon Hong and Arthur Warga, 2000, An Empirical Study of Bond Market Transactions, *Financial Analysts Journal*, Vol. 56, No. 2, pp. 32 – 46.

Haim Levy and Marshall Sarnat, 1979, Leasing, Borrowing, and Financial Risk, *Financial Management*, Vol. 8, No. 4, pp. 47 – 54.

Hendrik Bessembinder and William Maxwell, 2008, Markets: Transparency and the Corporate Bond Market, *The Journal of Economic Perspectives*, Vol. 22, No. 2, pp. 217 – 234.

Henrik Bresman, Julian Birkinshaw and Robert Nobel, 1999, Knowledge Transfer in International Acquisitions, *Journal of International Business Studies*, Vol. 30, No. 3, pp. 439 – 462.

Henry G. Manne, 1965, Mergers and the Market for Corporate Control, *Journal of Political Economy*, Vol. 73, No. 2, pp. 110 – 120.

Henry T. C. Hu, 1993, Misunderstood Derivatives: The Causes of Informational Failure and the Promise of Regulatory Incrementalism, *The Yale Law Journal*, Vol. 102, No. 6, pp. 1457 – 1513.

Hyun Song Shin, 2009, Reflections on Northern Rock: The Bank Run That Heralded the Global Financial Crisis, *The Journal of Economic Perspectives*, Vol. 23, No. 1, pp. 101 – 120.

Ivar W. Sorensen and Ramon E. Johnson, 1977, Equipment Financial Leasing Practices and Costs: An Empirical Study, *Financial Management*, Vol. 6, No. 1, pp. 33 – 40.

James C. Cox, Elinor Ostrom, James M. Walker, Antonio Jamie Castillo, Eric Coleman, Robert Holahan, Michael Schoon and Brian Steed, 2009, Trust in Private and Common Property Experiments, *Southern Economic Journal*, Vol. 75, No. 4, pp. 957 – 975.

James M. Poterba, 2000, Stock Market Wealth and Consumption, *The Journal of Economic Perspectives*, Vol. 14, No. 2, pp. 99 – 118.

Jeffrey Pfeffer, 1972, Merger as a Response to Organizational Interdependence, *Administrative Science Quarterly*, Vol. 17, No. 3, pp. 382 – 394.

Jeremy Bulow, Kenneth Rogoff and Rudiger Dornbusch, 1988, The Buyback Boondoggle, *Brookings Papers on Economic Activity*, Vol. 1988, No. 2, pp. 675 – 704.

John C. Cox, Jonathan E. Ingersoll, Jr. and Stephen A. Ross, 1985, An Intertemporal General Equilibrium Model of Asset Prices, *Econometrica*, Vol. 53, No. 2, pp. 363 – 384.

John D. Finnerty, 1988, Financial Engineering in Corporate Finance: An Overview, *Financial Management*, Vol. 17, No. 4, pp. 14 – 33.

John G. Matsusaka, 1993, Takeover Motives during the Conglomerate Merger Wave, *The RAND Journal of Economics*, Vol. 24, No. 3, pp. 357 – 379.

John H. Langbein, 1997, The Secret Life of the Trust: The Trust as an Instrument of Commerce, *The Yale Law Journal*, Vol. 107, No. 1, pp. 165 – 189.

John Maynard Keynes, 2011, *The General Theory Of Employment, Interest, And Money*, Create Space Independent Publishing Platform.

Joseph Gold, 1978, Trust Funds in International Law: The Contribution of the International Monetary Fund to a Code of Principles, *The American Journal of International Law*, Vol. 72, No. 4, pp. 856 – 866.

Joshua Lerner, 1994, The Syndication of Venture Capital Investments, *Financial Management*, Vol. 23, No. 3, Venture Capital Special Issue, pp. 16 – 27.

Kirsten M. Ely, 1995, Operating Lease Accounting and the Market's Assessment of Equity Risk, *Journal of Accounting Research*, Vol. 33, No. 2, pp. 397 – 415.

Krikorian, Betty Linn, 1994, *Fiduciary standards in pension and trust fund management*, 2rd edition, Butterworth Legal Publishers.

Lance Taylor, 2004, *Reconstructing Macroeconomics: Structuralist Proposals and Critiques of the Mainstream*, Harvard University Press.

Lars Ljungqvist and Thomas J. Sargent, 2004, *Recursive Macroeconomic Theory*, The

MIT Press .

Laura L. Veldkamp, 2011, *Information Choice in Macroeconomics and Finance*, Princeton University Press.

Lawrence Fisher, 1966, Some New Stock – Market Indexes, *The Journal of Business*, Vol. 39, No. 1, Part 2: Supplement on Security Prices, pp. 191 – 225.

Lawrence M. Friedman, 1964, The Dynastic Trust, *The Yale Law Journal*, Vol. 73, No. 4, pp. 547 – 592.

Li – Ming Han and Gene C. Lai, 1995, An Analysis of Securitization in the Insurance Industry, *The Journal of Risk and Insurance*, Vol. 62, No. 2, pp. 286 – 296.

Ludovic Phalippou, 2009, Beware of Venturing into Private Equity, *The Journal of Economic Perspectives*, Vol. 23, No. 1, pp. 147 – 166.

Mark Grinblatt, Sheridan Titman and Russ Wermers, 1995, Momentum Investment Strategies, Portfolio Performance, and Herding: A Study of Mutual Fund Behavior, *The American Economic Review*, Vol. 85, No. 5, pp. 1088 – 1105.

Mark L. Mitchell and Kenneth Lehn, 1990, Do Bad Bidders Become Good Targets? *Journal of Political Economy*, Vol. 98, No. 2, pp. 372 – 398.

Masanao Aoki andHiroshi Yoshikawa, 2011, *Reconstructing Macroeconomics: A Perspective from Statistical Physics and Combinatorial Stochastic Processes*, Cambridge University Press; Reprint edition.

Maurice Obstfeld and Kenneth S. Rogoff, *Foundations of International Macroeconomics*, The MIT Press, September 12, 1996.

Michael C. Jensen, 1986, Agency Costs of Free Cash Flow, Corporate Finance, and Takeovers, *The American Economic Review*, Vol. 76, No. 2, Papers and Proceedings of the Ninety – Eighth Annual Meeting of the American Economic Association, pp. 323 – 329.

Michael C. Jensen, 1988, Takeovers: Their Causes and Consequences, *The Journal of Economic Perspectives*, Vol. 2, No. 1, pp. 21 – 48.

Mitchell A. Petersen and S. Ramu Thiagarajan, 2000, Risk Measurement and Hedging: With and without Derivatives, *Financial Management*, Vol. 29, No. 4, pp. 5 – 29.

Myron S. Scholes, 1998, Derivatives in a Dynamic Environment, *The American Economic Review*, Vol. 88, No. 3, pp. 350 – 370.

N. Gregory Mankiw, *Macroeconomics*, Worth Publishers, 8[ed], June 1, 2012.

Nai – Fu Chen, Richard Roll and Stephen A. Ross, 1986, Economic Forces and the Stock Market, *The Journal of Business*, Vol. 59, No. 3, pp. 383 – 403.

Ned B. Stiles and Mark A. Walker, 1972, Leveraged Lease Financing of Capital Equipment, *The Business Lawyer*, Vol. 28, No. 1, pp. 161 – 178.

Olivier Blanchard, Giovanni Dell'Ariccia, and Paolo Mauro, *Rethinking Macroeconomic Policy*, International Monetary Fund, February 12, 2010.

Paul Gompers and Josh Lerner, 2001, The Venture Capital Revolution, *The Journal of Economic Perspectives*, Vol. 15, No. 2, pp. 145 – 168.

Paul Halpern, 1983, Corporate Acquisitions: A Theory of Special Cases? A Review of Event Studies Applied to Acquisitions, *The Journal of Finance*, Vol. 38, No. 2, Papers and Proceedings Forty – First Annual Meeting American Finance Association New York, N. Y. December 28 – 30, 1982, pp. 297 – 317.

Paul Krugman and Robin Wells, *Macroeconomics*, Worth Publishers, 3rd, May 29, 2012.

Peter A. Diamond, 1967, The Role of a Stock Market in a General Equilibrium Model with Technological Uncertainty, *The American Economic Review*, Vol. 57, No. 4, pp. 759 – 776.

Randall Morck, Andrei Shleifer, Robert W. Vishny, Matthew Shapiro and James M. Poterba, 1990, The Stock Market and Investment: Is the Market a Sideshow?, *Brookings Papers on Economic Activity*, Vol. 1990, No. 2, pp. 157 – 215.

Richard Roll, 1986, The Hubris Hypothesis of Corporate Takeovers, *The Journal of Business*, Vol. 59, No. 2, Part 1, pp. 197 – 216.

Richard S. Bower, 1973, Issues in Lease Financing, *Financial Management*, Vol. 2, No. 4, pp. 25 – 34.

Rick Elam, 1975, The Effect of Lease Data on the Predictive Ability of Financial Ratios, *The Accounting Review*, Vol. 50, No. 1, pp. 25 – 43.

Robert G. Bowman, 1980, The Debt Equivalence of Leases: An Empirical Investigation, *The Accounting Review*, Vol. 55, No. 2, pp. 237 – 253.

Robin Greenwood and Dimitri Vayanos, 2010, Price Pressure in the Government Bond Market, *The American Economic Review*, Vol. 100, No. 2, Papers and Proceedings of the One Hundred Twenty Second Annual Meeting of the American Economic Association, pp. 585 – 590.

Roger D. Silk and James W. Lintott, 2011, *Managing Foundations and Charitable Trusts: Essential Knowledge, Tools, and Techniques for Donors and Advisors*, 2 edition Bloomberg Press.

Ronald J. Gilson, 2003, Engineering a Venture Capital Market: Lessons from the American Experience, *Stanford Law Review*, Vol. 55, No. 4, pp. 1067 – 1103.

Ross Levine and Sara Zervos, 1998, Stock Markets, Banks, and Economic Growth, The American Economic Review, Vol. 88, No. 3, pp. 537 – 558.

Roy D. Henriksson, 1984, Market Timing and Mutual Fund Performance: An Empirical Investigation, *The Journal of Business*, Vol. 57, No. 1, Part 1, pp. 73 – 96S Kern, B Speyer, S Kaiser, N Walter, 2007, *Sovereign wealth funds – state investments on the rise*, Deutsche Bank Research. .

Sanford J. Grossman and Oliver D. Hart, 1980, Takeover Bids, The Free – Rider Problem, and the Theory of the Corporation, *The Bell Journal of Economics*, Vol. 11, No. 1, pp. 42 – 64.

Shawn D. Howton and Steven B. Perfect, 1998, Currency and Interest – Rate Derivatives Use in US Firms, *Financial Management*, Vol. 27, No. 4, pp. 111 – 121Stephen I. Glover, 1992, Structured Finance Goes Chapter 11: Asset Securitization by Reorganizing Companies, *The Business Lawyer*, Vol. 47, No. 2, pp. 611 – 646.

Trevor Wilkins and Ian Zimmer, 1983, The Effect of Leasing and Different Methods of Accounting for Leases on Credit Evaluations, *The Accounting Review*, Vol. 58, No. 4, pp. 749 – 764.

Uday Rajan, Amit Seru and Vikrant Vig, 2010, Statistical Default Models and Incentives, *The American Economic Review*, Vol. 100, No. 2, Papers and Proceedings of the One Hundred Twenty Second Annual Meeting of the American Economic Association, pp. 506 – 510.

V. Sivarama Krishnan and R. Charles Moyer, 1994, Bankruptcy Costs and the Financial Leasing Decision, *Financial Management*, Vol. 23, No. 2, pp. 31 – 42.

Vincent J. McGugan andRichard E. Caves, 1974, Integration and Competition in the Equipment Leasing Industry, *The Journal of Business*, Vol. 47, No. 3, pp. 382 – 396.

William F. Sharpe, 1966, Mutual Fund Performance, *The Journal of Business*, Vol. 39, No. 1, Part 2: Supplement on Security Prices, pp. 119 – 138.

William Fung and David A. Hsieh, 2004, Hedge Fund Benchmarks: A Risk – Based Approach, *Financial Analysts Journal*, Vol. 60, No. 5, pp. 65 – 80.

Working Group on Securities Databases (WGSD), 2012, *Handbook on Securities Statistics*, International Monetary Fund

索 引

金融类新书推荐

1. 资本市场导论（第二版）

◎王国刚 著 ◎ 2014 年 3 月出版

◎定价：168.00 元 ◎ ISBN 978-7-5097-5427-6

本书是中国社会科学院为研究生院编写的金融专业研究生教材，该书结合中国资本市场的现状，系统介绍了资本市场的内涵和特点。

作者：王国刚，中国社会科学院金融研究所所长。

2. 中国消费金融市场的发展：中日韩消费金融比较研究

◎王国刚 主编 ◎ 2013 年 7 月出版

◎定价：59.00 元 ◎ ISBN 978-7-5097-4783-4

本书是中国社会科学院金融研究所与野村综合研究所的合作研究成果，全面分析了我国消费金融的发展历程、现状和前景，介绍并比较了日本和韩国消费金融的发展。

作者：王国刚，中国社会科学院金融研究所所长。

3. 影子银行与银行的影子：中国理财产品市场发展与评价（2010~2012）

◎殷剑峰 王增武 主编 ◎ 2013 年 6 月出版

◎定价：98.00 元 ◎ ISBN 978-7-5097-4693-6

本书建立了理财产品评价评级方法，并结合我国银行理财产品总体发展情况，对国内人民币和外币银行理财产品进行介绍和评价，还在此基础上发布了银行理财产品的排名、证券投资基金理财产品评价分析等一系列投资者关心的内容。

作者：殷剑峰，中国社会科学院金融研究所副所长；

王增武，中国社会科学院金融研究所财富管理研究中心副主任。

4. 资本账户开放：战略、时机与路线图

◎陈 元 钱颖一 主编 ◎ 2014 年 3 月出版

◎ 59.00 元 ◎ ISBN 978-7-5097-5674-4

该书实录了中国人民银行行长周小川、世界银行前副行长等金融政策决策者和知名学者对资本账户开放的争论，发出了破题中国金融国际化的最强音。

5. 利率市场化：突围中国债务困局

◎邓海清 林虎 著 ◎ 2013 年 10 月出版

◎定价：58.00 元 ◎ ISBN 978-7-5097-5189-3

本书对国内外利率市场化进程做出了深层分析与解读。

6. 资产证券化：变革中国金融模式

◎邓海清 胡玉峰 蒋钰炜 著 ◎ 2013 年 10 月出版

◎定价：49.00 元 ◎ ISBN 978-7-5097-5133-6

本书汇集了国际货币基金组织等权威机构发布的资料，介绍了资产证券化国内外发展历程，详述了资产证券化发起人、投资者在融资、投资时最关注的问题（包括法律基础、巴塞尔协议及影子银行监管、市场评级等）。

作者：邓海清，宏源证券固定收益研究主管、汤森路透专栏作家、中国建投投资研究院特约研究员；

胡玉峰、蒋钰炜，宏源证券固定收益研究员。

7. 对冲基金管理人操作守则

◎美国管理基金协会 编　张跃文 译　◎ 2014 年 1 月出版

◎定价：45.00 元　◎ ISBN 978-7-5097-4897-8

本书是美国管理基金协会对 2008 年金融危机的反思，分别从投资者保护、估值、交易与业务运作、反洗钱和业务持续性等方面，提出了对冲基金管理人在设计基金运作框架和处理具体业务时所应当遵守的基本准则。

译者：张跃文，中国社会科学院金融研究所公司金融研究室主任。

8. 新金融评论（2014 年第 1 期）

◎上海新金融研究院 编　◎ 2014 年 2 月出版

◎定价：40.00 元　◎ ISBN 978-7-5097-5647-8

《新金融评论》由"中国金融四十人论坛"、上海新金融研究院提供学术支持，致力于发表权威、严谨、高标准的金融政策研究成果。（全年共 6 期，订阅价 240 元）

9. 建投投资评论（2013 年 第一期 总第 1 期）

◎中国建银投资有限责任公司投资研究院 主编　◎ 2014 年 1 月出版

◎定价：69.00 元　◎ ISBN 978-7-5097-5132-9

《建投投资评论》由中国建银投资有限责任公司投资研究院提供学术支持，旨在阐述投资领域的热点问题与前沿问题。

10. 金融蓝皮书　中国金融发展报告（2014）（赠阅读卡）

◎李扬 王国刚 主编　◎ 2013 年 12 月出版

◎定价：65.00 元　◎ ISBN 978-7-5097-5443-6

本书权威地分析了 2013 年中国金融发展和运行中的各方面情况，评论了 2013 年发生的主要金融事件，并对 2014 年中国金融发展的走势进行了分析与预测。

11. 互联网金融蓝皮书　中国互联网金融发展报告（2013）（赠阅读卡）

◎芮晓武 刘烈宏 主编　◎ 2014 年 1 月出版

◎定价：69.00 元　◎ ISBN 978-7-5097-5593-8

本书是国内第一部全面、系统和深入研究互联网金融的年度发展报告，由中国电子投资控股有限公司联合中国人民银行金融研究所、中国社会科学院等机构的专家编写而成。

12. 金融监管蓝皮书　中国金融监管报告（2013）（赠阅读卡）

◎胡 滨 主编　◎ 2013 年 9 月出版

◎定价：65.00 元　◎ ISBN 978-7-5097-5049-0

本书作为中国社会科学院金融法律与金融监管研究基地系列年度报告，集中、系统、全面、持续地反映中国金融监管的现状、发展和改革进程。

13. 保险蓝皮书　中国保险业竞争力报告（2012~2013）（赠阅读卡）

◎罗忠敏 王 力 主编　◎ 2013 年 1 月出版

◎定价：98.00 元　◎ ISBN 978-7-5097-3966-2

本书是国内首部保险蓝皮书，由中国保险学会前会长罗忠敏、北京特华财经研究所副所长王力主持，对当前监管业的重点难点问题进行的系统研究。

图书在版编目（CIP）数据

资本市场导论：全 2 册 / 王国刚著 . —2 版 . — 北京：社会
科学文献出版社，2014.3
ISBN 978 - 7 - 5097 - 5427 - 6

Ⅰ . ①资… Ⅱ . ①王… Ⅲ . ①资本市场 - 研究 Ⅳ . ①F830.9

中国版本图书馆 CIP 数据核字（2013）第 293123 号

资本市场导论（第二版）

著　　者 / 王国刚

出 版 人 / 谢寿光
出 版 者 / 社会科学文献出版社
地　　址 / 北京市西城区北三环中路甲 29 号院 3 号楼华龙大厦
邮政编码 / 100029

责任部门 / 经济与管理出版中心 （010）59367226　　　责任编辑 / 恽　薇　于　飞
电子信箱 / caijingbu@ ssap. cn　　　　　　　　　　　　责任校对 / 李　辉　刘玉清
项目统筹 / 恽　薇　许秀江　　　　　　　　　　　　　责任印制 / 岳　阳
经　　销 / 社会科学文献出版社市场营销中心 （010）59367081　59367089
读者服务 / 读者服务中心 （010）59367028

印　　装 / 北京季蜂印刷有限公司
开　　本 / 787mm×1092mm　1/16　　　　　　　　　　印　张 / 54
版　　次 / 2014 年 3 月第 1 版　　　　　　　　　　　　字　数 / 1104 千字
印　　次 / 2014 年 3 月第 1 次印刷
书　　号 / ISBN 978 - 7 - 5097 - 5427 - 6
定　　价 / 168.00 元（全二册）